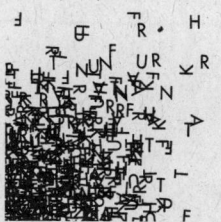

W0052941

Arbeitslosenprojekt TuWas (Hrsg.)

Leitfaden für Arbeitslose

Der Rechtsratgeber zum SGB III

© 2017 **Fachhochschulverlag**
DER VERLAG FÜR ANGEWANDTE WISSENSCHAFTEN

Ulrich Stascheit, Ute Winkler
Leitfaden für Arbeitslose
Der Rechtsratgeber zum SGB III

Mitbegründet von:
Horstpeter Kreppel

unter Mitarbeit von:
Andreas Hammer, Kapitel T
Horst Steinmeyer, Kapitel O, Q

33. Auflage, Stand: 1. Juli 2017

© 2017 Fachhochschulverlag
ISBN 978-3-943787-80-1

Druck und Bindung:
CPI – Clausen & Bosse GmbH
25917 Leck

Preis:
Der Leitfaden kostet je Exemplar 20,– € (zuzüglich Porto)

Bestellungen:
Fachhochschulverlag.
DER VERLAG FÜR ANGEWANDTE WISSENSCHAFTEN E.K.

Kleiststraße 10, Gebäude 1
60318 Frankfurt am Main

Telefon (0 69) 15 33–28 20
Telefax (0 69) 15 33–28 40
bestellung@fhverlag.de
www.fhverlag.de

Bibliografische Information der Deutschen Nationalbibliothek:
Die Deutsche Nationalbibliothek verzeichnet diese Publikation in
der Deutschen Nationalbibliografie; detaillierte bibliografische Daten
sind im Internet über http://dnb.d-nb.de abrufbar.

**Verfasser und Verfasserinnen garantieren
nicht für die Richtigkeit aller Aussagen**

Manche Leser bitten uns telefonisch oder schriftlich um Ratschläge,
um das Abfassen von Widersprüchen und um das Aufsetzen von Klage-
schriften. Leider können und dürfen wir diese Rechtsberatung im Einzelfall nicht leisten. Diese Arbeit muss von den Arbeitsloseninitiativen
vom gewerkschaftlichen Rechtsschutz und von den »Fachanwälten für
Sozialrecht« getragen werden.

VORWORT ZUR 33. AUFLAGE

Die 33. Auflage bringt den Leitfaden auf den Stand Juli 2017.

Wir hatten bereits bei der 32. Auflage das »Arbeitslosenversicherungs- und Weiterbildungsstärkungsgesetz – AWStG« vom 1.8.2016 zeitnah berücksichtigt. Seitdem ist das SGB III nicht stärker verändert worden.

Es blieb dennoch genug zu tun; Gesetzesänderungen außerhalb des SGB III und neue Entscheidungen der Sozialgerichte mussten eingearbeitet werden.

Wir haben im Leitfaden stets nicht nur SGB III-Fragen behandelt, sondern die Arbeitslose treffende gesamte Problemlage im Blick behalten; aus diesem Grund haben wir von Anfang an nicht aufeinander abgestimmte Regelungen vor allem des gegliederten Sozialversicherungssystems, insbesondere beim Zusammentreffen von Arbeitslosigkeit und Krankheit, erörtert und beklagt. Deshalb freuen wir uns, wenn der Gesetzgeber Einsicht zeigt:

- Mit der Änderung des § 5 Abs. 1 Nr. 2 SGB V ist der Krankenversicherungsschutz bei Arbeitslosigkeit verbessert worden. Die Krankenversicherung beginnt jetzt auch beim Ruhen des Arbeitslosengeldes wegen einer Urlaubsabgeltung und einer Sperrzeit mit dem Ruhen. Erkrankungen während des Ruhens sind nun abgesichert, beim Ruhen wegen der Zahlung einer Urlaubsabgeltung sogar mit einem Anspruch auf Krankengeld. Die kostenlose Krankenversicherung erfasst jetzt auch vorher freiwillig oder privat versicherte Arbeitslose, soweit sie gesetzlich versichert sein können.
- Die Einfügung des § 101 Abs. 1a SGB VI hat auf etwas umständliche Weise eine Leistungslücke zwischen Krankengeld, Arbeitslosengeld und der Rente wegen voller Erwerbsminderung auf Zeit, die erst ab dem siebten Monat nach Eintritt der vollen Erwerbsminderung gezahlt wird, geschlossen. Die Rente beginnt jetzt schon früher, wenn das Nahtlosigkeits-Arbeitslosengeld des § 145 SGB III wegen der Feststellung der Erwerbsminderung durch den Rentenversicherungsträger wegfällt oder der Krankengeldanspruch erschöpft ist.
- Durch die Einführung von § 142 Abs. 2 Satz 2 InsO wird die Anfechtbarkeit der Arbeitsentgeltzahlung eingeschränkt.

Aus der Rechtsprechung hervorzuheben sind zwei Urteile des BSG:
- Die üblichen formelhaften Eingliederungsvereinbarungen sind wertlos und dürfen nicht zur Grundlage von Sperrzeiten genutzt werden.
- Abfindungen nach § 1a des Kündigungsschutzgesetzes führen nicht zum Ruhen des Arbeitslosengeldanspruchs nach § 158 SGB III.

Arbeitslosenprojekt TuWas
Juli 2017

INHALT

8

ABKÜRZUNGSVERZEICHNIS

AA	Agentur für Arbeit
a. A.	anderer Ansicht
a. a. O.	am angegebenen Ort
Abg	Ausbildungsgeld
abH	ausbildungsbegleitende Hilfen
ABM	Arbeitsbeschaffungs-maßnahme
a. F.	alte Fassung
AFBG	Aufstiegsfortbildungs-förderungsgesetz
AFG	Arbeitsförderungsgesetz
AiB	Arbeitsrecht im Betrieb (Zeitschrift)
Alg	Arbeitslosengeld nach dem SGB III
Alg II	Arbeitslosengeld nach dem SGB II
Alhi	Arbeitslosenhilfe
AltTZG	Altersteilzeitgesetz
AMBl	Amtsblatt
ANBA	Amtliche Nachrichten der Bundesanstalt für Arbeit (Zeitschrift)
AO	Anordnung
AOK	Allgemeine Ortskrankenkasse
AP	Arbeitsrechtliche Praxis (Nachschlagewerk des BAG)
ArbG	Arbeitsgericht
ArbGG	Arbeitsgerichtsgesetz
ArbuSozR	Arbeits- und Sozialrecht (Zeitschrift)
ArbZG	Arbeitszeitgesetz
AsA	Assistierte Ausbildung
AsylbLG	Asylbewerberleistungsgesetz
AsylG	Asylgesetz
AU	Arbeitsunfähigkeit
A-UBV	Anordnung zur Unterstützung der Beratung und Vermittlung
AÜG	Gesetz zur Regelung der gewerbsmäßigen Arbeit-nehmerüberlassung
a + b	arbeit und beruf (Zeitschrift)
AufenthG	Aufenthaltsgesetz
AuR	Arbeit und Recht (Zeitschrift)
AVAVG	Gesetz über Arbeitsvermitt-lung und Arbeitslosen-versicherung (1927)
AZAV	Akkreditierungs- und Zulassungsverordnung Arbeitsförderung
AZWV	Anerkennungs- und Zulassungsverordnung – Weiterbildung
BA	Bundesagentur für Arbeit
BAB	Berufsausbildungsbeihilfe
BaE	Berufsausbildung in einer außerbetrieblichen Einrichtung
BAföG	Bundesausbildungs-förderungsgesetz
BAG	Bundesarbeitsgericht
BAGE	Sammlung der Entscheidun-gen des BAG
BAMF	Bundesamt für Migration und Flüchtlinge
BAnz	Bundesanzeiger
BAP	Bundesarbeitgeberverband der Personaldienstleister e.V.
BArbBl	bundesarbeitsblatt (Zeitschrift)
BB	Betriebs-Berater (Zeitschrift)
BBiG	Berufsbildungsgesetz
BDKS	Bundesdurchschnitts-kostensätze der BA
BEEG	Gesetz zum Elterngeld und zur Elternzeit
BerEb	Berufseinstiegsbegleitung
BeschV	Beschäftigungsverordnung
BetrVG	Betriebsverfassungsgesetz
BFH	Bundesfinanzhof
BGB	Bürgerliches Gesetzbuch
BGBl	Bundesgesetzblatt
BGH	Bundesgerichtshof
BGHZ	Entscheidungssammlung des BGH in Zivilsachen
BGJ	Berufsgrundbildungsjahr
BIWAQ	Bildung, Wirtschaft, Arbeit im Quartier
BKGG	Bundeskindergeldgesetz
BKK	Die Betriebskrankenkasse (Zeitschrift)
BMAS	Bundesministerium für Arbeit und Soziales
BMF	Bundesfinanzministerium

BMI	Bundesministerium des Innern
BOM	Berufsorientierungsmaßnahme
BPS	Berufspsychologischer Service
BQG	Beschäftigungs- und Qualifizierungsgesellschaft
BR-Drs.	Bundesrats-Drucksache
Breith.	Breithaupt: Sammlung von Entscheidungen aus dem Gebiete der Sozialversicherung, Versorgung und Arbeitslosenversicherung
BRKG	Bundesreisekostengesetz
BSG	Bundessozialgericht
BSGE	Amtliche Sammlung der Entscheidungen des BSG
BSHG	Bundessozialhilfegesetz
BT-Drs.	Bundestags-Drucksache
BUrlG	Bundesurlaubsgesetz
BvB	Berufsvorbereitende Bildungsmaßnahme
BVerfG	Bundesverfassungsgericht
BVerfGE	Amtliche Sammlung der Entscheidungen des BVerfG
BVerwG	Bundesverwaltungsgericht
BVG	Bundesversorgungsgesetz
DA	Durchführungsanordnung, Durchführungsanweisung
DB	Der Betrieb (Zeitschrift)
DBl	Dienstblatt
DBlR	Dienstblatt der BA – Rechtsprechung
DBlRErl	Dienstblatt-Runderlass
DelFi	Datenübertragung elektronisch an die Finanzverwaltung
DGB	Deutscher Gewerkschaftsbund
DRV	Deutsche Rentenversicherung (Zeitschrift)
EAO	Erreichbarkeits-Anordnung
EFRE	Europäischer Fonds für Regionale Entwicklung
EG	Europäische Gemeinschaft
EGZ	Eingliederungszuschüsse
EHJC	Europäischen Krankenversicherungskarte
EQ	Einstiegsqualifizierung
EQFAO	Einstiegsqualifizierungs-förderungs-Anordnung
ESF	Europäischer Sozialfonds
EStG	Einkommensteuergesetz
EU	Europäische Union
EuGH	Europäischer Gerichtshof
EV	Eingliederungsvereinbarung
EWG	Europäische Wirtschaftsgemeinschaft
EWiR	Entscheidungen zum Wirtschaftsrecht (Zeitschrift)
EWR	Europäischer Wirtschaftsraum
EzA	Entscheidungssammlung zum Arbeitsrecht
FamRZ	Zeitschrift für das gesamte Familienrecht
FbW	Förderung der beruflichen Weiterbildung
FEVS	Fürsorgerechtliche Entscheidungen der Verwaltungs- und Sozialgerichte
FG	Finanzgericht
FH	Fachliche Hinweise
FW	Fachliche Weisungen
GA	Geschäftsanweisung
GewO	Gewerbeordnung
GG	Grundgesetz
GK-SGB III	Gemeinschaftskommentar zum Arbeitsförderungsrecht
GMBl	Gemeinsames Ministerialblatt
HEGA	Handlungsempfehlungen/Geschäftsanweisungen der BA
HwO	Handwerksordnung
IAB	Institut für Arbeitsmarkt- und Berufsforschung
ibv	Informationen für die Beratungs- und Vermittlungsdienste (Zeitschrift)
IFD	Integrationsfachdienste
IFG	Informationsfreiheitsgesetz
IHK	Industrie- und Handelskammer
info also	Informationen zum Arbeitslosenrecht und Sozialhilferecht (Zeitschrift)
InsG	Insolvenzgeld
InsO	Insolvenzordnung
IntV	Integrationskursverordnung
JVA	Justizvollzugsanstalt
JugArbSchG	Jugendarbeitsschutzgesetz
JuStiQ	Jugend stärken im Quartier

KfW	Kreditanstalt für Wiederaufbau	PSA	Personal-Service-Agentur
KfzHV	Kraftfahrzeughilfe-Verordnung		
KJHG	Sozialgesetzbuch VIII. Buch	RandNr.	Randnummer·
	– Kinder- und Jugendhilfe	RdA	Recht der Arbeit (Zeitschrift)
KMU	Kleine und mittlere Unter-	RdErl.	Runderlass
	nehmen	RehaAnglG	Gesetz über die Angleichung der
Krg	Krankengeld		Leistungen zur Rehabilitation
KSchG	Kündigungsschutzgesetz	Ri	Richtlinie
Kug	Kurzarbeitergeld	RL	Richtlinie des Rates EU
KURSNET	Datenbank der BA für Aus- und	RspDienst	Rechtsprechungsdienst
	Weiterbildung		der Sozialgerichtsbarkeit
KV	Krankenversicherung	Rspr	Rechtsprechung
		RVO	Reichsversicherungsordnung
LAG	Landesarbeitsgericht		
LPartG	Lebenspartnerschaftsgesetz	SchwarzArbG	Schwarzarbeitsbekämpfungs-
LSG	Landessozialgericht		gesetz·
LStR	Lohnsteuer-Richtlinien	SchwbAV	Schwerbehinderten-Aus-
			gleichsabgabe-Verordnung
MAVO	Mitarbeitervertretungs-	SG	Sozialgericht
	ordnung	SGb	Die Sozialgerichtsbarkeit
MdE	Minderung der Erwerbsfähig-		(Zeitschrift)
	keit	SGB I	Sozialgesetzbuch I. Buch
MDK	Medizinischer Dienst der		– Allgemeiner Teil
	Krankenkassen	SGB II	Sozialgesetzbuch II. Buch
MiLoG	Mindestlohngesetz		– Grundsicherung für
MittAB	Mitteilungen aus der Arbeits-		Arbeitsuchende
	markt- und Berufsforschung	SGB III	Sozialgesetzbuch III. Buch
	(Zeitschrift; seit 2004: ZAF;		– Arbeitsförderung
	seit 2011: Journal for Labour	SGB IV	Sozialgesetzbuch IV. Buch
	Market Research)		– Gemeinsame Vorschriften
MuSchG	Mutterschutzgesetz		für die Sozialversicherung
m. w. N.	mit weiteren Nachweisen	SGB V	Sozialgesetzbuch V. Buch
			– Gesetzliche Kranken-
NDV-RD	Rechtsprechungsdienst zum		versicherung
	Nachrichtendienst des	SGB VI	Sozialgesetzbuch VI. Buch
	Deutschen Vereins		– Gesetzliche Renten-
	(Zeitschrift)		versicherung
n. F.	neue Fassung	SGB VII	Sozialgesetzbuch VII. Buch
NJW	Neue Juristische Wochen-		– Gesetzliche Unfall-
	schrift (Zeitschrift)		versicherung
NZA	Neue Zeitschrift für Arbeits-	SGB VIII	Sozialgesetzbuch VIII. Buch
	recht		– Kinder- und Jugendhilfe
NZB	Nichtzulassungsbeschwerde	SGB IX	Sozialgesetzbuch IX. Buch
NZS	Neue Zeitschrift für Sozialrecht		– Rehabilitation und Teilhabe
			behinderter Menschen
O	Ordnung	SGB X	Sozialgesetzbuch X. Buch
OLG	Oberlandesgericht		– Sozialverwaltungsverfahren
OVG	Oberverwaltungsgericht		und Sozialdatenschutz
OWiG	Gesetz über Ordnungswidrig-	SGB XI	Sozialgesetzbuch XI. Buch
	keiten		– Soziale Pflegeversicherung
		SGB XII	Sozialgesetzbuch XII. Buch
PflR	PflegeRecht (Zeitschrift)		– Sozialhilfe

SGG	Sozialgerichtsgesetz	VO	Verordnung
SozR	Sozialrecht (Entscheidungs-sammlung, hrsg. von Richtern des Bundessozialgerichts)	VSSR	Vierteljahresschrift für Sozialrecht
SOZIALRECHT aktuell	Zeitschrift	VwGO	Verwaltungsgerichtsordnung
		VwV	Verwaltungsvorschrift
		VwVerfG	Verwaltungsverfahrensgesetz
SozSich	Soziale Sicherheit (Zeitschrift)		
SR	Soziales Recht (Zeitschrift)	WeGebAU	Weiterbildung Geringqualifi-zierter und beschäftigter Älterer in Unternehmen
SV	Die Sozialversicherung (Zeitschrift)		
		WoGG	Wohngeldgesetz
TzBfG	Teilzeit- und Befristungsgesetz	WVO	Werkstättenverordnung
		WzS	Wege zur Sozialversicherung (Zeitschrift)
Übg	Übergangsgeld		
Uhg	Unterhaltsgeld		
USK	Urteilssammlung für die gesetzliche Krankenver-sicherung	ZAF	Zeitschrift für Arbeitsmarkt-forschung (bis 2003: MittAB; seit 2011: Journal for Labour Market Research)
VAG	Gesetz über die Beaufsich-tigung von Versicherungs-unternehmen	ZAV	Zentrale Auslands- und Fach-vermittlung der Bundesagentur für Arbeit
VAM	Virtueller Arbeitsmarkt	ZfF	Zeitschrift für das Fürsorge-wesen
vbba	vereinigung der beschäftigten der berufs- und arbeitsmarkt-dienstleister (Fachgewerkschaft)		
		ZFSH/SGB	Zeitschrift für Sozialhilfe und Sozialgesetzbuch
VDR	Verband Deutscher Rentenversicherungsträger	Ziff.	Ziffer
		ZIP	Zeitschrift für Wirtschaftsrecht
VerBIS	Vermittlungs- und Beratungs-informationssystem (der BA)	ZMV	Die Mitarbeitervertretung (Zeitschrift)
VermBG	Vermögensbildungsgesetz	ZPO	Zivilprozessordnung
VG	Verwaltungsgericht	ZTR	Zeitschrift für Tarifrecht

I Die Lauferei beginnt

1 Arbeitsgericht

Falls Sie Ihren Arbeitsplatz durch eine Kündigung verlieren, müssen Sie prüfen, ob Sie gegen die Kündigung vor dem Arbeitsgericht eine Kündigungsschutzklage erheben. Wir empfehlen, sich sachkundigen Rat zu holen. Rat kann Ihr Betriebsrat, der gewerkschaftliche Rechtsschutz oder ein Rechtsanwalt erteilen. Falls Sie sich durch einen Rechtsanwalt beraten lassen wollen, sollten Sie einen »Fachanwalt für Arbeitsrecht« suchen. Auf → S. 685 finden Sie auch Informationen zur Beratungshilfe.

Kündigungsschutzklage?

Beachten Sie, dass Sie, falls Sie Kündigungsschutzklage durch einen Rechtsanwalt erheben lassen, die Kosten für Ihren Rechtsanwalt in der 1. Instanz vor dem Arbeitsgericht gemäß § 12a Abs. 1 ArbGG selbst dann tragen müssen, wenn Sie den Prozess vor dem Arbeitsgericht gewinnen, es sei denn, Sie sind rechtsschutzversichert oder der gewerkschaftliche Rechtsschutz übernimmt die Kosten.

Kosten!

Falls Sie auf eigene Faust Kündigungsschutzklage erheben wollen, können Sie die Klage kostenlos durch die Rechtsantragstelle beim Arbeitsgericht aufnehmen lassen. Es können aber Gerichtskosten entstehen (§ 12 ArbGG). Bringen Sie alle Unterlagen (z. B. Arbeitsvertrag, Kündigungsschreiben, Gehaltsabrechnung) zur Rechtsantragstelle mit.

Die Kündigungsschutzklage muss gemäß § 4 Satz 1 KSchG beim Arbeitsgericht innerhalb von drei Wochen nach Zugang der schriftlichen Kündigung erhoben werden. Versäumen Sie diese Frist, gilt in aller Regel die Kündigung als von Anfang an rechtswirksam (§ 7 KSchG).

2 Agentur für Arbeit (AA)

Sie müssen sich bei der AA im Rahmen der gesetzlichen Frist rechtzeitig **arbeitsuchend** melden. Wenn Sie das versäumen, erhalten Sie eine Sperrzeit.

Frühzeitig arbeitsuchend melden

Die Arbeitsuchmeldung ist bei jeder AA möglich.

Bei jeder AA

Sie müssen sich zusätzlich spätestens am ersten Tag der Arbeitslosigkeit bei der AA **arbeitslos** melden und Alg[1] beantragen. Erst ab dem Tag der Arbeitslosmeldung können Sie Alg erhalten.

Rechtzeitig arbeitslos melden

---

[1] Wenn in diesem Leitfaden von Alg die Rede ist, ist stets das Arbeitslosengeld nach dem SGB III gemeint und nicht das Arbeitslosengeld II nach dem SGB II.

Bei AA am
Wohnort

Zuständig für die Arbeitslosmeldung ist die AA, in deren Bezirk Sie am ersten Tag der Arbeitslosigkeit wohnen oder sich gewöhnlich aufhalten.

»Veränderungs-
mitteilung«
ernst nehmen

Ziehen Sie während der Zeit der Arbeitslosigkeit in einen anderen AA-Bezirk um, so müssen Sie dies mittels der »Veränderungsmitteilung« der bisherigen AA mitteilen. Ab dem Umzugstag wird die neue AA zuständig. Sie müssen sich spätestens am Tag nach dem Umzug bei der nun zuständigen AA melden; sonst erhalten Sie kein Alg.

II   Die Arbeitsuchmeldung
§ 38 Abs. 1 SGB III

1   Wer muss sich wann arbeitsuchend melden?

Alg-Bezieher müssen sich nicht nur rechtzeitig **arbeitslos** melden. Es müssen sich außerdem im Rahmen der gesetzlichen Frist frühzeitig **arbeitsuchend** melden:

Wer muss sich
frühzeitig
melden?

- Arbeitnehmer, deren Arbeitsverhältnis endet.

Wer muss sich
nicht frühzeitig
melden?

Nicht frühzeitig arbeitsuchend müssen sich melden:

- Personen bei Beendigung eines anderweitigen Versicherungspflichtverhältnisses (z. B. Krankengeldbezug);

- Selbstständige, seit 1.8.2016 zusätzlich Elternzeitler und Meisteranwärter, die sich freiwillig weiterversichert haben;

- im Rahmen des Jugendfreiwilligen- bzw. Bundesfreiwilligendienstes Beschäftigte;

- Auszubildende in **betrieblichen** Ausbildungsverhältnissen (§ 38 Abs. 1 Satz 5 SGB III).

Der Gesetzgeber begründet diese Ausnahme wie folgt:

»Für Auszubildende in betrieblicher Ausbildung gilt die Verpflichtung zur Meldung nicht, weil sie überwiegend vom Ausbildungsbetrieb weiterbeschäftigt werden. Ob der Betrieb zur Übernahme bereit ist, entscheidet sich meist erst unmittelbar nach dem Bestehen der Abschlussprüfung.«

Dabei lässt der Gesetzgeber offen, was unter **betrieblichem** Ausbildungsverhältnis zu verstehen ist. Deshalb steht dieser Begriff offen für eine am Gesetzeszweck orientierte Auslegung:

»Hat der Gesetzgeber jedoch als Grund für die Ausnahme von der Meldepflicht allein die Tatsache der überwiegenden Weiterbeschäftigung von

Auszubildenden durch den Ausbildungsbetrieb gesehen, weshalb in diesen Fällen eine frühzeitige Vermittlungtätigkeit offensichtlich entbehrlich erscheint, so besteht keinerlei Veranlassung, den Begriff des ›betrieblichen Ausbildungsverhältnisses‹ nur in einem ganz engen Sinne zu verstehen und nicht auch die vorliegend in Rede stehenden Berufspraktikantinnen und Berufspraktikanten im Anerkennungsjahr [als staatlich anerkannte Sozialarbeiterinnen und Sozialarbeiter] hierunter zu subsumieren. Denn auch diese durchlaufen im Rahmen des Berufspraktikums eine der dualen Ausbildung vergleichbare Ausbildung in Betrieb und Berufsschule, wobei an die Stelle der Berufsschule der Studientag in der Fachhochschule tritt [...], und werden mit einer [hohen] Übernahmequote später von der Ausbildungsstelle übernommen. Auch in diesen Fällen wird man folglich eine frühzeitige Vermittlungtätigkeit und somit auch eine Meldepflicht als entbehrlich ansehen müssen. Hinzu kommt, dass das Berufspraktikum erst mit dem bestandenen Kolloquium erfolgreich abgeschlossen ist [...], was in der Regel dazu führen wird, dass auch die Arbeitsverwaltung kaum etwas in Richtung einer beschleunigten Eingliederung unternehmen kann bzw. wird, bevor es keine Klarheit über den Erfolg bei dem Abschlusskolloquium gibt (in diese Richtung auch Winkler, in: Gagel SGB II/SGB III, Stand Dezember 2013, § 38 Rn. 48 sowie Böttiger in Eicher/Schlegel, SGB III n.F., § 38 Rz. 71, die daher auch für Auszubildende in überbetrieblicher Ausbildung eine Gleichstellung mit Personen in betrieblicher Ausbildung bejahen)« (HessLSG vom 16.12.2016 – L 7 AL 35/15).

In einem ähnlich gelagerten Fall hat das BayLSG vom 27.1.2015 – L 10 AL 382/13 die Pflicht eines Rechtsreferendars zur frühzeitigen Arbeitsuchmeldung mit der Begründung verneint, vor dem Bestehen des 2. Staatsexamens fehle es an der Kenntnis vom Ende des Arbeitsverhältnisses.

Personen, deren Arbeitsverhältnis endet, sind verpflichtet, sich spätestens drei Monate vor dessen Beendigung bei der AA arbeitsuchend zu melden.

Die Frist zur Meldung ist einheitlich auf drei Monate vor der Beendigung des Arbeitsverhältnisses festgelegt. Endet z.B. das Arbeitsverhältnis am 30. Juni, müssen Sie sich bis zum 31. März gemeldet haben. Frühere Meldungen sind möglich.

Wann muss man sich melden?

Frist: 3 Monate

Die Meldepflicht von drei Monaten gilt auch für **befristete** Arbeitsverhältnisse, und zwar auch dann, wenn noch nicht klar ist, ob das Arbeitsverhältnis verlängert werden kann. Selbst wenn der Arbeitgeber eine Verlängerung des Arbeitsvertrages in Aussicht stellt, aber nicht verbindlich zusagt, hat sich der Arbeitnehmer unter Beachtung der Drei-Monats-Frist bei der AA zu melden. Dasselbe gilt, wenn der Arbeitnehmer gegen die Kündigung des Arbeitgebers das Arbeitsgericht anruft oder wenn streitig ist, ob das Arbeitsverhältnis befristet eingegangen worden ist oder ob die Befristung wirksam ist.

Meldet sich der Arbeitslose bei der AA **persönlich** ab, weil er eine **befristete** Beschäftigung aufnimmt, muss er sich nicht erneut arbeitsuchend melden (BSG vom 28.8.2007 – B 7/7a AL 56/06 R und vom

20.10.2005 – B 7a AL 28 und 50/05 R). Das gilt nicht, wenn er sich lediglich telefonisch oder schriftlich abmeldet.

Statt 3 Monate
3 Tage
Liegen zwischen der Beendigung des Arbeitsverhältnisses und der Kenntnis von der Beendigung weniger als drei Monate, haben Arbeitnehmer nur drei Tage Zeit, sich arbeitsuchend zu melden. Die Drei-Tages-Frist gilt z. B. dann, wenn

- das Arbeitsverhältnis mit einer Frist von weniger als drei Monaten gekündigt oder durch einen Aufhebungsvertrag beendet wird;
- das befristete Arbeitsverhältnis für einen Zeitraum von weniger als drei Monaten eingegangen worden ist.

Wie wird die
3-Tages-Frist
berechnet?
Nach § 26 Abs. 1 SGB X i. V. m. § 187 Abs. 1 BGB beginnt die Drei-Tages-Frist am Tag nach Kenntnis vom Ende der Beschäftigung. Tage mit fehlender Dienstbereitschaft der AA (z. B. Samstage, Sonntage, Feiertage) werden in die Frist nicht eingerechnet.

Beispiel
Tag der Kenntnisnahme: Mittwoch
Fristlauf: Donnerstag, Freitag, **Samstag**, **Sonntag**, Montag
Letzter Tag der Meldung: Montag
Auch Tage, an denen ein wichtiger Grund eine Meldung verhindert (z. B. Krankheit, Auslandsaufenthalt, Urlaub), werden nicht in die Frist eingerechnet.

Der demnächst Arbeitslose kann wählen, ob er sich

- persönlich bei der AA arbeitsuchend meldet, oder
- die Arbeitsuche bei der AA anzeigt.
  Anzeige reicht
aus
  Die Anzeige kann erfolgen
  – schriftlich, auch per Fax;
  – als Online-Anzeige über die JOBBÖRSE (www.arbeitsagentur.de).

Durch diese Form der Arbeitsuchmeldung wird die Frist nur gewahrt, wenn
– die Anzeige die persönlichen Daten des Arbeitsuchenden und den Beendigungszeitpunkt enthält, **und**
– die persönliche Arbeitsuchmeldung zu dem mit der AA vereinbarten Termin nachgeholt wird.

Wird der vereinbarte Termin aus wichtigem Grund, z. B. wegen Krankheit oder wegen beruflicher Verpflichtung aus dem ja noch bestehenden Arbeitsverhältnis abgesagt, vereinbart die AA einen neuen Termin, spätestens zum ersten Tag der Beschäftigungslosigkeit. Siehe auch → S. 303 ff.

2   **Arbeitsuchmeldung und Arbeitslosmeldung unterscheiden!**

Die Arbeitsuchmeldung nach § 38 Abs. 1 SGB III darf nicht mit der Arbeitslosmeldung nach § 141 SGB III verwechselt werden. Die Arbeitsuchmeldung ersetzt nicht die Arbeitslosmeldung.

Die Arbeitsuchmeldung kann mit der Arbeitslosmeldung verbunden werden, wenn zwischen Kenntnis der Beendigung des Arbeitsverhältnisses und dessen Ende höchstens drei Monate liegen (§ 141 Abs. 1 Satz 2 SGB III).

Die Pflicht zur frühzeitigen Arbeitsuchmeldung bedeutet nicht, dass Sie sich unmittelbar für die Zeit nach Eintritt der Beschäftigungslosigkeit **arbeitslos** melden müssen; Sie können auch erst eine Auszeit nehmen (BSG vom 30.5.2006 – B 1 KR 26/05 R). Bis zur Arbeitslosmeldung erhalten Sie dann aber kein Alg und sind gegebenenfalls nicht krankenversichert.

3   **Sperrzeiten bei verspäteter Arbeitsuchmeldung**

Wer sich nicht frühzeitig arbeitsuchend meldet, erhält gemäß § 159 Abs. 1 Satz 2 Nr. 7 SGB III eine Sperrzeit; d. h., es gibt für eine Woche kein Alg (näher dazu → S. 303).
Von der Möglichkeit, diese Sperrzeit zu verhängen, machen die AA ausgiebig Gebrauch. So werden Jahr für Jahr die meisten Sperrzeiten wegen verspäteter Arbeitsuchmeldung verhängt, im Jahr 2016 allein 283.985!

Nicht alle diese Sperrzeiten sind rechtmäßig. Udo Geiger (info also 2015, S.106 ff.) hat einige Fallgruppen identifiziert, in denen die AA häufig zu Unrecht Sperrzeiten wegen verspäteter Arbeitsuchmeldung verhängen:

1. Erstmalige oder lange zurückliegende Arbeitslosigkeit.
2. Unbestimmtes Beschäftigungsende.
3. Unerwartetes Scheitern eines Anschlussarbeitsverhältnisses.
4. Rechtswidrige Nichterfassung oder Abmeldung als Arbeitsuchender.
5. Irrtümliche Annahme, weiter arbeitsuchend gemeldet zu sein.
6. Meldung beim Jobcenter statt bei der AA.
7. Sozialrechtlicher Herstellungsanspruch.

7 Sperrzeitsünden der AA

Zu 1:

Wird ein Arbeitnehmer zum ersten Mal arbeitslos, kommt der Prüfung, ob der Arbeitslose die Meldepflicht kannte, besonderes Gewicht zu. Denn er kann sich nicht versicherungswidrig i. S. von § 159 Abs. 1 Nr. 7 SGB III verhalten, wenn ihm die Pflicht zur frühzeitigen Arbeitsuchmeldung auf Grund unverschuldeter Rechtsunkenntnis unbekannt war.

Erstmals arbeitslos

Unkenntnis der Pflicht zur Arbeit-suchmeldung verschuldet?

Nach allgemeinen Grundsätzen hat der (künftig) Arbeitslose für die Rechtsunkenntnis einzustehen, wenn er zumindest fahrlässig gehandelt hat. Dabei sind hohe Anforderungen an die Entschuldbarkeit zu stellen. So kann sich z. B. der nicht entlasten, der den Zugang zu Informationen nicht nutzt (BayLSG vom 7.5.2012 – L 10 AL 82/12 NZB: Nichtlesen der Hinweise auf § 38 SGB III in einem Arbeitsvertrag) oder der das Risiko eines Irrtums bewusst eingegangen ist (LSG NRW vom 25.9.2014 – L 9 AL 236/13, info also 2015, S. 114 ff.).

In der Regel unverschuldet ist die Rechtsunkenntnis, wenn der Arbeitgeber nicht oder fehlerhaft über die Pflicht zur Arbeitsuchmeldung informiert hat (BSG vom 25.5.2005 – B 11a/11 AL 81/04 R). Zwar ist die in § 2 Abs. 2 Nr. 3 SGB III geregelte Informationsobliegenheit des Arbeitgebers keine schadensersatzbewehrte Pflicht (BAG vom 29.9.2005 – 8 AZR 571/04); der Arbeitgeber ist vom Gesetzgeber aber als Person benannt worden, die über die Meldepflicht informieren soll. Verlässt sich der Arbeitnehmer auf fehlerhafte Angaben des Arbeitgebers, handelt er ohne vorwerfbare Schuld, es sei denn, nach seinem Verständnishorizont liegen hinreichende Anhaltspunkte für eine mögliche Unrichtigkeit vor (HessLSG vom 25.9.2009 – L 7 AL 199/08).

§ 2 Abs. 2 Nr. 3 SGB III wäre überflüssig, hielte man einen von künftiger Arbeitslosigkeit bedrohten Arbeitnehmer generell für verpflichtet, vorsorgliche Informationen bei der AA einzuholen.

Lang zurück-liegende frühere Arbeitslosigkeit

Allein die Aushändigung eines Merkblattes für Arbeitslose aus Anlass einer Jahre zurückliegenden, früheren Arbeitslosigkeit vermittelt keine hinreichende Kenntnis von der Meldepflicht (LSG Sachsen-Anhalt vom 24.3.2010 – L 2 AL 18/08).

Zu 2:

Beschäftigungs-ende ungewiss

Ist unklar, wann das Arbeitsverhältnis endet, wird schon die Frist zur Arbeitsuchmeldung nicht in Gang gesetzt. Denn nur bei genauer Kenntnis des konkreten Beendigungszeitpunktes erlangt ein Arbeitnehmer auch die Kenntnis von seiner Pflicht zur Arbeitsuchmeldung. Nicht ausreichend ist es, wenn einem Arbeitnehmer bekannt ist, sein Arbeitsverhältnis werde irgendwann im Verlauf eines Monats enden (BayLSG vom 27.1.2015 – L 10 AL 382/13: Abschluss des Rechtsreferendariats, info also 2015, S. 116 f. unter Bezugnahme auf BSG vom 18.8.2005 – B 7a/7 AL 80/04 R).

Zu 3:

Unerwartetes Scheitern eines Anschlussarbeits-verhältnisses

Ist der Arbeitnehmer befristet beschäftigt oder hat der Arbeitgeber ihm gekündigt, hat der Arbeitnehmer seine Pflicht zur Arbeitsuchmeldung nicht verletzt, wenn er eine nahtlose Anschlussbeschäftigung gefunden hat, die sich wider Erwarten und aus Gründen, die in der Sphäre des potentiellen Arbeitgebers liegen, zerschlägt (SG Chemnitz vom 14.11.2011 – S 26 AL 377/10). Auch ohne Abschluss eines neuen Arbeitsvertrages ist der Arbeitslose entschuldigt, wenn er auf eine in Aussicht gestellte Beschäftigung vertrauen durfte. Allein die Einladung zu einem Bewerbungsgespräch oder die anschließende Information, man werde sich demnächst melden, entbindet allerdings nicht von der Meldepflicht.

Unverschuldet ist die unterbliebene Meldung grundsätzlich auch dann, wenn das Anschlussarbeitsverhältnis wider Erwarten nicht angetreten werden kann (z.B. nach Feststellung einer Schwangerschaft oder einer nicht nur vorübergehenden Erkrankung, Verlust der Fahrerlaubnis). Es genügt dann die unverzügliche Arbeitsuchmeldung nach Kenntnis der Gründe, derentwegen die Anschlusstätigkeit nicht ausgeübt werden kann oder darf.

Zu 4:

Wird die AA im Rahmen einer persönlichen Vorsprache klar und deutlich über Beginn und Ende einer befristeten Beschäftigung informiert, kann dies eine ausreichende Arbeitsuchmeldung sein, auch wenn sie vor dem Drei-Monats-Termin erfolgt (so auch der »Leitfaden zur frühzeitigen Arbeitsuchendmeldung« der BA). Anders als bei der persönlichen Arbeitslosmeldung nach § 141 SGB III verbietet § 38 SGB III keine Arbeitsuchmeldung vor dem spätestens möglichen Zeitpunkt von drei Monaten vor Ende des Arbeitsverhältnisses (so schon BSG vom 28.8.2007 – B 7/7a AL 56/06 R). Ohne nachvollziehbaren Grund darf die AA die Arbeitsuchmeldung nicht einfach als verfrüht zurückweisen. Die Eintragung in einem VerBIS-Vermerk – »Kunden auf rechtzeitige Arbeitsuchmeldung hingewiesen« – hebt die Wirkung einer Arbeitsuchmeldung, die mit ausreichenden Daten zur Vornahme einer zielführenden Vermittlung erfolgte, nicht auf. Dazu bedarf es einer formellen Information durch Bescheid (s. dazu BayLSG vom 3.7.2013 – L 10 AL 72/11).

Erfolgt die Arbeitsuchmeldung nur fristwahrend, d.h. telefonisch, mit Brief oder per Fax, soll die AA einen persönlichen Termin mit dem Betroffenen vereinbaren (§ 38 Abs. 1 Satz 3 SGB III). Unterbleibt dies, kann der zum Wirksamwerden einer Arbeitsuchmeldung erforderliche persönliche Termin mit der persönlichen Arbeitslosmeldung nachgeholt werden. Der Arbeitnehmer muss nicht von sich aus auf einen früheren, persönlichen Termin drängen. Bleibt er bis zum Ablauf der Befristung oder der Kündigungsfrist untätig, ist das kein zu einer Sperrzeit führendes Verschulden.

Hat die AA eine Arbeitsuchmeldung nach § 38 Abs. 1 Satz 3 SGB III gelöscht, weil der jetzt Arbeitslose einer schriftlichen Einladung zur persönlichen Arbeitsuchmeldung ohne Entschuldigungsgrund nicht nachgekommen war (so die Verwaltungspraxis der AA), geht die fehlende Arbeitsuchmeldung nicht zu Lasten des Arbeitsuchenden, wenn das Einladungsschreiben nicht zugegangen ist oder der Zugang bestritten wird und die beweisbelastete AA den Zugang nicht nachweisen kann.

Zu 5:

Spricht ein Arbeitnehmer aus Sorge um seinen noch ungekündigten Arbeitsplatz auf der AA vor, ist das mangels Sicherheit über das Ende des Arbeitsverhältnisses noch keine wirksame Arbeitsuchmeldung. Die Erfassung der Vorsprache in einem VerBIS-Vermerk schließt eine Sperrzeit daher nicht aus, wenn die Arbeitsuchmeldung nach Kenntnis vom Ende des Arbeitsverhältnisses unterbleibt.

[Marginalien:]

Rechtswidrige Nichterfassung oder Abmeldung als Arbeitsuchender

Irrtümliche Annahme, weiter arbeitsuchend gemeldet zu sein

Weist die AA in einem solchen Fall die Arbeitsuchmeldung aber nicht ausdrücklich als verfrüht zurück, sodass der Arbeitnehmer von einer wirksamen Meldung ausgehen durfte, trifft ihn kein Verschulden.

Hatte sich der Arbeitslose zur Aufnahme einer befristeten Beschäftigung unter Angabe des Endzeitpunkts persönlich aus dem Bezug von Alg abgemeldet, bedarf es vor Beendigung dieser Beschäftigung keiner persönlichen Arbeitsuchmeldung, wenn dies von der AA nicht ausdrücklich verlangt wurde (BSG vom 20.10.2005 – B 7a AL 50/05 R; SächsLSG vom 2.10.2008 – L 3 AL 125/07).

Der standardisierte Hinweis auf die Meldepflicht in dem wegen der Arbeitsaufnahme ergangenen Alg-Aufhebungsbescheid vermittelt nicht ausnahmslos die hinreichende Kenntnis vom Erfordernis einer erneuten Arbeitsuchmeldung; je nach den Umständen muss das Verschulden genau geprüft werden (dazu LSG Rheinland-Pfalz vom 8.9.2011 – L 1 AL 131/10).

Zu 6:

Meldung beim Jobcenter statt bei der AA

Für die Anerkennung als Anrechnungszeit nach § 58 SGB VI reicht nach herrschender Auffassung eine Arbeitsuchmeldung beim Jobcenter statt bei einer AA nicht aus (BayLSG vom 28.4.2014 – L 10 AL 65/14 B PKH).

Für die Arbeitsuchmeldung nach § 38 SGB III muss das differenziert gesehen werden: Besteht für den Arbeitslosen zum Zeitpunkt der Beantragung von Alg II keine Meldepflicht (z. B. wegen Fortdauer einer die Verfügbarkeit nach § 138 SGB III ausschließenden Erkrankung) oder will er momentan keine Arbeit aufnehmen (z. B. wegen Kinderbetreuung), ist die Mitteilung der bevorstehenden Arbeitslosigkeit beim Jobcenter nur als Antrag auf Alg II zu werten (vgl. auch BFH vom 27.12.2011 – III B 187/10). Erfolgt die Mitteilung dagegen auch zur Vermittlung in Arbeit und in der Annahme, noch keinen Anspruch auf Alg nach § 136 SGB III erworben zu haben, erfüllt der Antrag auf Alg II zumindest die Funktion einer auch für die AA ausreichenden, fristwahrenden Arbeitsuchmeldung i. S. von § 38 Abs. 1 Satz 3 SGB III, wenn der Arbeitslose sich nach Hinweis des Jobcenters auf vorrangige Leistungen nach dem SGB III unverzüglich bei der AA arbeitsuchend meldet (vgl. dazu BFH vom 22.9.2011 – III R 78/08).

Zu 7:

Sozialrechtlicher Herstellungsanspruch

Die fristwahrende Arbeitsuchmeldung kann im Gegensatz zur persönlichen Arbeitslosmeldung im Wege des Herstellungsanspruchs »reparariert« werden.

Beispiel

G. ruft bei der AA an, um sich über etwaige Leistungen bei Insolvenz des Arbeitgebers zu erkundigen. Dabei teilt er mit, dass ihm am Vortag betriebsbedingt gekündigt wurde. Ohne Hinweis auf die Meldepflicht nach § 38 SGB III wird G. nur über das Insolvenzgeld und das Alg beraten. Hier kann eine persönliche Vorsprache auf der AA, um Alg zu beantragen, zugleich als ausreichende persönliche Arbeitsuchmeldung auf die zuvor ergangene Mitteilung der Kündigung gewertet werden, weil der Arbeitslose von der AA nicht ausreichend beraten worden ist.

4   **Die frühzeitige Arbeitsuchmeldung – un-, ja kontraproduktiv!**

Die von der rot-grünen Bundesregierung 2003 eingeführte frühzeitige Arbeitsuchmeldung

> »hat zum Ziel, die Eingliederung von Arbeitslosen zu beschleunigen und damit Arbeitslosigkeit und Entgeltersatzleistungen der Versichertengemeinschaft möglichst zu vermeiden« (BT-Drs. 15/25, S. 27).

Dieses Ziel wurde nie erreicht. Schon Ende 2006 gestand die Bundesregierung:

> »Insgesamt zeigt sich in der Praxis im Hinblick auf die frühzeitige Meldepflicht nach anfänglichen Hoffnungen inzwischen überwiegend eine deutliche Desillusionierung« (Bericht 2006 der Bundesregierung zur Wirksamkeit moderner Dienstleistungen am Arbeitsmarkt, BT-Drs. 16/3982, S. 87).

Auch heute kann niemand mehr behaupten, dass die Pflicht zur frühzeitigen Arbeitsuchmeldung die (zukünftig) Arbeitslosen schneller in Arbeit bringt. Zwar fanden 2006 229.879 (= 19,2 %), 2007 307.148 (= 15,2 %) und 2008 271.829 (= 13,1 %) der arbeitsuchend Gemeldeten nahtlos eine neue Arbeit. Aber: »Es liegen keine Erkenntnisse darüber vor, ob diese Personen ohne die Meldung zur frühzeitigen Arbeitsuche arbeitslos geworden wären« (Antwort der Bundesregierung auf die Anfrage des Abgeordneten Klaus Ernst (DIE LINKE), BT-Drs. 16/13857, S. 43). Zu vermuten ist, dass die meisten ohne Unterstützung durch die AA nahtlos Arbeit gefunden haben. Denn die Flut frühzeitiger Arbeitsuchmeldungen raubt der AA die Zeit für die zeitraubende Arbeitsvermittlung. Das belegt die Einschätzung eines Vermittlers der AA Köln:

> »Mittlerweile hat sich herausgestellt, dass die von ihren Erfindern sicherlich gut gemeinten Absichten und Ziele in der Praxis deutlich verfehlt werden. Die frühzeitige Arbeitsuchmeldung hat lediglich dazu geführt, dass die ohnehin chronisch überlasteten Arbeitsagenturen, indem sie in buchstäblich jeden Arbeitsvertrag beendenden Vorgang in Deutschland involviert sind, eine überbordende und personalintensive Bürokratie aufgebaut haben und bis an und zum Teil über die Grenzen ihrer Leistungsfähigkeit geraten sind. Jeder befristete Arbeitsvertrag, jede Kündigung, jeder Aufhebungsvertrag läuft über die Schreibtische und Computer der Arbeitsagenturen« (Jürgen Karasch, AiB 2010, S. 72).

Insbesondere die große Zahl befristeter Arbeitsverhältnisse blockiert eine sinnvolle Arbeitsvermittlung:

> »Jede zweite Einstellung erfolgt inzwischen befristet – Anfang der neunziger Jahre war es nur jede fünfte, und derartige Beschäftigungsverhältnisse haben die Eigenart, weitere Befristungen nach sich zu ziehen, so dass etliche Arbeitnehmer aufgrund der Befristung ihres Arbeitsvertrages in Verbindung mit der Pflicht zur frühzeitigen Arbeitsuchmeldung jahrelang alle drei bis sechs Monate bei der Arbeitsagentur persönlich vor-

stellig werden müssen, nur um jeweils in einem verbindlich vorgeschriebenen Erstgespräch von einer Stunde Dauer mitzuteilen, dass ihr Arbeitsvertrag nun doch glücklicherweise wieder noch einmal verlängert worden ist« (Jürgen Karasch, a. a. O., S. 73).

Damit bestätigt sich, was die Bundesregierung schon 2006 eingestand:

»Es fehlt den Vermittlern häufig die Zeit, sich neben der Betreuung der Arbeitslosen um die (noch) nicht arbeitslosen Arbeitsuchenden zu kümmern« (Bericht der Bundesregierung [...], a. a. O., S. 86).

Wenn die frühzeitige Arbeitsuchmeldung ihr Ziel, die frühzeitige Vermittlung in Arbeit, nicht nur verfehlt, sondern sogar erschwert, stellt sich die Frage, warum weiter das Geld der Beitragszahler für diesen Unsinn verschwendet wird.

Vom Job-Motor zur Sperrzeit-Maschine

Eine Antwort auf die Frage ist umso dringender, als über § 38 SGB III i. V. m. der Sanktion nach § 159 Abs. 1 Satz 2 Nrn. 6, 7 SGB III sich die AA gegenüber den Arbeitsuchenden vom Job-Motor zur Sperrzeit-Maschine entwickelt. Den 271.829 nahtlosen Übergängen in Arbeit (von denen die wenigsten auf die Vermittlung durch die AA zurückzuführen sind) standen im Jahr 2008 294.015 Sperrzeiten wegen verspäteter Arbeitsuchmeldung gegenüber! Diese Sperrzeitflut raubt wiederum Zeit für die Vermittlung, denn »das Verhängen von Sperrzeiten ist aufgrund der hohen Zahl von Widersprüchen und Klagen sehr aufwändig« (so der Bericht der Bundesregierung [...], a.a.O, S. 87).

Leider hat das BSG vom 28.8.2007 – B 7/7a AL 56/06 R die Verfassungsmäßigkeit der Pflicht zur frühen Arbeitsuchmeldung verteidigt. Es bleibt deshalb nur die schwache Hoffnung, dass ein Sozialgericht diesem Spuk zulasten der Beitragszahler und AA-Beschäftigten ein Ende bereitet und die §§ 38, 159 Abs. 1 Satz 2 Nrn. 6 und 7 SGB III dem Bundesverfassungsgericht zur Prüfung der Verfassungsmäßigkeit vorlegt. Gute Argumente für eine Vorlage liefert das SG Frankfurt/Oder (zur Verfassungswidrigkeit der ähnlich problematischen Vorgängervorschrift § 140 SGB III) vom 1.4.2004 – S 7 AL 42/04, info also 2005, S. 18-25.

5   Mehr Geld durch Arbeitsuchmeldung beschäftigungsloser Heranwachsender

Sich frühzeitig arbeitsuchend zu melden verhindert nicht nur Sperrzeiten. Die Arbeitsuchmeldung von beschäftigungslosen Heranwachsenden zwischen dem 18. und dem 21. Geburtstag sichert zudem, dass

■ Kindergeld für sie weitergezahlt wird
und
■ arbeitslose Eltern(teile) ein erhöhtes Alg (67 % statt 60 %) erhalten.

Wie der Name sagt, gibt es Kindergeld regelmäßig nur für Kinder, d.h. nur bis zum 18. Geburtstag. Darüber hinaus erhält gemäß § 32 Abs. 4 Satz 1 Nr. 1 EStG ein beschäftigungsloser Heranwachsender zwischen dem 18. und 21. Geburtstag Kindergeld, wenn er sich bei der AA arbeitsuchend meldet. Das gilt insbesondere für Heranwachsende, die noch kein Alg oder Alg II erhalten.

Arbeitsuch-
meldung sichert
Kindergeld

Es genügt für die Erhaltung des Kindergeldanspruchs, dass sich die Heranwachsenden tatsächlich arbeitsuchend melden. Seit 2003 müssen die Tatbestandsmerkmale der Arbeitslosigkeit i.S. § 138 Abs. 1 SGB III wie Eigenbemühungen und Verfügbarkeit nicht mehr nachgewiesen werden (BFH vom 18.2.2016 – V R 22/15).

Die Arbeitsuchmeldung kann auch bei einem Jobcenter erfolgen (BFH vom 22.9.2011 – III R 78/08).

Zu weiteren Einzelheiten vgl. Udo Geiger, info also 2014, S. 262 ff.

Heranwachsende können gemäß § 32 Abs. 4 Satz 1 Nr. 2c EStG sogar bis zum 25. Geburtstag Kindergeld beziehen, wenn sie sich nachweisbar um einen Ausbildungsplatz bemühen.

Ausbildungs-
suche sichert
Kindergeld

Zur Bedeutung der Meldung als Ausbildungsuchender bei der AA zur Erhaltung des Kindergeldanspruchs vgl. BFH vom 18.6.2015 – VI R 10/14.

Gemäß § 149 SGB III i.V.m. § 32 Abs. 1 Satz 1 Nrn. 1 und 2c EStG erhalten Alg-berechtigte Eltern(teile) statt Alg in Höhe von 60 % ein solches in Höhe von 67 %, wenn sich die genannten Heranwachsenden arbeitsuchend melden bzw. um einen Ausbildungsplatz bemühen.

Meldung erhöht
Alg arbeitsloser
Eltern(teile)

6   Zusätzliche Meldepflichten

§ 38 Abs. 1 SGB III verpflichtet Arbeitslose nicht nur zur Arbeitsuchmeldung, sondern zusätzlich ab dem Zeitpunkt der Arbeitsuchmeldung zum Erscheinen auf der AA, wenn die AA dazu auffordert, und zur Meldung eines Umzugs (§ 38 Abs. 1 Satz 6 i.V.m. §§ 309, 310 SGB III).

Wer einer von der AA verlangten Meldung nicht nachkommt, riskiert gemäß § 159 Abs. 1 Satz 2 Nr. 6 SGB III gleichfalls eine einwöchige Sperrzeit.

Außerdem sind Arbeitsuchende gemäß § 38 Abs. 2 Satz 3 i.V.m. § 311 SGB III verpflichtet, der AA eine Arbeitsunfähigkeit anzuzeigen und spätestens vor Ablauf des dritten Kalendertages eine ärztliche Bescheinigung vorzulegen.

III   **Die Arbeitslosmeldung/Alg-Antragstellung**
         § 141 SGB III

1   **Persönliche Arbeitslosmeldung**

Persönlich erscheinen!

Spätestens am ersten Tag der Arbeitslosigkeit müssen Sie sich persönlich bei der AA arbeitslos melden, da es frühestens ab der persönlichen Meldung Alg gibt.
Sie müssen persönlich in der AA erscheinen, die Arbeitslosmeldung per Telefon, per E-Mail, durch einen Brief oder durch einen Bekannten reicht nicht aus.
Zur Arbeitslosmeldung durch einen Vertreter bei Krankheit → S. 27.
Die persönliche Arbeitslosmeldung kann durch nichts ersetzt werden, auch nicht mit Hilfe des sozialrechtlichen Herstellungsanspruchs (BSG vom 7.5.2009 – B 11 AL 72/08 B). Selbst wenn die AA den Arbeitsuchenden falsch beraten hat, kann die persönliche Arbeitsuchmeldung nicht als Arbeitslosmeldung gewertet werden (das anderslautende Urteil des LSG Rheinland-Pfalz vom 2.8.2008 – L 1 AL 59/07, info also 2008, S. 158 ist durch einen Vergleich vor dem BSG gegenstandslos geworden). Allerdings kann die AA schadensersatzpflichtig sein (Art. 34 GG/§ 839 BGB).

Antrag stellen!

Leistungen der Arbeitsförderung müssen beantragt werden. Regelmäßig genügt beim Alg aber die Arbeitslosmeldung; mit ihr gilt das Alg als beantragt.

Nur wenn Sie kurz vor dem 50., 55., 58. Geburtstag stehen, kann sich ein Hinauszögern des Antrags lohnen. Näheres → S. 246.

1.1   **Arbeitslosmeldung vor Eintritt der Arbeitslosigkeit**

Nach § 141 Abs. 1 Satz 2 SGB III können Sie sich frühestens drei Monate vor dem erwarteten Eintritt der Arbeitslosigkeit arbeitslos melden. Bei früher Meldung und Abgabe aller notwendigen Unterlagen (→ S. 28) erhalten Sie schneller Ihr erstes Alg.

1.2   **Arbeitslosmeldung bei Eintritt der Arbeitslosigkeit**

Denken Sie daran: Die Arbeitsuchmeldung ersetzt nicht die Arbeitslosmeldung! Melden Sie sich deshalb auf jeden Fall spätestens am ersten Tag, an dem Sie arbeitslos sind, wenn Sie mit Beginn der Arbeitslosigkeit Alg beziehen wollen. Auch wenn die AA nicht an allen Arbeitstagen Sprechtage hat, können Sie sich an allen Arbeitstagen (Montag bis Freitag) arbeitslos melden.
Wenn Sie die Wartezeit verkürzen möchten, erscheinen Sie frühmorgens in der AA.
Ist die zuständige AA am ersten Tag der Beschäftigungslosigkeit geschlossen, z. B. am Samstag, Sonntag oder an Feiertagen, so reicht

die Arbeitslosmeldung am nächsten Tag, an dem die AA dienstbereit ist (§ 141 Abs. 3 SGB III). Das gilt aber nur, wenn Sie sich unmittelbar nach Eintritt der Beschäftigungslosigkeit arbeitslos melden, nicht, wenn Sie sich wegen einer Erkrankung erst später melden können (BSG vom 17.3.2015 – B 11 AL 12/14 R).

Melden Sie sich erst später arbeitslos, so haben Sie bis zu dem Tag der Arbeitslosmeldung keinen Anspruch auf Alg, auch wenn sonst alle Voraussetzungen für den Bezug von Alg gegeben sind.
Eine verspätete Arbeitslosmeldung kann darüber hinaus zum Verlust oder zur Verkürzung des Alg führen, da die Rahmenfrist für Alg (→ S. 130) genau von dem Tag an zurückgerechnet wird, an dem alle Voraussetzungen für den Bezug von Alg, darunter auch die persönliche Arbeitslosmeldung, erfüllt sind.

Zu späte Arbeitslosmeldung kostet Alg

David Zunder war bis zum 31.7.2015 Oberschüler, ohne jedoch das Abitur gemacht zu haben. Vom 1.8.2015 bis 31.7.2016 arbeitete er (= zwölf Monate Anwartschaftszeit). Ab 1.8.2016 ging er wieder zur Schule, um das Abitur nachzumachen, und bestand die Prüfung am 31.7.2017. Seit dem 1.8.2017 ist er arbeitslos, meldet sich auch an diesem Tag arbeitslos und beantragt Alg.
Erfolgreich? Ja, denn innerhalb der Zwei-Jahres-Rahmenfrist, hier: vom 31.7.2017 bis 1.8.2015, hat David Zunder zwölf Monate Anwartschaftszeit erreicht. Meldet sich David Zunder aber erst nach einem etwaigen Urlaub am 1.9.2017 arbeitslos und beantragt Alg, so wird die AA den Antrag ablehnen: David Zunder hat innerhalb der Zwei-Jahres-Rahmenfrist, jetzt vom 31.8.2017 bis 1.9.2015, keine Anwartschaftszeit von zwölf Monaten erreicht. Siehe auch → S. 122 ff.

Beispiel

Die rechtzeitige Arbeitslosmeldung ist aber auch dann noch wichtig, wenn Sie keine Leistungen der AA zu erwarten haben: Nur wenn Sie sich im Anschluss an das Arbeitsverhältnis oder an den letzten Leistungsbezug arbeitslos gemeldet haben, zählen die Zeiten der Arbeitslosigkeit als Anrechnungszeit in der Rentenversicherung. Näheres → S. 652.

Nahtlose Arbeitslosmeldung auch ohne Alg wegen Renten-Anrechnungszeit

1.3 Arbeitslosmeldung und Krankheit

Es ist von entscheidender Bedeutung, wann Sie arbeitsunfähig werden. Vier Fälle sind zu unterscheiden:

■ Werden Sie noch während des Beschäftigungsverhältnisses krank, erhalten Sie Krankengeld für die Dauer der Arbeitsunfähigkeit, höchstens für 78 Wochen.
Der Bezug von Krankengeld hat folgende Vorteile:
– Es ist höher als das Alg;
– es kürzt nicht die Alg-Bezugsdauer;
– es kann – da der Krankengeldbezug versicherungspflichtig ist – eine Alg-Anwartschaft begründen oder die Alg-Bezugsdauer verlängern;

Vor Arbeitslosmeldung während Beschäftigung

– während des Krankengeldbezugs kann die 50-, 55-, 58-Jahres-Altersstufe erreicht werden mit der Folge, dass Sie in eine höhere Alg-Bezugsdauer-Klasse kommen (→ S. 246).

Sind Sie schon länger krank, so droht Ihnen die Aussteuerung aus dem Krankengeld-Bezug. Fragen Sie Ihre Krankenkasse, ab wann Sie kein Krankengeld mehr erhalten.

Frühzeitig vor Aussteuerung: Alg beantragen

Stellen Sie rechtzeitig vor dem Auslaufen des Krankengeldes einen Alg-Antrag. Warten Sie nicht auf einen Bescheid der Krankenkasse; er kommt nicht selten ein bis zwei Monate nach dem Auslaufen des Krankengeldes.

Beantragen Sie erst nach dem verspäteten Krankengeld-Bescheid Alg, erhalten Sie für die Lücke zwischen dem Ende des Krankengeldbezugs und dem Alg-Antrag nichts. In diesem Fall hilft nach unserer Meinung der so genannte sozialrechtliche Herstellungsanspruch (→ S. 46). Diesen sollten Sie vorsichtshalber bei der Krankenkasse **und** bei der AA geltend machen.

Zwischen Ende des Arbeits-verhältnisses und Arbeitslos-meldung

■ Lassen Sie sich vor der Arbeitslosmeldung, aber nach der Beendigung des Arbeitsverhältnisses krankschreiben, erhalten Sie Krankengeld höchstens für die Zeit eines Monats nach dem Ende des Beschäftigungsverhältnisses, und das auch nur, wenn Sie pflichtversichert sind (§ 19 Abs. 2 SGB V) und nach Ablauf des Monats ein anderweitiger Versicherungsschutz zu erwarten ist. Sind Sie nach diesem Monat weiterhin krank, können Sie Alg nur bekommen, wenn es sich um eine Dauererkrankung handelt. Nach § 188 Abs. 4 Satz 1 SGB V bleiben Sie automatisch als freiwilliges Mitglied in der gesetzlichen KV, es sei denn, Sie können einen anderen KV-Schutz nachweisen. Bei freiwilliger Versicherung, Familienversicherung oder Pflichtversicherung nach § 5 Abs. 1 Nr. 13 SGB V wird kein Krankengeld gezahlt.

Deshalb: Auch wenn Sie sich krank fühlen, schleppen Sie sich erst zur AA, melden Sie sich dort arbeitslos (auch wenn der AA-Mitarbeiter meint: »Sie gehören zum Arzt«) und gehen Sie erst danach zum Arzt.

Nach Arbeitslos-meldung

■ Wird die Arbeitsunfähigkeit erst nach der Arbeitslosmeldung ärztlich festgestellt, dann erhalten Sie am Tag der Meldung zunächst Alg und anschließend Kranken-Alg und gegebenenfalls anschließend Krankengeld. Dasselbe gilt, wenn für den ersten Tag der Arbeitslosigkeit ohne vorherige Arbeitsunfähigkeit eine Operation geplant ist (SG Chemnitz vom 11.3.2008 – S 2 AL 703/05, info also 2008, S. 268 mit Anm. Ute Winkler).

Bei Arbeitslos-meldung

■ Sind Sie bereits krank, wenn Sie sich arbeitslos melden, können Sie dennoch Alg bekommen, wenn kein Anspruch auf Krankengeld (mehr) besteht und die Voraussetzungen der Nahtlosigkeit im Sinne des § 145 SGB III vorliegen (→ S. 107).

In diesem Fall kann die Arbeitslosmeldung gemäß § 145 Abs. 1 Satz 3 SGB III durch einen Vertreter erfolgen. Die persönliche Arbeitslosmeldung muss aber unverzüglich nachgeholt werden, sobald Sie gesundheitlich dazu in der Lage sind. Siehe → S. 108.

Vertretung bei Arbeitslosmeldung

Was beim Zusammentreffen von Krankheit und Arbeitslosigkeit gilt, finden Sie ab → S. 633.

2 Arbeitslosengeld beantragen

Alg muss beantragt werden. Das geschieht regelmäßig automatisch mit der Arbeitslosmeldung (§ 323 Abs. 1 Satz 2 SGB III). Die Ausfüllung des Antragsvordrucks konkretisiert den bereits mündlich gestellten Antrag.

Erstantrag

Der Antrag muss immer dann neu gestellt und die persönliche Arbeitslosmeldung wiederholt werden, wenn die Leistungsunterbrechung mehr als sechs Wochen dauert oder wenn die Leistung bereits unbefristet eingestellt worden ist.

Neuantrag

Grundsätzlich müssen Anträge, Widersprüche und Klagen in deutscher Sprache abgefasst werden; denn die Amtssprache ist Deutsch (§ 19 Abs. 1 SGB X). Über- und zwischenstaatliches Recht erlaubt aber die Abfassung ausnahmsweise in der Muttersprache (§ 30 Abs. 2 SGB I). In diesen Fällen muss die AA kostenlos Dolmetscher- und Übersetzungsdienste stellen.

Babylon ist möglich

Die Berliner Senatsverwaltung für Arbeit, Integration und Frauen hat den Umfang der Kostenübernahme wie folgt konkretisiert:

»Alle notwendigen Übersetzungen bzw. Dolmetscherdienste bei den Erstkontakten werden von Seiten der BA bzw. von der jeweiligen Agentur für Arbeit bzw. vom jeweiligen Jobcenter erstattet.

Die Kosten für Übersetzungen von Schriftstücken von
– Staatsangehörigen aus Staaten der EU (gemäß Art. 2 der VO (EWG) Nr. 883/2004 erstreckt sich der Anwendungsbereich auf alle Staatsangehörige eines Mitgliedsstaates, Staatenlose und Flüchtlinge, die in einem Mitgliedstaat der EU wohnen, ihre Familienangehörige und Hinterbliebene)
– Staatsangehörigen aus Drittstaaten, die ihren rechtmäßigen Wohnsitz in der EU haben und sich in einer grenzüberschreitenden Situation befinden (gemäß VO (EU) Nr. 1231/2010 zur Ausdehnung der VO (EG) Nr. 883/2004 und der Verordnung (EG) Nr. 987/2009 auf Drittstaatsangehörige, die ausschließlich aufgrund ihrer Staatsangehörigkeit nicht bereits unter diese Verordnungen fallen)
– Staatsangehörigen aus Staaten des Europäischen Wirtschaftsraumes (EWR); die VO Nr. 1408/71 findet im Verhältnis zu den Staaten des EWR – Island, Liechtenstein und Norwegen – noch Anwendung und

Staatsangehörigen aus Staaten, mit denen zwischenstaatliche Vereinbarungen bestehen, sowie
– die Kosten für entsprechende Dolmetscherdienste werden generell, also auch bei weiteren Kontakten, von Amts wegen übernommen« (Antwort der Berliner Landesregierung vom 23.9.2013 auf die Kleine Anfrage der Partei »DIE LINKE«, Drs. 17/12607 des Berliner Abgeordnetenhauses).

Bei den in der Antwort angedeuteten »zwischenstaatlichen Vereinbarungen« handelt es sich um

– Abkommen über die soziale Sicherheit mit der (alten) Sozialistischen Föderativen Republik Jugoslawien von 1968 für Antragsteller aus den Nachfolgestaaten (Bosnien-Herzegowina, Montenegro, Serbien und Kosovo);
– deutsch-mazedonisches Abkommen über die soziale Sicherheit von 2003.

Einzelheiten der Zusammenarbeit der BA mit Dritten bei Dolmetscher- und Übersetzungsleistung sind in der HEGA 05/11-08 auf dem Stand vom 19.11.2015 geregelt.

Auch die notwendigen Kosten für die Übersetzung von Zeugnissen und sonstigen Unterlagen können als Kosten für »notwendige Nachweise« aus dem Vermittlungsbudget nach § 44 SGB III beantragt werden.

3   Die Lauferei geht weiter

3.1   Jobcenter

Alg II-
»Aufstockung«

Haben Sie aufgrund Ihres früheren niedrigen Arbeitsverdienstes nur ein geringes Alg zu erwarten, außerdem noch Kinder, dazu einen Ehe-, Lebens- oder eheähnlichen Partner, der nichts oder nur wenig verdient, und haben Sie und Ihr Partner auch kein größeres Vermögen, sollten Sie gleichzeitig mit dem Alg-Antrag »aufstockendes« Alg II/Sozialgeld beantragen.

Alg II beantragen!

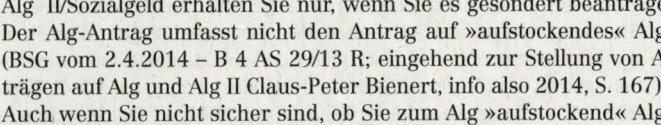

Alg II/Sozialgeld erhalten Sie nur, wenn Sie es gesondert beantragen. Der Alg-Antrag umfasst nicht den Antrag auf »aufstockendes« Alg II (BSG vom 2.4.2014 – B 4 AS 29/13 R; eingehend zur Stellung von Anträgen auf Alg und Alg II Claus-Peter Bienert, info also 2014, S. 167). Auch wenn Sie nicht sicher sind, ob Sie zum Alg »aufstockend« Alg II erhalten, sollten Sie vorsorglich diesen Antrag stellen.
Zuständig für den Alg II/Sozialgeld-Antrag ist das Jobcenter. Es ist häufig entfernt von der AA untergebracht. Die AA wird Sie mit Ihrem Alg II/Sozialgeld-Antrag dann »außer Haus« zum Jobcenter schicken (wollen).

3.2   **Familienkasse**

Allerdings erhalten Sie vom Jobcenter kein Alg II, auch nicht »aufstockend«, wenn Sie nur wegen Ihrer Kinder hilfebedürftig sind. Dann erhalten Sie den so genannten Kinderzuschlag nach § 6a BundeskindergeldG. Ob Sie ihn erhalten, entscheidet die »Familienkasse«. Diese sitzt i.d.R. in der AA. Wenn Sie Ihren Alg II-Aufstockungsantrag beim Jobcenter abgeben, kann es passieren, dass dieses Sie zur Prüfung Ihres Kinderzuschlagantrags zurück zur in der AA angesiedelten Familienkasse schickt.

Kinderzuschlag

3.3   **Wohngeldstelle**

Bei niedrigem Alg, großer Familie und gering oder nicht verdienenden Familienangehörigen sollten Sie Wohngeld bei der Wohngeldstelle Ihrer Gemeinde-, Stadt- oder Kreisverwaltung beantragen. Diesen Weg können Sie sich nur sparen, wenn Sie so bedürftig sind, dass das Aufstocker-Alg II/Sozialgeld höher ist als Wohngeld; denn mit aufstockendem Alg II/Sozialgeld erhalten Sie automatisch aufstockend die »Kosten der Unterkunft«.

Wohngeld

Näher über das Wohngeld informiert das Bundesministerium für Umwelt, Naturschutz, Bau und Reaktorsicherheit in der kostenlosen Broschüre »Wohngeld 2016/2017, Ratschläge und Hinweise«.

3.4   **Vier Fliegen auf einen Streich**

Wie Sie sehen, statt planmäßig Arbeit zu suchen, müssen Sie zunächst versuchen, durch einen Haufen Laufereien Ihren und den Unterhalt Ihrer Familie zu sichern. Das hat der Gesetzgeber nicht gewollt:

»Für die Betroffenen bedeutet [Hartz IV], dass sie eine bürgernahe Anlaufstelle haben und nicht mehr mit einer Vielzahl von Behörden konfrontiert werden« (so die Begründung des SGB II-Entwurfs, BT-Drs. 15/1516, S. 47). »Ziel ist es, die Daten laufen zu lassen und nicht die Bürger« (a.a.O., S. 45).

»Alles aus einer Hand!«

Sie könnten diese Versprechen ernst nehmen und überlegen, ob Sie nicht gleichzeitig mit Ihrem Alg-Antrag aufstockend Alg II/Sozialgeld, den Kinderzuschlag und Wohngeld beantragen.

Ein solcher »Vier-auf-einen-Streich«-Antrag könnte etwa so lauten:

Muster
Antrag auf Alg, Alg II/Sozialgeld, Kinderzuschlag, Wohngeld

> Mit meinem Alg-Antrag beantrage ich zusätzlich, hilfsweise und vorsorglich zur Fristwahrung
>
> ■ aufstockendes Alg II/Sozialgeld;
>
> ■ Kinderzuschlag;
>
> ■ Wohngeld.
>
> Die Agentur für Arbeit muss diese Anträge entgegennehmen (§ 16 Abs. 1 Satz 2 SGB I).

Dass Sie Wohngeld zugleich mit aufstockendem Alg II beantragen können, ergibt sich aus § 7 Abs. 1 Satz 3 Nr. 2 WohngeldG. Zustehen kann Ihnen allerdings nur die jeweils höhere Leistung.

Mit der Abgabe dieses Antrags (am besten nehmen Sie einen Zeugen mit, falls die Entgegennahme verweigert wird) sind Sie zwar die Laufereien nicht los; auf jeden Fall haben Sie aber die Fristen nach § 37 Abs. 2 SGB II, § 6a Abs. 2 Satz 4 BundeskindergeldG und § 25 Abs. 2 WohngeldG gewahrt.

4   Alg-Antragsformular, Vordrucke, Unterlagen

Zunächst reicht Personalausweis

Für die Arbeitslosmeldung brauchen Sie nur den Personalausweis oder ersatzweise den Reisepass mit aktueller Meldebescheinigung. Diese benötigen auch Personen ohne festen Wohnsitz.

Alg-Antragsformular

Von der AA erhalten Sie das Alg-Antragsformular und dazugehörige, wichtige Vordrucke, u.a.:

Vordrucke

■ die vom Arbeitgeber auszufüllende Arbeitsbescheinigung (→ unten 5);

■ die Bescheinigung über Nebeneinkommen;

■ das Zusatzblatt »Sozialversicherung der Leistungsbezieher«;

■ den Fragebogen zum Verlust der Beschäftigung;

■ den Fragebogen zur verspäteten Meldung.

Das Alg-Antragsformular gibt es nicht zum Download im Internet. Allerdings kann **nach erfolgter persönlicher Arbeitslosenmeldung** und Erstellung eines Online-Accounts auf der Internetseite der BA www.arbeitsagentur.de der Antrag online unter »Meine eServices« ausgefüllt werden. Den ausgefüllten Antrag können Sie anschließend direkt online an die AA übermitteln oder für den Postversand ausdrucken oder abspeichern.

Lassen Sie sich beim Ausfüllen des Fragebogens zum Verlust der Beschäftigung Zeit. Lesen Sie zunächst das Kapitel »Sperrzeiten« → S. 257 und → S. 17 ff. und füllen Sie den Fragebogen erst dann in Ruhe aus. Sie können durch die Art Ihrer Antworten eine Sperrzeit und damit den Verlust von Alg für zwölf Wochen und länger vermeiden.

Den Alg-Antrag auf Papier und alle Vordrucke sollten Sie schnellstmöglich ausgefüllt in der AA abgeben. Bei der Abgabe wird geprüft, ob das Alg-Antragsformular und die Vordrucke vollständig ausgefüllt sind und alle Unterlagen vorliegen.

Antragsabgabe

An Unterlagen sollten Sie neben dem ausgefüllten Antragsformular und den Vordrucken mitbringen:

Unterlagen

- Personalausweis;

- Steuer-Identifikationsnummer;

- gegebenenfalls das Kündigungsschreiben/den Aufhebungsvertrag;

- gegebenenfalls Bewilligungsbescheide über früher bezogenes Alg;

- gegebenenfalls Bescheinigung über Bezug von Krankengeld;

- gegebenenfalls Betriebsnachweis für freiwillige Weiterversicherung.

Bei Arbeitslosmeldung wird Ihnen auch das auf 101 Seiten angewachsene »Merkblatt für Arbeitslose« ausgehändigt. Lassen Sie sich auch auf jeden Fall das Merkblatt »Vermittlungsdienste und Leistungen« geben. Es informiert Sie u. a. über finanzielle Leistungen bei der Arbeitsuche.

»Merkblatt«

Weiterhin bekommen Sie Vordrucke für Veränderungsmitteilungen, auf denen Sie Veränderungen Ihrer persönlichen Situation – z. B. wenn Sie eine (neue) Stelle gefunden haben, wenn Sie krank werden, wenn Sie umziehen – der AA mitteilen müssen. Benutzen Sie diese Veränderungsmitteilung sofort bei jeder Veränderung, sonst laufen Sie Gefahr, Ihr Alg zu verlieren.

Veränderungs-
mitteilung

5   Die Arbeitsbescheinigung
§ 312 SGB III

Den Vordruck der AA »Arbeitsbescheinigung« muss der Arbeitgeber ausfüllen. Wir empfehlen, soweit möglich, den von der AA erhaltenen Vordruck »Arbeitsbescheinigung« nebst Hinweisen der BA zum Vordruck »Arbeitsbescheinigung« persönlich beim Arbeitgeber abzugeben und darauf zu bestehen, dass Ihnen die Arbeitsbescheinigung ausgefüllt wieder ausgehändigt wird. Gemäß § 312 Abs. 1 Satz 3 SGB III ist die Arbeitsbescheinigung dem Arbeitnehmer vom Arbeitgeber bei Beendigung des Beschäftigungsverhältnisses auszuhändigen.

Elektronische
Übermittlung

Die Arbeitsbescheinigung kann gemäß § 313a SGB III vom Arbeitgeber auch elektronisch an die AA übermittelt werden (eService BEA); es sei denn, der Arbeitnehmer widerspricht der Übermittlung. Wird die Arbeitsbescheinigung elektronisch übermittelt, muss die AA dem Arbeitslosen unverzüglich einen Ausdruck zuleiten (§ 313a Satz 3 SGB III).

Trotz dieser Pflicht erhöht sich die Gefahr, dass die AA vorschnell aufgrund der elektronisch übermittelten Arbeitsbescheinigung eine Sperrzeit verhängt. Wir empfehlen deshalb, stets der elektronischen Weiterleitung zu widersprechen und ihr erst zuzustimmen, wenn Sie die Arbeitsbescheinigung in Ruhe auf Fehler durchgesehen haben.

Können Sie die Arbeitsbescheinigung nicht persönlich bei Ihrem früheren Arbeitgeber abgeben, schicken Sie die Arbeitsbescheinigung dem Arbeitgeber mit der Bitte um sofortige Rücksendung. Müssen Sie befürchten, dass Ihr früherer Arbeitgeber die Arbeitsbescheinigung nicht oder verspätet ausfüllen wird, schicken Sie die Bescheinigung per Einschreiben mit Rückschein.

Verzögert oder verweigert der Arbeitgeber das Ausfüllen der Arbeitsbescheinigung, so muss die AA sich selbst um die (rechtzeitige) Beibringung der Arbeitsbescheinigung durch den Arbeitgeber kümmern (so unter Hinweis auf die Ermittlungspflicht nach § 20 SGB X zu Recht Thommes, in: Gagel SGB II/SGB III, RandNr. 72 zu § 312). Verweigert ein Arbeitgeber hartnäckig die Arbeitsbescheinigung, kann die AA ihn notfalls durch Verhängung einer Geldbuße von bis zu 2.000 € (§ 404 Abs. 2 Nr. 19, Abs. 3 SGB III) und Androhung von Schadensersatz (§ 321 Nr. 1 SGB III) zur Ausstellung der Arbeitsbescheinigung zwingen.

Entsteht dem Arbeitslosen wegen der ausbleibenden Arbeitsbescheinigung ein Verzugsschaden (z.B. durch Kreditaufnahme wegen verzögerter Alg-Zahlung), kann er einen Schadensersatzanpruch gegenden Arbeitgeber geltend machen. Näher hierzu Achim Lindemann/Nikolaus Polzer, DB 2015, S. 2935 ff.

Manchmal hilft ein Anruf des Arbeitslosen bei der Krankenkasse als Beitragseinzugsstelle, um anhand der Beitragszahlungen die versicherungspflichtigen Beschäftigungszeiten nachzuweisen.

Was muss in
die Arbeits-
bescheinigung?

In der Arbeitsbescheinigung sind insbesondere zu bescheinigen:
- die Art der Tätigkeit des Arbeitnehmers;
- Beginn, Ende, Unterbrechungen und Grund für die Beendigung des Beschäftigungsverhältnisses;
- das versicherungspflichtige Bruttoarbeitsentgelt.

Zum Bruttoarbeitsentgelt gehören auch Sachbezüge (freie Kost, Wohnung u. a.) mit dem Wert nach der Sozialversicherungsentgeltverordnung; Einmalleistungen, soweit sie sozialversicherungspflichtig sind, wie Weihnachts- und Urlaubsgeld; Entgeltfortzahlung bei Krankheit und Urlaub; das ausgefallene Bruttoarbeitsentgelt bei Kurzarbeit und Bezug von Kurzarbeitergeld; vermögenswirksame Arbeitgeberleistungen; rückwirkende tarifliche Lohnerhöhungen mit dem auf den

Abrechnungszeitraum entfallenden Anteil. (Näheres zu den beitragspflichtigen Bruttoarbeitsentgelten → S. 187.)
Auf der Arbeitsbescheinigung ist nur das Arbeitsentgelt anzugeben, das zuletzt vor dem Ausscheiden des Arbeitnehmers aus dem Beschäftigungsverhältnis tatsächlich abgerechnet worden ist.

Der Arbeitgeber ist verpflichtet, die Arbeitsbescheinigung wahrheitsgemäß auszufüllen. Probleme entstehen häufig, wenn zwischen Arbeitgeber und Arbeitnehmer vereinbart wurde: »zur Vermeidung einer betriebsbedingten Kündigung wurde ein Aufhebungsvertrag geschlossen«, der Arbeitgeber aber in der Arbeitsbescheinigung wahrheitsgemäß angibt, die Beendigung des Arbeitsverhältnisses beruhe auf einem wichtigen Grund in der Person des Arbeitnehmers oder dieser habe das Arbeitsverhältnis auf eigenen Wunsch beenden wollen. Das HessLAG vom 17.7.2012 – 13 Sa 1053/11 und Achim Lindemann/Nikolaus Polzer, DB 2015, S. 2935 ff. (2937 f.) vertreten die Auffassung, der Arbeitgeber habe in diesen Fällen pflichtgemäß die Beendigung des Arbeitsverhältnisses richtig bescheinigt; Ansprüche des Arbeitnehmers auf Schadensersatz wegen Verletzung des Aufhebungsvertrags entstünden nicht. Danach trägt der Arbeitslose in einem solchen Fall das Risiko eines Sperrzeitschadens.

Die Arbeitsbescheinigung muss der Wahrheit entsprechen

Erhalten Sie die Arbeitsbescheinigung ausgefüllt zurück, sollten Sie die Angaben, insbesondere die Beendigungsgründe, gleich überprüfen. Bei von Ihnen zu verantwortenden Beendigungsgründen droht eine Sperrzeit. Sind Sie mit den Angaben nicht einverstanden, versuchen Sie beim Arbeitgeber eine Änderung der Arbeitsbescheinigung zu erreichen.

Als Arbeitnehmer dürfen Sie keine Eintragung des Arbeitgebers ändern oder ergänzen.

Hat der Arbeitgeber die Arbeitsbescheinigung falsch ausgefüllt, so wird die AA bei der Prüfung, ob und in welcher Höhe Ihr Alg-Anspruch besteht, in der Regel zunächst die falschen Angaben des Arbeitgebers zu Grunde legen. Werden diese später, z.B. nach einer Kündigungsschutzklage, berichtigt, ist die AA verpflichtet, Ihren Anspruch erneut zu überprüfen und gegebenenfalls neu zu berechnen.
Ein Arbeitsloser kann Ersatz des Schadens vom Arbeitgeber verlangen, der durch eine nachweisbar falsche Arbeitsbescheinigung entsteht; infrage kommt insbesondere der Ersatz der Kosten, die dem Arbeitslosen bei der Durchsetzung des Alg entstehen. Die gegenteilige Ansicht von Achim Lindemann/Nikolaus Polzer, DB 2015, S. 2935 ff. (2939) überzeugt nicht: Es ist nicht einzusehen, warum diese einen Schadensersatz zwar bei verspäteter, nicht aber bei falscher Arbeitsbescheinigung zubilligen wollen.

Falls der Arbeitgeber nicht mehr existiert, müssen Sie anhand von Ersatzdokumenten (z.B. Rentenversicherungsnachweis, Gehaltsabrechnungen, Arbeitsvertrag) den Nachweis führen. Hierzu gibt es einen besonderen Vordruck. Zur Not reichen auch Zeugenaussagen von Kollegen/Kolleginnen oder eine eigene wahrheitsgemäße Versicherung aus.

6 **Vor falschen Angaben wird gewarnt**

Nach § 60 SGB I muss, wer eine Sozialleistung beantragt oder erhält,

■ wahrheitsgemäße Angaben machen und

■ Änderungen in seinen Verhältnissen unverzüglich mitteilen.

So muss ein Alg-Antragsteller oder Alg-Bezieher der AA

■ Nebeneinkommen aus Erwerbstätigkeit,

■ die Aufnahme einer neuen Beschäftigung,

■ den »Abgang« eines Kindes bei 67 %-Alg,

■ den Wechsel in eine schlechtere Steuerklasse

mitteilen.

Wer das unterlässt, also mit gezinkten Karten spielt, um ein höheres Alg zu bekommen, lebt gefährlich.
Auf vielen Wegen erfährt die AA von Tätigkeiten und Verdiensten während des Alg-Bezugs:

Datenabgleich mit der Rentenversicherung

Wichtige Quelle ist der automatische Datenabgleich mit Daten der Rentenversicherung (§ 397 SGB III). Auch von – nicht angegebenen – geringfügigen Beschäftigungen kann die AA so erfahren (§ 397 Abs. 1 Satz 2 SGB III).

Auskunftspflicht von Arbeitgebern

Arbeitgeber, die Alg-Bezieher beschäftigen, müssen auf Verlangen der AA Auskunft geben über die Beschäftigung, insbesondere das Arbeitsentgelt (§ 315 Abs. 3 SGB III).

Engmaschiges Kontrollnetz

Wie engmaschig das Kontrollnetz inzwischen geknüpft wird, zeigen die §§ 95 ff. SGB IV im Sechsten Abschnitt unter dem Titel »Übermittlung von Daten zur und innerhalb der Sozialversicherung«.

Auskunftspflicht von Banken

Gemäß § 315 Abs. 2 Satz 1 SGB III kann die AA von Banken und Sparkassen Auskunft über (Veränderungen von) Guthaben des Alg-Beziehers verlangen.

Auskunftspflicht von Finanzämtern

Nach § 31a Abs. 1 Nr. 1 Buchst. b Doppelbuchst. bb AO darf das Finanzamt der AA u. a. Einkünfte eines Alg-Beziehers aus freiberuflicher Tätigkeit und Gewerbebetrieb mitteilen, soweit die Mitteilung für die Entscheidung über das Alg, insbesondere über die Rückforderung des Alg wegen Anrechnung von Nebeneinkommen erforderlich ist.
Der BFH vom 4.10.2007 – VII B 110/07, DB 2007, S. 2464 ff. hält diese Ausnahme vom Steuergeheimnis mit dem Grundgesetz für vereinbar. Das Finanzamt müsse im Übrigen nicht feststellen, ob die mitgeteilten Tatsachen eine Rückforderung des Alg rechtfertigen. Das zu klären,

sei Aufgabe der AA. Es genüge für die Mitteilung, dass im Veranlagungszeitraum Alg bezogen worden sei.

Umgekehrt fließen gemäß § 32b Abs. 3 EStG über das IT-Verfahren DelFi (Datenübertragung elektronisch an die Finanzverwaltung) alle Informationen zu den dem Progressionsvorbehalt unterliegenden AA-Leistungen, dazu gehört insbesondere das Alg, an die Finanzämter.

Datenfluss AA → Finanzamt

Einem Bezieher von laufenden Leistungen droht eine Geldbuße bis zu 5.000 €, wenn er »eine Änderung in den Verhältnissen, die für einen Anspruch auf eine laufende Leistung erheblich ist, nicht, nicht richtig, nicht vollständig oder nicht rechtzeitig mitteilt« (§ 404 Abs. 2 Nr. 26, Abs. 3 SGB III).

Bußgeldgefahr

Besteht die »Änderung in den Verhältnissen« in Schwarzarbeit, droht nach § 8 Abs. 1 Nr. 1b i. V. m. § 1 Abs. 2 Nr. 3 SchwarzArbG eine Geldbuße bis 300.000 €.

Schwarzarbeit

Die Verfolgungsverjährungsfrist beträgt gemäß § 31 Abs. 2 OWiG:

Verfolgungs- verjährung

bei Geldbußen	
ab 1.001 € bis 2.500 €	1 Jahr
ab 2.501 € bis 15.000 €	2 Jahre
von mehr als 15.000 €	3 Jahre

Gegen einen Bußgeldbescheid kann binnen zwei Wochen Einspruch eingelegt werden (§ 67 OWiG). Hilft die AA dem Einspruch nicht ab, so entscheidet das Amtsgericht. Falls der Betroffene und die Staatsanwaltschaft nicht widersprechen, kann das Amtsgericht ohne Hauptverhandlung entscheiden. In diesem Fall kann das Bußgeld nicht höher ausfallen (§ 72 Abs. 3 Satz 2 OWiG). Nach einer Hauptverhandlung kann das Amtsgericht eine höhere Geldbuße festsetzen.

Einspruch

Statt eines Bußgelds droht bei schwer wiegenden Verstößen ein Strafverfahren wegen Betrugs. Einen Betrugsverdacht nimmt die BA regelmäßig an, wenn aufgrund eines automatischen Datenabgleichs Überschneidungen/Überzahlungen bekannt werden. Obwohl hier regelmäßig eine Ordnungswidrigkeit nach § 404 Abs. 2 Nr. 26 SGB III vorliegt, gibt die BA diese Fälle an die zuständige Zollverwaltung zur Einleitung eines Strafverfahrens ab. Aber auch dort, wo kein Tatbestand einer Ordnungswidrigkeit erfüllt ist (z. B. bei falschen Angaben im Antragsvordruck), schaltet die BA regelmäßig die Zollverwaltung ein, die ein Strafverfahren wegen Betrugs einleitet.

Gefahr eines Strafverfahrens

Zur Gefahr vorschneller Verurteilung wegen Betrugs vgl. Mathias Klose, Strafrecht für Sozialrechtler – Der »Hartz IV-Betrug«, info also 2016, S. 157 ff.

Soweit eine Bestrafung wegen Betruges ausscheidet, droht eine Bestrafung nach § 9 SchwarzArbG. Danach kann mit Freiheitsstrafe oder Geldstrafe bestraft werden, wer Sozialleistungen neben Schwarzarbeit erschleicht.

Schwarzarbeit

Rückzahlung von Alg und Krankenkassen-/ Pflegebeitrag

In den genannten Fällen verlangt die AA nicht nur das Alg zurück, sondern auch den für Sie als angeblich Arbeitslosen gezahlten Krankenkassen-/Pflegebeitrag, wenn die AA die Beiträge nicht von der Krankenkasse zurückfordern kann, weil Sie von der Kasse Leistungen bezogen haben. Sie zahlen also unter Umständen zweimal den Krankenkassen-/Pflegebeitrag: einmal aufgrund der der AA verschwiegenen Beschäftigung, das zweite Mal aufgrund der Rückforderung der AA.

IV   **Die Arbeitsvermittlung durch die AA**

1   **Das Internetangebot der BA**

Nach § 40 Abs. 2 SGB III haben die AA bei der Beratung, Vermittlung und Berufsorientierung »Selbstinformationseinrichtungen« einzusetzen. Dazu zählen v. a.:

- **JOBBÖRSE** – Selbstbedienungsplattform für Arbeitgeber und Arbeit-/ Ausbildungsuchende, die den selbsttätigen Ausgleich von Angebot und Nachfrage auf dem Arbeits- und Ausbildungsmarkt unterstützen soll;

- **EURES** – Datenbank mit Zugriff auf zahlreiche Stellenangebote im EU- und EWR-Raum;

- **KURSNET** – Datenbank für Aus- und Weiterbildung mit zahlreichen Bildungsangeboten;

- **BEN** – Online-Service zur individuellen beruflichen Weiterentwicklung;

- **BERUFENET** – Datenbank mit ca. 3.200 Berufsbeschreibungen;

- **BERUFETV** – Filmportal der BA;

- **BERUFE-Universum** – auf planet-beruf.de, das Selbsterkundungsprogramm, um herauszufinden, welcher Ausbildungsberuf zu welchem Jugendlichen passt;

- **abi** – erleichtert Abiturienten die Wahl zwischen Berufsausbildung und Studium;

- **PERSPEKTIVE WIEDEREINSTIEG** – Auf dem vom Bundesministerium für Familie, Senioren, Frauen und Jugend (BMFSFJ) und der BA gemeinsam getragenen Internetportal werden auf Beratungsstellen und im Veranstaltungskalender auf Veranstaltungen für Wiedereinsteiger hingewiesen.

Diese Angebote kann man auch im Internetcenter bei der AA nutzen.

2   **»Potenzialanalyse«**
§ 37 Abs. 1 SGB III

Solange genügend Arbeitsplätze da sind, erleichtert eine »passgenaue« Vermittlung das Finden und Behalten eines Arbeitsplatzes. Solange genügend Arbeitsvermittler da sind, bleibt ihnen Zeit einzuschätzen, welcher Arbeitsplatz für welchen Arbeitslosen passt. Das setzt voraus, dass Arbeitsvermittler und Arbeitslose sich ein genaues Bild davon machen, welche Chancen der einzelne Arbeitslose angesichts des für ihn infrage kommenden Arbeitsmarktes hat.

Die individuelle Chanceneinschätzung nennt der Gesetzgeber »Potenzialanalyse«. Dieser Begriff lenkt den Blick auch auf die Stärken des Arbeitslosen, auf sein »Potenzial«. Dementsprechend verlangt § 37 Abs. 1 SGB III von der AA »zusammen mit der oder dem Ausbildungsuchenden oder der oder dem Arbeitsuchenden die für die Vermittlung erforderlichen beruflichen und persönlichen Merkmale, beruflichen Fähigkeiten und die Eignung festzustellen (Potenzialanalyse). Die Potenzialanalyse erstreckt sich auch auf die Feststellung, ob und durch welche Umstände die berufliche Eingliederung voraussichtlich erschwert ist.«

Was ist eine Potenzialanalyse?

Die Potenzialanalyse muss »unverzüglich nach der Ausbildungsuchmeldung oder Arbeitsuchmeldung« erhoben werden; also nicht erst nach der Arbeitslosmeldung. Die Potenzialanalyse erfolgt durch den Fallmanager gemeinsam mit dem Arbeitslosen im Rahmen des so genannten Vier-Phasen-Modells am Computer.
An dieser kann ein noch beschäftigter Arbeitsuchender in der Regel nicht teilnehmen. Deshalb kann bei Ablehnung der Teilnahme durch einen noch nicht arbeitslosen Arbeitsuchenden auch keine Sperrzeit gemäß § 159 Abs. 1 Satz 2 Nr. 4 SGB III verhängt werden (→ S. 295).

»Unverzüglich«

Wichtige Grundlage der Potenzialanalyse ist das von Ihnen auszufüllende »Arbeitspaket Teil 3 – Vorbereitung Vermittlungsgespräch«. Kreuzen Sie auf S. 2 unter »Veröffentlichung in der JOBBÖRSE der Bundesagentur für Arbeit« nur das dritte Kästchen an (zur Begründung → S. 628).

Die Potenzialanalyse bildet die Grundlage für die Eingliederungsvereinbarung.

> »Voraussetzung für den Abschluss einer Eingliederungsvereinbarung ist eine umfassende Feststellung aller Stärken und Schwächen des Ausbildung- oder Arbeitsuchenden.« (Entwurf des Gesetzes zur Neuausrichtung der arbeitsmarktpolitischen Instrumente (BT-Drs. 16/10810 S. 29))

3   **»Eingliederungsvereinbarung« und Eingliederungsanordnung**
§ 37 Abs. 2 SGB III

Die Inhalte der Eingliederungsvereinbarung beschreibt § 37 Abs. 2 SGB III:

Was ist eine Eingliederungsvereinbarung?

»In einer Eingliederungsvereinbarung, die die Agentur für Arbeit zusammen mit der oder dem Ausbildungsuchenden oder Arbeitsuchenden trifft, werden für einen zu bestimmenden Zeitraum festgelegt
1. das Eingliederungsziel,
2. die Vermittlungsbemühungen der Agentur für Arbeit,
3. welche Eigenbemühungen zur beruflichen Eingliederung die oder der Ausbildungsuchende oder die oder der Arbeitsuchende in welcher Häufigkeit mindestens unternehmen muss und in welcher Form diese nachzuweisen sind,
4. die vorgesehenen Leistungen der aktiven Arbeitsförderung.«

Es werden also die Pflichten der Arbeitsuchenden und die Pflichten der AA in der Eingliederungsvereinbarung festgelegt; sozusagen das »Fordern« und »Fördern«. Leider kommt das Fördern in der Praxis häufig zu kurz. Das widerspricht dem ausdrücklichen Willen des Gesetzgebers:

Gesetzgeber fordert auch »Fördern«

»Der Deutsche Bundestag fordert [...] die Bundesregierung auf, dafür Sorge zu tragen, dass der Grundsatz des Förderns in einem mindestens gleichwertigen Verhältnis zu dem [...] Grundsatz des Forderns angewandt wird. Dabei sind die individuellen Rechte und Bedürfnisse der erwerbsfähigen Hilfebedürftigen angemessen zu berücksichtigen. Die Bundesregierung hat insbesondere darauf hinzuwirken, dass

- die [...] Eingliederungsvereinbarung in einem partnerschaftlichen Umgang zwischen Agentur für Arbeit und erwerbsfähigen Hilfebedürftigen zu Stande kommt und

- in der Eingliederungsvereinbarung diejenigen Leistungen zur Eingliederung in Arbeit vereinbart werden, die unter Berücksichtigung der Umstände des Einzelfalls zur Eingliederung in Arbeit erforderlich und vertretbar sind.

Darüber hinaus soll die Bundesanstalt durch geeignete Maßnahmen (z. B. durch Hinzuziehen eines zweiten Fallmanagers) gewährleisten, dass im Falle von Differenzen bei Abschluss und Einhalten der Eingliederungsvereinbarungen die Interessen des erwerbsfähigen Hilfebedürftigen gewahrt werden.« (BT-Drs. 15/1728, S. 14)

Ermessensspielraum der AA

Inzwischen hat sich gezeigt, dass der umstandslose sofortige Abschluss einer Eingliederungsvereinbarung nicht bei allen Arbeitslosen Sinn macht. Die BA hat deshalb mit Weisung vom 8.12.2015 die Pflicht der AA zum Abschluss einer Eingliederungsvereinbarung gelockert:

»Die Vermittlungsfachkräfte können bei marktnahen Kundinnen und Kunden in den ersten 3 Monaten nach Beginn der Arbeitslosigkeit künftig selbst entscheiden, ob der Abschluss einer EV erforderlich ist. Voraussetzung ist, dass keine wesentlichen Hemmnisse die Arbeitsmarktintegration erschweren.

Wird eine Förderentscheidung getroffen, ist nach wie vor eine Eingliederungsvereinbarung notwendig. Ist nach drei Monaten noch keine Integration in Beschäftigung erfolgt, ist zeitnah ein Beratungsgespräch zu führen und eine Eingliederungsvereinbarung abzuschließen.

Die Beratungsfachkräfte können bei ausbildungsuchenden Kundinnen und Kunden, die keinen wesentlichen Unterstützungsbedarf aufweisen (marktnahe Bewerberinnen und Bewerber um eine Ausbildungsstelle) künftig selbst entscheiden, ob sie bei ... Ausbildungsbewerberinnen und -bewerbern in den ersten drei Monaten ihrer Ausbildungsuche eine schriftliche Eingliederungsvereinbarung abschließen.«

Gemäß § 37 Abs. 3 SGB III ist

»der oder dem Ausbildungsuchenden oder der oder dem Arbeitsuchenden [...] eine Ausfertigung der Eingliederungsvereinbarung auszuhändigen. Die Eingliederungsvereinbarung ist sich ändernden Verhältnissen anzupassen; sie ist fortzuschreiben, wenn in dem Zeitraum, für den sie zunächst galt, die Ausbildungssuche oder Arbeitsuche nicht beendet wurde. Sie ist spätestens nach sechsmonatiger Arbeitslosigkeit, bei arbeitslosen und ausbildungsuchenden jungen Menschen spätestens nach drei Monaten, zu überprüfen.«   Aktualisierung

Den Alg-Berechtigten wird regelmäßig eine »Eingliederungsvereinbarung« vorgelegt. Sie wird vom Arbeitsvermittler teilweise auf sie zugeschnitten; z.T. sind Textbausteine aber von der BA vorgegeben.

Sie müssen den vorgelegten Text nicht umstandslos unterschreiben. Bestehen Sie darauf, das Vorgelegte zu Hause in Ruhe zu überprüfen, gegebenenfalls zu ändern und erst dann zu unterschreiben.

Wir halten einige Textbausteine der vorgelegten Eingliederungsvereinbarung für nicht unterschriftsreif:
So können Sie im 1. Kasten der Eingliederungsvereinbarung den Stichpunkt »Anonyme Veröffentlichung in der Jobbörse« einschränken mit den Worten »**ohne CallMe** (direkte Anrufmöglichkeit eines Arbeitgebers)«. Zur Begründung → S. 627.
So könnten Sie im 2. Kasten als qualifizierte Fachkraft das Stichwort »Initiativbewerbungen« ergänzen um »**sofern konkrete Anhaltspunkte für Personalbedarf besteht**«. Grund: Blindbewerbungen belasten Arbeitgeber und bringen jedenfalls bei Qualifizierten in der Regel nichts.
Im 3. Kasten könnten Sie den Satz »und trete – falls angeboten – diese Stelle an« ergänzen um: »**sofern das Angebot zumutbar ist**«.
Den weiteren Satz im 3. Kasten »Als Arbeitsloser haben Sie die Verpflichtung, alle Möglichkeiten zur Beendigung Ihrer Arbeitslosigkeit zu nutzen« könnten Sie konkretisieren durch »alle **zumutbaren** Möglichkeiten«. Zur Begründung der beiden letzten Änderungen → S. 156.

Lehnt der Arbeitslose den Abschluss einer Eingliederungsvereinbarung ab, weil er seine Interessen nicht gewahrt sieht, darf keine Sperrzeit verhängt werden; auch eine Einstellung der Leistung wäre unzulässig. Das stellt § 37 Abs. 3 Satz 4 SGB III klar:

Eingliederungs-anordnung

»Kommt eine Eingliederungsvereinbarung nicht zustande, sollen die [...] Eigenbemühungen durch Verwaltungsakt festgesetzt werden.«

Bei Bruch der Eingliederungs-vereinbarung: Sperrzeitgefahr

Hält sich ein Arbeitsloser nicht an die in der abgeschlossenen Eingliederungsvereinbarung übernommenen Pflichten, kann die AA gemäß § 159 Abs. 1 Satz 2 Nr. 3 i. V. m. § 138 Abs. 4 Satz 2 Nr. 1 SGB III eine Sperrzeit verhängen.

Allerdings nur, wenn das »Fordern« und »Fördern« in einem ausgewogenen Verhältnis stehen:

»Individuell bestimmte Eigenbemühungen des Leistungsberechtigten in einer Eingliederungsvereinbarung sind im Sinne des sog. Koppelungsverbotes im Recht der öffentlich-rechtlichen Verträge nur angemessen, wenn deren Unterstützung durch Leistungen des Jobcenters in der Eingliederungsvereinbarung konkret und verbindlich bestimmt ist. [...]
Jede Eingliederungsvereinbarung ›konkretisiert‹ das Sozialrechtsverhältnis und enthält ›verbindliche Aussagen‹ zum Fördern und Fordern einschließlich der abgesprochenen Leistungen zur Eingliederung in Arbeit [...]. Weder ist ersichtlich, dass die Eingliederungsvereinbarung [...] bei den Leistungen zur Eingliederung in Arbeit die Eignung und individuelle Lebenssituation des Klägers berücksichtigt [...]. Noch ist ersichtlich, dass sie außer der Zusage des Beklagten, bei Vorliegen geeigneter Stellenangebote Vermittlungsvorschläge zu unterbreiten, individuelle, konkrete und verbindliche Leistungsangebote zur Eingliederung in Arbeit [...] als die grundsätzlich notwendigen Bestandteile einer Eingliederungsvereinbarung enthält«.

Mit dieser Begründung hat das BSG vom 26.6.2016 – B 14 AS 30/15 R die Kürzung von Alg II abgelehnt.

In einem weiteren Urteil hat das BSG die für die Eingliederungsvereinbarung entwickelten Grundsätze auch auf den Eingliederungsverwaltungsakt übertragen:

»Wird eine Eingliederungsvereinbarung durch Verwaltungsakt ersetzt, sind dessen Regelungen im Rahmen pflichtgemäßen Ermessens nach denselben Maßstäben zu einem angemessenen Ausgleich zu bringen wie bei einer konsensualen Eingliederungsvereinbarung« (BSG vom 26.6.2016 – B 14 AS 42/15 R).

Die gleichen Grundsätze gelten bei der Sperre der Versicherungsleistung Alg I (BSG vom .4.2017 – B 11 AL 5/16 R und – B 11 AL 19/16 R).

4   **Das Ob und Wie der Vermittlung**

Gemäß § 38 Abs. 3 Satz 1 SGB III besteht ein Anspruch auf Arbeitsvermittlung

- für die Dauer des Alg- oder Transfer-Kug-Bezugs oder

- nach Arbeitsuchmeldung gemäß § 38 Abs. 1 SGB III bis zum angegebenen Beendigungszeitpunkt des Ausbildungs- oder Arbeitsverhältnisses.

Bei der Vermittlung gelten folgende Grundsätze:

- Die AA hat die Neigung, Eignung und Leistungsfähigkeit der Ausbildungsuchenden und Arbeitsuchenden sowie die Anforderungen der angebotenen Stellen zu berücksichtigen (§ 35 Abs. 2 Satz 2 SGB III). Sie hat dazu beizutragen, den »Erwerb des Lebensunterhaltes durch eine frei gewählte Tätigkeit zu ermöglichen« (§ 1 Abs. 1 SGB I). Diese Leitnorm aller Sozialgesetzbücher gerät immer mehr in Vergessenheit. Was Arbeitslose gerne wollen und ob der angebotene Verdienst zum Leben reicht, interessiert die AA kaum noch. Dennoch sollte man sich stets, wenn man zu einer Arbeit fern eigener Wünsche und Vorstellungen gezwungen wird, auf diese Grundnorm berufen, bevor auch sie abgeschafft wird.

»Lebensunterhalt durch frei gewählte Tätigkeit«

- Die AA hat Frauen besonders zu fördern.

Frauenförderung

  - Nach § 1 Abs. 1 Satz 3 SGB III ist »die Gleichstellung von Frauen und Männern als durchgängiges Prinzip der Arbeitsförderung zu verfolgen.«

  - Nach § 1 Abs. 2 Nr. 4 SGB III »sollen die Leistungen der Arbeitsförderung insbesondere die berufliche Situation von Frauen verbessern, indem sie auf die Beseitigung bestehender Nachteile sowie auf die Überwindung eines geschlechtsspezifisch geprägten Ausbildungs- und Arbeitsmarktes hinwirken und Frauen mindestens entsprechend ihrem Anteil an den Arbeitslosen und ihrer relativen Betroffenheit von Arbeitslosigkeit gefördert werden.«

  - Nach § 29 Abs. 2 Sätze 2 und 3 SGB III 8eingefügt durch das »Gesetz zur Förderung der Trasparenz von Entgeltstrukturen vom 30.6.2017) »berät die Agentur für Arbeit geschlechtersensibel. Insbesondere wirkt sie darauf hin, das Berufswahlspektrum von Frauen und Männern zu erweitern«.

  - Nach § 8 Abs. 1 SGB III »sollen die Leistungen der aktiven Arbeitsförderung in ihrer zeitlichen, inhaltlichen und organisatorischen Ausgestaltung die Lebensverhältnisse von Frauen und Männern berücksichtigen, die aufsichtsbedürftige Kinder betreuen und erziehen oder pflegebedürftige Personen betreuen oder nach diesen Zeiten wieder in die Erwerbstätigkeit zurückkehren wollen.«

– Nach § 8 Abs. 2 SGB III »sollen Berufsrückkehrende die zu ihrer Rückkehr in die Erwerbstätigkeit notwendigen Leistungen der aktiven Arbeitsförderung unter den Voraussetzungen dieses Buches erhalten. Hierzu gehören insbesondere Beratung und Vermittlung sowie die Förderung der beruflichen Weiterbildung durch Übernahme der Weiterbildungskosten.«

Beauftragte für Chancengleichheit am Arbeitsmarkt

– »Die Beauftragten für Chancengleichheit am Arbeitsmarkt unterstützen und beraten Arbeitgeber, Arbeitnehmerinnen und Arbeitnehmer sowie deren Organisationen in übergeordneten Fragen der Frauenförderung, der Gleichstellung von Frauen und Männern am Arbeitsmarkt sowie der Vereinbarkeit von Familie und Beruf bei beiden Geschlechtern.« (§ 385 Abs. 2 Satz 1 SGB III.)

Jede Frau, die sich nicht entsprechend den aufgeführten Grundsätzen gefördert sieht, kann sich an die »Beauftragte für Chancengleichheit am Arbeitsmarkt« ihrer AA wenden.

Weitgehendes Benachteiligungsverbot

■ Diskriminierende Arbeitsangebote von Arbeitgebern darf die AA nicht bedienen. Das verbietet § 36 Abs. 2 SGB III:

»Die Agentur für Arbeit darf Einschränkungen, die der Arbeitgeber für eine Vermittlung hinsichtlich Geschlecht, Alter, Gesundheitszustand oder Staatsangehörigkeit oder ähnlicher Merkmale der Ausbildungsuchenden und Arbeitsuchenden vornimmt, die regelmäßig nicht die berufliche Qualifikation betreffen, nur berücksichtigen, wenn diese Einschränkungen nach Art der auszuübenden Tätigkeit unerläßlich sind. Die Agentur für Arbeit darf Einschränkungen, die der Arbeitgeber für eine Vermittlung aus Gründen der Rasse oder wegen der ethnischen Herkunft, der Religion oder Weltanschauung, einer Behinderung oder der sexuellen Identität des Ausbildungsuchenden und Arbeitsuchenden vornimmt, nur berücksichtigen, soweit sie nach dem Allgemeinen Gleichbehandlungsgesetz zulässig sind. Im Übrigen darf eine Einschränkung hinsichtlich der Zugehörigkeit zu einer Gewerkschaft, Partei oder vergleichbaren Vereinigung nur berücksichtigt werden, wenn
1. der Ausbildungs- oder Arbeitsplatz in einem Tendenzunternehmen oder -betrieb im Sinne des § 118 Abs. 1 Satz 1 des Betriebsverfassungsgesetzes besteht und
2. die Art der auszuübenden Tätigkeit diese Einschränkung rechtfertigt.«

Tendenzunternehmen sind insbesondere die Kirchen und ihre sozialen Einrichtungen und neben den genannten Gewerkschaften und Parteien auch Arbeitgeberverbände und Presseunternehmen.
Wir bezweifeln, dass dieses wohl gemeinte Verbot in der Praxis durchzusetzen ist. Ein Arbeitsvermittler, der weiß, dass Arbeitgeber in der Regel »Olympiamannschaften« wollen, wird keinen alten, gebrechlichen Bewerber zur Einstellung vorschlagen.

Das Benachteiligungsverbot gilt nicht nur bei der Vermittlung, sondern auch für die aktive Arbeitsförderung. Dies betont § 19a Satz 1 SGB IV:

»Bei der Inanspruchnahme von Leistungen, die den Zugang zu allen Formen und allen Ebenen der Berufsberatung, der Berufsbildung, der beruflichen Weiterbildung, der Umschulung einschließlich der praktischen Berufserfahrung betreffen, darf niemand aus Gründen der Rasse oder wegen der ethnischen Herkunft, des Geschlechts, der Religion oder Weltanschauung, einer Behinderung, des Alters oder der sexuellen Identität benachteiligt werden.«

■ Die AA hat das Vermittlungsverbot nach § 36 Abs. 1 SGB III zu beachten. Danach darf die AA nicht dazu beitragen, ein gesetz- oder sittenwidriges Arbeits- oder Ausbildungsverhältnis zu begründen.

Gesetze einhalten

 – Die Vermittlung zu einem Lohn unter dem Mindestlohn ist unzulässig → S. 164.
 – Angebote als Telefonwerber für Klassenlotterien und ähnliche Glücksspiele verstoßen gegen § 5 Abs. 3 des Glücksspielstaatsvertrags und sind rechtswidrig.

Beispiele

■ Die AA hat das Neutralitätsgebot nach § 36 Abs. 3 SGB III zu beachten. Die AA darf in einem durch einen Arbeitskampf unmittelbar betroffenen Bereich nur dann vermitteln, wenn der Arbeitsuchende und der Arbeitgeber dies trotz eines Hinweises auf den Arbeitskampf verlangen.

Neutralitätsgebot

■ Die AA hat den Datenschutz zu wahren (→ S. 620).

Datenschutz

5 Die Verfügbarkeit prüfen

Voraussetzung für den Bezug von Alg ist, dass Sie dem Arbeitsmarkt zur Verfügung stehen (→ S. 92).

Bereits im Alg-Antragsformular werden Sie gefragt:

■ an welchen Tagen und zu welchen Tageszeiten Sie arbeiten wollen und können. Bei gewünschten unüblichen Arbeitszeiten wird der Arbeitsvermittler die Verfügbarkeit verneinen;

■ in welchem Umfang (Vollzeit oder Teilzeit) Sie arbeiten wollen und können. Wollen oder können Sie nach einer Vollzeitbeschäftigung nur noch Teilzeit arbeiten, erhalten Sie weniger Alg! (→ S. 193);

■ nach gesundheitlichen Einschränkungen.

Machen Sie gesundheitliche Einschränkungen geltend oder hat der Arbeitsvermittler Zweifel an Ihrer Leistungsfähigkeit, müssen Sie mit einer Untersuchung durch den Ärztlichen Dienst oder durch den Berufspsychologischer Service (BPS) der AA rechnen. Dieser kann insbesondere in folgenden Fällen eingeschaltet werden:

Ärztliche/ psychologische Untersuchung

Schaubild
Einschalten des Ärztlichen Dienstes/Berufspsychologischen Service

Gründe	Rechtsgrundlagen
Fragen zur Vermittlungsfähigkeit und Berufseignung	§§ 31 Abs. 1, 32 i. V. m. § 35 Abs. 2 SGB III
Eignungsfragen bei Maßnahmen der Aktivierung und beruflichen Eingliederung, Ausbildung, beruflichen Weiterbildung, beruflichen Rehabilitation	§§ 37 Abs. 1, 45 Abs. 1 Satz 1 Nr. 2, 56 ff., 81 ff., 112 ff. SGB III
Verfügbarkeit/Arbeitsfähigkeit	§ 138 Abs. 1 Nr. 3, Abs. 5 Nrn. 1, 2 SGB III
Nahtlosigkeitsregelung (mehr als sechsmonatige Leistungsminderung und damit möglicher Fall für Rentenversicherung?)	§ 145 SGB III
Einfluss gesundheitlicher Einschränkungen auf die Bemessung	§ 151 Abs. 5 SGB III
Berechtigung einer Sperrzeit bei Arbeitsaufgabe	§ 159 Abs. 1 Satz 2 Nr. 1 SGB III
Berechtigung einer Sperrzeit bei Ablehnung einer Arbeit/Maßnahme oder Nichtantritt einer Arbeit/Maßnahme oder Abbruch einer Maßnahme	§ 159 Abs. 1 Satz 2 Nrn. 2, 4, 5 SGB III

Pflicht zum Erscheinen

Gemäß § 309 Abs. 1 i. V. m. § 38 Abs. 1 Satz 6 SGB III sind Leistungsbezieher und Arbeitsuchende verpflichtet, auf Aufforderung beim AA-Arzt oder AA-Psychologen zu erscheinen. Wenn sie ohne wichtigen Grund dieser Aufforderung nicht nachkommen, droht eine Sperrzeit (→ S. 298).

Beratungsgespräch

Der schriftlichen Aufforderung zum Erscheinen zu einer ärztlichen/psychologischen Untersuchung hat stets ein Beratungsgespräch vorauszugehen, in dem gegenüber dem Arbeitslosen genau dargelegt wird, weshalb in seinem Fall die jeweilige Untersuchung erforderlich ist.

Pflicht, sich untersuchen zu lassen

Sie sind als Alg-Antragsteller gemäß § 62 SGB I verpflichtet, sich untersuchen zu lassen. Kommen Sie dieser Verpflichtung ohne wichtigen Grund im Sinne des § 65 SGB I nicht nach, so kann Ihnen nach § 66 SGB I bis zur Nachholung der Mitwirkung das Alg versagt oder entzogen werden (SG Kassel vom 31.3.2014 – S 6 AS 46/14 ER).

Rechtsfolgenbelehrung

Voraussetzung einer Versagung oder Entziehung ist jedoch nach § 66 Abs. 3 SGB I, dass Sie auf die Folge fehlender Mitwirkung schriftlich hingewiesen wurden und Ihrer Mitwirkungspflicht innerhalb einer gesetzten angemessenen Frist nicht nachgekommen sind. Die AA muss außerdem in dem Beratungsgespräch darlegen, weshalb die ärztliche/psychologische Untersuchung erforderlich ist.

 Belastende Doppeluntersuchungen können Sie durch Vorlage von Gutachten Ihres Fach-/Hausarztes zu vermeiden versuchen.

Die AA darf den Hausarzt ohne Ihre »Schweigepflichtentbindungserklä-
rung« nicht um Auskunft bitten (so klarstellend der Bundesbeauftragte
für den Datenschutz, 20. Tätigkeitsbericht [2003–2004], S. 162).

Streitig ist, ob Arbeitslose verpflichtet sind, ihren Arzt von der Schweigepflicht zu entbinden.

Pflicht, von der Schweigepflicht zu entbinden?

Die BA bejaht eine Entbindungspflicht; diese falle unter die Mitwirkungspflichten nach §§ 60 ff. SGB I; deshalb könne die AA bei Weigerung das Alg gemäß § 66 Abs. 1 SGB I versagen oder entziehen.
Dagegen verlangt der Bundesbeauftragte für den Datenschutz, dass die
AA bei Weigerung zunächst versucht, einen Gesundheitsfragebogen
durch den Arbeitslosen ausfüllen und vom Ärztlichen Dienst/BPS aus-
werten zu lassen und/oder den Arbeitslosen zum Ärztlichen Dienst/BPS
vorzuladen. Erst wenn Arbeitslose diese Wege nicht mitgingen, könnte
das Alg versagt oder entzogen werden (24. Tätigkeitsbericht [2011/
2012], S. 163). So ähnlich hat das BSG schon am 20.10.2005 – B 7a/7 AL
12/04 R entschieden.

Nach § 398 SGB III ist ein von der AA beauftragter externer Gutachter befugt, das ärztliche oder psychologische Gutachten an die AA zu
übermitteln, »soweit dies zur Erfüllung des Auftrags erforderlich ist«.

Von AA beauftragter Gutachter

Einem Arbeitsvermittler im verschlossenen Kuvert übergebene Befundunterlagen müssen ungeöffnet an den Ärztlichen Dienst/Berufs-
psychologischen Service übergeben werden (Der Bundesbeauftragte
für den Datenschutz, a. a. O.).

Schutz von Befundunterlagen

»Die Weitergabe von Gutachten und Befundunterlagen des Ärztlichen
Dienstes und des Berufspsychologischen Service der Agentur für Arbeit
an Rehabilitationsträger und Rehabilitationseinrichtungen erfolgt nur
nach ausdrücklicher schriftlicher Zustimmung durch Sie« (Broschüre der
BA »Ihre Daten in sicheren Händen«, Stand 12/2014, S. 15).

Die AA darf ohne Einwilligung des Arbeitslosen Befundunterlagen
des Ärztlichen Dienstes/BPS nicht an einen (potenziellen) Arbeitgeber
übermitteln (die Bundesbeauftragte für den Datenschutz, 25. Tätigkeitsbericht [2013–2014], S. 174).

Verneint der AA-Arzt/-Psychologe aus gesundheitlichen Gründen die
Verfügbarkeit, so erhalten Sie, wenn Sie während des Leistungsbezugs vorübergehend arbeitsunfähig sind, Alg als Kranken-Alg für
sechs Wochen von der AA, anschließend Krankengeld von Ihrer
Krankenkasse. Siehe → S. 104 f.

Folgen mangelnder Verfügbarkeit aus gesundheitlichen Gründen

Dauert die Arbeitsunfähigkeit voraussichtlich länger als sechs Monate, dann erhalten Sie im Wege der Nahtlosigkeit des § 145 SGB III Alg,
wenn Sie keine Ansprüche auf Krankengeld (mehr) haben. Das gilt
aber nur, bis der zuständige Rentenversicherungsträger verminderte
Erwerbsfähigkeit festgestellt hat; es kommt jedoch nicht darauf an,
ob tatsächlich Rente gezahlt wird. Wegen der Einzelheiten → S. 107.

Der AA-Arzt/-Psychologe kann auch zu der Auffassung kommen, dass Ihre Gesundheit nur eingeschränkt ist mit der Folge, dass Sie z.B. nur im Sitzen oder nur im Stehen arbeiten können. Hier wird der Arbeitsvermittler die Verfügbarkeit in der Regel nicht verneinen, sondern prüfen, ob Rehabilitationsmaßnahmen sinnvoll sind oder ob nur noch bestimmte Arbeitsstellen infrage kommen.

Zum Recht auf Einsicht in ärztliche und psychologische Gutachten → S. 629.

6   Recht auf Beratung

Anspruch
auf Beratung

Nach § 14 SGB I hat jeder Anspruch auf Beratung über seine Rechte und Pflichten nach den Sozialgesetzbüchern. Dem entspricht nach § 29 Abs. 1 SGB III die Pflicht der AA, Arbeitsuchenden und Arbeitslosen Berufsberatung anzubieten. Die Berufsberatung umfasst gemäß § 30 Satz 1 Nr. 5 SGB III auch die Erteilung von Auskunft und Rat zu Leistungen der Arbeitsförderung, also auch zu Alg. Art und Umfang der Beratung richten sich gemäß § 29 Abs. 2 SGB III nach dem Beratungsbedarf des einzelnen Rat Suchenden.

Wir wissen, dass der Anspruch auf Beratung und die Pflicht der AA zur Beratung häufig nur auf dem Papier stehen. Insbesondere die ungenügende Personalausstattung und die damit verbundene Überlastung der AA-Beschäftigten führen dazu, dass Rat Suchende häufig als lästige Bittsteller und nicht als Kunden mit Beratungsanspruch behandelt werden.

Kundenorientierter Anspruch

Das versucht die BA zu ändern. Mit DBlRdErl 23/2000 verpflichtet sie die AA zur kundenorientierten Leistungsberatung:

»Leistungsberatung zielt auf eine qualifizierte individuelle Kundenbetreuung ab (kundenorientierte Leistungsberatung). Mit ihrer Hilfe erhalten die Kunden das notwendige materielle Wissen und die Kenntnisse über den Verfahrensablauf, um ihre Rechte und Pflichten umfassend und zügig wahrnehmen zu können (zielgerichtete und korrekte Inanspruchnahme von Leistungen unter Berücksichtigung möglicher Rechtsfolgen, Ausschöpfung betriebswirtschaftlicher Dispositionsmöglichkeiten). Dabei orientiert sich die Leistungsberatung am spezifischen Beratungsbedarf des Einzelnen, seinen differenzierten Lebensumständen und seinen individuellen oder betrieblichen Gestaltungsmöglichkeiten. Kundenorientierte Leistungsberatung ist nicht erst mit dem sachverhaltsbezogenen Erstkontakt zum Arbeitsamt (z.B. persönliche Arbeitslosmeldung oder Anzeige von Kurzarbeit), sondern bereits vor der Leistungsphase anzubieten. So sollten z.B. Arbeitnehmer/innen bereits vor einer Kündigung bzw. vor dem Abschluss eines Aufhebungsvertrages beraten werden, um evtl. leistungsrechtliche Auswirkungen bei ihrer Entscheidung berücksichtigen zu können. [...]

Leistungsberatung muss kundenorientiert, d.h. initiativ, rechtzeitig, umfassend und verständlich erfolgen. Die Form (persönlich, telefonisch oder schriftlich) richtet sich nach den Wünschen der Kunden und nach dem Beratungsbedarf.

Zentrale Beratungsform ist das individuelle Beratungsgespräch mit Arbeitnehmer/innen [...]«

Die Beratung darf sich dabei nicht auf das Arbeitslosenrecht beschränken:

Umfassende Beratung

»§ 14 SGB I verpflichtet den jeweiligen Leistungsträger, im Rahmen seiner Zuständigkeit jeden über seine für ihn in seiner individuellen Ausgangslage konkret infrage kommenden Rechte und Pflichten nach dem Sozialgesetzbuch zu beraten. Dabei ist nicht nur über Rechte und Pflichten nach dem SGB zu beraten, sondern auch über damit zusammenhängende Rechtsgegenstände und Wechselwirkungen. Wird Beratung von einem unzuständigen Leistungsträger verlangt, hat dieser die Verpflichtung, mindestens den dafür zuständigen Leistungsträger zu benennen.

Im Zusammenhang mit der Antragstellung auf Entgeltersatzleistungen wird erkannt, dass möglicherweise ein Anspruch auf Sozialhilfeleistungen (heute auf aufstockendes Alg II/Sozialgeld oder Kinderzuschlag) oder Wohngeld besteht. In diesem Fall ist im Rahmen der Leistungsberatung auch Auskunft (§ 15 SGB I) über die Möglichkeit der Inanspruchnahme anderer Sozialleistungen und die Zuständigkeit anderer Sozialleistungsträger zu geben.

Beispiele

Im Zusammenhang mit der Beratung über die Folgen einer geplanten Entlassungsentschädigung müssen nicht nur alternative Gestaltungsmöglichkeiten in die Beratung, sondern auch Auswirkungen – z.B. infolge möglichen Ruhens von Ansprüchen – auf die Krankenversicherung einbezogen werden.«

(So René Heusch, Winfried Müller, Werner Kugler, Mitarbeiter der BA bzw. der Fachhochschule der BA, in: a + b 2000, S. 66).

Wird ein Arbeitsloser falsch beraten, kann der so genannte »sozialrechtliche Herstellungsanspruch« helfen. Ein solcher Herstellungsanspruch kann entstehen, wenn die AA einen Leistungsfall falsch bearbeitet, einem Arbeitslosen falsche Auskünfte gibt oder ihn fehlerhaft oder unvollständig berät. Nicht in jedem Fall unvollständiger Beratung entsteht ein Herstellungsanspruch. So kann eine fehlende Arbeitslosmeldung nicht über den Herstellungsanspruch ersetzt werden (→ S. 24). Die AA hat einen Leistungsempfänger auch nicht immer auf die für ihn günstigste Gestaltungsmöglichkeit hinzuweisen. Das BSG verpflichtet die Leistungsträger zur »verständnisvollen Förderung« der Versicherten. Der Leistungsträger hat bei konkreten Anlässen die ihm anvertrauten Interessen des Versicherten zu wahren und ihm zu den Leistungen und Rechten zu verhelfen, die ihm nach dem Gesetz zustehen. Ein konkreter Anlass zur Interessenwahrung liegt insbesondere vor, wenn ein Versicherter eine Beratung wünscht, aber auch, wenn bei der Aktenbearbeitung für den Versicherten offensichtlich zweckmäßige Gestaltungsmöglichkeiten klar zutage treten.

Herstellungsanspruch

Erleidet ein Arbeitsloser durch falsche oder unvollständige Beratung der AA einen Schaden, wird also eine ihm zustehende Leistung überhaupt nicht, in zu geringer Höhe oder zu spät gezahlt, dann muss ihn die AA rückwirkend so stellen, wie er bei korrekter Beratung stehen würde. Dabei spielt es keine Rolle, ob Mitarbeiter der AA schuldhaft gehandelt haben.

B **Hilfen bei Arbeitsuche und Arbeitsaufnahme (»Förderung aus dem Vermittlungsbudget«)**
§ 44 SGB III

I **Es waren einmal**

1 **Genau festgelegte Leistungen**

Bis Ende 2008 zählte der Gesetzgeber die gängigen Leistungen zur Unterstützung bei Arbeitsuche und Arbeitsaufnahme in den §§ 45, 53, 54 SGB III a. F. einzeln auf und legte eine Obergrenze für die jeweilige Leistung fest. Die Arbeitslosen kannten diese Leistungen, beantragten sie deshalb und erhielten sie meist auch.

All diese Leistungen tauchen im SGB III nicht mehr auf. Sie sind in die so genannte »Förderung aus dem Vermittlungsbudget« nach § 44 SGB III aufgegangen.

Offen gesteht die BA heute:

»Es bestehen keine detaillierten gesetzlichen Vorgaben zu Fördermöglichkeiten« (GA 1 zu § 44 SGB III).

2 **»Freie Förderung«**

Die bis Ende 2009 in § 10 SGB III geregelte »Freie Förderung«

»ermöglicht(e) den Agenturen für Arbeit die Erbringung unkonventioneller Integrationshilfen im Einzelfall, die über die gesetzlich geregelten Leistungen der aktiven Arbeitsförderung hinausgingen. Diese Individualförderung hat sich nach Aussage der Arbeitsverwaltung vor allem als unbürokratische Hilfe im Einzelfall bewährt« (BR-Drs. 755/08, S. 52).

§ 10 SGB III
gestrichen

Trotz des Erfolgs wurde § 10 SGB III gestrichen. Die »Freie Förderung« ist seit 2010 in der »Förderung aus dem Vermittlungsbudget« nach § 44 SGB III aufgehoben.

II   **Was gilt heute?**

1   **Vage »Förderung aus dem Vermittlungsbudget«**

Seit 2009 haben sich die vielfältigen Hilfen bei Arbeitsuche und Arbeitsaufnahme in den Abs. 1 des § 44 SGB III verflüchtigt:

>**§ 44 Förderung aus dem Vermittlungsbudget**
>(1) Ausbildungsuchende, von Arbeitslosigkeit bedrohte Arbeitsuchende und Arbeitslose können aus dem Vermittlungsbudget der Agentur für Arbeit bei der Anbahnung oder Aufnahme einer versicherungspflichtigen Beschäftigung gefördert werden, wenn dies für die berufliche Eingliederung notwendig ist. Sie sollen insbesondere bei der Erreichung der in der Eingliederungsvereinbarung festgelegten Eingliederungsziele unterstützt werden. Die Förderung umfasst die Übernahme der angemessenen Kosten [...]«

Der Gesetzgeber begründet dieses vage »Vermittlungsbudget« wie folgt:

>»Mit der Einführung eines Vermittlungsbudgets in jeder Agentur für Arbeit können einzelne Arbeitslose, von Arbeitslosigkeit bedrohte Arbeit- und Ausbildungsuchende insbesondere bei der Erreichung ihrer in der Eingliederungsvereinbarung bestimmten Eingliederungsziele besser unterstützt werden. Damit steht den Vermittlungsfachkräften zur Erhöhung ihrer Handlungskompetenz ein flexibles, bedarfsgerechtes und unbürokratisches Instrument zur Verfügung, mit dem sie unterschiedliche, einzelfallbezogene Hilfestellungen ermöglichen können. Durch die flexiblen Anwendungsmöglichkeiten des Vermittlungsbudgets können neun bislang einzeln geregelte Arbeitnehmerleistungen der aktiven Arbeitsförderung (insbesondere Leistungen zur Unterstützung der Beratung und Vermittlung, alle Mobilitätshilfen sowie die Freie Förderung) entfallen« (BR-Drs. 755/08, S. 38).

Kritik

Diese Gründe sind vorgeschoben: Schon vorher konnten die AA »bedarfsgerecht« helfen; das ermöglichte der Katalog der Leistungen und die »Freie Förderung«.

»Flexibler« wurde das Instrument nicht; die »Freie Förderung« war die denkbar flexibelste; außerdem wird die Flexibilität durch § 44 Abs. 3 SGB III beschnitten: Es werden Pauschalen festgelegt; diese gab es gemäß §§ 46, 54 SGB III a. F. auch schon vorher; nur dass der Gesetzgeber pauschalierte, während jetzt jede einzelne AA die Pauschalen festlegt.

Auch »unbürokratischer« wurden die Hilfen nicht. Wie früher muss in jedem Einzelfall geprüft werden, ob

– die Hilfe notwendig ist (§ 44 Abs. 1 Satz 1 SGB III), insbesondere, ob das Arbeits- oder Ausbildungsverhältnis ohne die Hilfe nicht zu Stande kommen kann (BR-Drs. 755/08, S. 52);
– die Kosten »angemessen« sind (§ 44 Abs. 1 Satz 3 SGB III);
– die von der AA festgelegte Pauschale eingehalten ist (§ 44 Abs. 3 Satz 1 2. Halbsatz SGB III);
– der (künftige) Arbeitgeber nicht gleichartige Leistungen erbringen muss (§ 44 Abs. 1 Satz 3 SGB III);
– durch die Hilfe nicht die anderen Leistungen nach dem SGB III aufgestockt, ersetzt oder umgangen werden (§ 44 Abs. 3 Satz 3 SGB III);
– die Hilfe nicht eine »Hilfe zur Sicherung der Lebensunterhalts« ist, was § 44 Abs. 3 Satz 2 SGB III verbietet;
– der Antrag vor Entstehung der Kosten gestellt ist (§ 324 Abs. 1 SGB III).

In Wahrheit dient der Verzicht auf die in den §§ 45, 53 SGB III a.F. enthaltenen Leistungskataloge und die Abschaffung der Freien (Individual-)Förderung nach § 10 SGB III a.F. nur einem Zweck: Es sollen Kosten zulasten der Arbeitslosen gesenkt werden. Das scheint auch in der Gesetzesbegründung durch: »Im Mittelpunkt soll nicht die Frage stehen, welche Leistungen beantragt werden können [...]« (BR-Drs. 755/08, S. 38, 52). Deshalb werden seit 2009 die Leistungen nicht mehr konkret vorgestellt. Nur nicht das Angebot ausbreiten, sonst kommen die Arbeitslosen auf kostspielige Gedanken. Der Zweck dieser – wie die Juristen sagen – »Flucht in die Generalklausel« liegt auf der Hand: »Mittelfristig werden auch Entlastungen bei den Eingliederungsmitteln erwartet« (BR-Drs. 755/08, S. 88). Die erhofften Leistungskürzungen sind in den letzten Jahren eingetreten. Ein Schelm, wer Generalklausel nicht als General**KLAU**sel liest.

Kostensenkung

GeneralKLAUsel

Auch die Abschaffung der Freien (Individual-)Förderung durch die Streichung von § 10 SGB III dient allein Leistungskürzungen. Nach § 10 SGB III konnten bis zu 10 % der im Eingliederungstitel enthaltenen Mittel für die Freie Förderung eingesetzt werden. Davon sind nach § 135 SGB III 1 % für die Freie (Projekt-)Förderung übrig geblieben. Eine Förderung, die so frei nicht ist, weil federführend die Zentrale der BA ist. Was an Fördermitteln in das Vermittlungsbudget fließt, steht in den Sternen: Nach § 71b Abs. 3 Satz 2 SGB IV ist lediglich »ein angemessener Anteil« der im Eingliederungstitel veranschlagten Mittel für das Vermittlungsbudget »sicherzustellen«.

Mehr Spielraum gewährt der Gesetzgeber allerdings bei der Freien Förderung von Alg II-Beziehern. Für die Freie Förderung nach § 16f SGB II, die Förderung von Arbeitsverhältnissen nach § 16e SGB II und die Förderung schwer zu erreichender junger Menschen nach § 16h SGB II können gemäß § 46 Abs. 2 Satz 3 SGB II bis zu 20 % der Eingliederungsmittel eingesetzt werden.

Kosten sollen auch durch die klammheimliche Wiedereinführung der Bedürftigkeitsprüfung gesenkt werden: »Die Entscheidung über die Notwendigkeit (einer Förderung aus dem Vermittlungsbudget) im Einzelfall kann auch eine individuelle Bedürftigkeitsprüfung enthalten« (BR-Drs. 755/08, S. 52). Eine solche sah § 53 Abs. 1 Nr. 2 SGB III a. F. vor. Diese Vorschrift wurde 2003 gestrichen, und zwar mit folgender Begründung:

> »Zur Entlastung der Vermittlungs- und Beratungsfachkräfte in den Arbeitsämtern von aufwändigen, mittelbar der Vermittlung dienenden Arbeiten müssen Prozesse und Instrumente vereinfacht werden. Die Prüfung der Eigenleistungsfähigkeit bei der Bewilligung der Leistungen nach §§ 45, 46 bindet regelmäßig erhebliche Zeitkontingente der Vermittlungsfachkräfte. Der generelle Verzicht auf die Prüfung der Eigenleistungsfähigkeit (Höhe des gegenwärtigen monatlichen Einkommens, die Dauer der Arbeitslosigkeit, die Höhe der monatlichen Belastungen (z. B. Miete, Versicherungsprämien, Ratenzahlungen) und die Zahl sowie das Alter der unterhaltsberechtigten Familienangehörigen) führt zu einer zeitnäheren, unbürokratischeren Förderung der Mobilität.« (BT-Drs. 15/25, S. 28)

Jetzt soll die bürokratieträchtige, weil aufwändige Bedürftigkeitsprüfung wieder möglich sein; und das nach einer Gesetzesänderung, die vorgibt, die Arbeitslosen »unbürokratisch zu fördern« (BR-Drs. 755/08, S. 38, 52).

Gegen eine scharfe Bedürftigkeitsprüfung wendet sich das SG Berlin:

> »Die Kausalität zwischen Arbeitsaufnahme und Förderleistung kann aber nicht so ausgelegt werden, dass vom Arbeitslosen der Nachweis verlangt wird, dass er ohne finanzielle Unterstützung die Arbeit hätte absagen müssen. Abgesehen davon, dass ein solcher Nachweis praktisch nur bei weitgehender Mittellosigkeit geführt werden könnte, was in § 45 SGB III [jetzt § 44 SGB III] nicht hineingelesen werden kann (Bewerbungskosten könnten dann praktisch nie gewährt werden), genügt die substantiierte Erklärung des Arbeitslosen, dass er weder von dem Anfangsgehalt der neuen Stelle noch mit einer sonstigen Unterstützung die Ausgaben im Zusammenhang mit der Arbeitsaufnahme tragen kann und diese Ausgaben erheblich sind.« (SG Berlin vom 5.8.2011 – S 58 AL 1308/11, info also 2011, S. 267 ff.; ebenso SG Berlin vom 20.9.2013 – S 58 AL 403/13, info also 2013, S. 267 ff.)

Inzwischen rückt auch die BA von der Bedürftigkeitsprüfung ab:

> »Zur Vermeidung eines nicht vertretbaren Verwaltungsaufwandes ist von einer detaillierten Prüfung der Einkommensverhältnisse abzusehen.
> Bei Ausbildungsuchenden und Arbeitslosen kann davon ausgegangen werden, dass Eigenleistungsfähigkeit grundsätzlich nicht vorliegt und auf die Prüfung verzichtet werden kann. Die Agenturen für Arbeit können hierzu in dezentraler Verantwortung eigene Regelungen im Rahmen ermessenslenkender Weisungen treffen.« (GA 14 zu § 44 SGB III)

2 **Auf Spurensuche:**
Die einzelnen Leistungen aus dem Vermittlungsbudget

Das Verstecken konkreter Leistungen unter dem Deckmantel Vermittlungsbudget und die dazu passende Weigerung des BMAS,
im Wege einer Verordnung nach § 47 SGB III die Leistungen zu konkretisieren, machen es schwer, Leistungen überhaupt zu beantragen.

Man muss sich deshalb die möglichen Leistungen zusammensuchen.
Hilfe bietet dabei die BA. Im Anhang zu »Fachliche Hinweise SGB II –
Förderung aus dem Vermittlungsbudget (VB)« hat sie die Vordrucke
aufgeführt, mit denen Leistungen aus dem Vermittlungsbudget beantragt werden können:

Schaubild
Vordrucke für Leistungen aus dem Vermittlungsbudget

– BA VB 1a   Bewerbungskosten pauschal
– BA VB 1b   Bewerbungskosten Nachweis
– BA VB 1c   Reisekosten zum Vorstellungsgespräch
– BA VB 1d   Fahrkosten für Pendelfahrten
– BA VB 1e   Kosten für getrennte Haushaltsführung
– BA VB 1f   Kosten für den Umzug
– BA VB 1g   Fahrkosten zum Antritt einer Arbeits- oder Ausbildungsstelle
– BA VB 1h   Kosten für Arbeitsmittel
– BA VB 1i   Kosten für Nachweise
– BA VB 1j   Unterstützung der Persönlichkeit
– BA VB 1k   Sonstige Kosten

Vordrucke

Die Liste der Vordrucke führt im Wesentlichen die Leistungen auf, die
in den abgeschafften §§ 45, 53 SGB III a. F. aufgelistet waren. Da aber
die früher im Gesetz enthaltenen Konkretisierungen fehlen, auch unklar ist, was unter »Sonstigen Kosten« zu verstehen ist und schließlich für Alg I-Bezieher etwas anderes gelten kann als für Alg II-Bezieher, versuchen wir einzelne Leistungen zu konkretisieren.

Grundlage für unsere Spurensuche sind:
– die GA der BA zu § 44 SGB III, Stand: 20.2.2015;
– die Fachlichen Hinweise der BA »SGB II – Förderung aus dem Vermittlungsbudget (VB)«, Stand: Februar 2013 (im Folgenden: FH SGB II VB);
– die »Gemeinsame Erklärung Bund und Länder zu den Leistungen
  zur Eingliederung in Arbeit im SGB II [...]«, Stand: Oktober 2012
  (im Folgenden: Gemeinsame Erklärung Bund Länder);
– die frühere Anordnung der BA zur Unterstützung der Beratung
  und Vermittlung (A-UBV) zu § 55 SGB III a. F.;
– die Sozialgerichtsentscheidungen. Meist betreffen diese Alg II-Bezieher. Regelmäßig sind die Entscheidungen auf Alg I-Bezieher zu
  übertragen.

Interne Weisungen einsehbar

Wenn sich örtliche AA auf interne, ermessensleitende Richtlinien zu einzelnen Leistungen berufen, können Arbeitslose verlangen, diese einzusehen (so die Bundesbeauftragte für den Datenschutz und die Informationsfreiheit, 4. Tätigkeitsbericht zur Informationsfreiheit für die Jahre 2012 und 2013 vom 6.5.2014, S. 84 betr. Weisungen zur Erstattung von Bewerbungskosten).

Zuschuss

Nach den FH SGB II VB, S. 8, der GA 15 zu § 44 SGB III und der Gemeinsamen Erklärung Bund Länder, S. 6 ist die Förderung als Zuschuss zu gewähren.
Bei größeren Förderbeträgen ist eine nur anteilige Förderung zulässig.

Bewerbungskosten

Unter **Bewerbungskosten** sind zunächst die üblichen Kosten für die Erstellung von Bewerbungen (v. a. für Fotos, Klarsichthüllen, Fotokopien, Briefumschläge) und das Porto zum Versenden der Bewerbungen zu verstehen.
Nach § 4 Abs. 1 A-UBV, deren Regelungen trotz des Wegfalls des zu Grunde liegenden § 55 SGB III a. F. sinngemäß weiter gelten sollten, sind Bewerbungskosten auch die Kosten, »die bei Nutzung moderner Informations- und Kommunikationstechniken anfallen«. Wir nehmen an, dass darunter auch die Kosten für Online-Bewerbungen (so auch Schlaeger, info also 2007, S. 99 ff. [100]), für Ferngespräche mit Arbeitgebern und für Bewerberfaxe zu verstehen sind, soweit sie im Einzelnen nachgewiesen werden können.
In der Praxis werden Kosten für Online-Bewerbungen in der Regel allerdings eher selten anerkannt. Begründet wird dies damit, dass die bei einer Online-Bewerbung eingesetzten Mittel (Computer, E-Mail-Anschluss) auch unabhängig von Bewerbungen verwendet würden und deshalb keine zusätzlichen Kosten entstünden (s. z.B. BayLSG vom 9.1.2014 – L 11 AS 762/13 NZB; LSG Hamburg vom 21.7.2016 – L 4 AS 490/15). Etwas anderes hat freilich dann zu gelten, wenn Ihnen das Herstellen von Bewerbungsunterlagen für Online-Bewerbungen (wie z.B. das Einscannen von Fotos und Unterlagen) technisch nicht möglich ist oder Sie (z.B. aus finanziellen Gründen) über keinen Computer oder Internetanschluss verfügen. In diesen Fällen sind die tatsächlich nachgewiesenen Kosten, z.B. von einem Internetcafé, als Bewerbungskosten anzuerkennen.
Manche Träger übernehmen neuerdings auch die Kosten für Stellensuchanzeigen.
Nicht übernommen werden die Kosten für
– die Abonnements oder den Kauf von Tageszeitungen oder Fachzeitschriften;
– die Beschaffung von Hard- oder Software (§ 4 Abs. 2 A-UBV; ebenso BayLSG vom 24.11.2010 – L 16 AS 260/10: keine Übernahme der Kosten für PC).

Höhe

Die Kosten können gemäß § 44 Abs. 3 Satz 1 2. Halbsatz SGB III pauschaliert werden. Bis Ende 2008 betrug die Pauschale gemäß § 3 Abs. 2 Satz 1 A-UBV 5,– € pro Bewerbung. Seit Einführung des Vermittlungsbudgets haben einige Jobcenter die Pauschale auf 4,– € und für einfache Bewerbungen auf 3,– € gesenkt. Das SG Duisburg vom 5.10.2011 – S 41 AS 2980/10 hält 3,– € bei »einfachen« Bewerbungen für rechtmäßig.

Die Obergrenze für Bewerbungskosten setzte § 46 Abs. 1 SGB III a. F. mit 260,– € pro Jahr an. Diese Grenze wird auch heute noch von vielen AA genannt.

Nach der alten GA Nr. 10 zu § 46 a. F. war bei der erstmaligen Bewilligung von Bewerbungskosten stets ein Bewilligungsbescheid zu erteilen, der den Beginn der Einjahresfrist und den Förderhöchstbetrag nannte. Das gilt auch heute noch. Ein Satz wie »Die AA unterstützt Ihre Bewerbungsaktivitäten durch Übernahme angemessener Bewerbungskosten« reicht nicht. Die AA muss die Höhe der zu erstattenden Bewerbungskosten genau im Voraus angeben (LSG Niedersachsen-Bremen vom 4.4.2012 – L 15 AS 77/12 B; LSG Nordrhein-Westfalen vom 21.6.2012 – L 19 AS 1045/12 B ER; zweifelnd LSG Nordrhein-Westfalen vom 16.11.2012 – L 19 AS 2098/12 B). Auch muss die AA rechtzeitig klarstellen, zu welchem Zeitpunkt spätestens ein Antrag auf Übernahme der Bewerbungskosten gestellt sein muss (HessLSG vom 16.1.2014 – L 9 AS 846/13 B ER).

Da manche Alg II-Bezieher, die Bewerbungskosten nicht vorlegen können, gewähren einige Jobcenter Vorschüsse, z.B. in Höhe von 45,– € (= 15 Bewerbungen à 3,– €). Alg I-Beziehern dagegen dürfen nach der GA 15 zu § 44 SGB III keine Vorschüsse gewährt werden. **Vorschüsse?**

Nach der FH SGB II VB, S. 7 f. sind die **Kosten für Fahrten** (zu Vorstellungsgesprächen) in tatsächlich entstandener Höhe zu erstatten, soweit sie angemessen sind. **Fahrkosten**

Auch die Kosten für Fahrten zur Unterzeichnung des Arbeitsvertrags sind zu erstatten (SG Berlin vom 5.8.2011 – S 58 AL 1308/11, info also 2011, S. 267 ff.)

Auch Fahrkosten nach Arbeitsaufnahme können gemäß § 44 SGB III (ggf. i. V. m. § 16 Abs. 1 Satz 2 Nr. 2 SGB II) aus dem Vermittlungsbudget übernommen werden (LSG Berlin-Brandenburg vom 25.6.2014 – L 18 AS 272/14: 260,– € pauschal für Pendelfahrten eines Alg II-Berechtigten zu weit entferntem Arbeitsplatz; LSG Nordrhein-Westfalen vom 10.2.2014 – L 2 AS 2153/13 B: Beschränkung der Fahrkostenbeihilfe für einen Alg II-Berechtigten auf drei Monate). **Fahrkostenbeihilfe nach Arbeitsaufnahme**

Bei Vorstellungen bei weit entfernten Arbeitgebern können neben den Fahrkosten auch **Übernachtungskosten** und **Tagegelder** erstattet werden. Das sah § 46 Abs. 2 Sätze 4 bis 7 SGB III a. F. ausdrücklich vor. Das Jobcenter Dortmund bewilligt z.B. für eine notwendige Übernachtung bis zu 60,– € (Handlungsleitfaden Vermittlungsbudget, Stand 1/2016, S. 7). **Reisekosten**

Fahrkosten, die in Befolgung der allgemeinen Meldepflichten nach § 309 SGB III entstehen, werden nicht aus dem Vermittlungsbudget übernommen. Auf Antrag **können** sie Alg I-Beziehern gemäß § 309

Abs. 4 SGB III ersetzt werden. Bei Alg II-Beziehern **muss** das Jobcenter diese Fahrkosten gemäß § 59 SGB II i.V.m. § 309 SGB III ersetzen (»Ermessensreduzierung auf Null« nach BayLSG vom 27.3.2012 – L 11 AS 774/10).

Kosten für die Fahrt zur AA zwecks Stellensuche in der JOBBÖRSE werden nicht nach § 44 SGB III ersetzt (BSG vom 27.4.2011 – B 11 AL 17/10 R; a. A. Dirk Bieresborn, info also 2011, S. 69 ff. (75)).

Trennungskostenbeihilfe

Die Übernahme von **Kosten einer doppelten Haushaltsführung** ist für Alg I- und Alg II-Bezieher möglich und zwar ohne die in § 54 Abs. 5 SGB III a. F. enthaltene Einschränkung auf die ersten sechs Monate und auf 260,– € monatlich. Obwohl auch nach der Gemeinsamen Erklärung Bund und Länder, S. 8 diese Einschränkung nicht mehr gilt, halten einzelne Jobcenter für Alg II-Bezieher daran fest. Sachgemäß erscheint es, der Praxis einiger Träger zu folgen, die die Unterkunfts- und Verpflegungskosten am Zweitwohnsitz in Anlehnung an § 86 SGB III erstatten. Auch eine Koppelung an die Dauer der Probezeit ist vernünftig.

Umzugskosten

Früher lag gemäß § 54 Abs. 6 SGB III a. F. die Obergrenze für **Umzugskosten** bei 4.500,– €. Jetzt taucht als Obergrenze 2.500,– € auf (so z.B. Jobcenter Dortmund, a.a.O., S. 8).

Ein eigener Hausstand ist nicht Voraussetzung für die Übernahme von Umzugskosten. Auch wer bisher bei den Eltern wohnte, kann einen Zuschuss zu den Umzugskosten erhalten (SG Berlin vom 20.9.2013 – S 58 AL 403/13, info also 2013, S. 267 ff.).

Vorläufiger Teilumzug

Auch Kosten für (wiederholte) Transportfahrten mit dem eigenen Auto, um Haushaltsgegenstände aus der weiter gehaltenen alten Wohnung in die neue Wohnung am Arbeitsort zu schaffen, können als »Umzugskosten« erstattet werden.

> »Der gegenüber den §§ 53, 54 SGB III a. F. noch flexiblere § 45 SGB III [jetzt § 44 SGB III] lässt aber auch Raum für eine Hilfe zu einem Teilumzug, wenn der Grund für das Beibehalten der alten Wohnung darin liegt, dass der Arbeitgeber nur befristet einstellt und der vorübergehende Bezug einer Pension oder eines voll möblierten Zimmers nicht zugemutet werden kann [...]
> Die der Klägerin gewährte Trennungskostenbeihilfe schließt die Förderung des Umzugs nicht aus, weil damit die Kosten für eine zweite Miete und die sonstigen Belastungen einer doppelten Haushaltsführung pauschal abgegolten werden sollen« (SG Berlin vom 5.8.2011 – S 58 AL 1308/11, info also 2011, S. 267 ff.).

Umzugskosten Alg II-Bezieher

Soweit Alg II-Bezieher wegen der Aufnahme einer Arbeit außerhalb des Tagespendelbereichs umziehen müssen, stellt sich die Frage, ob die Umzugskosten nach § 22 Abs. 6 SGB II oder nach § 44 SGB III zu übernehmen sind. Einige Jobcenter wenden § 22 Abs. 6 SGB II an; einige halten unbekümmert § 44 SGB III für einschlägig; andere gehen von § 22 Abs. 6 SGB II aus und wollen nur bei Umzügen außerhalb des

Tagespendelbereichs und wieder andere nur bei Umzügen ins Ausland § 44 SGB III greifen lassen. Die jeweilige Entscheidung hat Folgen für die Kostenträgerschaft: bei einer Förderung über § 22 Abs. 6 SGB II zahlt gemäß § 6 Abs. 1 SGB II überwiegend der Kommunale Träger, bei einer Förderung nach § 44 SGB III der Bund die Umzugskosten.

Das gleiche Problem taucht übrigens auch bei den Unterkunftskosten im Rahmen der Trennungskostenbeihilfe auf.

Als **Arbeitsmittel**, deren Kosten ersetzt werden können, kommen z. B. infrage:
– Arbeitskleidung, z. B. für Köche;
– Werkzeuge, z. B. Scheren für Friseure;
– arbeitsplatzspezifische Brillen (vgl. SG Frankfurt am Main vom 22.3.2016 – S 19 AS 1417/13).

Kosten für Arbeitsmittel

Kosten für Nachweise können übernommen werden (z. B. für »Berechtigungsscheine, Zertifizierungen, Gesundheitsnachweise« (GA 17 zu § 44).

Kosten für Nachweise

Soweit Nachweise mit einer Qualifizierung verbunden sind (z. B. der Gabelstaplerschein oder die Erlaubnis für das Bewachungsgewerbe nach § 34a GewO) sind die Kosten als Maßnahmekosten zur beruflichen Eingliederung gemäß § 45 SGB III zu übernehmen.

Abgrenzung zu § 45 SGB III

Für die **Verbesserung des Erscheinungsbildes** wurden früher Kosten übernommen, z. B. für
– Friseurbesuche;
– Bekleidung (z. B. Anzug für Vorstellung. Nicht aber Berufsbekleidung; diese fällt unter Arbeitsausrüstung);
– Stilberatung;
– Zahnsanierung, soweit nicht vorrangig die Krankenkasse in Anspruch genommen werden kann.

Kosten für die Unterstützung der Persönlichkeit

Das BayLSG vom 1.3.2012 – L 7 AS 1032/11 verneint einen Anspruch auf Kostenübernahme für Friseurbesuche und angemessene Bekleidung eines Alg II-Beziehers. Kleidung und Friseurbesuch für einen anstehenden Vorstellungstermin seien im Regelsatz nach § 20 SGB II enthalten. Weil sie zu den Kosten des Lebensunterhalts zählten, seien sie gemäß § 44 Abs. 3 Satz 2 SGB III nicht zu übernehmen.

Mit dem Vermittlungsbudget steht nach dem Willen des Gesetzgebers »den Vermittlungskräften [...] ein flexibles, bedarfsgerechtes und unbürokratisches Instrument zur Verfügung« (BR-Drs. 755/08, S. 38). Das heißt, der in den Vordrucken der BA abgebildete Katalog ist weder erschöpfend noch abschließend. Es bleibt vielmehr Raum für Phantasie. Diese kann sich in den »Sonstigen Kosten« (vgl. den Vordruck BA VB 1k) niederschlagen. In Frage kommen als »Sonstige Kosten«:

Keine abschließende Regelung

»Sonstige Kosten«

Kinderbetreuungs-
kosten für Alg I-
Bezieherinnen

Kinderbetreuungskosten, die **Alg I-Bezieherinnen** durch die Arbeitsuche entstehen. Sie sind aus dem Vermittlungsbudget zu bestreiten.
Die Höhe dürfte in Anlehnung an § 87 SGB III auf 130,– € monatlich
beschränkt sein.

Auch für Alg II-
Bezieherinnen?

Bei **Alg II-Bezieherinnen** sind Kinderbetreuungskosten nach § 16a
Nr. 1 SGB II grundsätzlich vom kommunalen Träger zu erbringen. Die
Gemeinsame Erklärung Bund Länder lässt aber Ausnahmen zu:

»Um Vorstellungsgespräche im Rahmen der geforderten Eigenbemühungen
bzw. der Verfolgung der Ziele der Eingliederungsvereinbarung zu ermöglichen,
kann sich ein kurzfristiger und vorübergehender Unterstützungsbedarf ergeben. Allenfalls ausnahmsweise kann ein solcher Bedarf aus dem Vermittlungsbudget abgedeckt werden, z. B. durch die Übernahme der Kosten einer
während eines Vorstellungsgespräches notwendigen Kinderbetreuung. Dies
sind dann durch das Vorstellungsgespräch bedingte Mehraufwendungen.
Durch diese Leistung dürfen kommunale Leistungen nicht ersetzt werden.
Auch im Zuge einer Arbeitsaufnahme kann sich im Einzelfall nur ausnahmsweise ein kurzfristiger und vorübergehender Bedarf zur Unterstützung aus dem Vermittlungsbudget durch die Übernahme zusätzlich ent-
stehender Kinderbetreuungskosten ergeben. Auch durch diese Leistung
dürfen kommunale Leistungen nicht ersetzt werden. Daher kommt lediglich eine Überbrückung von Zwischenzeiträumen aufgrund einer sehr
kurzfristigen Arbeitsaufnahme bis zur zeitnahen Bereitstellung der Kinderbetreuung durch den Träger der Jugendhilfe bzw. den kommunalen
Träger in Betracht. Eine Übernahme der regelmäßig anfallenden Kinder-
betreuungsbeiträge aus dem Vermittlungsbudget ist nicht möglich.« (Gemeinsame Erklärung Bund Länder, S. 37)

Weitere
»Sonstige
Leistungen«

Als weitere »Sonstige Kosten« können – soweit sie »notwendig« i.S.
§ 44 Abs. 1 Satz 2 SGB III sind – übernommen werden die Kosten für:

- **einen Führerschein für einen Pkw**, wenn wegen der räumlichen
Lage und wegen des Mangels an öffentlichen Verkehrsmitteln ein
Pkw notwendig ist, um einen Arbeitsplatz zu erreichen.
Eine nur darlehensweise Übernahme ist unzulässig. Zulässig ist
aber die Übernahme nur eines Teils der Kosten.
Einige Jobcenter machen die Kostenübernahme nicht von einer Einstellungszusage abhängig.
Streitig ist, ob bei vom Arbeitgeber zugesagter Einstellung einem mittellosen Alg II-Berechtigten die vollen Kosten für den nach Einstellung
notwendigen Führerschein zu gewähren sind (so LSG Niedersachsen-
Bremen vom 13.10.2011 – L 15 AS 317/11 B ER: »Ermessensreduzierung auf Null«; a. A. LSG Nordrhein-Westfalen vom 20.5.2014 – L 2 AS
626/14 B: Keine »Ermessensreduzierung auf Null«).

Die Kosten für einen **Lkw- oder Bus-Führerschein** können, weil
dieser der beruflichen Qualifizierung dient, nur im Rahmen der
Förderung der beruflichen Weiterbildung nach §§ 81 ff. SGB III
übernommen werden;

- **den Kauf oder die Zulassung oder die Reparatur eines notwendigen Verkehrsmittels** (Auto, Mofa, Fahrrad).
Hier gilt das zum Führerschein Gesagte entsprechend. Da das Verkehrsmittel regelmäßig auch privat genutzt wird, werden in der Regel die Kosten nicht voll übernommen;

- **einen Erste-Hilfe-Kurs,** der für den Erwerb des Führerscheins vorausgesetzt wird;

- **die Fahrkosten bis zur ersten Gehaltszahlung.**
Sie **können** für Alg I-Berechtigte übernommen werden.
Alg II-Berechtigte müssen sie gezahlt werden. Die Fahrkosten können nicht mit dem Hinweis versagt werden, damit werde unzulässigerweise – entgegen § 44 Abs. 3 Satz 2 SGB III – zum Lebensunterhalt beigetragen. In der Regelleistung Alg II ist ein so geringer Betrag für Fahrkosten enthalten, dass die Fahrkosten – solange kein Gehalt aus der neuen Stelle fließt – übernommen werden müssen, wenn solche Fahrten Folge der in der Eingliederungsvereinbarung verlangten Arbeitsuche sind;

- **Übersetzungen ausländischer Zeugnisse und Beglaubigungen von deren Abschriften und Übersetzungen,** soweit man sie nicht zu den Bewerbungskosten zählt;

- **Kosten für Arbeitsproben** (z. B. in gestalterischen und künstlerischen Berufen);

- **Führungszeugnisse;**

- **Schufa-Auskünfte.**

Die nach §§ 53 Abs. 2 Nr. 1, 54 Abs. 1 SGB III a. F. früher mögliche Hilfe zur Sicherung des Lebensunterhalts bis zur ersten Lohnzahlung (**Überbrückungsbeihilfe**) ist unter der Herrschaft des Vermittlungsbudgets entfallen (ebenso Gemeinsame Erklärung Bund Länder, S. 34); denn gemäß § 44 Abs. 3 Satz 2 SGB III sind Leistungen zur Sicherung des Lebensunterhalts ausgeschlossen.

Keine Überbrückungsbeihilfe

Finanzielle **Motivationsanreize,** um Arbeitslosen die Aufnahme einer unattraktiven Arbeit (weil schlecht bezahlt, zu weit entfernt, zu schwer und belastend) schmackhaft zu machen, gab es früher zwar nicht gemäß §§ 53, 54 SGB III a. F.; sie konnten aber im Wege der Freien Förderung nach § 10 SGB III a. F. gewährt werden.
Obwohl § 10 SGB III in § 44 SGB III aufgegangen ist, sind derartige Anreize für Alg I-Berechtigte aus mehreren Gründen heute nicht mehr möglich. Nach § 44 Abs. 1 Satz 3 SGB III können nur die tatsächlich entstehenden Kosten übernommen werden. Solche Kosten sind Ausgaben für Motivationsanreize nicht (so Gemeinsame Erklärung Bund Länder, S. 35). Auch § 44 Abs. 3 Satz 2 SGB III, wonach Leistungen zur Sicherung des Lebensunterhalts ausgeschlossen sind, verbietet Motiva-

Motivationsanreize?

Grundsätzlich nicht für Alg I-Berechtigte

tionanreize in Geld. Schließlich spricht das Aufstockungs- und Umgehungsverbot nach § 44 Abs. 3 Satz 3 SGB III gegen solche Anreize. Früher sah nur die Entgeltsicherung für Ältere nach § 417 SGB III für Alg I-Berechtigte ab 50 einen Anreiz zur Aufnahme einer schlecht bezahlten Arbeit vor. Für Bezieher von Alg I bei Arbeitslosigkeit gibt es diese Möglichkeit nicht, auch nicht auf dem Umweg über eine Förderung aus dem Vermittlungsbudget.

Ausnahme bei Weiterbildung

Etwas anderes gilt neuerdings für die Bezieher von Alg I bei Weiterbildung. Für sie schafft der Gesetzgeber seit 1.8.2016 einen Motivationsanreiz durch Gewährung einer Erfolgsprämie für durchgestandene berufliche Weiterbildung (→ S. 496).

Für Alg II-Bezieher über Einstiegsgeld

Auch Alg II-Berechtigten können aus dem Vermittlungsbudget keine Motivationsanreize gewährt werden. Dieser Weg ist allerdings auch unnötig. Denn § 16b SGB II bietet die Möglichkeit, über das Einstiegsgeld eine unattraktive Arbeit attraktiv zu machen. Warum es eine entsprechende Möglichkeit für Alg I-Bezieher, die ja immerhin Beiträge zur Arbeitslosenversicherung gezahlt haben, nicht gibt, bleibt ein Geheimnis des Gesetzgebers.

3   Wer kann die Hilfen erhalten?

Über das Vermittlungsbudget können gemäß § 44 Abs. 1 Satz 1 SGB III gefördert werden:

Förderbar sind ...

Nicht nur Alg I-Berechtigte, sondern auch

– Alg II-Berechtigte (auf der Grundlage § 16 Abs. 1 Satz 2 SGB II);

– bei der AA gemeldete Arbeitslose ohne Anspruch auf Alg I oder Alg II;

– von Arbeitslosigkeit bedrohte Arbeitsuchende.
  Dazu zählen entsprechend § 17 Nrn. 2 und 3 i. V. m. § 15 SGB III auch Berufsrückkehrerinnen, Hochschulabsolventen und Selbstständige. Auch Beschäftigte in Transfergesellschaften sind förderbar. Arbeitnehmerinnen und Arbeitnehmer, die in einem ungekündigten bzw. unbefristeten Beschäftigungsverhältnis stehen bzw. aus persönlichen Gründen einen neuen Arbeitsplatz suchen (z. B. höherer Verdienst/Wohnortwechsel) sind nicht von Arbeitslosigkeit bedroht und gehören (nach GA 11 zu § 44) nicht zum förderfähigen Personenkreis;

– bei der AA gemeldete Ausbildungsuchende.
  Auch für Ausbildungsgänge an Fachschulen, Berufsfachschulen und Berufsakademien, für die ein Ausbildungsvertrag mit einem Arbeitgeber geschlossen wird (z. B. Pflegeberufe), ist eine Förderung möglich (GA 11 zu § 44). Auch der Weg zu einer Einstiegsqualifizierung (§ 54a SGB III) kann gefördert werden.
  Allerdings gibt es wegen der BAB-Sonderregelungen für Ausbildungsuchende keine Fahrkosten-, Trennungskosten- und Arbeitskleidungsbeihilfe (BSG vom 3.11.2009 – B 11 AL 38/08 R).

Das gilt aber heute nur noch für Auszubildende, die tatsächlich BAB erhalten; § 44 SGB III schließt – anders als § 53 Abs. 4 SGB III a. F. – für Auszubildende keine Leistungen mehr aus. Soweit kein BAB-Anspruch besteht, z. B. weil Auszubildende bei den Eltern wohnen (§ 60 Abs. 1 Nr. 1 SGB III), kann die AA auch im Rahmen ihrer Ermessensentscheidung nicht darauf verweisen, dass BAB nach § 44 SGB III mögliche Leistungen umfasst. Deshalb ist der generelle Ausschluss der dem Grunde nach BAB-Berechtigten von der Förderung aus dem Vermittlungsbudget (so die FH SGB II VB, S. 7) nicht haltbar.

Aufgrund § 131 SGB III kann, wer eine Aufenthaltsgestattung nach dem AsylG besitzt, aber aufgrund § 61 AsylG keine Erwerbstätigkeit ausüben darf, die Hilfen der Arbeitsuche und Arbeitsaufnahme erhalten, wenn ein rechtmäßiger und dauerhafter Aufenthalt zu erwarten ist.

Gefördert werden können all diese Gruppen gemäß § 44 Abs. 1 Satz 1 SGB III aber nur, wenn ein sozialversicherungspflichtiges Beschäftigungsverhältnis angebahnt oder aufgenommen werden soll.

Nur für Sozialversicherungspflichtige

Deshalb kann aus dem Vermittlungsbudget **nicht** gefördert werden, wer

– nach einer Beamtenstelle strebt;

– sich selbstständig machen will;

– einen Minijob sucht.
  Schon deshalb ist die von einzelnen AAs erfundene Pflicht, sich als **Alg I-Berechtigte** um einen Minijob zu bemühen, rechtswidrig.

Nicht für Minijob

Dagegen kann ein **Alg II-Berechtigter** aus dem Vermittlungsbudget auch bei der Suche nach einem Minijob gefördert werden (so zu Recht SG Osnabrück vom 15.5.2008 – S 22 AS 173/08). Die BA sucht einen Kompromiss:

> »Die Anbahnung oder Aufnahme von sog. Minijobs aus dem Vermittlungsbudget ist nicht förderfähig, da es sich nicht um eine versicherungspflichtige Beschäftigung handelt (vgl. § 24 Abs. 1 i. V. m. § 27 Abs. 2 SGB III i. V. m. § 8 Abs. 1 SGB IV). Steht eine konkrete versicherungspflichtige Beschäftigung in Aussicht, können zu deren Anbahnung auch Kosten, die im Zusammenhang mit einem Minijob entstehen, übernommen werden. Voraussetzung ist, dass der Minijob in der Eingliederungsvereinbarung als ein notwendiger Zwischenschritt auf dem Weg zur Eingliederung in versicherungspflichtige Beschäftigung festgelegt ist« (FH SGB II VB, S. 7);

– als **Alg I-Berechtigte** eine Arbeit mit einer Arbeitszeit von weniger als 15 Stunden wöchentlich sucht.
  Diese 15-Stunden-Grenze gilt nicht für **Alg II-Berechtigte**, Arbeitslose ohne Alg-Anspruch, Ausbildungsuchende und von Arbeitslosigkeit bedrohte Arbeitsuchende; diese können, wenn sie einen Midijob suchen, gefördert werden (GA 13 zu § 44);

Arbeit neben Alg I

– eine rein schulische Berufsausbildung anstrebt (SG Lüneburg vom 25.5.2011 – S 7 AL 1116/10 im Fall eines Nichtleistungsbeziehers).

Dieser Ausschluss gilt nicht für **Alg II-/Sozialgeld-Berechtigte**. Sie können gemäß § 16 Abs. 3 Satz 1 SGB II auch bei der Anbahnung einer schulischen Berufsausbildung aus dem Vermittlungsbudget gefördert werden.

Wann ist eine Leistung für die berufliche Eingliederung notwendig?

Eine Leistung aus dem Vermittlungsbudget wird gemäß § 44 Abs. 1 Satz 1 SGB III nur gewährt, wenn sie »für die berufliche Eingliederung notwendig ist«. Daraus wird geschlossen, dass, wer eine Arbeit oder berufliche Ausbildung tatsächlich aufgenommen hat, keine Leistungen mehr erhalten könne. So verweigert das SG Lüneburg vom 12.12.2013 – S 37 AS 447/13 ER einem bereits in Ausbildung Stehenden die Übernahme von Führerscheinkosten und das BayLSG vom 2.11.2015 – L 10 AL 253/15 B einem bereits in Ausbildung Stehenden Kosten für die Reparatur eines Kfz.

Zweifelhaft ist die Lage, wenn Arbeitslose die Arbeit/Ausbildung zwar noch nicht angetreten haben, aber bereits feststeht, dass die Arbeit/Ausbildung mit Sicherheit angetreten wird. So hält das SächsLSG vom 27.1.2014 – L 7 AS 1807/13 B die Übernahme der Kosten für den Kauf eines PKW für nicht »notwendig«, weil der Arbeitslose auch ohne Förderung fest entschlossen war, die Beschäftigung aufzunehmen; und das SG Lüneburg vom 12.12.2013 – S 37 AS 447/13 ER lehnt die Übernahme von Kosten für einen Führerschein mit der Begründung ab, der Auszubildende habe bereits eine Zusage für einen Arbeitsplatz. Dagegen hält das SG Berlin vom 20.9.2013 – S 58 AL 403/13, info also 2013, S. 267 ff. einen Zuschuss zu den Umzugskosten für möglich, obgleich der Ausbildungsvertrag schon geschlossen worden ist:

> »Dass die Klägerin den Ausbildungsvertrag vor dem Antrag auf Gewährung einer Umzugskostenbeihilfe bereits unterschrieben hatte, steht ihrem Anspruch auf ermessensgerechte Bescheidung nicht entgegen.
> [...]
> [Es] bestünde die Gefahr des häufigen Scheiterns einer Arbeitsanbahnung, wenn der Arbeitsuchende vor einer Zusage zur Einstellung erst abwarten muss, ob sein Förderantrag positiv beschieden wird. Das Risiko, vom potentiellen Arbeitgeber negativ bewertet zu werden, falls die Bewerbung von einer Unterstützungszahlung abhängig gemacht wird, soll § 44 SGB III gerade verhindern.«

Auch in EU/EWR

Gefördert wird gemäß § 44 Abs. 2 SGB III »auch die Anbahnung oder die Aufnahme einer versicherungspflichtigen Beschäftigung mit einer Arbeitszeit von mindestens 15 Stunden wöchentlich in einem anderen Mitgliedstaat der Europäischen Union, einem anderen Vertragsstaat des Abkommens über den Europäischen Wirtschaftsraum (Liechtenstein, Norwegen, Island) oder in der Schweiz«.

Für die Anbahnung oder Aufnahme einer Beschäftigung außerhalb der genannten Länder gibt es kein Geld (LSG Nordrhein-Westfalen vom 26.2.2014 – L 7 AS 245/14 B: keine Kostenübernahme für Umzug in die Türkei).

4   **Tipps zum Umgang mit dem Vermittlungsbudget**

■ Erinnern Sie sich und die AA bzw. das Jobcenter an die eben be-schriebenen Leistungen; jedenfalls an die in den Vordrucken der BA aufgeführten Leistungen.
Bedenken Sie dabei, dass die AA einen weiten Ermessensspielraum hat.

Leistungen ausschöpfen

■ Bestehen Sie darauf, dass in der Eingliederungsvereinbarung die übernommenen Eigenbemühungen an (nach Art und Höhe) konkrete Hilfen geknüpft werden. Denn nach § 44 Abs. 1 Satz 2 SGB III »sollen (Sie) insbesondere bei der Erreichung der in der Eingliederungsver-einbarung festgelegten Eingliederungsziele unterstützt werden.«

Fordern **und** Fördern

Die AA fordert: »Der Arbeitslose verpflichtet sich, auch außerhalb des Nahbereichs Arbeit zu suchen«.
Knüpfen Sie diese Verpflichtung an folgende Förderzusage:

Beispiel

»Die AA verpflichtet sich,
– die notwendig werdenden Fahrkosten für die täglichen Fahrten zwischen Wohnung und Arbeitsstelle zu übernehmen (Fahrko-stenbeihilfe nach Vordruck BA VB 1d);
– eine notwendig werdende getrennte Haushaltsführung durch ei-nen Zuschuss in Höhe von ... € abzufedern (Trennungskostenbei-hilfe nach Vordruck BA VB 1e);
– einen notwendigen Umzug in Höhe von ... € finanziell zu ermög-lichen (Umzugskostenbeihilfe nach Vordruck BA VB 1f).«

■ Fragen Sie, ob die AA gemäß § 44 Abs. 3 Satz 1 SGB III Pauschalen festgelegt hat; wenn ja, lassen Sie sie sich geben. Sie haben ein Recht darauf (→ S. 54).

Welche Pauschalen?

Sollten Bagatellbeträge festgelegt werden, sollten Sie als **Alg I-Be-rechtigte** kleine Beträge (z. B. für Fahrscheine) horten, um so über die Bagatellgrenze zu kommen.

Gegenüber **Alg II-Berechtigten** ist eine Bagatellgrenze rechtswid-rig (BSG vom 6.12.2007 – B 14/7b 50/06), weil ein Betrag von 6,– € bei einer Tagesregelleistung von etwas über 13,– € eben keine Ba-gatelle ist. Nach den FH SGB II VB, S. 13 darf Alg II-Berechtigten deshalb die Erstattung von Beträgen unter 6,– € nicht verweigert werden.

■ Sollte ein Antrag mit der Begründung, Sie seien (finanziell) nicht bedürftig, abgelehnt werden, können Sie einen Widerspruch einle-gen und eventuell klagen; neuerdings verzichtet die BA bei Ausbil-dungsuchenden und Arbeitslosen grundsätzlich auf die Eigenleis-tungsfähigkeit (GA 14 zu § 44 SGB III).

Bedürftigkeits-prüfung?

Gegenüber **Alg II-Berechtigten** ist eine Bedürftigkeitsprüfung bei den meisten Leistungen schon deshalb rechtswidrig, weil von Alg II Lebende kraft Gesetzes als bedürftig gelten und die Regelleistung in Höhe von 409,– € Aufwendungen i. S. § 44 SGB III nur zum geringen Teil umfasst.

Förderbar auch Integrationsfortschritte

■ Wenn nach § 44 SGB III die »Anbahnung oder Aufnahme einer versicherungspflichtigen Beschäftigung« gefördert werden soll, heißt das nicht, dass nur die unmittelbare Einmündung in Arbeit aus dem Vermittlungsbudget gefördert werden kann. Zur »Anbahnung« »kann zunächst auch der Abbau von vermittlungsrelevanten Hemmnissen zählen« (GA 12 zu § 44).

Vorrang des Arbeitgebers?

■ Sie erhalten gemäß § 44 Abs. 1 Satz 3 SGB III die Kosten nur, wenn diese nicht von einem (zukünftigen) Arbeitgeber verlangt werden können.

Beispiele

Hat ein Arbeitgeber einen Arbeitsuchenden zur Vorstellung aufgefordert, so muss – falls nichts anderes vereinbart worden ist – der Arbeitgeber gemäß § 670 BGB die Reisekosten bezahlen (BAG vom 29.6.1988 – 9 AZR 433/87).

Ist der Arbeitgeber nach § 618 und § 619 BGB verpflichtet, dem Arbeitnehmer aus Gründen des Gesundheitsschutzes die bei der Arbeit zu tragende Schutzkleidung zur Verfügung zu stellen, so hat er entsprechend § 670 BGB den Arbeitnehmern die Aufwendungen zu erstatten, die sie für die Selbstbeschaffung der Kleidung für erforderlich halten durften (BAG vom 19.5.1998 – 9 AZR 307/96).

Erfüllt der Arbeitgeber seine Verpflichtungen nicht, darf die Förderung allerdings nicht versagt werden (FH SGB II VB, S. 8).

Vorher beantragen!

■ Sie müssen gemäß § 324 SGB III die Übernahme der Kosten beantragen, und zwar **bevor** die Kosten entstehen.
Ein Vorschuss wird allerdings nicht gewährt (GA 15 zu § 44).
Gemäß § 6 (der alten) A-UBV muss der einmal gestellte Antrag nicht für jede Bewerbung / Reise wiederholt werden. Der einmal gestellte Antrag deckt bis zur Aufnahme einer Beschäftigung, Berufsausbildung oder der Einstellung der Vermittlungsbemühungen durch die AA die bis dahin entstandenen Bewerbungs-/Reisekosten (ebenso BSG vom 12.5.2011 – 11 AL 25/10 R); jedenfalls soweit bei Bewerbungskosten die Höchstpauschale nicht überschritten wird.
Der Antrag auf Bewerbungskosten umfasst stets auch die Reisekosten; der Antrag auf Reisekosten stets auch die Bewerbungskosten (so überzeugend Schlaeger, info also 2007, S. 101 ff.).
Sicherheitshalber empfiehlt es sich, beim Erstgespräch mit Ihrem Vermittler oder spätestens beim Abschluss einer EV einen Antrag auf Übernahme der Bewerbungskosten und der Fahrtkosten für ein Vorstellungsgespräch gleichzeitig zu stellen. In der EV kann z.B. festgelegt werden, dass die Fahrtkosten für Vorstellungsgespräche im ortsnahen Bereich und im Umkreis von z.B. 40 km immer erstattet werden. Fahrtkosten für ein Bewerbungsgespräch von z.B. München nach Berlin oder gar ins Ausland müssen aber wohl vorher beantragt bzw. mit Ihrem Vermittler abgesprochen und vor Antritt der Reise auch genehmigt werden.

■ Sie müssen die Kosten nachweisen (vgl. z. B. BayLSG vom 29.9.2015 –
L 10 AL 212/15 NZB).
Den Pauschalbetrag pro schriftlicher Bewerbung gibt es nur pro
nachgewiesener Bewerbung.
Kosten für »die Nutzung moderner Informations- und Kommunikati-
onstechniken« können (nach unserer Meinung) z. B. durch Belege
des Internetcafés, Einzelverbindungsnachweise bei Telefongesprä-
chen und Sendejournalauszüge bei Telefaxen nachgewiesen werden
(→ S. 54).
Bei einer etwaigen Monatspauschale für Vorstellungsreisen muss
der Arbeitslose die unternommenen Reisen durch Auflistung der
Arbeitgeber, bei denen er sich vorgestellt hat, nachweisen.

Nachweise

Lassen Sie sich bei anstehenden Kosten nicht mit der pauschalen Begründung abwimmeln, »[...] die der Agentur für Arbeit für das Vermittlungsbudget zur Verfügung stehenden Mittel sind erschöpft«. Das
BSG vom 25.10.1990 – 7 RAr 14/90, NZA 1991, S. 404 hat entschieden, dass die Erschöpfung der Haushaltsmittel allein kein Ableh-
nungsgrund ist. § 71b Abs. 3 Satz 2 SGB IV verpflichtet die BA ausdrücklich, einen »angemessenen Anteil« der Mittel aus dem Eingliederungstitel für die Förderung aus dem Vermittlungsbudget »sicherzustellen«. Auch die BA verlangt, dass die AA »einen angemessenen
Anteil der Mittel aus ihrem Eingliederungstitel für die Förderung aus
dem Vermittlungsbudget (VB) bereitzustellen hat« (GA 1 zu § 44).

AA muss Mittel
bereitstellen

C Maßnahmen zur Aktivierung und beruflichen Eingliederung
§ 45 SGB III

Überblick über die Maßnahmen

§ 45 Abs. 1 Satz 1 SGB III nennt folgende Maßnahmen:

»Ausbildungsuchende, von Arbeitslosigkeit bedrohte Arbeitsuchende und Arbeitslose können bei Teilnahme an Maßnahmen gefördert werden, die ihre berufliche Eingliederung durch
1. Heranführung an den Ausbildungs- und Arbeitsmarkt,
2. Feststellung, Verringerung oder Beseitigung von Vermittlungshemmnissen,
3. Vermittlung in eine versicherungspflichtige Beschäftigung,
4. Heranführung an eine selbständige Tätigkeit oder
5. Stabilisierung einer Beschäftigungsaufnahme
unterstützen (Maßnahmen zur Aktivierung und beruflichen Eingliederung).«

Arbeitslose, Maßnahmeträger und Arbeitgeber haben ein Interesse daran, zu erfahren, was sich hinter den fünf Punkten verbirgt.

Eine gewisse Hilfe zur Konkretisierung bieten, solange die nach § 47 SGB III mögliche Verordnung nicht ergangen ist,

■ die Gesetzesbegründungen (BR-Drs. 755/08 und BT-Drs. 17/6277);

■ die GA der BA »Vermittlungsunterstützende Leistungen«, unterteilt nach
– Maßnahmen bei einem Träger (MAT) und
– Maßnahmen bei einem Arbeitgeber (MAG),
beide Stand 20.1.2012;

■ die GA der BA »Maßnahmen bei einem Träger (private Arbeitsvermittlung – MPAV)«, Stand 20.11.2014;

■ die »Fragen und Antworten« aus der von einer Bund-Länder Arbeitsgruppe erarbeiteten »Gemeinsamen Erklärung [...] zu den Leistungen zur Eingliederung in Arbeit [...]« (GE), S. 38 ff., Stand Oktober 2012.

Danach schälen sich folgende, unter § 45 SGB III fallende Maßnahmen heraus:

■ **Trainingsmaßnahmen** (§ 45 Abs. 1 Satz 1 Nr. 1 und Nr. 2 Varianten 2 und 3 SGB III).

■ **Die Vermittlung und Aktivierung durch private Arbeitsmakler** (§ 45 Abs. 1 Satz 1 Nr. 3, Abs. 4 – 7 SGB III).
Die früher in § 421g SGB III geregelte Vermittlung durch private Arbeitsmakler mittels Vermittlungsgutschein ist seit 1.4.2012 in die Absätze 4 – 7 des § 45 SGB III eingebunden. Über die Vermittlung hinaus können private Arbeitsmakler seitdem zusätzlich als »Träger« i.S. § 21 SGB III die in § 45 SGB III aufgeführten übrigen Eingliederungs- und Aktivierungsmaßnahmen anbieten (BT-Drs. 17/6277, S. 93).

- **Vermittlung an Verleihfirmen** (§ 45 Abs. 1 Satz 1 Nr. 3 SGB III).

- **Potenzialanalyse** (§ 45 Abs. 1 Satz 1 Nr. 2 Variante 1 SGB III).

- **Aktivierungshilfen** (§ 45 Abs. 1 Satz 1 Nr. 1, Satz 2 SGB III).

- **Vorbereitung auf eine selbstständige Tätigkeit** (§ 45 Abs. 1 Satz 1 Nr. 4 SGB III).

- **Nachgehende Hilfe zur Stabilisierung eines Beschäftigungsverhältnisses** (§ 45 Abs. 1 Satz 1 Nr. 5 SGB III).

- **Weitere Maßnahmen?**
  Nach dem Wortlaut des § 45 Abs. 1 SGB III ist die Aufzählung abschließend. Nach der Gesetzesbegründung allerdings nur »beispielhaft« (BR-Drs. 755/08, S. 55). Dafür spricht, dass die Maßnahmen nur vage umschrieben sind. Diese Vagheit entspricht dem erklärten Ziel der Regelung: »Die Träger solcher Maßnahmen [...] haben größtmögliche Flexibilität in der Ausgestaltung der Maßnahmen« (BR-Drs. 755/08, S. 54).

Kombipackungen   Die Kombination von unterschiedlichen Maßnahmen ist möglich.

> »Ein Träger kann entsprechend den Bedarfen der Arbeitslosen auch mit einer Kombination der [...] Maßnahmen beauftragt werden. Dies gilt auch bei der Beauftragung von Integrationsfachdiensten mit Maßnahmen zur Aktivierung und beruflichen Eingliederung schwerbehinderter Menschen« (BR-Drs. 755/08, S. 55).

Bevor wir die einzelnen Maßnahmen detailliert vorstellen, gehen wir auf die Regelungen ein, die für alle Maßnahmen gleichermaßen gelten.

II   Allgemeine Bestimmungen

1   Für Arbeit- und Ausbildungsuchende

1.1   Berechtigte

Die Leistungen können

- Arbeitslose;

- von Arbeitslosigkeit bedrohte Arbeitsuchende;

- Ausbildungsuchende

erhalten.

Zu den von Arbeitslosigkeit bedrohten Arbeitsuchenden können gemäß § 17 Nrn. 2, 3 i. V. m. § 15 SGB III zählen:
– Berufsrückkehrerinnen i. S. § 20 SGB III,
– Hochschulabsolventen,
– Selbstständige,
– Arbeitnehmer in Transfergesellschaften.

Aufgrund § 131 SGB III kann, wer eine Aufenthaltsgestattung nach dem AsylG besitzt, aber aufgrund § 61 AsylG keine Erwerbstätigkeit ausüben darf, durch Maßnahmen zur Aktivierung und beruflichen Eingliederung gefördert werden, wenn ein rechtmäßiger und dauerhafter Aufenthalt zu erwarten ist.

Wer noch unbefristet beschäftigt ist und aus persönlichen Gründen eine neue Stelle sucht, kann nicht gefördert werden (GA (MAT) 45.04).

Die Förderung der Berufswahl und Berufsausbildung über eine Maßnahme zur Aktivierung und beruflichen Eingliederung ist gemäß § 45 Abs. 2 Satz 4 SGB III ausgeschlossen. Diese Förderung erfolgt ausschließlich über die in Kapitel N (→ S. 444 ff.) dargestellten Möglichkeiten.

Keine Berufs-ausbildung

Behinderte Menschen erhalten Maßnahmen zur Aktivierung und beruflichen Eingliederung als allgemeine Leistungen zur Teilhabe am Arbeitsleben gemäß § 113 Abs. 1 Nr. 1 und § 115 Satz 1 Nr. 1 SGB III i. V. m. § 45 SGB III.

Behinderte Menschen

Die Leistungen sind regelmäßig Kann-Leistungen. Die AA hat einen weiten Ermessensspielraum.

i. d. R. Kann-Leistung

Über die einzige Muss-Leistung nach § 45 Abs. 7 SGB III → S. 72.

1.2   Geldleistungen

        Alg-Berechtigte erhalten auf jeden Fall ihr Alg weitergezahlt (§ 45 Abs. 1 Satz 5 SGB III).

Weiterzahlung von Alg

Maßnahmekosten können, wie sich aus § 45 Abs. 6 Satz 2 SGB III ergibt, übernommen werden. Infrage kommen insbesondere:

■ Fahrkosten entsprechend § 63 Abs. 1 und 3 SGB III;

■ Kosten für auswärtige Unterbringung und Verpflegung entsprechend § 86 SGB III;

■ Kinderbetreuungskosten pauschal 130 € entsprechend § 87 SGB III.

1.3   Dauer der Maßnahmen

Die Dauer der Eingliederungs- und Aktivierungsmaßnahme muss gemäß § 45 Abs. 2 Satz 1 SGB III »deren Zweck und Inhalt entsprechen«. Es gibt grundsätzlich also keine feste Grenze. So kann z. B. eine Aktivierungsmaßnahme ein Jahr überschreiten (BT-Drs. 17/6277, S. 93).

In zwei Fällen ist die Dauer begrenzt:

8-Wochen-Grenze

■ »Die Vermittlung von beruflichen Kenntnissen [...] darf die Dauer von acht Wochen nicht überschreiten« (§ 45 Abs. 2 Satz 3 SGB III).

Länger dauernde berufliche Qualifizierungen müssen nach der Gesetzesbegründung über die Förderung der beruflichen Weiterbildung laufen.

6-Wochen-Grenze

■ »Soweit Maßnahmen oder Teile von Maßnahmen [...] bei oder von einem Arbeitgeber durchgeführt werden, dürfen diese jeweils die Dauer von sechs Wochen nicht überschreiten« (§ 45 Abs. 2 Satz 2 SGB III).

Neu

Durch § 45 Abs. 8 SGB III n.F. (zum 1.8.2016 durch das Arbeitslosenversicherungsschutz- und Weiterbildungsstärkungsgesetz – AWStG eingeführt) kann die 6-Wochen-Grenze verdoppelt werden:

12-Wochen-Grenze

»Abweichend von Absatz 2 Satz 2 und Absatz 4 Satz 3 Nummer 3 darf bei Langzeitarbeitslosen oder Arbeitslosen, deren berufliche Eingliederung auf Grund von schwerwiegenden Vermittlungshemmnissen besonders erschwert ist, die Teilnahme an Maßnahmen oder Teilen von Maßnahmen, die bei oder von einem Arbeitgeber durchgeführt werden, jeweils die Dauer von zwölf Wochen nicht überschreiten.«

Die Bundesregierung begründet die Verlängerung wie folgt:

»Mit der Änderung wird eine bereits im SGB II existierende Ausnahmeregelung für Langzeitarbitslose und unter 25-Jährige mit schwerwiegenden Vermittlungshemmnissen ins Regelinstrumentarium des SGB III aufgenommen und auf über 25-Jährige erweitert. Damit können auch gering qualifizierte Arbeitslose im Rechtskreis SGB III von diesen längeren Maßnahmen profitieren. Gleiches gilt für sogenannte Nichtleistungsempfängerinnen und Nichtleistungsempfänger, sowie Leistungsberechtigte nach dem Asylbewerberleistungsgesetz, die zur Arbeitsvermittlung im SGB III betreut werden und schwerwiegende Vermittlungshemmnisse aufweisen. Die Regelung gilt über § 16 Absatz 1 Satz 2 Nummer 2 SGB II auch in der Grundsicherung für Arbeitsuchende« (Begründung des AWStG, BT-Drs. 18/8042, S. 24).

Die AA muss sehr genau überwachen, ob solche Maßnahmen wirklich der dauerhaften Eingliederung dienen. Anderenfalls wächst die Gefahr, dass über solche Maßnahmen Arbeitgebern über längere Zeiträume kostenlos Arbeitskräfte zur Verfügung gestellt werden (vgl. SG Aachen vom 22.3.2007, info also 2007, S. 257 ff. mit Anm. Ulrich Stascheit; vgl. auch → S. 75).

1.4   Pflichten

Wer eine Maßnahme nach § 45 ohne wichtigen Grund ablehnt, muss mit einer Sperrzeit nach § 159 Abs. 1 Satz 2 Nr. 4 SGB III rechnen. Allerdings nur, wenn die Maßnahme zumutbar ist.
Eine Sperrzeit droht gemäß § 159 Abs. 1 Satz 2 Nr. 5 SGB III auch beim grundlosen Abbruch einer zumutbaren Maßnahme.

Sperrzeitgefahr

Die AA verlangt ab dem ersten Krankheitstag eine ärztliche Bescheinigung. Wer sie vorlegt, dem wird Kranken-Alg weitergezahlt. Krankheitstage ohne ärztliche Bescheinigung gelten als Fehltage. Schon zwei unentschuldigte Fehltage können zum Ausschluss aus der Maßnahme wegen maßnahmewidrigen Verhaltens und damit zu einer Sperrzeit führen. Vor dem Ausschluss muss der Teilnehmer allerdings abgemahnt und auf die Rechtsfolgen des möglichen Ausschlusses hingewiesen werden; andernfalls darf keine Sperrzeit eintreten (BSG vom 16.9.1999 – B 7 AL 32/98).

Krankheit
☞

1.5   Aktivierungs- und Vermittlungsgutschein

Ein Arbeitsloser kann auf zwei Wegen in einer Maßnahme landen:

- Entweder er wird durch die AA zu einem Maßnahmeträger geschickt (Zuweisung), oder

Zuweisung oder

- er erhält einen Aktivierungs- und Vermittlungsgutschein mit bestimmtem Inhalt, mit dem er einen Maßnahmeträger wählen kann.

Gutschein

Mit dem Aktivierungs- und Vermittlungsgutschein bescheinigt die AA das Vorliegen der Fördervoraussetzungen und legt Maßnahmeziel, -inhalt und -dauer fest.

Der Gutschein berechtigt nach § 45 Abs. 4 Satz 3 SGB III zur Auswahl

- eines zugelassenen Trägers, der
  – eine zugelassene Aktivierungs- oder Eingliederungsmaßnahme oder
  – eine erfolgsbezogen vergütete Arbeitsvermittlung in eine versicherungspflichtige Beschäftigung anbietet, oder

- eines Arbeitgebers, der eine entsprechende betriebliche Aktivierungsmaßnahme anbietet.

Muss-Leistung   Nach § 45 Abs. 7 SGB III haben Alg-Bezieher einen Anspruch,

»zusätzlich zu den Vermittlungsaktivitäten der Agentur für Arbeit [...] einen privaten Arbeitsvermittler für die ausschließlich erfolgsbezogen vergütete Arbeitsvermittlung in versicherungspflichtige Beschäftigung einzuschalten« (BT-Drs. 17/6277, S. 94),

wenn sie nach einer Arbeitslosigkeit von sechs Wochen innerhalb einer Frist von drei Monaten noch nicht vermittelt sind. Nicht in die Frist eingerechnet werden Zeiten, in denen der Arbeitslose an Maßnahmen zur Aktivierung oder Eingliederung oder der beruflichen Weiterbildung teilnimmt.
Ein durch die Kleine Anwartschaft gemäß § 147 Abs. 3 SGB III erworbener Alg-Anspruch (→ S. 128) erzeugt keinen Anspruch gemäß § 45 Abs. 7 SGB III.

Wir zweifeln, ob die »Entscheidungs- und Wahlrechte der Förderberechtigten durch die Ausgabe von Aktivierungs- und Vermittlungsgutscheinen gestärkt« werden (so BT-Drs. 17/6277, S. 93). Die Entscheidung über das Was und Wie von Aktivierung und Eingliederung trifft regelmäßig die AA und nicht der Arbeitslose. Und die Wahl – wenn denn überhaupt eine Wahlmöglichkeit besteht – wird häufig eher von der örtlichen Erreichbarkeit des Trägers als von der – nur schwer feststellbaren – Qualität der Maßnahme bestimmt.
Die BA schließt das Gutscheinverfahren für Arbeitslose mit schwerwiegenden bzw. komplexen Vermittlungshemmnissen aus (GA (MAT) 45.02).

Kein guter Schein   Alle Evaluationen zeigen, dass die ganze Gutschein-Bürokratie bisher nichts gebracht hat:

»Nur etwa ein Zehntel der ausgegebenen Vermittlungsgutscheine wurden in den letzten Jahren eingelöst.«
»Zudem gibt es Hinweise auf Mitnahmeeffekte. So gab es bei einer Befragung von Arbeitslosen, deren Vermittlungsgutscheine eingelöst wurden, jede fünfte Person an, dass sie den Arbeitsplatz selbst gefunden habe.«
»Insgesamt verbessert [die frühe Beauftragung Dritter mit der gesamten Vermittlung] die Beschäftigungschancen der Geförderten kaum.«
(IAB-Kurzbericht 11/2011, S. 2)

2   **Für Träger**

2.1   **Wer ist alles Träger?**

Makler mausern   Träger sind nicht nur die herkömmlichen »Bildungsträ-
sich zu Trägern   ger«; auch private Arbeitsmakler sind jetzt in den Rang von Trägern erhoben:

»Mit dem neuen Aktivierungs- und Vermittlungsgutschein erteilt die Agentur für Arbeit eine verbindliche Förderzusage, auf deren Grundlage die privaten Arbeitsvermittler als Träger im Sinne von § 21 tätig werden können.« (BT-Drs. 17/6277, S. 93)

2.2 Vergabepflicht?

»Die Förderung nach § 45 kann über eine unmittelbare Beauftragung eines Trägers im Wege der Vergabe oder durch die Ausgabe eines Aktivierungs- und Vermittlungsgutscheins erbracht werden. Absatz 5 regelt, nach welchen Kriterien die Agentur für Arbeit über die Art der Leistungserbringung entscheiden soll. Sie soll in ihre Entscheidung insbesondere die örtliche Verfügbarkeit von angebotenen Arbeitsmarktdienstleistungen oder die Eignung und die persönlichen Verhältnisse der oder des Berechtigten einbeziehen.

Fehlende örtliche Verfügbarkeit kann zum Beispiel dann gegeben sein, wenn ein individueller Förderbedarf mit den vor Ort konkret verfügbaren und zugelassenen Maßnahmen voraussichtlich nicht abgedeckt werden kann. Ebenso wird die Agentur für Arbeit weiterhin Träger unmittelbar mit der Durchführung von Maßnahmen beauftragen, wenn die Eignung und persönlichen Verhältnisse der Förderberechtigten erwarten lassen, dass das mit der Gutscheinausgabe verbundene Wahl- und Entscheidungsrecht voraussichtlich nicht ausgeübt werden kann.« (BT-Drs. 17/6277, S. 94)

2.3 Zulassung

Früher war die Zulassung von Trägern und Maßnahmen nur bei der Förderung der beruflichen Weiterbildung erforderlich. Die dafür früher in der Anerkennungs- und Zulassungsverordnung Weiterbildung (AZWV) getroffenen Regeln wurden seit 2011 auf die Maßnahmen zur Aktivierung und Eingliederung nach § 45 SGB III ausgedehnt und im SGB III geregelt. Hintergrund für eine gesetzliche Regelung dürften Zweifel des BSG vom 18.5.2010 – B 7 AL 22/09 R an der Rechtmäßigkeit der AZWV gewesen sein.

Träger – auch private Arbeitsmakler – bedürfen nach § 176 Abs. 1 SGB III der Zulassung durch eine fachkundige Stelle, um Maßnahmen der Arbeitsförderung, d.h. auch Maßnahmen zur Aktivierung und Eingliederung i. S. § 45 SGB III durchzuführen. Dies gilt nicht für Arbeitgeber, die betriebliche Maßnahmen durchführen. | Trägerzulassung

Nach § 176 Abs. 2 Satz 1 SGB III bedürfen Maßnahmen nach § 45 Abs. 4 Satz 3 Nr. 1 SGB III der Zulassung; d.h., nur wenn Maßnahmen zur Aktivierung und beruflichen Eingliederung zugelassen sind, können Teilnehmer mit einem Aktivierungs- und Vermittlungsgutschein gefördert werden. | Maßnahmezulassung

Ausnahmen

»Eine Maßnahmezulassung ist bei Maßnahmen zur Aktivierung und beruflichen Eingliederung hingegen nicht erforderlich, wenn sie von den Agenturen für Arbeit im Wege der Vergabe nach § 45 Absatz 3 eingerichtet werden. Das Gleiche gilt für Maßnahmen nach § 45 Absatz 4 Satz 3 Nummer 2 oder 3, also für die ausschließlich erfolgsbezogen vergütete Arbeitsvermittlung in versicherungspflichtige Beschäftigung und für betriebliche Maßnahmen von Arbeitgebern.« (BT-Drs. 17/6277, S. 106)

Einzelheiten zur Zulassung von Trägern und Maßnahmen sind in den §§ 176 – 184 SGB III geregelt.

 Zur Kritik an der gesetzlichen Regelung der Zulassung vgl. Wolfgang Eicher/Tim Urmersbach, SOZIALRECHT aktuell 2015, S. 221-227, die § 177 Abs. 1 Satz 2 SGB III (»Mit der Akkreditierung als fachkundige Stelle ist keine Beleihung verbunden«) wegen Verstoßes gegen den Grundsatz der Rechtsklarheit und Rechtswahrheit für verfassungswidrig halten.

III   Die Maßnahmen im Einzelnen

1   Die Trainingsmaßnahme
§ 45 Abs. 1 Satz 1 Nrn. 1, 2 Varianten 2 und 3 SGB III

1.1   Zweck

Gemäß § 45 SGB III

»soll die individuelle Beschäftigungsfähigkeit durch Erhalt und Ausbau von Fertigkeiten und Fähigkeiten gefördert und die Teilnehmer umfassend bei ihren beruflichen Eingliederungsbemühungen unterstützt werden« (BR-Drs. 755/08, S. 53).

Dies geschieht häufig in Trainingsmaßnahmen.

1.2   Ausgestaltung

2 Formen

Trainingsmaßnahmen können bestehen in der

- Tätigkeit in einem Betrieb (betriebliche Maßnahme);

- Teilnahme an einer Maßnahme eines Trägers (Trägermaßnahme).

Betriebliche Maßnahme

Durch eine betriebliche Maßnahme soll kein Arbeitsverhältnis entstehen (BT-Drs. 13/4941, S. 162); damit auch kein sozialversicherungspflichtiges Beschäftigungsverhältnis. Es gelten aber (entsprechend § 16d Abs. 7 Satz 2 SGB II) die Arbeitsschutzvorschriften und das

BundesurlaubsG. Das bedeutet nach unserer Meinung, dass unabhängig vom »Arbeitslosenurlaub« (→ S. 114) zusätzlich »Arbeitnehmerurlaub« anteilig nach der Dauer der betrieblichen Maßnahme gewährt werden muss.

> »Zweck der Maßnahme darf es nicht sein, ausschließlich oder überwiegend Tätigkeiten auszuüben, für die i.d.R. Entgelt gezahlt wird.
> Betriebliche Maßnahmen dürfen nicht dazu genutzt werden, urlaubs- oder krankheitsbedingte Ausfälle oder betriebliche Spitzenbelastungen aufzufangen.« (GA (MAG) 45.10)

Grenzen

An dieses ausdrückliche Verbot halten sich einige AA nicht. So wurden für das Stoßgeschäft an Weihnachten 2011/2012 mehrere Tausend Arbeitslose in den Logstikzentren von »Amazon« auf sechs Wochen befristet eingestellt; die ersten zwei Wochen davon als unbezahlte »Praktikanten«. Nur ein Teil von ihnen wurde (befristet) übernommen. Der Rest war nach sechs Wochen wieder arbeitslos. Einige »Praktikanten« hatten bereits ein Jahr vorher zur Weihnachtszeit ein unbezahltes zweiwöchiges »Praktikum« abgeleistet.
Diese Praxis ist nach der GA (MAG) 45.10 unzulässig. Sie führt zudem zu Wettbewerbsverzerrungen. Die Möglichkeit von Wettbewerbsverzerrungen durch »Mitnahmeeffekte« räumt die BA ein (BT-Ausschussdrucksache 17(11)731, S. 2). »Amazon« hat durch die kostenlosen Trainingsmaßnahmen mehrere Millionen an Lohn- und Sozialversicherungsbeiträgen eingespart. Diese Beihilfe zulasten des Steuerzahlers (bei Alg II-Berechtigten) und zulasten der Solidargemeinschaft (bei Alg I-Berechtigten) dürfte auch gegen das Beihilfeverbot nach Art. 107 Abs. 1 des Vertrags über die Arbeitsweise der Europäischen Union verstoßen.

»Praktika«

Warum Vermittler sich nicht an geltendes Recht halten? Ein paar Tausend Arbeitslose in Trainingsmaßnahmen mehr verbessern nicht nur ihre Vermittlungsstatistik; sie schönen auch die Arbeitslosenstatistik; Teilnehmer an einer Trainingsmaßnahme zählen gemäß § 16 Abs. 2 SGB III statistisch nicht als Arbeitslose.

Schönfärberei

Eine spezielle Probebeschäftigung mit Zuschüssen und Arbeitshilfen sieht § 46 SGB III für behinderte Menschen vor (→ S. 551).

Training behinderter Menschen

1.3   Teilnehmerbeurteilung

Teilnehmer von Trainingsmaßnahmen müssen »eine Beurteilung ihrer Leistung und ihres Verhaltens durch den Träger zulassen« (§ 318 Abs. 2 Satz 1 Nr. 2 SGB III).

Für die Teilnehmerbeurteilungen dürften die für Zeugnisse von den Arbeitsgerichten entwickelten Grundsätze gelten; denn die Teilnehmerbeurteilung hat – wie ein Zeugnis – Auswirkungen auf die zukünftige berufliche Entwicklung. Sie stellt z.B. Weichen für die Vermittlung und für Weiterbildungsmaßnahmen. Wie ein Zeugnis muss die Teilnehmerbeurteilung deshalb »wahr« und »wohlwollend« sein.

Einsichtsrecht   Gemäß § 83 SGB X ist dem Teilnehmer, wenn er es wünscht, die Teilnehmerbeurteilung zu übermitteln.

2   Die Vermittlung und Aktivierung durch private Arbeitsmakler
§§ 45 Abs. 1 Satz 1 Nr. 3, Abs. 4–7, 296 ff. SGB III

2.1   Der Arbeitsmakler wird hoffähig

Schon durch das Arbeitsförderungsreformgesetz von 1997 wurde das Vermittlungsmonopol der BA abgeschafft und die Arbeitsvermittlung durch Private erlaubt.

Damit wurde neben dem Wohnungsmakler der »Arbeitsmakler« hoffähig gemacht.

Kein Wider-
spruchsrecht
(mehr)

Arbeitslose konnten früher der Vermittlung durch private Arbeitsmakler widersprechen. Dieses Recht ist durch Streichung von § 37 Abs. 1 Satz 3 SGB III beseitigt.

Dafür Sanktionen   Durch die Erhebung der privaten Arbeitsmakler in den Status als Träger für Aktivierungs- und Eingliederungsmaßnahmen i.S. § 45 SGB III kann ihnen die AA jetzt Arbeitslose unter Androhung einer Sperrzeit gemäß § 159 Abs. 1 Satz 1 Nr. 4 SGB III zutreiben.

2.2   Vergütung

Früher durften private Arbeitsmakler regelmäßig nur Arbeitgeber zur Kasse bitten. Nach § 296 SGB III können heutzutage auch die Arbeitsuchenden gerupft werden. Nur von Ausbildungsuchenden darf gemäß §§ 296a, 297 Nr. 2 SGB III keine Vergütung verlangt werden.

Vergütung
jetzt auch von
Arbeitsuchenden

Auch ins EU/
EWR-Ausland

Nach § 45 Abs. 1 Satz 3 SGB III kann auch die Vermittlung einer Beschäftigung in einen Staat der EU oder des Europäischen Wirtschaftsraumes honoriert werden.
Die Honorierung der Vermittlung in die Schweiz scheidet allerdings aus. Denn

»die private Arbeitsvermittlung in die Schweiz ist nach geltendem Recht der Schweiz erlaubnispflichtig und kann grundsätzlich nur an in der Schweiz ansässige Unternehmen erteilt werden« (BR-Drs. 755/08, S. 54).

Der private Arbeitsmakler kann gemäß §§ 296, 297 SGB III von Arbeitsuchenden eine Vergütung nur verlangen, wenn

– ein schriftlicher Vermittlungsvertrag geschlossen worden ist. Vorschüsse sind verboten;

– aufgrund der Vermittlung ein Arbeitsverhältnis zu Stande kommt;

– der Vermittlungsvertrag keine Exklusivklausel (= Verbot, auch andere Arbeitsmakler einzuschalten) enthält;

– der Vermittlungsvertrag Angaben über die Vergütung enthält;

– die Vergütung nicht die gesetzlichen Höchstgrenzen übersteigt.

Legt der Arbeitslose einen Aktivierungs- und Vermittlungsgutschein vor, ist die Vergütung gemäß § 296 Abs. 4 Satz 2 SGB III bis zur Auszahlung des Gutscheins durch die AA gestundet. Der Vermittler kann dann vom Arbeitslosen keine Vergütung verlangen; übrigens auch dann nicht, wenn die AA die Zahlung endgültig verweigert (BSG vom 6.4.2006 – B 7a AL 56/05 R).

Nach § 296 Abs. 3 i.V.m. § 45 Abs. 6 Satz 3 SGB III darf die Vergütung (einschließlich Umsatzsteuer) in der Regel 2.000 € nicht überschreiten.

Für die Vermittlung von Langzeitarbeitslosen und behinderten Arbeitslosen kann auf der Grundlage eines Aktivierungs- und Vermittlungsgutscheins gemäß § 45 Abs. 6 Satz 4 SGB III bis zu 2.500 € gezahlt werden.

Für die Vermittlung von Au-pair-Stellen beträgt die Höchstgebühr 150 € (§ 296 Abs. 3 Satz 2 SGB III).

Für die Vermittlung von Künstlern, Fotomodellen, Doppelgängern, Berufssportlern gelten besondere Gebühren (§ 301 SGB III i.V.m. Vermittler-VergütungsVO vom 27.6.2002 [BGBl I, S. 2439]).

Die Vergütung wird gemäß § 45 Abs. 6 Satz 5 SGB III in Höhe von 1.000 € nach einer sechswöchigen und der Restbetrag nach einer sechsmonatigen Dauer des versicherungspflichtigen Beschäftigungsverhältnisses gezahlt.
Zeiten des Bezugs von Krankengeld können – da kein versicherungspflichtiges Beschäftigungsverhältnis besteht – nicht in die Frist von sechs Monaten einbezogen werden (GA (MPAV) 45.19).

Die Zahlung der Vergütung ist nach § 45 Abs. 6 Satz 6 SGB III ausgeschlossen, wenn

– die Einstellung bei einem früheren Arbeitgeber erfolgt, bei dem der Arbeitnehmer während der letzten vier Jahre vor der Aufnahme der Beschäftigung mehr als drei Monate lang versicherungspflichtig beschäftigt war; dies gilt nicht, wenn es sich um die befristete

Beschäftigung besonders betroffener schwerbehinderter Menschen handelt;

– das Beschäftigungsverhältnis von vornherein auf eine Dauer von weniger als drei Monaten begrenzt ist.

Ein Anspruch auf Vergütung entfällt, wenn der Arbeitsvertrag erst nach Ablauf der Geltungsdauer des Vermittlungsgutscheins geschlossen wird (LSG Berlin-Brandenburg vom 12.6.2015 – L 25 AS 1835/14).

Verwaltungsakt Die Entscheidung über die Vergütung hat die AA durch Verwaltungsakt zu treffen (LSG Berlin-Brandenburg vom 19.1.2017 – L 31 AS 618/15).

Erfolg? »Trotz positiver Beschäftigungseffekte für einige Teilgruppen zeigen die Ergebnisse insgesamt jedoch, dass die Überweisung an private Vermittler im Allgemeinen wenig effektiv und für einige Teilgruppen in Bezug auf die Vermeidung von Arbeitslosigkeit und Arbeitslosengeld-II-Bezug kontraproduktiv ist.« (Sarah Bernhard, Arbeitsmarktpolitische Maßnahmen bei privaten Trägern, Diss. Erlangen, 2015, S. 132)

Angesichts dieser Tatsachen fragen sich Steuer- und Beitragszahler, warum ihr Geld für diesen neoliberalen Schwachsinn verschwendet wird.

Ein Effekt lässt sich allerdings belegen: Wie ein Blick in die Datenbank »Juris« zeigt, sind die Sozialgerichte ausgiebig mit der Frage beschäftigt, ob eine Vermittlungsprovision durch den privaten Arbeitsmakler wirklich verdient ist. Auch die Tatsache, dass Arbeitsmakler nicht gerichtskostenfrei i.S. § 183 SGG klagen können (SächsLSG vom 4.5.2016 – L 3 AL 123/14), hält sie nicht davon ab, die Sozialgerichte mit Klagen zu überschwemmen.

2.3 »Vermittlung«

Was ist »Vermittlung«? »Vermittlung … liegt vor, wenn der Träger als ›Dritter‹ im Kontakt mit der Arbeitnehmerin/dem Arbeitnehmer und dem Arbeitgeber stand und durch seine Tätigkeit aktiv den Abschluss eines Arbeitsvertrages herbeigeführt hat (entspricht dem sog. Vermittlungsmakler des BGB). Der Träger muss als Maklerin/Makler von den Vertragsparteien unabhängig sein und darf mit der Arbeitnehmerin/dem Arbeitnehmer und dem Arbeitgeber weder rechtlich, wirtschaftlich noch persönlich verflochten sein.« (GA (MPAV) 45.17).

Das BSG vom 6.4.2006 – B 7a AL 56/05 R, info also 2006, S. 220 hat die Vergütung in einem Fall verneint, in dem Geschäftsführer und Gesellschafter von Vermittler und Arbeitgeber identisch waren. Erstaunlicherweise hat das BSG einen solchen engen Zusammenhang bei einer Arbeitsvermittlerin nicht gesehen, die zugleich Arbeitnehmerin des einstellenden Personaldienstleisters war (BSG vom 6.5.2008 – B7/7a AL 8/07 und 10/07 R).

3   **Aktivierung und Eingliederung durch Verleihfirmen?**
   § 45 Abs. 1 Satz 1 Nr. 3 SGB III

Die Überlassung von Arbeitsuchenden an Verleihfirmen fällt unter § 45 Abs. 1 Satz 1 Nr. 3 SGB III (BR-Drs. 755/08, S. 54).

»Maßnahmen (zur Eingliederung und Aktivierung) können nur dann von einem Zeitarbeitsunternehmen durchgeführt werden, wenn die Maßnahme im Zeitarbeitsunternehmen selbst erfolgt oder die Betreuung und Anleitung der Teilnehmerin/des Teilnehmers durch eine Fachkraft des Zeitarbeitsunternehmens gewährleistet ist und die einschlägigen Bestimmungen der Zeitarbeitsbranche eingehalten werden.« (GA (MAG) 45.10)

Zur Zumutbarkeit von Leiharbeit lesen Sie → S. 172.

4   **Die Potenzialanalyse**
   §§ 37 Abs. 1, 45 Abs. 1 Satz 1 Nr. 2 Variante 1 SGB III

4.1   **Inhalt**

Nach § 37 Abs. 1 SGB III hat die AA

»zusammen mit der oder dem Ausbildungsuchenden oder der oder dem Arbeitsuchenden die für die Vermittlung erforderlichen beruflichen und persönlichen Merkmale, beruflichen Fähigkeiten und die Eignung festzustellen (Potenzialanalyse). Die Potenzialanalyse erstreckt sich auch auf die Feststellung, ob und durch welche Umstände die berufliche Eingliederung voraussichtlich erschwert sein wird.«

Warum der Gesetzgeber statt Potenzialanalyse (wie in § 37 Abs. 1 SGB III), was ja die Analyse auch der Stärken umfasst, in § 45 Abs. 1 Satz 1 Nr. 2 lediglich »Vermittlungshindernisse« feststellen lassen will, also wieder nur die Schwächen ins Auge fasst, ist unverständlich, jedenfalls inkonsequent.

4.2   **Anforderungen**

Gemäß § 97 Abs. 1 SGB X muss die AA sicherstellen, dass der Träger die Gewähr für eine sachgerechte, die Rechte und Interessen des Arbeitslosen wahrende Erfüllung der Aufgabe bietet. Der Träger muss nach unserer Meinung deshalb mindestens folgende Voraussetzungen und Standards erfüllen:

- Die Erhebung und Verarbeitung von Sozialdaten durch Private muss datenschutzrechtlich zulässig sein (→ S. 624).   *Datenschutz*

- Mit der Potenzialanalyse sind Fachleute zu beauftragen, die – wie z.B. Psychologen oder Sozialpädagoginnen – der Schweigepflicht nach § 203 StGB unterfallen.   *Schweigepflicht*

Kein Pfusch

■ Die Potenzialanalyse muss nach anerkannten, fachlich ausgewiesenen Standards geschehen. Das ist häufig nicht der Fall. In einer – allerdings schon länger zurückliegenden – Untersuchung der AA Chemnitz zur Durchführung des Profiling bei privaten Assessmentcentern wurde u. a. kritisiert: »Die größten Probleme zeigten sich aber bei allen Trägern im unzureichenden verhaltensnahen Erfassen der Fähig- und Fertigkeiten unserer Kunden«, bedingt insbesondere durch den »unsystematischen Einsatz von vermeintlichen Testverfahren« (ibv 04/03 vom 19.2.2003, S. 472, 473).

Keine
psychologische
Begutachtung

■ Es sollten keine Fragebögen, die sich in der Nähe einer psychologischen Untersuchung/Begutachtung bewegen, ohne Einverständnis des Arbeitslosen benutzt werden. § 32 SGB III fordert ein Einverständnis zu einer Potenzialanalyse im Wege einer psychologischen Untersuchung oder Begutachtung.

Interessen-
konflikt

■ Die Potenzialanalyse darf nicht Trägern zugeschoben werden, die gleichzeitig Träger von Trainings- oder Weiterbildungsmaßnahmen sind (so auch BA-Rundbrief 58/2002, S. 4). Anderenfalls besteht die Gefahr, dass die Potenzialanalyse zum Auffüllen nicht ausgelasteter Maßnahmen des gleichen Trägers dient.

5   Die Aktivierungshilfe
.§ 45 Abs. 1 Satz 1 Nr. 1, Abs. 1 Satz 2 SGB III

Aktivierungshilfe gab es früher nach § 241 Abs. 3a SGB III a. F. Danach wurden »gefördert niedrigschwellige Angebote im Vorfeld von Ausbildung, Qualifizierung und Beschäftigung, die Jugendliche, die auf andere Weise nicht erreicht werden können, für eine berufliche Qualifizierung motivieren«. Diese Aktivierungshilfe ist – nach Streichung von § 241 Abs. 3a SGB III – in § 45 Abs. 1 Satz 1 Nr. 1 SGB III aufgegangen (BR-Drs. 755/08, S. 53). Da die Hilfe nicht mehr auf Jugendliche beschränkt ist, kann sie unabhängig vom Alter gewährt werden.

Aktivierung von
Arbeitsuchenden
mit schwer
wiegenden
Vermittlungs-
hemmnissen

Schwer Vermittelbaren macht Satz 2 im Abs. 1 von § 45 SGB III Hoffnung:

»§ 46 Absatz 1 Satz 2 [jetzt § 45 Abs. 1 Satz 2] stellt klar, dass auch speziell für Arbeitslose mit schwerwiegenden Vermittlungshemmnissen, wie längere Zeiten der Nichtbeschäftigung oder schwierigen persönlichen Problemen, zugeschnittene Maßnahmen zur Aktivierung und beruflichen Eingliederung eingerichtet werden können, bei denen zunächst allein die Aktivierung im Vordergrund steht. Solche Maßnahmen können zum Beispiel einen Anteil an Elementen enthalten, die auf die Strukturierung des Tagesablaufs und die Orientierung auf eine Erwerbstätigkeit an sich abstellen. Die Betreuung in diesen Maßnahmen sollte zudem intensiver sein und kann auch aufsuchenden Charakter haben. Gegenstand dieser Maßnahmen, die längerfristig ausgerichtet werden und auch die Dauer eines Jahres überschreiten können, ist ein Stärkenansatz, durch den mittels einer ganzheitlichen Herangehensweise Potenziale der Arbeitslosen für den Arbeitsmarkt entwickelt werden sollen. Aus der Regelung folgt auch, dass besondere Belange anderer Personen mit Vermittlungshemmnissen bei der Konzeption und Ausgestaltung der Maßnahmen zu berücksichtigen sind. Dies gilt insbesondere für Maßnahmen zur Aktivierung und beruflichen Eingliederung von behinderten und schwerbehinderten Menschen.« (BT-Drs. 17/6277, S. 93)

Über § 16 Abs. 1 Satz 2 Nr. 2 SGB II kommt die Aktivierungshilfe insbesondere auch für Alg II-Berechtigte infrage. Eine noch weitergehende Aktivierung ermöglicht neuerdings die »Förderung schwer zu erreichender junger Menschen« nach § 16h SGB II (vgl. dazu Leitfaden zum Arbeitslosengeld II, 13. Auflage 2017, S. 757 ff.).

6 Heranführen an eine selbstständige Tätigkeit
§ 45 Abs. 1 Satz 1 Nr. 4 SGB III

§ 45 Abs. 1 Satz 1 Nr. 4 SGB III ermöglicht Leistungen zur Heranführung an eine selbstständige Tätigkeit. Die AA kann z.B. Hilfe in Form von »coaching«, insbesondere bei der Prüfung der Tragfähigkeit einer geplanten Existenzgründung oder Existenzgründungslehrgänge anbieten.

Hilfen bei Existenzgründung

7 Stabilisierung eines Beschäftigungsverhältnisses
§ 45 Abs. 1 Satz 1 Nr. 5 SGB III

Durch die Nr. 5 von § 45 Abs. 1 Satz 1 SGB III

»wird [...] klargestellt, dass während der ersten Zeit einer Beschäftigung auch Nachbetreuung durch Dritte erfolgen kann. [...] Konfliktintervention und Begleitung während der Probezeit haben sich bewährt und Beschäftigungsabbrüche verhindert« (BR-Drs. 755/08, S. 55).

8 Weitere Maßnahmen?

Nach der Gesetzesbegründung ist die Aufzählung in § 45 SGB III nur »beispielhaft« (BR-Drs. 755/08, S. 54). Da die Maßnahmen im Gesetz z.T. auch nur vage umschrieben sind, bleibt Spielraum für phantasievolle Förderung.

So können über § 45 SGB III beispielsweise Deutschkurse für Migranten gefördert werden. Allerdings **nicht allgemeinsprachliche Deutschkurse.** Diese erfolgen gemäß § 43 AufenthaltsG ausschließlich in Integrationskursen, für die das Bundesamt für Migration und Flüchtlinge zuständig ist.
Dagegen sind **berufsbezogene Deutschkurse** im Rahmen von § 45 SGB III möglich; sie dürfen aber höchstens acht Wochen dauern.

Deutschkurse?

Fördermöglichkeiten eröffnet insbesondere das ESF-Programm »Berufsbezogene Sprachförderung für Menschen mit Migrationshintergrund (ESF-BAMF-Programm)« (→ S. 585).

Sozialpädagogische Begleitung

Auch eine sozialpädagogische Begleitung ist möglich. Sie wird zwar im Gesetz nicht genannt, aber in der Gesetzesbegründung:

> »Notwendige sozialpädagogische Begleitung kann in angemessenem Umfang Bestandteil der Maßnahme zur Aktivierung und beruflichen Eingliederung sein.« (BR-Drs. 755/08, S. 54).

Eine sozialpädagogische Begleitung kann notwendig sein bei der oben genannten Aktivierung von Arbeitslosen mit schwerwiegenden Vermittlungshemmnissen, z. B. Überschuldeten oder Suchtabhängigen. Aber auch in »normalen« Trainingsmaßnahmen und bei der »nachgehenden Stabilisierung eines Beschäftigungsverhältnisses« kann eine sozialpädagogische Begleitung hilfreich sein.

D   Wer bekommt Arbeitslosengeld (Alg)?
§§ 136 ff. SGB III

I   Arbeitslosengeld bei Arbeitslosigkeit und bei beruflicher Weiterbildung

Alg wird bei Arbeitslosigkeit und bei beruflicher Weiterbildung gezahlt (§ 136 Abs. 1 SGB III). Im Folgenden wird nur das Alg bei Arbeitslosigkeit behandelt; Alg bei beruflicher Weiterbildung finden Sie im Kapitel O → S. 467.

II   Drei Voraussetzungen
§ 137 Abs. 1 SGB III

Alg wegen Arbeitslosigkeit können Sie nur bekommen, wenn Sie die folgenden Voraussetzungen erfüllen:

Sie müssen

- arbeitslos sein,
- sich arbeitslos gemeldet und
- die Anwartschaftszeit erfüllt haben.

III   Wer ist arbeitslos?
§ 138 Abs. 1 SGB III

Sind Sie arbeitslos, so erscheint Ihnen diese Frage überflüssig. Für die AA sind Sie jedoch nur arbeitslos, wenn Sie

- nicht in einem Beschäftigungsverhältnis stehen (dazu unten → 1), — *Beschäftigungslosigkeit*
- sich bemühen, die Beschäftigungslosigkeit zu beenden (dazu unten → 2), und — *Beschäftigungssuche*
- den Vermittlungsbemühungen der AA zur Verfügung stehen (dazu unten → 3). — *Verfügbarkeit*

1   Wer ist beschäftigungslos?

1.1   Beschäftigungslosigkeit bei »Voll-Alg«
§ 138 Abs. 1 Nr. 1, Abs. 3 SGB III

Beschäftigungslos sind Sie, wenn Sie gar nicht oder weniger als 15 Stunden wöchentlich arbeiten. — *Grenze: 15 Wochenstunden*

Beschäftigungslosigkeit kann auch vorliegen, wenn das Arbeitsverhältnis zwar noch besteht, die Arbeitgeberin jedoch auf ihre Weisungsbefugnis verzichtet hat oder die Arbeitnehmerin nicht mehr dienstbereit — *Beschäftigungslosigkeit trotz Arbeitsverhältnis* ist, z.B. bei einer unwiderruflichen Freistellung der Arbeitnehmerin durch die Arbeitgeberin oder einer Arbeitsverweigerung auf Grund eines Zurückbehaltungsrechts der Arbeitnehmerin nach § 273 BGB. Beschäftigungslosigkeit tritt nicht bei einer widerruflichen Freistellung ein (SächsLSG vom 16.7.1997 – L 3 AL 184/95; LSG Nordrhein-Westfalen vom 23.2.2010 – L 1 AL 9/09). Beschäftigungslosigkeit kann auch eintreten, wenn die Arbeitnehmerin ihre Arbeitsstelle nicht aufgeben, aber wegen Mobbings nicht auf den alten Arbeitsplatz zurückkehren will; verfügbar ist sie allerdings nur, wenn sie sich dennoch der Arbeitsvermittlung zur Verfügung stellt und bereit ist, ein neues Arbeitsverhältnis einzugehen (SG Dortmund vom 10.10.2016 – S 31 AL 84/16).

Das Beschäftigungsverhältnis endet auch bei ungekündigtem Arbeitsverhältnis, wenn feststeht, dass die Arbeitnehmerin wegen einer Erkrankung ihre Arbeit nicht mehr aufnehmen kann (BayLSG vom 5.5.2010 – L 9 AL 303/07; LSG Sachsen-Anhalt vom 28.1.2010 – L 2 AL 65/06) oder wenn die Aufnahme der Beschäftigung unter keinen Umständen in Betracht kommt, z.B. weil die Firma faktisch nicht mehr existiert (BSG vom 4.7.2012 – B 11 AL 16/11 R).

Regelmäßig wird eine Beschäftigung gegen Entgelt ausgeübt. Entgeltlich ist eine Beschäftigung auch dann, wenn kein Bargeld ausgezahlt wird, sondern der erzielte Lohn gegen Schulden verrechnet wird (LSG Niedersachsen-Bremen vom 26.6.2012 – L 11 AL 75/11; allerdings darf der Arbeitslohn bis zur Pfändungsgrenze eigentlich nicht aufgerechnet werden – § 394 Satz 1 BGB).

Arbeit auf Abruf

Wird eine Arbeitnehmerin von einer Arbeitgeberin zu wiederholten Arbeitseinsätzen herangezogen, kann sie in den Zeiten zwischen den einzelnen Einsätzen beschäftigungslos sein (vgl. z.B. LSG Berlin-Brandenburg vom 24.6.2009 – L 4 AL 180/07; LSG Nordrhein-Westfalen vom 9.7.2010 – L 19 AL 20/10 B). Maßgeblich sind die zwischen den Beteiligten getroffenen Vereinbarungen und die tatsächliche Ausgestaltung der Beziehungen, insbesondere, ob sich die »Arbeitnehmerin« für weitere Einsätze bereit hält, ob sie einzelne Einsätze ablehnt, wie häufig und in welchen Abständen sie zur Arbeitsleistung herangezogen wird usw. Sind die Tage der Beschäftigung im Voraus fest vereinbart, kann in den beschäftigungsfreien Tagen Beschäftigungslosigkeit vorliegen, insbesondere wenn das Entgelt für die Beschäftigungstage zum Lebensunterhalt nicht ausreicht (LSG Sachsen-Anhalt vom 16.2.2012 – L 2 AL 42/08).

Bei häufigen Einsätzen über eine längere Zeit (mehr als sechs Monate) kann ein Dauerarbeitsverhältnis vorliegen (BAG vom 22.4.1998 – 5 AZR 2/97; BSG vom 3.12.1998 – B 7 AL 108/07 R).

Zu den einzelnen Varianten der Rechtsbeziehungen bei Abrufarbeitsverhältnissen s. auch Udo Geiger, info also 2009, S. 243, 246 ff.

Lückenhafte Beschäftigung

In zwei Urteilen hat das BSG trotz »lückenhafter« Vertragsgestaltung ein Dauerarbeitsverhältnis angenommen:

Ein Kläger, der seit vielen Jahren jeweils auf Grund von für einen Monat geschlossenen Verträgen in unterschiedlichem Umfang mit erster Priorität und höchster Flexibilität für das ZDF tätig war und dessen

Einsatztage nach Vertragsschluss verändert, verschoben und erweitert werden konnten, ist nach Meinung des Gerichts an den freien Tagen nicht beschäftigungslos, sondern steht in einem Dauerarbeitsverhältnis (BSG vom 11.3.2014 – B 11 AL 5/13 R; ähnlich LSG Berlin Brandenburg vom 27.4.2016 – L 18 AL 117/15 für einen Kameramann bei einer Rundfunk- und Fernsehanstalt: »das gelebte Rechtsverhältnis sei Ausdruck des Parteiwillens«; siehe auch Udo Geiger, info also 2015, S. 243).

Bei der Beschäftigung von Künstlern durch ein Theater mit Proben und mehreren Vorstellungen können auch die zwischen den Proben und den einzelnen Vorstellungen liegenden Zeiten Versicherungszeiten sein (BSG vom 20.3.2013 – B 12 R 13/10 R, SGb 2014, S. 213 mit Anm. Christoph Nix; siehe auch SächsLSG vom 12.2.2015 – L 3 AL 142/12). Christoph Nix, ein Jurist, der als Intendant Erfahrungen mit der Theaterpraxis hat, hält das Urteil des BSG für falsch; es entspreche weder den Interessen der Theater noch denen der Schauspieler.

Hat die Arbeitgeberin eine Wiedereinstellung zugesagt, z.B. bei witterungsabhängigen Beschäftigungen, bei Saisonarbeiten, bei Auftragsflauten, liegt regelmäßig Beschäftigungslosigkeit vor; zweifelhaft kann die Bereitschaft, andere Arbeit aufzunehmen, also die subjektive Verfügbarkeit sein. Wiedereinstellungszusage

Ist keine bestimmte Arbeitszeit, sondern nur Arbeit auf Abruf vereinbart, soll nach § 12 Abs. 1 Satz 2 TzBfG eine gesetzliche Arbeitszeit von zehn Wochenstunden gelten (so das SG Frankfurt vom 15.6.2009 – S 26 AL 271/07, info also 2009, S. 265; kritisch hierzu Udo Geiger, info also 2009, S. 243, 248).

Ob die Beschäftigung kurzzeitig ist, also weniger als 15 Wochenstunden umfasst, richtet sich nach der jeweiligen arbeitsvertraglichen Vereinbarung und einer vorausschauenden Betrachtungsweise, die an die Verhältnisse zu Beginn der Beschäftigung anknüpft (BSG vom 29.10.2008 – B 11 AL 44/07 R; BayLSG vom 23.2.2012 – L 9 AL 146/11). Ist zwar eine kurzzeitige Beschäftigung von weniger als 15 Wochenstunden vereinbart, wird diese aber als regelmäßige durchschnittliche Arbeitszeit bezeichnet, liegen Abweichungen von der Kurzzeitigkeitsgrenze nahe; das gilt insbesondere, wenn die zugeteilte Arbeit in der vereinbarten Arbeitszeit nur schwer zu bewältigen ist und häufig Mehrarbeit anfällt (LSG Niedersachsen-Bremen vom 22.11.2011 – L 7 AL 61/10).

Es gibt keine Vermutung, dass eine von Arbeitslosen aufgenommene Beschäftigung 15 Wochenstunden erreicht oder überschreitet; von den Angaben gegenüber dem Arbeitgeber zur Lohnabrechnung darf die Arbeitsverwaltung aber regelmäßig ausgehen (LSG Berlin-Brandenburg vom 24.4.2013 – L 18 AL 135/11). Vereinbaren die Arbeitsvertragsparteien ein Arbeitszeitkonto zum Ausgleich unterschiedlicher Wochenarbeitszeiten, sind sie darüber einig, dass die tatsächliche Wochenarbeitszeit 15 Stunden und mehr erreichen kann (BayLSG Arbeitszeitkonten vom 28.8.2009 – L 10 AL 179/06; ebenso SG Dresden vom 23.4.2009 – S 35 AL 89/08).

Fiktives Beschäftigungsverhältnis

Während der Freistellungsphase einer Beschäftigung mit Wertguthabenvereinbarung nach §§ 7a ff. SGB IV besteht das versicherungspflichtige Beschäftigungsverhältnis fort; Beschäftigungslosigkeit liegt deshalb nicht vor. Das gilt nicht, wenn das Wertguthaben im Insolvenzverfahren der Arbeitgeberin in einer Summe ausgezahlt wird oder wegen der Insolvenz nicht ausgezahlt werden kann.

Wenn während einer bis zu dreimonatigen Freistellung Arbeitsentgelt aus einer Vereinbarung zur flexiblen Gestaltung der werktäglichen oder wöchentlichen Arbeitszeit oder dem Ausgleich betrieblicher Produktions- und Arbeitszeitzyklen fällig ist, besteht das versicherungspflichtige Beschäftigungsverhältnis nach § 7 Abs. 1a Satz 2 SGB IV ebenfalls fort; der Schutz der Kranken-, Renten-, Pflege-, Unfall- und Arbeitslosenversicherung bleibt erhalten. Damit soll in Wirtschafts- und Finanzkrisen die Möglichkeit bestehen, nicht zweckgebundene Arbeitszeitkonten mit Zeitguthaben abzubauen oder bestehende Kontenvereinbarungen zu nutzen, um mit Minussalden Entlassungen zu vermeiden. Die Freistellung von mehr als einem Monat aus Zeitkonten, die keine Wertguthabenvereinbarungen i. S. v. § 7 Abs. 1a Satz 1 SGB IV sind, führte ohne § 7 Abs. 1a Satz 2 SGB IV zur Unterbrechung des sozialversicherungsrechtlichen Beschäftigungsverhältnisses und damit zum Wegfall des Sozialversicherungsschutzes für die betroffenen Beschäftigten und deren Familien (BR-Drs. 315/1/11 S. 2).

Kalenderwoche oder Beschäftigungswoche?

Ob für die Feststellung, dass eine Beschäftigung auf weniger als 15 Stunden wöchentlich beschränkt ist, die Kalenderwoche oder die Beschäftigungswoche zu Grunde zu legen ist, ist noch immer umstritten. Das BSG vom 13.7.2006 – B 7a AL 16/05 R und vom 29.10.2008 – B 11 AL 52/07 R hat die Frage ausdrücklich offen gelassen, aber betont, dass die Berücksichtigung der Beschäftigungswoche Missbrauch besser verhindere. Einige LSG gehen ebenfalls von der Beschäftigungswoche aus (SächsLSG vom 3.4.2008 – L 3 AL 54/06; BayLSG vom 13.4.2011 – L 10 AL 196/09). Die Beschäftigungswoche beginnt jeweils mit dem Tag der Arbeitsaufnahme.

BA: Kalenderwoche

Die BA legt bei Prüfung der Kurzzeitigkeitsgrenze derzeit die Kalenderwoche zu Grunde (FW 138.3).

Beispiel nach BA

Aufnahme einer Beschäftigung für zwei Tage mit jeweils acht Stunden.

Die Beschäftigung wird am Freitag und dem folgenden Dienstag ausgeübt. Die Zeitgrenze von 15 Stunden je Kalenderwoche ist nicht erreicht.

Die Beschäftigung wird am Dienstag und dem folgenden Freitag ausgeübt. Die Zeitgrenze von 15 Stunden je Kalenderwoche ist erreicht und überschritten. Die Beschäftigungslosigkeit entfällt ab Dienstag.

Soweit Pausen (z. B. Mittagspausen) nicht bezahlt werden, zählen sie nicht als Arbeitszeit.

Bereitschaftsdienste werden nur entsprechend dem bezahlten Anteil als Arbeitszeit gewertet.

Bei der Ermittlung der Arbeitszeit werden auch Vor- und Nacharbeiten, z. B. bei Lehrerinnen, berücksichtigt (BayLSG vom 30.9.2010 – L 10 AL 366/07). Hierbei kommt es auf den Umfang der Arbeitszeit gemessen an der Belastung einer Vollzeitkraft an, nicht auf die individuellen Fähigkeiten der Arbeitnehmerin (BSG vom 8.9.1988 – 11/7 RAr 65/87).

Was zählt zu den 15 Stunden?

Gelegentliches Erreichen oder Überschreiten der 15-Stunden-Grenze von geringer Dauer sind unbeachtlich. Ein gelegentliches Erreichen oder Überschreiten der 15-Stundengrenze liegt nur vor, wenn die Mehrarbeit unvorhersehbar ist; war das Erreichen oder Überschreiten der Kurzzeitigkeitsgrenze von Vertragsbeginn an geplant, z. B. durch die Vereinbarung von Mehrarbeit bei entsprechendem Bedarf, ist die ganze Beschäftigung unabhängig von der tatsächlich geleisteten Stundenzahl nicht mehr kurzzeitig (BSG vom 29.10.2008 – B 11 AL 44 und 52/07 R).

Nach FW 138.3 richtet sich das zulässige Maß von Erreichen oder Überschreiten der Kurzzeitgrenze nach dem Umfang der vereinbarten Wochenarbeitszeit. Bei einem Beschäftigungsverhältnis von vier Wochen ist ein Erreichen oder Überschreiten der Arbeitszeitgrenze für eine Woche unschädlich, bei einer Arbeitszeit von acht Wochen darf die Arbeitszeitgrenze in zwei zusammenhängenden Wochen überschritten werden und bei zwölf Wochen dürfen es drei zusammenhängende Wochen mit einer Wochenarbeitszeit von 15 Stunden und mehr sein. Der Umfang des Überschreitens ist dann unerheblich. Ist das Arbeitsverhältnis unbefristet, darf der Zeitraum mit einer Arbeitszeit von 15 Wochenstunden und mehr unabhängig von der vereinbarten Stundenzahl ohne Schaden für den Alg-Anspruch ebenfalls drei zusammenhängende Wochen dauern.

Gelegentliches Überschreiten der 15-Std.-Grenze

Mehrere Beschäftigungsverhältnisse werden zur Feststellung der Beschäftigungslosigkeit summiert (§ 138 Abs. 3 Satz 2 SGB III).

Summierung von Beschäftigungen

Nach § 138 Abs. 3 Satz 1 SGB III ist auch derjenige, der eine selbstständige Tätigkeit (BFH vom 18.12.2014 – III R 9/14) oder eine Beschäftigung als mithelfendes Familienmitglied im zeitlichen Umfang von wenigstens 15 Stunden wöchentlich ausübt, nicht beschäftigungslos (BSG vom 3.12.2009 – B 11 AL 28/08 R; SG Landshut vom 28.7.2015 – S 13 AL 141/14). Bei einer selbstständigen Tätigkeit soll die Prognose einer mehr als geringfügigen Tätigkeit Arbeitslosigkeit ausschließen (BayLSG vom 26.4. 2011 – L 8 AL 258/07).

15-Std.-Grenze auch bei selbstständiger/mithelfender Tätigkeit

Die entgeltliche Kindertagespflege gilt als selbstständige Erwerbstätigkeit, ausnahmsweise auch als abhängige Beschäftigung, die Beschäftigungslosigkeit ausschließt, wenn sie wöchentlich 15 Stunden ausgeübt wird.

Beschäftigungslos ist die Aufstockerin, die einer Arbeitsgelegenheit mit Mehraufwandsentschädigung nach § 16d SGB II von wöchentlich 15 Stunden und mehr nachgeht.

Nachweis der Beschäftigungslosigkeit

Für abhängig Beschäftigte ergibt sich regelmäßig aus der Arbeitsbescheinigung, dass ein vorangegangenes Beschäftigungsverhältnis beendet ist. Meldet sich die ehemalige Arbeitnehmerin dann arbeitslos, wird ihr grundsätzlich geglaubt, dass sie beschäftigungslos ist, wenn keine Anhaltspunkte vorliegen, aus denen sich etwas anderes ergibt.

bei Selbstständigen?

Die Feststellung der Arbeitslosigkeit kann sich bei ehemals Selbstständigen, die aus einer früheren Beschäftigung noch einen Alg-Anspruch haben oder nach § 28a SGB III freiwillig versichert waren, schwierig gestalten. Wie sich aus § 28a Abs. 2 Satz 2 SGB III ergibt, kann eine Unterbrechung der selbstständigen Tätigkeit eine Zeit der Beschäftigungslosigkeit im Sinne des § 138 Abs. 1 SGB III sein. Es genügt auch schon das Absenken der Arbeitszeit auf unter 15 Wochenstunden zur Beschäftigungslosigkeit. Gelegentliche Abweichungen von der wöchentlichen Mindestarbeitszeit von 15 Stunden sind aber unbeachtlich, wenn sie von geringer Dauer sind (§ 28a Abs. 1 Satz 2 SGB III), sie machen die Selbstständige also nicht beschäftigungslos. Es bleibt für alle freiberuflich Tätigen ohne gesonderte Arbeitsstätten, ohne Öffnungszeiten, ohne spezifische Arbeitsmittel, ohne Beschäftigte usw. das Problem, wie die Aufgabe der Tätigkeit oder die Minderung des Zeitaufwands nachgewiesen werden soll. Hier kann eventuell der Verlust der Tätigkeitsbasis durch die Kündigung von Werkverträgen belegt werden. Wo das nicht der Fall ist, wird die AA jeweils entscheiden müssen, ob sie der Betroffenen glaubt oder nicht.

1.2   Beschäftigungslosigkeit bei »Teil-Alg«
§ 162 Abs. 2 Nr. 1 SGB III

Was ist Teil-Alg?

Teil-Alg erhalten Arbeitnehmerinnen, die eine von mehreren nebeneinander ausgeübten **versicherungspflichtigen** Beschäftigungen verlieren.

Beschäftigungslos ist dementsprechend, wer eine versicherungspflichtige Beschäftigung verloren hat, die sie neben einer weiteren versicherungspflichtigen Beschäftigung ausgeübt hat.

Die beiden versicherungspflichtigen Beschäftigungen können auch bei **einer** Arbeitgeberin bestehen (BSG vom 21.6.2001 – B 7 AL 54/00 R, SozR 3–4300 § 150 Nr. 1; SächsLSG vom 24.5.2012 – L 3 AL 98/11, info also 2013, S. 214).

Wird eine versicherungspflichtige Teilzeitbeschäftigung aufgegeben, entsteht kein Anspruch auf Teil-Alg, wenn nur eine selbstständige Tätigkeit weiter ausgeübt wird (BSG vom 3.12.2009 – B 11 AL 28/08 R).

15-Std.-Grenze?

Die beiden Beschäftigungen müssen keine 15 Wochenstunden umfassen, aber mehr als geringfügig sein. Umfasst die fortgeführte Beschäftigung weniger als 15 Wochenstunden, kann die Arbeitslose Voll-Alg

beziehen, wenn sie eine Beschäftigung von wenigstens 15 Wochenstunden sucht; die Anrechnung des Nebeneinkommens richtet sich
dann nach § 155 SGB III. Sucht sie eine Beschäftigung von weniger als
15 Wochenstunden, kann sie nur Teil-Alg erhalten. Arbeitet sie in der
fortgeführten Beschäftigung 15 Stunden oder mehr, wird ebenfalls
nur Teil-Alg gezahlt.

2 Welche Eigenbemühungen werden verlangt?
§ 138 Abs. 1 Nr. 2, Abs. 4 SGB III

Es genügt nicht, dass die Arbeitslose sich der Arbeitsvermittlung passiv zur Verfügung stellt. Alg bekommt sie nur, wenn sie sich aktiv um die Beendigung der Beschäftigungslosigkeit bemüht. Der Gesetzgeber hat zwar nicht genau festgelegt, welche Eigenbemühungen die
Arbeitslose leisten muss, er nennt aber drei wichtige Verpflichtungen.

Die Arbeitslose hat im Rahmen der Eigenbemühungen alle Möglichkeiten zur beruflichen Eingliederung zu nutzen; hierbei muss sie insbesondere

- die Verpflichtungen aus der Eingliederungsvereinbarung oder der
  Eingliederungsanordnung nach § 37 Abs. 2 Satz 1 Nr. 3, Abs. 3
  Satz 4 SGB III erfüllen. Allerdings muss vorher geprüft werden, ob
  die EV überhaupt verbindlich ist. Schon zum SGB II hat das BSG
  entschieden, dass die Wirksamkeit der EV als Austauschvertrag
  nach §§ 53 ff. SGB X davon abhängt, ob der Verpflichtung des Arbeitslosen angemessene Förderzusagen gegenüberstehen (BSG
  vom 23.6.2016 – B 14 AS 30/15 R; HessLSG vom 13.5.2015 – L 6 AS
  132-134/14; BayLSG vom 29.1.2015 – L 7 AS 647/13). Das gilt ebenso für das SGB III; auch hier unterliegen die EV einer Inhaltskon-
  trolle nach § 61 Satz 2 SGB X i.V.m. § 307 BGB (BSG vom 4.4.2017 –
  B 11 AL 5/16 R und – B 11 AL 19/16 R);

- bei der Vermittlung durch Dritte mitwirken;

- die Selbstinformationseinrichtungen der AA (§ 40 Abs. 2 SGB III) in
  Anspruch nehmen, d.h., die Arbeitslose muss sich mit der Veröffentlichung ihrer Daten einverstanden erklären, soweit eine Identifizierung ausgeschlossen ist, und sie muss die auf → S. 36 aufgeführten Möglichkeiten auch aktiv nutzen.

Die BA nennt (FW 138.4 Abs. 3) als Beispiele:

– Auswertung der JOBBÖRSE,

– Auswertung von Stellenanzeigen in Zeitungen, Fachzeitschriften
  und anderen Medien (z. B. Regionalsender, Internet),

– Gezielte Initiativbewerbungen und -vorsprachen bei Arbeitgebern,

– Arbeitsplatzsuche per Anzeige in Zeitungen und Fachzeitschriften,

– Besuch von Arbeitsmarktbörsen u. ä.,

– Kontaktaufnahme zu privaten Vermittlern und Mitwirkung bei der beruflichen Eingliederung.

Wer sich nur auf die Dienste der AA verlässt und keine eigenen Aktivitäten zur Beendigung der Arbeitslosigkeit unternimmt, hat keinen Anspruch auf Alg, weil die Anspruchsvoraussetzung der Eigenbemühungen und damit der Verfügbarkeit nicht erfüllt ist.

Von der allgemeinen Verpflichtung, sich um Arbeit zu bemühen, unterscheidet das BSG die Nachweispflicht nach § 159 Abs. 1 Satz 2 Nr. 3 SGB III; diese ist keine Voraussetzung für den Anspruch auf Alg, sondern eine zusätzliche Obliegenheit, die dem Nachweis der Eigenbemühungen dient (BSG vom 20.10.2005 – B 7a AL 18/05 R und vom 31.1.2006 – B 11a AL 13/05 R zum früheren § 119 Abs. 5 Satz 2 SGB III; siehe auch BSG vom 4.4.2017 – B 11 AL 5/16 R und Claus-Peter Bienert, info also 2016, S. 243). Die Form des Nachweises von Eigenbemühungen muss in der Eingliederungsvereinbarung geregelt werden (§ 37 Abs. 2 Satz 1 Nr. 3 SGB III).

Was die AA einer Arbeitslosen im Einzelnen an Eigenbemühungen zumuten kann, finden Sie ab → S. 154.

3   **Wer ist verfügbar?**
§ 138 Abs. 5 SGB III

Der Vermittlung durch die AA steht zur Verfügung, wer

■ eine versicherungspflichtige, wenigstens 15 Wochenstunden umfassende zumutbare Beschäftigung unter den Bedingungen des für sie in Betracht kommenden Arbeitsmarktes ausüben kann und darf,

■ Vorschlägen der AA zur beruflichen Eingliederung zeit- und ortsnah Folge leisten kann,

■ bereit ist, jede zumutbare Beschäftigung anzunehmen und auszuüben und

■ bereit ist, an zumutbaren Maßnahmen zur beruflichen Eingliederung teilzunehmen.

3.1   **Wer strebt eine versicherungspflichtige, wenigstens
15 Wochenstunden umfassende Beschäftigung an?**
§ 138 Abs. 5 Nr. 1 SGB III

Die Beschäftigungslose muss eine abhängige Beschäftigung
suchen, die wenigstens 15 Arbeitsstunden in der Woche dauert. Wenn
Sie nur als Beamtin oder Selbstständige arbeiten wollen, streben Sie
keine versicherungspflichtige Beschäftigung an. Auch Selbstständige,
Elternzeitler und Meisteranwärter, die sich gemäß § 28a SGB III freiwillig weiterversichert haben, können Alg nur erhalten, wenn sie eine
abhängige Beschäftigung anstreben. Wann eine Arbeit in einem versicherungspflichtigen Beschäftigungsverhältnis geleistet wird, können Sie auf → S. 132 nachlesen, welche Bedingungen für eine selbstständige Tätigkeit erfüllt sein müssen, finden Sie auf → S. 568.

Wer meint, nicht arbeiten zu können, strebt keine abhängige Beschäftigung an und ist unabhängig von der tatsächlichen Leistungsfähigkeit nicht verfügbar (LSG Baden-Württemberg vom 30.9.2011 –
L 12 AL 4286/10; SG Karlsruhe vom 22.4.2013 – S 11 AL 3545/12).

Lehnt die Arbeitslose die Aufnahme bestimmter zumutbarer Beschäftigungen ab und erklärt sie sich nur zu einem Teilbereich der ihr
möglichen Arbeiten bereit, ist sie nicht verfügbar (SG Karlsruhe vom
9.9.2013 – S 5 AL 373/13).

Ob bei einer Beschäftigungslosigkeit von nur einem Tag Verfügbarkeit   **Verfügbarkeit**
vorliegen kann, ist umstritten. Will die Arbeitslose mit dem Alg für ei-   **nur für 1 Tag?**
nen Tag die Voraussetzungen für den Gründungszuschuss nach
§§ 93 ff. SGB III erreichen und ist die Existenzgründung schon für den
nächsten Tag geplant und vorbereitet, soll das nicht der Fall sein (z. B.
LSG Nordrhein-Westfalen vom 25.9.2014 – L 9 AL 219/13, info also
2015, S. 60, und vom 10.12.2015 – L 9 AL 83/14; LSG Hamburg
vom 7.12.2016 – L 2 AL 7/16; a. A. Claus-Peter Bienert, info also 2016,
S. 8 ff.). Dasselbe soll gelten, wenn wegen der kurzen Rahmenfrist mit
dem Alg für einen Tag sichergestellt werden soll, dass der Alg-Anspruch nach dem Studium noch geltend gemacht werden kann (§ 161
Abs. 2 SGB III), und das Studium bereits für den nächsten Tag fest geplant ist (BayLSG vom 30.9.2015 – L 10 AL 278/14, info also 2016,
S. 16). Wechselt eine Arbeitnehmerin mit einer kurzen beschäftigungslosen Zwischenzeit von einem Arbeitsverhältnis in eine neue
Beschäftigung, ist für die Unterbrechungszeit, auch wenn sie nur einen
oder wenige Tage dauert, Verfügbarkeit anzuerkennen und Alg zu zahlen (Claus-Peter Bienert, info also 2016, S. 8, 11).

3.2   Was heißt: unter den üblichen Bedingungen des Arbeitsmarktes?

3.2.1   Maßstab: Die einzelne Arbeitslose

Die Verfügbarkeit richtet sich nicht nach den Bedingungen des allgemeinen Arbeitsmarktes, sondern nach dem für die einzelne Arbeitslose in Betracht kommenden Arbeitsmarkt.

Welcher Arbeitsmarkt für die einzelne Arbeitslose in Betracht kommt, ergibt sich grundsätzlich aus ihren beruflichen Fähigkeiten und dem für sie örtlich erreichbaren Gebiet. Damit ist nicht nur die Region gemeint, in der die Arbeitslose Arbeitsplätze täglich erreichen kann, sondern unter Umständen das ganze Land, wenn sie bundesweit vermittelt werden kann.

3.2.2   Lage der Arbeitszeit

»Übliche Bedingungen des Arbeitsmarktes« meint u. a. die Lage der Arbeitszeit. Als Arbeitslose müssen Sie bereit sein, zur ortsüblichen Lage der Arbeitszeiten zu arbeiten.
Üblich ist eine Lage der Arbeitszeit dann, wenn sie auf dem Arbeitsmarkt, für den die Arbeitslose in Betracht kommt, in nennenswertem Umfange vorkommt.

Beispiel

David Zunder und seine Frau teilen sich die Versorgung ihres Sohnes. Das war bisher dadurch möglich gewesen, dass David Zunder von 14 Uhr bis 22 Uhr im Schichtdienst arbeitete und seine Frau von 8 Uhr bis 13 Uhr eine Teilzeitbeschäftigung ausübte.
Nachdem David Zunder seinen Arbeitsplatz verloren hat, meldet er sich arbeitslos und besteht darauf, für den Zeitraum von 14 Uhr bis 22 Uhr eine Arbeitsstelle vermittelt zu bekommen.
Da in diesem Zeitraum üblicherweise Spätschichten liegen, kann die AA nicht die Verfügbarkeit verneinen.

Es ist nicht Voraussetzung, dass Arbeitsstellen zu der gewünschten Zeit frei sind. Bevor die AA Ihnen wegen der gewünschten »unüblichen Arbeitszeit« Leistungen verweigern darf, muss geprüft werden, ob es derartige Arbeitsplätze im Tagespendelbereich (→ S. 169) überhaupt gibt, seien sie frei oder besetzt. Lassen sich Arbeitsplätze, die Sie ausfüllen können, hier nicht feststellen, haben Sie keinen Alg-Anspruch. Das gilt aber nicht, wenn Sie sich für den bundesweiten Arbeitsmarkt zur Verfügung stellen und in anderen Regionen Arbeitsplätze mit der gewünschten Arbeitszeit existieren.
Ohne wichtigen Grund, wie z. B. die Betreuung von Kindern, darf die Arbeitslose sich nicht nur für Beschäftigungen mit einer ihr angenehmen Arbeitszeit zur Verfügung stellen; wer also nur Arbeit sucht, die es ihr ermöglicht, jeden Abend zu Hause zu sein, ist nicht verfügbar (BayLSG vom 30.9.2010 – L 9 AL 165/06).

3.2.3 Dauer der Arbeitszeit (Teilzeitbeschäftigung)
§ 139 Abs. 4 SGB III

Arbeitslose dürfen sich auf die Suche nach einer Teilzeitbeschäftigung beschränken. Voraussetzung ist nur, dass die Teilzeitbeschäftigung wenigstens 15 Wochenstunden umfasst, versicherungspflichtig ist und den üblichen Bedingungen des für sie in Betracht kommenden Arbeitsmarktes entspricht. Allerdings ist es gemäß § 139 Abs. 4 Satz 2 SGB III nicht zulässig, bei einem konkreten Arbeitsangebot oder Maßnahmeangebot erstmals zu erklären, nur Teilzeit arbeiten zu wollen. Diese Einschränkung führt dazu, dass trotz des allgemeinen Rechts, sich nur für eine Teilzeitbeschäftigung zur Verfügung zu stellen, die Ablehnung der angebotenen Arbeit mit der Begründung, Sie wollten oder könnten nur Teilzeit arbeiten, nicht gerechtfertigt ist und eine Sperrzeit eintritt, wenn Sie sich der Arbeitsvermittlung zunächst für eine Vollzeitbeschäftigung zur Verfügung gestellt haben. Ansonsten kann die Beschränkung auf die Teilzeit auch während des Leistungsbezuges erklärt werden.
In jedem Fall sinkt bei Beschränkung auf Teilzeit das Alg entsprechend der Arbeitszeitverkürzung, wenn Sie zuvor eine Vollzeitbeschäftigung oder eine Teilzeitbeschäftigung mit einer längeren Wochenarbeitszeit als der jetzt gewünschten ausgeübt haben (§ 151 Abs. 5 SGB III).
Kreuzen Sie deshalb im Alg-Formular das Kästchen Teilzeitarbeit **nur** an, wenn Sie **nur** Teilzeit arbeiten wollen oder können, nicht, wenn Sie zur Not auch statt Vollzeit mit Teilzeit vorliebnehmen.

Beschränkung auf Teilzeitarbeit?

3.3 Was heißt: eine versicherungspflichtige, mindestens 15 Stunden umfassende Beschäftigung ausüben können?

Objektiv sind Sie nur verfügbar, wenn Sie an jedem Tag, für den Sie Alg beanspruchen, durch nichts gehindert sind, unverzüglich eine zumutbare Beschäftigung auszuüben (BSG vom 28.10.1987 – 7 RAr 80/86 und vom 5.11.1998 – B 11 AL 35/98 R); es genügt nicht, dass die Voraussetzungen für eine Beschäftigung erst bei einem Arbeitsangebot hergestellt werden sollen (BayLSG vom 26.3.2009 – L 10 AL 203/06).
Sie müssen tatsächlich aufgrund Ihrer körperlichen und geistigen Leistungsfähigkeit, Ihrer beruflichen Erfahrung und Ihrer Lebensumstände in der Lage sein, die von Ihnen angestrebte oder überhaupt eine Beschäftigung in versicherungspflichtigem Umfang auszuüben. Das Leistungsvermögen muss für eine Tätigkeit von wenigstens 15 Stunden wöchentlich ausreichen. Auch die Fähigkeit, in einer Behindertenwerkstatt zu arbeiten, kann genügen, wenn diese Arbeit versicherungspflichtig ist (BSG vom 10.5.2007 – B 7a AL 30/06 R).

Wenn Sie bei der AA gesundheitliche Einschränkungen vortragen, wird die Arbeitsvermittlerin eine Begutachtung durch die AA-Ärztin veranlassen. Stellt diese fest, dass Sie noch 15 Stunden wöchentlich arbeiten können, sollten Sie erklären, dass Sie arbeiten wollen, soweit Sie das

Unverzüglich arbeitsbereit

Sind Sie in der Lage, zu arbeiten?

nach Meinung der Ärztin können. Wenn Sie darauf bestehen, nicht arbeiten zu können, sind Sie subjektiv nicht verfügbar (→ S. 98) und erhalten kein Alg (LSG Baden-Württemberg vom 30.9.2011 – L 12 AL 4286/10; SG Karlsruhe vom 22.4.2013 – S 11 AL 3545/12). Sie können die vorgeschlagene Erklärung gefahrlos abgeben. Bei einem Vermittlungsangebot muss dennoch geprüft werden, ob Sie gerade die angebotene Arbeit ausüben können.

Ist die Erklärung der Arbeitslosen zu ihrer Arbeitsbereitschaft unklar oder mehrdeutig, muss die AA versuchen, durch Fragen und Hinweise eine Klärung zu erreichen (LSG Sachsen-Anhalt vom 20.7.2011 – L 2 AL 21/07).

Eine Krankschreibung steht der Verfügbarkeit nicht entgegen, wenn sie sich nur auf einen bestimmten Beruf bezieht, nicht aber auf andere der Arbeitslosen zumutbare Beschäftigungen, die am Arbeitsmarkt vorhanden sind (BayLSG vom 25.2.2013 – L 9 AL 8/13 B ER; LSG Rheinland-Pfalz vom 30.9.2011 – L 1 AL 70/11 B, info also 2012, S. 120). Erhalten Sie wegen der Krankschreibung Krankengeld, ruht der Anspruch auf Alg, auch wenn Sie Arbeiten verrichten könnten (siehe S. 632 f.).

Während der unentgeltlichen Beschäftigung im Rahmen einer stufenweisen Wiedereingliederung in den alten Betrieb besteht die Verfügbarkeit fort; die Wiedereingliederungsmaßnahme begründet kein Beschäftigungsverhältnis und auch keine Arbeitsunfähigkeit; ein Anspruch auf Kranken-Alg (§ 146 SGB III) oder Nahtlosigkeits-Alg (siehe unten) bleibt erhalten (BSG vom 17.12.2013 – B 11 AL 20/12 R; ebenso BSG vom 7.8.2012 – B 11 AL 41/12 B).

Können Sie nach Meinung der AA-Ärztin nicht mehr arbeiten, kommt Alg aufgrund der Nahtlosigkeitsregelung des § 145 SGB III in Betracht (→ S. 107), wenn ein Krankengeldanspruch nicht mehr besteht.

3.4   Was heißt: eine versicherungspflichtige Beschäftigung ausüben dürfen?

Das »Dürfen« bezieht sich auf die rechtliche Zulässigkeit der Beschäftigung:

Mutterschutz

■ Eine (werdende) Mutter darf sechs Wochen vor und acht Wochen nach der Geburt nicht arbeiten und hat daher an sich keinen Anspruch auf Alg.

Ausnahme

Eine werdende Mutter kann sich in den letzten sechs Wochen vor der Geburt jedoch ausdrücklich zur Arbeit bereit erklären (§ 3 Abs. 2, ab 1.1.2018: § 3 Abs. 1 MutterschutzG); dann steht ihr auch Alg zu. Regelmäßig wird es aber vorteilhafter sein, einen in den sechs Wochen zustehenden Anspruch auf das anwartschaftsbegründende Mutterschaftsgeld auszuschöpfen. Dann bleibt der Alg-Anspruch für diese Zeit geschont und kann später noch verbraucht werden. Wegen eines schwangerschaftsbedingten Beschäftigungsverbots → S. 104.

- Beschäftigungsverbote ergeben sich insbesondere für Ausländer (z. B. BayLSG vom 5.2.2009 – L 10 AL 36/08; LSG Niedersachsen-Bremen vom 11.10.2011 – L 11 AL 29/08; SG Karlruhe vom 13.1.2014 – S 11 AL 3064/13, info also 2014, S. 165 mit Anm. von Dorothee Frings).

Ausländer

3.5 **Was heißt: zeit- und ortsnah erreichbar sein?**
§ 138 Abs. 5 Nr. 2 SGB III i. V. m. Erreichbarkeits-Anordnung

Die Arbeitslose muss einem Vermittlungsangebot der AA – hierzu gehört auch das Angebot einer Bildungsmaßnahme – zeit- und ortsnah folgen können. Andernfalls besteht kein Anspruch auf Alg (LSG Hamburg vom 30.11.2011 – L 2 AL 49/10). Erreichbarkeit muss aber nicht bestehen, wenn das Alg für einen Tag beansprucht wird und dieser Tag ein Feiertag ist (SG Marburg 18.6.2012 – S 2 AL 21/10; a. A. LSG Nordrhein-Westfalen vom 25.9.2014 – L 9 AL 219/13, info also 2015, S. 60, und vom 10.12.2015 – L 9 AL 83/14).

Man könnte annehmen, dass der Aufenthaltsort der Arbeitslosen heutzutage ohne Bedeutung ist; es sollte genügen, dass sie bei auswärtigem Aufenthalt von einem Arbeitsangebot umgehend erfährt und in der Lage ist, dem Arbeitsangebot unverzüglich nachzukommen, sodass sie eine Vorstellung vereinbaren, an einem Vorstellungsgespräch o. Ä. teilnehmen oder eine Arbeit sofort aufnehmen kann.

Die BA, die nach § 164 Nr. 2 SGB III die Einzelheiten der Erreichbarkeit bestimmen darf, nutzt diese Möglichkeit jedoch leider nicht, um den Arbeitslosen mehr Selbstbestimmung zu ermöglichen. Die Erreichbarkeit macht sie nach § 1 Abs. 1 Satz 1 der ErreichbarkeitsAO davon abhängig, dass die Arbeitslose in der Lage ist, unverzüglich
- Mitteilungen der AA persönlich zur Kenntnis zu nehmen,
- die AA aufzusuchen,
- mit einer möglichen Arbeitgeberin oder Trägerin einer beruflichen Eingliederungsmaßnahme in Verbindung zu treten und bei Bedarf persönlich mit diesen zusammenzutreffen und
- eine vorgeschlagene Arbeit anzunehmen oder an einer beruflichen Eingliederungsmaßnahme teilzunehmen.

Nach § 1 Abs. 1 Satz 2 der ErreichbarkeitsAO muss die Arbeitslose täglich in ihrer Wohnung die eingehende Post persönlich einsehen können. Hat sie ein Postfach, ist sie nur erreichbar, wenn sie es täglich leert (LSG Baden-Württemberg vom 9.1.2003 – L 13 AL 4260/02 ER-B). Sie darf sich also tagsüber ohne besondere Erlaubnis oder Unterrichtung der AA von ihrem Wohnsitz entfernen, wenn sie täglich zurückkehrt, um einmal täglich höchstpersönlich die Post durchzusehen, und die AA täglich »ohne unzumutbaren Aufwand« erreichen kann (§ 2 Nr. 3 Satz 2 ErreichbarkeitsAO). (Näher zu dieser unzeitgemäßen Regelung: Ute Winkler, info also 1998, S. 9.)

Täglich
Briefkasten
leeren!

Diese Voraussetzung ist auch erfüllt, wenn die Arbeitslose die an einem Samstag oder an einem Tag vor einem gesetzlichen Feiertag eingehende Post erst am folgenden Sonn- oder Feiertag zur Kenntnis nehmen kann (§ 1 Abs. 1 Satz 3 ErreichbarkeitsAO).

Das BSG hat die ErreichbarkeitsAO im Grundsatz gebilligt (BSG vom 20.6.2001 – B 11 AL 10/01 R; siehe auch BVerfG vom 5.7.2016 – 1 BvR 979/12).

 Besonders an Tagen um Ostern und an »Brückentagen« zwischen Wochenfeiertagen und Wochenenden laden AA Leistungsbezieherinnen zu Masseninformationsveranstaltungen ein. Wer nicht erscheint, bekommt eine Sperrzeit (§ 159 Abs. 1 Satz 2 Nr. 6 SGB III).

Ausnahme   Die Arbeitslose steht der Arbeitsvermittlung nach § 1 Abs. 3 der ErreichbarkeitsAO immerhin auch dann zur Verfügung, wenn sie Vorschlägen der AA zur beruflichen Eingliederung wegen eines Vorstellungs-, Beratungs- und sonstigen Termins im Zusammenhang mit der Arbeitsuche nicht zeit- und ortsnah Folge leisten kann.

Umzug   Bei einem Umzug ist die Arbeitslose nicht erreichbar, solange sie der AA ihre neue Anschrift nicht mitgeteilt hat. Ein Nachsendeantrag bei der Post oder ein noch zugänglicher Briefkasten genügt nicht (BSG vom 20.6.2001 – B 11 AL 10/01 R; HessLSG vom 20.6.2011 – L 7 AL 209/10 ZVW; SG Koblenz vom 23.3.2016 – S 9 AL 165/14). Die früheren Dienstanweisungen der BA hatten einen Nachsendeantrag bei einem Umzug im Wohnort oder in eine Nachbargemeinde gelten lassen. Seit April 2012 hat die BA dies geändert und ihre Praxis der Rechtsprechung des BSG angepasst (FW 138.5.1.3; s. hierzu Claus-Peter Bienert, info also 2012, S. 252 f.).

Liegt der neue Wohnort im Zuständigkeitsbereich einer anderen AA, muss die AA die Arbeitslose unverzüglich darüber informieren, dass ihr Leistungen erst ab dem Zeitpunkt ihrer persönlichen Meldung bei der für den neuen Wohnort zuständigen AA gewährt werden können.

 Wenn Sie unnötigen Komplikationen aus dem Weg gehen möchten, teilen Sie der zuständigen AA unaufgefordert, spätestens eine Woche vor dem Umzug Ihre neue Anschrift mit. Das ist nicht aufwändiger als ein Nachsendeantrag.

3.6   **Was heißt: bereit sein, jede Beschäftigung anzunehmen und auszuüben?**
§ 138 Abs. 5 Nr. 3 SGB III

Sie müssen arbeiten wollen!   Die Arbeitslose muss bereit sein, eine zumutbare Arbeit auch tatsächlich anzunehmen und auszuüben. Damit ist die subjektive Verfügbarkeit gemeint. Die Arbeitslose muss sich nur im Rahmen ihres beruflichen und gesundheitlichen Leistungsvermögens und begrenzt durch die Zumutbarkeitsschranke der Arbeitsvermittlung zur Verfügung stellen. Stellt sich die Arbeitslose der Arbeitsvermittlung zur Verfügung, wird die AA von ihrer Arbeitsbereitschaft ausgehen müssen, wenn keine Anhaltspunkte für die Unrichtigkeit der Erklärung vorliegen (LSG Baden-Württemberg vom 29.1.2016 – L 8 AL 2766/13).

Sind Sie nur bereit, bestimmte Arbeit aufzunehmen, z.B., weil Ihre frühere Arbeitgeberin Ihnen die Wiedereinstellung zugesagt hat und Sie unbedingt in deren Betrieb zurückkehren wollen, stehen Sie der Arbeitsvermittlung nicht zur Verfügung, erhalten also kein Alg.

Sie sind nicht verfügbar, wenn Sie nur Arbeiten aufnehmen wollen, die es Ihnen ermöglichen, jeden Abend zu Hause zu sein (BayLSG vom 30.9.2010 – L 9 AL 165/06), das gilt natürlich nicht, wenn Sie hierfür einen wichtigen Grund haben, z.B. die Betreuung von Kindern.

Auch wenn über die Rechtmäßigkeit einer Kündigungsschutzklage noch nicht entschieden ist, muss die Arbeitnehmerin bereit sein, zumutbare Arbeit aufzunehmen, wenn sie Alg beziehen will (SG Stuttgart vom 15.2.2013 – S 5 AL 4769/12). Nach drei unentschuldigten Meldeversäumnis geht die BA neuerdings davon aus, dass keine Verfügbarkeit vorliegt (FW 138.6 Abs. 5). Das widerspricht dem Urteil des BSG vom 14.5.2014 – B 11 AL 8/13 R. Die BA behauptet, das Urteil begründe keine ständige Rechtsprechung, obwohl es nur noch einen BSG-Senat gibt, der über Rechtsstreitigkeiten aus dem SGB III (außer Beitragsstreitigkeiten) zu entscheiden hat.

Arbeitslose, die einen Rentenantrag gestellt haben, befürchten häufig, dass der Rentenversicherungsträger den Antrag ablehnt, wenn sie gegenüber der AA erklären, sie könnten noch wenigstens 15 Stunden wöchentlich arbeiten. Diese Furcht ist unbegründet. Der Rentenversicherungsträger darf die Rente nicht ablehnen, weil die Antragstellerin Alg beantragt. Er stützt sich auch nicht auf das Gutachten der AA-Ärztin, sondern veranlasst eigene Untersuchungen. Außerdem gibt es Unterschiede zwischen dem Begriff der Verfügbarkeit im Sinne des Arbeitslosenrechts und der Erwerbsminderung im Sinne des Rentenrechts.

Keine Angst bei Rentenantrag

Halten Sie jedoch wegen des Rentenantrags gegenüber der AA daran fest, dass Sie nicht arbeiten können, obwohl die AA-Ärztin Sie für arbeitsfähig hält, dann sind Sie nicht bereit, zumutbare Arbeit aufzunehmen, und erhalten kein Alg, weil Sie subjektiv nicht verfügbar sind (LSG Baden-Württemberg vom 30.9.2011 – L 12 AL 4286/10; LSG Hamburg vom 22.4.2010 – L 5 AL 86/06, NZS 2011, S. 117; SG Karlsruhe vom 22.4.2013 – S 11 AL 3545/12).

Wir empfehlen Ihnen deshalb, zu erklären, dass Sie arbeiten wollen, soweit Sie arbeiten können.

3.7   **Was heißt: an einer beruflichen Eingliederung
         teilnehmen können und wollen?**
         § 138 Abs. 5 Nr. 4 SGB III

Hierzu gehören insbesondere die in § 45 SGB III geregelten Maßnahmen zur Aktivierung und beruflichen Eingliederung, außerdem Maßnahmen der beruflichen Ausbildung (§§ 56 ff. SGB III) oder Weiterbildung (§§ 81 ff. SGB III) sowie Maßnahmen zur Teilhabe behinderter Menschen am Arbeitsleben (§§ 112 ff. SGB III). Die Arbeitslose muss grundsätzlich bereit sein, an diesen Maßnahmen teilzunehmen; will sie das nicht und lehnt sie die Teilnahme generell ab, steht sie der Arbeitsvermittlung nicht zur Verfügung und hat keinen Anspruch auf Alg. Damit ist allerdings nicht gesagt, dass die Arbeitslose an jeder Maßnahme, die ihr die AA anbietet, teilnehmen muss; es kommt vielmehr darauf an, ob ihr die einzelne angebotene Maßnahme zuzumuten ist (→ S. 176 ff.).

4   **Sonderfälle der Verfügbarkeit**

4.1   **Verfügbarkeit für Heimarbeit**
         § 139 Abs. 4 Satz 3 SGB III

Wer nur Heimarbeit sucht, steht der Arbeitsvermittlung zur Verfügung, wenn die Anwartschaftszeit durch Heimarbeit erworben worden ist.

4.2   **Verfügbarkeit trotz Kinderbetreuung
         oder Pflege von Angehörigen**

Arbeitslose dürfen während der Arbeitslosigkeit ihre Kinder selbst betreuen (BSG vom 25.4.1991 – 11 RAr 9/90, NZA 1992, S. 48), ohne dass dadurch ihre Verfügbarkeit eingeschränkt wäre.

*Nachweis der
Verfügbarkeit?*
Die Betreuung von Kindern und pflegebedürftigen Angehörigen hat nach der FW 138.5.1.2 keinen Einfluss auf die Verfügbarkeit, wenn die Arbeitslose erklärt, dass die Betreuung von Kindern oder pflegebedürftigen Angehörigen bei Aufnahme einer Beschäftigung oder der Teilnahme an einer Maßnahme der beruflichen Bildung gesichert ist. Diese Erklärung genügt der BA zukünftig.
Das gilt auch dann, wenn erst nach Ende der letzten Beschäftigung ein Kind geboren oder ein Angehöriger pflegebedürftig geworden ist. Selbst die Pflege eines Angehörigen der früheren Pflegestufe III, des Pflegegrades 5 (§ 15 Abs. 3 SGB XI) schließt die Verfügbarkeit nicht automatisch aus (SG Duisburg vom 3.2.2004 – S 12 AL 333/01, info also 2004, S. 250, im Falle eines Leistungsbeziehers, der sich halbtags zur Verfügung stellte).

Schränkt die Arbeitslose ihre Arbeitsbereitschaft wegen des Betreuungsbedarfs ein, ist davon auszugehen, dass für die angegebene Arbeitszeit Verfügbarkeit besteht.

Sind beide Eltern arbeitslos, müssen sie keine Vorsorge für die außerfamiliäre Kinderbetreuung treffen, auch wenn sie beide eine Vollzeitbeschäftigung suchen (BSG vom 25.4.1991 – 11 RAr 9/90, NZA 1992, S. 48).

4.3 Verfügbarkeit trotz Bezug von Elterngeld

Alg kann auch neben Elterngeld bezogen werden (§ 1 Abs. 1 Satz 1 Nr. 4, Abs. 6 BEEG). Alg-Bezieherinnen können also mindestens zusätzlich 300 € Elterngeld erhalten.
Das Alg wird auf das Elterngeld angerechnet, soweit es den Sockelbetrag von 300 € übersteigt (§ 3 Abs. 1 Satz 1 Nr. 5, Abs. 2 BEEG).
Sie können aber auch zunächst Elterngeld in Höhe von 67 % des im maßgeblichen Zeitraum vor der Geburt erzielten Erwerbseinkommens (dazu zählen nicht Alg I und Insg) beziehen und erst im Anschluss daran ihren Anspruch auf Alg geltend machen.
Es kann Einfluss auf die Höhe des Anspruchs haben, ob Sie Alg unmittelbar nach der Mutterschutzzeit oder erst später beziehen. Siehe hierzu → S. 200.

Alg plus Elterngeld

oder 67 % Elterngeld und anschließend Alg

Wollen Sie Alg plus Elterngeld beziehen, dürfen Sie den Vermittlungsbemühungen der AA nur für eine versicherungspflichtige Teilzeitbeschäftigung zwischen 15 und 30 Wochenstunden zur Verfügung stehen (§ 1 Abs. 6 BEEG).
Da Sie nicht Vollzeit verfügbar sind, wird das Alg nur entsprechend der Teilzeitverfügbarkeit gezahlt (§ 151 Abs. 5 SGB III).

Wenn Sie eine Beschäftigung von mehr als 30 Wochenstunden suchen, entfällt der Anspruch auf Elterngeld.

Allein die Tatsache, dass die Beschäftigungslosigkeit mit einer Elternzeit zusammenfällt und die Arbeitgeberin des bestehenden Arbeitsverhältnisses zu einer Beschäftigungsaufnahme bei einer anderen Arbeitgeberin ihre Zustimmung erteilen muss (§ 15 Abs. 4 BEEG), steht der Verfügbarkeit nicht entgegen. Dies gilt auch dann, wenn beide Elternteile gleichzeitig Elternzeit beanspruchen.

4.4 Verfügbarkeit von Schülerinnen und Studierenden
§§ 139 Abs. 2 SGB III

Nach § 138 Abs. 5 Nr. 1 SGB III steht die Arbeitslose der Arbeitsvermittlung nur dann zur Verfügung, wenn sie eine versicherungspflichtige Beschäftigung ausüben kann und darf. Wann Studierende und Schülerinnen einer versicherungspflichtigen Beschäftigung nachgehen, beschreiben wir → S. 152 näher. Diese Ausführungen gelten an sich auch für die Verfügbarkeit.

Einschränkung der Verfügbarkeit nur für Studierende und Schülerinnen

Nach § 139 Abs. 2 SGB III wird vermutet, dass arbeitslose Studierende und Schülerinnen nur versicherungsfreie Beschäftigungen ausüben können (vgl. hierzu LSG Sachsen-Anhalt vom 20.1.2011 – L 2 AL 81/08). Diese Vermutung können Studierende und Schülerinnen nur widerlegen, wenn sie beweisen, dass der Ausbildungsgang eine versicherungspflichtige Beschäftigung bei ordnungsgemäßer Erfüllung der in den Ausbildungs- und Prüfungsordnungen vorgeschriebenen Anforderungen zulässt (LSG Nordrhein-Westfalen vom 26.6.2014 – L 9 AL 130/13). Die Bestimmung erkennt regelmäßig den individuellen Nachweis der Verfügbarkeit nicht an. Nur wenn der gewählte Studiengang oder der Schulunterricht eine versicherungspflichtige Beschäftigung generell zulässt, können Studierende oder Schülerinnen ihre Verfügbarkeit beweisen.

Die Vermutung des § 139 SGB III gilt für private Hochschulen nur dann, wenn durch die Landesbehörde die Gleichwertigkeit mit staatlichen Hochschulen anerkannt ist (HessLSG vom 5.12.2007 – L 6 AL 104/05, info also 2008, S. 116).

In der Zeit zwischen erstmaliger Immatrikulation an einer Hochschule und dem eigentlichen Vorlesungsbeginn kann die Studentin arbeiten und deshalb noch verfügbar sein (LSG Baden-Württemberg vom 18.11.2011 – L 12 AL 5291/09 und vom 26.11.2014 – L 3 AL 972/14; HessLSG vom 26.6.2013 – L 6 AL 186/10 und vom 21.9.2012 – L 7 AL 3/12, info also 2013, S. 27 ff. mit Anm. von Udo Geiger). Die BA folgt inzwischen dieser Rechtsprechung, wenn der Student erklärt, bis zum Vorlesungsbeginn durch das Studium nicht belastet zu sein (FW 139.2 Abs. 3). Reduziert der Student seine Stundenzahl auf unter 50 % der Regelstundenzahl, erkennt die BA Verfügbarkeit an, ebenso im Urlaubssemester.

Die BA vermutet nach FW 139.2 Abs. 1, dass die Verfügbarkeit fehlt bei

Schülerinnen an allgemeinbildenden Schulen

– Schülerinnen an allgemeinbildenden Schulen im Sinne des § 27 Abs. 4 Satz 1 Nr. 1 SGB III (z. B. Grund-, Haupt-, Realschule, Gymnasium, Gesamtschule),

Studierende

– allen Personen, die als ordentlich Studierende eine der wissenschaftlichen oder fachlichen Ausbildung dienende Bildungseinrichtung besuchen (§ 27 Abs. 4 Satz 1 Nr. 2 SGB III).

I.d.R keine Verfügbarkeit von Schülerinnen

Schülerinnen (mit Ausnahme derjenigen an Abendschulen) können nach Meinung der BA die Vermutung des § 139 Abs. 2 SGB III in keinem Fall widerlegen.

Die BA hält die Verfügbarkeit auch für ausgeschlossen, wenn Studierende

– ausschließlich in den Semesterferien (Zeiten, in denen sie durch Lehrveranstaltungen oder sonstige mit dem Studium zusammenhängende Anforderungen nicht belastet sind) eine entgeltliche Tätigkeit aufnehmen können,

– während des Semesters neben ihrer Ausbildung nur eine Beschäftigung aufnehmen können, die auf nicht mehr als 20 Stunden wöchentlich beschränkt ist,

– nur an Wochenenden, in Abend- und Nachtstunden oder an sonstigen allgemein vorlesungsfreien Zeiten eine entgeltliche Beschäftigung ausüben können.

Gemäß § 27 Abs. 4 Satz 2 SGB III wird fehlende Verfügbarkeit nicht vermutet, wenn die Ausbildung außerhalb der üblichen Arbeitszeit stattfindet. Die Vermutung fehlender Verfügbarkeit gilt nicht für:

Ausnahmen

– Bildungsveranstaltungen der Volkshochschulen,

– Lehrgänge, die der Vermittlung von Allgemeinwissen dienen,

– Gasthörerinnen an Hochschulen oder an einer sonstigen der wissenschaftlichen oder fachlichen Ausbildung dienenden Schule,

– Personen, die ihre Promotion betreiben, nachdem sie ihre Ausbildung durch eine Abschlussprüfung abgeschlossen haben,

– Schülerinnen an Abendschulen.

Schülerinnen und Studierende haben immer einen Zusatzfragebogen auszufüllen und darin die wöchentlichen Unterrichtsstunden anzugeben. Bei einer Arbeitsbelastung durch 11 und mehr Unterrichtsstunden pro Woche verneint die BA grundsätzlich die Verfügbarkeit.

AA: Keine Verfügbarkeit ab 11 Stunden pro Woche

Nach der Rechtsprechung des BSG sind Studierende verfügbar, wenn sie neben der Studienverpflichtung in der Lage sind, länger als kurzzeitig eine Beschäftigung zu marktüblichen Bedingungen auszuüben. Bestimmte zeitliche Obergrenzen für die wöchentliche Belastung hat das BSG nicht festgelegt und die Höchstarbeitszeit der Arbeitszeitordnung von 48 Stunden für Studium und Arbeit zusammen als unbeachtlich bezeichnet (BSG vom 19.3.1992 – 7 RAr 128/90, NZA 1992, S. 958 und vom 21.4.1993 – 11 RAr 25/92). Eine Gesamtbelastung von 60 Wochenstunden steht der Verfügbarkeit von Studierenden nicht entgegen.

BSG: nicht so eng

Die Einhaltung der Regelstudiendauer gehört nicht zu den Anforderungen im Sinne des § 103a Abs. 2 AFG = § 139 Abs. 2 SGB III, deren ordnungsgemäße Erfüllung Studierenden verbindlich »vorgeschrieben« ist (BSG vom 14.3.1996 – 7 RAr 18/94). Findet der Unterricht an vier Tagen in der Woche abends und an einem Wochentag ganztags statt, steht dies der Verfügbarkeit nicht entgegen (HessLSG vom 5.12.2007 – L 6 AL 104/05). Wird das Studium in Teilzeit betrieben, ist daneben eine versicherungspflichtige Beschäftigung möglich (LSG Sachsen-Anhalt vom 30.3.2001 – L 2 AL 17/99; SG Kassel vom 21.9.2009 – S 3 AL 364/06, info also 2010, S. 21).

Nimmt Sie das Studium allerdings voll in Anspruch, so nützt es Ihnen nichts, wenn Sie sich bereit erklären, das Studium im Falle der Vermittlung abzubrechen. In einem solchen Fall hat das BSG die Verfügbarkeit verneint (BSG vom 29.9.1987 – 7 RAr 15/86, SozR 4100 § 103 Nr. 39). Das gilt auch, wenn Sie bei einem Arbeitsangebot bereit sind, die Studienveranstaltungen so zu legen, dass Sie die Beschäftigung aufnehmen können (LSG Berlin vom 5.11.2002 – L 14 AL 22/01).

Den Ausbildungsbestimmungen im Sinne des § 139 Abs. 2 SGB III hat das LSG Nordrhein-Westfalen (vom 7.9.2005 – L 12 [12,19] AL 279/03) eine Stipendienvereinbarung gleichgestellt, die eine Berufstätigkeit von mehr als zehn Wochenstunden ausschließt.

In einem Einzelfall hat das SG Berlin eine Ausnahme gemacht (SG Berlin vom 25.11.2002 – S 77 AL 3761/01), weil die Arbeitslose bereits drei Ausbildungen abgeschlossen und das Studium nach mehrjähriger Arbeitslosigkeit zur Verbesserung ihrer Vermittlungschancen aufgenommen hatte. Da sie sich während des Studiums umfangreich beworben hatte, hat ihr das SG geglaubt, dass sie das Studium jederzeit zu Gunsten einer Arbeitsaufnahme aufgeben werde.

Es nutzt nichts zu behaupten, Sie studierten gar nicht, sondern wollten nur die mit dem Studentenstatus verbundenen Vergünstigungen beanspruchen (BSG vom 24.7.1997 – 11 RAr 99/96, SozR 3–4100 § 103a Nr. 3).

5   Arbeitslosengeld ohne Verfügbarkeit

5.1   Bei Arbeitsunfähigkeit wegen Krankheit – Kranken-Alg
§ 146 SGB III

Kranken-Alg höchstens 6 Wochen

Wenn Sie während des Bezugs von Alg erkranken und deshalb nicht mehr verfügbar sind, kann das Alg zunächst weitergezahlt werden, allerdings höchstens für sechs Wochen; daran kann sich Krankengeld anschließen.

Arbeitsunfähig ist die Arbeitslose, die nach dem Verlust des Arbeitsplatzes erkrankt, wenn sie keine der Beschäftigungen, für die sie sich der Arbeitsvermittlung zur Verfügung gestellt hat und die ihr arbeitslosenrechtlich zumutbar sind, ausüben kann. Weiter reicht der Berufsschutz für Arbeitslose nicht; die Anforderungen der früheren Berufstätigkeit spielen keine Rolle (BSG vom 4.4.2006 – B 1 KR 21/05 R, NZS 2007, S. 150).

In § 2 Abs. 3 der AU-Richtlinie des Gemeinsamen Bundesausschusses vom 19.9.2006 (BAnz Nr. 24 vom 22.12.2006, S. 7356) heißt es in Anlehnung an die BSG-Rechtsprechung:

>»Arbeitslose sind arbeitsunfähig, wenn sie krankheitsbedingt nicht mehr in der Lage sind, leichte Arbeiten in einem zeitlichen Umfang zu verrichten, für den sie sich bei der Agentur für Arbeit zur Verfügung gestellt haben. Dabei ist es unerheblich, welcher Tätigkeit der Versicherte vor der Arbeitslosigkeit nachging.«

Die Arbeitslose ist immerhin auch dann arbeitsunfähig, wenn sie sich für eine Vollzeitbeschäftigung zur Verfügung gestellt hat und aus gesundheitlichen Gründen nur noch Teilzeit arbeiten kann (BSG vom 7.12.2004 – B 1 KR 5/03 R).
Kranken-Alg gibt es nur, wenn die Arbeitsunfähigkeit während des Bezugs von Alg eintritt. Hierfür genügt ein Anspruch von einem Tag. Erkrankt die Arbeitslose nach der Arbeitslosmeldung am ersten Tag der Arbeitslosigkeit, erhält sie für einen Tag Alg und anschließend für die Dauer der Erkrankung Kranken-Alg, allerdings höchstens für sechs Wochen.

Erkranken Arbeitslose nach dem Ende des Beschäftigungsverhältnisses, aber vor der Arbeitslosmeldung, besteht die Gefahr, dass sie weder Kranken-Alg noch Krankengeld bekommen und im Bedarfsfall SGB II-Leistungen beantragen müssen (LSG Baden-Württemberg vom 31.8.2012 – L 8 AL 3396/11, info also 2013, S. 23 ff. mit Anm. Ute Winkler; SächsLSG vom 3.7.2013 – L 3 AL 151/10, NZS 2014, S. 34; a.A. für die Ruhenszeit wegen Urlaubsabgeltung LSG Nordrhein-Westfalen vom 25.9.2008 – L 16 KR 37/08; s. auch BSG vom 10.5.2012 – B 1 KR 19/11 R). Das BSG vom 4.3.2014 – B 1 KR 68/12 R hat wenigstens für die Zeit des nachgehenden Versicherungsschutzes nach § 19 Abs. 2 SGB V Krankengeld zugesprochen, weil beim Ende der Beschäftigung nicht klar war, wie lange die Arbeitsunfähigkeit dauern würde. Grundsätzlich hat es den genannten Urteilen aber zugestimmt.
Bisher gab es Leistungslücken beim Ruhen des Alg-Anspruchs nach Beendigung des Beschäftigungsverhältnisses wegen einer Urlaubsabgeltung (§ 157 Abs. 2 SGB III) oder einer Sperrzeit (§ 159 SGB III), weil Arbeitslosenversicherung und Krankenversicherung nicht aufeinander abgestimmt waren. Mit einer Änderung des § 5 Abs. 1 Nr. 2 SGB V ist diese Lücke seit 1.8.2017 geschlossen.

Neu

Allen Arbeitslosen ist jetzt dringend zu raten, sich zur Sicherung des Krankenversicherungsschutzes umgehend arbeitslos zu melden, Alg zu beantragen und sich der Arbeitsvermittlung zur Verfügung zu stellen, auch wenn ihr Alg-Anspruch zunächst ruht.
Wegen weiterer Einzelheiten → S. 642 ff.

Beschäftigungsverbot Schwangerer

Jahrelang war streitig, ob Arbeitslose während eines schwangerschaftsbedingten Beschäftigungsverbots der Arbeitsvermittlung zur Verfügung stehen oder die Verfügbarkeit fingiert werden kann. Das BSG hat darauf abgestellt, ob die Schwangere nur bestimmte Arbeiten während der Schwangerschaft nicht ausüben darf oder ob sie überhaupt keine Arbeiten mehr im bisherigen Umfang verrichten kann. § 3 Abs. 1 MuSchG a.F., ab 1.1.2018: § 16 Abs. 1 MuSchG sei nicht unmittelbar auf Arbeitslose anwendbar, sondern erfasse nur die Gefährdung bei Fortsetzung einer Beschäftigung entweder durch die Art der Arbeit oder durch die individuellen gesundheitlichen Verhältnisse der Arbeitnehmerin. Deshalb müsse geprüft werden, welche Arbeiten der Arbeitslosen objektiv zumutbar seien, ob der Aufnahme einer bestimmten Beschäftigung ein behördliches oder gesetzliches Verbot entgegenstehe und ob die Versicherte gesundheitlich in der Lage sei, eine ihr objektiv zumutbare Beschäftigung auszuüben. Insoweit komme dem ärztlichen Beschäftigungsverbot allenfalls Indizwirkung zu. Seien selbst einfache Arbeiten im zeitlichen Umfang, in dem sich die Versicherte der Arbeitsvermittlung zur Verfügung gestellt hat, nicht möglich, sei sie arbeitsunfähig. Bei Einschränkungen nur hinsichtlich einzelner Beschäftigungen sei die Versicherte verfügbar und habe Anspruch auf Alg (BSG vom 30.11.2011 – B 11 AL 7/11 R und – B 11 AL 37/10 R und vom 22.2.2012 – B 11 AL 26/10 R). Andernfalls kann sie einen Anspruch auf Kranken-Alg oder Krankengeld haben.

Krankengeld

In Anlehnung an das Entgeltfortzahlungsgesetz wird Alg nur weitergezahlt, wenn die Arbeitsunfähigkeit unverschuldet ist.

Hat die Arbeitslose während ihrer Erkrankung keinen Anspruch auf Alg, steht ihr regelmäßig Krankengeld zu. Der Bezug von Krankengeld ist in der Arbeitslosenversicherung versicherungspflichtig und geeignet, eine neue Anwartschaft zu begründen; die Arbeitslose erleidet deshalb durch die Versagung des Kranken-Alg keinen Schaden.

Versicherte können grundsätzlich nicht zwischen dem Anspruch auf Kranken-Alg nach § 146 SGB III und dem Anspruch auf Krankengeld wählen (vgl. BSG vom 14.12.2006 – B 1 KR 6/06 R). Ausnahmsweise kann das zulässig sein, wenn die AA während einer weniger als sechs Wochen dauernden Reha-Maßnahme die Bewilligung des Alg unbefristet aufhebt, die Versicherte sich nach dem Ende der Reha-Maßnahme nicht erneut arbeitslos meldet und stattdessen Krankengeld beantragt (BSG vom 11.3.2014 – B 11 AL 4/14 R).

Kranken-Alg wird auch gezahlt, wenn die Arbeitsunfähigkeit durch eine krankheitsbedingte Sterilisation oder einen nicht rechtswidrigen Schwangerschaftsabbruch verursacht wird.

Kranke Kinder

Auch während der Erkrankung eines Kindes hat die Arbeitslose Anspruch auf Kranken-Alg. Die Krankheit eines Kindes bis zum zwölften Lebensjahr befreit für höchstens zehn Tage pro Kind, bei allein Erziehenden höchstens 20 Tage, im Kalenderjahr höchstens 25, bei allein Erziehenden 50 Tage von der Pflicht zur Verfügbarkeit, ohne dass der Anspruch auf Alg verloren geht.

5.2   **Bei Minderung der Leistungsfähigkeit – Nahtlosigkeit**
       § 145 SGB III

Arbeitslose, die gesundheitlich so stark beeinträchtigt sind,
dass sie nach den üblichen Maßstäben nicht vermittelbar sind, laufen
Gefahr, zwischen Krankenkasse, AA und Rentenversicherungsträ-
gern hin- und hergeschoben zu werden; nach dem Motto:

> In arbeitslosen Ungesunden
> sehen wir nicht gerne »Kunden«.

Dies versucht § 145 Abs. 1 SGB III zu vermeiden. Er legt fest, dass   *Was bedeutet*
solche Arbeitslose »nahtlos«, d.h. ohne in Leistungslücken gestoßen   *Nahtlosigkeit?*
zu werden, versorgt werden.
Geht die AA von einem geminderten, für den Arbeitsmarkt aber noch
ausreichenden Leistungsvermögen aus, ist Alg nach § 137 SGB III zu
zahlen, eventuell gemindert nach § 151 Abs. 5 SGB III.

Die Nahtlosigkeitsregelung kommt in Betracht, wenn die Arbeitslose
arbeitsunfähig ist und ein Krankengeldanspruch nicht (mehr) besteht. Hat sie zunächst Alg bezogen und kann sie wegen einer Krankheit oder eines Unfalls während des Leistungsbezugs nur noch Teilzeit von 15 Wochenstunden und mehr arbeiten, ist zunächst Kranken-
Alg (ungekürzt), dann Krankengeld zu zahlen, wenn der Anspruch
noch nicht ausgeschöpft ist.

Liegt nach Meinung der AA kein Leistungsvermögen für wenigstens
15 Wochenstunden unter den üblichen Arbeitsbedingungen des für
die Arbeitslose beachtlichen Arbeitsmarktes vor, sind die Voraussetzungen der Nahtlosigkeitsregelung nur bei einer voraussichtlich
mehr als sechs Monate dauernden Arbeitsunfähigkeit erfüllt, wenn   *»Ich will arbeiten,*
die Arbeitslose arbeiten will, soweit sie dazu in der Lage ist (vgl. BSG   *soweit ich kann«*
vom 9.9.1999 – B 11 AL 13/99 R, info also 2000, S. 26). Hierbei
braucht aber ihre subjektive Bereitschaft nicht über ihr objektives
Leistungsvermögen hinauszugehen (LSG Baden-Württemberg vom
12.12.2003 – L 8 AL 4897/02; BSG vom 23.8.2010 – B 11 AL 2/10 BH).

Eine Maßnahme der stufenweisen Wiedereingliederung bei der früheren Arbeitgeberin führt nicht zur Aufnahme einer Beschäftigung im
leistungsrechtlichen Sinne; es wird nur ein Wiedereingliederungsver-
hältnis zur Arbeitgeberin begründet. Die stufenweise Wiedereingliederung beendet die Arbeitsunfähigkeit nicht, weil nur eine Teilarbeitsfä-
higkeit vorliegt; Nahtlosigkeits-Alg oder Kranken-Alg ist deshalb weiterzuzahlen (BSG vom 21.3.2007 – B 11a AL 31/06 R; siehe auch BSG
vom 17.12.2013 – B 11 AL 20/12 R; a.A. SG Karlsruhe vom 17.11.2008
– S 5 AL 4129/08). Siehe hierzu auch → S. 96.

Häufig lehnt die AA Leistungen unter Berücksichtigung von § 145
SGB III mit der Begründung ab, die Erwerbsminderung sei – nach
Ausschöpfen des Krankengeldanspruchs von 78 Wochen – nur vor-

übergehend und werde voraussichtlich innerhalb von sechs Monaten ausheilen. Dem tritt die Rechtsprechung entgegen und setzt die Anforderungen an die Prognose der AA, es handle sich um eine innerhalb von sechs Monaten behebbare Leistungseinschränkung, allgemein hoch an. Die Anwendbarkeit des § 145 SGB III ist bei Leistungseinschränkungen, die der Verfügbarkeit nach § 138 Abs. 5 SGB III entgegenstehen, nur dann ausgeschlossen, wenn die Erkrankung zweifelsfrei innerhalb von sechs Monaten ausgeheilt werden kann (so BSG vom 26.5.1977 – 12 RAr 13/77; LSG Baden-Württemberg vom 14.3.2008 – L 8 AL 1601/07, info also 2008, S. 161 mit Anm. von Ute Winkler; SG Berlin vom 11.1.2008 – S 58 AL 4508/07 ER, info also 2008, S. 71). Die BA erkennt dies ausdrücklich an und sieht darüber hinaus in der langen Arbeitsunfähigkeit vor der Arbeitslosmeldung ein Indiz dafür, dass die Leistungsminderung länger als sechs Monate dauern wird (GA 16 zu § 145). Das scheint sich aber noch nicht bis zu allen AA herumgesprochen zu haben.

Zur derzeitigen Praxis der BA bei Verdacht einer krankheitsbedingten Leistungsminderung s. Udo Geiger, info also 2013, S. 90.

§ 145 SGB III verzichtet nur auf die Verfügbarkeit, soweit die Arbeitslose wegen der Erkrankung nicht leistungsfähig ist; die übrigen Voraussetzungen des Alg-Anspruchs müssen vorliegen (SächsLSG vom 6.9.2013 – L 3 AL 109/13 B ER). Das gilt auch für die subjektive Verfügbarkeit, die sich aber nur auf das tatsächlich vorhandene Leistungsvermögen beziehen muss (BayLSG vom 15.12.2011 – L 9 AL 66/09).

Bei der Feststellung einer Erwerbsminderung muss die Arbeitslose mitwirken, sonst ruht das Alg (§ 145 Abs. 2 Satz 5 SGB III).

Eine Sondervorschrift ist für die Meldung im Falle der Nahtlosigkeit vorgesehen. Grundsätzlich muss sich die Arbeitslose persönlich bei der AA arbeitslos melden; die Meldung durch eine Vertreterin ist nicht wirksam (§ 141 Abs. 1 SGB III). Kann sich die Arbeitslose wegen gesundheitlicher Einschränkungen nicht persönlich arbeitslos melden, darf die Meldung ausnahmsweise durch eine Vertreterin erfolgen. Die Vertreterin muss nach Meinung des BSG vom 23.10.2014 – B 11 AL 7/14 R persönlich in der AA erscheinen, obwohl sich dies nicht aus dem Wortlaut des § 145 Abs. 1 Satz 3 SGB III ergibt und vom Zweck der Regelung – Prüfung der Vermittlungsfähigkeit und Beginn der Vermittlung – nicht gefordert wird (siehe hierzu Ute Winkler, info also 2015, S. 27). Die BA erlaubt auch eine Meldung außerhalb der AA, z. B. durch eine Mitarbeiterin, die die Arbeitslose aufsucht (GA 7 zu § 145). Die Arbeitslose selbst muss sich dann unverzüglich persönlich melden, sobald sie dazu gesundheitlich wieder in der Lage ist (§ 145 Abs. 1 Satz 4 SGB III).

Meldung durch Vertreterin

Die AA **hat** gemäß § 145 Abs. 2 Satz 1 SGB III Personen, die Alg im Wege der Nahtlosigkeit erhalten, aufzufordern, innerhalb eines Monats einen Antrag auf Leistungen der medizinischen Rehabilitation oder zur Teilhabe am Arbeitsleben beim zuständigen Träger zu stellen. Bis 2003 »sollte« die BA nur auffordern. Fraglich ist, ob die AA in atypischen

Reha-Antrag

Fällen Spielraum hat. Ein solcher atypischer Fall liegt z.B. vor, wenn die Arbeitslose durch eine Erkrankung körperlich oder seelisch handlungsunfähig ist oder wenn eine psychische Erkrankung – krankheitsbedingt – mit dem Fehlen von Krankheitseinsicht verbunden ist (vgl. LSG Sachsen-Anhalt vom 6.6.2002 – L 2 AL 108/01, info also 2002, S. 252; BayLSG vom 31.8.2012 – L 7 AS 601/12 B ER). In diesen Fällen ist die Antragstellung unzumutbar, und es muss nach unserer Meinung im Rahmen des § 145 Abs. 2 Satz 1 SGB III eine andere Lösung gefunden werden – etwa durch die Bestellung einer Betreuerin.

Stellt die Arbeitslose innerhalb der gesetzlichen Frist keinen Antrag auf medizinische Reha-Leistungen, Leistungen der Teilhabe am Arbeitsleben oder auf Rente wegen Erwerbsminderung, ruht der Anspruch auf Alg, bis der Antrag nachgeholt wird. Der Anspruch ruht nicht, wenn die Aufforderung, einen Reha-Antrag zu stellen, nicht mit einer Fristsetzung verbunden war oder wenn der Rentenversicherungsträger einen früheren Reha-Antrag abgelehnt hat und diesen nach § 116 Abs. 2 Nr. 1 SGB VI als Rentenantrag behandelt (LSG Nordrhein-Westfalen vom 5.5.2010 – L 19 AL 98/10 B ER, info also 2011, S. 79). *[Randnotiz: Ruhen bei unterlassenem Antrag]*

Stellt die Arbeitslose zunächst den Antrag, nimmt ihn dann aber zurück oder lehnt sie die bewilligte Reha-Maßnahme ab, kann das Alg ebenfalls ruhen (so § 145 Abs. 2 Satz 4 SGB III; vgl. aber auch LSG Baden-Württemberg vom 24.1.2001 – L 3 AL 4195/99 R, das in diesem Fall nicht von einem automatischen Eintritt des Ruhens ausgeht). Wird der Antrag nachgeholt, endet das Ruhen. Lehnt der Reha-Träger den Antrag ab, weil die gesetzlichen Voraussetzungen nicht vorliegen oder weil ein Heilerfolg nicht zu erwarten ist, muss die AA weiter Alg zahlen (SG Stuttgart vom 15.6.1998 – S 15 AL 2785/98 ER, info also 1999, S. 8). Der Anspruch auf Alg ruht nicht, wenn die Arbeitslose für ihre Weigerung einen wichtigen Grund hat (LSG Niedersachsen vom 11.11.1997 – L 8 Ar 275/97 eR).

Kommt die Arbeitslose ihren Mitwirkungspflichten gegenüber dem Träger der medizinischen Rehabilitation oder der Teilhabe am Arbeitsleben nicht nach oder behindert sie die Feststellung der Erwerbsminderung, so ruht der Alg-Anspruch, bis die Mitwirkung nachgeholt oder die Erwerbsminderung festgestellt wird (§ 145 Abs. 2 Sätze 4 und 5 SGB III). Das kann für psychisch Kranke, die krankheitsbedingt nicht mitwirken können, nicht gelten. *[Randnotiz: bei mangelnder Mitwirkung]*

Hat der Rentenversicherungsträger verminderte Erwerbsfähigkeit festgestellt, entfällt die Sperrwirkung des § 145 Abs. 1 SGB III; die AA hat in eigener Verantwortung zu entscheiden, ob die Arbeitslose im Sinne des § 138 Abs. 5 SGB III verfügbar ist. Nur die Feststellung veminderter Erwerbsfähigkeit durch den Rentenversicherungsträger beendet die Vorleistungspflicht der AA nach § 145 SGB III. Lehnt der Rentenversicherungsträger die Zahlung von Rente ab, weil die Arbeitslose nicht vermindert erwerbsfähig ist, bleibt § 145 SGB III anwendbar (BSG vom 9.9.1999 – B 11 AL 13/99 R, info also 2000, S. 26). § 145 SGB III ist also auch während des Streites um die Rente anzu- *[Randnotiz: RV stellt verminderte Erwerbsfähigkeit fest]*

wenden. Das haben immer noch nicht alle AA verstanden (s. z. B. SG Leipzig vom 21.2.2007 – S 8 AL 591/05).

Endet eine Rente auf Zeit oder entzieht der Rentenversicherungsträger die Rente, weil er für die Zukunft verminderte Erwerbsfähigkeit verneint, darf die AA die Zahlung von Alg nicht mit der Begründung ablehnen, die Arbeitslose könne aus Gesundheitsgründen nicht arbeiten; die Sperrwirkung des § 145 SGB III lebt wieder auf.

Mit der Feststellung des Rentenversicherungsträgers, dass die Arbeitslose erwerbsgemindert ist, endet der Schutz der Nahtlosigkeitsregelung. Ist die Arbeitslose nicht in der Lage, wöchentlich wenigstens 15 Wochenstunden zu arbeiten, entfällt der Alg-Anspruch, weil es jetzt an der objektiven Verfügbarkeit, dem Arbeiten-Können, fehlt. Die Alg-Bewilligung soll rückwirkend bis zum Zeitpunkt der Bekanntgabe dieser Entscheidung (meist ab dem Zugang des Rentenbescheides) aufgehoben werden dürfen, wenn die erwerbsgeminderte Arbeitslose durch das Merkblatt für Arbeitslose im Rahmen der Nahtlosigkeitsregelung darauf hingewiesen worden ist (HessLSG vom 14.3.2008 – L 7 AL 55/07).

Im Regelfall wird der Rentenversicherungsträger, der eine volle oder teilweise Erwerbsminderung festgestellt hat, eine Erwerbsminderungsrente zahlen. Bewilligt er – wie meist – eine zeitlich befristete Rente, beginnt diese grundsätzlich erst sechs Monate nach dem Eintritt der Erwerbsminderung (§ 101 Abs. 1 SGB VI). Dadurch kann eine Leistungslücke entstehen (SG Wiesbaden vom 28.5.2013 – S 10 AL 11/12, info also 2014, S. 272 mit Anm. von Ute Winkler).

Neu

Seit 1.1.2017 kann die Zeitrente auch vor Ablauf von sechs Monaten beginnen. In dem neuen § 101 Abs. 1a SGB VI heißt es jetzt:

»(1a) Befristete Renten wegen voller Erwerbsminderung, auf die Anspruch unabhängig von der jeweiligen Arbeitsmarktlage besteht, werden vor Beginn des siebten Kalendermonats nach dem Eintritt der Minderung der Erwerbsfähigkeit geleistet, wenn

1. entweder
   a) die Feststellung der verminderten Erwerbsfähigkeit durch den Träger der Rentenversicherung zur Folge hat, dass ein Anspruch auf Arbeitslosengeld entfällt, oder
   b) nach Feststellung der verminderten Erwerbsfähigkeit durch den Träger der Rentenversicherung ein Anspruch auf Krankengeld nach § 48 des Fünften Buches oder auf Krankentagegeld von einem privaten Krankenversicherungsunternehmen endet und
2. der siebte Kalendermonat nach dem Eintritt der Minderung der Erwerbsfähigkeit noch nicht erreicht ist.

In diesen Fällen werden die Renten von dem Tag an geleistet, der auf den Tag folgt, an dem der Anspruch auf Arbeitslosengeld, Krankengeld oder Krankentagegeld endet.«

Die neue Vorschrift gilt nur für Renten wegen voller Erwerbsminderung aus gesundheitlichen Gründen, nicht für Arbeitsmarktrenten, bei denen trotz eines quantitativ ausreichenden Restleistungsvermögens wegen der Summierung ungewöhnlicher Leistungseinschränkungen oder einer schweren spezifischen Leistungsbehinderung der Arbeitsmarkt faktisch verschlossen ist und sich eine auf dem Arbeitsmarkt nachgefragte Beschäftigung, die der Antragsteller ausüben könnte, nicht finden lässt (vgl. z. B. BSG vom 19.10.2011 – B 13 R 78/09 R).

Die Rente beginnt vor dem siebten Monat, wenn ein Anspruch auf Alg wegen der Feststellung der Erwerbsminderung wegfällt oder nach dem Bezug von Krankengeld nicht entstehen kann (§ 145 SGB III), nicht aber wenn der Anspruch auf Alg vor der Feststellung der vollen Erwerbsminderung aufgebraucht oder erloschen ist oder die Anwartschaft nicht erfüllt ist.

Endet der Anspruch auf Krankengeld wegen Ablaufs von 78 Wochen (§ 48 Abs. 1 SGB V) nach der Feststellung voller Erwerbsminderung, wird ebenfalls vorzeitig Erwerbsminderungsrente gezahlt. Dasselbe gilt, wenn ein Anspruch auf Krankentagegeld einer privat Versicherten wegen oder nach Feststellung der vollen Erwerbsminderung endet.

Die vorzeitige Rente beginnt mit dem Tag nach dem letzten Tag mit Anspruch auf Alg oder Krankengeld/Krankentagegeld.

Wegen weiterer Einzelheiten siehe Ute Winkler, info also 2017, S. 106. Die BA verspricht in ihren Geschäftsanweisungen (GA 82 zu § 145) eine schnelle Kommunikation mit dem Rentenversicherungsträger.

Wenn Sie die Voraussetzungen für die Zahlung einer Rente wegen verminderter Erwerbsfähigkeit, insbesondere die Wartezeit von 60 Beitragsmonaten (§ 43 Abs. 1 Satz 1 Nr. 3 SGB VI), nicht erfüllt haben oder in den letzten fünf Jahren vor dem Eintritt der Invalidität nicht drei Jahre versicherungspflichtig beschäftigt waren (§ 43 Abs. 1 Satz 1 Nr. 2, Abs. 4 und Abs. 5 SGB VI), stehen Sie ganz ohne Versicherungsleistung da. Hier hat die »Nahtlosigkeit« ein Loch. Näher hierzu Ute Winkler, info also 1991, S. 11, und info also 2000, S. 11. Es bleibt nur die Möglichkeit, bei Bedürftigkeit Sozialhilfe oder Grundsicherung wegen voller Erwerbsminderung nach dem SGB XII zu beantragen.

Ohne Renten-anwartschaft keine Rente

und keine Naht-losigkeit

5.3 Bei ehrenamtlicher Betätigung

§ 138 Abs. 2 SGB III; VO über die ehrenamtliche Betätigung von Arbeitslosen vom 24.5.2002 i.d.F. vom 21.3.2013

Nach § 138 Abs. 2 SGB III schließt ehrenamtliche Betätigung, auch wenn sie 15 und mehr Stunden pro Woche in Anspruch nimmt, einen Alg-Anspruch nicht aus, wenn dadurch die berufliche Eingliederung der Arbeitslosen nicht beeinträchtigt wird.

»Arbeitslose können sich damit grundsätzlich wie beschäftigte Arbeitnehmer ehrenamtlich betätigen. Die Regelung trägt insoweit dem gesellschaftspolitischen Anliegen, das ehrenamtliche Engagement von Mitbürgerinnen und Mitbürgern stärker zu fördern, Rechnung und berücksichtigt zugleich, dass ehrenamtliche Betätigungen auch Chancen für Arbeitslose bieten, weil sie den Kontakt zur Arbeitswelt erhalten und eine Brücke in eine neue reguläre Beschäftigung sein können.« (BT-Drs. 14/6944, S. 36).

Was ist eine ehrenamtliche Betätigung?

Nach der »Verordnung über die ehrenamtliche Betätigung von Arbeitslosen« ist eine Tätigkeit ehrenamtlich, wenn sie unentgeltlich ausgeübt wird, dem Gemeinwohl dient und bei einer Organisation erfolgt, die ohne Gewinnerzielungsabsicht Aufgaben ausführt, die im öffentlichen Interesse liegen oder gemeinnützige, mildtätige oder kirchliche Zwecke fördern.

Auslagenersatz gilt nicht als Entgelt. Die Grenze liegt gemäß § 1 Abs. 2 der VO i. d. F. von Art. 11 des EhrenamtsstärkungsG seit 1.1.2013 jedoch bei einem pauschalen Auslagenersatz von 200 € im Monat. Erhält die Arbeitslose eine nicht steuerpflichtige Aufwandsentschädigung, darf diese zusammen mit der Auslagenpauschale 200 € nicht übersteigen.

Anrechnungsfrei: 200,– €

Solange eine Alg-Bezieherin für ihre ehrenamtliche Tätigkeit an Aufwandsentschädigung nicht mehr als 200 € erhält, kann sie die Aufwandsentschädigung anrechnungsfrei neben dem Alg behalten.

Wegen der scharfen Anrechnung von Nebeneinkommen auf das Alg I empfehlen wir Alg-Bezieherinnen, sich neben einer Nebenbeschäftigung – wenn möglich – eine ehrenamtliche Beschäftigung mit 200 € Aufwandsentschädigung zu suchen. Beim sich möglicherweise anschließenden Alg II erhöht sich der Grundfreibetrag von 100 € auf 200 €, wenn die Arbeitslose für eine ehrenamtliche Tätigkeit eine Aufwandsentschädigung erhält (§ 11b Abs. 2 Satz 3 SGB II).

Eine ehrenamtliche Betätigung von 15 Stunden und mehr muss der AA unverzüglich gemeldet werden. § 138 Abs. 2 SGB III erlaubt zwar während der Arbeitslosigkeit ehrenamtliche Tätigkeiten ohne Auswirkungen auf das Alg; ist die Arbeitslose aber nur bereit, Arbeit aufzunehmen, die mit der ehrenamtlichen Tätigkeit vereinbar ist, steht sie der Arbeitsvermittlung nicht zur Verfügung und erhält kein Alg (LSG Rheinland-Pfalz vom 25.2.2003 – L 1 AL 51/01). Auch die Arbeitsuche darf unter der ehrenamtlichen Tätigkeit nicht leiden (LSG Rheinland-Pfalz vom 24.2.2005 – L 1 AL 55/03, info also 2005, S. 217).

5.4   **Bei Notstandsdiensten**
§ 139 Abs. 1 SGB III

Wer Dienste (z. B. beim THW, Deutschen Roten Kreuz, Malteser Hilfsdienst, Arbeiter-Samariter-Bund) zur Verhütung oder Beseitigung öffentlicher Notstände leistet (dazu gehören auch Ausbildungslehrgänge), bleibt verfügbar. Jedenfalls THW-Helferinnen bleiben gemäß § 3 Abs. 4 THW-HelferG selbst dann verfügbar, wenn ihr Einsatz dazu führt, dass sie nicht erreichbar sind.

5.5 **Bei Arbeiten von Straffälligen**
§ 139 Abs. 1 SGB III

In drei Fällen entfällt die objektive Verfügbarkeit nicht:

■ Freie Arbeit zur Abwendung der Vollstreckung einer Ersatzfreiheitsstrafe (Art. 293 Abs. 1 EGStGB).

■ Freie Arbeit, die aufgrund einer Anordnung im Gnadenwege ausgeübt wird, sowie gemeinnützige Arbeitsleistungen nach § 56b Abs. 2 Satz 1 Nr. 3 StGB, § 153a Abs. 1 Satz 1 Nr. 3 StPO, § 10 Abs. 1 Satz 3 Nr. 4 und § 15 Abs. 1 Satz 1 Nr. 3 JGG und § 98 Abs. 1 Satz 1 Nr. 1 OWiG (Art. 293 Abs. 3 EG StGB).

■ Als verfügbar gelten nach FW 138.5.1.4 Abs. 8 auch Freigängerinnen auf Arbeits- oder Ausbildungsplatzsuche und mit einer Beschäftigung als Freigängerin.

5.6 **Bei Weiterbildung auf eigene Faust**
§ 139 Abs. 3 SGB III

Eine Weiterbildung auf eigene Faust beseitigt die Verfügbarkeit nicht, wenn

– die AA der Weiterbildung zustimmt und

– die Alg-Berechtigte bereit ist, die Weiterbildung abzubrechen, sobald eine zumutbare Arbeit in Betracht kommt. Diese Bereitschaft muss die Alg-Berechtigte durch eine entsprechende »Abbruchvereinbarung« mit dem Weiterbildungsträger belegen.

Die AA kann allen Maßnahmen der beruflichen Weiterbildung zustimmen. Vor der Zustimmung ist zu prüfen, ob der gesetzliche Zweck, nämlich der Vorrang der jederzeitigen Vermittlung der Arbeitslosen in eine neue Beschäftigung, durch die Teilnahme an der Maßnahme nicht wesentlich beeinträchtigt wird. Inhalt und Dauer der Maßnahme sollen keine Kriterien für die Zustimmung durch die AA sein (SG Berlin vom 15.3.2013 – S 70 AL 6080/12 WA, info also 2013, S. 156 mit Anm. von Claus-Peter Bienert).

5.7 **Bei Maßnahmen zur Aktivierung und beruflichen Eingliederung**
§ 139 Abs. 1 SGB III

Als weiterhin verfügbar gelten Arbeitslose, wenn sie an einer Maßnahme gemäß § 45 SGB III teilnehmen.

5.8   **Bei Urlaub**

18 Werktage Urlaub

Gemäß § 3 Abs. 1 Satz 1 der ErreichbarkeitsAO hat eine arbeitslose Alg-Bezieherin Anspruch auf drei Wochen Urlaub pro Jahr.

Vier Fragen werden von Urlaub wünschenden Leistungsempfängerinnen immer wieder gestellt:

24 Werktage Urlaub? Nein

■ Habe ich nicht Anspruch auf vier Wochen Urlaub?
Zwar beträgt der gesetzliche Mindesturlaub gemäß § 3 Abs. 1 Bundesurlaubsgesetz 24 Werktage = vier Wochen; das BSG vom 10.8.2000 – B 11 AL 101/99 R, SozR 3-4100 § 103 Nr. 23 hält die Begrenzung des »Arbeitslosenurlaubs« durch § 3 Abs. 1 ErreichbarkeitsAO auf drei Wochen jedoch für rechtmäßig.

Verlängern Werktagsfeiertage den Urlaub? Ja

■ Verlängern Feiertage, die auf Werktage fallen, den Urlaub?
Nach § 3 Abs. 2 Bundesurlaubsgesetz sind Werktage alle Kalendertage, die nicht Sonn- oder gesetzliche Feiertage sind. Wenn bei einer Arbeitnehmerin ein Feiertag, der auf einen Werktag fällt, nicht auf den Urlaub angerechnet werden darf, so sollte dies auch für Arbeitslose gelten.

Das SG Berlin vom 12.6.1998 – S 58 Ar 3208/97, info also 1998, S. 193 hat entschieden, dass der Arbeitslosenurlaub sich um Werktagsfeiertage (im Urteil ging es um den Karfreitag und den Ostermontag) verlängert. Das Gericht begründet das Nicht-Mitzählen dieser Feiertage damit, dass Arbeitslose an diesen Tagen postalisch sowieso nicht erreichbar seien und der Kurzurlaub arbeitsloser Familienmitglieder an verlängerten Wochenenden »nicht durch eine unnötige, weil vom Vermittlungszweck nicht gebotene Anrechnung von ›Freistellungstagen‹ erschwert werden sollte«.
Die von der BA gegen dieses Urteil zunächst eingelegte Berufung hat sie zurückgenommen (zur Auseinandersetzung vor dem LSG Berlin s. Udo Geiger, info also 2000, S. 148). Die BA zeigt damit, dass ihre Position nicht haltbar ist.

Pro Leistungsjahr? Nein; pro Kalenderjahr!

■ Was heißt pro Jahr?
Das Urlaubsjahr ist auch für Arbeitslose das Kalenderjahr (§ 3 Abs. 1 Satz 1 der ErreichbarkeitsAO).

Beispiel

Elfriede Wehrmich ist seit 1.7.2014 arbeitslos und bezieht seither Alg. Im Oktober 2014 hat sie drei Wochen Urlaub genommen. Ostern 2015 will sie mit ihrer Familie zwei Wochen verreisen. Da die ErreichbarkeitsAO das Kalenderjahr zu Grunde legt, kann Elfriede Wehrmich über Ostern Urlaub erhalten.

Arbeitslosenurlaub nach Arbeitnehmerurlaub? Ja

■ Kann ich Arbeitslosenurlaub nehmen, obwohl ich im Kalenderjahr bereits Urlaub als Arbeitnehmerin hatte?
Ja – denn der Anspruch nach dem Bundesurlaubsgesetz hat einen anderen Rechtsgrund als der Urlaub nach § 3 ErreichbarkeitsAO (ebenso BMAS, BT-Drs. 13/1031 vom 31.3.1995).

Sie dürfen nicht einfach in Urlaub fahren, sondern müssen Ihren Urlaub mit der AA absprechen. Hierfür gibt es ein besonderes Urlaubsformular. Bei Urlaub ohne Absprache riskieren Sie die Streichung des Alg. Einzelne AA wollen die »Einwilligung« zum Urlaub erst unmittelbar vor Urlaubsantritt erteilen. Wir halten diese Praxis für rechtswidrig, weil damit eine vernünftige, kostengünstige Urlaubsplanung verhindert wird. Wir meinen, dass die »Einwilligung« spätestens zwei Wochen vor Urlaubsantritt erteilt werden muss.

Urlaub muss abgesprochen werden

Die AA kann den Urlaubsantrag gemäß § 3 Abs. 1 Satz 3 ErreichbarkeitsAO ablehnen, wenn durch den Urlaub »die berufliche Eingliederung [...] beeinträchtigt wird«. Andernfalls haben Sie einen Rechtsanspruch auf die Zustimmung zum gewünschten Urlaub (SG Karlsruhe vom 7.11.2016 – S 5 AL 2978/16). Konnten Sie einen Antrag auf Urlaub nicht vor der Ortsabwesenheit stellen, wäre die Zustimmung bei rechtzeitiger Antragstellung aber zu erteilen gewesen, muss die Zustimmung nachträglich erfolgen (SG Dortmund vom 29.2.2016 – S 31 AL 859/12).

Die AA hat bei der Urlaubsabsprache die Belange der Arbeitslosen zu berücksichtigen (z.B. Schulferien der Kinder, Urlaubsplanung des (Ehe-)Partners, bereits gebuchte Reisen). Solche Gründe können dazu führen, dass der Urlaub zu der von Ihnen gewünschten Zeit nicht versagt werden darf.

Während der Arbeitslosigkeit können Sie gemäß § 3 Abs. 2 Nr. 2 ErreichbarkeitsAO nach Absprache mit der AA an staatspolitischen, kirchlichen oder gewerkschaftlichen Bildungsveranstaltungen ohne Verlust Ihres Alg-Anspruches teilnehmen.

Bildungsurlaub für Arbeitslose

Der Drei-Wochen-Urlaub und die Drei-Wochen-Bildungsveranstaltung können beide zusammen im selben Kalenderjahr, und zwar auch unmittelbar hintereinander genommen werden.

Allerdings müssen Sie bei Bildungsveranstaltungen während der Teilnahme für die AA brieflich täglich erreichbar sein und sich bereit erklären, die Veranstaltung abzubrechen, falls Ihnen eine Ausbildungs-/Arbeitsstelle vermittelt oder eine Eingliederungsmaßnahme angeboten wird.

Bei Kuren müssen Sie unterscheiden:

Kuren

- Falls Sie von einem Reha-Träger Übg oder eine ähnliche Leistung erhalten, ruht das Alg, und Sie brauchen der AA nicht zur Verfügung zu stehen.

- Erhalten Sie kein Übg oder eine ähnliche Leistung während der Kur, so dürfen Sie nach Absprache mit der AA gemäß § 3 Abs. 2 Nr. 1 ErreichbarkeitsAO pro Kalenderjahr eine ärztlich angeordnete Kur der medizinischen Vorsorge oder Rehabilitation antreten, und zwar auch dann, wenn Sie Ihren normalen Drei-Wochen-Urlaub im Kalenderjahr schon genommen haben (SG Berlin vom 29.11.1989 – S 51 Ar 994/89, info also 1990, S. 152). Die Kur darf wohl nicht länger als drei Wochen dauern.

Ehrenamtliche Abwesenheit

■ Drei Wochen dürfen Sie auch im Zusammenhang mit einer ehrenamtlichen Betätigung ortsabwesend sein (§ 3 Abs. 2 Nr. 3 der ErreichbarkeitsAO).

»Mehrurlaub«

Nehmen Sie über den Ihnen zustehenden und von der AA bewilligten Urlaub hinaus »Mehrurlaub«, müssen Sie – je nach Dauer des »Mehrurlaubs« – mit folgenden Nachteilen rechnen:

bis 6 Wochen

Nehmen Sie über den Normalurlaub von drei Wochen hinaus bis zu drei Wochen »Mehrurlaub«, also sechs Wochen, so verneint die AA die Verfügbarkeit (Erreichbarkeit) für die vierte bis sechste Woche; für diese Zeit erhalten Sie kein Alg. Mit einer Kürzung der Alg-Bezugsdauer nach § 148 Abs. 1 Nr. 6 SGB III müssen Sie vor allem dann rechnen, wenn der Verdacht besteht, dass Sie sich mit dem Mehrurlaub Eingliederungsbemühungen der AA entziehen wollen. Keine Kürzung tritt ein, wenn Sie für den längeren Urlaub einen wichtigen Grund haben (s. unten).

Ausnahme

Der Drei-Wochen-Zeitraum darf nach § 3 Abs. 3 der ErreichbarkeitsAO in Fällen, die für die Arbeitslose unvorhersehbar und unvermeidbar sind, bis zu drei Tagen überschritten werden. Beispiele sind ein Streik bei Eisenbahn, Fähren oder Fluggesellschaften oder ein Verkehrsunfall.

Zurückmelden!

Nach Beendigung des Urlaubs müssen Sie unverzüglich persönlich zur AA, damit Alg weitergezahlt wird. Melden Sie sich nicht aus dem Urlaub zurück, wird die Alg-Zahlung eingestellt.

mehr als 6 Wochen

Machen Sie länger als sechs Wochen Urlaub, verneint die AA gemäß § 3 Abs. 4 ErreichbarkeitsAO die Verfügbarkeit insgesamt, und Sie erhalten während des gesamten Urlaubs kein Alg (also auch nicht für die ersten drei Wochen!). In diesem Fall erhalten Sie Alg erst wieder, wenn Sie einen Wiederbewilligungsantrag stellen.

Wiederbewilligungsantrag

Wenn Sie nach einem derartigen mehr als sechs Wochen dauernden Urlaub zurückkehren und nach einem Wiederbewilligungsantrag wieder Alg beziehen, können Sie die bisher nicht genommenen drei Wochen Normal-Urlaub pro Kalenderjahr beanspruchen.

Wichtige Gründe für »Mehrurlaub«

Die Anspruchsdauer wird dann nicht gemäß § 148 Abs. 1 Nr. 6 SGB III gekürzt, wenn die Arbeitslose einen wichtigen Grund für den »Mehrurlaub« hat. Als wichtige Gründe kommen in Betracht:
– Gemeinsamer Urlaub mit dem berufstätigen (Ehe-)Partner;
– Besuch erkrankter Angehöriger (BayLSG vom 28.7.2009 – L 9 AL 289/05);
– Antritt eines Urlaubs, der bereits vor Eintritt der Arbeitslosigkeit gebucht war, wenn der Rücktritt vom Urlaub Geld kostet.

6   **Alg bei Auslandsbezug**

6.1   **Alg bei Wohnsitz im Ausland**

Alg können auch Personen mit Wohnsitz im grenznahen Ausland beziehen, wenn die Voraussetzungen für den Anspruch vorliegen, d. h. sie müssen im Inland eine Anwartschaft erworben haben, eine Beschäftigung in Deutschland suchen und der Arbeitsvermittlung zur Verfügung stehen (BSG vom 27.8.2008 – B 11 AL 7/07 R: Polen, und vom 7.10.2009 – B 11 AL 25/08 R: Niederlande; BayLSG vom 23.7.2009 – L 9 AL 305/06: Österreich).

Auch wenn die Arbeitslose erst nach dem Ende des Beschäftigungsverhältnisses ihren Wohnsitz ins grenznahe Ausland verlegt, kann sie Alg beziehen, obwohl sie nicht Grenzgängerin ist (BSG vom 7.10.2009 – B 11 AL 25/08 R). § 30 Abs. 1 SGB I sei in Anlehnung an die Rechtsprechung des BVerfG vom 30.12.1999 – 1 BvR 809/95 verfassungskonform auszulegen. Es seien keine rechtfertigenden Gründe ersichtlich, die eine Beitragserhebung im Inland ermöglichen, eine Leistungserbringung am inlandsnahen Auslandswohnsitz aber ausschließen. Der notwendige und verfassungsrechtlich unbedenkliche Bezug zum Geltungsbereich des Gesetzes ergibt sich aus den allgemeinen Leistungsvoraussetzungen für das Alg. Dazu gehört vor allem die subjektive und objektive Verfügbarkeit bezogen auf den inländischen Arbeitsmarkt.

In der EU wird Alg für Personen, die in einem anderen als ihrem Wohnland gearbeitet haben, immer im Wohnsitzland gezahlt; die Arbeitslose kann sich zusätzlich im Beschäftigungsstaat arbeitsuchend melden (Art. 65 Abs. 2 VO (EG) Nr. 883/2004). Näheres zum Alg-Anspruch für Grenzgänger und Grenzwohner können Sie bei Udo Geiger in info also 2013, S. 147 nachlesen.

6.2   **Mitnahme von Alg bei Arbeitsuche ins Ausland**

Manche Arbeitslose würde gern einmal im Ausland auf Arbeitsuche gehen, wenn sie nicht Angst hätte, ihr Alg zu verlieren.

Die Angst ist unbegründet. Arbeitslose können – zeitlich befristet – in bestimmten Ländern auf Arbeitsuche gehen und dabei weiter ihr Alg beziehen.

Alg II kann nicht mitgenommen werden; auch nicht von Alg-Bezieherinnen, die aufstockend Alg II erhalten (Art. 70 VO (EG) 883/2004; BSG vom 18.1.2011 – B 4 AS 14/10 R).

Die Mitnahmemöglichkeit von Alg besteht – jedenfalls für Deutsche – bei der Arbeitsuche in den folgenden Ländern:

Belgien, Bulgarien, Dänemark (ohne Grönland), Estland, Finnland, Frankreich (einschließlich der Überseedepartements Guadeloupe, Martinique, Ile de la Réunion und Guyane, ohne die überseeischen Territorien, französische Gebiete in Australien und der Antarktis, Fran-

Welche Länder?

zösisch-Polynesien, Mayotte, Neukaledonien, St. Pierre et Miquelon, Wallis et Futuna), Griechenland, Großbritannien (einschließlich Nordirland und Gibraltar, aber ohne die Kanalinseln, Alderney, Guernsey, Jersey und die Insel Man), Irland, Island, Italien, Kroatien, Lettland, Liechtenstein, Litauen, Luxemburg, Malta, Niederlande, Norwegen (ohne Spitzbergen und die Bäreninsel), Österreich, Polen, Portugal (einschließlich der autonomen Regionen Azoren und Madeira), Rumänien, Schweden, Schweiz, Slowakei, Slowenien, Spanien (einschließlich der Balearen, der kanarischen Inseln sowie der nordafrikanischen Städte Ceuta und Melilla), Tschechien, Ungarn, Zypern (ohne den Nordteil Zyperns, in dem die Republik Zypern keine Kontrolle ausübt).

Nichtdeutsche Arbeitslose aus EU-Ländern können in den aufgezählten Ländern unter Mitnahme des Alg nur auf Arbeitsuche gehen, wenn der zuständige Träger im Gastland bestätigt, dass die nichtdeutsche Arbeitslose dort überhaupt arbeiten darf.

6.2.1   Rechtsgrundlage

Rechtsgrundlage für die Mitnahme von Alg bei der Arbeitsuche in den EU-Mitgliedstaaten ist Art. 64 der VO (EG) 883/2004 und Art. 55 der DurchführungsVO 987/2009, in den EWR-Staaten (Island, Norwegen, Liechtenstein) und in der Schweiz die alte VO (EWG) 1408/71.

PD U2

Erfüllt die Alg-Bezieherin die im Folgenden aufgeführten Voraussetzungen, wird ihr von der AA das so genannte »Portable Document PD U2« ausgestellt; dieses PD U2 ist rechtlich eine Zusicherung i. S. § 34 SGB X auf Weiterzahlung von Alg durch die AA, obwohl die Alg-Bezieherin in Deutschland nicht mehr verfügbar ist.

Für die Arbeitsuche in den EWR-Staaten und in der Schweiz wird noch die alte Mitnahmebescheinigung E 303 ausgestellt.

6.2.2   Vor der Abreise ins Gastland

Alg-Anspruch

- Sie müssen einen Anspruch auf Alg haben.

Vierwöchige Wartefrist

- Regelmäßig müssen Sie der Arbeitsvermittlung durch die deutsche AA mindestens vier Wochen (= 28 Kalendertage) zur Verfügung gestanden haben. Diese Wartefrist beginnt mit dem Tag der Arbeitslosmeldung, bei Meldung vor Eintritt der Arbeitslosigkeit mit dem ersten Tag nach Beendigung des Arbeitsverhältnisses. Die AA kann die vierwöchige Wartefrist verkürzen, u. a. dann, wenn in den vier Wochen eine Arbeitsvermittlung voraussichtlich nicht möglich sein wird oder sofort einem Ehegatten gefolgt werden soll, der im Gastland eine Beschäftigung aufgenommen hat.

»Antrag auf Ausreise«

- Sie müssen bei der AA einen »Antrag auf Ausreise« stellen. Als Seite 2 des »Antrag Ausreise« erhalten Sie die »Hinweise zur Arbeitsuche [...]«

- Sie müssen der AA erklären, dass Sie sich zur Arbeitsuche in das gewünschte Land begeben wollen. Da die Arbeitsuche zwar der wesentliche, aber nicht der alleinige Grund sein muss, schaden andere, zur Arbeitsuche hinzukommende Gründe (z. B. Aufsuchen von Freunden und Verwandten, Bildungsinteressen) nicht.

  Hauptsächlich zur Arbeitsuche ins Gastland

- Voraussetzung für das Ausstellen der Mitnahme-Bescheinigung PD U2 ist nicht eine mindestens gleich gute oder gar eine gesteigerte Vermittlungsaussicht in dem ins Auge gefassten Gastland. Auch wenn die Arbeitsmarktchancen dort schlechter sind als in Deutschland, haben Sie einen Anspruch auf die Mitnahme von Alg. Nur bei gravierenden Anhaltspunkten dafür, dass eine Arbeitslose statt Arbeit Erholung sucht, wird die AA die PD U2 ablehnen.

  Voraussetzung nicht gleich gute oder gar gesteigerte Vermittlungsaussicht

  Eine deutschsprachige Angestellte ohne Griechischkenntnisse sucht auf einer dünn besiedelten kleinen Insel in der Ägäis Arbeit (nach DA 30 zu E 303 a. F.).

  Beispiel

- Ist die vierwöchige Wartefrist erst einmal abgelaufen und ein Antrag auf die Mitnahme-Bescheinigung PD U2 gestellt, kann die AA den Anspruch auf die Mitnahme-Bescheinigung nicht mehr dadurch vereiteln, dass sie ein Arbeitsangebot unterbreitet.

- Sie können Alg bis zu drei Monaten mitnehmen, vorausgesetzt, diese Leistung steht Ihnen überhaupt so lange zu. Auf die dreimonatige Mitnahme haben Sie einen Rechtsanspruch.

  Rechtsanspruch bis zu 3 Monaten

  Der Zeitraum von drei Monaten kann von der AA auf höchstens sechs Monate verlängert werden. Allerdings nur bei Arbeitsuche in EU-Ländern. Die Arbeitsuche in EWR-Staaten und der Schweiz ist noch auf die drei Monate beschränkt.
  Sie können den Verlängerungsantrag formlos vom Ausland aus stellen. Stellen Sie ihn rechtzeitig vor Ablauf der drei Monate, damit Sie – falls er abgelehnt wird – rechtzeitig vor Ablauf der ersten drei Monate nach Deutschland zurückkehren und nahtlos weiter Alg beziehen können.

  Vom 4. bis zum 6. Monat nach Ermessen

- Sie können während einer Phase von Arbeitslosigkeit neuerdings mehrmals Alg in ein Gastland mitnehmen, vorausgesetzt der Mitnahmezeitraum von drei bzw. sechs Monaten ist noch nicht ausgeschöpft. Die gestückelte Mitnahme ist nur in **dasselbe** Land der Arbeitsuche möglich.

  Gestückelte Mitnahme

  Sind die drei bzw. sechs Monate ausgeschöpft, ist eine erneute Arbeitsuche im Ausland erst möglich, wenn die Arbeitslosigkeit durch eine unselbstständige Beschäftigung – gleich in welchem EU-Land – unterbrochen worden ist. Die Dauer der unselbstständigen Beschäftigung ist egal; insbesondere muss durch sie keine neue Alg-Anwartschaft begründet worden sein.

  Wiederholte Arbeitsuche nach Ausschöpfen der 3 bzw. 6 Monate?

Kranken-
versicherungs-
schutz

■ Als mit PD U2 arbeitsuchende Alg-Bezieherin sind Sie gesetzlich krankenversichert und haben auch im Ausland Anspruch auf Leistungen der Krankenversicherung.

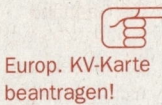

Europ. KV-Karte
beantragen!

Für Sachleistungen im Ausland (z. B. Behandlung durch Ärztin oder im Krankenhaus, Medikamente) brauchen Sie eine »Europäische Krankenversicherungskarte«. Diese kostet nichts. Holen Sie die Karte rechtzeitig vor der Ausreise bei Ihrer Krankenkasse.

Lücke?

Die AA meldet Sie mit der Ausreise als Alg-Bezieherin und damit bei der Krankenkasse ab. Erst mit der Arbeitsuchmeldung beim Träger im Gastland, genauer mit dem Eingehen der Information von der Arbeitsuchmeldung bei der AA werden Sie wieder bei der Krankenkasse angemeldet. So entsteht auf den ersten Blick eine Lücke im Krankenversicherungsschutz. Sollten Sie zwischen Abreise und Arbeitsuchmeldung im Ausland krank werden, sind Sie nach unserer Meinung dennoch wegen des nachgehenden Versicherungsschutzes (längstens einen Monat) gemäß § 19 Abs. 2 SGB V krankenversichert.

AA zahlt Alg aus

■ Das Alg wird nicht vom Träger im Gastland, sondern vom Träger des Ausreiselandes, also bei uns von der AA ausgezahlt und zwar regelmäßig auf das Konto der Alg-Bezieherin in Deutschland.

6.2.3   Nach der Ankunft im Gastland

Umgehend
bei der aus-
ländischen
Arbeitsvermitt-
lung melden!

■ Sie müssen sich umgehend bei der Arbeitsverwaltung des Gastlandes melden. Die Meldefrist beginnt mit dem Tag der Abreise (d. h. mit dem ersten Tag, an dem die Arbeitslose der deutschen AA nicht mehr zur Verfügung steht) und endet am 6. darauf folgenden Kalendertag. Ist der 6. Tag ein Samstag, Sonntag oder Feiertag im Gastland, endet die Frist am folgenden Montag bzw. Werktag.
Nur wenn Sie sich innerhalb von sechs folgenden Kalendertagen gemeldet haben und der Träger im Gastland der AA die Arbeitsuche gemeldet hat, können Sie – und zwar in der bisherigen Höhe – Alg erhalten.
Der Träger im Gastland meldet der AA gemäß Art. 55 Abs. 3 der DurchführungsVO 987/2009 »unverzüglich« die Arbeitslosmeldung und die neue Adresse.

Bei Meldung innerhalb der sechs folgenden Kalendertage wird das Alg rückwirkend ab Abreisetag gezahlt.

Beachten Sie, dass in vielen Ländern Arbeitsvermittlung und Arbeitslosenversicherung voneinander getrennt sind. Es reicht daher nicht aus, wenn Sie sich bei der ausländischen Behörde der Arbeitslosenversicherung melden, um die Zahlung Ihrer Leistungen zu veranlassen, sondern Sie müssen Ihre Verfügbarkeit gegenüber der Arbeitsvermittlungsbehörde erklären. Die AA sagt Ihnen, welche Behörde im Gastland zuständig ist. Dort geben Sie die Mitnahme-Bescheinigung PD U2 ab.

- Sie müssen im Gastland der Arbeitsvermittlung zur Verfügung stehen. Ob und wie oft Sie sich bei der Arbeitsverwaltung im Gastland melden müssen, richtet sich nach dem Recht des jeweiligen Gastlandes.
  Sollten Sie den im Gastland geltenden Pflichten nicht nachkommen, wird das der AA »unverzüglich« mitgeteilt (Art. 55 Abs. 4 Satz 2 und 3 und Abs. 5 DurchführungsVO 987/2009).

Im Gastland verfügbar sein!

- Werden Sie **während der Arbeitsuche** im Ausland krank, sollten Sie die Arbeitsunfähigkeit sowohl der AA wie dem ausländischen Träger, bei dem Sie die PD U2 abgegeben haben, melden. Sie erhalten dann Kranken-Alg gemäß § 146 SGB III.

- Die Aufnahme einer Beschäftigung müssen Sie sofort melden, und zwar sowohl der AA wie dem Träger des Gastlandes, bei dem Sie die PD U2 abgegeben haben.
  Nebeneinkommen wird nach § 155 SGB III angerechnet.

Nebeneinkommen

- Auch wenn Sie im Gastland keine Arbeit finden, kann Sie die AA während Ihres bis zu drei Monaten beanspruchten oder auf sechs Monate verlängerten Mitnahmezeitraums nicht zurückrufen, um Ihnen in Deutschland eine Arbeit zu vermitteln.

AA kann Sie nicht zurückrufen

6.2.4 Bei der Rück-/Einreise nach Deutschland

Sie können Alg höchstens für drei Monate bzw. sechs Monate ins Ausland mitnehmen. Das Ende des drei- oder sechsmonatigen Mitnahmezeitraums wird von der deutschen AA mit genauem Datum auf der Mitnahmebescheinigung PD U2 vermerkt.

Rückkehr binnen 3 bzw. 6 Monaten

Melden Sie sich sofort persönlich bei der AA arbeitslos.

Sofort arbeitslos melden!

»Sind Sie wegen des Ablaufs des bescheinigten Mitnahmezeitraumes oder früher nach Deutschland zurückgekehrt und haben Sie im Land der Arbeitsuche keine Beschäftigung ausgeübt, kann eine telefonische Meldung ausreichend sein.
Nutzen Sie hierzu bitte unverzüglich – möglichst noch am Tag Ihrer Rückkehr – in der Zeit von Montag bis Freitag von 8 bis 18 Uhr das Servicetelefon Ihrer Agentur für Arbeit. Sie erreichen Ihre Arbeitsagentur über die kostenfreie Servicerufnummer 0800 4 5555 00. Die Rufnummer ist auch unter www.arbeitsagentur.de/kontakt veröffentlicht. Für Anrufe aus dem Ausland gilt die Rufnummer +49 911 1203 1010 (gebührenpflichtig).« (Merkblatt der BA, Arbeitslosengeld und Auslandsbeschäftigung, 1/2016, S. 24 f.)

Nur bei rechtzeitiger Arbeitslosmeldung wird das Alg nahtlos weiter-gezahlt. Melden Sie sich nicht rechtzeitig, erhalten Sie bis zur Mel-dung kein Alg.

Ein noch nicht verbrauchter Alg-Anspruch erlischt durch verspätete Rückkehr und Meldung **nicht** gemäß Art. 64 Abs. 2 Satz 2 VO (EG) 883/2004, da § 161 SGB III kein Erlöschen wegen dieser Verspätung kennt.

6.3   **Mitnahme für ausländische Arbeitsuchende in Deutschland**

Arbeitnehmerinnen, die in einem EU-Land, in einem EWR-Land oder der Schweiz einen Anspruch auf Leistungen bei Arbeitslo-sigkeit erworben haben, können diese Leistung bei Arbeitsuche in Deutschland für die Dauer von höchstens drei bzw. sechs Monaten weiter beziehen.

IV   **Persönlich arbeitslos melden**
und Arbeitslosengeld beantragen
§§ 137 Abs. 1 Nr. 2, 141, 323 Abs. 1 SGB III

1   **Spätestens bei Beginn der Arbeitslosigkeit persönlich**
arbeitslos melden!

Im Kapitel A »Sie werden (demnächst) arbeitslos – was ist zu tun?« (→ S. 24) stellen wir dar, was bei der Arbeitslosmeldung zu beachten ist, wenn Sie arbeitslos geworden sind.

Wichtig ist, dass Sie sich persönlich bei der AA melden müssen. Nur wer Nahtlosigkeits-Alg beansprucht und so krank ist, dass er oder sie nicht persönlich bei der AA erscheinen kann, darf sich bei der Meldung vertreten lassen; allerdings muss die Vertreterin ihrerseits persönlich in der AA erscheinen (BSG vom 23.10.2014 – B 11 AL 7/14 R). Bei der Arbeitslosmeldung müssen Sie sich ausweisen; steht allerdings fest, dass Sie sich tatsächlich an einem bestimmten Tag arbeitslos gemeldet haben, ist die Meldung auch ohne die Vorlage eines Personalausweises oder eines Reisepasses gültig (LSG Baden-Württemberg vom 20.7.2011 – L 3 AL 236/11, info also 2011, S. 259 mit Anm. von Udo Geiger).
Die Beweislast für die Arbeitslosmeldung liegt bei der Arbeitslosen (LSG Berlin-Brandenburg vom 12.7.2016 – L 14 AL 184/15).

Die Arbeitslosmeldung ist eine Tatsachenerklärung; sie setzt die AA in Kenntnis, dass ein Leistungsfall eingetreten ist, damit sie mit der sachgerechten Vermittlung beginnen kann, die Vorrang vor dem Alg-Bezug hat (ständige Rechtsprechung des BSG, z. B. vom 11.1.1989 – 7 RAr 14/88, DBlR 3488a AFG/§ 107).

Die Arbeitslosmeldung nach § 141 SGB III ist nicht identisch mit der Arbeitsuchmeldung nach § 38 Abs. 1 SGB III: Auch wer sich fristgerecht arbeitsuchend meldet, muss sich entweder zugleich oder zu einem späteren Zeitpunkt arbeitslos melden, um Alg zu erhalten. Darauf muss Sie die AA bei der Arbeitsuchmeldung hinweisen.

Von Arbeitsuchmeldung unterscheiden!

Die Arbeitslose kann sich nach § 141 Abs. 1 Satz 2 SGB III innerhalb von drei Monaten vor Eintritt der Arbeitslosigkeit arbeitslos melden. Auch vor diesem Zeitraum liegende Meldungen können wirksam sein, wenn die AA die Arbeitslosmeldung in Kenntnis ihrer Frühzeitigkeit entgegengenommen und akzeptiert hat (BSG vom 18.5.2010 – B 7 AL 49/08 R).

Die Arbeitslose kann sich wirksam nur bei der für sie zuständigen AA arbeitslos melden; zuständig ist regelmäßig die AA des Wohnsitzes (§ 327 Abs. 1 SGB III). Die Meldung beim Jobcenter ist gegenüber der AA nicht wirksam. Hat das Jobcenter die Arbeitslose jedoch nicht auf die Zuständigkeit der AA hingewiesen, erkennt die AA bei einer späteren Meldung den Zeitpunkt der Meldung beim Jobcenter an (GA 8a zu § 141).

Zuständige AA

War die Anwartschaft im Zeitpunkt der Arbeitslosmeldung noch nicht erfüllt und wird sie dann durch das fortbestehende Arbeitsverhältnis erfüllt, muss die Meldung nicht wiederholt werden (HessLSG vom 6.12.2013 – L 7 AL 141/12; siehe aber auch BSG vom 11.12.2014 – B 11 AL 2/14 R).

Die Arbeitslosmeldung kann nicht mit Hilfe des sozialrechtlichen Herstellungsanspruchs fingiert werden (BSG vom 7.5.2009 – B 11 AL 72/08 B; ebenso LSG Baden-Württemberg vom 15.12.2009 – L 13 AL 6044/08; LSG Berlin-Brandenburg vom 19.8.2009 – L 10 AL 16/09 und vom 15.7.2010 – L 18 AL 506/07). Entsteht der Arbeitslosen ein Schaden durch eine fehlerhafte Beratung, kommt als Ausgleich nur ein Amtshaftungsanspruch nach § 839 BGB/Art. 34 GG in Betracht, der vor dem Landgericht geltend gemacht werden muss. Bei einer THW-Helferin, die sich arbeitsuchend gemeldet hat, sich wegen eines überraschenden Auslandseinsatzes jedoch nicht bei Beginn der Arbeitslosigkeit arbeitslos melden kann, fingiert die BA die rechtzeitige Arbeitslosmeldung (GA 3a zu § 141).

Kein Herstellungsanspruch

2 Wie lange bleibt die Arbeitslosmeldung wirksam?

Die Wirkung der Arbeitslosmeldung erlischt grundsätzlich mit der Aufnahme einer Beschäftigung oder der eigenen Abmeldung (vgl. LSG Nordrhein-Westfalen vom 9.4.2003 – L 12 AL 66/02); beim Beginn einer Weiterbildungsmaßnahme verwandelt sich der Anspruch auf Alg wegen Arbeitslosigkeit in einen Anspruch auf Alg wegen beruflicher Weiterbildung, für den die Arbeitslosmeldung entbehrlich ist.

Meldet sich die Arbeitslose nur für eine bestimmte Zeit bei der AA arbeitslos, ist die Meldung auch nur für den angegebenen Zeitraum der Arbeitslosigkeit wirksam (BSG vom 7.9.2000 – B 7 AL 2/00 R). Die Arbeitslose muss sich erneut persönlich melden, wenn sie über die zunächst genannte Zeit hinaus arbeitslos ist und Leistungen beziehen will.

Meldet sich die Arbeitslose zunächst unbefristet arbeitslos und teilt sie dann mit, sie sei ab einem bestimmten Datum wieder in Arbeit, muss sie sich gleichfalls rechtzeitig neu melden, wenn es nicht zur Arbeitsaufnahme kommt und sie weiter Alg benötigt. Beim häufigen Streit über die Frage, ob sich die Arbeitslose abgemeldet, nur eine Nebenbeschäftigung angemeldet oder von einer noch nicht sicheren Möglichkeit einer neuen Beschäftigung berichtet hat, trägt die AA, wenn sie die Alg-Bewilligung aufhebt oder zurücknimmt (§§ 45, 48 SGB X), die Beweislast für den Inhalt des Gesprächs (BayLSG vom 8.7.2013 – L 10 AL 212/13 B ER; LSG Berlin-Brandenburg vom 24.4.2013 – L 18 AL 135/11 und vom 24.1.2015 – L 18 AL 66/13).

Die Arbeitslosmeldung wirkt nicht zurück. Nur wenn die zuständige AA am ersten Tag der Beschäftigungslosigkeit nicht dienstbereit ist, d. h. nicht geöffnet hat (z. B. am Wochenende und an Feiertagen), wirkt die Arbeitslosmeldung zurück. Das gilt nur bei erstmaligem Eintreten der Beschäftigungslosigkeit nach dem Ende des Beschäftigungsverhältnisses (BSG vom 17.3.2015 – B 11 AL 12/14 R). Da mit der persönlichen Arbeitslosmeldung und der Mitteilung der Tatsache, arbeitslos zu sein, die Vermittlungsbemühungen der AA in Gang gesetzt werden sollen, kann die Arbeitslosmeldung nicht mit Wirkung für die Vergangenheit erfolgen bzw. nicht wie eine Willenserklärung angefochten, widerrufen oder zurückgenommen werden (BSG vom 7.9.2000 – B 7 AL 2/00 R; LSG Berlin-Brandenburg vom 29.2.2008 – L 4 AL 149/07; SächsLSG vom 3.11.2016 – L 3 AL 163/14).

§ 141 Abs. 2 SGB III regelt ausdrücklich zwei weitere Erlöschensfälle:

- bei mehr als sechswöchiger Unterbrechung der Arbeitslosigkeit;

- bei nicht gemeldeter Beschäftigung.

2.1 Erlöschen bei mehr als sechswöchiger Unterbrechung der Arbeitslosigkeit

Die Arbeitslosmeldung erlischt gemäß § 141 Abs. 2 Nr. 1 SGB III immer, wenn die Arbeitslosigkeit für mehr als sechs Wochen unterbrochen ist. Unterbrochen wird die Arbeitslosigkeit nicht nur durch die Aufnahme einer Beschäftigung oder Tätigkeit, sondern mit dem Wegfall jedes einzelnen Tatbestandsmerkmals der Arbeitslosigkeit (vgl. § 138 SGB III). Das gilt vor allem für die Eigenbemühungen und die Verfügbarkeit.

Wer also der Arbeitsvermittlung für einen zusammenhängenden Zeitraum von mehr als sechs Wochen nicht zur Verfügung steht (z. B. wegen Wegfalls der Arbeitsbereitschaft, der Teilnahme an einer Maßnahme der beruflichen Eingliederung oder wegen Krankengeldbezugs), muss sich erneut persönlich arbeitslos melden; ein Anruf oder ein Brief genügt nicht, auch wenn die Leistung noch nicht eingestellt worden ist.

Erneute persönliche Arbeitslosmeldung

Endet die Unterbrechung vor Ablauf der Sechs-Wochen-Frist, müssen Sie sich nicht erneut persönlich melden (LSG Berlin-Brandenburg vom 24.6.2009 – L 4 AL 180/07, info also 2009, S. 213; SG Speyer vom 3.2.2009 – S 10 AL 220/07). Das gilt auch dann, wenn die Arbeitslosigkeit durch eine der AA rechtzeitig gemeldete Beschäftigung oder selbstständige Tätigkeit von 15 oder mehr Stunden unterbrochen worden und mit Wegfall des Unterbrechungsgrundes eine neue Anwartschaft und ein neuer Anspruch auf Alg entstanden ist (vgl. BT-Drs. 13/4941, S. 176). Sie müssen der AA aber den Wegfall des Unterbrechungsgrundes mitteilen. Ist die Alg-Bewilligung jedoch unbefristet aufgehoben worden, ohne dass sich die Arbeitslose dagegen zur Wehr setzt, ist auch bei einer Unterbrechung von weniger als sechs Wochen eine neue persönliche Meldung erforderlich oder zumindest empfehlenswert (BSG vom 11.3.2014 – B 11 AL 4/14 R).

2.2   Erlöschen bei nicht gemeldeter Beschäftigung

Nimmt die Arbeitslose eine Beschäftigung, eine selbstständige Tätigkeit oder eine Tätigkeit als mithelfende Familienangehörige auf, ohne dies der AA mitzuteilen, verliert die Arbeitslosmeldung gemäß § 141 Abs. 2 Nr. 2 SGB III sofort ihre Wirkung. Gemeint sind nur Beschäftigungen oder Tätigkeiten, die die Arbeitslosigkeit beenden, also wenigstens 15 Stunden pro Woche ausfüllen (BT-Drs. 13/4941, S. 176; s. aber BSG vom 29.10.2008 – B 11 AL 52/07 R; BayLSG vom 24.5.2012 – L 9 AL 214/08, die nicht nur auf den Umfang der Beschäftigung abstellen, sondern auch auf andere Merkmale der Arbeitslosigkeit).

Nach Schwarzarbeit: erneut arbeitslos melden!

Die AA erwartet, dass die Arbeitsaufnahme unverzüglich, also ohne schuldhaftes Zögern, gemeldet wird; d. h., Sie müssen sich sofort, am besten am nächsten Tag, melden (BSG vom 20.10.2005 – B 7a AL 28 und 50/05 R). Das LSG Berlin-Brandenburg vom 24.6.2009 – L 4 AL 180/07 hält eine Meldefrist von drei Tagen für angemessen. Dasselbe LSG Berlin-Brandenburg hat in einem Einzelfall eine Meldung am vierten Tag nach Aufnahme der Beschäftigung noch ausreichen lassen (vom 24.8.2011 – L 18 AL 335/10). Das SG Hamburg vom 20.5.2015 – S 44 AL 669/12 geht von einer maximalen Frist von drei Tagen aus; ob eine Meldung sofort, also am Tag der Arbeitsaufnahme verlangt werden könne, sei von den Besonderheiten des Einzelfalls abhängig.

Melden Sie die Aufnahme einer Beschäftigung möglichst umgehend, auch um den Verdacht des unrechtmäßigen Leistungsbezuges zu vermeiden. Die AA können Bußgelder verhängen (§ 404 Abs. 2 Nr. 26 SGB III) und tun das in letzter Zeit häufiger.

 Haben Sie die unverzügliche Meldung versäumt, sollten Sie sich nach Beendigung der Beschäftigung sofort wieder persönlich arbeitslos melden, selbst wenn die Beschäftigung nur wenige Tage gedauert hat.

Das Gesetz macht das Unwirksamwerden der Arbeitslosmeldung im Falle der unterbliebenen Unterrichtung der AA nicht von einem etwaigen Verschulden der Versicherten abhängig.

Die Wirkung einer Arbeitslosmeldung bei nicht gemeldeter Aufnahme einer Beschäftigung entfällt endgültig; die Arbeitslosmeldung wird nicht nur für eine bestimmte Zeit suspendiert. Wortlaut und Gesetzesbegründung sind nach Meinung des BSG insoweit eindeutig (BSG vom 11.3.2014 – B 11 AL 4/14 R, vom 13.7.2006 – B 7a AL 16/05 R und vom 1.6.2006 – B 7a AL 76/05 R).

Bei der Frage, ob wegen der unwirksam gewordenen Arbeitslosmeldung das für die Zeit nach dem Ende der Zwischenbeschäftigung gezahlte Alg zurückzuzahlen ist, weil die Arbeitslosmeldung hätte wiederholt werden müssen, ist im Rahmen des § 48 Abs. 1 Satz 2 SGB X das Vorliegen von Vorsatz oder grober Fahrlässigkeit zu prüfen (ständige Rechtsprechung des BSG, z. B. vom 1.8.1996 – 11 RAr 9/96 und – 11 RAr 15/96, DBlR 4324a AFG/§ 105). Für die grobe Fahrlässigkeit soll es genügen, dass die Arbeitslose in einem Merkblatt auf die Meldepflicht hingewiesen worden ist (LSG Hamburg vom 30.5.2011 – L 2 AL 40/08). Nach Meinung des LSG Nordrhein-Westfalen (vom 20.5.2010 – L 1 AL 2/10 B) handelt die Arbeitslose, die die Aufnahme einer Beschäftigung nicht meldet, regelmäßig grob fahrlässig; Ausländer müssen sich entsprechend informieren.

Die Wirkung des § 141 Abs. 2 Nr. 2 SGB III, nämlich der Verlust des Alg-Anspruchs auch zwischen dem Ende der nicht gemeldeten Beschäftigung und der neuen Meldung, verstößt nach Meinung des LSG Nordrhein-Westfalen nicht gegen den Grundsatz der Verhältnismäßigkeit (LSG Nordrhein-Westfalen vom 10.4.2003 – L 1 AL 4/03).

Die Unterscheidung zwischen den gemeldeten und den ungemeldeten Zwischenbeschäftigungen betrifft nur die Fälle einer Beschäftigungsdauer von höchstens sechs Wochen. Bei längerer Beschäftigungsdauer muss die Betroffene, die erneut arbeitslos geworden ist, sich ohnehin wieder persönlich arbeitslos melden.

3   Arbeitslosengeld beantragen

Alg muss beantragt werden. Das geschieht regelmäßig automatisch mit der Arbeitslosmeldung (§ 323 Abs. 1 Satz 2 SGB III). Das Ausfüllen des Antragsvordrucks konkretisiert den bereits mündlich gestellten Antrag.

Sie können der Antragsfiktion jedoch widersprechen, wenn das im Einzelfall günstiger ist. Nach § 137 Abs. 2 SGB III können Sie bestimmen, ob und wann der Anspruch auf Alg entstehen soll, solange über den Antrag noch nicht entschieden ist. Die AA muss Sie auf diese Möglichkeit hinweisen, wenn erkennbar ist, dass es für Sie sinnvoll sein kann, den Beginn des Alg-Anspruchs hinauszuschieben. Tut sie das nicht, kann das Alg dennoch später beginnen, wenn die Voraussetzungen des sozialrechtlichen Herstellungsanspruchs vorliegen (SG Mannheim vom 9.9.2010 – S 14 AL 3538/09; SG Chemnitz vom 20.1.2011 – S 6 AL 986/09; SG Lübeck vom 3.3.2011 – S 38 AL 165/08). Schieben Sie den Beginn des Alg-Anspruchs hinaus, sollten Sie darauf achten, dass Sie bis zum Alg-Beginn krankenversichert sind.

Da bei einer Erkrankung vor Beginn des Alg-Bezugs u. U. kein Anspruch auf Krankengeld besteht und bei längerer Erkrankung auch der Bezug von Alg zeitweise ausgeschlossen sein kann, evt. sogar die Anwartschaft verloren gehen kann, sollte mit der Möglichkeit, den Alg-Bezug hinauszuschieben, eher vorsichtig umgegangen werden.

Der Alg-Antrag muss immer dann neu gestellt werden, wenn die Leistungsunterbrechung mehr als sechs Wochen dauert oder wenn die Leistung bereits unbefristet eingestellt worden ist.

Neuantrag

V   Was heißt: die Anwartschaftszeit erfüllen?
§ 142 SGB III

Um Alg erhalten zu können, müssen Sie zuvor eine Anwartschaft auf Alg erworben haben.

1   Anwartschaftszeit

1.1   Der Regelfall

In den letzten zwei Jahren vor Ihrer Arbeitslosigkeit (= Grundrahmenfrist) müssen Sie mindestens zwölf Monate versicherungspflichtig (zur Arbeitslosenversicherung) beschäftigt gewesen sein, um die Anwartschaft auf Alg zu begründen. Zur Erweiterung der Rahmenfrist → S. 132.

12 Monate Versicherungspflicht in den letzten 2 Jahren

Für Teil-Alg hat die Anwartschaftszeit erfüllt, wer in der speziellen Rahmenfrist von zwei Jahren neben der weiterhin ausgeübten versicherungspflichtigen Tätigkeit mindestens zwölf Monate eine weitere versicherungspflichtige Tätigkeit ausgeübt hat (§ 162 Abs. 2 Nr. 2 SGB III).

Teil-Alg: 12 Monate in den letzten 2 Jahren

1.2   Die Ausnahme: Kurze Anwartschaftszeit

Ein Alg-Anspruch kann ausnahmsweise mit einer kurzen Anwartschaftszeit erworben werden. Hierfür genügt eine Versicherungszeit von sechs Monaten innerhalb der Rahmenfrist von zwei Jahren (§ 142 Abs. 2 SGB III).

Kleine Anwartschaft

Beschäftigungslose erhalten Alg nach einer Beschäftigungszeit von sechs Monaten, wenn

- sich die in der Rahmenfrist zurückgelegten Beschäftigungstage überwiegend aus versicherungspflichtigen Beschäftigungen ergeben, die auf nicht mehr als zehn Wochen im Voraus durch Arbeitsvertrag zeit- oder zweckbefristet sind und

- das Arbeitsentgelt während der Beschäftigungszeit der letzten zwölf Monate vor der Beschäftigungslosigkeit die bei Anspruchsentstehung geltende Bezugsgröße-West nicht übersteigt.

Die Beschäftigungszeit aus höchstens zehnwöchigen Arbeitsverträgen muss also mehr als die Hälfte der für die kleine Anwartschaft notwendigen versicherungspflichtigen Beschäftigungszeit insgesamt betragen; bei einer Mindestbeschäftigungszeit von 180 Tagen innerhalb der Rahmenfrist müssen wenigstens 91 Tage in jeweils höchstens zehnwöchigen Arbeitsverhältnissen zurückgelegt worden sein (BT-Drs 16(11)1402 S. 6 zu § 123). Die Befristung muss bei Beginn des Arbeitsverhältnisses vereinbart sein oder sich aus der Natur der Sache ergeben. Die Vertretung einer für unbestimmte Zeit erkrankten Arbeitnehmerin ist nicht im Voraus auf zehn Wochen zweckbefristet, auch wenn die Beschäftigung tatsächlich nur zehn Wochen dauert. Werden wegen der Erkrankung eines Arbeitnehmers hintereinander mehrere Arbeitsverträge unter zehn Wochen geschlossen, können die Voraussetzungen der kleinen Anwartschaft erfüllt sein (SG Berlin vom 21.4.2017 – S 58 AL 501/16), weil auch dann der Arbeitnehmer von längerfristigen Beschäftigungen weitgehend ausgeschlossen und deshalb besonders schutzwürdig ist (LSG NRW vom 11.7.2013 – L 9 AL 281/12). Neben wenigstens 91 Tagen in zehnwöchigen Beschäftigungen können länger dauernde Beschäftigungsverhältnisse für den Erwerb der kleinen Anwartschaft berücksichtigt werden.

Es müssen also im Regelfall mindestens zwei höchstens zehnwöchige Arbeitsverhältnisse innerhalb der Rahmenfrist bestanden haben. Erkrankt die Arbeitnehmerin während der für zehn Wochen geplanten Beschäftigung, wird die Krankheitszeit der Beschäftigung zugerechnet, so dass auch ein Beschäftigungsverhältnis allein bei längerer Krankheitszeit für die Anwartschaft ausreichen kann (FW 142.2.2 Abs. 2). Dauert die jeweilige Beschäftigung tatsächlich länger als zehn Wochen, wird sie nicht mitgezählt, auch wenn sie ursprünglich auf zehn Wochen befristet war.

Die einzelnen Beschäftigungsverhältnisse müssen versicherungspflichtig sein; berufsmäßig unständig Beschäftigte, deren Beschäftigungsverhältnisse auf weniger als eine Woche der Natur der Sache nach oder durch Arbeitsvertrag im Voraus beschränkt sind (§ 27 Abs. 3 Satz 1 Nr. 1 SGB III), kommen nicht in den Genuss der kleinen Anwartschaft.

Die kleine Anwartschaft können außerdem nur Personen erwerben, die im letzten Jahr vor der Beschäftigungslosigkeit nicht mehr als die jährliche Bezugsgröße-West, die im Zeitpunkt der Entstehung des Alg-Anspruchs gültig ist, bezogen haben, 2017 also 35.700 €. Das Jahr wird vom Ende der letzten Beschäftigung taggenau zurückgerechnet. Es zählt das Arbeitsentgelt aus abhängigen Beschäftigungen unabhängig von der Beitragspflicht, das Arbeitseinkommen aus selbstständiger Tätigkeit wird nicht berücksichtigt (FW 142.2.3 Abs. 4).

Die betroffenen Arbeitslosen haben erhöhte Mitwirkungspflichten. Sie müssen selbst darlegen und nachweisen, dass sie tatsächlich in Beschäftigungsverhältnissen über höchstens zehn Wochen gestanden haben, die Befristung sich aus der Natur der Sache ergeben hat oder von vornherein vereinbart war und das Jahreseinkommen die Bezugsgröße des Anspruchsentstehungsjahres nicht überstiegen hat. Die BA muss sie dabei beraten (FW 142.2).

Wegen der Dauer des Alg-Anspruchs aus der kleinen Anwartschaft → S. 241.

Alg aus der kurzen Anwartschaftszeit ist ein Alg minderen Rechts. Das zeigen drei Nachteile:

- Die Verlängerung der Rahmenfrist, die § 143 Abs. 3 SGB III bei berufsfördernden Maßnahmen der Rehabilitation erlaubt, ist für die kurze Anwartschaft nicht möglich (§ 147 Abs. 3 Satz 2 SGB III).

- Mit einem Alg-Anspruch allein aus der kurzen Anwartschaft des § 142 Abs. 2 SGB III kann ein Anspruch auf einen Gründungszuschuss nicht erworben werden (§ 93 Abs. 2 Satz 1 Nr. 1 SGB III).

- Der Anspruch auf Alg aus der kurzen Anwartschaft gibt keinen Anspruch auf einen Vermittlungsgutschein (§ 45 Abs. 7 Satz 1 SGB III).

§ 142 Abs. 2 SGB III ist bis zum 31.7.2018 befristet.
Vor Ablauf der Befristung soll entschieden werden, wie die soziale Sicherung bei Arbeitslosigkeit für überwiegend kurz befristet Beschäftigte, insbesondere auch für Kulturschaffende, verbessert werden kann (BT-Drs. 18/8042 Art. 1 Nr. 13, S. 10, 28).   Neu
Die Regelung will vor allem Künstlern zu einem Alg-Anspruch verhelfen (BT-Drs. 16(11)1402 S. 6 zu § 123); sie gilt aber auch für andere Personen, die entweder der Natur der Sache nach oder wegen der Bedingungen auf dem Arbeitsmarkt nur kurze Arbeitsverträge schließen können. Die Schwierigkeiten für die meisten Saisonarbeiterinnen, einen Alg-Anspruch zu erwerben, bleiben aber bestehen. Sie müssen bei Bedürftigkeit Alg II beantragen.

Dasselbe gilt für die unständig Beschäftigten (§ 27 Abs. 3 Nr. 1 SGB III); bedauerlicher Weise hat der Gesetzgeber nicht den Mut, auch diese Personen in die Arbeitslosenversicherung einzubeziehen (s. Ute Winkler in: Bieback/Fuchsloch/Kohte, Arbeitsmarktpolitik und Sozialrecht S. 38).

2   Die Rahmenfrist

2.1   Berechnung der Rahmenfrist

Die zweijährige Rahmenfrist wird rückwärts berechnet. Sie endet mit dem zwei Jahre zurückliegenden Tag, der das gleiche Datum trägt wie der erste Tag, an dem alle Voraussetzungen (Beschäftigungslosigkeit, Arbeitslosmeldung, Anwartschaft) erfüllt sind – § 26 Abs. 1 SGB X. Das bedeutet, dass der erste Tag, an dem alle Voraussetzungen des Alg-Anspruchs vorliegen, nicht mitgezählt wird.

Beispiel

Beschäftigungslos, Arbeitslosmeldung und Anwartschaft	9.6.2017
Rahmenfrist	**8.6.2017 – 9.6.2015**

Die Rahmenfrist wird zeitlich zurück verlegt, wenn wegen eines Samstags, Sonntags oder Feiertags eine Arbeitslosmeldung nicht möglich ist und die Arbeitslose sich am erstmöglichen Werktag bei der AA arbeitslos meldet; denn in diesem Fall wirkt die Arbeitslosmeldung gemäß § 141 Abs. 3 SGB III auf den Tag zurück, an dem die AA nicht dienstbereit war. Das soll aber nur bei der ersten Meldung nach dem Eintritt der Beschäftigungslosigkeit gelten, nicht bei einer späteren Meldung oder einer Meldung nach dem Bezug von Krankengeld (BSG vom 17.3.2015 – B 11 AL 12/14 R).

Beispiel

Beschäftigungslos am Pfingstsamstag	14.5.2017
Arbeitslosmeldung am Dienstag	17.5.2017
Rahmenfrist	**13.5.2017 – 14.5.2015**

War die Anwartschaftszeit im Zeitpunkt der Arbeitslosmeldung noch nicht erfüllt, wird sie aber dann (durch Verlängerung des Arbeitsverhältnisses) erfüllt, verschiebt sich die Rahmenfrist (BSG vom 3.6.2004 – B 11 AL 70/03 R; HessLSG vom 6.12.2013 – L 7 AL 141/12). War die Anwartschaft erfüllt und verschiebt sich nachträglich das Ende der beitragspflichtigen Beschäftigung, verändert dies die Rahmenfrist nicht, wenn Alg bereits bewilligt ist (BSG vom 11.12.2014 – B 11 AL 2/14 R). Vor der Entscheidung der AA kann der Antrag zurückgenommen werden.

2.2   **Begrenzung der Rahmenfrist**
        § 143 Abs. 2 SGB III

Gemäß § 143 Abs. 2 SGB III darf eine Rahmenfrist nicht in eine vorausgegangene Rahmenfrist hineinreichen, in der die Arbeitslose bereits einmal eine Anwartschaftszeit erfüllt hatte. Dadurch wird ausgeschlossen, dass Versicherungszeiten, die in einer früheren Rahmenfrist zur Erfüllung einer früheren Alg-Anwartschaftszeit dienten, erneut für die Begründung eines Alg-Anspruchs genutzt werden können.

Versicherungspflichtige Beschäftigung endet am	31.5.2016	*Beispiel*
Bisheriger Alg-Anspruch (angenommen 1 Jahr) ab	1.6.2016	
Bisherige Rahmenfrist vom	31.5.2016 – 1.6.2014	
Bisheriger Alg-Bezug vom	1.6.2016 – 31.7.2016	
Neue versicherungspflichtige Beschäftigung vom	1.8.2016 – 30.11.2016	
Neue Rahmenfrist, begrenzt durch frühere Rahmenfrist	**30.11.2016 – 1.6.2016**	
Kein neuer Anspruch		
Alter Alg-Anspruch ab	**1.12.2016**	

Das Beispiel macht deutlich, dass nach Bezug von Alg ein **neuer** Anspruch auf Alg nur durch eine Versicherungspflichtzeit von einem Jahr erworben werden kann, weil die alten Versicherungspflichtzeiten für den neuen Alg-Anspruch nicht herangezogen werden können. Zum Ausgleich dafür kann allerdings auf alte, nicht verbrauchte Rest-Alg-Ansprüche zurückgegriffen werden. In unserem Beispiel könnten also ab 1.12.2016 noch zehn Monate Alg bezogen werden. Näheres zum Verhältnis alter und neuer Alg-Ansprüche → S. 248.

Hat die Versicherte zunächst Teil-Alg bezogen und dann wieder eine Teilzeitbeschäftigung aufgenommen, müssen nach dem Verlust der zweiten Teilzeitbeschäftigung bei der Ermittlung der Rahmenfrist von § 143 Abs. 2 SGB III die Besonderheiten des Teil-Alg berücksichtigt werden. Maßgebliche Voraussetzung eines Anspruchs auf Teil-Alg ist der Verlust einer zusätzlich ausgeübten Beschäftigung; das Teil-Alg soll gerade den Teil des Arbeitsentgelts ersetzen, der der Beschäftigten wegen der Beendigung der Teilzeitbeschäftigung nicht mehr zur Verfügung steht. Bei der Prüfung, ob die beendete Teilbeschäftigung im Sinne der Erfüllung der Anwartschaftszeit über mindestens zwölf Monate innerhalb der Teil-Alg-Rahmenfrist ausgeübt worden ist, ist die Berücksichtigung der verlorenen Teilzeitbeschäftigung nicht deshalb über § 143 Abs. 2 SGB III zeitlich zu begrenzen, weil die Versicherte schon früher nach dem Verlust einer anderen Teilbeschäftigung eine Anwartschaftszeit erfüllt hatte (BSG vom 17.11.2005 – B 11a AL 1/05 R).

Teil-Alg

2.3 Erweiterung der Rahmenfrist für Bezieherinnen von Übergangsgeld (Übg)
§ 143 Abs. 3 SGB III

Bis 5 Jahre für Übg-Bezieherinnen

Die Rahmenfrist wird um drei auf höchstens fünf Jahre erweitert für Zeiten des Übg-Bezugs (auch Anschluss-Übg) während einer **berufsfördernden** Maßnahme der Rehabilitation (§ 143 Abs. 3 SGB III).

Die Teilnahme **jugendlicher** behinderter Menschen an einer berufsfördernden Maßnahme und die Teilnahme behinderter Menschen an einer **medizinischen** Maßnahme der Rehabilitation verlängern nicht die Rahmenfrist, da beide Maßnahmearten schon nach § 26 Abs. 1 Nr. 1 und § 26 Abs. 2 SGB III regelmäßig versicherungspflichtig sind.

Keine Rahmenfrist-Erweiterung bei Unterbrechung des Alg-Bezugs

Die Rahmenfrist wird nur erweitert, wenn der Übg-Bezug an ein Versicherungspflichtverhältnis anschließt. Wird dagegen ein Alg-Bezug durch Übg-Bezug unterbrochen, erleichtert dies nicht den Rückgriff auf den alten, nicht verbrauchten Alg-Anspruch aus der Zeit vor der Unterbrechung.

Bei Unterbrechung: Verfallfrist von 4 Jahren

Hier greift die allgemeine Verfallfrist des § 161 Abs. 2 SGB III. Danach kann ein Alg-Anspruch nicht mehr geltend gemacht werden, wenn seit seiner Entstehung vier Jahre verstrichen sind. Diese vierjährige Verfallfrist wird durch die Zeit des Übg-Bezugs nicht verlängert.

3 Welche Zeiten sind Anwartschaftszeiten?
§§ 24 ff. SGB III

3.1 Zeiten einer Versicherungspflicht kraft Gesetzes

Die Anwartschaftszeit kann erfüllt werden durch Zeiten versicherungspflichtiger Beschäftigungen.

Beitrag

Der Beitragssatz beträgt 3 % (§ 341 Abs. 2 SGB III).
Die Beiträge werden von den versicherungspflichtigen Beschäftigten und den Arbeitgebern je zur Hälfte getragen (§ 346 Abs. 1 Satz 1 SGB III).

Zu den versicherungspflichtigen Beschäftigungen werden gerechnet:

Beschäftigungen als Arbeitnehmerin

- Zeiten der entgeltlichen Beschäftigung (§ 25 Abs. 1 Satz 1 SGB III), wenn sie die Geringfügigkeitsgrenze des § 8 SGB IV überschreitet (→ S. 149).
Die Versicherungspflicht setzt eine abhängige Beschäftigung voraus. Die Beschäftigte muss also in den Betrieb eingegliedert sein und dabei einem Zeit, Dauer, Ort und Art der Ausführung umfassenden Weisungsrecht der Arbeitgeberin unterliegen. Die Arbeit muss höchstpersönlich erbracht werden; eine Vertretung ist nicht zulässig (LSG Thüringen vom 27.5.2014 – L 6 R 1524/12). Eine selbstständige

Tätigkeit ist dagegen durch das Unternehmerrisiko, das Vorhandensein einer eigenen Betriebsstätte, die Verfügungsmöglichkeit über die eigene Arbeitskraft und die im Wesentlichen frei gestaltete Tätigkeit und Arbeitszeit gekennzeichnet (vgl. z.B. BSG vom 28.9.2012 – B 12 KR 25/10 R und vom 28.9.2011 – B 12 KR 17/09 R).

Im Einzelfall kann es schwierig sein, abhängige Beschäftigungen von selbstständigen Tätigkeiten zu unterscheiden. Viele Arbeitgeber versuchen, ihre Mitarbeiter als Selbstständige oder Honorarkräfte auszugeben, um keine Beiträge zur Arbeits- und Sozialversicherung zahlen zu müssen. Deshalb sollen hier einige Bespiele aus der neueren Rechtsprechung benannt werden:
Nicht abhängig beschäftigt ist eine GmbH-Geschäftsführerin, die zugleich Gesellschafterin ist, wenn sie von den anderen Gesellschafterinnen nicht überstimmt werden kann (LSG Berlin-Brandenburg vom 16.1.2015 – L 14 KR 130/14; ähnlich LSG Rheinland-Pfalz vom 12.11.2014 – L 4 R 556/13). Das gilt nicht, wenn sie den Anteil nur treuhänderisch für eine andere Person hält (SG Stade vom 8.6.2010 – S 16 AL 43/07). Für Familiengesellschaften hat das BSG in jüngeren Entscheidungen vom 29.7.2015 – B 12 KR 23/13 R und – B 12 R 1/15 R, vom 19.8.2015 – B 12 KR 9/14 R und vom 11.11.2015 – B 12 R 2/14 R nur auf die Rechtsmacht des GmbH-Geschäftsführers oder mitarbeitenden Familienmitglieds abgestellt und eine vom guten Willen aller Beteiligten abhängige Selbstständigkeit abgelehnt, eine »Schönwetterselbständigkeit« reiche nicht aus. Das wurde für die Arbeitslosenversicherung bisher großzügiger gesehen (HessLSG vom 11.10.2010 – L 9 AL 64/09; BSG vom 29.8.2012 – B 12 KR 25/10 R; siehe aber auch LSG Sachsen-Anhalt vom 19.3.2015 – L 6 KR 41/11).
Dasselbe gilt für einen Gesellschafter-Geschäftsführer, der als einziger über das Fachwissen verfügt, das für die Geschäftstätigkeit notwendig ist; auch hier stellt das BSG vom 11.11.2015 – B 12 KR 10/14 R strenger auf die Rechtsbeziehungen und weniger auf die tatsächlichen Verhältnisse ab, weil es im Konfliktfall immer auf die rechtliche Seite der Beziehungen ankomme. Auch das wurde bisher in der Arbeitslosenversicherung großzügiger gehandhabt (LSG Baden-Württemberg vom 26.6.2012 – L 11 KR 2769/11; ähnlich LSG Nordrhein-Westfalen vom 19.7.2012 – L 9 AL 291/11). Allgemein zur Rechtsstellung des Gesellschafter-Geschäftsführers siehe LSG Hamburg vom 5.11.2014 – L 1 KR 44/13; LSG Baden-Württemberg vom 22.7.2014 – L 11 R 4543/13; BayLSG vom 16.7.2014 – L 16 R 851/13.
Dagegen kann eine mitarbeitende Gesellschafterin trotz eines Anteils von 50 % abhängig beschäftigt sein, wenn sie nicht Geschäftsführerin ist und keine beherrschende Stellung im Unternehmen hat (BSG vom 29.7.2015 – B 12 KR 23/13 R und – B 12 R 1/15 R sowie vom 19.8.2015 – B 12 KR 9/14 R; BayLSG vom 26.6.2015 – L 16 R 1240/13).
Die Gesellschafter-Geschäftsführerin einer OHG übt eine selbstständige Tätigkeit aus (SG Darmstadt vom 27.8.2012 – S 8 KR 767/ 11). Die Rechtsprechung zum Gesellschafter-Geschäftsführer lässt sich auf Kommanditisten übertragen (SG Karlsruhe vom 25.2.2015

– S 13 R 2192/14; LSG Berlin-Brandenburg vom 12.6.2015 – L 1 KR 291/13).
Eine stundenweise entlohnte Physiotherapeutin, die ohne eigenes Unternehmerrisiko im Namen des Auftraggebers arbeitet, ist abhängig beschäftigt (LSG Niedersachsen-Bremen vom 18.7.2012 – L 2 R 115/12). Aber auch eine selbstständige Tätigkeit in einer fremden Praxis soll möglich sein (LSG Baden-Württemberg vom 14.10.2015 – L 4 R 3874/14).
Ein Schweißer ohne besondere Fachkenntnisse und ohne eigene Betriebsstätte, der faktisch in den Produktionsprozess eingegliedert ist, ist regelmäßig abhängig beschäftigt, auch wenn die Beteiligten einen Werkvertrag geschlossen haben (SG Stade vom 10.5.2012 – S 30 R 384/11).
Bei der Vermittlung von Geschäften für ein einzelnes Unternehmen ohne unternehmerisches Risiko und bei Weisungsgebundenheit wird regelmäßig ein versicherungspflichtiges Beschäftigungsverhältnis vorliegen (LSG Baden-Württemberg vom 27.3.2012 – L 13 AL 4973/10).
Paketfahrer, die durch ein Qualitätshandbuch und einen Verhaltenskodex eng in die Abläufe des Logistikunternehmens eingebunden sind, arbeiten als versicherungspflichtig Beschäftigte (LSG Rheinland-Pfalz vom 15.7.2015 – L 6 R 23/14; SG Dortmund vom 11.9.2015 – S 34 R 934/14; ähnlich für Promoter LSG Baden-Württemberg vom 18.5.2015 – L 11 R 5122/13; BSG vom 18.11.2015 – B 12 KR 16/13 R; LSG Baden-Württemberg vom 24.1.2017 – L 11 KR 1554/16).
Pflegebedürftige Personen können von abhängig Beschäftigten oder von Selbstständigen betreut werden, wobei ein Beschäftigungsverhältnis zu einem auftraggebenden Unternehmen oder zur gepflegten Person in Betracht kommt. In einem Einzelfall hat das BSG vom 28.9.2011 – B 12 KR 17/09 R ein abhängiges Beschäftigungsverhältnis zwischen Betreuerin und Auftraggeber verneint, weil eine Verpflichtung zur Erteilung von Aufträgen und deren Annahme durch die Familienbetreuerin nicht bestand, die Familienbetreuerin während der Betreuung keiner Weisung der Auftraggeberin unterlag, die Bezahlung auf der Basis einer vereinbarten Pauschale jeweils für den Einzelauftrag ausgehandelt wurde und die Betreuerin sich bei ihrem Einsatz vertreten lassen konnte (s. auch SG Dortmund vom 23.3.2012 – S 34 R 898/10).
Ein Verkäufer in einem Job-in-Shop-System unterliegt in seiner speziellen Tätigkeit – Präsentation und Vorführen von Waren – der Sozial- und Arbeitslosenversicherung (SG Stuttgart vom 7.3.2012 – S 4 R 6197/09).
Ehrenamtlich tätige Feuerwehrführungskräfte im öffentlichen Dienst unterliegen in Bayern als abhängig Beschäftigte der Versicherungs- und Beitragspflicht; abhängige Erwerbsarbeit kann auch im Rahmen öffentlich-rechtlicher Rechtsverhältnisse geleistet werden (BSG vom 15.7.2009 – B 12 KR 1/09 R). Auch ein ehrenamtlich im Vorstand einer Kreishandwerkerschaft arbeitender Kreishandwerksmeister kann abhängig beschäftigt sein (Schleswig-Holsteinisches LSG vom 25.6.2015 – L 5 KR 125/13).

Einzelfallhelfer können abhängig von der auftraggebenden Behörde beschäftigt sein (LSG Berlin-Brandenburg vom 16.1.2015 – L 14 R 326/12); im Einzelfall kann jedoch die Arbeit auch in selbstständiger Tätigkeit verrichtet werden (LSG Berlin-Brandenburg vom 28.3.2014 – L 1 KR 20/12; SG Karlsruhe vom 10.6.2015 – S 10 R 1092/14; ähnlich für einen Integrationshelfer BayLSG vom 29.4.2015 – L 16 R 935/13; für eine Umgangsbetreuerin LSG Berlin-Brandenburg vom 16.4.2015 – L 1 KR 258/13; BSG vom 31.3.2017 – B 12 R 7/15 R).

In einer nicht gleichberechtigten Gemeinschaftspraxis kann je nach Ausgestaltung ein Zahnarzt Arbeitnehmer des Zahnarztes oder der übrigen Zahnärzte sein, wenn er keine eigenen Betriebsmittel benutzt, in die Sprechstundenorganisation der Praxis ohne eigenes Entscheidungsrecht eingebunden ist, seine Aufgaben nicht delegieren kann und kein Unternehmerrisiko trägt (LSG Baden-Württemberg vom 12.12.2014 – L 4 R 1333/13).

Ein abhängiges Beschäftigungsverhältnis kann unter Ehepartnern oder Verwandten bestehen, auch wenn die Weisungsabhängigkeit auf Grund der persönlichen Nähe abgeschwächt ist (LSG Nordrhein-Westfalen vom 29.2.2012 – L 8 R 166/10; LSG Schleswig-Holstein vom 29.8.2012 – L 3 AL 53/12).

Ein Honorararzt im Krankenhaus kann selbstständig tätig sein (SG Berlin vom 10.2.2012 – S 208 KR 102/09 und vom 3.11.2015 – S 122 KR 2119/12; SG Braunschweig vom 25.7.2014 – S 64 KR 206/12). Das sieht das LSG Berlin-Brandenburg vom 17.4.2014 – L 1 KR 405/12 anders: Honorarärzte, die von der Klinik bezahlt werden, seien abhängig beschäftigt (ebenso LSG Baden-Württemberg vom 20.8.2015 – L 4 R 1001/15). Ähnlich hat das LSG Niedersachsen-Bremen vom 18.12.2013 – L 2 R 64/10 für einen Notarzt entschieden. Martin Hörtz und Theofanis Tacou haben die Entscheidung kritisiert (NZS 2015, S. 175). Die Entscheidung hängt aber wohl von der Ausgestaltung der Arbeitsbeziehungen im Einzelfall ab (für ein selbstständiges Tätigwerden des Notarztes: LSG Berlin-Brandenburg vom 20.3.2015 – L 1 KR 105/13; dagegen LSG Mecklenburg-Vorpommern vom 28.4.2015 – L 7 R 60/12).

Auch bei Pflegekräften wird regelmäßig von einer versicherungspflichtigen Beschäftigung auszugehen sein (LSG Nordrhein-Westfalen vom 26.11.2014 – L 8 R 573/12: Pflegekraft auf Intensivstation; LSG Bayern vom 28.5.2013 – L 5 R 863/12 und HessLSG vom 26.3.2015 – L 8 KR 84/13: Operationspfleger; LSG Sachsen-Anhalt vom 25.4.2013 – L 1 R 132/12: Krankenschwester; SG Dortmund vom 29.10.2013 – S 25 R 2232/12: Fachkrankenpflegerin). Der Einsatz einer Fachkrankenpflegerin in einer Klinik führt danach zu einer Einbindung in die Struktur des Krankenhauses und das Weisungsrecht der verantwortlichen Ärzte sowie der Pflegeleitung. Durch die Dienstkleidung und die Hilfsmittel der Klinik ist sie nach außen sichtbar in die Organisation der Klinik eingebunden. Am wirtschaftlichen Erfolg der Klinik sind die Pflegekräfte nicht beteiligt. Eine Intensivpflegerin kann für einen ambulanten Pflegedienst selbstständig tätig werden (LSG Baden-Württemberg vom 23.4.2015 – L 11 R 3224/14).

Versicherungspflicht tritt allerdings nicht ein, wenn zwischen zwei möglichen Arbeitsvertragsparteien zwar ein Arbeitsvertrag geschlossen wird, aber klar ist, dass es zur Arbeitsaufnahme nicht kommen wird, z.B. weil die Arbeitnehmerin schwer krank ist und voraussichtlich nicht wieder erwerbsfähig werden wird (LSG Sachsen-Anhalt vom 22.1.2010 – L 10 KR 20/04) oder wenn die Firma insolvent ist und eine Arbeitsaufnahme deshalb nicht mehr in Betracht kommt (BSG vom 4.7.2012 – B 11 AL 16/11 R; LSG Nordrhein-Westfalen vom 19.11.2015 – L 9 AL 189/12).

auch: nach Nichtarbeiten

Versicherungspflichtzeiten sind auch Zeiten, in denen die Arbeitnehmerin nicht gearbeitet hat, wenn das Arbeitsverhältnis aber noch fortbesteht und die Arbeitnehmerin Anspruch auf Lohn hat, z.B. während einer Zeit der unwiderruflichen Freistellung, während eines Kündigungsschutzverfahrens, in dem die Unwirksamkeit der Kündigung und die Fortdauer des Arbeitsverhältnisses festgestellt wird, während der berechtigten Ausübung eines Zurückbehaltungsrechts nach § 273 BGB oder in allen Fällen des Annahmeverzugs nach § 615 BGB (BSG vom 24.9.2008 – B 12 KR 22 und 27/07 R und vom 3.6.2004 – B 11 AL 70/03 R, SozR 4–4300 § 123 Nr. 2; Schlegel, in: NZA 2005, S. 972). Das gilt selbst dann, wenn die Arbeitnehmerin während dieser Zeiten nach § 157 SGB III Alg bezogen hat (a. A. offenbar BSG vom 11.12.2014 – B 11 AL 2/14 R). Wird während der Zeit der Freistellung allerdings kein Lohn gezalt, kann damit ein Alg-Anspruch nicht begründet werden (BayLSG vom 30.4.2013 – L 10 AL 325/11 und vom 27.1.2015 – L 10 AL 333/13).
Während Urlaubs- und Krankheitszeiten, für die der Lohn fortgezahlt wird, bleibt das Versicherungspflichtverhältnis bestehen.

Ohne tatsächliche Beschäftigung ist allerdings das Beschäftigungsverhältnis im leistungsrechtlichen Sinne beendet (BSG vom 25.4.2002 – B 11 AL 65/01 R, SozR 3–4300 § 144 Nr. 8). In der Arbeitslosenversicherung wird zum Schutz der Arbeitslosen unterschieden zwischen dem Beschäftigungsverhältnis im leistungsrechtlichen Sinne und dem Beschäftigungsverhältnis im beitragsrechtlichen Sinne (z.B. BSG vom 11.3.2014 – B 11 AL 5/13 R; BayLSG vom 10.6.2010 – L 9 AL 143/07). Das Beschäftigungsverhältnis im leistungsrechtlichen Sinne endet bereits mit der tatsächlichen Aufgabe der Beschäftigung. Nur deshalb kann Arbeitslosigkeit schon vorliegen, wenn das Arbeitsverhältnis – ohne Beschäftigung – noch fortbesteht, die Arbeitnehmerin aber noch Lohn beanspruchen kann, wie § 157 Abs. 1 SGB III zeigt. Das beitragsrechtliche Beschäftigungsverhältnis dauert während der Zeiten ohne tatsächliche Beschäftigung fort, wenn noch ein Lohnanspruch besteht. Weitere Einzelheiten können Sie bei Schlegel, in: NZA 2005, S. 972 nachlesen.

Versicherungspflicht besteht nicht während einer Beschäftigung, die – wegen Übersteigens der 450 €-Grenze – mehr als geringfügig ist, aber weniger als 15 Wochenstunden umfasst, wenn Sie gleichzeitig Alg beziehen (→ S. 150).

■ Die Versicherungspflicht besteht gemäß § 7 Abs. 3 Satz 1 SGB IV für Zeiten eines Beschäftigungsverhältnisses für längstens einen Monat fort, wenn kein Arbeitsentgelt gezahlt wird; gemeint sind Zeiten des innerhalb des Beschäftigungsverhältnisses genommenen unbezahlten Urlaubs, nicht Zeiten, die nachträglich an das ursprünglich vereinbarte Ende des Beschäftigungsverhältnisses angehängt werden, um die Anwartschaftszeit zu erfüllen (vgl. BSG vom 15.12.1999 – B 11 AL 51/99 R).

ohne Arbeitsentgelt bis 1 Monat

Schließt die Arbeitnehmerin mit einem Unternehmen in kurzen Abständen befristete Arbeitsverträge, besteht die Versicherungspflicht in der arbeitsfreien Zwischenzeit meist nicht weiter (LSG Nordrhein-Westfalen vom 9.7.2010 – L 19 AL 20/10 B). Hierbei kommt es aber auf die Vertragsgestaltung und die tatsächliche Gestaltung der Rechtsbeziehungen an. Trotz wiederholter befristeter Verträge kann ein Dauerarbeitsverhältnis vorliegen (BSG vom 11.3.2014 – B 11 AL 5/13 R); s. hierzu oben → S. 86.

■ Das Versicherungspflichtverhältnis besteht fort für Zeiten des Bezugs von Kurzarbeitergeld (§ 24 Abs. 3 SGB III).

Kug-Bezieherin

Die längere Zeit ungeklärte Frage, ob während der Zugehörigkeit zu einer Transfergesellschaft mit »Kurzarbeit Null« bei Bezug von Transfer-Kug, bei der eine Pflicht zur Arbeitsleistung nicht vereinbart ist und nur die aktive Arbeitsuche verlangt wird, ein versicherungspflichtiges Beschäftigungsverhältnis besteht, hat das BSG vom 4.7.2012 – B 11 AL 9/11 R jedenfalls für den Regelfall bejaht. Die Verpflichtung, an angebotenen Qualifizierungsmaßnahmen und anderen Aktivitäten teilzunehmen, und die Unterordnung unter das Direktionsrecht des Arbeitgebers z.B. bei Freistellungen und Nebentätigkeiten, entsprächen den Voraussetzungen des § 216b (jetzt § 111) SGB III. Das Gericht hat sich auf § 24 Abs. 3 SGB III gestützt und sich der Rechtsprechung des 1. Senats zum Krankenversicherungsrecht angeschlossen (BSG vom 14.12.2006 – B 1 KR 9/06 R und vom 10.5.2012 – B 1 KR 26/11 R).

Ohne Zahlung von Transfer-Kug ist eine »Beschäftigung« in einer Auffanggesellschaft mit nur gelegentlichen Meldepflichten zumindest zweifelhaft (LSG Nordrhein-Westfalen vom 31.7.2008 – L 9 AL 10/07).

■ Zeiten der Versicherungspflicht trotz Freistellung bei betrieblichen Wertguthabenkonten.

Versicherungspflichtige trotz Freistellung

Die Versicherungspflicht trotz Arbeitsfreistellung folgt aus § 7 Abs. 1a SGB IV:

»Eine Beschäftigung besteht auch in Zeiten der Freistellung von der Arbeitsleistung von mehr als einem Monat, wenn

1. während der Freistellung Arbeitsentgelt aus einem Wertguthaben nach § 7b fällig ist und

2. das monatlich fällige Arbeitsentgelt in der Zeit der Freistellung nicht unangemessen von dem für die vorausgegangenen zwölf Kalendermonate abweicht, in denen Arbeitsentgelt bezogen wurde.«

Das Arbeitsentgelt ist dann angemessen, wenn es wenigstens 70 % des Durchschnittsentgelts der letzten zwölf Monate beträgt (BSG vom 20.3.2013 – B 12 KR 7/11 R).

Da das SGB IV nach § 1 Abs. 1 Satz 2 und 3 SGB IV auch für das SGB III gilt, sind Phasen der Freistellung in dem umschriebenen Sinn auch anwartschaftsbegründende Versicherungszeiten in der Arbeitslosenversicherung. Das gilt nicht, wenn das Wertguthaben in der Insolvenz der Arbeitgeberin in einer Summe ausgezahlt wird oder gar nicht ausgezahlt werden kann.

Bei der Beitragszahlung wird das für den jeweiligen Zeitraum tatsächlich gezahlte Arbeitsentgelt berücksichtigt (§ 23b SGB IV; BSG vom 20.3.2013 – B 12 KR 7/11 R).

Für die Berechnung des Alg gilt § 151 Abs. 3 Nr. 2 SGB III (→ S. 190).

Für drei Monate bleibt trotz Freistellung die Versicherungspflicht in der Arbeitslosenversicherung bestehen, wenn Arbeitsentgelt aus Arbeitszeitkonten gezahlt wird (§ 7 Abs. 1a Satz 2 SGB IV).

Auszubildende

■ Zeiten der Beschäftigung als Auszubildende während einer betrieblichen Ausbildung (§ 25 Abs. 1 Satz 1 SGB III). Schulische Ausbildungen sind nicht anwartschaftsbegründend (BSG vom 29.1.2008 – B 7/7a AL 70/06 R).
Zu den Auszubildenden gehören gemäß § 26 Abs. 1 Nr. 1 SGB III auch Jugendliche, die als behinderte Menschen oder im Rahmen der Jugendhilfe an berufsfördernden Maßnahmen teilnehmen.
Auch Fahrlehreranwärter sind während der praktischen Ausbildungszeit versicherungspflichtig beschäftigt (BSG vom 27.7.2011 – B 12 R 16/09 R), weil sie in einer Berufsausbildung stehen und deshalb nach § 7 Abs. 2 SGB IV als Beschäftigte gelten.
Die Teilnahme an einer Eingliederungsmaßnahme im Rahmen des SGB II begründet kein versicherungspflichtiges Beschäftigungs- oder Ausbildungsverhältnis (LSG Sachsen-Anhalt vom 22.9.2011 – L 2 AL 62/09; SächsLSG vom 28.3.2013 – L 3 AL 116/08).
Gemäß § 25 Abs. 1 Satz 2 SGB III stehen Auszubildende im Sinne des BBiG in einer außerbetrieblichen Einrichtung und Teilnehmerinnen an dualen Studiengängen den in Betrieben Auszubildenden gleich. Die Versicherungspflicht während des dualen Studiums gilt für die Studienzeit und die praktischen Zeiten gleichermaßen. Bei den praxisintegrierten dualen Studiengängen besteht eine enge Verzahnung zwischen theoretischem Unterricht an der Hochschule oder Akademie und den praktischen Phasen im Ausbildungsbetrieb; typischerweise zahlt die Arbeitgeberin an die Studierenden eine Vergütung (BT-Drs. 17/6764 S. 19).
Studierende an Sächsischen Berufsakademien sind als zu ihrer Berufsausbildung Beschäftigte in der Arbeitslosenversicherung versichert (SächsLSG vom 29.4.2009 – L 1 AL 195/08).

Auch ein Praktikum kann versicherungspflichtig sein (BSG vom 27.7.2011 – B 12 R 16/09 R).
Versicherungspflichtig sind auch Beschäftigungen nach dem Jugendfreiwilligendienstgesetz und dem Bundesfreiwilligendienstegesetz (§ 27 Abs. 2 Satz 2 Nr. 1 SGB III).

■ Zeiten des Bezugs

– von Mutterschafts-, Kranken-, Versorgungskranken-, Krankentage-, Verletzten- oder Übergangsgeld (im Rahmen einer medizinischen Maßnahme der Rehabilitation),

– einer Rente wegen voller Erwerbsminderung, allerdings nur, wenn die Rente tatsächlich ausgezahlt wird (LSG Nordrhein-Westfalen vom 19.2.2015 – L 20 AL 22/14 mit Anm. von Claus-Peter Bienert, info also 2015, S. 124),

wenn die Bezieherinnen der Sozialleistungen unmittelbar vor Beginn der Leistung versicherungspflichtig waren oder Anspruch auf eine laufende Entgeltersatzleistung nach dem SGB III (z. B. Alg) hatten (§ 26 Abs. 2 SGB III). Bis 31.7.2016 genügte es nicht zum Erwerb einer Anwartschaft, wenn nur ein Anspruch auf die Entgeltersatzleistungen bestand, die Leistung musste vielmehr tatsächlich geflossen sein. Unmittelbarkeit zwischen dem Ende der Versicherungspflicht und dem Beginn des Krankengeldes oder des Krankentagegeldes liegt vor, wenn zwischen ihnen ein Zeitraum von nicht mehr als einem Monat liegt (LSG Berlin-Brandenburg vom 25.4.2013 – L 8 AL 339/09). Ob im Einzelfall die Monatsfrist geringfügig überschritten werden darf, war bisher umstritten; dasselbe gilt für die Frage, ob eine Lücke von mehr als einem Monat beachtlich ist, die durch eine Teilrückforderung des Krankengeldes entstanden ist (HessLSG vom 15.7.2011 – L 9 AL 125/10).

In zwei neueren Entscheidungen ist das BSG von der bisherigen Festlegung, dass Unmittelbarkeit nur eine Unterbrechung von höchstens einem Monat erlaubt, abgewichen und hat dabei auf die Gründe für die längere Unterbrechung abgestellt. In einem Fall hatte sich die Dauer der Unterbrechung daraus ergeben, dass die befristet bewilligte Rente wegen voller Erwerbsminderung erst sechs Monate nach Eintritt der Erwerbsminderung gezahlt wird (§ 101 Abs. 1 SGB VI); die nach Ablauf der Rentenbewilligung Arbeitslose habe den Beginn der Rente nicht beeinflussen können, was ihr nicht zum Nachteil gereichen dürfe (BSG vom 23.2.2017 – B 11 AL 3/16 R). Ebenso könne ein privat Krankenversicherter, dessen Arbeitsverhältnis bei fortdauernder Erkrankung beendet war, nicht deshalb benachteiligt werden, weil der Anspruch auf Krankentagegeld – anders als der Krankengeldanspruch gesetzlich Versicherter – trotz fehlender Lohnfortzahlung erst nach Ablauf von sechs Wochen beginnen konnte (BSG vom 23.2.2017 – B 11 AL 4/16 R; siehe auch Claus-Peter Bienert, info also 2016, S. 71).

Wird das Krankentagegeld einer privaten Krankenversicherung zurückgefordert, soll die anwartschaftliche Wirkung rückwirkend entfallen, jedenfalls dann, wenn die Betroffene keinen Vertrauens-

Bezieherin von Sozialleistungen

Neu

schutz geltend machen kann (LSG Baden-Württemberg vom 27.6.2014 – L 8 AL 263/13). Ob das auch gilt, wenn der Krankentagegeldbezug bereits der Bewilligung von Alg zugrunde gelegen hat, erscheint zweifelhaft.

Das »Taggeld« eines privaten Versicherungsunternehmens in der Schweiz begründet bei einem Grenzgänger keine Anwartschaftszeit, wenn es in der Schweiz nicht beitragspflichtig war (LSG Baden-Württemberg vom 9.12.2008 – L 13 AL 4851/05).

■ Zeiten

Kindererziehung
– der Erziehung eines Kindes im Inland bis zum dritten Geburtstag (§ 26 Abs. 2a Satz 1 SGB III),

Neu
– der Pflege; nach dem neugefassten § 26 Abs. 2b SGB III sind seit 1.1.2017 Personen, die einen Pflegebedürftigen mindestens des (neuen) Pflegegrades 2 nicht gewerbsmäßig wenigstens zehn Stunden wöchentlich, verteilt auf mindestens zwei Tage, in der häuslichen Umgebung pflegen, versicherungspflichtig,

wenn die Erziehungsperson/die Pflegeperson unmittelbar vorher versicherungspflichtig war oder Anspruch auf eine Entgeltersatzleistung nach dem SGB III (z. B. Alg) hatte.

Neu
Das gilt nicht für Alg, das von einem ausländischen Träger bezahlt wird (SächsLSG vom 5.12.2013 – L 3 AL 36/11, info also 2014, S. 161). Die Drei-Jahresfrist für die Kindererziehung verdoppelt sich nicht, wenn mehrere Kinder zugleich betreut werden; sie endet mit dem dritten Geburtstag des jüngsten Kindes (LSG Baden-Württemberg vom 22.6.2010 – L 13 AL 5467/07; LSG Niedersachsen-Bremen vom 1.11.2010 – L 12 AL 94/09; LSG Rheinland-Pfalz vom 31.3.2011 – L 1 AL 43/10; SächsLSG vom 15.1.2015 – L 3 AL 30/13; LSG Nordrhein-Westfalen vom 18.9.2015 – L 9 AL 6/15).

Neu
Der neue Versicherungstatbestand des § 26 Abs. 2b SGB III ist für die Versicherten kostenlos, die Beiträge zahlt die Pflegekasse (§ 44 Abs. 2b Satz 2 SGB XI), die die begünstigte Pflegeperson auch bei der BA melden muss (§ 44 Abs. 3 SGB XI). Die bisherige Versicherungspflicht auf Antrag nach § 28a SGB III entfällt damit für Pflegepersonen. Bisher freiwillig versicherte Pflegepersonen werden in die Pflichtversicherung nach § 26 Abs. 2b SGB III übernommen (§ 446 Abs. 2 SGB III).

Wegen der Frage, wann sich die Kindererziehung und die Pflege unmittelbar an ein Versicherungspflichtverhältnis oder den Anspruch auf eine Lohnersatzleistung anschließen, → S. 139.

Endet ein versicherungspflichtiges Beschäftigungsverhältnis kurz vor der Mutterschutzzeit und ca. zwei Monate vor Beginn der Erziehungszeit, soll keine Versicherungspflicht eintreten, wenn ein Anspruch auf Mutterschaftsgeld nicht besteht (LSG Schleswig-Holstein vom 16.12.2011 – L 3 AL 20/10; a. A. LSG Rheinland-Pfalz vom 31.3.2011 – 1 AL 43/10).

Wird während der Erziehungs- oder Pflegezeit Alg bezogen, soll die Zeit nicht anwartschaftsbegründend sein (SG Düsseldorf vom 29.9.2006 – S 25 AL 87/05).

Betreuen Großeltern ein Enkelkind, erwerben sie dadurch keine Anwartschaftszeit (BayLSG vom 11.6.2012 – L 9 AL 202/11).

■ Versicherungspflichtig sind auch Personen, die nach Maßgabe des Wehrpflichtgesetzes oder des Zivildienstgesetzes Wehrdienst oder Zivildienst leisten und nicht als Beschäftigte versicherungspflichtig sind (§ 26 Abs. 1 Nr. 2 SGB III). Da die Wehrpflicht seit 1.7.2011 ausgesetzt ist, begründet die Vorschrift seit diesem Zeitpunkt Versicherungspflicht für die Personen, die nach §§ 4 Abs. 2, 54 ff. WehrpflG freiwillig Wehrdienst leisten. Der Zivildienst ist zum 30.6.2011 entfallen (§ 1a ZDG) und durch das Bundesfreiwilligendienstgesetz ersetzt worden.

Wehr- und Zivildienst Leistende

■ Zeiten als Gefangene, sofern Arbeitsentgelt, Ausbildungsbeihilfe, Ausfallentschädigung oder Berufsausbildungsbeihilfe gezahlt wird (§ 26 Abs. 1 Nr. 4 SGB III).
Seit August 2012 erkennt die BA bei Gefangenen als anwartschaftsbegründende Zeit nur noch die einzelnen Arbeitstage an, nicht mehr die dazwischen liegenden freien Wochenenden und die Wochenfeiertage, und verlangt von den Justizvollzugsanstalten entsprechende Angaben über die einzelnen Arbeitstage. Das halten wir nicht für richtig.
Gefangene sind während ihrer Arbeit Arbeitnehmern hinsichtlich Arbeitsentgelt und Arbeitszeit so weit gleichgestellt, wie es die Haftsituation zulässt. Die Lohnfindung und Beitragsbemessung entsprechen der arbeitnehmerähnlichen Gestaltung des Arbeitsumfangs. Nach § 43 Abs. 2 Sätze 2 und 3 StVollzG wird der Gefangene ähnlich wie Arbeitnehmer mit 250 Arbeitstagen als Jahresarbeitsleistung entlohnt. Auch das BSG vom 7.11.1990 – 9b/7 RAr 112/89 (s. auch LSG Nordrhein-Westfalen vom 15.10.2008 – L 12 AL 40/07 und vom 5.7.2003 – L 1 AL 18/03) hat die Berücksichtigung von arbeitsfreien Wochenenden und Wochenfeiertagen als Versicherungspflichtzeiten bei Gefangenen in Anlehnung an die Situation von Arbeitnehmern ausdrücklich gebilligt und mit der Berechnung der Beiträge für die Versicherungszeit der Gefangenen in § 1 der Gefangenen-Beitragsverordnung begründet, nach der jeder Arbeitstag mit einem 250stel der Beitragsbemessungsgrundlage für ein Jahr angesetzt wird. Die Beschränkung der Versicherungspflicht von Gefangenen auf die tatsächlichen Arbeitstage widerspricht außerdem der Systematik des SGB III und dem Gleichbehandlungsgrundsatz. Als einzige Versichertengruppe wären die Gefangenen davon ausgeschlossen, innerhalb der Rahmenfrist von zwei Jahren einen vollen Alg-Anspruch von einem Jahr erwerben zu können (LSG Thüringen vom 6.4.2016 – L 10 AL 1150/13; Revision unter – B 11 AL 18/16 R; zur detaillierten Kritik vgl. Ute Winkler, info also 2013, S. 92; s. auch Michael Schäfersküpper, NZS 2013, S. 446).
Seit 1.8.2016 werden arbeitsfreie Samstage, Sonntage und gesetzliche Feiertage im Strafvollzug, die innerhalb zusammenhängender Arbeits- oder Ausbildungsabschnitte liegen, in die Versicherungspflicht einbezogen und für die Erfüllung der Anwartschaft als Versicherungszeiten mitgerechnet (§ 26 Abs. 1 Nr. 4 SGB III).

Gefangene

■ Versicherungs- oder Beschäftigungszeiten in einem Mitgliedstaat der EU oder des EWR. Voraussetzung für die Anerkennung der Zeiten aus EU- oder EWR-Mitgliedstaaten ist im Allgemeinen aber, dass vor der Arbeitslosmeldung und Antragstellung zuletzt eine sozialversicherungspflichtige Beschäftigung in Deutschland ausgeübt worden ist. Nähere Informationen enthält das Informationsblatt der AA »Rückwanderer«.

Grenzgänger und unechte Grenzgänger können nach der VO (EG) Nr. 883/2004 aus den ausländischen Versicherungszeiten Ansprüche auf Alg haben (vgl. z. B. SG Stade vom 18.3.2015 – S 38 AL 85/ 11; LSG Berlin-Brandenburg vom 9.4.2015 – L 29 AL 178/13; siehe hierzu Udo Geiger, info also 2013, S. 147).

Eine Beschäftigung im Ausland (nicht nur EU-Ausland) kann nach § 4 SGB IV versicherungspflichtig sein, wenn das Beschäftigungsverhältnis im Inland fortbesteht und die Entsendung infolge der Eigenart der Beschäftigung oder vertraglich zeitlich begrenzt ist (Ausstrahlung). Die Ausstrahlung setzt voraus, dass bei Beginn der Entsendung ein Beschäftigungsverhältnis mit dem entsendenden Arbeitgeber im Inland besteht, während der Entsendung fortbesteht und nach dem Ende der Entsendung fortgeführt werden soll. Maßgebend für die Zuordnung, ob das Beschäftigungsverhältnis während der Entsendung im Inland fortbesteht, ist der örtliche Schwerpunkt der rechtlichen und tatsächlichen Merkmale des Beschäftigungsverhältnisses (BSG vom 5.12.2006 – B 11a AL 3/06 R).

Bei ausländischen Beschäftigten kann die deutsche Versicherungspflicht nach § 5 SGB IV im Wege der »Einstrahlung« oder auf Grund von Sozialversicherungsabkommen mit dem Entsendeland ausgeschlossen sein; dann bleibt die Arbeitnehmerin im Rechtskreis des Entsendestaates (vgl. z. B. HessLSG vom 11.11.2010 – L 7 AL 108/10 B ER).

3.2   **Zeiten einer Versicherungspflicht kraft Antrags**

Gemäß § 28a SGB III kann seit 2006 eine Anwartschaftszeit auch mit Zeiten einer freiwilligen Weiterversicherung erworben werden. Der Gesetzgeber nennt diese freiwillig gewählte Versicherung ein »Versicherungspflichtverhältnis auf Antrag«.

§ 28a SGB III ermöglicht keinen Erstzugang zur Arbeitslosenversicherung. Es handelt sich deshalb nicht um eine freiwillige Arbeitslosenversicherung, also eine generelle Öffnung der Arbeitslosenversicherung für Erwerbstätige, sondern nur um das Angebot einer Weiterversicherung für Personen, die bereits einmal eine Anwartschaftszeit erfüllt haben.

Zur Weiterversicherung auf Antrag sind jetzt vier Personengruppen berechtigt:

Wer?

- Selbstständige mit einer Arbeitszeit von wenigstens 15 Wochenstunden. Gelegentliche Abweichungen von der wöchentlichen Mindeststundenzahl bleiben unberücksichtigt, wenn sie von geringer Dauer sind (§ 28a Abs. 1 Satz 2 SGB III).
Eine selbstständige Tätigkeit ist eine auf Dauer angelegte, in persönlicher Unabhängigkeit berufsmäßig zu Erwerbszwecken ausgeübte Tätigkeit.
Tätigkeiten, die nur aus Liebhaberei oder zum Zeitvertreib verrichtet werden, scheiden ebenso aus wie reine Vorbereitungshandlungen ohne Außenwirkung, um eine selbstständige Tätigkeit aufzunehmen (BSG vom 3.6.2009 – B 12 AL 1/08 R). Der Arbeit in einem religiösen Orden fehlt nach BSG vom 3.6.2009 – B 12 AL 1/08 R die Erwerbsorientierung.
Die Art der selbstständigen Tätigkeit ist für die Versicherungsberechtigung ohne Belang. Auch ein durch Stipendien gefördertes Forschungsprojekt kann eine selbstständige Tätigkeit sein (SG Marburg vom 22.3.2016 – S 2 AL 64/14, info also 2016, S. 229; Berufung unter – L 7 AL 36/16).
Für den Beginn der selbstständigen Tätigkeit können Vorbereitungshandlungen ausreichen, wenn sie Außenwirkung im Geschäftsverkehr entfalten und nach dem zugrunde liegenden Gesamtkonzept ernsthaft und unmittelbar auf die spätere Geschäftstätigkeit ausgerichtet sind (BSG vom 5.5.2010 – B 11 AL 28/09 R; BayLSG vom 24.11.2010 – L 19 R 238/08; vgl. auch SG Düsseldorf vom 14.5.2008 – S 13(20) AL 15/07; siehe auch LSG Hamburg vom 3.2.2016 – L 2 AL 23/15 und vom 29.6.2016 – L 2 AL 27/16), z. B. die Anmietung von Geschäftsräumen, die Gewerbeanmeldung nach § 14 GewO oder der Antrag auf die Gaststättenerlaubnis, die Anzeige einer freiberuflichen Tätigkeit beim Finanzamt nach § 18 EStG, die Eintragung in die Handwerksrolle, andere behördliche Konzessionen zur Ausübung des Gewerbes u. ä. Diese Grundsätze hat das BSG für den Zeitpunkt der Existenzgründung im Sinne des Gründungszuschusses nach § 93 SGB III entwickelt; sie müssen auch für die Aufnahme einer selbstständigen Tätigkeit bei Begründung eines Versicherungspflichtverhältnisses auf Antrag nach § 28a SGB III gelten.

Selbstständige

Die Ausübung einer selbstständigen Tätigkeit von wenigstens 15 Wochenstunden muss nachgewiesen werden. Das ist einfach, wenn ein Gewerbe angemeldet ist und der Umfang der Tätigkeit sich aus Öffnungszeiten eines Ladengeschäfts oder einer Gaststätte o. Ä. ergibt. Auch eine Rechtsanwältin oder eine Ärztin können z. B. durch die Mitteilung von Sprechzeiten, die Beschäftigung von Personal usw. die selbstständige Existenz und den damit verbundenen Arbeitsaufwand belegen. Schwierig ist der Nachweis jedoch für Personen ohne solche darstellbare Arbeitsleistung. Das gilt vor allem für Dienstleistungen außerhalb von festen Arbeitsstätten mit Publikumsverkehr, aber auch für Künstlerinnen. Sie müssen genau darlegen, worin ihre Tätigkeit besteht und woraus sich der Umfang ihrer Arbeitszeit ergibt. Gegebenenfalls können Werkverträge vorgelegt werden.

Auslands-beschäftigte

■ Arbeitnehmerinnen, die außerhalb der Europäischen Union und des EWR-Gebiets eine abhängige Beschäftigung aufnehmen und ausüben (s. z. B. SG Karlsruhe vom 28.1.2013 – S 16 AL 1195/12).

Elternzeitler

■ Personen, die eine Elternzeit nach § 15 BEEG in Anspruch nehmen. Damit besteht die Möglichkeit einer freiwilligen Versicherung für Elternzeiten nach dem dritten Lebensjahr des Kindes; für ein Kind steht neben der Versicherung nach § 26 Abs. 2a SGB III dem anderen Elternteil keine Versicherungsberechtigung nach § 28a SGB III zu.

Neu

Für maximal 24 Monate kann Elterngeld nach dem dritten Lebensjahr des Kindes bezogen werden. Mit der Möglichkeit der Versicherungspflicht auf Antrag für Erziehungszeiten ergänzt der Gesetzgeber das Elterngeld plus. Als betroffene Eltern kommen in Betracht
– Eltern von Mehrlingen oder Kindern in kurzer Geburtenfolge, die die Elternzeit eines Kindes auf die Zeit nach der Elternzeit eines andern Kindes legen;
– Eltern, die ein Kind über drei Jahre adoptieren oder in Vollzeit- oder Adoptionspflege nehmen;
– Eltern, die von der Möglichkeit Gebrauch machen, Teile der Elternzeit auf einen Zeitraum nach dem dritten Lebensjahr bis zum achten Lebensjahr des Kindes zu übertragen.
Mit der kostenlosen versicherungspflichtigen Erziehungszeit bis zum dritten Lebensjahr des Kindes leiste die Gemeinschaft der Beitragszahler einen bedeutenden Solidarbeitrag und trage familienpolitischen Zielsetzungen Rechnung, die nicht zum Kernbereich der Arbeitslosenversicherung gehörten. Eine Erweiterung der beitragsfreien Versicherungszeit für Elterngeldbezugszeiten hält der Gesetzgeber nicht für angemessen (BT-Drs. 18/8042, S. 23). Mit der Öffnung der Versicherungspflicht auf Antrag können die Eltern Lücken im Versicherungsschutz bei Arbeitslosigkeit vermeiden;

Weiterbildner

■ Personen, die sich beruflich weiterbilden, wenn ihnen dadurch ein beruflicher Aufstieg ermöglicht, ein beruflicher Abschluss vermittelt oder sie zu einer anderen beruflichen Tätigkeit befähigt werden. Die Vorschrift betrifft Personen, die nach dem Aufstiegsfortbildungsförderungsgesetz (Meister-BAföG) gefördert werden können, also während einer Ausbildung zum Meister, Techniker und zu einer vergleichbaren Qualifikation, nicht dagegen bei einem Besuch allgemeinbildender Schulen und bei einem normalen Hochschulstudiengang, es sei denn, dass auf die Studiengänge berufliche Qualifikationen angerechnet werden.

Die freiwillige Weiterversicherung ist außerdem von folgenden Voraussetzungen abhängig: Voraussetzungen

In den letzten 24 Monaten muss eine Versicherungszeit von zwölf Monaten zurückgelegt worden sein oder ein Anspruch auf eine Lohnersatzleistung nach dem SGB III bestehen.

Die Versicherungszeit muss keine Zeit der versicherungspflichtigen Beschäftigung gewesen sein, es genügt jeder versicherungspflichtige Tatbestand der §§ 24 ff. SGB III, also z. B. auch der Bezug von Krankengeld. Die Vorversicherungszeit kann auch eine Zeit der freiwilligen Versicherung sein; so kann sich die zunächst als Selbstständige Versicherte, wenn sie eine Auslandsbeschäftigung aufnimmt, weiter freiwillig versichern und umgekehrt oder sie kann ihre Betriebstätigkeit ruhen lassen bzw. die Arbeitszeit auf weniger als 15 Wochenstunden beschränken, Alg beziehen und sich bei Wiederaufnahme der selbstständigen Tätigkeit erneut freiwillig versichern. Allerdings endet diese Möglichkeit nach zweimaliger Unterbrechung der versicherten Tätigkeit mit Bezug von Alg; dieselbe selbstständige Tätigkeit kann dann nach § 28a Abs. 2 Satz 2 SGB III in der Arbeitslosenversicherung nicht mehr abgesichert werden (LSG Berlin-Brandenburg vom 1.12.2014 – L 14 AL 134/13, info also 2015, S. 63). Damit soll einer zweckwidrigen Nutzung der Versicherungsmöglichkeit entgegengewirkt werden, sagt der Gesetzgeber (BT-Drs. 17/1945, S. 14). Das soll aber nicht gelten, wenn ein neuer Anspruch auf Alg entstanden ist (BT-Drs. 17/1945, S. 14). Jeweils nach einer Versicherungszeit von einem Jahr (§ 147 Abs. 1 Nr. 1 SGB III) kann danach erneut – ohne Sperrzeitgefahr – Alg bezogen und die Versicherung anschließend fortgesetzt werden.

Vorversicherungs-
pflichtzeiten

Die Versicherungsberechtigung setzt einen Anspruch auf eine Lohnersatzleistung nach dem SGB III voraus. Entgeltersatzleistungen nach dem SGB III sind Alg bei Arbeitslosigkeit und bei beruflicher Weiterbildung, Teil-Alg bei Teilarbeitslosigkeit, Übergangsgeld bei Maßnahmen der Teilhabe am Arbeitsleben, wenn es nach den §§ 119 ff. SGB III gezahlt wird, Kurzarbeitergeld bei Arbeitsausfall und Insolvenzgeld bei Zahlungsunfähigkeit des Arbeitgebers (§ 3 Abs. 4 SGB III). Lohnersatzleistungen nach anderen Gesetzen genügen nicht (BSG vom 30.3.2011 – B 12 AL 2/10 R für ESF-Unterhaltsgeld und vom 4.12.2014 – B 5 AL 1/14 R für das Übergangsgeld bei beruflicher Reha, die von der gesetzlichen Rentenversicherung gefördert wird). Das gilt jetzt nicht mehr, wenn der Anspruch auf das Alg wegen des Bezugs von Übergangsgeld ruht.

Lohnersatz-
leistung

Auch hier kommt es nur darauf an, ob ein Anspruch auf eine Lohnersatzleistung nach dem SGB III besteht; das Ruhen dieser Leistung steht der Versicherungsberechtigung nicht mehr entgegen.

Neu

Der Anspruch auf die Lohnersatzleistung muss unmittelbar vor der Existenzgründung bestanden haben, die Vorversicherung unmittelbar vorher beendet worden sein. Zur Frage, wann sich die Kindererziehung und die Pflege unmittelbar an ein Versicherungspflichtverhältnis oder den Anspruch auf eine Lohnersatzleistung anschließen, → S. 139. Der Antrag muss innerhalb von drei Monaten seit Aufnahme der Beschäftigung oder Tätigkeit, die zur Weiterversicherung berechtigt, gestellt werden.

Die Versicherungspflicht auf Antrag ist nachrangig; besteht z. B. eine Versicherungspflicht nach § 25 oder § 26 SGB III, geht diese vor.

Beispiel   Während der Erziehungszeit nach § 26 Abs. 2a SGB III gründet die Erziehungsperson ein Unternehmen.

Von der Möglichkeit einer freiwilligen Versicherung ist ausgeschlossen, wer nach § 27 SGB III von der Pflichtversicherung ausgeschlossen ist.

Beispiel   Ein selbstständiges Vorstandsmitglied einer deutschen Aktiengesellschaft ist von der Versicherungsmöglichkeit nach § 28a Abs. 1 Satz 1 Nr. 2 SGB III ausgeschlossen, weil Vorstandsmitglieder einer AG nach § 27 Abs. 1 Nr. 5 SGB III versicherungsfrei sind (BSG vom 2.3.2010 – B 12 AL 1/09 R; ähnlich für einen Beamten auf Zeit das SG Berlin vom 17.3.2015 – S 120 AL 102/13).

Kann ein Versicherungspflichtverhältnis auf Antrag nicht bei Beginn des grundsätzlich die Versicherungsberechtigung eröffnenden Ereignisses begründet werden, weil eine andere Versicherungspflicht vorrangig ist oder Versicherungsfreiheit besteht, kann ein Antrag nach § 28a Abs. 3 Satz 2 SGB III nach Wegfall der genannten Hindernisse in einem Zeitraum von drei Monaten gestellt werden.

Beispiel   Die Erziehungszeit ist beendet, die Mutter bleibt selbstständig tätig und kann sich jetzt nach § 28a SGB III freiwillig weiterversichern.

Die AA ist verpflichtet, die Arbeitslose im Zusammenhang mit einer Existenzgründung, der Aufnahme einer Auslandsbeschäftigung, der Elterngeldzeit und der Zeit der Weiterbildung auf die Möglichkeit einer freiwilligen Weiterversicherung nach dem Recht der Arbeitsförderung, auf das Antragserfordernis, die Fristgebundenheit des Antrags und den Beginn sowie die Dauer der Antragsfrist hinzuweisen. Eine umfassende Beratungs- und Betreuungspflicht besteht nicht nur bei einem Beratungsbegehren der Versicherten, sondern auch, wenn bei einer konkreten Sachbearbeitung eine nahe liegende Gestaltungsmöglichkeit ersichtlich ist, die eine verständige Versicherte (mutmaßlich) wahrnehmen würde, wenn sie ihr bekannt wäre; ist der fehlende Hinweis ursächlich dafür, dass die Arbeitslose den Weiterversicherungsantrag nicht fristgerecht stellt, ist sie unter Berücksichtigung des sozialrechtlichen Herstellungsanspruchs so zu stellen, als

ob sie den Antrag fristgerecht gestellt hätte (BSG vom 4.9.2013 – B 12
AL 2/12 R; LSG Hamburg vom 11.9.2013 – L 2 AL 94/10).
Streitig ist dagegen die Frage, ob wegen Versäumung der Frist in
§ 28a Abs. 3 SGB III eine Wiedereinsetzung nach § 27 Abs. 1 Satz 1
SGB X zulässig ist (unentschieden HessLSG vom 19.6.2013 – L 6 AL
180/10; bejahend HessLSG vom 11.10.2010 – L 9 AL 165/09; LSG Niedersachsen-Bremen vom 22.5.2012 – L 11 AL 86/08; LSG Nordrhein-
Westfalen vom 21.6.2012 – L 9 AL 9/12). Das BSG vom 4.9.2013 – B
12 AL 2/12 R hat diese Frage ausdrücklich offen gelassen.

Das Versicherungspflichtverhältnis beginnt mit dem Eingang des Antrags bei der AA. Die Weiterversicherung ist zeitlich unbeschränkt
zulässig. Die freiwillige Weiterversicherung ist besonders für Existenzgründer, die nicht wissen, ob sie mit der selbstständigen Tätigkeit
dauerhaft Erfolg haben werden, attraktiv.

Beginn

Das Versicherungspflichtverhältnis auf Antrag endet,

Ende

– wenn die Versicherte eine Lohnersatzleistung nach § 3 Abs. 4
  SGB III, wie Alg, Teilarbeitslosengeld, Übergangsgeld bei Teilnahme an Leistungen zur Teilhabe am Arbeitsleben bezieht, (Schleswig-Holsteinisches LSG vom 25.11.2011 – L 3 AL 24/10);

– mit dem Ende der selbstständigen Tätigkeit, der Auslandsbeschäftigung, der Elterngeldzeit und der Zeit der Weiterbildung;

– bei Beitragsverzug von drei Monaten mit Ablauf des Tages, für den
  letztmals Beiträge gezahlt wurden, auch wenn die AA die Versicherte auf den drohenden Verlust des Versicherungsschutzes nicht
  hingewiesen hat (BSG vom 30.3.2011 – B 12 AL 2/09 R); eine le-
  bensbedrohliche Erkrankung kann dem Beitragsverzug aber entgegenstehen (BSG vom 4.12.2014 – B 5 AL 2/14 R);

– bei Versicherungsfreiheit nach § 28 SGB III, also bei Erreichen der
  Regelaltersgrenze in der Rentenversicherung, beim Bezug von
  Rente wegen voller Erwerbsminderung bzw. bei Eintritt einer Leis-
  tungsminderung, die Verfügbarkeit dauerhaft ausschließt;

– nach Kündigung der Versicherten, die erstmals nach Ablauf von
  fünf Jahren mit einer Kündigungsfrist von drei Monaten möglich
  ist.
  Die Einschränkung der Kündigungsmöglichkeit soll die Solidargemeinschaft schützen und eine Mindestzugehörigkeit zur Versiche-
  rungsgemeinschaft bewirken (BT-Drs. 17/1945 S. 14/15). Dieser
  Schutz greift allerdings nicht, weil die Versicherte die Versicherung
  jederzeit dadurch beenden kann, dass sie keinen Beitrag mehr zahlt.

Das Versicherungspflichtverhältnis auf Antrag endet nicht wegen einer längeren Arbeitsunfähigkeit der Versicherten, wenn der Betrieb
fortgeführt werden kann (BSG vom 4.9.2013 – B 12 AL 1/12 R).

Die Beiträge muss die Weiterversicherte allein tragen.

Den Beiträgen sind für Selbstständige und Auslandbeschäftigte die monatliche Bezugsgröße zugrunde zu legen (§§ 341, 345b SGB III). Im ersten Jahr der Existenzgründung müssen Selbstständige nur einen Beitrag aus der halben Bezugsgröße zahlen. Für Elterngeldbezieher und Teilnehmer an Weiterbildungsmaßnahmen wird der Beitrag immer aus der halben Bezugsgröße ermittelt. Bei einer Bezugsgröße von 2.975 € im Westen und 2.660 € im Osten beträgt der Beitrag 2017 bei einem Beitragssatz von 3 % (§ 341 Abs. 2 SGB III):

- für Selbstständige 89,25 € im Westen und 79,80 € im Osten, im ersten Jahr 44,62 €/39,90 €;
- für Auslandsbeschäftigte 89,25 €;
- für Erziehungspersonen und Teilnehmer von Weiterbildungsmaßnahmen 44,62 € im Westen und 39,90 € im Osten.

3.3   Summieren unterschiedlicher Anwartschaftszeiten

Die verschiedenen Anwartschaftszeiten können zusammengezählt werden. Die Anwartschaftszeit von mindestens zwölf Monaten kann sich also aus mehreren der unter 3.1. und 3.2 aufgeführten Zeiten zusammensetzen. Diese müssen nicht lückenlos aufeinanderfolgen; sie müssen nur in der Rahmenfrist liegen. Sie müssen auch nicht volle Kalendermonate umfassen.

Schaubild
Summieren von Anwartschaftszeiten

Beispiel

Axel Sponti war tätig als	in der Zeit von ...	bis ...	Kalendertage Anwartschaftszeit
Schüler		30.9.2015	0 Tage
in der Lehre bis Abbruch	1.10.2015	30.6.2016	+ 274 Tage
auf Reisen	1.7.2016	1.1.2017	+ 0 Tage
Hilfsarbeiter	2.1.2017	3.2.2017	+ 33 Tage
unbezahlt beurlaubt	4.2.2017	22.2.2017	+ 19 Tage
Hilfsarbeiter	23.2.2017	31.3.2017	+ 38 Tage
arbeitslos	ab 1.4.2017		
			= 364 Tage
			= 12 Mon. + 4 Tage

Da Axel Sponti innerhalb der Rahmenfrist von zwei Jahren – zurückgerechnet vom 31.3.2017 bis 1.4.2015 – 364 Kalendertage an Anwartschaftszeiten hinter sich gebracht hat, bekommt er Alg.

4   **Welche Zeiten sind keine Anwartschaftszeiten?**
§ 27 SGB III

■ Geringfügige Beschäftigungen begründen keine Anwartschaft. Geringfügige
Eine geringfügige Beschäftigung liegt gemäß § 8 SGB IV vor, wenn Beschäftigungen

a) das Arbeitsentgelt regelmäßig im Monat 450 € nicht übersteigt.
Die Versicherungspflicht in der Arbeitslosenversicherung beginnt bei 450,01 € Arbeitsentgelt.
Auszubildende in einer betrieblichen Berufsausbildung sind unabhängig von der Entgelthöhe immer versicherungspflichtig (BSG vom 15.7.2009 – B 12 KR 14/08 R),

b) die Beschäftigung innerhalb eines Kalenderjahres auf längstens drei Monate oder 70 Arbeitstage nach ihrer Eigenart begrenzt zu sein pflegt oder im voraus vertraglich begrenzt ist, es sei denn, dass die Beschäftigung berufsmäßig ausgeübt wird und ihr Entgelt 450 € übersteigt (§ 115 SGB IV).

Mehrere geringfügige Beschäftigungen werden zusammengerechnet.

Zu a): Die Geringfügigkeit einer Beschäftigung hängt nur von der Höhe des Entgelts (450 €) ab, nicht von der Zahl der Wochenarbeitsstunden.

Gelegentliche Überschreitungen der Arbeitsentgeltgrenze sind unerheblich. Als Arbeitsentgelt werden auch einmalige Zahlungen berücksichtigt, wenn sie mindestens einmal jährlich zu erwarten sind.

Laufendes Arbeitsentgelt (420 € x 12 Monate)	5.040,– €	Beispiel
zzgl. Weihnachtsgeld	+ 400,– €	
Arbeitsentgelt	= **5.440,– €**	

Ein Zwölftel dieses Betrages beläuft sich auf 453,33 € und übersteigt damit die Entgeltgrenze; Versicherungsfreiheit liegt nicht vor.

Zu b): Eine Beschäftigung von nur drei Monaten oder 70 Arbeitstagen innerhalb eines Kalenderjahres bleibt versicherungsfrei; während dieser Zeit darf ohne Entgeltgrenze gearbeitet werden (§ 115 SGB IV, der bis 31.12.2018 gilt).
Auch hier werden mehrere Beschäftigungen zusammengerechnet, soweit sie innerhalb eines Jahres ausgeübt werden.

Versicherungsfreiheit besteht nicht für Personen, die die Beschäftigung berufsmäßig ausüben. Eine Beschäftigung wird berufsmäßig ausgeübt, wenn die Arbeitnehmerin dadurch ihren Lebensunterhalt überwiegend oder zu einem erheblichen Teil erwirbt. Personen, die vor der Aufnahme einer befristeten Beschäftigung arbeitslos gemeldet sind, werden immer berufsmäßig tätig. Auf die berufsmäßige Beschäftigung kommt es nur an, wenn die Entgeltgrenze von 450 € überschritten wird.

Keine Versicherungspflicht in der Arbeitslosenversicherung besteht jedoch bei einer die Entgeltgrenze überschreitenden Beschäftigung mit einer Arbeitszeit von weniger als 15 Wochenstunden, wenn Sie zugleich einen Anspruch auf Alg haben. Während des Leistungsbezugs soll nicht zugleich mit einer Nebenbeschäftigung eine neue Anwartschaft erworben werden können (§ 27 Abs. 5 SGB III). Das gilt nicht für den Bezug von Teil-Alg, das gerade die Ausübung einer versicherungspflichtigen Beschäftigung voraussetzt.

mit Beschäftigungszuschuss

■ Beschäftigungen, die mit einem Beschäftigungszuschuss nach § 16e SGB II gefördert werden (§ 27 Abs. 3 Nr. 5 SGB III).

Bundesprogramm »Soziale Teilhabe am Arbeitsmarkt«

■ Versicherungsfrei sind gemäß § 420 SGB III i.d.F. 5. SGB IV-ÄndG vom 15.4.2015 Personen in einer Beschäftigung, die im Rahmen des Bundesprogramms »Soziale Teilhabe am Arbeitsmarkt« durch Zuwendungen des Bundes gefördert wird. Gefördert werden durch dieses Programm langzeitarbeitslose Alg II-Berechtigte (Näheres in den Förderrichtlinien vom 29.4.2015, Bundesanzeiger vom 7.5.2015).

Unständige Beschäftigungen

■ Unständige Beschäftigungen begründen keine Anwartschaft. Es handelt sich dabei um eine Beschäftigung, die der Natur der Sache nach auf weniger als eine Woche beschränkt zu sein pflegt oder im Voraus durch Arbeitsvertrag beschränkt ist (§ 27 Abs. 3 Satz 1 Nr. 1 SGB III). Das gilt aber nur, wenn sie berufsmäßig ausgeübt wird, die unständige Beschäftigung also berufstypisch ist.
Unständig beschäftigt sind Personen, deren Hauptberuf die Lohnarbeit bildet, die aber ohne festes Arbeitsverhältnis mal hier, mal da, heute mit dieser, morgen mit jener Arbeit beschäftigt sind. Berufsmäßigkeit liegt vor, wenn die Beschäftigungen zeitlich und wirtschaftlich den Schwerpunkt der Erwerbstätigkeit darstellen. Typischerweise sind unständig Beschäftigte bei wechselnden Arbeitgebern eingesetzt (BSG vom 23.6.1971 – 3 RK 24/71 und vom 28.5.2008 – B 12 KR 13/07 R; LSG Berlin-Brandenburg vom 4.6.2015 – L 8 AL 21/12; SächsLSG vom 31.7.2015 – L 1 KR 37/10). Bei sich wiederholenden Arbeitseinsätzen bei einem Arbeitgeber kann ein Dauerarbeitsverhältnis vorliegen.

Wir halten es für bedauerlich, dass der Gesetzgeber diesen Personen, die in der Arbeitnehmer-Hierarchie ganz unten stehen, den Schutz der Arbeitslosenversicherung versagt.

- Beschäftigungszeiten als Beamte oder Richterin und als Selbstständige begründen keine Anwartschaft.
  Dasselbe gilt für folgende Personengruppen:
  - Geistliche von als öffentlich-rechtliche Körperschaften anerkannten Religionsgemeinschaften;
  - hauptamtlich beschäftigte Lehrerinnen an privaten genehmigten Ersatzschulen, wenn sie nach beamtenrechtlichen Vorschriften oder Grundsätzen bei Krankheit Anspruch auf Fortzahlung der Bezüge und auf Beihilfe haben;
  - Mitglieder des Vorstandes einer Aktiengesellschaft (BSG vom 2.3.2010 – B 12 AL 1/09 R). Das gilt nicht für Vorstandsmitglieder einer Stiftung (SächsLSG vom 15.10.2015 – L 1 KR 92/10) oder einer eingetragenen Genossenschaft (LSG Baden-Württemberg vom 18.5.2015 – L 11 R 2602/14).

Beschäftigungszeiten als Beamte, Selbstständige

- Beschäftigungen von Heimarbeiterinnen, die gleichzeitig als Zwischenmeisterinnen (§ 12 Abs. 4 SGB IV) tätig sind, begründen keine Anwartschaft, wenn der überwiegende Teil des Verdienstes aus der Tätigkeit als Zwischenmeisterin bezogen wird.

Zwischenmeisterin

- Beschäftigungen ausländischer Arbeitnehmerinnen zur beruflichen Aus- oder Fortbildung begründen keine Anwartschaft, wenn
  - die berufliche Aus- oder Fortbildung aus Mitteln des Bundes, eines Landes, einer Gemeinde oder eines Gemeindeverbandes oder aus Mitteln einer Einrichtung oder einer Organisation, die sich der Aus- oder Fortbildung von Ausländern widmet, gefördert wird, und
  - sie verpflichtet sind, nach Beendigung der geförderten Aus- oder Fortbildung das Inland zu verlassen, und
  - die im Inland zurückgelegten Versicherungszeiten weder nach dem Recht der EU noch nach zwischenstaatlichen Abkommen oder dem Recht des Wohnlandes der Arbeitnehmerin einen Anspruch auf Leistungen für den Fall der Arbeitslosigkeit in dem Wohnland der Betreffenden begründen können.

Beschäftigungen ausländischer Arbeitnehmerinnen zur beruflichen Aus- oder Fortbildung

- Beschäftigungen als mithelfende Familienmitglieder begründen keine Anwartschaft (LSG Schleswig-Holstein vom 12.12.2014 – L 3 AL 53/12; SG Landshut vom 28.7.2015 – S 13 AL 141/14); Familienangehörige sollten deshalb nur auf der Grundlage eines Arbeitsvertrages im Betrieb der Partnerin oder anderer Familienangehöriger mitarbeiten.

Mithelfende Familienmitglieder

Der Rentenversicherungsträger stellt nach § 7a SGB IV fest, ob die Mitarbeit versicherungspflichtig ist. Die Entscheidung bindet nach § 336 SGB III die BA. Es kann also nicht vorkommen, dass Sie jahrelang Beiträge gezahlt haben und bei Arbeitslosigkeit kein Alg bekommen.

- Beschäftigungen sonstiger versicherungsfreier Personen begründen keine Anwartschaft. Das sind gemäß § 28 SGB III Personen,

Rentnerinnen

- die das Lebensjahr für die Regelaltersrente vollendet haben, mit Ablauf des Monats, in dem sie dieses Lebensjahr vollenden,
- während der Zeit, für die ihnen eine dem Anspruch auf Rente wegen voller Erwerbsminderung vergleichbare Leistung eines ausländischen Leistungsträgers zuerkannt ist,
- die wegen einer Minderung ihrer Leistungsfähigkeit dauernd nicht mehr verfügbar sind, von dem Zeitpunkt an, an dem die AA diese Minderung der Leistungsfähigkeit und der zuständige Träger der gesetzlichen Rentenversicherung volle Erwerbsminderung im Sinne der gesetzlichen Rentenversicherung festgestellt haben.

Urlaubsabgeltung

■ Kann wegen der Beendigung des Arbeits- oder Ausbildungsverhältnisses Urlaub nicht mehr genommen werden und ist deshalb die Vergütung für die nicht genommenen Urlaubstage zu zahlen (Urlaubsabgeltung), so sind diese Tage nicht anwartschaftszeitbegründend. Das ist nach Meinung des SächsLSG vom 30.4.2014 – L 3 AL 181/13 B PKH nicht verfassungswidrig.

Zeiten vor Erlöschen wegen Sperrzeit

■ Zeiten, die vor dem Tag liegen, an dem der Alg-Anspruch wegen Sperrzeiten von 21 Wochen erloschen ist (→ S. 321), zählen nicht als Anwartschaftszeit (§ 142 Abs. 1 Satz 2 SGB III).

5   **Anwartschaftszeit durch Job neben Studium und Schule?**
§ 27 Abs. 4 SGB III

Studentenjob: versicherungspflichtig oder versicherungsfrei?

Grundsätzlich sind Schülerinnen während des Besuchs einer allgemeinbildenden Schule und Studierende, die während ihres Studiums als ordentliche Studierende einer Hochschule oder einer sonstigen der wissenschaftlichen oder fachlichen Ausbildung dienenden Schule gegen Entgelt beschäftigt werden, nicht versicherungspflichtig.

Dennoch sind nicht alle Schülerinnen und Studierende, die einer Beschäftigung nachgehen, versicherungsfrei. Nach der Rechtsprechung des BSG ist eine Beschäftigung versicherungsfrei, wenn sie »neben« dem Studium, d. h. ihm nach Zweck und Dauer untergeordnet, ausgeübt wird, das Studium also die Haupt-, die Beschäftigung die Nebensache ist (BayLSG vom 15.2.2017 – L 10 AL 285/15).

Umgekehrt ist derjenige, der seinem »Erscheinungsbild« nach zum Kreis der Beschäftigten gehört, durch ein gleichzeitiges Studium nicht versicherungsfrei; Versicherungsfreiheit besteht vielmehr nur für solche Personen, deren Zeit und Arbeitskraft überwiegend durch ihr Studium beansprucht werden. Soweit es hiernach auf das »Erscheinungsbild« ankommt, sind zu dessen Feststellung alle insoweit erheblichen Umstände des einzelnen Falles zu beachten. Das BSG hat darin, dass während des Semesters eine Arbeitszeit von wöchentlich 20 Stunden überschritten wird, ein wesentliches Beweisanzeichen für Versicherungspflicht gesehen. Die Erwerbstätigkeit einer Studierenden nur während der von Studienanforderungen freien Semesterferien ist hingegen unabhängig vom Umfang der Tätigkeit nicht versicherungspflichtig. Das gilt nicht, wenn die Studierende von ihrem Betrieb zur Weiterbildung während des Semesters freigestellt ist (BSG vom 11.3.2009 – B 12 KR 20/07 R).

Bei einer Studierenden, die seit 25 Jahren studiert, seit zehn Jahren keinen studienbezogenen Leistungsnachweis mehr erbracht hat und regelmäßig 15 Stunden wöchentlich beschäftigt ist, hat das LSG Baden-Württemberg vom 12.7.2006 – L 2 KR 16/05 entschieden, dass das Studium nicht die Hauptsache und die Beschäftigung dem Studium untergeordnet ist (ähnlich LAG Hamm vom 16.11.2006 – 14 Sa 1004/05; SG Düsseldorf vom 15.4.2005 – S 10 RJ 166/03).

Versicherungspflicht besteht immer, wenn die schulische Einrichtung der Fortbildung außerhalb der üblichen Arbeitszeit dient (§ 27 Abs. 4 Satz 2 SGB III) oder wenn die schulische Ausbildung in Teilzeitform ausgestaltet ist (LSG Sachsen-Anhalt vom 30.3.2001 – L 2 AL 17/99). Dasselbe gilt, wenn das Studium in Teilzeit betrieben wird (SG Kassel vom 21.9.2009 – S 3 AL 364/06, info also 2010, S. 21).

Ist die Studierende in während der Studienzeit vorgesehenen Praxiszeiten in den Betrieb eingegliedert und weisungsgebunden, ist sie als abhängig Beschäftigte anzusehen und versicherungspflichtig (LSG Nordrhein-Westfalen vom 26.6.2003 – L 16 KR 192/02, NZS 2004, S. 146).

Von der Frage, ob Studierende durch einen Job die Anwartschaftszeit erfüllen können, ist die Frage zu unterscheiden, ob Studierende während eines Studiums überhaupt Alg beziehen können. Näheres → S. 101.

E Zumutbarkeit
§ 140 SGB III

I Wo spielt die Zumutbarkeit eine Rolle?

Die Zumutbarkeit spielt eine Rolle:

- Bei der Arbeitsaufgabe.
Wer eine Beschäftigung aufgibt, kann eine Sperrzeit nur erhalten, wenn die Fortsetzung der Beschäftigung **zumutbar** war (§§ 2 Abs. 5 Nr. 1, 159 Abs. 1 Satz 2 Nr. 1 SGB III).

  Arbeitsaufgabe

- Bei den Eigenbemühungen.
Nur wer **zumutbare** Eigenbemühungen bei der Suche einer **zumutbaren** Beschäftigung nicht ergreift, kann eine Sperrzeit erhalten (§§ 2 Abs. 5 Nr. 2, 138 Abs. 1 Nr. 2, Abs. 4, 159 Abs. 1 Satz 2 Nr. 3 SGB III).

  Eigen-bemühungen

- Bei der Arbeitsablehnung.
Nur wer eine **zumutbare** Beschäftigung nicht annehmen will oder die Anbahnung eines **zumutbaren** Beschäftigungsverhältnisses vereitelt, kann von der AA als nicht verfügbar behandelt werden (§§ 2 Abs. 5 Nr. 3, 138 Abs. 5 Nr. 3 SGB III) oder eine Sperrzeit erhalten (§§ 2 Abs. 5 Nr. 3, 159 Abs. 1 Satz 2 Nr. 2 SGB III).

  Arbeitsablehnung

- Bei der Ablehnung einer Ausbildungs-, Weiterbildungs- oder Reha-Maßnahme, einer Maßnahme zur Aktivierung und beruflichen Eingliederung.
Nur wer eine **zumutbare** Maßnahme ablehnt, kann von der AA als nicht verfügbar behandelt werden (§§ 2 Abs. 5 Nr. 4, 138 Abs. 5 Nr. 4 SGB III) oder eine Sperrzeit erhalten (§§ 2 Abs. 5 Nr. 4, 159 Abs. 1 Satz 2 Nr. 4 SGB III).

  Maßnahme-ablehnung

- Beim Abbruch einer beruflichen Ausbildungs-, Weiterbildungs- oder Reha-Maßnahme, einer Maßnahme zur Aktivierung und beruflichen Eingliederung.
Wer eine solche Maßnahme abbricht, kann eine Sperrzeit nur erhalten, wenn die Fortsetzung der Maßnahme **zumutbar** war (§§ 2 Abs. 5 Nr. 4, 159 Abs. 1 Satz 2 Nr. 5 SGB III).

  Maßnahme-abbruch

II Was kann Arbeitslosen bei der Beschäftigungssuche zugemutet werden?

Wer Alg beansprucht, muss sich der Arbeitsvermittlung zur Verfügung stellen. §§ 2 Abs. 5 Nr. 2, 138 Abs. 1 Nr. 2, Abs. 4 SGB III verlangen dabei die »eigenverantwortliche« Arbeitsuche. Nur wer beide Voraussetzungen erfüllt, das passive Verfügbarsein und das strebende Bemühen um Arbeit, ist beschäftigungsuchend. Und nur wer eine Beschäftigung sucht, ist gemäß § 138 Abs. 1 Nr. 2 SGB III arbeitslos und kann gemäß § 136 Abs. 1 Nr. 1 SGB III Alg erhalten und behalten.

§§ 2 Abs. 5 Nr. 2, 138 Abs. 1 Nr. 2 SGB III lassen den Arbeitslosen zunächst im Unklaren, wie weit seine Pflicht zur Beschäftigungssuche geht. Auch die Gesetzesbegründung schafft mit der folgenden Kommentierung keine Klarheit:

>»Das AA soll die Möglichkeit erhalten, konkret zu prüfen, ob der Arbeitslose hinreichende Eigenbemühungen unternimmt und alle Möglichkeiten ausschöpft, die sich ihm bieten, um seine Arbeitslosigkeit zu beenden.« (BT-Drs. 13/4941, S. 140)

Das Gesetz entspricht nicht dem vom Rechtsstaatsprinzip geforderten Bestimmtheitsgebot (hierzu ausführlich Ulrich Stascheit, info also 1997, S. 145 f.; ihm folgend SG Frankfurt am Main vom 25.11.2003 – S 1 AL 1171/02, info also 2004, S. 209 ff.). Ein Leistungsempfänger muss nicht **alle** Möglichkeiten nutzen, wie § 138 Abs. 4 Satz 1 SGB III es verlangt, und nicht **jede** Arbeit annehmen. Die Vagheit der gesetzlichen Anforderungen kritisiert inzwischen auch das »Economic and Social Council« der Vereinten Nationen; es sieht darin einen Verstoß gegen Art. 6 des UN-Sozialpakts (näher dazu Minou Banafsche, VSSR 2012, S. 131 ff.).

Der Arbeitslose muss vielmehr nur jede **zumutbare** Möglichkeit ausschöpfen, um zu einer **zumutbaren** Arbeit zu kommen (BSG vom 20.10.2005 – B 7a AL 18/05 R). Das stellt auch die BA mit dem Satz klar:

>»Die Eigenbemühungen sind grundsätzlich ... auf zumutbare Arbeitsstellen (§ 140) auszurichten« (GA 138.4).

Was an Arbeit zumutbar ist, wird auf → S. 158 beschrieben.

Welche Wege bei der Beschäftigungssuche zumutbar sind, ist jedoch unklar. Klarheit bringt auch nicht § 138 Abs. 4 Satz 2 SGB III. Er nennt drei Beispiele für Eigenbemühungen:

1. »Die Wahrnehmung der Verpflichtungen aus der Eingliederungsvereinbarung,
2. die Mitwirkung bei der Vermittlung durch Dritte und
3. die Inanspruchnahme der Selbstinformationseinrichtungen der Agentur für Arbeit.«

Damit werden eigentlich nur Eigenbemühungen im Vorfeld konkretisiert. Was an Eigenbemühungen in der Eingliederungsvereinbarung, durch Dritte als Vermittler, nach Einsicht in die JOBBÖRSE der AA zumutbarerweise verlangt werden kann, lässt der Gesetzgeber weiter im Dunkeln.

Bis heute ist die in § 164 Nr. 1 SGB III vorgesehene Anordnung, in der die Eigenbemühungen des Arbeitslosen »näher zu bestimmen« sind, nicht ergangen.

Immerhin konkretisiert die BA die Anforderungen an die Eigenbemühungen in ihrer Geschäftsanweisung:

> »Zu erwartende Eigenbemühungen können beispielsweise sein:
> – Auswertung der Jobbörse,
> – Auswertung von Stellenanzeigen in Zeitungen, Fachzeitschriften und anderen Medien (z. B. Regionalsender, Internet),
> – gezielte Initiativbewerbungen und -vorsprachen bei Arbeitgebern,
> – Arbeitsplatzsuche per Anzeige in Zeitungen und Fachzeitschriften,
> – Besuch von Arbeitsmarktbörsen u. Ä.,
> – Kontaktaufnahme zu privaten Vermittlern und Mitwirkung bei der beruflichen Eingliederung« (GA 138.4).

Einige AA verlangen formularmäßig in Eingliederungsvereinbarungen von Alg I-Beziehern folgende »Bemühung«:

> »Ich schaue ebenfalls nach Minijobs oder auch einem Ehrenamt«.

Diese Verpflichtung ist rechtswidrig.

Das SGB III kennt keine Pflicht, sich um einen Minijob zu bemühen. Die Arbeitsförderung nach dem SGB III ist als Versicherungsleistung durch das Äquivalenzprinzip geprägt. Die beitragsfinanzierten Leistungen kann nur bekommen, wer Beiträge erbracht hat und wer in Zukunft Beiträge bringen will. Alg I erhält nur der Arbeitslose. »Arbeitslose sind Personen, die wie beim Anspruch auf Arbeitslosengeld [...] eine versicherungspflichtige Beschäftigung suchen« (§ 16 Abs. 1 Nr. 2 SGB III). Wer nur einen versicherungsfreien Minijob sucht, ist demnach nicht arbeitslos und nicht Alg I-berechtigt. Das stellt auch § 138 Abs. 5 Nr. 1 SGB III klar. Verfügbar ist danach nur, wer eine versicherungspflichtige Beschäftigung sucht.

Die Suche nach einem Minijob kann auch nicht aus dem Vermittlungsbudget gefördert werden; nach § 44 Abs. 1 Satz 1 SGB III kann die AA nur »bei der Anbahnung oder Aufnahme einer versicherungspflichtigen Beschäftigung« Bewerbungskosten, Reisekosten u. Ä. übernehmen. Gemäß § 45 Abs. 1 Satz 1 Nr. 3, Satz 3 SGB III wird zudem nur die Vermittlung in eine versicherungspflichtige Beschäftigung gefördert. Dementsprechend gibt es einen Aktivierungs- und Vermittlungsgutschein nur für die Auswahl eines Trägers, »der eine [...] Arbeitsvermittlung in versicherungspflichtige Beschäftigung anbietet« (§ 45 Abs. 4 Satz 3 Nr. 2 SGB III).

Der Alg I-Berechtigte ist auch nicht verpflichtet, sich um die Senkung des Alg I-Zahlbetrags zu kümmern; etwa dadurch, dass er sich um einen Minijob bemüht, um sich das den Freibetrag von 165 € übersteigende Nebeneinkommen auf das Alg I anrechnen zu lassen.
Das unterscheidet die Alg I-Bezieher von Alg II-Beziehern. Diese – und nur sie – »müssen (gemäß § 2 Abs. 1 Satz 1 SGB II) alle Möglichkeiten zur [...] Verringerung ihrer Hilfebedürftigkeit ausschöpfen«.

Keine Pflicht, sich um Minijob zu bemühen

Alg II-Bezieher müssen sich deshalb auch um einen Minijob bemühen; auch wenn der Verdienst daraus auf das Alg II angerechnet
wird.

**Keine Pflicht,
sich um Ehren-
amt zu bemühen**

Für Alg-Bezieher existiert auch keine Pflicht, sich um ein Ehrenamt
zu bemühen. Eine solche Pflicht widerspricht dem regelmäßig freiwilligen Charakter des Ehrenamtes. Und um Pflicht-Ehrenämter (z. B.
als Schöffe) können sich Arbeitslose kaum erfolgreich bewerben. Im
Übrigen sind Ehrenämter nicht ungefährlich für Arbeitslose: Nicht alle Arbeitgeber (so jedenfalls die FR vom 24.2.2007) schätzen eine ehrenamtliche Betätigung. Sie fürchten, der Bewerber könnte seine Arbeitskraft lieber dem Hasenzüchterverein oder der Feuerwehrjugend
widmen. Außerdem schwebt über der ehrenamtlichen Betätigung –
mag sie sozial noch so sinnvoll sein – das Damoklesschwert der man-
gelnden Verfügbarkeit. Nach § 138 Abs. 2 SGB III darf durch die ehrenamtliche Betätigung »die berufliche Eingliederung des Arbeitslosen nicht beeinträchtigt« werden. Auf jeden Fall hat (nach § 2 Satz 1
der VO über die ehrenamtliche Betätigung von Arbeitslosen) die berufliche Eingliederung des Arbeitslosen Vorrang vor der Ausübung
einer ehrenamtlichen Betätigung«. Diesen Vorrang verletzt die plumpe Pflicht, sich um ein Ehrenamt zu bemühen.

III   **Welche Beschäftigung kann Arbeitslosen
zugemutet werden?**

Die Zumutbarkeit einer Beschäftigung ist in § 140 SGB III
geregelt.

**Wie die
Zumutbarkeits-
regelung das
Arbeits(losen-)
leben
verschlechtert**

Danach werden Arbeitslosen Verschlechterungen zugemutet bei:

1. der beruflichen Qualifikation;

2. der Bezahlung;

3. der Mobilität;

4. sonstigen Arbeitsbedingungen.

1   **Die Entwertung der beruflichen Qualifikation**

Schon zu AFG-Zeiten gab es in der Arbeitslosenversicherung
keinen dauerhaften »Berufsschutz«; immerhin wurde aber die Qualifikation des Arbeitslosen dadurch geschützt, dass die AA erst nach einer
gewissen Zeit dem Arbeitslosen eine Arbeit auf der nächstniederen von
fünf Qualifikationsstufen zumuten konnten. Eine Möglichkeit, die die
AA erfreulicherweise nur selten nutzten.

Das sollte mit dem SGB III geändert werden. Ausgehend von dem in § 140 Abs. 1 SGB III aufgenommenen Grundsatz »Einer arbeitslosen Person sind alle ihrer Arbeitsfähigkeit entsprechenden Beschäftigungen zumutbar«, bestimmt § 140 Abs. 5 SGB III:

»Eine Beschäftigung ist nicht schon deshalb unzumutbar, weil sie […] nicht zum Kreis der Beschäftigungen gehört, für die die Arbeitnehmerin oder der Arbeitnehmer ausgebildet ist oder die sie oder er bisher ausgeübt hat.«

Ein Hohn für die Qualifikation

Damit soll die sofortige Dequalifizierung Arbeitsloser möglich werden.

Mit § 140 Abs. 5 SGB III fällt der Gesetzgeber hinter das AVAVG von 1927 zurück. Nach § 90 Abs. 3 AVAVG konnte ein Arbeitsloser immerhin neun Wochen lang eine Arbeit ablehnen, »weil sie ihm nach seiner Vorbildung oder seiner früheren Tätigkeit nicht zugemutet werden kann«.

Die umstandslose Dequalifizierung wurde selbst von der BA kritisiert. Sie hielt die Regelung aus folgenden Gründen für verfehlt (vgl. zu den Einwänden der BA: »Härtere Zumutbarkeitskriterien entlasten den Arbeitsmarkt nicht«, Frankfurter Allgemeine Zeitung vom 30.1.1996; Präsident a. D. Jagoda und stellvertretende DGB-Vorsitzende Engelen-Kefer, BT-Drs. 13/5936):

Arbeitsmarktpolitische Kritik

- nicht die fehlende Motivation des Arbeitslosen, sondern fehlende Stellen sind das Problem;

- § 140 Abs. 5 SGB III schafft keine neuen Stellen;

- minderqualifizierte Bewerber werden durch höher qualifizierte Bewerber verdrängt;

- die Bereitschaft der Arbeitgeber, Arbeitslose mit höherer Qualifikation auf geringer bewerteten Arbeitsplätzen einzustellen, ist wegen der Demotivierung der Qualifizierten und deren Wunsch, sich bald auf bessere Arbeitsstellen zu bewerben, gering.

Sollten trotz der guten Einwände der früheren Spitze der BA die AA-Mitarbeiter qualifiziertere Arbeitslose in unterqualifizierte Beschäftigungen drücken wollen, ihnen gar eine Sperrzeit bei Ablehnung einer Arbeit auf niedrigerer Qualifikationsstufe aufbrummen, so könnten folgende juristische Gegenargumente hilfreich sein:

Juristische Gegenwehr

- § 140 Abs. 5 SGB III steht – würde er uneingeschränkt angewandt – im Widerspruch zu einem Grundprinzip des Sozialgesetzbuchs. Nach § 1 Abs. 1 Satz 2 SGB I soll das SGB »dazu beitragen, den Erwerb des Lebensunterhaltes durch eine frei gewählte Tätigkeit zu ermöglichen«. § 140 Abs. 5 SGB III ist im Lichte dieses Grundprinzips auszulegen. § 1 Abs. 1 Satz 2 SGB I verbietet jede vorschnelle Herabqualifizierung.

■ Nach § 35 Abs. 2 Satz 2 SGB III hat die AA bei der Vermittlung die Neigung, Eignung und Leistungsfähigkeit des Arbeitslosen zu berücksichtigen. Diese Vermittlungsgrundsätze wirken sich auf die Zumutbarkeit von Beschäftigungen aus (Ute Winkler, info also 2001, S. 73 unter Hinweis auf BSG vom 30.11.1973 – 7 RAr 43/73, DBlR Nr. 1790a zu § 119 AFG).

■ Da § 1 Abs. 1 Satz 2 SGB I und § 35 Abs. 2 Satz 2 SGB III zudem »Ausführungsbestimmungen« der in Art. 12 GG garantierten Grundrechte auf Berufswahlfreiheit und freie Wahl des Arbeitsplatzes sind, wäre eine umstandslose, vorschnelle Herabstufung von Arbeitslosen auch verfassungswidrig. Zwar garantiert Art. 12 GG keinen Berufs- und Arbeitsplatzschutz; er lässt vielmehr unter strengen Voraussetzungen Eingriffe zu, z. B. im Interesse der Versichertengemeinschaft. Die Beitragszahler haben aber – wie die Einwände der BA zeigen – kein Interesse an der Herabqualifizierung: insbesondere werden kaum Leistungen gespart; der verdrängte Arbeitslose aus der niederen Qualifikationsstufe bleibt weiter im Leistungsbezug. Möglicherweise kostet er wegen günstiger Steuerklasse oder wegen »Kinderzuschlags« sogar mehr!

■ Zudem wird die Qualifikation des herabgestuften Arbeitslosen entwertet. Das ist nicht nur arbeitsmarktpolitisch unsinnig. Das widerspricht auch einem wichtigen Ziel der Arbeitsförderung. Nach § 1 Abs. 2 Nr. 3 SGB III sollen die Leistungen der Arbeitsförderung »unterwertiger Beschäftigung entgegenwirken«. Dieses Ziel würde durch ein vorschnelles, umstandsloses Runterdrücken Arbeitsloser ins Gegenteil verkehrt.

Will die AA die Vermittlungsgrundsätze nach § 35 Abs. 2 Satz 2 SGB III respektieren und nicht einen Verstoß gegen § 1 Abs. 1 Satz 2 SGB I, § 1 Abs. 2 Nr. 3 SGB III und gegen Art. 12 GG riskieren, darf es § 140 Abs. 5 SGB III nur sehr zurückhaltend einsetzen.
Zur Bedeutung des Rechts auf Berufsfreiheit nach Art. 12 GG bei der Anwendung von § 140 SGB III eingehend Steinmeyer/Baldschun, in: Gagel, SGB III Kommentar, § 140 RandNrn. 37 ff. und Minou Banafsche, VSSR 2012, S. 131 ff. Banafsche kommt nach sorgfältiger Analyse des Art. 12 GG zu dem Schluß:

»§ 140 Abs. 5 Variante 3 i. V. m. § 159 Abs. 1 Sätze 1 und 2 Nr. 2 SGB III muss [...] dahingehend verfassungskonform ausgelegt werden, dass die berufliche Qualifikation im Rahmen der Zumutbarkeitserwägungen jedenfalls bis zu dem Punkt Berücksichtigung finden muss, an dem die Vermittlungsmöglichkeiten in diesem Bereich ausgeschöpft sind, eine Statusverminderung folglich unvermeidbar ist.«

Solange diese Rahmenbedingungen eingehalten würden, verstieße die Zumutbarkeitsregelung auch nicht gegen Art. 6 Abs. 1 UN-Sozialpakt, der »das Recht jedes Einzelnen auf die Möglichkeit, seinen Lebensunterhalt durch frei gewählte oder angenommene Arbeit zu verdienen«, anerkennt.

Den rechten Weg weist der alte RdErl. 100/82 der BA, der übrigens auf Druck der damaligen Bundesregierung erlassen wurde. Danach durfte eine Vermittlung auf einer niedrigen Qualifikationsstufe nur erfolgen, wenn

- alle Vermittlungsbemühungen auf der Qualifikationsstufe des Arbeitslosen ausgeschöpft waren und
- für die Stelle der niedrigen Qualifikationsstufe trotz angemessener Vermittlungsbemühungen in einer Frist von in der Regel drei Wochen kein Arbeitsloser der entsprechenden Qualifikationsstufe vermittelt werden konnte.

Allein dieses stufenweise Vorgehen entspricht dem Zweck des § 140 SGB III, den die Bundesregierung wie folgt beschreibt:

> »Die Neuregelung der Zumutbarkeitsvorschriften [...] soll vielmehr dazu beitragen, [...] offene Arbeitsstellen, **die sonst nicht besetzt werden können**, [...] zu besetzen.« (BT-Drs. 13/5730, S. 2)

Solange die AA nicht nachweist, dass eine freie Stelle nicht mit einem minderqualifizierten Arbeitslosen besetzt werden kann, entfällt der von der Bundesregierung genannte Grund für eine Herabstufung höher Qualifizierter. Arbeitslose sollten deshalb erwägen, sich gegen die auf § 140 Abs. 5 SGB III gestützte voreilige Zumutung niederqualifizierter Arbeit mit Widerspruch und Klage (→ S. 655 ff.) zu wehren.

2 Die schnelle Absenkung des Arbeitsentgelts

Sehr schnell kann durch § 140 Abs. 3 SGB III eine schlechter bezahlte Stelle zugemutet werden. Wie sich Arbeitslose finanziell verschlechtern und warum, fasst die Begründung zu § 140 Abs. 3 SGB III folgendermaßen zusammen:

> »Da das Arbeitslosengeld die Aufgabe hat, das Entgelt teilweise zu ersetzen, das der Arbeitslose wegen der Arbeitslosigkeit nicht verdienen kann, ist dem Arbeitslosen jede Beschäftigung zumutbar, die den Entgeltausfall in zumutbarer Weise ausgleicht. Dies ist nach der Vorschrift der Fall, wenn das Arbeitsentgelt einer Beschäftigung in den ersten drei Monaten der Arbeitslosigkeit nicht mehr als 20 % und in den folgenden drei Monaten nicht mehr als 30 % unter dem Arbeitsentgelt liegt, nach dem das Arbeitslosengeld bemessen wurde. Vom siebten Monat der Arbeitslosigkeit an kann dem Arbeitslosen zugemutet werden, für ein Nettoarbeitsentgelt zu arbeiten, das seinem Arbeitslosengeld entspricht« (BT-Drs. 13/4941, S. 238).

Jeder Leistungsberechtigte muss also das angebotene Nettoentgelt mit seinem Alg vergleichen.

**Vergleichs-
einkommen**

Die AA spricht deshalb vom »Vergleichseinkommen«. Vergleichseinkommen ist das pauschalierte Nettoeinkommen.

**Pauschaliertes
Netto-Vergleichs-
einkommen**

»Es bestehen keine Bedenken, wenn als Nettoeinkommen das Leistungsentgelt [nach § 153 Abs. 1 SGB III] zugrunde gelegt wird« (so FW 140.3).[1]

Wer also wissen will, ob das angebotene niedrige Bruttoeinkommen unzumutbar niedrig ist, muss das dem bisherigen Bruttoentgelt (einschließlich Einmalzahlungen) entsprechende so genannte Leistungsentgelt (= pauschaliertes Nettoentgelt) suchen und dieses Leistungsentgelt dann mit seinem Alg vergleichen. Das Leistungsentgelt finden Sie mithilfe des BA-Programms »Selbstberechnung Arbeitslosengeld« (→ S. 215).

**oder Einzelnach-
weis?**

Dagegen besteht Katie Baldschun in: Gagel, SGB III Kommentar, Stand 3/2017, RandNr. 100 darauf, »für die Vergleichsbetrachtung das tatsächlich konkret erzielbare Nettoeinkommen aus der in Rede stehenden Beschäftigung festzustellen«. Wir halten das nur mit unvertretbarem Aufwand für leistbar.

**Aufwendungen:
insbesondere
Werbungskosten**

Nach sechs Monaten Arbeitslosigkeit muss nicht das Nettoeinkommen, sondern das Nettoeinkommen nach Abzug »der mit der Beschäftigung zusammenhängenden Aufwendungen« in Höhe des Alg liegen. Aufwendungen sind auf jeden Fall die Werbungskosten.

**Einzelnachweis
oder**

Die BA verlangt (jedenfalls nach der alten GA 6 zu § 140), dass der Arbeitslose die entstehenden Werbungskosten »glaubhaft darlegt«.
Dem widerspricht Katie Baldschun, a.a.O. mit der zutreffenden Begründung, dass »ein Einzelnachweis normalerweise vor Ausübung der Beschäftigung kaum möglich sein wird«. Sie verlangt deshalb zu Recht, dass – solange nicht höhere Werbungskosten nachgewiesen werden – mindestens der Arbeitnehmerpauschbetrag nach § 9a Abs. 1 Nr. 1 EStG, das heißt zzt. 1000,– € abzuziehen ist.

Pauschbetrag

Als Fahrkosten sind die in § 85 SGB III i. V. m. § 63 SGB III anerkannten Kosten zu berücksichtigen. Danach werden Fahrkosten »in Höhe des Betrages zugrunde gelegt, der bei Benutzung eines [...] öffentlichen Verkehrsmittels [...] zu zahlen ist; bei Benutzung sonstiger Verkehrsmittel in Höhe der Wegstreckenentschädigung nach § 5 Abs. 1 des BundesreisekostenG.«

**Auch Kinder-
betreuungs-
kosten?**

Kinderbetreuungskosten sind nach unserer Meinung abzusetzen; jedenfalls dann, wenn erst durch die Aufnahme der Beschäftigung die Kinderbetreuung durch Dritte notwendig wird, weil die Arbeitslose

---

[1] Die umfangreichen Geschäftsanweisungen der BA sind zum 20.4.2017 durch gerade einmal anderthalb Seiten lange Fachliche Weisungen ersetzt worden.

während der Arbeitslosigkeit ihre Kinder ohne Einfluss auf die Verfügbarkeit selbst betreuen darf (BSG vom 25.4.1991 – 11 RAr 9/90, SozR 3–4100 § 134 Nr. 7).

Bis 1997 war nach § 5 Abs. 1 der ZumutbarkeitsAO eine Beschäftigung unzumutbar, wenn Tatsachen die Annahme rechtfertigten, dass für die angebotene Beschäftigung nicht das tarifliche oder, soweit eine tarifliche Regelung nicht bestand, das für den Beruf ortsübliche Arbeitsentgelt gezahlt wurde. Dabei spielte es keine Rolle, ob der Arbeitslose und der Arbeitgeber tarifgebunden waren.

Zumutbarer Lohn

Zwar ist eine Beschäftigung auch heute noch unzumutbar, wenn sie gegen tarifliche oder in Betriebsvereinbarungen festgelegte Bestimmungen über Arbeitsbedingungen verstößt (§ 140 Abs. 2 SGB III).

Heute spielt das Tarifentgelt aber nur noch eine Rolle, wenn der Arbeitnehmer selbst tarifgebunden und bei einem tarifgebundenen Arbeitgeber beschäftigt werden soll. Oder wenn das Beschäftigungsverhältnis von einem allgemeinverbindlichen Tarifvertrag erfasst wird. Ein aktuelles Verzeichnis der für allgemein verbindlich erklärten Tarifverträge findet man unter http://www.bmas.de → Themen → Arbeitsrecht → Tarifverträge → Verzeichnis der für allgemeinverbindlich erklärten Tarifverträge (Download).

Grenze: Tariflohn nur bei Tarifbindung

In anderen Fällen – und das ist meistens der Fall – ist das tarifliche Entgelt nicht mehr der Maßstab für die Zumutbarkeit der Beschäftigung.

Allerdings nutzt Ihnen auch bei Tarifbindung oder Allgemeinverbindlicherklärung ein Tariflohn nur wenig, wenn Sie sich von der AA auf die Dequalifizierungsrutsche (→ S. 158) setzen lassen. Lässt ein bisher tarifgebundener Facharbeiter sich erst einmal eine Hilfsarbeiterstelle zumuten, so gilt bei gleichzeitiger Tarifbindung des zukünftigen Arbeitgebers nur noch der niedrige Tariflohn eines Hilfsarbeiters. Deshalb ist es so wichtig, sich gegen jede Stelle auf niederem Qualifikationsniveau mit den auf → S. 158 genannten Gründen zu wehren.

Löhne, die gegen Mindestlohnbestimmungen verstoßen, sind unzumutbar.

Grenze: Mindestlohn

Die folgende Tabelle, die unter www.boeckler.de/pdf/ta_mindestloehne.pdf herunterzuladen ist, zeigt – von uns leicht verändert –, in welchen Branchen es 2017 Mindestlöhne in welcher Höhe gibt:

Schaubild
Tarifliche Mindestlöhne nach dem Arbeitnehmer-Entsendegesetz in €/Std.

Branche	Beschäftigten-gruppe	Eur/Std.	gültig bis
Abfallwirtschaft (175.000 AN)		9,10	3/2017
Bauhauptgewerbe (560.400 AN)			
West	Werker	11,30	12/2017
	Fachwerker	14,70	12/2017
Berlin	Werker	11,30	12/2017
	Fachwerker	14,55	12/2017
Ost	Werker	11,30	12/2017
Berufliche Aus-/Weiterbildung (30.000 AN)			12/2017
West inkl. Berlin	Pädagogische Mitarbeiter	14,60	
Ost	Pädagogische Mitarbeiter	14,60	12/2017
Dachdeckerhandwerk (71.500 AN)		12,25	12/2017
Elektrohandwerk (Montage) (358.300 AN)			
West		10,65	12/2017
Ost inkl. Berlin		10,40	12/2017
Fleischindustrie (80.000 AN)		8,75	12/2017
Gebäudereinigerhandwerk (700.000, davon sozialversichert 429.400 AN)			
West inkl. Berlin	Innen- und Unterhaltsreinigung	10,00	12/2017
	Glas- und Fassadenreinigung	13,25	12/2017
Ost	Innen- und Unterhaltsreinigung	9,05	12/2017
	Glas- und Fassadenreinigung	11,53	12/2017
Gerüstbauerhandwerk (31.000 AN)		11,00	4/2018
Land- und Forstwirtschaft; Gartenbau (750.000 AN)		8,60	10/2017
		9,10	11–12/2017

Branche	Beschäftigten-gruppe	Eur/Std.	gültig bis
Leiharbeit/Zeitarbeit West Ost inkl. Berlin		9,23* 8,91*	3/2018 3/2018
Maler- und Lackiererhand-werk (115.300 AN) West, Berlin, Ost West inkl. Berlin Ost	Ungelernter Geselle Geselle	10,35* 13,10* 11,85*	4/2018 4/2018 4/2018
Pflegebranche (800.000 AN) West inkl. Berlin Ost		10,20 9,50	10/2017 10/2017
Schilder- und Lichtreklame-herstellerhandwerk (7.700 AN)	Helfer Geselle	10,31* 13,26*	8/2017 8/2017
Schornsteinfegerhandwerk (7.500 AN)		12,95	12/2017
Steinmetz- und Steinbildhauerhandwerk (13.200 AN) West inkl. Berlin Ost		11,40 11,20	4/2018 4/2018
Textil- und Bekleidungs-industrie (85.400 AN)		8,84	12/2017
Wäschereidienstleistungen im Objektkundengeschäft (34.000 AN)		8,75	9/2017

* Allgemeinverbindlichkeit noch nicht erteilt.

Mit der HEGA 05/15-2 »Prüfung von Lohnangeboten in der Arbeits-vermittlung; Beachtung von Mindestlöhnen« verpflichtet die BA die Vermittlungs- und Beratungsfachkräfte ausdrücklich, die Lohnange-bote daraufhin zu prüfen, ob sie den Mindestlöhnen entsprechen. Den Mitarbeitern der BA steht dafür ein »Leitfaden Branchenmindestlöh-ne« auf stets aktuellem Stand zur Verfügung.

Die Mindestlöhne gelten auch für Arbeitgeber mit Sitz im Ausland und ihre in Deutschland beschäftigten Arbeitnehmer.

Aufgrund des »Gesetzes zur Regelung eines allgemeinen Mindestlohns (Mindestlohngesetz – MiLoG)« vom 11.7.2014 i.V.m. § 1 der Mindest-lohnanpassungsverordnung vom 15.11.2016 gilt **seit 1.1.2017** ein Min-destlohn von 8,84 € brutto.

Dieser Mindestlohn gilt gemäß § 22 MiLoG nicht für:
- bestimmte, in § 22 Abs. 1 Satz 1 Nr. 1-3 MiLoG genannte Praktikanten;
- Teilnehmer an einer Einstiegsqualifizierung nach § 54a SGB III (→ S. 452) oder an einer Berufsausbildungsvorbereitung nach §§ 68–70 BeBiG;
- Jugendliche (also vor dem 18. Geburtstag) ohne abgeschlossene Berufsausbildung;
- zu ihrer Berufsausbildung Beschäftigte;
- ehrenamtlich Tätige;
- für die ersten sechs Monate einer Beschäftigung, wenn der Arbeitnehmer unmittelbar vor Beginn der Beschäftigung ein Jahr arbeitslos war.

Ungeklärt ist (noch), durch wen (durch Arbeitnehmer oder Arbeitgeber?) und wie (durch Vorlage einer Bescheinigung der AA oder des Jobcenters oder durch bloße Behauptung des Arbeitnehmers?) die Langzeitarbeitslosigkeit nachgewiesen werden soll.

Nach einer Analyse des IAB entfaltet diese Ausnahmeregelung keine Wirkung:

> »Viele Langzeitarbeitslose kennen die Regelung nicht und nur ein sehr geringer Teil der Langzeitarbeitslosen fragt bei den Jobcentern eine Bescheinigung ihrer Arbeitslosigkeitsdauer nach. Die Ausnahmeregelung spielt im Vermittlungsalltag der befragten Jobcenter kaum eine Rolle. … Nach Einschätzung der befragten Jobcenter-Mitarbeiter sei … die Attraktivität der Nutzung für alle beteiligten Akteure gering und bereits vorhandene Förderinstrumente wären besser geeignet« (IAB-Kurzbericht 23/16, S. 8).

Gemäß § 24 Abs. 32 MiLoG gilt ein »abgespeckter« Mindestlohn für Zeitungszusteller.

Noch bis zum 31.12.2017 sind gemäß § 24 MiLoG Tariflöhne unter 8,50 € brutto zulässig, wenn sie allgemeinverbindlich sind. Entsprechendes gilt bis 31.12.2017 für die oben in der Tabelle aufgeführten tariflichen Mindestlöhne nach dem Arbeitnehmer-Entsendegesetz und die unten (→ S. 173) aufgeführten Löhne für Leiharbeitnehmer.

 Soweit nicht die genannten Ausnahmen greifen, sind seit 1.1.2017 Löhne unter 8,84 € brutto unzumutbar.

Viele Unklarheiten und als Folge Rechtsstreitigkeiten sind entstanden zur Frage, was alles zum Mindestlohn zählt. Inwieweit Arbeitgeberleistungen neben der Grundvergütung (z.B. Einmalzahlungen wie Weihnachtsgeld und Zulagen, Leistungslöhne wie Prämien und Provisionen) mindestlohnwirksam sind, können wir hier nicht behandeln (vgl. dazu jüngst Patrick Mückl/ Anna Lena Stamer, DB 2017, S. 851; Thomas Lakies, AuR 2017, S. 53 ff.; allgemein zu Rechtsproblemen beim Mindestlohn Daniel Hlava, SR 2016, S. 17 ff.).

Außerhalb des Schutzes gesetzlicher Mindestlohnbedingungen bleibt als Grenze gegen die rücksichtslose Herabstufung der Entlohnung nur § 36 Abs. 1 SGB III:

Danach darf die AA nicht in Arbeits- und Ausbildungsverhältnisse vermitteln, deren Bedingungen gegen die guten Sitten verstoßen. Gegen die guten Sitten verstößt jeder Lohnwucher. Was Lohnwucher ist, ist in § 291 StGB und in § 138 Abs. 2 BGB geregelt.

Grenze aus § 36 Abs. 1 SGB III

Sittenwidrigkeit Lohnwucher

§ 291 Abs. 1 Satz 1 Nr. 3 StGB lautet:

»Wer die Zwangslage [...] eines anderen dadurch ausbeutet, dass er sich oder einem Dritten [...] für eine sonstige Leistung [...] Vermögensvorteile versprechen oder gewähren lässt, die in einem auffälligen Missverhältnis zu der Leistung [...] stehen, wird [...] bestraft«.

Nach § 138 Abs. 2 BGB ist ein solches wucherisches Geschäft nichtig.

Lohnwucher liegt bei »auffälligem Missverhältnis« zwischen Lohn und Leistung vor. Der Gesetzgeber lässt bisher ungeklärt, wann das »auffällige Missverhältnis« beginnt.

»Auffälliges Missverhältnis« von Lohn und Leistung?

Nach BAG vom 22.4.2009 – 5 AZR 436/08 liegt:

»ein auffälliges Missverhältnis zwischen Leistung und Gegenleistung im Sinne von § 138 Abs. 2 BGB vor, wenn die Arbeitsvergütung nicht einmal zwei Drittel eines in der betreffenden Branche und Wirtschaftsregion üblicherweise gezahlten Tariflohns erreicht.«

BAG: 33 %-Grenze

Die BA geht von einer niedrigeren Grenze aus: In der FA 140.2 (vom April 2017) von 30 %, in der GA 159 1.2.1 (vom Dezember 2016) erstmals von 20 %. Offensichtlich haben sich die für § 140 SGB III und für § 159 SGB III Zuständigen in der BA nicht abgesprochen.

Wir raten Alg-Berechtigten, von der 20 %-Grenze auszugehen. Allerdings ist es nicht einfach, die maßgebliche Vergleichsvergütung zu finden. Das BAG, a.a.O. hat dazu – allerdings im Rahmen seiner 33%-Grenze – ausgeführt:

BA: 30 %- oder 20%-Grenze

»1. [...]

2. Eine Üblichkeit der Tarifvergütung kann angenommen werden, wenn mehr als 50 % der Arbeitgeber eines Wirtschaftsgebiets tarifgebunden sind oder wenn die organisierten Arbeitgeber mehr als 50 % der Arbeitnehmer eines Wirtschaftsgebiets beschäftigen.

3. Zu vergleichen ist die regelmäßig gezahlte Vergütung mit dem regelmäßigen Tariflohn. Tarifliche Zulagen und Zuschläge für besondere Erschwernisse oder aus bestimmten Anlässen werden ebenso wenig berücksichtigt wie unregelmäßige Zusatzleistungen neben der Arbeitsvergütung.

4. Besondere Einzelumstände können die Bestimmung des Werts der Arbeitsleistung und die Beurteilung der sittenwidrigen Ausbeutung beeinflussen und ggf. zu einer Korrektur der Zwei-Drittel-Grenze führen.

5. Maßgebend ist nicht allein der Zeitpunkt des Vertragsabschlusses. Vielmehr kann eine Entgeltvereinbarung auch nachträglich wucherisch werden, wenn sie nicht an die allgemeine Lohnentwicklung angepasst wird.

6. Der begünstigte Vertragsteil muss Kenntnis vom Missverhältnis der beiderseitigen Leistungen haben. Regelmäßig wird davon ausgegangen werden können, dass die einschlägigen Tariflöhne den Arbeitgebern bekannt sind. Ob auch die Üblichkeit des Tariflohns bekannt ist oder sich jedenfalls aufdrängen muss, hängt von den jeweiligen Umständen ab.

7. Die Heranziehung tariflicher Regelungen zur Bestimmung einer üblichen Vergütung führt nicht zur Anwendung der tariflichen Ausschlussfrist für die Vergütung.«

 Wir empfehlen Alg-Berechtigten, die in Arbeitsverhältnisse mit einem Nettolohn in der Nähe ihres bisherigen Alg gezwungen werden, nachzuprüfen, ob der angebotene Lohn mehr als 20 % unter dem Tariflohn liegt.

Als Maßstab ist dabei nach BAG vom 18.4.2012 – 5 AZR 630/10 der Tarifvertrag des Wirtschaftszweigs anzulegen, der auf die jeweilige Arbeit passt. Welchem Wirtschaftszweig das Unternehmen des Arbeitgebers zuzuordnen ist, richtet sich nach der Klassifikation der Wirtschaftszweige durch das Statistische Bundesamt.

Dort, wo kein Tariflohn existiert, ist Maßstab die Ortsüblichkeit des Lohnes (dazu ArbG Herne vom 5.8.1998, SOZIALRECHT *aktuell*, 1999, S. 31, im Fall einer wucherisch niedrig bezahlten Helferin in einem privaten ambulanten Pflegedienst). Man kann auch versuchen, die Mindestlöhne der auf → S. 164 aufgelisteten Branchen als Vergleichsmaßstab zu nehmen, wenn es um vergleichbare, insbesondere körperlich anstrengende Arbeiten geht.

Die Lohnwuchergrenze wird bei einem Nettolohn in Alg-Höhe am ehesten erreicht, wenn

■ der Alg-Bezieher mangels Kindern nur das 60 %-Alg erhält; denn dann kann die Differenz ja 40 % betragen;

■ der Alg-Bezieher schon vorher schlecht verdient hat; denn dann beträgt die Differenz zwischen Nettolohn in Alg-Höhe und tariflicher bzw. ortsüblicher Entlohnung häufig mehr als 20 %.

Die Gegenwehr wird dann erschwert, wenn eine Arbeit auf niederer Qualifikationsstufe angeboten wird. Dann kann als Maßstab nur der tarifliche oder ortsübliche Lohn dieser Qualifikationsstufe genommen werden. Deshalb ist es so wichtig, auch gegen das Angebot von Arbeit auf niederer Qualifikationsstufe anzugehen (→ S. 158 ff.).

Es gibt zwei Möglichkeiten, sich gegen eine Arbeit mit unzumutbar niedrigem Lohn zu wehren:

Gegenwehr

Wenn Sie eine Arbeit ablehnen mit der Begründung, der angebotene Lohn sei gesetz- oder (bei Tarifbindung) tarifwidrig, oder er verstoße gegen das Mindestlohngesetz oder er sei sittenwidrig, laufen Sie Gefahr, dass die AA eine Sperrzeit verhängt. Dagegen müssten Sie sich im Wege des Widerspruchs und der Klage beim Sozialgericht wehren. Allerdings ist zweifelhaft, ob eine Klage gegen das Arbeitsangebot selbst zulässig ist, weil es sich dabei nach Meinung des BSG vom 19.1.2005 – B 11a/11 AL 39/04 R nicht um einen Verwaltungsakt handelt. Wird Ihnen die Leistung gesperrt, weil Sie eine Arbeit, die Sie für unzumutbar halten, nicht angenommen haben, ist es sinnvoll, sich gleich mit einem Antrag auf Aussetzung der Vollziehung an die AA oder an das SG zu wenden. Sonst erhalten Sie während der Sperrzeit kein Geld; schließlich dauern Widerspruchs- und Klageverfahren lange; und ob Sie letztendlich gewinnen, ist nicht sicher.

1. Weg: Statt Arbeitsablehnung Widerspruch und Klage vor dem SG gegen Kürzung

Besser ist es, die Arbeit anzutreten und sofort vor dem Arbeitsgericht auf angemessene Bezahlung zu klagen. Dieser Weg vermeidet die Gefahr einer Sperrzeit.

2. Weg: Klage vor dem Arbeitsgericht

3 Die Mobilität

3.1 Die tägliche Fahrzeit

Nach § 140 Abs. 4 Satz 2 SGB III ist bei einer Beschäftigung von mehr als sechs Stunden eine Fahrzeit bis zu zweieinhalb Stunden für den Hin- und Rückweg zumutbar. Ausschlaggebend ist der tatsächliche Zeitaufwand von Haustür zu Haustür.

Tagespendelbereich: bis zu 2 1/2 Stunden bei Vollzeitarbeit

Bei Teilzeitarbeit bis sechs Stunden soll eine Fahrzeit bis zwei Stunden für die Hin- und Rückfahrt zumutbar sein. Das bedeutet, dass z. B. für eine Teilzeitarbeit von drei Stunden eine Fahrzeit bis zwei Stunden zumutbar wäre. Das wäre für Teilzeitbeschäftigte eine im Sinne § 140 Abs. 4 Satz 1 SGB III unzumutbare zeitliche Belastung. Damit würde der von der Bundesregierung propagierte Hauptzweck von Teilzeit vereitelt (»Denn alle, die eine Familie haben oder sich eine Familie wünschen, müssen die Anforderungen von Familie und Arbeitswelt in Einklang bringen«, mobil Zeit, Ein Leitfaden für Arbeitnehmer und Arbeitgeber, hrsg. vom Bundesministerium für Arbeit und Sozialordnung, 1997, S. 4). Eine solche starre Handhabung der 2-Stunden-Regel verstieße zudem gegen das Verbot mittelbarer Diskriminierung wegen des Geschlechts. Da der weitaus größte Teil der Teilzeitbeschäftigten Frauen sind (s. mobil Zeit, a. a. O., S. 20), träfe die Belastung durch zu lange Fahrzeiten fast ausschließlich

2 Stunden bei Teilzeitarbeit?

Frauen. An Stelle der starren 2-Stunden-Regel und in Übereinstimmung mit § 140 Abs. 4 Satz 1 SGB III muss deshalb eine der abnehmenden Teilzeit entsprechende sinkende Fahrzeit treten. Zumutbar erscheint eine Fahrzeit von höchstens zwei Sechstel (= zwei Stunden bezogen auf sechs Stunden) der Teilzeitarbeit. Jede über zwei Sechstel hinausgehende Fahrzeit wäre im Sinne § 140 Abs. 4 Satz 1 SGB III »unverhältnismäßig lang« und damit unzumutbar.

Im Einzelfall kann auch die so errechnete Fahrzeit unzumutbar sein, wenn die konkreten Anforderungen der Kinderbetreuung, gesundheitliche Einschränkungen u. Ä. nur eine kürzere Fahrzeit erlauben (so ausdrücklich für den Fall der Kinderbetreuung der Ausschuss für Arbeit und Sozialordnung, BT-Drs. 13/6845, S. 348; BT-Drs. 13/5936, S. 23).
Auch nach Meinung der Bundesregierung »lässt die Neuregelung zu, Pflege- und Betreuungspflichten in die Bewertung der Zumutbarkeit einzubeziehen« (BT-Drs. 13/5730, S. 3).

Längere Fahrzeiten bei Vollzeitarbeit

Fahrzeiten von mehr als zweieinhalb Stunden sind ausnahmsweise dann zumutbar, wenn in einer Region unter vergleichbaren Arbeitnehmern längere Pendelzeiten üblich sind (§ 140 Abs. 4 Satz 3 SGB III).

Welches Verkehrsmittel?

Streitig ist, ob der Arbeitslose sein Auto benutzen muss oder sich auf öffentliche Verkehrsmittel beschränken darf. Den Zwang zur Benutzung des eigenen Pkw lehnt Lauer (in: Mutschler/Schmidt-De-Caluwe/Coseriu, SGB III, RandNr. 38 zu § 140) ab. Es müsse dem Arbeitslosen überlassen bleiben, wie er unter ökonomischen und ökologischen Gesichtspunkten seinen Arbeitsweg zurücklegt. Dagegen hält Estelmann (in Eicher/Schlegel, SGB III, RandNr. 93 zu § 121 a. F.) den Einsatz des eigenen Autos für zumutbar, wenn nur so ein Arbeitsplatz innerhalb der zulässigen Pendelzeiten erreicht werden könne. Etwas anderes könne allerdings bei extrem schlechter Anbindung an das öffentliche Verkehrsnetz gelten. Nach unserer Auffassung ist die Benutzung eines eigenen Autos jedenfalls dann zumutbar, wenn der Arbeitslose mit diesem bisher zur Arbeit gefahren ist.

Die AA kann Fahrkosten gemäß § 44 SGB III übernehmen. Allerdings entsprechend § 54 Abs. 4 SGB III a. F. wohl nur für die ersten sechs Monate der (weit entfernt liegenden) Beschäftigung.

3.2 **Das Wochenendpendeln**

Nach § 140 Abs. 5 SGB III ist eine Beschäftigung nicht schon deshalb unzumutbar, weil sie vorübergehend eine getrennte Haushaltsführung erfordert. Als vorübergehend sieht die BA (nach FW 140.5) eine Dauer bis zu sechs Monaten an.
Das Wochenendpendeln ist aber nur ausnahmsweise zumutbar, nämlich dann, wenn eine besonders ungünstige Wohnlage Vermittlungsbemühungen im Tagespendelbereich aussichtslos macht.

Aber auch in diesem Fall ist ein Wochenendpendeln unzumutbar, wenn das durch Art. 6 GG besonders geschützte Ehe- und Familienleben durch Vernachlässigung von (Ehe-)Partner, Kindern und pflegebedürftigen Angehörigen beeinträchtigt würde.

Auch die zusätzlichen Kosten der getrennten Haushaltsführung, die die AA ja früher gemäß § 54 Abs. 5 SGB III a. F. nur bis höchstens 260 € pro Monat übernehmen konnte, können das Wochenendpendeln unzumutbar machen. Heute müssen Sie diese Kosten als »Förderung aus dem Vermittlungsbudget« gemäß § 44 SGB III beantragen.

3.3 Der Umzug

Nach § 140 Abs. 4 Sätze 4 bis 7 SGB III ist ein Umzug

- **ab dem vierten Monat** der Arbeitslosigkeit in der Regel zumutbar;

- **innerhalb der ersten drei Monate** der Arbeitslosigkeit nur, wenn eine Arbeitsaufnahme im Tagespendelbereich nicht zu erwarten ist.

Die Praxis mancher AA, von Alg-Berechtigten in Formularen zu verlangen, sich pauschal zum Umzug bereitzuerklären, ist rechtswidrig (SG Reutlingen vom 29.1.2007 – S 12 AL 3105/05, info also 2007, S. 108 ff.). Zumutbar ist nach § 140 Abs. 4 Satz 4 SGB III ein Umzug nur »zur Aufnahme einer Beschäftigung«, d. h., erst nach dem Angebot einer konkreten Beschäftigung kann – wenn die Beschäftigung zumutbar ist – die AA verlangen, dass sich der Arbeitslose zu dem Umzug bereiterklärt.

Ein Umzug darf nicht verlangt werden, wenn ein wichtiger Grund entgegensteht. Als solchen wichtigen Grund nennt das Gesetz familiäre Bindungen. Auch die Gesetzesbegründung (BT-Drs. 15/25, S. 30) betont den verfassungsrechtlichen Schutz von Ehe und Familie. Demnach können u. a. Ehe- und Lebenspartner, Kinder und pflegebedürftige Angehörige einen Umzug unzumutbar machen. Weitere wichtige Gründe gegen einen Umzug können z. B. Alter, Gesundheitszustand und ortsgebundene Ehrenämter im öffentlichen Interesse sein. Ein Umzug kann außerdem nicht verlangt werden, wenn die angebotene Arbeit nur befristet ist oder wenn der Arbeitslose voraussichtlich in der näheren Zukunft im Tagespendelbereich eine Arbeit finden kann (ebenso Steinmeyer/Baldschun, in: Gagel, SGB III, RandNr. 148 zu § 140).

Der Zwang zum Umzug konnte früher nach § 54 Abs. 6 SGB III a. F. wenigstens finanziell durch eine Umzugskostenbeihilfe der AA abgefedert werden. Heute müssen Sie die Umzugskostenbeihilfe als »Förderung aus dem Vermittlungsbudget« gemäß § 44 SGB III beantragen.

4 Die Leiharbeit

4.1 Wartezeit einhalten!

Es muss in jedem Einzelfall geprüft werden, ob die konkrete Leiharbeit zumutbar ist.

Kein vorschnelles Drücken in Leiharbeit

Arbeitslosen mit längerer Beschäftigung im Normalarbeitsverhältnis und mit realistischen Chancen auf eine Normalarbeitsstelle ist das vorschnelle Aufdrücken einer Leiharbeitsstelle nicht zuzumuten (BSG vom 8.11.2001 – B 11 AL 31/01 R, SozR 3–4300 § 144 Nr. 7). Unzumutbar ist insbesondere das Aufzwingen einer »Anschluss-Leiharbeit« noch während der Kündigungsfrist des bisherigen unbefristeten Normalarbeitsverhältnisses. Dazu könnten sich manche Vermittler der AA unter Ausnutzung der frühzeitigen Arbeitsuchmeldung verleiten lassen. Durch eine solche »Vermittlungsoffensive« würde einem »Normalarbeitnehmer« das Suchen eines »Normalarbeitsverhältnisses« unmöglich gemacht (näher zu dem allgemeinen Problem der aufgezwungenen frühzeitigen Bindung des demnächst Arbeitslosen Marcus Kreutz, AuR 2003, S. 42).

Auch Steinmeyer/Baldschun in: Gagel, SGB III, RandNr. 161 zu § 140 halten eine vorschnelle Vermittlung in Leiharbeit für unzumutbar: »Zu Beginn der Arbeitslosigkeit ist dem Arbeitnehmer die Annahme einer Leiharbeit nur zuzumuten, wenn nach Lage und Entwicklung des Arbeitsmarktes die Vermittlung in ein reguläres Arbeitsverhältnis aussichtslos erscheint.«

4.2 Die Arbeitsbedingungen, insbesondere das Arbeitsentgelt

Bei der Leiharbeit gibt es zumindest bei der Entlohnung eine feste Grenze des Zumutbaren.

Gleichstellungsgebot

Gemäß § 3 Abs. 1 Nr. 3 i. V. m. § 9 Nr. 2 AÜG muss der Verleiher dem Leiharbeitnehmer für die Zeit der Überlassung an einen Entleiher die im Betrieb dieses Entleihers für einen vergleichbaren Arbeitnehmer des Entleihers geltenden wesentlichen Arbeitsbedingungen einschließlich des Arbeitsentgelts gewähren. Von diesem Gleichstellungsgebot kann durch Tarifvertrag abgewichen werden.

Tarifvertrag

Ein Tarifwerk für die Zeitarbeit ist zwischen dem Bundesarbeitgeberverband der Personaldienstleister e. V. (BAP) und den im DGB vertretenen Einzelgewerkschaften abgeschlossen worden.

Das BAP-DGB-Tarifwerk besteht aus folgenden Tarifverträgen:

- Manteltarifvertrag,

- Entgeltrahmentarifvertrag,

- Entgelttarifvertrag,

- Elf Branchenzuschlagstarifverträgen.

Diese BAP-DGB-Tarifverträge gelten nicht nur für Tarifgebundene. Auch nicht tarifgebundene Arbeitgeber können die tarifliche Regelung anwenden. Sie tun es regelmäßig, weil sie nur so um das Gleichstellungsgebot herumkommen.

Nach deutschem Arbeitsrecht gelten Regelungen in Tarifverträgen allgemein für richtig (»Richtigkeitsgewähr«), weil sie von den Tarifgegnern unter Berücksichtigung ihrer unterschiedlichen Interessen ausgehandelt worden sind. Man muss deshalb das in den genannten Tarifverträgen Vereinbarte als zumutbar hinnehmen, selbst wenn man es für unzumutbar hält. Dementsprechend hat das BAG vom 24.3.2004, AuR 2004, S. 189 den (damals) von einem Zeitarbeitsunternehmen gezahlten tariflichen Stundenlohn von 11,99 DM nicht als lohnwucherisch und damit nicht als sittenwidrig beurteilt.

Wir bringen die tariflich vereinbarten Entgelte, weil der Lohn die Leiharbeiter am stärksten interessieren dürfte.

Maßstab: Tarifvertrag

Tabelle
Leiharbeiter-Stundenlöhne[1] seit 3/2017 bis 3/2018 nach BAP-DGB-TV

Entgeltgruppe	West	Ost[2]
1	9,23 €[3]	8,91 €[3]
2	9,85 €	9,01 €
3	11,51 €	10,52 €
4	12,18 €	11,14 €
5	13,75 €	12,58 €
6	15,47 €	14,15 €
7	18,06 €	16,52 €
8	19,43 €	17,76 €
9	20,50 €	18,75 €

[1] Ohne Berücksichtigung von Zuschlägen nach der Einsatzdauer (nach 9 Monaten 1,5 %, nach 12 Monaten 3 %) und ohne Branchenzuschläge nach den elf Branchentarifverträgen: TVBZ Metall- und Elektroindustrie, TVBZ Chemische Industrie, TVBZ Kunststoff, TVBZ Kautschuk, TVBZ Eisenbahn, TVBZ Holz und Kunststoff, TVBZ Textil- und Bekleidungsindustrie, TVBZ Papier, Pappe und Kunststoffe verarbeitende Industrie, TVBZ Druckindustrie, TVBZ Kali- und Steinsalzbergbau und TVBZ Papier erzeugende Industrie. Eine Übersicht über die Banchenzuschlagstarifverträge liefern Alexander Bissels, Frederik Mehnert, DB 2014, S. 2407 ff.
Weitere Zuschläge (z. B. für Nacht-, Sonntags- und Feiertagsarbeit) und Jahressonderzahlungen in Form von Weihnachtsgeld und Urlaubsgeld sieht der Manteltarifvertrag Zeitarbeit vom 9.3.2010 vor.
[2] Der Mindeststundensatz Ost gilt auch im früheren Westberlin.
[3] = Lohnuntergrenze gemäß § 3a AÜG.

Entgeltgruppen

Die Leiharbeiter werden nach dem Entgeltrahmentarifvertrag vom 9.3.2010 gemäß ihrer tatsächlichen, überwiegenden Tätigkeit in eine der neun Entgeltgruppen eingruppiert. Es bedeuten z. B.

- Entgeltgruppe 1: Tätigkeiten, die keine Anlernzeit erfordern oder Tätigkeiten, die eine kurze Anlernzeit erfordern.

- Entgeltgruppe 4: Tätigkeiten, für die Kenntnisse und Fertigkeiten erforderlich sind, die durch eine mindestens dreijährige Berufsausbildung vermittelt werden und die eine mehrjährige Berufserfahrung voraussetzen.

- Entgeltgruppe 9: Tätigkeiten, die ein Hochschulstudium bzw. Tätigkeiten, die ein Fachhochschulstudium und mehrjährige Berufserfahrung erfordern.

Zu beachten ist, dass die Tarifparteien im Manteltarifvertrag Zeitarbeit eine regelmäßige Arbeitszeit von nur 35 Stunden pro Woche vereinbart haben. Das bedeutet, dass ein Leiharbeiter in der niedrigen Entgeltgruppe 1 die 9,23 € (West) nur für 151,67 Stunden im Monat erhält. Dies entspricht im Durchschnitt einer 35-Stunden-Woche. Sein Monatslohn beträgt damit – allerdings ohne (Branchen-)Zuschläge – gerade einmal 1.399,91 € brutto.

Kontrollpflicht
der AA

Wenn die AA eine Leiharbeit zumutet, muss sie prüfen, ob die Arbeitsbedingungen den tariflichen Vorgaben entsprechen. Vor dieser Prüfung kann sich die AA nicht mit der Ausrede drücken, eine detaillierte Prüfung überfordere sie; denn die AA ist nicht nur für die Vermittlung von Arbeitslosen zuständig; sie ist kraft Gesetzes (§ 17 AÜG) auch die Behörde, die den Verleih zu kontrollieren hat. Kontrollieren muss sie u. a. die Einhaltung der Tarifverträge, insbesondere die zutreffende Eingruppierung, die korrekte Gewährung von Entgelt und Entgeltersatzleistungen, von Urlaub und Urlaubsabgeltung auch während der Zeit des Nichteinsatzes und die prompte Abführung von Sozialversicherungsbeiträgen.

Bestehen begründete Zweifel an der Tarifgemäßheit des Leiharbeitsvertrages sollten Alg-Bezieher diesen der AA zur Prüfung vorlegen. Drückt die AA einen Alg-Berechtigten ohne nähere Prüfung in eine nicht tarifgemäße Leiharbeit, vernachlässigt sie nicht nur ihre gesetzliche Kontrollpflicht, sondern begeht möglicherweise auch Beihilfe zu einer Ordnungswidrigkeit. Denn seit 1.12.2011 handelt gemäß § 16 Abs. 1 Nr. 7a AÜG ordnungswidrig, wer die tariflich geschuldeten Arbeitsbedingungen vorsätzlich oder fahrlässig nicht gewährt.

5   **Die Nacht- und Schichtarbeit**

Nacht- und Schichtarbeit ist für Alleinstehende nur zumutbar, wenn sie dem Arbeitszeitgesetz (ArbZG) entspricht:

für Alleinstehende

- Nach § 6 Abs. 1 ArbZG ist die Arbeitszeit der Nacht- und Schichtarbeitnehmer nach den gesicherten arbeitswissenschaftlichen Erkenntnissen über die menschengerechte Gestaltung der Arbeit festzulegen. Was die arbeitswissenschaftlichen Erkenntnissen fordern, kann man über die Internetseite der Bundesanstalt für Arbeitsschutz und Arbeitsmedizin (http://www.baua.de → Informationen für die Praxis → Handlungshilfen und Praxisbeispiele → Arbeitszeitgestaltung → Nacht- und Schichtarbeit) erfahren.

- Nach § 6 Abs. 3 ArbZG muss bei Nachtarbeit eine arbeitsmedizinische Betreuung gewährleistet sein.

Schichtarbeit und insbesondere Nachtarbeit ist für (Ehe-)Partner und insbesondere für Mütter und Väter wegen der damit verbundenen Beeinträchtigung des durch Art. 6 Abs. 1 GG geschützten Familienlebens regelmäßig nicht zumutbar (Steinmeyer/Baldschun, in: Gagel, SGB III Kommentar, RandNr. 155 zu § 140; Karsten Toparkus, Zumutbare Beschäftigung im Arbeitsförderungsrecht [§ 121 SGB III], S. 128). Ein Nachtschichtler ist schlechter dran als ein Wochenendpendler (→ S. 170), weil der unterschiedliche Tag-/Nacht-Rhythmus ein gedeihliches Ehe- und Familienleben selbst an Wochenenden unmöglich macht.

für (Ehe-)Partner und Eltern

6   **Weitere Arbeitsbedingungen**

Welche Arbeitsbedingungen sonst noch ein Arbeitsangebot oder die Festsetzung einer Beschäftigung unzumutbar machen können, finden Sie im Sperrzeitkapitel unter »Wichtiger Grund von A–Z« (→ S. 326). Schauen Sie dort insbesondere unter folgenden Stichworten:

- Arbeitsbedingungen,
- Auslandstätigkeit,
- Bekleidungsvorschriften,
- Frauen,
- Gewissensgründe,
- Kinder,
- Religion,
- Tarifbindung,
- Vermittlungswunsch,
- Zumutbarkeit.

IV **Welche Maßnahme der beruflichen Weiterbildung kann Arbeitslosen zugemutet werden?**

Nach § 2 Abs. 4 Satz 2 SGB III sollen Arbeitslose »ihre berufliche Leistungsfähigkeit den sich ändernden Anforderungen anpassen«. Damit verpflichtet der Gesetzgeber Arbeitslose zu »lebenslangem Lernen« (BT-Drs. 13/494, S. 152). Es gibt also kein Recht, sich auf einmal erworbenen, inzwischen aber verwelkten beruflichen Lorbeeren auszuruhen. Folglich droht Arbeitslosen eine Sperrzeit, wenn sie eine Maßnahme der beruflichen Weiterbildung ablehnen oder abbrechen (§ 159 Abs. 1 Satz 1 Nr. 4 und Nr. 5 SGB III). Das gilt aber nur, wenn die Maßnahme zumutbar ist.

Qualität von Träger und Maßnahme

Zumutbar dürften Weiterbildungsmaßnahmen und Träger sein, die gemäß §§ 176 ff. (180) SGB III zugelassen sind. Durch die Zulassung soll für eine gewisse Qualität von Träger und Maßnahme gesorgt werden. Wer dennoch Zweifel an einer bestimmten Maßnahme oder an einem bestimmten Träger hat, dem ermöglicht manchmal der »Bildungsgutschein« gemäß § 81 Abs. 4 SGB III, sich einen anderen geeigneten Träger zu suchen.

Fahrzeit

Wie bei einer Beschäftigung sind Fahrzeiten zur Bildungseinrichtung nur dann zumutbar, wenn sie die auf → S. 169 f. genannten Fahrzeiten nicht überschreiten. Bei Teilzeitmaßnahmen sind nur Fahrzeiten zumutbar, die so kurz sind, dass daneben eine Teilzeitarbeit zeitlich möglich bleibt.

Kostenübernahme

Erst wenn der Arbeitslose einen schriftlichen Bescheid der AA zur Übernahme der Weiterbildungskosten in den Händen hält, ist der Antritt der Maßnahme zumutbar (BSG vom 19.1.1990 – 7 Ar 46/89).

V **Welche Maßnahme zur Aktivierung und beruflichen Eingliederung kann Arbeitslosen zugemutet werden?**

Gestritten wird nicht selten über die Zumutbarkeit von in § 45 Abs. 1 Satz 1 Nr. 2 SGB III vorgesehenen Trainingsmaßnahmen, manchmal auch über eine Potenzialanalyse.
§ 140 SGB III sagt unmittelbar nichts zur Zumutbarkeit.

1 **Die Trainingsmaßnahme**

Man muss unterscheiden, ob die Trainingsmaßnahme in Form einer »Tätigkeit«, d. h. regelmäßig in abhängiger Beschäftigung bei einem Arbeitgeber oder durch »Teilnahme an einer Maßnahme« durchgeführt werden soll. Beide Möglichkeiten sind in § 45 SGB III vorgesehen.

1.1   Welche »Tätigkeit« ist zumutbar?

Bei einer Trainingsmaßnahme durch Tätigkeit gelten die Zumutbarkeitsgrenzen, die § 140 SGB III für jedes Arbeitsangebot nennt. Andernfalls könnte der Rest von Schutz, den § 140 SGB III bietet, bei Trainingsmaßnahmen durch Tätigkeit beseitigt werden.

Zumutbarkeit einer »Tätigkeit«

Folglich ist eine als Trainingsmaßnahme deklarierte Tätigkeit erst nach sechs Monaten Arbeitslosigkeit zumutbar. Denn § 140 SGB III macht erst vom siebten Monat der Arbeitslosigkeit an ein Arbeitsangebot, bei dem die Netto-Vergütung dem Alg-Satz entspricht, zumutbar. Da bei Trainingsmaßnahmen nur Alg gezahlt wird, muss die Frist von sechs Monaten auch bei Tätigkeiten im Rahmen von Trainingsmaßnahmen gewahrt bleiben; es sei denn, der Arbeitslose wünscht schon früher ein solches Training.

Erst nach 6 Monaten

Aber auch nach sechs Monaten ist nicht jede Tätigkeit zumutbar. Arbeitslose sollten darauf bestehen, nicht in unterwertige Tätigkeiten eingewiesen zu werden. Ob dies – mit der auf → S. 158 entwickelten Argumentation – allerdings erfolgreich sein wird, ist fraglich; denn Zweck der Trainingsmaßnahme ist neben der Verbesserung der Eingliederungsaussichten das Testen von Arbeitsfähigkeit und Arbeitsbereitschaft des Arbeitslosen (BT-Drs. 13/4941, S. 162 f.). Nun könnte man argumentieren, der angebliche Leistungsmissbrauch könne auch durch Anbieten einer der Qualifikation des Arbeitslosen entsprechenden Trainingsmaßnahme bekämpft werden. Ob Arbeitslose damit aber durchkommen, bezweifeln wir.

Unzumutbarkeit wegen unterwertiger Beschäftigung?

Jedenfalls sind nach § 45 Abs. 2 Satz 2 SGB III bei oder von einem Arbeitgeber durchgeführte Trainingsmaßnahmen i.d.R. nur für die Dauer von bis zu sechs Wochen zulässig.

i.d.R. nur bis 6 Wochen

Langzeitarbeitslosen oder Arbeitslosen, deren berufliche Eingliederung aufgrund von schwerwiegenden Vermittlungshemmnissen besonders erschwert ist, können derartige Trainingsmaßnahmen bis zu zwölf Wochen zugemutet werden (§ 45 Abs. 8 SGB III).

bis 12 Wochen

Fahrzeiten zu Trainingsmaßnahmen sind wie bei normalen Arbeitsangeboten zumutbar (→ S. 169 f.).

Fahrzeit

1.2   Welche »Teilnahme an einer Maßnahme« ist zumutbar?

Trainingsmaßnahmen, in denen berufliche Kenntnisse vermittelt werden, dürfen nach § 45 Abs. 2 Satz 3 SGB III höchstens acht Wochen dauern; länger dauernde Trainingsmaßnahmen sind unzumutbar.

Nur bis 8 Wochen

Soweit Sie zur »Teilnahme an einer Maßnahme« aufgefordert werden, können Sie sich nur bedingt auf die Grundsätze über die Zumutbarkeit von Maßnahmen der beruflichen Weiterbildung berufen. Denn anders als Weiterbildungsmaßnahmen sollen Trainingsmaß-

Zumutbarkeit nichtsnutziger Maßnahmen?

nahmen auch die Arbeitsfähigkeit und Arbeitsbereitschaft testen (BT-Drs. 13/4941, S. 162 f.). Deshalb und wegen der kurzen Dauer dürfte es nicht einfach sein, sich mit Erfolg gegen eine Sperrzeit wegen Ablehnung einer als nichtsnutzig empfundenen Trainingsmaßnahme zu wehren.

Mut machen vier Urteile des HessLSG.

■ Im ersten Fall lehnte ein Arbeitsloser eine Bewerbungstrainingsmaßnahme mit der Begründung ab, er habe erst sechs Monate vorher die Meisterprüfung abgelegt und im Rahmen des Meisterlehrgangs auch das Bewerben gelernt.
Das HessLSG gab dem Meister Recht. Die Ablehnung einer Trainingsmaßnahme rechtfertige nur dann eine Sperrzeit, wenn die Maßnahme geeignet sei, dem Arbeitslosen die notwendigen Kenntnisse und Fähigkeiten zu vermitteln, um eine Arbeitsaufnahme oder einen erfolgreichen Abschluss einer beruflichen Aus- oder Weiterbildungsmaßnahme erheblich zu erleichtern (HessLSG vom 9.8.2000 – L 6 AL 166/00, info also 2001, S. 209).

■ Im zweiten Fall wurde einem Programmierer und ausgebildeten Systems-Engineer eine IT-Einsteiger-Trainingsmaßnahme angeboten.
Die wegen Ablehnung der Maßnahme verhängte Sperrzeit hob das HessLSG auf. Eine Trainingsmaßnahme sei dann unzumutbar, wenn mehr als die Hälfte des Unterrichtsinhaltes den Arbeitslosen krass unterfordere. Werde ein Arbeitsloser ohne Rücksicht auf seinen Kenntnisstand in irgendeine Maßnahme gesteckt und könne sich wegen einer drohenden Sperrzeit nicht dagegen zur Wehr setzen, werde er zum reinen Objekt staatlichen Handelns, und es fehle die Angemessenheit der Maßnahme (HessLSG vom 23.4.2003 – L 6/10 AL 1404/01, info also 2004, S. 160).

■ Im dritten Fall lehnte ein junger Leistungsbezieher eine Trainingsmaßnahme ab, die für Jugendliche gedacht war, die keine Ausbildung mehr machen wollten und ohne Hilfe keinen Arbeitsplatz finden würden. Er begründete die Ablehnung damit, dass er sich nach Erwerb der Fachhochschulreife und nach Ableistung des Zivildienstes nachweisbar intensiv und gekonnt um eine Ausbildungsstelle als Bankkaufmann und Automobilkaufmann bewerbe.
Das HessLSG rechtfertigte die Ablehnung und hob die Sperrzeit auf. Die Teilnahme an einer Trainingsmaßnahme sei nur zumutbar, wenn sie für den Arbeitslosen geeignet sei. Die angebotene Trainingsmaßnahme sei ungeeignet, weil sie die berufliche Qualifikation des jungen Mannes nicht verbessere (HessLSG vom 13.10.2004 – L 6 AL 520/02, info also 2005, S. 109).

■ Im vierten Fall brach ein Arbeitsloser eine Trainingsmaßnahme ab. Die Maßnahme sei eine Zumutung. Er habe eine ähnliche Maßnahme (teilweise) bereits hinter sich gebracht; was er in der Maßnahme lernen könne, habe er selbst im Rahmen von Kursen gelehrt;

außerdem seien die Kursteilnehmerinnen (er war der einzige Mann) wahllos zusammengewürfelt.
Das HessLSG hielt die Maßnahme für unzumutbar und hob die Sperrzeit u. a. mit folgender Begründung auf: ·

»[...] Die Förderung von Trainingsmaßnahmen, die prognostisch nur eine geringfügige oder unwesentliche Verbesserung der Eingliederungsaussichten versprechen, verstößt bereits gegen den Grundsatz der Wirtschaftlichkeit und Sparsamkeit (§ 7 Abs. 1 Satz 1 SGB III). Als besonderen Fall eines Verstoßes gegen den Grundsatz der Wirtschaftlichkeit und Sparsamkeit nennt das Gesetz die Nichtberücksichtigung der Fähigkeiten der zu fördernden Person (§ 7 Abs. 1 Satz 2 SGB III).
Eine Verbesserung der Eingliederungsaussichten ist nach der Maßnahmeakte auf den Kläger bezogen nicht in mehr als geringfügigem Umfang zu erkennen. So erscheint es schon sehr bedenklich, als entscheidendes Zugangskriterium für die streitbefangene Maßnahme ausschlaggebend auf die zeitliche Beanspruchbarkeit der Arbeitslosen abzustellen und damit neben dem Kläger, wie er für die erste Trainingsmaßnahme schildert, überwiegend weibliche Arbeitslose aus früheren Halbtagsbeschäftigungen in dieser Trainingsmaßnahme unterzubringen, ohne Rücksicht auf die bisherigen Kenntnisse und Fähigkeiten dieser Teilnehmerinnen und des Klägers. So ist nach den aktenkundigen fundierten EDV-Kenntnissen des Klägers [...] hinsichtlich des Trainingsinhaltes »Internetrecherche« [...] nicht zu erkennen, wodurch die vorhandenen Kenntnisse und Fähigkeiten des Klägers hätten verstärkt werden können. Gleiches gilt für den Trainingsinhalt »Kommunikation, Gesprächsführung« [...] unter Berücksichtigung der vielfältigen beruflichen und nebenberuflichen Tätigkeiten des Klägers [...]« (HessLSG vom 9.3.2005 – L 6 AL 216/04).

Die vier Fälle zeigen, wie sorglos manche AA Trainingsmaßnahmen »verhängen« und damit das Geld der Solidargemeinschaft verschleudern. Offensichtlich ersetzt das plumpe Fordern nicht selten auch im SGB III das differenzierte Fördern.

Bisher scheint nur das HessLSG dem Ausufern nichtsnutziger Trainingsmaßnahmen Schranken zu setzen. Deshalb sind wir skeptisch, ob andere Sozialgerichte vergleichbar strenge Maßstäbe an derartige Trainingsmaßnahmen anlegen wie das HessLSG und Sperrzeiten wegen Nichtteilnahme an unzumutbaren Trainingsmaßnahmen aufheben.

2   Die Potenzialanalyse

Nach § 37 Abs. 1 SGB III

»hat die AA unverzüglich nach der Ausbildungsuchmeldung oder Arbeitsuchmeldung zusammen mit der oder dem Ausbildungsuchenden oder der oder dem Arbeitsuchenden die für die Vermittlung erforderlichen beruflichen und persönlichen Merkmale, beruflichen Fähigkeiten und die

Eignung festzustellen (Potenzialanalyse). Die Potenzialanalyse erstreckt sich auch auf die Feststellung, ob und durch welche Umstände die berufliche Eingliederung voraussichtlich erschwert sein wird.«

Die Potenzialanalyse wird gemäß § 45 Abs. 1 Satz 1 Nr. 2 SGB III im Rahmen eine Maßnahme zur Aktivierung und beruflichen Eingliederung durchgeführt.

Soweit der Arbeitslose bei der Potenzialanalyse mitspielt, wird es keinen Streit geben. Was aber, wenn der Arbeitslose nicht damit einverstanden ist, quasi als »gläserner Arbeitsloser« sein »Inneres« zu offenbaren? Wenn er nicht dazu beitragen will, dass ihm – wie einem Schüler – »Kopfnoten« (A ist unaufmerksam, unangepasst, ungepflegt ...) erteilt werden? Gar von privaten Assessmentcentern, denen häufig die Potenzialanalyse übertragen wird?

Unverzüglich nach Arbeitsuchmeldung

Da die Potenzialanalyse gemäß § 37 Abs. 1 SGB III »unverzüglich nach der Arbeitsuchmeldung«, also in der Regel drei Monate vor Eintritt der Arbeitslosigkeit erhoben werden muss, wird sich mancher Arbeitslose fragen, warum er sich »durchleuchten« lassen soll, obwohl er in drei Monaten vielleicht selbst eine Arbeit findet, also die Versichertengemeinschaft überhaupt nicht belastet.

Wir zweifeln, ob die Potenzialanalyse durch ein privates Assessmentcenter datenschutzrechtlich zulässig ist (→ S. 626). Sind unsere Zweifel berechtigt, ist eine solche Potenzialanalyse unzumutbar.

Wer anders als wir eine Potenzialanalyse durch Private grundsätzlich für zulässig hält, kann sie nur ablehnen, wenn sie nicht durch Fachkräfte, nicht nach anerkannten Regeln und nicht durch Träger ohne Interessenkonflikt durchgeführt wird (Näheres → S. 80).

VI **Welche Beschäftigung kann arbeitsuchend Gemeldeten, aber noch nicht Arbeitslosen, zugemutet werden?**

Gemäß § 38 Abs. 1 SGB III muss ein demnächst Arbeitsloser sich frühzeitig arbeitsuchend melden. Damit soll die Eingliederung in neue Arbeit beschleunigt werden.

Die Frage ist, was sich der »Vielleicht-Arbeitslose« zwischen Arbeitsuchmeldung und tatsächlichem Eintritt der Arbeitslosigkeit zumuten lassen muss. Die Frage wird im Sperrzeitkapitel behandelt (→ S. 307).

VII   **Was muss geändert werden?**

1   **Streichung von § 140 Abs. 3 Satz 3 SGB III**

§ 140 Abs. 3 Satz 3 SGB III ist zu streichen. Der staatliche Zwang, nach sechsmonatiger Arbeitslosigkeit Arbeit mit einer Vergütung in Alg-Höhe anzunehmen, verstößt – auch wenn der Mindestlohn für gering Qualifizierte seit 1.1.2015 einen gewissen Schutz bietet – gegen § 1 Satz 2 SGB I und gegen die Freiheit der Berufsausübung aus Art. 12 Abs. 1 GG, die nach Bundesverfassungsgericht vom 30.3.1993, NJW 1993, S. 2861 »untrennbar verbunden ist mit der Freiheit, eine angemessene Vergütung zu fordern«.

2   **Zumutung niederwertiger Arbeit**
         nur bei Mangel an Niederqualifizierten

§ 140 Abs. 1 und Abs. 5 SGB III ist – entsprechend dem alten RdErl. 100/82 – zu ergänzen: Arbeit auf einer niederen Qualifikationsstufe darf regelmäßig nur zugemutet werden, wenn innerhalb von drei Wochen auf der niederen Qualifikationsstufe kein Arbeitsloser mit der niederen Qualifikation vermittelt werden konnte. Anderenfalls besteht – die vom Bundesrat beklagte – Gefahr, »dass gering Qualifizierte einem staatlich verordneten Verdrängungsprozess ausgesetzt werden«.

3   **Konkretisierung der Eigeninitiative durch AO**

Was an Eigeninitiative von Arbeitslosen erwartet werden kann und wie der Nachweis über die Eigeninitiative zu führen ist, muss endlich in der von § 164 Nr. 1 SGB III vorgesehenen Anordnung geregelt werden, und zwar konkreter als in § 138 Abs. 4 SGB III.

I   Alg – in Prozent
§ 149 SGB III

Wieviel Alg steht einer Arbeitslosen zu? Wie können Sie überprüfen, ob das von der AA ausgezahlte Alg richtig berechnet ist?

Nachdem Sie sich arbeitslos gemeldet und Alg beantragt haben, erhalten Sie, wenn Sie alle Voraussetzungen für den Bezug von Alg erfüllen, nach einigen Wochen einen Leistungsbescheid. Dem Leistungsbescheid können Sie entnehmen, wieviel Alg Ihnen die AA überweisen wird, von welchem Arbeitsentgelt die AA bei der Berechnung des Alg ausgeht, ab wann und für wie viele Tage Ihnen Alg zusteht.
Wie die AA die Höhe des Alg errechnet, ergibt sich aus dem Bescheid allerdings nicht. Wir erläutern im Folgenden die Berechnungsweise deshalb ausführlich.

Das Alg beträgt 60 % oder 67 % vom so genannten Leistungsentgelt. Leistungsentgelt ist das pauschalierte Nettoentgelt oder, wie § 153 Abs. 1 SGB III genauer sagt, »das um pauschalierte Abzüge verminderte Bemessungsentgelt«. | **Grundlage: pauschaliertes Nettoentgelt**

1   60 %-Regel

Das Alg beträgt 60 % des Leistungsentgelts. Das ist der so genannte »allgemeine Leistungssatz«. | **Allgemeiner Leistungssatz**

2   Ab 1 Kind: 67 %

Alg in Höhe von 67 % erhalten Arbeitslose, die mindestens ein Kind im Sinne von § 32 Abs. 1, 3 bis 5 EStG haben. Der Gesetzgeber spricht hier vom »erhöhten Leistungssatz«. | **Erhöhter Leistungssatz**

Kinder sind leibliche Kinder, Adoptivkinder und Pflegekinder. Das 67 %-Alg gibt es auch dann, wenn die Kinder nicht im eigenen Haushalt leben, aber Unterhalt für sie zu zahlen ist; außerdem abweichend vom Steuerrecht für Kinder, die nicht im Inland leben. Es kommt nicht darauf an, dass die Arbeitslose das Sorgerecht für das Kind hat. | **Welche Kinder?**
Das 67 %-Alg erhalten auch Arbeitslose, deren Ehe- oder Lebenspartnerin mindestens ein Kind im Sinne des § 32 Abs. 1, 3 bis 5 EStG haben, wenn Partner und Partnerin unbeschränkt einkommensteuerpflichtig sind und nicht dauernd getrennt leben. Den erhöhten Leistungssatz gibt es nicht für das Kind eines eheähnlichen Partners (BayLSG vom 25.2.2015 – L 9 AL 3/12). | **Auch Stiefkinder**

Arbeitslose erhalten den Leistungssatz von 67 % unabhängig von der Zahl der Kinder; das BSG hält es für verfassungsgemäß, dass das Alg nicht nach der Zahl der Kinder gestaffelt ist (BSG vom 27.6.1996 – 11 RAr 77/95 und vom 4.7.2007 – B 11a AL 191/06 B; die dagegen gerichtete Verfassungsbeschwerde hat das BVerfG am 23.10.2007 – 1 BvR 2089/07 nicht zur Entscheidung angenommen).

Auch volljährige Kinder?

Auch ein volljähriges Kind (ab dem 18. Geburtstag) wird gemäß § 32 Abs. 4 Satz 1 EStG als »Kind« berücksichtigt, kann also das Alg auf 67 % erhöhen, wenn es

1. noch nicht 21 Jahre alt ist, nicht in einem Beschäftigungsverhältnis steht und bei einer AA arbeitsuchend gemeldet ist.
   Es genügt für die Erhaltung des Kindergeldanspruchs, dass sich die Heranwachsenden tatsächlich arbeitsuchend melden. Dem Beschäftigungsverhältnis steht eine hauptberufliche selbstständige Tätigkeit gleich, ohne dass es auf die Höhe des erzielten Gewinns ankommt (BFH vom 18.12.2014 – III R 9/14).
   Seit 2003 müssen die Tatbestandsmerkmale der Arbeitslosigkeit i. S. § 119 Abs. 1 SGB III a.F., jetzt § 138 Abs. 1 SGB III, wie Eigenbemühungen und Verfügbarkeit, nicht mehr nachgewiesen werden (BFH vom 18.2.2016 – V R 22/15); oder

2. noch nicht 25 Jahre alt ist und

   a) für einen Beruf ausgebildet wird oder

   b) sich in einer Übergangszeit von höchstens vier Monaten befindet, die zwischen zwei Ausbildungsabschnitten oder zwischen einem Ausbildungsabschnitt und der Ableistung des gesetzlichen Wehr- oder Zivildienstes, einer vom Wehr- oder Zivildienst befreienden Tätigkeit als Entwicklungshelfer oder als Dienstleistender im Ausland nach § 14b des Zivildienstgesetzes oder der Ableistung eines freiwilligen Dienstes (s. unter d) liegt, oder

   c) eine Berufsausbildung mangels Ausbildungsplatzes nicht beginnen oder fortsetzen kann oder

   d) ein freiwilliges soziales Jahr oder ein freiwilliges ökologisches Jahr im Sinne des Jugendfreiwilligendienstegesetzes oder einen Freiwilligendienst im Sinne der Verordnung (EU) Nr. 1288/2013 des Europäischen Parlaments und Rates vom 11.12.2013 zur Errichtung von »Erasmus«, dem Programm der Union für allgemeine und berufliche Bildung, Jugend und Sport, und zur Aufhebung des Beschlusses Nr. 1719/2006/EG, Nr. 1720/2006/EG und Nr. 1298/2008/EG (ABl. L 347 vom 20.12.2013, S. 50) oder einen anderen Dienst im Ausland im Sinne von § 5 des Bundesfreiwilligendienstgesetzes oder einen entwicklungspolitischen Freiwilligendienst »weltwärts« im Sinne der Richtlinie des Bundesministeriums für wirtschaftliche Zusammenarbeit und Entwicklung vom 1. August 2007 (BAnz. 2008 S. 1297) oder einen Freiwilligendienst aller Generationen im Sinne von § 2 Absatz 1a des Siebten Buches Sozialgesetzbuch oder einen Internationalen Jugendfreiwilligendienst im Sinne der Richtlinie des Bundesministeriums für Familie, Senioren, Frauen und Jugend vom 20. Dezember 2010 (GMBl S. 1778) oder einen Bundesfreiwilligendienst im Sinne des Bundesfreiwilligendienstgesetzes leistet oder

3. wegen körperlicher, geistiger oder seelischer Behinderung außerstande ist, sich selbst zu unterhalten; Voraussetzung ist, dass die Behinderung vor dem 25. Geburtstag eingetreten ist.

Die Altersgrenze wird über den 21. oder 25. Geburtstag hinaus um Zeiten bestimmter Dienste hinausgeschoben, wenn die in § 32 Abs. 5 EStG genannten Voraussetzungen für eine Verlängerung vorliegen. Da Wehr- und Zivildienstpflicht ausgesetzt sind, kommt der Vorschrift nur noch für vergangene Dienstzeiten Bedeutung zu.

Gemäß § 149 Nr. 1 SGB III i. V. m. § 32 Abs. 3 EStG gibt es das 67 %-Alg für den vollen Kalendermonat, auch wenn das Kind z. B. erst am 31. Tag eines Monats zur Welt kommt oder am ersten Tag des Monats 18 Jahre alt wird. In diesem Fall gibt es das 67 %-Alg also bis zum letzten Tag des Monats.

Monatsprinzip

Nach § 32 Abs. 4 Satz 2 und 3 EStG wird ein Kind nach Abschluss einer erstmaligen Berufsausbildung und eines Erststudiums in den genannten drei Fallgruppen nur berücksichtigt, wenn es keiner Erwerbstätigkeit nachgeht. Eine Erwerbstätigkeit mit bis zu 20 Stunden regelmäßiger wöchentlicher Arbeitszeit, ein Ausbildungsverhältnis oder ein geringfügiges Beschäftigungsverhältnis im Sinne der §§ 8 und 8a SGB IV sind unschädlich.

Einkünfte- und Bezügegrenzen gibt es nicht.

Der Differenzbetrag zwischen allgemeinem Leistungssatz und erhöhtem Leistungssatz ist eine unter Berücksichtigung von Kindern gezahlte Leistung im Sinne von § 48 Abs. 2 SGB I, die zugunsten des Kindes abgezweigt werden darf, auch wenn die Arbeitslose gegenüber dem Kind nicht oder in geringerem Umfang unterhaltspflichtig ist, weil ihr Einkommen für die Unterhaltszahlung nicht ausreicht (BSG vom 8.7.2009 – B 11 AL 30/08 R).

Nachdem wir wissen, wann es 60 %- und wann es 67 %-Alg (vom Leistungsentgelt) gibt, bleibt zu klären, was Leistungsentgelt ist.
Um zu dem (Netto-)Leistungsentgelt zu kommen, muss zunächst das (Brutto-)Bemessungsentgelt ermittelt werden.

II   Das Bemessungsentgelt
§ 151 SGB III

1   Was ist Bemessungsentgelt?

Ausgangsgrundlage für die Höhe des Alg ist gemäß § 149 SGB III das Bemessungsentgelt. Das Bemessungsentgelt bewegt sich auf der Höhe des Bruttoentgelts. Nach § 151 Abs. 1 Satz 1 SGB III ist Bemessungsentgelt

- das beitragspflichtige Arbeitsentgelt,
- das die Arbeitslose im Bemessungszeitraum
- erzielt hat, .
- und das durchschnittlich auf den Tag entfällt.

Berücksichtigt wird nur das Arbeitsentgelt; andere Einkünfte, z. B. Krankengeld gehen nicht in das Bemessungsentgelt ein, auch wenn sie mit Versicherungspflicht verbunden sind.

2   Was heißt beitragspflichtiges Arbeitsentgelt?

Was alles Arbeitsentgelt ist und was als betragspflichtiges Arbeitsentgelt in das Bemessungsentgelt eingeht, ist im Einzelfall schwierig zu bestimmen. Das SGB III sagt an wenigen Stellen nur, was nicht zum Arbeitsentgelt zählt.

2.1   Was zählt nicht als beitragspflichtiges Arbeitsentgelt?

Danach fallen Arbeitsentgelte unter den Tisch:

Nicht: manipulierte Erhöhung

- die die Arbeitslose wegen der Beendigung des Arbeitsverhältnisses erhält oder die im Hinblick auf die Arbeitslosigkeit vereinbart worden sind (§ 151 Abs. 1 Nr. 1 SGB III). Damit meint der Gesetzgeber nicht Entlassungsentschädigungen; denn diese sind nach einhelliger Meinung nicht beitragspflichtig (s. BSG vom 21.2.1990 – 12 RK 20/88; LSG Berlin-Brandenburg vom 29.10.2013 – L 18 AL 296/11). Gemeint sind vielmehr hauptsächlich manipulierte Lohnerhöhungen kurz vor dem Ausscheiden. Die Vorschrift schließt aber auch aus, dass eine Urlaubsabgeltung in das Bemessungsentgelt eingeht, auch wenn sie beim Ausscheiden aus dem Beschäftigungsverhältnis abgerechnet und gezahlt ist (BayLSG vom 26.3.2009 – L 8 AL 200/08; LSG Niedersachsen-Bremen vom 31.3.2014 – L 11 AL 129/10). Nicht zu den im Hinblick auf die Beendigung des Arbeitsverhältnisses gezahlten Geldern gehört der Betrag, den Arbeitnehmer ihrem Arbeitgeber im Hinblick auf die Sanierung des Betriebes gestundet oder auflösend bedingt erlassen haben und der bei Entlassung der Arbeitnehmer nachgezahlt wird (LSG Sachen-Anhalt vom 31.5.2016 – L 2 AL 12/14, Revision unter – B 11 AL 16/16 R). Dagegen gilt eine Anwesenheitsprämie, die Arbeitnehmer am Ende der Beschäftigung erhalten haben und die diese veranlassen sollte, den Betrieb nicht vor der geplanten Schließung zu verlassen, als im Hinblick auf die Beendigung des Arbeitsverhältnisses gezahlt (SächsLSG vom 20.10.2016 – L 3 AL 127/14, info also 2017, S. 110 mit Anm. von Claus-Peter Bienert);

- die als Wertguthaben einer Vereinbarung nach § 7 SGB IV nicht nach dieser Vereinbarung verwendet werden (§ 23b Abs. 2, Abs. 3 SGB IV i. V. m. § 151 Abs. 2 Nr. 2 SGB III);

Nicht: abredewidrig benutzte Wertguthaben

- die die Beitragsbemessungsgrenze (2017 in den alten Bundesländern monatlich 6.350 €, in den neuen Bundesländern monatlich 5.700 €) übersteigen (§ 341 Abs. 3, Abs. 4 SGB III). Wie schwierig es ist, Ost und West voneinander abzugrenzen, zeigt sich bei wechselnden Einsatzorten (LSG Berlin-Brandenburg vom 18.9.2012 – L 14 AL 123/10 und vom 26.2.2014 – L 18 AL 221/12).

Nicht: über Beitragsbemessungsgrenze

Außerdem gehören nicht zu den berücksichtigungsfähigen Entgelten:

- Entgelte für eine von der JVA nach § 37 Abs. 2 StVollzG zugewiesene Beschäftigung als Freigänger während einer Strafhaft (LSG Baden-Württemberg vom 11.3.2009 – L 13 AL 4569/07);
- Übergangsgebührnisse, die einem Zeitsoldat nach seinem Ausscheiden aus dem Dienst neben einem versicherungspflichtigen Beschäftigungsverhältnis gezahlt werden (HessLSG vom 7.8.2006 – L 9 AL 57/06);
- Arbeitsentgelte aus einer Beschäftigung von weniger als 15 Wochenarbeitsstunden, die durch den Alg-Bezug versicherungsfrei wird (§ 27 Abs. 5 SGB III).

2.2   ABC der beitragspflichtigen Arbeitsentgelte

Was im Übrigen als Arbeitsentgelt gilt, regeln u. a. die §§ 14, 23a, 17 SGB IV i. V. m. der SozialversicherungsentgeltVO i. d. F. vom 18.11.2015. Nach § 14 Abs. 1 Satz 1 SGB IV sind Arbeitsentgelt »alle laufenden oder einmaligen Einnahmen aus einer Beschäftigung, gleichgültig, ob ein Rechtsanspruch auf die Einnahmen besteht, unter welcher Bezeichnung oder in welcher Form sie geleistet werden und ob sie unmittelbar aus der Beschäftigung oder im Zusammenhang mit ihr erzielt werden«.

Nach § 1 der SozialversicherungsentgeltVO sind »einmalige Einnahmen, laufende Zulagen, Zuschläge, Zuschüsse sowie ähnliche Einnahmen, die zusätzlich zu Löhnen und Gehältern gewährt werden«, nicht dem Arbeitsentgelt zuzurechnen, »soweit sie lohnsteuerfrei sind«. Als Richtschnur kann folgender Grundsatz gelten: Alles, wofür Sie als Arbeitnehmerin Lohnsteuer zahlen (müssen), ist beitragspflichtiges Arbeitsentgelt; denn der Gesetzgeber hat »eine möglichst

Richtschnur: Steuerrecht

weitgehende Übereinstimmung mit den Regelungen des Steuerrechts sicherzustellen« (so § 17 Abs. 1 Satz 2 SGB IV).

Wie schwierig die Feststellung der Lohnsteuerpflicht und (damit) der Beitragspflicht im Einzelfall sein kann, zeigen die folgenden Beispiele (in Anlehnung an Benner, Bals, Niermann, BB-Spezial 2/2007).

Beispiele
von A–Z

■ **Abfindungen** (Entlassungsentschädigungen) sind beitragsfrei.

■ **Aufwandsentschädigungen** sind grundsätzlich nur im öffentlichen Dienst unter bestimmten Voraussetzungen steuer- und beitragsfrei (§ 3 Nr. 12 EStG, R 3.12 LStR). Aufwandsentschädigungen im privaten Dienst sind steuer- und beitragspflichtig, soweit es sich nicht um Auslagenersatz, durchlaufende Gelder, Auslösungen, Fehlgeldentschädigungen, Heimarbeiterzuschläge, Reisekostenvergütungen oder Umzugskostenvergütungen handelt.

■ **Dienstwohnung**. Die verbilligte Überlassung einer Wohnung ist steuer- und beitragspflichtig.

■ **Entgeltfortzahlung im Krankheitsfall** ist steuer- und beitragspflichtig.

■ **Essenzuschüsse**, die zur Verbilligung von Mahlzeiten für die Arbeitnehmerin gegeben werden, sind steuer- und beitragsfrei, wenn der Kostenanteil der Arbeitnehmerin mindestens so hoch ist wie der amtliche Sachbezugswert für die Mahlzeit. Ist er geringer, so sind die Zuschüsse bis zur Höhe des Unterschiedsbetrages zwischen dem Kostenanteil der Arbeitnehmerin und dem amtlichen Sachbezugswert für die Mahlzeit steuer- und beitragspflichtig. Letzterer beläuft sich 2017 z. B. für ein Mittag- oder Abendessen auf 3,17 €, für ein Frühstück auf 1,70 €.

■ **Feiertagsarbeitszuschläge**, die für tatsächlich geleistete Feiertagsarbeit neben dem Grundlohn gezahlt werden, sind steuer- und beitragsfrei, soweit sie für Arbeiten am 31. Dezember ab 14 Uhr sowie an gesetzlichen Feiertagen – mit Ausnahmen der Weihnachtsfeiertage und des 1. Mai –, auch wenn diese auf einen Sonntag fallen, 125 v. H. und für Arbeiten am 24. Dezember ab 14 Uhr sowie an den Weihnachtsfeiertagen und am 1. Mai 150 v. H. des Grundlohns bis zu 50 € je Stunde nicht übersteigen (§ 3b Abs. 1 EStG).

■ **Freie Unterkunft**, die die Arbeitgeberin der Arbeitnehmerin gewährt, ist steuer- und beitragspflichtig. Sie ist mit dem amtlichen Sachbezugswert von 223 € (2017) zu erfassen.

■ **Gratifikationen, Gewinnbeteiligungen, Tantiemen** sind als einmalige Einkünfte steuer- und beitragspflichtig (§ 19 Abs. 1 Nr. 1 EStG).

- **Kindergartenplatz** bzw. Zuschuss der Arbeitgeberin für einen solchen Platz für ein nicht schulpflichtiges Kind einer Arbeitnehmerin ist nach § 3 Nr. 33 EStG steuer- und beitragsfrei.

- **Kraftfahrzeugüberlassung** zum privaten Gebrauch der Arbeitnehmerin ist steuer- und beitragspflichtig.

- **Nachtarbeitszuschläge**, die für tatsächlich geleistete Nachtarbeit neben dem Grundlohn gezahlt werden, sind steuerfrei, soweit sie 25 v.H. des Grundlohns bis zu 50 € je Stunde nicht übersteigen (§ 3b Abs. 1 EStG). Abweichend sind Nachtarbeitszuschläge bereits ab einem Stundenlohn von 25 € beitragspflichtig in der Sozialversicherung. Für Nachtarbeit, die vor 0:00 Uhr begonnen hat, erhöht sich der steuerfreie Zuschlagsteil der Zeit von 0:00 Uhr bis 4:00 Uhr auf 40% des Grundlohns (§ 3b Abs. 3 EStG).

- **Sonntagsarbeitszuschläge**, die für tatsächlich geleistete Sonntagsarbeit neben dem Grundlohn gezahlt werden, sind steuerfrei, soweit sie 50 v.H. des Grundlohns bis zu 50 € je Stunde nicht übersteigen (§ 3b Abs. 1 EStG). Abweichend sind Sonntagsarbeitszuschläge bereits ab einem Stundenlohn von 25 € beitragspflichtig in der Sozialversicherung. Für Arbeitsschichten, die vor 24 Uhr begonnen haben, gilt auch die nachfolgende Zeit bis 4 Uhr als Teil des Sonntags (§ 3b Abs. 3 EStG).

- **Trinkgelder**, auf die ein Rechtsanspruch besteht, sind steuer- und beitragspflichtig; Trinkgelder, die der Arbeitnehmerin anlässlich ihrer Arbeitsleistung von einer Dritten freiwillig zusätzlich zu dem Betrag gegeben werden, der für diese Arbeitsleistung zu zahlen ist, sind unbegrenzt steuerfrei nach § 3 Nr. 51 EStG und beitragsfrei.

- **Umzugskostenvergütungen** sind steuer- und beitragsfrei bei Zahlung
  – aus öffentlichen Kassen nach § 3 Nr. 13 EStG,
  – im privaten Dienst aus dienstlicher Veranlassung, und zwar bis zur Höhe der Umzugskostenvergütung vergleichbarer Bundesbeamter einschließlich Pauschvergütung für so genannte sonstige Umzugsauslagen ohne Einzelnachweis der tatsächlichen Aufwendungen (§ 3 Nr. 16 EStG; R 3.16 LStR).

- **Urlaubsabgeltungen** sind als einmalige Einkünfte steuer- und beitragspflichtig. Trotz der Beitragspflicht begründet die Urlaubsabgeltung keine Anwartschaft, sie gehört auch nicht zu den Arbeitsentgelten, die beim Bemessungsentgelt zu berücksichtigen sind (BayLSG vom 26.3.2009 – L 8 AL 200/08). Das SächsLSG vom 30.4.2014 – L 3 AL 131/13 B PKH sieht das genauso und hält das Auseinanderfallen von Beitragsentgelt und Bemessungsentgelt nicht für verfassungswidrig.

- **Urlaubsentgelt** und **Urlaubsgeld** sind als einmalige Einkünfte steuer- und beitragspflichtig.

■ **Vermögenswirksame Leistungen** sind gemäß § 2 Abs. 6 Fünftes VermBG – im Gegensatz zur Arbeitnehmersparzulage – steuer- und beitragspflichtig.

■ **Wechselschichtarbeitszuschläge,** die die Arbeitnehmerin für ihre Wechselschichttätigkeit regelmäßig und fortlaufend bezieht, sind dem steuerpflichtigen Grundlohn zugehörig (und damit beitragspflichtig); sie sind auch während der durch § 3b EStG begünstigten Nachtzeit nicht steuerbefreit (BFH vom 7.7.2005 – IX R 81/98, BB 2005, S. 2558).

■ **Weihnachtszuwendungen** sind als einmalige Einkünfte steuer- und beitragspflichtig.

Zusammenfassend kann man sagen: Auch wenn manche sich über Lohnsteuer und Sozialversicherungsbeiträge auf Teile ihrer Vergütung ärgern sollte; bei Arbeitslosigkeit erhöhen die beitragspflichtigen Lohnbestandteile das Bemessungsentgelt und damit das Alg.

3 Sonder-Bemessungsentgelte

Bei Kug

■ Für Zeiten, in denen eine Arbeitslose Kug erhalten hat, ist Bemessungsentgelt das Arbeitsentgelt, das die Arbeitslose ohne den Arbeitsausfall und ohne Mehrarbeit erzielt hätte (§ 151 Abs. 3 Nr. 1 SGB III). Das gilt auch für das Saison-Kug (FW 151.3.1). Für die Zeit mit Bezug von Transfer-Kug wird das Arbeitsentgelt zugrunde gelegt, das bei der Bemessung des Transfer-Kug berücksichtigt worden ist (BSG vom 4.7.2012 – B 11 AL 9/11 R und vom 6.3.2013 – B 11 AL 1/12 R). Das Gesetz unterscheidet nicht zwischen den einzelnen Arten von Kurzarbeit. Ist für die Beschäftigung in der Transfer-Gesellschaft ein geringeres Arbeitsentgelt vereinbart als für die vorherige betriebliche Beschäftigung, ist dennoch das Entgelt der Beschäftigungsgesellschaft zugrunde zu legen, soweit es in den Bemessungsrahmen fällt.
Zuschläge, die der Arbeitgeber zum Transfer-Kug zahlt oder günstigere Entgelte aus der Zeit vor der Zahlung von Transfer-Kug sind nicht zu berücksichtigen.
Zum Krankengeld nach Transfer-Kug hat das BSG vom 14.12.2006 – B 1 KR 9/06 R und vom 10.5.2012 – B 1 KR 26/11 R anders entschieden und das Transfer-Kug selbst zuzüglich Aufstockungszahlungen des Arbeitgebers zur Berechnung herangezogen, was für die Arbeitslosen regelmäßig ungünstiger ist.

Bei Freistellungszeiten

■ Nach einem Arbeitsverhältnis mit der Vereinbarung bezahlter Freistellungen im Sinne des § 7 Abs. 1a SGB IV wird bei der Berechnung des Bemessungsentgelts das Arbeitsentgelt berücksichtigt, das die Arbeitslose im Bemessungszeitraum für die geleistete Arbeit ohne die Vereinbarung flexibler Arbeitszeiten verdient hätte (§ 151 Abs. 3 Nr. 2 SGB III).

Mit dieser Regelung sollen Nachteile vermieden werden, wenn die Arbeitslose im Bemessungszeitraum in einem Beschäftigungsverhältnis mit flexibler Arbeitszeit gestanden hat (BR-Drs. 1000/97, S. 25).

Für Zeiten einer Freistellung wird wie bei der Beitragsermittlung das tatsächlich gezahlte Entgelt berücksichtigt.

Gleich hohe Entgelte vorsehen

Die Berücksichtigung der tatsächlich gezahlten Entgelte bei der Ermittlung des Alg-Betrages sollte alle Arbeitnehmerinnen veranlassen, in Vereinbarungen über flexible Arbeitszeiten für Zeiten der Beschäftigung und der Freistellung gleich hohe Entgelte vorzusehen. Zwar erfasst der Bemessungsrahmen nach § 150 Abs. 1 Satz 2 SGB III grundsätzlich ein Jahr. Dennoch kann je nach Verteilung von Arbeitsleistung und Freistellung eine ungünstige Bemessung nicht ausgeschlossen werden, wenn für Zeiten der Freistellung deutlich geringere Löhne gezahlt werden. Dem würde zwar die Chance einer höheren Bemessung gegenüberstehen, wenn der Bemessungsrahmen längere Zeiten tatsächlicher Arbeitsleistung enthält. Dennoch sollte entsprechend der Lohnersatzfunktion des Alg eine ungleiche Aufteilung des erzielten Arbeitsentgeltes vermieden werden, weil das Alg nur einmal festgestellt wird und ein fiktiver Arbeitsverlauf während der Arbeitslosigkeit nicht berücksichtigt wird.

■ Arbeitslose, die früher relativ gut verdienten und deshalb ein vergleichsweise hohes Alg beziehen, scheuen sich nicht selten, eine schlecht bezahlte Arbeit zu suchen. Sie fürchten, dass sie auch diese Beschäftigung wieder verlieren und ihr Alg dann nach der niedrigen Bezahlung bemessen wird. Die Befürchtung ist in zwei Fällen unbegründet:

Nach früherem Alg-Bezug

– Wird durch die neue Beschäftigung keine neue Anwartschaftszeit begründet, dauert die Zwischenbeschäftigung also weniger als zwölf Monate, so bemisst sich ein noch nicht aufgebrauchter Alg-Anspruch nach dem alten Verdienst.

Zwischenbeschäftigung weniger als 12 Monate

– Dauerte die Zwischenbeschäftigung oder eine andere Versicherungspflichtzeit allein oder mit anderen anwartschaftsbegründenden Zeiten mindestens zwölf Monate, ist gemäß § 151 Abs. 4 SGB III »Bemessungsentgelt mindestens das Entgelt, nach dem das Alg zuletzt bemessen worden ist«. Das gilt auch dann, wenn die Arbeitslose zuletzt in Teilzeit gearbeitet hat, während das Bemessungentgelt des früheren Alg-Anspruchs mit einer Vollzeitbeschäftigung erzielt worden ist (GA 151.4 Abs. 2). Sucht sie nur eine Teilzeitbeschäftigung, ist das bestandsgeschützte Bemessungsentgelt nach § 151 Abs. 5 SGB III zu mindern.

Mindestens 12 Monate

Voraussetzung für diesen Bestandsschutz ist allerdings, dass die Arbeitslose innerhalb von zwei Jahren vor Entstehung ihres neuen Alg-Anspruchs wenigstens einen Tag Alg bezogen hat. Wird die Alg-Bewilligung rückwirkend vollständig aufgehoben, entfällt auch der Bestandsschutz (LSG Berlin-Brandenburg vom 26.9.2014 – L 14 AL 4/12). Mit der Bestandsschutzregelung »sollen Arbeitslose, die ihre Arbeitslosigkeit durch die Aufnahme einer Beschäfti-

Bestandsschutzrahmen: 2 Jahre

gung beenden, in der sie ein geringeres Entgelt erzielen, als es der Bemessung des Alg zu Grunde lag, vor Nachteilen bei erneutem Beschäftigungsverlust geschützt werden. Zugleich sollen Hemmnisse, die einer Rückkehr in das Erwerbsleben entgegenstehen könnten, beseitigt werden« (BT-Drs. 13/4941, S. 178).

Liegt der letzte Tag Alg-Bezug nicht länger als zwei Jahre zurück, vergleicht die AA das alte mit dem neuen Bemessungsentgelt. Ist das alte höher, wird das alte zu Grunde gelegt; sollte das neue höher sein, bemisst sich das Alg nach dem neuen Bemessungsentgelt. Diese Wahl des höheren Bemessungsentgelts folgt aus dem Wörtchen »mindestens« in § 151 Abs. 4 SGB III.

Den Bestandsschutz gibt es nur im Anschluss an den tatsächlichen Bezug von Alg in den letzten zwei Jahren; ist das Alg wegen eines Ruhenssachverhaltes nach §§ 156 bis 159 SGB III nicht ausgezahlt worden, kann § 151 Abs. 4 SGB III nicht angewandt werden. Ist z. B. das höhere Alg wegen einer Sperrzeit nicht ausgezahlt worden, kann auf den früheren Anspruch nicht zurückgegriffen werden (LSG Sachsen-Anhalt vom 23.6.2011 – L 2 AL 23/10), weil der Bezug von Alg in § 151 Abs. 4 SGB III einen tatsächlichen Vorgang meint. Deshalb kann ein etwaiges Verschulden der AA nicht durch den sozialrechtlichen Herstellungsanspruch geheilt werden (LSG Sachsen-Anhalt vom 20.7.2011 – L 2 AL 88/09).

Alg soll im Sinn von § 151 Abs. 4 SGB III auch nicht bezogen sein, wenn rückwirkend für die Zeit des Alg-Bezugs Krankengeld bewilligt und die Alg-Bewilligung aufgehoben worden ist (LSG Saarland vom 27.7.2012 – L 6 AL 15/10).

Der Gründungszuschuss steht dem Bezug von Alg im Zwei-Jahres-zeitraum nicht gleich (LSG Nordrhein-Westfalen vom 17.11.2010 – L 12 Al 153/10, info also 2011, S. 128).

Ohne Ausnahme

Das alte, hohe Bemessungsentgelt wird auch dann zu Grunde gelegt, wenn das so berechnete Alg höher liegt als das Leistungsentgelt (= pauschaliertes Nettoentgelt) der letzten Beschäftigung.

Umstritten ist, ob das frühere Bemessungsentgelt auch dann zugrunde gelegt werden muss, wenn es zu hoch errechnet, der Bewilligungsbescheid aber nicht aufgehoben worden ist. Das LSG Niedersachsen-Bremen vom 31.5.2006 – L 7 AL 161/03 hat dies bejaht, das Schleswig-Holsteinische LSG vom 26.9.2008 – L 3 AL 81/07 dagegen verneint (ebenso LSG Baden-Württemberg vom 22.1.2014 – L 3 AL 705/13). Die BA hält das tatsächlich berücksichtigte Bemessungsentgelt für maßgeblich, wenn die Entscheidung nicht nach §§ 45, 48 SGB X aufgehoben worden ist (FW 151.4 Abs. 1).

■ Nach Altersteilzeit ist Bemessungsentgelt das Arbeitsentgelt der letzten Beschäftigung, nach § 10 Abs. 1 AltTZG jedoch mindestens das Entgelt, das ohne die Altersteilzeit maßgeblich gewesen wäre. Diese Vergünstigung endet mit dem frühestmöglichen Anspruch auf eine Altersrente.

- Nach einer versicherungspflichtigen Beschäftigung in einer Behindertenwerkstatt ist die tatsächliche Vergütung, mindestens aber ein Betrag in Höhe 20% der monatlichen Bezugsgröße (2017: 595 € West/532 € Ost) zu berücksichtigen (§ 344 Abs. 3 SGB III).

- Für Zeiten der stufenweisen Wiedereingliederung in das Erwerbsleben mit abgesenktem Arbeitsentgelt ist das Arbeitsentgelt zu berücksichtigen, das bei ungekürzter Arbeitszeit zu zahlen gewesen wäre (FW 151.3.6 Abs. 5).

- Bei Beschäftigungen im EU-Ausland ist nach Art. 62 der EGVO 883/2004 die letzte Beschäftigung im Inland unmittelbar vor der Beschäftigungslosigkeit maßgeblich für die Berechnung des Arbeitsentgelts: auf die Dauer dieser Beschäftigung kommt es – abweichend von § 152 Abs. 1 SGB III – nicht an (BSG vom 17.3.2015 – B 11 AL 12/14 R).

- Ist die Arbeitslose nicht mehr bereit oder in der Lage, die im Bemessungszeitraum durchschnittlich auf die Woche entfallende Zahl von Arbeitsstunden zu leisten, vermindert sich das Bemessungsentgelt für die Zeit der Einschränkung entsprechend dem Verhältnis der Zahl der durchschnittlichen regelmäßigen wöchentlichen Arbeitsstunden, die die Arbeitslose künftig leisten will oder kann, zu der Zahl der durchschnittlich auf die Woche entfallenden Arbeitsstunden im Bemessungszeitraum (§ 151 Abs. 5 Satz 1 SGB III). Das gilt auch dann, wenn die Arbeitslose ihre zeitliche Verfügbarkeit einschränkt, weil sie eine Nebentätigkeit ausübt, und das Nebeneinkommen auf das Alg angerechnet wird (BayLSG vom 11.12.2014 – L 10 AL 142/13).
  Das Bemessungsentgelt wird nach § 151 Abs. 5 Satz 2 SGB III nicht vermindert, wenn die Arbeitslose wegen Minderung der Leistungsfähigkeit weniger als 15 Stunden in der Woche arbeiten kann und Alg im Wege der Nahtlosigkeit (→ S. 107) erhält (SG Karlsruhe vom 15.2.2016 – S 5 AL 2222/15, info also 2016, S. 180).

Bei Teilzeitverfügbarkeit

4 Was umfasst der Bemessungszeitraum?
§ 150 SGB III

4.1 Der Regelfall

Der Bemessungszeitraum umfasst nach § 150 Abs. 1 SGB III die beim Ausscheiden der Arbeitslosen aus dem jeweiligen Beschäftigungsverhältnis abgerechneten Entgeltabrechnungszeiträume der versicherungspflichtigen Beschäftigungen im Bemessungsrahmen. Den Begriff des Bemessungsrahmens hat der Gesetzgeber vom BSG übernommen (BT-Drs. 15/1515, S. 85).
Der Bemessungsrahmen beträgt ein Jahr und endet mit dem letzten Tag des letzten Versicherungspflichtverhältnisses vor der Entstehung des Anspruchs. Er wird unter Berücksichtigung von § 26 Abs. 1 SGB X

Bemessungsrahmen: i. d. R. 1 Jahr

i. V. m. §§ 187 Abs. 2 Satz 1 und 188 Abs. 2 BGB durch Rückrechnung bestimmt. Der Bemessungsrahmen läuft kalendermäßig ab und erfasst immer ein Zeitjahr ohne Rücksicht auf die Frage, in welchem Umfang dieses Jahr mit versicherungspflichtigen Zeiten belegt ist.

Beispiel

Elfriede Wehrmich wird nach einer mehrjährigen Beschäftigung zum 31.5.2017 entlassen und meldet sich am 1.6.2017 arbeitslos. Der Bemessungsrahmen erfasst die Zeit vom 1.6.2016 bis zum 31.5.2017. Am Bemessungsrahmen ändert sich auch nichts, wenn sie vom 17.3. bis zum 31.5.2017 Krankengeld bezogen hat oder sie sich nach der Entlassung zum 31.5.2017 erst am 15.8.2017 arbeitslos meldet.

Zum Bemessungszeitraum gehören nur die beim Ausscheiden aus dem jeweiligen versicherungspflichtigen Beschäftigungsverhältnis abgerechneten Entgeltabrechnungszeiträume der beitragspflichtigen Beschäftigungen im Bemessungsrahmen. Nicht erheblich ist – wie sich aus § 151 Abs. 1 Satz 2 SGB III ergibt –, ob sie richtig abgerechnet sind. Hierbei zählen nur Zeiten einer versicherungspflichtigen Beschäftigung **mit Anspruch auf Arbeitsentgelt**.

Zum Arbeitsentgelt gehören auch die Ausbildungsvergütungen in einer betrieblichen Berufsausbildung (BSG vom 6.3.2013 – B 11 AL 12/12 R und vom 14.5.2014 – B 11 AL 12/13 R), nicht dagegen Leistungen der AA oder eines anderen Sozialleistungsträgers für betriebliche oder überbetriebliche Ausbildungen, in denen eine Ausbildungsvergütung nicht gezahlt wird (BSG vom 3.12.2009 – B 11 AL 42/08 R und vom 25.8.2011 – B 11 AL 13/10 R).

Zeiten ohne Anspruch auf Arbeitsentgelt, z. B. während des Ruhens des Arbeitsverhältnisses oder während eines unbezahlten Urlaubs, gehen nicht in den Bemessungszeitraum ein. Versicherungspflichtzeiten außerhalb von Beschäftigungsverhältnissen, z. B. der Bezug von Lohnersatzleistungen wie Krankengeld oder Erziehungszeiten, können zwar den Anspruch auf Alg begründen, bei der Berechnung werden sie jedoch nicht berücksichtigt (BSG vom 21.7.2009 – B 7 AL 23/08 R). Dasselbe gilt für Zeiten des Bezugs von Verletztengeld (SächsLSG vom 7.11.2013 – L 3 AL 27/11; BSG vom 26.3.2014 – B 11 AL 14/14 B).

Berücksichtigt werden bei der Ermittlung des Bemessungszeitraums nur die Abrechnungszeiträume einer versicherungspflichtigen Beschäftigung, die vollständig im Bemessungsrahmen liegen. Die Tage von Arbeitsentgeltabrechnungszeiträumen, die zwar in den Bemessungsrahmen hineinragen, aber nicht ganz vom Bemessungsrahmen umschlossen sind, gehen nicht in den Bemessungszeitraum ein (BSG vom 1.6.2006 – B 7a AL 86/05 R; LSG Niedersachsen-Bremen vom 28.4.2014 – L 11 AL 9/11; SG Detmold vom 12.6.2014 – S 18 AL 152/13).

Beispiel

Meldet sich die Arbeitslose nach der Entlassung aus einer mehrjährigen Beschäftigung zum 31.5.2017 am 1.6.2017 arbeitslos, sind Bemessungsrahmen und Bemessungszeitraum identisch (1.6.2016 bis 31.5.2017). Meldet sie sich nach dem Bezug von Krankengeld vom

17.3. bis 25.5.2017 im Anschluss an eine mehrjährige Beschäftigung am 1.6.2017 arbeitslos, fallen Bemessungsrahmen und Bemessungszeitraum auseinander: Der Bemessungsrahmen umfasst die Zeit vom 26.5.2016 bis 25.5.2017, der Bemessungszeitraum nur die Zeit vom 1.6.2016 bis zum 16.3.2017.

4.2   Was schafft keine Bemessungszeiträume?

Um für Alg-Bezieherinnen nachteilige Bemessungen zu vermeiden, gehen nach § 150 Abs. 2 SGB III in den Bemessungszeitraum nicht ein:

■ Zeiten einer Beschäftigung, neben der Übg wegen einer Leistung zur Teilhabe am Arbeitsleben, Teil-Übg oder Teil-Alg geleistet worden ist;

■ Zeiten einer Beschäftigung als Freiwillige im Sinne des Jugendfreiwilligendienstegesetzes, wenn diese Zeiten unmittelbar nach einem Versicherungspflichtverhältnis geleistet worden sind. Dasselbe gilt für Zeiten einer Beschäftigung nach dem Bundesfreiwilligendienstgesetz. Unmittelbar schließt die Freiwilligenarbeit an ein Versicherungspflichtverhältnis an, wenn zwischen beiden Zeiten nicht mehr als ein Monat liegt (FW 150.2 Abs. 2). Fehlt es an dem unmittelbaren Anschluss, geht die BA von dem Betrag aus, den die Freiwillige während des Dienstes als Geldleistung (Taschengeld bis zu 330 €) und Sachleistung (Unterbringung, Verpflegung) erhält. Leider hat das BSG vom 23.2.2017 – B 11 AL 1/16 R das inzwischen bestätigt. Das erscheint uns doch zweifelhaft. Der Freiwilligendienstler steht nicht in einem Beschäftigungsverhältnis, er erhält lediglich eine Aufwandsentschädigung, keine Gegenleistung für erbrachte Arbeit, so dass das Alg fiktiv berechnet werden müsste.

Auch Zeiten mit gesunkenem Verdienst bleiben in drei Fällen außer Betracht:

■ Zeiten, in denen die Arbeitslose Elterngeld bezogen oder nur wegen der Berücksichtigung von Einkommen nicht bezogen hat oder ein Kind unter drei Jahren betreut und erzogen hat, wenn wegen der Betreuung und Erziehung des Kindes das Arbeitsentgelt oder die durchschnittliche wöchentliche Arbeitszeit gemindert war;   **Erziehungszeiten**

■ Zeiten, in denen die Arbeitslose eine Pflegezeit nach § 3 Abs. 1 Satz 1 des Pflegezeitgesetzes in Anspruch genommen hat, sowie Zeiten einer Familienpflegezeit oder Nachpflegephase nach dem Familienpflegegesetz, wenn wegen der Pflege das Arbeitsentgelt oder die durchschnittliche wöchentliche Arbeitszeit gemindert war;   **Pflegezeiten**

■ Nach dem Wortlaut des § 150 Abs. 2 Satz 1 Nr. 5 SGB III sind Zeiten nicht zu berücksichtigen, in denen die durchschnittliche regelmäßige wöchentliche Arbeitszeit aufgrund einer Teilzeitvereinbarung nicht nur vorübergehend auf weniger als 80 % der durchschnittlichen regelmäßigen Arbeitszeit einer vergleichbaren Vollzeitbeschäftigung, mindestens aber um fünf Stunden wöchentlich, vermindert war, vorausgesetzt die Arbeitslose hat innerhalb der letzten dreieinhalb Jahre (= 42 Monate) vor der Entstehung des Anspruchs während eines sechs Monate umfassenden zusammenhängenden Zeitraums Beschäftigungen mit einer höheren Arbeitszeit ausgeübt.

Nicht nur vorübergehend ist die Arbeitszeit vermindert, wenn die Minderung mindestens drei Monate anhält oder zunächst für wenigstens drei Monate vereinbart und die vorzeitige Beendigung nicht absehbar war (FW 150.2 Abs. 4).

Das BSG vom 6.5.2009 – B 11 AL 7/08 R und vom 16.12.2009 – B 7 AL 39/08 R hat die Anwendbarkeit dieser Vorschrift sehr eingeschränkt. § 150 Abs. 2 Satz 1 Nr. 5 SGB III soll danach kein Aufschubtatbestand sein, der zu einer Erweiterung des Bemessungsrahmens auf mehr als zwei Jahre führen könnte. Vielmehr soll durch diese Regelung die Arbeitslose davor geschützt werden, dass in die Ermittlung des Bemessungsentgelts Entgeltabrechnungszeiträume versicherungspflichtiger Beschäftigungen einfließen, die nach § 151 Abs. 1 i. V. m. § 150 Abs. 1 SGB III eigentlich zu berücksichtigen wären, in denen aber das erzielte Arbeitsentgelt atypisch niedrig und daher nicht repräsentativ war. Da der Bemessungsrahmen nicht über zwei Jahre hinaus erweiterbar sei, sei § 150 Abs. 2 Satz 1 Nr. 5 SGB III nur anzuwenden, wenn die Vollzeittätigkeit in den zweijährigen Bemessungsrahmen hineinragt. Nach einer zweijährigen Teilzeitarbeit kann das Alg nicht mehr aus dem höheren Arbeitsentgelt einer vorherigen Vollzeitbeschäftigung bemessen werden. Damit können entgegen dem Wortlaut des § 150 Abs. 2 Satz 1 Nr. 5 SGB III Arbeitszeitverkürzungen nur noch für die Zeit von weniger als zwei Jahren ohne Schaden für das Alg vereinbart werden.

§ 150 Abs. 2 Satz 1 Nr. 5 SGB III führt je nach Beginn der Teilzeit zu unterschiedlichen Folgen:

Liegen **in den letzten zwei Jahren** (= erweiterter Bemessungsrahmen → S. 198) **nicht wenigstens 150 Tage** mit Anspruch auf Vollzeitarbeitsentgelt, dann wird das Alg fiktiv bemessen (→ S. 200).

Schaubild
Alg-Bemessung nach Senkung der Arbeitszeit I

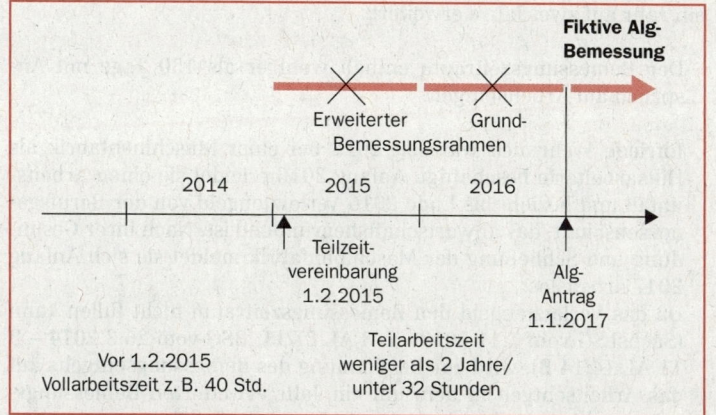

Liegen **in den letzten zwei Jahren** (= erweiterter Bemessungsrahmen → S. 198) **wenigstens 150 Tage** mit Anspruch auf Vollzeitarbeitsentgelt, dann wird das Alg auf der Grundlage des Vollzeitarbeitsentgelts bemessen.

Schaubild
Alg-Bemessung nach Senkung der Arbeitszeit II

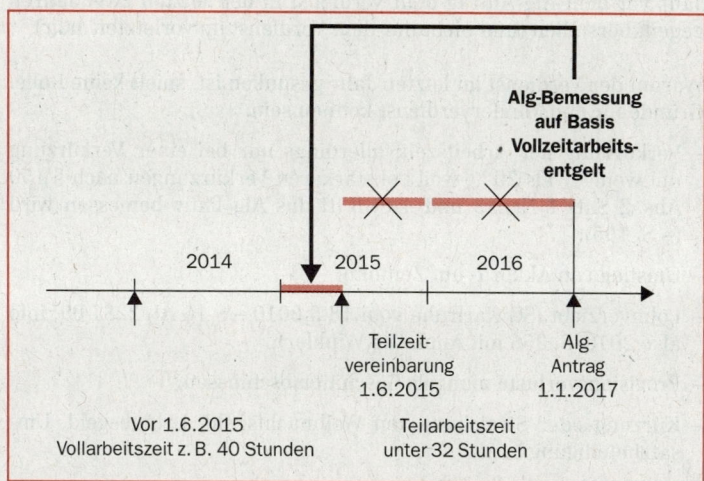

Kann § 150 Abs. 2 Satz 1 Nr. 5 SGB III nicht angewandt werden, weil die Teilzeitvereinbarung vor 2015 und außerhalb des zweijährigen Bemessungsrahmens getroffen worden ist, geht die Teilzeitvergütung in das Bemessungsentgelt ein.

4.3 Erweiterung des Bemessungsrahmens auf zwei Jahre

Der einjährige Bemessungsrahmen wird in zwei Fällen um ein Jahr auf zwei Jahre erweitert:

1. Fall:
Keine 150 Tage

■ Der Bemessungszeitraum enthält weniger als 150 Tage mit Anspruch auf Arbeitsentgelt.

Beispiel

Elfriede Wehrmich war seit 2012 bei einer Maschinenfabrik als Hilfsarbeiterin beschäftigt. Anfang 2016 erleidet sie einen Arbeitsunfall und bezieht bis Ende 2016 Verletztengeld von der Berufsgenossenschaft, das anwartschaftsbegründend ist. Nach ihrer Gesundung und Schließung der Maschinenfabrik meldet sie sich Anfang 2017 arbeitslos.
Da das Verletztengeld den Bemessungszeitraum nicht füllen kann (SächsLSG vom 7.11.2013 – L 3 AL 27/11; BSG vom 26.3.2014 – B 11 AL 14/14 B), wird zur Bestimmung des Bemessungsentgelts auf das Arbeitsentgelt in dem um ein Jahr erweiterten Bemessungsrahmen, hier also auf das Jahr 2015 zurückgegriffen.

2. Fall:
»Unbillige Härte«

■ Mit Rücksicht auf das Bemessungsentgelt im erweiterten Bemessungsrahmen wäre es unbillig hart, von dem Bemessungsentgelt im Bemessungszeitraum auszugehen.

**Vergleichs-
zeitraum**

Verglichen wird das Bemessungsentgelt im Bemessungsrahmen von einem Jahr mit dem Bemessungsentgelt im auf zwei Jahre erweiterten Bemessungsrahmen. Man muss also den Verdienst im letzten Jahr vor dem Alg-Antrag dem Verdienst in den letzten zwei Jahren gegenüberstellen (und nicht nur dem Verdienst im vorletzten Jahr).

**Minderverdienst-
gründe egal**

Warum der Verdienst im letzten Jahr gesunken ist, spielt keine Rolle. Gründe für den Minderverdienst können sein:

– Verkürzung der Arbeitszeit; allerdings nur bei einer Verkürzung um weniger als 20 %, weil bei stärkeren Verkürzungen nach § 150 Abs. 2 Satz 1 Nrn. 3 und 4 SGB III das Alg fiktiv bemessen wird (→ S. 195);

– Umstieg von Akkord- auf Zeitlohn;

– Lohnverzicht (SG Karlruhe vom 18.5.2010 – S 16 AL 2281/09, info also 2010, S. 256 mit Anm. Ute Winkler);

– Provisionsverluste mangels Geschäftsabschlüssen;

– Kürzung oder Streichung von Weihnachtsgeld, Urlaubsgeld, Umsatzbeteiligung u. Ä.

**Zeitraum
des höheren
Verdienstes
egal**

Wenn der Verdienst (genauer: das Bemessungsentgelt) im letzten Jahr niedriger ausgefallen ist als in den letzten zwei Jahren, kann die Bemessung wegen unbilliger Härte beantragt werden. Auf die Dauer der höher bezahlten Arbeit kommt es nicht an. Insbesondere muss die Dauer der höher bezahlten Arbeit nicht die Dauer der niedriger bezahlten Arbeit übersteigen. So kann z. B. eine Vertreterin, deren Provision im vorletzten Jahr in nur einem Monat wegen eines außergewöhnlichen Geschäftsabschlusses sehr stark gestiegen war, die Bemessung wegen unbilliger Härte beantragen.

Fraglich ist, wann die »unbillige Härte« beginnt.
Die BA nimmt eine »unbillige Härte« an, wenn das Bemessungsentgelt aus dem auf zwei Jahre erweiterten Bemessungsrahmen 10 % höher ist als das erhöhte Bemessungsentgelt aus dem einjährigen Bemessungsrahmen (FW 150.3 Abs. 2).

Vergleichsmaßstab?

Lange war streitig, ob die unbillige Härte ein rein rechnerisches oder ein wertausfüllungsbedürftiges Kriterium ist. Das BSG vom 24.11.2010 – B 11 AL 30/09 R hat diese Frage zu Ungunsten der Arbeitslosen entschieden. Es hat eine unbillige Härte abgelehnt, wenn die kalendertägliche Differenz zwischen dem Arbeitsentgelt eines zweijährigen Bemessungsrahmens und des Regelbemessungsrahmens weniger als 10 % beträgt. Es sei nur auf das Auseinanderklaffen des Regelbemessungsentgelts und des Vergleichsentgelts abzustellen; auf die Gründe für den Minderverdienst komme es nicht an. Nicht jede geringe Abweichung vom Normalfall begründe eine unbillige Härte, sondern nur eine extreme Abweichung.

Eine unbillige Härte wird nicht allein dadurch begründet, dass Arbeitnehmerinnen den Arbeitgeberinnen den Lohn ganz oder teilweise stunden, der Lohn aber beim Ausscheiden aus dem Beschäftigungsverhältnis nicht nachgezahlt wird. Dann kann nach § 151 Abs. 1 Satz 2 SGB III das geschuldete Arbeitsentgelt der Berechnung des Alg nur zu Grunde gelegt werden, wenn die Auszahlung allein wegen der Zahlungsunfähigkeit der Arbeitgeberin unterblieben ist (BSG vom 29.1.2008 – B 7/7a AL 40/06 R). Im Falle des auflösend bedingten Verzichts oder der Stundung soll das nicht gezahlte Arbeitsentgelt dem Alg nicht zugrunde gelegt werden können, weil die Zahlung zunächst aus einem anderen Grund als der Zahlungsunfähigkeit unterblieben ist (BSG vom 11.6.2015 – B 11 AL 13/14 R). Hierbei legt das BSG einen sehr strengen Maßstab an. Nur wenn die Insolvenz der einzige Grund für das Ausbleiben des Arbeitsentgelts ist, kann das nicht gezahlte Arbeitsentgelt dem Alg zugrunde gelegt werden. An dieser Monokausalität fehlt es, wenn die Zahlung zunächst aus einem anderen Grund als der Zahlungsunfähigkeit unterblieben ist, z.B. wegen eines Konsolidierungstarifvertrages. Für das nicht gezahlte Arbeitsentgelt sind auch keine Beiträge entrichtet worden, so dass der Entscheidung keine Verfassungsgrundsätze entgegenstehen. Bei der Berechnung des Insolvenzgeldes würden zwar auch nicht gezahlte, aber geschuldete Entgeltanteile berücksichtigt (siehe BSG vom 4.3.2009 – B 11 AL 8/08 R), das ergebe sich aber aus der anderen Systematik und Zielrichtung des Insolvenzgeldes (BSG vom 11.6.2015 – B 11 AL 13/14 R). Wird der Lohn nach Scheitern der Konsolidierung noch nachgezahlt, gehört er zum Bemessungsentgelt (LSG Sachsen-Anhalt vom 31.5.2016 – L 2 AL 12/14, Revision unter – B 11 AL 16/16 R).

Angesichts der zunehmenden von Gesetzgeber und AA flankierten Lohndrückerei sollten alle, die in letzter Zeit weniger verdient haben, mit dem Alg-Antrag von der AA die Prüfung verlangen, ob die Bemessung »unbillig hart« ist. Denn der Bemessungsrahmen wird wegen »unbilliger Härte« auf zwei Jahre nur erweitert, wenn die Alg-Bezieherin es verlangt (§ 150 Abs. 3 Satz 2 SGB III). Ergeben sich aus dem Alg-Antrag allerdings Anhaltspunkte für eine »unbillige Härte«, dann muss nach unserer Auffassung die AA auch ohne Hinweis der Arbeitslosen von sich aus prüfen, ob das Bemessungsentgelt nicht »unbillig hart« zu niedrig angesetzt ist. Das muss jedenfalls dann gelten, wenn die Arbeitslose gegen die Höhe des Alg Widerspruch erhebt.

Antrag!

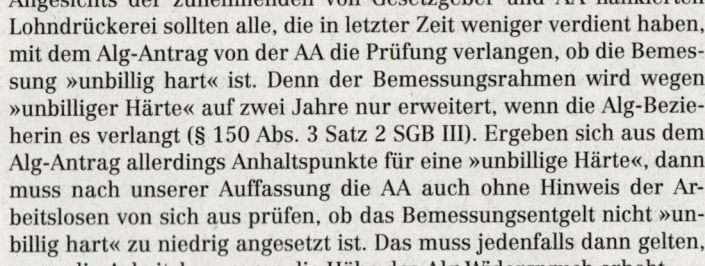

Auf jeden Fall muss die AA die Arbeitslose auf die Möglichkeit, die Erweiterung des Bemessungszeitraums zu verlangen, hinweisen.
Der Antrag kann auch nachträglich gestellt werden und ist nicht fristgebunden.

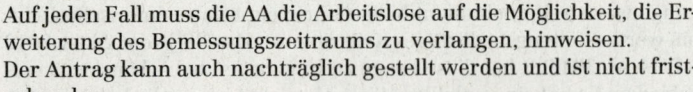

4.4 • Wann und wie wird »fiktiv« bemessen?

Kann ein Bemessungszeitraum von mindestens 150 Tagen mit Anspruch auf Arbeitsentgelt auch innerhalb des auf zwei Jahre erweiterten Bemessungsrahmens nicht festgestellt werden, ist als Bemessungsentgelt ein fiktives Arbeitsentgelt zu Grunde zu legen (§ 152 SGB III).

Beispiel

Elfriede Wehrmich war bis Ende 2014 als ausgebildete Schreinerin beitragspflichtig beschäftigt. Nach der Geburt ihres Kindes bezieht sie bis Ende 2015 Elterngeld und bleibt mangels Krippenplatz noch ein Jahr zuhause. Da ihre Arbeitgeberin Ende 2016 den Betrieb stilllegt, beantragt sie Anfang 2017 Alg.
Zwar begründet auch die Elternzeit in den ersten drei Lebensjahren des Kindes einen Alg-Anspruch. Aber da kein beitragspflichtiges Arbeitsentgelt bezogen worden ist, kann das Elterngeld nicht als Bemessungsentgelt zu Grunde gelegt werden. Mangels 150 Tagen mit Lohnanspruch in den letzten zwei Jahren wird das Arbeitsentgelt »fingiert«. Eine verfassungswidrige Benachteiligung von Müttern sieht das BVerfG vom 14.3.2011 – 1 BvL 13/07 in dieser Regelung nicht; das BSG vom 26.11.2015 – B 11 AL 2/15 R verneint außerdem einen Verstoß gegen EU-Recht.

Nach Berufsausbildung

Da Sozialleistungen nicht zum Bemessungsentgelt gehören, war das Alg nach dem Ende einer außerbetrieblichen Berufsausbildung bisher fiktiv zu ermitteln, wenn während der Ausbildung keine Ausbildungsvergütung, sondern Ausbildungsgeld oder eine ähnliche Leistung von der AA gezahlt worden ist (BSG vom 3.12.2009 – B 11 Al 42/08 R und vom 18.5.2010 – B 7 AL 49/08 R). Dagegen wird das Alg nach einer betrieblichen Berufsausbildung mit einer vom Ausbildungsbetrieb gezahlten Ausbildungsvergütung aus dieser Vergütung berechnet (BSG vom 6.3.2013 – B 11 AL 12/12 R und vom 14.5.2014 – B 11 AL 12/13 R).

Mit der Ungleichbehandlung hat der Gesetzgeber jetzt Schluss gemacht, aber leider nicht durch eine Stärkung des Versicherungsschutzes in der Arbeitslosenversicherung. Nach erfolgreichem Abschluss der betrieblichen oder außerbetrieblichen Ausbildung bleibt es bei dem Alg auf der Grundlage des Lehrlingsentgelts; wenn es an einer Ausbildungsvergütung fehlt, wird das Bemessungsentgelt auf 425 € festgesetzt. Das betrifft nach der Gesetzesbegründung hauptsächlich Ausbildungen in Rehabilitationseinrichtungen (BT-Drs. 18/8042 Art. 1 Nr. 15, S. 10, 28). Aus einem Bemessungsentgelt von 425 € kann nur ein Alg-Anspruch von 201,45 € bzw., wenn ein Kind da ist, von 224,95 € erworben werden. Die Arbeitslosenversicherung ist deshalb für die betroffenen Personen wertlos, weil sie von dem so bemessenen Alg nicht leben können. Nach der Ausbildung sind sie entweder wieder auf ihre Eltern angewiesen, obwohl sie keinen Unterhaltsanspruch mehr haben, oder müssen von SGB II-Leistungen leben (oder beides), wenn sie nicht unmittelbar Arbeit finden. Auf diese Weise wird das Vertrauen der Arbeitnehmer in die Arbeitslosenversicherung zerstört. Der Gesetzgeber muss aufhören, die Arbeitslosenversicherung in erster Linie unter dem Gesichtspunkt des Missbrauchs zu sehen. Alg soll Arbeitslose finanziell absichern, wenn sie keinen Arbeitsplatz finden können. Gegen Missbrauch hält das SGB III andere Instrumente vor.

Die Bemessung des Alg nach einer beruflichen Ausbildung aus dem Lehrlingsentgelt oder aus der während der Ausbildung gezahlten Sozialleistung entspricht auch nur scheinbar dem System des SGB III. Zwar richtet sich das Alg grundsätzlich nach dem im Bemessungszeitraum erzielten Arbeitsentgelt, aber nicht im Sinne einer Beitragsäquivalenz; das frühere Arbeitsentgelt wird vielmehr als Indiz für den durch die Arbeitslosigkeit verursachten Einkommensverlust, also für das in einer zukünftigen Beschäftigung erzielbare Arbeitsentgelt, herangezogen (st. Rspr. des BSG z. B. vom 10.12.1980 – 7 RAr 91/79, vom 2.2.1995 – 11 RAr 21/94 und – 11 RAr 51/94, vom 24.6.1999 – B 11 AL 75/98 und vom 8.11.2001 – B 11 AL 43/01 R). Deshalb müsste das Bemessungsentgelt nach einer abgeschlossenen Berufsausbildung dem Tariflohn eines Gesellen, mindestens aber der Qualifikationsstufe III des § 152 SGB III entnommen werden. Jedenfalls muss der Mindestlohn heute die Untergrenze für das Bemessungsentgelt sein.

Für die Ermittlung des Bemessungsentgelts aus dem Arbeitseinkommen genügt bei der kleinen Anwartschaft nach § 142 Abs. 2 SGB III, dass der Bemessungszeitraum wenigstens 90 Tage mit Anspruch auf Arbeitsentgelt umfasst (§ 150 Abs. 3 Nr. 2 SGB III). Erst wenn weniger als 90 Tage mit Arbeitsentgelt vorhanden sind, ist das Bemessungsentgelt nach § 152 Abs. 1 Satz 2 SGB III fiktiv zu ermitteln. Der Gesetzgeber hält die fiktive Bemessung für den betroffenen Personenkreis für nicht angemessen, weil dieser häufig nicht eindeutig einer Qualifikationsstufe des § 152 SGB III zugeordnet werden könne (BT-Drs. 16(11)1402).

Nach einer Beschäftigung als Grenzgängerin im EU-Ausland ist nach Art. 62 Abs. 3 VO (EG) Nr. 883/2004 dem Alg das Entgelt zugrunde zu legen, das sie in dem Mitgliedstaat erzielt hat, dessen Rechtsvor-

Neu

Bei kleiner Anwartschaft

Nach Beschäftigung als Grenzgängerin

schriften für sie während der letzten Beschäftigung vor der Arbeitslosigkeit gegolten haben. War sie zuletzt unmittelbar vor der Arbeitslosigkeit – weniger als 150 Tage – im Inland beschäftigt, ist das Bemessungsentgelt unabhängig von der Dauer der Beschäftigung nicht nach einem fiktiven Arbeitsentgelt zu ermitteln (LSG Baden-Württemberg vom 22.3.2013 – L 8 AL 1225/11, info also 2013, S. 153; BSG vom 17.3.2015 – B 11 AL 12/14 R).

Für die Grenzgängerin, die mit Wohnsitz in Deutschland in der Schweiz arbeitet, gilt die VO (EG) Nr. 883/2004 nicht; ihr Bemessungsentgelt ist immer nach § 152 SGB III zu berechnen, wenn im erweiterten Bemessungsrahmen keine 150 Tage versicherungspflichtige Beschäftigung im Inland liegen.

Nach Beschäftigung als Gefangene

Auch das Arbeitsentgelt, das Gefangene für ihre Arbeit erhalten, wird der Alg-Bemessung nicht zugrunde gelegt, weil die Gefangene die Arbeit in der Strafanstalt nicht im Rahmen eines versicherungspflichtigen Beschäftigungsverhältnisses geleistet hat (SG Detmold vom 10.10.2013 – S 18 AL 134/13).

Die neuerdings erhobene Forderung zahlreicher Strafgefangener nach einem Arbeitsentgelt in Höhe des Mindestlohns mag für Bundesländer, die die Arbeitspflicht im Strafvollzug aufgehoben haben, sogar berechtigt sein; für die Höhe des Alg würde sich das aber negativ auswirken. Bei einer 39-Stunden-Woche schafft es der Mindestlohn nur auf einen Monatslohn von 1.493,96 €, während das fiktive Entgelt der Leistungsgruppe IV (für Ungelernte) nach § 152 SGB III (ebenfalls bei einer 39-Stunden-Woche) von einem Monatslohn von 1.785 € ausgeht (BSG vom 26.11.2015 – B 11 AL 2/15 R). Wegen der Vergütung der Gefangenenarbeit ist unter – 2 BvR 166/16 eine Verfassungsbeschwerde beim BVerfG anhängig, die noch im Jahr 2017 entschieden werden soll.

»Fiktives« Arbeitsentgelt heißt, es wird ein pauschales Arbeitsentgelt mit Blick auf das, was die Arbeitslose »kann«, festgelegt.

Maßstab: Qualifikationsgruppe

Für die Festsetzung des fiktiven Arbeitsentgelts ist gemäß § 152 Abs. 2 Satz 1 SGB III die Arbeitslose der Qualifikationsgruppe zuzuordnen, die der beruflichen Qualifikation entspricht, die für die Beschäftigung erforderlich ist, auf die die AA die Vermittlungsbemühungen für die Arbeitslose in erster Linie zu erstrecken hat.

Nach der Gesetzesbegründung sollen die Vermittlungsbemühungen der AA abhängig sein vom »in Betracht kommenden Arbeitsangebot« (BT-Drs. 15/1515, S. 86). Diese Einschränkung passt zum fehlenden Berufsschutz. Sie bedeutet für qualifizierte Alg-Bezieherinnen, wenn qualifizierte Arbeitsplätze fehlen, dass das fiktive Arbeitsentgelt niedriger als ihrer Qualifikation angemessen festgesetzt wird.

Anders als bis 2004 »erfolgt die fiktive Leistungsbemessung nicht mehr nach dem individuellen erzielbaren tariflichen Arbeitsentgelt, sondern [...] nach einer pauschalierten Regelung« (so BT-Drs. 15/

1515, S. 85 f.). Der Gesetzgeber begründet die Pauschalierung mit »Verwaltungsvereinfachung«. Dass daneben ein weiteres Mal der Tariflohn beiseite geschoben wird, verschweigt er.

Für die Pauschalierung werden gemäß § 152 Abs. 2 Satz 2 SGB III folgende vier Qualifikationsstufen mit vier absteigenden Pauschbeträgen gebildet.

4 Qualifikations-pauschalen

Aus Vereinfachungsgründen wird nur ein Wert für jede Qualifikationsstufe gebildet; das Bemessungsentgelt wird deshalb unter Berücksichtigung der Bezugsgröße-West für alle betroffenen Arbeitslosen errechnet und nicht nach dem Ort der zukünftigen Arbeitsstelle unterschieden (BSG vom 26.11.2015 – B 11 AL 2/15 R).

Schaubild
Qualifikationspauschalen bei fiktiver Bemessung

Die Beschäftigung erfordert	Die Pauschale beträgt	in €/Tag[1]
Qualifikationsstufe 1 ■ eine Hochschul- oder Fachhochschulausbildung	300stel der Bezugsgröße[2]	119,00
Qualifikationsstufe 2 ■ einen Fachschulabschluss, ■ den Nachweis über eine abgeschlossene Qualifikation als Meister oder ■ einen Abschluss in einer vergleichbaren Einrichtung	360stel der Bezugsgröße	99,17
Qualifikationsstufe 3 ■ eine abgeschlossene Ausbildung in einem Ausbildungsberuf	450stel der Bezugsgröße	79,33
Qualifikationsstufe 4 ■ keine Ausbildung	600stel der Bezugsgröße	59,50

[1] Um keine voreilige Freude aufkommen zu lassen: Die Beträge sind das (Brutto-)Bemessungsentgelt pro Tag. Dieses wird bereinigt, und vom (bereinigten) Leistungsentgelt gibt es das 60 %- oder 67 %-Alg.

[2] Die Bezugsgröße beträgt 2017 35.700 €.
Rechenbeispiel Qualifikationsstufe 1: 35.700 € : 300 = 119 € pro Tag.

Aus der Gesetzesbegründung geht nicht hervor, wie die Prozentsätze der einzelnen Qualifikationsstufen ermittelt worden sind. Nähere Erläuterungen hierzu lassen sich einem Schreiben des BMAS vom 14.12.2005 entnehmen (auszugsweise wiedergegeben in: info also 2006, S. 150 f.). Das BSG vom 29.5.2008 – B 11a/7a AL 64/06 R hat die Begründung für die Bemessung der fiktiven Entgelte als vertretbar und die Höhe der zuzuordnenden fiktiven Entgelte als angemessen bezeichnet.

Die Beschäftigungen, auf die sich die Vermittlungsbemühungen der AA in erster Linie zu erstrecken haben, sind die, mit denen die Arbeitslose bestmöglich wieder in Arbeit eingegliedert werden kann. Dabei sind die Vermittlungskriterien des § 35 Abs. 2 Satz 2 SGB III zu berücksichtigen, nämlich Neigung, Eignung, Leistungsfähigkeit und die Anforderungen der angebotenen Stellen. Kommen mehrere Beschäftigungen in Betracht, ist die der höchsten Qualifikationsstufe zu berücksichtigen.

Für die fiktive Bemessung nach § 152 SGB III soll es auf den formalen Ausbildungsabschluss der Arbeitslosen ankommen und nicht auf das individuelle Leistungsprofil, die bisherigen Beschäftigungen und die dabei erworbenen Kenntnisse und Fähigkeiten (BSG vom 4.7.2012 – B 11 AL 21/11 R; LSG Nordrhein-Westfalen vom 9.2.2012 – L 9 AL 12/11; BayLSG vom 18.12.2013 – L 10 AL 374/13; LSG Baden-Württemberg vom 20.8.2013 – L 13 AL 3434/12 und vom 22.1.2014 – L 3 AL 705/13).

Wird Alg nach § 145 SGB III im Wege der Nahtlosigkeit gezahlt, muss von dem Beruf ausgegangen werden, den der Betroffene ohne die gesundheitliche Leistungseinschränkung ausüben könnte (SG Karlsruhe vom 15.2.2016 – S 5 AL 2222/15, info also 2016, S. 180).

Eine der erworbenen Ausbildung entsprechende Beschäftigung kann nach Meinung des LSG Baden-Württemberg vom 9.8.2007 – L 7 AL 1160/07 auch dann berücksichtigt werden, wenn es nicht die letzte Beschäftigung vor Eintritt der Arbeitslosigkeit war, solange keine Entqualifizierung eingetreten ist. Auch die Beschränkung auf Teilzeit und auf den Tagespendelbereich führt nicht zu einer Herabstufung, wenn entsprechende Arbeitsplätze vorhanden und erreichbar sind.

Eine lang zurückliegende Ausbildung, in der die Arbeitslose nie gearbeitet hat, ist für die Bestimmung des maßgeblichen Vermittlungsberufs unbeachtlich (LSG Berlin-Brandenburg vom 25.5.2010 – L 18 AL 256/09 und vom 10.8.2011 – L 18 AL 285/10), jedenfalls wenn eine Entqualifizierung eingetreten ist (SG Gießen vom 23.3.2010 – S 5 AL 85/08, info also 2010, S. 221; LSG Berlin-Brandenburg vom 15.3.2017 – L 18 AL 169/16).

Dann ist zu prüfen, welche Qualifikation für die Beschäftigung erforderlich ist. Kann eine Beschäftigung mit unterschiedlichen ungleichgewichtigen Ausbildungsabschlüssen ausgeübt werden, kommt es auf die Ausbildung der Arbeitslosen an (BSG vom 4.7.2012 – B 11 AL 21/11 R; LSG Nordrhein-Westfalen vom 9.2.2012 – L 9 AL 12/11).

Viele Tarifverträge erkennen neben einer Lehre oder einer schulischen Ausbildung eine durch langjährige Berufstätigkeit erworbene Qualifikation als der formalen Ausbildung gleichwertig an. Dennoch handelt es sich hierbei um Beschäftigungen, die eine Ausbildung erforderlich machen.

§ 152 SGB III führt zu einigen ungerechtfertigten Benachteiligungen:

- Arbeitslose, die in ihrem Beruf sehr erfolgreich waren und ohne formale Qualifikation aufgestiegen sind, laufen Gefahr, als Berufsanfängerinnen behandelt zu werden (s. die Beispiele in LSG Berlin-Brandenburg vom 4.2.2009 – L 10 Al 8/09 B ER und BayLSG vom 27.5.2009 – L 10 AL 378/07, info also 2010, S. 75). Das kann zu unberechtigten und für die Beteiligten unverständlichen Anspruchsminderungen führen. Betroffen sind Personen, die vor der Arbeitslosigkeit z.B. Krankengeld oder eine andere Lohnersatzleistung oder Elterngeld bezogen haben. Zwar gilt auch in diesen Fällen § 151 Abs. 3 SGB II. Danach ist das höhere Bemessungsentgelt eines früheren Alg im Zweijahreszeitraum zu berücksichtigen. Diese Vorschrift hilft aber all denen nicht, die nach der Lohnersatzleistung erstmals arbeitslos werden. Dasselbe gilt, wenn die Lohnersatzleistung länger als 19 Monate bezogen oder die anwartschaftsbegründende Elternzeit von drei Jahren ausgeschöpft worden ist.

Die fiktive Bemessung nach § 152 SGB III ist hauptsächlich als Benachteiligung von Frauen nach der Erziehungszeit wahrgenommen und kritisiert worden (SG Berlin vom 29.5.2006 – S 77 AL 961/06; Vorlagebeschluss des SG Dresden vom 11.9.2007 – S 29 AL 543/06). Die Regelung betrifft jedoch nicht speziell Frauen; es ist auch nicht offensichtlich, dass tatsächlich Frauen von ihr in größerem Umfang benachteiligend erfasst werden als Männer (so auch Ute Winkler, info also 2008, S. 25). Das BSG hat deshalb keine Zweifel an der Verfassungsmäßigkeit der Vorschrift geäußert (BSG vom 29.5.2008 – B 11a AL 23/07 R, vom 21.7.2009 – B 7 AL 23/08 R und vom 25.8.2011 – B 11 AL 19/10 R). Das BVerfG hat zwar eine Verfassungsbeschwerde (Beschluss vom 11.3.2010 – 1 BvR 2909/08) und die Richtervorlage des SG Dresden (Beschluss vom 10.3.2010 – 1 BvL 11/07) als unzulässig bezeichnet; es hat aber zugleich Verstöße gegen Art. 6 und Art. 3 GG durch die fiktive Bemessung des Alg nach einer Elternzeit verneint.

Es darf nicht übersehen werden, dass die fiktive Bemessung im Einzelfall für die Arbeitslose auch günstiger sein kann als die Berücksichtigung des zuletzt erzielten Arbeitsentgelts, nämlich wenn sie sehr schlecht bezahlt worden ist (BSG vom 21.7.2009 – B 7 AL 23/08 R). Siehe → S. 202.

Wird das Arbeitsentgelt fiktiv bemessen und beschränkt die Arbeitslose sich in Zukunft auf Teilzeitarbeit, so wird das Bemessungsentgelt entsprechend der geminderten Stundenzahl verringert. Bezugspunkt ist dabei nicht die ursprüngliche individuelle Vollarbeitszeit, sondern gemäß § 151 Abs. 5 Satz 3 SGB III die regelmäßige wöchentliche Arbeitszeit, die im Zeitpunkt der Entstehung des Alg-Anspruchs für Angestellte im öffentlichen Dienst des Bundes gilt.

Fiktive Arbeitszeit bei fiktivem Arbeitsentgelt

5   **Zusammenfassung: Alg-Bemessung nach Lohnminderung**

Die von Unternehmern und Bundesregierung/Bundestag propagierte und (u. a. durch Hartz III und Hartz IV) durchgesetzte Lohndrückerei betrifft nicht nur die Arbeitenden, sondern auch die Arbeitslosen. Sie müssen nicht nur erbärmlich schlecht bezahlte Arbeit annehmen; sie laufen auch Gefahr, nach Verlust dieser Arbeit ein noch niedrigeres Alg zu bekommen. Immerhin: Das Alg orientiert sich nicht stets am letzten, niederen Lohn. Das zeigt die folgende Übersicht:

Schaubild
Lohnminderung vor Alg-Bezug

Wer schon vorm Alg an Lohn verlor, kriegt Alg manchman vom Lohn davor

Grund für Lohnminderung	Folge für Alg-Bemessung
1. Aufnahme von neuer Arbeit **nach** vorhergehendem Alg-Bezug Neue Arbeit dauert a) weniger als 12 Monate b) 12 Monate und mehr	a) Altes Alg wird weitergezahlt, wenn Anspruch nicht aufgebraucht b) Bemessung nach früherem, höherem Lohn, falls zwischen dem letzten Tag des früheren Alg-Bezugs und dem ersten Tag des erneuten Alg-Bezugs weniger als zwei Jahre liegen
2. Aufnahme von neuer Arbeit **ohne** vorhergehenden Alg-Bezug	Erweiterung des Bemessungsrahmens wegen unbilliger Härte verlangen
3. Wechsel von Voll- auf Teilzeitarbeit vor Alg-Bezug a) Keine 150 Tage mit Vollzeitarbeitsentgelt in den letzten zwei Jahren b) 150 Tage mit Vollzeitarbeitsentgelt in den letzten zwei Jahren	a) Fiktive Bemessung b) Bemessung nach Vollzeitarbeitsentgelt
4. Kindererziehung a) Keine 150 Tage mit Vollzeitarbeitsentgelt in den letzten zwei Jahren b) 150 Tage mit Vollzeitarbeitsentgelt in den letzten zwei Jahren	a) Fiktive Bemessung b) Bemessung nach Vollzeitarbeitsentgelt
5. Lohnverzicht	Alg: Erweiterung des Bemessungsrahmens wegen unbilliger Härte verlangen Insg: Ist in Gefahr

In der Regel empfehlen wir nach Verlust einer gut bezahlten Arbeit, wenigstens einen Tag Alg zu beziehen. Allerdings ist umstritten, ob bei einer Beschäftigungslosigkeit von nur einem Tag Verfügbarkeit vorliegen kann, insbesondere wenn die Arbeitslose mit dem Alg für einen Tag nur erreichen will, dass der Alg-Anspruch länger geltend gemacht werden kann, z. B. nach einem Studium (verneinend BayLSG vom 30.9.2015 – L 10 AL 278/14, info also 2016, S. 16). Wechselt eine Arbeitnehmerin mit einer kurzen beschäftigungslosen Zwischenzeit von einem Arbeitsverhältnis in eine neue Beschäftigung, ist aber für die Unterbrechungszeit, auch wenn sie nur einen oder wenige Tage dauert, Verfügbarkeit anzuerkennen und Alg zu zahlen (Claus-Peter Bienert, info also 2016 S. 8, 11). Den einmal angebrochenen Alg-Anspruch können Sie (gemäß § 161 Abs. 2 SGB III) vier Jahre lang wiederbeleben. Haben Sie einen neuen Anspruch erworben (nach wenigstens zwölf Monaten Beschäftigung), wird (gemäß Fallgruppe 1 b) das Alg, wenn zwischen dem letzten Tag des früheren Alg-Bezugs und dem ersten Tag des erneuten Alg-Bezugs weniger als zwei Jahre liegen, nach dem früheren, höheren Lohn bemessen.

6 Bemessung nach freiwilliger Weiterversicherung

Gemäß § 28a SGB III können Selbstständige, Auslandsbeschäftigte, Erziehungspersonen und Teilnehmer an Weiterbildungsmaßnahmen sich freiwillig in der Arbeitslosenversicherung weiterversichern. Voraussetzung ist u. a., dass die weiter zu Versichernde vorher innerhalb der letzten 24 Monate mindestens zwölf Monate in einem Versicherungspflichtverhältnis stand oder Anspruch auf eine Entgeltersatzleistung nach dem SGB III hat (näher zu diesem »Versicherungspflichtverhältnis auf Antrag« → S. 142). Damit taucht die Frage auf, wie bei Arbeitslosigkeit nach Weiterversicherung das Alg bemessen wird.

Die Bemessung des Alg richtet sich nach den allgemeinen Grundsätzen. Auch bei antragspflichtversicherten Personen gehen in das Bemessungsentgelt nur Arbeitsentgelte aus einer abhängigen Beschäftigung im Inland ein, nicht die Gewinne aus der selbstständigen Tätigkeit und der Auslandsbeschäftigung.
Folgende Fallgestaltungen können auftreten:

6.1 Weiterversicherung nach einer Beschäftigungszeit

Hat die Arbeitslose **24 Monate ununterbrochen** als Arbeitnehmerin versicherungspflichtig **gearbeitet** und sich im unmittelbaren Anschluss daran freiwillig weiterversichert, kommt es darauf an, wie lange sie vor der Arbeitslosmeldung selbstständig war, im Ausland gearbeitet, Kinder erzogen oder an einer Weiterbildung teilgenommen hat.

Maßgeblich ist immer das Arbeitsentgelt, das in einer versicherungspflichtigen Beschäftigung im Bemessungsrahmen erzielt worden ist. Dieser ist nach § 150 Abs. 1 SGB III vom letzten Tag der Weiterversicherung zurückzurechnen und beträgt ein Jahr.

■ Hat die **Weiterversicherung nicht länger als sieben Monate** gedauert, liegen im Bemessungsrahmen 150 Tage mit Zeiten einer
versicherungspflichtigen Beschäftigung, aus der das Bemessungsentgelt entnommen werden kann.

■ Hat die **Weiterversicherung länger als sieben Monate, aber nicht
länger als 19 Monate** gedauert, ist der Bemessungsrahmen nach
§ 150 Abs. 3 Satz 1 Nr. 1 SGB III auf zwei Jahre zu erweitern. In den
zwei Jahren liegen 150 Tage versicherungspflichtiger Beschäftigung,
denen das Bemessungsentgelt entnommen werden kann.

■ Hat die **Weiterversicherung länger als 19 Monate** gedauert, finden
sich auch im erweiterten Bemessungsrahmen keine 150 Tage einer
versicherungspflichtigen Beschäftigung. In diesem Fall muss das
Alg auf der Grundlage eines fiktiven Arbeitsentgelts nach § 152
SGB III ermittelt werden.

Hat die Arbeitslose vor der Weiterversicherung **nicht durchgehend
zwölf Monate** versicherungspflichtig **gearbeitet oder** hat sie die Vorversicherungszeit **mit anderen Versicherungspflichtzeiten** (Krankengeldbezug usw.) **erfüllt**, kommt es dann zur fiktiven Bemessung, wenn
sich in den letzten zwei Jahren keine 150 Tage mit Arbeitsentgelt aus
einer versicherungspflichtigen Beschäftigung finden lassen.

6.2   Weiterversicherung nach Alg-Bezug

Hier kommt es darauf an, ob das Alg bei Beginn der Weiterversicherung bereits verbraucht war oder nicht.

Alg noch nicht
verbraucht

■ **War das Alg noch nicht verbraucht**, kommt es auf die Dauer der
Weiterversicherung an.

– Dauerte die Weiterversicherung kürzer als zwölf Monate, kann
vier Jahre lang auf den alten, angebrochenen Alg-Anspruch gemäß § 161 Abs. 2 SGB III zurückgegriffen werden. Das alte Alg
wird nicht neu bemessen.

– Nach einer Zeit der Weiterversicherung von einem Jahr und länger ist ein neuer Anspruch entstanden, der den alten Anspruch
zum Erlöschen bringt (§ 161 Abs. 1 Nr. 1 SGB III). Der neue Alg-
Anspruch muss neu bemessen werden. Im einjährigen Bemessungsrahmen finden sich keine 150 Tage einer beitragspflichtigen Beschäftigung. Enthält der erweiterte Bemessungsrahmen
von zwei Jahren ebenfalls keine 150 Beschäftigungstage, kommt
nur eine fiktive Bemessung nach § 152 SGB III in Betracht. Hier
ist § 151 Abs. 4 SGB III zu beachten; nach dieser Vorschrift ist
das Bemessungsentgelt mindestens das Entgelt, das einem früheren Alg-Anspruch zu Grunde lag, wenn der letzte Tag des früheren Alg-Bezugs weniger als zwei Jahre zurückliegt.

■ **War der Alg-Anspruch** bei Beginn der Weiterversicherung **ver-** **braucht**, kann erst nach einer Weiterversicherung von einem Jahr ein neuer Anspruch erworben werden. Dieser ist nach § 152 SGB III fiktiv zu bemessen. Hier ist wieder der Bestandsschutz aus § 151 Abs. 4 SGB III zu beachten.

Alg verbraucht

Die freiwillige Weiterversicherung erweist sich vor allem für höher qualifizierte Personen als günstig. Bei einem Einheitsbeitrag erhalten sie Alg aufgrund der fiktiven Bemessung nach § 152 SGB III entsprechend ihrer Ausbildung, wenn sie für die Vermittlung in eine ausbildungsgerechte Beschäftigung in Betracht kommen. Ein Einheitsbeitrag auf der Grundlage der Bezugsgröße verschafft ehemals antragspflichtversicherten Arbeitslosen der Qualifikationsgruppe I immer einen Anspruch auf Alg, dem ein Bemessungsentgelt oberhalb des Beitragsentgelts zugrunde liegt, in der Qualifikationsgruppe II entsprechen sich Beitragsentgelt und Bemessungsentgelt, während Arbeitslose der Qualifikationsgruppen III und IV immer Alg beziehen, dessen Bemessungsentgelt unterhalb des Beitragsentgelts liegt, d. h. die geringer Qualifizierten erhalten für ihren Beitrag weniger Alg als ihrem Beitrag entspricht und weniger als die höher Qualifizierten, die mehr Alg bekommen als ihrem Beitrag entspricht; auch eine Art Umverteilung von unten nach oben (vgl. Ute Winkler, info also 2010, S. 105 ff.). Noch größer ist der Unterschied zwischen Beitrag und Leistung für die Erziehungspersonen und die Teilnehmer an Weiterbildungsmaßnahmen im Verhältnis zu pflichtversicherten Arbeitnehmern.

Wir halten eine Regelung für eine kleine Gruppe von Berechtigten, bei der die Leistungen regelmäßig nicht den Beiträgen entsprechen, für eine Verletzung des Gleichbehandlungsgrundsatzes.

Kritik

7 Nur abgerechnete Entgeltzeiträume – nur im Bemessungszeitraum erzieltes Arbeitsentgelt

Für die Leistungsbemessung wird nur das Entgelt zu Grunde gelegt, das beim Ausscheiden der Arbeitnehmerin abgerechnet war. Das gilt nach § 150 Abs. 1 SGB III nicht nur für das letzte, sondern für alle im Bemessungsrahmen liegenden Beschäftigungsverhältnisse. Die Berücksichtigung nur der abgerechneten Entgeltabrechnungszeiträume soll eine schnelle Bearbeitung und Zahlung des existenzsichernden Alg ermöglichen, ohne dass die AA eine arbeitsrechtliche Prüfung vornehmen muss (LSG Nordrhein-Westfalen vom 26.2.2010 – L 1 B 23/09). Diese Regelung sollte überdacht werden. Für die schnelle Bearbeitung ist es keineswegs notwendig, nur das Arbeitsentgelt zu berücksichtigen, das beim Ausscheiden abgerechnet war; es muss genügen, wenn die Abrechnung bei der Antragstellung zur Verfügung steht (so auch Philipp S. Fischinger, SGb 2013, S. 645).

Abgerechnet ist ein Entgeltabrechnungszeitraum, wenn die Arbeitgeberin oder die von ihr beauftragte Stelle das für diesen Zeitraum erarbeitete Arbeitsentgelt zuzüglich fälliger Sonderzahlungen vollständig errechnet hat, so dass es ohne weitere Rechenoperation an die Arbeitnehmerin ausgezahlt werden kann (LSG Nordrhein-Westfalen vom 28.4.2010 – L 12 AL 13/09). Es müssen alle Bestandteile des Entgelts abgerechnet sein, neben einer festen Vergütung auch alle variablen Bestandteile des Arbeitslohns, z. B. Provisionen, Vergütung für Mehrarbeit, Zulagen für Sonn- und Feiertagsarbeit, Nacht- und Erschwerniszulagen (HessLSG vom 24.8.2010 – L 9 AL 152/08).

Wird eine Arbeitnehmerin vor Ablauf der Kündigungsfrist von der Arbeit unwiderruflich freigestellt, besteht zwar das Arbeitsverhältnis fort, das Beschäftigungsverhältnis im leistungsrechtlichen Sinne endet aber mit der Freistellung; deshalb kommt es für die Ermittlung des Bemessungsentgelts darauf an, welche Entgeltabrechnungszeiträume im Augenblick der Freistellung abgerechnet sind (BSG vom 30.4.2010 – B 11 AL 160/09 B).

Schließt sich an das Beschäftigungsverhältnis eine Krankheitszeit mit dem Bezug von Krankengeld, Verletztengeld oder Übergangsgeld an, ist der letzte Monat der Beschäftigung vor dem Ausscheiden nur abgerechnet, wenn die Abrechnung vor Beginn des Anspruchs auf Krankengeld usw. erfolgt ist (BSG, a. a. O.), auch wenn das Arbeitsverhältnis während des Bezugs der Sozialleistung fortbesteht. Das lässt sich mit dem Zweck der Regelung, die schnelle Bewilligung von Alg zu ermöglichen, nicht begründen.

Die Zahlung selbst ist nicht Bestandteil der Abrechnung (s. aber unten). Ist für einen beim Ausscheiden der Arbeitnehmerin nicht abgerechneten Entgeltabrechnungszeitraum eine zusätzliche Leistung (z. B. Weihnachtsgeld) gezahlt worden, bleibt auch diese Sonderzahlung unberücksichtigt (BSG vom 8.7.2009 – B 11 AL 14/08 R; LSG Niedersachsen-Bremen vom 28.4.2014 – L 11 AL 9/11). Die nachträgliche Abrechnung (nach dem Ausscheiden) beeinflusst das Bemessungsentgelt nicht mehr (SG Stade vom 27.4.2006 – S 6 AL 205/05).

Elfriede Wehrmich erhält ihren Arbeitslohn und die dazugehörige Abrechnung immer erst am 10. des Folgemonats. Scheidet sie nach mehrjähriger Beschäftigung aufgrund einer fristlosen Kündigung am 29.7.2017 aus, ist der Monat Juli nicht abgerechnet und geht nicht in den Bemessungszeitraum und in das Bemessungsentgelt ein. Der Bemessungsrahmen erfasst in diesem Fall die Zeit vom 30.7.2016 bis 29.7.2017, der Bemessungszeitraum die Zeit vom 1.8.2016 bis 30.6.2017.
Das kann, wenn für den letzten Monat Urlaubsgeld u. Ä. zu beanspruchen war, ungünstig sein. Hat Elfriede im Juli jedoch unterdurchschnittlich verdient, z. B. weil wegen der Ferien weniger Überstunden angefallen sind, kann sich das positiv auf das Bemessungsentgelt auswirken.

Gemäß § 151 Abs. 1 SGB III kann grundsätzlich nur im Bemessungszeitraum erzieltes, d. h. tatsächlich erhaltenes Arbeitsentgelt berücksichtigt werden.

Was heißt
»erzielt«?

Entgelte, die die Arbeitslose vor ihrem Ausscheiden aus dem versicherungspflichtigen Beschäftigungsverhältnis tatsächlich nicht erhalten hat, werden ausnahmsweise bei der Bemessung des Alg berücksichtigt, wenn die Arbeitslose dieses Entgelt für den abgerechneten Entgeltzeitraum beim Ausscheiden aus dem Arbeitsverhältnis beanspruchen konnte. Das gilt, wenn das Alg bereits bewilligt war, bei Nachzahlung des Arbeitsentgelts gemäß § 48 Abs. 1 Satz 2 Nr. 1 SGB X auch rückwirkend (BSG vom 21.3.1996 – 11 RAr 101/94, SozR 3–1300 § 48 Nr. 48).

Das ist z. B. der Fall, wenn

– nachträglich die Tarifeinstufung berichtigt wird (vgl. z. B. SG Berlin vom 10.2.1995 – S 51 Ar 3490/93, info also 1995, S. 80);

– die ursprüngliche Abrechnung falsch war, z. B. wegen Rechenfehlern, bei Streit über die Zahl der geleisteten Arbeitsstunden oder den Stundenlohn, Provisionen u. Ä.;

– nach einem für die Arbeitnehmerin günstigen Abschluss eines Arbeitsgerichtsverfahrens im Bemessungszeitraum entstandenes Arbeitsentgelt nachgezahlt wird; das gilt aber nur für Arbeitsentgeltzeiten, die vor dem Ausscheiden aus dem Beschäftigungsverhältnis – wenn auch fehlerhaft – abgerechnet waren;

– eine Tariferhöhung vor dem Ausscheiden noch nicht berücksichtigt war.

Dadurch verursachte höhere Arbeitsentgelte werden allerdings nur berücksichtigt, falls sie, wenn auch nachträglich, der Arbeitslosen zugeflossen sind.

Nur ausgezahltes
Arbeitsentgelt

»Mit dieser Einschränkung soll verhindert werden, dass sich die Parteien eines Arbeitsvertrages nachträglich rückwirkend auf ein höheres Arbeitsentgelt des Betroffenen, etwa im Vergleichswege verständigen, um ein höheres Alg zu erreichen, ohne dass der Arbeitgeber den höheren Betrag auch an den Arbeitnehmer auszahlen muss« (BT-Drs. 13/4941, S. 179).

In das Bemessungsentgelt geht das ausnahmsweise nicht zugeflossene Arbeitsentgelt ein, wenn es wegen der Zahlungsunfähigkeit der Arbeitgeberin nicht gezahlt worden ist. Das nicht zugeflossene Arbeitsentgelt geht nur dann in das Bemessungsentgelt ein, wenn die Zahlungsunfähigkeit die einzige Ursache des unterbliebenen Zuflusses ist. Das ergibt sich nach Meinung des BSG aus der historischen Entwicklung der Vorschrift und ihrem durch Verwaltungspraktikabilität und Missbrauchsabwehr gekennzeichneten Zweck. Es soll keine volle arbeitsrechtliche

Ausnahme
bei Zahlungsunfähigkeit

Überprüfung durchgeführt werden, ob ein höherer Arbeitsentgeltanspruch bestand oder nicht. Nicht zugeflossenes Arbeitsentgelt geht also nicht in das Bemessungsentgelt ein, wenn die Zahlung zunächst aus anderen Gründen unterblieben, später aber Zahlungsunfähigkeit hinzugetreten ist (BSG vom 8.2.2007 – B 7a AL 28/06 R und vom 5. und 14.12.2006 – B 11a AL 43/05 R und B 7a AL 54/05 R). Das soll auch gelten, wenn es eine arbeitsgerichtliche Entscheidung über das ausstehende Arbeitsentgelt gibt (BSG vom 8.2.2007, a. a. O.). Wird das Weihnachtsgeld zum Fälligkeitszeitpunkt nicht ausgezahlt und von der Arbeitnehmerin gestundet, soll die spätere Zahlungsunfähigkeit nicht die alleinige Ursache für die Nichtauszahlung des Weihnachtsgeldes sein (LSG Nordrhein-Westfalen vom 5.6.2008 – L 9 AL 114/07). Arbeitnehmerinnen sollten deshalb mit Zugeständnissen gegenüber ihren finanziell klammen Arbeitgeberinnen vorsichtig sein. Wird in einem Sanierungs-Tarifvertrag auf Lohnbestandteile auflösend bedingt verzichtet und leben die Ansprüche bei Insolvenz des Arbeitgebers wieder auf, gehören die nicht gezahlten Entgelte nicht zum Bemessungsentgelt, weil die ausbleibende Zahlung nicht allein Folge der Zahlungsunfähigkeit des Betriebes, sondern auch des früheren Verzichts ist (BSG vom 11.6.2015 – B 11 AL 13/14 R; ähnlich BSG vom 29.1.2008 – B 7/7a AL 40/06 R). Für das nicht gezahlte Arbeitsentgelt sind auch keine Beiträge entrichtet worden, so dass der Entscheidung keine Verfassungsgrundsätze entgegenstehen. Bei der Berechnung des Insolvenzgeldes werden zwar auch nicht gezahlte, aber geschuldete Entgeltanteile berücksichtigt (siehe BSG vom 4.3.2009 – B 11 AL 8/08 R); das soll sich aber aus der anderen Systematik und Zielrichtung des Insolvenzgeldes ergeben (BSG vom 11.6.2015 – B 11 AL 13/14 R).

Zum Bemessungsentgelt gehört das Insolvenzgeld, wenn es für einen abgerechneten Lohnabrechnungszeitraum gezahlt wird.

8   **Das durchschnittliche auf den »Tag« entfallende Arbeitsentgelt**

Tagesbasis

Nach § 151 Abs. 1 SGB III ist Bemessungsentgelt das durchschnittlich auf den Tag entfallende beitragspflichtige Arbeitsentgelt. Es ist demnach die Summe der in die abgerechneten Entgeltzeiträume fallenden beitragspflichtigen Arbeitsentgelte durch die Anzahl der in die Entgeltzeiträume fallenden **Kalender**tage zu teilen (ebenso Behrend, in: Eicher/Schlegel, SGB III, RandNr. 65 zu § 131 und die BA, FW 151.1 Abs. 8; SG Düsseldorf vom 5.8.2005 – S 7 AL 132/05; SG Dresden vom 23.8.2005 – S 21 AL 281/05; SG Aachen vom 13.4.2005 – S 11 AL 21/05). Zum Beispiel 10.688,20 € erzielt in 170 Tagen ergibt ein durchschnittliches tägliches Bemessungsentgelt von 62,87 €.

360 oder
365 Tage?

Umfasst der Bemessungszeitraum ein ganzes Jahr mit Anspruch auf Arbeitsentgelt, geht die BA davon aus, dass das Jahreseinkommen durch 365 oder (in einem Schaltjahr) 366 Tage zu teilen ist. Dem haben das SG Dresden vom 23.8.2005 – S 21 AL 281/05 und das SG Frankfurt am Main vom 20.1.2006 – S 33 AL 296/05, info also 2006, S. 167 zugestimmt, obwohl nach § 154 Satz 2 SGB III für das ganze Jahr nur für 360 Tage Alg gezahlt wird. Da nach § 339 Satz 1 SGB III bei der Berechnung der Leistungen der Monat gleichmäßig mit 30 Tagen anzusetzen ist, vertreten wir eine andere Auslegung des § 151 Abs. 1 Satz 1 SGB III. § 154 SGB III verlangt zwar die Berechnung von Alg für Kalendertage; daraus ergibt sich keineswegs zwingend, dass § 339 SGB III nicht anzuwenden ist. Die BA ist zunächst selbst davon ausgegangen, dass zur Ermittlung des kalendertäglichen Bemessungsentgelts das Jahreseinkommen durch 360 Tage zu teilen ist (s. SG Frankfurt am Main vom 20.1.2006 – S 33 AL 296/05, info also 2006, S. 167). Für diese Auslegung spricht § 152 Abs. 2 Nr. 2 SGB III, der bei der Ermittlung des fiktiven Bemessungsentgelts den Tagesbetrag mit 1/360 der Bezugsgröße, die als Jahresbetrag errechnet wird, ansetzt. Der Gesetzgeber wollte die Berechnung des Alg der der anderen kürzerfristigen Lohnersatzleistungen Krankengeld, Verletztengeld, Übergangsgeld und Versorgungskrankengeld anpassen. Diese werden ebenfalls für Kalendertage ermittelt und hierbei Monatsentgelte durch 30 und Jahresentgelte durch 360 geteilt (vgl. § 47 Abs. 2 Sätze 3 und 6 SGB V, § 47 Abs. 1 Nrn. 1 und 2 SGB VII, § 47 Abs. 1 Satz 3 und 6 SGB IX und § 16a Abs. 2 Satz 3 und Abs. 3 BVG). Für die Errechnung des Bemessungsentgelts für das Alg kann deshalb nichts anderes gelten.

Der 11. Senat des BSG vom 6.5.2009 – B 11 AL 7/08 R hat jedoch entschieden, dass bei der Berechnung des Bemessungsentgelts mit einem Bemessungszeitraum von einem ganzen Jahr das Jahreseinkommen durch 365 Tage zu teilen ist. Mit den oben dargelegten Überlegungen hat das Gericht sich leider nicht befasst.

III   Das Leistungsentgelt
§ 153 SGB III

Steht das (Brutto-)Bemessungsentgelt fest, ist der erste Schritt auf dem Weg zur Berechnung der Alg-Höhe geschafft. Im nächsten Schritt muss das so genannte (Netto-)Leistungsentgelt festgestellt werden.

Leistungsentgelt

Leistungsentgelt ist gemäß § 153 Abs. 1 Satz 1 SGB III »das um pauschalierte Abzüge verminderte Bemessungsentgelt«. Es gibt drei pauschalierte Abzüge:

= Pauschaliertes Netto

- Als Arbeitnehmeranteil in der Sozialversicherung werden pauschal 21 % des Bemessungsentgelts abgezogen.

21 %-Pauschale

- »Die Lohnsteuer nach der Lohnsteuertabelle, die sich nach dem vom Bundesministerium der Finanzen aufgrund des § 51 Abs. 4 Nr. 1a EStG bekannt gegebenen Programmablaufplans bei Berücksichtigung der Vorsorgepauschale nach § 39b Abs. 2 Satz 5 Nr. 3 Buchst. a bis c des Einkommensteuergesetzes in dem Jahr, in dem

Pauschalierte Lohnsteuer

der Anspruch entstanden ist, ergibt.« (§ 153 Abs. 1 Satz 2 Nr. 2 SGB III).
Bei der Vorsorgepauschale werden für die Beiträge zur Rentenversicherung (18,7 %) die Beitragsbemessungsgrenze-West (72.600 €), für die Krankenversicherungsbeiträge der nach § 243 Abs. 2 SGB V festgesetzte ermäßigte Beitragssatz (14,0 %) und für die Pflegeversicherung der Beitragssatz nach § 55 Abs. 1 Satz 1 SGB XI (2,55 %) berücksichtigt (§ 153 Abs. 1 Satz 4 SGB III).

Es wird also nicht von der tatsächlichen, sondern von einer pauschalierten Steuerbelastung ausgegangen. Freibeträge, die nur einzelnen Arbeitnehmerinnen zustehen, bleiben außer Betracht. Das BSG vom 24.7.1997 – 11 RAr 45/96, Breith. 1998, S. 865 ff. hat die Verfassungsmäßigkeit einer solchen Pauschalierung bejaht, auch soweit Steuerfreibeträge für behinderte Menschen nicht berücksichtigt werden. Der Gesetzgeber sei berechtigt, aus Gründen der Verwaltungspraktikabilität ein typisierendes Bemessungssystem zu schaffen. Das verstoße nicht gegen das Diskriminierungsverbot des Art. 3 Abs. 3 Satz 2 GG (ähnlich LSG Nordrhein-Westfalen vom 18.6.2007 – L 19 AL 78/06). Auch das BVerfG hat es wiederholt, z. B. am 23.10.2007 – 1 BvR 2089/07, gebilligt, dass bei der Bemessung des Alg die Lohnabzüge für die Berechnung des Nettolohns nicht individuell ermittelt werden, sondern der individuelle Bruttolohn um »gewöhnlich« anfallende Abzüge zu vermindern ist. Selbst bei einer Befreiung von der Krankenversicherungspflicht wird das Leistungsentgelt unter Berücksichtigung des Beitrags zur Krankenversicherung ermittelt (HessLSG vom 26.8.2011 – L 7 AL 29/11).

Die Höhe des Abzugs ist abhängig von der jeweils maßgeblichen Lohnsteuerklasse und ist direkt der Lohnsteuertabelle zu entnehmen. Der 7. Senat des BSG vom 21.7.2009 – B 7 AL 23/08 R hat für die Ermittlung des Lohnsteuerabzugs nach § 153 Abs. 1 Satz 2 Nr. 2 SGB III verschiedene Berechnungsmodelle genannt, die im Centbereich zu unterschiedlichen Ergebnissen führen. Der genaue Betrag lässt sich nach Meinung des Senats, der allerdings für die Arbeitslosenversicherung nicht mehr zuständig ist, ohne Einholung eines Gutachtens nicht feststellen. Dem hat sich jetzt der allein noch zuständige 11. Senat angeschlossen (BSG vom 26.11.2015 – B 11 AL 2/15 R). Sollte das zutreffen – was wir ohne fachkundiges Gutachten nicht beurteilen können – wären die AA wohl lahmgelegt.

Solidaritätszuschlag

■ Der Solidaritätszuschlag beträgt im Jahr 2017 5,5 % der Lohnsteuer. Bei niedriger Lohnsteuerschuld wird der Solidaritätszuschlag jedoch nicht oder aber nicht in voller Höhe erhoben (§ 3 Abs. 4 Satz 1 Solidaritätszuschlagsgesetz). Das führt in solchen Fällen zu einem höheren Leistungsentgelt.

Halleluja!

Kirchensteuer wird nicht abgezogen. Selbst Arbeitslose, die einer Kirchensteuer erhebenden Kirche angehören, erhalten ihr Alg nach einem Leistungsentgelt bemessen, das nicht um die Kirchensteuer gesenkt worden ist.

Sie können mithilfe eines von der BA zur Verfügung gestellten Berechnungsprogramms Ihr Alg selbst berechnen. Das Selbstberechnungsprogramm ist unter http://www.pub.arbeitsagentur.de/selbst.php ?jahr=2017 aufzurufen und leicht zu bedienen.

Wie berechne ich mein Alg?

Maske
BA-Programm Selbstberechnung Alg

Selbstberechnung Arbeitslosengeld I (Kalenderjahr 2017)

Auf dieser Seite können Sie die Höhe des kalendertäglichen Arbeitslosengeldes berechnen lassen. Bitte beachten Sie, dass das h berechnete und angezeigte **Ergebnis** aus den eingangs genannten Gründen lediglich ein **Orientierungswert** für Sie sein kann. D Ergebnis ist daher rechtlich nicht bindend.

Bitte nehmen Sie die erforderlichen Eintragungen vor.

Tragen Sie hier Ihr durchschnittliches **monatliches Bruttoarbeitsentgelt der versicherungspflichtigen Beschäftigungen der letzten 12 Monate** ein (Arbeitsentgelt sonstiger Versicherungspflichtverhältnisse z.B. Krankengeld-Bezug bleibt außer Betracht).
Format: Euro,Cent   (KEINE Punkte verwenden!!)

| | EURO |

In welchen Bundesländern waren Sie im letzten Jahr beschäftigt? | Alte Bundesländer ⇕ |

Übersteigt das monatliche Bruttoarbeitsentgelt die Beitragsbemessungsgrenze, wird bei der Berechnung ein Bruttoarbeitsentgelt in Höhe der Beitragsbemessungsgrenze berücksichtigt. Die monatliche Beitragsbemessungsgrenze beträgt: | EURO |

Wählen Sie Ihre **Lohnsteuerklasse** aus: | I/IV ⇕ |

Haben Sie, Ihre Ehegatte oder Lebenspartner ein **Kind**, für das Sie, Ihr Ehegatte oder Lebenspartner Kindergeld erhalten? | NEIN ⇕ |

[Berechnen]

Ergebnisse der Berechnung:

Bruttoentgelt/tgl. (Bemessungsentgelt gerundet)
Das tägliche Bruttoentgelt wird errechnet, indem der von Ihnen eingegebene Monatswert mit 12 multipliziert und durch 365 dividiert wird (täglicher Wert im Monatsdurchschnitt). | EURO |

Lohnsteuer | EURO |

Solidaritätszuschlag | EURO |

Sozialversicherungsbeiträge (21%-Pauschale, gerundet) | EURO |

Nettoentgelt/tgl. (Leistungsentgelt) | EURO |

(x %)= **Arbeitslosengeld/kalendertäglich (Leistungssatz gerundet)** | EURO |

(x 30 Kalendertage)= **Arbeitslosengeld für volle Monate** | EURO |

Wichtige Hinweise:

Bei den dargestellten Abzügen handelt es sich um Beträge, die ausschließlich zur Berechnung des pauschalierten Nettoentgeltes dienen. Sie werden nicht tatsächlich abgeführt.

Für weitere Fragen steht Ihnen Ihre örtliche Arbeitsagentur zur Verfügung.

Leistungs-
bemessungs-
grenze =
Beitrags-
bemessungs-
grenze

Das Alg wird gedeckelt durch die Leistungsbemessungsgrenze. Diese entspricht der Arbeitsentgeltgrenze, ab der keine Beiträge zur Arbeitslosenversicherung mehr zu entrichten sind, also der Beitragsbemessungsgrenze (§ 341 Abs. 4 SGB III). Sie liegt im Jahr 2017 in den alten Bundesländern bei 76.200 €, in den neuen Bundesländern bei 68.400 €; monatlich bei 6.350 €/5.700 €.

Gemäß § 408 SGB III gilt die niedrigere Beitragsbemessungsgrenze, wenn die letzte versicherungspflichtige Beschäftigung in den neuen Bundesländern lag.

IV   Die Bedeutung der Steuerklasse

Steuerklasse in
Lohnsteuerkarte
zählt

Die Höhe Ihres Alg richtet sich u. a. nach dem Leistungsentgelt. Die Höhe des Leistungsentgelts hängt stark von der Steuerklasse ab, die am 1.1. des Jahres, in dem Ihr Alg-Anspruch entstanden ist, in der Steuerkarte eingetragen ist (§ 153 Abs. 2 Satz 1 SGB III). Grundsätzlich hat die AA die Steuerklasse zu berücksichtigen, die in der Lohnsteuerkarte eingetragen ist.
Diesen Grundsatz hat das BSG vom 11.3.2014 – B 11 AL 10/13 R auch bei einem vor der Entstehung des Anspruchs pflichtversicherten Selbstständigen angewandt, obwohl wegen der selbstständigen Tätigkeit im Bemessungszeitraum ein Lohnsteuerabzugsverfahren nicht stattgefunden hat. Auch für ihn hat die Eintragung in der Lohnsteuerkarte, wenn es sie gibt, Tatbestandswirkung. Das SGB III enthält für die pflichtversicherten Selbstständigen keine Ausnahmeregelung, auch an diese wird Alg während der Suche nach einer abhängigen Beschäftigung gezahlt. Wenn in der Lohnsteuerkarte keine Lohnsteuerklasse eingetragen ist, muss die Lohnsteuerklasse berücksichtigt werden, die für ihn oder sie in Betracht kommt. Das gilt auch für die übrigen freiwillig versicherten Personen, deren Alg ebenso entsprechend dem abhängig Beschäftigter zu berechnen ist.

Seit 2013 gibt es die elektronische Lohnsteuerkarte. Änderungen der Lohnsteuerabzugsmerkmale (z.B. Steuerklassenwechsel) müssen dem Arbeitgeber entweder elektronisch oder mit einer »Besonderen Bescheinigung für den Lohnsteuerabzug« des Finanzamts nachgewiesen werden.

Steuerklassen

Welche Steuerklasse maßgeblich ist, richtet sich gemäß § 38b EStG hauptsächlich nach dem Personenstand. Die Steuerklassen I und II sind für die Alleinstehenden vorgesehen; die Steuerklassen III – V sind hauptsächlich für Verheiratete und Lebenspartner bestimmt (§ 38b, § 2 Abs. 8 EStG).

Faktorverfahren

Nach § 39f EStG können sich Ehepartner zur Steuerklasse IV einen Faktor in die Lohnsteuerkarte eintragen lassen, der den Lohnsteuerabzug stärker individualisiert. Durch das Faktorverfahren werden bei jedem Ehegatten steuerentlastende Regelungen und die Steuerminderung des Ehegattensplittings berücksichtigt. Berechnet wird der Faktor durch Teilung der voraussichtlichen gemeinsamen Lohnsteuer nach dem Splittingtarif durch die Summe der gemeinsamen Lohnsteuer aus der Steuerklassenkombination IV/IV. Eingetragen wird der Faktor in beide Lohnsteuerkarten, wenn er kleiner ist als 1. Die Steuerlast wird schon beim Lohnsteuerabzug zwischen den Ehegatten entsprechend ihren Einkommen verteilt.

Für die Ermittlung des Leistungsentgelts ist der Betrag, der sich aus dem Programmablaufplan des Finanzministeriums bei der Steuerklasse IV ergibt, mit dem eingetragenen Faktor zu multiplizieren.

1   Steuerklassenkombination von Ehegatten und Lebenspartnern

Ehegatten und Lebenspartner haben die Möglichkeit, vier verschiedene Steuerklassenkombinationen zu wählen: III/V, IV/IV, IV/IV mit Faktor und V/III. Wichtig zu wissen ist, dass sich an der Höhe der Jahressteuerschuld durch die Wahl der Steuerklasse grundsätzlich nichts ändert. Wer wegen einer »falschen« Steuerklasse während des Jahres zu viel Lohnsteuer zahlt, erhält diesen Betrag beim Lohnsteuerjahresausgleich oder der Einkommensteuerveranlagung vollständig zurück. In steuerlicher Hinsicht beeinflusst die Steuerklassenkombination von Ehegatten und Lebenspartnern somit nur die Höhe der vorläufigen Vorauszahlungen durch den Lohnsteuerabzug auf die erst später endgültig vom Finanzamt festgesetzte gemeinsame Jahressteuerschuld.

Eine völlig andere Bedeutung hat die Steuerklassenkombination bei den Leistungen der AA: Die Höhe des Alg hängt von der eingetragenen Steuerklasse ab und kann nicht – wie beim Lohnsteuerjahresausgleich – nachträglich korrigiert werden.

Eine Änderung der Steuerklassenkombination vor Beginn des Kalenderjahres und ein Wechsel während des Kalenderjahres (beides ist steuerrechtlich jeweils einmal zulässig) muss daher gut durchdacht werden. Ein Wechsel in eine ungünstige Steuerklasse, also von III nach IV oder V und von IV nach V, ist für den arbeitslosen Ehegatten und Lebenspartner regelmäßig nicht zu empfehlen, weil damit das Alg sinkt.

2   Wechsel oder Änderung der Steuerklasse

Das Gesetz unterscheidet zwischen Änderung der Steuerklasse und Wechsel der Steuerklasse. Der Wechsel der Steuerklasse betrifft nur die Wahl einer neuen Steuerklassenkombination der Ehe- und Lebenspartner. Ist die Lohnsteuerkarte falsch ausgestellt oder treten später Änderungen in den Umständen ein, die für die Zuordnung zu einer bestimmten Steuerklasse maßgebend sind, so können und sollten Sie eine Änderung beim Finanzamt beantragen, wenn Sie dadurch in eine günstigere Steuerklasse kommen. Gehören Sie eigentlich in eine ungünstigere Steuerklasse, sind Sie sogar verpflichtet, die Änderung zu veranlassen.

Änderungen der AA melden!

Jede Änderung der Steuerklasse während des Bezugs von Leistungen muss gemäß § 60 Abs. 1 Nr. 2 SGB I der AA mitgeteilt werden. Der eingetragene Faktor kann bei geänderten Einkommen einmal bis zum 30. November geändert werden. Auch die Änderung oder der Wegfall des eingetragenen Faktors muss gemeldet werden. Die AA berücksichtigt die Änderung von dem Tag an, an dem erstmals die Voraussetzungen für die Änderung vorlagen (§ 153 Abs. 2 Satz 2 SGB III).

3   Steuerklassenwechsel von Ehegatten und Lebenspartnern

Ein Steuerklassenwechsel im Sinne des § 153 Abs. 3 SGB III liegt nur vor, wenn die Ehe- oder Lebenspartnerschaft bereits bei Beginn des Kalenderjahres, in dem der Anspruch auf Alg entstanden ist, geschlossen war. Die spätere Eheschließung oder Begründung einer Lebenspartnerschaft führt zu einer Änderung der Steuerklasse im Sinne des § 153 Abs. 2 Satz 2 SGB III (BSG vom 6.4.2006 – B 7a AL 82/05 R).
Die Eintragung neuer Steuerklassen wegen dauernden Getrenntlebens ist nach Meinung des BSG ein Steuerklassenwechsel nach § 153 Abs. 3 SGB III, keine Steuerklassenänderung (BSG vom 28.11.2002 – B 7 AL 36/01 R, DB 2002, S. 2650).

Steuerklassenwechsel bei Faktorverfahren?

Die Eintragung eines Faktors zu der bereits eingetragenen Steuerklassenkombination IV/IV ist kein Steuerklassenwechsel (FW 153.3 Abs. 4).

Änderung vor Beginn des Jahres, in dem der Anspruch entsteht

Bei einem Steuerklassenwechsel vor dem Beginn des Kalenderjahres, in dem erstmals der Anspruch auf Alg entsteht, geht die AA immer von der am 1. Januar gültigen (neuen) Steuerklassenkombination aus. Wenn also bereits am Ende des Jahres abzusehen ist, dass einer der Ehegatten im neuen Jahr arbeitslos wird, können die Ehegatten diesem vor Beginn des Jahres die Steuerklasse III eintragen lassen, um ein höheres Alg zu erhalten (ebenso für das Elterngeld BSG vom

25.6.2009 – B 10 EG 3/08 R). Die Steuern, die der Ehegatte oder Lebenspartner dadurch evtl. zu viel entrichtet, gibt es später vom Finanzamt zurück.

Jeder spätere Wechsel, auch wenn er vor Eintritt der Arbeitslosigkeit oder danach zu Beginn eines neuen Jahres erfolgt, kann dagegen problematisch werden (§ 153 Abs. 3 Satz 3 i. V. m. Abs. 2 Satz 3 SGB III).

Änderung **während** des Jahres

Anders als nach dem AFG löst nach dem SGB III nicht mehr jeder Wechsel der Steuerklassenkombination während des Jahres oder während des Bezuges von Leistungen (was der AA immer zu melden ist) die so genannte Zweckmäßigkeitsprüfung der Steuerklassenkombination durch die AA aus.

Zweckmäßigkeitsprüfung

Nur wenn sich **das Alg** bei Berücksichtigung der neuen Steuerklasse **erhöht**, prüft die AA noch die Zweckmäßigkeit (§ 153 Abs. 3 Satz 1 Nr. 1 SGB III). Der Steuerklassenwechsel wird ohne Zweckmäßigkeitsprüfung berücksichtigt, wenn sich aufgrund der neu eingetragenen Lohnsteuerklasse ein **geringeres Alg** ergibt als ohne den Steuerklassenwechsel (§ 153 Abs. 3 Satz 1 Nr. 2 SGB III).

Nur noch **zulasten** der Arbeitslosen

Der Wechsel von der Steuerklassenkombination IV/IV mit Faktor in die Steuerklassenkombination III/V kann unzweckmäßig sein und ist entsprechend zu prüfen. Der Wechsel von der Steuerklassenkombination III/V in IV/IV mit Faktor ist nach Meinung der BA immer zweckmäßig, weil das Faktorverfahren zum geringsten Lohnsteuerabzug führt (FW 153.3 Abs. 10).

Zweckmäßigkeit bei Faktorverfahren

David Zunder verdient nach Abzug etwaiger Freibeträge im Jahr 2017 36.000,– € (monatlich 3.000,– €) brutto, Ehefrau Elfriede Wehrmich-Zunder im Jahr 2017 20.400,– € (monatlich 1.700 €) brutto. Sie wird arbeitslos mit Alg-Anspruch. Die Folgen eines Wechsels von III/V zu IV/IV mit Faktor zeigt folgende Tabelle:

Beispiel

Tabelle
Lohnsteuervergleich

	Ehemann	Ehefrau	Summe
Lohnsteuer nach Steuerklasse III/V (Splittingverfahren)	2.304 €	3.916 €	6.220 €
Lohnsteuer nach Steuerklasse IV/IV ohne Faktor	5.202 €	1.523 €	6.725 €
Lohnsteuer nach Steuerklasse IV/IV **mit Faktor**; hier: 0,971	5.051 €	**1.478 €**	6.529 €

Bei der Wahl der Steuerklasse IV/IV mit Faktor zahlt Elfriede Wehr-mich-Zunder die geringste Lohnsteuer. Da folglich ihr Nettolohn steigt, erhält sie ein höheres Alg.

Die AA muss sich nicht an die eingetragene Steuerklasse halten, wenn der Steuerklassenwechsel nicht zweckmäßig ist. Zweckmäßig ist der Lohnsteuerklassenwechsel, wenn er zum geringstmöglichen laufenden gemeinsamen Steuerabzug führt. Für § 153 Abs. 3 Satz 1 Nr. 1 SGB III reicht es aus, dass die neue Steuerklassenkombination zu einem geringeren gemeinsamen Lohnsteuerabzug führt; nicht er-forderlich ist, dass es sich um den geringsten Steuerabzug handelt (BSG vom 4.9.2001 – B 7 AL 84/00 R – SozR 3-4300 § 137 Nr. 1). Dann muss die AA die tatsächlichen Steuerklassen nach dem Steuer-klassenwechsel berücksichtigen. Wechseln die Ehe- oder Lebenspart-ner von V/III nach III/V zu Gunsten der Arbeitslosen, ist die gewählte Steuerklasse zu berücksichtigen, auch wenn IV/IV zum geringsten Steuerabzug geführt hätte (BSG vom 27.7.2004 – B 7 AL 76/03 R).

Beziehen beide Partner Alg, führt ein Steuerklassenwechsel während des Jahres immer dazu, dass zumindest ein Ehe- oder der Lebens-partner weniger erhält (derjenige, der die »schlechtere« Steuerklasse bekommt); denn für ihn findet keine Zweckmäßigkeitsprüfung mehr statt (§ 153 Abs. 3 Satz 1 Nr. 2 SGB III). Ob der andere Ehe- oder Le-benspartner dagegen höhere Leistungen erhält, steht nicht von vorn-herein fest, sondern hängt davon ab, ob der Steuerklassenwechsel zweckmäßig war (§ 153 Abs. 3 Satz 1 Nr. 1 SGB III).

Das BSG vom 29.8.2002 – B 11 AL 89/01 R hat die BA verpflichtet, ei-ne neue Steuerklassenkombination zu berücksichtigen, wenn beide Ehe- oder Lebenspartner arbeitslos sind und der Gesamtbetrag der Leistungen niedriger ist als das Alg, das sich für die Ehe- oder Le-benspartner ohne den Lohnsteuerklassenwechsel ergäbe.
Sind im Zeitpunkt des Steuerklassenwechsels nicht beide Ehe- oder Lebenspartner arbeitslos, ist eine (fiktive) Gesamtbetrachtung aller-dings nicht möglich (BSG vom 16.3.2005 – B 11a/11 AL 41/03 R).

Tabellen zur Steuerklassen-wahl

Die Zweckmäßigkeit der Steuerklassenkombination ermittelt die AA anhand der auf den folgenden Seiten abgedruckten Tabellen.

Die Tabelle geht vom Monatslohn des höher verdienenden Ehe- oder Lebenspartners aus (Spalte 1). Daneben wird jeweils der monatliche Arbeitslohn des geringer verdienenden Ehe- oder Lebenspartners (Spalten 2 und 3) angegeben, der bei einer Steuerklassenkombination III (für den höher Verdienenden) und V (für die geringer Verdienende) nicht überschritten werden darf, wenn der geringste Lohnsteuerab-zug erreicht werden soll.

Tabelle I

Steuerklassenwahl bei Ehe- oder Lebenspartnern

Bei Sozialversicherungs**pflicht** des höher verdienenden Ehe- oder Lebenspartners (2017)

Monatlicher Arbeitslohn A* in €	Monatlicher Arbeitslohn B* in € bei ... des geringer Verdienenden		Monatlicher Arbeitslohn A* in €	Monatlicher Arbeitslohn B* in € bei ... des geringer Verdienenden	
	SV-Pflicht	SV-Freiheit		SV-Pflicht	SV-Freiheit
1	**2**	**3**	**1**	**2**	**3**
1.250	391	363	3.300	2.363	2.150
1.300	460	426	3.350	2.397	2.178
1.350	539	500	3.400	2.434	2.210
1.400	627	581	3.450	2.469	2.238
1.450	719	667	3.500	2.504	2.269
1.500	816	757	3.550	2.539	2.298
1.550	915	849	3.600	2.574	2.328
1.600	1.164	1.080	3.650	2.610	2.357
1.650	1.222	1.134	3.700	2.646	2.388
1.700	1.282	1.190	3.750	2.680	2.417
1.750	1.339	1.245	3.800	2.716	2.447
1.800	1.394	1.304	3.850	2.752	2.477
1.850	1.453	1.361	3.900	2.786	2.507
1.900	1.517	1.421	3.950	2.822	2.536
1.950	1.553	1.454	4.000	2.859	2.568
2.000	1.584	1.483	4.050	2.899	2.601
2.050	1.615	1.512	4.100	2.938	2.633
2.100	1.643	1.539	4.150	2.979	2.668
2.150	1.666	1.560	4.200	3.018	2.702
2.200	1.689	1.582	4.250	3.061	2.738
2.250	1.712	1.601	4.300	3.106	2.776
2.300	1.736	1.621	4.350	3.152	2.814
2.350	1.757	1.639	4.400	3.204	2.858
2.400	1.779	1.657	4.450	3.259	2.904
2.450	1.797	1.673	4.500	3.314	2.952
2.500	1.817	1.689	4.550	3.373	3.002
2.550	1.834	1.705	4.600	3.433	3.051
2.600	1.867	1.731	4.650	3.497	3.105
2.650	1.893	1.753	4.700	3.564	3.161
2.700	1.931	1.783	4.750	3.634	3.221
2.750	1.970	1.818	4.800	3.708	3.282
2.800	2.009	1.850	4.850	3.786	3.349
2.850	2.046	1.882	4.900	3.869	3.418
2.900	2.080	1.912	4.950	3.958	3.494
2.950	2.118	1.941	5.000	4.055	3.576
3.000	2.152	1.970	5.050	4.158	3.661
3.050	2.186	1.998	5.100	4.272	3.757
3.100	2.221	2.029	5.150	4.392	3.863
3.150	2.256	2.058	5.200	4.523	3.985
3.200	2.291	2.088	5.250	4.685	4.137
3.250	2.327	2.119	5.300	4.905	4.344

* Nach Abzug etwaiger Freibeträge.

Tabelle II

Steuerklassenwahl bei Ehe- oder Lebenspartnern

Bei Sozialversicherungs**freiheit** des höher verdienenden Ehe- oder Lebenspartners (2017)

Monatlicher Arbeitslohn A* in €	Monatlicher Arbeitslohn B* in € bei … des geringer Verdienenden		Monatlicher Arbeitslohn A* in €	Monatlicher Arbeitslohn B* in € bei … des geringer Verdienenden	
	SV-Pflicht	SV-Freiheit		SV-Pflicht	SV-Freiheit
1	**2**	**3**	**1**	**2**	**3**
1.250	528	490	2.900	2.582	2.335
1.300	610	566	2.950	2.623	2.367
1.350	704	653	3.000	2.663	2.402
1.400	807	748	3.050	2.700	2.434
1.450	912	846	3.100	2.740	2.467
1.500	1.166	1.082	3.150	2.778	2.499
1.550	1.229	1.140	3.200	2.819	2.534
1.600	1.295	1.202	3.250	2.859	2.568
1.650	1.361	1.268	3.300	2.903	2.605
1.700	1.428	1.338	3.350	2.946	2.641
1.750	1.503	1.407	3.400	2.994	2.682
1.800	1.558	1.459	3.450	3.040	2.721
1.850	1.598	1.497	3.500	3.090	2.762
1.900	1.639	1.535	3.550	3.140	2.805
1.950	1.680	1.573	3.600	3.194	2.849
2.000	1.724	1.611	3.650	3.248	2.896
2.050	1.768	1.648	3.700	3.306	2.944
2.100	1.812	1.685	3.750	3.364	2.994
2.150	1.860	1.725	3.800	3.427	3.046
2.200	1.928	1.783	3.850	3.491	3.101
2.250	1.991	1.839	3.900	3.559	3.157
2.300	2.056	1.891	3.950	3.632	3.218
2.350	2.114	1.940	4.000	3.706	3.282
2.400	2.167	1.984	4.050	3.787	3.350
2.450	2.220	2.027	4.100	3.875	3.423
2.500	2.263	2.066	4.150	3.965	3.500
2.550	2.308	2.103	4.200	4.061	3.581
2.600	2.349	2.138	4.250	4.172	3.674
2.650	2.391	2.172	4.300	4.288	3.772
2.700	2.429	2.204	4.350	-	3.886
2.750	2.468	2.236	4.400	-	4.019
2.800	2.506	2.270	4.450	-	4.186
2.850	2.544	2.302	4.500	-	4.432

* Nach Abzug etwaiger Freibeträge.

Übersteigt der monatliche Arbeitslohn des geringer verdienenden Ehegatten den in Betracht kommenden Betrag, so führt die Steuerklassenkombination IV/IV für die Ehegatten zu einem geringeren oder zumindest nicht höheren Lohnsteuerabzug als die Steuerklassenkombination III/V.

Beispiel

Bei einer Ehe oder Lebenspartnerschaft, beide abhängig beschäftigt und sozialversicherungspflichtig, bezieht der höher Verdienende einen Monatslohn (nach Abzug etwaiger Freibeträge) von 3.000 €. Wenn in diesem Falle der Monatslohn des geringer Verdienenden nicht mehr als 2.152 € (s. Spalte 2 der Tabelle I) beträgt, führt die Steuerklassenkombination III/V zur geringsten Lohnsteuer.

Würde der Monatslohn des geringer Verdienenden 2.152 € übersteigen, so würde die Steuerklassenkombination IV/IV insgesamt zur geringsten Lohnsteuer führen.

Im Folgenden wollen wir an einem Fall die Varianten, die bei einem Steuerklassenwechsel während des Jahres auftauchen, erklären.

Beispiel

Emil und David sind eingetragene Lebenspartner. Beide sind rentenversicherungspflichtig. David verdient monatlich brutto 2.000 €, Emil 1.800 €.

Variante 1

David wird arbeitslos. Er hatte zu Beginn des Kalenderjahres die Steuerklasse III eingetragen, Emil die Steuerklasse V. Emil und David könnten ihre monatlichen Steuervorauszahlungen dadurch verringern, dass sie die Steuerklassen tauschen oder zumindest beide sich die Steuerklasse IV eintragen lassen. Aber: Dadurch bekommt David weniger Alg; denn er hätte höhere pauschalierte Abzüge, damit ein niedrigeres Leistungsentgelt und damit ein niedrigeres Alg. Die AA würde die Zweckmäßigkeit nicht prüfen.

Variante 2

Anders liegt der Fall, wenn nicht David, sondern Emil arbeitslos wird. Wechselt hier David von Steuerklasse III in die (nun steuerlich ungünstigere) Steuerklasse IV, könnte Emils Alg steigen, da auch er von der ungünstigen Steuerklasse V in die Steuerklasse IV wechselt. Das löst die Zweckmäßigkeitsprüfung durch die für Emil zuständige AA aus. Ein Blick in die Tabelle zur Steuerklassenwahl ergibt bei einem Arbeitslohn von 2.000 € für David folgendes Bild: Wenn in diesem Fall der Monatslohn von Emil nicht mehr als 1.584 € betrüge (Spalte 2 der Tabelle I), führte die Steuerkombination III/V zur geringsten Lohnsteuer. Da Emils Einkommen 1.800 € beträgt, also 1.584 € übersteigt, stellt die Steuerklassenkombination IV/IV die günstigere dar. Die AA würde den Steuerklassenwechsel also akzeptieren (§ 153 Abs. 3 Satz 1 Nr. 1 SGB III). Hier ist der Wechsel arbeitslosenrechtlich vorteilhaft (wenn auch mit höheren Steuervorauszahlungen verbunden).

Da die Lohnsteuerklassenkombination IV/IV zweckmäßiger, d.h. mit einem niedrigeren Steuerabzug verbunden ist, muss sie zu Grunde gelegt werden (BSG vom 27.7.2004 – B 7 AL 76/03 R, SozR 4–4300 § 330 Nr. 2, vom 21.3.2002 – B 7 AL 46/01 R und vom 4.9.2001 – B 7 AL 84/00 R, SozR 3–4300 § 137 Nr. 1).

Variante 3

Was würde in Abwandlung zu Variante 2 passieren, wenn der besser verdienende David von Steuerklasse III in V und der arbeitslose Emil kurz vor dem Alg-Bezug (nach Beginn des Kalenderjahres) von Steuerklasse V in III wechseln würde? Da er durch den Wechsel erheblich mehr Alg bekäme, prüft die AA die Zweckmäßigkeit der Steuerklassenkombination und kommt zu dem Ergebnis, dass die Steuerklasse III angesichts des niedrigeren Verdienstes von Emil unzweckmäßig ist. Sie wird also auf keinen Fall ein höheres Alg gewähren, sondern Emil vielmehr so behandeln, als hätte er die Lohnsteuerklasse nicht gewechselt.

Variante 4

Eine vierte Variante liegt vor, wenn David und Emil beide am Jahresanfang die Steuerklasse IV hatten. Wird Emil arbeitslos und wechselt David in Steuerklasse III, um die Steuervorauszahlung zu senken, führt dies bei Alg-Bezieher Emil zu Steuerklasse V und damit zwangsläufig zu einem geringeren Leistungsanspruch (§ 153 Abs. 3 Satz 1 Nr. 2 SGB III), auch wenn die frühere Kombination zweckmäßig war! Das prüft die AA aber, da die Leistung sinkt, nicht. Vor dieser **Vorsicht: Falle** Falle, die sich mit dem SGB III aufgetan hat, kann nur gewarnt werden. Zur Kritik des § 153 Abs. 3 Satz 1 Nr. 2 SGB III vgl. Ulrich Sartorius, info also 2002, S. 103 und 2003, S. 99.

**Variante 5
Beide
beziehen Alg**

Beide, David und Emil, sind arbeitslos und beziehen Alg, David unter Berücksichtigung der Steuerklasse III, Emil der Steuerklasse V. Wechseln sie jetzt die Steuerklassen und wählen IV/IV, bewilligt die AA David ohne Prüfung das niedrigere Alg. Für das Alg von Emil prüft sie die Zweckmäßigkeit des Steuerklassenwechsels. Bei zu berücksichtigendem Einkommen von (angenommen) 2.500 € (für David) und 1.200 € (für Emil) ist der Steuerklassenwechsel nicht zweckmäßig. Dennoch muss die AA den Steuerklassenwechsel eventuell auch bei Emil berücksichtigen. Sie muss prüfen, ob der Steuerklassenwechsel **für beide Partner gemeinsam** zu einem niedrigeren Alg führt. Ist das der Fall, muss der Steuerklassenwechsel bei beiden Partnern berücksichtigt werden; andernfalls verbleibt es bei der bisherigen Steuerklassenkombination (BSG vom 29.8.2002 – B 11 AL 99/01 R, SozR 3-4300 § 137 Nr. 2).

**Variante 6
Verspäteter
Steuerklassen-
wechsel**

David hatte die zweckmäßigere günstigere Steuerklasse erst einige Monate nach Beginn des Alg-Bezugs in die Lohnsteuerkarte eintragen lassen. Er verlangt nun, dass die AA ihm das höhere Alg bereits von Anfang an zahlt, weil sie ihn auf die für ihn vorteilhafte Möglichkeit des Steuerklassenwechsels nicht hingewiesen habe. Die AA lehnt das ab – zu Recht. Da die Eintragung in der Steuerkarte Tatbestandswirkung hat und für die AA verbindlich ist, kann nur die tatsächlich eingetragene Steuerklasse bei der Berechnung des Alg berücksichtigt werden. Einen rechtlich beachtlichen Herstellungsanspruch hat das BSG vom 14.7.2004 – B 7 AL 80/03 R und vom 10.5.2007 – B 7a AL 12/06 R ausgeschlossen, wenn ein Lohnsteuerklassenwechsel nicht oder bereits vor dem Eintritt der Arbeitslosigkeit vorgenommen wird (vgl. auch BSG vom 1.4.2004 – B 7 AL 52/03 R, SozR 4-4300 § 137 Nr. 1). Es kommt deshalb nicht darauf an, ob die AA David bei der Arbeitslosmeldung über die Möglichkeit, eine günstigere Steuerklasse zu wählen, unterrichtet hat (BSG vom 16.3.2005 – B 11a/11 AL 45/04 R).

Das Landgericht Oldenburg vom 20.11.2006 – 2 O 185/06, ASR 2008, S. 230 hat die AA jedoch für verpflichtet gehalten, eine Arbeitslose, in deren Lohnsteuerkarte die Steuerklasse V eingetragen war, über die Bedeutung der Steuerklasse für den Anspruch auf Alg zu informieren. Die Aushändigung des Merkblatts für Arbeitslose hat das Gericht nicht genügen lassen. Aus § 14 SGB I ergebe sich die Verpflichtung der AA, auch ohne konkrete Nachfrage, also spontan, eine Arbeitslose auf die unter Umständen nachteiligen Auswirkungen der gewählten Steuerklasse hinzuweisen. Gezielte Fragen setzten Sachkunde voraus, über die die Versicherten oft nicht verfügten. Die AA könne sich deshalb nicht auf die Beantwortung konkreter Fragen beschränken, sondern müsse sich bemühen, das genaue Anliegen des Ratsuchenden zu ermitteln und – unter dem Gesichtspunkt einer verständnisvollen Förderung – prüfen, ob über die konkrete Fragestellung hinaus Anlass besteht, auf Gestaltungsmöglichkeiten, Vor- und Nachteile hinzuweisen, die sich mit dem Anliegen verbinden. Das Landgericht Oldenburg hat deshalb die BA zum Schadensersatz verurteilt.

Besondere Beratungspflichten soll es aber nur beim echten Steuerklassenwechsel geben, nicht bei einer Steuerklassenänderung, die auf einer Änderung der persönlichen Verhältnisse beruht (Thüringer OLG vom 11.6.2009 – 4 U 121/09).

Leider kann der Schadensersatz nur über die Amtshaftungsklage, für die das Landgericht in einem kosten- und anwaltspflichtigen Verfahren zuständig ist, erstritten werden; dieser steinige Weg ist wohl nur mit einer Rechtsschutzversicherung zu empfehlen.

Das BSG hat verfassungsrechtliche Bedenken gegen § 153 Abs. 3 Satz 1 Nr. 2 SGB III geäußert und diese vor allem auf den Schutz des Eigentums nach Art. 14 Abs. 1 GG, dem auch der Alg-Anspruch unterliegt, gestützt; dagegen habe das AFG beim Steuerklassenwechsel immer die Berücksichtigung der zweckmäßigsten Steuerklassenkombination vorgesehen. Die Neuregelung im SGB III sei zur Verhinderung von Manipulationen, die als Ziel der Regelung in der Gesetzesbegründung genannt sei, ohnehin ungeeignet, weil vielfach der Wechsel von einer günstigeren Lohnsteuerklasse in eine ungünstigere erfolge und hierin keine Manipulation gesehen werden könne. § 153 Abs. 3 SGB III habe den Schutzzweck zu Gunsten von Ehegatten, dem § 113 Abs. 2 AFG gedient habe, aufgegeben. § 153 Abs. 3 Satz 1 SGB III stelle die BA auch nicht von jeder Prüfung der Zweckmäßigkeit des Steuerklassenwechsels frei, sehe diese aber in unsystematischer, tendenziell gleichheitswidriger Weise vor, wenn Ehegatten eine Steuerklassenkombination wählten, die zu einem höheren Alg führen könne. Unter dem Gesichtspunkt der Verhältnismäßigkeit ergäben sich Bedenken auch aus dem Zusammenhang von gesetzgeberischem Ziel (Vermeidung von Missbrauch und Verwaltungsvereinfachung) und Tragweite des Eingriffs beim Versicherten. Dieser verliere faktisch – zusammen mit seinem Ehegatten – das Recht, die steuerlich sinnvolle Steuerklasse zu wählen auch dann, wenn vor Eintritt der Arbeitslosigkeit die zweckmäßigste Steuerklasse gewählt worden war. Wenn das Steuerrecht davon ausgehe, dass dem Ehegatten bei

Kritik

Eintritt von Arbeitslosigkeit ein Wechsel in die zweckmäßige Steuer-
klasse ermöglicht werden solle, müsse er nicht damit rechnen, dass
er deswegen beim Alg in jedem Falle Nachteile hinzunehmen habe
(BSG vom 1.4.2004 – B 7 AL 36/03 R und – B 7 AL 46/03 R und – B 7
AL 52/03 R und vom 29.8.2002 – B 11 AL 87/01 R, SozR 3-4300 § 137
Nr. 3).

 Die AA muss die Arbeitslosen darauf hinweisen, dass sie sich vor einem Lohnsteuerklassenwechsel von ihr beraten lassen sollen, um die
arbeitslosenrechtlich schädlichen Folgen eines Lohnsteuerklassen-
wechsels zu vermeiden. Hierbei muss die AA verheiratete oder in
Partnerschaft lebende Arbeitslose über die Rechtsfolgen des § 153
Abs. 3 SGB III unterrichten und vor einem Lohnsteuerklassenwechsel
ohne vorherige Beratung warnen. Der Hinweispflicht genügt sie nicht
durch die Aushändigung eines Merkblatts mit einer Vielzahl von Informationen. Der Entscheidung des HessLSG vom 2.2.2009 – L 9 AL
87/07, wonach der Hinweis in einem Merkblatt, dass ein Lohnsteuerklassenwechsel zu einer Verringerung des Alg-Anspruchs führen
kann, der Beratungspflicht genügt, kann nicht gefolgt werden. Erst
durch die konkrete, auf die Warnung folgende Beratung, die dem
Versicherten als Laien deutlich macht, in welche leistungsrechtlichen
Gefahren er sich im Arbeitslosenrecht bei einem steuerrechtlich sinn-
vollen Steuerklassenwechsel mit seinem Ehegatten begibt, wird der
Arbeitslose überhaupt in die Lage versetzt, eine rationale Wahl – unter Abschätzung aller Rechtsfolgen – zu treffen (BSG vom 1.4.2004 –
B 7 AL 52/03 R). Nimmt er das Angebot nicht wahr, so geht dies zu
seinen Lasten.

Die Verletzung der Hinweis- und Beratungspflicht kann zu einem sozialrechtlichen Herstellungsanspruch führen. Bei Verletzung der Hin-
weis- und Beratungspflicht kann die Versicherte so gestellt werden,
als ob der Steuerklassenwechsel unterblieben wäre. Ist der Steuerklassenwechsel wegen Verletzung der Beratungspflicht unbeachtlich,
kann auch die unterlassene Meldung der geänderten Steuerklasse
unschädlich sein und nicht zur Rückforderung von Alg führen. Hierbei ist der im Sozialrecht übliche subjektive Verschuldensmaßstab
anzuwenden (BSG vom 16.3.2005 – B 11a/11 AL 41/03 R). In den Urteilen vom 1.4.2004 – B 7 AL 36/03 R und – B 7 AL 46/03 R und – B 7
AL 52/03 R und vom 29.8.2002 – B 11 AL 87/01 R – SozR 3-4300
§ 137 Nr. 3 hat das BSG deshalb Rückforderungsansprüche der BA
verneint. Die unterbliebene Meldung des Steuerklassenwechsels ist
ohnehin bedeutungslos, wenn der Steuerklassenwechsel wegen Verletzung der Hinweis- und Beratungspflicht folgenlos bleibt.

Allerdings setzt der Herstellungsanspruch voraus, dass die Pflichtverletzung der AA für den Steuerklassenwechsel ursächlich war. Rät eine Steuerberaterin zum Steuerklassenwechsel oder kennt die Arbeitslose die Auswirkung des Steuerklassenwechsels auf die Alg-Höhe, kann es an dieser Ursächlichkeit fehlen.

Wählen Ehegatten für das Jahr, in dem der Anspruch auf Alg entsteht, eine ungünstige Steuerklassenkombination, liegt kein Steuerklassenwechsel nach § 153 Abs. 3 SGB III vor. Für die Änderung der
Steuerklassen vor der Entstehung des Alg-Anspruchs gilt die Hin-

weispflicht der AA nicht, so dass der Rückforderung einer etwaigen Überzahlung kein Herstellungsanspruch entgegensteht (BSG vom 10.5.2007 – B 7a AL 12/06 R).

V Alg gibt's für Kalendertage

Gemäß § 154 Satz 1 SGB III wird das Alg für Kalendertage berechnet und geleistet. Ist es für einen vollen Kalendermonat zu zahlen, ist dieser gemäß § 154 Satz 2 SGB III mit 30 Tagen anzusetzen. Wer im Februar Alg bekommt, kann sich freuen. Dagegen führen alle Monate mit 31 Tagen zu einer Kürzung.

Der Monat hat 30 Tage

Von der Berechnung des Alg ist die Auszahlung zu unterscheiden: Ausgezahlt wird das Alg gemäß § 337 Abs. 2 SGB III regelmäßig monatlich nachträglich.

Auszahlung des Alg

VI Arbeitslosigkeit und Steuererklärung

Alg ist zwar steuerfrei (§ 3 Nr. 2 EStG), erhöht aber den auf die steuerpflichtigen Einkünfte desselben Kalenderjahres angewandten Steuersatz (so genannter Progressionsvorbehalt gemäß § 32b EStG). Die Leistung muss daher mit dem von der AA in der Entgeltbescheinigung ausgewiesenen Betrag in der Anlage N bei der Steuererklärung angegeben werden.

»Progressionsvorbehalt«

Sie können auch dann Werbungskosten steuerlich geltend machen, wenn Sie in dem betreffenden Jahr keine oder geringere Lohneinnahmen hatten. Es entstehen dann »negative Einkünfte«, die gegebenenfalls mit den positiven Einkünften Ihres Ehegatten oder im Wege des Verlustvor- oder Verlustrücktrages mit Ihren Einkünften aus anderen Jahren verrechnet werden. Das gleiche gilt auch für Verluste aus anderen Einkunftsarten, z.B. bei vermieteten Wohnungen.

Werbungskosten

In Ausnahmefällen kann es bei Ehegatten oder Lebenspartnern, von denen einer Alg bezogen hat und die andere steuerpflichtige Einkünfte hatte, günstiger sein, eine getrennte Veranlagung zu wählen, weil sich der Progressionsvorbehalt dann nur bei einem Ehegatten oder Lebenspartner auswirkt. Dies erfordert eine sorgfältige Vergleichsrechnung. Meistens überwiegt der Splittingvorteil, der bei einer getrennten Veranlagung verloren geht.

Getrennte Veranlagung?

VII   Was muss geändert werden?

1   Neuregelung der Bemessung

Zumindest die in § 150 Abs. 2 SGB III genannten Ausnahmetatbestände sollten nicht zu Benachteiligungen führen, sondern zu Meistbegünstigungsregelungen umgestaltet werden. Für alle Arbeitslosen sollten der fiktiven Bemessung des Alg das durchschnittliche Arbeitseinkommen der maßgeblichen Qualifikationsgruppe (statt derzeit 80%) zu Grunde gelegt werden.

Außerdem sollte der Gesetzgeber durch eine Neufassung des § 150 Abs. 2 Satz 1 Nr. 5 SGB III klarstellen, ob er die vom BSG gegen den Wortlaut der Vorschrift entschiedene Einschränkung wirklich will.

Zukünftig sollte das vom Arbeitgeber geschuldete Arbeitsentgelt, das wegen eines Konsolidierungstarifvertrages nicht ausgezahlt worden ist und wegen der Insolvenz des Arbeitgebers nicht mehr gezahlt werden kann, dem Bemessungsentgelt zugrunde gelegt werden können. Das BSG vom 11.6.2015 – B 11 AL 13/14 R erlaubt die Berücksichtigung des geschuldeten Entgelts beim Insolvenzgeld, nicht aber beim Bemessungsentgelt. Die Versuche der Arbeitnehmer, den in Schwierigkeiten geratenen Betrieb zu erhalten, sollten nicht zu Einbußen beim Alg führen.

 Das Bemessungsentgelt nach einer erfolgreich abgeschlossenen Berufsausbildung sollte für alle Personen dem Tariflohn eines Gesellen der jeweilige Branche, mindestens aber der Qualifikationsgruppe III des § 152 SGB III entnommen werden (ähnliche Regeln kannte das frühere AFG). Jedenfalls muss der Mindestlohn heute die Untergrenze für das Bemessungsentgelt sein, weil Beschäftigungen mit einer Vergütung unterhalb des Mindestlohns nach § 140 Abs. 2 SGB III nach einer abgeschlossenen Berufsausbildung regelmäßig nicht zumutbar sind.

2   Streichung von § 153 Abs. 3 Satz 1 Nr. 2 SGB III

Anders als zu AFG-Zeiten ist ein Wechsel der Lohnsteuerkombination zwischen Ehegatten auch dann beachtlich, wenn er zwar steuerrechtlich unzweckmäßig ist, aber zu einem geringeren Alg führt. Angesichts des komplizierten Zusammenspiels von Steuer- und Arbeitslosenrecht, das kaum eine Arbeitslose durchschaut, sollten die AA die Zweckmäßigkeit der Steuerklassenkombination nicht nur dann prüfen, wenn das Alg steigt, sondern auch, wenn es sinkt. Allein dies entspricht dem in jüngster Zeit betonten Grundsatz des »Förderns« der Arbeitslosen.

Das BSG hat in seinen Urteilen vom 1.4.2004 – B 7 AL 36/03 R und – B 7 AL 46/83 R und – B 7 AL 52/03 R erfolglos an den Gesetzgeber appelliert, die Vorschrift ganz zu streichen und bei der Berechnung des Alg nur noch die Steuerklasse zu berücksichtigen, die bei Beginn der Leistung maßgeblich war.

G Anrechnung von Nebenverdienst
§ 155 SGB III

I   Was ist zu beachten, wenn neben Alg etwas verdient wird?

Um das Alg aufzubessern, suchen manche Arbeitslose eine neue Nebentätigkeit oder versuchen ihre schon bisher ausgeübte Nebentätigkeit aufzustocken. Sie interessiert, ob sich das lohnt oder nicht rechnet, weil die AA zu viel von dem Nebenverdienst kassiert.

Nur Neben-
verdienst aus
Arbeitseinsatz

Bei der Anrechnung von Nebeneinkommen nach § 155 Abs. 1 und 2 SGB III geht es nur um die Anrechnung von Nebeneinkommen, das auf persönlichem Arbeitseinsatz beruht (→ S. 231). Man sollte deshalb besser von Nebenverdienst sprechen.

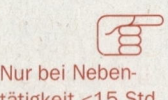

Nur bei Neben-
tätigkeit <15 Std.

Zu einer Anrechnung von Nebenverdienst kann es nur kommen, wenn die Nebentätigkeit wöchentlich unter 15 Stunden bleibt; bei einer Nebentätigkeit von 15 und mehr Stunden pro Woche sind Sie nicht mehr arbeitslos, und damit entfällt der Anspruch auf Alg.

Sie müssen der AA unverzüglich den Nebenverdienst anzeigen. Unter »unverzüglich« versteht die AA spätestens am dritten Tag nach Aufnahme der Nebentätigkeit.

Versäumen Sie die unverzügliche Mitteilung des Nebenverdienstes, kann die AA dies als Ordnungswidrigkeit gemäß § 404 Abs. 2 Nr. 27 SGB III ahnden; jedenfalls wenn der Nebenverdienst wegen Überschreitung des Freibetrags zu einer Minderung des Alg führt.

Die AA
blickt durch

Der AA stehen viele Wege offen, Informationen über Nebentätigkeiten mit Nebenverdienst zu erhalten. Näheres über diese Informationsquellen → S. 34.

Pflicht zur
Bescheinigung
des Neben-
verdienstes

Der Nebenverdienst ist gemäß § 313 SGB III von jedem, der die Arbeitskraft eines Beziehers von Alg, BAB, Kug, Übg oder Ausbildungsgeld gegen Vergütung nutzt, zu bescheinigen. Er muss dem Leistungsbezieher dabei Art und Dauer der Tätigkeit und die Höhe des Verdienstes bescheinigen.

Die Bescheinigung kann unter Verwendung des Formulars der AA entweder dem Leistungsbezieher auf Papier gegeben oder gemäß § 313a SGB III der AA elektronisch übermittelt werden. In diesem Fall muss die AA dem Arbeitnehmer unverzüglich einen Ausdruck zuleiten. Der Arbeitnehmer kann der elektronischen Übermittlung widersprechen.

Wir empfehlen zu widersprechen. Dann erhalten Sie die Bescheinigung auf Papier, diese können Sie in Ruhe auf Richtigkeit überprüfen, bevor Sie sie an die AA weiterleiten.

Falls Sie Werbungskosten geltend machen können (→ S. 233), achten Sie darauf, dass Ihnen das »Zusatzblatt Werbungskosten« ausgehändigt wird.

Die AA verlangt die Bescheinigung bei gleich bleibendem Nebenverdienst zum Ende des ersten Beschäftigungsmonats, bei variablem Nebenverdienst 1/4-jährlich.

II Was ist anrechenbarer Nebenverdienst?

1 Welche Nebenverdienste können nicht angerechnet werden?

Angerechnet wird nur Erwerbseinkommen, also nur Einkommen, das auf einem persönlichen Arbeitseinsatz beruht. Ob dieses Erwerbseinkommen aus einer Arbeitnehmertätigkeit oder aus selbstständiger Tätigkeit stammt, ist egal.

Anrechenbar nur »mühevolles Einkommen«

Auch einmalig gezahlte Arbeitsentgelte (z. B. ein Weihnachtsgeld aus der Nebentätigkeit) werden angerechnet.

Auch Sachbezüge (insbesondere für Kost und Logis) werden angerechnet und zwar nach dem amtlichen Sachbezugswert.

Nicht angerechnet werden so genannte »mühelose Einkommen«, d. h. Einkünfte, die ohne Arbeitsleistung erzielt werden, z. B.

Nicht anrechenbar: »mühelose Einkommen«

- Einkünfte aus Kapitalvermögen (z. B. Zinsen, Miet- und Pachteinnahmen);

- Erbschaften und Schenkungen;

- Sozialleistungen (z. B. Renten, soweit sie nicht zum Ruhen des Alg-Anspruchs führen);

- Toto-/Lottogewinne.

Nicht angerechnet werden (nach GA 37 ff. zu § 155) u. a. weiter:

Weitere nicht anrechenbare Einkommen

- Arbeitnehmer-Sparzulagen (§ 13 Abs. 3 des 5. VermBG). Dagegen werden vermögenswirksame Leistungen angerechnet, weil sie gemäß § 2 Abs. 7 des 5. VermBG Arbeitsentgelt sind;

- Elterngeld nach dem BEEG;

- Entgelt in Höhe des Pflegegeldes nach dem SGB XI, das an die Pflegeperson weitergeleitet wird, wenn die Pflegetätigkeit nicht mit dem Ziel ausgeführt wird, daraus ein Einkommen zu erzielen, sondern in erster Linie um sittliche und moralische Pflichten zu erfüllen;

- Leistungen aus öffentlichen Mitteln im Rahmen des § 39 SGB VIII für die Betreuung eines Kindes in Vollzeitpflege;

- versicherungsfreies Wertguthaben, das nach § 7c des Gesetzes zur sozialrechtlichen Absicherung flexibler Arbeitszeitregelungen, z. B. während Kindesbetreuung oder Pflege, verwendet wird; denn dieses Einkommen wurde bereits vor dem Alg-Bezug erarbeitet;

- Aufwandsentschädigungen (nach GA 42 ff. zu § 155) mit folgenden Maßgaben:

  – Entschädigungen ehrenamtlicher Mitglieder von kommunalen Vertretungsorganen, auch hinsichtlich ihres steuerpflichtigen Teils (diese gelten wegen des besonderen Charakters dieser Tätigkeit nicht als Einnahmen aus der Verwertung der Arbeitskraft);

– Aufwandsentschädigungen im Sinne des § 3 Nr. 12 Satz 1 EStG, unabhängig davon, ob im Einzelfall ein steuerlich abzugsfähiger Aufwand in entsprechender Höhe entsteht. Bei dieser »Aufwandsentschädigung« handelt es sich um bestimmte Bezüge aus öffentlichen Kassen, die als Aufwandsentschädigungen festgesetzt sind und im Haushaltsplan ausgewiesen werden;

– Aufwandsentschädigungen für nebenberufliche Tätigkeit z. B. als Übungsleiter, Ausbilder, Erzieher, Pfleger im Sinne des § 3 Nr. 26 Satz 1 EStG bis zur Höhe von insgesamt 2.400 € im Jahr (monatlich 200 €).
Der Freibetrag von 2.400 € im Jahr gilt gemäß § 3 Nr. 26b EStG auch für Aufwandsentschädigungen nach § 1835a BGB für ehrenamtlich tätige Vormünder (§§ 1793 ff. BGB), rechtliche Betreuer (§§ 1896 ff. BGB) und Pfleger (§§ 1909 ff. BGB).

– Einnahmen aus nebenberuflicher Tätigkeit im gemeinnützigen, mildtätigen oder kirchlichen Bereich bis zu 720 € im Jahr (§ 3 Nr. 26a EStG).
Dieser Betrag kann zusätzlich zu den Aufwandsentschädigungen nach § 3 Nr. 26 oder § 3 Nr. 26b EStG beansprucht werden, **wenn** es sich um verschiedene Tätigkeiten handelt.

Beispiel

Ein Alg-Bezieher ist als Betreuer in einer Behinderteneinrichtung tätig und erhält dafür die Pauschale von 2.400 €. Als Vorstand in einem Sportverein erhält er zusätzlich die Ehrenamtspauschale von 720 €;

– Mehraufwandsentschädigungen, die Alg I-Bezieher mit aufstockendem Alg II in Arbeitsgelegenheiten nach § 16d Abs. 7 Satz 1 SGB II erhalten.

☞ Wer derartige Aufwandsentschädigungen erhält, kann regelmäßig zusätzlich nicht Werbungskosten abziehen, da diese ja bereits durch die steuerbegünstigte Aufwandsentschädigung abgedeckt werden.

Deckungs-
zeitraum

Nebenverdienst kann nur angerechnet werden, soweit er **während des Alg-Bezuges** durch persönlichen Einsatz erarbeitet wird (BSG vom 15.9.2006 – B 7a AL 38/05 R). Daher bleibt ein Verdienst unberücksichtigt, der vor dem Beginn des Alg-Anspruchs oder während einer Zeit erarbeitet wurde, in der der Alg-Bezug unterbrochen war (z. B. während des Ruhens des Anspruchs wegen Urlaubsabgeltung gemäß § 157 Abs. 2 SGB III oder Entziehung der Leistung gemäß § 66 SGB I).

Punktuelle Ab-
meldung aus Alg-
Bezug verhindert
nicht Anrechnung

Wer allerdings glaubt, er könne durch geschicktes, punktuelles Abmelden aus dem Alg-Bezug eine Anrechnung von an Abmeldetagen erzieltem Nebenverdienst vermeiden, irrt. Das SG Berlin vom 20.7.2012 – S 58 AL 2708/12, info also 2012, S. 212 hat entschieden, dass mit dieser Taktik die grundsätzliche Anrechnung von Nebenverdienst nach § 155 umgangen würde, was nach § 46 Abs. 2 SGB I unzulässig ist. Zu einem ähnlichen, aber doch anders gelagerten Fall vgl. SG Berlin vom 24.5.2013 – S 58 AL 107/13, info also 2013, S. 161.

Der Nebenverdienst muss nicht während des Alg-Bezuges tatsächlich zugeflossen sein.

Nicht
Zuflusszeitpunkt

In bestimmten Fällen ist ein Nebenverdienst auch dann anzurechnen, wenn er dem Alg-Bezieher tatsächlich nicht zufließt, aber ihm wirtschaftlich zugute kommt; z. B. wenn die Auszahlung wegen Pfändung oder Abtretung unterbleibt.

Fließt ein Nebenverdienst wegen Insolvenz des Arbeitgebers nicht zu, wird es nicht angerechnet.

2 Wie ist der anrechenbare Nebenverdienst zu »bereinigen«?

Nur was an Nebenverdienst wirklich in den Taschen des Alg-Beziehers landet, kann angerechnet werden. Wie viel in seinen Taschen landet, hängt davon ab, ob der Nebenverdienst aus einer Arbeitnehmertätigkeit oder aus einer selbstständigen Beschäftigung stammt.

2.1 Nebenverdienst aus Arbeitnehmertätigkeit

Vor der Anrechnung von Nebenverdienst aus Arbeitnehmertätigkeit sind abzuziehen:

- Die darauf entfallende Lohn- und Kirchensteuer und der Solidaritätszuschlag.
  Die vom Arbeitgeber bei Pauschalversteuerung einer geringfügigen Beschäftigung geschuldete Lohnsteuer (§ 40a EStG) wird nicht abgezogen.
  Die Anrechnung von Nebenverdienst kann dadurch verringert werden, dass für den Nebenverdienst die Lohnsteuerklasse VI gewählt wird.
  Der für die Anrechnung maßgebliche Nettoverdienst sinkt auf diese Weise. Die zu viel abgezogene Lohnsteuer erhält man beim Lohnsteuerjahresausgleich vom Finanzamt zurück.

Lohnsteuer-
klasse VI

- Die Beiträge zur Sozialversicherung.
  Genauer: zur Renten-, Kranken- und Pflegeversicherung.
  Nicht Beiträge zur Arbeitsförderung; denn gemäß § 27 Abs. 5 SGB III sind auch solche Personen arbeitslosenversicherungsfrei, die während des Alg-Bezugs monatlich mehr als 450 € bei weniger als 15 Stunden pro Woche verdienen.
  Beträgt die Vergütung für die Nebentätigkeit mehr als 450 €, besteht Versicherungspflicht in der Renten-, Kranken- und Pflegeversicherung.

- Die Werbungskosten.
  Die AA erkennt nicht den Arbeitnehmer-Pauschbetrag für Werbungskosten nach § 9a Abs. 1 EStG an. Die Werbungskosten müssen also einzeln geltend gemacht und belegt werden. Benutzen Sie dazu das »Zusatzblatt Werbungskosten«.

Als Werbungskosten kommen u. a. infrage:
– Gewerkschaftsbeiträge;
– Aufwendungen für Arbeitskleidung und Arbeitsmittel;
– Fahrkosten zur Arbeitsstelle. Sie werden von der AA ab dem ersten Entfernungskilometer mit 30 Cent pro Entfernungskilometer berücksichtigt.

Nebenberuflich als Außendienstmitarbeiter, z. B. für Bausparkassen oder Versicherungen Tätige, sollten sich mit der Geltendmachung von Fahrkosten als Werbungskosten zurückhalten. Die AA schließt von den Fahrkosten auf die Fahrzeit; und da die Fahrzeit in den genannten Berufen zur Arbeitszeit zählt (BAG vom 11.7.2006 – 9 AZR 519/05, NZA 2007, S. 155 und vom 22.4.2009 – 5 AZR 292/08, DB 2009, S. 1602; s. auch EuGH vom 10.9.2015 – C-266/14), ist die 15-Stunden-Grenze, damit das Ende der Arbeitslosigkeit und folglich der Verlust des Alg schnell erreicht!

Ausbildungs-
kosten?

Noch nicht eindeutig geklärt ist, inwieweit Ausbildungskosten als Werbungskosten abgesetzt werden können.

Beispiel

Elfriede Wehrmich, Dipl.-Sozialarbeiterin, verliert ihre Arbeit als Leiterin eines Jugendhauses. Sie hat einen Lehrauftrag an der Fachhochschule zum Thema »Erlebnispädagogik«.
Von ihrem dadurch erzielten Nebenverdienst möchte sie die Kosten für die »Fortbildung« zur »Analytischen Kinder- und Jugendlichen-Psychotherapeutin« abziehen.
Zu Recht?

Nach Meinung des BSG vom 21.1.1999 – B 11 AL 55/98 R, a+b 1999, S. 153 ff. können die Weiterbildungskosten nicht abgesetzt werden. Es fehle am Zusammenhang mit dem Lehrauftrag, durch den sie den Nebenverdienst erziele.
Außerdem sei zweifelhaft, ob es sich bei dem Therapeutinnen-Kurs lediglich um Weiterbildung und nicht um eine (neue) Ausbildung handele.

Wir zweifeln, ob das BSG auch heute noch so entscheiden würde. Inzwischen hat sich die steuerrechtliche Anerkennung von Weiterbildungskosten verbessert:

Wie Aufwendungen für die Aus- und Weiterbildung steuerlich zu behandeln sind, klärt R 9.2 Abs. 1 der Lohnsteuer-Richtlinien 2015 wie folgt:

»Aufwendungen für den erstmaligen Erwerb von Kenntnissen, die zur Aufnahme eines Berufs befähigen, beziehungsweise für ein erstes Studium (Erstausbildung) sind Kosten der Lebensführung und nur als Sonderausgaben im Rahmen von § 10 Abs. 1 Nr. 7 EStG abziehbar.[1] Werbungskosten liegen dagegen vor, wenn die erstmalige Berufsausbildung oder das Erststudium Gegenstand eines Dienstverhältnisses (Ausbildungsdienst-

---

[1] Der BFH vom 5.11.2013 – VIII R 22/12, DB 2014, S. 31 hält diese Regelung für verfassungsgemäß.

verhältnis) ist. Unabhängig davon, ob ein Dienstverhältnis besteht, sind die Aufwendungen für die Fortbildung in dem bereits erlernten Beruf und für die Umschulungsmaßnahmen, die einen Berufswechsel vorbereiten, als Werbungskosten abziehbar. Das gilt auch für die Aufwendungen für ein weiteres Studium, wenn dieses in einem hinreichend konkreten, objektiv feststellbaren Zusammenhang mit späteren steuerpflichtigen Einnahmen aus der angestrebten beruflichen Tätigkeit steht.«

Der BFH erkennt Aufwendungen für Aus- und Weiterbildung großzügig als Werbungskosten an:

»Werbungskosten sind nach § 9 Abs. 1 Satz 1 EStG Aufwendungen zur Erwerbung, Sicherung und Erhaltung der Einnahmen. Nach Angleichung des Begriffs der Werbungskosten an den der Betriebsausgaben nach § 4 Abs. 4 EStG liegen Werbungskosten vor, wenn sie durch den Beruf oder durch die Erzielung steuerpflichtiger Einnahmen veranlasst sind. Nach dem einkommensteuerrechtlichen Nettoprinzip ist für die Abgrenzung beruflicher Aufwendungen das Veranlassungsprinzip maßgebend. Die Aufwendungen sind danach beruflich veranlasst, wenn ein objektiver Zusammenhang mit dem Beruf besteht und die Aufwendungen subjektiv zur Förderung des Berufs geleistet werden. Dabei ist ausreichend, wenn die Ausgaben den Beruf des Arbeitnehmers im weitesten Sinne fördern.« (BFH vom 28.7.2011 – VI R 7/10, DB 2011, S. 1836)

Inzwischen hält der BFH sogar die in § 9 Abs. 6 Satz 1 EStG enthaltene Beschränkung der Abziehbarkeit von Werbungskosten auf eine Zweitausbildung für verfassungswidrig und hat durch Beschlüsse vom 17.7.2014 – VI R 2/12, DB 2014, S. 2626 und – VI R 8/12 die Frage dem BVerfG (– 2 BvL 24/14) vorgelegt. Es besteht also die Chance, dass sowohl die Kosten einer Erstausbildung (z.B. zum Piloten) als auch eines Erststudiums als Werbungskosten anerkannt werden. Das kann auch für zurückliegende Jahre, in denen keine Steuererklärung abgegeben wurde, in Frage kommen (BFH vom 13.1.2015 – IX R 22/14).

Wir meinen, dass angesichts R 9.2 Abs. 1 der Lohnsteuer-Richtlinien 2015 und der großzügigen Rechtsprechung des BFH in unserem Ausgangsfall die Weiterbildungskosten auch beim Alg-Nebenverdienst als Werbungskosten abgesetzt werden können.
Das SGB III fordert eine Unterstützung der selbst finanzierten Weiterbildung, wozu auch die Absetzbarkeit von Weiterbildungskosten als Werbungskosten zählt. Nach § 2 Abs. 4 Satz 2 SGB III sollen Arbeitnehmer und Arbeitslose »insbesondere ihre berufliche Leistungsfähigkeit den sich ändernden Anforderungen anpassen«. Der Gesetzgeber betont damit die Verantwortung der Arbeitnehmer und Arbeitslosen für ein »lebenslanges Lernen« (BT-Drs. 13/4941, S. 154). Wenn schon Gesetzgeber und BA seltener das »lebenslange Lernen« durch bezahlte Weiterbildungsmaßnahmen fördern, muss wenigstens die selbst finanzierte Weiterbildung unterstützt werden. Ein erster Schritt war die Einführung des § 120 Abs. 3 (jetzt § 139 Abs. 3) SGB III, nach dem eine selbst finanzierte Weiterbildung nicht automatisch die Verfügbarkeit nimmt. Der jetzt fällige

Schritt ist die Absetzbarkeit der Weiterbildungskosten vom Nebeneinkommen als Werbungskosten, und zwar ohne die vom BSG gezogenen engen Grenzen.

Dafür spricht auch § 17 Abs. 1 Satz 2 SGB IV. Danach »ist eine möglichst weitgehende Übereinstimmung mit den Regelungen des Steuerrechts sicherzustellen«.

Auch das SG Karlsruhe vom 15.12.2016 – S 17 AL 2967/14, info also 2016, S. 117 f. hat in einem unserem Ausgangsbeispiel vergleichbaren Fall die Weiterbildungskosten als Werbungskosten i.S. § 155 Abs. 1 Satz 1 SGB III anerkannt. Seine vom BSG vom 21.1.1999 – B 11 AL 55/98 abweichende Auffassung begründet es u.a. mit Verweis auf die Ausführungen im »Leitfaden für Arbeitslose«.

Mit der Absetzbarkeit von Bildungskosten als Werbungskosten im Steuerrecht und nach § 155 Abs. 1 Satz 1 SGB III befasst sich detailliert Claus-Pter Bienert in: info also 2016, S. 107 ff.

2.2   Nebenverdienst aus selbstständiger Tätigkeit

Nebenverdienst aus selbstständiger Tätigkeit wird nicht ermittelt nach den allgemeinen Gewinnermittlungsvorschriften des Steuerrechts; § 15 SGB IV gilt also nicht. Der Nebenverdienst wird vielmehr durch den Überschuss der Betriebseinnahmen über die Betriebsausgaben ermittelt.

Nebenverdienst = Überschuss

Betriebseinnahmen

Betriebseinnahmen sind alle betrieblich veranlassten Zuflüsse in Geld oder Geldeswert. Maßgeblicher Zeitpunkt ist der tatsächliche Zufluss. Eine Forderung wird im Zeitpunkt der Realisierung Betriebseinnahme. Notwendig ist, dass der Zufluss auf dem persönlichen Einsatz des Arbeitslosen beruht und während der Zeit des Alg-Bezugs erarbeitet worden ist (BSG vom 5.9.2006 – B 7a AL 38/05 R). Einnahmen aus nach § 23 SGB VIII geförderter Tagespflege sind Einnahmen aus selbstständiger Tätigkeit.

Betriebsausgaben

Betriebsausgaben sind (nach GA 21, 61 zu § 155) insbesondere (gegebenenfalls anteilige)

– Aufwendungen für Betriebsräume (Miete, Beleuchtung, Heizung, Reinigung),

– Aufwendungen für Hilfskräfte (Lohn, Arbeitgeberanteil zu den Sozialversicherungsbeiträgen),

– betrieblich veranlasste Steuern (z. B. Umsatzsteuer),

– Beiträge für Berufsverbände,

Werbungskosten

– Aufwendungen, die sonst als Werbungskosten (§ 9 EStG) von den Einkünften aus nicht selbstständiger Arbeit abgezogen werden, soweit sie bei der Ausübung der selbstständigen Tätigkeit entstanden sind. Zur Absetzbarkeit von Ausbildungskosten als Werbungskosten → S. 234.

Werbungskosten sind gemäß § 9 Abs. 1 Satz 3 Nr. 7 EStG auch Absetzungen für Abnutzung und Substanzverringerung. Nach dem Steuerrecht können die Anschaffungen für abnutzbare Wirtschaftsgüter (z. B. PC) nur dann sofort in voller Höhe abgesetzt werden, wenn sie 800 € (§ 6 Abs. 2 Satz 1 EStG n. F.) nicht übersteigen. Bei größeren Aufwendungen ist steuerrechtlich pro Jahr nur der Teil der Anschaffungskosten abzugsfähig, der bei gleichmäßiger Verteilung dieser Kosten auf die Gesamtdauer der Nutzung auf ein Jahr entfällt (§ 7 Abs. 1 EStG).

Ilka Striebinger (in: Gagel, SGB III Kommentar, RandNr. 66 zu § 155), kritisiert diese von der BA praktizierte Orientierung am Steuerrecht im Rahmen der Anrechnung von Nebeneinkünften nach dem SGB III:

»Nebeneinkommen soll nur angerechnet werden, soweit es dem Arbeitslosen effektiv zur Verfügung steht. Anderenfalls wäre durch das Alg der Lebensunterhalt nicht mehr gesichert. Auch Aufwendungen größeren Umfangs für den Erwerb von abnutzbaren Wirtschaftsgütern sind deshalb sofort voll von dem Nebeneinkommen abzusetzen, bis sie durch das Nebeneinkommen ausgeglichen sind. Die Anwendung der steuerlichen Regelung über die Absetzung für Abnutzung oder Substanzverringerung (§ 7 EStG) ist aber dann sachgerecht, wenn die Aufwendungen bereits vor Beginn des Alg-Bezugs getätigt wurden. Damit wird der Tatsache Rechnung getragen, dass die erworbenen Arbeitsmittel usw. regelmäßig durch die weitere Nutzung im Rahmen der Nebentätigkeit einen Wertverlust erleiden. Dies gilt auch dann, wenn die Anschaffung zunächst aus privaten Gründen getätigt wurde und dann eine Umwidmung zur Einkunftserzielung erfolgte (BFH 14.2.1989 – IX R 109/84, BFHE 156, 417). Die abzusetzenden Aufwendungen sind dann aber um den Betrag zu kürzen, den der Betreffende bereits hätte absetzen können, wenn die Nutzung von Anfang an zum Zwecke der Einkunftserzielung erfolgt wäre.«

Bei Einnahmen aus nach § 23 SGB VIII geförderter Tagespflege können pro ganztags betreutem Kind pauschal 300 € monatlich als Betriebsausgaben abgesetzt werden (GA 21, 21a zu § 155).

Gemäß § 155 Abs. 1 Satz 2 SGB III werden Selbstständigen und mithelfenden Familienangehörigen pauschal 30 % der Betriebseinnahmen als Betriebsausgaben vom Nebenverdienst abgezogen. Weisen Arbeitslose im Einzelfall höhere Betriebsausgaben nach, so kann sich der Nebenverdienst auch um mehr als 30 % verringern.

30 %-Pauschale

Da der Selbstständige seine Einkommensteuer regelmäßig erst nachträglich erfährt, lässt die AA (gemäß GA 61 zu § 155) zu, den Überschuss um 10 % zu mindern. Stellt sich später heraus, dass mehr Steuern gezahlt werden müssen, wird das Alg neu berechnet.

Einkommensteuer 10 %-Pauschale

Nicht absetzbar

Andere steuerrechtlich abzugsfähige Beträge, wie z. B. Sonderausgaben, Altersentlastungs- und Sonderfreibeträge, außergewöhnliche Belastungen und sonstige vom Einkommen abzuziehende Beträge mindern lediglich das zu versteuernde Einkommen. Im Rahmen von § 155 SGB III ist aber der Einnahmeüberschuss aus der selbstständigen Tätigkeit und nicht etwa das zu versteuernde Einkommen maßgebend (GA 22 zu § 155).

Verlustausgleich?

Ein Verlustausgleich zwischen Einkommen aus Gewerbebetrieb, selbstständiger und Arbeitnehmertätigkeit ist zulässig.

Nicht anerkannt wird der Verlustausgleich mit »mühelosem Einkommen« (z. B. Einkommen aus Kapitalvermögen oder aus Vermietung und Verpachtung) und der Verlustausgleich des Einkommens zwischen Ehegatten, da nur das vom Arbeitslosen erzielte Einkommen zu berücksichtigen ist (so GA 13 zu § 155).

Land- und Forstwirtschaft

Für die Feststellung von Nebenverdienst aus Land- und Forstwirtschaft gelten Sonderregelungen (vgl. dazu GA 23 ff. zu § 155).

15-Stunden-Grenze beachten

Abschließend noch einmal der Hinweis, der gerade für Selbstständige Alg-erhaltend ist: Beachten Sie die 15-Stunden-Grenze!

Lehrkräfte

Wer nebenbei auf Honorarbasis lehrt, muss besonders vorsichtig sein. Die AA berücksichtigt Vor- und Nacharbeit, und zwar über folgende Formel (nach GA 138.3 Abs. 5):

$$\frac{\text{Pflichtstundenzahl vollbeschäftigter Lehrkräfte x 15 Std.}}{\text{wöchentliche Stundenzahl Vollbeschäftigter im öffentlichen Dienst}}$$

Beispiel

Bei 26 Pflichtstunden für Lehrer und einer tariflichen Arbeitszeit für Angestellte von 40 Stunden pro Woche:

$$\frac{26 \text{ Std. x } 15 \text{ Std.}}{40 \text{ Std.}} = 9{,}75 \text{ Std.}$$

Die nebenberufliche Tätigkeit muss wöchentlich unter 9 Std. 45 Min. bleiben; andernfalls ist die/der Lehrende nicht mehr arbeitslos. Das gilt auch, wenn die Lehrstunde kürzer ist als eine Zeitstunde.

III   Wie wird ein Nebenverdienst nach § 155 SGB III angerechnet?

1   Fallgruppe 1: Neuer Nebenverdienst
§ 155 Abs. 1 SGB III

Alg-Bezieher können ohne Kürzung des Alg aus einer weniger als 15 Stunden wöchentlich dauernden, nach Beginn des Alg-Bezugs aufgenommenen, neuen Nebentätigkeit an bereinigtem Nebenverdienst bis 165 € monatlich anrechnungsfrei hinzuverdienen.
Dabei ist es gleichgültig, ob der neue Nebenverdienst aufgrund Arbeitnehmertätigkeit oder aufgrund selbstständiger Tätigkeit oder aufgrund einer Tätigkeit als mithelfender Familienangehöriger erzielt wird.

165 €-Freibetrag

Als neuer Nebenverdienst gilt auch ein Nebenverdienst, der zwar schon vor Inanspruchnahme von Alg erzielt wurde, aber nicht schon so lange, dass er als alter Nebenverdienst angerechnet werden kann (s. dazu unter 2).

Auch: Alter Nebenverdienst von weniger als 12 Monaten

Der volle monatliche Freibetrag wird auch gewährt, wenn Alg nur für einen Teil des Monats bezogen wird.
Der Nebenverdienst wird dagegen nur anteilig berücksichtigt (GA 69 zu § 155).

*Freibetrag bei Alg-Bezug **nur für Teilmonat***

Alg-Bezug vom 1.3. bis 15.3.
Neuer monatlicher Nebenverdienst vom 1.3. bis 31.3. = 620 € netto
Anteiliger Nebenverdienst für März = 300 € (620 € : 31 Tage x 15 Tage)
Anrechnungsbetrag für März bei **vollem** Freibetrag = **135 €** (300 € – 165 €).

Beispiel (nach GA 69 zu § 155)

2   Fallgruppe 2: Alter Nebenverdienst
§ 155 Abs. 2 SGB III

Haben Sie schon in den letzten 18 Monaten vor der Entstehung des Alg-Anspruches neben einem Versicherungspflichtverhältnis eine Nebenbeschäftigung mindestens zwölf Monate lang ausgeübt, so bleibt der daraus erzielte Nebenverdienst bis zu dem Betrag anrechnungsfrei, der in den letzten zwölf Monaten vor der Entstehung des Alg-Anspruches aus der Beschäftigung durchschnittlich auf den Monat entfällt.

Auch hier spielt es keine Rolle, ob der Nebenverdienst durch eine Arbeitnehmertätigkeit, durch eine selbstständige Tätigkeit oder durch eine Tätigkeit als mithelfender Familienangehöriger erzielt wurde.

»Ausgeübt« war die Nebenbeschäftigung allerdings nicht, wenn wegen Krankheit nicht gearbeitet werden konnte, aber eine Lohnersatzleistung (z. B. Verletztengeld) gezahlt wurde (BSG vom 1.3.2011 – B 7 AL 26/09 R).

Nicht angerechnet wird dieser alte Nebenverdienst auch, wenn die Nebenbeschäftigung

Auch bei Wechsel

■ wechselt und/oder

Auch bei Unterbrechung

■ nicht nahtlos an die vor Alg-Bezug ausgeübte Nebenbeschäftigung anschließt.

»Der Gesetzeswortlaut gibt keinen Anhalt für die von der [BA] geäußerte Auffassung, die Privilegierung bei der Anrechnung greife nur dann, wenn die ursprüngliche Tätigkeit weitergeführt werde, es sich also bei der vor Entstehung des Alg-Anspruchs und der danach ausgeübten [...] Beschäftigung um dieselbe Tätigkeit handele. Ebenso wenig spricht der Wortlaut des § 141 Abs. 2 [jetzt: § 155 Abs. 2] SGB III für die Annahme des LSG, die während des Alg-Bezugs bzw. der Anspruchsberechtigung ausgeübte Tätigkeit müsse sich ohne Unterbrechung und damit nahtlos an eine zuvor ausgeübte [...] Beschäftigung anschließen.« (BSG vom 1.7.2010 – B 11 AL 31/09 R)

Auch Unterbrechungen der Nebentätigkeiten vor dem Alg-Bezug und während der versicherungspflichtigen Hauptbeschäftigung hindern nicht die Anrechnung nach § 155 Abs. 2 SGB III.
Allerdings bleibt nach § 155 Abs. 2 SGB III das aus der Nebenbeschäftigung erzielte Entgelt nur bis zu dem Betrag anrechnungsfrei, der in den letzten zwölf Monaten vor Entstehung des Alg-Anspruchs durchschnittlich monatlich verdient wurde (so auch BSG vom 1.7.2010 – B 11 AL 31/09 R).

Beispiel 1:
Unterbrechung
des Neben-
verdiensts vor
Alg-Bezug

David Zunder verdient seit vielen Jahren neben seiner versicherungspflichtigen Hauptbeschäftigung – bereinigt – 300,– € netto monatlich. Vom 1.4. bis 31.5.2017 wird die Nebenbeschäftigung unterbrochen, am 1.6.2017 wieder aufgenommen, insgesamt dauert die Nebenbeschäftigung 10 Monate. Ab 1.8.2017 erhält David Zunder nach Verlust der Hauptbeschäftigung Alg.

Nebenverdienst	1.8. 2016 – 31.3.2017 =	2.400,– €
	1.6. 2017 – 31.7.2017 =	600,– €
Freibetrag	3000 € (2.400 + 600) : 12 =	**250,– €**

Keinen Freibetrag nach § 155 Abs. 2 SGB III gibt es, wenn die Nebenbeschäftigung versicherungspflichtig war.

Beispiel 2:
Versicherungs-
pflichtige Neben-
beschäftigung

David Zunder bezieht ab 1.9.2017 Alg. Neben der zum 30.8.2017 verlorenen Hauptbeschäftigung hatte er vom 1.2.2015 bis 30.4.2017 einen Nebenverdienst von monatlich 500,– € brutto.

Freibetrag? Nein; denn der Nebenverdienst ist – da er 450 € übersteigt – gemäß § 8 SGB IV versicherungspflichtig. Dieser versicherungspflichtige Nebenverdienst erhöht das Alg. Würde David Zunder zusätzlich noch den Freibetrag nach § 155 Abs. 2 SGB III erhalten, wäre er doppelt begünstigt. Dies sieht das SGB III nicht vor.

3   **Fallgruppe 3: Neuer neben altem Nebenverdienst**

Die Freibeträge der zwei Fallgruppen können kombiniert werden. Das hat das BSG vom 5.9.2006 – B 7a AL 88/05 R, info also 2007, S. 29 entschieden.
Aus dem Gesetz ergibt sich allerdings nicht eindeutig, wie angerechnet wird.

Klarheit bringt die GA 68b zu § 155, die mit dem BMAS abgestimmt worden ist.

»Sind die Voraussetzungen für den Freibetrag nach Abs. 2 erfüllt, steht dem Arbeitslosen zusätzlich der Freibetrag nach Abs. 1 zu.«

A. hat Anspruch auf Alg ab dem 1.7. Er übte (in den letzten zwölf Monaten vor Alg-Antrag) neben der Hauptbeschäftigung eine abhängige Nebenbeschäftigung und eine selbstständige Tätigkeit mit jeweils fünf Stunden wöchentlich aus. Diese führt er in der Arbeitslosigkeit fort. Aus der abhängigen Nebenbeschäftigung verdient er monatlich 200 € netto, aus der selbstständigen Tätigkeit 500 € netto.
Am 3.8. nimmt er eine weitere – eine neue – Nebenbeschäftigung mit vier Stunden wöchentlich und einem Nebenverdienst von 165 € netto auf.

Beispiel (nach GA 68b zu § 155)

Freibeträge:
Nach § 155 Abs. 2 SGB III = 700 € (200 € + 500 €)
Nach § 155 Abs. 1 SGB III = 165 €
Gesamtfreibetrag = 865 €.
Eine Anrechnung erfolgt nicht.

Insbesondere bei kombinierten Nebenverdiensten gilt: Sie bleiben nur im Alg-Bezug, wenn die kombinierten Nebenverdienste mit einer Arbeitszeit von unter 15 Stunden wöchentlich erzielt werden. Werden 15 Stunden oder gar mehr aufgewandt, endet der Alg-Bezug.

IV   Wie wird ein Nebenverdienst auf andere AA-Leistungen angerechnet?

1.   Nebenverdienst bei Weiterbildung mit Alg
        § 155 Abs. 3 SGB III

Ein Nebenverdienst, den ein Bezieher von Alg bei beruflicher Weiterbildung

– von seinem Arbeitgeber oder dem Träger der Weiterbildung
– wegen der Weiterbildung oder
– aufgrund eines früheren oder bestehenden Arbeitsverhältnisses
– ohne Ausübung einer Beschäftigung

erhält, bleibt bis zu 400 €[1] anrechnungsfrei.

400 €-Freibetrag

Auch hier wird der Nebenverdienst um Steuern und Sozialversicherungsbeiträge bereinigt; allerdings nicht – wie ein Vergleich von Abs. 1 mit Abs. 3 des § 155 SGB III zeigt – um Werbungskosten.

2   **Nebenverdienst bei Kurzarbeitergeld**
             § 106 Abs. 3 SGB III

Näheres finden Sie auf → S. 388 ff.

3   **Nebenverdienst bei Berufsausbildungsbeihilfe**
             §§ 67, 70 Satz 2 SGB III

Nebenverdienst wird nach eigenen Regeln auf das Azubi-BAB angerechnet (→ S. 437).

Nebenverdienst neben Maßnahme-BAB, das in Alg-Höhe gewährt wird (→ S. 442), wird wie Nebenverdienst auf das Alg angerechnet.

4   **Nebenverdienst bei Übergangsgeld/Ausbildungsgeld**

Beim Übergangsgeld gelten Sonderregelungen zur Anrechnung von Nebenverdienst (→ S. 538).

Die Anrechnung von Nebenverdienst auf das Ausbildungsgeld wird in § 126 SGB III eigenständig geregelt.

V   **Wie stellt die AA den Nebenverdienst fest?**

1   **Bei selbstständiger Nebentätigkeit**

»Bei der Ermittlung des Anrechnungsbetrages aus selbständiger Tätigkeit (außer nicht Buch führenden Landwirten) kann wie folgt vorgegangen werden:

Selbst-
einschätzung

a) Von dem Arbeitslosen ist eine Einschätzung seines voraussichtlichen Netto-Einkommens zu verlangen [...] Diese ist an Hand einer Gewinn- und Verlustrechnung der letzten 3 Monate auf Plausibilität zu überprüfen. Wurde die selbständige Tätigkeit erst aufgenommen, ist der letzte Monat der Tätigkeit maßgebend.

Endgültige
AA-Einschätzung

b) Die Selbsteinschätzung ist Grundlage für eine Schätzung gem. § 329 SGB III. Die Entscheidung über den Anrechnungsbetrag ist endgültig.

---

[1]   Obgleich die Grenze für Minijobs auf 450 € angehoben worden ist, ist der Freibetrags nach § 155 Abs. 3 SGB III nicht von 400 € auf 450 € angehoben worden.

Der Arbeitslose ist aufzufordern, ein höheres, die Schätzung übersteigendes Erwerbseinkommen anzuzeigen.

c) Die Schätzung bleibt für den Leistungszeitraum unverändert. Zeigt der Arbeitslose verändertes Einkommen an, ist dieses Grundlage für eine erneute Schätzung für den Leistungszeitraum.

Einkommen aus selbständiger Tätigkeit kann auch gem. § 328 SGB III vorläufig angerechnet werden. In diesem Fall ist die Selbsteinschätzung [...] Grundlage für die vorläufige Entscheidung. Während des Leistungsbezuges in größeren Abständen oder danach ist die Anrechnung anhand geeigneter Unterlagen (Steuerbescheid, Steuererklärung, Gewinn- und Verlustrechnung) zu überprüfen. Es bestehen keine Bedenken, die im Leistungszeitraum erarbeiteten Einkünfte ebenso wie die Betriebsausgaben gleichmäßig auf den Leistungszeitraum zu verteilen.

Oder vorläufige Entscheidung

Alg vom 1.1. – 30.6.
Zu berücksichtigendes Einkommen in diesem Zeitraum 4000 €
Betriebsausgaben in diesem Zeitraum: 1000 €
Anzurechnen sind 3000 €, monatlich 500 € abzüglich Freibetrag.

Beispiel

Ob die Schätzung oder vorläufige Entscheidung gewählt wird, liegt im Ermessen der AA.« (GA 70b–d zu § 155)

2   Bei Arbeitnehmertätigkeit

»Unselbständige Beschäftigungen sind hinsichtlich des Verhältnisses der geleisteten Arbeitszeit zum erzielten Entgelt auf Plausibilität zu überprüfen. Soweit zwischen dem stündlich erzielten Entgelt und dem für die verrichtete Tätigkeit üblichen Entgelt ein eklatantes Missverhältnis besteht, ist dies aufzuklären.« (GA 65 zu § 155)

VI   Welche Folgen hat eine zu niedrige Anrechnung von Nebenverdienst?

Stellt sich später heraus, dass der Nebenverdienst höher war als von der AA angenommen, mit dem Ergebnis, dass der Anrechnungsbetrag zu niedrig und das Alg zu hoch war, wird der Bescheid nach §§ 45, 48 SGB X korrigiert.

In der Folge »kann« die AA gemäß § 333 Abs. 1 SGB III einen zurückliegenden Anrechnungsbetrag voll einbehalten, mit der Folge, dass zeitweise überhaupt keine Leistung gezahlt wird und dem Arbeitslosen (falls er zum Zeitpunkt der Anrechnung überhaupt noch einer Nebentätigkeit nachgeht) nur sein Nebenverdienst zur Verfügung steht.

Volle Anrechnung möglich

AA muss
Ermessen
ausüben

Keine volle
Anrechnung
bei mittellosen
Arbeitslosen

Ob ein zurückliegender Anrechnungsbetrag voll einbehalten wird, hat die AA jedoch nach pflichtgemäßem Ermessen zu entscheiden. Die AA hat mit Teilbeträgen aufzurechnen, wenn eine volle Einbehaltung eines zurückliegenden Anrechnungsbetrages aufgrund der wirtschaftlichen Verhältnisse des Arbeitslosen nicht vertretbar wäre. Eine volle Anrechnung des zurückliegenden Anrechnungsbetrages kommt z. B. nicht infrage, wenn der Arbeitslose zum Zeitpunkt der Anrechnung keiner Nebenbeschäftigung mehr nachgeht und durch die Verrechnung völlig mittellos würde.

 Sie schützen sich vor zu starken Anrechnungen »auf einen Schlag«, wenn Sie spätestens bis zum 20. des Folgemonats die Nebenverdienstbescheinigung vorlegen.

H Dauer des Arbeitslosengeldbezugs
§§ 147, 148, 162 Abs. 2 Nr. 3 SGB III

I Anspruchsdauer
§ 147 SGB III

1 Der Regelfall

Wie lange Sie Alg erhalten, hängt in der Regel von zwei Faktoren ab:

■ wie lange Sie vor dem Alg-Antrag innerhalb der Rahmenfrist versicherungspflichtig tätig waren;

■ wie alt Sie am Tag des Alg-Antrages sind. Es kommt nur auf das Alter beim ersten Antrag, also bei der Entstehung des Alg-Anspruchs, an, nicht auf das Alter bei einem Wiederbewilligungsantrag nach einer Unterbrechung des Bezugs, solange kein neuer Anspruch entstanden ist (SG Berlin vom 1.4.2011 – S 70 AL 3145/10).

Ob und wie lange Sie Alg bekommen, können Sie in der folgenden Tabelle ablesen: Die Tabelle zeigt, dass das Verhältnis von versicherungspflichtiger Tätigkeit in der Rahmenfrist zur Dauer des Alg-Anspruchs bis zur möglichen Höchstdauer zwei zu eins beträgt.

Tabelle
Alg-Anspruchsdauer

Nach versicherungs-pflichtiger Tätigkeit von mindestens	innerhalb einer Rahmenfrist von	und ab dem	gibt es Alg für
... Monaten[1]	... Jahren	... Geburtstag	... Monate[1]
12	2		6
16	2 und 3		8
20	2 und 3		10
24	2 und 3		12
30	2 und 3	50.	15
36	2 und 3	55.	18
48	2 und 3	58.	24

[1] Ein Monat entspricht 30 Kalendertagen (§ 339 Satz 2 SGB III)

Rahmenfrist

Rahmenfrist ist die Zeit, innerhalb der Sie – vom Tag des Alg-Antrags zurückgerechnet – versicherungspflichtig gewesen sein müssen.

Grundrahmen-frist: 2 Jahre

Beachten Sie, dass Sie, um überhaupt Alg zu erhalten, innerhalb der letzten zwei Jahre vor dem Tag der Antragstellung mindestens zwölf Monate versicherungspflichtig gewesen sein müssen.

Verlängerungs-rahmenfrist: 5 Jahre

Erst wenn Sie diese Hürde genommen haben, können Sie durch versicherungspflichtige Beschäftigungen oder andere Versicherungspflicht-zeiten innerhalb der um drei Jahre auf fünf Jahre verlängerten Rahmenfrist Ihren Alg-Anspruch verlängern.

Alg-Bezug erst ab 50., 55., 58. Geburtstag kann sich lohnen

Wenn Sie kurz vor dem 50., 55., 58. Geburtstag arbeitslos werden und länger versicherungspflichtig waren und lange arbeitslos sein werden, können Sie Ihren Alg-Anspruch erst am Geburtstag entstehen lassen. Das erlaubt § 137 Abs. 2 SGB III. Danach können Sie bis zur Entscheidung der AA über den Alg-Anspruch bestimmen, dass Sie Alg erst ab Ihrem Geburtstag bekommen. Zwar gehen Ihnen dann die Tage bis zum Geburtstag verloren; dafür kann sich aber bei entsprechend langer versicherungspflichtiger Beschäftigung die Alg-Anspruchsdauer bei 50- und 55-Jährigen um bis zu drei Monate und bei 58-Jährigen sogar bis zu sechs Monate verlängern!

Sie müssen für die Zeit bis zum 50., 55., 58. Geburtstag allerdings Ihren Krankenversicherungsschutz sicherstellen (→ S. 633). Wir können Ihnen aber nicht empfehlen, den Anspruchsbeginn für mehr als einen Monat hinauszuschieben. Erkranken Sie in der Zwischenzeit, erhalten

Sie in diesem Fall kein Krankengeld, meist auch nicht während des ersten Monats nach Verlust Ihrer Beschäftigung (BSG vom 4.3.2014 – B 1 KR 68/12 R).

Außerdem müssen Sie den Krankenversicherungsbeitrag dann selbst bezahlen (§ 188 Abs. 4, § 5 Abs. 1 Nr. 13 i. V. m. § 250 Abs. 2 und 3 SGB V), auch bei Arbeitsunfähigkeit; bei längerer Erkrankung kann die Anwartschaft auf den Alg-Anspruch verloren gehen. Mit der Möglichkeit, den Alg-Bezug hinauszuschieben, sollte also vorsichtig umgegangen werden.

Bei der Berechnung des Lebensalters wird der Tag der Geburt mitgerechnet (§ 187 BGB). Wer am ersten eines Monats geboren ist, vollendet sein Lebensjahr mit Ablauf des vorhergehenden Monats (FW 147.1).

Bei Ausländern, die nur das Geburtsjahr angeben können, legt die AA für die Bestimmung des Geburtstags den 1. Juli zu Grunde (FW 147.1).

Erreicht der Arbeitslose in absehbarer Zeit eine höhere Altersstufe, muss ihn die AA darauf hinweisen, dass eine Verschiebung des Antrags zu einem längeren Alg-Anspruch führen kann (SG Berlin vom 19.2.2010 – S 58 AL 2408/09, info also 2010, S. 165; SG Mannheim vom 9.9.2010 – S 14 AL 3538/09; SG Chemnitz vom 20.1.2011 – S 6 AL 986/09; SG Lübeck vom 3.3.2011 – S 38 AL 165/08; s. auch Udo Geiger, info also 2010, S. 20); das gilt insbesondere dann, wenn der Arbeitslose den Alg-Antrag während der Auseinandersetzung mit seinem Arbeitgeber über die Rechtmäßigkeit der Kündigung stellt (SG Karlsruhe vom 23.9.2009 – S 16 AL 1723/09, info also 2010, S. 17). Die AA sollte ihn aber auch auf die Gefahren hinweisen (siehe oben).

2 Zwei Sonderfälle

2.1 Alg-Dauer nach »Kleiner Anwartschaft«

Seit 2009 gibt es eine »Kleine Anwartschaftszeit« (§ 142 Abs. 2 SGB III). Näheres → S. 128.

Wer diese »Kleine Anwartschaft« erfüllt, gewinnt gemäß § 147 Abs. 3 SGB III folgende Alg-Anspruchsdauer:

Tabelle

Alg-Anspruchsdauer nach »Kleiner Anwartschaft«

Nach »Kleinen Anwartschaftszeiten« von mindestens	innerhalb einer Rahmenfrist von	gibt es Alg für
... Monaten	... Jahren	... Monate
6	2	3
8	2	4
10	2	5

Wie im Regelfall beträgt das Verhältnis von Anwartschaftzeit zur Dauer des Alg-Anspruchs zwei zu eins.

Anders als im Regelfall zählen nur Zeiten in der zweijährigen Grundrahmenfrist. Eine Erweiterung der Rahmenfrist auf fünf Jahre ist ausgeschlossen.

Anders als im Regelfall gibt es keinen Alterszuschlag.

§ 142 Abs. 2 SGB III ermöglicht eine »Kleine Anwartschaft« für Zeiten bis zum 31.7.2018. Vor Ablauf der Befristung soll entschieden werden, wie die soziale Sicherung bei Arbeitslosigkeit für überwiegend kurz befristet Beschäftigte, insbesondere auch für Kulturschaffende, verbessert werden kann (BT-Drs. 18/8042 Art. 1 Nr. 13 S. 10, 28).

2.2 **Teil-Alg-Dauer**

Für Bezieher von Teil-Alg gilt gemäß § 162 Abs. 2 Nrn. 2 und 3 SGB III folgende Sonderregelung:

Tabelle
Teil-Alg-Anspruchsdauer

Nach einer weiteren versicherungspflichtigen Tätigkeit von mindestens	innerhalb einer Rahmenfrist von	gibt es Teil-Alg für
... Monaten	... Jahren	... Monate
12	2	6

Auch hier zählen nur Zeiten innerhalb der zweijährigen Rahmenfrist; auch beim Teil-Alg gibt es keinen Alterszuschlag.

II **Welche Zeiten werden bei der Berechnung der Anspruchsdauer berücksichtigt?**

1 **Versicherungspflichtige Beschäftigungszeiten**

Was versicherungspflichtige Beschäftigungszeiten und andere Pflichtversicherungszeiten sind, finden Sie auf → S. 132.

2 **Früher nicht verbrauchte alte Anspruchszeiten nach Zwischenbeschäftigung?**

Viele Arbeitslose werden nach einer Zwischenbeschäftigung wieder arbeitslos. Was geschieht bei erneutem Alg-Antrag mit einer früher noch nicht verbrauchten Alg-Anspruchszeit?

Zwei Fallgruppen müssen Sie unterscheiden:

- **Fallgruppe 1:** Sie arbeiten nach dem Ende des letzten Alg-Bezugs innerhalb der Rahmenfrist von zwei Jahren mindestens zwölf Monate versicherungspflichtig, werden erneut arbeitslos und stellen einen neuen Alg-Antrag.

  Bei Zwischenbeschäftigung **von mehr als 12 Monaten:**

In diesem Fall erwerben Sie einen neuen Alg-Anspruch von mindestens sechs Monaten. Zu dieser neuen Anspruchszeit wird die alte, früher nicht verbrauchte Anspruchszeit hinzugezählt, vorausgesetzt, es sind zwischen dem jetzigen Alg-Antragstag und dem vorhergehenden Alg-Antragstag noch nicht fünf Jahre verstrichen (§ 147 Abs. 3 SGB III).

Addieren der Anspruchszeiten;

1. Grenze: 5-Jahres-Frist

Die nicht verbrauchte und die neue Anspruchszeit darf die bei einmaliger Arbeitslosigkeit entsprechend dem Alter erreichbare Höchstanspruchsdauer nicht überschreiten.

2. Grenze: Höchstanspruchsdauer

- **Fallgruppe 2:** Sie arbeiten nach dem Ende des letzten Alg-Bezugstags innerhalb der Rahmenfrist von zwei Jahren weniger als zwölf Monate versicherungspflichtig, werden erneut arbeitslos und stellen einen neuen Alg-Antrag.

  Bei Zwischenbeschäftigung **von weniger als 12 Monaten:** nur alte Anspruchszeit zählt

In diesem Fall erwerben Sie keinen neuen Alg-Anspruch; Sie können also nur den alten, noch nicht verbrauchten Alg-Anspruch ausschöpfen, wenn seit der Entstehung des Anspruchs noch keine vier Jahre vergangen sind.

III   Wodurch vermindert sich die Anspruchsdauer?
§ 148 SGB III

1   Bezug von Alg, Kranken-Alg

Die Dauer des Anspruchs auf Alg vermindert sich um die Zahl von Tagen, für die der Anspruch auf Alg bei Arbeitslosigkeit erfüllt worden ist. Auch das Nahtlosigkeits-Alg verbraucht den Anspruch, es wird nicht pauschal bis zum Beginn der Erwerbsminderungsrente bzw. bis zur Entscheidung des Rentenversicherungsträgers gezahlt (BSG vom 31.1.2008 – B 13 R 23/07 R; SächsLSG vom 6.9.2013 – L 3 AL 109/13 B ER). Die Erfüllungswirkung tritt auch ein, wenn das Alg zu Unrecht gezahlt worden ist, die Zahlung nach §§ 45, 48 SGB X aber nicht mehr rückgängig gemacht werden kann.

Alg bei Arbeitslosigkeit

Der Anspruch lebte schon bisher wieder auf, wenn das Alg im Wege der Gleichwohlgewährung während einer Ruhenszeit (z.B. nach §§ 157, 158 SGB III) gezahlt worden war und die AA nachträglich Ersatz für das gezahlte Alg erhielt (BSG vom 4.9.1979 – 7 RAr 51/78, vom 23.7.1998 – B 11 AL 97/97 R und vom 29.1.2008 – B 7/7a AL 58/06 R).

Bei teilweisem Ersatz lebte der Alg-Anspruch nur im Umfang des Ersatzes wieder auf; Bruchteile von Tagen blieben unberücksichtigt.

Neu

Jetzt ist ausdrücklich geregelt, dass die Minderung der Anspruchsdauer entfällt, wenn die AA das Alg, das sie nach § 145 SGB III (Nahtlosigkeit), § 157 Abs. 3 SGB III (Gleichwohlgewährung statt Arbeitsentgelt und Urlaubsabgeltung) oder § 158 Abs. 4 SGB III (Gleichwohlgewährung statt Entlassungsentschädigung) erstattet bekommt; Bruchteile von Tagen sind auf volle Tage aufzurunden. Jetzt kommt es für das Wiederaufleben des Alg aber auch darauf an, ob auch die Beiträge zur Kranken-, Pflege- und Rentenversicherung erstattet werden; das hatte das BSG vom 29.1.2008 – B 7/7a AL 58/06 noch anders gesehen.

Umstritten ist, ob der Alg-Anspruch auch dann wieder auflebt, wenn die AA schuldhaft versäumt, den auf sie übergegangenen Anspruch auf Arbeitsentgelt, Urlaubsabgeltung oder Entlassungsentschädigung gegen den Arbeitgeber rechtzeitig und in geeigneter Weise geltend zu machen. Das BSG hat dies abgelehnt, weil der Forderungsübergang nur dem Interesse der AA, nicht dem des Arbeitslosen diene (st. Rspr. z. B. vom 11.6.1987 – 7 RAr 16/86 und vom 29.11.1988 – 11/7 RAr 79/87). Das LSG Sachsen-Anhalt vom 25.11.2010 – L 2 AL 79/08 ist dem BSG gefolgt. Zwei LSG haben anders entschieden (LSG Niedersachsen-Bremen vom 3.9.2009 – L 12 AL 46/07, info also 2010, S. 251; HessLSG vom 2.9.2011 – L 9 AL 107/09, info also 2012, S. 61 ff.). Es kann sich durchaus lohnen, Zahlung von Alg auch nach einer Gleichwohlgewährung zu verlangen, wenn die AA vom Arbeitgeber hätte Ersatz erlangen können.

Erhalten Sie nachträglich Insolvenzgeld für eine Zeit, in der Sie Alg erhalten haben, lebt der Alg-Anspruch ebenfalls wieder auf (BSG vom 24.7.1986 – 7 RAr 4/85).

Alg trotz Alg-Verbrauch?

Auch wenn der Alg-Anspruch an sich verbraucht ist, kann es dazu kommen, dass Alg zu zahlen ist.

Beispiel

David Zunder verliert seine Arbeit am 31.5.; zugleich erhält er eine Entlassungsentschädigung. Die AA zahlt ihm Alg erst ab 1.7., weil sie der Meinung ist, der Anspruch ruhe wegen der Entlassungsentschädigung für einen Monat. Während des Streits vor dem Sozialgericht zahlt die AA Alg bis zum Verbrauch des gesamten Anspruchs. Wenn David Zunder jetzt den Prozess gewinnt, muss ihm die AA dennoch noch für Juni Alg zahlen (BSG vom 17.12.2013 – B 11 AL 13/12 R; HessLSG vom 21.5.2010 – L 7 AL 108/09, info also 2010, S. 159 und vom 20.6.2011 – L 7 AL 37/08; s. auch Claus-Peter Bienert, info also 2011, S. 256).
Das BSG hat seine Entscheidung mit dem Charakter des Alg als für bestimmte Kalendertage vorgesehene Versicherungsleistung begründet. Der Anspruch erschöpfe sich nicht durch die Auszahlung eines Gesamtbetrages, vielmehr hängen Höhe und Dauer von den im jeweiligen Zeitraum gegebenen Umständen ab. Die Leistungsberechtigte sei deshalb so zu stellen, als sei im jeweiligen Zeitraum von vornher-

ein rechtmäßig entschieden worden. Eine später eingetretene Minderung der Anspruchsdauer durch Erfüllung kann deshalb einem früheren Zahlungsanspruch nicht entgegengehalten werden.

Damit tut sich die neue Frage auf, ob die AA das für einen späteren Zeitraum gezahlte Alg, das bei anfänglich richtiger Entscheidung nicht hätte gezahlt werden dürfen, zurückfordern kann. Das SG Landshut vom 25.3.2014 – S 13 AL 68/13, info also 2015, S. 66 (siehe auch Claus-Peter Bienert, info also 2015, S. 53 ff.) ist davon ausgegangen, dass eine Rückforderung grundsätzlich möglich ist, wenn die Voraussetzungen des § 45 SGB X vorliegen; im konkreten Fall hat das Gericht Bösgläubigkeit verneint. Da das BSG sich mit der Rückforderbarkeit des bereits gezahlten Alg im Umfang des noch geschuldeten Alg nicht beschäftigt hat, ist wohl davon auszugehen, dass die Entscheidung den Alg-Anspruch der Versicherten endgültig regeln sollte. Die AA wird deshalb wahrscheinlich zukünftig einen Teil des Alg nicht auszahlen, wenn über den Anspruchsbeginn gestritten wird.

Die Dauer des Alg-Anspruchs vermindert sich gemäß § 148 Abs. 1 Nr. 2 SGB III um jeweils einen Tag für jeweils zwei Tage, für die ein Anspruch auf Teil-Alg innerhalb der letzten zwei Jahre vor der Entstehung des Anspruchs erfüllt worden ist (BayLSG vom 31.10.2013 – L 10 AL 69/12).

Teil-Alg

Die Dauer des Alg-Anspruchs vermindert sich um die Anzahl von Tagen, für die ein Anspruch auf einen Gründungszuschuss in der Höhe des zuletzt bezogenen Alg erfüllt worden ist (§ 148 Abs. 1 Nr. 8 SGB III).

Gründungszuschuss

Die Dauer des Alg-Anspruchs vermindert sich um jeweils einen Tag für jeweils zwei Tage, für die ein Anspruch auf Alg bei beruflicher Weiterbildung erfüllt worden ist (§ 148 Abs. 1 Nr. 7 SGB III). Eine Umschulungsmaßnahme von zwei Jahren kann deshalb den Anspruch auf Alg einer unter 50-Jährigen verbrauchen.

Weiterbildung

Allerdings verbleibt der Arbeitslosen in jedem Fall ein Anspruch von 30 Kalendertagen (§ 148 Abs. 2 Satz 3 SGB III), damit die Absolventin der Weiterbildung einen Monat Zeit zur Arbeitsuche hat. Der Alg-Anspruch von 30 Tagen soll allerdings auch dann unmittelbar nach dem Ende der Weiterbildung beginnen, wenn die Prüfung erst später abgelegt werden kann und eine Bewerbung in diesem Zeitraum nur eingeschränkt möglich ist (SG Karlsruhe vom 20.7.2015 – S 5 AL 488/15). Ein Anspruch von 30 Tagen verbleibt allerdings nur, wenn er in diesem Umfang vor der Weiterbildung noch bestand; war der Anspruch kürzer (z. B. nur noch 20 Tage) werden die noch vorhandenen Anspruchstage nicht verbraucht.

30-Tage-Grenze

Gemindert wird nur der laufende Alg-Anspruch.

Die Dauer der Weiterbildung wird nicht vom Umfang des (Rest-)Alg-Anspruchs begrenzt, wie § 148 Abs. 2 Satz 3 und 4 SGB III zeigt.

Ist nach der Weiterbildung ein neuer Anspruch entstanden und hat der Arbeitslose während der Weiterbildung länger Alg bezogen, als seinem Anspruch (minus 30 Tage) entsprach, wird auch der Restanspruch von 30 Tagen verbraucht; er verlängert den neuen Anspruch dann nicht.

Beispiel

Elfriede Wehrmich, 39 Jahre alt, zehn Jahre versicherungspflichtig beschäftigt, wurde zum 31.7.2014 arbeitslos. Sie bezog ab 1.8.2014 Alg wegen Arbeitslosigkeit. Nach zehn Monaten erhielt sie vom 1.6.2015 bis 30.11.2015 eine Weiterbildung mit Alg wegen beruflicher Weiterbildung. Im Anschluss an die Weiterbildung fand sie vom 1.12.2015 bis 30.11.2016 eine versicherungspflichtige Beschäftigung. Am 1.12.2016 beantragt sie erneut Alg wegen Arbeitslosigkeit.

Alg-Anspruch aus 1. Beschäftigung	12 Monate
Alg-Bezug	– 10 Monate
Restanspruch	2 Monate
Weiterbildung von 6 Monaten	– 3 Monate
Restanspruch	30 Tage
Neuer Alg-Anspruch nach 12 Monaten Beschäftigung	6 Monate
Verbrauch des Restanspruchs (30 Tage) wegen Weiterbildung	
Anspruchsdauer	**6 Monate**

Der verbleibende Alg-Anspruch beträgt sechs Monate und nicht sieben, weil der verbleibende Restanspruch von 30 Tagen nachträglich durch die Weiterbildungsmaßnahme als verbraucht gilt. Zu einer weiteren Kürzung kommt es aber nicht.

Kranken-Alg

Die Dauer des Alg-Anspruchs vermindert sich um die Anzahl von Tagen, für die Kranken-Alg gezahlt wird.
Das Kranken-Alg lässt zugleich das Krankengeld (Krg) ruhen (§ 49 Abs. 1 Nr. 3a SGB V) und kürzt dadurch den Alg-Anspruch und das Krg, das für eine Arbeitsunfähigkeit, die auf ein und derselben Krankheit beruht, in einem Zeitraum von drei Jahren nur für 78 Wochen gezahlt wird (§ 48 Abs. 1 und 3 SGB V).

Krg vermindert Alg-Dauer nicht

Die Zahlung von Krg während der Arbeitslosigkeit hat dagegen keinen Einfluss auf die Dauer des Alg-Anspruchs. Deshalb besteht ein Rechtsschutzbedürfnis für einen Streit über die richtige Leistung, ob also Krg zu zahlen gewesen wäre, aber Alg gezahlt worden ist (BSG vom 12.3.2013 – B 1 KR 7/12 R).

Anspruch auf Kranken-Alg besteht nur, wenn Sie unmittelbar vor Beginn der Arbeitsunfähigkeit Alg bezogen haben. Andernfalls muss die Krankenkasse Krg zahlen. Das gilt auch dann, wenn ein Alg-Anspruch wegen einer Sperrzeit ruht; nach Ablauf dieser Ruhenszeiten muss die Krankenkasse bei fortbestehender Arbeitsunfähigkeit Krg zahlen. Es hängt also von Zufälligkeiten ab, ob Ihre Arbeitsunfähigkeit zur Verminderung Ihres Alg-Anspruches führt. Wir haben deshalb gegen diese Bestimmung Bedenken, weil sie zu einer Verletzung des Gleichbehandlungsgrundsatzes führen kann. Auch wird Kranken-Alg im Laufe eines Jahres nicht nur einmal gezahlt, sondern bei jeder neuen Arbeitsunfähigkeit für je sechs Wochen, wenn unmittelbar vorher Alg gezahlt worden ist. Auf diese Weise kann das Kranken-Alg das Alg zu einem erheblichen Teil aufzehren.

2   Sperrzeiten

Sperrzeiten führen zu unterschiedlicher Minderung der Anspruchsdauer:

Sperrzeiten

- Bei einer Sperrzeit wegen Arbeitsaufgabe von weniger als zwölf Wochen, bei Sperrzeiten wegen Arbeitsablehnung, unzureichender Eigenbemühungen, Ablehnung oder Abbruches einer beruflichen Eingliederungsmaßnahme, bei einer Sperrzeit wegen Meldeversäumnisses oder verspäteter Arbeitsuchmeldung vermindert sich die Alg-Anspruchsdauer um die Sperrzeittage (§ 148 Abs. 1 Nr. 3 SGB III).

Minderung um Sperrzeittage

- Bei einer Sperrzeit wegen Arbeitsaufgabe von zwölf Wochen vermindert sich die Alg-Anspruchsdauer um ein Viertel (§ 148 Abs. 1 Nr. 4 SGB III). Bruchteile von Tagen sind nicht zu berücksichtigen (FW 148.1.4).
  Diese »Viertel-Kürzung« wirkt sich erst bei einer (Rest-)Anspruchsdauer von mindestens 340 Kalendertagen aus.

Minderung um 1/4 der Anspruchsdauer

Bei einer Sperrzeit wegen Arbeitsaufgabe oder Abbruchs einer beruflichen Eingliederungsmaßnahme wird die Anspruchsdauer nicht vermindert, wenn der Sperrzeitanlass länger als ein Jahr vor dem Alg-Antrag liegt. Das soll auch für Sperrzeiten wegen verspäteter Arbeitsuchmeldung und der Ablehnung einer Beschäftigung in der Aktionszeit zwischen Arbeitsuchmeldung und Arbeitslosigkeit gelten (GA 148.2).

1-Jahres-Grenze

3   Fehlende Mitwirkung und fehlende Arbeitsbereitschaft

Die Alg-Anspruchsdauer wird vermindert um:

- Die Anzahl von Tagen, für die dem Arbeitslosen das Alg wegen fehlender Mitwirkung (§ 66 SGB I) versagt oder entzogen worden ist (§ 148 Abs. 1 Nr. 5 SGB III);

- die Anzahl von Tagen der Beschäftigungslosigkeit nach der Erfüllung der Voraussetzungen für den Anspruch auf Alg, an denen der Arbeitslose nicht arbeitsbereit ist, ohne für sein Verhalten einen wichtigen Grund zu haben (§ 148 Abs. 1 Nr. 6 SGB III).

In diesen Fällen wird die Alg-Anspruchsdauer um höchstens vier Wochen vermindert.

4-Wochen-Grenze

Die Anspruchsdauer soll auch bei fehlender Arbeitsbereitschaft nach Sinn und Zweck des § 148 Abs. 1 Nr. 6 SGB III nur dann gemindert werden, wenn Eingliederungsbemühungen der AA verhindert werden sollen. Nur wenn diese Absicht erkennbar ist, soll weiter ermittelt und das Vorliegen eines wichtigen Grundes geprüft werden (FW 148.1.6). Auch nach Meinung des LSG Nordrhein-Westfalen vom 23.8.2010 – L 19 AL 136/10, info also 2011, S. 176 darf der Anspruch nicht gekürzt werden, wenn keine Manipulationsabsicht erkennbar ist.

Die Anforderungen an den »wichtigen Grund«, der ein Abmelden aus dem Leistungsbezug ohne Minderung der Alg-Anspruchsdauer erlaubt, dürfen nicht zu hoch geschraubt werden.

»Solange die Vermittlung weitgehend aussichtslos erscheint oder genügend andere Arbeitslose gleicher Qualifikation zur Verfügung stehen, ist den persönlichen Bedürfnissen des Arbeitslosen in größerem Umfang Rechnung zu tragen« (so SG Berlin vom 15.4.1991 – S 58 Ar 2397/90).

Deshalb müssen als wichtige Gründe anerkannt werden:

Wichtige Gründe

- Gründe, die bei Beschäftigten unbezahlten Urlaub aus persönlichen Gründen, wie z. B. zum Besuch von Verwandten, rechtfertigen;

- Teilnahme an für den Arbeitslosen vorteilhaften Veranstaltungen, z. B. Bildungsreise oder eine Reise, die kostenlos oder besonders preisgünstig ist, oder eine Urlaubsreise mit berufstätigem (Ehe-) Partner;

- Teilnahme an religiösen, politischen, gewerkschaftlichen Veranstaltungen längerer Dauer.

Die BA nennt als anzuerkennenden wichtigen Grund nur die Pflege erkrankter Angehöriger.

Sollte die AA, anstatt froh über die Leistungsabmeldung zu sein, eine Minderung der Alg-Bezugsdauer verhängen, legen Sie Widerspruch ein und klagen Sie gegebenenfalls. Hilfen für Widerspruch und Klage bietet der Tipp von Hedi Vogel, info also 1991, S. 152 f.

4   Keine Minderung in sonstigen Fällen

Abschließende Regelung

Die Alg-Anspruchsdauer wird nur in den in § 148 SGB III, also in den oben unter 1 bis 3 behandelten Fällen, gemindert.
Deshalb führt z. B. das Ruhen von Alg, solange es nicht wegen einer Sperrzeit eintritt, sondern z. B. wegen der Anrechnung einer Entlassungsentschädigung, nicht zu einer Minderung.

IV Erlöschen des Anspruchs

1 Alg-Anspruch
§ 161 SGB III

Der Alg-Anspruch erlischt

- mit der Entstehung eines neuen Alg-Anspruchs; was aber nicht bedeutet, dass der alte Anspruch bei der Dauer nicht mehr zählt (→ S. 249);

- bei Sperrzeiten von mindestens 21 Wochen; dabei werden gemäß § 161 Abs. 1 Nr. 2 SGB III »auch Sperrzeiten berücksichtigt, die in einem Zeitraum von zwölf Monaten vor der Entstehung des Anspruchs eingetreten sind.« Diese Regelung bedeutet, dass auch die (regelmäßig zwölf Wochen dauernde) Sperrzeit wegen Arbeitsaufgabe bei den 21 Wochen mitzählt; wegen der Einzelheiten → S. 321;

- wenn seit seiner Entstehung vier Jahre verstrichen sind. Die Frist läuft kalendermäßig ab und kann nicht wegen besonderer Härten verlängert werden (BayLSG vom 21.9.2016 – L 10 AL 305/15).

David Zunder beantragte am 1.11.2011 Alg. Von dem ihm zustehenden Alg von zwölf Monaten verbrauchte er vier Monate. Ab 1.3.2012 studiert er. Er beendet sein Studium zum 31.7.2015 und beantragt am 1.8.2015 erneut Alg. Er kann, da seit Entstehung des Alg-Anspruchs am 1.11.2011 noch keine vier Jahre verstrichen sind, seinen alten Alg-Anspruch »reaktivieren« und die restlichen acht Monate Alg in Anspruch nehmen – und zwar auch über das Vierjahresfristende (1.11.2015) hinaus.
Hätte David Zunder vom 1.8. – 31.10.2015 Alg bezogen und danach eine bis 20.12.2015 befristete Arbeit angetreten, könnte er bei erneuter Arbeitslosigkeit kein Alg mehr beziehen; denn am 1.12.2015 sind seit der Entstehung des Alg-Anspruchs (1.11.2011) mehr als vier Jahre verstrichen.

Beispiel

Bei einer Fehlberatung durch die AA kann der sozialrechtliche Herstellungsanspruch die verspätete Arbeitslosmeldung und den verspäteten Antrag nicht heilen (HessLSG vom 18.11.2016 – L 7 AL 87/15; siehe auch Claus-Peter Bienert, info also 2016, S. 59). Die ohne die rechtzeitige Arbeitslosmeldung fehlende Verfügbarkeit könne nicht nachträglich hergestellt werden.

Dagegen führt eine Unterbrechung des Leistungsbezugs bis zu sechs Wochen nicht zum Erlöschen des Anspruchs, weil die materielle Wirkung der Arbeitslosmeldung bei einer Unterbrechung der Arbeitslosigkeit für einen Zeitraum von bis zu sechs Wochen erhalten bleibt.
Auch die unbefristete Aufhebung der Leistungsbewilligung steht in diesem Fall dem Wiederaufleben des Alg-Anspruchs nicht entgegen. Ein nochmaliger Antrag ist nicht notwendig, weil Alg als mit der Ar-

Kein Erlöschen bei Alg-Unterbrechung bis 6 Wochen

beitslosmeldung beantragt und damit der Antrag auf Alg mit der fortwirkenden Arbeitslosmeldung weiterhin als gestellt gilt. Das trifft auch zu, wenn der Erlöschenszeitpunkt in die Unterbrechungszeit fällt, weil dem Arbeitslosen durch eine kurzzeitige Unterbrechung des Leistungsbezuges kein Nachteil entstehen soll (BSG vom 25.5.2005 – B 11a/11 AL 61/04 R; s. aber auch BSG vom 11.3.2014 – B 11 AL 4/14 R).

2   **Teil-Alg-Anspruch**
§ 162 Abs. 2 Nr. 5 SGB III

Der Anspruch auf Teil-Alg erlischt,

■ wenn der Arbeitnehmer nach der Entstehung des Anspruchs eine Beschäftigung, selbstständige Tätigkeit oder Tätigkeit als mithelfender Familienangehöriger für mehr als zwei Wochen oder mit einer Arbeitszeit von mehr als fünf Stunden wöchentlich aufnimmt;

■ wenn die Voraussetzungen für einen Anspruch auf Alg erfüllt sind;

■ spätestens nach Ablauf eines Jahres seit Entstehung des Anspruchs.

I **Sperrzeiten**

§§ 159, 148 Abs. 1 Nrn. 3–4, 161 Abs. 1 Nr. 2 SGB III

| **Sperrzeiten – die wichtigste Strafe der AA**

Wer sich versicherungswidrig verhält, wird mit einer Sperrzeit bestraft. Die Sperrzeitregeln betreffen hauptsächlich das Alg. Bei einem Meldeversäumnis nach § 159 Abs. 1 Satz 2 Nr. 6 SGB III tritt auch beim Bezug von Kug eine Sperrzeit ein (§§ 98 Abs. 4 Satz 3, 107 Abs. 1 SGB III). Das scheint aber selten vorzukommen.

2016 wurden insgesamt 769.480 Sperrzeiten festgestellt, hiervon 213.205 wegen Arbeitsaufgabe (27,71 %), 12.771 wegen Arbeitsablehnung (1,66 %), 4.447 wegen unzureichender Eigenbemühungen (0,58 %), 12.049 wegen der Ablehnung einer Eingliederungsmaßnahme (1,57 %), 4.349 wegen Abbruchs/Ausschlusses (aus) einer Eingliederungsmaßnahme (0,57 %), 238.674 wegen eines Meldeversäumnisses (31,02 %) und 283.985 wegen verspäteter Arbeitsuchmeldung (36,91 %).

Sperrzeitfolgen

Während der Sperrzeit ruht der Alg-Anspruch; außerdem wird der Anspruch gekürzt. Mehrere Sperrzeiten können zum Verlust des Leistungsanspruchs führen. Das geschah im Jahr 2014 immerhin 5.894-mal (ANBA, Sondernummer Arbeitsmarkt 2014, S. 119, Anlage Tabelle IV.D.5).

Sperrzeitbeute: kleine Leute

Nach einer Untersuchung von Sperrzeiten und Säumniszeiten in den alten Bundesländern verhängt die BA gegen gering Qualifizierte und Geringverdiener häufiger Sperrzeiten und Säumniszeiten als gegen Facharbeiter, Angestellte und gut verdienende Arbeitnehmer (ZAF 2004, S. 45 ff.). Die betroffenen Personen sind sicherlich nicht weniger arbeitsbereit als andere Arbeitnehmer. Wahrscheinlich werden Beendigungsgründe bei Qualifizierten und besser Verdienenden häufiger verschleiert, sie können sich gegenüber der BA auch besser vertreten; außerdem sind die Arbeitsangebote an gering Qualifizierte sehr oft schlecht bezahlt und die Beschäftigungen mit erheblichen Belastungen verbunden, was bei qualifizierten Berufen seltener vorkommt.

Widerspruch und Klage stellen Sperrzeiten infrage

Widersprüche gegen Sperrzeitbescheide sind überdurchschnittlich erfolgreich. Im Jahr 2010 lag die Erfolgsquote bei 40,1 %. Deshalb raten wir, gegen jede Sperrzeit, durch die Sie sich ungerecht behandelt fühlen, Widerspruch einzulegen (Muster → S. 661), und wenn der Widerspruch nichts hilft, sollten Sie in aller Regel vor dem Sozialgericht gegen die Sperrzeit klagen. Die Klagen gegen Sperrzeitbescheide führten 2010 in 43,33 % der Fälle zur Aufhebung oder Verkürzung der Sperrzeit (BT-Drs. 17/5583, Anlage Tabelle 13 und 14). Neuere Zahlen werden von der BA zurzeit nicht veröffentlicht.

Sperrzeiten werden in den folgenden sieben Fällen verhängt:

■ Der Arbeitnehmer verliert seinen Arbeitsplatz durch eigene Kündigung oder durch einen Aufhebungsvertrag oder aufgrund einer Kündigung durch den Arbeitgeber (Näheres unten II).

Fallgruppe 1: Arbeitsplatzverlust

■ Der Arbeitsuchende/Arbeitslose lehnt eine von der AA angebotene Arbeit ab, tritt die angebotene Arbeit nicht an oder vereitelt die Anbahnung eines Arbeitsverhältnisses (Näheres unten III und IX → S. 284 und → S. 307).

Fallgruppe 2: Arbeitsablehnung/ Nichtantritt

■ Der Arbeitslose weist die von der AA geforderten Eigenbemühungen nach § 138 Abs. 4 SGB III nicht nach (Näheres unten IV → S. 293);

Fallgruppe 3: Mangelnde Eigenbemühungen

■ Der Arbeitslose lehnt die Teilnahme an einer von der AA angebotenen beruflichen Eingliederungsmaßnahme ab (Näheres unten V → S. 295).

Fallgruppe 4: Maßnahmeablehnung

■ Der Arbeitslose bricht die Teilnahme an einer beruflichen Eingliederungsmaßnahme ab oder wird aus einer Eingliederungsmaßnahme ausgeschlossen (Näheres unten VI → S. 297).

Fallgruppe 5: Maßnahmeabbruch

■ Der Arbeitslose kommt einer Meldeaufforderung der AA nicht nach (Näheres unten VII → S. 298).

Fallgruppe 6: Meldeversäumnis

■ Der Arbeitnehmer meldet sich nicht frühzeitig entsprechend § 38 Abs. 1 SGB III arbeitsuchend (Näheres unten VIII → S. 303).

Fallgruppe 7: Meldeverspätung

Im Folgenden werden die verschiedenen Fallgruppen im Einzelnen dargestellt.

II Fallgruppe Arbeitsplatzverlust
§ 159 Abs. 1 Satz 2 Nr. 1 SGB III

Nach § 159 Abs. 1 Satz 2 Nr. 1 SGB III tritt eine Sperrzeit ein, wenn der Arbeitnehmer das Beschäftigungsverhältnis gelöst oder durch ein arbeitsvertragswidriges Verhalten Anlass für die Lösung des Beschäftigungsverhältnisses gegeben und dadurch vorsätzlich oder grob fahrlässig die Arbeitslosigkeit herbeigeführt hat.
Keine Sperrzeit tritt ein, wenn ein Selbstständiger seine Unternehmung aufgibt, der nach § 28a SGB III arbeitslosenversichert ist oder noch einen Alg-Restanspruch hat. Dasselbe gilt für Beamte und mithelfende Familienmitglieder, wenn sie einen Anspruch auf Alg haben können.

Wer Arbeitnehmer ist, haben wir oben → S. 132 ff. erklärt. Nur der Verlust einer abhängigen Beschäftigung, die versicherungspflichtig ist, kann Anlass für eine Sperrzeit sein, nicht die Aufgabe einer versicherungsfreien (Neben)-Beschäftigung. Zu den versicherungspflichtigen Beschäftigungsverhältnissen gehören auch betriebliche Berufsausbildungen (§ 25 Abs. 1 Satz 1 SGB III).

Tritt der Arbeitnehmer die Arbeit nicht an, obwohl er bereits einen Arbeitsvertrag mit dem Arbeitgeber geschlossen hat, gilt dies nicht als Arbeitsplatzverlust nach § 159 Abs. 1 Satz 2 Nr. 1 SGB III; eine Sperrzeit kommt nur in Betracht, wenn die AA dem Arbeitnehmer die Arbeitsstelle vermittelt hat (§ 159 Abs. 1 Satz 2 Nr. 2 SGB III).

Auf Ende der Beschäftigung kommt es an

Maßgeblich ist die Beendigung des Beschäftigungsverhältnisses, also der tatsächlichen Beschäftigung, auch wenn das Arbeitsverhältnis noch fortbesteht (siehe zu dieser Unterscheidung oben → S. 85 ff.). Das Wort »Arbeitslosigkeit« in § 138 SGB III entspricht nicht der umgangssprachlichen Bedeutung und meint nicht nur Beschäftigungslosigkeit. Für die Sperrzeit ist aber schon arbeitslos, wer ohne Beschäftigung ist. Auf die weiteren Merkmale der Arbeitslosigkeit nach § 138 SGB III (Verfügbarkeit, Erreichbarkeit, Beschäftigungssuche → S. 85 ff.) kommt es für § 159 SGB III nicht an (BSG vom 25.4.2002 – B 11 AL 65/01 R, SozR 3–4300 § 144 Nr. 8).

Der Arbeitsplatz kann durch
- Eigenkündigung des Arbeitnehmers,
- einvernehmlichen Aufhebungsvertrag zwischen Arbeitgeber und Arbeitnehmer oder
- Kündigung des Arbeitgebers

verloren gehen.

Sperrzeit nur zulässig, wenn …

Die Sperrzeit ist nur zulässig,
- wenn die Kündigung des Arbeitnehmers oder der Aufhebungsvertrag oder die Arbeitgeberkündigung **ursächlich** für die Arbeitslosigkeit ist **und**
- der Arbeitslose den Eintritt der Arbeitslosigkeit **vorsätzlich** oder **grob fahrlässig** herbeigeführt hat,
- **ohne** hierfür einen **wichtigen Grund** zu haben.

1 Lösung des Beschäftigungsverhältnisses

1.1 Eigenkündigung des Arbeitnehmers

Schriftform erforderlich

Die Kündigung des Arbeitsverhältnisses durch den Arbeitnehmer ist nach § 623 BGB nur wirksam, wenn sie schriftlich ausgesprochen wird. Das heißt gemäß § 126 BGB, dass die Kündigung »eigenhändig durch Namensunterschrift« vom Kündigenden unterschrieben sein muss.

II Arbeitsplatzverlust **263**

Die gesetzliche Grundkündigungsfrist für den Arbeitnehmer beträgt nach § 622 Abs. 1 BGB vier Wochen, sie kann tariflich oder vertraglich verändert werden (zu Einzelheiten s. → S. 349).
Der Arbeitnehmer muss seine Kündigung nicht begründen.

Die Kündigung betrifft jedoch nur die arbeitsrechtlichen Beziehungen. Das sozialrechtliche Beschäftigungsverhältnis, also die tatsächliche Beschäftigung, kann formlos beendet werden (vgl. Schweiger, NZS 2001, S. 519). Die Lösung des Beschäftigungsverhältnisses ist der Sperrzeitanlass; sie fällt zwar meistens mit der Beendigung des Arbeitsverhältnisses zusammen, das ist aber nicht zwingend.
Lehnt ein Arbeitnehmer die Fortsetzung eines befristeten Vertrages ab, wird dies nicht von § 159 Abs. 1 Satz 2 Nr. 1 SGB III erfasst, weil das Arbeitsverhältnis nicht durch Kündigung oder Aufhebungsvertrag gelöst wird.
Der Widerspruch des Arbeitnehmers gegen den Übergang seines Arbeitsverhältnisses auf einen neuen Arbeitgeber nach § 613a BGB ist keine Kündigung im Sinne des § 159 Abs. 1 Satz 2 Nr. 1 SGB III (BSG vom 8.7.2009 – B 11 AL 17/08 R).
Eine Lösung des Beschäftigungsverhältnisses im Sinne des § 159 Abs. 1 Satz 2 Nr. 1 SGB III liegt ebenfalls nicht vor, wenn der Arbeitsvertrag nichtig ist oder wirksam angefochten wird.

Da für die Beendigung des Beschäftigungsverhältnisses durch den Arbeitnehmer keine bestimmte Form vorgesehen ist, kann sie auch mündlich oder durch schlüssiges Verhalten erfolgen, z. B. durch das Verlangen der Arbeitspapiere; auch das einfache Verlassen des Arbeitsplatzes, wenn aus den Umständen hervorgeht, dass der Arbeitnehmer die Arbeit nicht fortsetzen will, kann eine Kündigung durch schlüssiges Verhalten sein, die das Beschäftigungsverhältnis beendet. Im Einzelfall kann die Feststellung schwierig sein, wer durch welche Handlung das Beschäftigungsverhältnis aufgekündigt hat; das gilt auch für den Zeitpunkt der Beendigung.

Die Ablehnung eines mit einer Änderungskündigung verbundenen Angebots des Arbeitgebers, zu schlechteren Arbeitsbedingungen zu arbeiten, ist keine Kündigung des Arbeitnehmers und führt nicht zu einer Sperrzeit (so auch FW 159.1.1.1 Abs. 4).

Keine Sperrzeit bei Ablehnung einer Änderungskündigung

1.2 Aufhebungsvertrag

1.2.1 Wann liegt ein Aufhebungsvertrag vor?

Ein Aufhebungsvertrag zwischen Arbeitgeber und Arbeitnehmer bedeutet die einvernehmliche Beendigung des Arbeitsverhältnisses zu einem bestimmten Zeitpunkt. Die Herabsetzung der Stundenzahl auf unter 15 Wochenarbeitsstunden löst das versicherungspflichtige Beschäftigungsverhältnis nur, wenn die Geringfügigkeitsgrenze unterschritten wird (450 € nach § 8 SGB IV), obwohl nach § 138 Abs. 3 SGB III Arbeitslosigkeit eintritt.

Schriftform erforderlich

Auch der Aufhebungsvertrag bedarf arbeitsrechtlich zu seiner Wirksamkeit gemäß § 623 BGB der Schriftform. Aber auch hier gilt, dass schon die mündlich vereinbarte Beendigung des Beschäftigungsverhältnisses eine Sperrzeit auslösen kann, weil Arbeitslosigkeit bereits bei Beendigung des Beschäftigungsverhältnisses eintritt, auch wenn der Arbeitsvertrag noch fortbesteht.

Es ist sinnvoll, den Grund für den Aufhebungsvertrag im Vertragstext festzuhalten. Soll der Aufhebungsvertrag eine Arbeitgeberkündigung ersetzen, bindet die bloße Umbenennung des Kündigungsgrundes die AA und das Sozialgericht aber nicht (HessLSG vom 16.2.2009 – L 9 AL 91/08). Der angegebene Grund muss stimmen, auch wenn die Angabe eines erfundenen betriebsbedingten oder personenbedingten Kündigungsgrundes zur Vermeidung einer Sperrzeit den Aufhebungsvertrag möglicherweise nicht sittenwidrig macht (so das LAG Niedersachsen vom 23.11.2004 – 13 Sa 385/04, NZA-RR 2005, S. 415). Zur Auswirkung des Amtsermittlungsgrundsatzes im Sozialrecht siehe Otfried Seewald in SGb 2014, S. 169.

Zur Vermeidung von Sperrzeiten haben findige Arbeitgeber und deren Rechtsanwälte sich eine Aufspaltung der Beendigungsvereinbarungen in Aufhebungsverträge und Abwicklungsverträge ausgedacht. Auch gibt es wohl eine weit verbreitete Praxis zur Verschleierung der Aufhebungsvereinbarungen. Darauf hat die BA mit einer Ausdehnung des Lösungsbegriffs reagiert, der die meisten Sozialgerichte gefolgt sind. Inzwischen hat eine großzügigere Auslegung des wichtigen Grundes durch die neuere Rechtsprechung des BSG den Handlungsspielraum der Arbeitsvertragsparteien erweitert.

Keine Sperrzeit bei Hinnahme von Kündigung/ arbeitsgerichtlichem Vergleich

Der Arbeitnehmer löst sein Arbeitsverhältnis nicht, wenn er eine Kündigung des Arbeitgebers ohne Gegenwehr hinnimmt oder im nachfolgenden Kündigungsschutzverfahren in einem arbeitsgerichtlichen Vergleich der Beendigung des Arbeitsverhältnisses zustimmt (BSG vom 25.4.2002 – B 11 AL 89/01 R, SozR 3–4100 § 119 Nr. 24; LSG Baden-Württemberg vom 26.7.2006 – L 3 AL 1308/05, info also 2006, S. 249). Oft ist in dem Zeitpunkt der Prozesserklärung die Arbeitslosigkeit auch schon eingetreten.

Stellt der Arbeitnehmer und/oder der Arbeitgeber im Kündigungsschutzprozess einen Auflösungsantrag nach §§ 9, 10 KSchG und löst das Arbeitsgericht dann das Arbeitsverhältnis durch Urteil auf, liegt ebenfalls kein Aufhebungsvertrag vor. Der Auflösungsantrag ist kein sperrzeitrechtlich bedeutsamer Lösungssachverhalt (BSG vom 17.11.2005 – B 11a/11 69/04 R).

1.2.2 Absprachen vor der Kündigung

Absprachen über die Beendigung des Arbeitsverhältnisses und die Vereinbarung einer Abfindung können auch dann eine einverständliche Lösung des Beschäftigungsverhältnisses sein, wenn der Arbeitgeber nach den Absprachen formal eine Kündigung ausspricht (BSG vom 9.11.1995 – 11 RAr 27/95, SozR 3–4100 § 119 Nr. 9). Der Vertrag zwischen den Arbeitsvertragsparteien muss nicht unmittelbar zur Beendigung des Arbeitsverhältnisses führen; auch mit einer Vereinbarung über eine noch auszusprechende Arbeitgeberkündigung (und ihre Folgen) löst der Arbeitnehmer das Arbeitsverhältnis. Eine solche Vereinbarung führt zur Beendigung des Arbeitsverhältnisses; die zum Schein erklärte Kündigung, die die Vereinbarung verschleiern soll, ist nach § 117 Abs. 1 BGB nichtig.

Verschleierter Aufhebungsvertrag

1.2.3 Absprachen nach der Kündigung

Absprachen nach dem Ausspruch der Kündigung können ein Lösungstatbestand sein. Das BSG hat Absprachen innerhalb der Frist für die Kündigungsschutzklage als Lösungstatbestand gewertet (BSG vom 18.12.2003 – B 11 AL 35/03 R, SozR 4–4300 § 144 Nr. 6; ebenso SG Berlin vom 25.1.2007 – S 60 AL 2084/05). Damit hat es dem Abwicklungsvertrag die Grundlage entzogen (Freckmann, BB 2004, S. 1564 ff.; Steinau/Steinbrück, ZIP 2004, S. 1486 ff.; Heuchemer/Insam, BB 2004, S. 1679 ff.; Kliemt, AuR 2004, S. 212; Boecken/Hümmerich, DB 2004, S. 2046; Kramer, AuR 2004, S. 402).

BSG zum »Abwicklungsvertrag«

Entscheidend ist bei der Arbeitgeberkündigung, ob die Abfindung bis zum Ablauf der Drei-Wochen-Frist für die Kündigungsschutzklage angeboten worden ist und ob die Kündigung rechtswidrig war. Maßgeblich ist hierfür § 1 KSchG. Die Arbeitgeberkündigung kann durch Gründe, die in der Person oder dem Verhalten des Arbeitnehmers liegen, oder durch dringende betriebliche Erfordernisse gerechtfertigt sein. Die personenbedingte Kündigung spielt bei den Aufhebungsverträgen eine geringe Rolle (s. hier zu Claus-Peter Bienert, info also 2017, S. 158). Für die betriebsbedingte Kündigung kommt es darauf an, ob der Arbeitgeber bei der Entscheidung, welcher Arbeitnehmer den Betrieb verlassen soll, die richtige Sozialauswahl getroffen hat. Den Prüfungsmaßstab nennt § 1 Abs. 3 KSchG. Danach sind bei der Sozialauswahl die Dauer der Betriebszugehörigkeit, das Lebensalter, die Unterhaltspflichten und eine Schwerbehinderung des Arbeitnehmers zu berücksichtigen. In die Prüfung sind Arbeitnehmer nicht einzubeziehen, deren Weiterbeschäftigung, insbesondere wegen ihrer Kenntnisse, Fähigkeiten und Leistungen oder zur Sicherung einer ausgewogenen Personalstruktur des Betriebes im berechtigten betrieblichen Interesse liegt. Die Entscheidung des BSG vom 18.12.2003 – B 11 AL 35/03 R hat durch die Rechtsprechung zum Umgang mit der Kündigung nach § 1a KSchG an Bedeutung verloren (siehe unten 1.2.4). Wegen der verhaltensbedingten Kündigung siehe unten unter II 2.

1.2.4 Kündigung mit Abfindungsangebot nach § 1a KSchG

Eine etwas andere Bewertung bei Zahlung einer Abfindung ergibt sich aus § 1a KSchG. Nach dieser Vorschrift ist unter folgenden Voraussetzungen eine Abfindung zu zahlen:

- Der Arbeitgeber kündigt das Arbeitsverhältnis unter Berufung auf betriebliche Erfordernisse nach § 1 Abs. 2 Satz 1 KSchG;

- der Arbeitgeber weist in der schriftlichen Kündigung darauf hin, dass der Arbeitnehmer eine Abfindung beanspruchen kann, wenn er die Klagefrist von drei Wochen (§ 4 Satz 1 KSchG) verstreichen lässt, also die Kündigung hinnimmt und keine Kündigungsschutzklage erhebt;

- der Arbeitnehmer läßt die Klagefrist tatsächlich verstreichen.

Nach § 1a Abs. 2 KSchG beträgt die Abfindung einen halben Monatsverdienst für jedes Jahr der Beschäftigung. Entsprechend § 10 Abs. 3 KSchG ist das Arbeitsentgelt maßgeblich, das dem Arbeitnehmer im letzten Monat des Arbeitsverhältnisses bei der für ihn geltenden regelmäßigen Arbeitszeit zustand.
Wählen die Arbeitsvertragsparteien den Weg über § 1a KSchG, tritt keine Sperrzeit ein, weil der Arbeitnehmer die Kündigung nur hinnimmt und nicht selbst an der Lösung des Beschäftigungsverhältnisses mitwirkt.

Da der Gesetzgeber den Arbeitsvertragsparteien in § 1a KSchG einen Vorschlag zur gütlichen Beendigung des Arbeitsverhältnisses macht, bestehen sperrzeitrechtlich keine Einwände dagegen, dass Arbeitgeber und Arbeitnehmer das Ergebnis einvernehmlich erreichen. Für den Aufhebungsvertrag entsprechend § 1a KSchG kommt es auch nicht darauf an, dass die vermiedene betriebsbedingte Kündigung rechtmäßig wäre; das gilt allerdings nur, wenn die Abfindung ein halbes Monatsgehalt pro Beschäftigungsjahr nicht übersteigt (BSG vom 12.7.2006 – B 11a AL 47/05 R und vom 2.5.2012 – B 11 AL 6/11 R; ebenso Voelzke, in: NZS 2005, S. 282, 287; Eicher, SGb 2005, S. 553; Gagel, ZIP 2005, S. 332; Peters-Lange/Gagel, NZA 2005, S. 740).
Das gilt nicht, wenn eine Gesetzesumgehung (z. B. offensichtliche Rechtswidrigkeit der beabsichtigten Kündigung) vorliegt (BSG vom 2.5.2012 – B 11 AL 6/11 R).
Bei einer Abfindung in Höhe von 1,2 Monatsgehältern pro Beschäftigungsjahr kommt es auf die Rechtmäßigkeit der durch den Aufhebungsvertrag vermiedenen Kündigung an (LSG Baden-Württemberg vom 21.10.2011 – L 12 AL 4621/10).
Hätte der Arbeitgeber nicht zu dem Zeitpunkt kündigen können, in dem das Arbeitsverhältnis durch den Aufhebungsvertrag endet, und vereinbaren die Beteiligten eine sehr hohe Abfindung, tritt eine Sperrzeit von zwölf Wochen ein, wenn der Arbeitnehmer für seine Zustimmung zum Aufhebungsvertrag keinen wichtigen Grund hat.

Dass für diesen Fall eine höhere Abfindung beansprucht werden kann, ist kein wichtiger Grund (HessLSG vom 22.6.2012 – L 7 AL 186/11; BayLSG vom 15.2.2017 – L 10 AL 25/16).

Schließen die Arbeitsvertragsparteien einen Aufhebungsvertrag mit einer Abfindung zur Abwendung einer angedrohten Kündigung, für die nicht betriebliche, sondern personenbedingte Gründe angegeben werden, soll die Rechtmäßigkeit der Kündigung geprüft werden, außerdem ob dem Arbeitnehmer die Hinnahme der Kündigung nicht zumutbar war (LSG Baden-Württemberg vom 21.8.2012 – L 13 AL 1434/11). Eine Kündigung z. B. wegen Minderleistung wird die Vermittlungschancen des Arbeitnehmers regelmäßig verschlechtern, so dass ihm das Abwarten der Kündigung meist nicht zumutbar sein wird (s. hierzu auch BayLSG vom 25.5.2011 – L 10 AL 121/11 NZB und LSG Baden-Württemberg vom 18.10.2011 – L 13 AL 5030/10, info also 2012, S. 156).

Für den Fall, dass es wegen der Höhe der Abfindung oder der Verkürzung der Kündigungsfrist zu einer Sperrzeit kommt, sollten Sie sich vom Arbeitgeber zusätzlich einen Ausgleich für den Verlust des Alg-Anspruchs zusagen lassen.

Die BA erkennt einen Aufhebungsvertrag wegen einer drohenden personenbedingten Kündigung ohne weiteres an, wenn keine Entlassungsentschädigung vereinbart wird (FW 159.1.2.1 Buchst. f; s. hier zu Claus-Peter Bienert, info also 2017, S. 158).

1.2.5 Sperrzeit und Freistellung

Oft kommt es vor, dass in einem Aufhebungs- oder Abwicklungsvertrag eine unwiderrufliche Freistellung des Arbeitnehmers bei Fortzahlung der Bezüge vereinbart wird. Mit der Freistellung endet nach Meinung des BSG das Beschäftigungsverhältnis (BSG vom 3.6.2004 – B 11 AL 70/03 R, SozR 4–4300 § 123 Nr. 2 und vom 25.4.2002 – B 11 AL 65/01 R, SozR 3–4300 § 144 Nr. 8). Eine Sperrzeit tritt dann mit Beginn der Freistellung ein, wenn der Arbeitnehmer für die Lösung des Arbeitsverhältnisses keinen wichtigen Grund hat. Das BSG vom 12.7.2006 – B 11a AL 47/05 R hat entschieden, dass die Freistellung von der Arbeit auf den wichtigen Grund keinen Einfluss hat. Solange der Arbeitnehmer noch Arbeitsentgelt bezieht, führt die Sperrzeit aber zu keiner Beeinträchtigung. Jedoch wird die Alg-Anspruchsdauer um ein Viertel (§ 148 Abs. 1 Nr. 4 SGB III) gekürzt.

Vereinbarung einer Freistellung

Endet das Beschäftigungsverhältnis auch, wenn der Arbeitgeber den Arbeitnehmer unwiderruflich einseitig freistellt? In diesem Fall hat der Arbeitnehmer seine Dienstbereitschaft zwar nicht aufgegeben, dennoch besteht das Beschäftigungsverhältnis nicht fort (BSG vom 3.6.2004 – B 11 AL 70/03 R, SozR 4–4300 § 123 Nr. 2). Dann kommt es aber meist nicht zur Sperrzeit.

Einseitige Freistellung

Eine nur widerrufliche Freistellung führt dagegen nicht zur Beendigung des Beschäftigungsverhältnisses, weil der Arbeitgeber jederzeit die Arbeitskraft des Arbeitnehmers wieder beanspruchen kann.

Widerrufliche Freistellung

Das Beschäftigungsverhältnis gilt im Fall der unwiderruflichen Freistellung, während der Arbeitsentgelt gezahlt wird, nur im leistungsrechtlichen Sinne als beendet. Die Zeit der bezahlten Freistellung begründet deshalb trotz der eingetretenen Arbeitslosigkeit Versicherungspflicht in allen Zweigen der Sozialversicherung und in der Arbeitslosenversicherung (BSG vom 24.9.2008 – B 12 KR 22 und 27/07 R und vom 3.6.2004 – B 11 AL 70/03 R, SozR 4–4300 § 123 Nr. 2; Schlegel, NZA 2005, S. 972; siehe aber auch BSG vom 11.12.2014 – B 11 AL 2/14 R).

1.3 Ursächlich für Arbeitslosigkeit

Die Kündigung durch den Arbeitnehmer oder der Aufhebungsvertrag müssen ursächlich für die Arbeitslosigkeit sein.

Zuvorkommen einer personen-/ betriebsbedingten Kündigung

Wenn die Eigenkündigung oder der Aufhebungsvertrag einer sicher bevorstehenden personen- oder betriebsbedingten Kündigung lediglich zuvorkommen, sind sie zwar ursächlich für den Verlust des Arbeitsplatzes; die drohende Kündigung kann aber einen wichtigen Grund für das Verhalten des Arbeitnehmers darstellen.

Das BSG hat die Ursächlichkeit verneint, wenn die AA durch sofortige sachgerechte Vermittlung die Arbeitslosigkeit hätte vermeiden können (BSG vom 28.6.1991 – 11 RAr 81/90, SGb 1992, S. 357 ff.). Das ist sicherlich nicht richtig; an der Kausalität ändert sich durch den Fehler der AA nichts. Die Arbeitslosigkeit ist aber nicht dem Arbeitslosen, sondern der AA zuzurechnen.

Ursächlichkeit bei vorzeitiger Beendigung

Eine Lösung des Beschäftigungsverhältnisses liegt auch vor, wenn das Arbeitsverhältnis aufgrund einer Eigenkündigung oder eines Aufhebungsvertrages früher endet, als es aufgrund der sicher angenommenen betriebsbedingten Kündigung oder aufgrund einer Befristung geendet hätte (BSG vom 14.9.2010 – B 7 AL 33/09 R; BayLSG vom 15.2.2017 – L 10 AL 25/16). Denn dann hat der Arbeitslose die zusätzlichen Tage der Arbeitslosigkeit verursacht.

Beispiel

Vereinbart der Arbeitnehmer wegen einer angekündigten Betriebsschließung einen Aufhebungsvertrag zum 30.6. und wird der Betrieb erst am 30.9. geschlossen, ist der Aufhebungsvertrag ursächlich für die Arbeitslosigkeit. Auch dürfte das Merkmal Vorsatz erfüllt sein. Der Arbeitslose hat für die Beendigung des Arbeitsverhältnisses zwar einen wichtigen Grund, der sich aber nicht auf den frühen Zeitpunkt bezieht. Liegt zwischen der tatsächlichen Beendigung und dem späteren betriebsbedingten Kündigungstermin oder dem Befristungsende nur ein Zeitraum bis zu sechs Wochen, gibt es nur eine dreiwöchige Sperrzeit (→ S. 316).

Auch die Kündigung eines unbefristeten Arbeitsverhältnisses, um ein befristetes Arbeitsverhältnis mit günstigeren Bedingungen einzugehen, ist ursächlich für die Arbeitslosigkeit, die eintritt, wenn das befristete Arbeitsverhältnis nicht verlängert wird. Ob die Kündigung zu einer Sperrzeit führen darf, richtet sich danach, ob für den Wechsel ein wichtiger Grund vorliegt. Das hat das BSG anerkannt, wenn der Arbeitnehmer davon ausgehen durfte, dass das Arbeitsverhältnis in eine unbefristete Beschäftigung übergehen werde (BSG vom 26.10.2004 – B 7 AL 98/03 R, SozR 4–4300 § 144 Nr. 9) oder die befristete Beschäftigung für den Arbeitnehmer vorteilhaft ist (→ S. 282). Das ist jedoch keine Frage der Kausalität, sondern der Zurechenbarkeit oder des wichtigen Grundes. Näheres dazu → S. 277).

Auch eine Altersteilzeitvereinbarung löst das Arbeitsverhältnis und ist ursächlich für eine spätere Arbeitslosigkeit (BSG vom 21.7.2009 – B 7 AL 6/08 R; BayLSG vom 13.3.2014 – L 9 AL 253/10; LSG Baden-Württemberg vom 25.2.2014 – L 13 AL 283/12; SächsLSG vom 13.2.2014 – L 3 AL 100/12; SG München vom 5.11.2013 – S 35 AL 983/12).

Wechselt ein Arbeitnehmer aus einem unkündbaren Arbeitsvertrag in eine Transfergesellschaft, löst er sein Arbeitsverhältnis (LSG Nordrhein-Westfalen vom 28.2.2013 – L 9 AL 42/10).

1.4 Vorsatz oder grobe Fahrlässigkeit

Der Arbeitslose muss die Arbeitslosigkeit vorsätzlich oder grob fahrlässig herbeigeführt haben. Arbeitslosigkeit im Sinne des § 159 Abs. 1 Satz 1 Nr. 1 SGB III meint die Beschäftigungslosigkeit; es kommt nicht darauf an, ob der Arbeitslose eine versicherungspflichtige Beschäftigung sucht und ob er sich arbeitslos gemeldet hat (BSG vom 25.4.2002 – B 11 AL 65/01 R, Breith. 2002, S. 759 und vom 17.10.2002 – B 7 AL 16/02 R, a + b 2003, S. 56 mit Anm. Peter Hase).

Arbeitslosigkeit und Beschäftigungslosigkeit

Grobe Fahrlässigkeit liegt nur vor, wenn der Arbeitnehmer seine Sorgfaltspflicht in ungewöhnlich hohem Ausmaß verletzt, d.h. eine besonders grobe und subjektiv unentschuldbare Leichtfertigkeit begeht (z.B. BSG vom 25.8.1981 – 7 RAr 44/80). Die grobe Fahrlässigkeit muss sich auf die zu erwartende Arbeitslosigkeit beziehen.

Vorsatz oder grobe Fahrlässigkeit bei der Eigenkündigung oder beim Aufhebungsvertrag liegen nicht vor, wenn der Arbeitslose ernst zu nehmende Aussichten auf einen Anschlussarbeitsplatz hat, die sich dann aber zerschlagen. Vorsatz oder grobe Fahrlässigkeit liegen auch nicht vor, wenn dem Arbeitnehmer vor der Kündigung bei einem Bewerbungsgespräch eine Übernahme unter der Bedingung zugesagt wird, dass er sich in einer »vorgeschalteten befristeten Leihbeschäftigung« bewährt (LSG Hamburg vom 1.2.2012 – L 2 AL 49/09).

Wer sich an der Beendigung seines Arbeitsverhältnisses beteiligt, ohne eine Anschlussbeschäftigung einigermaßen sicher in Aussicht zu haben, macht sich vorsätzlich oder, wenn er ein Optimist ist, grobfahrlässig arbeitslos (LSG Nordrhein-Westfalen vom 22.4.2013 – L 19 AS 1303/12).

2 Kündigung durch Arbeitgeber

Eine Arbeitgeberkündigung führt nur dann zu einer Sperrzeit,

Sperrzeit nur zulässig, wenn …

- wenn der Arbeitslose durch sein **vertragswidriges Verhalten** Anlass für die Kündigung gegeben hat, **und**

- dieses Verhalten für die dann entstandene Arbeitslosigkeit auch **ursächlich** gewesen ist, **und**

- der Arbeitslose durch sein vertragswidriges Verhalten den Eintritt der Arbeitslosigkeit **vorsätzlich** oder **grob fahrlässig** herbeigeführt hat,

- **ohne** hierfür einen **wichtigen Grund** zu haben.

Eine Sperrzeit tritt nicht ein, wenn der Arbeitgeber den Arbeitsvertrag wegen einer arglistigen Täuschung (§ 123 BGB) durch den Arbeitnehmer beim Vertragsschluss angefochten hat oder die Nichtigkeit eines Arbeitsvertrages geltend macht.

2.1 Vertragswidriges Verhalten

Keine Sperrzeit bei personen-/ betriebsbedingter Kündigung

Der Arbeitslose muss durch ein vertragswidriges Verhalten Anlass für die arbeitgeberseitige Kündigung gegeben haben. Sperrzeiten dürfen nicht verhängt werden in Fällen, in denen die Kündigung des Arbeitgebers »personenbedingt« oder »betriebsbedingt« ist. Hier ist ein vertragswidriges Verhalten des Arbeitnehmers nicht die Ursache für die Kündigung. Ist für die Entlassung der Verlust persönlicher Eigenschaften und Fähigkeiten des Arbeitnehmers ursächlich, soll ein vertragswidriges Verhalten vorliegen, wenn der Verlust während des Arbeitsverhältnisses schuldhaft verursacht wird (FW 159.1.1.1)

Verstoß gegen Pflichten des Arbeitnehmers

Vertragswidriges Verhalten liegt vor, wenn der Arbeitnehmer gegen den geltenden Arbeitsvertrag oder gegen gesetzliche/tarifvertragliche Pflichten oder gegen Pflichten aus einer Betriebsvereinbarung verstößt.

Eine verhaltensbedingte Kündigung ist dann gerechtfertigt, wenn das dem Arbeitnehmer vorgeworfene Verhalten eine Vertragspflicht verletzt, das Arbeitsverhältnis dadurch konkret beeinträchtigt wird, keine zumutbare Möglichkeit anderweitiger Beschäftigung besteht und die Lösung des Arbeitsverhältnisses in Abwägung der Interessen beider Parteien billigenswert und angemessen erscheint. Entscheidend ist, ob das Fehlverhalten des Arbeitnehmers im Einzelfall geeignet ist, einen ruhig und verständig urteilenden Arbeitgeber zur Kündigung zu bestimmen (ständige Rechtsprechung des BAG, z.B. vom 16.9.2004 – 2 AZR 406/03, NZA 2005, S. 459).

Zu den arbeitsvertraglichen Pflichten des Arbeitnehmers gehören neben der vertraglich vereinbarten Arbeitsleistung auch bestimmte Nebenpflichten. Nach § 241 Abs. 2 BGB kann das Schuldverhältnis nach seinem Inhalt jeden Teil zur Rücksicht auf die Rechte, Rechtsgüter und Interessen des anderen Teils verpflichten. Nach der Rechtsprechung des BAG wird im Arbeitsverhältnis der Inhalt der Nebenpflichten durch die besondere persönliche Bindung der Vertragspartner geprägt, aus der sich wechselseitige Verpflichtungen zur Rücksichtnahme ergeben. Die Vertragspartner haben das Arbeitsverhältnis so zu erfüllen, ihre Rechte so auszuüben und die im Zusammenhang mit dem Arbeitsverhältnis stehenden Interessen der anderen Seite so zu behandeln, wie dies unter Berücksichtigung der Belange des Betriebs und der Interessen der übrigen Arbeitnehmer nach Treu und Glauben billigerweise erwartet werden kann (BAG vom 19.4.2005 – 9 AZR 188/04, NZA 2005, S. 983).

Die Rechtsverletzung muss die Verpflichtungen aus dem Arbeitsvertrag betreffen. Das ist nicht schon immer dann der Fall, wenn sich Auswirkungen auf das Arbeitsverhältnis ergeben. So ist eine Straftat im privaten Bereich auch dann keine Verletzung arbeitsrechtlicher Pflichten, wenn der Arbeitgeber wegen der Haft das Arbeitsverhältnis kündigen darf (vgl. LSG Niedersachsen vom 25.10.1960 – L 7 Ar 135/59, Breith. 162, S. 246; BAG vom 24.3.2011 – 2 AZR 790/09).
Bei einer außerdienstlichen Straftat kann ein Bezug zum Arbeitsverhältnis aber dann bestehen, wenn der Arbeitnehmer selbst öffentlich einen solchen Bezug herstellt (BAG vom 28.10.2010 – 2 AZR 293/09). Kündigt ein Arbeitgeber, der mit der Caritas verbunden ist, weil der Arbeitnehmer im Internet anonym eine »Satire« über den Papst veröffentlicht hat, soll er gegen seine arbeitsrechtlichen Loyalitätspflichten verstoßen haben (LSG Baden-Württemberg vom 21.10.2011 – L 12 AL 2879/09, info also 2012, S. 19; s. hierzu Udo Geiger, info also 2012, S. 10).

Ob Trunkenheit bei einer Privatfahrt eines Berufskraftfahrers ein Verstoß gegen arbeitsvertragliche Pflichten ist, ist umstritten (vgl. z. B. LSG Sachsen-Anhalt vom 23.11.2000 – L 2 AL 22/99, info also 2001, S. 206). Das BSG stellt auf die Umstände des einzelnen Falles und die Ausgestaltung des Arbeitsverhältnisses ab. So hat das BSG vom 6.3.2003 – B 11 AL 69/02 R entschieden, dass der Führerscheinverlust nach einer privaten Trunkenheitsfahrt, der zu einer Arbeitgeberkündigung führt, bei einem Berufskraftfahrer die Voraussetzungen einer Sperrzeit erfüllen kann. Entscheidend für den Eintritt einer Sperrzeit ist nicht der Entzug der Fahrerlaubnis, sondern das zu dieser Maßnahme führende Verhalten des Betroffenen (so auch LSG Nordrhein-Westfalen vom 2.2.2015 – L 9 AL 296/14 B). Auch wenn das private Fehlverhalten eines Berufskraftfahrers im Straßenverkehr nicht zum Entzug der Fahrerlaubnis führt, kann dieses Anlass für eine verhaltensbedingte Kündigung sein, wenn das Vertrauen des Arbeitgebers auf die Zuverlässigkeit als Grundlage des Arbeitsvertrages nicht mehr gewährleistet ist, zumal Berufskraftfahrer riesige Schäden verursachen können (ebenso

Trunkenheit am Steuer

HessLSG vom 22.6.2010 – L 6 AL 13/08; LSG Baden-Württemberg vom 25.2.2011 – L 8 AL 3458/10). Roland Weber, SGb 2004, S. 469 kritisiert die Entscheidung des BSG, weil der Verlust der Fahrerlaubnis ein personenbedingter Mangel sei; die Verletzung arbeitsvertraglicher Pflichten könne dem Arbeitnehmer nicht vorgeworfen werden (so ausdrücklich SG Kassel vom 7.12.2007 – S 3 AL 2245/04 und SG Stuttgart vom 18.7.2007 – S 20 AL 7291/05 mit Anm. von Alexander Gagel, info also 2007, S. 254). Allerdings hat das BSG das arbeitsvertragswidrige Verhalten nicht im Verlust des Führerscheins gesehen, sondern in dem Verstoß gegen die Straßenverkehrsordnung, der zum Verlust des Führerscheins geführt hat (siehe auch FW 159.1.2.1 Buchst. f). Dagegen betont das SächsLSG vom 15.8.2013 – L 3 AL 133/10 als arbeitsvertragliche Verpflichtung für einen Berufskraftfahrer, im Besitz seiner Fahrerlaubnis zu bleiben, so dass jeder einfache Verkehrsverstoß zur Sperrzeit berechtigen soll (ebenso SG Detmold vom 21.5.2013 – S 18 AL 198/11).

Ein einfacher Verkehrsverstoß während einer Privatfahrt, der zusammen mit früheren Verstößen zum Verlust des Führerscheins führt, rechtfertigt nach unserer Meinung auch bei einem LKW-Fahrer keine Sperrzeit, weil kein arbeitsvertragswidriges Verhalten vorliegt und die Kündigung personenbedingt ist (HessLSG vom 21.10.2011 – L 7 AL 120/09, info also 2012, S. 16; s. auch Udo Geiger, info also 2012, S. 10; a. A. LSG Hamburg vom 11.5.2011 – L 2 AL 55/08).

Das BSG vom 15.12.2005 – B 7a AL 46/05 R hat eine verhaltensbedingte Kündigung verneint, wenn der Arbeitgeber den Arbeitnehmer neun Monate nach einer den Straßenverkehr betreffenden Straftat weiterbeschäftigt und sogar ein befristetes Arbeitsverhältnis in ein unbefristetes umwandelt, ihn aber dann nach dem Entzug der Fahrerlaubnis entlässt. Hier handelt es sich um eine personenbedingte Kündigung.

Eine Sperrzeit tritt nicht ein, wenn der Arbeitslose alkoholkrank ist oder wenn er bei der Trunkenheitsfahrt schuldunfähig war. Dann ist die Kündigung immer personenbedingt und nicht verhaltensbedingt.

Keine Sperrzeit bei unwirksamer Kündigung

Auch wenn sich der Arbeitslose vertragswidrig verhält, ist eine Sperrzeit unzulässig, wenn die Arbeitsvertragsverletzung keine Kündigung rechtfertigt. Nur Arbeitsvertragsverstöße eines gewissen Gewichts oder einer bestimmten Dauer erlauben dem Arbeitgeber die Beendigung des Arbeitsverhältnisses. Immer muss die Kündigung die »ultima ratio« sein, das heißt, die Weiterbeschäftigung darf dem Arbeitgeber aus betrieblichen und persönlichen Gründen nicht mehr zumutbar sein (ständige Rechtsprechung des BAG, z. B. vom 1.7.1999 – 2 AZR 676/98, NZA 1999, S. 1270 und vom 16.9.2004 – 2 AZR 406/03, NZA 2005, S. 459). Eine Sperrzeit tritt deshalb nicht ein, wenn eine Kündigung wegen eines geringen arbeitsvertraglichen Verstoßes arbeitsrechtlich nicht gerechtfertigt ist (LSG Baden-Württemberg vom 11.5.2011 – L 3 AL 5286/10, info also 2012, S. 13; LSG Niedersachsen-Bremen vom 24.1.2012 – L 11/12 AL 139/08).

Regelmäßig muss der Arbeitnehmer vor einer Kündigung abgemahnt werden (BAG vom 17.2.1994 – 2 AZR 616/93, BAGE 76, S. 35 und vom 23.6.2009 – 2 AZR 283/08; BSG vom 6.3.2003 – B 11 AL 69/02 R; LAG Düsseldorf vom 16.11.2015 – 9 Sa 832/15).

Fehlende Abmahnung

Schwer wiegende Vertragsverletzungen im Vertrauensbereich, deren Rechtswidrigkeit für den Arbeitnehmer erkennbar und bei denen eine Hinnahme durch den Arbeitgeber offensichtlich ausgeschlossen ist, wie z. B. Unterschlagung, Diebstahl, Tätlichkeiten, können eine Kündigung ohne Abmahnung rechtfertigen (BAG vom 1.7.1999 – 2 AZR 676/98, NZA 1999, S. 1270; BayLSG vom 18.3.2004 – L 11 AL 247/02). Auch wenn durch eine Abmahnung keine Verhaltensänderung zu erwarten ist, darf ohne sie gekündigt werden, so z. B. bei fremdenfeindlichen Äußerungen oder Handlungen im Betrieb (BAG vom 1.7.1999 – 2 AZR 676/98). Ohne Abmahnung soll auch die Kündigung nach einer privaten Trunkenheitsfahrt zulässig sein (HessLSG vom 22.6.2010 – L 6 AL 13/08; LSG Baden-Württemberg vom 25.2.2011 – L 8 AL 3458/10). Fehlt die arbeitsrechtlich notwendige Abmahnung, hat das zur Folge, dass die eingetretene Arbeitslosigkeit nicht grob fahrlässig verursacht ist, weil der Arbeitnehmer nicht mit einer Kündigung rechnen musste (BSG vom 6.3.2003 – B 11 AL 69/02 R; LSG Niedersachsen vom 26.10.1999 – L 7 AL 73/98, NZS 2000, S. 314; SG Leipzig vom 13.1.2014 – S 17 AS 3416/11; SG Mannheim vom 12.12.2011 – S 10 AL 3314/11).

Kündigungen ohne Anhörung des Betriebsrates, ohne Zustimmung des Integrationsamtes nach § 89 SGB IX, der Hauptfürsorgestelle nach § 9 Mutterschutzgesetz sind zwar rechtswidrig; sie hindern aber nicht die Beendigung des Beschäftigungsverhältnisses, für die ein Verstoß gegen arbeitsvertragliche Pflichten ursächlich sein kann (so das BSG vom 25.3.1987 – 7 RAr 95/85). Es empfiehlt sich deshalb, bei formellen Verstößen immer Kündigungsschutzklage zu erheben.

Fehlende Anhörung/ Zustimmung

☞

Eine arbeitsgerichtliche Entscheidung oder ein arbeitsgerichtlicher Vergleich binden die AA oder die Sozialgerichte nicht; nach dem Amtsermittlungsprinzip müssen diese selbst ermitteln, ob ein arbeitsvertragswidriges Verhalten und eine rechtmäßige Kündigung vorliegen (BSG vom 27.4.2011 – B 11 AL 11/11 B). Ob eine verhaltensbedingte Kündigung rechtmäßig ist, richtet sich jedoch nach arbeitsrechtlichen Maßstäben (LSG Baden-Württemberg vom 11.5.2011 – L 3 AL 5286/10).

Beispiele aus der Rechtsprechung:

■ Werden Arbeitsverhinderungen wiederholt und trotz Abmahnung nicht rechtzeitig gemeldet und nachgewiesen, kann eine Sperrzeit eintreten (LSG Rheinland-Pfalz vom 28.11.2002 – L 1 AL 67/01; LSG Niedersachsen-Bremen vom 26.2.2004 – L 8 AL 85/03; LSG Baden-Württemberg vom 5.8.2003 – L 13 AL 2663/02; LAG Hamm vom 28.8.2015 – 13 Sa 150/15; ähnlich LAG Mecklenburg-Vorpommern vom 29.5.2015 – 5 Sa 121/14).

- Tritt ein Arbeitnehmer seinen Urlaub eigenmächtig ohne Erlaubnis des Arbeitgebers an, liegt ein vertragswidriges Verhalten vor (SG Reutlingen vom 12.12.2002 – S 8 AL 998/02, Die Rentenversicherung 2003, S. 32).

- Auf ein Zurückbehaltungsrecht wegen ausstehenden Lohns kann sich der Arbeitnehmer nicht berufen, wenn er dem Arbeitgeber nicht vorher klar mitgeteilt hat, dass und warum er die Arbeitsleistung verweigert (SG Stuttgart vom 16.5.2012 – S 3 AL 892/09).

- Weigert sich der Arbeitnehmer, die Arbeit aufzunehmen, ohne dass ihm ein Zurückbehaltungsrecht nach § 273 BGB zusteht, verstößt er gegen seine arbeitsvertragliche Hauptpflicht, Arbeit nach Anweisung des Arbeitgebers zu leisten (SächsLSG vom 5.6.2003 – L 3 AL 144/01). Das gilt auch, wenn er nicht bereit ist, die Arbeit zu einem bestimmten, vom Arbeitgeber festgelegten Zeitpunkt aufzunehmen (SG Aachen vom 24.10.2003 – S 8 AL 57/03).

- Wird der Arbeitnehmer nach einer Abmahnung wegen unentschuldigten Fehlens entlassen, weil er an einem vom Arbeitgeber angewiesenen Einsatzort nicht erscheint, tritt eine ungekürzte Sperrzeit ein (BayLSG vom 23.5.2012 – L 10 AL 134/09).

- Tätlichkeiten gegen eine Arbeitskollegin rechtfertigen eine fristlose Kündigung (BayLSG vom 2.12.2014 – L 10 AL 136/14 B PKH; LAG Rheinland-Pfalz vom 14.7.2015 – 6 Sa 22/15).

- Der Diebstahl auch geringwertiger Sachen kann eine Kündigung rechtfertigen; allerdings kommt es auf die Gesamtumstände an, wie Dauer des Arbeitsverhältnisses, Umstände und Gründe des Fehlverhaltens u. ä. (BAG vom 10.6.2010 – 2 AZR 541/09; ArbG Hamburg vom 1.7.2015 – 27 Ca 87/15).

- Die Zugehörigkeit zur rechtsradikalen Szene kann für einen Horterzieher ein Kündigungsgrund sein; ob es sich um eine personenbedingte oder eine verhaltensbedingte Kündigung handelt, hängt von den Umständen des konkreten Falles ab (ArbG Mannheim vom 19.5.2015 – 7 Ca 254/14).

- Bei einer Verdachtskündigung wird es auf die Verhältnisse des Einzelfalles ankommen, ob sich ein Verschulden im Sinne des § 159 Abs. 1 Satz 2 Nr. 1 SGB III feststellen lässt (vgl. LSG Baden-Württemberg vom 3.2.2003 – L 3 AL 3198/2: Arbeitnehmer wollte sich der Geheimhaltung unterliegende Informationen verschaffen).
  Bleibt es nur bei dem Verdacht, mag zwar die Kündigung arbeitsrechtlich erlaubt sein, eine Sperrzeit ist jedoch mit der Beweislastregelung des § 159 SGB III nicht vereinbar (SG Aachen vom 26.1.2007 – S 8 AL 11/06).

2.2   Ursächlich für Arbeitslosigkeit

Das Verhalten des Arbeitnehmers, das zur Kündigung führt, muss auch für die dann entstandene Arbeitslosigkeit ursächlich sein, sonst ist eine Sperrzeit unzulässig.

Hätten andere Gründe, die keine Sperrzeit auslösen können, auch zur Arbeitslosigkeit geführt, ist die Arbeitslosigkeit dem Arbeitnehmer unter Umständen nicht zurechenbar, an der Ursächlichkeit der Kündigungsgründe für die Arbeitslosigkeit ändert sich dadurch nichts; die mangelnde Zurechenbarkeit kann aber zur Bejahung eines wichtigen Grundes führen.

Mehrere Kündigungsgründe

Eine Kündigung ist nicht ursächlich, wenn das Arbeitsverhältnis zum selben Zeitpunkt wegen Befristung beendet war. Verlängert der Arbeitgeber das befristete Arbeitsverhältnis wegen eines Pflichtverstoßes, der zur Kündigung hätte führen können, nicht, ist die Vertragsverletzung dennoch nicht ursächlich für die Beendigung des Beschäftigungsverhältnisses, wenn auch vielleicht für die Arbeitslosigkeit.

Bei befristetem Arbeitsverhältnis

Ein Arbeitsverhältnis war bis zum 30.11. befristet. Der Arbeitnehmer wurde jedoch schon am 25.11. wegen Diebstahls entlassen. Er muss mit einer (verkürzten) Sperrzeit rechnen. Dies kann er nach Meinung des BSG auch nicht dadurch vermeiden, dass er sich erst am 1.12. (nach vertragsmäßigem Ende des Arbeitsverhältnisses) arbeitslos meldet (BSG vom 5.8.1999 – B 7 AL 38/98 R, a + b 1999, S. 375 und B 7 AL 14/99 R, BSGE 84, 225). Hätte der Arbeitgeber den Arbeitnehmer nicht entlassen, sondern das Arbeitsverhältnis auslaufen lassen, weil der Arbeitnehmer ohnehin wegen seines Resturlaubs nicht mehr im Betrieb war, würde keine Sperrzeit eintreten.

Beispiel

2.3   Vorsatz oder grobe Fahrlässigkeit

Der Arbeitslose muss den Eintritt der Arbeitslosigkeit vorsätzlich oder grob fahrlässig herbeigeführt haben. Davon ist bei der Eigenkündigung regelmäßig auszugehen, wenn ein Arbeitnehmer seinen Arbeitsplatz riskiert, ohne Aussicht auf eine Anschlussbeschäftigung zu haben; er macht sich vorsätzlich oder, wenn er ein Optimist ist, grobfahrlässig arbeitslos. Ohne vorherige Abmahnung liegt bei der Arbeitgeberkündigung meist keine grobe Fahrlässigkeit vor.

Aus Bequemlichkeit kommt Axel Sponti regelmäßig trotz mehrfacher Abmahnung zu spät zur Arbeit. Da er nach einer Abmahnung davon ausgehen kann, dass die Kündigung zur Arbeitslosigkeit führen wird, ist die Arbeitslosigkeit grob fahrlässig verursacht, wenn keine Anschlussbeschäftigung in Sicht ist. Eine Sperrzeit wäre zulässig.

Beispiel

Grobe Fahrlässigkeit liegt z. B. **nicht** vor, wenn dem Arbeitnehmer wegen eines Verhaltens gekündigt wird, dessen kündigungsrechtliche Einordnung umstritten ist. Bestehen hinsichtlich des Kündigungsgrundes unterschiedliche Auffassungen unter Juristen, dann ist die Sperrzeit unzulässig, selbst wenn die Kündigung letztendlich in einem arbeitsgerichtlichen Verfahren bestätigt werden sollte.

Beispiel

Ein LKW-Fahrer begeht während einer Dienstfahrt einen Verkehrsverstoß und verliert seinen Führerschein für einige Monate; der Arbeitgeber kündigt, weil er ihn nicht mehr beschäftigen kann. Zwar hat sich der LKW-Fahrer arbeitsvertragswidrig verhalten. Hat er den Verkehrsverstoß jedoch nur mit einfacher, nicht mit grober Fahrlässigkeit begangen, hat er auch die Arbeitslosigkeit nicht grobfahrlässig herbeigeführt (LSG Baden-Württemberg vom 8.6.2011 – L 3 AL 1315/11, info also 2011, S. 217).

Verliert ein Berufskraftfahrer seinen Führerschein, weil er mit dem Firmen-LKW eine rote Ampel übersehen und einen Verkehrsunfall verursacht hat, handelt er nach Meinung des LSG Baden-Württemberg vom 1.8.2012 – L 3 AL 5066/11 grob fahrlässig; auf den Umfang der Fahrleistung soll es für das Ausmaß der Fahrlässigkeit nicht ankommen (ähnlich SächsLSG vom 15.8.2013 – L 3 AL 133/10 und SG Detmold vom 21.5.2013 – S 18 AL 198/11). Dem kann in dieser Allgemeinheit nicht zugestimmt werden. Es kommt immer auf die Umstände im Einzelfall an; berücksichtigt werden muss insbesondere, unter welchem Druck und welcher Belastung der einzelne Arbeitnehmer im Transportgewerbe arbeiten muss.

Nicht jede Verletzung arbeitsvertraglicher Pflichten, die zu einer arbeitsgerichtlich bestätigten Kündigung führt, belegt zugleich die vorsätzliche oder grob fahrlässige Herbeiführung der Arbeitslosigkeit (HessLSG vom 21.9.2012 – L 9 AL 201/11, info also 2014, S. 14 mit Anm. von Udo Geiger).

Am Verschulden kann es auch bei Suchtkranken fehlen, zumindest soweit es sich um suchttypische Verfehlungen handelt, wie z. B. Verspätungen, unentschuldigtes Fehlen, Mängel in der Arbeitsleistung. Inwieweit Beschaffungskriminalität, Unterschlagungen u. Ä. durch die Sucht entschuldigt werden können, muss im Einzelfall geprüft werden (zum Krankheitscharakter einer Sucht siehe BSG vom 18.6.1968 – 3 RK 63/66 und vom 6.3.2003 – B 11 AL 69/02 R).

2.4 Sperrzeit und arbeitsgerichtlicher Vergleich

Da viele Kündigungsschutzverfahren mit Abfindungsvergleichen enden, d. h., das Arbeitsverhältnis gegen Zahlung einer Entlassungsentschädigung beendet wird, sind einige Bemerkungen zu derartigen Vergleichen nötig.

Häufig schlagen die Arbeitsgerichte Abfindungsvergleiche vor, ohne dass der Sachverhalt bis ins letzte aufgeklärt wurde. Das kann dazu führen, dass die AA eine Sperrzeit verhängt und spätestens im sozialgerichtlichen Verfahren die Beendigungsgründe ermittelt werden müssen.

Es empfiehlt sich daher, bereits im arbeitsgerichtlichen Verfahren, soweit möglich, den Beendigungsgrund festzuhalten, weil die wirklichen Beendigungsgründe über die Sperrzeit entscheiden; der arbeitsgerichtliche Vergleich hat darauf keinen Einfluss.

Dabei reicht es allerdings nicht aus, dass der Kündigungsgrund pauschal benannt wird (z. B. »Das Arbeitsverhältnis endet aufgrund ordentlicher Kündigung vom 10.5. betriebsbedingt am 30.6.«), wenn sich aus dem Akteninhalt im Arbeitsgerichtsprozess keinerlei Hinweis auf derartige Gründe entnehmen lassen. Die AA sowie das Sozialgericht fordern regelmäßig bei Streitigkeiten über Sperrzeiten die Arbeitsgerichtsakte an. Es muss also im Arbeitsgerichtsprozess bereits darauf gedrungen werden, dass der Beendigungsgrund so gut wie möglich dokumentiert wird.

Klärung des Kündigungsgrundes bereits im Vergleich

Die angegebenen Gründe müssen jedoch auch zutreffend sein. Ein arbeitsrechtlicher »Gefälligkeitsvergleich« ist wegen des Amtsermittlungsprinzips für die AA und die Sozialgerichte unbeachtlich (SG Aachen vom 24.10.2003 – S 8 AL 57/03; BSG vom 27.4.2011 – B 11 AL 11/11 B). Die Umbenennung des Kündigungsgrundes im arbeitsgerichtlichen Vergleich hindert ein Sozialgericht nicht, das Ende des Beschäftigungsverhältnisses durch ein arbeitsvertragswidriges Verhalten festzustellen (BSG vom 3.6.2004 – B 11 AL 70/03 R, SozR 4–4300 § 123 Nr. 2; HessLSG vom 16.12.2009 – L 9 AL 91/08).

Der Abfindungsvergleich vor dem Arbeitsgericht führt nach BSG vom 17.10.2007 – B 11a AL 51/06 R zwar zu einer Lösung des Arbeitsverhältnisses, rechtfertigt aber bei einer betriebsbedingten Kündigung keine Sperrzeit.

3   Ohne wichtigen Grund

Ein wichtiger Grund liegt vor, wenn dem Arbeitnehmer unter Berücksichtigung aller Umstände des Einzelfalles und unter Abwägung seiner Interessen gegen die Interessen der Versichertengemeinschaft ein anderes Verhalten nicht zugemutet werden kann (ständige Rechtsprechung des BSG, z. B. vom 29.11.1989 – 7 RAr 86/88, NZA 1990, S. 628 f.). Der wichtige Grund muss objektiv vorliegen; er braucht aber nicht das Motiv für die Lösung des Beschäftigungsverhältnisses gewesen zu sein. Der wichtige Grund muss die Beendigung des Beschäftigungsverhältnisses gerade zu diesem Zeitpunkt rechtfertigen (BSG, a. a. O.).

Vor der Lösung des Beschäftigungsverhältnisses muss der Arbeitnehmer alles unternehmen, um die Arbeitslosigkeit zu vermeiden (LSG Hamburg vom 14.1.2010 – L 5 AL 21/08; LSG Nordrhein-Westfalen vom 8.11.2010 – L 19 AL 244/10 B ER; BayLSG vom 11.6.2015 – L 10 AL 112/14; SG Speyer vom 13.5.2015 – S 1 AL 311/14).

Wichtige Gründe

Als wichtige Gründe kommen berufliche, betriebliche und persönliche Gründe in Betracht; also auch gesundheitliche und familiäre Gründe können wichtige Gründe für eine Beendigung des Beschäftigungsverhältnisses ohne Sperrzeit sein.

Der wichtige Grund ist nicht identisch mit dem wichtigen Grund bei der fristlosen Kündigung nach § 626 BGB. Eine Sperrzeit ist aber immer unzulässig, wenn der Arbeitnehmer für sein Verhalten einen Grund hat, der ihn arbeitsrechtlich zur fristlosen Kündigung berechtigt hätte. Da eine Sperrzeit nicht nur bei fristlosen Kündigungen verhängt werden kann, sondern auch bei fristgemäßen, müssen auch andere Gründe als wichtig im Sinne des § 159 SGB III gelten können. Entscheidend ist, ob der Grund unter Abwägung der Belange beider Arbeitsvertragsparteien dem Arbeitslosen die Fortsetzung des Beschäftigungsverhältnisses unzumutbar macht.

Wichtiger Grund bei Unzumutbarkeit

Ein wichtiger Grund liegt immer vor, wenn die Beschäftigung unzumutbar ist oder gegen gesetzliche Bestimmungen (z. B. Arbeitsschutzregelungen) verstößt (SG Gießen vom 25.11.2011 – S 22 AS 869/09). Ist der Arbeitnehmer an seinem Arbeitsplatz überfordert, darf er das Beschäftigungsverhältnis – ohne Sperrzeit – lösen (HessLSG vom 18.6.2009 – L 9 AL 129/08, info also 2010, S. 11 ff. mit Anm. von Udo Geiger; s. aber auch LSG Hamburg vom 14.1.2010 – L 5 AL 21/08; so jetzt wohl auch FW 159.1.2.1 f). Gesundheitliche Einschränkungen rechtfertigen eine Kündigung des Arbeitnehmers nur, wenn sie die Ausübung der Beschäftigung dauerhaft unmöglich machen oder erschweren (SächsLSG vom 7.5.2009 – L 3 AL 238/06). Der Arbeitslose muss sich immer zunächst um Beseitigung des wichtigen Grundes bemühen (BSG vom 6.2.2003 – B 7 AL 72/01 R).

Wichtiger Grund bei Aufgabe einer Teilzeitarbeit neben Teil-Alg?

Gibt ein Teil-Alg-Bezieher die fortgeführte versicherungspflichtige Teilzeitarbeit auf mit dem Ziel, Voll-Alg zu erhalten, droht eine Sperrzeit. Das heißt, die AA wird in der Regel eine Sperrzeit verhängen. Wir meinen zu Unrecht. Näher zu diesem Streit Ulrich Stascheit, info also 2000, S. 35.

Gibt ein Arbeitnehmer nach einer Kündigung sein Beschäftigungsverhältnis einen Tag vor Ablauf der Kündigungsfrist auf, um im Rahmen einer Übergangsregelung noch für eine längere Zeit Alg zu erhalten, liegt kein wichtiger Grund vor; eine Sperrzeit von drei Wochen tritt ein (BSG vom 14.9.2010 – B 7 AL 33/09 R).

Kündigt der Arbeitnehmer sein Beschäftigungsverhältnis, um sich selbstständig zu machen und dafür einen Gründungszuschuss nach §§ 93/94 SGB III zu erhalten, liegt allein darin kein wichtiger Grund für den Arbeitsplatzverlust (LSG Nordrhein-Westfalen vom 25.9.2014 – L 9 AL 219/13; SG Karlsruhe vom 27.1.2015 – S 17 AL 755/14).

Der Verlust der Unterkunft nach einem Streit mit der Freundin soll nicht zu einer Kündigung des Arbeitsverhältnisses berechtigen (LSG Nordrhein-Westfalen vom 25.2.2015 – L 9 AL 301/14 B). Das kann im Einzelfall aber anders sein, z. B. wenn sich keine Wohnmöglichkeit finden lässt, von der aus der Arbeitsplatz erreichbar ist.

Die Aufgabe der Beschäftigung, weil eine Woche nach der Aufnahme der Beschäftigung noch kein schriftlicher Arbeitsvertrag vorliegt, hält das BayLSG vom 6.8.2014 – L 10 AL 169/12 nicht für berechtigt. Dagegen darf eine Handelsschullehrerin kündigen, um zunächst ein Referendariat zu durchlaufen und damit ihre Ausbildung abzuschließen (BayLSG vom 5.6.2014 – L 9 AL 342/11).

Hat ein schwerbehinderter Mensch das Beschäftigungsverhältnis durch Aufhebungsvertrag beendet, kann ein wichtiger Grund im Einzelfall angenommen werden, wenn

Schwerbehinderte Menschen

- der Aufhebungsvertrag ohne Einschaltung des Integrationsamtes geschlossen wurde und eine Zustimmung zur Kündigung nach § 89 SGB IX zu erwarten war, sofern durch den Aufhebungsvertrag das Beschäftigungsverhältnis zum Zeitpunkt der voraussichtlichen Wirksamkeit einer arbeitgeberseitigen Kündigung mit Zustimmung des Integrationsamtes beendet wurde (§§ 86, 88 Abs. 1 SGB IX) oder

- der Aufhebungsvertrag auf Anraten des Integrationsamtes geschlossen wurde (§ 87 Abs. 3 SGB IX), soweit nach der verständigen Bewertung des Arbeitslosen das Bestehen auf Weiterbeschäftigung letztlich doch eine Zustimmung des Integrationsamtes zur Kündigung oder erheblichen psychischen Druck im weiteren Verlauf des Beschäftigungsverhältnisses zur Folge gehabt hätte.

Die Drohung des Arbeitgebers mit einer rechtmäßigen ordentlichen Kündigung, für die der Arbeitnehmer keinen Anlass gegeben hat, kann für den Betroffenen ein wichtiger Grund zur einverständlichen Beendigung des Arbeitsverhältnisses sein, wenn bei dieser die für den Arbeitgeber geltende Kündigungsfrist beachtet wird. Gegen eine solche Kündigung kann sich der Betroffene nicht erfolgreich zu Wehr setzen. Das Interesse des Arbeitnehmers, sich im Hinblick auf die ohnehin nicht zu vermeidende Beschäftigungslosigkeit durch den Aufhebungsvertrag wenigstens die Abfindung zu sichern, hat das Gericht im Rahmen der Prüfung des wichtigen Grundes als schützenswert anerkannt. Unter Beachtung des Zwecks der Sperrzeit und des verfassungsrechtlichen Übermaßverbotes muss das Eigeninteresse des Versicherten an einer für ihn günstigen Gestaltung der Beendigung des Beschäftigungsverhältnisses berücksichtigt werden, wenn ein Interesse der Versichertengemeinschaft am Abwarten der Kündigung nicht ersichtlich ist (BSG vom 12.7.2006 – B 11a AL 47/05 R; LSG Baden-Württemberg vom 18.10.2011 – L 13 AL 5030/10, info also 2012, S. 156; SG Berlin vom 25.1.2007 – S 60 AL 2084/05). So darf ein Arbeitnehmer, dem während eines Probearbeitsverhältnisses eine rechtmäßige nicht verhaltensbe-

Drohung mit rechtmäßiger Kündigung

dingte Kündigung droht, einen Aufhebungsvertrag schließen; ein Abwarten der Kündigung ist ihm regelmäßig nicht zuzumuten, weil er dadurch Nachteile bei seinem beruflichen Fortkommen befürchten muss. Seinem Interesse an einem unauffälligen Ausscheiden aus dem Betrieb steht kein gleichwertiges Interesse der Versichertengemeinschaft an einem Abwarten der Kündigung durch den Arbeitgeber gegenüber (BayLSG vom 25.5.2011 – L 10 AL 121/11 NZB; ebenso LSG Baden-Württemberg vom 18.10.2011 – L 13 AL 5030/10, info also 2012, S. 156; siehe zu dieser Frage Maximilian Schweiger, NZS 2016, S. 213).

Das BSG vom 2.5.2012 – B 11 AL 6/11 R erkennt darüber hinaus einen wichtigen Grund bei Abschluss eines Aufhebungsvertrages ohne die ausnahmslose Prüfung der Rechtmäßigkeit der drohenden Arbeitgeberkündigung an, wenn die Abfindungshöhe die in § 1a KSchG vorgesehene (pro Beschäftigungsjahr ein halbes Monatsgehalt) nicht überschreitet, es sei denn, es liegt eine Gesetzesumgehung (z.B. offensichtliche Rechtswidrigkeit der beabsichtigten Kündigung) vor.

Beträgt die Abfindung das 1,2fache des Monatslohns, liegt ein wichtiger Grund für einen Aufhebungsvertrag nur vor, wenn tatsächlich eine betriebs- oder personenbedingte Kündigung droht (LSG Baden-Württemberg vom 21.10.2011 – L 12 AL 4621/10). Die betriebs- oder personenbedingte Kündigung muss unmittelbar zum Zeitpunkt des Aufhebungsvertrages drohen (LSG Sachsen-Anhalt vom 16.12.2010 – L 2 AL 52/08).

Liegen die Voraussetzungen des § 1a KSchG (0,5 eines Monatslohns pro Beschäftigungsjahr) vor, schließen Arbeitnehmer, selbst wenn sie unkündbar sind, einen Aufhebungsvertrag nach einer betriebsbedingten Kündigung mit wichtigem Grund, wenn der Arbeitsplatz weggefallen ist (BSG vom 2.5.2012 – B 7 AL 6/11 R; LSG Baden-Württemberg vom 19.10.2011 – L 3 AL 5078/10; s. auch BAG vom 5.2.1998 – 2 AZR 227/97).

Wechselt ein Arbeitnehmer aus einem unkündbaren Arbeitsvertrag in eine Transfergesellschaft, weil sein Arbeitsplatz weggefallen ist und ihm eine außerordentliche betriebsbedingte Kündigung droht, und scheidet er danach mit einer Abfindung ganz aus, liegt ein wichtiger Grund auch bei einer wesentlich höheren Abfindung vor, wenn keine Gesetzesumgehung erkennbar ist (BayLSG vom 28.2.2013 – L 9 AL 42/10).

Arbeitsgerichtliche Abfindungsvergleiche sind grundsätzlich sperrzeitrechtlich erlaubt, solange der Vergleich das Ende des Beschäftigungsverhältnisses zeitlich nicht vorverlegt (BSG vom 17.10.2007 – B 11a AL 51/06 R). Der Frage nach der objektiven Rechtmäßigkeit der Kündigung ist nicht weiter nachzugehen, ein wichtiger Grund kann also auch dann vorliegen, wenn die Beteiligten im Rahmen des eingeleiteten arbeitsgerichtlichen Verfahrens das Arbeitsverhältnis/Beschäftigungsverhältnis einvernehmlich beenden und keine Anhaltspunkte dafür vorliegen, dass mit dem abgeschlossenen Vergleich zu Lasten der Versichertengemeinschaft manipuliert werden soll. In einer solchen Situation darf der Arbeitnehmer auch nach objektiven

Maßstäben davon ausgehen, dass er den Eintritt der Beschäftigungslosigkeit nicht mehr vermeiden kann. Es ist ihm dann nicht zuzumuten, den ihm wenigstens die Abfindung sichernden Vergleich abzulehnen. Das gilt allerdings nicht, wenn der Arbeitgeber wegen eines arbeitsvertragswidrigen Verhaltens gekündigt hatte.

Die BA erkennt einen wichtigen Grund zur Lösung des Beschäftigungsverhältnisses an, wenn der Arbeitnehmer eine abschlussorientierte Qualifizierungsmaßnahme antreten will und er hierfür einen Bildungsgutschein erhalten hat oder erhalten wird; das muss allerdings vor der Auflösung des Beschäftigungsverhältnisses feststehen (FW 159.1.1.4).

Zur Aufrechterhaltung einer eheähnlichen Gemeinschaft darf ein Arbeitsverhältnis aufgegeben werden. Ob eine eheähnliche Gemeinschaft vorliegt, richtet sich nach den in § 7 Abs. 3a SGB II genannten Kriterien. Nach dieser Vorschrift wird eine eheähnliche Gemeinschaft vermutet, wenn die Partnerin/der Partner

Beendigung des Arbeitsverhältnisses zur Aufrechterhaltung einer eheähnlichen Gemeinschaft

- länger als ein Jahr zusammenleben oder

- mit einem gemeinsamen Kind zusammenleben oder

- Kinder oder Angehörige im Haushalt versorgen oder

- befugt sind, über Einkommen oder Vermögen des/der anderen zu verfügen.

Für gleichgeschlechtliche Partnerschaften, ob eingetragen oder nicht, muss dasselbe gelten wie für eheliche oder eheähnliche Beziehungen.

Das BSG erkennt keinen wichtigen Grund an, wenn die Kündigung und der Umzug allein der Herstellung einer eheähnlichen Gemeinschaft dienen sollen (BSG vom 17.10.2002 – B 7 AL 96/00 R; ebenso LSG Nordrhein-Westfalen vom 22.3.2001 – L 1 AL 78/00 und LSG Baden-Württemberg vom 28.4.2009 – L 13 AL 1864/07).

zur Herstellung einer eheähnlichen Gemeinschaft/ einer Lebenspartnerschaft?

Dagegen kommt es auf das vorherige Bestehen einer eheähnlichen Gemeinschaft nicht an, wenn andere Gründe, insbesondere das Wohl des Kindes eines der beiden Partner, die Lösung des Beschäftigungsverhältnisses mit dem Ziel einer gemeinsamen Lebensführung rechtfertigen. Das hat das BSG ausdrücklich anerkannt (BSG vom 17.10.2007 – B 11a/7a AL 52/06 R und vom 17.11.2005 – B 11a/11 AL 49/04 R; ebenso LSG Nordrhein-Westfalen vom 22.5.2006 – L 19 AL 193/05, Breith. 2006, S. 868). Das BSG vom 17.10.2007 hat das Elternrecht zum Schutz des Kindeswohls betont: Das Interesse der Versichertengemeinschaft muss zurücktreten, wenn die Herstellung einer ernsthaften und auf Dauer angelegten Erziehungsgemeinschaft dem Wohl des Kindes dient.

Der Wunsch nach einer Auszeit, einem Sabbatjahr, einem Sabbatical oder einer Freistellung durch den Arbeitgeber rechtfertigt nicht die Aufgabe der Beschäftigung (SächsLSG vom 30.6.2016 – L 3 AL 130/

14). Daran ändert nichts, dass die Auszeit zum Konzept des Arbeitgebers gehört oder zur Überwindung eines Erschöpfungszustandes und gesundheitlicher Beschwerden dienen soll.

Ein wichtiger Grund für den Verlust des Arbeitsplatzes liegt immer vor, wenn der Schutzbereich eines Grundrechts betroffen ist. Art. 4 Abs. 1 GG schützt die positive wie negative Glaubens- und Religionsfreiheit und damit die Bekenntnisfreiheit. Wird eine bei einer Einrichtung des Deutschen Caritasverbandes beschäftigte Arbeitnehmerin entlassen, nachdem sie aus der katholischen Kirche ausgetreten ist, ist eine Sperrzeit nicht gerechtfertigt (SG Münster vom 13.6.1989 – S 12 Ar 128/88, NZA 1990, S. 1000; SG München vom 26.5.2011 – S 35 AL 203/08). Der Kirchenaustritt mag zwar eine Kündigung rechtfertigen, weil hierbei der Wertmaßstab der Kirche anzulegen ist (BVerfG vom 4.6.1985 – 2 BvR 1703/83, NJW 1986, S. 367); das gilt aber nur für das Verhältnis der Arbeitnehmer zur Kirche, nicht gegenüber der staatlichen BA, die die Grundrechte zu beachten hat. Siehe hierzu Udo Geiger, info also 2012, S. 10.

Das LSG Nordrhein-Westfalen vom 13.12.2007 – L 9 AL 86/06, info also 2008, S. 207 hat einem anerkannten Kriegsdienstverweigerer nicht erlaubt, unter Berufung auf Art. 4 GG eine Beschäftigung als Industriefotograf in der Rüstungsindustrie abzulehnen, weil das Grundrecht der Gewissensfreiheit die Belastung der Versichertengemeinschaft regelmäßig nicht rechtfertige. Diese Entscheidung, die bedauerlicherweise rechtskräftig geworden ist, halten wir für falsch (s. hierzu die Besprechung von Dieter Deiseroth, info also 2008, S. 195).

Beruft sich ein Arbeitnehmer gegenüber einer Arbeitsanweisung des Arbeitgebers auf einen ernsthaften Glaubenskonflikt, kann eine Kündigung rechtmäßig sein, es fehlt jedoch an einer vorwerfbaren Pflichtverletzung (BAG vom 24.2.2011 – 2 AZR 636/09, DB 2011, S. 2094): eine Sperrzeit darf nicht verhängt werden.

Ein Arbeitnehmer darf seine unbefristete Beschäftigung zu Gunsten einer befristeten Beschäftigung aufgeben (BSG vom 26.10.2004 – B 7 AL 98/03, SozR 4–4300 § 144 Nr. 9 und vom 12.7.2006 – B 11a AL 55/05 R, B 11a AL 57/05 R und B 11a AL 73/05 R), jedenfalls, wenn der Arbeitnehmer mit seiner Weiterbeschäftigung nach dem Ende der Befristung rechnen kann (BSG vom 26.10.2004, a. a. O.), oder das befristete Beschäftigungsverhältnis für den Arbeitnehmer gegenüber der aufgegebenen Tätigkeit vorteilhaft ist, z.B. weil die Aufnahme der befristeten Beschäftigung mit einem Wechsel in ein anderes Berufsfeld und mit der Erlangung zusätzlicher beruflicher Fähigkeiten verbunden, die Arbeitnehmerin unterwertig beschäftigt ist und deshalb die durch Art. 12 GG geschützte Berufswahlfreiheit durch die Sperrzeit im Kernbereich betroffen wäre oder der Wechsel des Arbeitsplatzes zu einem höheren Arbeitsentgelt führt. Auch ein höherer Lohn und geringere Fahrkosten rechtfertigen den Wechsel in eine befristete Beschäftigung (SG Speyer vom 17.2.2016 – S 1 AL 63/15).

Kündigung im Tendenzbetrieb

Glaubenskonflikt

Aufgabe einer unbefristeten zu Gunsten einer befristeten Beschäftigung

Unverständlich ist die Entscheidung des LSG Baden-Württemberg vom 10.10.2006 – L 13 AL 2057/03: Das Gericht will einen Vorteil im Sinne der BSG-Rechtsprechung nicht anerkennen, wenn der berufliche Wechsel den Arbeitnehmer von der Arbeit in Wechselschichten befreit. Hierbei hat es sich mit den Auswirkungen der Schichtarbeit nicht auseinandergesetzt; sie ist ungesund und eine Belastung für die Familie und das Privatleben, ein Wechsel deshalb zum Vorteil für den Arbeitnehmer.

Lediglich bei missbräuchlichem Verhalten will das BSG keinen wichtigen Grund anerkennen. Ein missbräuchliches Verhalten hat es am 12.7.2006 – B 11a AL 57/05 R (s. auch LSG Sachsen-Anhalt vom 17.8.2005 – L 2 AL 70/03 R, info also 2005, S. 265) ausdrücklich verneint, obwohl die neue Beschäftigung im Baugewerbe nur für drei Monate bis zur Winterpause vereinbart war.

Die BA (FW 159.1.2.1 Buchst. p) erkennt einen wichtigen Grund für die Beendigung eines unbefristeten Beschäftigungsverhältnisses zugunsten eines befristeten Beschäftigungsverhältnisses an, wenn
– bei der Auflösung des alten Beschäftigungsverhältnisses die konkrete Aussicht bestand, dass die neue Beschäftigung in ein dauerhaftes Beschäftigungsverhältnis umgewandelt wird, oder
– zeitnah (nicht abwendbare, maximal 1 Monat andauernde Unterbrechung) in eine befristete Beschäftigung gewechselt wird, und eine Tätigkeit in einem anderen Berufsfeld ausgeübt wird, in dem zusätzliche berufliche Fertigkeiten erlangt werden, die Höhe der Bezahlung ist unerheblich, oder
– die befristete Beschäftigung der früher erworbenen höheren beruflichen Qualifikation entspricht, oder
– in der befristeten Beschäftigung ein erheblich höheres Arbeitsentgelt erzielt wird; hiervon ist bei einer Steigerung von mindestens 10 % auszugehen, oder
– die unbefristete Beschäftigung ein Leiharbeitsverhältnis betraf und zugunsten einer regulären günstigeren befristeten Beschäftigung aufgegeben wird, und die befristete Beschäftigung mindestens für einen Zeitraum von zwei Monaten eingegangen wird.

Hat der Arbeitnehmer sein unbefristetes Arbeitsverhältnis durch eine Altersteilzeitvereinbarung in ein befristetes verwandelt, hat er das Arbeitsverhältnis gelöst (BSG vom 21.7.2009 – B 7 AL 6/08 R; BayLSG vom 13.3.2014 – L 9 AL 253/10; LSG Baden-Württemberg vom 25.2.2014 – L 13 AL 283/12; SächsLSG vom 13.2.2014 – L 3 AL 100/12; SG München vom 5.11.2013 – S 35 AL 983/12).
Ein wichtiger Grund für die Vereinbarung kann vorliegen, wenn der Arbeitnehmer im Zeitpunkt der Vereinbarung die Absicht hatte, nach dem Ende der Altersteilzeit Altersrente zu beantragen, und dies auch möglich gewesen wäre. Ein wichtiger Grund liegt wohl nicht vor, wenn der Arbeitnehmer nicht zum vorgesehenen Zeitpunkt in Rente gehen will, weil er sich falsche Vorstellungen über die Höhe der zu erwartenden Rente gemacht hat (BayLSG vom 2.12.2015 – L 10 AL

52/15). Unterschiedlich beantworten die Gerichte die Frage, ob die erst nach Abschluss des Altersteilzeitvertrages entstandene Möglichkeit der abschlagslosen Rente mit 63 Jahren ein wichtiger Grund dafür ist, den Rentenbeginn hinauszuschieben (so SG Kassel vom 30.11.2015 – S 3 AL 10/15; SG Karlsruhe vom 6.7.2015 – S 5 AL 3838/14, info also 2015 S. 211 mit Anm. von Claus-Peter Bienert; SG Speyer vom 13.5.2015 – S 1 AL 311/14; LSG Berlin-Brandenburg vom 1.11.2016 – L 18 AL 96/16 jedenfalls dann, wenn der Arbeitnehmer sich bemüht hat, die Altersteilzeit zu verlängern; dagegen SG Karlruhe vom 28.8.2015 – S 7 AL 1978/14; SG Landshut vom 14.9.2015 – S 13 AL 182/14; LSG Baden-Württemberg vom 30.9.2016 – L 8 AL 1777/16, info also 2017, S. 15, Revision unter – B 11 AL 25/16 R; LSG Rheinland-Pfalz vom 9.6.2016 – L 1 AL 48/15). Hätte dem Arbeitnehmer ohne die Vereinbarung der Altersteilzeit eine personen- oder betriebsbedingte Kündigung gedroht, läge ebenfalls ein wichtiger Grund i. S. des § 159 Abs. 1 Satz 2 SGB III vor (BSG vom 21.7.2009 – B 7 AL 6/08 R.; BayLSG vom 13.3.2014 – L 9 AL 253/10).

Der Arbeitnehmer hat einen wichtigen Grund für die Aufgabe einer unbefristeten Beschäftigung, wenn ihm vor der Kündigung bei einem Bewerbungsgespräch eine Übernahme für den Fall zugesagt wird, dass er sich in einer »vorgeschalteten befristeten Leihbeschäftigung« bewährt (LSG Hamburg vom 1.2.2012 – L 2 AL 49/09).

Mobbing

Ein wichtiger Grund kann Mobbing am Arbeitsplatz sein (BSG vom 21.10.2003 – B 7 AL 92/02 R; SG Wiesbaden vom 15.10.1998 – S 11 AL 499/98).
Dasselbe gilt für sexuelle Belästigungen.

Was alles sonst noch ein wichtiger Grund sein kann, können Sie im Anhang: Wichtiger Grund von A – Z (→ S. 326 ff.) nachlesen.

III   **Fallgruppe Arbeitsablehnung, Vereitelung der Anbahnung oder Nichtantritt einer Arbeit**
§ 159 Abs. 1 Satz 2 Nr. 2, Abs. 4 Satz 2 SGB III

Eine Sperrzeit tritt ein, wenn Sie trotz Rechtsfolgenbelehrung eine Ihnen von der AA unter Benennung des Arbeitgebers und der Art der Tätigkeit angebotene Arbeit nicht angenommen oder nicht angetreten haben. Die Regelung gilt auch für die Bezieher von Kug (§ 98 Abs. 4 Satz 3 SGB III).

Ein Sperrzeittatbestand liegt auch dann vor, wenn der Arbeitslose/Arbeitsuchende die Anbahnung eines solchen Beschäftigungsverhältnisses, insbesondere das Zu-Stande-Kommen eines Vorstellungsgesprächs, durch sein Verhalten verhindert.

Ursprünglich führte die Ablehnung eines Arbeitsangebotes nur bei Arbeitslosen zu einer Sperrzeit; jetzt gilt die Regelung auch für Arbeitsuchende, die sich nach § 38 Abs. 1 SGB III bei der AA melden müssen (§ 159 Abs. 1 Satz 2 Nr. 2 und Abs. 4 Satz 2 SGB III). Wegen der Ablehnung von Arbeitsangeboten vor Eintritt der Arbeitslosigkeit s. → S. 307.

Auch für Arbeitsuchende

Eine Sperrzeit wegen Arbeitsablehnung ist nur zulässig, wenn

Sperrzeit nur zulässig, wenn …

1. der Arbeitslose ein **Arbeitsangebot der AA ablehnt** oder eine **angebotene Stelle nicht antritt** oder die **Anbahnung** des Beschäftigungsverhältnisses **verhindert und**

2. das **Arbeitsangebot** seitens der AA **ausreichend beschrieben und**

3. das Angebot insgesamt **zulässig** war **und**

4. der Arbeitslose **über** die **Rechtsfolgen** der Ablehnung zuvor **belehrt** wurde **und**

5. der Arbeitslose für die angebotene Beschäftigung überhaupt **in Betracht** kommt,

6. der Arbeitslose für die Ablehnung **keinen wichtigen Grund** hatte.

1   Ablehnung eines Arbeitsangebots, Vereitelung der Anbahnung oder Nichtantritt einer Arbeit

Der Arbeitslose muss ein Arbeitsangebot der AA abgelehnt, eine angebotene Stelle nicht angetreten oder die Anbahnung des Beschäftigungsverhältnisses verhindert haben.
Nur bei einem Arbeitsangebot, dass die AA vermittelt hat, kommt eine Sperrzeit in Betracht, nicht aber bei einem Arbeitsplatz, der dem Arbeitslosen vom Arbeitgeber unmittelbar angeboten wird oder den er selbst findet. Das nicht angenommene Vermittlungsangebot eines nach dem SGB II zuständigen Jobcenters führt nicht zu einer Sperrzeit nach § 159 SGB III.
Seit 1.1.2017 ist nur noch die BA für die Integration der Aufstocker zuständig (§ 5 Abs. 4 SGB II), so dass das Jobcenter nur unverbindliche Vorschläge ohne Sanktionsmöglichkeiten machen kann.

Ablehnung eines Arbeitsangebots

Neu

Auch wenn die AA nach § 36 Abs. 4 Satz 1 SGB III allgemein nicht zur Prüfung verpflichtet ist, ob eine vermittelte Arbeit in einem Beschäftigungsverhältnis oder in selbstständiger Stellung auszuüben ist, kann eine Sperrzeit nur eintreten, wenn es sich bei der angebotenen Arbeit tatsächlich um eine abhängige Beschäftigung handelt; zur Aufnahme einer selbstständigen Tätigkeit ist der Arbeitslose nach § 159 Abs. 1 Satz 2 Nr. 2 SGB III nicht verpflichtet (BT-Drs. 16/4578, S. 17).

Den Zugang des Vermittlungsangebots muss die AA, nicht der Arbeitslose beweisen (BSG vom 3.6.2004 – B 11 AL 71/03 R, SGb 2004, S. 479; HessLSG vom 9.3.2005 – L 6 AL 1276/03, info also 2005, S. 260; SG Lübeck vom 24.11.2006 – S 5 AL 480/04; BayLSG vom

Zugang des Arbeitsangebots

15.7.2010 – L 9 AL 140/07). Lässt sich der Inhalt des Vermittlungsangebotes nicht feststellen, weil sich kein Exemplar in der Akte befindet und der Arbeitslose das Schreiben nicht vorlegen kann, kann eine Sperrzeit nicht eintreten (so SG Aurich vom 28.11.2001 – S 5 AL 34/00, info also 2002, S. 112: zur Meldeaufforderung; a. A. LSG Niedersachsen-Bremen vom 29.5.2008 – L 12 AL 233/06, info also 2009, S. 161).

Der Arbeitslose soll die Absendung des Bewerbungsschreibens, nicht den Zugang beweisen müssen (HessLSG vom 25.7.2006 – L 9 AL 46/04). Hierzu kann es aber ausreichen, dass er ansonsten zuverlässig und glaubwürdig ist, sich auf frühere Vermittlungsangebote immer pünktlich beworben hat und kein besonderer Grund ersichtlich ist, warum er gerade die streitige Arbeitsstelle abgelehnt haben sollte. Die Behauptung des Arbeitgebers, er habe keine Bewerbung erhalten, kann nicht alleinige Grundlage der Entscheidung sein. Die Versendung aller Bewerbungen mit Einschreiben und Rückschein kann einem Arbeitslosen nur zugemutet werden, wenn die AA ihn darauf hinweist und die Kosten übernimmt.

Nichtannahme einer Arbeit

Die Nichtannahme einer angebotenen Beschäftigung kann durch Ablehnung, die angebotene Beschäftigung einzugehen, gegenüber der AA oder dem Arbeitgeber zum Ausdruck gebracht werden, und zwar ausdrücklich oder schlüssig.

Der Arbeitslose muss sich unverzüglich um die angebotene Beschäftigung bemühen. Das LSG Niedersachsen-Bremen vom 14.6.2007 – L 12 AL 127/06 hält eine Bewerbungsfrist von einer Woche, beginnend mit dem Zugang des Vermittlungsangebots, für angemessen und zumutbar. Ein Zeitraum von zwei Wochen zwischen Angebot und Bewerbung ist zu lang (HessLSG vom 25.7.2006 – L 9 AL 46/04). Stellt sich der Arbeitslose erst nach dem von der AA genehmigten Urlaub beim Arbeitgeber vor, nachdem der Arbeitgeber sich zuvor damit einverstanden erklärt hatte, tritt keine Sperrzeit ein, wenn es wegen der späten Vorstellung nicht zu einer Einstellung kommt (LSG Baden-Württemberg vom 28.4.2006 – L 8 AL 2228/05).

Erklärt der Arbeitslose, dass er wegen anderer Bewerbungsgespräche erst drei Wochen nach dem Vorstellungsgespräch zur Verfügung stehe, soll darin eine Verhinderung der Anbahnung eines Beschäftigungsverhältnisses liegen (HessLSG vom 11.2.2011 – L 7 AL 44/10). Das gilt aber nicht ausnahmslos, sondern hängt von der Realität der anderen Beschäftigungsmöglichkeit nach Inhalt und voraussichtlicher Dauer ab.

Ein einmaliger Versuch, den Arbeitgeber telefonisch zu erreichen, wird meist nicht als hinreichende Bemühung angesehen werden können (SG Reutlingen vom 26.9.2002 – S 8 AL 2984/01). Ist der Arbeitgeber telefonisch nicht zu erreichen, soll der Arbeitslose sich auf anderen Wegen bemühen, Kontakt zu ihm aufzunehmen (LSG Berlin-Brandenburg vom 6.9.2006 – L 4 AL 20/04).

Der Arbeitslose muss sich so bewerben, wie es im angebotenen Arbeitsfeld üblich ist (Vorlage eines Lebenslaufs: LSG Nordrhein-Westfalen vom 12.3.2003 – L 12 AL 159/02; SG Hamburg vom 24.5.2004 – S 8 AL 1538/02; Vorlage eines Bewerbungsbogens: LSG Baden-Württemberg vom 31.1.2003 – L 8 AL 4710/01; Anfertigung einer Arbeitsprobe: BSG vom 13.3.1997 – 11 RAr 25/96, SozR 3–4100 § 119 Nr. 11).

Branchenüblich bewerben

Wer sich nicht beim Arbeitgeber meldet, nimmt ein Arbeitsangebot nicht an (BSG vom 14.7.2004 – B 11 AL 67/03 R; BayLSG vom 29.1.2004 – L 10 AL 332/01).

Eine Bewerbung in unangemessener Form ist einer Nichtbewerbung gleichzusetzen. Des Weiteren zählen hierzu Fallgestaltungen, in denen der Arbeitslose die Annahme der Beschäftigung in sonstiger Weise verhindert.

Ein Bewerbungsschreiben kann mit einer Nichtbewerbung gleichgestellt werden, wenn ein Bewerbungsschreiben allein schon wegen seines objektiven Inhalts oder seiner Form vom Arbeitgeber von vornherein als unbeachtlich oder offensichtlich unernst gemeint behandelt wird.

Abschreckende Bewerbungsschreiben

Mit einer Bewerbung muss ein Arbeitnehmer sein Interesse an der Aufnahme eines Arbeitsverhältnisses zum Ausdruck bringen.

Bei einem zumutbaren Vermittlungsangebot darf der Arbeitslose im Bewerbungsschreiben auch dann nicht deutlich werden lassen, dass es sich nicht um eine Wunschtätigkeit handelt, wenn noch Klärungsbedarf besteht, ob er die Anforderungen des angebotenen Arbeitsplatzes erfüllt. Im Bewerbungsschreiben ist vielmehr die Option offen zu halten, zu einem Bewerbungsgespräch eingeladen zu werden. Geht der Arbeitslose von der Unbestimmtheit des Arbeitsangebotes aus, so muss er dies vorab mit der AA klären (BSG vom 5.9.2006 – B 7a AL 14/05 R, NZS 2007, S. 268; so schon vom 14.7.2004 – B 11 AL 67/03 R, SozR 4–4300 § 144 Nr. 8 und vom 27.4.2004 – B 11 AL 43/04 R; ebenso LSG Hamburg vom 21.10.2010 – L 5 AL 3/07).

Erklärt der Arbeitslose dem Arbeitgeber, er lehne das Arbeitsangebot nur wegen des Zwangs durch die AA nicht ab oder nehme es »unter Protest« an, liegt keine ordnungsgemäße Bemühung um den angebotenen Arbeitsplatz vor (LSG Baden-Württemberg vom 9.12.2004 – L 5 AL 2319/04).

Weist ein Arbeitsloser darauf hin, dass er sich durch Vermittlung der AA bewerbe, kann hierin nach Meinung des LSG Baden-Württemberg vom 10.5.2005 – L 1 AL 4331/03 eine verdeckte Ablehnung der angebotenen Beschäftigung gesehen werden, die einer Nichtbewerbung gleichkommt. Das halten wir in dieser Allgemeinheit nicht für gerechtfertigt. Der Hinweis, dass die AA das Arbeitsangebot vermittelt hat, ist harmlos und keinesfalls geeignet, Arbeitsunwilligkeit zu belegen; der Arbeitgeber, der die AA um Vermittlung gebeten haben muss, kann sich ohnehin denken, woher der Arbeitslose die Information über die zu besetzende Stelle hat. Die AA und die Sozialgerichte müssen sich davor hüten, jede negative Bewertung von Arbeitgebern dem Arbeitsuchenden anzulasten, statt sie auf ihre Berechtigung zu überprüfen.

Anders kann der Fall liegen, wenn ein Arbeitsloser einen Bewerbungsbogen nur teilweise ausfüllt und deshalb ein Vorstellungsgespräch nicht zu Stande kommt (HessLSG vom 9.3.2005 – L 6 AL 1246/03). Ob dieses Verhalten gerechtfertigt ist, hängt von der Verständlichkeit und vom Inhalt der Fragen ab.

Ein Bewerbungsschreiben, in dem der Arbeitslose auf negative Erfahrungen mit früheren Bewerbungen hinweist und zur Prüfung der Seriosität des Arbeitgebers vor Bekanntgabe seiner Daten um Informationen bittet, hat das LSG Schleswig-Holstein als »Nichtbewerbung« angesehen (LSG Schleswig-Holstein vom 11.6.2004 – L 3 AL 19/03).

Keine Schönfärberei

Keinesfalls muss sich der Arbeitslose gegenüber dem Arbeitgeber besser machen als er ist; auf negative Punkte darf er hinweisen (BSG vom 9.12.2003 – B 7 Al 106/02 R; a. A. Ulrich Wenner, Soziale Sicherheit 2004, S. 68).

Auch die Forderung untypischer Arbeitsbedingungen, z. B. Achtstundentag für Fernfahrer (LSG Baden-Württemberg vom 27.1.2004 – L 9 AL 45/03) oder eine Beschäftigung ohne Abendarbeiten (BayLSG vom 30.9.2010 – L 9 AL 165/06), soll als Ablehnung gewertet werden können. Auch hier wird es auf die Verhältnisse des Einzelfalls ankommen. Das Arbeitszeitgesetz gilt schließlich für alle Arbeitnehmer.

Bewirbt sich ein Medien- und Web-Designer in flottem Ton im Internet und verweist er den Arbeitgeber auf diese Bewerbung, wird das regelmäßig nicht als Ablehnung eines Vermittlungsangebots der AA angesehen werden können (SG Fulda vom 22.9.2005 – S 1 AL 1048/04, info also 2006, S. 78). Bewirbt sich ein Buchdrucker handschriftlich, liegt keine »Nichtbewerbung« vor, selbst wenn der Arbeitgeber die Bewerbung als unbrauchbar bezeichnet (LSG Rheinland-Pfalz vom 24.6.2004 – L 1 AL 58/03, Breith. 2005, S. 241).

Verschuldensmaßstab

Der Sperrzeittatbestand des § 159 Abs. 1 Satz 2 Nr. 2 SGB III ist nach Meinung des BSG nur erfüllt, wenn der Arbeitslose nach seinen individuellen Verhältnissen erkennen konnte, der Arbeitgeber werde ein Bewerbungsschreiben allein wegen des objektiven Inhalts oder der Form von vornherein als unbeachtlich oder offensichtlich unernst gemeint behandeln. Erforderlich sei insoweit nur leichte Fahrlässigkeit, allerdings sei ein subjektiver Fahrlässigkeitsmaßstab zu Grunde zu legen. Ausschlaggebend könne z. B. sein, ob der Arbeitslose bereits an einem Bewerbertraining teilgenommen habe (BSG vom 5.9.2006 – B 7a AL 14/05 R, vom 14.7.2003 – B 11 AL 67/03 R und vom 27.4.2004 – B 11 AL 43/04 R). Diese Auslegung des § 159 Abs. 1 Satz 2 Nr. 2 SGB III entspricht nach unserer Ansicht nicht dem Wortlaut der Vorschrift. Das Nichtannehmen eines Arbeitsangebotes und das Verhindern der Anbahnung eines Beschäftigungsverhältnisses setzen ein bewusstes und damit vorsätzliches Tun voraus, lediglich der Nichtantritt der Arbeit lässt ein passives Verhalten genügen.

Hat der Arbeitslose auf den Vermittlungsvorschlag der AA einen Arbeitsvertrag geschlossen, tritt er aber die vereinbarte Arbeit nicht an, kommt ebenfalls eine Sperrzeit nach § 159 Abs. 1 Satz 2 Nr. 2 SGB III in Betracht; dagegen ist eine Sperrzeit nach § 159 Abs. 1 Satz 2 Nr. 1 SGB III vor Aufnahme der tatsächlichen Beschäftigung nicht zulässig.

2   Ausreichend beschriebenes Arbeitsangebot

Das Arbeitsangebot muss ausreichend beschrieben sein. Die AA muss Ihnen mindestens den Namen, die Anschrift des Arbeitgebers und die Art der angebotenen Tätigkeit nennen.

Ein Arbeitsangebot »Tätigkeit: Facharbeiter in PSA; Anforderungen: Tätigkeit im Rahmen der PSA; Lohn/Gehalt: 8,70 €/Stunde« genügt nach Auffassung des SG Frankfurt am Main vom 29.6.2004 – S 2 AL 4316/03, info also 2005, S. 25 nicht den Anforderungen eines ausreichend beschriebenen Arbeitsangebots. Der Arbeitslose – hier ein ausgebildeter Fernmeldemonteur – müsse sich aufgrund der Angaben im Angebot eine Vorstellung von der angebotenen Beschäftigung machen können, die es ihm ermögliche zu prüfen, ob er sie annehmen wolle oder nicht.   *Beispiel*

Das Vermittlungsangebot muss Angaben über die Vergütung enthalten, damit der Arbeitslose die Zumutbarkeit der Arbeitsstelle überprüfen kann (SG Chemnitz vom 15.11.2007 – S 6 AL 253/06; a.A. LSG Schleswig-Holstein vom 12.8.2005 – L 3 AL 94/04).

Ist das Gehalt im Vermittlungsvorschlag genannt, soll der Arbeitslose nicht den Tariflohn verlangen dürfen, wenn der ortsübliche Lohn deutlich darunter liegt (LSG Berlin-Brandenburg vom 15.5.2007 – L 12 AL 59/04). Dem kann aber nicht zugestimmt werden; der Arbeitslose muss zumindest im Rahmen des Tariflohns über das Arbeitsentgelt verhandeln dürfen.

Soll vor der eigentlichen Beschäftigung ein kostenloses Praktikum abgeleistet werden, muss die AA den Arbeitslosen darüber informieren (HessLSG vom 24.4.2006 – L 7/10 AL 174/04, info also 2006, S. 165).

3   Zulässiges Arbeitsangebot

Das Arbeitsangebot muss nach den Vermittlungsvorschriften der AA zulässig sein und eine versicherungspflichtige Beschäftigung betreffen (Näheres → S. 41). Lehnen Sie ein unzulässiges Angebot ab, darf keine Sperrzeit verhängt werden.

Das Arbeitsangebot muss auch zumutbar sein. Wann das der Fall ist, klären wir im Kapitel »Zumutbarkeit« → S. 154 ff. Nur ein zumutbares Arbeitsangebot kann eine Sperrzeit nach sich ziehen.

Hat der Arbeitslose eine Stelle abgelehnt, die der Arbeitgeber ihm unmittelbar angeboten hatte, und bietet ihm später die AA denselben Arbeitsplatz unter Belehrung über die Rechtsfolgen einer unberechtigten Ablehnung an, kann nach Meinung des BSG das Arbeitsangebot der AA trotz des vorausgegangenen Stellenangebotes durch den Arbeitgeber Grundlage einer Sperrzeit sein, soweit die übrigen Voraussetzungen vorliegen. Die Ablehnung des Angebotes gegenüber dem Arbeitgeber sei für sich allein kein wichtiger Grund, den Vermittlungsvorschlag der AA abzulehnen. Allerdings können sich aus Inhalt und Art der Verhandlungen zwischen Arbeitgeber und Arbeitslosem besondere Umstände ergeben, die die Aufnahme der Beschäftigung unzumutbar machen (BSG vom 3.5.2001 – B 11 AL 80/00 R, SozR 3-4100 § 119 Nr. 21). Dagegen darf die AA dem Arbeitslosen einen Arbeitsplatz, den sie bereits einmal angeboten und den er abgelehnt hat, nicht mit einer Sperrzeitdrohung ein zweites Mal anbieten.

Mehrere Angebote auf einen Schlag

Früher hat die AA nur eine Sperrzeit verhängt, wenn sie einem Arbeitslosen an einem Tag auf einen Schlag mehrere Arbeitsangebote gemacht und dieser alle Angebote abgelehnt hat. Diese Praxis hat sie aufgegeben; jetzt folgt jedem Angebot, das abgelehnt wird, eine Sperrzeit, wenn kein wichtiger Grund vorliegt (so auch SG Berlin vom 2.12.2011 – S 58 AL 2403/11; SG Hamburg vom 20.5.2015 – S 44 AL 536/13; HessLSG vom 5.8.2915 – L 6 AL 6/13, info also 2016, S. 18). Ob das zulässig ist, ist noch nicht abschließend geklärt. Mehrere Arbeitsangebote auf einen Schlag könnten als einheitlicher Vorgang angesehen werden, der nur eine Sperrzeit erlaubt (so das SächsLSG vom 5.2.2016 – L 3 AL 199/15, Revision unter – B 11 AL 2/17 R). Zwar stellt der Gesetzgeber sich sehr wohl vor, dass ein einheitlicher Vorgang zu mehreren Sperrzeiten führen kann, wie sich aus § 159 Abs. 2 Satz 2 SGB III ergibt. Das gilt aber nach unserer Meinung nur, wenn der Arbeitslose mit einem einheitlichen Sachverhalt unterschiedliche Pflichtverstöße begeht, nicht aber wenn durch einen Akt und aus einem einheitlichen Motiv eine gleichartige Verpflichtung aus § 159 Abs. 1 Satz 2 SGB III verletzt wird.

4 Rechtsfolgenbelehrung

Der Arbeitslose muss über die Rechtsfolgen belehrt werden, bevor er sich zur Ablehnung oder zum Nichtantritt entscheidet. Aus der Rechtsfolgenbelehrung muss eindeutig hervorgehen, dass bei Ablehnung oder beim Nichtantritt einer von der AA angebotenen Arbeitsstelle ohne wichtigen Grund eine Sperrzeit verhängt wird.

Konkret, vollständig, richtig, verständlich

Eine Rechtsfolgenbelehrung ist nur wirksam, wenn sie konkret, vollständig, richtig und widerspruchsfrei ist und dem Arbeitslosen in verständlicher Form erläutert, welche unmittelbaren und konkreten Auswirkungen sich aus der Weigerung, die konkret angebotene Arbeit anzunehmen, für ihn ergeben, wenn für die Weigerung kein wichtiger Grund vorliegt. Dies ergibt sich aus dem Zweck der Rechtsfolgenbelehrung, den Arbeitslosen hinreichend über die gravierenden Folgen einer Sperrzeit (Ruhen des Leistungsanspruchs und Verkürzung der Anspruchsdauer) zu informieren und ihn in allgemeiner Form vorzuwarnen.

Es ist unerheblich, ob der Arbeitslose die Rechtsfolgen aufgrund seiner langjährigen Erfahrung im Umgang mit der AA und seiner intellektuellen Fähigkeiten kennt. Denn auf das Kennen oder Kennenmüssen der Rechtsfolgen durch den Arbeitslosen kommt es nicht an. Die Rechtsprechung hat dies stets aus dem sozialen Schutzzweck der Rechtsfolgenbelehrung abgeleitet, nämlich den Arbeitslosen vor den Folgen einer unbegründeten Ablehnung eines Weiterbildungsangebots oder einer Arbeit zu warnen. Ob die fehlerhafte Rechtsfolgenbelehrung ursächlich für das Verhalten des Arbeitslosen ist, spielt keine Rolle (ständige Rechtsprechung des BSG, z. B. vom 1.6.2006 – B 7a AL 26/05 R).
Hinweise auf Merkblätter oder frühere Rechtsfolgenbelehrungen genügen nicht. Die Rechtsfolgenbelehrung muss bei jedem Vermittlungsangebot wiederholt werden.

Bietet die AA dem Arbeitslosen auf einen Schlag mehrere Arbeitsmöglichkeiten an, muss jedes Angebot mit einer Rechtsfolgenbelehrung versehen sein; eine Belehrung für alle Vermittlungsvorschläge genügt nicht (LSG Nordrhein-Westfalen vom 20.1.2005 – L 9 AL 123/04).

Für die Rechtsfolgenbelehrung ist keine Form vorgeschrieben, sie kann den Arbeitlosen mündlich oder schriftlich, im persönlichen Gespräch, per Telefon oder Post erreichen. Für die Wirksamkeit der Rechtsfolgenbelehrung kommt es nicht darauf an, ob sie der Arbeitslose zur Kenntnis nimmt; es genügt, dass er sie zur Kenntnis nehmen konnte. Das soll auch gelten, wenn er nicht erreichbar ist und sich nicht zu Hause aufhält, ohne dies der AA mitgeteilt zu haben (BSG vom 25.4.1996 – 11 RAr 81/95). Formlos

Verbindet die AA mit einem ersten Vermittlungsangebot eine Rechtsfolgenbelehrung, die für eine weitere Sperrzeit und das drohende Erlöschen des Anspruchs bestimmt ist, ist die Rechtsfolgenbelehrung fehlerhaft, sodass eine Sperrzeit nicht eintreten kann (SächsLSG vom 11.3.2004 – L 3 AL 230/03).
Hat der Arbeitslose einen zunächst ohne korrekte Rechtsfolgenbelehrung unterbreiteten Vermittlungsvorschlag abgelehnt und wird die Belehrung dann nachgeholt, tritt keine Sperrzeit ein, wenn der Arbeitslose die danach nochmals angebotene Stelle nicht annimmt, weil er sich bereits vorher gegenüber dem Arbeitgeber festgelegt hat (Voelzke, in: Kasseler Handbuch des Arbeitsförderungsrechtes, 2003, § 12 RandNr. 324).

5   Nur eingeschränkte Ursächlichkeit für den Eintritt oder die Verlängerung der Arbeitslosigkeit

Arbeitsablehnung oder Nichtantritt einer Arbeit führen dann nicht zu einer Sperrzeit, wenn sie die Arbeitslosigkeit nicht verlängern. Es ist aber nicht Voraussetzung für die Sperrzeit, dass die Aktivitäten, die aufgrund der von der AA angebotenen Arbeit verlangt werden, zur Einstellung geführt hätten. Zwischen dem Verhalten des Arbeitslosen und der Verlängerung der Arbeitslosigkeit ist kein (eigentlicher) Kausalitätsnachweis in dem Sinne erforderlich, dass der Arbeitgeber den Arbeitslosen bei Erfüllung des von ihm geforderten Verhaltens auch tatsächlich eingestellt hätte; ausreichend ist (im Sinne einer typisierenden Kausalität), dass der Arbeitslose nach seinen Vorkenntnissen für die angebotene Beschäftigung in Betracht kommt (BSG vom 5.9.2006 – B 7a AL 14/05 R).

Beispiel 1

Die ungelernte Elfriede Wehrmich lehnt am 23.4. ein Arbeitsangebot zum 1.5. ab. Die AA verhängt eine Sperrzeit, ohne zu prüfen, ob Elfriede Wehrmich überhaupt über die vom Arbeitgeber verlangte Qualifikation verfügt. Die Sperrzeit nach § 159 Abs. 1 Satz 2 Nr. 2 SGB III ist zwar nicht davon abhängig, dass sie auch tatsächlich eingestellt worden wäre, ihre Weigerung also zu einer Verlängerung der Arbeitslosigkeit führt (BSG vom 25.4.1991 – 11 RAr 99/90, SozR 3–4100 § 119a AFG Nr. 1). Kam sie aber für eine Einstellung durch den Arbeitgeber von vornherein nicht infrage, z. B. weil eine Facharbeiterin gesucht wurde, hat ihr Verhalten die Arbeitslosigkeit nicht verlängert (so auch Voelzke, in: Kasseler Handbuch des Arbeitsförderungsrechtes, 2003, § 12 RandNr. 321). Eine Sperrzeit tritt nicht ein.

Beispiel 2

Elfriede Wehrmich lehnt am 15.8. ein Arbeitsangebot ab. Sie hätte zum 1.9. die Arbeit aufnehmen sollen. Nun findet sie zum 1.9. in einem anderen Betrieb Arbeit.
Sofern die AA eine Sperrzeit verhängt haben sollte, wäre diese nunmehr aufzuheben, da die Arbeitsablehnung nicht zu einer Verlängerung der Arbeitslosigkeit geführt hat. Dies gilt übrigens unserer Meinung nach auch, wenn Elfriede Wehrmich diese neue Arbeitsstelle ohne ihr Verschulden wieder verliert.

Ist ein Arbeitsvertrag zu Stande gekommen, tritt der Arbeitslose aber die Arbeit nicht an, so verlängert er hierdurch die Arbeitslosigkeit mit der Folge einer Sperrzeit. Kündigt der Arbeitgeber noch vor Arbeitsantritt zulässigerweise aus personen- oder betriebsbedingten Gründen oder kündigt der Arbeitslose zulässigerweise mit wichtigem Grund noch vor Antritt der Arbeit, so darf keine Sperrzeit verhängt werden.

6 Ohne wichtigen Grund

Der Arbeitslose darf für die Ablehnung oder den Nichtantritt der Arbeit keinen wichtigen Grund haben. Als wichtige Gründe kommen bei der Arbeitsablehnung neben beruflichen alle persönlichen Gründe in Betracht, die über die Zumutbarkeitsregeln (→ S. 154 ff.) hinaus von der AA zu beachten sind.

Zum wichtigen Grund s. → S. 277 und den Anhang: Wichtiger Grund von A–Z → S. 326 ff.

IV Fallgruppe unzureichender Nachweis der Eigenbemühungen
§ 159 Abs. 1 Satz 2 Nr. 3 und Abs. 5 SGB III

Der Sperrzeittatbestand des unzureichenden Nachweises von Eigenbemühungen nach § 138 Abs. 4 SGB III betrifft nur Arbeitslose, nicht Arbeitsuchende. Eigenbemühungen sind nach § 138 Abs. 1 Nr. 2 und Abs. 4 SGB III eine Voraussetzung für den Anspruch auf Alg. Lehnt der Arbeitslose es ganz ab, sich selbst um die Beendigung seiner Arbeitslosigkeit zu bemühen, hat er keinen Anspruch auf Alg. Die Sperrzeit des § 159 Abs. 1 Satz 2 Nr. 3 SGB III betrifft nur den Nachweis der Eigenbemühungen.

Keine Eigenbemühungen sind erforderlich in Zeiten, in denen der Arbeitslose der Arbeitsvermittlung nicht zur Verfügung stehen muss, also insbesondere in Krankheitszeiten, während der Alg nach §§ 145 oder 146 SGB III bezogen wird.

1 Zumutbare Eigenbemühungen

Was dem Arbeitslosen an Eigenbemühungen abverlangt werden kann, wird sich in erster Linie aus der Eingliederungsvereinbarung oder dem Eingliederungsverwaltungsakt nach § 37 Abs. 3 Satz 4 SGB III ergeben. Darin muss konkret festgelegt werden, was der Arbeitslose tun muss, also z. B., wo er sich wie und wie häufig bewerben und welche anderen Anstrengungen er zur Verbesserung seiner Vermittlungschancen unternehmen muss. Es muss nach § 37 Abs. 2 Satz 1 Nr. 3 SGB III auch festgelegt sein, wie die Eigenbemühungen nachgewiesen werden müssen.
Nach § 138 Abs. 4 SGB III gehören zu den Eingliederungsbemühungen außerdem die Bereitschaft, sich von Dritten vermitteln zu lassen, und die Arbeitsuche über die JOBBÖRSE.
Liegt keine Eingliederungsvereinbarung vor, setzt eine konkrete Handlungspflicht einen präzisen Hinweis der AA voraus, aus dem der Arbeitslose entnehmen kann, welche Eigenbemühungen und welche Nachweise von ihm erwartet werden (BSG vom 20.10.2005 – B 7a AL 18/05 R).

Wegen der Einzelheiten der zumutbaren Eigenbemühungen s. → S. 91 und → S. 155.

2 Nachweis der Eigenbemühungen

Die Sperrzeit setzt voraus, dass der Arbeitslose die von der AA geforderten Eigenbemühungen nicht nachweist. Die Pflicht zu Eigenbemühungen besteht in jedem Fall, solange Leistungen begehrt oder bezogen werden; konkret nachgewiesen werden, z. B. durch Vorlage von Bewerbungen oder Anzeigen, müssen die Eigenbemühungen nur, soweit dies in der Eingliederungsvereinbarung festgelegt ist oder wenn die AA den Arbeitslosen dazu auffordert (BSG vom 20.10.2005 – B 7a AL 18/05 R). Eingliederungsvereinbarung oder konkrete Aufforderung der AA müssen genau bestimmen, welche Art von Nachweis zu welchem Zeitpunkt vorgelegt werden muss (BSG vom 4.4.2017 – B 11 AL 5/16 R).

3   **Rechtsfolgenbelehrung**

Die Nachweispflicht ist von einer Rechtsfolgenbelehrung entweder in der Eingliederungsvereinbarung oder im Zusammenhang mit einer konkreten Aufforderung abhängig. Für den Arbeitslosen muss aus der Belehrung klar ersichtlich sein, was von ihm erwartet wird und welche Folgen es für ihn haben kann, wenn er diese Erwartungen nicht erfüllt. Der Arbeitslose muss mit der Anforderung der Nachweise über die Rechtsfolgen einer Sperrzeit belehrt werden. Jeder geforderte Nachweis setzt eine neue Belehrung voraus. Jedes Nachweisverlangen der AA muss sich auf einen zukünftigen Zeitraum beziehen und mit einer Rechtsfolgenbelehrung verbunden werden. Nur dann kann der Arbeitslose sein Verhalten danach ausrichten.

Schlechtes Beispiel

Wie eine Rechtsfolgenbelehrung **nicht** aussehen darf, zeigt die formularmäßige Belehrung eines Jobcenters, die sich auf die folgende Formulierung beschränkt:

»Sollte die/der erwerbsfähige(r) Hilfebedürftige die in dieser Eingliederungsvereinbarung vereinbarten Pflichten nicht erfüllen, insbesondere keine Eigenbemühungen in dem hier festgelegten Umfang nachweisen, treten die gesetzlich vorgeschriebenen Rechtsfolgen ein, sofern die/der erwerbsfähige Hilfebedürftige/n keinen wichtigen Grund für sein Verhalten nachweist.«

4   **Ohne wichtigen Grund**

Eine Sperrzeit tritt nur ein, wenn der Arbeitslose seine Eigenbemühungen ohne wichtigen Grund nicht oder nicht fristgerecht nachweist. Wichtige Gründe können z. B. Gesundheitsprobleme des Arbeitslosen sein oder sich aus Art und Umfang der Eigenbemühungen ergeben, insbesondere können unzumutbare Kosten die Eigenbemühungen begrenzen (BSG vom 12.5.2011 – B 11 AL 17/10 R). Im Übrigen s. zum wichtigen Grund → S. 277 und den Anhang: Wichtiger Grund von A – Z → S. 326 ff.

5   **Neben Sperrzeit keine weiteren Sanktionen**

Nach der Gesetzesbegründung (BT-Drs. 15/1515, S. 87 zu § 144 a. F.) soll mit § 159 SGB III eine einheitliche Sanktion für versicherungswidriges Verhalten geschaffen werden. Deshalb ist es nicht zulässig, wegen des fehlenden Nachweises von Eigenbemühungen andere

Sanktionen zu verhängen, z.B. die Bewilligung von Alg wegen fehlender Mitwirkung für die Vergangenheit aufzuheben. Auch ist es nicht zulässig, jede verweigerte Mitwirkungshandlung als fehlende Eigenbemühung anzusehen (ähnlich BSG vom 20.10.2005 – B 7a/7 AL 102/04 R).

V   Fallgruppe Weigerung, an einer beruflichen Eingliederungsmaßnahme teilzunehmen
§ 159 Abs. 1 Satz 2 Nr. 4 SGB III

Weigern Sie sich, an einer beruflichen Eingliederungsmaßnahme teilzunehmen, so droht Ihnen eine Sperrzeit.

Die Sperrzeit bedroht nur Arbeitslose, nicht Arbeitsuchende während der Meldefrist des § 38 Abs. 1 SGB III.

Eine Sperrzeit ist nur zulässig, wenn

- die **Teilnahme** an einer beruflichen Eingliederungsmaßnahme **verweigert** wird, **und**

- die Maßnahme **zumutbar** ist, **und**

- die Förderung der Maßnahme **schriftlich zugesagt** worden ist, **und**

- eine **Rechtsfolgenbelehrung** vor der Weigerung erteilt wurde, **und**

- **kein wichtiger Grund** für die Weigerung vorliegt.

Nur Arbeitslose

Sperrzeit nur zulässig, wenn ...

1   Was ist eine berufliche Eingliederungsmaßnahme?

Als berufliche Eingliederungsmaßnahmen kommen in Betracht:

- Maßnahmen zur Aktivierung und beruflichen Eingliederung (§ 45 SGB III); hier aber nicht die Ablehnung von Vermittlungsangeboten, die § 45 Abs. 1 Satz 1 Nr. 3 ebenfalls vorsieht, weil nur für Vermittlungsangebote der AA in § 159 Abs. 1 Satz 2 Nr. 2 eine Sperrzeit vorgesehen ist; auch sind Arbeitslose zur Aufnahme einer selbstständigen Tätigkeit nicht verpflichtet, so dass sie Maßnahmen zur Vorbereitung auf eine Existenzgründung sperrzeitlos ablehnen dürfen;

- Maßnahmen zur beruflichen Ausbildung (§§ 56 – 72 SGB III);

- Maßnahmen zur beruflichen Weiterbildung (§§ 81 – 87 SGB III);

- Maßnahmen zur Förderung der Teilhabe behinderter Menschen am Arbeitsleben (§§ 73 – 80, 112 – 129 SGB III).

Es muss sich um Maßnahmen nach dem SGB III handeln, die die AA finanziert.

Nicht zu den Eingliederungsmaßnahmen im Sinne des § 159 Abs. 1 Satz 2 Nr. 4 SGB III gehören Maßnahmen, die aus ESF-Mitteln finanziert werden.

Die Maßnahme kann in der Eingliederungsvereinbarung angeboten werden; sie kann aber auch einzeln vorgeschlagen werden (SächsLSG vom 9.2.2017 – L 3 AL 274/15).

Die Teilnahme an der Maßnahme kann wie das Vermittlungsangebot ausdrücklich oder stillschweigend abgelehnt werden.

Ein Bildungsgutschein ist kein konkretes Angebot einer Eingliederungsmaßnahme; lehnt der Arbeitslose den Bildungsgutschein ab oder löst er ihn nicht ein, tritt keine Sperrzeit ein.

2   Zumutbare Eingliederungsmaßnahmen

Was Ihnen als Maßnahme zugemutet werden kann, haben wir im Kapitel Zumutbarkeit erläutert (→ S. 176). Nicht zumutbar sind Maßnahmen, für die der Arbeitslose nicht geeignet ist oder an deren Kosten er sich beteiligen muss. Die BA hält eine Beteiligung bis zu 15 € monatlich für zumutbar (FW 159.1.2.4).

3   Schriftliche Zusage für die Förderung nötig

Soweit die Bewilligung von Kosten für die Eingliederungsmaßnahmen im Ermessen der AA liegt, kommt eine Sperrzeit nur in Betracht, wenn vorher eine Bewilligung oder Zusage erfolgt ist, aus der der Arbeitslose ersehen kann, in welchem Umfang die AA die Kosten übernehmen wird. Die Bewilligung/Zusage bedarf wegen § 34 Abs. 1 Satz 1 SGB X der Schriftform (BSG vom 16.10.1990 – 11 RAr 65/89, SozR 3–4100 § 119 Nr. 4).

4   Rechtsfolgenbelehrung

Vor Ablehnung der Eingliederungsmaßnahme ist der Arbeitslose über die Rechtsfolgen umfassend zu belehren (Näheres → S. 290). Nach Meinung des BSG vom 29.1.2003 – B 11 AL 33/02 R muss eine Rechtsfolgenbelehrung nach § 159 Abs. 1 Satz 2 Nr. 4 SGB III nicht den Hinweis darauf enthalten, dass eine Trainingsmaßnahme wegen Aufnahme einer Beschäftigung abgebrochen werden darf; es hat offen gelassen, ob eine unterbliebene oder unrichtige Rechtsfolgenbelehrung zu § 159 Abs. 1 Satz 2 Nr. 5 SGB III, also zu den Rechtsfolgen eines unberechtigten Abbruchs der Maßnahme, überhaupt Einfluss auf den Eintritt einer Sperrzeit nach § 159 Abs. 1 Satz 2 Nr. 4 SGB III hat.

5   Ohne wichtigen Grund

Haben Sie keinen wichtigen Grund, die Eingliederungsmaßnahme zu verweigern, so darf eine Sperrzeit verhängt werden. Das
BSG vom 29.1.2003 – B 11 AL 33/02 R hat z. B. in einer videoge-
stützten Bewerbertrainingsanlage keinen Verstoß gegen datenschutzrechtliche Grundsätze gesehen; auch einen Verstoß gegen das
allgemeine Persönlichkeitsrecht eines Bewerbers hat das Gericht im
Hinblick auf die genannte Anlage verneint.
Eine Eingliederungsmaßnahme kann nicht deshalb abgelehnt werden, weil sie mit einer Nebenbeschäftigung nicht vereinbar ist (LSG
Nordrhein-Westfalen vom 12.1.2009 – L 19 B 10/08 AL).

Was alles ein wichtiger Grund sein kann, können Sie im Kapitel Zumutbarkeit (→ S. 176) und im Anhang: Wichtiger Grund von A – Z
(→ S. 326 ff.) nachlesen.

VI   Fallgruppe Abbruch einer/Ausschluss aus einer beruflichen Eingliederungsmaßnahme
§ 159 Abs. 1 Satz 2 Nr. 5 SGB III

1   Abbruch

Abgebrochen ist die Maßnahme, wenn der Teilnehmer nach
anfänglichem Besuch kraft eigener Entscheidung nicht mehr an der
Eingliederungsmaßnahme teilnimmt. Was berufliche Eingliederungsmaßnahmen sind, haben wir auf → S. 295 aufgezählt. Noch kein Abbruch liegt vor, wenn Teilnehmer an einzelnen Tagen ohne Beendi-
gungsabsicht fehlen. Nur der Abbruch einer Maßnahme, die die BA
fördert, kann zu einer Sperrzeit führen, Maßnahmen nach § 139
Abs. 3 SGB III und die Weiterbildung, die zur Versicherung nach
§ 28a Abs. 1 Satz 1 Nr. 5 SGB III berechtigt, können ohne Sperrzeit
beendet werden.

2   Ausschluss

Der Ausschluss kann durch die AA oder den Maßnahmeträger erfolgen. Voraussetzung ist, dass der Teilnehmer sich maßnah-
mewidrig verhalten hat. Hierzu können häufiges Fehlen, Stören des
Unterrichts, Trunkenheit, Tätlichkeiten, Drogenkonsum gehören
(LSG Rheinland-Pfalz vom 4.9.2002 – L 1 AL 170/01, Die Rentenversicherung 2003, S. 33: Drogenkonsum; HessLSG vom 22.10.1999 – L 10
AL 933/98: Schlägerei; BayLSG vom 23.9.2010 – L 9 AL 161/06: Fehlverhalten bei der Waffenausbildung).

Maßnahme-
widriges
Verhalten

Der Ausschluss aus der Maßnahme ist nur wegen eines Verhaltens des Teilnehmers zulässig, das die Fortsetzung für den Träger oder die AA unzumutbar macht. Hierbei ist ein strenger Maßstab anzulegen; die Interessen des Teilnehmers an der Fortsetzung der Maßnahme sind zu berücksichtigen. Das Fehlverhalten muss dem Teilnehmer subjektiv vorwerfbar sein. Vor dem Abbruch ist der Teilnehmer in aller Regel abzumahnen und auf die möglichen Rechtsfolgen hinzuweisen (vgl. BSG vom 16.9.1999 – B 7 AL 32/98 R, BSGE 84, 270; Hess-LSG vom 15.7.2011 – L 7 AL 207/10). Unmittelbar vor der Entscheidung ist er anzuhören, weil der Abbruch wegen des Zeitablaufs später meist nicht mehr rückgängig gemacht werden kann.

Bei Verfehlungen, die jede weitere Teilnahme für die anderen Teilnehmer und den Maßnahmeträger unzumutbar machen, z.B. Tätlichkeiten, kann – wie bei der Arbeitgeberkündigung – eine Abmahnung entbehrlich sein (BayLSG vom 18.3.2004 – L 11 AL 247/02).

3   **Ohne wichtigen Grund**

Als wichtige Gründe kommen Krankheit, fehlende Eignung für die mit der Eingliederungsmaßnahme angestrebte Beschäftigung, Über- oder Unterforderung durch die Maßnahme sowie persönliche Gründe in Betracht.

Was alles ein wichtiger Grund sein kann, können Sie im Kapitel Zumutbarkeit (→ S. 176) und im Anhang: Wichtiger Grund von A – Z (→ S. 326 ff.) nachlesen.

VII   **Fallgruppe Meldeversäumnis**
       § 159 Abs. 1 Satz 2 Nr. 6 SGB III

1   **Allgemeine Meldepflicht**
     § 309 SGB III

Wenn Sie sich bei der AA arbeitslos gemeldet und Anspruch auf Alg haben, kann Sie die AA auffordern, sich zu melden oder zu einer ärztlichen oder psychologischen Untersuchung zu erscheinen (dazu näher → S. 43). Auch während des Streits über die Frage, ob Ihnen Alg zusteht, kann die AA Sie vorladen.
Auch das Kug kann wegen eines Meldeversäumnisses ruhen (§ 107 Abs. 1 SGB III).

Nach § 309 Abs. 1 Satz 3 SGB III besteht eine Meldepflicht auch dann, wenn der Alg-Anspruch wegen einer Sperrzeit oder einer Entlassungsentschädigung ruht. Wird die Leistungsbewilligung rückwirkend aufgehoben, entfällt die Meldepflicht ebenfalls rückwirkend.

Gemäß § 38 Abs. 1 Satz 6 SGB III gelten die §§ 309 und 310 SGB III, die nach ihrem Wortlaut nur für Zeiten der Arbeitslosigkeit Meldepflichten begründen, auch für die Zeit zwischen Arbeitsuchendmeldung und Eintritt der Arbeitslosigkeit mit der Folge, dass Meldeversäumnisse vor Eintritt der Arbeitslosigkeit zu Sperrzeiten führen können. Das gilt aber erst ab der persönlichen Arbeitsuchmeldung und frühestens mit Beginn des Zeitraums von drei Monaten vor dem Ende des Beschäftigungsverhältnisses; meldet sich der Arbeitnehmer vorzeitig arbeitsuchend, wird er trotzdem erst mit Beginn der Frist nach § 38 Abs. 1 SGB III meldepflichtig, d. h. vorherige Meldeaufforderungen sind nicht sperrzeitbewehrt.

Die Erfüllung der Meldepflicht ist keine Voraussetzung des Alg-Anspruchs; aus Meldeversäumnissen lässt sich deshalb nicht ohne weitere Ermittlungen schließen, der Arbeitslose wolle der Arbeitsvermittlung nicht zur Verfügung stehen (BSG vom 14.5.2014 – B 11 AL 8/13 R).

2 Zweck der Meldung

Die AA darf Sie nur vorladen, wenn sie einen sachgerechten Zweck verfolgt. Sie muss den Zweck schon in der Vorladung nennen.

Die AA kann Sie vorladen zum Zwecke der   Meldezwecke
- Berufsberatung;
- Vermittlung in Ausbildung und Arbeit;
- Vorbereitung aktiver Arbeitsförderungsleistungen;
- Vorbereitung von Entscheidungen im Leistungsverfahren;
- Prüfung der Voraussetzungen für den Leistungsanspruch.

In der Einladung muss der Meldezweck konkret genannt werden; es genügt nicht, den Arbeitslosen allgemein zu seiner »Leistungsangelegenheit« einzubestellen. Der Meldezweck muss wenigstens stichwortartig angegeben werden (LSG Baden-Württemberg vom 18.2.2005 – L 8 AL 4106/03 und vom 27.9.2002 – L 8 AL 855/02). Wenn der Zusammenhang für den Arbeitslosen erkennbar ist, genügt die Einladung zur Beratung über eine berufliche Weiterbildung (BayLSG vom 27.3.2003 – L 9 AL 175/01). Die Einladung zu einer psychologischen Untersuchung ist hinreichend konkret benannt, wenn auf die vom Arbeitslosen gewünschte Weiterbildung hingewiesen wird (LSG Nordrhein-Westfalen vom 24.6.2004 – L 9 AL 4/04). Gegen die Verpflichtung, den Meldezweck konkret zu benennen, wird sehr häufig verstoßen.

Die Einladung zu einem Beratungstermin, um den der Arbeitslose gebeten hat, ist regelmäßig keine Meldeaufforderung im Sinne des § 309 SGB III; zumindest muss dann in der Einladung ganz unmissverständlich klar gemacht werden, dass der Termin unabhängig vom Wunsch des Arbeitslosen stattzufinden hat (LSG Baden-Württemberg vom 18.2.2005 – L 8 AL 4106/03).

Nicht zulässig ist es, Gründe für den Meldetermin ohne neue Meldeaufforderung nachzuschieben (BayLSG vom 13.8.1996 – L 10 Al 73/96, E-LSG Ar 136).

Lässt sich der Inhalt des Einladungsschreibens nicht feststellen, weil sich kein Exemplar in der Akte befindet und der Arbeitslose das Schreiben nicht vorlegen kann, tritt keine Sperrzeit ein (SG Aurich vom 28.11.2001 – S 5 AL 34/00, info also 2002, S. 112; a. A. LSG Niedersachsen-Bremen vom 29.5.2008 – L 12 AL 233/06, info also 2009, S. 161).

Meldezweck kann auch eine gemeinschaftliche Informationsveranstaltung sein (LSG Sachsen-Anhalt vom 24.1.2002 – L 2 AL 9/00, info also 2002, S. 106; BSG vom 5.2.2008 – B 2 U 25/06 R).

Hat der Arbeitslose einen Betreuer, muss dieser über die Vorladung informiert werden, sonst ist sie nicht wirksam (SG Duisburg vom 27.11.1998 – S 12 AL 143/98).

Folgen bei Ablehnung einer Untersuchung

Erscheinen Sie zur ärztlichen oder psychologischen Untersuchung, lehnen aber die Untersuchung selbst ab, tritt keine Sperrzeit ein (BSG vom 14.5.2014 – B 11 AL 8/13 R). Die Rechtsfolgen richten sich vielmehr nach §§ 66, 67 SGB I.

Kommen Sie durch die Ablehnung der Untersuchung Ihrer Mitwirkungspflicht nach § 62 SGB I nicht nach und wird dadurch die Aufklärung des Sachverhalts erschwert, kann Ihnen die AA die Leistung versagen oder eine bereits bewilligte Leistung entziehen, aber nur für die Zukunft. Vorher muss sie Ihnen eine Frist setzen, d. h. erneut einen Termin zur Untersuchung festsetzen und Sie in der Ladung auf die drohenden Konsequenzen der Versagung oder Entziehung hinweisen (§ 66 SGB I). Holen Sie später die Mitwirkung nach, kann die AA die Leistungen nachträglich erbringen. Versagung und Entziehung sowie nachträgliche Bewilligung stehen im Ermessen der AA (§ 67 SGB I).

Der Arbeitsuchende, der sich nach § 38 Abs. 1 SGB III bei der AA gemeldet hat, aber noch nicht arbeitslos ist und noch keine Leistungen beantragt hat, hat noch keine Mitwirkungspflichten nach den §§ 60 ff. SGB I; da er noch keine Leistungen beansprucht, können diese auch nicht entzogen oder versagt werden.

3 Vorladung, Form, Zeitpunkt und Kosten der Meldung

Die AA soll Sie grundsätzlich schriftlich vorladen; eine telefonische Vorladung ist aber auch möglich.
Die Meldung muss Angaben über Ort und Zeit der Meldung, den Meldezweck, eine Rechtsfolgenbelehrung und den Hinweis auf die Möglichkeit der Fahrtkostenerstattung enthalten.

Die AA muss nach § 37 Abs. 2 Halbsatz 2 SGB X nachweisen, dass die Vorladung (rechtzeitig) bei Ihnen eingegangen ist (BSG vom 3.6.2004 – B 11 AL 71/03 R, SGb 2004, S. 479; HessLSG vom 9.3.2005 – L 6 AL 1276/03, info also 2005, S. 260). Geben Sie an, die Vorladung nicht erhalten zu haben, werden Sie zukünftig per Einschreiben vorgeladen.

Sie müssen persönlich in der AA erscheinen, es sei denn, die AA erlaubt Ihnen im Einzelfall, sich telefonisch zu melden.   **Persönlich melden!**
Erscheint der Arbeitslose in der AA, lehnt ein Gespräch mit dem Sachbearbeiter aber ab oder verweigert er jedes Gespräch, liegt keine wirksame Meldung vor (BayLSG vom 26.4.2010 – L 7 AS 212/10 B ER, vom 4.8.2010 – L 8 AS 466/10 B ER und vom 3.1.2011 – L 7 AS 921/10 B ER; a.A. Scholz in Mutschler/Schmidt-De Caluwe/Coseriu, SGB III, 6. Aufl., § 159 Rn 106).
Sind Sie an einem bestimmten Tag für eine bestimmte Uhrzeit bestellt und versäumen Sie diesen Termin, so sind Sie Ihrer Meldepflicht   **Meldezeitpunkt**
gleichwohl nachgekommen, wenn Sie noch am selben Tag vorsprechen und der Zweck der Vorladung noch erfüllt werden kann (§ 309 Abs. 3 Satz 2 SGB III). Das Risiko, dass der Zweck der Vorladung nicht mehr erfüllt werden kann, tragen Sie, z.B. weil der Sachbearbeiter bei Ihrem Erscheinen keinen Termin mehr frei hat.

Versäumen Sie den Meldetermin auch nur um einen Tag, z.B. weil Sie sich im Wochentag irren, liegt ein Meldeversäumnis vor (BSG vom 25.8.2011 – B 11 AL 30/10 R).

Sind Sie am Meldetermin arbeitsunfähig, so müssen Sie sich am ersten Tag der Arbeitsfähigkeit melden, wenn die AA dies in der Meldeaufforderung bestimmt (§ 309 Abs. 3 Satz 3 SGB III). Aber nicht jede Arbeitsunfähigkeit schließt eine Meldung aus (BSG vom 9.11.2010 – B 4 AS 27/10 R).

Meldeort muss nicht die AA sein; es kann z.B. auch eine Meldung in   **Meldeort**
den Räumen des Bildungsträgers verlangt werden, aber nur, wenn dort Mitarbeiter der AA die Meldung entgegennehmen (LSG Sachsen-Anhalt vom 24.1.2002 – L 2 AL 9/00, info also 2002, S. 106). Die AA darf Sie nicht mit der Drohung einer Sperrzeit zum Bildungsträger oder einer anderen Einrichtung ohne Beteiligung der AA einladen.

Die AA kann **auf Antrag** die Fahrkosten ersetzen, die durch die Vorladung entstanden sind (§ 309 Abs. 4 SGB III).   **Fahrkostenerstattung**

4   Keine Sperrzeit bei mangelnder Rechtsfolgenbelehrung

Eine Sperrzeit darf nur verhängt werden, wenn Sie mit der Aufforderung, sich zu melden, belehrt worden sind, dass Ihnen bei Fernbleiben ohne wichtigen Grund die Sperrzeit droht. Die Rechtsfolgenbelehrung muss den Hinweis enthalten, dass der Meldepflicht auch nachgekommen wird, wenn sich der Adressat zu einer anderen

Tageszeit, als im Meldeschreiben vorgegeben, aber noch am selben Tag beim Jobcenter meldet und der Meldezweck noch erreicht werden kann (SG Leipzig vom 9.9.2016 – S 22 AS 2098/16 ER).

Diese Rechtsfolgenbelehrung muss nicht schriftlich erteilt werden, anders nach § 32 SGB II. Auch eine telefonische Rechtsfolgenbelehrung reicht, vorausgesetzt, die AA kann sie beweisen. Hält sich der Arbeitslose ohne Kenntnis der AA nicht unter seiner Anschrift auf, so gilt die Rechtsfolgenbelehrung mit dem Zugang der Meldeaufforderung als erteilt (BSG vom 25.4.1996 – 11 RAr 81/95, SozR 3–4100 § 120 AFG Nr. 1).

5   **Ohne wichtigen Grund**

Waren Sie durch einen **wichtigen Grund** daran gehindert, in der AA zu erscheinen, dann darf gegen Sie keine Sperrzeit verhängt werden.

Wichtige Gründe können (nach FW 159.1.2.6) insbesondere sein:

Beispiele

- Vorstellung bei einem Arbeitgeber zu einem von diesem gewünschten Termin;

- sonstige vom Meldepflichtigen nicht zu vertretende Gründe (z.B. unvorhersehbarer Ausfall von Verkehrsmitteln).

Zu den sonstigen Gründen kann eine Nebenbeschäftigung gehören, die der Verfügbarkeit nicht entgegensteht (SächsLSG vom 3.7.2013 – L 3 AL 78/12, info also 2013, S. 258); außerdem die Erledigung dringender, unaufschiebbarer persönlicher Angelegenheiten (wie z.B. Teilnahme an Beerdigung, Hochzeit, Gerichtstermin).

Auch andere Gründe, die üblicherweise eine Dienst-/Arbeitsbefreiung rechtfertigen, können ein wichtiger Grund im Sinne des § 159 SGB III sein.
Eine Erkrankung im Sinne des § 145 SGB III soll nicht in jedem Fall von der Meldepflicht befreien (BSG vom 9.11.2010 – B 4 AS 27/10 R); die Meldung soll vielmehr nur verweigert werden können, wenn die Leistungseinschränkung sie unmöglich oder sinnlos macht (LSG Nordrhein-Westfalen vom 18.4.2007 – L 19 B 42/06 AL; LSG Rheinland-Pfalz vom 23.7.2009 – L 5 AS 131/08). Das halten wir nicht für richtig. Auf keinen Fall darf der Arbeitslose gezwungen werden, der AA die Art seiner Erkrankung mitzuteilen. Die AU-Richtlinie des Gemeinsamen Bundesausschusses (siehe oben → S. 104) sieht die Feststellung der Meldeunfähigkeit nicht vor.

Für die noch nicht arbeitslosen Arbeitsuchenden, die nach § 38 Abs. 1 SGB III meldepflichtig sind, sind zusätzlich alle Hinderungsgründe, die sich aus dem noch bestehenden Arbeitsverhältnis ergeben, als wichtige Gründe anzuerkennen; aber auch die Tatbestände, die sie von der Arbeitspflicht befreien, soweit sie nicht gerade die Erfüllung der Meldepflicht erlauben sollen (§ 629 BGB). Dazu gehört auch der Urlaub, der der Erholung dient, nicht der Arbeitsuche, jedenfalls dann, wenn der Urlaub mit Ortsabwesenheit verbunden ist.

Für die Zeit zwischen Arbeitsuchmeldung und dem Eintritt der Arbeitslosigkeit können wichtige Gründe für das Meldeversäumnis sein:

- Der Arbeitnehmer nimmt die Meldeaufforderung wegen auswärtigen Aufenthalts verspätet zur Kenntnis;

- der Meldetermin fällt in seine Arbeitszeit, und der Arbeitgeber gibt ihm nicht frei.

VIII Fallgruppe verspätete Arbeitsuchmeldung
§ 159 Abs. 1 Satz 2 Nr. 7

1 Meldepflicht

Nach § 159 Abs. 1 Satz 2 Nr. 7 SGB III tritt eine Sperrzeit von einer Woche ein, wenn der Arbeitnehmer seiner Meldepflicht nach § 38 Abs. 1 SGB III nicht nachgekommen ist. Wegen der Einzelheiten siehe oben → S. 14 ff. und Udo Geiger, info also 2015, S. 106. Keine Meldpflicht besteht, wenn der Arbeitnehmer nach Beendigung des alten Beschäftigungsverhältnisses unmittelbar eine neue Beschäftigung vereinbart hat, auch wenn sich deren Aufnahme dann unvorhergesehen verzögert (SG Chemnitz vom 14.11.2011 – S 26 AL 377/10, info also 2012, S. 22). Dasselbe gilt, wenn für die Zeit nach dem Ende der Beschäftigung unmittelbar die Aufnahme einer selbstständigen Tätigkeit geplant ist, die sich überraschend verzögert oder alsbald scheitert. Das gilt nicht, wenn der Arbeitnehmer lediglich eine geringfügige selbstständige Tätigkeit beabsichtigt (SG Berlin vom 11.11.2011 – S 70 AL 4654/10). Keine Meldpflicht besteht, wenn zwar die Beendigung des Beschäftigungsverhältnisses feststeht, nicht aber der genaue Tag der Beendigung (BayLSG vom 27.1.2015 – L 10 AL 382/13). Meldpflicht besteht auch nicht, wenn der Arbeitslose nicht nahtlos eine abhängige Beschäftigung aufnehmen will (BSG vom 30.5.2006 – B 1 KR 26/05 R).
Die Meldepflicht besteht bei jeder Beendigung eines Arbeitsverhältnisses. Die BA prüft die Sperrzeitvoraussetzungen aber nur für die letzte Beschäftigung vor der Entstehung des Alg-Anspruchs (FW 159.1.1.7 Abs. 2).
Die Meldepflicht endet mit dem Beschäftigungsverhältnis und dem Eintritt der Arbeitslosigkeit, wie sich aus § 38 Abs. 3 Satz 1 Nr. 2 ergibt. Bei einer fristlosen Kündigung ist deshalb eine Meldung nicht mehr möglich, aber auch nicht mehr notwendig, wenn das Ende des Arbeitsverhältnisses mit der Kenntnis von diesem Ende zusammenfällt.

Wer sich innerhalb welcher Frist arbeitsuchend melden muss, können Sie auf → S. 14 nachlesen.

Eine Sperrzeit kann eintreten, wenn der Arbeitslose

■ sich nicht fristgemäß bei der AA persönlich gemeldet hat oder

■ sich nicht fristgemäß telefonisch, schriftlich oder auf anderem Kommunikationsweg gemeldet hat oder

■ sich zwar fristgemäß gemeldet und einen Termin zur persönlichen Meldung mit der AA vereinbart hat, diesen aber nicht wahrgenommen hat.

Die Frist läuft nur an den Tagen ab, an denen die AA dienstbereit ist (SG Dresden vom 1.4.2008 – S 34 AL 769/07; SG für das Saarland vom 2.7.2008 – S 12 AL 289/08; SG Hamburg vom 20.4.2007 – S 18 AL 829/06, info also 2007, S. 212; a.A. LSG Baden-Württemberg vom 21.8.2008 – L 7 AL 3358/08, info also 2009, S. 24; LSG Nordrhein-Westfalen vom 2.2.2012 – L 16 AL 201/11: die Frist laufe kalendarisch ab, die Gründe für das Nichteinhalten der Frist seien nur im Zusammenhang mit der Sperrzeit zu prüfen) und der Arbeitnehmer in der Lage ist, sich zu melden.

Das BSG vom 28.8.2007 – B7/7a AL 56/06 R hält § 38 Abs. 1 SGB III (früher § 37b i.V.m. § 140) für verfassungsmäßig. Der Eigentumsschutz sei bei einem neuen Anspruch schon deshalb nicht verletzt, weil dieser mit der Möglichkeit der Minderung bei verspäteter Arbeitsuchmeldung erworben worden sei. Die Bestimmungen seien zur Erreichung des vom Gesetzgeber angestrebten Ziels – Vermeidung bzw. Verkürzung der Arbeitslosigkeit – geeignet, weil die frühzeitige Meldung die realistische Chance eröffne, dass jedenfalls ein Teil der Personen, die sich bisher erst bei eingetretener Arbeitslosigkeit der Vermittlung zur Verfügung gestellt haben, früher wieder in Arbeit vermittelt werden könne. Bei Massenerscheinungen könne der Gesetzgeber typisieren, außerdem besitze er bei der Beurteilung der Geeignetheit einen Einschätzungsvorrang. Die Meldepflicht sei auch erforderlich, weil dem Gesetzgeber kein milderes, die Betroffenen weniger belastendes Mittel zur Verfügung gestanden habe, mit dem er das gewünschte Ziel ebenso gut hätte erreichen können. Die Regelung verstoße nicht gegen den Grundsatz der Verhältnismäßigkeit, weil die Sanktion verschuldensabhängig sei. Eine verantwortungsbewusste Handhabung der Fahrlässigkeitsprüfung beseitige letzte Zweifel an der Verfassungsmäßigkeit der Regelung.

2   **Kommt es auf die Kenntnis der Meldepflicht an?**

Die Pflicht, sich frühzeitig zu melden, und die Fristen von drei Monaten und von drei Tagen sowie die Möglichkeit der telefonischen Meldung sind nicht jedem bekannt.

Auch der Gesetzgeber geht offenbar davon aus, dass Arbeitnehmer die Pflicht zur frühzeitigen Arbeitsuchmeldung und die geltenden Fristen nicht immer kennen. Deshalb haben nach § 2 Abs. 3 Satz 2 Nr. 3 SGB III Arbeitgeber ihre Arbeitnehmer auf die Pflicht zur frühzeitigen Meldung bei der AA hinzuweisen. Das ist nach Meinung des BAG vom 29.9.2005 – 8 AZR 571/04 keine Bestimmung, die die Interessen des Arbeitnehmers schützen soll; sie diene lediglich arbeitsmarktpolitischen Zielen. Deshalb ist der Arbeitgeber gegenüber dem Arbeitnehmer nicht schadensersatzpflichtig, wenn er ihn nicht über die Pflicht zur alsbaldigen Meldung belehrt und das Alg nach § 159 Abs. 1 Satz 2 Nr. 7 SGB III gekürzt wird.

Es fragt sich, ob es für die Sperrzeit darauf ankommt, dass der Arbeitnehmer, der die Meldepflicht befolgen soll, davon weiß. Im Allgemeinen kommt es auf die Kenntnis von Rechtspflichten nicht an. Für die frühere Melderegelung der §§ 37b, 140 SGB III a.F. hat das BSG jedoch die Kürzung des Alg nur dann erlaubt, wenn der Arbeitnehmer/Arbeitslose die Pflicht zur frühzeitigen Meldung kannte oder kennen konnte (BSG vom 17.10.2007 – B 11a/7a AL 72/06 R, vom 28.8.2007 – B 7/7a AL 56/06 R, vom 25.5.2005 – B 11a/11 AL 81/04 R und – B 11a/11 AL 47/04 R und vom 18.8.2005 – B 7a/7 AL 80/04 R). Weiß der Arbeitnehmer nicht, dass er sich frühzeitig zu melden hat, so kommt es darauf an, ob die Unkenntnis unverschuldet ist. Hierbei lässt das BSG einfache Fahrlässigkeit genügen; jedoch ist ein subjektiver Maßstab anzulegen, der sich nach den Kenntnissen und Fähigkeiten des einzelnen Arbeitnehmers/Arbeitslosen richtet (BSG vom 20.10.2005 – B 7a/7 AL 102/04 R und – B 7a/7 AL 50/05 R).

Hatte der Betroffene bisher keinen Kontakt zur AA, weil er zum ersten Mal arbeitslos ist, und kennt er die Meldepflicht des § 38 Abs. 1 SGB III nicht, wird er außerdem vom Arbeitgeber nicht oder falsch informiert, ist die Unkenntnis unverschuldet; eine Sperrzeit tritt nicht ein (SG Duisburg vom 23.1.2007 – S 12 AL 17/06, info also 2007, S. 213).
Die BA ist nach Meinung des BSG vom 28.8.2007 – B 7/7a AL 56/06 R nicht verpflichtet, auf die Pflicht zur frühzeitigen Meldung hinzuweisen. Weist sie auf die Meldepflicht hin, müssen ihre Ausführungen unmissverständlich und umfassend sein (LSG Sachsen-Anhalt vom 24.3.2010 – L 2 AL 18/08).

3   **Ohne wichtigen Grund**

Eine Sperrzeit wegen verspäteter Meldung tritt nur ein, wenn der Arbeitnehmer/Arbeitslose für sein Verhalten keinen wichtigen Grund hatte. Hier kommen alle Gründe in Betracht, die dem Arbeitnehmer/Arbeitslosen die rechtzeitige Meldung unmöglich oder unzumutbar machen. Ein wichtiger Grund für die unterlassene oder verspätete Arbeitsuchmeldung ist die unverschuldete Unkenntnis der Meldepflicht und der Fristen des § 38 Abs. 1 SGB III (s. oben unter 2).

Freistellungs-pflicht des Arbeitgebers

Ein wichtiger Grund kann auch sein, dass der Arbeitgeber den Arbeitnehmer nicht freistellt, damit er sich bei der AA melden kann. Gemäß § 629 BGB i. V. m. § 2 Abs. 2 Satz 2 Nr. 3 SGB III hat der Arbeitnehmer einen unabdingbaren Anspruch auf Freistellung für alle von der AA angeordneten Maßnahmen; der Arbeitgeber muss deshalb den Arbeitnehmer auch für die Arbeitsuchmeldung freistellen, es sei denn, diese kann außerhalb der Arbeitszeit erfolgen. Lehnt der Arbeitgeber eine Freistellung ab, hat der Arbeitnehmer für die Nichtmeldung einen wichtigen Grund. Das gilt allerdings nur für den vereinbarten Termin, der auf die Bedingungen des Arbeitsplatzes Rücksicht nehmen kann, da eine Fristwahrung mittels Telefon, Telefax oder anderen Kommunikationsmitteln zunächst möglich ist.

Beispiel

David Zunder arbeitet vorübergehend über 300 km von seinem Wohnort entfernt auf Montage. Regelmäßig wird nach § 327 Abs. 1 SGB III die AA seines Wohnorts zuständig sein. Stellt ihn der Arbeitgeber nicht zur persönlichen Arbeitsuchmeldung an der Wohnort-AA frei, hat David Zunder einen wichtigen Grund.

Entgeltfort-zahlungspflicht?

Aus § 616 BGB folgt ein Anspruch auf Fortzahlung des Entgelts während der Freistellung zur Arbeitsuche und insbesondere zur Arbeitsuchmeldung. Allerdings ist der Anspruch auf Entgeltfortzahlung durch Tarifvertrag, Betriebsvereinbarung oder Einzelarbeitsvertrag abdingbar.

Will ein Arbeitgeber trotz bestehenden Entgeltfortzahlungsanspruchs den Arbeitnehmer nicht bezahlt zur Arbeitsuchmeldung freistellen und kann die Meldung nicht außerhalb der Arbeitszeit erfolgen, hat der Arbeitslose für die Nichtmeldung einen wichtigen Grund.

Kommt eine Terminabsprache nicht zu Stande, tritt keine Sperrzeit ein, wenn der Arbeitslose sich bis zum Beginn der Beschäftigungslosigkeit persönlich meldet. Dasselbe gilt, wenn sich der Arbeitsuchende fristgerecht bei einem SGB II-Träger gemeldet hat und von diesem nicht auf die Meldepflicht bei der AA hingewiesen worden ist oder trotz des Hinweises eine fristgerechte Meldung bei der AA zeitlich nicht mehr möglich war; die BA will das aber nur anerkennen, wenn der Arbeitnehmer die Meldung nach Wegfall des Hinderungsgrundes nachholt (FW 159.1.1.7 Abs. 3). Hat der Arbeitslose während der letzten Arbeitslosigkeit SGB II-Leistungen erhalten und wendet er sich deshalb ohne Beachtung der Fristen des § 38 Abs. 1 SGB III nur an den SGB II-

Träger, weil er diesen für die Vermittlung für zuständig hält, darf ebenfalls keine Sperrzeit verhängt werden (FW 159.1.1.7 Abs. 3).

Alter und fehlende Vermittlungschancen sollen nicht von der Arbeitsuchendmeldung befreien (LSG Nordrhein-Westfalen vom 25.9.2014 – L 9 AL 236/13, info also 2015, S. 106 mit Anm. von Udo Geiger).

Ein Muster für einen Widerspruch gegen eine Sperrzeit wegen verspäteter Arbeitsuchmeldung finden Sie → S. 660.

IX   Arbeitsablehnung vor Eintritt der Arbeitslosigkeit

§ 159 Abs. 1 Satz 2 Nr. 2 SGB III – die Sperrzeit wegen Arbeitsablehnung – gilt nicht nur für Arbeitslose, sondern auch für Personen, die sich nach § 38 Abs. 1 SGB III arbeitsuchend gemeldet haben. Geahndet wird also ein Verhalten vor Eintritt des Versicherungsfalles, weil der zukünftig Arbeitslose nicht alles getan hat, um die Arbeitslosigkeit abzuwenden oder abzukürzen, wozu er nach § 2 Abs. 5 Nr. 3 SGB III verpflichtet ist. Damit will der Gesetzgeber dem Grundsatz des »Fördern und Fordern« Geltung verschaffen (BT-Drs. 15/1515, S. 84 zu § 144 a. F.).

Sperrzeit gegen Arbeitsuchende

Die Sperrzeit wegen der Ablehnung eines Arbeitsangebotes vor Eintritt der Arbeitslosigkeit setzt voraus, dass der Arbeitnehmer

4 Voraussetzungen

- ein zumutbares Vermittlungsangebot der AA
- für einen Zeitpunkt nach Eintritt der Arbeitslosigkeit
- innerhalb der Meldefristen des § 38 Abs. 1 SGB III
- ohne wichtigen Grund ablehnt.

Es muss sich also – wie bei der Sperrzeit nach § 159 Abs. 1 Satz 2 Nr. 2 SGB III allgemein – um ein Vermittlungsangebot der AA handeln. Die Ablehnung oder Nichtbeachtung anderer Beschäftigungsmöglichkeiten ist unschädlich.

Während der Meldezeit hat sich der Arbeitnehmer um Vermittlungsangebote der AA zu bemühen, d. h., er muss sich bewerben, gegebenenfalls an Vorstellungsterminen teilnehmen usw. Das gilt aber nur für Arbeitsangebote für die Zeit **nach Eintritt der Arbeitslosigkeit**; dem Arbeitnehmer ist nicht zuzumuten, gegenüber dem bisherigen Arbeitgeber vertragsbrüchig zu werden. Bewerbungsaufforderungen muss der Arbeitnehmer auch nur in dem Maße folgen, wie dies seine Pflichten gegen seinen bisherigen Arbeitgeber erlauben. Dieser muss ihn nach § 629 BGB allerdings für die Arbeitsuche freistellen (näher dazu → S. 306). Tut er das nicht, wird der Arbeitnehmer sich nicht selbst frei nehmen können. Je nach Arbeitssituation könnte er sich dadurch schadensersatzpflichtig machen.

Da der Arbeitnehmer nicht verpflichtet ist, unmittelbar nach Eintritt der Beschäftigungslosigkeit arbeitsbereit zu sein, sondern erst noch Urlaub u. Ä. nehmen kann (BSG vom 30.5.2006 – B 1 KR 26/05 R), braucht er sich nur um Arbeit zu bemühen, die die Zeit betrifft, für die er sich der Vermittlung zur Verfügung stellen will und Alg beantragen wird.

Die Arbeitsablehnung durch den noch nicht arbeitslosen Arbeitnehmer führt nur dann zu einer Sperrzeit, wenn dem Arbeitnehmer das Angebot innerhalb der Meldefrist des § 38 Abs. 1 SGB III gemacht wird, also frühestens innerhalb von drei Monaten vor Eintritt der Arbeitslosigkeit; meldet er sich früher, kann ihm zwar Arbeit angeboten werden, aber bei Ablehnung tritt keine Sperrzeit ein (BT-Drs. 16/109 S. 17).

Was ist, wenn der Arbeitnehmer während der Meldezeit Urlaub hat? Muss er dann auf den Urlaub verzichten, um der Arbeitsvermittlung zur Verfügung zu stehen? Das hat der Gesetzgeber nicht geregelt. Der Anspruch des Arbeitnehmers auf Erholungsurlaub ist dem Gesetzgeber so wichtig, dass er in § 13 BUrlG bestimmt hat, die gesetzlichen Urlaubsregelungen sollen grundsätzlich unabdingbar sein. Dieser gesetzgeberischen Wertung würde es widersprechen, wenn der zukünftig Arbeitslose trotz Urlaubs der Arbeitsvermittlung zur Verfügung stehen müsste. Kann er seinen Urlaub nicht vor dem Ende des Arbeitsverhältnisses nehmen, gerät er in die Tücken der Urlaubsabgeltung (siehe unten → S. 640).

<table>
<tr><td>

§ 140 SGB III
gilt nicht für
Arbeitsuchende

</td><td>

Welche Arbeiten sind dem Arbeitslosen vor Eintritt der Arbeitslosigkeit zumutbar? § 140 SGB III, der die Zumutbarkeit von Arbeit für Arbeitslose regelt und eine Abwertung der beruflichen und sozialen Position in Stufen erlaubt, gilt nach seinem Wortlaut nur für Arbeitslose, nicht aber für Arbeitsuchende vor Eintritt der Arbeitslosigkeit. § 140 SGB III spricht nur von Arbeitslosen, nicht von Arbeitsuchenden. Auch inhaltlich setzt die Regelung bereits eingetretene Arbeitslosigkeit voraus. So richtet sich die Gehaltseinbuße, die der Arbeitslose hinzunehmen hat, nach der Dauer der Arbeitslosigkeit. Vor Eintritt der Arbeitslosigkeit ist sie nicht anwendbar.

</td></tr>
</table>

Nach BSG vom 10.6.1979 – 7 RAr 43/78, SozR 4100 § 119 Nr. 9 sind bei Beginn der Arbeitslosigkeit realistische Vermittlungswünsche von Arbeitslosen zu berücksichtigen. Das muss erst recht für Personen gelten, die noch nicht arbeitslos sind. Dem noch nicht arbeitslosen Arbeitsuchenden muss ein Freiraum zur Arbeitsuche eingeräumt und entsprechend § 35 Abs. 2 Satz 2 SGB III müssen seine Neigung, Eignung und Befähigung bei der Vermittlung besonders beachtet werden. Die AA darf z. B. nicht den Arbeitnehmer, dessen Arbeitsverhältnis wegen einer Änderungskündigung endet, mit der Drohung einer Sperrzeit zwingen, die Änderungskündigung, die seine Arbeitsbedingungen verschlechtert, anzunehmen. Andernfalls wäre der Arbeitnehmer gegenüber dem Arbeitgeber rechtlos. Der Maßstab der Zumutbarkeit kann sich nur aus der bisherigen Beschäftigung ergeben, wenn diese angemessen und zumutbar war.

Keine Sperrzeit tritt ein, wenn der Arbeitslose sich weigert, an einer Eingliederungsmaßnahme teilzunehmen. Zwar nennt § 159 Abs. 4 Satz 2 SGB III neben der Arbeitsablehnung nach der Meldung nach § 38 Abs. 1 SGB III auch die Ablehnung einer Eingliederungsmaßnahme. Damit ist aber nur gemeint, dass die Staffelung der Sperrzeiten nach § 159 Abs. 4 Satz 1 Nr. 1 SGB III auch für die Arbeitsablehnung in der Zeit zwischen Arbeitsuchmeldung nach § 38 Abs. 1 SGB III und dem Eintritt der Arbeitslosigkeit gelten soll.

Keine Sperrzeit bei Ablehnung von Eingliederungs-maßnahmen

Nach § 2 Abs. 5 Nr. 2 SGB III ist der von Arbeitslosigkeit unmittelbar bedrohte Arbeitnehmer vor Eintritt der Arbeitslosigkeit zwar zu Eigenbemühungen zur Vermeidung oder Verkürzung der erwarteten Arbeitslosigkeit verpflichtet. Der fehlende Nachweis dieser Bemühungen führt aber nach § 159 Abs. 1 Satz 2 Nr. 3 SGB III nicht zu einer Sperrzeit, weil auch diese Vorschrift voraussetzt, dass Arbeitslosigkeit bereits eingetreten ist.

Keine Sperrzeit bei unzureichenden Eigen-bemühungen

X Wer trägt die Beweislast?

Alle genannten Voraussetzungen müssen gegeben sein, damit eine Sperrzeit zulässig ist. Mit der Sperrzeit wird in ein durch Beiträge erworbenes Recht eingegriffen, das durch Art. 14 GG geschützt ist (BVerfG vom 12.2.1986 – 1 BvL 39/83, SozR 4100 § 104 Nr. 13). Das ist nur erlaubt, wenn die gesetzlichen Tatbestandsmerkmale festgestellt sind.

Die »Beweislast«, die im Sozialrecht auch Feststellungslast heißt, besteht aus zwei Teilen:

- Wer muss im Streitfall den Sachverhalt ermitteln, also Beweismittel benennen und beibringen?

- Zu wessen Lasten geht es, wenn sich eine gesetzliche Voraussetzung, ein Tatbestandsmerkmal nicht feststellen lässt?

Zunächst muss versucht werden, alle Tatsachen zu ermitteln und festzustellen, die für die Entscheidung wesentlich sind. Hierbei gilt das Amtsermittlungsprinzip nach § 20 SGB X im Verwaltungsverfahren und § 103 SGG im gerichtlichen Verfahren. Der Arbeitslose kann aber zur Mitwirkung verpflichtet sein.

Amtsermittlung

Die AA muss also den Sachverhalt selbst und von Amts wegen ermitteln. So muss die AA nicht nur Sie selbst anhören, sie muss auch von Ihnen für Ihre Darstellung benannte Zeugen (z.B. Betriebsratsmitglieder/Arbeitskollegen) befragen. Auf keinen Fall darf die AA den Angaben des Arbeitgebers pauschal vertrauen und die Angaben des Arbeitslosen als Schutzbehauptung abtun. »Den Aussagen von Arbeitnehmer und Arbeitgeber kommt grundsätzlich gleiches Gewicht zu«, sagt die BA (FW 159.7.1 Abs. 1 Satz 3). Nicht alle AA beachten diesen Grundsatz.

Was heißt Beweislast?

Lässt sich der Sachverhalt nicht eindeutig klären, entscheidet die Beweislast, wer die Folgen der Unaufklärbarkeit zu tragen hat. Meist ist das derjenige, der einen Anspruch geltend macht und Rechte aus einem bestimmten Sachverhalt herleiten will. Da es sich beim Alg um einen eigentumsgeschützten Anspruch des Arbeitslosen handelt, der infolge einer Sperrzeit verkürzt oder vernichtet wird, muss grundsätzlich die AA die Folgen aus der Unaufklärbarkeit eines Sperrzeitsachverhaltes tragen; die Sperrzeit tritt dann nicht ein. Das gilt an sich auch für das Fehlen eines wichtigen Grundes (BSG vom 26.11.1992 – 7 RAr 38/92, SozR 3-4100 § 119 Nr. 7; BayLSG vom 1.9.2011 – L 10 AL 210/11 NZB).

Allerdings hat der Arbeitslose nach § 159 Abs. 1 Satz 3 SGB III die maßgeblichen Tatsachen, aus denen sich ein wichtiger Grund ergeben soll, darzulegen und nachzuweisen, soweit diese in seiner Sphäre oder in seinem Verantwortungsbereich liegen. Betroffen sind davon die Angelegenheiten, die zum Privatbereich des Arbeitslosen gehören, also in erster Linie familiäre und gesundheitliche Hindernisse, die die Zumutbarkeit beeinflussen. Trotz des Wortlauts führt die Vorschrift nicht zu einer Abkehr vom Amtsermittlungsprinzip des § 20 SGB X, sondern erhöht lediglich die Mitwirkungspflicht des Arbeitslosen und verteilt das Risiko der Beweislosigkeit in diesem Umfang. Das Amtsermittlungsprinzip wird also durch § 159 Abs. 1 Satz 3 SGB III nicht außer Kraft gesetzt; die Beweis-/Feststellungslast liegt auch nur insoweit bei dem Arbeitslosen, als die Tatsachen seine Sphäre und zwar ausschließlich betreffen, und soweit er die Verantwortung dafür trägt, dass Beweise nicht oder nicht mehr möglich sind. Das gilt vor allem bei verspäteten Angaben über mögliche wichtige Gründe. Für diesen Fall hatte schon das BSG eine Feststellungslast des Arbeitslosen für angemessen gehalten (vgl. BSG vom 26.11.1992 – 7 RAr 38/92, SozR 3–4200 § 119 Nr. 7 und vom 25.4.2002 – B 11 AL 65/01 R, SozR 3–4300 § 144 Nr. 8 m. w. N; LSG Saarland vom 11.7.2006 – L 6 AL 24/03). Tatsachen, die der AA bekannt sind, muss sie auch ohne Vortrag des Arbeitslosen berücksichtigen. Bei diesem Verständnis bestehen wohl keine verfassungsrechtlichen Bedenken gegen die Beweislastverteilung.

Beweislast bei Bescheid nach § 44 SGB X

Auch wenn die BA weiterhin grundsätzlich die objektive Beweislast für die Tatsachen trägt, die den Eintritt einer Sperrzeit begründen, gilt das nicht mehr, wenn der Verwaltungsakt, der das Alg wegen des Eintritts einer Sperrzeit versagt oder entzogen hat, bestandskräftig geworden ist (§ 77 SGG) und die Voraussetzungen der Sperrzeit in einem Verfahren nach § 44 SGB X geprüft werden (→ S. 611). Im Zugunstenverfahren kommt es auf das Tatbestandsmerkmal des sich als unrichtig erweisenden Sachverhalts an. Es geht also zulasten des Arbeitslosen, wenn das Vorliegen dieses Tatbestandmerkmals nicht festgestellt werden kann, nachdem die AA und die Sozialgerichte alle verfügbaren Beweise erhoben haben (BSG vom 25.6.2002 – B 11 AL 3/02 R, DBlR 4771a SGB X/44).

XI Beginn der Sperrzeit
§ 159 Abs. 2 SGB III

Es ist nicht immer ganz einfach, den Beginn der Sperrzeit festzulegen. Hierbei müssen die einzelnen Sperrzeittatbestände unterschieden werden.

1 Sperrzeit wegen Arbeitsaufgabe

Die Sperrzeit beginnt immer mit dem ersten Tag der Arbeitslosigkeit.

Sie kündigen ohne wichtigen Grund zum 31.3. Dann beginnt die Sperrzeit am 1.4.
Die Sperrzeit beginnt ohne Rücksicht darauf zu laufen, ob Sie sich gleich arbeitslos melden oder erst später.

Beispiel

Die Sperrzeit beginnt nach Altersteilzeit mit der Beendigung des Arbeitsverhältnisses, nicht mit der bezahlten Freizeit. Erst nach dem Ende der Altersteilzeit kann der Versicherte uneingeschränkt über seine Arbeitskraft verfügen, die rein tatsächliche Beschäftigungslosigkeit ist demgegenüber im Hinblick auf den Zweck der Altersteilzeit ohne Bedeutung (BSG vom 21.7.2009 – B 7 AL 6/08 R).

2 Sperrzeit wegen Arbeitsablehnung

Die Sperrzeit beginnt auch hier mit dem Tag nach dem Ereignis, das die Sperrzeit begründetHier ergeben sich Schwierigkeiten, weil sich der Tag der Arbeitsablehnung oft nicht klar ermitteln lässt. Außerdem muss unterschieden werden, ob die Arbeit vor oder nach Eintritt der Arbeitslosigkeit abgelehnt wird.

Der arbeitslose David Zunder lehnt am 15.4. in der AA eine angebotene Arbeit ab und Elfriede Wehrmich lässt mutwillig am 10.6. ein Vorstellungsgespräch platzen. Die Sperrzeit beginnt am 16.4. bzw. 11.6., auch wenn die vorgesehenen Einstellungstermine erst später liegen sollten.

Beispiel

Verhält sich der Arbeitslose aber passiv und meldet sich nicht beim Arbeitgeber, ohne das Angebot zunächst ausdrücklich abzulehnen, ist Sperrzeitereignis der Tag nach dem Arbeitsangebot, wenn er darin zur sofortigen oder umgehenden Kontaktaufnahme aufgefordert worden ist; bei einem festen Termin zur Vorstellung ist dieser Tag maßgeblich (FW 159.2 Abs. 3). Ansonsten muss er sich innerhalb einer Woche nach Zugang des Vermittlungsvorschlags beim Arbeitgeber melden. Sperrzeitereignis ist dann der letzte Tag, an dem der Arbeitslose/Arbeitsuchende spätestens hätte reagieren müssen (LSG Niedersachsen-Bremen vom 14.6.2007 – L 12 AL 77/06 und – L 12 AL 127/06).

Andernfalls beginnt die Sperrzeit mit der Äußerung des Arbeitslosen in der Anhörung oder mit dem Ablauf der Anhörungsfrist.

Bewirbt sich der Arbeitslose mit einem unangemessenen Bewerbungsschreiben, ist dieses Schreiben das die Sperrzeit begründende Ereignis. Dabei kommt es nicht auf den Zeitpunkt der Absendung des Schreibens an, sondern darauf, wann der Arbeitgeber das Bewerbungsschreiben zur Kenntnis genommen hat. Kommt das Bewerbungsschreiben nicht beim Arbeitgeber an, ist ausnahmsweise der Zeitpunkt der Absendung für den Beginn der Sperrzeit maßgeblich (BSG vom 5.9.2006 – B 7a AL 14/05 R).

Die Sperrzeit wegen Arbeitsablehnung während der Meldefrist des § 38 Abs. 1 SGB III soll mit dem Eintritt der Arbeitslosigkeit, die der Arbeitnehmer/Arbeitslose trotz zumutbaren Vermittlungsangebotes nicht abgewendet hat, beginnen (BT-Drs. 16/109, S. 20). Das hätte zur Folge, dass unter Umständen mit Eintritt der Arbeitslosigkeit zwei oder mehr Sperrzeitereignisse zusammentreffen, und zwar wegen Arbeitsaufgabe, verspäteter Arbeitsuchmeldung, Meldeversäumnisses und wegen Arbeitsablehnung. Sperrzeitanlass ist die Arbeitsablehnung, nach dem eindeutigen Wortlaut des § 159 Abs. 2 Satz 1 SGB III muss die Sperrzeit deshalb am Tag nach der Arbeitsablehnung beginnen (ähnlich für die versäumte Arbeitsuchendmeldung: SG Dortmund vom 13.10.2014 – S 31 AL 573/12, info also 2015, S. 35; a. A. LSG Nordrhein-Westfalen von 25.9.2014 – L 9 AL 236/13; LSG Schleswig-Holstein vom 20.1.2017 – L 3 AL 8/15, Revision unter – B 11 AL 5/17). Dann wird sich die Sperrzeit vielfach nicht unmittelbar auswirken, weil das Arbeitsverhältnis noch besteht; allerdings wird der Alg-Anspruch um die Dauer der Sperrzeit verkürzt. Bis die Frage durch das BSG geklärt ist, sollten alle Betroffenen sich durch Widerspruch und gegebenenfalls Klage zur Wehr setzen.

3   **Sperrzeit wegen unzureichender Eigenbemühungen**

Die Sperrzeit beginnt am Tag nach dem Termin, der in der Eingliederungsvereinbarung für den Nachweis festgelegt ist oder den die AA dem Arbeitslosen zum Nachweis der Eigenbemühungen gesetzt hat.

4   **Sperrzeit wegen Ablehnung von Eingliederungsmaßnahmen**

Hier gibt es dieselben Probleme bei der zeitlichen Festlegung des Ablehnungsereignisses wie bei der Arbeitsablehnung. Siehe oben 2.

5   **Sperrzeit wegen Abbruchs einer/Ausschlusses
       aus einer Eingliederungsmaßnahme**

Hier tritt die Sperrzeit am Tag nach dem Abbruch bzw. dem Ausschluss ein. Bricht der Arbeitslose die Teilnahme nicht ausdrücklich ab, sondern bleibt einfach weg, lässt sich meist nicht feststellen, wann er den Entschluss gefasst hat, auf Dauer nicht mehr an der Maßnahme teilzunehmen. Die BA lässt die Sperrzeit regelmäßig am Tag nach dem letzten Teilnahmetag beginnen.

6   **Sperrzeit wegen Meldeversäumnisses**

Die Sperrzeit beginnt bei bereits eingetretener Arbeitslosigkeit am Tag nach der versäumten Meldung. Bei noch nicht eingetretener Arbeitslosigkeit spricht viel dafür, dass die Sperrzeit unmittelbar nach dem Meldetermin und nicht erst mit dem Beginn der Arbeitslosigkeit eintritt. Siehe oben → S. 312 zur Arbeitsablehnung während der Meldezeit.

7   **Sperrzeit wegen verspäteter Arbeitsuchmeldung**

Auch hier ist der Beginn der Sperrzeit unklar. Der Wortlaut des § 38 Abs. 1 SGB III spricht dafür, dass das sperrzeitauslösende Ereignis die unterlassene Arbeitsuchendmeldung ist und die Sperrzeit am Tag nach dem letztmöglichen gesetzlichen Meldetermin beginnt, die Sperrzeit also vor dem Ende der Beschäftigung eintritt. Siehe oben → S. 312 zur Arbeitsablehnung während der Meldezeit.

8   **Mehrere Sperrzeiten**

Ereignet sich ein zweiter Sperrzeitanlass während einer laufenden Sperrzeit, beginnt die zweite Sperrzeit unmittelbar nach dem Ende der ersten Sperrzeit (§ 159 Abs. 2 Satz 1 SGB III). Treten zwei gleichartige Sperrzeitsachverhalte an einem Tag auf, laufen sie nicht nacheinander, sondern gleichzeitig (FW 159.2 Abs. 5). Hat also der Arbeitslose an einem Tag nacheinander zwei Vermittlungsangebote abgelehnt, laufen die Sperrzeiten parallel. Führt ein Ereignis zu mehreren Sperrzeiten, laufen diese nacheinander ab in der Reihenfolge des § 159 Abs. 1 Satz 2 Nr. 1 bis 7 SGB III.

David Zunder gibt seinen Arbeitsplatz zum 31.3. ohne wichtigen Grund auf. Die AA setzt vom 1.4. bis 23.6. eine Sperrzeit fest. Am 10.4. bietet die AA David Zunder eine neue Beschäftigung an, die dieser zu Unrecht ablehnt. Hier beginnt die Sperrzeit nicht am 11.4., sondern erst am 24.6. Das gilt allerdings nur dann, wenn es sich nicht um eine Sperrzeit handelt, die zum Erlöschen des Anspruchs führt (→ S. 321).

Beispiel

XII **Dauer der Sperrzeit**
§ 159 Abs. 3, 4, 5, 6 SGB III

1 **Dauer der Sperrzeit bei Arbeitsaufgabe**
§ 159 Abs. 1 Satz 2 Nr. 1 SGB III

1.1 **Regelsperrzeit: 12 Wochen**
§ 159 Abs. 3 Satz 1 SGB III

Die Regelsperrzeit beträgt zwölf Wochen. Die Dauer der Regelsperrzeit verletzt nach Meinung des BSG nicht den Grundsatz der Verhältnismäßigkeit (zuletzt vom 4.9.2001 – B 7 AL 4/01 R).

1.2 **Herabsetzung auf 6 Wochen bei »besonderer Härte«**
§ 159 Abs. 3 Satz 2 Nr. 2b SGB III

6 Wochen

Bei »besonderer Härte« kann die Sperrzeit von zwölf Wochen auf sechs Wochen herabgesetzt werden (BayLSG vom 18.7.2016 – L 10 AL 130/16 B PKH). Immer ist die Sperrzeit auf sechs Wochen herabzusetzen, wenn das Arbeitsverhältnis auch ohne den Sperrzeitanlass innerhalb von zwölf Wochen geendet hätte.

»Besondere Härte«

Bei der »besonderen Härte« kommt es im Übrigen auf den Sperrzeit**anlass** an und nicht auf die sozialen Verhältnisse des Betroffenen.

Beispiel

David Zunder, Vater von vier Kindern, verliert seinen Arbeitsplatz aus eigenem Verschulden. Die AA verhängt deswegen eine zwölfwöchige Sperrzeit. David Zunder verlangt die Herabsetzung der Sperrzeit und begründet seinen Widerspruch damit, dass er nunmehr die Miete nicht mehr bezahlen könne und deshalb eine besondere Härte vorliege.

Da sich die Härte aus dem für den Eintritt der Sperrzeit maßgebenden Anlass ergeben muss, kommt es auf die soziale und wirtschaftliche Situation des Betroffenen nicht an. Hier wäre aber möglicherweise ein Antrag auf (abgesenktes) Alg II erfolgreich.

Eine Sperrzeit kann verkürzt werden, wenn eine zwölfwöchige Sperrzeit im Verhältnis zu dem Anlass besonders hart erscheint:

Beispiele

- Wenn der Arbeitgeber aus verhaltensbedingten Gründen gekündigt hat, weil:
  - der in die Schlägerei mit einem Arbeitskollegen verwickelte Arbeitnehmer von diesem erheblich provoziert wurde;
  - das ständige Zuspätkommen durch eine Ehekrise bedingt war.

■ Wenn der Arbeitslose gekündigt hat, weil:
  – in einem Betrieb das Arbeitsklima ständig gespannt war;
  – ein Arbeitnehmer ständigen Schikanen ausgesetzt war, wenn die
    Schikanen – weil zum Mobbing ausartend – nicht schon als wichtiger Grund für die Kündigung anzuerkennen sind.

■ Wenn der Arbeitslose irrtümlich einen wichtigen Grund annimmt; das gilt aber nur, wenn der Irrtum unverschuldet ist (BSG vom 13.3.1997 – 11 RAr 25/96, SozR 3–4100 § 119 Nr. 11 und vom 5.6.1997 – 7 RAr 22/96, SozR 3–4100 § 144 Nr. 12; LSG Baden-Württemberg vom 21.10.2011 – L 12 AL 4621/10); der Arbeitslose muss sich im Regelfall bei der AA erkundigen. Geht ein Arbeitnehmer zu Unrecht von einem wichtigen Grund für seinen Arbeitsplatzverlust aus, rechtfertigt dies nicht die Aufgabe seiner Beschäftigung. Es kann aber eine besondere Härte vorliegen, wenn ihn die AA bei Vorsprachen vor der Kündigung nicht auf die Rechtslage hingewiesen hat (BayLSG vom 11.6.2015 – L 10 AL 43/14). Auch die Beratung durch den Personalrat eines großen öffentlichen Arbeitgebers kann zu einem unverschuldeten Irrtum führen (LSG Sachsen-Anhalt vom 16.12.2010 – L 2 AL 52/08). Das LSG Hamburg vom 22.3.2001 – L 5 AL 75/00 schließt eine besondere Härte bei vermeidbarem Irrtum nicht generell aus, sondern hält eine Einzelfallprüfung für notwendig.

■ Wenn das Vertrauensverhältnis zwischen Arbeitgeber und Arbeitnehmer zerstört ist (vgl. z. B. LSG Rheinland-Pfalz vom 28.3.2002 – L 1 AL 57/01).

■ Wenn bereits im Zeitpunkt der Arbeitsaufgabe feststeht, dass die Arbeitslosigkeit von kurzer Dauer sein wird (LSG Hamburg vom 16.11.2011 – L 2 AL 53/10).

Wenn ein Sperrzeitbescheid in solchen Fällen nicht gänzlich unzulässig ist, müsste die AA die Sperrzeit wenigstens auf sechs Wochen herabsetzen.

Ob eine besondere Härte vorliegt, muss die AA bei jeder Sperrzeit prüfen. Leider geschieht das nicht immer. Manche AA prüfen erst dann eine Herabsetzung der Sperrzeit, wenn diese beantragt wird. Verlangen Sie in jedem Fall eine Herabsetzung. Am besten stellen Sie mit dem Widerspruch gegen die Sperrzeit hilfsweise immer den Antrag auf Herabsetzung.

I. d. R. Herabsetzung beantragen!

Allerdings kann ein entschuldbarer Rechtsirrtum über Verhaltenspflichten oder das Vorliegen eines wichtigen Grundes nur bei den Sperrzeiten als besondere Härte berücksichtigt werden, bei denen das Gesetz die Kürzung einer Sperrzeit wegen einer Härte ausdrücklich vorsieht, also nur bei den Sperrzeiten wegen Arbeitsplatzverlustes (SächsLSG vom 25.6.2015 – L 3 AL 165/14 NZB).

Auch wenn Ihr Widerspruch gegen eine Sperrzeit von zwölf Wochen unter Umständen weniger erfolgreich sein mag, als Sie sich erhofften, so kommen in vielen Fällen vor dem Sozialgericht bei Sperrzeitfällen Vergleiche mit einer ermäßigten Sperrzeit von sechs Wochen zu Stande. Der Antrag nach § 159 Abs. 3 Satz 2 Nr. 2b SGB III hat also relativ gute Erfolgsaussichten.

1.3 Herabsetzung auf 3 Wochen
§ 159 Abs. 3 Satz 2 Nr. 1 SGB III

Die Sperrzeit beträgt drei Wochen, wenn das Arbeitsverhältnis innerhalb von sechs Wochen nach dem Ereignis, das die Sperrzeit begründet, ohne den Sperrzeitsachverhalt geendet hätte.

Beispiel

Elfriede Wehrmich verliert am 1.6. ihren Arbeitsplatz durch fristlose Kündigung des Arbeitgebers, nachdem sie diesen beleidigt hat. Zuvor war bereits eine ordentliche betriebsbedingte Kündigung zum 30.6. ausgesprochen worden. Weil die Arbeitslosigkeit innerhalb von sechs Wochen nach dem Sperrzeitereignis (hier 1.6.) sowieso eingetreten wäre, nämlich bereits nach vier Wochen, darf die AA nur drei Wochen Sperrzeit verhängen.

Weniger als 3 Wochen?

Beträgt die Zeit der verschuldeten Arbeitslosigkeit weniger als drei Wochen, ist die Sperrzeit länger als der Sperrzeitanlass. Das ist mit dem Gleichheitsgrundsatz und dem Grundsatz der Verhältnismäßigkeit nur schwer vereinbar (vgl. Estelmann, VSSR 1997 S. 313–316). Das BSG vom 5.2.2004 – B 11 AL 31/03 R hat jedoch entschieden, dass die Sperrzeit von drei Wochen auch dann eintritt, wenn die verursachte Arbeitslosigkeit weniger als drei Wochen beträgt; das Ergebnis verstößt nach Meinung des Gerichts nicht gegen Verfassungsgrundsätze. Der Gleichheitssatz werde dadurch nicht verletzt, weil der Gesetzgeber nicht verpflichtet sei, jeden denkbaren Fall differenziert zu regeln. Bei der Regelung von Massenerscheinungen dürfe er pauschalieren. Auch der Grundsatz der Verhältnismäßigkeit und das Übermaßverbot würden nicht verletzt (ebenso LSG Berlin-Brandenburg vom 25.4.2013 – L 8 AL 321/10).

Die Notwendigkeit von Pauschalregelungen kann bei der Sperrzeit nicht überzeugen, weil die Voraussetzungen nach § 159 SGB III jeweils unter Berücksichtigung des Einzelfalles geprüft werden müssen; dabei die Dauer der verursachten Arbeitslosigkeit mit einzubeziehen, dürfte die Verwaltung nicht überfordern.

2 **Dauer der Sperrzeit bei Arbeitsablehnung, Ablehnung oder Abbruch einer oder Ausschluss aus einer beruflichen Eingliederungsmaßnahme**
§ 159 Abs. 1 Satz 2 Nrn. 2, 4 und 5 SGB III

Für diese Tatbestände gibt es nach § 159 Abs. 4 SGB III ein abgestuftes System der Sperrzeitdauer.

2.1 **3 Wochen**
§ 159 Abs. 4 Satz 1 Nr. 1 SGB III

Die Sperrzeit beträgt drei Wochen, wenn eine Arbeit oder eine Maßnahme der beruflichen Eingliederung erstmals abgelehnt wird bzw. eine solche Maßnahme nach der Entstehung des Alg-Anspruchs erstmals abgebrochen wird.

1. Angebot /
1. Abbruch

2.2 **6 Wochen**
§ 159 Abs. 4 Satz 1 Nr. 2 SGB III

Die Sperrzeit beträgt sechs Wochen, wenn eine Beschäftigung oder eine Maßnahme der beruflichen Eingliederung zum zweiten Mal abgelehnt wird bzw. eine solche Maßnahme nach der Entstehung des Alg-Anspruchs zum zweiten Mal abgebrochen wird. Unklar ist, ob die Sperrzeit nur bei gleichartigen Sperrzeitanlässen (zwei Arbeitsablehnungen, zwei Ablehnungen von Eingliederungsmaßnahmen, zwei Abbrüche von oder Ausschlüsse aus Eingliederungsmaßnahmen) verlängert wird oder ob die drei genannten Sperrzeitsachverhalte zusammengerechnet werden. Die AA rechnen die genannten Sperrzeiten zusammen (FW 159.4), was schnell zum Verlust des Alg-Anspruchs führen kann. Solange diese Frage nicht abschließend gerichtlich geklärt ist, sollten Sie sich gegen die Verlängerung der Sperrzeit nach unterschiedlichen Sperrzeitanlässen wehren.

2. Angebot /
2. Abbruch

Wir sind der Meinung, dass eine »zweite« Sperrzeit nur eintreten kann, wenn vor der erneuten Ablehnung oder dem Abbruch/Ausschluss die »erste« Sperrzeit in einem Bescheid festgestellt worden ist (SG Hamburg vom 20.5.2015 – S 44 AL 536/13; SächsLSG vom 5.2.2016 – L 3 AL 199/15, Revision unter – B 11 AL 2/17 R; a. A. HessLSG vom 5.8.2015 – L 6 AL 6/13, info also 2016, S. 18; LSG Sachsen-Anhalt vom 19.5.2011 – L 2 AL 20/09). Andernfalls dürfen nur zwei »erste« Sperrzeiten verhängt werden. Ohne eine vorherige Entscheidung über die erste Sperrzeit kann der Arbeitslose nicht wissen, ob die erste Ablehnung unberechtigt war und welche Folgen sein Verhalten bei einer zweiten Arbeitsablehnung hat. Es fehlt dann an der Warnfunktion des ersten »Straf«bescheides, die das BSG vom 9.11.2010 – B 4 AS 27/10 R zu § 31 Abs. 3 Satz 3 SGB II a. F. vor der Verschärfung der Sanktion gefordert hat. Auch für das SGB III ist eine »Warn-Sperrzeit« vor der Verdopplung der Sperrzeit erforderlich (SG Berlin vom 2.12.2011 – S 58 AL 2403/11; so auch das SG Kassel vom 7.11.2012 – S 7 AL 214/10). Die zweite Sperrzeit kann nicht zum Erlöschen führen, weil § 161 Abs. 1 Nr. 2 SGB III voraussetzt, dass vor dem Sperrzeitereignis, das zum Erlöschen führen soll, bereits Bescheide über frühere Sperrzeiten vorliegen. Sie sollten unbedingt Widerspruch und gegebenenfalls Klage erheben, wenn die AA ohne vorherige Entscheidung über einen ersten Sperrzeitsachverhalt eine Sperrzeit von sechs Wochen festsetzt, bis die Frage vom BSG geklärt worden ist.

In jedem Fall ist eine Sperrzeit von sechs Wochen nur zulässig, wenn vorher eine zutreffende Rechtsfolgenbelehrung erteilt worden ist.

2.3 12 Wochen
§ 159 Abs. 4 Satz 1 Nr. 3 SGB III

**3. Angebot /
3. Abbruch**

Bei der dritten Ablehnung von Arbeit bzw. einer Eingliederungsmaßnahme oder einem dritten Abbruch einer Eingliederungsmaßnahme tritt eine Sperrzeit von zwölf Wochen ein. Auch hier ist Voraussetzung, dass eine erste und eine zweite Sperrzeit bereits festgesetzt sind, bevor der Arbeitslose seine Pflichten aus § 159 Abs. 1 Satz 2 Nrn. 2, 4 und 5 SGB III verletzt (SG Hamburg vom 20.5.2015 – S 44 AL 536/13; SächsLSG vom 5.2.2016 – L 3 AL 199/15, Revision unter – B 11 AL 2/17 R; a. A. HessLSG vom 5.8.2015 – L 6 AL 6/13, info also 2016, S. 18; LSG Sachsen-Anhalt vom 19.5.2011 – L 2 AL 20/09).

**Mehrere
zeitgleiche
Angebote**

Bei mehreren zeitgleichen Arbeitsangeboten darf allenfalls (→ S. 289) jeweils nur eine Sperrzeit von drei Wochen eintreten (HessLSG vom 5.8.2015 – L 6 AL 6/13, info also 2016, S. 18; SächsLSG vom 5.2.2016 – L 3 AL 199/15, Revision unter – B 11 AL 2/17 R). Hat der Arbeitnehmer/Arbeitslose bereits vorher eine angebotene Arbeit oder Eingliederungsmaßnahme abgelehnt oder eine Eingliederungsmaßnahme mit nachfolgender Sperrzeit beendet, dürfen bei mehreren zu Unrecht abgelehnten zeitgleich angebotenen Beschäftigungen nur Sperrzeiten von jeweils sechs Wochen eintreten. Zwar können zeitgleich angebotene Beschäftigungen nacheinander abgelehnt werden, sie sind aber nur sperrzeitträchtig, wenn sie eine zutreffende Rechtsfolgenbelehrung enthalten. Das ist praktisch nur möglich, wenn die Vermittlungsangebote eine inhaltsgleiche Rechtsfolgenbelehrung enthalten. Übermaßrechtsfolgenbelehrungen sind unwirksam (Sächsisches LSG vom 11.3.2004 – L 3 AL 230/03).

2.4 Sperrzeitdauer nicht abhängig von Dauer der angebotenen Arbeit bzw. der Maßnahme

Die Sperrzeiten nach § 159 Abs. 1 Satz 2 Nr. 2, 4 und 5 SGB III können nicht verkürzt werden, auch wenn die Arbeit oder die abgelehnte oder abgebrochene Maßnahme nicht länger als sechs oder als zwölf Wochen gedauert hätte.

Auch die Sperrzeitregelung bei Arbeitsangeboten und Eingliederungs-maßnahmen kann dazu führen, dass die Sperrzeit länger dauert als die abgelehnte Arbeit oder die verweigerte Teilnahme an der Maßnahme. Auf die Bedenken gegen diese Gesetzeswirkung und die sie billigende Rechtsprechung des BSG haben wir schon oben (→ S. 316) hingewiesen.

Bei den Sperrzeiten nach § 159 Abs. 1 Satz 2 Nr. 2, 4 und 5 SGB III spielt die Dauer der Beschäftigung oder Maßnahme, die abgelehnt oder abgebrochen werden, gar keine Rolle mehr, weil nach Meinung des Gesetzgebers die Maßnahmedauer nicht ausschlaggebend für die weitere Entwicklung des Versicherungsfalles sei und bei einer abgelehnten befristeten Beschäftigung immer die Möglichkeit einer Verlängerung des Beschäftigungsverhältnisses bestanden hätte; der Grundsatz der Verhältnismäßigkeit werde durch die vorgesehene Staffelung der Sperrzeitdauer gewahrt (BT-Drs. 16/10810 S. 64 zu § 144).

3   **Dauer der Sperrzeit bei unzureichenden Eigenbemühungen**
       § 159 Abs. 1 Satz 2 Nr. 3 SGB III

3.1   **2 Wochen**
       § 159 Abs. 5 SGB III

Die Sperrzeit wegen der Verletzung der Pflicht, Eigenbemühungen nachzuweisen, beträgt immer zwei Wochen.

3.2   **Keine Verkürzung/Verlängerung**

Die Sperrzeit kann nicht verkürzt werden. Sie verlängert sich auch nicht bei wiederholten Verstößen.

4   **Dauer der Sperrzeit bei Meldeversäumnis und bei verspäteter Arbeitsuchmeldung**
       § 159 Abs. 1 Satz 2 Nrn. 6, 7 SGB III

4.1   **1 Woche**
       § 159 Abs. 6 SGB III

Die Sperrzeit wegen eines Meldeversäumnisses und wegen einer verspäteten Arbeitsuchmeldung beträgt immer eine Woche.

4.2   **Keine Verkürzung/Verlängerung**

Auch diese Sperrzeiten können nicht verkürzt werden und verlängern sich nicht bei wiederholten Verstößen.

XIII   Rechtsfolgen der Sperrzeit

1   Ruhen des Alg-Anspruchs
§ 159 Abs. 1 Satz 1 SGB III

Für die Dauer der Sperrzeit ruht der Anspruch auf Alg; das heißt, das Alg wird für eine bestimmte Zeit nicht gezahlt oder zurückgefordert.

2   Verkürzung der Alg-Bezugsdauer
§ 148 Abs. 1 Nr. 3 und 4 SGB III

Die Dauer des Alg-Anspruchs verkürzt sich zusätzlich gemäß § 148 Abs. 1 Nr. 3 SGB III mindestens um die Dauer der Sperrzeit.

Verkürzung um 1/4

Eine zwölfwöchige Sperrzeit wegen des Verlustes des Arbeitsplatzes verkürzt den Alg-Anspruch nicht nur um die Dauer der Sperrzeit, sondern gemäß § 148 Abs. 1 Nr. 4 SGB III um mindestens ein Viertel des Alg-Anspruchs. Bei der höchsten Anspruchsdauer von 24 Monaten führt daher eine Sperrzeit wegen Arbeitsplatzverlustes nicht nur zum Verlust des Alg-Anspruchs von zwölf Wochen, sondern zur Verkürzung der Alg-Anspruchsdauer um sechs Monate! Schon bei einer Anspruchsdauer von zwölf Monaten führt die Sperrzeit von zwölf Wochen zu einer Verkürzung um 13 Wochen.

Beispiel

David Zunder wird selbstverschuldet am 1.4. arbeitslos und erwirbt einen Alg-Anspruch von zwölf Monaten (= 52 Wochen). Die AA verhängt eine zwölfwöchige Sperrzeit vom 1.4. bis 23.6. David Zunder erhält nicht nur in dieser Zeit kein Alg. Die Anspruchsdauer verkürzt sich um 13 Wochen, von 52 Wochen auf 39 Wochen.

Die Sperrzeit läuft kalendermäßig ab, d. h., sie verkürzt den Anspruch auf Alg auch dann, wenn Sie während der Sperrzeit wieder eine Arbeit gefunden haben und ein Alg-Anspruch ohnehin nicht besteht. Laufen Sperrzeiten zeitgleich ab, führen sie dennoch beide zur Kürzung des Alg-Anspruchs.

Nach einem Jahr keine Sperrzeitgefahr

Die Alg-Dauer wird jedoch nicht verkürzt, wenn das Ereignis, das die Sperrzeit begründet hat, bei der Arbeitslosmeldung nach dem Verlust des Arbeitsplatzes oder dem Abbruch einer bzw. Ausschluss aus einer Eingliederungsmaßnahme länger als ein Jahr zurückliegt (§ 148 Abs. 2 Satz 2 SGB III). Die BA hat den Arbeitslosen darauf hinzuweisen, dass er der Kürzung des Alg-Anspruchs entgehen kann, wenn er sich erst nach Ablauf eines Jahres arbeitslos meldet. Tut sie das nicht, ist er im Wege des Herstellungsanspruchs so zu stellen, als ob er den Antrag erst später gestellt hätte. Das gilt allerdings nur, wenn er ein Jahr ohne Alg hätte überbrücken können (BSG vom 5.8.1999 –

B 7 AL 38/98, SozR 3–4100 § 110 Nr. 2). Dieser Regelung kommt wohl kaum noch Bedeutung zu, weil bei einem zeitlichen Abstand von mehr als einem Jahr die Anwartschaftszeit für einen Alg-Anspruch meist verloren gegangen ist. Beim Verschieben des Alg-Beginns sollte außerdem immer geprüft werden, ob und wie der Krankenversicherungsschutz ohne Alg gesichert ist. Ansprüche, die bereits vor dem Sperrzeitereignis entstanden sind, können noch geltend gemacht werden.

XIV   Leistungsanspruch erlischt nach Sperrzeiten von insgesamt 21 Wochen
§ 161 Abs. 1 Nr. 2 SGB III

1   Was bedeutet Erlöschen des Anspruchs?

Während bei einer einmaligen Sperrzeit das Alg nur für die Dauer der Sperrzeit bzw. für ein Viertel des Anspruchs gestrichen wird, erlischt der gesamte Anspruch auf Alg, wenn die AA mehrere Sperrzeiten von insgesamt 21 Wochen verhängen durfte. Das heißt, es bestehen dann so lange keine Ansprüche auf Leistungen der AA mehr, bis eine neue Alg-Anwartschaftszeit erworben wird. Hierfür zählen nur Zeiten einer Beschäftigung nach dem Erlöschen; frühere Zeiten, z.B. aus einer Zwischenbeschäftigung, zählen nicht mit. Sie gehen verloren (§ 142 Abs. 1 Satz 2 SGB III).

Sperrzeiten von insgesamt 21 Wochen

Elfriede Wehrmich wurde am 1.7. arbeitslos und hatte einen Anspruch auf 8 Monate = 240 Kalendertage Alg. Ab dem 1.7. bezieht sie Alg. Am 10.7. lehnt sie unberechtigterweise ein Arbeitsangebot ab und erhält eine Sperrzeit von drei Wochen vom 11.7. bis 31.7. Danach hatte sie noch einen Restanspruch auf Alg für 209 Kalendertage (240 Kalendertage – 10 Tage Alg-Bezug – 21 Tage Sperrzeit = 209 Kalendertage). Am 1.8. lehnt Elfriede Wehrmich erneut unberechtigterweise eine Arbeit ab und erhält eine zweite Sperrzeit von sechs Wochen; danach verbleiben ihr 167 Tage. Lehnt sie am 1.9. erneut eine Arbeit ab, tritt eine Sperrzeit von zwölf Wochen ein; diese führt zum Erlöschen des Restanspruchs von 167 Kalendertagen.

Beispiel

Nunmehr muss Elfriede Wehrmich zwölf Monate versicherungspflichtig arbeiten (Mindestanwartschaftszeit für Alg), bevor sie wieder Alg beziehen kann, wenn sie nicht die Voraussetzung der kleinen Anwartschaftszeit nach § 142 Abs. 2 SGB III erfüllt. Sie kann nun Alg II beantragen, das aber nach § 31 Abs. 2 Nr. 3 i.V.m. § 31a Abs. 1 SGB II für drei Monate um einen Betrag in Höhe von 30 % der Regelleistung abgesenkt wird.

2   Voraussetzungen für das Erlöschen des Leistungsanspruchs

Der Alg-Anspruch erlischt, wenn der Arbeitslose

- Anlass für den Eintritt von wenigstens zwei Sperrzeiten gegeben hat und der Anlass nicht länger als zwölf Monate vor der Entstehung des Anspruchs zurückliegt und

- die Sperrzeiten insgesamt 21 Wochen betragen und

- über die vorherigen Sperrzeiten schriftliche Bescheide ergangen sind und

- auf die Rechtsfolgen des Erlöschens bei einer Gesamtsperrzeitdauer von 21 Wochen hingewiesen worden ist.

2.1   Welche Sperrzeiten werden zusammengerechnet?

Folgende Sperrzeiten können zusammengerechnet zum Erlöschen führen:

- Alle Sperrzeiten des § 159 Abs. 1 Satz 2 Nrn. 1–7 SGB III, die nach der Entstehung des Alg-Anspruchs eintreten. Dazu zählen auch Sperrzeiten im Zusammenhang mit dem Verlust einer Zwischenbeschäftigung, die keinen neuen Alg-Anspruch begründet; das können Sperrzeiten nach § 159 Abs. 1 Satz 2 Nrn. 1, 2, 6 und 7 SGB III sein;

- alle Sperrzeiten, die innerhalb von zwölf Monaten vor der Entstehung des Anspruchs eingetreten sind. Ob eine Sperrzeit innerhalb der Jahresfrist entstanden ist, richtet sich jeweils nach dem Tag, der dem Sperrzeitanlass folgt, auch wenn die Sperrzeit, die mit einer weiteren Sperrzeit zusammentrifft, nach § 159 Abs. 2 SGB III erst später beginnt.
Dazu zählen
– die Sperrzeiten wegen des Arbeitsplatzverlustes nach § 159 Abs. 1 Satz 2 Nr. 1 SGB III, der die Arbeitslosigkeit verursacht;
– die Sperrzeiten wegen der verspäteten Arbeitsuchmeldung nach § 159 Abs. 1 Satz 2 Nr. 7 SGB III;
– die Sperrzeiten wegen der Ablehnung einer von der AA angebotenen Beschäftigung nach § 159 Abs. 1 Satz 2 Nr. 2 SGB III während der Meldezeit nach § 38 Abs. 1 SGB III;
– die Sperrzeiten wegen eines Meldeversäumnisses während der Meldezeit nach § 38 Abs. 1 SGB III.

Sperrzeiten während des Bezugs von Kug werden nicht in die 21 Wochen eingerechnet.

Beispiel

David Zunder verliert nach einer Beschäftigung vom 1.1.2001 bis 31.1.2016 seinen Arbeitsplatz infolge einer Kündigung seines Arbeitgebers wegen Tätlichkeiten gegen eine Kollegin. Er beantragt Alg ab

1.2.2016. Die AA setzt eine Sperrzeit von zwölf Wochen fest und zahlt Alg ab 25.4.2016. Vom 1.8.2016 bis 31.12.2016 arbeitet er wieder, er verliert seinen Arbeitsplatz witterungsbedingt und meldet sich erst am 2.1.2017 bei der AA. Deshalb setzt die AA wegen der unterlassenen Arbeitsuchmeldung eine Sperrzeit von sieben Tagen fest. Am 7.4. und am 28.4.2017 lehnt er eine von der AA angebotene Beschäftigung ab. Das führt zu einer Sperrzeit von drei und sechs Wochen. Wegen einer Gesamtsperrzeit von 22 Wochen erlischt der Alg-Anspruch am 29.4.2017.

Wird David Zunder im vorherigen Beispiel nicht aus Witterungsgründen, sondern wegen Diebstahls entlassen, kommt es innerhalb eines Jahres zu zwei Sperrzeiten von jeweils 12 Wochen, insgesamt also 24 Wochen, so dass der Alg-Anspruch eigentlich erlöschen müsste. Erlöschen kann nur ein bestehender Anspruch. Vor dem 1.1. 2017 bestand aber kein Alg-Anspruch. § 161 Abs. 1 Nr. 2 SGB II ist wohl so zu verstehen, dass mit Sperrzeiten von 21 Wochen und mehr das Stammrecht, das mit der ersten Begründung der Anwartschaft (hier am 1.2.2016) entsteht, erlischt. Einer neuen Anwartschaft stehen frühere Sperrzeiten nicht entgegen, belasten und verkürzen sie auch nicht. Versicherungszeiten können nur dann keine Anwartschaft begründen, wenn sie vor einem sperrzeitbedingten Erlöschen zurückgelegt worden sind (§ 142 Abs. 1 Satz 2 SGB III).

2.2   Gesamtsperrzeitdauer 21 Wochen

Nach einem ersten Sperrzeitbescheid muss ein weiterer Sperrzeitanlass, bei gekürzten Sperrzeiten müssen auch mehrere Sperrzeiten zusammenkommen. Die Gesamtsperrzeitdauer muss 21 Wochen betragen.

Im Streit um die Frage, ob eine zweite oder weitere Sperrzeit zum Erlöschen des Leistungsanspruchs geführt hat, ist die Rechtmäßigkeit der vorherigen Sperrzeiten jedenfalls dann nach § 44 SGB X zu prüfen, wenn der Arbeitslose Gründe vorträgt, die gegen die Rechtmäßigkeit des früheren Bescheides sprechen. Der Arbeitslose ist bei Rechtswidrigkeit des früheren Bescheides so zu stellen, als sei er in der Vergangenheit richtig behandelt worden. Die Sozialgerichte haben die Rechtmäßigkeit des ersten Sperrzeitbescheides zu prüfen und darüber zu entscheiden, auch wenn die AA das nicht getan hat (BSG vom 21.3.2002 – B 7 AL 44/01 R, SozR 3–4100 § 119 Nr. 23).

Prüfung aller Sperrzeiten

Erweist sich der erste Sperrzeitbescheid als rechtswidrig, der zweite aber als rechtmäßig, ist die aktuelle Sperrzeit eine erste, möglicherweise kürzere Sperrzeit und führt nicht zum Erlöschen des Anspruchs.

2.3 **Vor dem weiteren Sperrzeitanlass Rechtsfolgenbelehrung**

· Schließlich führen auch mehrere Sperrzeiten von insgesamt 21 Wochen nicht zum Erlöschen des Alg-Anspruchs, wenn die AA keine ausreichende Rechtsfolgenbelehrung erteilt hat.

Wie muss die Rechtsfolgenbelehrung aussehen?

Bereits der erste Sperrzeitbescheid muss eine Rechtsfolgenbelehrung enthalten, die dem Arbeitslosen konkret vor Augen führt, welches tatsächliche Verhalten in Zukunft den Anspruch zum Erlöschen bringen kann; dem Arbeitslosen muss z. B. klar sein, dass er nach Wiederaufnahme einer Beschäftigung diese nicht ohne wichtigen Grund selbst aufgeben darf, wenn dies erneut und vorhersehbar seine Arbeitslosigkeit zur Folge haben würde, und er bei Nichtbeachtung dieses Hinweises wegen Eintritts einer erneuten Sperrzeit mit dem gänzlichen Fortfall seines Anspruchs rechnen muss (BSG vom 13.5.1987 – 7 RAr 90/85).

Den Zugang der Rechtsfolgenbelehrung beim Arbeitslosen muss die AA beweisen (BayLSG vom 15.7.2010 – L 9 AL 140/07).

Vor einer zweiten oder weiteren Sperrzeit wegen Ablehnung einer Beschäftigung oder einer beruflichen Eingliederungsmaßnahme muss die AA ausdrücklich über die Gefahr, dass der Anspruch nach § 161 Abs. 1 Nr. 2 SGB III und bereits erworbene Anwartschaftszeiten verloren gehen können, aufklären.

Wie die Belehrung nicht aussehen darf, sagt das SG Duisburg vom 27.5. 1993 – S 8 Ar 79/92, info also 1993, S. 178.

XV **Verfahren**

1 **Sperrzeiten nach § 159 Abs. 1 Satz 2 Nrn. 1 und 7 SGB III**

Die Sperrzeittatbestände »Arbeitsplatzverlust« und »verspätete Arbeitsuchmeldung« treten regelmäßig vor oder zu Beginn eines Alg-Zahlungsanspruchs ein, d. h., der Arbeitnehmer/Arbeitslose verschuldet die Sperrzeit während einer Zeit, in der er nicht im Leistungsbezug steht. Die Sperrzeit wegen des Arbeitsplatzverlusts beginnt mit der eintretenden Arbeitslosigkeit. In diesen Fällen lehnt die AA den Alg-Antrag für die Dauer der Sperrzeit ab und bewilligt Alg für die Folgezeit, wenn die Leistungsvoraussetzungen im Übrigen vorliegen.
Die AA lässt auch für die unterbliebene oder verspätete Arbeitsuchendmeldung die Sperrzeit erst mit der Arbeitslosigkeit beginnen, was wir für falsch halten.
In allen Sperrzeitfällen wird zugleich der Alg-Anspruch gekürzt.
§ 328 Abs. 1 Satz 1 Nr. 3 SGB III stellt keine Rechtsgrundlage für die vorläufige Ablehnung eines Leistungsanspruchs dar, wenn die Voraussetzungen einer Sperrzeit nicht schnell festgestellt werden können

(BayLSG vom 6.8.2012 – L 10 AL 95/12 B PKH, info also 2012, S. 265).
Gegen eine wegen einer möglichen Sperrzeit als vorläufig bezeichnete
Ablehnung des Alg-Antrags und die »vorläufige« Kürzung des Alg-
Anspruchs können und sollten Sie sich deshalb zur Wehr setzen.

Gegen den Sperrzeitbescheid können Sie Widerspruch einlegen und
gegen den ablehnenden Widerspruchsbescheid Anfechtungs- und
Leistungsklage beim Sozialgericht erheben. Das bedeutet, dass Sie
beim Sozialgericht die Aufhebung des Sperrzeitbescheides und des
Widerspruchsbescheides sowie die Verurteilung der AA zur Zahlung
von Alg beantragen müssen.

2   Sperrzeiten nach § 159 Abs. 1 Satz 2 Nrn. 2–6 SGB III

In den übrigen Sperrzeitfällen steht der Arbeitslose meist
im Leistungsbezug. Da die Sperrzeit zum Ruhen des Anspruchs führt,
muss die AA den Bewilligungsbescheid nach § 48 Abs. 1 SGB X für
die Dauer der Sperrzeit aufheben. Vorher muss die AA nach § 24
SGB X den Arbeitslosen anhören. Da die Sperrzeit kalendermäßig abläuft, kann die AA den Zeitraum der Sperrzeit nicht bestimmen. Irrt
sie sich beim Beginn der Sperrzeit, was öfter vorkommt, kann sie dies
zulasten des Arbeitslosen nur innerhalb der Jahresfrist und unter
den Voraussetzungen des § 45 Abs. 4 Satz 2 SGB X korrigieren.

Der arbeitslose David Zunder lehnt am 7.4.2017 die Aufnahme einer
Beschäftigung ab, die am 21.4.2017 hätte beginnen sollen. Hebt die AA
die Bewilligung von Alg für die Zeit vom 21.4. bis 11.5.2017 wegen
des Eintritts einer Sperrzeit auf, so ist das falsch, weil die Sperrzeit bereits
am 8.4.2017 begonnen hat. Nach Ablauf eines Jahres kann die AA die
Bewilligung nicht mehr für die Zeit vom 8.4. bis 20.4.2017 aufheben.
Sie muss vielmehr nach § 44 SGB X die Aufhebung der Bewilligung auf
die Zeit vom 21.–28.4.2017 beschränken. Allerdings verkürzt auch in
diesem Fall die Sperrzeit den Alg-Anspruch um drei Wochen.

Beispiel

Gegen die Aufhebung der Leistungsbewilligung können Sie sich mit
Widerspruch und Anfechtungsklage wehren.

Tritt während des Bezuges von Alg eine zweite Sperrzeit ein, die zum
Erlöschen des Anspruchs führt, setzt die tatsächliche Leistungseinstellung einen die Bewilligung aufhebenden Verwaltungsakt nach § 48
SGB X voraus; dieser muss den Zeitpunkt seiner Wirkung bestimmen.
Der Aufhebungsbescheid wird nicht dadurch rechtswidrig, dass er einen späteren als den frühestmöglichen Zeitpunkt für das Ende des Alg-
Anspruchs festsetzt. Hat sich der Sperrzeitgrund jedoch vor dem Be-
willigungszeitpunkt ereignet, kommt eine Aufhebung der Bewilligung
nur nach § 45 SGB X, also nur bei Bösgläubigkeit, in Betracht (BSG
vom 21.3.2002 – B 7 AL 44/01 R, SozR 3–4100 § 119 Nr. 23). Auch hier
muss die AA den Arbeitslosen vor der Aufhebung anhören.

XVI   **Anhang: Wichtiger Grund von A – Z**

Das folgende ABC macht deutlich, wie unterschiedlich der »wichtige Grund« im Sperrzeitrecht aussehen kann.

Auch wenn Ihr Fall auf den ersten Blick unter eines der Stichworte zu fallen scheint, müssen Sie doch stets genau prüfen, ob der entschiedene Sachverhalt mit Ihrem wirklich übereinstimmt. Und selbst wenn das zutrifft, kann das in Ihrer Sache zuständige Sozialgericht immer noch anders entscheiden als eines der im ABC aufgeführten Sozialgerichte!

Die Zusammenstellung listet unkommentiert Gerichtsentscheidungen auf, die einen wichtigen Grund bejaht oder verneint haben. Daraus ergibt sich naturgemäß ein etwas uneinheitliches Bild.

Abendschule

- Der Besuch einer Abendschule, von dem eine Verbesserung der Beschäftigungschancen des Arbeitslosen zu erwarten ist, kann ein wichtiger Grund zur Ablehnung einer Beschäftigung sein, wenn diese mit dem Schulbesuch nicht vereinbar ist (SG Berlin vom 22.1.1999 – S 51 AL 2730/96, info also 1999, S. 196).

Abfindung

- Der Erhalt einer Abfindung ist ein wichtiger Grund für einen Aufhebungsvertrag, wenn der Arbeitnehmer seine Arbeitslosigkeit nicht verhindern kann, weil er sich der Drohung mit einer rechtmäßigen betriebsbedingten Kündigung zum selben Beendigungszeitpunkt ausgesetzt sieht (BSG vom 12.7.2006 – B 11a AL 47/05 R).
- Entspricht die Abfindung § 1a KSchG (0,5 eines Monatslohns pro Beschäftigungsjahr), schließt ein Arbeitnehmer oder eine Arbeitnehmerin, selbst wenn er oder sie unkündbar ist, einen Aufhebungsvertrag nach einer betriebsbedingten Kündigung mit wichtigem Grund, wenn der Arbeitsplatz weggefallen ist (BSG vom 2.5.2012 – B 11 AL 6/11 R; LSG Baden-Württemberg vom 19.10.2011 – L 3 AL 5078/10; BayLSG vom 28.2.2013 – L 9 AL 42/10 und vom 21.9.2016 – L 10 AL 75/16).
- Beträgt die Abfindung das 1,2fache des Monatslohns, liegt ein wichtiger Grund für einen Aufhebungsvertrag nur vor, wenn tatsächlich eine betriebs- oder personenbedingte Kündigung droht (LSG Baden-Württemberg 21.10.2011 – L 12 AL 4621/10). Die betriebs- oder personenbedingte Kündigung muss unmittelbar zum Zeitpunkt des Aufhebungsvertrages drohen (LSG Sachsen-Anhalt vom 16.12.2010 – L 2 AL 52/08; BayLSG vom 15.2.2017 – L 10 AL 25/16).
- Auch ohne Abfindung kann ein Arbeitnehmer einen wichtigen Grund für den Abschluss eines Aufhebungsvertrages haben (siehe hierzu unter Probezeit).

Siehe auch unten unter Aufhebungsvertrag.

Ältere Arbeitnehmer

- Muss der Arbeitgeber mit einer großen Zahl von Beschäftigten kurzfristig drastisch (ca. 25 %) Personal abbauen und kann der örtliche Arbeitsmarkt die drohende Arbeitslosigkeit nicht auffangen, beendet ein Arbeitnehmer, der durch einen Aufhebungsvertrag einem Arbeitskollegen oder einer Kollegin die Entlassung und die Arbeitslosigkeit erspart, sein Arbeitsverhältnis mit wichtigem Grund (BSG vom 17.2.1981 – 7 RAr 90/79, SozR 4100 § 119 Nr. 14, vom 25.8.1981 – 7 RAr 53/80, SozSich 1981, S. 341 = DBlR Nr. 2730 zu § 119, vom 29.11.1989 – 7 RAr 86/88, SozR 4100 § 119 Nr. 36 = NZA 1990, S. 628 = DBlR Nr. 3578 zu § 119, vom 25.4.1990 – 7 RAr 16/89, DBlR Nr. 3649 zu § 119, vom 25.4.1990 – 7 RAr 84/88, SozSich 1991, S. 94 und vom 13.3.1997 – 11 RAr 17/96).

- Belastet das Ausscheiden aus dem Arbeitsverhältnis durch einen älteren Arbeitnehmer den örtlichen Arbeitsmarkt nicht übermäßig und wird auch kein psychischer Druck ausgeübt, ist der Aufhebungsvertrag sperrzeitrechtlich nicht gerechtfertigt (BSG vom 13.5.1987 – 7 RAr 38/86, NZA 1987, S. 717 = DBlR Nr. 3208 zu § 119).
- Das BSG hat es nicht ausreichen lassen, dass der Aufhebungsvertrag mit einem jüngeren Arbeitnehmer dem Arbeitgeber die Weiterbeschäftigung eines älteren, weniger qualifizierten Kollegen ermöglicht (BSG vom 15.6.1988 – 7 RAr 3/87, SozSich 1989, S. 28).
- Auch wenn ein älterer Arbeitnehmer für einen jüngeren ausscheidet, tritt eine Sperrzeit ein, soweit nicht besondere Umstände hinzukommen (BSG vom 13.8.1986 – 7 RAr 16/85, SozSich 1987, S. 189).
- Kann ein älterer Arbeitnehmer nur noch unterqualifiziert beschäftigt werden und ist ihm dies nach der Dauer der Betriebszugehörigkeit nicht zumutbar, darf er ohne Sperrzeitfolge seine Beschäftigung aufgeben (BSG vom 13.8.1986 – 7 RAr 1/86, SozR 4100 § 119 Nr. 28 = NZA 1987, S. 180).
- Ein wichtiger Grund für die Aufgabe einer Beschäftigung liegt vor, wenn auf den Arbeitnehmer durch Arbeitgeber, Betriebsrat und Kollegen, evtl. auch durch deren Familienangehörige, Druck ausgeübt wird und die Fortführung des Arbeitsverhältnisses dadurch unzumutbar wird (BSG vom 13.8.1986 – 7 RAr 16/85, SozSich 1987, S. 189, vom 13.5.1987 – 7 RAr 38/86, NZA 1987, S. 717 = DBlR Nr. 3277 zu § 119, vom 29.11.1989 – 7 RAr 86/88, SozR 4100 § 119 Nr. 36 und vom 25.4.1990 – 7 RAr 16/89, DBlR Nr. 3649 zu § 119).

Änderungskündigung
- Ein Arbeitnehmer ist nicht verpflichtet, sich auf eine Änderung seines Arbeitsvertrages einzulassen und z. B. in ein anderes Zweigwerk zu wechseln (SG Koblenz vom 27.8.1969 – S 4 Ar 127/68, SGb 1969, S. 473) oder Gehaltseinbußen hinzunehmen (LSG NRW vom 19.12.1968 – L 16 Ar 26/68, ABA 1969, S. 122; LSG Niedersachsen vom 15.4.1969 – L 7 Ar 55/68, Breith. 1969, S. 704).

Alkohol
- Liegt eine echte Alkoholerkrankung vor, tritt eine Sperrzeit nicht ein, wenn der Arbeitslose deshalb seine Beschäftigung verloren hat oder nicht eingestellt wird (BSG vom 6.3.2003 – B 11 AL 69/02 R; SG Hannover vom 31.7.1985 – S 3 Ar 817/84, info also 1986, S. 73; SG Berlin vom 25.11.1987 – S 60 Ar 2096/86, Breith. 1988, S. 333; SG Fulda vom 19.12.1991 – S 1c Ar 661/90).

Altersteilzeit

- Ein wichtiger Grund für die Vereinbarung einer Altersteilzeit liegt nur vor, wenn der Arbeitnehmer im Zeitpunkt des Vertragsschlusses subjektiv geplant hat, nach Ende der Altersteilzeit nahtlos aus dem Arbeitsleben auszuscheiden, und dies objektiv möglich war (BSG vom 21.7.2009 – B 7 AL 6/08 R; SächsLSG vom 13.2.2014 – L 3 AL 100/12; LSG Baden-Württemberg vom 25.2.2014 – L 13 AL 283/12; SG München vom 5.11.2013 – S 35 AL 983/12; BayLSG vom 13.3.2014 – L 9 AL 253/10 und vom 2.12.2015 – L 10 AL 52/15).
  Unterschiedlich beantworten die Gerichte die Frage, ob die erst nach Abschluss des Altersteilzeitvertrages entstandene Möglichkeit der abschlagslosen Rente mit 63 Jahren ein wichtiger Grund dafür ist, den Rentenbeginn hinauszuschieben (so SG Kassel vom 30.11.2015 – S 3 AL 10/15; SG Karlsruhe vom 6.7.2015 – S 5 AL 3838/14, info also 2015, S. 211 mit Anm. von Claus-Peter Bienert; SG Speyer vom 13.5.2015 – S 1 AL 311/14 jedenfalls dann, wenn der Arbeitnehmer sich bemüht hat, die Altersteilzeit zu verlängern; dagegen SG Karlsruhe vom 28.8.2015 – S 7 AL 1978/14; SG Landshut vom 14.9.2015 – S 13 AL 182/14; LSG Baden Württemberg vom 30.9.2016 – L 8 AL 1777/16, info also 2017, S. 15, Revision unter – B 11 AL 25/16 R; LSG Rheinland-Pfalz vom 9.6.2016 – L 1 AL 48/15).

Arbeitsbedingungen

- Verstoßen die Arbeitsbedingungen gegen gesetzliche oder tarifliche Vorschriften, darf die Beschäftigung ohne Sperrzeitgefahr beendet werden (SG Darmstadt vom 19.12.1988 – S 5 Ar 125/83; SG Hamburg vom 22.10.1992 – 32 AR 113/91; SG Gießen vom 25.11.2011 – S 22 AS 869/09).
- Ein Fernfahrer darf Arbeit verweigern, bei der ein Verstoß gegen die Lenkzeitvorschriften abverlangt wird (SG Osnabrück vom 12.9.1979 – S 5 Ar 175/78).
- Kein Arbeitnehmer muss eine untertarifliche Bezahlung hinnehmen, wenn der Tarifvertrag allgemeinverbindlich ist oder Tarifbindung besteht (SG Münster vom 13.1.1988 – S 3 Ar 42/86; SG Freiburg vom 24.3.1988 – S 8 Ar 277/86).
- Die Videoanlage zur Verhinderung von Diebstählen im Betrieb rechtfertigt nicht ohne weiteres die Beendigung des Arbeitsverhältnisses (SG München vom 15.5.1990 – S 40 Al 666/89, RDV 1992 S. 85).
  Dasselbe gilt für eine videogestützte Bewerbertrainingsmaßnahme (BSG vom 29.1.2003 – B 11 AL 33/02 R).

Arbeitsgerichtlicher Vergleich

- Der Vergleich vor dem Arbeitsgericht, mit dem das Arbeitsverhältnis beendet wird, rechtfertigt allein nicht die Aufgabe der Beschäftigung. Es kommt weiter auf die Gründe für die Kündigung des Arbeitgebers an, die Anlass des Prozesses war (BSG vom 23.3.1995 – 11 RAr 39/94; Hessisches LSG vom 16.2.2009 – L 9 AL 91/08 und vom 25.6.1975 – L 1 Ar 340/74, DBlR Nr. 2065 zu § 119; LSG Baden-Württemberg vom 25.5.1983 – L 3 Ar 986/81; SG Berlin vom 2.10.1985 – S 60 Ar 646/

85, Breith. 1986, S. 348; a. A. SG Kiel vom 7.6.1982 – S 3 AR 188/81, info also 1983, S. 44).

- Nach einer betriebsbedingten Kündigung darf der Arbeitnehmer ohne Sperrzeitgefahr vor dem Arbeitsgericht einen Abfindungsvergleich schließen und damit das Arbeitsverhältnis beenden, solange dieser das Ende des Beschäftigungsverhältnisses nicht zeitlich vorverlegt, weil der Arbeitnehmer nach Erhalt einer rechtswidrigen Kündigung zur Vermeidung einer Sperrzeit nicht gezwungen ist, gegen diese mit der Kündigungsschutzklage vorzugehen (BSG vom 17.10.2007 – B 11a AL 51/06 R).
- Ein Vergleich kann wegen der unrechtmäßigen Arbeitgeberkündigung gerechtfertigt sein, wenn deshalb das Verhältnis zwischen Arbeitgeber und Arbeitnehmer so zerrüttet ist, dass keine gemeinsame Basis für die weitere Zusammenarbeit besteht (BSG vom 23.3.1995 – 11 RAr 39/94; SG Berlin vom 17.9.1986 – S 60 Ar 906/86, Breith. 1987, S. 73).
- Auch bei einem außergerichtlichen Vergleich entscheiden die ursprünglichen Kündigungsgründe über den Eintritt einer Sperrzeit (BSG vom 25.3.1987 – 7 RAr 95/85, DBlR Nr. 3272 zu § 119).
- Die Vorverlegung des Arbeitsvertragsendes, um vor einer Rechtsänderung einen längeren Arbeitslosengeldanspruch zu erwerben, führt zu einer Sperrzeit, weil der wichtige Grund grundsätzlich der beruflichen oder der persönlichen Sphäre zugehören muss. Rein wirtschaftliche Aspekte ohne beruflichen und persönlichen Bezug reichen nicht aus, wenn die Rechtsfolgen, die sich aus der Eigenkündigung ergeben, nicht unverhältnismäßig sind (BSG vom 14.9.2010 – B 7 AL 33/09 R).

Arbeitsunfähigkeit
- Arbeitsunfähigkeit steht einer Meldung bei der AA nicht immer entgegen (BSG vom 9.11.2010 – B 4 AS 27/10 R).

Aufhebungsvertrag
- Ein Aufhebungsvertrag wird mit wichtigem Grund geschlossen, wenn der Arbeitgeber zum selben Beendigungszeitpunkt betriebs- oder personenbedingt hätte kündigen dürfen; das gilt auch dann, wenn in dem Aufhebungsvertrag für den Arbeitnehmer eine Abfindung vereinbart wird (BSG vom 12.7.2006 – B 11a AL 47/05 R; LSG Essen vom 27.6.2001 – L 12 AL 156/00; LSG Thüringen vom 3.5.2001 – L 3 AL 537/00; LSG Celle vom 28.6.2000 – L 8 AL 306/99; BSG vom 12.4.1984 – 7 RAr 28/83, Soz-Sich 1984, S. 388 = DBlR Nr. 2959 zu § 119; Hessisches LSG vom 3.12.1986 – L 6 Ar 143/85, NZA 1987, S. 646; SG Hamburg vom 1.6.1989 – 13 AR 820/88; SG Frankfurt am Main vom 26.2.1992 – S 14 Ar 747/88, AuR 1992, S. 248 = AiB 1992, S. 471; SG Leipzig vom 7.7.1993 – S 4 Al 607/92; ähnlich BSG vom 27.5.1964 – 7 RAr 30/63, SozR a. F. § 80 AVAVG Nr. 2 = Breith. 1964, S. 889 = ABA 1965, S. 48 für die Eigenkündigung; a. A. LSG Celle vom 27.3.2001 – L 7 AL 353/99).
- Stellt ein Rationalisierungsschutzabkommen dem Arbeitnehmer die Weiterbeschäftigung bis zum Ablauf der Kündigungsfrist oder die vorzeitige Aufhebung des Arbeitsvertrages gegen eine Abfindung wahlweise frei, verursacht der Aufhebungsvertrag keine Sperrzeit (wahrscheinlich aber ein Ruhen nach § 158 SGB III), weil ein wichtiger Grund vorliegt (BayLSG vom 17.4.1980 – L 9 Al 167/78, AMBl BY 1981 B 2–4).

In einem ähnlich gelagerten Fall hat das SG Koblenz dagegen einen wichtigen Grund verneint (SG Koblenz vom 5.9.1972 – S 4 Ar 27/72, RSpDienst 6400 § 100–133 AFG Nr. 57).

- Konnte dem Arbeitnehmer nicht gekündigt werden, kann die einvernehmliche Beendigung des Arbeitsverhältnisses mit wichtigem Grund geschehen, wenn sie dem Interesse des Betriebes dient und diesen konkurrenzfähig hält (Schleswig-Holsteinisches LSG vom 27.6.1979 – L 1 AR 96/78, RSpDienst 6400 §§ 100–133 AFG 77–81; ähnlich BSG vom 27.5.1964 – 7 RAr 30/63, SozR a.F. § 80 AVAVG Nr. 2 = Breith. 1964, S. 889 = ABA 1965, S. 48 für die Eigenkündigung) oder der Arbeitsplatz wegfällt (BSG vom 2.5.2012 – B 7 AL 6/11 R; LSG Baden-Württemberg vom 19.10.2011 – L 3 AL 5078/10; BayLSG vom 28.2.2013 – L 9 AL 42/10; siehe auch BAG vom 5.2.1998 – 2 AZR 227/97).

- Eine Sperrzeit kann dann nicht eintreten, wenn der Aufhebungsvertrag angefochten werden könnte, es aber bei der Beendigung des Arbeitsverhältnisses bleibt. Dasselbe gilt für eine Arbeitnehmerkündigung nach der Androhung einer unberechtigten fristlosen Arbeitgeberkündigung (BAG vom 9.3.1995 – 2 AZR 644/94, NZA 1996, S. 875).

Auslandstätigkeit

- Eine Arbeit im Ausland darf der Arbeitslose ablehnen (LSG Niedersachsen vom 26.2.1960 – L 7 Ar 210/57, Breith. 1960, S. 834) und eine einmal begonnene jedenfalls dann aufgeben, wenn die Lebensbedingungen in klimatischer, sozialer, politischer Hinsicht nicht den inländischen Verhältnissen entsprechen (SG Fulda vom 15.3.1984 – S 3c Ar 147/83 für den Irak während des Krieges zwischen dem Irak und Iran; ablehnend für Österreich: LSG Baden-Württemberg vom 26.4.1961 – L 5 a Ar 2630/57, Breith. 1962, S. 71).

Befristete Beschäftigung

- Eine unbefristete Beschäftigung darf zugunsten einer befristeten Beschäftigung aufgegeben werden, wenn der Arbeitnehmer mit seiner Weiterbeschäftigung nach dem Ende der Befristung rechnen kann (BSG vom 26.10.2004 – B 7 AL 98/03 R, SozR 4–4300 § 144 Nr. 9).

  Das ist dann der Fall, wenn es sich um eine befristete Einstellung für eine an sich unbefristete Beschäftigung handelt, bei der die Befristung als Probezeit dient und/oder der ungewissen Auftragslage oder saisonalen Einflüssen geschuldet ist (LSG Sachsen-Anhalt vom 17.8.2005 – L 2 AL 70/03 R; ähnlich HessLSG vom 15.4.2005 – L 7/10 AL 119/04; a. A. offenbar das LSG Baden-Württemberg vom 10.10.2006 – L 13 AL 2057/03).

  Regelmäßig ist ein wichtiger Grund anzuerkennen, wenn das befristete Beschäftigungsverhältnis für den Arbeitnehmer gegenüber der aufgegebenen Tätigkeit vorteilhaft ist, z.B. weil die Aufnahme der befristeten Beschäftigung mit einem Wechsel in ein anderes Berufsfeld und mit der Erlangung zusätzlicher beruflicher Fähigkeit verbunden oder die Arbeitnehmerin unterwertig beschäftigt war und deshalb die durch Art. 12 GG geschützte Berufswahlfreiheit durch die Sperrzeit im Kernbereich betroffen wäre oder der Wechsel des Arbeitsplatzes zu einem höheren Arbeitsentgelt geführt hat (BSG vom 26.10.2004 – B 7 AL 98/03 R, SozR 4–

4300 § 144 Nr. 9 und vom 12.7.2006 – B 11a AL 55/05 R, B 11a AL 57/05 R und B 11a AL 73/05 R; LSG Hamburg vom 1.2.2012 – L 2 AL 49/09; SG Speyer vom 17.2.2016 – S 1 AL 63/15).

Bekleidungsvorschriften

- Bekleidungsvorschriften des Arbeitgebers, die berufstypisch oder jedenfalls nicht willkürlich sind, sind zumutbar und rechtfertigen nicht den Verlust oder die Ablehnung eines Arbeitsplatzes (LSG Baden-Württemberg vom 24.4.1985 – L 3 Ar 1519/84).

Berufsausbildung

- Die Aufgabe eines Ausbildungsverhältnisses geschieht nicht generell mit wichtigem Grund (BSG vom 26.4.1989 – 7 RAr 70/88, SozR 4100 § 119 Nr. 35 = NZA 1990, S. 544 = DBlR Nr. 3521 § 119).
- Ein wichtiger Grund ist anzuerkennen, wo das Grundrecht des Auszubildenden auf freie Wahl des Berufs nach Art. 12 GG in seinem Kernbereich berührt ist. Er darf sich gegen eine nicht sachgerechte oder für ihn ungeeignete Ausbildung wehren oder diese abbrechen; für die Ausbildungsentscheidung muss ein weiter Spielraum eingeräumt werden (BSG vom 13.3.1990 – 11 RAr 69/88, SozR 3–4100 § 119 Nr. 2 = SGb 1990, S. 324 = NZA 1990, S. 256 = DBlR Nr. 3648a zu § 119 und vom 4.7.1991 – 7 RAr 124/90, DBlR Nr. 3850a zu § 119; LSG Bremen vom 5.3.1992 – L 5 Ar 36/89).
- Innerhalb der Probezeit ist dem Auszubildenden erlaubt, die Ausbildung oder den Ausbildungsbetrieb zu wechseln (SG Bremen vom 3.4.1989 – S 13 Ar 492/87).
- Ein Ausbildungsverhältnis darf der Auszubildende auflösen, wenn das Vertrauensverhältnis zwischen ihm und dem Ausbildungsbetrieb zerstört ist (SG Bremen vom 30.8.1989 – S 9 Ar 250/88).

Berufsschutz

- Die Arbeitslosenversicherung sichert keinen allgemeinen Berufsschutz (BSG vom 22.6.1977 – 7 RAr 131/75, SozR 4100 § 119 Nr. 3 und vom 30.5.1978 – 7 RAr 32/77, SozR 4100 § 119 Nr. 4 = Breith. 1979, S. 561 = DBlR Nr. 2326 zu § 119 = BB 1978, S. 1364 = a + b 1979, S. 26).

Betriebsklima

- Ist das Arbeitsklima vollkommen zerrüttet und die Arbeitnehmerin dabei in eine Außenseiterposition geraten, die ihr das Verbleiben am Arbeitsplatz psychisch unmöglich macht, kann ein wichtiger Grund für die Beendigung des Arbeitsverhältnisses vorliegen, wenn der Arbeitgeber keine Abhilfe schafft (SG Mannheim vom 9.3.1994 – S 5 Ar 1827/93, info also 1994, S. 212).
  Siehe auch Mobbing → S. 337.

Bildungsmaßnahme

- Die Aufgabe einer Beschäftigung unter Beachtung der Kündigungsfrist, um eine Bildungsmaßnahme zu beginnen, ist gerechtfertigt, auch wenn zwischen dem Ende der Beschäftigung und dem Beginn der Maßnahme eine Zeit der Arbeitslosigkeit entsteht (SG Kiel vom 10.2.1993 – S 9 Ar

48/91, info also 1993, S. 173 = Breith. 1994, S. 65; LSG Berlin-Brandenburg vom 6.9.2011 – L 18 AL 245/11 B PKH; siehe aber auch SächsLSG vom 24.1.2013 – L 3 AL 112/11, info also 2013, S. 260 mit Anmerkung von Claus-Peter Bienert; SG Karlsruhe vom 8.11.2016 – S 17 AL 1991/16).

- Eine Bildungsmaßnahme, die keine zusätzliche Befähigung vermittelt, ist unzumutbar und darf abgelehnt werden (Hess LSG vom 9.8.2000 – L 6 AL 166/00, info also 2001, S. 209; SG Darmstadt vom 10.11.1987 – S 14 Ar 980/87; SG Gießen vom 26.7.1989 – S 14 Ar 779/88; SG Fulda vom 29.11.1989 – S 1c Ar 202/88; HessLSG vom 13.10.2004 – L 6 AL 520/02, info also 2005, S. 109 und vom 9.3.2005 – L 6 AL 216/04).

Datenschutz

- Verweigert ein Arbeitsuchender seine Zustimmung zur Erfassung und Speicherung seiner persönlichen Daten in einem Personalfragebogen und wird er deshalb nicht eingestellt, darf eine Sanktion nicht eintreten, weil er nach § 44 des Bundesdatenschutzgesetzes berechtigt ist, über seine Daten zu verfügen (SG Berlin vom 15.2.2012 – S 107 AS 1034/12 ER, info also 2013, S. 121).

Ehe/Lebenspartnerschaft

- Die Aufgabe einer Beschäftigung, um dem Ehepartner an einen neuen Arbeitsort zu folgen, führt nicht zur Sperrzeit (BSG vom 20.4.1977 – 7 RAr 112/75, SozR 4100 § 119 AFG Nr. 2).

Eheähnliche Gemeinschaft

- Die Aufgabe einer Beschäftigung, um eine eheähnliche Gemeinschaft fortzusetzen, ist gerechtfertigt, wenn die Beziehung die Kriterien des BVerfG erfüllt (BVerfG vom 17.11.1992 – 1 BvL 8/87, BVerfGE 87 234, 264 = SozR 3–4100 § 137 AFG Nr. 3) und seit drei Jahren (jetzt ein Jahr – § 7 Abs. 3a SGB II) bestanden hat (BSG vom 29.4.1998 – B 7 AL 56/97 R; ähnlich LSG Celle vom 31.10.2000 – L 7 AL 52/00; LSG Essen vom 15.6.2000 – L 1 AL 15/00).
  Ein wichtiger Grund liegt nicht vor, wenn die eheähnliche Gemeinschaft erst mit dem Ortswechsel begründet wird und die Beziehung zuvor nur neun Monate bestand (BSG vom 17.10.2002 – B 7 AL 72/00 R und – B 7 AL 96/00 R; LSG Essen vom 22.3.2001 – L 1 AL 78/00; SG Dortmund vom 17.4.2003 – S 5 AL 172/02).
- Ein wichtiger Grund kann, sofern die genannten Voraussetzungen nicht erfüllt sein sollten, immer vorliegen, wenn zu dem Wunsch zusammenzuleben, andere objektive Gründe treten.
  Kinder:
  Das BSG hat einen wichtigen Grund anerkannt, wenn die Begründung der eheähnlichen Gemeinschaft durch Gründe des Wohls eines Kindes gerechtfertigt ist (BSG vom 17.10.2007 – B 11a/7a AL 52/06 R und vom 17.11.2005 – B 11a/11 AL 49/04 R).
- Gibt eine schwangere Arbeitnehmerin ihre Arbeit auf, um zum Vater ihres Kindes zu ziehen, damit er sie entlastet und unterstützt, handelt sie mit wichtigem Grund (SG Dortmund vom 27.2.2012 – S 31 AL 262/08).

- Der Umzug zu einem minderjährigen Kind kann ein wichtiger Grund für eine Arbeitsaufgabe sein (SG Berlin vom 13.1.2012 – S 70 AL 4653/10).
Wohnung:
Dasselbe gilt, wenn die Miete nur von beiden Partnern gemeinsam aufgebracht werden kann (SG Berlin vom 17.2.1993 – S 60 Ar 2266/92) oder wenn der Partner über ein Haus verfügt (SG Fulda vom 10.7.1986 – S 1c Ar 220/85).

Ehrenamt

- Gibt ein Arbeitnehmer seine Arbeit auf, weil er zum Gemeindevertreter gewählt worden ist, darf keine Sperrzeit eintreten (SG Detmold vom 22.4.1959 – S 8 Ar 4/57, DVBl 1960, S. 331).

Elternzeit

- Eine Arbeitsaufgabe während der Elternzeit ist regelmäßig nicht gerechtfertigt, weil der Arbeitgeber nach § 18 BEEG nicht kündigen kann und die Betreuung des Kindes gesichert ist (LSG Nordrhein-Westfalen vom 16.11.2011 – L 9 AL 82/11, info also 2012, S. 163; HessLSG vom 2.9.2011 – L 9 AL 120/11). Wer seine Arbeit wegen der Kinderbetreuung aufgibt, handelt nicht mit wichtigem Grund, wenn er Elternzeit nehmen kann (SächsLSG vom 24.1.2013 – L 3 AL 112/11, info also 2013, S. 260 mit Anmerkung von Claus-Peter Bienert).

Fahrzeit

- Die Zumutbarkeit eines Arbeitsweges richtet sich nach der normalen Fahrzeit, nicht nach der durch Stauungen verlängerten Dauer (SG Dortmund vom 21.8.1992 – S 35 Ar 120/91).
- Das Erreichen des Zentralortes eines AA-Bezirks ist für den Arbeitslosen zumutbar, wenn diese Entfernung in der Region üblicherweise zurückgelegt werden muss. Die Zeit zwischen dem Fahrtende und dem Maßnahmebeginn sowie zwischen dem Maßnahmeende und dem Antritt der Rückfahrt ist bei der Pendelzeit nicht zu berücksichtigen (LSG Saarland vom 10.7.1997 – L 6/1 Ar 76/95).

Faktisches Arbeitsverhältnis

- Ein faktisches Arbeitsverhältnis darf ohne Sperrzeitfolge aufgegeben werden, wenn keine Einigung über die Arbeitsbedingungen erzielt werden kann (SG Fulda vom 23.1.1992 – S 1c Ar 81/91, info also 1993, S. 172; SG Fulda vom 17.3.2004 – S 1 AL 77/03, info also 2004, S. 217).

Fehlerhafte Beratung

- Gegen einen Angestellten der BA, der auf deren Anregung im Interesse einer notwendigen Personaleinsparung einen unkündbaren Arbeitsplatz aufgibt, darf keine Sperrzeit verhängt werden (BSG vom 27.5.1964 – 7 RAr 30/63, SozR a.F. § 80 AVAVG Nr. 2 = Breith. 1964, S. 889 = ABA 1965, S. 48).
- Erklärt ein öffentlicher Arbeitgeber dem Versicherten, er könne ohne Sperrzeitgefahr sein Arbeitsverhältnis einvernehmlich beenden, wird regelmäßig ein wichtiger Grund anzuerkennen sein, weil der Betroffene

sein Verhalten sperrzeitrechtlich für erlaubt halten darf (SG Berlin vom 7.4.1993 – S 53 Ar 2268/92; ähnlich LSG Sachsen-Anhalt vom 16.12.2010 – L 2 AL 52/08 für besondere Härte nach Beratung durch den Personalrat eines großen öffentlichen Arbeitgebers).

- Dagegen soll der fehlerhafte Hinweis eines Rechtsanwaltes, es trete keine Sperrzeit ein, wenn der Arbeitnehmer einen Aufhebungsvertrag schließt, obwohl er keine realistische Aussicht auf einen Anschlussarbeitsplatz hat, keinen wichtigen Grund darstellen; auch eine besondere Härte liegt nach Meinung des Gerichts nicht vor, wenn der Arbeitslose einen Schadensersatzanspruch gegen seinen Rechtsanwalt hat (LSG Rheinland-Pfalz vom 21.5.1996 – L 1 Ar 254/95).

Frauen

- Eine Beschäftigung, die es einer Mutter unmöglich macht, ihr Kind zu stillen, darf abgelehnt werden (SG Reutlingen vom 18.7.1984 – S Ar 1901/84, info also 1985, S. 10; SG Dortmund vom 18.2.1987 – S 13 Ar 298/86, Streit 1987, S. 93).
- Eine Frau braucht eine Arbeit, bei der sie nachts gefährliche Wege zurücklegen muss, nicht anzunehmen (SG Fulda vom 21.4.1994 – S 1c Ar 308/93).

Fußballtrainer

- Besondere berufliche Verhältnisse und Branchenüblichkeit rechtfertigen nicht ohne weiteres die Auflösung eines Arbeitsverhältnisses ohne den Versuch, die Gründe für die Auflösung zu beseitigen (LSG Rheinland-Pfalz vom 11.2.1983 – L 6 Ar 64/82, Breith. 1983, S. 638; BSG vom 12.4.1984 – 7 RAr 28/83, SozSich 1984, S. 388 = DBlR Nr. 2959 zu § 119).

Gesundheit

- Befürchtet der Teilnehmer einer Bildungsmaßnahme gesundheitliche Beeinträchtigungen, muss er sich vor Abbruch der Maßnahme an die BA wenden, damit diese über die Berechtigung der Befürchtung Feststellungen treffen oder die Entscheidung eines Arztes über die Arbeitsfähigkeit des Teilnehmers einholen kann (LSG Nordrhein-Westfalen vom 19.9.1997 – L 13 Ar 35/95).

Gewissensgründe

- Arbeit, die mit der Herstellung von Waffen verbunden ist, braucht der Arbeitslose nicht anzunehmen (LSG Niedersachsen vom 28.4.1981 – L 3 Ar 369/81; SG Reutlingen vom 29.4.1983 – S 8 Ar 1433/82, info also 1983, S. 44; SG Frankfurt am Main vom 22.9.1983 – S 1 Ar 541/83, NJW 1984, S. 943; BSG vom 18.2.1987 – 7 RAr 72/85, SozR 4100 § 119 Nr. 30 = SGb 1987, S. 574 mit Anm. Heuer = ZfSH/SGB 1988, S. 46).
- Die Herstellung eines Katalogs für Rüstungsgüter hält das BSG dagegen für eine zumutbare Beschäftigung für einen Kriegsdienstverweigerer (BSG vom 23.6.1982 – 7 RAr 89/81, SozR 4100 § 119 Nr. 19 = Breith. 1983, S. 161 = DBlR Nr. 2791 zu § 119 = NJW 1983, S. 701 = a + b

1983, S. 250; BVerfG, Beschluss vom 13.6.1983 – 1 BvR 1239/82, SozR 4100 § 119 Nr. 22 = SGb 1984, S. 16 = DBlR Nr. 2922a zu § 119 = NJW 1984, S. 912 = a + b 1984, S. 378; anders SG Frankfurt am Main vom 14.5.1985 – S 19 Ar 301/84).
Das BSG hat in dem genannten Fall die Voraussetzungen einer besonderen Härte bejaht.

- Die Beschäftigung als Sekretärin in einem Rüstungsbetrieb soll einer Pazifistin zugemutet werden können (Schleswig-Holsteinisches LSG vom 21.10.1982 – L 1 Ar 64/81).
- Das LSG Nordrhein-Westfalen hat einem Kriegsdienstverweigerer die Arbeit als Industriefotograf für eine Rüstungsfirma zugemutet (vom 13.12.2007 – L 9 AL 86/06, info also 2008, S. 207) – unseres Erachtens zu Unrecht (siehe hierzu Deiseroth, info also 2008, S. 195 ff.).
- Ein Sinto muss nicht entgegen den ungeschriebenen Gesetzen seiner Sippe in einem Krankenhaus arbeiten (BSG vom 28.10.1987 – 7 RAr 8/86, SozSich 1988, S. 376).
- Verweigert ein Arbeitnehmer entgegen einer Arbeitsanweisung des Arbeitgebers in einem Einkaufsmarkt aus Glaubensgründen den Umgang mit alkoholischen Getränken, kann eine Kündigung rechtmäßig sein; es fehlt jedoch an einer vorwerfbaren Pflichtverletzung (BAG vom 24.2.2011 – 2 AZR 639/09, DB 2011 S. 2094): eine Sperrzeit darf nicht verhängt werden.

Heirat

- Die Heirat eines geschiedenen Partners rechtfertigt auch bei einer Mitarbeiterin der kath. Kirche im Sinne eines wichtigen Grundes den Verlust des Arbeitsplatzes (SG Münster vom 10.5.1989 – S 12 Ar 187/86, NJW 1989, S. 2839 = Breith. 1989, S. 947).
Eine kurze Überschreitung des üblichen Heiratsurlaubs wegen einer Heirat im Ausland führt nicht zu einer Sperrzeit (SG Frankfurt am Main vom 8.11.1984 – S 1 Ar 620/80, NZA 1985, S. 472 = SGb 1985, S. 376).

Irrtum

- Ein Irrtum über die Rechtsfolgen einer Lösung des Beschäftigungsverhältnisses kann nur dann zu einer Minderung der Sperrzeitdauer führen, wenn der Arbeitslose sich zuvor bei der AA erkundigt hat (BSG vom 13.3.1997 – 11 RAr 25/96, SozR 3–4100 § 119 AFG Nr. 11 und vom 5.6.1997 – 7 RAr 22/96, NZS 1998, S. 136 = Breith. 1998, S. 51).

Kenntnis vom wichtigen Grund

- Ein objektiv vorhandener wichtiger Grund schließt eine Sperrzeit aus, auch wenn ihn der Arbeitslose bei Ablehnung oder Aufgabe einer Beschäftigung nicht kennt (BSG vom 9.5.1963 – 7 RAr 44/61, SozR a. F. § 80 AVAVG Nr. 1 = Breith. 1963, S. 1004 = ABA 1963, S. 175 = AP Nr. 4 zu § 78 AVAVG = BB 1963, S. 1299a und vom 20.3.1980 – 7 RAr 4/79, DBlR Nr. 2530 AFG § 119; LSG Rheinland-Pfalz vom 27.4.1993 – L 1 Ar 58/92; a. A. LSG Hamburg vom 22.3.2001 – L 5 AL 75/00).

Kinder

- Die Bedürfnisse von Kindern können wichtige Gründe für eine Arbeitsaufgabe darstellen. In der Betreuungsbedürftigkeit eines Kindes liegt ein wichtiger Grund für einen Ortswechsel und den Zuzug zu einem Partner oder einer Partnerin (BSG vom 12.11.1981 – 7 RAr 21/81; SG Frankfurt am Main vom 29.4.1992 – S 14 Ar 1212/88, info also 1993, S. 67; ebenso LSG Rheinland-Pfalz vom 22.9.1975 – L 1 Ar 7/75, Breith. 1976, S. 325 = RSpDienst 6400 §§ 100 – 133 AFG 20, LTI; Hessisches LSG vom 27.10.1980 – L 10/1 Ar 1000/79; SG München 6.8.1986 – S 34 Al 0518/85, FamRZ 1987, S. 415 = info also 1987, S. 76 = Breith. 1987, S. 879; ähnlich SG Frankfurt am Main vom 9.8.1984 – S 1 Ar 659/83, info also 1985, S. 38).

- Eine schwangere Arbeitnehmerin, die ihre Arbeit aufgibt, um zum Vater ihres Kindes zu ziehen, damit er sie entlastet und unterstützt, handelt mit wichtigem Grund (SG Dortmund vom 27.2.2012 – S 31 AL 262/08).
  Das erkennt das BSG vom 17.10.2007 – B 11a/7a AL 52/06 R und vom 17.11.2005 – B 11a/11 AL 49/04 R an.
- Beeinträchtigt eine Beschäftigung mit Auslandsfahrten die Besuchsmöglichkeiten des Kindes eines in Scheidung lebenden Arbeitslosen, soll das Arbeitsangebot dennoch zumutbar sein (LSG für das Land Nordrhein-Westfalen vom 21.2.1994 – L 12 Ar 139/93).
- Eine Beschäftigung, die mit ständiger Ortsabwesenheit während der Werktage verbunden ist und die tägliche Betreuung und Erziehung eines Kindes wenigstens in den Abendstunden ausschließt, kann auch für den Vater unzumutbar sein (SG Fulda vom 9.3.1989 – S 1 c Ar 323/88).
- Der Umzug zu einem minderjährigen Kind kann ein wichtiger Grund für eine Arbeitsaufgabe sein (SG Berlin vom 13.1.2012 – S 70 AL 4653/10).

Kirchliches Arbeitsverhältnis

- Verliert ein Arbeitnehmer, der bei der katholischen Kirche beschäftigt ist, seinen Arbeitsplatz, weil er aus der (evangelischen) Kirche austritt, hat er für sein Verhalten einen wichtigen Grund (SG Münster vom 13.6.1989 – S 12 Ar 128/88, NZA 1990, S. 1000 = SozSich 1991, S. 128 = info also 1991, S. 88; SG München vom 26.5.2011 – S 35 AL 203/08).
- Kündigt ein Arbeitgeber, der mit der Caritas verbunden ist, weil der Arbeitnehmer im Internet anonym eine »Satire« über den Papst veröffentlicht hat, soll er sich nicht auf einen wichtigen Grund berufen können (LSG Baden-Württemberg vom 21.10.2011 – L 12 AL 2879/09, info also 2012, S 19; siehe hierzu Udo Geiger, info also 2012, S. 10).

Kündigung/Beendigung nach Arbeitgeberkündigung

- Die Beendigung des Arbeitsverhältnisses wegen einer vorangegangenen rechtswidrigen Kündigung des Arbeitgebers geschieht mit wichtigem Grund (BSG vom 23.3.1995 – 11 RAr 39/94; Bayerisches LSG vom 6.3.1957 – Ar 501/55, AMBl BY 1957 B 123 = Breith. 1957, S. 562 = WA 1957, S. 167 = ZfS 1958, S. S. 49; LSG Niedersachsen vom 28.1.1972 – L 7 Ar 47/70, ABA 1972, S. 120 mit Anm. von Kühl; SG Freiburg vom 14.5.1985 – 7 Ar 1547/84; SG Berlin vom 17.9.1986 – S 60 Ar 906/86, Breith. 1987, S. 73).

Kündigungsschutzprozess

- Während eines Kündigungsschutzprozesses kann eine Maßnahme der beruflichen Bildung abgelehnt werden (SG Frankfurt am Main vom 6.12.1989 – S 21 Ar 2385/87, info also 1990, S. 73). Dasselbe soll bei einem Arbeitsangebot nicht gelten (LSG Nordrhein-Westfalen vom 3.11.2010 – L 1 AL 123/10).

Lebenspartnerschaft

- Die Grundsätze für die Ehe und die eheähnliche Gemeinschaft gelten auch für die gleichgeschlechtliche Partnerschaft (SG München vom 22.7.2011 – S 57 AL 816/08).

Leiharbeit

- Das BSG hält die Vermittlung in ein Leiharbeitsverhältnis nicht generell für unzumutbar; die Zumutbarkeit muss im Einzelfall geprüft werden (BSG vom 8.11.2001 – B 11 AL 31/01 R, SozR 3–4300 § 144 Nr. 7). Jedoch darf von einer unbefristeten Leiharbeit in eine befristete Normalbeschäftigung gewechselt werden, wenn diese Beschäftigung wenigstens zwei Monate dauert (FW 159.1.2.1 Buchst. p).

Leitender Angestellter

- Das Arbeitsverhältnis mit einem leitenden Angestellten im Sinne des § 14 Abs. 2 KSchG hat das Arbeitsgericht auf Antrag des Arbeitgebers nach § 9 KSchG aufzulösen, ohne dass es einer Begründung bedarf. Da der Arbeitnehmer sich gegen das Auflösungsbegehren des Arbeitgebers nicht zur Wehr setzen kann, schließt er einen Aufhebungsvertrag mit wichtigem Grund (BSG vom 17.11.2005 – B 11a/11 AL 69/04 R; SG München vom 14.10.2011 – S 36 AL 976/08).

Lohnrückstand

- Hat der Arbeitgeber den Lohn über einen längeren Zeitraum nicht oder nur teilweise gezahlt, darf der Arbeitnehmer nach einer ordnungsgemäßen Abmahnung des Arbeitgebers das Arbeitsverhältnis beenden (LSG Rheinland-Pfalz vom 24.2.2005 – L 1 AL 125/03, Breith. 2005, S. 675 = info also 2005, S. 152; LSG Niedersachsen vom 24.11.1998 – L 7 AL 392/97).

Mobbing

- Mobbing stellt einen wichtigen Grund regelmäßig nur dann dar, wenn der betroffene Arbeitnehmer dadurch Nachteile von einigem Gewicht erleidet (BSG vom 21.10.2003 – B 7 AL 92/02 R; SG Wiesbaden vom 15.10.1998 – S 11 AL 499/98, info also 1999, S. 193).

Nichtraucher

- Die Zusammenarbeit mit Kettenrauchern ist für einen Nichtraucher unzumutbar und die Beendigung des Arbeitsverhältnisses gerechtfertigt, wenn der Arbeitgeber keinen anderen Arbeitsplatz zur Verfügung stellt oder sonst Abhilfe schafft (SG Hamburg vom 14.1.1988 – 7 AR 272/87, info also 1988, S. 60; ähnlich SG Duisburg vom 17.5.1993 – S 8 Ar 28/91, info also 1994, S. 130; HessLSG vom 11.10.2006 – L 6 AL 24/05, NJW 2007 S. 1837).

Personalreduzierung

- In Fällen der Personalreduzierung ist ein wichtiger Grund anzunehmen, wenn bei einem größeren Betrieb in einer krisenhaften Situation der Zwang zu einem drastisch und kurzfristig durchzuführenden Personalabbau besteht, um den Betrieb und damit auch die Arbeitsplätze zu erhalten, und die drohende Arbeitslosigkeit der freigesetzten Arbeitnehmer durch den örtlichen Arbeitsmarkt nicht ohne weiteres aufgefangen werden kann (hier Reduzierung des Personalstandes als Teilvoraussetzung für eine Betriebsübernahme).
  Ferner müssen Anhaltspunkte dafür vorliegen, dass der Arbeitnehmer durch sein vorzeitiges Ausscheiden aus dem Betrieb einem anderen Mitarbeiter die Entlassung und damit die Arbeitslosigkeit erspart (BSG vom 13.3.1997 – 11 RAr 17/96; LSG Baden-Württemberg vom 31.7.1997 – L 12 Ar 105/97; LSG Hamburg vom 22.3.2001 – L 5 AL 75/00).

Praktikum, unentgeltliches

- Eine Beschäftigung, die mit einem unentgeltichen Praktikum beginnen soll, ist unzumutbar und darf folgenlos abgelehnt werden (HessLSG vom 24.4.2006 – L 7/10 AL 174/04).

Probearbeit

- Kündigt der Arbeitnehmer während der Probezeit, soll das jedenfalls dann mit wichtigem Grund geschehen, wenn es sich um eine selbstgesuchte Arbeit handelt (SG Schleswig vom 16.2.1988 – S 1 Ar 132/87, Breith. 1988, S. 682).
- Ein Probearbeitsverhältnis darf zur Abwendung einer nicht verhaltensbedingten Arbeitgeberkündigung durch Aufhebungsvertrag beendet werden (BayLSG vom 25.5.2011 – L 10 AL 121/11 NZB; ebenso LSG Baden-Württemberg vom 18.10.2011 – L 13 AL 5030/10).

Probebeschäftigung

- Wenn die Anfertigung eines Probestücks der Feststellung der Eignung eines Arbeitnehmers dient, kann er die Aufforderung des Arbeitgebers nicht ohne Gefahr einer Sperrzeit ablehnen (BSG vom 13.3.1997 – 11 RAr 25/96, SozR 3–4100 § 119 AFG Nr. 11).

Religion

- Samstagsarbeit kann für einen Siebenten-Tags-Adventisten unzumutbar sein (LSG Rheinland-Pfalz vom 21.9.1979 – L 6 Ar 39/79, RSpDienst 6400 §§ 100 – 133 AFG 91 – 94; LSG Bremen vom 11.10.1979 – L 5 Ar 51/78, RSpDienst 6400 §§ 100 – 133 AFG 115 – 118; BSG vom 10.12.1980 – 7 RAr 93/79, SozR 4100 § 119 Nr. 13 = DBIR Nr. 2574a zu § 119 = NJW 1981, S. 1526; SG Berlin vom 25.1.1989 – S 60 Ar 76/88, Breith. 1990, S. 338).
- Arbeit am Sonntag ist für einen Katholiken zumutbar, die Ablehnung beruht nicht auf wichtigem Grund (LSG Rheinland-Pfalz vom 30.3.1993 – L 1 Ar 48/91).

Sabbatjahr

- Der Wunsch nach einer Auszeit rechtfertigt nicht das vorübergehende Ausscheiden aus dem Beschäftigungsverhältnis, auch wenn die Auszeit zum Konzept des Arbeitgebers gehört und zugleich der Erholung von einer Überforderung und gesundheitlichen Beeinträchtigungen dienen soll (SächsLSG vom 30.6.2016 – L 3 AL 130/14).

Schwangere

- Ist eine Beschäftigung wegen einer fortgeschrittenen Schwangerschaft nicht zumutbar, darf die Arbeitnehmerin sie ohne Auswirkungen auf ihren Anspruch auf Arbeitslosengeld aufgeben (LSG Baden-Württemberg vom 20.6.1958 – 4a Ar 174/57, SozSich 1959 RsprNr 970).
  Unter Umständen muss sie sich umsetzen lassen (BAG vom 28.3.1969 – 3 AZR 300/68, DBlR Nr. 1512a zu § 11 MuSchG).

Selbstständige

- Kündigt der Arbeitnehmer sein Beschäftigungsverhältnis, um sich selbstständig zu machen und dafür einen Gründungszuschuss nach §§ 93/94 SGB III zu erhalten, liegt allein darin kein wichtiger Grund (LSG Nordrhein-Westfalen vom 25.9.2014 – L 9 AL 219/13, info also 2015, S. 60, und vom 10.12.2015 – L 9 AL 83/14; SG Karlsruhe vom 27.1.2015 – S 17 AL 755/14; LSG Hamburg vom 7.12.2016 – L 2 AL 7/16).

Sucharbeitslosigkeit

- Ein Arbeitnehmer darf seine Beschäftigung nicht aufgeben, um sich eine neue Arbeit zu suchen (BSG vom 28.6.1990 – 7 RAr 124/89, DBlR Nr. 3650a).

Tarifbindung

- Die Gewerkschaftszugehörigkeit eines Arbeitslosen berechtigt nicht zur Ablehnung einer Beschäftigung bei einem nicht tarifgebundenen Arbeitgeber (BSG vom 21.7.1981 – 7 RAr 1/80, DBlR Nr. 2729a AFG § 119).

Trainingsmaßnahme

- Die Ablehnung einer Trainingsmaßnahme führt nur dann zu einer Sperrzeit, wenn die Maßnahme geeignet ist, dem Arbeitslosen die notwendigen Kenntnisse und Fähigkeiten zu vermitteln, um eine Arbeitsaufnahme oder einen erfolgreichen Abschluss einer beruflichen Aus- oder Weiterbildungsmaßnahme erheblich zu erleichtern (HessLSG vom 9.8.2000 – L 6 AL 166/00, info also 2001, S. 209, vom 13.10.2004 – L 6 AL 520/02, info also 2005, S. 109 und vom 9.3.2005 – L 6 AL 216/04).

Überforderung/Unterforderung

- Das Angebot einer Arbeit, die den Arbeitslosen objektiv überfordert, ist rechtswidrig; die Ablehnung führt nicht zur Sperrzeit (BSG vom 30.11.1973 – 7 RAr 43/73, DBlR Nr. 1790a § 119; LSG Rheinland-Pfalz vom 27.4.1993 – L 1 Ar 58/92; SG Leipzig vom 29.4.1994 – S 4 Al 236/92; SG Schleswig vom 16.2.1988 – S 1 Ar 132/87, Breith. 1988, S. 682; SG Speyer vom 21.9.1979 – S 1 Ar 111/79, SozSich 1980, S. 191).
  Dasselbe gilt für die Aufgabe einer Beschäftigung, die den Arbeitnehmer

überfordert (HessLSG vom 18.6.2009 – L 9 AL 129/08, info also 2010, S. 11 ff. mit Anm. Udo Geiger).

Auch eine Unterforderung kann ein wichtiger Grund sein, ein Arbeitsangebot abzulehnen (BSG vom 22.6.1977 – 7 RAr 131/75, SozR 4100 § 119 Nr. 3 = DBlR Nr. 2209a zu § 119), berechtigt aber nicht ohne Weiteres zur Aufgabe einer bereits ausgeübten Beschäftigung (BSG vom 9.12.1982 – 7 RAr 31/82, SozR 4100 § 119 Nr. 21 = Breith. 1983, S. 542 = DBlR 2814 zu § 119).

Umzug

- Im Einzelfall kann ein Umzug eine Kündigung rechtfertigen, wenn die Wohnverhältnisse unzumutbar sind (SG Frankfurt am Main vom 1.12.1992 – S 19/23 Ar 1401/91, info also 1993, S. 69).
- Die Aufgabe einer Beschäftigung, um dem (Ehe-)Partner an einen neuen Arbeitsort zu folgen, führt nicht zu einer Sperrzeit (LSG Baden-Württemberg vom 27.10.1955 – IV a Ar 3626/54, SozEntsch 8 § 93 Nr. 10; Bayerisches LSG vom 21.10.1955 – L 4 Ar 177/54, AMBl BY 1956 B 88; BSG vom 20.4.1977 – 7 RAr 112/76, SozR 4100 § 119 Nr. 2 = Breith. 1978, S. 74 = DBlR Nr. 2193a zu § 119).
  Siehe auch Ehe/eheähnliche Gemeinschaft → S. 332.
- Der Zuzug zum Zweck der Heirat ist nur dann gerechtfertigt, wenn die Aufgabe der Beschäftigung zum gewählten Zeitpunkt notwendig war, um die eheliche Lebensgemeinschaft ab dem beabsichtigten Heiratstermin herzustellen (BSG vom 29.11. 1988 – 11/7 RAr 91/87, SozR 4100 § 119 Nr. 34 = SGb 1989, S. 478 = DBlR Nr. 3493 zu § 119 = NZA 1989, S. 616 = NJW 1989, S. 1628; LSG Rheinland-Pfalz vom 22.11.1994 – L 1 Ar 129/93; SG Leipzig vom 6.6.2007 – S 14 AL 601/04; a. A. SG Reutlingen vom 28.11.1986 – S 8 Ar 2372/84, NZA 1987, S. 792).
  Das gilt aber nicht, wenn zwischen den Ehewilligen eine eheähnliche Gemeinschaft von längerer Dauer besteht (BSG vom 29.4.1998 – B 7 AL 56/97 R; siehe hierzu § 7 Abs. 3a Nr. 1 SGB II).
  Der Umzug zur erstmaligen Herstellung der eheähnlichen Gemeinschaft ist allein nicht schützenswert (BSG vom 17.10.2002 – B 7 AL 96/00 R; LSG NRW vom 22.3.2001 – L 1 AL 78/00).

Unterwertige Beschäftigung

- Eine unterwertige Beschäftigung darf nicht ohne weiteres aufgegeben werden (BSG vom 9.12.1982 – 7 RAr 31/82, SozR 4100 § 119 AFG Nr. 21; LSG NRW vom 20.3.1998 – L 13 Ar 37/97).

Verlust des erlernten Berufs

- Wenn noch realistische Chancen bestehen, im erlernten Beruf eine Beschäftigung zu finden, kann eine Umschulung in einen neuen Beruf abgelehnt werden (BayLSG vom 21.6.1990 – L 9 Al 55/89).
- Dasselbe gilt für eine Vermittlung in eine berufsfremde oder -ferne Beschäftigung (BSG vom 30.11.1973 – 7 RAr 43/73; Schleswig-Holsteinisches LSG vom 9.1.1976 – L 1 Ar 6/74, Breith. 1977, S. 164).

Vermittlungswunsch

- Ein sachgerechter Vermittlungswunsch kann ein Arbeitsangebot für einen anderen Beruf zeitweise unzumutbar machen (BSG vom 22.6.1977 – 7 RAr 131/75, SozR 4100 § 119 Nr. 3 = DBlR 2209a zu § 119 und vom 19.6.1979 – 7 RAr 43/78, SozR 4100 § 119 Nr. 9 = Breith. 1980, S. 147 = DBlR Nr. 2495a zu § 119; LSG Schleswig-Holstein vom 9.1.1976 – L 1 Ar 6/74, Breith. 1977, S. 164).
- Die Verletzung von Grundsätzen der Arbeitsvermittlung macht das Arbeitsangebot immer unzumutbar (BSG vom 30.11.1973 – 7 RAr 43/73, DBlR Nr. 1790a zu § 119; Bayerisches LSG vom 2.8.1961 – L 4 Ar 26/59, Breith. 1962, S. 62 = ABA 1962, S. 70 = AMBl BY 1962 B 3).

Versuch zur Beseitigung des wichtigen Grundes

- Regelmäßig muss der Arbeitnehmer versuchen, den wichtigen Grund zu beseitigen, bevor er das Arbeitsverhältnis auflöst; das gilt jedenfalls dann, wenn der Versuch nicht von vornherein aussichtslos ist (BSG vom 6.2.2003 – B 7 AL 72/01 R und vom 9.5.1963 – 7 RAr 44/61, SozR a.F. § 80 AVAVG Nr. 1; LSG Hamburg vom 14.1.2010 – L 5 AL 21/08; LSG Nordrhein-Westfalen vom 8.11.2010 – L 19 AL 244/10 B ER; Hessisches LSG vom 19.9.1962 – L 6 Ar 7/62, Breith. 1963, S. 534 = SozSich RsprNr 1520).

Vorruhestand

→ Altersteilzeit

Vorstellungstermin

- Das Verschieben des Vorstellungstermins im Hinblick auf das arbeitsgerichtliche Kündigungsschutzverfahren geschieht nicht mit wichtigem Grund (LSG München vom 3.2.2000 – L 9 AL 269/97).

Wichtiger Grund nach § 626 BGB

- Liegt arbeitsrechtlich ein wichtiger Grund für eine außerordentliche Kündigung des Arbeitnehmers vor, tritt keine Sperrzeit ein (SG Osnabrück vom 12.9.1979 – S 5 Ar 175/78; SG Hamburg vom 14.1.1988 – 7 AR 272/87, info also 1988, S. 60); der wichtige Grund im Sinne des § 159 SGB III ist aber nicht auf den wichtigen Grund nach § 626 BGB beschränkt. Auch andere Gründe können das Arbeitsverhältnis für den Arbeitnehmer unzumutbar machen (BSG vom 26.8.1965 – 7 RAr 32/64, SozR a.F. § 80 AVAVG Nr. 5).

Wirtschaftliche Interessen

- Die wirtschaftlichen Interessen des Arbeitgebers an der Beendigung des Beschäftigungsverhältnisses sind kein wichtiger Grund, der den Aufhebungsvertrag des Arbeitnehmers rechtfertigen kann (LSG Baden-Württemburg vom 2.6.2004 – L 13 AL 1087/04; a.A. LSG Baden-Württemberg vom 19.10.2011 – L 3 AL 5078/10; siehe auch BAG vom 5.2.1998 – 2 AZR 227/97).

Zeitpunkt

- Der wichtige Grund muss im Zeitpunkt der Auflösung des Arbeitsverhältnisses vorliegen (BSG vom 20.4.1977 – 7 RAr 112/75 und vom 12.11.1981 – 7 RAr 21/81, SozR 4100 § 119 Nr. 2 und 17).

Zumutbarkeit

- Die Ablehnung eines unzumutbaren Arbeitsverhältnisses erfolgt immer mit wichtigem Grund (BSG vom 26.8.1965 – 7 RAr 32/64, SozR a.F. § 80 AVAVG Nr. 5).
- Arbeit, die die Ausübung der bisher überwiegenden Tätigkeit wesentlich erschweren oder die weitere berufliche Entwicklung schwer beeinträchtigen würde, darf abgelehnt werden (BSG vom 3.6.1975 – 7 RAr 81/74, DBlR Nr. 1945a zu § 101 und vom 22.6.1977 – 7 RAr 131/75, SozR 4100 § 119 Nr. 3).
- Personen, die auf die Fingerfertigkeit der Hände angewiesen sind, dürfen grobe Arbeit ablehnen (LSG Niedersachsen, vom 26.2.1960 – L 7 Ar 35/59, Breith. 1960, S. 923).

Zurückbehaltungsrecht

- Auf ein Zurückbehaltungsrecht wegen ausstehenden Lohns kann sich der Arbeitnehmer für eine Leistungsverweigerung nicht berufen, wenn er dem Arbeitgeber nicht vorher klar mitgeteilt hat, dass und warum er die Arbeitsleistung verweigert (SG Stuttgart vom 16.5.2012 – S 3 AL 892/09).

J Ruhen von Arbeitslosengeld, insbesondere bei Entlassungsentschädigungen
§§ 156–158, 160 SGB III

I   **Die wichtigsten Ruhensgründe**
         §§ 156–158, 160 SGB III

Neben der Sperrzeit sind die wichtigsten Ruhensgründe:

■ die Zahlung einer Entlassungsentschädigung ohne Einhaltung der Kündigungsfrist (§ 158 SGB III),

■ die Zahlung von Arbeitsentgelt (§ 157 Abs. 1 SGB III),

■ die Zahlung einer Urlaubsabgeltung (§ 157 Abs. 2 SGB III),

■ die Zahlung von Sozialleistungen (§ 156 SGB III),

■ Ruhen bei Arbeitskämpfen (§ 160 SGB III).

II   **Ruhen bei Entlassungsentschädigung**
         § 158 SGB III

1   **Was ist eine Entlassungsentschädigung?**

Eine Entlassungsentschädigung ist jede geldwerte Zuwendung, die ein Arbeitnehmer »wegen der Beendigung« seines Arbeitsverhältnisses erhält.

Ein Rechtsanspruch auf eine Entlassungsentschädigung besteht, wenn diese

■ zwischen Arbeitnehmer und Arbeitgeber in einem Aufhebungsvertrag vereinbart; oder

■ in einem gerichtlichen Vergleich festgelegt; oder

■ in einem Interessenausgleich oder Sozialplan zwischen dem Betriebsrat und dem Arbeitgeber durch Betriebsvereinbarung (§§ 112, 112a BetrVG) geregelt; oder

■ im Rahmen eines Nachteilsausgleiches nach § 113 BetrVG vom Arbeitsgericht zugesprochen; oder

■ vom Arbeitsgericht nach §§ 9, 10 KSchG festgesetzt wird; da die Abfindung, die das Arbeitsgericht festsetzt, keine Entschädigung für Arbeitsentgelt erhält, sondern nur für den Verlust des Arbeitsplatzes nach Ablauf der Zeit für die ordentliche Kündigung entschädigen will, soll sie nicht zum Ruhen führen (HessLSG vom 20.6.2011 – L 7 AL 37/08); jedenfalls kommt ein Ruhen des Alg nur in Betracht, wenn die Entscheidung nach §§ 9, 10 KSchG auf eine fristlose Kündigung folgt, nicht aber bei einer ordentlichen Kündigung (LSG

Nordrhein-Westfalen vom 11.12.2014 – L 9 AL 49/14, das richterlich festgesetzte Abfindungen nach § 13 KSchG grundsätzlich den Entlassungsentschädigungen im Sinne des § 158 SGB III zuordnet).

Entlassungsentschädigung ist – ohne Rücksicht auf die Bezeichnung – auch eine Arbeitgeberleistung,

Was versteht die BA unter Entlassungsentschädigung?

- die in Teilbeträgen (z. B. Monatsraten) gezahlt wird, unabhängig davon, ob im Zeitraum der Gewährung der Entlassungsentschädigung ein Leistungsanspruch besteht oder nicht;

- die zu einem späteren Zeitpunkt fällig ist oder wird (z. B. erst bei Rentenbeginn);

- die in einem Verzicht des Arbeitgebers auf Forderungen gegen den Arbeitnehmer besteht;

- die wegen vorzeitiger Beendigung des Arbeitsverhältnisses nach Betriebsübergang (§ 613a BGB) vom neuen Betriebsinhaber gezahlt wird;

- die nicht vom Arbeitgeber selbst, sondern von einem Dritten (z. B. einer betrieblichen Versorgungseinrichtung) erbracht wird;

- die als zeitlich vorgezogene Betriebsrente gezahlt wird, wenn sie nicht mit versicherungsmathematisch errechneten Abschlägen wegen des vorzeitigen Bezugs gekürzt wird;

- die in Form einer vom Arbeitgeber abgeschlossenen »Abfindungsversicherung« für den Fall der Arbeitslosigkeit oder der Beendigung des Beschäftigungsverhältnisses beansprucht werden kann;

- die als Treueprämie, Weihnachtsgeld, Tantieme, Gewinnanteil u. Ä. für Zeiten **nach** der Beendigung des Beschäftigungsverhältnisses gezahlt wird;

- die der Arbeitgeber gegen die Abfindungsforderung aufrechnet;

- die der Höhe nach noch nicht feststeht;

- die einen Anspruch auf eine Versorgungsleistung wegen der Beendigung des Arbeitsverhältnisses begründet oder erhöht.

- Entlassungsentschädigung ist auch die Übergangsbeihilfe nach baugewerblichen Tarifverträgen, das an ausscheidende Arbeitnehmer gezahlte Ruhegeld, der Übergangszuschuss und ggf. (bei verfrühter ungekürzter Zahlung) das Ruhegeld der Siemens-Altersfürsorge.

- Werden während des Beschäftigungsverhältnisses bestehende Vergünstigungen (z. B. die unentgeltliche Nutzung einer Werkswohnung oder deren Anmietung weit unter Mietwert, die Nutzung eines Dienstwagens) weiter gewährt, so ist ihr Wert als Entlassungsentschädigung anzurechnen, wenn sie wegen der Beendigung des Arbeitsverhältnisses belassen werden. Das kann man aber (mit Hanau, RdA 1998, S. 297) bestreiten; denn die Sachbezüge werden häufig **nicht wegen**, sondern vielmehr **trotz** Beendigung des Arbeitsverhältnisses weiter belassen.

Dasselbe Problem stellt sich bei der Anrechnung von Zeiten nach Beendigung des Arbeitsverhältnisses auf betriebliche Versorgungsrechte; auch sie erfolgt nicht wegen, sondern trotz der Beendigung des Arbeitsverhältnisses.

■ Zu den Entlassungsentschädigungen gehören auch Schadensersatzansprüche nach § 628 Abs. 2 BGB wegen einer Kündigung des Arbeitnehmers, die der Arbeitgeber verschuldet hat (BSG vom 13.3.1990 – 11 RAr 69/89, SozR 3–4100 § 117 Nr. 2).

■ Auch eine als Darlehen bezeichnete Leistung, die der Arbeitslose nicht zurückzahlen muss oder deren Rückzahlung der Arbeitgeber übernimmt, kann eine Entlassungsentschädigung sein (BSG vom 3.3.1993 – 11 RAr 57/92, EWiR 1993, S. 1145 mit Anm. Horst Steinmeyer).

Was ist keine Entlassungsentschädigung?

Auch nach Meinung der BA (FW 158.1.3) sind keine Entlassungsentschädigungen:

■ Erfindervergütungen;

■ rückständiger Arbeitslohn;

■ anteilige einmalige Leistungen, soweit sie als so genanntes aufgestautes Arbeitsentgelt anzusehen sind;

■ **bis zur Beendigung des Beschäftigungsverhältnisses** angefallene Treueprämien, ausgeschüttete Gewinnanteile, Jubiläumsgelder u. Ä.;

■ Karenzentschädigungen wegen eines vertraglichen Wettbewerbsverbots;

■ Wertguthaben nach § 7b SGB IV, die wegen vorzeitiger Beendigung des Arbeitsverhältnisses ausgezahlt werden;

■ die Turbo-Springerprämie, die Arbeitnehmern in Transfergesellschaften gezahlt wird, damit sie sich möglichst schnell selbstständig machen;

■ öffentliche Strukturhilfen; Anhaltspunkte dafür sind der öffentlich-rechtliche Charakter der Leistung, ihre Festsetzung durch Zuwendungsbescheid und ihre Finanzierung aus öffentlichen Kassen (z. B. das Anpassungsgeld an entlassene Bergleute).

Nicht zu den Entlassungsentschädigungen gehört die entsprechend § 1a KSchG nach einer betriebsbedingten Kündigung gezahlte Abfindung, weil der notwendige Ursachenzusammenhang zwischen der Beendigung des Arbeitsverhältnisses und der Zahlung der Abfindung fehlt; der Abfindungsanspruch entsteht vielmehr erst, wenn die Kündigung rechtswirksam geworden ist (BSG vom 8.12.2016 – B 11 AL 5/ 15 R). Ob das auch für die nach einem zur Abwendung der betriebsbedingten Kündigung geschlossenen Aufhebungsvertrag und einer Zahlung entsprechend § 1a KSchG gilt, hat das BSG noch nicht entschieden.

Da das Alg bei vorzeitiger Beendigung des Arbeitsverhältnisses ohne Rücksicht auf die Bezeichnung der gezahlten Leistung ruht, bleibt nur der folgende vom Gesetzgeber eröffnete Ausweg:
Ausgenommen von der Anrechnung sind gemäß § 158 Abs. 1 Satz 6 SGB III Leistungen, die ein Arbeitgeber erbringt, um die Rentenminderung (3,6 % pro Jahr) auszugleichen, die bei vorzeitiger Inanspruchnahme von Rente wegen Alters eintreten kann. Nach § 187a SGB VI kann die Rentenminderung durch Zuzahlung vermieden werden. Der Arbeitgeber darf Arbeitnehmern, die mindestens 50 Jahre alt sind, ohne Anrechnung auf das Alg eine Entschädigung unmittelbar an den Rentenversicherungsträger zahlen.

Ausweg: Entschädigung zum Ausgleich von Rentenversicherung

Dasselbe gilt gemäß § 158 Abs. 1 Satz 7 SGB III, soweit der Arbeitslose einer berufsständischen Versorgungseinrichtung angehört; damit sind nur solche Einrichtungen gemeint, die an die Stelle der gesetzlichen Rentenversicherung treten (§ 6 Abs. 1 Nr. 1 SGB VI), nicht aber Betriebsrentensysteme.
Die Höchstsumme, die zum Ausgleich der Rentenminderung anerkannt wird, muss Ihnen der Rentenversicherungsträger auf Antrag in der Rentenauskunft nach § 109 Abs. 4 Nr. 4 SGB VI mitteilen.

Höhe

2   Wann ruht der Alg-Anspruch wegen einer Entlassungsentschädigung?

2.1   Nur bei Nichteinhaltung der Kündigungsfrist

Der Anspruch auf Alg ruht nur, wenn das Arbeitsverhältnis beendet wird ohne Einhaltung der Frist, die der fristgemäßen Kündigung durch den Arbeitgeber entspricht.
Die vom Arbeitgeber einzuhaltende ordentliche Kündigungsfrist wird bei der Ruhensregelung also auch dann zu Grunde gelegt, wenn das Arbeitsverhältnis vom Arbeitnehmer gekündigt wird und dessen Kündigungsfrist kürzer ist.
Wegen der vorzeitigen Beendigung des Arbeitsverhältnisses vermutet das Gesetz, dass in der Entlassungsentschädigung Arbeitsentgelt für die Zeit zwischen dem tatsächlichen Ende des Arbeitsverhältnisses und der bei Kündigung durch den Arbeitgeber möglichen Beendigung des Arbeitsverhältnisses enthalten ist. Diese Vermutung ist unwider-

leglich (z. B. LSG Hamburg vom 28.1.2015 – L 2 AL 41/14, bestätigt durch BSG vom 18.6.2015 – B 11 AL 26/15 B). Deshalb hat das BSG vom 17.10.2007 – B 11a AL 51/06 R einen Verstoß gegen Art. 3 Abs. 1 GG oder gegen die Gleichbehandlungsrichtlinie der Europäischen Union durch § 158 SGB III verneint.

Es kommt nicht darauf an, ob der Arbeitslose während der Zeit zwischen dem tatsächlichen Ende des Arbeitsverhältnisses und dem fristgerechten Ende einen Arbeitsentgeltanspruch tatsächlich hätte haben können. Auch wenn ein Anspruch bei einer Fortsetzung des Arbeitsverhältnisses nicht bestanden hätte, z. B. wegen Arbeitsunfähigkeit nach Erschöpfung des Krankengeldanspruchs, führt die Zahlung einer Entlassungsentschädigung zum Ruhen des Alg-Anspruchs (BSG vom 20.1.2000 – B 7 AL 48/99 R, Breith. 2000, S. 482 ff.; LSG Schleswig-Holstein vom 16.12.2011 – L 3 AL 6/11). Dem hat das LSG für das Saarland (vom 19.1.2007 – L 8 AL 44/04) widersprochen, allerdings mit der Begründung, § 158 SGB III sei nur anwendbar, wenn die Abfindung für die Beendigung des sozialrechtlichen Beschäftigungsverhältnisses gezahlt, nicht aber wenn sie für die Beendigung des Arbeitsverhältnisses vereinbart werde. Das trifft nicht zu, weil § 158 SGB III sowohl die Beendigung des Arbeitsverhältnisses (Abs. 1) wie auch die Beendigung des Beschäftigungsverhältnisses (Abs. 3) erfasst und den Entgeltcharakter eines Teils der Abfindung unwiderleglich vermutet (so ausdrücklich LSG Hamburg vom 28.1.2015 – L 2 AL 41/14, bestätigt durch BSG vom 18.6.2015 – B 11 AL 26/15 B).

Es kommt auch nicht darauf an, ob die Entlassungsentschädigung gerade wegen der vorzeitigen Beendigung des Arbeitsverhältnisses gezahlt wird; § 158 SGB III ist auch dann anzuwenden, wenn die Abfindung bei fristgerechter Entlassung in gleicher Höhe gezahlt würde (LSG Nordrhein-Westfalen vom 7.9.2005 – L 12 AL 195/04 und vom 5.6.2014 – L 9 AL 131/13; SG Aachen vom 15.2.2006 – S 11 AL 74/05; LSG NRW vom 5.6.2014 – L 9 AL 131/13; BayLSG vom 14.12.2016 – L 10 AL 265/15).

Für die Ruhensregelung ist es gleichgültig, ob das Arbeitsverhältnis in beiderseitigem Einvernehmen (z. B. durch einen Aufhebungsvertrag) oder durch Kündigung des Arbeitnehmers oder des Arbeitgebers beendet wird. Auch die Rechtmäßigkeit der Kündigung ist ohne Bedeutung; entscheidend ist allein, ob die Frist für die Arbeitgeberkündigung eingehalten worden ist. Auch die Gründe für die Beendigung des Arbeitsverhältnisses spielen für das Ruhen des Alg-Anspruchs keine Rolle; auch wenn der Arbeitnehmer sein Arbeitsverhältnis mit wichtigem Grund löst und eine Abfindung erhält, ruht der Alg-Anspruch unter den Voraussetzungen des § 158 SGB III (BayLSG vom 30.6.2011 – L 10 AL 294/10; siehe auch SG Stade vom 15.6.2016 – S 16 AL 69/12).

Maßgeblich für ein Ruhen des Anspruches ist die Zeit zwischen Kündigung oder Tag des Aufhebungsvertrags und dem Ende des Arbeitsverhältnisses. Ist diese Zeit kürzer als die einer fristgemäßen Kündigung durch den Arbeitgeber, kommt es zu einem Ruhen des Anspruches.

Ein Betriebsübergang nach § 613a BGB mit anschließendem Aufhebungsvertrag ohne Einhaltung der ordentlichen Kündigungsfrist steht dem Ruhen nach § 158 SGB III nicht entgegen (BSG vom 29.8.1991 – 7 RAr 68/90, info also 1992, S. 96).

2.2 Welche Kündigungsfristen müssen eingehalten werden?

Der Anspruch auf Alg ruht, wenn die Kündigungsfrist nicht eingehalten ist.

Vier Fallgruppen sind bei der Kündigungsfrist zu unterscheiden:

■ Die Fristen für die ordentliche Kündigung durch den Arbeitgeber sind in § 622 BGB festgelegt. Welche Fristen gelten, können Sie den folgenden Schaubildern entnehmen.
Einzelvertraglich kann eine längere Kündigungsfrist vereinbart werden (§ 622 Abs. 5 Satz 3 BGB). Tarifvertraglich kann von den gesetzlichen Kündigungsfristen abgewichen werden (§ 622 Abs. 4 BGB). Nach Zugang der Kündigung kann die vertragliche Kündigungsfrist nicht mehr auf die gesetzliche Kündigungsfrist verkürzt werden (LSG Nordrhein-Westfalen vom 16.11.2004 – L 1 AL 13/04).

Fallgruppe 1: Ordentlich Kündbare

Schaubild
Kündigungsfristen

Normale Kündigungsfrist	
Kündigungsfrist während der Probezeit (bis 6 Monate)	2 Wochen
Grundkündigungsfrist	4 Wochen (also 28 Tage und nicht 1 Monat) zum 15. des Monats oder zum Monatsende

Abgekürzte Kündigungsfrist kraft Tarifvertrag[1]	
– der Frist während der Probezeit	ja
– der Grundkündigungsfrist	ja
– der verlängerten Fristen	ja

[1] Die tarifvertraglichen Abweichungen gelten auch zwischen nicht tarifgebundenen Arbeitgebern und Arbeitnehmern, wenn ihre Anwendung zwischen ihnen einzelvertraglich vereinbart oder der Tarifvertrag allgemein verbindlich ist.

Verlängerte Kündigungsfristen (für Arbeitgeberkündigung)	Betriebszugehörigkeit	Monate zum Monatsende
Berechnung der Betriebszugehörigkeit ab dem 25. Geburtstag	2 Jahre	1
	5 Jahre	2
	8 Jahre	3
	10 Jahre	4
	12 Jahre	5
	15 Jahre	6
	20 Jahre	7

Abgekürzte Grundkündigungsfrist kraft Einzelarbeitsvertrag	
– bei Aushilfen bis 3 Monate	ja
– in Betrieben mit nicht mehr als 20 Arbeitnehmern	ja, mindestens aber 4 Wochen

25-Jahres-Grenze europarechtswidrig

Es verstößt gegen das Verbot der Diskriminierung wegen des Alters, das sich aus der Richtlinie 2000/78/EG des Rates der EU vom 27.11.2000 zur Festlegung eines allgemeinen Rahmens für die Verwirklichung der Gleichbehandlung in Beschäftigung und Beruf ergibt, dass bei der Berechnung der Kündigungsfrist nach § 622 Abs. 2 Satz 2 BGB Zeiten der Betriebszugehörigkeit vor Vollendung des 25. Lebensjahrs nicht mitgezählt werden (EuGH vom 19.1.2010 – C-555/07). Der Gesetzgeber hat bisher noch nicht auf das Urteil reagiert. Der EuGH hat seiner Entscheidung unmittelbare Wirkung beigemessen, so dass § 622 Abs. 2 Satz 2 BGB nicht mehr anzuwenden ist.

Dem ist das BAG vom 9.9.2010 – 2 AZR 714/08 gefolgt:

»§ 622 Abs. 2 S. 2 BGB ist mit Unionsrecht unvereinbar. Wegen des Anwendungsvorrangs des Unionsrechts ist die Vorschrift für nach dem 2.12.2006 erklärte Kündigungen nicht anzuwenden. In die Berechnung der Beschäftigungsdauer i.S.v. § 622 Abs. 2 S. 1 BGB sind damit auch Zeiten einzubeziehen, die vor der Vollendung des 25. Lebensjahrs des Arbeitnehmers liegen.«

Das bedeutet, dass die Kündigungsfristen für alle, die vor dem 25. Geburtstag in den Betrieb eingetreten sind, länger sein können, als in § 622 BGB vorgesehen. Zum Ruhen kann es also auch dann kommen, wenn die Parteien von einer nach § 622 BGB fristgerechten Kündigung ausgegangen sind.

Dagegen verstößt allein die Verlängerung der Kündigungsfrist entsprechend der Betriebszugehörigkeit (§ 622 Abs. 2 Satz 1 BGB) nach BAG vom 18.9.2014 – 6 AZR 636/13 nicht gegen die Richtlinie 2000/78/EG.

■ Arbeitnehmer, für die eine fristgemäße Kündigung durch den Arbeitgeber zeitweise ausgeschlossen ist, z. B. für
 – Frauen während der Schwangerschaft (§ 9 MutterschutzG; ab 1.1.2018 § 17 MutterschutzG),
 – schwerbehinderte Menschen (§ 85 SGB IX),
 – Betriebsräte (§ 15 KündigungsschutzG),
 – befristet Beschäftigte (die nur dann ordentlich kündbar sind, wenn dies einzelvertraglich oder tarifvertraglich vereinbart ist, § 15 Abs. 3 TzBfG),
werden gemäß § 158 Abs. 1 Satz 3 Nr. 2 SGB III wie Arbeitnehmer behandelt, bei denen die allgemeinen Kündigungsfristen gelten (siehe Fallgruppe 1).

Fallgruppe 2: Zeitweise Unkündbare

■ Bei Arbeitnehmern, bei denen eine fristgemäße Kündigung dauernd ausgeschlossen ist, d. h., die nach einem gültigen Tarifvertrag aufgrund ihres Alters und der Dauer der Betriebszugehörigkeit unkündbar sind, geht § 158 Abs. 1 Satz 3 Nr. 1 SGB III von einer fiktiven Kündigungsfrist von 18 Monaten aus. Das gilt auch dann, soweit nach dem Tarifvertrag der Kündigungsschutz bei Betriebsänderungen entfällt, wenn ein anderer zumutbarer Arbeitsplatz fehlt (BSG vom 9.2.2006 – B 7a AL 22/05 R und – B 7a AL 44/05 R, vom 24.5.2006 – B 11a AL 21/05 R und – B 11a AL 45/05 R und vom 17.12.2013 – B 11 AL 13/12 R), es sei denn, dass eine außerordentliche Kündigung mit sozialer Auslauffrist möglich ist (BSG vom 9.2.2006 – B 7a/7 AL 48/04 R; LSG Schleswig vom 2.3.2010 – L 3 AL 58/08 unter Hinweis auf die Rechtsprechung des BAG). Eine auf betriebliche Gründe gestützte außerordentliche Kündigung aus wichtigem Grund (§ 626 BGB) ist unter Einhaltung einer der ordentlichen Kündigung entsprechenden Auslauffrist ausnahmsweise zulässig, wenn die Möglichkeit einer ordentlichen Kündigung ausgeschlossen ist und dies dazu führt, dass der Arbeitgeber die Arbeitnehmerin andernfalls trotz ständigen Wegfalls der Beschäftigungsmöglichkeit noch für erhebliche Zeiträume vergüten müsste, ohne dass dem eine entsprechende Arbeitsleistung gegenüberstünde (BSG vom 17.12.2013 – B 11 AL 13/12 R; BayLSG vom 21.9.2016 – L 10 AL 75/16).
In der 18-monatigen fiktiven Kündigungsfrist, die hauptsächlich ältere Arbeitnehmer trifft, sieht das LSG Baden-Württemberg keine Altersdiskriminierung und keinen Verstoß gegen Art. 3 Abs. 1 GG und gegen die Richtlinie 2000/78/EG sowie 2004/113/EG des Rates der EU vom 27.11.2000 sowie vom 13.12.2004 (LSG Baden-Württemberg vom 26.7.2006 – L 3 AL 1308/05).

Fallgruppe 3: Absolut Unkündbare

■ Bei Arbeitnehmern, die an sich unkündbar sind, die aber gleichwohl nach Tarif- oder Einzelvertrag ihren Arbeitsplatz gegen Zahlung einer Entlassungsentschädigung verlieren, legt § 158 Abs. 1 Satz 4 SGB III eine Kündigungsfrist von zwölf Monaten zu Grunde (HessLSG vom 21.8.2013 – L 6 AL 103/10). Diese Kündigungsfrist gilt auch, wenn z. B. ein Sozialplan oder ein Rationalisierungsschutzabkommen eine kürzere Kündigungsfrist vorsieht. Die Jahresfrist gilt jedoch nicht, wenn zugleich die Voraussetzungen für ei-

Fallgruppe 4: Relativ Unkündbare

ne fristgebundene Kündigung aus wichtigem Grund vorgelegen haben (BayLSG vom 24.2.2005 – L 10 AL 322/02, a + b 2005, S. 249; BayLSG vom 21.9.2016 – L 10 AL 75/16). Sie gilt auch nicht, wenn nur die ordentliche betriebsbedingte Kündigung von einer Entlassungsentschädigung abhängt, nicht aber eine andere ordentliche Kündigung (LSG Niedersachsen-Bremen vom 26.6.2012 – L 11 AL 30/09 und vom 21.8.2012 – L 11 AL 20/10).

Nicht die Jahresfrist gemäß § 158 Abs. 1 Satz 4 SGB III, sondern die ordentliche Kündigungsfrist gilt, wenn

– ein Tarifvertrag die ordentliche Kündigung älterer Arbeitnehmer nur nach Abschluss eines Sozialplans zulässt, das Arbeitsverhältnis aber beispielsweise nach einer Teilbetriebsstilllegung außerordentlich mit einer Auslauffrist gekündigt werden kann (BSG vom 29.1.2001 – B 7 AL 62/99 R, AiB 2001, S. 560);

– ein Tarifvertrag für eine bestimmte Zeit betriebsbedingte Kündigungen ausschließt, gleichzeitig aber bei Aufhebungsverträgen, bei denen die Kündigungsfrist eingehalten wird, eine Abfindung vorsieht. Diese Mischung aus Fallgruppe 2 und 4 führt nach Meinung des BSG vom 15.12.1999 – B 11 AL 29/99 R, AiB 2001, S. 249 f. nicht zum Ruhen gemäß § 158 Abs. 1 Satz 4 SGB III. Allerdings droht ein Ruhen wegen einer Sperrzeit, wenn kein wichtiger Grund für die Auflösung des Arbeitsverhältnisses vorliegt;

– der in einem Flächentarifvertrag verankerte Alterskündigungsschutz rückwirkend durch einen Zusatztarifvertrag für einen bestimmten Betrieb aufgehoben wird, was nach BAG möglich ist (LSG Baden-Württemberg vom 24.1.2002 – L 12 AL 1164/01, AiB 2002, S. 784 ff.; BayLSG vom 21.9.2016 – L 10 AL 75/16).

§ 158 Abs. 1 Satz 4 SGB III ist auch dann nicht anzuwenden, wenn

– im Einzelfall neben einem Sachverhalt, der die ordentliche Kündigung des Arbeitnehmers nur bei Zahlung einer Entlassungsentschädigung zuläßt, zugleich eine weitere Kündigung möglich ist, die die ordentliche Kündigung auch ohne Entlassungsentschädigung erlaubt, und die Kündigung im konkreten Fall auch auf diesen Sachverhalt gestützt wird;

– die Voraussetzungen für eine fristgebundene Kündigung aus wichtigem Grund vorliegen (§ 158 Abs. 1 Satz 3 Nr. 2 SGB III).

3   **Was heißt: der Alg-Anspruch ruht?**

Ruhen bedeutet, dass für einen bestimmten Zeitraum Alg nicht gezahlt wird. Der Arbeitslose muss in diesem Zeitraum von der Entlassungsentschädigung leben.

Auch wenn die Entlassungsentschädigung ganz (oder zum Teil) gepfändet wird, verhindert dies nicht ein Ruhen des Alg-Anspruchs. Die Vorstellung vieler Arbeitsloser, sie hätten wegen der Pfändung nichts von der Entlassungsentschädigung, also könne diese auch nicht zum Ruhen des Alg führen, ist falsch. Da nämlich Schulden durch die Pfändung der Entlassungsentschädigung abgetragen werden, profitiert der Arbeitslose durchaus von der Entlassungsentschädigung. Dasselbe gilt, wenn der Arbeitgeber aufrechnet und die Abfindung deshalb nicht oder nicht voll ausgezahlt wird (SG Karlruhe vom 7.5.2014 – S 15 AL 4610/13).

Pfändung verhindert nicht Ruhen

Die Entlassungsentschädigung führt nicht in voller Höhe zum Ruhen; sie wird vielmehr nur zu einem bestimmten Prozentsatz »angerechnet«. Je höher der anrechenbare Prozentsatz, desto länger ruht der Alg-Bezug.

Nur teilweise Anrechnung

Wie hoch der anrechenbare Prozentsatz ist, richtet sich

- nach der Dauer der jeweiligen Betriebs- oder Unternehmenszugehörigkeit. Zu den Zeiten der Betriebszugehörigkeit gehören nur die Zeiten des letzten Arbeitsverhältnisses; eine frühere Beschäftigungszeit, die durch eine Beschäftigung in einem anderen Betrieb oder eine Ausbildung unterbrochen worden ist, wird bei der Ermittlung des Ruhenszeitraums nicht mitgerechnet (Schleswig-Holsteinisches LSG vom 16.12.2011 – L 3 AL 6/11), und

Maßstab: Betriebszugehörigkeit

- nach dem Lebensalter des Arbeitnehmers zum Zeitpunkt der Beendigung des Arbeitsverhältnisses.

Lebensalter

Dass mit steigendem Alter weniger angerechnet wird, jüngere Arbeitnehmer deshalb schlechter stehen, verstößt nach unserer Meinung nicht gegen die Richtlinie 2000/78/EG des Rates der EU vom 27.11.2000 (→ S. 350); denn mit der Altersstaffel in § 158 Abs. 2 Satz 3 SGB III versucht der Gesetzgeber die mit zunehmendem Alter trüber werdenen Arbeitsmarktchancen auszugleichen (vgl. auch BAG vom 12.4.2011 – 1 AZR 743/09: Keine Benachteiligung jüngerer Arbeitnehmer durch Alterszuschläge in einem Sozialplan).

Wieviel Prozent der Entlassungsentschädigung angerechnet werden kann, lässt sich folgender Tabelle entnehmen:

Tabelle
Anrechenbarer Teil der Entlassungsentschädigung

Betriebs- oder^ Unternehmens- zugehörigkeit	Lebensalter zum Zeitpunkt der Beendigung des Arbeitsverhältnisses in Jahren					
	bis 40	ab 40	ab 45	ab 50	ab 55	ab 60
weniger als 5 Jahre	60 %	55 %	50 %	45 %	40 %	35 %
5 und mehr Jahre	55 %	50 %	45 %	40 %	35 %	30 %
10 und mehr Jahre	50 %	45 %	40 %	35 %	30 %	25 %
15 und mehr Jahre	45 %	40 %	35 %	30 %	25 %	25 %
20 und mehr Jahre	40 %	35 %	30 %	25 %	25 %	25 %
25 und mehr Jahre	35 %	30 %	25 %	25 %	25 %	25 %
30 und mehr Jahre	–	–	25 %	25 %	25 %	25 %

Anrechnungsfähig ist die Bruttoentschädigung (LSG Hamburg vom 27.5.2010 – L 5 AL 28/08). Zahlungen an den Rentenversicherungs- träger nach § 187a Abs. 1 SGB VI (→ S. 347) sind zum Ausgleich von Rentenminderungen von vornherein von dem anrechnungsfähigen Betrag abzuziehen.

Beispiel

David Zunder scheidet ohne Einhalten der Kündigungsfrist aus. Er ist bei seinem Ausscheiden aus dem Betrieb, dem er 17 Jahre angehörte, 43 Jahre alt. Er erhält eine Entlassungsentschädigung von 10.230 €.

35-Jahres- Grenze europa- rechtswidrig

Laut Tabelle müssten ihm, da bei der Betriebszugehörigkeit erst Jah- re ab dem 35. Geburtstag zählen, 50 % angerechnet werden. Nach- dem der EuGH vom 19.1.2010 – C-555/07 in der Berechnung der Kün- digungsfristen nach § 622 Abs. 2 BGB einen Verstoß gegen die Richt- linie 2000/78/EG des Rates der EU vom 27.11.2000 darin gesehen hat, dass Zeiten der Betriebszugehörigkeit vor dem 25. Geburtstag nicht mitgerechnet werden, muss dies auch für § 158 Abs. 2 Satz 3 SGB III gelten; die Vorschrift berücksichtigt bei der Berechnung des Teils der Abfindung, der nicht zum Ruhen des Alg-Anspruchs führt, nur die Zeiten der Betriebszugehörigkeit nach Vollendung des 35. Lebensjah- res. Auch wenn die EU-Richtlinie für das Sozialrecht nicht gilt, wirkt sie sich über die Regelungen zur Bemessung von Abfindungen in § 10 Satz 2 Nr. 6 AGG aus (siehe hierzu Ute Winkler, info also 2010, S. 73). Deshalb müssen bei Anwendung des § 158 SGB III alle Betriebsjahre berücksichtigt werden. In unserem Beispiel also 17 Jahre mit der Fol- ge, dass nur 40 % der Entlassungsentschädigung von 10.230 €, also nur 4.092 € angerechnet werden können.

Der Ruhenszeitraum ergibt sich daraus, dass der zu berücksichtigende Teil der Entlassungsentschädigung durch den kalendertäglichen Brutto-Tagesverdienst geteilt wird.

Berücksichtigt werden hierbei nicht nur die laufenden Arbeitsentgelte, sondern alle Teile des Arbeitsentgelts einschließlich Einmalleistungen, die der Arbeitnehmer im letzten Beschäftigungsjahr erhalten hat. Zu dem berücksichtigungsfähigen Arbeitsentgelt gehören nach Meinung des SG Frankfurt vom 21.6.2012 – S 15 AL 238/11 auch nicht beitragspflichtige Entgeltbestandteile (hier Aufstockungsbeträge des Arbeitgebers während der Altersteilzeit) und Beträge oberhalb der Beitragsbemessungsgrenze. Es sind nur die Arbeitsentgelte aus dem Beschäftigungsverhältnis heranzuziehen, für dessen Beendigung die Entlassungsentschädigung gezahlt wird.

Die AA legt für jeden Monat pauschal 30 Kalendertage zu Grunde (§ 339 Satz 1 SGB III). Das Ergebnis der Teilung gibt die Anzahl von Kalendertagen an, an denen der Anspruch auf Alg ruht.

Der Brutto-Tagesverdienst wird berechnet, indem die Vergütung der letzten vom Arbeitgeber abgerechneten Entgeltabrechnungszeiträume von 52 Wochen durch die Anzahl der Kalendertage, die diesen Abrechnungen zu Grunde liegen, geteilt wird. Bei Krankheit, Kurzarbeit, Arbeitsausfall und Arbeitsversäumnis ist das Arbeitsentgelt zugrunde zu legen, das ohne Krankheit, Kurzarbeit usw. erzielt worden wäre. Nicht eingerechnet werden Zeiten des Bezugs von Erziehungs- oder Elterngeld oder der Erziehung eines Kindes bis zum dritten Lebensjahr, wenn die Mutter oder der Vater wegen der Kinderbetreuung nur Teilzeit gearbeitet hat.

Lassen sich in den letzten 52 Wochen keine 150 Tage mit Arbeitsentgelt ermitteln (§ 158 Abs. 2 Satz 4 in Verbindung mit § 150 Abs. 3 Satz 1 Nr. 1 SGB III), ist der Bemessungszeitraum auf zwei Jahre zu erweitern; finden sich auch auf diese Weise keine 150 Kalendertage mit Arbeitsentgelt aus der Beschäftigung, für die die Abfindung gezahlt wird, können nur die vorhandenen Arbeitsentgelttage dieser Beschäftigung berücksichtigt werden.

David Zunder hatte in den letzten zwölf Monaten vor Beendigung seines Arbeitsverhältnisses einen Bruttoverdienst von jeweils 1.410 €.

Der Brutto-Tagesverdienst berechnet sich aus:

12 x 1.410 € = 16.920 € : 360 Tage = 47 € pro Tag.

Soweit im letzten Jahr Teile von Monaten abgerechnet worden sind, sind die tatsächlichen Kalendertage zugrunde zu legen.

Die Anzahl der Tage, an denen der Anspruch ruht, ergibt sich aus der Teilung der anzurechnenden Entlassungsentschädigung, in unserem Fall 4.092 €, durch den Brutto-Tagesverdienst:

4.092 € : 47 € pro Tag = 87,06 Kalendertage.

Da nur volle Kalendertage zählen, ruht der Anspruch auf Alg in diesem Beispiel für 87 Tage.

Setzen Sie in die Kästchen Ihre persönlichen Zahlen ein und folgen Sie den genannten Rechenregeln:

Schaubild
Schritte bei Anrechnung von Entlassungsentschädigungen

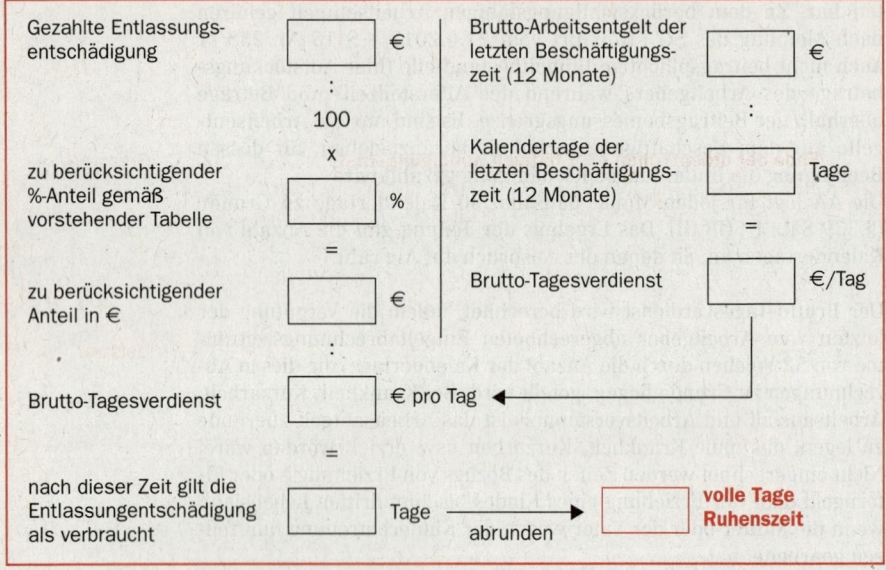

Einen aktuellen Abfindungsrechner in Form einer Excel-Kalkulation finden Sie unter www.erwerbslos.de/qrecht-praktischq-sozial-infos-fuer-br (vom 22.5.2017).

4   Wie lange ruht der Alg-Anspruch?

Der Ruhens-
zeitraum

Führt die Entlassungsentschädigung wegen Nichteinhaltung der ordentlichen oder fiktiven Kündigungsfrist zum Ruhen des Anspruchs, dann beginnt der Ruhenszeitraum am Tag nach dem letzten Tag des Arbeitsverhältnisses. Ausnahmsweise beginnt der Ruhenszeitraum mit dem Ende des Beschäftigungsverhältnisses, wenn das Arbeitsverhältnis trotz Beendigung des Beschäftigungsverhältnisses fortbesteht, aber kein Arbeitsentgelt gezahlt wird (GA 59 zu § 158).

Der Ruhenszeitraum endet

Grenze A
■ spätestens an dem Tag, an dem das Arbeitsverhältnis bei fristgerechter Kündigung durch den Arbeitgeber geendet hätte, oder

Grenze B
■ spätestens an dem Tag, an dem ein zeitlich befristetes Arbeitsverhältnis ohnehin geendet hätte, oder

- bereits früher, wenn die Entlassungsentschädigung als verbraucht gilt, jedoch   Grenze C

- spätestens zwölf Monate nach der gewollten Beendigung des Arbeitsverhältnisses, jedenfalls   Grenze D

- an dem Tag, an dem eine außerordentliche Kündigung des Arbeitgebers möglich gewesen wäre.   Grenze E

Die AA hat die für den Arbeitslosen günstigste Grenze zu Grunde zu legen.

Ende der ordentlichen oder fiktiven Kündigungsfrist: Grenze A

In diesem Fall endet der Ruhenszeitraum mit Ablauf des Zeitraumes, der einer vom Arbeitgeber einzuhaltenden ordentlichen Kündigungsfrist entspricht. Die Kündigungsfristen beginnen jeweils mit dem Zugang der Kündigung oder mit dem Tag des Aufhebungsvertrages.

Die Angestellte Elfriede Wehrmich erhält am 15.9. eine Kündigung, die als »ordentliche Kündigung zum 30.9.« bezeichnet ist, obwohl die ordentliche Kündigungsfrist von drei Monaten zum Monatsende nicht eingehalten ist. Gleichzeitig erhält sie eine hohe Entlassungsentschädigung; sie meldet sich am 1.10. arbeitslos und beantragt Alg. Nimmt Elfriede Wehrmich die Kündigung hin, ohne vor dem Arbeitsgericht eine Kündigungsschutzklage zu erheben, wird die Kündigung zum 30.9. wirksam und Elfriede Wehrmich nach dem 30.9. arbeitslos. Erhält sie ab 1.10. Alg?   Beispiel

Nein, da der Anspruch auf Alg für die Zeit ab der vom Arbeitgeber »gewollten« Beendigung des Arbeitsverhältnisses (30.9.) (höchstens) bis zum Ende des Zeitraumes, der der ordentlichen Kündigungsfrist entspricht (31.12.), ruht.

Ende des zeitlich befristeten Arbeitsverhältnisses: Grenze B

In diesem Fall endet der Ruhenszeitraum spätestens an dem Tage, an dem ein zeitlich befristetes Arbeitsverhältnis ohnehin geendet hätte.

Die Entlassungsentschädigung gilt als verbraucht: Grenze C

In diesem Fall endet der Ruhenszeitraum, wenn der Prozentsatz der Entlassungsentschädigung durch »Anrechnung« als verbraucht gilt. Wann die Entlassungsentschädigung als verbraucht gilt → S. 353.

Härteklausel nach zwölf Monaten: Grenze D

Hier endet der Ruhenszeitraum spätestens zwölf Monate nach der gewollten Beendigung des Arbeitsverhältnisses. Die Zwölf-Monats-Frist in § 158 Abs. 2 Satz 1 SGB III mildert die Härten für die, deren ordentliche vertragliche Kündigungsfrist länger als zwölf Monate dauert, und für die mit einer fiktiven 18-Monats-Kündigungsfrist.

Beispiel

Elfriede Wehrmich, 55 Jahre alt, ist ordentlich nicht mehr kündbar. Ihr Arbeitgeber möchte aber die Belegschaft verkleinern und dann profitabel den Betrieb veräußern. Deshalb bietet er Aufhebungsverträge an. Am 15.12.2013 unterzeichnete Elfriede Wehrmich einen Aufhebungsvertrag zum 31.12.2013 gegen Zahlung einer Entlassungsentschädigung.

Die fiktive Kündigungsfrist von 18 Monaten würde vom 16.12.2014 bis zum 15.6.2016 reichen, d. h., der Alg-Anspruch von Elfriede Wehrmich würde diese ganze Zeit ruhen. Da die Zwölf-Monats-Frist aber vorher abläuft, nämlich am 31.12.2015 (zwölf Monate nach der gewollten Beendigung des Arbeitsverhältnisses zum 31.12.2014), hat Elfriede Wehrmich einen Alg-Anspruch ab dem 1.1.2016. Im Jahr 2015 muss sie von der Entlassungsentschädigung leben, es sei denn, der anrechenbare Teil der Entlassungsentschädigung ist vorher (rechnerisch) verbraucht (s. o. Grenze C).

Grenze E

Außerordentliche Kündigung:

Das Ruhen endet spätestens an dem Tag, an dem der Arbeitgeber das Arbeitsverhältnis aus wichtigem Grund ohne Einhaltung einer Kündigungsfrist hätte kündigen können (§ 158 Abs. 2 Satz 2 Nr. 3 SGB III).

Diese Grenze gilt nur bei arbeitgeberseitiger außerordentlicher Kündigung, also nicht, wenn der Arbeitnehmer berechtigt ist, fristlos zu kündigen (BSG vom 29.8.1991 – 7 RAr 130/90, info also 1992, S. 151; BayLSG vom 30.6.2011 – L 10 AL 294/10; HessLSG vom 22.5.2013 – L 6 AL 5/10). Die Beweislast für die Kündigungsgründe trägt die Arbeitnehmerin (BayLSG vom 14.12.2016 – L 10 AL 112/16).

Der Grundgedanke dieser Ausnahmevorschrift ist, dass eine Entlassungsentschädigung, die vom Arbeitgeber gezahlt wird, obwohl ein Grund für eine fristlose Kündigung gegeben ist, keine verschleierten Vergütungsbestandteile für die Zeit nach dem fristlosen Kündigungsgrund enthält. Daher kommen nur solche fristlosen Kündigungsgründe in Betracht, die sich vor dem Abschluss des Abfindungsvergleiches ereignet haben. Das Vorliegen eines derartigen fristlosen Kündigungsgrundes muss die AA oder das SG von Amts wegen prüfen, auch wenn keine fristlose Kündigung ausgesprochen worden ist. Es reicht, wenn der Arbeitgeber ein Recht zur fristlosen Kündigung hatte. Nicht jeder Verstoß gegen arbeitsvertragliche Verpflichtungen rechtfertigt eine Kündigung aus wichtigem Grund nach § 626 BGB. So hat das HessLSG vom 27.6. 2005 – L 7/10 AL 902/03 in der Verletzung von Arbeitszeitregeln durch den Arbeitnehmer keine Rechtfertigung für eine fristlose Kündigung des Arbeitgebers gesehen (ähnlich LSG Berlin-Brandenburg vom 29.8.2012 – L 18 AL 6/12).

Beispiel

David Zunder erhält eine betriebsbedingte Kündigung zum 31.12. In der Güteverhandlung vor dem Arbeitsgericht am 15.9. beleidigt David Zunder aus Verärgerung seinen Arbeitgeber grob. Noch in der gleichen Verhandlung schließen die Parteien einen Vergleich mit einer vorzeitigen

Beendigung zum 15.9. Der Arbeitgeber, dem es wichtig ist, dass der Kündigungsschutzprozess möglichst schnell beendet wird, zahlt deshalb trotz der Beleidigung eine Entlassungsentschädigung. Da die ordentliche Kündigungsfrist nicht eingehalten ist, würde die Entlassungsentschädigung nach § 158 Abs. 1 SGB III zum Ruhen des Alg-Anspruchs führen. Da der Arbeitgeber aber am 15.9. einen Grund zur fristlosen Kündigung hatte, kommt es nicht zum Ruhen. Allerdings muss David Zunder damit rechnen, dass die AA eine Sperrzeit verhängt, die für den Arbeitslosen schwerer wiegt als die Anrechnung der Entlassungsentschädigung.

5 Sozialversicherungsbeiträge auf Entlassungsentschädigungen?

Entlassungsentschädigungen, die für den Wegfall künftiger Verdienstmöglichkeiten durch den Verlust des Arbeitsplatzes gezahlt werden, können zeitlich nicht der früheren Beschäftigung zugeordnet werden. Sie sind deshalb kein Arbeitsentgelt und nicht beitragspflichtig in der Sozialversicherung (BSG vom 21.2.1990 – 12 RK 20/88, SozR 3–2400 § 14 Nr. 2).

Das gilt allerdings für die Krankenversicherung freiwillig Versicherter nur eingeschränkt. Im Monat der Zahlung wird die Abfindung als Einmalleistung bei der Beitragsberechnung berücksichtigt; sie steht dann einer Familienversicherung entgegen, wenn sie nach der Beendigung des Arbeitsverhältnisses geleistet wird. Sie bleibt aber Einmalleistung und wird nicht für nachfolgende Monate als anteilig bezogen berücksichtigt (BSG vom 9.10.2007 – B 5b/8 KN 1/06 KR R). Das gilt nicht, wenn die Abfindung in monatlichen Raten gezahlt wird (BSG a. a. O.; LSG Nordrhein-Westfalen vom 26.1.2012 – L 16 KR 9/11 und vom 21.3.2013 – L 5 KR 135/12).

Wird anlässlich einer einvernehmlichen Beendigung des Arbeitsverhältnisses oder seiner arbeitsgerichtlichen Auflösung im Kündigungsschutzprozess **rückständiges** Gehalt gezahlt, so unterliegt dieses selbst dann der Beitragspflicht in der Sozialversicherung, wenn die Zahlung von den Beteiligten als Entlassungsentschädigung bezeichnet wird.

6 Anrechnung der Entlassungsentschädigung auf Wohngeld und auf Rente wegen Todes

Für die Berechnung des Wohngeldes wird die Abfindung auf drei Jahre aufgeteilt und angerechnet (VG Gera vom 10.11.2011 – 6 K 731/11 Ge).

Für die Zeit des Ruhens wegen einer Entlassungsentschädigung wird das Arbeitsentgelt, mit dem der Ruhenszeitraum berechnet worden ist, nach § 97 SGB VI auf die Hinterbliebenenrente angerechnet (SG Hannover vom 23.4.2012 – S 12 KN 14/08; SG Karlsruhe vom 6.8.2013 – S 12 R 4529/12).

7   **Steuer auf Entlassungsentschädigung**

Eine Entlassungsentschädigung ist als Einkommen zu versteuern. Das treibt zusammen mit dem im Laufe des Jahres noch erzielten Lohn den Einkommensteuertarif nach oben. Das sollte bei der Höhe der Entlassungsentschädigung berücksichtigt werden.

Fünftelregelung

Allerdings gibt es bei der Besteuerung einen kleinen Steuerbonbon: Als außerordentliche Einkünfte können Entlassungsentschädigungen gemäß § 34 EStG nach einem ermäßigten Steuersatz bemessen werden (sog. Fünftelregelung).

Nur bei »Zusammenballung«

In den Genuss der Fünftelregelung kommt nur, wer die Entlassungsentschädigung »zusammengeballt« mit seinen übrigen Einkünften im Veranlagungszeitraum erhält; also in der Regel nicht, wenn die Entlassungsentschädigung auf mehrere Veranlagungszeiträume verteilt zufließt.

Einzelheiten können hier nicht dargestellt werden. Wir verweisen auf das Anwendungsschreiben des BMF »Zweifelsfragen im Zusammenhang mit der ertragssteuerlichen Behandlung von Entlassungsentschädigungen (§ 34 EStG)« vom 4.3.2016 – IV C 4 – S 2290/07/10007:031 und auf den Beitrag von Stephan Geserich, Richter am BFH, in DB 2016, S. 1953–1959.

8   **»Ruhen« des Alg II bei Entlassungsentschädigung?**

Manchmal wird die Entlassungsentschädigung erst gezahlt, wenn der Bezug von Alg schon ausgelaufen ist. Hat der Arbeitslose, weil er sonst nichts hat, bereits Alg II beantragt, bevor die Entlassungsentschädigung zugeflossen ist, wird sie als Einkommen voll auf das Alg II angerechnet, gerinnt also nicht zu Vermögen, das im Rahmen von Freibeträgen geschont wird (BSG vom 3.3.2009 – B 4 AS 47/08 R). Die Folge: Selbst eine kleinere Entlassungsentschädigung führt für Monate zum Verlust des Alg II.

Empfänger einer Entlassungsentschädigung sollten deshalb versuchen, diese vor dem Alg II-Antrag zu erhalten. Um eine Anrechnung als Einkommen auf das Alg II zu vermeiden, müssen sie deshalb

– darauf dringen, dass der Arbeitgeber die Entlassungsentschädigung zügig überweist; zur Not müssen sie ihn darauf hinweisen, dass er sich schadensersatzpflichtig macht, wenn die verspätete Auszahlung der Entlassungsentschädigung zum Verlust des Alg II führt (BSG vom 3.3.2009 – B 4 AS 47/08 R) Allerdings würde auch der Schadensersatz, flösse er während des Alg II-Bezugs zu, auf das Alg II angerechnet;

– genau abwägen, ob ein – vom Arbeitsgericht zu entscheidender – Streit über ein paar Prozentpunkte mehr an Entlassungsentschädigung lohnt; denn bis das Arbeitsgerichtsverfahren abgeschlossen ist, kann der klagende Arbeitslose bereits im Alg II-Bezug gelandet sein, mit der Folge, dass er nichts von einer erstrittenen höheren Entlassungsentschädigung hat;

– aus steuerlichen Gründen die Auszahlung der Entlassungsentschädigung nur hinausschieben (s. hierzu BFH vom 11.11.2009 – IX R 1/09), wenn sie sicher sind, im Zeitpunkt der Auszahlung nicht auf Alg II angewiesen zu sein.

III   Ruhen in sonstigen Fällen

1   Ruhen bei Anspruch auf Arbeitsentgelt
§ 157 Abs. 1 SGB III

Sofern Sie für Zeiten, in denen Sie sich arbeitslos gemeldet haben, Anspruch auf Arbeitsvergütung haben, ruht zur Vermeidung von Doppelzahlungen Ihr Alg-Anspruch. § 157 Abs. 1 SGB III betrifft nur Zeiten, in denen Sie nicht gearbeitet haben, z. B. weil das Arbeitsgericht feststellt, dass Ihnen zu Unrecht gekündigt worden ist, oder weil der Betrieb eingestellt ist, während das Arbeitsverhältnis weiterbesteht, oder wenn Sie ein Zurückbehaltungsrecht geltend machen (§ 273 BGB) und deshalb die Arbeit verweigern. Zum Ruhen führt nur das Arbeitsentgelt für die Zeit nach dem Ende oder während der Unterbrechung des Beschäftigungsverhältnisses, wenn das Arbeitsverhältnis für eine mehr als kurzzeitige Beschäftigung (wöchentlich wenigstens 15 Stunden) noch fortbesteht (BSG vom 5.2.2004 – B 11 AL 39/03 R, SozR 4–4300 § 128 Nr. 1). Auf die Höhe des Arbeitsentgelts kommt es nicht an.

Nicht zum Arbeitsentgelt, das zum Ruhen des Anspruchs auf Alg gemäß § 157 Abs. 1 SGB III führen kann, gehören: Einmalige Leistungen (wie Weihnachtsgeld, 13. Monatsgehalt, Jubiläumszuwendungen, zusätzliches Urlaubsgeld); Aufwandsentschädigungen/Spesen; Entlassungsentschädigungen aus einer betrieblichen Altersversorgung; Gehaltsansprüche für Zeiten, für die kein Alg gezahlt wurde.

Leistungen, die nicht zum Ruhen führen

2   Ruhen bei Urlaubsabgeltung
§ 157 Abs. 2 SGB III

Der Anspruch auf Alg ruht auch, wenn der Arbeitslose aus der Zeit seines letzten Beschäftigungsverhältnisses noch einen Anspruch auf Urlaubsabgeltung hat.

Das Ruhen erfasst die gesamte Urlaubsabgeltung, nicht nur die, die nach dem BUrlG geschuldet wird. Auch die auf Grund eines Tarifvertrages oder einer Einzelvereinbarung geschuldete Urlaubsabgeltung führt zum Ruhen des Alg-Anspruchs (BSG vom 29.3.2001 – B 7 AL 14/00 R, DBlR 4673a AFG/§ 105b; BAG vom 14.3.2006 – 9 AZR 312/05, NZA-RR 2006, S. 1232). Der Urlaubsabgeltung steht ein Schadensersatzanspruch wegen des nicht gewährten Urlaubs nicht gleich (BSG vom 21.6.2001 – B 7 AL 62/00 R).

Der Urlaubsabgeltung nach dem BUrlG soll das einem Grenzgänger aus der dänischen Ferienkasse gezahlte Urlaubsgeld entsprechen und ebenfalls zum Ruhen führen (BSG vom 17.3.2016 – B 11 AL 4/15 R).

Der Ruhenszeitraum beginnt mit dem ersten Tag der Arbeitslosigkeit und läuft kalendermäßig ab (SG Berlin vom 3.7.2009 – S 58 AL 5008/08, info also 2009, S. 215). Der Anspruch ruht auch dann vom Beginn der Beschäftigungslosigkeit an, wenn der Arbeitnehmer zunächst krank ist und Krankengeld erhält (BAG vom 17.11.2010 – 10 AZR 649/09). Das Krankengeld ruht nicht wegen der Urlaubsabgeltung, weil diese dem Arbeitslosen die Nachholung des im Arbeitsverhältnis nicht genommenen Erholungsurlaubs ermöglichen soll; sie dient also einem anderen Zweck als das Krankengeld (BSG vom 30.5.2006 – B 1 KR 26/05 R).

Die Ruhenszeit ist davon abhängig, wie viele Urlaubs-Wochenarbeitstage arbeitsvertraglich vereinbart waren. Bei einer Fünftagewoche erfolgt die Berechnung anhand der Werktage einschließlich der Wochenfeiertage (BSG vom 29.3.2001 – B 7 AL 14/00 R und vom 2.2.2002 – B 7 AL 28/01 R; ebenso LSG Berlin-Brandenburg vom 17.11.2005 – L 28 AL 36/05).

Nach Meinung des LSG Nordrhein-Westfalen vom 11.1.2006 – L 12 AL 34/05 und des SächsLSG vom 30.4.2014 – L 3 AL 181/13 B PKH ist § 157 Abs. 2 SGB III nicht verfassungswidrig und verstößt nach LSG Berlin-Brandenburg vom 30.11.2016 – L 18 AL 38/16 auch nicht gegen Gemeinschaftsrecht.

 Da Urlaubsabgeltungszeiten nicht Anwartschaftszeiten sind, empfehlen wir, dass mit dem Arbeitgeber eine Verlängerung des Arbeitsverhältnisses um die Zeit, für die die Urlaubsabgeltung gezahlt werden kann, vereinbart wird.

Die Verlängerung des Arbeitsverhältnisses um die Zeit des abzugeltenden Urlaubs sicherte den Arbeitslosen bisher auch besser, wenn er während dieser Zeit krank wurde (zur neuen Regelung → S. 640).

3 **Ruhen bei Sozialleistungen**
  § 156 SGB III

Der Anspruch auf Alg ruht auch, sofern für dieselbe Zeit andere Sozialleistungen – z. B. Krankengeld, Renten – gezahlt werden. Zu den Sozialleistungen, die zum Ruhen des Alg-Anspruchs führen, gehören auch vorzeitige Ruhegehälter für Soldaten (BSG vom 18.12.2003 – B 11 AL 25/03 R) und Übergangsrenten aus dem Sonderversorgungssystem der NVA (Sächsisches LSG vom 19.1.2006 – L 3 AL 115/02; Thüringer LSG vom 30.6.2005 – L 3 AL 663/02); das gilt auch für das Ruhegehalt von Offizieren, die in strahlengetriebenen Kampfflugzeugen verwendet werden, wenn sie tatsächlich nach § 44 Abs. 2 und § 45 Abs. 2 Nr. 3 Soldatengesetz mit dem 46. Lebensjahr ausscheiden (BSG vom 23.10.2014 – B 11 AL 21/13 R). Die genannten Urteile haben die Verfassungsmäßigkeit der Ruhensregelung ausdrücklich bejaht.

Bei ausländischen Sozialleistungen kommt es darauf an, ob diese mit deutschen öffentlich-rechtlichen Sozialleistungen vergleichbar sind. Dies ist z. B. für die schweizerische Altersrente, die Invalidenrente und die Überbrückungsrente (BSG vom 21.7.2009 – B 7/7a AL 36/07 R und vom 18.12.2008 – B 11 AL 32/07 R; LSG Baden-Württemberg vom 4.7.2000 – L 13 AL 4301/99 und vom 25.2.2014 – 13 AL 2999/12), für eine litauische Altersrente (BSG vom 16.5.2012 – B 4 AS 105/11 R) und die französische Invaliditätsrente (LSG Rheinland-Pfalz vom 22.8.2013 – L 1 AL 55/12; LSG Baden-Württemberg vom 24.2.2017 – L 8 AL 3033/15) bejaht worden (siehe auch LSG Baden-Württemberg vom 12.5.2011 – L 12 AL 1208/10). Ähnliches gilt für die österreichische vorzeitige Alterspension wegen Erwerbsunfähigkeit und Erreichen des 57. Lebensjahrs (BayLSG vom 11.10.2001 – L 10 AL 406/00). Auch die britische Altersrente für Frauen ist eine vergleichbare Sozialleistung (SG Hamburg vom 16.3.2010 – S 18 AL 979/06).

Zum Ruhen des Alg-Anspruchs führt die andere Sozialleistung nur, wenn der Sozialleistungsträger sie zuerkannt hat. Das ist nur dann der Fall, wenn sie zur Auszahlung kommt, nicht aber, wenn sie mit anderen Ansprüchen verrechnet wird (BSG vom 20.9.2001 – B 11 AL 35/01 R). Tatsächlich wertlose Rentenansprüche führen nicht zum Ruhen des Alg-Anspruchs (SächsLSG vom 22.5.2003 – L 3 AL 247/01: Rente nach kasachischem Recht). Die tatsächlich gezahlte Sozialleistung führt aber immer zum Ruhen, **unabhängig von der Höhe** und den Gründen für die Beantragung (BSG vom 20.9.2001, a. a. O.; LSG Nordrhein-Westfalen vom 29.9.2005 – L 9 AL 98/05). Ob ein Verzicht auf eine Sozialleistung trotz § 46 SGB I wirksam ist, ist umstritten; das BSG vom 3.5.2005 – B 7a/7 AL 40/04 R, SozR 4–4300 § 194 Nr. 8 hat dies für das Übergangsgeldgeld im Anschluss an eine Maßnahme der Teilhabe am Arbeitsleben verneint, das LSG Nordrhein-Westfalen vom 11.4.2002 – L 9 AL 4/00 hat die Rücknahme eines Rentenantrags vor Bestandskraft des Bewilligungsbescheides für zulässig gehalten.

4   **Ruhen bei unterlassenen Anträgen auf Rente oder Reha**

In zwei Fällen kann der Anspruch auf Alg ruhen, wenn trotz Aufforderung der AA der Alg-Bezieher keinen Antrag auf Rente oder Reha-Maßnahme stellt:

■ Im Rahmen der Nahtlosigkeit, § 145 Abs. 2 SGB III (→ S. 107).

■ Bei Beziehern einer Rente wegen teilweiser Erwerbsminderung neben Alg-Bezug, die eine Rente wegen voller Erwerbsminderung beantragen könnten, § 156 Abs. 1 Satz 2 und 3 SGB III.

5   **Ruhen bei Arbeitskämpfen**
         §§ 160, 100 SGB III

Wird ein Arbeitnehmer durch Beteiligung an einem inländischen Arbeitskampf arbeitslos, so ruht der Anspruch auf Alg bis zum Ende des Arbeitskampfes (§ 160 Abs. 2 SGB III). Sollten infolgedessen Arbeitnehmer von Zuliefer- oder Abnehmerbetrieben ebenso wie mittelbar betroffene Arbeitnehmer zeitweilig arbeitslos werden, so erhalten diese kein Alg. Es kommt hierbei nicht darauf an, ob die Arbeitskampfmaßnahme zulässig oder rechtswidrig war; erfasst werden Streiks, wilde Streiks und Aussperrungen. Voraussetzung ist allerdings, dass

– der Beschäftigungsbetrieb dem räumlichen und fachlichen Geltungsbereich des umkämpften Tarifvertrages angehört (§ 160 Abs. 3 Satz 1 Nr. 1 SGB III) oder

– in einem anderen räumlichen Geltungsbereich des Tarifvertrages, dem der Betrieb fachlich zuzuordnen ist, eine Forderung erhoben wird, die einer Hauptforderung des Arbeitskampfes nach Art und Umfang gleich ist, ohne mit ihr übereinstimmen zu müssen, und das Ergebnis des Arbeitskampfes aller Voraussicht nach in dem nicht umkämpften Tarifgebiet übernommen wird (§ 160 Abs. 3 Satz 1 Nr. 2 SGB III).

In Härtefällen kann der Verwaltungsrat bestimmten Gruppen von Arbeitnehmern Alg gewähren (§ 160 Abs. 4 SGB III).

Die Ruhensregelung nach § 160 SGB III gilt gemäß § 100 SGB III für Kurzarbeitergeld entsprechend.

Das BVerfG vom 4.7.1995 – 1 BvF 2/86 u.a. hat die Verfassungsmäßigkeit der inhaltsgleichen Vorgängervorschrift, des § 116 AFG festgestellt. Immerhin hat sich das BSG vom 4.10.1994 – 7 KlAr 1/93, BSGE 75, S. 97 um eine einschränkende Auslegung bemüht.

Über die Geschichte des »Streikparagrafen« § 160 SGB III informiert Jürgen Karasch in AuR 2007, S. 257–260.

IV Welche Folgen hat das Ruhen?

1 Hinausschieben des Anspruchs

Das Ruhen des Anspruches schiebt den Beginn der Alg-Zahlung für eine bestimmte Zeit hinaus oder unterbricht ihn.

2 Gleichwohlgewährung

Sind die Entlassungsentschädigung, das Arbeitsentgelt oder die Urlaubsabgeltung noch nicht ausgezahlt, hat die AA Alg im Wege der Gleichwohlgewährung zu zahlen (§§ 157 Abs. 3, 158 Abs. 4 SGB III). Der Anspruch gegen den Arbeitgeber geht gemäß § 115 SGB X in Höhe des gezahlten Alg auf die AA über.

Anspruchs-
übergang

Hat der Arbeitgeber die Entlassungsentschädigung, das Arbeitsentgelt oder die Urlaubsabgeltung trotz des Rechtsüberganges mit befreiender Wirkung an den Arbeitslosen gezahlt, muss dieser der AA den übergegangenen Betrag erstatten.

Erstattung

Zahlt der Arbeitgeber das Alg an die AA zurück, fließt dem Arbeitnehmer steuerrechtlich in diesem Umfang der ausstehende Lohn zu (BFH vom 15.11.2007 – VI R 66/03).

Die AA kann die Auszahlung des Arbeitsentgelts durch den Arbeitgeber an den Arbeitslosen genehmigen; dann ist gleichfalls der Arbeitslose nach §§ 157 Abs. 3, 158 Abs. 4 SGB III erstattungspflichtig (BSG vom 24.6.1999 – B 11 AL 7/99 R, SozR 3–4100 § 117 Nr. 18 und vom 22.10.1998 – B 7 AL 106/97 R, BSGE 83, S. 82).

Erhält der Arbeitslose nur einen Teil der ihm zustehenden Arbeitgeberleistung, darf es zum Ruhen erst kommen, wenn er mehr erhalten hat, als ihm von der Abfindung nach § 158 SGB III zusteht (BSG vom 13.3.1990 – 11 RAr 69/89). Die BA darf deshalb nicht im vollen Umfang einer Teilleistung des Arbeitgebers Erstattung für das gezahlte Alg verlangen (so aber BSG vom 8.2.2001 – B 11 AL 59/00 R, SozR 3–4100 § 117 Nr. 23).

Dagegen kann die AA regelmäßig den Arbeitslosen nicht in Anspruch nehmen, wenn es durch die rückwirkende Bewilligung von Sozialleistungen zu einer Überzahlung gekommen ist. Hier muss sich die AA an den anderen Sozialleistungsträger wenden, sie kann nicht wählen, wer ihr den überzahlten Betrag erstatten soll (LSG Rheinland-Pfalz vom 22.3.2012 – L 1 AL 39/11, info also 2012, S. 167 und – L 1 AL 90/11).

In allen genannten Fällen muss die AA den Arbeitslosen anhören, bevor sie ihren Erstattungsanspruch geltend macht (LSG Nordrhein-Westfalen vom 22.7.2015 – L 9 AL 9/15 B).

Die Alg-Bewilligung im Wege der Gleichwohlgewährung erfolgt nicht unter Vorbehalt, sondern endgültig und verbraucht zunächst den Alg-Anspruch. Die Gewährung bleibt auch dann rechtmäßig, wenn der Arbeitslose später doch noch die Arbeitgeberleistung erhält oder diese an die AA gezahlt wird. Soweit die AA Ersatz für das gezahlte Alg erhält (durch Zahlung des Arbeitgebers auf übergegangene Arbeitsentgeltansprüche oder durch Insolvenzgeld), entfällt die Minderung der Anspruchsdauer (BSG vom 9.8.1990 – 7 RAr 104/88, DBlR 3752a AFG/ § 117).

Neu

Die Gutschrift ist seit 1.8.2016 davon abhängig, dass der Arbeitgeber der AA für die Zeit der Gleichwohlgewährung neben dem gezahlten Alg auch die Beiträge zur Sozialversicherung erstattet (§ 148 Abs. 3 SGB III).

Die Minderung der Anspruchsdauer entfällt auch, wenn die nach § 156 SGB III vorrangig zu zahlende Sozialleistung erstattet wird (BSG vom 23.7.1998 – B 11 AL 97/97 R, SozR 3–4100 § 105a Nr. 6).

Das BSG vom 11.6.1987 – 7 RAr 16/86, SozR 4100 § 117 Nr. 18 und vom 29.11.1988 – 11/7 RAr 79/87, SozR 4100 § 117 Nr. 23 hält die AA nicht für verpflichtet, im Interesse des Arbeitnehmers die übergegangenen Arbeitsentgeltansprüche geltend zu machen; unter Umständen bleibt es deshalb beim Verbrauch des Alg-Anspruchs durch die Gleichwohlgewährung, weil sich die AA nicht um die Beitreibung der Forderung gegen den Arbeitgeber bemüht.

Das LSG Niedersachsen-Bremen vom 3.9.2009 – L 12 AL 46/07, info also 2010, S. 251 hat dem BSG entschieden widersprochen; es sei unbillig, wenn der Alg-Anspruch verbraucht bleibe, weil die BA den auf sie übergegangenen Arbeitsentgeltanspruch nicht beigetrieben habe. Das HessLSG vom 2.9.2011 – L 9 AL 107/09, info also 2012, S. 61, hat sich dem LSG Niedersachsen angeschlossen.

Der Arbeitnehmer kann den Arbeitslohn, der wegen der Zahlung von Alg auf die AA übergegangen ist, selbst (für die AA) geltend machen (BAG vom 19.3.2008 – 5 AZR 432/07, NJW 2008, S. 2204); wird dann der Lohn an die AA in Höhe des Alg gezahlt, verlängert sich die Alg-Anspruchsdauer.

Da der Alg-Anspruch auch im Falle der Gleichwohlgewährung bei Vorliegen aller Voraussetzungen endgültig entsteht, bleibt er hinsichtlich aller Folgen (Dauer, Höhe) maßgeblich, bis er verbraucht oder ein neuer entstanden ist (BSG vom 11.12.2014 – B 11 AL 2/14 R; LSG Nordrhein-Westfalen vom 19.9.2011 – L 16 AL 142/11). Er wird nicht nachträglich neu berechnet, auch wenn das für den Arbeitslosen günstiger wäre. Allerdings kann dem BSG nicht zugestimmt werden, dass wegen der Zahlung vom Alg während der Gleichwohlgewährungsphase mit dem nachträglich gezahlten Arbeitsentgelt keine Anwartschaftszeit erworben werden kann (BSG vom 11.12.2014 – B 11 AL 2/14 R).

3   Minderung des Anspruchs?

Ruhenszeiten mindern den Anspruch auf Alg nur, soweit dies gesetzlich vorgeschrieben ist.

Keine Minderung des Anspruchs

Ruhenszeiten nach § 156 SGB III (Anspruch auf andere Sozialleistungen), § 157 SGB III (Anspruch auf Arbeitsentgelt und Urlaubsabgeltung), § 158 SGB III (Erhalt von Entlassungsentschädigungen ohne

Einhaltung der Kündigungsfrist) und § 160 SGB III (Arbeitskämpfe) mindern nicht die Anspruchsdauer. In diesen Fällen wird der Alg-Bezug also nur hinausgeschoben.

Immer gemindert wird die Anspruchsdauer wegen Ruhens bei Sperrzeiten, und zwar regelmäßig um die Anzahl der Sperrzeittage (§ 148 Abs. 1 Nr. 3 SGB III).

Minderung des Anspruchs nur bei Sperrzeiten

Bei einer ungekürzten Sperrzeit wegen des Verlustes des Arbeitsplatzes tritt gemäß § 148 Abs. 1 Nr. 4 SGB III eine Minderung um ein Viertel der Anspruchsdauer ein, bei einer möglichen Höchstbezugsdauer von 24 Monaten sechs Monate.

Dennoch ist es günstiger, sich trotz drohender Sperrzeit gleich bei der AA arbeitslos zu melden und Alg zu beantragen; bei einer späteren Meldung besteht die Gefahr, dass wegen der Verschiebung der Rahmenfrist und der dadurch bewirkten Verkürzung der Anwartschaftszeit auch der entstehende Alg-Anspruch verkürzt und durch die Sperrzeit weiter gemindert wird.
Außerdem sichert die Arbeitslosmeldung seit 1.8.2017 trotz Sperrzeit kostenlosen Krankenversicherungsschutz (zu den Neuregelungen vgl. Ute Winkler, info also 2017, S. 106 und unten → S. 638).

Neu

4 Überzahlung

Bewilligt die AA ungekürztes Alg, obwohl der Anspruch nach §§ 157 Abs. 1 und 2, 158 Abs. 1 SGB III teilweise geruht hat und die Entlassungsentschädigung, das Arbeitsentgelt oder die Urlaubsabgeltung bereits ausgezahlt waren, muss die Überzahlung nach § 45 SGB X und nicht nach §§ 157 Abs. 3 Satz 2, 158 Abs. 4 Satz 2 SGB III rückgängig gemacht werden (BSG vom 3.3.1993 – 11 RAr 49/92 und 57/92, SozR 3–4100 § 117 Nrn. 9 und 10).

Rückforderung

5 Auswirkungen auf die Kranken-, Pflege- und Rentenversicherung

Während der Ruhenszeiten wegen einer Entlassungsentschädigung sind Sie grundsätzlich nicht über die AA kranken- und pflegeversichert.
Wenn das Alg wegen eines Streiks ruht, bleibt der Schutz in der Kranken- und Pflegeversicherung erhalten (§ 192 Abs. 1 Nr. 1 SGB V bzw. § 20 Abs. 1 Nr. 1 SGB XI).
Seit 1.8.2017 sind Sie nach § 5 Abs. 1 Nr. 2 SGB V auch während der Urlaubsabgeltung und während der Sperrzeit kostenlos krankenversicherungsrechtlich geschützt.

Neu

Erhalten Sie noch Arbeitsentgelt, besteht das sozialversicherungspflichtige Arbeitsverhältnis regelmäßig weiter. Wegen der Einzelheiten verweisen wir auf → S. 637.

Die Ruhenszeiten sind keine Beitragszeiten in der gesetzlichen Rentenversicherung, sondern meist nur geringerwertige Anrechnungszeiten; unter Umständen werden sie rentenrechtlich gar nicht berücksichtigt.

V   Zusammentreffen mehrerer Ruhenszeiträume

Treffen mehrere Ruhenszeiträume zusammen, muss geprüft werden, ob diese hintereinandergeschaltet werden oder ob die Ruhenszeiträume sich überlappen. Dies hängt davon ab, warum das Ruhen eintritt.

Die meisten Ruhenszeiten beginnen kalendermäßig jeweils mit dem Tag, der Anknüpfungspunkt für den Eintritt des Ruhens ist. Mehrere Ruhenszeiträume können sich daher überlappen. Nur mehrere Sperrzeiten überschneiden sich meist nicht, sondern laufen nacheinander ab → S. 313.

Überlappen

Beispiel
zum Ruhen wegen
Sperrzeiten

Elfriede Wehrmich verliert ihren Arbeitsplatz wegen einer ordentlichen verhaltensbedingten Kündigung zum 30.6. Allerdings hat sich ihr Arbeitgeber verrechnet. Nach dem einschlägigen Tarifvertrag hätte das Arbeitsverhältnis nur zum 30.9. ordentlich gekündigt werden können. Vor dem Arbeitsgericht einigen sich Elfriede Wehrmich und ihr Arbeitgeber auf die Beendigung zum 30.6. und auf Zahlung einer Abfindung in Höhe eines Monatsgehalts von 1.600 €. Die AA, bei der sich Elfriede Wehrmich am 1.7. arbeitslos meldet und Alg beantragt, verhängt eine Sperrzeit von zwölf Wochen. Ab wann erhält Elfriede Wehrmich Alg?

Die Sperrzeit reicht vom 1.7. bis zum 22.9. Wegen Nichteinhaltung der ordentlichen Kündigungsfrist und Zahlung einer Entlassungsentschädigung kommt es außerdem zum Ruhen des Alg-Anspruchs für die Dauer der ordentlichen Kündigungsfrist bis zum 30.9. Der Ruhenszeitraum nach § 159 SGB III und der Ruhenszeitraum nach § 158 SGB III laufen kalendermäßig ab und überlappen sich folglich. Ab dem 23.9. erhält Elfriede Wehrmich Alg, weil das Alg wegen der Entlassungsentschädigung nur für 18 Tage ruht und die Ruhenszeit zeitgleich mit der Sperrzeit läuft.

Erhält der Arbeitslose eine anrechenbare Entlassungsentschädigung und eine Urlaubsabgeltung, beginnen beide Ruhenszeiten mit dem Ende des Arbeitsverhältnisses, d.h. sie überschneiden sich und laufen kalendermäßig ab. Allerdings verlängert sich das Ruhen nach § 158 Abs. 1 Satz 5 SGB III um die Zeit der Urlaubsabgeltung.

Zeitgleich können auch die Ruhenszeiten wegen Zahlung einer Entlassungsentschädigung, einer Urlaubsabgeltung oder von Arbeitsentgelt mit Sperrzeiten eintreten. Auch diese laufen miteinander ab; allerdings führt die Sperrzeit auch dann, wenn sie sich wegen des zeitgleichen Ruhens auf Grund einer Entlassungsentschädigung nicht unmittelbar auswirkt, immer zu einer Kürzung der Anspruchsdauer (§ 148 Abs. 1 Nr. 3 und 4 SGB III).

VI   **Was muss geändert werden?**
        Ruhenszeit wegen Urlaubsabgeltung muss Versicherungszeit
        werden

Wenn die Urlaubsabgeltung zum Ruhen des Alg-Anspruchs führt, weil die Urlaubsabgeltung wie Arbeitsentgelt gewertet wird, dann muss die Ruhenszeit als Versicherungszeit behandelt werden.

Die Probleme, die sich aus dem unzureichenden Schutz der Krankenversicherung während des Abgeltungsruhens und der Sperrzeiten bisher ergaben und deren Beseitigung wir seit Jahren in diesem Leitfaden angemahnt haben, sind seit 1.8.2017 durch eine Neufassung des § 5 Abs. 1 Nr. 2 SGB V vernünftig gelöst. Siehe hierzu → S. 637 f.

Neu

K Kurzarbeitergeld (Kug)
§§ 95–109, 111 SGB III

I **»Verbleibe-Kug« (Konjunktur-Kug)**
§§ 95 – 109 SGB III

1 **Was ist Kurzarbeit, was ist Kug?**

Kurzarbeit ist Teilarbeitslosigkeit wegen Arbeitsausfalls. Der Verdienstausfall wegen des Arbeitsausfalls kann durch Kug zum Teil ausgeglichen werden. Durch Kurzarbeit mit Kug können Arbeitnehmer vor Vollarbeitslosigkeit bewahrt und dem Arbeitgeber eingearbeitete Arbeitnehmer erhalten werden.

In heftigen Krisen wie der letzten Weltwirtschaftskrise gewinnt das Kug große Bedeutung. Langfristig planende Unternehmen versuchen trotz Krise Arbeitnehmer über Kurzarbeit mit Kug zu halten.

Arbeitgeber sollten allerdings den erheblichen bürokratischen Aufwand, der notwendig ist, um Kug zu er- und zu behalten, nicht unterschätzen.

2 **Wann ist Kurzarbeit zulässig?**

Ein Arbeitgeber kann Kurzarbeit (mit Ausnahme der Zulassung durch die BA bei Massenentlassungen, § 19 KSchG) nicht einseitig einführen (BAG vom 12.10.1994 – 7 AZR 398/93, DB 1995, S. 734), sondern nur aufgrund einer

■ Einzelvereinbarung zwischen Arbeitgeber und Arbeitnehmer (zu den dabei zu beachtenden Formalien vgl. BSG vom 21.7.2009 – B 7 AL 3/08 R); oder

■ im Einzelarbeitsvertrag schon vorhandenen Kurzarbeitsklausel; oder

Arbeitgeber kann Kurzarbeit nicht einseitig anordnen

- Änderungskündigung durch den Arbeitgeber.
  Hierbei ist das Mitbestimmungsrecht des Betriebsrates (§ 87 Abs. 1 Nr. 3 BetrVG) zu beachten, ansonsten ist die Verkürzung der Arbeitszeit rechtlich unwirksam; oder

- tarifvertraglichen Regelung; oder

- Betriebsvereinbarung zwischen Arbeitgeber und Betriebsrat.

»Eine Betriebsvereinbarung zur Einführung von Kurzarbeit muss die sich daraus ergebenden Rechte und Pflichten so deutlich regeln, dass diese für die AN zuverlässig zu erkennen sind. Erforderlich sind mind. die Bestimmung von Beginn und Dauer der Kurzarbeit, die Regelung der Lage und Verteilung der Arbeitszeit sowie die Auswahl der betr. AN« (BAG vom 18.11.2015 – 5 AZR 491/14).

Eingehend zu den arbeitsrechtlichen Voraussetzungen zur Einführung von Kurzarbeit Arietta Gebel, BB 2015, S. 2485 f.

Betriebsbedingte Kündigungen sind bei Kurzarbeit mit Konjunktur-Kug regelmäßig erschwert:

»Wird Kurzarbeit geleistet, so spricht dies dafür, dass die Betriebsparteien nur von einem vorübergehenden Arbeitsmangel und nicht von einem dauerhaft gesunkenen Beschäftigungsbedarf ausgehen. Ein nur vorübergehender Arbeitsmangel wiederum kann eine betriebsbedingte Kündigung nicht rechtfertigen. Dieses aus der Kurzarbeit folgende Indiz kann der Arbeitgeber durch konkreten Sachvortrag entkräften« (BAG vom 23.2.2012 – 2 AZR 548/10, DB 2012, S. 1630).

3   **Wer kann Kug erhalten?**
       §§ 97, 98 SGB III

3.1   **Fast alle Betriebe**

Nicht nur gewerbliche Betriebe, auch Betriebe, die kulturellen oder sozialen Zwecken dienen, können Kug erhalten; auch für einzelne Betriebsabteilungen gibt es Kug. Selbst für Heimarbeitsbetriebe kommt Kug infrage (§ 103 SGB III). Die Größe des Betriebes spielt keine Rolle; ein Arbeitnehmer genügt.

Auch für in EU-Land entsandte Arbeitnehmer

Kug können nach BayLSG vom 1.7.2009 – L 9 AL 109/09 B ER auch in ein EU-Land entsandte Arbeitnehmer erhalten, wenn
– das Arbeitsverhältnis in Deutschland fortbesteht;
– die geschuldete Arbeitsleistung in dem EU-Land tatsächlich für den deutschen Arbeitgeber erbracht wird;
– die Arbeit in dem EU-Land voraussichtlich 12 Monate nicht überschreitet bzw. der Arbeitnehmer nicht einen anderen Arbeitnehmer ablöst, für den die Entsendezeit abgelaufen ist.

Kug können z. B. nicht erhalten:
- Haushalte,
- Betriebe ohne regelmäßige Arbeitszeit,
- Betriebe des Baugewerbes in der Schlechtwetterzeit (§ 95 Satz 2 SGB III). An die Stelle des Konjunktur-Kug tritt hier das Saison-Kug (→ S. 384).

Ausgeschlossene Betriebe

Kein Kug gibt es grundsätzlich bei Insolvenz des Betriebes; in diesem Fall muss rechtzeitig Insolvenzgeld beantragt werden.

Insg statt Kug

3.2 Fast alle Arbeitnehmer

Kug können Arbeitnehmer erhalten, die bei Beginn des Arbeitsausfalls beim Arbeitgeber versicherungspflichtig beschäftigt sind. Voraussetzung für den Bezug von Kug ist nicht die Erfüllung einer Anwartschaftszeit.

Keine Anwartschaftszeit

Werden Arbeitnehmer erst nach dem Eintritt des Arbeitsausfalls eingestellt, erhalten sie nach § 98 Abs. 1 Nr. 1b SGB III Kug nur, wenn ihre Beschäftigung für den Betrieb zwingend erforderlich ist, z. B. wegen des Ausfalls eines Spezialisten, der bei einem Teil-Arbeitsausfall für die weitere Produktion benötigt wird.

»Auch befristet Beschäftigte erhalten Kug. Die Verlängerung einer befristeten Beschäftigung während der Kurzarbeit ist möglich.« (BMAS, Presseerklärung vom 27.1.2009)

Auch befristet Beschäftigte

»In der Arbeitsphase der Altersteilzeit anfallende Kurzarbeit muss nicht nachgearbeitet werden. Das heißt, dass es – wie bisher – kollektiv- bzw. individualrechtlich möglich ist, alternative Regelungen zu treffen. Nach den bisherigen tarifvertraglichen Regelungen dürfen Beschäftigte in Altersteilzeit nicht in Kurzarbeit mit einbezogen werden, teilweise ist eine Nacharbeitspflicht für Arbeitnehmer ausdrücklich ausgeschlossen, teilweise ist der Arbeitgeber zu Aufstockungen verpflichtet; eine generelle Pflicht zur Nacharbeit besteht nicht.« (BMAS, a.a.O.)

In der Arbeitsphase der Altersteilzeit Beschäftigte

3.3 Ausgeschlossene Arbeitnehmer

Zwischen 2009 und 2011 konnten auch Leiharbeiter ausnahmsweise Kug erhalten. Dies ist seit 1.1.2012 ausgeschlossen. § 11 Abs. 4 Satz 1 AÜG weist dem Verleiher das Vergütungsrisiko zu, dass er den Leiharbeiter nicht oder nur zeitweise beschäftigen kann. Dieses Risiko ist gemäß § 11 Abs. 4 Satz 2 AÜG nicht abdingbar.

Nicht (mehr) Leiharbeiter

Dass es für Leiharbeiter kein Kug geben kann, hat das BSG vom 21.7.2009 – B 7 AL 3/08 R klargestellt. Neben dem Hinweis auf § 11 Abs. 4 Satz 2 AÜG stützt das BSG die Unmöglichkeit von Kug auf das SGB III. Danach gibt es Kug nur bei erheblichem vermeidbarem Arbeitsausfall. Als vermeidbar gilt ein branchenüblicher Arbeitsausfall.

»Der Arbeitsausfall [so das BSG] ist in diesem Sinne grundsätzlich branchenüblich … Es ist aber nicht Aufgabe des Kug, Schwankungen der Beschäftigungslage aufzufangen, die – wie hier – durch die Eigenart der Betriebe bedingt sind oder regelmäßig wiederkehren … Inwieweit der Arbeitsausfall auf einem Auftragsrückgang oder vergleichbaren wirtschaftlichen Gründen beruht, ist … regelmäßig ohne Bedeutung … Dies gilt selbst bei nicht mehr kurzfristigen Ausfallzeiten, in denen der Arbeitgeber mangels Entleihernachfrage keine Überlassungsmöglichkeiten hat, weil auch dieses Risiko der Eigenart des Betriebs folgt und nicht auf die Solidargemeinschaft der Beitragszahler abgewälzt werden kann … Fällt der Beschäftigungsbedarf dauerhaft weg, wäre Kug schon nach § 170 Abs. 1 Nr. 2 SGB III [a. F.] nicht zu zahlen, weil der Arbeitsausfall nicht nur vorübergehend wäre.«

Seit 2012 – wie schon in der Zeit vor 2009 – bleibt dem Verleiher nur die betriebsbedingte Kündigung. Eine solche ist aber nicht schon bei kurzfristigen Auftragslücken zulässig. Das BAG vom 18.5.2006 – 2 AZR 412/05 lässt eine betriebsbedingte Kündigung erst bei dauerhaftem Auftragsrückgang zu. Als »Daumenregel« gilt: Ein dauerhafter Auftragsrückgang beginnt erst bei einer Auftragslücke von mehr als drei Monaten.

Weitere Ausschlüsse

Kein Kug gibt es außerdem,

- wenn weiter ein Anspruch auf Arbeitsentgelt besteht. Das ist insbesondere der Fall, wenn ein Arbeitgeber einseitig (also ohne die Zustimmung des Betriebsrats oder gegebenenfalls der Arbeitnehmer) Kurzarbeit angeordnet hat. In diesem Fall behalten die Arbeitnehmer den vollen Lohnanspruch;

- für Arbeitnehmer, die während des Arbeitsausfalls ohne zwingenden betrieblichen Grund eingestellt werden;

- in der Regel für Auszubildende in den ersten sechs Wochen der Kurzarbeit; denn gemäß § 19 Abs. 1 Nr. 2a BBiG ist die Ausbildungsvergütung sechs Wochen lang fortzuzahlen. Nach Ablauf von sechs Wochen ist der Auszubildende Kug-berechtigt, wenn die Unterbrechung der Ausbildung wirklich unvermeidbar i.S. § 96 Abs. 1 Nr. 3 SGB III ist;

- für die Bezieher von Alg bei beruflicher Weiterbildung oder für die Bezieher von Übergangsgeld, wenn diese Leistung nicht für eine neben der Beschäftigung durchgeführte Teilzeitmaßnahme gezahlt wird (§ 98 Abs. 3 Nr. 1 SGB III);

- für die Bezieher von Krankengeld (§ 98 Abs. 3 Nr. 2 SGB III);

- für geringfügig Beschäftigte;

- für vom Arbeitgeber gewährten Urlaub während der Kurzarbeit. Das Urlaubsentgelt (= das Arbeitsentgelt während des gewährten Urlaubs) berechnet sich trotz Kurzarbeit nach dem ungekürzten Entgelt der letzten 13 Wochen; denn nach § 11 Abs. 1 Satz 3 BundesurlaubsG bleiben Verdienstkürzungen infolge von Kurzarbeit außer Betracht.

Zur Frage, welche Folge Kurzarbeit für den Urlaubsanspruch hat, vgl. EuGH vom 8.11.2012 – Rs. C-229 und C-230/11 (zur »Kurzarbeit Null«) und Frank Bayreuther, Kurzarbeit, Urlaub und der EuGH, DB 2012, S. 2748 ff.
Das Verschieben von Erholungsurlaub in die anstehende Kurzarbeit ist erschwert (→ S. 376);

■ wenn das Arbeitsverhältnis durch Aufhebungsvertrag aufgelöst oder gekündigt ist. Hierbei genügt auch die Kündigung durch den Arbeitnehmer (BSG vom 21.11.2002 – B 11 AL 17/02 R).
Das gilt nicht, wenn »Transfer-Kug« (→ S. 377) bezogen wird;

■ wenn und solange der Kug-Bezieher bei seiner Vermittlung nicht in der von der AA verlangten und gebotenen Weise mitwirkt. Diese in § 98 Abs. 4 SGB III vorgesehene Mitwirkungspflicht spielt in der Praxis keine Rolle, weil die AA regelmäßig Kug-Bezieher nicht vermittelt.

4 Welcher Arbeitsausfall kann durch Kug ausgeglichen werden?
§ 96 SGB III

Nur bei erheblichem Arbeitsausfall kann es Kug geben. Dazu müssen vier Voraussetzungen erfüllt sein.

Erheblicher Arbeitsausfall

4.1 Wirtschaftliche Gründe oder unabwendbares Ereignis

Der Arbeitsausfall muss auf wirtschaftlichen Gründen oder einem unabwendbaren Ereignis beruhen.

Ein Arbeitsausfall beruht auch auf wirtschaftlichen Gründen, wenn er durch eine Veränderung der betrieblichen Strukturen (z. B. durch Automatisierung) verursacht wird, die durch die allgemeine wirtschaftliche Entwicklung bedingt ist. Dagegen hat das BSG vom 15.12.2005 – B 7a AL 10/05 R Arbeitsausfälle, die auf abnehmendes Interesse der Käufer eines Produktes (hier: seit 1922 produzierte Rheumabandagen aus Katzenfell) zurückzuführen sind, nicht als wirtschaftlich verursacht eingestuft.
Aus wirtschaftlichen Gründen kann auch eine Einrichtung der sozialen Arbeit zur Kurzarbeit gezwungen sein, z. B. wegen sinkender Zuschüsse.

Wirtschaftliche Gründe

Ein unabwendbares Ereignis liegt (nach der nur beispielhaften Aufzählung in § 96 Abs. 3 SGB III) insbesondere vor, wenn ein Arbeitsausfall auf ungewöhnlichen, dem üblichen Witterungsverlauf nicht entsprechenden Witterungsgründen beruht oder durch behördliche oder behördlich anerkannte Maßnahmen verursacht ist, die vom Arbeitgeber nicht zu vertreten sind. Auch BSE, Schweinegrippe und ähnliche Epidemien werden als unabwendbares Ereignis gewertet.

Unabwendbares Ereignis

Die Erkrankung der einzigen Ärztin soll kein unabwendbares Ereignis für ihre Praxis sein, weil es nicht von außen auf den Betrieb einwirke, sondern den Kernbereich des Betriebes betreffe; anders sei der Fall zu beurteilen, wenn die Arbeitsunfähigkeit durch einen Unfall verursacht sei (BSG vom 11.12.2014 – B 11 AL 3/14 R).

4.2   Vorübergehender Arbeitsausfall

Grundsätzlich nur vorübergehend

Der Arbeitsausfall darf nur vorübergehend sein (§ 96 Abs. 1 Nr. 2 SGB III). Vorübergehend ist ein Arbeitsausfall nach BSG vom 17.5.1986 – 7 RAr 13/82, wenn er voraussichtlich nicht deutlich länger als die Kug-Höchstbezugsdauer (→ S. 390) anhält.

4.3   Nicht vermeidbarer Arbeitsausfall

»Ein Arbeitsausfall ist nicht vermeidbar, wenn in einem Betrieb alle zumutbaren Vorkehrungen getroffen wurden, um den Eintritt des Arbeitsausfalls zu verhindern. Als vermeidbar gilt insbesondere ein Arbeitsausfall, der

1. überwiegend branchenüblich, betriebsüblich oder saisonbedingt ist oder ausschließlich auf betriebsorganisatorischen Gründen beruht,
2. durch die Gewährung von bezahltem Erholungsurlaub ganz oder teilweise verhindert werden kann, soweit vorrangige Urlaubswünsche der Arbeitnehmerinnen und Arbeitnehmer der Urlaubsgewährung nicht entgegenstehen, oder
3. durch die Nutzung von im Betrieb zulässigen Arbeitszeitschwankungen ganz oder teilweise vermieden werden kann.« (§ 96 Abs. 4 Sätze 1 und 2 SGB III)

Beispiel

Bei der Frage, ob der Arbeitsausfall »unvermeidbar« ist, hat die AA einen weiten Ermessensspielraum. 2016 gab es Streit, ob VW Kug erhalten könnte, wenn die Produktion stillsteht, weil ein Zulieferer wegen des von VW gebotenen Preises keine Teile mehr liefert. Die AA zahlte für 7.500 Arbeiter in Emden Kug.

»Vorrangige Urlaubswünsche der Arbeitnehmer« i.S. § 96 Abs. 4 Satz 2 Nr. 2 SGB III dürften bei länger geplanten Urlauben, insbesondere beim Urlaub mit Kindern in den Schulferien anzuerkennen sein. Dagegen muss ein Resturlaub aus dem Vorjahr wohl erst genommen werden.

Auflösung von Arbeitszeitguthaben

»Die Auflösung eines Arbeitszeitguthabens kann von der Arbeitnehmerin oder dem Arbeitnehmer nicht verlangt werden, soweit es

1. vertraglich ausschließlich zur Überbrückung von Arbeitsausfällen außerhalb der Schlechtwetterzeit (§ 101 Abs. 1) bestimmt ist und den Umfang von 50 Stunden nicht übersteigt,
2. ausschließlich für die in § 7c Absatz 1 des Vierten Buches genannten Zwecke bestimmt ist,

3. zur Vermeidung der Inanspruchnahme von Saison-Kurzarbeitergeld angespart worden ist und den Umfang von 150 Stunden nicht übersteigt,

4. den Umfang von 10 Prozent der ohne Mehrarbeit geschuldeten Jahresarbeitszeit einer Arbeitnehmerin oder eines Arbeitnehmers übersteigt oder

5. länger als ein Jahr unverändert bestanden hat.« (§ 96 Abs. 4 Satz 3 SGB III)

»In einem Betrieb, in dem eine Vereinbarung über Arbeitszeitschwankungen gilt, nach der mindestens 10 Prozent der ohne Mehrarbeit geschuldeten Jahresarbeitszeit für einen unterschiedlichen Arbeitsanfall eingesetzt werden, gilt ein Arbeitsausfall, der im Rahmen dieser Arbeitszeitschwankungen nicht mehr ausgeglichen werden kann, als nicht vermeidbar.« (§ 96 Abs. 4 Satz 4 SGB III)

Betriebsräte und Gewerkschaften müssen sich demnach bei Betriebsvereinbarungen und Tarifverträgen, die Arbeitszeitkonten regeln, über deren Auswirkungen auf das Kug im Klaren sein.

4.4 Mindestumfang des Arbeitsausfalls

In einem (Kug-)Anspruchszeitraum (= Kalendermonat) muss mindestens ein Drittel der tatsächlich beschäftigten Arbeitnehmer des Betriebs oder der Betriebsabteilung durch den Arbeitsausfall mehr als 10 % weniger verdienen. Bei der Ermittlung des Drittels sind gemäß § 96 Abs. 1 Satz 2 SGB III Auszubildende nicht mitzuzählen.

Mindestens 33 % verdienen über, 10 % weniger

Nach § 96 Abs. 1 Satz 1 Nr. 4 2. Halbsatz SGB III kann der Entgeltausfall auch jeweils 100 % des monatlichen Bruttoentgelts betragen. Damit stellt der Gesetzgeber klar, dass »Kurzarbeit Null« rechtens ist. Er räumt damit die seitens des BSG vom 14.9.2010 – B 7 AL 21/09 R an der Zulässigkeit von »Kurzarbeit Null« geäußerten Zweifel aus.

Auch bei »Kurzarbeit Null«

II »Vertreibe-Kug« (Transfer-Kug)
§ 111 SGB III

1 Unterschiede: »Verbleibe-Kug« und »Vertreibe-Kug«

»Transfer-Kug« dient dazu, überflüssig gewordene oder gemachte Arbeitnehmer ohne Entlassung, zeitlich befristet in ein neues Arbeitsverhältnis zu überführen, zu »transferieren«. Als Grund für diesen »Transfer« genügt jeder betriebliche Rekonstruierungsprozess, egal ob Ursache eine Struktur- oder Konjunkturkrise ist oder ob einfach nur der Profit gesteigert werden soll.

»Verbleibe-Kug«
beim Bleiben –
»Transfer-Kug«
beim Vertreiben

Wir verwenden für das herkömmliche Kug den Begriff »Verbleibe-Kug«. Damit wird der Hauptunterschied zum »Transfer-Kug« deutlich: Das »Verbleibe-Kug« soll das Verbleiben im alten Betrieb sichern, das »Transfer-Kug« das Vertreiben aus dem alten Betrieb durch Transfer in eine »betriebsorganisatorisch selbständige Einheit« (= »Transfergesellschaft«) abfedern. Ein bekanntes Beispiel ist die »Transfergesellschaft« nach Schließung des Opelwerks in Bochum.

Schaubild
Unterschiede »Verbleibe-Kug« – »Vertreibe-Kug«

	»Verbleibe-Kug« (§§ 95 ff. SGB III)	»Vertreibe-Kug« (§ 111 SGB III)
1	Ziel: Verbleiben des Arbeitnehmers im Betrieb	Ziel: Vertreiben des Arbeitnehmers aus dem Betrieb
2	Vorübergehender Arbeitsausfall	Dauerhafter Arbeitsausfall
3	Aufgrund wirtschaftlicher Ursachen oder unabwendbarer Ereignisse	Aufgrund wirtschaftlicher Ursachen. Diese gelten regelmäßig als unabwendbar
4	Mindestumfang des Arbeitsausfalls	Kein Mindestumfang des Arbeitsausfalls
5	Weiter beschäftigt beim bisherigen Arbeitgeber	Auf höchstens ein Jahr befristete Beschäftigung in »Transfergesellschaft«
6	Bis zwölf Monate Verlängerung auf 24 Monate durch VO möglich	Höchstens zwölf Monate

2   Die Voraussetzungen im Einzelnen

Auch
Kleinbetriebe

■ »Transfer-Kug« können Arbeitnehmer auch bei Arbeitsausfall in Kleinbetrieben erhalten (§ 111 Abs. 2 Satz 1 i. V. m. § 110 Abs. 1 Satz 3 SGB III).

Auch
kirchliche
Betriebe

Auch für Mitarbeiter kirchlicher oder kirchennaher Einrichtungen, die ja in den letzten Jahren z. B. von Schließungen kirchlicher Krankenhäuser und Pflegeeinrichtungen betroffen sind, kommt »Transfer-Kug« infrage (näher hierzu Johannes Praß, Anne Rücker-Schaps, ZMV 2005, S. 130–134).

Nicht:
öffentlicher
Dienst

Von der Förderung ausgeschlossen sind Arbeitnehmer des öffentlichen Dienstes mit Ausnahme der Beschäftigten von Unternehmen, die in selbstständiger Rechtsform erwerbswirtschaftlich betrieben werden (§ 111 Abs. 8 Satz 2 i. V. m. § 110 Abs. 3 Satz 3 SGB III).

Dauerhaft weniger Arbeitsplätze

■ Der Arbeitsausfall muss dauerhaft sein. Das ist der Fall, wenn der Betrieb in Zukunft weniger Arbeitskräfte braucht.

■ Als Grund für den Arbeitsausfall genügt jede »Personalanpassungsmaßnahme aufgrund einer Betriebsänderung«. Warum der Betrieb geändert wird, ist egal: »Auf das bisherige Merkmal der Strukturkrise, die eine Betriebsänderung nach sich ziehen musste, wird ... verzichtet« (so die Begründung, BT-Drs. 15/1515, S. 92). Der Arbeitsausfall muss – entgegen dem Wortlaut § 111 Abs. 1 Satz 1 Nr. 1 SGB III – auch nicht nachprüfbar »nicht vermeidbar« sein. Denn – so die dreiste Begründung, BT-Drs. 15/1515, S. 92 – »regelmäßig wird ein Arbeitsausfall unvermeidbar sein.« Wäre es da nicht ehrlicher, die Voraussetzung »nicht vermeidbar« aus dem Gesetz zu streichen?

Jede Betriebsänderung ...

... ist unvermeidbar

■ Anders als beim »Verbleibe-Kug« muss beim »Transfer-Kug« der Arbeitsausfall nicht eine erhebliche Anzahl von Arbeitnehmern treffen.

Auch bei geringer Anzahl Betroffener

■ Nach § 111 Abs. 2 Satz 2 SGB III kann der Entgeltausfall auch jeweils 100 % des monatlichen Bruttoentgelts betragen. Mit dieser Vorschrift stellt der Gesetzgeber klar, dass »Kurzarbeit Null« rechtens ist. Er räumt damit die seitens des BSG vom 14.9.2010 – B 7 AL 21/09 R an der Zulässigkeit von »Kurzarbeit Null« geäußerten Zweifel aus.

Auch bei »Kurzarbeit Null«

■ Die mit »Transfer-Kug« Geförderten müssen in eine »betriebsorganisatorisch eigenständige Einheit« übergeleitet und dort versicherungspflichtig beschäftigt werden. In der Regel dient eine so genannte »Transfergesellschaft« (→ S. 381) als Auffangbecken und neuer Arbeitgeber.

Versicherungspflichtige Beschäftigung in »Transfergesellschaft«

■ Gemäß § 111 Abs. 1 Satz 1 Nr. 4 SGB III müssen sich die Betriebsparteien vor Inanspruchnahme des Transfer-Kug von der AA beraten lassen. Dadurch soll ein frühzeitiger Einfluss der AA gesichert werden.

Vorgeschaltete Beratung durch AA

■ Wer Transfer-Kug beziehen will, muss sich vor dem Eintritt in die »Transfergesellschaft« bei der AA arbeitsuchend melden (§ 111 Abs. 4 Satz 1 Nr. 4a SGB III). Diese Meldung macht die Arbeitsuchmeldung nach § 38 Abs. 1 Satz 1 SGB III drei Monate vor dem Ende des Arbeitsverhältnisses in der »Transfergesellschaft« überflüssig (BT-Drs. 17/2454, S. 12).

Meldung bei der AA

■ Vor Eintritt in eine »Transfergesellschaft« muss der potenzielle »Transfer-Kug«-Bezieher eine Maßnahme zur Feststellung seiner Eingliederungsaussichten durchlaufen (§ 111 Abs. 4 Satz 1 Nr. 4b SGB III). Diese »Potenzialanalyse« soll Arbeitnehmern, die leicht zu vermitteln sind, den Umweg über die »Transfergesellschaft« ersparen und bei Arbeitnehmern mit Vermittlungsdefiziten die Qualifizierung in der »Transfergesellschaft« vorbereiten.

Vorgeschaltete Potenzialanalyse

Qualifizierung

■ Die »Transfergesellschaft« unter Beteiligung der AA soll »geeignete Maßnahmen zur Verbesserung der Eingliederungsaussichten« anbieten; und zwar ab dem ersten Tag.
Als »geeignet« gelten gemäß § 111 Abs. 7 Satz 3 SGB III neben Maßnahmen der beruflichen Weiterbildung auch Beschäftigungen von bis zu sechs Monaten bei einem anderen Arbeitgeber zum Zwecke der Qualifizierung.
Wir zweifeln, ob diese Vorschrift noch angewandt werden darf. Nach § 45 Abs. 2 Satz 2 SGB III dürfen »Probebeschäftigungen« bei Arbeitgebern höchstens sechs Wochen dauern. Dadurch soll die Ausnutzung von Alg-Beziehern als kostenlose Arbeitskräfte verhindert werden. Was Alg-Beziehern recht ist, muss auch für die Bezieher von Transfer-Kug gelten. »Probebeschäftigungen« dürfen auch für diese höchstens sechs Wochen dauern; es sei denn, der Arbeitgeber hat das Transfer-Kug aufgestockt (→ S. 381).

Existenzgründung

Die »Maßnahmen zur Verbesserung der Eingliederungsaussichten« können auch auf eine Existenzgründung vorbereiten.

Kein »Zwischenlagern« zwecks Qualifizierung

■ Das »Zwischenlagern« von Arbeitnehmern in einer »Transfergesellschaft«, um Qualifizierungen im Interesse des alten Betriebs mit Mitteln des »Transfer-Kug« zu erreichen, ist ausgeschlossen.

Qualität

■ Die Organisation und Mittelausstattung der »Transfergesellschaft« muss der angestrebten Eingliederung entsprechen. Dazu wird ein »System zur Sicherung der Qualität« verlangt (§ 111 Abs. 3 Satz 1 Nrn. 3 und 4 SGB III). Kriterien für das Maß der Ausstattung der »Transfergesellschaft« nennt das Gesetz nicht. Die Gesetzesbegründung (BT-Drs. 17/1945, S. 15) fordert mindestens einen qualifizierten Betreuer pro 50 Transfer-Kug-Bezieher und ein Anreizsystem zur frühzeitigen Arbeitsaufnahme. Um diese muss sich die »Transfergesellschaft« gemäß § 111 Abs. 7 Satz 1 SGB III kümmern.
Bietet ein Dritter die »Transfergesellschaft« an, tritt gemäß § 111 Abs. 3 Satz 2 SGB III an die Stelle des »Systems zur Sicherung der Qualität« die Trägerzulasssung nach § 178 SGB III.

Muss-Leistung

Liegen alle Voraussetzungen vor, besteht ein Rechtsanspruch auf das »Transfer-Kug« (§§ 3 Abs. 3 Nr. 5, 111 Abs. 1 Satz 1 SGB III).

Kombipackungen?

Die Gewährung von »Transfer-Kug« an Arbeitnehmer, die sich in einer von der AA nach § 110 SGB III geförderten Transfermaßnahme (→ S. 559) befinden, ist nicht möglich; denn gemäß § 110 Abs. 4 SGB III sind »während der Teilnahme an Transfermaßnahmen andere Leistungen der aktiven Arbeitsförderung mit gleichartiger Zielsetzung ausgeschlossen«.

3   **Exkurs: Die »Transfergesellschaft«[1]**

Die Tarifparteien der Chemischen Industrie schufen 1997 den Begriff »Transfer-Sozialplan« in Abgrenzung zum reinen »Abfindungssozialplan«. Das Ziel eines Transfer-Sozialplans besteht darin, die Beschäftigten aus einem Beschäftigungsverhältnis, das (angeblich) wirtschaftlich nicht mehr tragfähig ist, in ein neues Beschäftigungsverhältnis in einer »Transfergesellschaft« mit Zukunftsperspektive zu transferieren.

Der »Transfer« der Arbeitnehmer lässt sich in zwei Phasen unterteilen:

2 Phasen

– Ausgliederung aus dem bisherigen Unternehmen,

– Eingliederung in neue Beschäftigung bei der »Transfergesellschaft«.

■ Die zu entlassenden Arbeitnehmer gehen »freiwillig« in die »Transfergesellschaft« über. Das alte Arbeitsverhältnis endet durch Aufhebungsvertrag anstelle einer betriebsbedingten Kündigung. Zeitgleich wird ein befristetes Beschäftigungsverhältnis mit der »Transfergesellschaft« begründet (so genannter »dreiseitiger Vertrag« zwischen Arbeitnehmer, altem Arbeitgeber und »Transfergesellschaft«).
Die »Transfergesellschaft« fungiert als vorübergehender Ersatzarbeitgeber für die entlassenen Arbeitnehmer. Sie hat regelmäßig keine eigene Produktion.

Ausgliederung

■ Die Personalkosten der übergetretenen Arbeitnehmer in der »Transfergesellschaft« werden in der Regel über Transfer-Kurzarbeitergeld nach § 111 SGB III bezuschusst, häufig auf der Basis von »Kurzarbeit Null« (§ 111 Abs. 2 Satz 2 SGB III).
Nicht selten wird das Kurzarbeitergeld auf einen bestimmten Prozentsatz des bisherigen Nettoentgelts aufgestockt (z.B. auf 85 %).

■ Das abgebende Unternehmen trägt zu den Personalkosten der Übergetretenen und den Verwaltungskosten der »Transfergesellschaft« durch Übertragung von Finanzmitteln bei, die andernfalls als Personalkosten während der Kündigungsfrist angefallen wären.

Sofern sich die in die »Transfergesellschaft« Übergetretenen in »Kurzarbeit Null« befinden, hat sich für die an die »Transfergesellschaft« mindestens zu übertragenden Mittel der Begriff »Remanenzkosten« eingebürgert. Remanenzkosten sind die Personalkosten, die auch bei vollständigem Arbeitsausfall vom Unternehmen zu tragen sind: Arbeitgeber-Brutto-Entgeltkosten für die Tage, an denen sowieso nicht gearbeitet worden wäre, z.B. Feier- und Urlaubstage

Remanenzkosten

---

[1] Auch BQG = Beschäftigungs- und Qualifizierungsgesellschaft genannt.

(zur Frage, welche Folge Kurzarbeit für den Urlaubsanspruch hat, vgl. EuGH vom 8.11.2012 – Rs. C-229 und C-230/11 und Frank Bayreuther, Kurzarbeit, Urlaub und der EuGH, DB 2012, S. 2748 ff.), sowie 80 % der andernfalls von Arbeitgeber und Arbeitnehmer zu entrichtenden Beiträge zur Kranken-, Pflege- und Rentenversicherung. Je nach Urlaubsanspruch und Lage von Feiertagen machen die Remanenzkosten ca. 40 % der Personalkosten ohne Arbeitsausfall aus.

Die Bezahlung von eventuellen Feier- und Urlaubstagen einschließlich der darauf entfallenden Sozialversicherungsbeiträge obliegt in jedem Fall dem Arbeitgeber – gegebenenfalls also der »Transfergesellschaft«, die vom ursprünglichen Arbeitgeber in die Lage versetzt werden muss, diese Kosten zu tragen.

■ Nach § 17 Abs. 1 KSchG sind Massenentlassungen der AA anzuzeigen. Zur Frage, ob die Grenze zur »Massenentlassung« erreicht ist, hat das LAG Stuttgart vom 23.10.2013 – 10 Sa 32/13, ZIP 2014, S. 937 entschieden:

»Bei der Zahl der zu entlassenden Arbeitnehmer nach § 17 Abs. 1 KSGchG sind auch die Arbeitnehmer zu berücksichtigen, die auf Veranlassung des Arbeitgebers bereits vor Ausspruch der Kündigungen einen dreiseitigen Vertrag zur Aufhebung des Arbeitsverhältnisses und Übertritt in eine Beschäftigungs- und Qualifizierungsgesellschaft unterzeichnet haben.«

Eingliederung

■ Der arbeitsmarktpolitische Erfolgsmaßstab für »Transfergesellschaften« ist die erreichte Wiedereingliederung. Die »transferierten« Arbeitnehmer sollten an Maßnahmen zur Qualifizierung und beruflichen Neuorientierung teilnehmen und bei der Arbeitsuche unterstützt werden.
Die »Transfergesellschaft« muss nicht alle Angebote selbst durchführen. Im Gegenteil: Ein differenziertes, hochwertiges Förderangebot wird möglicherweise eher in Kooperation mit Weiterbildungsträgern und Outplacement-Beratern zu realisieren sein. Voraussetzung für ein vielfältiges, den individuellen Problemlagen gerecht werdendes Angebot ist eine ausreichende Finanzierung.

■ Auch »Transfergesellschaften« können verpflichtet sein, die Schwerbehinderten-Ausgleichsabgabe zu entrichten (BVerwG vom 16.5.2013 – 5 C 20.12).

Vorteile für die Arbeitnehmer

■ Für die vom Arbeitsplatzverlust Betroffenen besteht der hauptsächliche Anreiz zum »freiwilligen« Übertritt in eine »Transfergesellschaft« in der Regel darin, dass das angebotene befristete Beschäftigungsverhältnis länger dauert als die individuelle Kündigungsfrist. Sie haben also mehr Zeit zur Arbeitsuche, erhalten im Idealfall hierfür kompetente Vorbereitung und Unterstützung, und sie können im ungünstigsten Fall den Eintritt in Arbeitslosigkeit mit Alg-Bezug hinauszögern.

■ Da die angebotene Beschäftigungszeit in der »Transfergesellschaft« in der Regel für alle gleich ist, enthält das Modell »Transfergesellschaft« ein kollektives Moment. Das erhöht seine Attraktivität für Gewerkschaften und Betriebsräte, zumal von den »Transfergesellschaften« in der Regel akzeptiert wird, dass die Betriebsräte der abgebenden Unternehmen, die an sich ihre Zuständigkeit verloren haben, noch gewisse Interessenvertretungsfunktionen für die Übergetretenen übernehmen.
Zur Frage, wer in einer »Transfergesellschaft« überhaupt noch Betriebsräte bilden kann, vgl. Olaf Deinert, AiB 2013, S. 710.

■ Dadurch, dass die Entlassungen durch »freiwilligen« Austritt erfolgen, werden betriebsbedingte Kündigungen vermieden. Eine gerichtliche Überprüfung der Kündigungsgründe oder der Auswahl der zu Entlassenden findet folglich nicht statt. Arbeitnehmer und Öffentlichkeit nehmen die Ankündigung eines »sozialverträglichen« Personalabbaus, bei dem auf betriebsbedingte Kündigungen verzichtet wird, als kleineres Übel positiv auf.

> Vorteile für
> die Arbeitgeber

■ Der Prozess des Personalabbaus kann entsprechend den betrieblichen Interessen präziser gesteuert werden. Dies wird häufig auch durch entsprechende Anreizstrukturen des Sozialplans unterstützt, z. B. eine Erhöhung der Abfindung, wenn der Übergang in die »Transfergesellschaft« genau zum gewünschten Zeitpunkt erfolgt. Die Austritte können trotz individuell unterschiedlicher Kündigungsfristen synchronisiert werden. Kündigungsfristen brauchen nicht abgewartet zu werden, bereits gekündigte und entsprechend demotivierte Arbeitnehmer stören nicht das Betriebsklima.

■ Die rasche Senkung der Personalstände wird von den Aktienmärkten und von potenziellen Erwerbern von Betriebsteilen positiv aufgenommen. Letztere werden davon befreit, im Falle des Kaufs »überzähliges« Personal übernehmen zu müssen.
Bei drohender oder bereits eingetretener Insolvenz kann das die einzige Möglichkeit sein, wenigstens einen Kernbestand von Arbeitsplätzen zu retten.

Werden das in der Transfergesellschaft »zwischengelagerte« Personal (oder Teile davon) und die Betriebsmittel auf eine Auffanggesellschaft/einen Erwerber übertragen, dann tritt die Auffanggesellschaft/der Erwerber nur dann gemäß § 613a BGB in die Rechte und Pflichten aus den Arbeitsverhältnissen ein, wenn zum Zeitpunkt des Aufhebungsvertrags mit dem abgebenden Arbeitgeber ein neues Arbeitsverhältnis mit dem Erwerber begründet oder verbindlich in Aussicht gestellt worden ist (BAG vom 18.8.2005 – 8 AZR 523/04, ZIP 2006, S. 148 ff.).
Mit dem Urteil des BAG wird § 613a BGB praktisch ausgeschaltet. Die Transfergesellschaft dient jetzt der »Personalwäsche« oder, wie Rainer Thum, BB 2013, S. 1525 es ohne jeden Skrupel ausdrückt:

> Betriebsübergang nach
> § 613a BGB?

»Der Erwerber kann sich die künftige Belegschaft nach seinen Vorstellungen zusammenstellen, ohne eine Sozialauswahl durchführen zu müssen. Er muss lediglich die gesetzlichen Diskriminierungsverbote [z.B. Diskriminierung wegen Alters] beachten ... Auch die Arbeitsbedingungen können mit sofortiger Wirkung neu ausgehandelt werden. Der Inhaltsschutz der Arbeitsbedingungen gemäß § 613a Abs. 4 BGB greift mangels Anwendbarkeit der Vorschrift nicht«.

Kritisch zur Aushöhlung des Schutzes nach § 613a BGB unter dem Deckmantel der »Transfergesellschaft« Olaf Deinert, AiB 2013, S. 710 f.

Nur wenn der Betriebserwerber Arbeitnehmern ein neues Arbeitsverhältnis fast nahtlos anbietet oder in Aussicht stellt, wird § 613a BGB unerlaubt umgangen; dann liegt dennoch ein Betriebsübergang vor (BAG vom 18.8.2011 – 8 AZR 312/10, ZIP 2011, S. 2426 ff.: Einschaltung einer »Transfergesellschaft« für einen Tag; BAG vom 25.10.2012 – 8 AZR 575/11, NZA 2013, S. 203 ff.: 30 Minuten in einer »Transfergesellschaft«).

Zur Frage, ob es sich bei der Beschäftigung in einer Transfergesellschaft um ein versicherungspflichtiges Beschäftigungsverhältnis handelt → S. 137.

III   **»Saison-Kug«**
          §§ 101, 102, 104 Abs. 4, 109 Abs. 2 – 4, 95 Satz 2, 133 SGB III

          »Saison-Kug« hat das frühere Winterausfallgeld abgelöst.

Ziel

Das »Saison-Kug« soll für stetige Beschäftigung in Branchen sorgen, denen jahreszeitlich regelmäßig die Arbeit ausgeht, sei es witterungsbedingt oder wegen saisonbedingten Auftragsmangels.

Eingeschränkte Geltung

»Saison-Kug« gibt es nicht in allen Saisonbranchen, sondern nur für die Betriebe, die unter folgende Rahmentarife fallen:

– BundesrahmenTV Baugewerbe;

– BundesrahmenTV Garten-, Landschafts- und Sportplatzbau;

– BundesrahmenTV Dachdeckerhandwerk.

Im Gerüstbauerhandwerk gelten.gemäß § 133 SGB III Sonderregeln.

Für das »Saison-Kug« gelten viele Regelungen des »Verbleibe-Kug« (→ S. 371 ff.).

Die Besonderheiten können wir aus Platzgründen nicht im Einzelnen darstellen. Nur folgende wichtige Unterschiede seien genannt:

Unterschiede zum
»Verbleibe-Kug«

■ Während es kein »Verbleibe-Kug« für Arbeitsausfälle gibt, die überwiegend branchenüblich, betriebsüblich oder saisonbedingt sind, wird »Saison-Kug« gerade in diesen Fällen gewährt.

■ »Saison-Kug« gibt es nur in der so genannten Schlechtwetterzeit vom 1. Dezember bis 31. März. Muss außerhalb dieses Zeitrahmens kurzgearbeitet werden, tritt an die Stelle des »Saison-Kug« das »Verbleibe-Kug«, soweit dessen Voraussetzungen vorliegen.

■ Zeiten des Bezugs von »Saison-Kug« mindern nicht die Bezugsdauer für das »Verbleibe-Kug«.

■ Ein außerhalb der Schlechtwetterzeit angespartes Arbeitszeitguthaben muss nicht in die Schlechtwetterzeit eingebracht werden, wenn es vertraglich ausschließlich für die Überbrückung von Arbeitsausfällen außerhalb der Schlechtwetterzeit bestimmt ist und 50 Stunden nicht übersteigt.

■ Anders als das »Verbleibe-Kug« setzt das »Saison-Kug« nicht voraus, dass mindestens ein Drittel der Beschäftigten von einem Entgeltausfall von mehr als 10 % betroffen sein muss.

Arbeitgebern im Bauhauptgewerbe, im Dachdeckerhandwerk und im Garten-, Landschafts- und Sportplatzbau (nicht im Gerüstbau) werden zusätzlich

Ergänzende
Leistungen

■ die von ihnen allein zu tragenden Beitragsaufwendungen zur Kranken-, Renten- und Pflegeversicherung für die Bezieher von Saison-Kug in voller Höhe erstattet. (§§ 3 Abs. 2 Nr. 5, 102 Abs. 4 SGB III).

Gewerbliche Arbeitnehmer erhalten zusätzlich

■ Zuschuss-Wintergeld für das eingebrachte Arbeitszeitguthaben, um saisonale Ausfallstunden in der Schlechtwetterzeit auszugleichen und für die somit kein Saison-Kug zu zahlen ist, in Höhe von 2,50 € (in Betrieben des Gerüstbaus 1,03 €) je Stunde und

■ Mehraufwandswintergeld für die in der Zeit vom 15.12. bis zum letzten Kalendertag des Monats Februar gearbeiteten Stunden in Höhe von 1,00 € je Arbeitsstunde für höchstens 90 Stunden im Dezember und je 180 Stunden im Januar und Februar.

Einzelheiten sind in § 102 SGB III i. V. m. WinterbeschäftigungsVO geregelt.

Gut dargestellt wird das »Saison-Kug« im Merkblatt 8d der BA.

IV **Höhe**

§§ 105, 106, 109 Abs. 1 Nr. 1, 111 Abs. 10 SGB III

60 % oder 67 % der Lohneinbuße

Das Kug beträgt 60 % (mit Kind 67 %) der so genannten Nettoentgeltdifferenz im Anspruchszeitraum. Nettoentgeltdifferenz bedeutet die Nettolohneinbuße infolge des Arbeitsausfalls. Die Nettoentgeltdifferenz entspricht dem Unterschiedsbetrag zwischen

Nettoentgeltdifferenz von Soll- und Istentgelt

■ dem pauschalierten Nettoentgelt aus dem so genannten Sollentgelt und
■ dem pauschalierten Nettoentgelt aus dem so genannten Istentgelt.

Sollentgelt

Sollentgelt ist das Bruttoarbeitsentgelt, das der Arbeitnehmer ohne den Arbeitsausfall im Kalendermonat verdient hätte. Dabei wird das für Mehrarbeit (also für Arbeit über die regelmäßige Betriebsarbeitszeit hinaus) erzielbare Entgelt sowie einmalig gezahltes Arbeitsentgelt (z. B. Weihnachtsgeld oder Urlaubsgeld) nicht berücksichtigt.

Istentgelt

Istentgelt ist das in dem Anspruchszeitraum tatsächlich erzielte Bruttoarbeitsentgelt des Arbeitnehmers zuzüglich aller ihm zustehenden Entgeltanteile. Auch beim Istentgelt bleibt einmalig gezahltes Arbeitsentgelt außer Betracht.
Soll- und Istentgelt werden auf den nächsten durch 20 teilbaren Euro-Betrag gerundet.

Kug-Berechnung

Um im Einzelfall das Kug zu erhalten, müssen Sie

■ zunächst das monatliche Brutto-Sollentgelt

■ und das monatliche Brutto-Istentgelt

feststellen. Nun müsste an sich aus dem Brutto-Sollentgelt und dem Brutto-Istentgelt das pauschalierte Netto-Sollentgelt und das pauschalierte Netto-Istentgelt berechnet, dann die Nettoentgeltdifferenz gebildet und daraus das 60 % oder 67 % Kug berechnet werden.

Kug-Berechnungstabelle

Die Kug-Berechnungstabelle der BA vereinfacht aber das Verfahren. Diese Tabelle weist keine Kug-Auszahlungsbeträge, sondern so genannte »Rechnerische Leistungssätze« nach den pauschalierten monatlichen Nettoentgelten aus.

Zum besseren Verständnis der Berechnungsweise drucken wir einen Auszug aus der Kug-Berechnungstabelle 2016 ab.

Wird das Faktorverfahren nach § 39f EStG (→ S. 217) gewählt, kann das Kug nicht aus der folgenden Tabelle abgelesen werden.

Tabelle
**Rechnerische Leistungssätze nach den pauschalierten monatlichen Nettoentgelten (2016)
(Auszug)**[1]

Brutto-arbeitsentgelt		Leistungssatz	Lohnsteuerklasse				
			I/IV	II	III	V	VI
von Euro	bis Euro		Euro/monatlich				
10,00	29,99	1	10,59	10,59	10,59	10,59	9,08
		2	9,48	9,48	9,48	9,48	8,13
30,00	49,99	1	21,17	21,17	21,17	21,17	18,10
		2	18,96	18,96	18,96	18,96	16,21
50,00	69,99	1	31,76	31,76	31,76	31,76	27,18
		2	28,44	28,44	28,44	28,44	24,34
70,00	89,99	1	42,34	42,34	42,34	42,34	36,26
		2	37,92	37,92	37,92	37,92	32,47
⋮	⋮	⋮	⋮	⋮	⋮	⋮	⋮
1.230,00	1.249,99	1	635,51	653,26	656,33	550,37	524,75
		2	569,11	585,01	587,76	492,87	469,93
1.250,00	1.269,99	1	644,03	662,23	666,92	556,12	530,50
		2	576,74	593,04	597,24	498,02	475,07
1.270,00	1.289,99	1	652,49	671,14	677,50	561,88	536,20
		2	584,32	601,02	606,72	503,18	480,18
⋮	⋮	⋮	⋮	⋮	⋮	⋮	⋮
1.990,00	2.009,99	1	922,88	952,11	1.051,23	760,31	738,64
		2	826,46	852,64	941,40	680,87	661,47
⋮	⋮	⋮	⋮	⋮	⋮	⋮	⋮
2.470,00	2.489,99	1	1.098,44	1.130,07	1.253,60	908,12	883,85
		2	983,68	1.012,00	1.122,62	813,24	791,51
2.490,00	2.509,99	1	1.105,61	1.137,30	1.261,61	913,99	889,60
		2	990,10	1.018,48	1.129,80	818,50	796,66
2.510,00	2.529,99	1	1.112,77	1.144,58	1.269,63	919,86	895,48
		2	996,51	1.025,00	1.136,98	823,76	801,92
⋮	⋮	⋮	⋮	⋮	⋮	⋮	⋮
5.690,00	5.709,99	1	2.078,38	2.125,56	2.412,90	1.771,66	1.746,04
		2	1.861,24	1.903,49	2.160,80	1.586,56	1.563,62

Beitragsbemessungsgrenze neue Bundesländer

Brutto-arbeitsentgelt		Leistungssatz	I/IV	II	III	V	VI
6.350,00	und mehr	1	2.245,46	2.292,64	2.625,33	1.938,75	1.913,12
		2	2.010,86	2.053,11	2.351,05	1.736,19	1.713,25

Beitragsbemessungsgrenze alte Bundesländer

[1] Die vollständige Tabelle zur Berechnung des Kug finden Sie unter:
http://www.arbeitsagentur.de → Downloadcenter → Alle Publikationen auf einem Blick
→ Kurzarbeitergeld → Tabelle zur Berechnung des Kurzarbeitergeldes 2017 (Kug 050)

| 1. Schritt | Sie suchen in der linken Spalte der Kug-Berechnungstabelle die Zeile mit dem Betrag, der dem Brutto-Sollentgelt entspricht. |

| 2. Schritt | Sie suchen dann erneut in der linken Spalte den Betrag, der dem Brutto-Istentgelt entspricht. |

3. Schritt

Sie suchen in der Kug-Berechnungstabelle unter der Lohnsteuerklasse und neben dem Leistungssatz (1 oder 2) das dem Bruttoarbeitsentgelt entsprechende pauschalierte Nettoarbeitsentgelt, den so genannten »Rechnerischen Leistungssatz« für das Brutto-Sollentgelt und das Brutto-Istentgelt.

Den Leistungssatz 1 erhalten die Arbeitnehmer, auf deren Lohnsteuerkarte ein Kinderfreibetrag mit dem Zähler von mindestens 0,5 eingetragen ist (die Kinder im Sinne des § 32 Abs. 1, 3 – 5 EStG haben) oder für die aufgrund einer Bescheinigung der AA der Leistungssatz 1 maßgebend ist.

Den Leistungssatz 2 erhalten alle übrigen Arbeitnehmer.

4. Schritt

Sie ziehen den rechnerischen Istentgelt-Leistungssatz vom rechnerischen Sollentgelt-Leistungssatz ab. Die Differenz ist Ihr Kug.

Beispiel

David Zunder hat Lohnsteuerklasse III und für ein Kind zu sorgen (= Leistungssatz 1).

Sollentgelt = 2.500 €	Rechnerischer Leistungssatz =	1.261,61 €
Istentgelt = 1.250 €	Rechnerischer Leistungssatz =	− 666,92 €
	Kug =	**594,69 €**

Früher gab es einen hilfreichen Kurzarbeitergeldrechner der BA. Aus unerfindlichen Gründen ist er von der Homepage entfernt worden.

V Anrechnung von Nebenverdienst
§ 106 Abs. 2 Satz 2, Abs. 3 SGB III

Es muss zwischen neuem und fortgeführtem Nebenverdienst unterschieden werden.

1 Neuer Nebenverdienst

Volle Anrechnung

Erzielt ein Kurzarbeiter Nebenverdienst »aus einer während des Bezugs von Kurzarbeitergeld aufgenommenen« Nebentätigkeit als Arbeitnehmer, Selbstständiger oder mithelfender Familienangehöriger, »ist das Istentgelt um dieses Entgelt zu erhöhen« (§ 106 Abs. 3 SGB III). Zu deutsch: Dieser Nebenverdienst wird voll angerechnet.

Kurzarbeit und Kug wie im Beispiel auf → S. 388
David Zunder verdient aus einer während des Kug-Bezugs aufgenommenen Nebentätigkeit 750 € brutto hinzu.

Beispiel

Sollentgelt	= 2.500 €	Rechnerischer Leistungssatz	=	1.261,61 €
Istentgelt (1.250 + 750)	= 2.000 €	Rechnerischer Leistungssatz	=	− 1.051,23 €
		Kug	**=**	**210,38 €**

An welchen Tagen der Nebenverdienst erzielt wird, ist egal. Da das Kug für den Kalendermonat (= Anspruchszeitraum gemäß § 96 Abs. 1 Nr. 4 SGB III) gewährt wird, spielt es keine Rolle, ob der Nebenverdienst an Ausfalltagen oder an Arbeitstagen erarbeitet wird.

Erhält ein Kug-Bezieher (z.B. aufgrund eines Tarifvertrags) zusätzlich zum Kug vom Arbeitgeber einen Aufstockungsbetrag, kürzt dieser das Kug nicht (§ 106 Abs. 2 Satz 2 SGB III).

2 Fortgeführter Nebenverdienst

Dagegen wird ein Nebenverdienst aus einer vor dem Bezug von Kug aufgenommenen Tätigkeit nicht angerechnet. Anders als beim Alg spielt es keine Rolle, wie lange die Nebentätigkeit vor dem Kug-Bezug ausgeübt worden ist. Die Nebentätigkeit muss nur vor Beginn des Kug-Bezugs »aufgenommen« worden sein. Wer den mit dem Kug-Bezug verbundenen Einkommensverlust ausgleichen will, sollte deshalb – falls sich die Gelegenheit bietet – vor Beginn des Kug eine Nebentätigkeit aufnehmen.

Maßgeblich für den Beginn der Kurzarbeit ist der erste Abrechnungsmonat des Betriebes (GA 15.3 Abs. 11 zu § 106).

Fraglich ist, was unter »Aufnahme der Nebentätigkeit« zu verstehen ist. Muss schon vor dem Kug-Bezug tatsächlich gearbeitet worden sein? Oder genügt schon der Abschluss des Nebentätigkeitsvertrages? Bieback, in: Gagel, SGB III, RandNr. 62 zu § 106 lässt schon den Abschluss des Vertrages über die Nebentätigkeit genügen.
Da die GA zu § 106 dazu nichts sagt, empfehlen wir, schon vor dem ersten Kug-Abrechnungsmonat wenigstens eine Stunde nebenher zu arbeiten.

Nebenverdienst aus einer fortgeführten Nebentätigkeit ist auch dann nicht im Rahmen des § 106 Abs. 3 zu berücksichtigen, wenn sich der Nebenverdienst während der Kurzarbeit erhöht (GA 15.3 Abs. 11 zu § 106).

	VI **Beginn und Dauer**
	§§ 104, 111 Abs. 1 Satz 2 SGB III

Beginn

Kug wird für den Arbeitsausfall während der Bezugsdauer geleistet. Die Bezugsdauer beginnt am Ersten des Monats, an dem der Mindestausfall an Arbeit gemäß § 96 Abs. 1 Nr. 4 SGB III erreicht wird.

Anzeige

Geleistet wird Kug gemäß § 99 Abs. 2 SGB III aber frühestens von dem Kandermonat an, in dem die Anzeige über den Arbeitsausfall bei der zuständigen AA eingegangen ist.

»Verbleibe-Kug«:
i.d.R. 12 Monate

Das »Verbleibe-Kug« gibt es nach § 104 Abs. 1 Satz 1 SGB III i.d.F. vom 21.12.2015 regelmäßig längstens zwölf Monate.
Die Bezugsfrist kann gemäß § 109 Abs. 1 Nr. 2 SGB III durch Verordnung über zwölf Monate hinaus bis zur Dauer von 24 Monaten verlängert werden, wenn außergewöhnliche Verhältnisse auf dem gesamten Arbeitsmarkt vorliegen.

»Vertreibe-Kug«:
längstens
12 Monate

»Transfer-Kug« kann es gemäß § 111 Abs. 1 Satz 1 SGB III längstens zwölf Monate geben. Eine Verlängerung der »Transfer-Kug«-Bezugsdauer durch Rechtsverordnung ist nicht möglich.

Mehr als ein
Monat kein Kug

Wird Kug für einen zusammenhängenden Zeitraum von mindestens einem Monat nicht gezahlt, verlängert sich die Bezugsdauer um die nicht mit Kug belegte Zeit (§ 104 Abs. 2 SGB III).

Weniger als ein
Monat kein Kug

Gibt es weniger als einen Monat kein Kug, so verkürzt sich die Bezugsdauer entsprechend. Das gilt aber nicht, wenn bei weiterlaufendem Kug an bestimmten Tagen voll, dafür an anderen aber nicht gearbeitet wird. Eine solche Verteilung der Kurzarbeit ist zulässig.

Drei Monate und
mehr kein Kug

Sind seit dem letzten Kalendermonat, für den Kug gezahlt worden ist, mindestens drei Monate vergangen, beginnt eine neue Bezugsdauer, wenn die Anspruchsvoraussetzungen vorliegen (§ 104 Abs. 3 SGB III).

Ende

Die Bezugsdauer endet am letzten Tag des Kalendermonats, auch wenn im Laufe dieses Monats von der Kurz- zu Vollarbeit übergegangen wird (GA 13.1 Abs. 2 zu § 104).

VII   **Förderung der Qualifizierung von Kug-Beziehern**

Es ist sinnvoll, die Zeit der Nichtarbeit für eine Qualifizierung zu nutzen. Über die Möglichkeit der Förderung von Kug-Beziehern, die sich qualifizieren wollen, informieren wir → S. 501.

VIII   Anzeige, Antrag und Auszahlung
§§ 99, 111 Abs. 6, 323 ff. SGB III

Der Arbeitsausfall kann nur vom Arbeitgeber oder vom Betriebsrat angezeigt werden (§ 323 Abs. 2 SGB III). Dafür gibt es einen Vordruck. Zeigt allein der Arbeitgeber an, muss er eine Stellungnahme des Betriebsrats beifügen.

Anzeige durch Arbeitgeber oder Betriebsrat

Zusätzlich zur Anzeige ist das Kug mit dem Leistungsantrag nebst Abrechnungsliste zu beantragen.

Antrag

Leistungsantrag und Abrechnungsliste sind innerhalb einer Ausschlussfrist von drei Monaten vorzulegen. Die Drei-Monats-Frist beginnt mit dem Ablauf des Anspruchzeitraums, für den das Kug beantragt wird.

Ausschlussfrist: 3 Monate

Manche Arbeitgeber haben kein Interesse an Kurzarbeit mit Kug. Stattdessen scheinen ihnen Entlassungen (z. B. über betriebsbedingte Kündigungen) profitabler. Besteht in einem solchen Unternehmen ein Betriebsrat, so kann er gemäß §§ 80 Abs. 1 Nr. 1, 87 Abs. 1 Nr. 3 BetrVG i.V.m. § 99 Abs. 1, § 323 Abs. 2 Satz 2 SGB III Kug beantragen. Eine Stellungnahme des Arbeitgebers braucht der Betriebsrat nicht. Ein Antragsrecht des kurzarbeitenden Arbeitnehmers besteht nicht (BSG vom 25.5.2005 – B 11a/11 AL 15/04 R).

Was tun, falls Arbeitgeber Kug nicht beantragt?

Antrag durch Betriebsrat, nicht durch Arbeitnehmer

Besteht ein Kug-Anspruch, überweist die AA die Kug-Gesamtsumme monatlich an den Arbeitgeber, der sie an jeden einzelnen Kurzarbeiter verteilen muss. Die AA kann verlangen, dass die Kug-Bezieher den Erhalt des Kug quittieren.

Auszahlung

IX   Sozialversicherung bei Kurzarbeit

1   Weiterversicherung

1.1   Für den »Kurzlohn«

Für den trotz Kurzarbeit tatsächlich noch erzielten Lohn (den »Kurzlohn«) ändert sich sozialversicherungsrechtlich nichts.

Fällt der »Kurzlohn« unter die Geringfügigkeitsgrenze von 450 €, wird das Beschäftigungsverhältnis nicht versicherungsfrei (§ 27 Abs. 2 Satz 2 Nr. 2 SGB III).

Fällt der »Kurzlohn« eines privat krankenversicherten Arbeitnehmer unter die (2017) maßgebliche Entgeltgrenze von monatlich 4.800,– € brutto, löst dies keine Versicherungspflicht in der gesetzlichen Krankenversicherung aus. Der Status eines freiwillig in der gesetzlichen Krankenversicherung versicherten Arbeitnehmers bleibt auch wäh-

Kein Einfluss auf KV-Status beim Verbleibe-Kug

rend der Kurzarbeit erhalten (Gemeinsames Rundschreiben der Spitzenverbände der Krankenkassen vom 8.3.2007, S. 14).

Diese Regelung gilt nur für das Verbleibe-Kug (Konjunktur-Kug), nicht für das Vertreibe-Kug (Transfer-Kug).

1.2 Für das Kug

Für Kug-Bezugszeiten besteht das Versicherungspflichtverhältnis fort
– in der Arbeitslosenversicherung (§ 24 Abs. 3 SGB III);
– in der Rentenversicherung (§ 1 Satz 1 Nr. 1 SGB VI);
– in der Krankenversicherung (§ 192 Abs. 1 Nr. 4 SGB V);
– in der Pflegeversicherung (§ 20 Abs. 1 Satz 2 Nr. 1 SGB XI).

2 Sozialversicherungsbeiträge

2.1 Für den »Kurzlohn«

Hier gilt das Gleiche wie beim »Volllohn«; Arbeitgeber und Arbeitnehmer tragen jeweils ihren Teil der Sozialversicherungsbeiträge.

2.2 Für das Kug

Beiträge trägt Arbeitgeber

Der Arbeitgeber trägt die für das Kug anfallenden Beiträge in der Renten-, Kranken- und Pflegeversicherung allein (§ 168 Abs. 1 Nr. 1a SGB VI; § 249 Abs. 2 SGB V; § 58 Abs. 1 Satz 2 SGB XI).
Er beteiligt sich an den Beiträgen der freiwillig und privat Kranken- und Pflegeversicherten (§ 257 Abs. 2 Satz 4 SGB V; § 61 Abs. 1 Satz 3 SGB XI).

Die Pflicht zur Tragung der Beiträge macht den Kug-Bezug für den Arbeitgeber relativ teuer.

Der Arbeitgeber muss auch den von in der gesetzlichen Krankenversicherung versicherten Arbeitnehmern allein zu tragenden Zusatzbeitrag zahlen; nicht aber den erhöhten Beitragssatz zur Pflegeversicherung für Kinderlose. Diesen trägt die BA pauschal.

Beiträge zur Arbeitslosenversicherung muss der Arbeitgeber nicht tragen.

Beitragshöhe

Der Bemessung der Beiträge zur Renten-, Kranken- und Pflegeversicherung zu Grunde gelegt werden gemäß § 163 Abs. 6 SGB VI, § 232a Abs. 2 SGB V, § 57 Abs. 1 Satz 1 SGB XI nur 80 % der Nettoentgeltdifferenz (→ S. 386).

Auch für Kurzarbeiter, die freiwillig krankenversichert sind, werden »im Wege einer Ausnahmeregelung« die Beiträge nach 80 % der Nettoentgeltdifferenz erhoben. Praktisch werden sie damit wie Versicherungspflichtige behandelt (Rundschreiben GKV-Spitzenverband, RS 2009/284 vom 29.6.2009). Diese Beitragsminderung erfolgt nur auf Antrag.

2.3   Für den Zuschuss zum Kug?

Einige Tarifverträge oder Sozialpläne sehen einen Zuschuss zum Kug vor. Dieser Zuschuss ist nur beitragspflichtig, soweit er zusammen mit dem Kug 80 % der Nettoentgeltdifferenz übersteigt.

Beispiel

Sollentgelt = 2.500 €	Rechnerischer Leistungssatz[1] =	1.261,61 €
Istentgelt = 1.250 €	Rechnerischer Leistungssatz[1] =	− 666,92 €
	Kug =	**549,69 €**
Ausgefallenes Entgelt	=	1.250,00 €
80 % vom ausgefallenen Entgelt	=	1.000,00 €
Minus Kug	=	− 594,69 €
Beitragsfrei bleiben höchstens	=	**405,13 €**

[1] Bei Lohnsteuerklasse III und einem Kind.

X   Sozialleistungen und Kug

1   Neben Kurzarbeit mit Kug

1.1   Alg II neben Kug

Schlecht bezahlte Alleinverdiener mit Kindern sollten – insbesondere bei umfassender, länger dauernder Kurzarbeit – sofort aufstockend Alg II/Sozialgeld beantragen.

Kug ist vor der Anrechnung auf den SGB II-Bedarf um den Erwerbstätigenfreibetrag des § 11b Abs. 2 SGB II zu kürzen (BSG vom 14.3.2012 – B 14 AS 18/11 R).

1.2 Kranken-Kug oder Krankengeld?

1.2.1 Fortdauer der Krankheit im Kug-Bezug

Krankengeld

Ein Arbeitnehmer, der arbeitsunfähig erkrankt, bevor in seinem Betrieb die Voraussetzungen für Kug erfüllt sind, erhält – solange Anspruch auf Lohnfortzahlung im Krankheitsfall besteht – neben dem »Kurzlohn« für die nicht ausgefallene Arbeit von der Krankenkasse Krankengeld in Kug-Höhe (§ 47b Abs. 4 SGB V). Beim Istentgelt wird der Kranke dabei so gestellt, als ob er gesund wäre.

1.2.2 Erkrankung während des Kug-Bezugs

»Kranken-Kug«

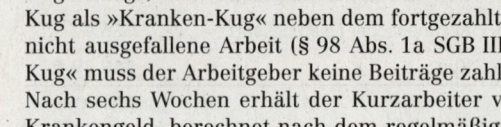

Erkrankt ein Kurzarbeiter arbeitsunfähig während des Kug-Bezugs, dann erhält er in den ersten sechs Wochen von der AA Kug als »Kranken-Kug« neben dem fortgezahlten »Kurzlohn« für die nicht ausgefallene Arbeit (§ 98 Abs. 1a SGB III). Für das »Kranken-Kug« muss der Arbeitgeber keine Beiträge zahlen.

Krankengeld

Nach sechs Wochen erhält der Kurzarbeiter von der Krankenkasse Krankengeld, berechnet nach dem regelmäßigen Arbeitsentgelt, das zuletzt vor Eintritt des Arbeitsausfalls erzielt wurde (§ 47b Abs. 3 SGB V).

Das gilt entgegen dem Wortlaut des § 47b Abs. 3 SGB V nicht für das Transfer-Kug; diesem wird entsprechend § 47 SGB V die Leistung zu Grunde gelegt, die der Arbeitnehmer in der »Transfergesellschaft« erhält (BSG vom 14.12.2006 – B 1 KR 9/06 R). Zugrunde gelegt wird deshalb nicht nur das Transfer-Kug, sondern nach BSG vom 10.5.2012 – B 1 KR 26/11 R auch ein Aufstockungszuschuss, obgleich dieser regelmäßig nicht beitragspflichtig ist (→ S. 393).

2 Nach Kurzarbeit mit Kug

2.1 Alg I nach Kug

2.1.1 Alg I-Höhe

Vermochte auch zwischenzeitliche Kurzarbeit die volle Arbeitslosigkeit nicht zu verhindern, so fällt das Alg I nach Kug-Bezug nur ausnahmsweise niedriger aus, als wenn kein Kug bezogen worden wäre. Nach § 151 Abs. 3 Nr. 1 SGB III ist Bemessungsentgelt das Arbeitsentgelt, das der Arbeitslose ohne den Arbeitsausfall und ohne Mehrarbeit erzielt hätte, also das Soll-Entgelt.

Zur Frage der Alg-Bemessung, wenn der Alg-Regel-Bemessungszeitraum von einem Jahr nur mit Transfer-Kug belegt ist, → S. 190.

2.1.2   Alg I-Dauer

Zeiten mit Bezug von Kug kürzen nicht die Alg-Bezugsdauer, wenn nach Kurzarbeit Arbeitslosigkeit eintritt. Im Gegenteil, der Kug-Bezug kann die Alg-Bezugsdauer verlängern oder sogar begründen, wenn erst mit den Zeiten des Kug-Bezug die Mindestanwartschaft von 12 Monaten erreicht wird. Das gilt auch bei Kug-Bezug mit »Kurzarbeit Null«.

2.2   Elterngeld nach Kug

Gemäß § 2 Abs. 1 Satz 1 i. V. m. § 2b Abs. 1 Satz 1 Gesetz zum Elterngeld und zur Elternzeit (Bundeselterngeld- und Elternzeitgesetz – BEEG) wird Elterngeld in Höhe von 67 Prozent des in den zwölf Kalendermonaten vor dem Monat der Geburt des Kindes durchschnittlich erzielten monatlichen Einkommens aus Erwerbstätigkeit gezahlt.

Das Kug ist kein »Einkommen aus Erwerbstätigkeit« geht also nicht in die Bemessungsgrundlage ein. Nur das tatsächlich für die verbliebene Arbeitszeit gezahlte Entgelt, der »Kurzlohn« zählt.

Elfriede Wehrmich war vor Geburt ihres Kindes 12 Monate in Kurzarbeit mit 50 % Arbeitsausfall. Statt bereinigt 2000 € ohne Kurzarbeit erhielt sie bereinigt nur 1.000 € Kurzlohn plus Kug. An Elterngeld stehen ihr lediglich 67 % von 1.000 € = 670 € zu. **Beispiel 1**

Wäre Elfriede Wehrmich 12 Monate vor der Geburt in »Kurzarbeit Null« gewesen, erhielte sie nur das »Grundelterngeld« gemäß § 2 Abs. 4 BEEG in Höhe von 300 €. **Beispiel 2**

Fiele der Kurzlohn wegen Kurzarbeit unter bereinigt 1000 €, würde die Bemessungsgrundlage für das Elterngeld allerdings gemäß § 2 Abs. 2 Satz 1 BEEG erhöht mit der Folge, dass das Elterngeld bis auf 670 € steigen könnte. **Beispiel 3**

Die Rechtslage muss geändert werden. Es ist nicht einzusehen, warum dem Alg I und dem Krankengeld nach Verbleibe-Kug-Bezug das Regelentgelt zu Grunde gelegt wird, das Elterngeld dagegen nur nach dem »Kurzlohn« bemessen wird.

2.3   Rente nach Kug

Sowohl für den »Kurzlohn« wie für das Kug werden weiter Beiträge zu Rentenversicherung geleistet. Weil die Beiträge für das Kug etwas niedriger ausfallen, entstehen – wenn auch nur minimale – Einbußen bei der späteren Rente.

XI　　　**Steuerliche Behandlung des Kug**

Kug ist steuerfrei　　　　Das Kug ist gemäß § 3 Nr. 2 EStG lohnsteuerfrei. Hat ein unbeschränkt Steuerpflichtiger Kug bezogen, so ist gemäß § 32b Abs. 1 EStG auf das nach § 32a Abs. 1 EStG zu versteuernde Einkommen ein besonderer Steuersatz in Höhe der bezogenen Leistungen nach Abzug des Arbeitnehmerpauschbetrages (§ 9a EStG) anzuwenden (Progressionsvorbehalt). Der Progressionsvorbehalt wird ausschließlich vom Finanzamt im Rahmen der Antragsveranlagung (§ 46 Abs. 2 Nr. 8 EStG) oder bei der Einkommensteuerveranlagung (§ 46 Abs. 2 Nr. 1 bis 7 EStG) berücksichtigt.

aber
Progressionsvorbehalt

Steuerfreiheit des Kug wirkt sich demnach nur dann wirklich »steuerfrei« aus, wenn ein allein stehender oder getrennt veranlagter Kurzarbeiter ein ganzes Jahr auf Null-Kurzarbeit war.
Hat er dagegen nur teilweise kurzgearbeitet, also noch »Kurzlohn« erhalten und/oder wird er mit einem Ehepartner gemeinsam veranlagt, führt die Steuerfreiheit mit Progressionsvorbehalt dazu, dass zwar zunächst weniger Steuern anfielen; aber das verbleibende zu versteuernde Einkommen wird im Endergebnis höher versteuert.

Sie müssen also mit Steuernachzahlungen rechnen. Diese fallen umso höher aus, je höher Ihr Kug ist und je besser ein gemeinsam veranlagter Ehepartner verdient.

Pflichten des
Arbeitgebers　　　Vom Kug erfährt das Finanzamt über den Arbeitgeber. Dieser hat das ausgezahlte Kug im Lohnkonto einzutragen. Bei Beendigung des Dienstverhältnisses oder am Ende des Kalenderjahres hat der Arbeitgeber auf der Lohnsteuerkarte oder Lohnsteuerbescheinigung des Arbeitnehmers das ausgezahlte Kug zu bescheinigen (§ 41 Abs. 1 Satz 2 Nr. 5 EStG).

L   Insolvenzgeld (Insg)
§§ 3 Abs. 4 Nr. 5, 148 Abs. 3, 165–172, 175, 314,
316, 320 Abs. 2, 324 Abs. 3, 327 Abs. 3 Satz 2, 358–361,
404 Abs. 2 Nr. 22, 23 SGB III; § 142 Abs. 2 Satz 2 InsO

1   Was ist Insg und wer kann Insg erhalten?
§ 165 SGB III

10.750 Unternehmen gingen im ersten Halbjahr 2016 pleite, feiner ausgedrückt: sie wurden insolvent (zahlungsunfähig). Für die Arbeitnehmer dieser Firmen bedeutet das nicht nur den Verlust des Arbeitsplatzes. Regelmäßig schuldet der insolvente Unternehmer den Arbeitnehmern auch noch Lohn für zum Teil monatelange Arbeit. Es besteht die Gefahr, dass dieser Lohn unwiederbringlich verloren geht.

Hier kann das Insg helfen. Bei rechtzeitig gestelltem Antrag ersetzt die AA für eine gewisse Zeit den rückständigen Lohn, genauer: den Nettolohn und die rückständigen Beiträge zur Sozialversicherung. 2016 wurden von der BA 131.710 Insg-Anträge bewilligt. *(Was ist Insg?)*

Anspruch auf Insg kann jeder pleitegeschädigte Arbeitnehmer geltend machen. Er muss nicht versicherungspflichtig beschäftigt sein (SächsLSG vom 30.4.2008 – L 1 AL 141/07); so haben beispielsweise jobbende Studenten ohne Rücksicht auf den Umfang und die Dauer *(Wer kann Insg erhalten?)*

der Beschäftigung Anspruch auf Insg. Sie müssen aber als Arbeitnehmer, nicht als Selbstständige gearbeitet haben (LSG NRW vom 8.12.2016 – L 9 AL 310/13). Wer sozialrechtlich abhängig beschäftigt ist und wer selbstständig tätig ist, können Sie auf → S. 132 nachlesen. Auch Auszubildende und Heimarbeiter sind durch das Insg geschützt. Keinen Anspruch auf Insg haben Vorstandsmitglieder einer Aktiengesellschaft (BayLSG vom 23.4.2009 – L 9 AL 351/05; LSG Berlin-Brandenburg vom 7.2.2008 – L 30 AL 124/05 und 134/05). Auch Altersteilzeitler in der Freistellungsphase können Insg erhalten (GA 165.2.2). Leiharbeiter können wegen der Insolvenz des Entleihers und des Verleihers Anspruch auf Insg haben, wenn der Verleiher über keine Verleiherlaubnis verfügt (§ 9 AÜG, BSG vom 25.3.1983 – 10 RAr 2/81). Anspruch auf Insg hat auch der Erbe des verstorbenen Arbeitnehmers (§ 165 Abs. 4 SGB III).

Der Arbeitnehmer muss in Deutschland beschäftigt sein. Ist dies der Fall, gibt es Insg auch bei einem ausländischen Insg-Anlass (§ 165 Abs. 1 Satz 2 SGB III). Das setzt bei einem ausländischen Unternehmen eine Niederlassung in Deutschland voraus, d. h. eine im Inland eingerichtete selbstständige Geschäftsstelle; eine Gewerbeanmeldung oder eine Eintragung im Handelsregister ist nicht erforderlich (LSG Rheinland-Pfalz vom 24.9.2009 – L 1 AL 91/08, info also 2010, S. 80; LSG Baden-Württemberg vom 17.3.2015 – L 13 AL 2443/14). Zu den in Deutschland beschäftigten Arbeitnehmern gehören auch vorübergehend ins Ausland entsandte Arbeitnehmer, wenn sie der deutschen Sozialversicherung unterliegen (§ 4 SGB IV). Auch für andere in Deutschland beschäftigte Arbeitnehmer ist ein Auslandswohnsitz unschädlich, insbesondere Grenzgänger können also Insg beziehen. Ein nach Deutschland entsandter Arbeitnehmer erhält dann kein Insg, wenn er im Rechtskreis des Entsendestaates verbleibt (§ 5 SGB IV).

Auch nach Eröffnung des Insolvenzverfahrens?

Die BA ist der Meinung, dass Insg nicht an Arbeitnehmer zu zahlen ist, wenn diese nach dem Antrag auf Eröffnung des Insolvenzverfahrens eingestellt worden sind, es sei denn, sie werden für Schlüsselfunktionen im Betrieb gebraucht (GA 165.2.2 Abs. 14). Sie stützt dies auf eine entsprechende Anwendung des § 98 Abs. 1 Nr. 1 Buchst. b SGB III, wonach Kug an neu eingestellte Arbeitnehmer nur zu zahlen ist, wenn sie die Arbeit aus zwingenden Gründen aufnehmen. Dem kann nicht gefolgt werden, wenn sich hinter der Einstellung nicht nur ein Scheingeschäft verbirgt (LSG Baden-Württemberg vom 6.2.2009 – L 8 AL 4096/06; SG Kassel vom 7.11.2012 – S 7 AL 43/12; SächsLSG vom 18.12.2014 – L 3 AL 13/13; LSG Baden-Württemberg vom 24.5.2016 – L 13 AL 1503/15; LSG Niedersachsen-Bremen vom 22.11.2016 – L 7 AL 2/15, mit Anm. von Hermann Plagemann, EWiR 2017, S.251 f.). Die Insg-Regelungen enthalten keine entsprechende Bestimmung, die Kug-Vorschrift kann nicht herangezogen werden. Kug wird für nicht geleistete Arbeit erbracht, der Arbeitsausfall ist für alle Arbeitnehmer erkennbar, Insg wird dagegen meist für geleistete Arbeit gezahlt, der drohende Insg-Fall ist für die betroffenen Arbeitnehmer regelmäßig nicht offensichtlich, zumal der Insolvenzantrag gar nicht vom Arbeitgeber stammen muss. Nach § 165 Abs. 2

SGB III ist Insg sogar noch für eine Zeit nach dem Insg-Anlass zu zahlen, wenn der Arbeitnehmer in Unkenntnis der Entscheidung des Insolvenzgerichts weiter gearbeitet oder Arbeit aufgenommen hat. Das verständliche Bemühen der BA, Missbrauch zu verhindern, muss sich im gesetzlichen Rahmen bewegen.

II Wann gibt es Insg?
§ 165 Abs. 1 SGB III

1 Bei einem von drei Insg-Anlässen

Insg gibt es nur, wenn Sie bei einem so genannten Insg-Anlass noch Ansprüche auf Arbeitsentgelt haben.

Insg-Anlass kann gemäß § 165 SGB III sein:

3 Insg-Anlässe

- Die Eröffnung des Insolvenzverfahrens über das Vermögen des Arbeitgebers (§§ 27, 315 ff. InsO); **nicht** die Anordnung der vorläufigen Insolvenzverwaltung gemäß §§ 21 Abs. 2 Nr. 1, 22 InsO;

- die Abweisung des Antrages auf Eröffnung des Insolvenzverfahrens mangels Masse (§ 26 InsO);

- die vollständige Beendigung der Betriebstätigkeit im Inland, wenn ein Antrag auf Eröffnung des Insolvenzverfahrens nicht gestellt worden ist und ein Insolvenzverfahren offensichtlich mangels Masse nicht in Betracht kommt.

Diese Festlegung der Insg-Anlässe steht nicht im Widerspruch zu Art. 3, 4 der Richtlinie 2002/74 EG, jetzt 2008/94/EG (so Susanne Peters-Lange, ZIP 2003, S. 1877).

2 Zwei Insg-Anlässe auf Grund einer Entscheidung des Amtsgerichts

Die Feststellung der beiden ersten Insg-Anlässe ist einfach. Es muss ein Beschluss des Amtsgerichts ergangen sein entweder
– über die Eröffnung des Insolvenzverfahrens oder
– über die Ablehnung der Eröffnung des Insolvenzverfahrens **mangels Masse**.

Insolvenzgrund ist bei natürlichen Personen die Zahlungsunfähigkeit. Zahlungsunfähigkeit wird vermutet, wenn der Schuldner die Zahlung eingestellt hat (§ 17 InsO). Bei juristischen Personen kann außerdem Überschuldung ein Insolvenzgrund sein (§ 19 InsO).

<table>
<tr><td>Masselosigkeit</td><td>Masselosigkeit bedeutet, dass das Vermögen des Schuldners voraussichtlich nicht ausreichen wird, um die Kosten des Insolvenzverfahrens zu decken. Zu den Kosten gehören die Gerichtskosten, die Kosten des vorläufigen Insolvenzverwalters, des Insolvenzverwalters und der Mitglieder des Gläubigerausschusses (§ 54 InsO). Der Beschluss des Amtsgerichts über die Eröffnung des Insolvenzverfahrens und über die Ablehnung des Insolvenzverfahrens mangels Masse hat für die AA Tatbestandswirkung, d. h. sie hat die Voraussetzungen der Zahlungsunfähigkeit und der Masselosigkeit nicht zu überprüfen. Lehnt das Amtsgericht den Insolvenzantrag aus anderen Gründen als der Masselosigkeit ab, liegt kein Insg-Fall vor.</td></tr>
</table>

3   Der dritte Insg-Anlass: die Betriebseinstellung

Wenn keine Entscheidung des Insolvenzgerichts vorliegt, muss die AA die Voraussetzungen der Betriebseinstellung nach § 165 Abs. 1 Satz 1 Nr. 3 SGB III prüfen.

Eine Betriebseinstellung liegt vor, wenn das Unternehmen keine Arbeiten mehr verrichtet, die dem eigentlichen Betriebszweck dienen, allerdings nur, wenn die Betriebstätigkeit dauerhaft eingestellt wird. Als Tag der Betriebseinstellung gilt der Tag nach dem letzten Tag, an dem noch betriebsdienliche Arbeiten ausgeführt worden sind. Reine Abwicklungs-, Aufräumungs- und Erhaltungsarbeiten stehen der Betriebseinstellung nicht entgegen (BSG vom 8.2.2001 – B 11 AL 27/00 R, DBlR 4681 AFG/§ 141b). Werden noch Aufträge ausgeführt, liegt eine Betriebseinstellung regelmäßig nicht vor (SG Detmold vom 19.9.2013 – S 18 AL 468/11). Wechselt der Betriebsinhaber, endet die Betriebstätigkeit mit der des alten Inhabers (FW 165.3.3. Abs. 3). Bei Insolvenz des alten Arbeitgebers kann der Arbeitnehmer Insg beanspruchen, obwohl er wegen des Betriebsübergangs auch Anspruch gegen den Betriebsübernehmer hat (BSG vom 30.4.1981 – 10/8b/12 RAr 11/79 und vom 28.6.1983 – 10 RAr 26/81).

Die Frage, wann der Betrieb eingestellt worden ist, kann sehr wichtig sein, weil im Zeitpunkt der Betriebseinstellung Masselosigkeit bestehen muss und sich der Lauf des Insg-Zeitraums und die Antragsfrist nach der Einstellung des Betriebes richtet.

<table>
<tr><td>Kein voller
Beweis nötig</td><td>Für den Insolvenzfall genügt es, wenn für einen unvoreingenommenen Betrachter alle äußeren Tatsachen für die Masseunzulänglichkeit sprechen (BSG vom 4.3.1999 – B 11/10 AL 3/98 R, DBlR 4524 AFG/§ 141e). Diesen Grundsatz hat das BSG bei der Prüfung, ob der Arbeitnehmer die Antragsfrist des § 141e AFG (jetzt § 324 Abs. 3 SGB III) gewahrt hat, für angemessen gehalten. Dieselbe Definition des Begriffs der Offensichtlichkeit muss auch der Prüfung der Anspruchsvoraussetzungen zu Grunde gelegt werden. Indizien für Masselosigkeit können die Einstellung der Lohnzahlung (LSG Berlin-Brandenburg vom 3.5.2012 – L 18 AL 54/11) oder Beitragsrückstände für den Insolvenzgeldzeitraum sein (LSG Nordrhein-Westfalen vom</td></tr>
</table>

29.1.2015 – L 9 AL 278/13). Auch die Beendigung aller Arbeitsverhältnisse und die Verlegung des Firmensitzes, ohne dass der Betrieb wieder aufgenommen wird, sind Hinweise auf Masselosigkeit (LSG Berlin-Brandenburg vom 22.1.2013 – L 8 AL 12/12). Die Stundung der Verfahrenskosten in einem späteren Insolvenzverfahren soll ein Indiz dafür sein, dass bereits bei der vorherigen Betriebseinstellung Masselosigkeit bestand (BayLSG vom 29.1.2015 – L 9 AL 12/12); das kann aber nur gelten, wenn der Insolvenzantrag kurze Zeit nach der Betriebseinstellung gestellt wird.

Häufig steht fest, dass die Firma verschuldet und Vermögen nicht vorhanden ist. Wenn aber der Arbeitgeber verschwunden ist, lässt sich nicht feststellen, ob er Vermögenswerte beiseite geschafft hat oder aus anderen Gründen nicht pleite ist. Bei einer Einzelfirma sind der Inhaber des möglicherweise beiseite geschafften Vermögens und der Arbeitgeber ebenso wie deren Interessen identisch (BSG vom 22.9.1993 – 10 RAr 9/91, SozR 3-4100 § 141b Nr. 7; LSG Berlin-Brandenburg vom 8.12.2005 – L 28 AL 75/04).

Die BA erkennt – wohl zu Recht – einen Insg-Anlass nicht an, wenn der Alleininhaber noch weitere Unternehmen hat. Da manche Leute zeitgleich – oft auch kurzfristig – mehrere Gewerbe angemeldet haben, ist es vielfach sehr schwierig, ohne Insolvenzgericht herauszufinden, wann »der Betrieb« insgesamt eingestellt ist und ob der Arbeitgeber im Zeitpunkt der Betriebseinstellung zahlungsunfähig und/oder überschuldet war. Denn es genügt nicht, dass er irgendwann insolvent ist, die Insolvenz muss gerade im Zeitpunkt der Betriebseinstellung feststellbar sein (BSG vom 17.7.1979 – 12 RAr 15/78, SozR 4100 § 141b Nr. 11). Bei einer Personengesellschaft, z.B. einer Gesellschaft des bürgerlichen Rechts, kommt es nur auf die Insolvenz oder Zahlungsunfähigkeit der Gesellschaft, nicht der einzelnen Gesellschafter an; wenn diese weitere Unternehmen betreiben, hat das auf das Insg-Ereignis keinen Einfluss (FW 165.3.3 Abs. 4).

Keine Insolvenz bei mehreren Unternehmen

Ist der Arbeitgeber zahlungsunwillig, aber nicht feststellbar zahlungsunfähig, gibt es kein Insg (BSG vom 22.9.1993 – 10 RAr 9/91, SozR 3-4100 § 141b Nr. 7). Ist der Arbeitnehmer also einem betrügerischen Arbeitgeber aufgesessen, geht er leer aus. Mitunter firmieren Firmen unter erfundenen Namen in kurzfristig angemieteten Büros oder nur »im Briefkasten« und verschwinden spurlos.

Kein Insg bei Betrügern?

Bei einer GmbH kommt es auf die Wirtschaftsverhältnisse der Gesellschafter nicht an, sondern lediglich auf die Zahlungsunfähigkeit der Gesellschaft selbst. Ist der Arbeitgeber eine juristische Person und ist der Geschäftsführer verschwunden, ist es lebensfremd anzunehmen, er habe zu Gunsten der Gesellschaft Vermögen hinterzogen. (LSG Sachsen-Anhalt vom 15.12.2004 – L 2 AL 133/03, info also 2005, S. 112; ähnlich LSG Brandenburg vom 28.6.2000 – L 8 AL 42/99). Ist der Arbeitgeber, der Sie nicht bezahlt hat, eine GmbH, sollten Sie sich deshalb nicht mit der Behauptung der AA, es lasse sich nicht feststellen, ob der Arbeitgeber zahlungsunwillig oder zahlungsunfähig sei, abspeisen lassen, weil der Geschäftsführer verschwunden ist. So genannte »Firmenbestattungen«, bei denen insolvente Firmen »verkauft« werden, um die Insolvenz zu verschleiern und die Durchsetzung von Forderungen zu behindern, erschweren die Feststellung des Insg-Anlasses der Betriebseinstellung bei Masselosigkeit (s. z. B. LSG Berlin-Brandenburg vom 22.1.2013 – L 8 AL 12/12).

Tritt als Arbeitgeber eine Scheinfirma auf, die tatsächlich nie gegründet werden sollte und die von vornherein zahlungsunfähig war, scheidet nach Schleswig-Holsteinischem LSG vom 6.7.2007 – L 3 AL 54/06 ein Insg-Anlass aus. Das ist jedenfalls dann nicht richtig, wenn der Arbeitnehmer tatsächlich gearbeitet hat. Die anfängliche Zahlungsunfähigkeit des Arbeitergebers, der sich am Rechtsverkehr beteiligt, steht einem Insg-Anlass – wie sich aus § 165 Abs. 3 SGB III ergibt – nur entgegen, wenn ein Insg-Anlass im Sinne des § 165 Abs. 1 Satz 1 SGB III vorausgegangen ist und der Arbeitnehmer dies weiß (s. hierzu SG Dresden vom 14.2.2008 – S 35 AL 1480/02, info also 2008, S. 213). Anstelle der Scheinfirma ist Arbeitgeber die Person, die unter der Firma aufgetreten ist; deren Insolvenz kann einen Insg-Anspruch begründen.

Arbeitet der Betrieb nach der Pleite weiter, gibt es Insg bei erneuter Zahlungsunfähigkeit nur, wenn die Insolvenz zunächst beendet und der Arbeitgeber wieder zahlungsfähig war. Die Durchführung eines überwachten Insolvenzplanverfahrens und die Erfüllung einzelner Zahlungsverpflichtungen sind kein Beleg dafür, dass der Arbeitgeber wirtschaftlich wieder auf eigenen Beinen steht (BSG vom 17.3.2015 – B 11 AL 9/14 R [kritisch hierzu Nick Marquardt, SOZIALRECHTaktuell 2015, S. 230 f.], vom 29.5.2008 – B 11a AL 57/06 R und vom 21.11.2002 – B 11 AL 35/02 R). Das gilt auch für ein nicht überwachtes Insolvenzplanverfahren (BSG vom 6.12.2012 – B 11 AL 11/11 R, ZIP 2013, S. 795). Bei fortbestehender Zahlungsunfähigkeit kann kein neuer Insg-Anlass im Sinne des § 165 Abs. 1 Satz 1 SGB III eintreten (LSG NRW vom 9.6.2016 – L 9 AL 23/14, Revision beim BSG unter – B 11 AL 14/16 R); ein Verstoß gegen die Richtlinie 2008/94/EG liege nicht vor. Insg kann also auf Grund des früheren Insolvenzfalls nur gewährt werden, wenn der Arbeitnehmer in Unkenntnis der Insolvenz die Arbeit aufnimmt (§ 165 Abs. 3 SGB III; s. SG Dresden vom 14.2.2008 – S 35 AL 1480/02, info also 2008, S. 213). Nach mehrjähriger Unterbrechung der Betriebstätigkeit und Änderung des Betriebszwecks kann von wiederhergestellter Zahlungsfähigkeit ausgegangen werden und ein neuer Insg-Anlass eintreten (SG Leipzig vom 31.3.2009 – S 8 KR 270/07); dasselbe gilt, wenn die Rechtsform des Betriebs geändert worden ist, weil dann der Arbeitgeber wechselt. Gibt der Insolvenzverwalter bei Fortdauer des Insolvenzverfahrens das Vermögen der selbständigen Tätigkeit frei, soll ein neues Insolvenzereignis eintreten können (SG Gotha vom 8.6.2015 – S 34 AL 3158/13).

Der Insg-Anlass der Betriebseinstellung liegt nicht vor, wenn im Zeitpunkt der Betriebseinstellung bereits ein Antrag auf Eröffnung des Insolvenzverfahrens gestellt ist. Es genügt, wenn der Antrag am Tag der Betriebseinstellung gestellt wird. Dann entscheidet das Amtsgericht über den Insg-Anlass im Sinne des § 165 Abs. 1 Nrn. 1 und 2 SGB III. Wird der Antrag zurückgenommen, gilt er als nicht gestellt, sodass für den Insg-Anlass nur die Betriebseinstellung bei Masselosigkeit entscheidend ist (BSG vom 30.10.1991 – 10 RAr 3/91, SozR 3-4100 § 141b Nr. 3).

3   Maßgeblicher Insg-Anlass

Maßgeblich ist immer der erste Insg-Anlass. Liegt also eine Betriebseinstellung vor und kommt zeitgleich ein Insolvenzverfahren mangels Masse offensichtlich nicht in Betracht, ist ein späterer Beschluss des Amtsgerichts über einen Insolvenzeröffnungsantrag, der nach der Betriebseinstellung gestellt worden ist, für das Insg ohne Bedeutung. Der Zeitpunkt des Insg-Anlasses im Sinne des § 165 Abs. 1 SGB III und damit der Insg-Zeitraum und der Lauf der Antragsfrist lassen sich dadurch nicht mehr verändern (BayLSG vom 29.1.2015 – L 9 AL 12/12). Eine Ausnahme erkennt die BA an, wenn sie zunächst vom Insg-Anlass der Betriebseinstellung ausgegangen ist, tatsächlich dann aber auf einen späteren Insolvenzantrag das Verfahren eröffnet wird, jedenfalls dann, wenn die Verfahrenskosten gezahlt und nicht gestundet werden, weil dann davon auszugehen ist, dass im Zeitpunkt der Betriebseinstellung Masselosigkeit nicht vorlag (FW 165.3.4 Abs. 2; so auch LSG Berlin-Brandenburg vom 2.5.2011 – L 18 AL 176/10 und vom 3.5.2012 – L 18 AL 54/11). Konnte für den Zeitpunkt der Betriebseinstellung Masselosigkeit nicht festgestellt werden, kann einer der beiden anderen Insg-Anlässe – Eröffnungsbeschluss und Ablehnungsbeschluss – aber noch eintreten, weil die Betriebseinstellung ohne die offensichtliche Masselosigkeit kein Insg-Anlass im Sinne des § 165 SGB III ist (SächsLSG vom 15.9.2005 – L 3 AL 249/04).

Erster Insg-Anlass zählt

III   Für welchen Zeitraum gibt es Insg?
§ 165 Abs. 1, 2 SGB III

Insg gibt es höchstens für die letzten drei Monate des Arbeitsverhältnisses vor dem Insolvenzereignis, wenn in dieser Zeit kein Arbeitsentgelt gezahlt wurde. War der Arbeitnehmer bei demselben Arbeitgeber mehrmals beschäftigt, kommt es ebenfalls auf die letzten drei Monate des Arbeitsverhältnisses an (SächsLSG vom 30.4.2008 – L 1 AL 141/07). Welche Entgeltausfälle in den dreimonatigen Insg-Zeitraum fallen, wird vom Zeitpunkt der Beendigung des Arbeitsverhältnisses beeinflusst. Maßgeblich ist das rechtliche Ende des Arbeitsverhältnisses, nicht das tatsächliche Ende des Beschäf-

Nur für 3 Monate

tigungsverhältnisses (BSG vom 25.8.2008 – B 11 AL 64/08 B; LSG Berlin-Brandenburg vom 27.9.2005 – L 4 AL 15/03; LSG Baden-Württemberg vom 10.7.2013 – L 3 AL 2836/11, info also 2014, S. 17). Da das Arbeitsverhältnis nach § 623 BGB nur schriftlich beendet werden kann, dauert das Arbeitsverhältnis ohne schriftliche Beendigung auch nach Einstellung der Arbeit und des Betriebes fort (LSG Berlin-Brandenburg vom 8.7.2009 – L 29 AL 275/08). Arbeitnehmer sollten jedenfalls dann, wenn Lohn ausgeblieben ist und mit einer Fortsetzung des Beschäftigungsverhältnisses nicht zu rechnen ist, das Arbeitsverhältnis schriftlich kündigen, bevor sie Alg beantragen, weil das Alg auf das Insg angerechnet wird.

Erheben Sie gegen eine Kündigung des Arbeitgebers Kündigungsschutzklage und stellt das Arbeitsgericht fest, dass die Kündigung das Arbeitsverhältnis nicht beendet hat, ist dies auch für den Insg-Zeitraum maßgebend (LSG Berlin-Brandenburg vom 2.5.2011 – L 18 AL 176/10); das soll nur dann nicht gelten, wenn das Arbeitsgericht mit Versäumnisurteil entschieden hat und sich später aus neuen Gesichtspunkten die Rechtmäßigkeit der Kündigung ergibt (LSG Berlin vom 30.11.2001 – L 10 AL 116/00).

Folgende Fälle sind zu unterscheiden:

Arbeit endet mit Insg-Anlass

■ Das Arbeitsverhältnis endet mit dem Insg-Anlass:
Der Insg-Zeitraum umfasst die letzten drei Monate vor dem Insg-Anlass. Dabei wird taggenau gerechnet. Der Tag des Insg-Anlasses zählt nicht mit. Wird z.B. das Insolvenzverfahren am 1.3.2017 eröffnet, erstreckt sich der Schutz auf die Zeit zurück bis einschließlich 1.12.2016.

Schaubild
Insg-Zeitraum I

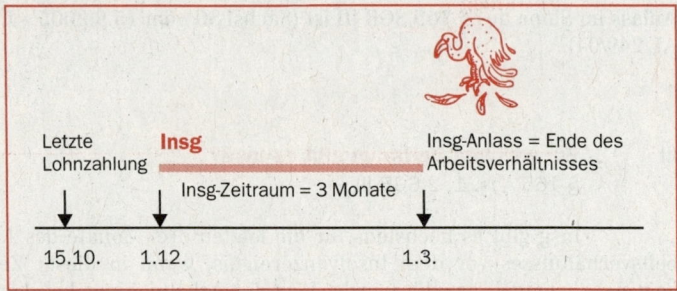

Letzte Lohnzahlung	**Insg**	Insg-Anlass = Ende des Arbeitsverhältnisses
	Insg-Zeitraum = 3 Monate	
15.10.	1.12.	1.3.

Bei Freistellung von der Arbeit schon vor Ende des Arbeitsverhältnisses beginnt der Insg-Zeitraum nicht mit dem letzten Arbeitstag, sondern mit dem letzten Tag des Arbeitsverhältnisses.

Wenn Sie mit der Insolvenz Ihres Arbeitgebers rechnen und bereits für drei Monate Arbeit nicht bezahlt worden sind, sollten Sie überlegen, ob Sie das Arbeitsverhältnis durch eine fristlose Kündigung, die immer schriftlich erfolgen muss, beenden. Wenn der Insg-Zeitraum eine Zeit des Alg-Bezugs umfasst, erhalten Sie Insolvenzgeld nur abzüglich des Alg. Der Alg-Anspruch wird Ihnen bei Gewährung von Insg für denselben Zeitraum wieder gutgeschrieben (BSG vom 24.7.1986 – 7 RAr 4/85, SozR 4100 § 117 Nr. 16); er ist also dann nicht verbraucht.

Das ist ab 1.8.2016 in § 148 Abs. 3 für die §§ 145, 157 und 158 SGB III ausdrücklich geregelt. Die Zahlung von Alg für eine Zeit, für die Insg zu zahlen ist, in der also noch ein Anspruch auf Arbeitsentgelt besteht, richtet sich nach § 157 Abs. 1 SGB III; die BA hat die Beiträge zur Kranken-, Pflege- und Rentenversicherung nach § 175 SGB III für das Insg zu tragen, so dass die Minderung des Alg-Anspruchs durch Insg immer entfällt. Das Insg ist zwar eine Sozialleistung, wird aber als Umlage von den Arbeitgebern aufgebracht (§ 358 SGB III) und jeweils entsprechend dem Bedarf für das Insg berechnet, so dass die BA für das Alg durch das Insg Ersatz erhält (siehe hierzu Ute Winkler, info also 2017, S. 51, 54). *Neu*

■ Das Arbeitsverhältnis endet schon vor dem Insg-Anlass: *Arbeit endet vor Insg-Anlass*
Der Insg-Zeitraum umfasst die letzten drei Monate des Arbeitsverhältnisses, gleichgültig welche Zeit zwischen dem Ende des Arbeitsverhältnisses und dem Insg-Anlass liegt.

Schaubild
Insg-Zeitraum II

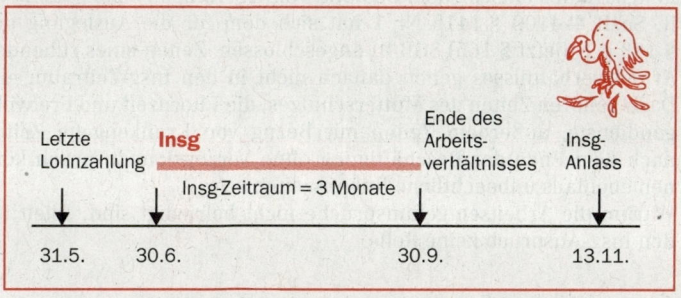

■ Das Arbeitsverhältnis endet erst nach dem Insg-Anlass: *Arbeit endet nach Insg-Anlass*
– Wussten Sie von dem Insg-Anlass, so können Sie für den Lohnausfall nach dem Insg-Anlass kein Insg erhalten.
– Wussten Sie nichts von dem Insg-Anlass, dann tritt an die Stelle des Insg-Anlasses die Kenntnis vom Insg-Anlass. Sie können dann für die letzten drei Monate vor der Kenntnis vom Insg-Anlass Insg erhalten, vorausgesetzt, Sie haben tatsächlich gearbeitet oder bezahlten Urlaub genommen, waren krank oder freigestellt; dasselbe gilt auch, wenn sich der Arbeitgeber im Annahmeverzug befand.
Zur Frist für den Insg-Antrag in diesem Fall → S. 407.

Schaubild
Insg-Zeitraum III

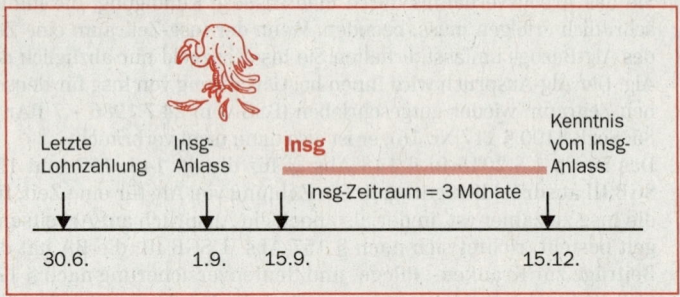

- Haben Sie ohne Kenntnis der Pleite begonnen zu arbeiten, können Sie bis zur Kenntnis, höchstens aber für drei Monate Insg erhalten (SG Dresden vom 14.2.2008 – S 35 AL 1480/02).

Der Insg-Zeitraum läuft kalendermäßig ab und umfasst die letzten
drei Monate des Arbeitsverhältnisses vor dem Insg-Anlass, unabhängig davon, ob in diesen drei Monaten überhaupt Arbeitsentgelt ausgefallen ist. Arbeitsentgelt, das für frühere Zeiträume geschuldet wird,
kann nicht durch Insg ausgeglichen werden, auch wenn im Insg-Zeitraum keine drei Monate ohne Bezahlung liegen. Der Insg-Zeitraum
umfasst aber keine Zeiten, in denen ein Arbeitsentgeltanspruch seiner Natur nach nicht entstehen kann. Das hat der EuGH vom
15.5.2003 – C-160/01, SozR 4–4300 § 183 Nr. 1 für die Zeit des Erzie-
hungsurlaubs entschieden. Das BSG vom 18.12.2003 – B 11 AL 27/03
R, SozR 4–4100 § 141b Nr. 1 hat sich dem für die Auslegung des
§ 183 a. F. (jetzt § 165) SGB III angeschlossen. Zeiten eines ruhenden
Arbeitsverhältnisses gehen danach nicht in den Insg-Zeitraum ein.
Dazu gehören Zeiten des Mutterschutzes, die Elternzeit und Freiwilli-
gendienste, außerdem Zeiten mit Bezug von Krankengeld; Zeiten
nach dem Ende der Beschäftigung ohne Verzugslohnanspruch können ebenfalls unbeachtliche Ruhenszeiten sein.
Warum die Arbeitsentgeltansprüche nicht befriedigt sind, spielt für
den Insg-Anspruch keine Rolle.

IV   **Wann muss Insg spätestens beantragt werden?**
      §§ 323 Abs. 1, 324 Abs. 3 SGB III

Antrag

Insg gibt es nur auf Antrag. Der Antrag ist bei der AA zu
stellen. Verlassen Sie sich nicht darauf, dass der Insolvenzverwalter
oder der Betriebsrat Ihren Antrag rechtzeitig an die AA weiterreicht.
Fragen Sie bei der AA nach, ob der Antrag dort eingegangen ist.
Noch besser: Sie stellen selbst einen schriftlichen Antrag, notfalls
formlos.

Da der Antrag an keine Form gebunden ist, kann er – um die Antragsfrist zu wahren – auch telefonisch gestellt werden. Sicherer ist es aber, den Antrag schriftlich – am besten mit dem Insg-Antragsvordruck nebst Anlage zum Insg-Antrag – zu stellen. Die Benutzung dieser Formulare kann die AA verlangen (§ 60 Abs. 2 SGB I). Die Wirksamkeit des Antrages und die Fristwahrung sind nicht von der Verwendung des Vordrucks abhängig.

Insg-
Antragsformular

Fügen Sie dem Antrag alle das Arbeitsverhältnis konkretisierenden Unterlagen (wie Arbeits-, Tarifvertrag, Betriebsvereinbarungen, Lohn- und Gehaltsabrechnungen) bei; Sie ersparen so zeitraubende Rückfragen der AA und beschleunigen die Auszahlung des Insg.

Mit der Beantragung des Insg gehen die Arbeitsentgeltansprüche, die den Anspruch auf Insg begründen, auf die BA über (§ 169 SGB III).

Den Antrag müssen Sie innerhalb von zwei Monaten seit dem Insg-Anlass stellen. Diese Antragsfrist von zwei Monaten beginnt mit dem Tag nach dem Insg-Anlass zu laufen.

Antragsfrist:
2 Monate

Die Antragsfrist widerspricht nicht europäischem Gemeinschaftsrecht (EuGH vom 18.9.2003 – C-125/11, ZIP 2003, S. 2173-2175; BayLSG vom 28.10.2013 – L 10 AL 183/12; vgl. hierzu Susanne Peters-Lange, info also 2007, S. 51 ff.).

Haben Sie in Unkenntnis des Insg-Anlasses weitergearbeitet, verschiebt sich nicht nur der Insg-Zeitraum (→ S. 405); auch die Antragsfrist kann erst vom Zeitpunkt der Kenntnisnahme an laufen (Ilka Striebinger, in: Gagel, SGB III RandNr. 28 zu § 324, unter Hinweis auf BSG vom 27.8.1998 – B 10 AL 7/97 R, SozR 3–4100 § 141e Nr. 3).

Informieren Sie die AA, wenn Sie sich arbeitslos melden, dass der Arbeitgeber Ihnen seit Monaten den Lohn nicht gezahlt hat. Die AA muss Sie dann beraten und Ihnen sagen, dass und wann Sie einen Antrag auf Insg stellen können, und auf den drohenden Rechtsverlust hinweisen. Tut sie das nicht, muss ein verspäteter Antrag auf Insg im Wege des sozialrechtlichen Herstellungsanspruchs als rechtzeitig behandelt werden. Dagegen enthält der Alg-Antrag nicht im Sinne einer Meistbegünstigung zugleich einen Insolvenzgeldantrag, wenn dieser nicht deutlich gestellt wird (SächsLSG vom 7.7.2015 – L 3 AL 19/14, Nichtzulassungsbeschwerde vom BSG abgewiesen am 16.11.2015 – B 11 AL 68/15 B).

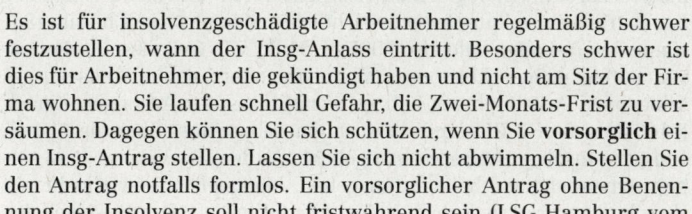

Es ist für insolvenzgeschädigte Arbeitnehmer regelmäßig schwer festzustellen, wann der Insg-Anlass eintritt. Besonders schwer ist dies für Arbeitnehmer, die gekündigt haben und nicht am Sitz der Firma wohnen. Sie laufen schnell Gefahr, die Zwei-Monats-Frist zu versäumen. Dagegen können Sie sich schützen, wenn Sie **vorsorglich** einen Insg-Antrag stellen. Lassen Sie sich nicht abwimmeln. Stellen Sie den Antrag notfalls formlos. Ein vorsorglicher Antrag ohne Benennung der Insolvenz soll nicht fristwahrend sein (LSG Hamburg vom

20.4.2016 – L 2 AL 18/15). Dem kann nicht zugestimmt werden; der Arbeitnehmer muss sich vor dem Verlust seines Anspruchs und der Gefahr der Fristversäumnis schützen können. Die BA lässt solche Anträge durchaus zu (FW 165.1.1).

Waren Sie aus Gründen, für die Sie nichts konnten, während des Laufs der zweimonatigen Antragsfrist verhindert, den Antrag zu stellen, so können Sie den Antrag innerhalb einer Nachfrist von zwei Monaten nachholen.

Nachfrist:
2 Monate

z. B. bei
unverschuldeter
Unkenntnis

Der Antrag wird hauptsächlich deshalb verspätet gestellt, weil der Arbeitnehmer nicht weiß, dass ein Insg-Anlass eingetreten ist. Aber auch andere Gründe können die Nachfrist auslösen, z. B. eine schwere Krankheit, die es dem Arbeitnehmer unmöglich gemacht hat, sich um seine Angelegenheiten zu kümmern.

Haben Sie sich nicht intensiv um die Durchsetzung Ihrer Ansprüche gegenüber dem Arbeitgeber gekümmert, wird Ihnen die Nachfrist nicht gewährt (Schleswig-Holsteinisches LSG vom 14.11.2014 – L 3 AL 28/12). Es genügt aber, wenn der Arbeitnehmer ein Versäumnisurteil gegen seinen Arbeitgeber erwirkt und unverzüglich versucht zu vollstrecken (SG Dresden vom 14.2.2008 – S 35 AL 1480/02).

Die Nachfrist beginnt mit dem Wegfall des Hindernisses (also z. B. mit dem Ende der längeren schweren Krankheit). Die Nachfrist von zwei Monaten wird nicht eingeräumt, wenn Sie noch in der zweimonatigen Antragsfrist fähig werden, den Insg-Antrag zu stellen. Dann müssen Sie ihn bis Ende der Antragsfrist stellen.

Keine überhöhten
Anforderungen

An die Gewährung der Nachfrist nach § 324 Abs. 3 Satz 2 SGB III, die einer Wiedereinsetzung wegen unverschuldeter Fristversäumnis entspricht, dürfen nach der Rechtsprechung des EuGH keine zu hohen Anforderungen gestellt werden (EuGH vom 18.9.2003 – C-125/01, SozR 4–4300 § 314 Nr. 1; s. HessLSG vom 26.10.2007 – L 7 AL 185/05, info also 2008, S. 17 und vom 24.3.2011 – L 1 AL 89/10, info also 2011 S. 215; LSG Nordrhein-Westfalen vom 12.1.2012 – L 16 AL 264/10). Nicht jede geringfügige Fahrlässigkeit darf zum Verlust des Insg-Anspruchs führen (a. A. LSG Berlin-Brandenburg vom 14.3.2012 – L 18 AL 340/09, das aber von einem subjektiven Fahrlässigkeitsbegriff ausgeht und dies für europarechtskonform hält). Das gilt insbesondere für die Unkenntnis des Insg-Anlasses, wenn diese auf der Ablehnung der Insolvenzeröffnung wegen Masselosigkeit durch das Amtsgericht oder der Betriebseinstellung bei offensichtlicher Masselosigkeit beruht (Susanne Peters-Lange, info also 2007, S. 51 ff., 57), weil diese Ereignisse von außen nicht erkennbar sind. Insbesondere dem bereits ausgeschiedenen Arbeitnehmer hilft es wenig, dass der Arbeitgeber nach § 165 Abs. 5 SGB III verpflichtet ist, einen Beschluss über die Abweisung des Insolvenzantrages mangels Masse dem Betriebsrat bzw. seinen Arbeitnehmern bekannt zu geben. Maßgeblich ist vielmehr ein Verschuldensgrad zwischen einfacher und grober Fahrlässigkeit (so

LSG Sachsen-Anhalt vom 20.4.2005 – L 2 AL 88/03). Insbesondere darf dem Arbeitnehmer die mangelnde Kenntnis der Möglichkeit, Insg zu beantragen, nicht angelastet werden (Peters-Lange, in: Gagel, SGB III, RandNr. 4c zu § 165). Einzelne Gerichte legen allerdings noch immer einen sehr strengen Maßstab an (z. B. LSG Nordrhein-Westfalen vom 24.10.2007 – L 12 AL 62/06; LSG Berlin vom 26.6.2003 – L 8 AL 13/01; LSG Niedersachsen vom 5.4.2004 – L 8 AL 240/03). Das BSG vom 17.10.2007 – B 11a AL 75/07 B hat in einer Entscheidung über eine Nichtzulassungsbeschwerde offengelassen, ob und welche Bedeutung die Ausführungen des EuGH für den Verschuldensmaßstab haben; jedenfalls sei dies eine Frage, die von der Gestaltung des Einzelfalles abhänge und von den Tatsachengerichten zu entscheiden sei.

Was der Arbeitnehmer tun muss, um seine Forderung beizutreiben, lässt sich nicht allgemein sagen. Meist wird es sinnvoll sein, Klage beim Arbeitsgericht zu erheben. Ein Vollstreckungsversuch muss im Hinblick auf die Kosten bei erkennbarer Aussichtslosigkeit nicht unternommen werden. Wenn Sie aber wissen, dass eine Vollstreckungshandlung sinnlos ist, müssen Sie einen Insg-Antrag stellen.

Früher wurde Ihnen ein Fehler Ihres Vertreters wie eigenes Verschulden zugerechnet. Seit 2012 lautet § 324 Abs. 2 Satz 2 und 3 SGB III:

Verschulden des Vertreters

> »Wurde die Frist aus nicht selbst zu vertretenden Gründen versäumt, wird Insolvenzgeld geleistet, wenn der Antrag innerhalb von zwei Monaten nach Wegfall des Hinderungsgrundes gestellt worden ist. Ein selbst zu vertretender Grund liegt vor, wenn sich Arbeitnehmerinnen und Arbeitnehmer nicht mit der erforderlichen Sorgfalt um die Durchsetzung ihrer Ansprüche bemüht haben.«

In der Begründung zur Neufassung des § 324 Abs. 2 SGB III heißt es nur: »Anpassung zur sprachlichen Gleichbehandlung von Frauen und Männern und sprachliche Überarbeitung« (BT-Drs. 17/6277 S. 110). Wir vertreten die Ansicht, dass es nach dem objektiven Wortlaut des neuen § 324 Abs. 2 Satz 2 und 3 SGB III nur noch auf das eigene Verschulden des Arbeitnehmers und der Arbeitnehmerin ankommt, auch wenn die Gesetzesbegründung nicht auf die Änderung hinweist. Bisher war entscheidend, ob der Auftrag an einen Rechtsanwalt, arbeitsrechtliche Ansprüche durchzusetzen, den Insg-Antrag mit umfasste (BSG vom 29.10.1992 – 10 RAr 14/91, SozR 3-4100 § 141e Nr. 2). Bei einem Rechtsanwalt war bei der Auslegung des Auftrages neben dessen Wortlaut zu berücksichtigen, dass der Insg-Antrag eine neue Anwaltsgebühr auslöst (LSG Sachsen-Anhalt vom 23.2.2005 – L 2 AL 55/03 und vom 22.9.2011 – L 2 AL 87/08, info also 2012, S. 255 mit Anm. von Ute Winkler; vgl. aber LSG Nordrhein-Westfalen vom 23.6.2009 – L 1 AL 61/07, vom 24.2.2010 – L 12 AL 10/09 und vom 12.1.2012 – L 16 AL 264/10; LSG Berlin-Brandenburg vom 8.12.2005 – L 28 AL 167/04 und vom 14.3.2012 – L 18 AL 340/09). Bei der kostenfreien gewerkschaftlichen Vertretung ist das nicht der Fall, diese umfasst auch die für das Gewerkschaftsmitglied kostenfreie Beitreibung der Arbeitsentgeltforderung.

Haben Sie in Unkenntnis des Insg-Anlasses die Arbeit aufgenommen, so beginnt die Zwei-Monats-Frist erst mit der positiven Kenntnis vom Insg-Anlass (BSG vom 27.8.1998 – B 10 AL 7/97 R, SozR 3–4100 § 141e Nr. 3; SG Dresden vom 14.2.2008 – S 35 AL 1480/02, info also 2008, S. 213).

Insg-Bescheinigung

Der Antrag auf Insg wird erst bearbeitet, wenn eine vom Insolvenzverwalter oder vom Arbeitgeber (bei Abweisung des Antrags mangels Masse oder Betriebseinstellung) ausgestellte Bescheinigung vorliegt. In dieser Bescheinigung sind für den Insg-Zeitraum der noch ausstehende Lohn, die Lohnabzüge und etwaige Pfändungen, Verpfändungen oder Abtretungen des Lohns anzugeben (§ 314 SGB III). Der Arbeitgeber, der Insg-Antragsteller und die Mitarbeiter der Personalabteilung müssen hierbei mitwirken (§ 316 Abs. 2 SGB III).

Wenn der Insolvenzverwalter nicht erreichbar ist oder schlampig arbeitet, müssen Sie selbst tätig werden und andere Beweismittel beibringen – wie z. B. Lohnabrechnungen oder Gehaltsstreifen der vorangegangenen Monate. Besonders geeignet sind Auskünfte von Kolleg(inn)en aus der Lohnbuchhaltung oder von Betriebsratsmitgliedern. Diese müssen eine wahrheitsgemäße Erklärung abgeben. Gibt es keine derartigen Beweismittel, so schätzt die AA den bisherigen Verdienst.

Anfechtung der Lohnzahlung nach § 130 InsO

Es häufen sich die Fälle, dass Insolvenzverwalter die Zahlung von Arbeitsentgelt nach §§ 130, 131 InsO anfechten.

Über die Anfechtung, die auch zum Verlust des Insg führen kann, gibt es viel Streit.

Geklärt ist, dass die Arbeits- und nicht die Zivilgerichte bei Streit über die Anfechtung zuständig sind (Gemeinsamer Senat der Obersten Gerichtshöfe des Bundes vom 27.9.2010 – GmS-OGB 1/09).

Dennoch kocht der Streit zwischen BAG und BGH immer wieder hoch (vgl. zuletzt Bertram Zwanziger, VorsRiBAG, Die Rechtsprechung des BAG zur Insolvenzanfechtung – verfehlt oder gar verfassungswidrig?, DB 2014, S. 2391 ff.; Gerhard Pape, RiBGH, Die Insolvenzanfechtung in der Rechtsprechung des BGH – aktueller Stand und Perspektiven, DB 2015, S. 1147 ff. und S. 1207 ff.). Diesen Streit hat der Gesetzgeber durch einen neuen Abs. 2 Satz 2 in § 142 InsO beendet:

Neu

»Gewährt der Schuldner seinem Arbeitnehmer Arbeitsentgelt, ist ein enger zeitlicher Zusammenhang [und damit ein grundsätzlich anfechtungsfreies Bargeschäft] gegeben, wenn der Zeitraum zwischen Arbeitsleistung und Gewährung des Arbeitsentgelts drei Monate nicht übersteigt« (Gesetz vom 29.3.2017 – BGBl. I, S. 654, in Kraft seit 5.4.2017).

Nicht eindeutig ist der Arbeitnehmerbegriff, von dem der Gesetzgeber ausgeht (Christoph Thole in ZIP 2017, S. 409). So ist z. B. der GmbH-Geschäftsführer ohne Sperrminorität sozialrechtlich Arbeitnehmer und kann Insg erhalten (st. Rspr. des BSG, z. B. vom 11.11.2015 – B 12 KR 10/14 R), nicht aber arbeitsrechtlich (§ 5 Abs. 1 Satz 3 ArbGG).

Fraglich ist, ob im Fall einer Anfechtung wegen inkongruenter Deckung dem Arbeitnehmer der pfändungsfreie Betrag anfechtungsfrei bleiben muss (so LAG Köln vom 6.3.2015 – 4 Sa 726/14 mit ablehnender Anm. von Jörn U. Stiller, EWiR 2016, S. 23 f.).

Kann ein Insolvenzverwalter – ausnahmsweise – eine Lohnzahlung anfechten, hindern arbeits- oder tarifvertragliche Ausschlussfristen die Rückforderung des Lohns nicht (BAG vom 24.10.2013 – 6 AZR 466/12, DB 2014, S. 129; BAG vom 27.2.2014 – 6 AZR 367/13, ZIP 2014, S. 1396).

Bei – ausnahmsweise – erfolgreicher Anfechtung der Lohnzahlung lebt die Insg-Forderung gemäß § 144 Abs. 1 InsO wieder auf; sie kann vom Arbeitnehmer noch geltend gemacht werden, wenn alle Voraussetzungen für das Insg erfüllt sind. Zwar ist die Antragsfrist für das Insg von zwei Monaten regelmäßig versäumt. Hier kann die zweimonatige Nachfrist nach § 324 Abs. 3 Satz 2 SGB III (→ S. 408) helfen; die Antragsfrist ist in der Regel unverschuldet versäumt; fraglich ist nur, ab wann die Nachfrist zu laufen beginnt (näher dazu BAG vom 29.1.2014 – 6 AZR 345/12). Das LSG NRW vom 25.2.2016 – L 9 AL 70/14 ist der Meinung, dass der Insg-Anspruch erst mit der Rückzahlung des Lohns beginnt, die Antragsfrist aber ab der Anfechtungserklärung des Insolvenzverwalters läuft. Wir empfehlen unbedingt sofort Insg zu beantragen, wenn der Insolvenzverwalter die Lohnzahlung angefochten hat, und zwar auch dann, wenn Sie gegen die Anfechtung gerichtlich vorgehen.

Um die Zeit bis zur Entscheidung über Ihren Insg-Antrag finanziell durchzustehen, können Sie gemäß § 168 SGB III »die Zahlung eines Vorschusses« verlangen. Im Antrag auf Insg werden Sie danach gefragt, ob Sie die Zahlung eines Vorschusses wünschen.

Vorschuss gemäß § 168 SGB III

Voraussetzungen für diesen Vorschuss sind:

- die vorläufige Eröffnung des Insolvenzverfahrens durch das Amtsgericht,

- die rechtliche Beendigung des Arbeitsverhältnisses [Überlegen Sie deshalb sehr genau, ob Sie gegen einen insolventen Arbeitgeber Kündigungsschutzklage erheben],

- eine hinreichende Wahrscheinlichkeit für die Voraussetzungen des Insg-Anspruchs.

In unproblematischen Fällen zahlt die AA bis zu 100 % des Ihnen zustehenden Insg als Vorschuss.

V   **Was umfasst Insg?**

Insg =
Nettovergütung

Das Insg ersetzt alle durch die Insolvenz ausgefallenen Nettobezüge, soweit sie dem dreimonatigen Insg-Zeitraum zuzurechnen sind.

Da das ausgezahlte Insg der **Netto**-Vergütung entspricht, brauchen Sie vom Insg keine Steuern zu bezahlen (§ 3 Nr. 2 EStG). Es wird jedoch bei der Ermittlung des Steuersatzes berücksichtigt, dem Ihr übriges steuerpflichtiges Einkommen unterliegt (Progressionsvorbehalt gemäß § 32b Abs. 1 Nr. 1a EStG).

Nicht verlangen kann der Arbeitnehmer vom Insolvenzverwalter oder Arbeitgeber den Teil des Bruttolohns, der als Lohnsteuer abzuführen wäre (LAG Baden-Württemberg vom 29.1.2014 – 2 Sa 39/13). Mit dem Insg-Antrag geht nach Auffassung des Bundesarbeitsgerichts gemäß § 169 SGB III nicht nur der Nettolohnanspruch auf die BA über, sondern auch die im Bruttolohn enthaltene Lohnsteuer. Dass dem Arbeitnehmer damit die Möglichkeit genommen wird, im Rahmen des Lohnsteuerjahresausgleichs Steuern zurückzuerhalten, sei vom Gesetzgeber gewollt und hinzunehmen.
Allerdings kritisiert das BAG vom 11.2.1998 – 5 AZR 159/97, AiB 1998, S. 713–715 die rechtswidrige Praxis der Finanzämter und der AA, die Lohnsteuer nicht gegen den Insolvenzverwalter geltend zu machen. Der vor dem BAG unterlegene Arbeitnehmer hatte daraufhin von der BA verlangt, die Differenz zwischen Brutto- und Nettolohn zur Insolvenztabelle anzumelden oder den Differenzbetrag an ihn abzutreten. Das BSG vom 20.6.2001 – B 11 AL 97/00 R, SozR 3–4100 § 141m Nr. 3 hat die entsprechende Klage abgewiesen mit der Begründung, der Arbeitnehmer würde andernfalls mehr erhalten, als ihm bei Zahlungfähigkeit des Arbeitgebers zustünde.

Erhält ein (hier französischer) Grenzgänger bei Insolvenz des in Deutschland ansässigen Arbeitgebers Insg, muss er sich bei der bemessung des Insg gefallen lassen, dass die nach deutschem Steuerrecht üblicherweise anfallende Lohnsteuer vom Bruttoarbeitsentgelt abgezogen wird, auch wenn er aufgrund seines ausländischen Wohnorts (hier Frankreich) weniger Lohnsteuer zahlen muss. Auch wenn dadurch sein Insg niedriger als sein bisheriges Nettoentgelt ausfällt, stellt dies keine unzulässige Beschränkung der Arbeitnehmerfreizügigkeit dar (EuGH vom 2.3.2017 – Rs C-496/15 »Eschenbrenner«, ZIP 2017, S. 628 ff.; mit Anm. von Tobias Leder/Christoph Seidler, EWiR 2017, S. 315 f.).

Das Insg umfasst (nach Hess, GK-SGB III, RandNr. 92 zu § 183) u. a.: Lohn (Zeit-, Akkord-, Prämienlohn, Überstundenvergütungen, Sonn- und Feiertags- sowie Nachtarbeitszuschläge), Provisionen (Gewinnanteile, Umsatzbeteiligungen), Deputate und andere Naturalbezüge wie beispielsweise freie Kost, Gratifikationen, Lohnfortzahlung im Krankheitsfalle, Gefahren-, Wege- und Schmutzzulagen, Auslösungen, Kostgelder, vermögenswirksame Leistungen, Urlaubsentgelte, Urlaubsgelder, Jubiläumszuwendungen, Zuschüsse zum Krankengeld, zum Mutterschaftsgeld und zur freiwilligen Krankenversicherung, Beiträge des Arbeitgebers zur Zukunftssicherung des Arbeitnehmers, Reisespesen, Kilometergelder für die Benutzung des eigenen Pkw bei Geschäftsfahrten. Zum Insg gehört der tatsächlich geschuldete Lohn, also z.B. der Tariflohn oder der Mindestlohn, wenn der Tarifvertrag oder die Mindestlohnbestimmung für das Arbeitsverhältnis gilt, auch wenn der volle Lohn während des Arbeitsverhältnisses nie gezahlt worden ist (s. hierzu Claus-Peter Bienert, info also 2011, S. 9).

Zum insolvenzgeschützten Arbeitsentgelt gehören auch variable Entgeltbestandteile, die meist vom Betriebsergebnis und dem individuellen Erfolg abhängig sind. Maßgeblich ist auch hier der Zeitraum, in dem der Arbeitsentgeltanspruch erarbeitet worden ist. Es kommt dagegen nicht darauf an, ob der Anspruch im Insolvenzgeldzeitraum fällig oder bezifferbar geworden ist. Ansprüche, die über einen längeren Zeitraum erworben, jedoch zu einem bestimmten Zeitpunkt geschuldet werden, sind der jeweiligen Arbeitsleistung anteilig zuzuordnen. Das gilt auch für den variablen Lohnbestandteil, weil es sich hierbei nicht um eine Sondervergütung handelt, sondern um laufendes Arbeitsentgelt, das der Arbeitnehmer für ein bestimmtes Jahr erhält (BSG vom 23.3.2006 – B 11a AL 29/05 R; SG Dresden vom 21.4.2010 – S 35 AL 256/08, info also 2010, S. 217; BayLSG vom 25.7.2013 – L 9 AL 274/11).

Nach § 165 Abs. 2 Satz 3 SGB III gilt die Entgeltumwandlung gemäß § 1 Abs. 2 Nr. 3 des Betriebsrentengesetzes zu Gunsten der Alterssicherung des Arbeitnehmers für die Berechnung des Insg als nicht vereinbart, soweit der Arbeitgeber keine Beiträge an den Versorgungsträger abgeführt hat. In diesem Umfang ist Insg zu zahlen.

Arbeitsentgelt für Zeiten, in denen während einer Freistellung Arbeitsentgelt zu zahlen ist (§ 7 Abs. 1a SGB IV), ist der auf Grund einer schriftlichen Vereinbarung zur Bestreitung des Lebensunterhalts im jeweiligen Zeitraum bestimmte Betrag (s. SG Berlin vom 3.11.2005 – S 60 AL 5563/03).

Altersteilzeitler erhalten das vom Arbeitgeber jeweils geschuldete Arbeitsentgelt auch während der Freistellungsphase, außerdem wird der Aufstockungsbetrag einschließlich des darauf entfallenden RV-Beitrags berücksichtigt (FW 165.2.2 Abs. 13).

Hat der Arbeitnehmer Kosten für die Beitreibung eines Teils seines Lohns aufgewendet, kann er diese Kosten vom beigetriebenen Lohn abziehen und die Differenz zum geschuldeten Lohn als Insg beanspruchen (BSG vom 7.10.2009 – B 11 AL 18/08 R).

Nach § 166 Abs. 1 Nr. 1 SGB III umfasst das Insg **nicht** Ansprüche wegen der Beendigung des Arbeitsverhältnisses; insbesondere Ansprüche auf Entlassungsentschädigung sollen durch das Insg nicht abgedeckt sein, wenn sie kein laufendes Arbeitsentgelt enthalten (BayLSG vom 30.6.2011 – L 10 AL 54/09).

Entlassungsentschädigungen

Wir zweifeln, ob das nicht im Widerspruch zu Art. 3 der seit dem 8.10.2002 geltenden Richtlinie 2002/74 EG, jetzt Art. 3 Abs. 1 der Richtlinie 2008/94/EG steht (s. hierzu Susanne Peters-Lange, info also 2007, S. 51 ff.). Danach

> »treffen die Mitgliedsstaaten die erforderlichen Maßnahmen, damit [...] Garantieeinrichtungen die Befriedigung der nicht erfüllten Ansprüche der Arbeitnehmer aus Arbeitsverträgen und Arbeitsverhältnissen sicherstellen, einschließlich, sofern dies nach ihrem innerstaatlichen Recht vorgesehen ist, einer Abfindung bei Beendigung des Arbeitsverhältnisses«.

Entlassungsentschädigungen sind u. a. nach § 9 KSchG und nach § 1a KSchG gesetzlich vorgesehen. Sie müssten deshalb auch – entsprechend europäischem Gemeinschaftsrecht – vom Insg erfasst werden.

Arbeitszeitkonto

Wird Mehrarbeit auf einem Zeitkonto gespeichert, kann die Bezahlung für die angesammelten Arbeitsstunden dann als Insg verlangt werden, soweit die Vorarbeit während des Insg-Zeitraums geleistet worden ist. Insg aus dem Arbeitszeitkonto ist auch zu zahlen, soweit die Vergütung für die Vorarbeit zum Ausgleich von ausgefallenen Arbeitsstunden im Insg-Zeitraum verwendet werden sollte (BSG vom 25.6.2002 – B 11 AL 90/01 R, SozR 3–4100 § 141b Nr. 24; BayLSG vom 2.12.2015 – L 10 AL 12/15).

Arbeitgeber sind für den Fall, dass ein Anspruch auf Insg nicht besteht, zur Insolvenzsicherung von Arbeitszeitguthaben gemäß § 7e SGB IV verpflichtet. Betriebsräte sollten die Einhaltung der Verpflichtung kontrollieren.

Tariflicher Lohnverzicht

Haben Arbeitgeber und Gewerkschaft in einem Restrukturierungstarifvertrag einen Verzicht der Arbeitnehmer auf tarifliche Lohnansprüche vereinbart, ein Verzicht, der im Falle einer drohenden Insolvenz gekündigt werden kann, sind die durch Kündigung des Verzichts »wieder erweckten« Lohnbestandteile nur dann als Insg zu berücksichtigen, »wenn sie im Insg-Zeitraum erarbeitet worden sind« (BSG vom 4.3.2009 – B 11 AL 8/08 R).

Provision

Auch eine wegen der Insolvenz nicht gezahlte Provision kann über Insg ersetzt werden, wenn die Provision im dreimonatigen Insg-Zeitraum erarbeitet worden ist. Ist nichts anderes vereinbart, dann ist eine Provision regelmäßig mit Abschluss des Geschäfts, d.h., wenn »der Auftrag hereingebracht ist«, erarbeitet. Fällt der Abschluss in den dreimonatigen Insg-Zeitraum, dann ist die **Netto**-Provision als Insg zu bezahlen (BayLSG vom 26.3.2009 – L 9 AL 425/03). Um die verdienten Provisionen nachweisen zu können, empfehlen wir, jede provisionsfähige Abrechnung zu kopieren.

Die Kosten für die Reparatur eines Firmenwagens können zum Insg gehören (BSG vom 8.9.2010 – B 11 AL 34/09).

Verzugslohn

Zum Lohn gehört auch der Verzugslohn nach § 615 BGB, den Ihnen der Arbeitgeber schuldet, wenn er die vertraglich vereinbarte Arbeitsleistung nicht annimmt (LSG Berlin-Brandenburg vom 23.5.2012 – L 18 AL 385/10; LSG Baden-Württemberg vom 10.4.2013 – L 3 AL 1014/11). Nicht zum Arbeitsentgelt gehören Darlehen, die der Arbeitnehmer dem Arbeitgeber gegeben hat, dasselbe gilt für Bürgschaften u. Ä.

Streit entsteht immer wieder über die Frage, in welchem Umfang Urlaubsabgeltung und Einmalleistungen vom Insg gedeckt werden.

Anders als zu AFG-Zeiten wird die Urlaubsabgeltung nicht mehr abgedeckt (§ 166 Abs. 1 Nr. 1 SGB III; BSG vom 20.2.2002 – B 11 AL 71/01 R, SozR 3–4300 § 184 Nr. 1); dasselbe soll für einen Anspruch gelten, der an die Stelle des Anspruchs auf bezahlten Erholungsurlaub tritt (BSG vom 6.5.2009 – B 11 AL 12/08 R; ähnlich LSG Sachsen-Anhalt vom 8.12.2011 – L 2 AL 54/08). Wir halten das für falsch. Der Urlaubsabgeltungsanspruch für bereits erarbeiteten Urlaub wird nicht wegen der Beendigung des Arbeitsverhältnisses, sondern »anlässlich« der Beendigung gezahlt (so ausführlich und mit überzeugender Begründung Peters-Lange, in: Gagel, SGB III Rand-Nr. 9a ff. zu § 166; SG Kiel vom 6.5.2003 – S 9 AL 201/02, info also 2003, S. 254). Solange das BSG aber bei seiner Meinung bleibt, sollten Sie bei Pleitennähe Ihren Urlaub möglichst frühzeitig nehmen.

> *Nicht (mehr) Urlaubsabgeltung*

Nehmen Sie den Urlaub im Insg-Zeitraum, ist neben dem Urlaubsentgelt (Weiterzahlung des Entgelts während des Urlaubs) auch ein etwaiges Urlaubsgeld (Zusatzleistung zur Deckung der Urlaubskosten) Insg-geschützt (→ unten).

> *Urlaub nehmen!*

Bei allen Einmalleistungen, zu denen insbesondere Urlaubsgeld, Weihnachtsgeld und ein 13. Monatsgehalt gehören, sind drei Fallgestaltungen möglich: Zwölftelung, alles oder nichts.

> *Einmalleistungen*

- Sieht ein Arbeits- oder Tarifvertrag bei vorzeitigem Ausscheiden vor, dass das 13. Monatsgehalt nur anteilig gezahlt wird (aufgestautes Arbeitsentgelt), so erhalten Sie Insg auch nur anteilmäßig für den Insg-Zeitraum, d. h. in der Regel 3/12.

> *Anteilig*

- Wird das 13. Monatsgehalt unabhängig von der Verweildauer im Betrieb zu einem bestimmten Stichtag gezahlt, so erhalten Sie das volle 13. Monatsgehalt, wenn der Stichtag in den Insg-Zeitraum fällt.

> *Alles*

- Bei Stichtagvereinbarung erhalten Sie über Insg nichts vom 13. Monatsgehalt, wenn der Stichtag außerhalb des Insg-Zeitraums liegt (Bay LSG vom 25.7.2013 – L 9 AL 274/11).

> *Nichts*

Für zusätzliches Urlaubsgeld gilt im Grundsatz dasselbe wie beim 13. Monatsgehalt. Wird das Urlaubsgeld nur für tatsächlich genommenen Urlaub gezahlt, wird vom Insg nur das Urlaubsgeld abgedeckt, das auf Urlaubstage im Drei-Monats-Zeitraum fällt (vgl. LSG Nordrhein-Westfalen vom 18.8.2008 – L 19 AL 8/08; BayLSG vom 2.12.2015 – L 10 AL 12/15).

> *Urlaubsgeld*

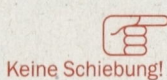

Keine Schiebung!

Gewarnt werden muss vor dem nachträglichen Verschieben von Einmal-leistungen in den Insg-Zeitraum. Das BSG vom 23.3.2006 – B 11a AL 65/05 R und vom 18.3.2004 – B 11 AL 57/03 R, ZIP 2004, S. 1376–1379 hat klargestellt, dass von Insolvenz bedrohte Unternehmen Einmalleistun-gen nicht – auch nicht durch Betriebsvereinbarung – in den Insg-Zeit-raum verschieben dürfen. Eine solche Manipulation zulasten der Insg-Umlageverpflichteten sei sittenwidrig. Ebenso im Ergebnis das LSG Nordrhein-Westfalen vom 4.8.2004 – L 12 AL 254/03, ZIP 2004, S. 2397: Eine Betriebsvereinbarung, die die Fälligkeit von Weihnachtsgeld in das neue Jahr (und damit in den Insg-Zeitraum) verschiebt, ist unwirksam.

Deckelung durch Beitrags-bemessungs-grenze

Zulasten gut Verdienender wird das Insg durch die Beitragsbemes-sungsgrenze (2017 in den alten Bundesländern 6.350 €, in den neuen Bundesländern 5.700 €) gedeckelt (§ 167 Abs. 1 SGB III). Die Bei-tragsbemessungsgrenze beschränkt den Insg-Anspruch auch, soweit für einzelne Monate Sonderzahlungen u. ä. zu leisten sind. Enthält das Insg steuer- und beitragsfreie Beträge, erhöht sich das Nettoent-gelt und auch das Insg. Bei Insg für Teilmonate gilt die volle monat-liche Beitragsbemessungsgrenze (FW 167.1 Abs. 3).

Streitig war, ob der Deckel gebildet wird durch das, was im Insg-Zeit-raum von drei Monaten verdient wurde, oder durch den Monatsver-dienst. Das BSG vom 11.3.2014 – B 11 AL 21/12 R, ZIP 2014, S. 1188 ff. stellt auf den Monat ab, fragt also, ob der Verdienst in dem jeweiligen konkreten Monat die Beitragsbemessungsgrenze überschreitet.

Sozial-versicherungs-beiträge

Für das Insg entrichtet die AA die Beiträge zur Renten-, Kranken-, Pflege- und Arbeitslosenversicherung (§ 175 SGB III). Ebenso ist der Beitrags-zuschuss des Arbeitgebers zur privaten Krankenversicherung (§ 257 SGB V) von der BA zu tragen; er wird von der Deckelung nicht erfasst.

Tarifliche Ausschlussfrist beachten

Insg geht verloren, wenn wegen einer tariflichen Ausschlussfrist der Lohnanspruch »verfallen« ist (HessLSG vom 27.6.2008 – L 7 AL 66/05, info also 2008, S. 270). Die Ausschlussfristen sind häufig sehr kurz. Wer die Ausschlussfrist verstreichen lässt, verliert nicht nur seinen Lohnanspruch; er riskiert auch den Verlust (eines Teils) des Insg-An-spruchs, wenn die AA die tarifliche Ausschlussfrist kennt.

Mit dem Insg-Antrag geht der Anspruch des Arbeitnehmers auf die BA über (§ 169 Satz 1 SGB III). Ab diesem Zeitpunkt ist die BA für den An-spruch verantwortlich, ein Verfall zu Lasten des Arbeitnehmers ist nicht mehr möglich (LSG Rheinland-Pfalz vom 24.9.2009 – L 1 AL 88/07; Schleswig-Holsteinisches LSG vom 5.12.2008 – L 3 AL 86/07).

Ab dem Insg-Anlass kann die Forderung nicht mehr verfallen. Die BA darf auch nicht mit einer Forderung des Arbeitgebers aufrechnen; ei-ne von diesem ausgesprochene rechtmäßige Aufrechnung gegen den pfändbaren Teil des Arbeitsentgelts muss sie berücksichtigen.

Die BA ist nicht berechtigt, gegenüber dem Arbeitslosen die Einrede der Verjährung zu erheben (Peters-Lange, in: Gagel, SGB III § 165 RandNr. 104).

Da es für die Berechnung der geschützten Zeit nicht auf den Zahltag ankommt, sondern auf die Zeit, in der das Arbeitsentgelt erarbeitet wurde, ist, wenn bei Fälligkeit des Arbeitsentgelts am Monatsende das Geld ausbleibt, bereits ein Insg-geschützter Monat verstrichen.

Richtig zählen

Erbringt der Arbeitgeber nach Ablauf des Insg-Zeitraums Leistungen auf ausstehendes Arbeitsentgelt, ist die Zahlung vorrangig Ansprüchen zuzurechnen, die vor dem Insg-Zeitraum liegen (BSG vom 25.6.2002 – B 11 AL 90/01 R, SozR 3–4100 § 141b Nr. 24; BayLSG vom 22.7.2010 – L 10 AL 78/08).

Die AA und die Gerichte sind bei der Ermittlung des Insg-Anspruchs an arbeitsgerichtliche Urteile und Vergleiche nicht gebunden (BSG vom 9.5.1995 – 10 RAr 5/94; LSG Sachsen-Anhalt vom 22.9.2011 – L 2 AL 63/07, info also 2012, S. 112); die sich daraus ergebenden Ansprüche bilden allerdings die Obergrenze für das Insg (BayLSG vom 30.6.2011 – L 10 AL 54/09). Das vertraglich geschuldete Arbeitsentgelt mindert sich nach § 615 Satz 2 BGB durch Beträge, die der Arbeitnehmer während des Annahmeverzugs bei einem anderen Arbeitgeber verdient hat (LSG Sachsen-Anhalt, a.a.O.).

Bei der Berechnung des Elterngeldes nach § 2 BEEG ist das Insg – anders als das Arbeitsentgelt – nicht zu berücksichtigen, weil es eine Sozialleistung ist (BSG vom 21.2.2013 – B 10 EG 12/12 R).

Dagegen wird das Insg bei der Anrechnung auf die SGB II-Bedarfe nach § 11 Abs. 2 und 3 SGB II wie Arbeitsentgelt um den Erwerbstätigenfreibetrag bereinigt (BSG vom 13.5.2013 – B 4 AS 29/08 R).

Das Insg kann ab Antrag gepfändet werden (§ 171 SGB III).

VI   Wie ist das Insg steuerlich zu behandeln?

Das Insg ist als Lohnersatzleistung gemäß § 3 Nr. 2 EStG lohnsteuerfrei. Hat ein unbeschränkt Steuerpflichtiger Insg bezogen, so ist gemäß § 32b Abs. 1 EStG auf das nach § 32a Abs. 1 EStG zu versteuernde Einkommen ein besonderer Steuersatz in Höhe der bezogenen Leistungen nach Abzug des Arbeitnehmerpauschbetrages (§ 9a EStG) anzuwenden (Progressionsvorbehalt). Der Progressionsvorbehalt wird ausschließlich vom Finanzamt im Rahmen der Antragsveranlagung (§ 46 Abs. 2 Nr. 8 EStG) oder bei der Einkommensteuerveranlagung (§ 46 Abs. 2 Nr. 1 bis 7 EStG) berücksichtigt.
Die »Steuerfreiheit« mit Progressionsvorbehalt führt lediglich dazu, dass zwar zunächst weniger Steuern anfallen; aber das verbleibende zu versteuernde Einkommen wird im Endergebnis höher versteuert. Sie müssen also mit Steuernachzahlungen rechnen. Diese fallen umso höher aus, je höher Ihr Insg ist und je besser ein gemeinsam veranlagter Ehepartner verdient.

Insg ist steuerfrei

aber
Progressions-
vorbehalt

Zuflussprinzip

Steuerlich berücksichtigt wird das Insg für das Jahr, in dem es zufließt. Das vorfinanzierte Insg, das gemäß § 170 Abs. 1 SGB III einem Dritten, der vorfinanzierenden Bank zusteht, ist gemäß § 32b Abs. 1 Satz 1 Nr. 1a 2. Halbsatz EStG dem Arbeitnehmer zuzurechnen. Dementsprechend fließt dem Arbeitnehmer das »Insg« schon dann zu, wenn er auf die von der Bank vorfinanzierten Beträge zugreifen kann; und nicht erst dann, wenn die Bank von der BA das Geld erhält (BFH vom 1.3.2012 – VI R 4/11, ZIP 2012, S. 1309 ff.)

Das Insg müssen Sie in der Einkommensteuererklärung angeben.
Die AA informiert bis Ende Februar das Finanzamt über das im vorgehenden Jahr an Sie gezahlte InsG.
Dafür braucht das AA Ihre Steuer-Identifikationsnummer; diese müssen Sie deshalb im Insg-Antrag angeben.

VII   Tipps für Arbeitnehmer vor und nach der Insolvenz

Aktiv werden, sich nicht vertrösten lassen

■ Zahlt der Arbeitgeber keinen Lohn mehr, müssen Sie und Ihr Betriebsrat sofort handeln. Lassen Sie sich auf keinen Fall durch irgendwelche Versprechungen des Arbeitgebers hinhalten. Versuchen Sie herauszufinden, ob der Arbeitgeber nur vorübergehend oder dauernd zahlungsunfähig ist.

Unter Umständen Kug-Antrag

■ Eine vorübergehende Zahlungsunfähigkeit kann unter Umständen durch einen Antrag des Betriebsrats auf Kurzarbeitergeld überbrückt werden (→ S. 370).

Vorsorglich Insg-Antrag

■ Bei Anzeichen dauernder Zahlungsunfähigkeit sollten Sie vorsorglich Insg beantragen. Lassen Sie sich in der AA nicht abwimmeln. Falls Sie kein Insg-Antragsformular zur Hand haben, können Sie diesen Antrag auch formlos stellen und das Antragsformular nachreichen.

Es riecht nach Insolvenz, wenn ...

Es riecht nach Insolvenz, wenn
– die Gehälter schleppend oder überhaupt nicht gezahlt werden;
– Rechnungen sehr spät oder überhaupt nicht beglichen werden;
– schon länger Stellen offen bleiben, deren Besetzung notwendig wäre;
– überfällige Investitionen ausbleiben;
– Führungskräfte den Betrieb verlassen;
– kein Material mehr oder nur gegen Barzahlung geliefert wird.

Antrag auf Eröffnung des Insolvenzverfahrens?

■ Bei Anzeichen dauernder Zahlungsunfähigkeit könnten Sie oder besser der Betriebsrat erwägen, einen Antrag auf Eröffnung des Insolvenzverfahrens zu stellen. Das könnte Klarheit über die Zahlungsfähigkeit des Arbeitgebers und über den Insg-Anlass schaffen. Wenn hohe Lohnrückstände bestehen, machen Sie oder der Betriebsrat sich durch einen solchen Antrag gegenüber dem Arbeitgeber selbst dann nicht schadensersatzpflichtig, wenn der Arbeitgeber anbietet, die

offenen Löhne durch ein in Aussicht gestelltes Darlehen zu begleichen
(OLG Celle vom 27.2.1998 – 4 U 130/97, AiB 1998, S. 659 f.).

Aber: der Antrag auf Eröffnung des Insolvenzverfahrens kostet
Geld; falls das Amtsgericht einen Gutachter einschaltet, sogar viel
Geld. Diese Kosten des Verfahrens erhalten Sie über das Insg nicht
erstattet.

■ Je nach der finanziellen Lage des Arbeitgebers bleiben lhnen als
Arbeitnehmer zwei Möglichkeiten:

– Sie arbeiten bis zum Insg-Anlass – höchstens drei Monate! – ohne Weiterarbeiten?
Lohn weiter. Das setzt voraus, dass Sie genug Rücklagen haben,
um diese Zeit ohne Lohn durchzustehen und das Insg abwarten
zu können. Diese Möglichkeit empfehlen wir nur, wenn es todsicher
ist, dass der Arbeitgeber pleite geht; denn nur dann entsteht ein
Anspruch auf Insg. Die dreimonatige Weiterarbeit im Insg-Zeitraum hat den Vorteil, dass diese Zeit als Alg-Anwartschaftszeit
zählt und Sie die Alg-Bezugsdauer um drei Monate schonen. Das
zahlt sich aus, wenn Sie nach dem Insg-Anlass keine neue Arbeit
finden und deshalb auf Alg angewiesen sind.

– Ist nicht sicher, dass der Arbeitgeber pleite geht, müssen Sie Arbeit einstellen?
möglichst bald Ihre Arbeit einstellen. Grundsätzlich dürfen Sie
die Arbeit einstellen – die Juristen sprechen hier von »Zurückbehaltungsrecht« –, wenn der Arbeitgeber den Lohn nicht zahlt.
Das BAG lässt eine Arbeitseinstellung aber erst dann zu, wenn
der Lohnrückstand mehr als geringfügig ist, sich die Lohnzahlung nicht nur kurzfristig verzögert, dem Arbeitgeber nicht ein
unverhältnismäßig hoher Schaden entsteht und der Lohnanspruch nicht auf andere Weise (dazu zählt **nicht** das Insg) gesichert ist. Sie sollten dem Arbeitgeber die Arbeitseinstellung vorher unter Fristsetzung androhen (s. BAG vom 17.1.2002 – 2 AZR
494/00, EzA § 628 BGB Nr. 20).

Ein Arbeitgeber, der mit einem Teil des Lohns für Mai im Rück- Beispiel
stand ist, hat Mitte Juli noch immer nicht den Ende Juni fälligen Ju-
ni-Lohn gezahlt. Das Bundesarbeitsgericht hat in diesem Fall ein
Zurückbehaltungsrecht bejaht.

Die Einstellung der Arbeit müssen Sie dem Arbeitgeber ausdrücklich, am besten schriftlich in folgender Form erklären:

> »Ich/wir werde(n) aufgrund des mir/uns vorenthaltenen Lohnes am
> ......, ... Uhr mein/unser Zurückbehaltungsrecht nach §§ 273
> Abs. 1, 298 und 615 BGB ausüben.«

Üben Sie berechtigt das Zurückbehaltungsrecht aus, kann Ihnen
der Arbeitgeber deshalb nicht kündigen.

Spätestens, wenn Sie nach berechtigter »Zurückhaltung« Ihrer Arbeitskraft zu Hause bleiben, sollten Sie sich nach einem neuen Arbeitsplatz umsehen. Es ist besser, sich aus einem noch bestehenden Arbeitsverhältnis heraus zu bewerben als aus der Arbeitslosigkeit.

Nach Arbeitsein-
stellung: sofort
persönlich arbeits-
los melden und
Alg beantragen

■ Da durch die Arbeitseinstellung das Arbeitsverhältnis nicht beendet wird, können Sie auch nach der Arbeitseinstellung weiter Lohn verlangen. Da aber unsicher ist, ob Sie ihn je erhalten, sollten Sie sich sofort nach der Arbeitseinstellung persönlich arbeitslos melden und Alg beantragen.

> »Das gilt unabhängig davon, ob Ihr Arbeitsverhältnis gekündigt, Insolvenzantrag gestellt oder das Insolvenzverfahren bereits eröffnet worden ist. [...] Wenn Ihr Arbeitsverhältnis ohne Arbeitsleistung und ohne Lohnzahlung fortbesteht (Freistellung), können Sie trotzdem Arbeitslosengeld beziehen.« (So ausdrücklich das Merkblatt »Insolvenzgeld« der BA, S. 4.)

■ Möglicherweise wird Alg für den gleichen Zeitraum gewährt, für den das Insg zusteht. In diesem Fall wird das Alg auf das Insg angerechnet. Gleichzeitig werden die verrechneten Anspruchstage der Dauer des Alg-Anspruches gutgeschrieben.

■ Die Arbeitseinstellung in Form der Geltendmachung des Zurückbehaltungsrechts beendet nicht das Arbeitsverhältnis. Sie ersetzt also nicht die (nach § 623 BGB notwendig schriftliche) Kündigung. Spätestens nach drei Monaten ohne Lohn müssen Sie neben dem Zurückbehaltungsrecht die (fristlose) Kündigung aussprechen; denn erst mit der Kündigung wird das Arbeitsverhältnis beendet und damit der dreimonatige Insg-Zeitraum begrenzt.

Tarifliche
Ausschlussfristen
beachten

■ Machen Sie Lohnrückstände schriftlich beim Arbeitgeber geltend und erheben Sie nach Ablehnung durch den Arbeitgeber Klage oder, falls keine Ablehnung erfolgt, nach weiteren vier Wochen seit der schriftlichen Geltendmachung Lohnklage beim Arbeitsgericht, um eventuelle tarifliche Ausschlussfristen einzuhalten. Versäumen Sie nämlich eine Ausschlussfrist, dann verlieren Sie auch die Möglichkeit, Insg zu erhalten.
Ein Nachteil: Auch wenn Sie wahrscheinlich die Zahlungsklage gewinnen; Ihren Lohn bekommen Sie vom (wahrscheinlich) insolventen Arbeitgeber dennoch nicht. Obendrein müssen Sie noch Ihren Rechtsanwalt bezahlen. Deshalb: Wenn Sie nicht rechtsschutzversichert sind, wenden Sie sich an Ihre Gewerkschaft oder erheben Sie die Zahlungsklage ohne Rechtsanwalt über die Rechtsantragstelle des Arbeitsgerichts. Allerdings entstehen (geringe) Gerichtskosten.

Vermögens-
wirksame
Leistungen

■ Haben Sie mit dem Arbeitgeber vereinbart, dass dieser vermögenswirksame Leistungen von Ihrem Lohn einbehält und an die Bausparkasse oder Bank abführt, überprüfen Sie sofort, ob die einbehaltenen Beträge auch tatsächlich abgeführt wurden. Für den Drei-Monats-Zeitraum sind die vermögenswirksamen Leistungen durch Insg abgesichert. Sie können vom Arbeitgeber, bei einer GmbH auch vom Geschäftsführer persönlich die Zahlung der vermögenswirksamen Leistungen verlangen, zumal die Nichtabführung von einbehaltenen vermögenswirksamen Leistungen strafrechtlich gewertet werden kann.

■ Werden Sie als Arbeitnehmer eines insolventen Arbeitgebers arbeitsunfähig krank, so muss die Krankenkasse das Krankengeld bereits während der ersten sechs Wochen der Arbeitsunfähigkeit zahlen. Die Differenz zwischen dem Nettoarbeitsentgelt während der Zeit der Lohnfortzahlung und dem Krankengeld gehört zum Insg.

Krankengeld

■ Haben Sie Lohnpfändungen oder den Lohn abgetreten, sollten Sie den Gläubiger bitten, auch einen Insg-Antrag zu stellen. Am besten, Sie besorgen bei der AA den Vordruck Insg für Dritte (Insg 2) und händigen diesen dem Gläubiger aus. Ohne dessen Antrag kann die AA nichts an den Gläubiger zahlen; das Insg bleibt bei der AA und Ihre Schulden gegenüber dem Gläubiger verringern sich nicht. Für den nicht abgetretenen und nicht gepfändeten Teil müssen Sie Insg selbst beantragen. Bis zur Pfändungsgrenze, seit 1.7.2017: 1133,80 €, kann Arbeitsentgelt nicht wirksam abgetreten werden (§ 400 BGB).

Bei Lohnpfändung

■ Wird der Arbeitgeber noch vor der Insolvenz wieder für kurze Zeit »flüssig« und bietet er »Abschlagszahlungen« auf Lohnrückstände an, so achten Sie darauf, dass die Abschlagszahlungen nicht die jüngsten Lohnrückstände abdecken, sondern ältere Lohnrückstände. Leistet der Arbeitgeber nach Ablauf des Insg-Zeitraumes Zahlungen auf Arbeitsentgelt, so werden damit vorrangig Ansprüche getilgt, die vor dem Insg-Zeitraum liegen (BSG vom 25.6.2002 – B 11 AL 90/01 R, ZIP 2004, S. 135 ff., unter Hinweis auf Art. 4 Abs. 2 der RL 80/987 EWG vom 20.10.1980; BayLSG vom 22.7.2010 – L 10 AL 78/08), und Ansprüche, die vom Insg nicht erfasst werden (BSG vom 7.10.2009 – B 11 AL 18/08 R; a.A. offenbar SächsLSG vom 3.1.2008 – L 3 AL 215/06). Insoweit gilt das Bestimmungsrecht des § 366 BGB für den Arbeitgeber nicht.

Abschlagszahlungen

■ Häufig versuchen Arbeitnehmer, den Betrieb durch weitgehende Zugeständnisse zu retten, indem sie auf Entgelt verzichten. Solches Entgegenkommen zögert die Insolvenz häufig nur hinaus. Zudem führt es nicht selten zu arbeitslosenrechtlichen Nachteilen: Verzichten Sie nie auf Entgelt; weder in Form einer direkten Lohnkürzung noch in Form endgültig unbezahlter Arbeitsstunden. Geht der Betrieb – wie nicht selten – trotz Ihres Verzichts bankrott, kann das Entgelt, auf das Sie verzichtet haben,

Nie auf Lohn verzichten!

1. nicht über das Insg hereingeholt werden;

2. nicht der Bemessung des Alg zu Grunde gelegt werden.

Gestundetes Arbeitsentgelt keine Masseverbindlichkeit

■ Wird Arbeitsentgelt zur »Rettung des Betriebs« gestundet, wird es bei Fälligkeit nach der durch die Insolvenz bedingten Kündigung auch dann nicht zur (bevorzugten) Masseverbindlichkeit i. S. § 55 Abs. 1 InsO, selbst wenn die Stundung auf Tarifvertrag beruht (BAG vom 21.2.2013 – 6 AZR 406/11).

Insg trotz Stundung

Haben Sie Arbeitsentgelt gestundet und geht der Betrieb dennoch bankrott, so umfasst das Insg auch das während des Insg-Zeitraums erarbeitete, gestundete Entgelt (so Gagel, BB 2000, S. 719; BSG vom 4.3.2009 – B 11 AL 8/08 R).

Stunden Sie »Stichtagsgeld« ohne Entgeltcharakter, (z. B. eine am 1.12. fällige Jahressonderzahlung für Betriebstreue ohne Rücksicht auf tatsächliche Arbeitsleistung) und geht der Betrieb später dennoch pleite, dann ist das gesamte »Stichtagsgeld« verloren, wenn der ursprüngliche Stichtag nicht mehr vom Insg-Zeitraum erfasst wird (BSG vom 2.11.2000 – B 11 AL 87/99 R).

Alg-Kürzung wegen Stundung

Gestundetes und vom Arbeitgeber wegen der Insolvenz nicht nachgezahltes Entgelt fällt bei der Bemessung des Alg nicht unter den Tisch, soweit es als Insg erstattet wird (BSG vom 5.12.2006 und vom 14.12.2006 – B 11a AL 43/05 R und B 7a AL 54/05 R; LSG Nordrhein-Westfalen vom 5.6.2008 – L 9 AL 114/07).
Das übrige gestundete und nicht gezahlte Arbeitsentgelt wird trotz § 151 Abs. 1 Satz 2 SGB III der Berechnung des Alg nicht zugrunde gelegt, weil die Zahlung zunächst wegen der Stundung, nicht wegen der Zahlungsunfähigkeit unterblieben ist (BSG vom 11.6.2015 – B 11 AL 13/14 R).

Welche Folgen hat unbezahltes Vorausarbeiten?

■ Manche Arbeitnehmer versuchen den Betrieb dadurch zu retten, dass sie zum Ausgleich für zunächst nicht bezahlte Arbeitsstunden sich auf später in Aussicht gestellte bezahlte Freizeit vertrösten lassen (flexible Arbeitszeit). Sie häufen damit ein »Wertguthaben« im Sinne § 7 Abs. 1a SGB IV an. Dieses »Wertguthaben« ist teilweise durch § 165 Abs. 2 Satz 2 SGB III geschützt: Danach »gilt der aufgrund der schriftlichen (Freistellungs-)Vereinbarung zur Bestreitung des Lebensunterhalts im jeweiligen Zeitraum bestimmte Betrag als Arbeitsentgelt«, das über Insg abgedeckt werden kann. Über die Bemessung des Alg in diesen Fällen (→ S. 190).

Zusammenfassung

> Der wohlgemeinte Lohnverzicht
> den Anspruch auf das Insg bricht.
> Der Lohnverzicht wird nicht vergessen,
> zum Dank wird's Alg herabbemessen.
> Lohn zu stunden/Flexiarbeit
> stoppen Insolvenzen kaum,
> Insg steht auch nur bereit
> für die Zeit im Insg-Zeitraum.

- Arbeiten Sie nach dem Insg-Anlass nie auch nur eine Stunde ohne Lohn.

Nach der Pleite Arbeit meide

- Bevor Sie **Kündigungsschutzklage** erheben, sollten Sie prüfen, ob das für das Insg zweckmäßig ist (zur etwa notwendig werdenden **Zahlungs**klage → S. 420). Ist Ihr Arbeitgeber pleite und haben Sie noch Lohnforderungen für wenigstens drei Monate gegen ihn, kann es günstiger sein, eine Kündigung hinzunehmen, damit die unbezahlten Monate möglichst die letzten des Arbeitsverhältnisses vor dem Insg-Anlass sind. Verlängert sich das Arbeitsverhältnis in eine Zeit des Alg-Bezugs oder einer neuen Beschäftigung, wird das Insg gekürzt und die früheren Monate bleiben unbezahlt. Das sollten Sie mit dem Insg-Sachbearbeiter der AA vorher beraten.

Vorsicht vor Kündigungs- schutzklage

- Halten Sie unbedingt die 2-Monats-Frist für die Insg-Antragstellung ein. Ist der Arbeitgeber bereits zwei Monate mit der Lohnzahlung im Verzug, sei es, dass Sie ohne Lohn weitergearbeitet haben, sei es, dass Sie das Zurückbehaltungsrecht ausgeübt haben, so sollten Sie vorsorglich bei der AA einen Insg-Antrag stellen (siehe aber LSG Hamburg vom 20.4.2016 – L 2 AL 18/15, das vorsorgliche Insg-Anträge nicht für wirksam hält). Ist der Arbeitgeber (noch) nicht pleite, schadet der Antrag nicht.

2-Monats-Frist für Antragstellung

- Stellen Sie fest, dass der Betrieb veräußert werden soll, haben Sie die Möglichkeit, Ihre rückständigen Löhne, die nicht vom Insg abgesichert sind, beim Erwerber des Betriebes geltend zu machen, sofern ein Betriebsübergang vorliegt. Informieren Sie in diesem Fall die AA.
Im Rahmen einer Betriebsveräußerung kann ein Wiedereinstellungsanspruch des Arbeitnehmers entstehen, wenn es trotz einer ursprünglich vorgesehenen Stilllegung des Betriebes und einer infolgedessen wirksam ausgesprochenen Kündigung aus betriebsbedingten Gründen nachträglich zu einem Betriebsübergang und damit zur Fortführung des Betriebes oder der Entstehung einer anderen Weiterbeschäftigungsmöglichkeit für den Arbeitnehmer kommt. Allerdings besteht kein Wiedereinstellungsanspruch des insolvenzbedingt gekündigten Arbeitnehmers, wenn der Betrieb nach Ablauf der Kündigungsfrist übergeht (BAG vom 13.5.2004, ZIP 2004, S. 1610; Franz-Ludwig Danko, Jens Cramer, BB 2004, BB-Spezial 4/2004, S. 9 ff., 15 f.).

Betriebsübergang

- Machen Sie alle Ansprüche, die nicht über das Insg abgedeckt sind (Urlaubsabgeltung, Zinsen, alles, was vor dem Insg-Zeitraum verdient wurde, insbesondere nicht gedecktes 13. Monatsgehalt und Urlaubsgeld) beim Insolvenzverwalter geltend. Beachten Sie hierbei die vom Amtsgericht festgesetzten Anmeldetermine. So erhalten Sie die Chance, wenigstens einen kleinen Teil des Verlustes auszugleichen.

Ansprüche an Insolvenz- verwalter

- Zum Zwecke der Sanierung kann der vorläufige Insolvenzverwalter nach Zustimmung der AA die Gehälter schon vor der endgültigen Entscheidung des Amtsgerichts durch eine Bank gegen Abtretung der Insg-Ansprüche vorfinanzieren lassen (§ 170 SGB III). Nicht selten wird dadurch die Fortführung des Betriebs gesichert. Da die

Vorfinanzierung des Lohns gegen Insg-Abtretung

Vorfinanzierung die Insolvenzmasse Zinsen kostet, wird der vorläufige Insolvenzverwalter regelmäßig nur die Gehälter der Arbeitnehmer vorfinanzieren lassen, die er für die Fortführung des Betriebs noch braucht. Oder die Arbeitnehmer müssen einen Abschlag von bis zu 10 % hinnehmen, erhalten also nur 90 % ihrer ursprünglichen Insg-Forderung ausgezahlt. Die vorfinanzierende Bank will schließlich auch leben.

Pflichten des Insolvenzverwalters

Arbeitnehmer und – wo vorhanden – insbesondere ihre Betriebsräte sollten darauf achten, dass der Insolvenzverwalter seine Pflichten gegenüber den Arbeitnehmern erfüllt. Die »Grundsätze ordnungsgemäßer Insolvenzverwaltung« vom 4.6.2011, die die Berufspflichten des Insolvenzverwalters festschreiben, verlangen:

> »Die Mitarbeiter sind unmittelbar nach Insolvenzantragstellung auf einer Betriebsversammlung durch den vorläufigen Insolvenzverwalter [...] über ihre Rechte (Insolvenzgeldansprüche/den Insolvenzgeldzeitraum, die Systematik der Insolvenzgeldvorfinanzierung, die rechtliche Qualität der Arbeitnehmeransprüche für den Zeitraum vor und nach Insolvenzeröffnung, betriebliche Altersversorgung/Altersteilzeit) zu informieren. Regelmäßig ist dies innerhalb von 3 Tagen nach Anordnung der vorläufigen Insolvenzverwaltung notwendig.
> Bei Vorliegen der rechtlichen Voraussetzungen ist auf eine unverzügliche Antragstellung nach § 188 Abs. 4 [jetzt § 170 Abs. 4] SGB III (Zustimmung zur Vorfinanzierung des Insolvenzgeldes) hinzuwirken und die Insolvenzgeldvorfinanzierung durchzuführen.
> [...]
> Die Urlaubs- und Überstundenansprüche der Arbeitnehmer sind zeitnah zu ermitteln und den Arbeitnehmern bekanntzugeben.
> [...]«

Verlieren Arbeitnehmer durch Pflichtverletzung des Insolvenzverwalters Insg-Ansprüche, macht sich der Insolvenzverwalter gemäß § 60 InsO möglicherweise schadensersatzpflichtig. Es besteht allerdings keine Pflicht des Insolvenzverwalters, Arbeitnehmer zu einem bestimmten Zeitpunkt von der Arbeitspflicht freizustellen, um den Bezug von Alg zu ermöglichen (BAG vom 15.11.2012 – 6 AZR 321/11, ZIP 2013, S. 638).

M Berufsausbildungsbeihilfe (BAB)
§§ 56 – 72 SGB III

I Was wird gefördert?

BAB ist ein Zuschuss der AA, um Auszubildende finanziell bei einer Berufsausbildung oder einer berufsvorbereitenden Bildungsmaßnahme (BvB) zu unterstützen. Was das BAföG für Studenten, ist die BAB für Auszubildende.

Wenn es BAB gibt, wird sie immer als (nicht rückzahlbarer) Zuschuss gezahlt.

Was ist BAB?

Stets Zuschuss

1 Azubi-BAB

BAB für eine berufliche Ausbildung (Azubi-BAB)

Gefördert wird eine berufliche Ausbildung in einem nach dem BBiG, der Handwerksordnung oder dem Seemannsgesetz staatlich anerkannten Ausbildungsberuf, wenn der dafür erforderliche Berufsausbildungsvertrag abgeschlossen ist (Azubi-BAB). Robert Roßbruch, PflR 2013 S. 244 bezweifelt, dass die Begrenzung des BAB auf Berufsausbildungen nach dem BBiG verfassungsmäßig ist.

Gleichgültig ist es, ob die Ausbildung betrieblich oder außerbetrieblich erfolgt; auch die Teilnahme an einem Berufsgrundbildungsjahr (BGJ) wird gefördert, aber nur, wenn es in kooperativer Form (also mit Berufsausbildungsvertrag) durchgeführt wird.

Die staatlich anerkannten Berufe sind einem Verzeichnis des Bundesinstituts für Berufsbildung zu entnehmen. So gehören beispielsweise der Werkzeugmaschinenspaner oder der Fachpraktiker für Zerspanungsmechanik nicht zu den staatlich anerkannten Berufen (LSG Berlin-Brandenburg vom 26.6.2013 – L 34 AS 2690/12).

Einer Förderung mit BAB steht nicht entgegen, dass der Auszubildende in einem staatlich anerkanntem Beruf zeitgleich ein Studium im Sinne einer dualen Ausbildung betreibt (LSG Hamburg vom 11.9.2013 – L 2 AL 86/10; SG Speyer vom 3.9.2014 – S 1 AL 13/14, info also 2015, S. 17 f. mit Anm. Udo Geiger).

Auch für betriebliche Altenpflegeausbildung

Nach § 57 Abs. 1 SGB III gibt es BAB auch für die Ausbildung nach dem AltenpflegeG des Bundes; das gilt jedoch nur für die betriebliche Ausbildung zum Altenpfleger oder zur Altenpflegerin.

Berufsausbildung i. S. BBiG

Es genügt für die Förderung mit BAB allerdings nicht, dass die Ausbildung zu einem anerkannten Ausbildungsberuf führt; sie muss auch in den Formen des BBiG durchgeführt werden. Maßgeblich ist hierfür, ob der Ausbildungsvertrag in das Verzeichnis der Ausbildungsverhältnisse nach § 34 BBiG eingetragen wird. An die Eintragung oder Nichteintragung ist die BA und sind die Sozialgerichte gebunden (BSG vom 18.8.2005 – B 7a/7 AL 100/04 R).

Eine Ausbildung kann auch dann als Erstausbildung mit BAB gefördert werden, wenn der Antragsteller zuvor schon mehr als drei Jahre berufstätig war (SG Berlin vom 18.6.2002 – S 51 AL 2291/02). Trägt aber die IHK einen Bildungsvertrag als Umschulung ein, liegt kein förderfähiges Berufsausbildungsverhältnis vor (BSG vom 17.1.2002 – B 11 AL 250/01 B).

Die Vorbereitung auf eine Externenprüfung nach § 43 Abs. 2 oder § 45 BBiG kann nicht mit BAB gefördert werden (BSG vom 18.8.2005 – B 7a/7 AL 100/04 R).

I.d.R. Erstausbildung

Gefördert wird gemäß § 57 Abs. 2 Satz 1 SGB III i.d.R. nur eine erstmalige Ausbildung.

Die erste Berufsausbildung muss keine Ausbildung nach § 57 Abs. 1
SGB III gewesen sein. Auch schulische Ausbildungen stehen grundsätzlich der Förderung einer weiteren Ausbildung mit BAB entgegen
(BSG vom 29.1.2008 – B 7/7a AL 68/06 R und vom 29.10.2008 – B 11
AL 34/07 R). Es zählen aber nur abgeschlossene Ausbildungen von
wenigstens zwei Jahren; nach kürzeren Ausbildungen kann eine neue
Ausbildung mit BAB begonnen werden. Hat der Auszubildende bereits
eine Berufsausbildung durchlaufen, die Abschlussprüfung aber nicht
bestanden, ist eine weitere Ausbildung eine Erstausbildung.

Nach § 57 Abs. 2 Satz 2 SGB III kann ausnahmsweise eine zweite   *Ausnahmsweise*
Ausbildung gefördert werden, wenn zu erwarten ist, dass eine dauer-   *zweite Ausbildung*
hafte berufliche Eingliederung nur durch die zweite Ausbildung er-
reicht werden kann. Die Entscheidung über die Förderung einer
Zweitausbildung steht im Ermessen der AA. Sie muss zunächst eine
Prognose treffen, ob die berufliche Eingliederung auf andere Weise
nicht erreicht werden kann und die Eingliederung mit der angestrebten neuen Ausbildung erfolgreich sein wird. Hierbei ist zu prüfen, ob
die Eingliederung durch Vermittlung und Maßnahmen der aktiven
Arbeitsförderung, z. B. eine berufliche Weiterbildung, gelingen kann.
Regelmäßig lässt sich eine Prognose erst treffen, wenn eine Vermittlung selbst überregional nicht möglich ist und die vorrangigen Maßnahmen erfolglos geblieben sind (SG Chemnitz vom 15.5.2014 – S 26
AL 468/12; LSG Sachsen-Anhalt vom 21.7.2011 – L 2 AL 36/11 B ER
und vom 28.1.2013 – L 2 AL 78/12, info also 2014, S. 267 ff. mit Anm.
von Claus-Peter Bienert, info also 2014, S. 258 ff.). Ob eine neue Ausbildung die Eingliederungschancen erhöht, hängt auch von der Eignung des Auszubildenden für den angestrebten Beruf ab (SächsLSG
vom 11.10.2012 – L 3 AL 63/11; LSG Berlin-Brandenburg vom
10.2.2016 – L 18 AL 296/14).

Ist die erste Ausbildung abgebrochen worden, darf eine zweite Ausbildung nur gefördert werden, wenn es für die Lösung einen berechtigten Grund gab. Die Anforderungen an den berechtigten Grund
müssen berücksichtigen, dass es sich bei Auszubildenden um Jugendliche oder junge Menschen handelt. Ein veränderter Berufswunsch
kann ein berechtigter Grund zum Abbruch einer Ausbildung sein.

Zur Frage der Anrechnung von Elterneinkommen auf das Azubi-BAB
für eine Zweitausbildung → S. 440.

2   **BvB-BAB**

BvB sind gemäß § 51 SGB III Maßnahmen, die auf die Auf-   *BAB für berufs-*
nahme einer Berufsausbildung vorbereiten oder der beruflichen Ein-   *vorbereitende*
gliederung dienen. Wegen der Voraussetzungen und Ausgestaltung   *Bildungs-*
von BvB im Einzelnen s. unten → S. 449 ff.   *maßnahmen*
(BvB-BAB)

II   Wer wird gefördert und wer nicht?

1   Personenkreis

1.1   Deutsche und Ausländer?

Welche Ausländer gefördert werden können, ergibt sich aus § 59 SGB III. Die sehr komplizierten Regelungen können hier nicht dargestellt werden. Seit 1.1.2016 können nach § 60a Aufenthaltsgesetz geduldete Ausländerinnen und Ausländer bereits nach 15 Monaten während einer betrieblichen Berufsausbildung gefördert werden (§ 59 Abs. 2 SGB III).

Wegen Einzelheiten fragen Sie die zuständige AA. Ausländern wird dort ein Fragebogen vorgelegt, der ohne die Hilfe von Ausländerrechtsexperten kaum auszufüllen ist.

1.2   Keine Azubi-BAB für »Nesthocker«

Keine Azubi-BAB gibt es für Auszubildende, die im elterlichen Haushalt wohnen (§ 60 Abs. 1 Satz 1 Nr. 1 SGB III). Außerhalb des Haushalts der Eltern können Auszubildende auch leben, wenn sie eine Wohnung in einem Haus gemietet haben, in dem auch ein Elternteil wohnt; die gelegentliche Nutzung der Wohnung des Elternteils steht dem nicht entgegen (SG Chemnitz vom 25.9.2013 – S 26 AL 77/12).

BSG Leider hat das BSG vom 28.11.2007 – B 11a AL 39/06 R entschieden, dass der Ausschluss bzw. die Ungleichbehandlung von Auszubildenden, die im Haushalt der Eltern oder eines Elternteils wohnen, im Vergleich zu Auszubildenden, die außerhalb der Elternwohnung leben, nicht das verfassungsrechtliche Gleichbehandlungsgebot verletzt. Im Hinblick auf die verfolgten Einsparziele im Haushalt der BA habe der Gesetzgeber im Rahmen des ihm zugewiesenen Spielraums bei der Ausgestaltung von Systemen der sozialen Sicherung – unabhängig von der zivilrechtlichen Unterhaltspflicht der Eltern – typisierend darauf abstellen dürfen, in welchem Umfang bei den Vergleichsgruppen Bedürftigkeit vorliegt. Es bestehe auch keine verfassungswidrige Ungleichbehandlung der Förderung von betrieblichen Ausbildungsgängen im Verhältnis zu Ausbildungen, die den Regelungen des BAföG unterfallen. Auch nach dem BAföG sei bei einigen Bildungsformen die Leistungsgewährung vom Aufenthaltsort des Auszubildenden abhängig. Ein Gleichheitsverstoß sei schon im Hinblick auf die Unterschiede zwischen den beruflichen Ausbildungsgängen und denjenigen, die nach BAföG gefördert werden können, zu verneinen. Hierbei liege der wesentliche Unterschied darin, dass der Ausbildende dem Auszubildenden eine angemessene Vergütung zu gewähren hat. Angemessen sei die Ausbildungsvergütung nach der Rechtsprechung des BAG, wenn sie helfe, die Lebenshaltungskosten zu bestreiten, und zugleich eine Mindestentlohnung für die Leistungen des Auszubildenden darstelle. Die Anknüpfung an den unterschiedlichen wirtschaftlichen Hintergrund des Auszubildenden sei ein hinreichend sachlicher Gesichtspunkt, der die unterschiedliche Behandlung der Leistungsbezieher nach dem SGB III und im BAföG rechtfertige. Eine Verletzung des Gleichbehandlungsgrundsatzes scheidet nach Meinung des BSG auch deshalb aus, weil § 26 Abs. 2 Nr. 2 BSHG (jetzt § 7 Abs. 6 SGB II) einen Ausgleich für den von der Ausschlussregelung betroffenen Personenkreis geschaffen habe.

Die Entscheidung ist außerordentlich bedauerlich und die formelhafte Begründung nicht überzeugend. Das BSG hätte sich die Mühe machen müssen, die BAB dem Leistungssystem des SGB II (bzw. BSHG) rechnerisch gegenüber zu stellen. Schon der Elternfreibetrag von 1.145 € (seit 1.8.2016) für einen Elternteil bei der BAB (§ 67 Abs. 2 SGB III i. V. m. § 25 Abs. 1 Nr. 2 BAföG) verbunden mit der Anrechnung von nur 50 % des den Freibetrag übersteigenden Betrages hätte das BSG stutzig machen können, weil nach dem SGB II der Freibetrag für den Elternteil mit seinem Bedarf identisch ist und bei durchschnittlich 750–800 € (je nach Höhe der Miete) liegen dürfte. Der Hinweis auf die angemessene Ausbildungsvergütung muss der Klägerin des entschiedenen Falles wie Hohn vorkommen, weil ihre Ausbildungsvergütung nur zwischen 158,50 € im ersten Ausbildungsjahr und 175 € im letzten Ausbildungsjahr betrug. Kritik

Wohnen Auszubildende nur während des Berufsschulunterrichts in Blockform außerhalb des Elternhauses, erhalten sie ebenfalls keine BAB (§ 65 Abs. 2 SGB III).
Wohnt der Auszubildende zeitweise in einem Wohnheim und nimmt er neben dem Berufsschulunterricht in Blockform an Schulungen teil, die außer- oder überbetriebliche Ausbildungsformen darstellen, kann BAB gezahlt werden (BSG vom 29.8.2012 – B 11 AL 22/11). Die Ausschlussregelung des § 65 Abs. 2 SGB III ist auf Formen der außer- und überbetrieblichen Ausbildung nicht anzuwenden. Der Wechsel von betrieblicher und überbetrieblicher Ausbildung steht nach Meinung des BSG der durchgängigen Bewilligung von Leistungen nicht entgegen; auch sind die Länder für überbetriebliche Ausbildungen nicht zuständig.

Seit 1.8.2016 sind Auszubildende in einer betrieblichen Berufsausbildung, auch wenn sie nicht bei den Eltern wohnen und nicht in einem Internat oder Wohnheim untergebracht sind, nicht mehr von SGB II-Leistungen ausgeschlossen. Nach dem neuen § 7 Abs. 5 SGB II können jetzt Auszubildende den Anspruch auf BAB mit SGB II-Leistungen aufstocken. Das ist gut für die Zeit des Ausbildungsbeginns, wenn der Betreffende vor der Ausbildung SGB II-Leistungen bezieht. Das ist auch von Vorteil, wenn die AA eine Zweitausbildung nicht fördern will; auch kann die Fortsetzung einer abgebrochenen Berufsausbildung ermöglicht werden, wenn die Voraussetzungen des § 57 Abs. 3 SGB III nicht vorliegen. Neu
Warum der Gesetzgeber aber im Übrigen nicht die einkommensabhängige Berufsausbildungsbeihilfe erhöht bzw. der AA die Berücksichtigung der realen Miete bis zur Obergrenze des SGB II zumutet und den Auszubildenden die doppelte Antragstellung erspart, ist Kritik

nicht zu begreifen. Da das Kindergeld bei BAB nicht angerechnet wird, nach dem SGB II aber zu berücksichtigen ist, bleibt so Auszubildenden vielfach deshalb ein geringerer Betrag zum Lebensunterhalt, weil sie in Städten mit hohen Mieten leben.

2   Eignung und Zweckmäßigkeit

Die AA prüft bei Azubi-BAB die Eignung des Auszubildenden nicht nach, sofern der Ausbildungsvertrag in das Ausbildungsverzeichnis der zuständigen Industrie- und Handelskammer oder Handwerkskammer eingetragen ist.

BvB-BAB gibt es nur, wenn die Maßnahme zur Vorbereitung auf eine Berufsausbildung oder zur beruflichen Eingliederung erforderlich ist und die Fähigkeiten des Antragstellers erwarten lassen, dass er das Ziel der BvB erreicht.

III   Wie lange wird gefördert?

Dauer Azubi-BAB

Azubi-BAB gibt es für die Dauer der beruflichen Ausbildung einschließlich des Berufsschulbesuchs. Auch für die Zeit des Berufsschulunterrichts in Blockform wird BAB unverändert weitergezahlt (§ 65 Abs. 1 SGB III; zur Ausnahme s. oben).

Die Azubi-BAB wird eingestellt mit dem Tage, an dem die Abschlussprüfung bestanden wird. Besteht der Auszubildende die Abschlussprüfung nicht, wird auf einen entsprechenden Antrag die Wiederholung von Ausbildungsteilen und der Prüfung gefördert.

Dauer BvB-BAB

BvB-BAB gibt es für die Dauer der BvB (→ S. 450).

Bei Fehlzeiten wird BAB nur in folgenden Fällen weitergezahlt (§ 69 Abs. 2 SGB III):

Fehlzeiten

- bei Krankheit für drei Monate;

- bei Schwangerschaft oder nach einer Entbindung während einer beruflichen Ausbildung, solange nach dem MutterschutzG Anspruch auf Fortzahlung der Ausbildungsvergütung oder Anspruch auf Mutterschaftsgeld besteht;

- bei Schwangerschaft oder nach einer Entbindung während einer BvB, wenn diese nicht länger als 14 Wochen (bei Mehrlingsgeburten 18 Wochen) unterbrochen wird;

- bei Fernbleiben von der beruflichen Ausbildung aus sonstigem wichtigem Grund, wenn die Ausbildungsvergütung oder an deren

Stelle eine Ersatzleistung (z. B. Krankengeld nach § 45 SGB V an eine Azubi mit krankem Kind) weitergezahlt wird;

- bei Fernbleiben von der BvB aus sonstigem wichtigem Grund.

Wird aus diesen Gründen die vorgeschriebene Ausbildungszeit verlängert, so führt dies zu einer entsprechenden Verlängerung der BAB.

IV   Bedarf und Bedürftigkeit

Azubi-BAB erhält nur, wer bedürftig ist. Die Bedürftigkeit bemisst sich

Bedürftigkeitsprüfung nur bei Azubi-BAB

- nach dem »Bedarf« und
- nach dem Einkommen
  - des Auszubildenden,
  - der Eltern und
  - bei verheirateten BAB-Empfängern des (nicht dauernd getrennt lebenden) Ehe- oder Lebenspartners.

Als Partner, dessen Einkommen auf die Azubi-BAB angerechnet werden kann, zählt bei der BAB nur der Ehe- oder Lebenspartner. Das Einkommen eines Partners einer eheähnlichen Gemeinschaft darf nicht berücksichtigt werden. Hätte der Gesetzgeber dies bei der BAB gewollt, hätte er in § 67 Abs. 1 SGB III die Partner einer eheähnlichen Gemeinschaft ausdrücklich nennen müssen.

Die **BvB-BAB** ist dagegen nicht bedürftigkeitsabhängig (§ 67 Abs. 4 SGB III).

1   Der Bedarf

Bei der Berechnung der BAB geht die AA davon aus, dass jeder BAB-Empfänger bestimmte Geldbeträge für seinen Lebensunterhalt, für seine Ausbildung und für Taschengeld braucht. Die Bedarfssätze orientieren sich am BAföG.

Zum 1.8.2016 wurden die Bedarfssätze angehoben. Allerdings reicht die Erhöhung vor allem im Hinblick auf die gestiegenen und weiter steigenden Mieten in manchen Gegenden nicht aus, dass Auszubildende mit BAB ihren Lebensunterhalt decken können.

Neu

1.1   Der Bedarf für den Lebensunterhalt bei Berufsausbildung

Der Bedarf für den Lebensunterhalt unterscheidet sich nur nach Art der Unterbringung.
Er beträgt bei der Azubi-BAB gemäß § 61 SGB III i. V. m. § 13 BAföG pro Monat:

Schaubild
Bedarf bei Azubi-BAB

Azubi-BAB

Unterbringung	Bedarf	
	bis 18. Geburtstag	**ab 18. Geburtstag**
bei Eltern(teil)	nichts[1]	
nicht bei Eltern(teil)	falls notwendig[2] Grundbedarf 538 €	falls gewollt[3] Grundbedarf 538 €
auswärts zur Miete[4]	zuzüglich die nachgewiesene Miete und Nebenkosten, soweit sie 166 € monatlich übersteigen, höchstens jedoch 84 € monatlich	
im Wohnheim oder Internat mit Verpflegung	die Werte der SozialversicherungsentgeltVO für Verpflegung und Unterbringung oder Wohnung sowie ein Taschengeld von 96 €	
beim Ausbildenden mit Verpflegung	die amtlich festgesetzten Kosten für die Unterbringung und Verpflegung sowie ein Taschengeld von 96 €	

[1] Behinderte Menschen erhalten – anders als nicht behinderte – Azubi-BAB auch, wenn sie zu Hause wohnen; in diesem Fall beträgt der allgemeine Bedarf 338 €; für verheiratete oder in einer Lebenspartnerschaft verbundene behinderte Menschen und für behinderte Menschen ab dem 21. Geburtstag erhöht sich der Bedarf auf 425 € (§ 123 Abs. 1 Nr. 1 SGB III).

[2] »Falls notwendig« bedeutet, dass die Entfernung zur Ausbildungsstätte zu groß ist (Wegezeit – einschließlich Wartezeiten – von mehr als zwei Stunden für Hin- und Rückweg) oder der BAB-Empfänger in den Stand der Ehe/Lebenspartnerschaft getreten ist oder bereits selbst ein Kind hat oder ihm aus schwer wiegenden sozialen Gründen das Wohnen bei den Eltern nicht zugemutet werden kann. Bei den unter 18-Jährigen gehören die Kosten für die sozialpädagogische Begleitung zum Bedarf für den Lebensunterhalt, soweit sie nicht von Dritten getragen werden (§ 61 Abs. 3 Satz 2 SGB III).

[3] »Falls gewollt« bedeutet, dass unabhängig von der Fahrzeit die Unterbringung gewählt werden kann.

[4] Lebt der Auszubildende mit einem Ehe- oder Lebenspartner, der selbst Einkommen hat, zusammen zur Miete, wird ein Zusatzbedarf nur angesetzt, wenn dessen Einkommen den Freibetrag nach § 25 Abs. 1 Nr. 2 BAföG (1.145 €) nicht erreicht (DA 1.3 zu § 65 a. F.).

Zu den Wohnkosten gehören auch die Nebenkosten einer Eigentumswohnung, aber nicht Kosten, die beim Erwerb von Wohnungseigentum entstehen (SG Mainz vom 9.4.2013 – S 4 AL 194/11).

Bei einer betrieblichen Ausbildung im Ausland, die nach § 58 SGB III förderungsfähig ist (vgl. SG Stade vom 28.7.2009 – S 6 AL 196/06, info also 2010, S. 167; LSG Berlin-Brandenburg vom 1.12.2010 – L 18 AL 336/09: Kochlehre in Portugal), war früher ein Zuschlag zum inländischen Bedarf vorgesehen. Die Regelung ist »auf Grund fehlender Relevanz« gestrichen worden (BT-Drs. 17/6277, S. 98).

1.2   Der Bedarf für den Lebensunterhalt bei BvB-BAB

Auch der Bedarf für den Lebensunterhalt bei der BvB-BAB unterscheidet sich nur nach Art der Unterbringung.
Gemäß § 62 SGB III i. V. m. § 12 BAföG gelten folgende monatliche Pauschbeträge:

Schaubild
Bedarf bei BvB-BAB

Unterbringung	Bedarf	
bei Eltern(teil)	Grundbedarf 231 €	BvB-BAB
anderweitig untergebracht	Grundbedarf 418 € zuzüglich nachgewiesene Miete und Nebenkosten, soweit sie 65 € übersteigen, höchstens jedoch 83 € monatlich.	
im Wohnheim oder Internat	die amtlich festgesetzten Kosten für die Unterbringung und Verpflegung sowie ein Taschengeld von 96 €	

Bei den unter 18-Jährigen gehören die Kosten für die sozialpädagogische Begleitung zum Bedarf für den Lebensunterhalt, soweit sie nicht von Dritten getragen werden (§ 62 Abs. 3 Satz 2 SGB III).

Die hier genannten Bedarfsätze sind, da es keine Bedürftigkeitsprüfung gibt, bei der BvB-BAB gleichzeitig die BAB-Auszahlungsbeträge für den Lebensunterhalt.

1.3   Der Bedarf für die Ausbildung

Zusätzlich zum Bedarf für den Lebensunterhalt entsteht durch die Ausbildung ein weiterer Bedarf. Dieser ist in §§ 63 – 65 SGB III geregelt. Danach können übernommen werden:

■ Fahrkosten (§ 63 SGB III)   Fahrkosten
 – Kosten in pauschalierter Höhe (§ 63 Abs. 3 Satz 3 SGB III i.V.m. § 86 SGB III: bis zu 476 €) für Fahrten zwischen Unterkunft, Ausbildungsstätte und Berufsschule. Fahrkosten sind nach § 5 Abs. 2 Satz 2 BRKG mit 0,20 € pro km zu entschädigen (LSG Niedersachsen-Bremen vom 3.11.2011 – L 11 AL 130/11 B ER). Auch die Kosten für die Benutzung eines Fahrrades sind zu erstatten (LSG Niedersachsen-Bremen vom 22.2.2012 – L 12 AL 77/10); dafür kann ein Betrag von monatlich 5,00 € angesetzt werden, soweit nicht im Einzelfall höhere Kosten nachweisbar sind (z. B. Reparaturkosten). Ansonsten sind die Kosten des günstigsten öffentlichen Verkehrsmittels zu übernehmen. Hierzu kann auch die Übernahme der Kosten einer Bahncard gehören.
 Für den Blockschulunterricht, für den BAB überhaupt nicht gezahlt wird, wenn Auszubildende nur während dieser Zeit außer-

halb des Elternhauses wohnen, werden nach § 65 Abs. 1 SGB III nur noch die Kosten übernommen, die ohne den Berufsschulunterricht zu zahlen wären. Die Fahrt- und Unterbringungskosten für den Berufsschulunterricht in Blockform werden also gar nicht mehr übernommen. Damit reagiert der Gesetzgeber auf das Urteil des BSG vom 6.5.2009 – B 11 AL 37/07 R. Angeblich war die Entscheidung für Verwaltung **und** Auszubildende ungünstig, weil der erhöhte Ermittlungsbedarf zu Zahlungsverzögerungen führe; auch seien die Länder für die Kosten des Berufsschulunterrichts zuständig (BT-Drs. 17/6277 S. 98/99);

– Kosten für die An- und Abreise sowie für eine Heimfahrt pro Monat bei auswärtiger Unterbringung oder einer Fahrt eines Angehörigen zum Auszubildenden. Kosten für eine Familienheimfahrt werden nur übernommen, wenn die auswärtige Unterbringung ausbildungsbedingt erforderlich ist, wenn also die Ausbildungsstätte von der elterlichen Wohnung aus nicht in zumutbarer Zeit erreicht werden kann. Maßstab für die Zumutbarkeit von Pendelfahrten kann § 140 Abs. 4 SGB III sein (LSG Schleswig-Holstein vom 9.2.2007 – L 3 AL 43/06). Kosten für Familienheimfahrten sollen auch nicht übernommen werden, wenn der Auszubildende bereits vor Beginn der Ausbildung ausbildungsunabhängig aus der elterlichen Wohnung ausgezogen ist (SächsLSG vom 29.1.2009 – L 3 AL 86/07);

– bei einer Ausbildung im europäischen Ausland die Kosten für eine Hin- und Rückfahrt pro Ausbildungshalbjahr;

– bei einer Ausbildung im außereuropäischen Ausland die Kosten für eine Hin- und Rückfahrt pro Ausbildungsjahr.

Bei Auslandsausbildung können im Härtefall die Kosten für eine weitere Hin- und Rückreise berücksichtigt werden (§ 63 Abs. 2 SGB III).

Kranken-/Pflegeversicherung
■ Beiträge zur Kranken- und Pflegeversicherung bei BvB, soweit diese nicht anderweitig sichergestellt sind (§ 64 Abs. 2 SGB III).

Kinderbetreuung
■ Kosten für Kinderbetreuung in Höhe von 130 € je Kind. Auch Aufwendungen für Verpflegung des Kindes sind im Rahmen der Pauschale zu übernehmen, selbst wenn eine Betreuung ohne Verpflegung hätte gewählt werden können (LSG Berlin-Brandenburg vom 23.10.2014 – L 8 AL 342/11, info also 2015, S. 15 ff. mit Anm. Udo Geiger). Durch § 64 Abs. 3 SGB III besteht auf die 130 € ein Rechtsanspruch. Der Betrag von 130 € für die Kosten der Kinderbetreuung ist seit 2002 nicht verändert worden; Eltern halten nach 15 Jahren sicherlich eine Erhöhung für nötig.

☞

Arbeitskleidung
■ Bei beruflicher Ausbildung die Kosten für Arbeitskleidung (falls erforderlich und nicht gestellt) monatlich pauschal 13 € (§ 64 Abs. 1 SGB III). Bei BvB sind Kosten für die Arbeitskleidung Teil der Maßnahmekosten.

Sonstige Kosten
■ Sonstige unvermeidbare Ausbildungskosten (z. B. Bettenfreihaltegebühren bei Wohnheimunterbringung) auf besonderen Antrag (§ 64 Abs. 3 Satz 2 SGB III). Kosten für einen vor der Ausbildung absol-

vierten Sprachkurs sind keine erstattungsfähigen sonstigen Kosten, auch wenn der Sprachkurs der Vorbereitung auf die Ausbildung dient (LSG Berlin-Brandenburg vom 1.12.2010 – L 18 AL 336/09).

■ Maßnahmekosten bei ByB (§ 54 SGB III, → S. 450).

Maßnahmekosten bei BvB

2 Anrechnung von Einkommen nur bei Azubi-BAB

Die Bedarfssätze für Lebensunterhalt und Ausbildung sind

■ bei der **BvB-BAB** der Betrag, der ausgezahlt wird, weil gemäß § 67 Abs. 4 Satz 1 SGB III hier Einkommen nicht angerechnet wird. Das gilt nicht für Einnahmen des Teilnehmenden aus einer nach dem SGB III oder aus vergleichbaren öffentlichen Programmen geförderten Maßnahme; diese werden auf die BvB-BAB angerechnet. Andere Einnahmen, z. B. eine Waisenrente, bleiben dagegen anrechnungsfrei;

Auszahlungsbetrag

■ bei der **Azubi-BAB** nur die Berechnungsgrundlage. Was Ihnen davon als Azubi-BAB tatsächlich ausgezahlt wird, hängt ab von der Höhe
– Ihres Einkommens;
– des Einkommens Ihrer Eltern (nicht von Stief- und Pflegeeltern);
– des Einkommens Ihres nicht dauernd getrennt lebenden Ehe- oder Lebenspartners (nicht des eheähnlichen Partners).

Berechnungsgrundlage

Anders als beim BAföG wird Vermögen bei BAB nicht angerechnet.

2.1 Welches Einkommen wird angerechnet?

Die Einkommensanrechnung richtet sich nach den §§ 11 Abs. 4, 21–25 BAföG – mit einigen Abweichungen, die in § 67 SGB III festgelegt sind.

Angerechnet werden danach die Einkünfte des Auszubildenden sowie diejenigen seiner Eltern und seines nicht dauernd getrennt lebenden Ehe- oder Lebenspartners. Einkommen bleibt in Höhe bestimmter Freibeträge anrechnungsfrei.

Grundlage sind die positiven Einkünfte im Sinne des Einkommensteuerrechts. Ein Verlustausgleich – z. B. mit Verlusten aus Gewerbebetrieb – ist nicht möglich. Zu den Einkommen gehören auch Einmalleistungen, wie Weihnachtsgeld und Urlaubsgeld (BSG vom 8.7.2009 – B 11 AL 20/08 R; LSG Mecklenburg-Vorpommern vom 9.3.2010 – L 2 AL 31/06).

Das Kindergeld zählt nicht zum Einkommen der Eltern. Praktisch bedeutet das eine Erhöhung der Einkommensfreibeträge.

Vom Bruttoeinkommen sind die Steuern und die mit festen Prozentsätzen und Höchstbeträgen pauschalierten Beiträge zur Sozialversicherung abzuziehen (§ 21 Abs. 1 Satz 3 Nr. 4 i. V. m. Abs. 2 Satz 1 Nr. 1 BAföG).

Nach BSG vom 5.2.2009 – B 7 AL 126/08 B ist die Pauschale auch dann abzuziehen, wenn der Arbeitgeber/die Einrichtung die Sozialversicherungsbeiträge allein zu tragen hat. Das ist dann der Fall, wenn die Ausbildungsvergütung 325 € nicht übersteigt (§ 20 Abs. 3 Satz 1 Nr. 1 SGB IV) oder – unabhängig von der Höhe der Ausbildungsvergütung – in einer außerbetrieblichen Einrichtung ausgebildet wird (§ 346 Abs. 1b SGB III; § 251 Abs. 4c SGB V; § 168 Abs. 1 Nr. 3a SGB VI; § 59 Abs. 1 Satz 1 SGB XI). Beiträge für eine private Kranken- und Pflegeversicherung werden nur in Höhe der gesetzlich festgelegten Pauschalen berücksichtigt, es sei denn, dass ein Härtefall im Sinne des § 25 Abs. 6 BAföG vorliegt (SächsLSG vom 11.3.2014 – L 3 AL 111/13 B PKH).

Nicht: Azubi – Werbungskosten Nach § 67 Abs. 2 Satz 2 Nr. 1 SGB III werden Werbungskosten des Auszubildenden aufgrund der Ausbildung nicht berücksichtigt.

Für die Eltern oder den nicht dauernd getrennt lebenden Ehe- oder Lebenspartner werden dafür die Angaben aus dem Steuerbescheid des **vorletzten Kalenderjahrs** benötigt. Ist das aktuelle Einkommen voraussichtlich wesentlich niedriger als das regelmäßig der Einkommensanrechnung zu Grunde liegende (z. B. wenn ein Elternteil arbeitslos wird oder in den Ruhestand tritt), wird **auf Antrag** des Auszubildenden das aktuelle Einkommen angerechnet (§ 24 Abs. 3 BAföG). Dann wird Ausbildungsförderung unter dem Vorbehalt der Rückforderung geleistet. Die endgültige Leistungsberechnung erfolgt später. Zeigt sich bei der endgültigen Leistungsberechnung, dass das Einkommen höher war als in der Einkommensprognose angegeben, ergibt sich ein Rückzahlungsanspruch gegen den Auszubildenden.

Ob ein Aktualisierungsantrag gestellt wird, will also gut überlegt sein. Zumal eine einmal beantragte Aktualisierung nicht rückgängig gemacht werden kann, wenn z. B. wider Erwarten das Elterneinkommen im Bewilligungszeitraum sinkt. Nach dem Ende des Bewilligungsabschnitts kann eine Aktualisierung nicht mehr verlangt werden (SächsLSG vom 18.12.2014 – L 3 AL 120/12).
Für den Auszubildenden selbst werden die beim Antrag **aktuellen** Einkünfte (insbesondere die Ausbildungsvergütung) zu Grunde gelegt.
Einkommen der Eltern kann nur angerechnet werden, wenn die Eltern unterhaltspflichtig sind (§ 67 Abs. 5 Satz 2 SGB III), das werden sie bei einer Zweitausbildung regelmäßig nicht sein, aber auch nach längerer Berufstätigkeit kann ein Anspruch auf Ausbildungsunterhalt gegen die Eltern verlorengegangen sein.

2.2   **Einkommen des BAB-Empfängers**

Vom Einkommen des BAB-Empfängers bleiben folgende Beträge anrechnungsfrei:

Tabelle
Freibeträge bei Anrechnung von Einkommen des Azubis auf Azubi-BAB

Freibeträge (pro Monat)	
Für Sie selbst von Ihrer Ausbildungsvergütung	62,– €
Für Sie selbst von anderen Einkünften, z. B. aus Nebenjob[1]	290,– €
Von Waisenbezügen	180,– €
Anders als beim BAföG werden Leistungen Dritter, welche die BAB aufstocken sollen, nicht angerechnet	
Für Ihren Ehe- oder Lebenspartner[2,3]	570,– €
Für jedes Ihrer Kinder[2,3,4] je	520,– €
Zur Vermeidung unbilliger Härten (z. B. bei Behinderung eines Familienmitglieds) auf besonderen Antrag bis zu	260,– €

[1] Damit bleiben die bis zu 450,– € aus einem Minijob (geringfügige Beschäftigung nach § 8 SGB IV) nach Abzug der Werbungskostenpauschale nach § 9a Satz 1 Nr. 1a EStG = 1.000 € pro Jahr und der Sozialpauschale nach § 21 Abs. 2 Satz 1 Nr. 1 BAföG von 21,2 % anrechnungsfrei.

[2] Den Freibetrag gibt es nicht, wenn der Ehe- oder Lebenspartner oder das Kind selbst mit BAB oder BAföG förderfähig ist.

[3] Der Freibetrag vermindert sich um das Einkommen des Ehe- oder Lebenspartners und der Kinder sowie um sonstige für deren Unterhalt vorgesehene Mittel.

[4] Die Freibeträge für Ihre Kinder können nur einmal – bei Ihnen oder bei Ihrem Ehe- oder Lebenspartner – geltend gemacht werden.

Nach § 67 Abs. 2 Satz 2 Nr. 4 SGB III i. V. m. § 23 Abs. 4 Nr. 2 BAföG werden Leistungen Dritter, die zur Aufstockung der BAB erbracht werden, nicht angerechnet.

Aufstockung durch Leistungen Dritter

Darüber hinaus bleiben Leistungen Dritter, die nicht nur die BAB, sondern zusätzlich die nach §§ 63, 64 SGB III zu gewährenden Fahrkosten und sonstigen Aufwendungen aufstocken, anrechnungsfrei, wenn auf den Hauptschulabschluss vorbereitet wird (§ 53 Satz 4 SGB III). Ihr nach Abzug der Freibeträge verbleibendes Einkommen wird voll vom Azubi-BAB-Bedarf für den Lebensunterhalt abgezogen.

Der Azubi Axel Sponti (19 Jahre, unverheiratet und ohne Kind, nicht mehr bei den Eltern wohnend, Miete 280 €, keine Fahrkosten) erhält nach Abzug von Steuern und Sozialversicherungsbeiträgen 272 € Ausbildungsvergütung netto. Davon wird der Freibetrag von 62 € abgezogen. Die verbleibenden 210 € werden voll auf die Azubi-BAB von 635 € (538 € zuzüglich 84 € als höchstmöglicher Mietzuschuss und 13 € für Arbeitskleidung) angerechnet. Er erhält daher Azubi-BAB für den Lebensunterhalt in Höhe von 425 € monatlich ausgezahlt (so-

Beispiel

weit sich dieser Betrag durch Anrechnung von Einkommen der Eltern nicht weiter verringert → Fortführung des Beispiels auf S. 439).

Die Unterkunftskosten können nicht vom Einkommen des Auszubildenden abgezogen werden (LSG Berlin-Brandenburg vom 1.12.2010 – L 18 AL 336/09). Reicht die gezahlte BAB nicht aus, insbesondere wegen hoher Wohnkosten, kann beim Jobcenter ein Aufstockungsbetrag beantragt werden. Das Jobcenter berücksichtigt bei der Azubi-Vergütung einen höheren Freibetrag als das BAB (100 € sind ganz frei, vom Rest 20 %, bei einer Vergütung von 272 € wären 134,40 € frei), aber Waisenrente und Kindergeld werden voll angerechnet, Einkommen von Ehe- und Lebenspartnern oder -partnerinnen sowie von Eltern werden viel engherziger herangezogen.

2.3   Einkommen der Eltern

Vom Einkommen Ihrer Eltern bleiben vollständig anrechnungsfrei (Freibeträge 1):

Tabelle
Freibeträge bei Anrechnung von Einkommen der Eltern auf Azubi-BAB

Vollständig
anrechnungsfrei
(Freibeträge 1)

Vollständig anrechnungsfrei (Freibeträge 1)	
Vom Einkommen der miteinander verheirateten Eltern, wenn sie nicht dauernd getrennt leben	1.715,– €
Vom Einkommen jedes Elternteils in sonstigen Fällen (z. B. bei Getrenntleben oder nach Scheidung)	1.145,– €
Für den nicht in Eltern-Kind-Beziehung zum Auszubildenden stehenden Ehe- oder Lebenspartner des Elternteils (z. B. Stiefmutter)	570,– €
Zusätzlich für Kinder der Eltern/des Elternteils (also Geschwister) sowie für weitere Personen, denen die Eltern/der Elternteil unterhaltsverpflichtet ist (z. B. Oma) zusätzlich je Diesen Freibetrag gibt es nicht, wenn das Kind oder der Unterhaltsberechtigte selbst BAB oder BAföG erhalten kann	520,– €
Wenn die Ausbildungsstätte von der Wohnung der Eltern oder eines Elternteils aus nicht in angemessener Zeit erreicht werden kann Es kommt seit 1.4.2012 nicht mehr darauf an, ob eine Ausbildungsstelle in der Nähe der elterlichen Wohnung hätte vermittelt werden können Diesen Freibetrag gibt es nicht, wenn der Auszubildende bereits vor der Ausbildung aus der elterlichen Wohnung ausgezogen ist und nicht erst anlässlich der Ausbildung (SächsLSG vom 19.4.2006 – L 1 B 142/05 AL-ER; LSG Sachsen-Anhalt vom 14.10.2010 – L 2 AL 34/07)	607,– €
Zur Vermeidung unbilliger Härten (z. B. bei Behinderung eines Familienmitglieds) auf besonderen Antrag Langjährig bestehende Schulden der Eltern können zur Vermeidung einer unbilligen Härte einen weiteren Absetzungsbetrag begründen (SG Berlin vom 9.1.2007 – S 58 AL 4303/06 ER, info also 2007, S. 69; siehe hierzu HessLSG vom 16.12.2011 – L 7 AL 179/08)	ohne Festlegung

Vom verbleibenden Einkommen Ihrer Eltern bleiben teilweise anrechnungsfrei (Freibeträge 2):

Teilweise anrechnungsfrei (Freibeträge 2)	
für Ihre Eltern	50 %
für jedes Kind, für das der obige Kinderfreibetrag gewährt wird, je	5 %

Teilweise anrechnungsfrei (Freibeträge 2)

Das nach Abzug aller Freibeträge verbleibende Einkommen wird vom Azubi-BAB-Bedarf für den Lebensunterhalt abgezogen.

Axel Sponti (aus dem Beispiel auf S. 437) hat Eltern, die zusammenleben, und eine sechsjährige Schwester. Sein Vater bezieht ein Einkommen aus abhängiger Beschäftigung (nach Abzug von Steuern, Sozialversicherungsbeiträgen und Werbungskosten) von 2.500 €. Die Mutter ist Hausfrau.
Erhält Axel Sponti Azubi-BAB?

Beispiel

Freibeträge 1	
für die Eltern	1.715,– €
für die sechsjährige Schwester	+ 520,– €
ergibt zusammen	2.235,– €
Vom Einkommen der Eltern (2.245,– €) verbleiben nach Abzug der Freibeträge 1	**265,– €**

Freibeträge 2	
für die Eltern 50 %	132,50 €
für die Schwester 5 %	+ 13,25 €
ergibt zusammen	145,75 €
Anrechenbares Einkommen der Eltern nach Abzug der Freibeträge 1 und 2 (155,– € – 85,25 €)	**119,25 €**

Ergebnis	
Axel Sponti erhält als monatliche Azubi-BAB ausgezahlt:	
Bedarf für den Lebensunterhalt	635,– €
Anrechenbares Einkommen von Axel	– 210,– €
Anrechenbares Einkommen der Eltern	– 119,25 €
Auszahlungsbetrag Azubi-BAB aufgerundet	**306,– €**

Einkommen der Eltern bleibt gemäß § 67 Abs. 5 Satz 1 SGB III außer Betracht, wenn ihr Aufenthaltsort nicht bekannt ist oder sie rechtlich oder tatsächlich gehindert sind, im Inland Unterhalt zu leisten. Dagegen soll eine Verbraucherinsolvenz der Eltern der Anrechnung des Elterneinkommens nicht entgegenstehen (SG Karlsruhe vom 15.11.2015 – S 5 AL 1322/15).

Elterneinkommen wird nach § 67 Abs. 5 Satz 2 SGB III nicht angerechnet, wenn ein Unterhaltsanspruch nicht (mehr) besteht. Wann ein Unterhaltsanspruch entfällt, entscheidet sich nach familienrechtlichen Grundsätzen. Diese haben die AA und gegebenenfalls die Sozialgerichte zu berücksichtigen.

Problematisch ist insbesondere die Unterhaltspflicht bei einer Zweitausbildung. So hat das SächsLSG vom 18.7.2013 – L 3 AL 59/10, info also 2014, S. 72 ff. mit Anm. von Marek Schauer entschieden:

»Hat das Kind eine Ausbildung, die den Begabungen und Fähigkeiten, dem Leistungswillen und den beachtenswerten, nicht nur vorübergehenden Neigungen des Kindes am besten entspricht und sich in den Grenzen der wirtschaftlichen Leistungsfähigkeit der Eltern hält, erhalten, besteht in der Regel kein Anspruch gegen die Eltern auf Finanzierung einer Zweitausbildung oder nicht notwendigen Weiterbildung.«

2.4   Einkommen des Ehe- oder Lebenspartners

Ist der Azubi verheiratet oder eine eingetragene Lebenspartnerschaft eingegangen, so kann der Ehegatte/Lebenspartner – solange er nicht dauernd getrennt vom Azubi lebt – folgende Freibeträge von seinem Einkommen absetzen:

Tabelle
Freibeträge bei Anrechnung von Einkommen des Ehe- oder Lebenspartners auf Azubi-BAB

Vollständig anrechnungsfrei (Freibeträge 1)

Vollständig anrechnungsfrei (Freibeträge 1)	
für den nicht dauernd getrennt lebenden Ehe- oder Lebenspartner	1.145,– €
für jedes Kind und jede Person, mit Unterhaltsanspruch gegenüber dem Ehe- oder Lebenspartner, zusätzlich je Diesen Freibetrag gibt es nicht, wenn das Kind oder der Unterhaltsberechtigte selbst BAB oder BAföG erhalten kann	520,– €
zur Vermeidung unbilliger Härten (z. B. bei Behinderung eines Familienmitglieds) auf besonderen Antrag	ohne Festlegung

Vom verbleibenden Einkommen Ihres Ehe- oder Lebenspartners bleiben teilweise anrechnungsfrei (Freibeträge 2):

Teilweise anrechnungsfrei (Freibeträge 2)	
für Ihren Ehe- oder Lebenspartner	50 %
für jedes Kind, für das der obige Kinderfreibetrag gewährt wird, je	5 %

Teilweise
anrechnungsfrei
(Freibeträge 2)

Das nach Abzug aller Freibeträge verbleibende Einkommen Ihres
Ehe- oder Lebenspartners wird vom Azubi-BAB-Bedarf für den Lebensunterhalt abgezogen.

2.5   Anrechnung bei mehreren förderfähigen Auszubildenden

Ist Einkommen des Ehe- oder Lebenspartners, der Eltern
oder eines Elternteils außer auf den Bedarf des Antragstellers auch
auf den anderer Auszubildender anzurechnen, die BAB oder BAföG
oder Abg erhalten können, so wird es gemäß § 67 Abs. 2 Satz 1
SGB III i. V. m. § 11 Abs. 4 BAföG zu gleichen Teilen angerechnet.

Verbleibt danach bei der anteiligen Anrechnung des Einkommens auf
den Bedarfssatz eines Auszubildenden noch ein Rest an anrechenba-
rem Einkommen, so wird dieser endgültig nicht angerechnet und
braucht nicht mehr (wie früher) in einem zweiten oder weiteren Be-
rechnungsschritt dem auf den anderen Bedarfssatz anzurechnenden
Einkommen hinzugerechnet zu werden.

2.6   Selbstberechnungsprogramm für Azubi-BAB

Im Internet (http://www.babrechner.arbeitsagentur.de) finden Sie einen BAB-Rechner, mit dem Sie überschlägig Ihre Azubi-
BAB berechnen können.

2.7   Was ist, wenn Eltern den Unterhalt verweigern?
§ 68 SGB III

Wenn Einkommen der Eltern auf Ihre BAB anzurechnen ist,
dann geht das Gesetz davon aus, dass dieser Anrechnungsbetrag Ihnen von den Eltern ergänzend zu der ausgezahlten BAB als Unterhalt
geleistet wird.

Falls Ihre Eltern sich weigern sollten, diesen Unterhalt zu zahlen oder –
entgegen § 315 Abs. 2 SGB III (LSG Baden-Württemberg vom 28.4.2006
– L 8 AL 1273/05) – die erforderlichen Auskünfte für die Einkommensanrechnung zu erteilen, und falls dadurch Ihre Ausbildung gefährdet

Vorausleistung
der AA

wird, so leistet die AA Ihnen den Betrag voraus. Wann die AA vorleisten muss, können Sie dem Urteil des SG Berlin vom 24.5.2013 – S 58 AL 2119/10, info also 2013, S. 220 ff. mit Anm. Marek Schauer entnehmen.

Nicht bei Naturalunterhalt

Die AA leistet nicht voraus, wenn Sie (egal, wie alt) noch unverheiratet sind und Ihre Eltern zwar Unterhalt leisten wollen und können, aber anstelle einer monatlichen Geldleistung in Höhe des elterlichen Anrechnungsbetrags dies z. B. nur in Form von Unterkunft und Verpflegung im elterlichen Haushalt tun wollen (§ 68 Abs. 4 SGB III); dazu sind die Eltern aufgrund des elterlichen Unterhaltsbestimmungsrechts (§ 1612 Abs. 2 BGB) berechtigt; dieses Recht soll durch die AA nicht unterlaufen werden. Gegen die Eltern können Sie das Familiengericht anrufen, falls Sie durch diese Art der Unterhaltsgewährung z. B. eine geeignete Berufsausbildung nicht antreten können, da diese nur bei auswärtiger Unterkunft erreichbar ist; dass Sie nicht mehr bei den Eltern wohnen wollen, reicht nicht.

Kein Verweis auf das Kindergeld

Die AA kann den Auszubildenden nicht darauf verweisen, sich das Kindergeld unmittelbar auszahlen zu lassen und insoweit die BAB verweigern. Dies ist nicht möglich, weil das Kindergeld nicht auf die BAB angerechnet wird.

Leistet die AA BAB ohne Anrechnung des (nicht geleisteten) Unterhalts voraus, dann geht Ihr Unterhaltsanspruch – zusammen mit dem unterhaltsrechtlichen Auskunftsanspruch – auf die AA über. Die AA kann diese Ansprüche dann gegen die Eltern (auch gerichtlich) geltend machen. Sie kann mit Zustimmung des BAB-Beziehers den übergegangenen Unterhaltsanspruch auf den BAB-Bezieher rückübertragen und sich den geltend gemachten Unterhaltsanspruch abtreten lassen. Dieser Weg erspart der AA die eigene Prozessführung.

Die AA leistet nicht vor, wenn ein unterhaltspflichtiger Ehe- oder Lebenspartner dem BAB-Antragsteller den Unterhalt schuldig bleibt. § 68 SGB III gilt nicht für säumige Partner.

2.8   BvB-BAB für Arbeitslose mit höherem Alg-Anspruch
§ 70 SGB III

BAB in Höhe von Alg

Wenn Sie arbeitslos gemeldet sind und bei Beginn einer BvB ansonsten einen Anspruch auf Alg gehabt hätten, der **höher** ist als der bei BAB zu Grunde zu legende Bedarf für den Lebensunterhalt, erhalten Sie BAB in Höhe des Alg.

In diesem Falle wird Ihr Einkommen aus einer neben der BvB ausgeübten Beschäftigung in gleicher Weise angerechnet wie beim Alg (§ 155 SGB III).

Die Vorschrift gilt nicht für Auszubildende in einer betrieblichen oder außerbetrieblichen Berufsausbildung.

V   Antrag/Bewilligungszeitraum/Auszahlung

BAB muss man beantragen. Den Antragsvordruck und ein Informationsblatt gibt es bei der AA.

Antrag

Die BAB kann zwar nach Beginn der Ausbildung oder der BvB beantragt werden, sie wird aber rückwirkend nur ab dem 1. des Monats gezahlt, in dem sie beantragt worden ist.

David Zunder beginnt am 1.9. eine Ausbildung. Zufällig erfährt er am 25.10. durch einen Sozialarbeiter im Jugendhaus, dass es BAB gibt. Beantragt er am 27.10. BAB, erhält er BAB ab 1.10.

Beispiel

Wenn die Eltern bei der Antragstellung nicht mitwirken sollten, → S. 441.

Der Bewilligungszeitraum (nicht zu verwechseln mit der Förderungsdauer) beträgt

Bewilligungs-
zeitraum

- bei Azubi-BAB 18 Monate,
- bei BvB-BAB zwölf Monate.

Monatliche Förderungsbeträge der Berufsausbildungsbeihilfe, die nicht volle Euro ergeben, sind bei Restbeträgen bis zu 0,49 € abzurunden und von 0,50 € an aufzurunden. Nicht geleistet werden monatliche Förderungsbeträge unter 10 € (§ 71 SGB III).

Auszahlung

Der Bewilligung ist das bei Antragstellung absehbare Einkommen einschließlich der Änderungen bis zum Zeitpunkt der Entscheidung zu Grunde zu legen (§ 67 Abs. 2 Satz 2 Nr. 2 SGB III). Die Änderung der Einkommensverhältnisse des Auszubildenden nach der Entscheidung über seinen Antrag stellt grundsätzlich keine wesentliche Änderung im Sinne des § 48 Abs. 1 SGB X dar. Diese Einschränkung gilt nach Meinung des BSG vom 28.11.2007 – B 11a AL 47/06 R nicht, wenn sich neben der Ausbildungsvergütung vorhandenes Einkommen des Auszubildenden während des laufenden Bewilligungsabschnitts ändert.

VI   Rundfunkgebührenbefreiung

Nach § 4 Abs. 1 Nr. 5b des Rundfunkbeitragsstaatsvertrags werden BAB-Bezieher (auch BAB-Bezieher in Alg-Höhe gemäß § 70 SGB III) auf Antrag von der Rundfunkgebühr befreit, **wenn sie nicht bei den Eltern leben**. Damit sind BAB-Bezieher Beziehern von Sozialhilfe, von Alg II, Abg und BAföG gleich gestellt.
Die Befreiung muss bei der Rundfunkanstalt beantragt werden. Dort gibt es ein Antragsformular.
Der BAB-Bescheid muss im Original oder in beglaubigter Kopie beigefügt werden.

I Einführung

Neben der in Kapitel M ausführlich behandelten Berufsausbildungsbeihilfe (BAB) bietet das SGB III jungen Menschen weitere Hilfen beim Finden und Durchstehen einer Berufsausbildung oder wenigstens einer Arbeit.

»Junge Menschen«

Förderfähig sind »junge Menschen«. Dieser Begriff ersetzt das frühere, von uns kritisierte Begrifftohuwabohu, als das SGB III ohne Sinn und Verstand von »Jugendlichen«, »Menschen in Ausbildungsberufen«, »jüngeren Arbeitnehmern« und »jüngeren Menschen« sprach. Trotz des nun »einheitlichen Sprachgebrauchs junge Menschen« (BT-Drs. 17/6277, S. 79) bleibt offen, ob – entsprechend der Definition in § 7 Abs. 1 Nr. 4 SGB VIII – junge Menschen nur bis zum 27. Geburtstag gefördert werden können.

Bis 27?

Seit 2012 sind die Hilfen in folgenden Maßnahmen gebündelt: Katalog der Hilfen

- **Übergang von Schule in Beruf(sausbildung)**
  - Berufsorientierungsmaßnahmen (BOM) (→ unter II 1)
  - Berufseinstiegsbegleitung (BerEb) (→ unter II 2)

- **Berufsvorbereitung**
  - Berufsvorbereitende Bildungsmaßnahmen (BvB) (→ unter III 1)
  - Einstiegsqualifizierung (EQ) (→ unter III 2)

- **Berufsausbildung**
  - Zuschüsse zur Ausbildungsvergütung (schwer) behinderter Menschen (→ unter IV 1)
  - Ausbildungsbegleitende Hilfen (abH) (→ unter IV 2)
  - Berufsausbildung in einer außerbetrieblichen Einrichtung (BaE) (→ unter IV 3)

- **Förderung von Jugendwohnheimen** (→ unter VI)

2015 wurden diese Maßnahmen ergänzt um:

- **Assistierte Ausbildung** (AsA) (→ unter V)

Die in diesem Kapitel behandelten Maßnahmen werden regelmäßig durch Träger angeboten. Diese und ihre Maßnahme bedürfen der Zulassung nach den §§ 176–184 SGB III. Zulassung von Trägern und Maßnahmen

II   Übergang von Schule in Beruf(sausbildung)

1   Berufsorientierungsmaßnahmen (BOM)
§ 48 SGB III

Den richtigen Beruf zu wählen, fällt Schülern schwer; besonders schwer benachteiligten Schülern. Diese Gruppe von Schülern soll durch BOM besonders gefördert werden.

Nach § 48 Abs. 1 SGB III kann die AA Schüler allgemeinbildender Schulen durch vertiefte Berufsorientierung und Berufswahlvorbereitung (= Berufsorientierungsmaßnahmen) fördern.
Die Maßnahmen können durch die AA oder von Dritten eingerichtet werden.
In beiden Fällen trägt die BA höchstens 50 % der Kosten. Mindestens Kosten
50 % müssen von Dritten (z. B. der Landesschulverwaltung, Kommunen, Kammern) getragen werden.
Die Maßnahmen sind für die Teilnehmer kostenlos.

Inhalt

»Zu den Kerninhalten der Berufsorientierung gehören [...] neben einer Potenzialanalyse insbesondere berufliche Praktika, in denen die Berufswünsche, Bedürfnisse und Stärken abgeklärt werden können. Diese Praktika sollen in Betrieben des allgemeinen Arbeitsmarktes durchgeführt, begleitet und für den anschließenden Orientierungsprozess ausgewertet werden.« (BT-Drs. 17/6277, S. 95).

Für Praktika im Rahmen einer BOM muss – so lange sie unter drei Monate dauern – gemäß § 22 Abs. 1 Satz 2 Nr. 2 MiLoG nicht der Mindestlohn gezahlt werden.

Nicht förderfähig

Nicht gefördert werden nach der GA zu § 48, S. 2 auf diesem Weg

– Bewerbungstraining;

– individuelle Begleitung der Teilnehmenden (Coaching);

– Allgemeinbildung und muttersprachlicher Unterricht;

– Koordinierung von Berufsorientierungsangeboten.

Nach Abs. 2 von § 48 SGB III

»sollen die besonderen Bedürfnisse von Schülerinnen und Schülern mit sonderpädagogischem Förderbedarf und von schwerbehinderten Schülerinnen und Schülern bei der Ausgestaltung der Maßnahmen berücksichtigt werden.«

Diese erfreuliche Regelung begründet der Gesetzgeber wie folgt:

Inklusion

»Es wird die gesetzliche Grundlage dafür geschaffen, die Berufsorientierungsmaßnahmen für junge Menschen mit sonderpädagogischem Förderbedarf und für schwerbehinderte junge Menschen gezielt zu ergänzen, wenn und soweit dies für die Inklusion am Arbeitsleben erforderlich ist. [...] Ziel ist die Einmündung in eine Berufsausbildung oder – falls eine Berufsausbildung nicht in Betracht kommt – eine Tätigkeit auf dem allgemeinen Arbeitsmarkt. [...] Dadurch soll ein Perspektivwechsel in Bezug auf die bisher gängigen Eingliederungswege für die jungen Menschen ermöglicht werden. [...]

statt
Werkstatt für
Behinderte

[Sie] können mit Berufsorientierungsmaßnahmen Alternativen zum Übergang in eine Werkstatt für behinderte Menschen erarbeiten und umsetzen. Die Zugänge in die Werkstatt für behinderte Menschen sollen damit reduziert werden. [...]
Dies entspricht den Zielen der UN-Behindertenrechtskonvention, die einen offenen, integrativen und für Menschen mit Behinderung zugänglichen Arbeitsmarkt postuliert [...]« (BT-Drs. 17/6277, S. 95).

Weitere Einzelheiten – insbesondere zur Finanzierung, Vergabe und Qualitätssicherung der BOM – regelt die GA zu § 48, Stand Juli 2013.

2 **Berufseinstiegsbegleitung (BerEb)**
§ 49 SGB III

Zu viele Schüler scheiterten beim Übergang von Schule in Ausbildung. So schafften nur 37,7 % der Hauptschulabgänger im Schuljahr 2005/2006 den unmittelbaren Übergang in das duale Berufsausbildungssystem, obgleich mehr als 90 % einen solchen Übergang anstrebten (BT-Drs. 16/8718, S. 11). *(Das Problem)*

Um den Einstieg zu erleichtern, kann die AA gemäß § 49 SGB III förderungsbedürftige junge Menschen beim Übergang von einer allgemeinbildenden Schule in eine Berufsausbildung durch Berufseinstiegsbegleiter unterstützen. *(Ziel)*

Unterstützt werden soll nach § 49 Abs. 2 Satz 2 SGB III durch die BerEb insbesondere:

– das Erreichen des Abschlusses einer allgemeinbildenden Schule;

– die Berufsorientierung und Berufswahl;

– die Suche nach einer Ausbildungsstelle;

– die Stabilisierung eines eingegangenen Berufsausbildungsverhältnisses.

Die GA 21 zu § 49 vom November 2014 nennt zusätzlich noch

– die Begleitung in Übergangszeiten zwischen Schule und Berufsausbildung.

Beim Berufseinstieg begleitet werden können nur Schüler, die einen Haupt- oder Förderabschluss anstreben (GA 41 zu § 49). Die Schulen werden in Abstimmung mit dem kofinanzierenden Träger und dem jeweiligen Bundesland beteiligt. *(Nur Haupt- und Förderschüler)*

Förderungsbedürftig sind junge Menschen, denen es voraussichtlich schwerfällt, eine allgemeinbildende Schule abzuschließen oder den Einstieg in eine Berufsausbildung zu schaffen. Die Gesetzesbegründung nennt als förderungsbedürftig insbesondere »Schülerinnen und Schüler mit Sprachschwierigkeiten, Lernbeeinträchtigungen oder sozialen Benachteiligungen« (BT-Drs 17/6277, S. 96). Wer als lernbeeinträchtigt oder sozial benachteiligt gilt, wird auf → S. 458 erklärt. *(Förderungsbedürftige)*
Um die Förderungsbedürftigen auszuwählen, ist regelmäßig eine Potenzialanalyse nötig. Dabei kann auf die im Rahmen von Berufsorientierungsmaßnahmen erstellte Potenzialanalyse zurückgegriffen werden (BT-Drs. 17/6277, S. 95).
Der Bildungsträger hat auf der Grundlage insbesondere einer Potenzialanalyse in Absprache mit dem Schüler einen Förderplan zu erstellen (GA V.BerEb.05). *(Förderplan)*

Die Teilnahme an der BerEb ist freiwillig.

Sozial-
pädagogische
Begleitung

Eine wesentliche Aufgabe des Berufseinstiegsbegleiters ist nach dem Fachkonzept der BA vom September 2011, S. 11 »der Aufbau einer persönlichen Beziehung zu jedem betreuten Teilnehmer« durch

– Alltagshilfen,

– Verhaltenstraining,

– Krisenintervention,

– Konfliktbewältigung,

– Suchtprävention,

– Hilfen für behinderte Teilnehmer.

So sollen persönliche, soziale, methodische, lebenspraktische und interkulturelle Kompetenzen entwickelt und gefördert werden.

Personal-
schlüssel 1 : 20

Um diese anspruchsvolle Aufgabe überhaupt angehen zu können, darf ein Berufseinstiegsbegleiter höchstens 20 Teilnehmer betreuen (Fachkonzept der BA, S. 20).

Beginn
und Ende

Die BerEb beginnt in der Regel mit dem Besuch der Vorabgangsklasse der allgemeinbildenden Schule und endet in der Regel ein halbes Jahr nach Beginn einer Berufsausbildung. Die BerEb endet spätestens zwei Jahre nach Beendigung der allgemeinbildenden Schule.

Kofinanzierung

Die BA fördert die BerEb nur, wenn sich Dritte (insbesondere die Landesschulverwaltungen) mit mindestens 50 % an den Kosten beteiligen.

Vergabe durch BA

Die Maßnahmen der BerEb müssen im Wege des Vergabeverfahrens in Verantwortung der BA beschafft werden (GA 16 zu § 49).

Maßnahme-
kosten

Als Maßnahmekosten werden dem Träger der BerEb die angemessenen Aufwendungen für die Durchführung der Maßnahme einschließlich der erforderlichen Kosten für die Berufseinstiegsbegleiter erstattet.

Kombipackungen

BerEb ist auch während der Teilnahme an BvB, EQ und abH möglich (GA 21 zu § 49).

ESF-Mittel

Die BA erhält vom Bund für die BerEb im Zeitraum 2014–2020 zusätzliche Mittel aus dem ESF. Einzelheiten sind geregelt in der »Verwaltungsvereinbarung zwischen BMI und der BA über die Durchführung des ESF-Programms ›Kofinanzierung der Berufseinstiegsbegleitung‹« vom 15.11.2014.

III **Berufsvorbereitung**

1 **Berufsvorbereitende Bildungsmaßnahmen (BvB)**
§§ 51–54 SGB III

1.1 **Herkömmliche BvB**

BvB sollen gemäß § 51 Abs. 1 SGB III förderbedürftige junge Menschen

— auf die Aufnahme einer Berufsausbildung vorbereiten oder,
— wenn eine Berufsausbildung aus persönlichen Gründen (noch) nicht möglich ist, den Einstieg in eine Arbeit erleichtern.

Ziel

Eine BvB ist nach § 51 Abs. 2 SGB III förderfähig, wenn sie
— nicht nach dem Schulgesetz vorgeschrieben ist und
— so qualitätvoll ist, dass sie »eine erfolgreiche berufliche Bildung erwarten lässt«.

Förderfähige Maßnahme

Die BA schreibt im umfangreichen Fachkonzept vom November 2012, S. 8 ff. aufeinander aufbauende »Qualifizierungsebenen« vor:

Angebotsstruktur

— Eignungsanalyse (besser wohl: Potenzialanalyse);

— Grundstufe (Kernelement »Berufsorientierung/Berufswahl«);

— Förderstufe (Kernelement »Berufliche Grundfertigkeiten«);

— Übergangsqualifizierung (Kernelement »Berufs- und betriebsorientierte Qualifizierung«).

Betriebliche Praktika können nach § 51 Abs. 4 SGB III in angemessenem Umfang vorgesehen werden. Solche Praktika erleichtern nach der Evaluation des IAB am ehesten den Übergang in eine betriebliche Berufsausbildung (IAB-Forschungsbericht 7/2010, S. 64).
Für Praktika im Rahmen einer BvB muss gemäß § 22 Abs. 1 Satz 2 Nr. 4 MiLoG nicht der Mindestlohn gezahlt werden.
Der Praktikant, der im Rahmen einer BvB beschäftigt wird, hat keinen Anspruch auf Vergütung aus einem Arbeitsverhältnis (LAG Hamm vom 5.12.2014 – 1 Sa 1152/14).

Praktika

Nach § 51 Abs. 3 SGB III kann eine BvB allgemeinbildende Fächer enthalten und auf den nachträglichen Erwerb des Hauptschulabschlusses vorbereiten. Auf diese Vorbereitung haben nach § 53 SGB III förderungsbedürftige junge Menschen sogar einen Rechtsanspruch.

Anspruch auf Vorbereitung auf Hauptschulabschluss

**Förderungs-
bedürftige**

Förderungsbedürftig sind junge Menschen gemäß § 52 SGB III, wenn sie
– nicht mehr schulpflichtig sind und
– die BvB zur Vorbereitung auf eine Berufsausbildung oder – falls sie eine solche aus persönlichen Gründen (noch) nicht aufnehmen können – zur Aufnahme einer Arbeit brauchen und
– fähig sind, das Ziel der Maßnahme zu erreichen.

**Sozial-
pädagogische
Begleitung**

»BvB sind komplexe berufsorientierende und -vorbereitende, sozialpädagogisch unterstützte Qualifizierungsvorhaben. Fachpraxis, theoretische Unterweisung sowie sozialpädagogische Hilfen sind gleichermaßen bereit zu stellen. Sozialpädagogische Fachkräfte übernehmen im Wesentlichen folgende Aufgaben:
– Sie sind erster Ansprechpartner vor Ort,
– leisten Krisenintervention und
– Alltagshilfen.

Für Jugendliche mit komplexem Förderbedarf umfasst die sozialpädagogische Begleitung die Kooperation mit relevanten Netzwerkpartnern, insbesondere den öffentlichen und freien Trägern der Jugendhilfe [...] Die sozialpädagogische Begleitung zielt unter Einbeziehung der Unterstützungsleistung Dritter auf die Wahrnehmung und Beseitigung von individuellen Wettbewerbsnachteilen sowie auf die Klärung und Stabilisierung der familiären Situation.« (Fachkonzept, S. 7 f.)

Alter?

Die BA will (nach dem Fachkonzept, S. 2) die BvB »in der Regel« auf unter 25-Jährige beschränken. Das deckt sich nicht mit dem jetzt vom SGB III-Gesetzgeber verwendeten Begriff »junge Menschen«. »Junger Mensch« endet nach der Begriffsbestimmung des § 7 Abs. 1 Nr. 4 SGB VIII erst mit dem 27. Geburtstag.

Förderdauer

Eine BvB dauert (nach dem Fachkonzept, S. 17 f., 40 f.) in der Regel bis zu zehn Monate, bei der Vorbereitung auf den Hauptschulabschluss bis zu zwölf Monate. Junge behinderte Menschen können bis zu 18 Monate gefördert werden.
Ausnahmsweise kann bei individuell höherem Förderbedarf die Regelförderdauer verlängert werden.

**Maßnahme-
kosten**

Den Trägern von BvB werden gemäß § 54 SGB III erstattet:

»1. die angemessenen Aufwendungen für das zur Durchführung der Maßnahme eingesetzte erforderliche Ausbildungs- und Betreuungspersonal, einschließlich dessen regelmäßiger fachlicher Weiterbildung, sowie für das erforderliche Leitungs- und Verwaltungspersonal,
2. die angemessenen Sachkosten, einschließlich der Kosten für Lernmittel und Arbeitskleidung, und die angemessenen Verwaltungskosten sowie
3. erfolgsbezogene Pauschalen bei Vermittlung von Teilnehmenden in eine betriebliche Berufsausbildung [...]«.

Die Einzelheiten der Vermittlungspauschale sind gemäß § 55 Nr. 2 SGB III in der »Anordnung des Verwaltungsrates der Bundesagentur für Arbeit zur Festlegung der erfolgsbezogenen Pauschale bei Vermittlung von Teilnehmern berufsvorbereitender Bildungsmaßnahmen in betriebliche Berufsausbildung« vom 17.12.2009 i. d. F. vom 16.3.2012 geregelt. Danach erhält der Maßnahmeträger für jede »nachhaltige« Vermittlung 500,– €, für behinderte Teilnehmer unter bestimmten Voraussetzungen 1.500,– €.

Vermittlungs-pauschale

Junge Menschen, die an einer BvB teilnehmen, erhalten Berufsausbildungsbeihilfe.

Junge behinderte Menschen erhalten Ausbildungsgeld.

BAB
Abg

1.2 BvB mit produktionsorientiertem Ansatz

Im Rahmen der Diskussion um das »Gesetz zur Verbesserung der Eingliederungschancen am Arbeitsmarkt« forderte der Bundesrat, in § 51 SGB III folgenden Satz einzufügen:

> »Eine berufsvorbereitende Bildungsmaßnahme ist auch dann förderungsfähig, wenn sie auf Grundlage des Fachkonzeptes der Produktionsschulen durchgeführt wird und sich Dritte mit mindestens 50 Prozent an der Förderung beteiligen.« (BT-Drs. 17/6853, S. 6).

Die Bundesregierung lehnte es ab, die Fördermöglichkeit ins Gesetz aufzunehmen (a. a. O., S. 19). Im Vermittlungsausschuss einigte man sich dann auf folgende Protokollerklärung:

> »Die Bundesregierung stimmt mit den Ländern in der Einschätzung überein, dass die Bundesagentur für Arbeit bei der Umsetzung berufsvorbereitender Bildungsmaßnahmen im Sinne größerer Flexibilität passgenauere Lösungen vor Ort erarbeiten sollte. Dies gilt für Produktionsschulen und Jugendwerkstätten gleichermaßen wie für vergleichbare Angebote auf Landesebene. [...] Die Bundesregierung sagt verbindlich zu, auf eine dem Anliegen der Länder entsprechende Anpassung des Fachkonzeptes der Bundesagentur für Arbeit zeitnah hinzuwirken.«

Dementsprechend hat die BA am 20.11.2012 das Fachkonzept »Berufsvorbereitende Bildungsmaßnahmen mit produktionsorientiertem Ansatz (BvB-Pro)« erlassen.

Fachkonzept
der BA

Aufgrund dieses Fachkonzepts ist – wie vom Bundesrat gefordert – eine Förderung von Maßnahmen in Produktionsschulen, Jugendwerkstätten und vergleichbaren Einrichtungen möglich.

Und wie im Gesetzesvorschlag des Bundesrats vorgesehen erfolgt eine Förderung durch die BA nur, wenn sich Länder, Gemeinden oder weitere Dritte mit mindestens 50 % an der Finanzierung beteiligen.

Kofinanzierung

Weitere Einzelheiten können dem Fachkonzept der BA entnommen werden.

2   **Betriebliche Einstiegsqualifizierung (EQ)**
§ 54a SGB III; Einstiegsqualifizierungsförderungs-Anordnung –
EQFAO vom 20.9.2007 i.d.F. vom 12.2.2016

Ziele

Nach § 54a Abs. 1 Satz 2 SGB III dient die EQ »der Vermittlung und Vertiefung von Grundlagen für den Erwerb beruflicher Handlungsfähigkeit« (§ 1 Abs. 1 Satz 1 EQFAO). Außerdem sollen auch nicht (mehr) ausbildende Betriebe für eine Ausbildung gewonnen werden (§ 1 Abs. 2 EQFAO).

Die zu vermittelnden Kenntnisse und Fähigkeiten müssen auf einen anerkannten Ausbildungsberuf im Sinne des § 4 Abs. 1 BBiG, des § 25 Abs. 1 Satz 1 HwO, des SeemannsG oder des AltenpflegeG vorbereiten.

Förderbare junge Menschen

Gefördert werden können gemäß § 54a Abs. 2 SGB III

1. bei der AA gemeldete Ausbildungsuchende mit aus individuellen Gründen eingeschränkten Vermittlungsaussichten, die auch nach den bundesweiten Nachvermittlungsaktionen, also bis zum 30. September, keinen Ausbildungsplatz haben.
»Individuelle Gründe«, die die Vermittlungsfähigkeit einschränken, können u. a. sein:
   – Schlechte Schulnoten;
   – Erscheinungsbild;
   – Ausbildungeignung passt nicht zu Marktgegebenheiten;
   – Ausbildungsabbruch.

2. Ausbildungsuchende, die noch nicht in vollem Maße über die erforderliche Ausbildungsreife verfügen.

3. Lernbeeinträchtigte oder sozial benachteiligte Ausbildungsuchende. Wen die BA zu lernbeeinträchtigten und sozial benachteiligten jungen Menschen zählt, können Sie auf → S. 458 nachlesen.

Kombipackung

Teilnehmer an einer EQ können mit ausbildungsbegleitenden Hilfen unterstützt werden; das gilt entgegen § 3 Abs. 2 EQFAO nicht nur für lernbeeinträchtigte und sozial benachteiligte junge Menschen; denn nach § 78 Abs. 2 Nr. 1 SGB III (in der seit dem 1.5.2015 geltenden Fassung) kann eine ausbildungsbegleitende Hilfe allen Teilnehmern an einer EQ gewährt werden.

I.d.R. nur bis 25 und ohne Abitur

Nach § 1 Abs. 4 EQFAO sollen vorrangig Ausbildungsuchende unter 25 und ohne (Fach-)Abitur gefördert werden.

Ausnahmen

Eine Förderung der über 25-Jährigen und der Ausbildungsuchenden mit (Fach-)Abitur ist nur in zu begründenden Einzelfällen möglich; z. B. wenn Suchtprobleme, Krankheit, Straffälligkeit, Auslandsaufenthalt den Ausbildungseinstieg verzögert haben (GA, Stand Juli 2016, 44 zu § 54a).
Flüchtlinge können bis zum Alter von 35 Jahren gefördert werden (GA 44 zu § 54a).

Die EQ muss in einem Betrieb erfolgen. Auch private gemeinnützige Träger kommen infrage, soweit sie die EQ als betrieblicher Arbeitgeber durchführen. Auch öffentliche Arbeitgeber können gefördert werden.

Abweichend von §§ 27–33 BBiG prüft die AA nicht die Eignung der Ausbildungsstätte und des Ausbildungspersonals. § 54a Abs. 2 Nr. 1 SGB III schreibt nur die Anwendung des § 26 BBiG und damit nur die §§ 10–23, 25 BBiG vor.

EQ in rein schulische Berufsausbildung kann, da § 54a SGB III die Förderung auf »betriebliche« EQ beschränkt, nicht gefördert werden. Deshalb müssen nach § 3 Abs. 1 EQFAO auch mindestens 70 % der EQ im Betrieb durchgeführt werden.

Die EQ kann gemäß § 2 EQFAO über Qualifizierungsbausteine erfolgen. Qualifizierungsbausteine sind nach § 69 Abs. 1 BBiG »inhaltlich und zeitlich abgegrenzte Lerneinheiten [...], die aus den Inhalten anerkannter Ausbildungsberufe [...] entwickelt werden«.

Ausländischen förderfähigen jungen Menschen soll ein erforderlicher Deutschkurs ermöglicht werden (GA 22 zu § 54a).

Über die erfolgreich durchgeführte EQ, denkbar auch über einzelne erfolgreich gemeisterte Qualifizierungsbausteine, stellt die Kammer – nach Rücksprache mit dem Betrieb – ein Zertifikat aus.

Bei anschließender Ausbildung kann die Ausbildungszeit gemäß § 8 Abs. 1 BBiG, § 27b Abs. 1 HwO verkürzt werden.

Sofern die EQ als Berufsausbildungsvorbereitung für lernbeeinträchtigte und sozial benachteiligte Jugendliche nach den §§ 68–70 BBiG durchgeführt wird, muss die Maßnahme gemäß § 68 Abs. 1 BBiG gestaltet werden.

Die EQ wird damit aber nicht zu einer berufsvorbereitenden Bildungsmaßnahme i.S. § 51 SGB III (so ausdrücklich Art. 2 Abs. 2 Satz 3 der früheren EQJ-Ri). Es kann deshalb kein (ergänzendes) BAB (→ S. 425 ff.) beantragt werden.

Der Arbeitgeber erhält als Zuschuss zur Ausbildungsvergütung bis zu 231 €.
Der Förderhöchstbetrag von 231 € wird stets gewährt, wenn die nach dem Vertrag über die EQ festgelegte Vergütung 231 € oder mehr beträgt (GA 16 zu § 54a).

Zusätzlich übernimmt die AA einen pauschalierten Anteil am Gesamtsozialversicherungsbeitrag; denn während der EQ besteht Versicherungspflicht in der gesetzlichen Kranken-, Pflege-, Renten- und Arbeitslosenversicherung sowie in der gesetzlichen Unfallversicherung.

Durch wen?

Nur EQ im Betrieb

Wie?

Verhältnis EQ zur Berufsausbildungsvorbereitung

Bis zu 231 €

Plus 108 €

Die Pauschale beträgt nach der komplizierten Rechnung gemäß § 3 Abs. 4 Nrn. 1–6 EQFAO 108 €.

Die Leistungen werden auch für die Zeit des Berufsschulunterrichts erbracht (§ 3 Abs. 3 EQFAO), soweit Berufsschulpflicht noch besteht. Den Zuschuss (wohl in voller Höhe) gibt es auch, wenn die EQ wegen der Erziehung eigener Kinder oder der Pflege von Familienangehörigen in Teilzeitform von mindestens 20 Wochenstunden durchgeführt wird.

Beginn

Durch EQ soll eine Vermittlung in Ausbildung nicht beeinträchtigt werden. Deshalb ist in der Regel erst nach dem 30. September eine Einmündung von Ausbildungsuchenden vorgesehen, die gemäß § 54a Abs. 4 Nr. 1 SGB III trotz vorangegangener Nachvermittlungsbemühungen nicht in Ausbildung vermittelt werden konnten (§ 4 Abs. 1 EQFAO). Für Ausbildungsuchende i. S. § 54a Abs. 4 Nr. 2 und 3 SGB III – also für solche mit noch fehlender Ausbildungsreife und für Lernbeeinträchtigte und sozial Benachteiligte – und für so genannte »Altbewerber« kann die Förderung schon ab 1. August beginnen.

Dauer

Die Förderung wird für die im EQ-Vertrag vereinbarte Dauer von mindestens sechs bis längstens zwölf Monaten bewilligt. Die Förderdauer für denselben Jugendlichen darf insgesamt zwölf Monate nicht überschreiten.

Die Förderung endet gemäß § 4 Abs. 2 EQFAO im Regelfall spätestens am Ende des jeweiligen Monats, der dem Beginn des folgenden Ausbildungsjahres vorangeht, also regelmäßig am 30. September. Damit soll der Anschluss einer normalen Berufsausbildung möglich bleiben.

Ausschlüsse

Über EQ werden nicht gefördert Ausbildungsuchende,

- die bereits eine EQ bei dem Antrag stellenden Betrieb oder in einem anderen Betrieb des Unternehmens durchlaufen haben, oder in einem Betrieb des Unternehmens oder eines verbundenen Unternehmens in den letzten drei Jahren vor Beginn der EQ versicherungspflichtig beschäftigt waren (§ 54a Abs. 5 Satz 1 SGB III);

- die im Betrieb der Eltern oder des Ehe- oder Lebenspartners qualifiziert werden wollen (§ 54a Abs. 5 Satz 2 SGB III);

- die in einem Betrieb, der seine Ausbildungtätigkeit in den letzten Jahren verringert hat, gefördert werden sollen (GA 12 zu § 54a).

Keine Kombipackungen

Ein Arbeitgeber wird nicht über EQ gefördert, soweit er für Ausbildungsuchende, für die er Leistungen beantragt, vergleichbare Leistungen aus öffentlichen Mitteln, insbesondere nach Programmen des Bundes, der Länder und der Kommunen erhält (§ 5 EQFAO). Auch die Förderung von Maßnahmen aus ESF-Mitteln dürfte eine EQ-Förderung ausschließen.

EQ-Vertrag

Für EQ-geförderte jüngere Menschen gelten nach § 54a Abs. 2 Nr. 1 SGB III i. V. m. § 26 BBiG die in den §§ 10–23 und 25 BBiG für das

Berufsbildungsverhältnis vorgeschriebenen gesetzlichen Regeln entsprechend. Es muss insbesondere ein schriftlicher Vertrag über die EQ geschlossen werden. Dieser ist der nach dem BBiG zuständigen Stelle anzuzeigen.

Muster
Vertrag über eine Einstiegsqualifizierung

Zwischen

....

Qualifizierendem Betrieb

und

....

zu Qualifizierendem

wird gemäß § 54a Abs. 2 Nr. 1 SGB III
i. V. m. §§ 26, 10–23, 25 BBiG
nachstehender Vertrag über eine **Einstiegsqualifizierung**
zum Ausbildungsberuf (Berufsbezeichnung)
geschlossen

§ 1

Die Einstiegsqualifizierung dauert ...... Monate.
Sie beginnt am .... und endet am ....

§ 2

Die Probezeit beträgt ...... Monate.[1]

§ 3

Die regelmäßige tägliche Qualifizierungszeit beträgt ...... Stunden.
Mindestens 70 % der Qualifizierungszeit findet im Betrieb statt.

§ 4

Der zu Qualifizierende erhält eine Vergütung von .... €.[2]

§ 5

Vom qualifizierenden Betrieb wird der Gesamtsozialversicherungsbeitrag abgeführt.

---

[1] Die Probezeit soll höchtens zwei Monate betragen und ist je nach Dauer der Einstiegsqualifizierung zu bemessen.
[2] Für die Vergütung im Rahmen einer EQ-Tätigkeit gilt gemäß § 22 Abs. 1 Satz 2 Nr. 4 MiLoG nicht der Mindestlohn.
Beträgt die Vergütung mindestens 231 €, erhält der Arbeitgeber den höchstmöglichen Zuschuss von 231 € (GA 16 zu § 54a).

§ 6

Der zu Qualifizierende erhält Urlaub nach den im Betrieb geltenden Bestimmungen. Danach besteht ein Urlaubsanspruch von ..... Werktagen.

§ 7

Der qualifizierende Betrieb vermittelt im Rahmen der Einstiegsqualifizierung folgende Qualifizierung/Qualifizierungsbausteine ...
Eine Beschreibung der Qualifizierungsbausteine liegt als Anlage bei.

§ 8

Der zu Qualifizierende wird sich bemühen, die Fertigkeiten und Kenntnisse zu erwerben, die erforderlich sind, um das Qualifizierungsziel zu erreichen. Er verpflichtet sich zu lernen und an den Qualifizierungsphasen sowie betrieblichen Leistungsfeststellungsverfahren teilzunehmen.

§ 9

Der qualifizierende Betrieb beantragt bei der zuständigen Handwerkskammer/IHK – sofern mindestens ein Qualifizierungsbaustein erfolgreich abgeschlossen wurde – die Ausstellung eines Zertifikats über die Einstiegsqualifizierung.
Für jeden erfolgreich abgeschlossenen Qualifizierungsbaustein erhält der zu Qualifizierende ein betriebliches Zeugnis.

§ 10

Der zu Qualifizierende verpflichtet sich, über die während der Einstiegsqualifizierung erlangten betriebsspezifischen Kenntnisse Stillschweigen zu bewahren.

§ 11

Eine Zweitschrift dieses Vertrages wird der zuständigen Handwerkskammer/IHK zugesandt.

....
Ort, Datum

....
Qualifizierender Betrieb   zu Qualifizierender

Verfahren

Betriebe melden EQ-Plätze ihrer IHK oder Handwerkskammer. Diese oder die AA bieten die gemeldeten EQ-Plätze Ausbildungsuchenden an. Die Ausbildungsuchenden bewerben sich daraufhin bei dem Betrieb. Der Betrieb schließt den EQ-Vertrag unter der Bedingung, dass er die EQ-Förderung erhält.

Der Betrieb beantragt die EQ-Förderung bei der zuständigen AA, in deren Bezirk der Betrieb liegt (§ 327 Abs. 4 SGB III), am besten mit dem EQ-Antragsformular.
Der Antrag muss regelmäßig zu Beginn der EQ gestellt werden (§ 324 Abs. 1 SGB III).

Die AA bewilligt die Leistung im Rahmen der veranschlagten und verfügbaren Haushaltmittel nach pflichtgemäßem Ermessen. Ein Rechtsanspruch auf die Leistung besteht nicht.
Die Förderung wird gemäß § 3 Abs. 5 EQFAO unter der Auflage gewährt, dass der Arbeitgeber innerhalb von drei Monaten nach der Arbeitsaufnahme eine Bestätigung der Krankenkasse über die Anmeldung zur Sozialversicherung vorlegt.

Kann-Leistung

Nach den Allgemeinen Verfahrenshinweisen (V.EQ.07) ist an EQ-Förderung interessierten Arbeitgebern auf deren Wunsch eine schriftliche Leistungszusicherung im Sinne des § 34 SGB X im Rahmen der noch verfügbaren Mittel für den Fall zu erteilen, dass diese in einem überschaubaren Zeitrahmen (bis zu vier Wochen) die Leistungen beantragen und deren Voraussetzungen nachweisen. Aus diesem Grund ist die Zusicherung zu befristen und mit einer Auflage zu versehen.
Die EQ-Leistungen werden monatlich nachträglich ausgezahlt.
Nach § 3 Abs. 6 EQFAO hat der Arbeitgeber innerhalb von zwei Monaten nach Ende des Förderzeitraumes eine Zusammenstellung über die an den Ausbildungsuchenden gezahlte Vergütung sowie die darauf entfallenden Sozialversicherungsbeiträge einzureichen und die entsprechenden Zahlungen in geeigneter Form nachzuweisen.

Leistungs-zusicherung

IV Berufsausbildung

1 Zuschüsse zur Ausbildungsvergütung behinderter und schwerbehinderter Menschen
§ 73 SGB III

Einzelheiten auf → S. 549.

2 Ausbildungsbegleitende Hilfen (abH)
§§ 75, 74 Abs. 1 Nr. 1, 77, 78 Abs. 2 Satz 1 Nr. 1, Abs. 3, 79 Abs. 1 Nr. 1 SGB III

abH können gemäß §§ 75 Abs. 2, 78 Abs. 2 Satz 1 Nr. 1, Satz 2 SGB III förderungsbedürftigen Menschen angeboten werden
- während einer betrieblichen Berufsausbildung oder Einstiegsqualifizierung, wenn deren vorzeitiges Ende droht;
- auch während einer zweiten Berufsausbildung, die zur dauerhaften beruflichen Eingliederung nötig ist, wenn das vorzeitige Ende dieser zweiten Berufsausbildung droht;

Einsatzfelder

- erst einsetzend nach Abbruch einer betrieblichen Berufsausbildung bis zur Aufnahme einer weiteren betrieblichen oder außerbetrieblichen Berufsausbildung;
- auch (nach GA vom April 2012, 11 zu § 75) beim Übergang von einer außerbetrieblichen Berufsausbildung (→ S. 460) oder einer Einstiegsqualifizierung in eine betriebliche Berufsausbildung;
- fortgesetzt nach erfolgreicher Beendigung einer betrieblichen Berufsausbildung bis zur Begründung oder Festigung eines Arbeitsverhältnisses.

Inhalt

abH müssen nach § 75 Abs. 1 SGB III

»über die Vermittlung von betriebs- und ausbildungsüblichen Inhalten hinausgehen, insbesondere müssen ausbildungsbegleitende Hilfen während einer Einstiegsqualifizierung über die Vermittlung der vom Betrieb im Rahmen der Einstiegsqualifizierung zu vermittelnden Fertigkeiten, Kenntnisse und Fähigkeiten hinausgehen.
Hierzu gehören Maßnahmen
1. zum Abbau von Sprach- und Bildungsdefiziten,
2. zur Förderung fachpraktischer und fachtheoretischer Fertigkeiten, Kenntnisse und Fähigkeiten und
3. zur sozialpädagogischen Begleitung.«

Förderungs-
bedürftige

Förderungsbedürftig sind gemäß § 78 SGB III lernbeeinträchtigte und sozial benachteiligte junge Menschen.

Wen die BA zu lernbeeinträchtigten und sozial benachteiligten jungen Menschen zählt, steht in der GA 11 zu § 78:

Lernbeein-
trächtigte

»Als lernbeeinträchtigt gelten junge Menschen
- ohne Hauptschul- oder vergleichbaren Abschluss bei Beendigung der allgemeinen Schulpflicht,
- aus Förderschulen für Lernbehinderte unabhängig vom erreichten Schulabschluss,
- mit Hauptschul- oder vergleichbarem Abschluss bei Beendigung der allgemeinbildenden Schulpflicht, wenn erhebliche Bildungsdefizite vorliegen, die erwarten lassen, dass ohne ausbildungsbegleitende Hilfen ein erfolgreicher Abschluss der Berufsausbildung bzw. Verlauf der Einstiegsqualifizierung nicht zu erreichen ist. In diesen Fällen ist der Psychologische Dienst [jetzt: Berufspsychologischer Service (BPS)] der Agentur für Arbeit einzuschalten.

sozial
Benachteiligte

Als sozial benachteiligt gelten insbesondere junge Menschen unabhängig von dem erreichten allgemeinbildenden Schulabschluss,
- die nach Feststellung des Psychologischen Dienstes verhaltensgestört oder wegen gravierender sozialer, persönlicher und/oder psychischer Probleme ohne ausbildungsbegleitende Hilfen den Anforderungen einer betrieblichen Ausbildung nicht gewachsen sind,
- mit Teilleistungsschwächen (z.B. Legasthenie; Dyskalkulie, ADS),

- für die Hilfe zur Erziehung im Sinne des Kinder- und Jugendhilfegesetzes (SGB VIII) geleistet worden ist oder wird, wenn sie voraussichtlich in der Lage sein werden, die Anforderungen der regulären Maßnahme nach § 75 SGB III zu erfüllen,
- ehemals drogenabhängige junge Menschen,
- straffällig gewordene junge Menschen,
- jugendliche Spätaussiedlerinnen und Spätaussiedler mit Sprachschwierigkeiten,
- ausländische junge Menschen, die aufgrund von Sprachdefiziten oder bestehenden sozialen Eingewöhnungsschwierigkeiten in einem fremden soziokulturellen Umfeld der besonderen Unterstützung bedürfen,
- allein erziehende junge Frauen/Männer.«

Gefördert werden können gemäß § 78 Abs. 3 Satz 2 SGB III auch geduldete ausländische junge Menschen (§ 60a AufenthG), die ihren ständigen Wohnsitz in Deutschland haben und sich seit mindestens 15 Monaten ununterbrochen rechtmäßig gestattet oder geduldet hier aufhalten (§ 59 Abs. 2 SGB III).

Auch geduldete Ausländer

Gemäß § 77 SGB III sind abH-Maßnahmen nur förderfähig,

Förderfähige Maßnahmen

»wenn sie nach Aus- und Fortbildung sowie Berufserfahrung der Leitung und der Lehr- und Fachkräfte, nach Gestaltung des Lehrplans, nach Unterrichtsmethode und Güte der zum Einsatz vorgesehenen Lehr- und Lernmittel [...] die erfolgreiche Unterstützung der Berufsausbildung oder Einstiegsqualifizierung erwarten lassen.«

Die Träger können gemäß § 74 i. V. m. § 79 Abs. 1 Nr. 1 SGB III Maßnahmekosten erstattet bekommen. Erstattet werden gemäß § 79 Abs. 3 SGB III:

Maßnahmekosten

»1. die angemessenen Aufwendungen für das zur Durchführung der Maßnahme eingesetzte erforderliche Ausbildungs- und Betreuungspersonal, einschließlich dessen regelmäßiger fachlicher Weiterbildung, sowie für das erforderliche Leitungs- und Verwaltungspersonal und
2. die angemessenen Sach- und Verwaltungskosten.«

Die Förderung wird i.d.R. für ein Jahr bzw. für die Dauer der EQ zugesagt.

Förderzusage

abH enden spätestens sechs Monate nach Begründung eines Arbeitsverhältnisses.

Ende

3 **Außerbetriebliche Berufsausbildung (BaE)**
§§ 76, 74 Abs. 1 Nr. 2, 77, 78 Abs. 2 Satz 1 Nr. 2, 79 SGB III

Die BaE ist hauptsächlich in § 76 SGB III geregelt:

»(1) Maßnahmen, die zugunsten förderungsbedürftiger junger Menschen als Berufsausbildung in einer außerbetrieblichen Einrichtung durchgeführt werden (außerbetriebliche Berufsausbildung), sind förderungsfähig, wenn

1. der oder dem an der Maßnahme teilnehmenden Auszubildenden auch mit ausbildungsfördernden Leistungen nach diesem Buch eine Ausbildungsstelle in einem Betrieb nicht vermittelt werden kann und
2. der Anteil betrieblicher Ausbildungsphasen je Ausbildungsjahr angemessen ist.

(2) Während der Durchführung einer außerbetrieblichen Berufsausbildung sind alle Möglichkeiten wahrzunehmen, um den Übergang der oder des Auszubildenden in ein betriebliches Berufsausbildungsverhältnis zu fördern.

(3) Ist ein betriebliches oder außerbetriebliches Berufsausbildungsverhältnis vorzeitig gelöst worden und ist eine Eingliederung in betriebliche Berufsausbildung auch mit ausbildungsfördernden Leistungen nach diesem Buch aussichtslos, kann die oder der Auszubildende ihre oder seine Berufsausbildung in einer außerbetrieblichen Einrichtung fortsetzen, wenn zu erwarten ist, dass die Berufsausbildung erfolgreich abgeschlossen werden kann.

(4) Wird ein außerbetriebliches Berufsausbildungsverhältnis vorzeitig gelöst, hat der Träger der Maßnahme eine Bescheinigung über bereits erfolgreich absolvierte Teile der Berufsausbildung auszustellen.«

2 Formen

Die BaE kann nach GA vom Mai 2013, 1 zu § 76 in integrativer oder kooperativer Form durchgeführt werden:

integrativ

Bei der integrativen Form führt der Träger die fachtheoretische und die fachpraktische Ausbildung durch.

kooperativ

Bei der kooperativen Form erfolgt die fachpraktische Ausbildung in den betrieblichen Phasen durch einen Kooperationsbetrieb.

Um nicht reguläre Ausbildungsplätze zu verdrängen, dürfen die Kooperationsbetriebe reguläre Ausbildungsplätze nicht abbauen; sie müssen sich außerdem grundsätzlich bereit erklären, den Auszubildenden nach dem ersten Ausbildungsjahr zu übernehmen.

Förderungs-bedürftige

Förderungsbedürftig sind gemäß § 78 SGB III lernbeeinträchtigte und sozial benachteiligte junge Menschen, die wegen in ihrer Person liegender Gründe ohne die Förderung in keine betriebliche Ausbildung vermittelt werden können oder die nach Auflösung eines betrieblichen Ausbildungsverhältnisses eine Ausbildung nur außerbetrieblich fortsetzen können.

Wen die BA zu lernbeeinträchtigten und sozial benachteiligten jungen Menschen zählt, können Sie auf → S. 458 nachlesen.

Gemäß § 77 SGB III ist eine BaE-Maßnahme nur förderfähig, Förderfähige Maßnahmen

> »wenn sie nach Aus- und Fortbildung sowie Berufserfahrung der Leitung und der Lehr- und Fachkräfte, nach Gestaltung des Lehrplans, nach Unterrichtsmethode und Güte der zum Einsatz vorgesehenen Lehr- und Lernmittel eine erfolgreiche Berufsausbildung [...] erwarten lassen.«

Gemäß § 74 Abs. 1 Nr. 2 können Träger, die außerbetrieblich ausbilden, erhalten: Förderleistungen

■ Zuschüsse zur Ausbildungsvergütung zzgl. Gesamtsozialversicherungsbeitrag und

■ Maßnahmekosten.

Den außerbetrieblich Auszubildenden wird über den Maßnahmeträger ein Zuschuss zur Ausbildungsvergütung gewährt. Gemäß § 79 Abs. 2 Satz 1 SGB III i. V. m. § 123 Abs. 1 Nr. 1 SGB III werden zzt. höchstens 338 € gezahlt, unabhängig vom Alter der Auszubildenden und unabhängig von der Art der Unterbringung. Zuschuss zur Ausbildungsvergütung
Der Zuschuss erhöht sich ab dem zweiten Ausbildungsjahr um jeweils 5 % jährlich.
Bei BaE in Teilzeit wird der Zuschuss nicht gekürzt (GA 22 zu § 79).

Gemäß § 79 Abs. 2 Satz 3 SGB III erhöht sich der Zuschuss um den vom Träger zu tragenden Gesamtsozialversicherungsbeitrag. plus GSV

> »Als Maßnahmekosten werden erstattet: Maßnahmekosten
> 1. die angemessenen Aufwendungen für das zur Durchführung der Maßnahme eingesetzte erforderliche Ausbildungs- und Betreuungspersonal, einschließlich dessen regelmäßiger fachlicher Weiterbildung, sowie für das erforderliche Leitungs- und Verwaltungspersonal,
> 2. die angemessenen Sach- und Verwaltungskosten sowie
> 3. eine Pauschale für jede vorzeitige und nachhaltige Vermittlung aus einer nach § 76 geförderten außerbetrieblichen Berufsausbildung in eine betriebliche Berufsausbildung.
> Die Pauschale nach Satz 1 Nummer 3 beträgt 2000 Euro für jede Vermittlung. Die Vermittlung gilt als vorzeitig, wenn die oder der Auszubildende spätestens zwölf Monate vor dem vertraglichen Ende der außerbetrieblichen Berufsausbildung vermittelt worden ist. Die Vermittlung gilt als nachhaltig, wenn das Berufsausbildungsverhältnis länger als vier Monate fortbesteht. Die Pauschale wird für jede Auszubildende und jeden Auszubildenden nur einmal gezahlt« (§ 79 Abs. 3 SGB III).

V   **Assistierte Ausbildung (AsA)**
        § 130 SGB III

Seit 1.5.2015 ist als neue Fördermöglichkeit für junge Ausbildungsuchende und Auszubildende die AsA durch einen neuen § 130 SGB III eingeführt worden. § 130 SGB III lautet:

»(1) Die Agentur für Arbeit kann förderungsbedürftige junge Menschen und deren Ausbildungsbetriebe während einer betrieblichen Berufsausbildung (ausbildungsbegleitende Phase) durch Maßnahmen der Assistierten Ausbildung mit dem Ziel des erfolgreichen Abschlusses der Berufsausbildung unterstützen. Die Maßnahme kann auch eine vorgeschaltete ausbildungsvorbereitende Phase enthalten.

(2) Förderungsbedürftig sind lernbeeinträchtigte und sozial benachteiligte junge Menschen, die wegen in ihrer Person liegender Gründe ohne die Förderung eine betriebliche Berufsausbildung nicht beginnen, fortsetzen oder erfolgreich beenden können. § 57 Absatz 1 und 2 sowie § 59 gelten entsprechend; § 59 Absatz 2 gilt auch für die ausbildungsvorbereitende Phase.

(3) Der förderungsbedürftige junge Mensch wird, auch im Betrieb, individuell und kontinuierlich unterstützt und sozialpädagogisch begleitet.

(4) In der ausbildungsbegleitenden Phase werden förderungsbedürftige junge Menschen unterstützt

1. zum Abbau von Sprach- und Bildungsdefiziten,
2. zur Förderung fachtheoretischer Fertigkeiten, Kenntnisse und Fähigkeiten und
3. zur Stabilisierung des Berufsausbildungsverhältnisses.

Die Unterstützung ist mit dem Ausbildungsbetrieb abzustimmen und muss über die Vermittlung betriebs- und ausbildungsüblicher Inhalte hinausgehen.

(5) In einer ausbildungsvorbereitenden Phase werden förderungsbedürftige junge Menschen

1. auf die Aufnahme einer betrieblichen Berufsausbildung vorbereitet und
2. bei der Suche nach einer betrieblichen Ausbildungsstelle unterstützt.

Die ausbildungsvorbereitende Phase darf eine Dauer von bis zu sechs Monaten umfassen. Konnte der förderungsbedürftige junge Mensch in dieser Zeit nicht in eine betriebliche Berufsausbildung vermittelt werden, kann die ausbildungsvorbereitende Phase bis zu zwei weitere Monate fortgesetzt werden. Sie darf nicht den Schulgesetzen der Länder unterliegen. Betriebliche Praktika können abgestimmt auf den individuellen Förderbedarf in angemessenem Umfang vorgesehen werden.

(6) Betriebe, die einen förderungsbedürftigen jungen Menschen betrieblich ausbilden, können bei der Durchführung der Berufsausbildung unterstützt werden

1. administrativ und organisatorisch und
2. zur Stabilisierung des Berufsausbildungsverhältnisses.

Im Fall des Absatzes 1 Satz 2 können Betriebe, die das Ziel verfolgen, einen förderungsbedürftigen jungen Menschen betrieblich auszubilden, zur Aufnahme der Berufsausbildung in der ausbildungsvorbereitenden Phase im Sinne von Satz 1 unterstützt werden.

(7) § 77 gilt entsprechend. Die Leistungen an den Träger der Maßnahme umfassen die Maßnahmekosten. § 79 Absatz 3 Satz 1 Nummer 1 und 2 gilt entsprechend.

(8) Abweichend von Absatz 2 Satz 1 können unter den Voraussetzungen von Satz 2 auch junge Menschen förderungsbedürftig sein, die aufgrund besonderer Lebensumstände eine betriebliche Berufsausbildung nicht beginnen, fortsetzen oder erfolgreich beenden können. Voraussetzung ist, dass eine Landeskonzeption für den Bereich des Übergangs von der Schule in den Beruf besteht, in der die besonderen Lebensumstände konkretisiert sind, dass eine spezifische Landeskonzeption zur Assistierten Ausbildung vorliegt und dass sich Dritte mit mindestens 50 Prozent an der Förderung beteiligen.

(9) Maßnahmen können bis zum 30. September 2018 beginnen. Die Unterstützung von Auszubildenden und deren Ausbildungsbetrieben kann in bereits laufenden Maßnahmen auch nach diesem Zeitpunkt beginnen. Die oder der Auszubildende muss spätestens in dem Ausbildungsjahr den Termin für die vorgesehene reguläre Abschlussprüfung haben, in dem die ausbildungsbegleitende Phase der Maßnahme endet.

Die AsA ist ein verwirrender Zwitter. Wie Abs. 1 von § 130 zeigt, kann sie »ausbildungsbegleitende« und »ausbildungsvorbereitende Phasen« enthalten. Dann stellt sich zwangsläufig die Frage, wie die AsA zu den oben unter II–IV behandelten Maßnahmen abzugrenzen ist. Dies versucht die Arbeitshilfe der BA vom August 2015:

Zwitter

»Die Inhalte der ausbildungsbegleitenden Phase orientieren sich an den ausbildungsbegleitenden Hilfen (abH) ergänzt um die Stabilisierung des Ausbildungsverhältnisses. Die Unterstützungsangebote sind hinsichtlich der konkreten Ausgestaltung und Intensität individuell und kontinuierlich den Bedarfen der Teilnehmenden und ihrer Ausbildungsbetriebe anzupassen.

Abgrenzung zu abH

Falls potentielle Teilnehmende bereits durch eine Berufseinstiegsbegleitung (BerEb) unterstützt werden, sollte geprüft werden, inwieweit eine Förderung in AsA aufgrund der konkreten Unterstützungsleistungen durch das eingesetzte Personal und der längeren Förderdauer sinnvoller wäre als eine weitere Förderung mit BerEb. Eine gleichzeitige Förderung sollte nicht erfolgen.

Abgrenzung zu BerEb

Vor einer Teilnahme an einer außerbetrieblichen Ausbildung (BaE, Reha-Ausbildungen nach § 117 SGB III) sollte die Möglichkeit der Teilnahme an AsA geprüft werden, da eine betriebliche Ausbildung Vorrang hat.«

Abgrenzung zu BaE und Reha-Ausbildungen

»Der Schwerpunkt der ausbildungsvorbereitenden Phase liegt auf vermittlungsunterstützenden Leistungen wie bspw. Bewerbungstraining und Stärkung der Motivation. Der Abbau von Sprach- und Bildungsdefiziten kann nur im begrenzten Umfang Inhalt dieser Phase sein. Falls junge Menschen einer intensiven Aktivierung bzw. einer Qualifizierung bedürfen, kommt ggf. die Teilnahme an den Aktivierungshilfen für Jüngere nach § 45 SGB III bzw. berufsvorbereitenden Bildungsmaßnahmen (BvB) in Betracht.

Abgrenzung zu BvB und zu Aktivierungshilfen nach § 45 SGB III

Abgrenzung zu EQ   Im Rahmen der Berufsorientierung, zur Absicherung der Berufswahlentscheidung und zum Kennenlernen eines potenziellen Ausbildungsbetriebes können betriebliche Praktika in der ausbildungsvorbereitenden Phase gezielt eingesetzt werden. Sofern die Praktika aber den zentralen Inhalt für den jungen Menschen darstellen sollen, so kommt EQ in Betracht.«

Förder-tohuwabohu   Man fragt sich, ob es angesichts dieses Fördertohuwabohus nicht besser gewesen wäre, das gesamte Förderspektrum gesetzlich neu zu ordnen.

Da § 130 SGB III bereits viele Einzelheiten der AsA gesetzlich regelt, bringen wir – auf der Grundlage der Arbeitshilfe der BA – nur wichtige zusätzliche Informationen zur AsA:

Ziel: betriebliche Berufsausbildung   Die AsA dient allein der Einmündung in und dem Durchhalten einer betrieblichen Berufsausbildung.

Inhalt der Ausbildungs-vorbereitung   Die Ausbildungsvorbereitung kann bestehen aus: Standortbestimmung, Berufsorientierung, Profiling, Bewerbungstraining, berufspraktische Erprobungen und aktive, speziell auf die Belange des einzelnen Teilnehmenden und des einzelnen Betriebes ausgerichtete Ausbildungsstellenakquise sowie Unterstützung der Teilnehmenden und der Betriebe bei Formalitäten vor und beim Vertragsabschluss.

Inhalt der Ausbildungs-begleitung   Die Ausbildungsbegleitung besteht aus: Unterstützung der Teilnehmenden und der Betriebe während der betrieblichen Ausbildung sowie Vorbereitung des anschließenden Übergangs in versicherungspflichtige Beschäftigung.

Förderfähige Teilnehmer   Gefördert werden können junge Menschen, die
– lernbeeinträchtigt oder sozial benachteiligt sind und
– i. d. R. ohne berufliche Erstausbildung sind und
– die Ausbildungsreife und Berufseignung besitzen und
– nicht vollzeitschulpflichtig und
– i. d. R. unter 25 Jahre alt sind und
– wegen in ihrer Person liegender Gründe ohne die Förderung eine Berufsausbildung in einem Betrieb nicht beginnen, fortsetzen oder erfolgreich beenden können.

Wer lernbeeinträchtigt und sozial benachteiligt ist, steht auf → S. 458.

Auch geduldete Ausländer   Gefördert werden können auch geduldete ausländische junge Menschen (§ 60a AufenthG), die ihren ständigen Wohnsitz in Deutschland haben und sich seit mindestens 15 Monaten ununterbrochen rechtmäßig gestattet oder geduldet hier aufhalten (§ 59 Abs. 2 SGB III).

BAB   Schon in der ausbildungsvorbereitenden Phase besteht – wie bei BvB – ein Anspruch auf BAB. Für den Antrag auf BAB sind die Vordrucke für BvB zu verwenden.

Der zeitliche Umfang der Förderung beträgt nach dem Konzept der AsA der BA vom April 2015:
- in der ausbildungsvorbereitenden Phase 39 Stunden pro Woche;
- in der ausbildungsbegleitenden Phase mindestens vier bis höchstens neun Stunden pro Woche.

Zeitlicher Umfang

Die »Assistenten« werden vom Bildungsträger in Form von Ausbildungsbegleitern, Sozialpädagogen und Lehrkräften gestellt.
Der Personalschlüssel beträgt
- bei Ausbildungsbegleitern   1:24;
- bei Sozialpädagogen   1:32;
- bei Lehrkräften   1:36.

»Assistenten«

Personal-
schlüssel

Weitere Einzelheiten, z.B. zum Zusammenspiel von Bildungsträger, Arbeitgeber, Auszubildendem, Berufsschule, AA bzw. Jobcenter, zur detaillierten Gestaltung der beiden Phasen, zur möglichen Kofinanzierung durch die Bundesländer, findet man in der Arbeitshilfe der BA vom August 2015 und dem Konzept AsA der BA vom April 2015. Kritische Fragen zur AsA stellt die Fraktion DIE LINKE in der umfangreichen Anfrage vom 8.5.2015, BT-Drs. 18/4889.

VI   Förderung von Jugendwohnheimen
§§ 80a, 80b SGB III; Anordnung zur Förderung von Jugendwohnheimen vom 13.7.2012 i.d.F. vom 18.7.2014

Nach § 80a SGB III

»[können] Träger von Jugendwohnheimen durch Darlehen und Zuschüsse gefördert werden, wenn dies zum Ausgleich auf dem Ausbildungsmarkt und zur Förderung der Berufsausbildung erforderlich ist und die Träger oder Dritte sich in angemessenem Umfang an den Kosten beteiligen. Leistungen können erbracht werden für den Aufbau, die Erweiterung, den Umbau und die Ausstattung von Jugendwohnheimen.«

Der Gesetzgeber begründet die Förderung wie folgt:

»Die Möglichkeit einer anteiligen investiven Förderung soll dazu beitragen, das vorhandene Ausbildungspotential noch besser auszuschöpfen. Wo am Ausbildungsort keine anderweitigen Unterbringungsmöglichkeiten bestehen, kann eine Internatsunterbringung in einem Jugendwohnheim dazu einen Beitrag leisten. Die von allen Nutzergruppen gleichermaßen zu entrichtenden Entgelte nach den Entgeltvereinbarungen nach § 78b Absatz 1 Nummer 2 in Verbindung mit § 78c des Achten Buches Sozialgesetzbuch enthalten gemäß den genannten Vorschriften bereits Vergütungsanteile für die zur Erbringung der vereinbarten Leistung betriebsnotwendigen Investitionen. Diese Entgelte nach dem Achten Buch Sozialgesetzbuch werden auch zur Berechnung des Bedarfs bei Bezug von Berufsausbildungsbeihilfe nach dem Dritten Buch Sozialgesetzbuch herangezogen. Die in den Entgelten berücksichtigten Investitionskosten dienen der Bildung von Rücklagen zur Deckung zukünftigen Investitionsbedarfs (vergleiche Bundestagsdrucksache 16/10810 S.43). Den Abbau eines in der Vergangenheit entstandenen Sanierungsbedarfs können sie nicht abdecken. Hierzu soll die Regelung des § 80a dienen. Jugendwohnheime werden nach einer Untersuchung des Bundesministeriums für Familie, Senioren, Frauen und Jugend von unterschiedlichen Zielgruppen genutzt. Eine Förderung durch die Agentur für Arbeit soll deshalb in der Regel höchstens dem Anteil der Nutzung der jeweiligen Einrichtung durch mit Berufsausbildungsbeihilfe oder Ausbildungsgeld geförderte Auszubildende entsprechen« (BT-Drs. 17/7065, S. 18).

Die gemäß § 80b SGB III von der BA erlassene Anordnung Jugendwohnheime konkretisiert die Förderung:

Förderfähige Wohnheime

■ Gefördert werden nur Wohnheime, die aufnehmen
  – betrieblich Auszubildende,
  – grundsätzlich bis zum 25. Geburtstag,
  – ohne Rücksicht auf Beruf, Ausbildungsstätte und Religion,
  – vorzugsweise von der BA vorgeschlagene Auszubildende,
  – mit einem zehnprozentigen Nachlass auf die Unterkunftskosten bei BAB-Geförderten.

Bedarf

■ Es muss ein nicht nur vorübergehender Bedarf an Wohnheimplätzen bestehen.

Förderausschluss

■ Von der Förderung ausgeschlossen sind
  – gewerbsmäßig betriebene Wohnheime,
  – Werkswohnungen,
  – Wohnheime der beruflichen Rehabilitation.

Förderumfang

Die Zuwendungen werden in Höhe von 35 % der angemessenen Gesamtkosten für den einzelnen Heimplatz erbracht, sie können in besonderen Fällen bis zu 40 % betragen. Sie betragen höchstens 25.000,– Euro. Die Kosten der Beschaffung von Einrichtungsgegenständen sind in den Gesamtkosten enthalten.

Weitere Einzelheiten bieten:
– die Anordnung der BA zur Förderung von Jugendwohnheimen
– das Merkblatt und Hinweise der BA zur Jugendwohnheimförderung
– die Agentur für Arbeit Bochum
  Team Jugendwohnheimförderung
  Standort Rheine
  Dutumer Str. 5
  48431 Rheine
  Telefon: 05971/930 700
  Telefax: 05971/930 701
  E-Mail: Bochum.042-OS@arbeitsagentur.de

I   **Grundsätze**

1   **Überblick**

Weiterbildung wird häufig als vierte Säule (neben Schule, Betrieb und Hochschule) des Bildungssystems bezeichnet. Sie kann charakterisiert werden als Fortsetzung oder Wiederaufnahme organisierten Lernens nach Abschluss einer früheren Bildungsphase.

Das wichtigste arbeitsmarktpolitische Instrument, um die Beschäftigungschancen durch eine berufliche Qualifizierung zu verbessern, ist die Förderung der beruflichen Weiterbildung nach dem SGB III.

Förderbar ist danach nicht nur die Teilnahme von arbeitslosen oder von Arbeitslosigkeit bedrohten Arbeitnehmern. Auch Arbeitnehmer in einem Beschäftigungsverhältnis können unter bestimmten Voraussetzungen eine Förderung erhalten.

Wer welche Förderung erhalten kann, zeigt folgender Überblick:

Schaubild
Förderbare berufliche Weiterbildung nach dem SGB III

Wer?	Rechts-grundlage	Leistungen	
		Lebensunterhalt	Weiterbildungskosten
1 Arbeitslose, von Arbeitslosigkeit bedrohte Personen	§§ 81 ff., 136 Abs. 1 Nr. 2 SGB III	Alg I	ja, voll von AA
2 Arbeitslose Weiterbildung ohne Vorauss. nach § 81 SGB III	§ 139 Abs. 3 SGB III .	Alg I	nein, keine von AA
3 Beschäftigte ab 45 in KMU bei Weiterbildung während der Arbeitszeit	§ 82 SGB III	Lohn	ja, voll von AA oder anteilig von AA und ArbG
4 Junge und alte Beschäftigte in KMU bei Weiterbildung auch außerhalb der Arbeitszeit	§§ 131a Abs. 1, 82 SGB III	Lohn	ja, Lehrgangskosten zu mindestens 50% vom ArbG
5 Nachholen eines Berufsabschlusses	§ 81 Abs. 5 SGB III	Zuschuss zum Lohn von AA	ja, voll von AA oder anteilig von AA und ArbG bei Kombination mit 4
6 Gering qualifizierte Kug-Bezieher	§ 81 Abs. 2 SGB III	Konjunktur-Kug	ja, voll von AA

Wer?	Rechts-grundlage	Leistungen		
		Lebensunterhalt	Weiterbildungskosten	
7 **Gering qualifizierte Kug-Bezieher oder älter als 45**	§ 111a Abs. 1 SGB III	Transfer-Kug	ja,	Lehrgangskosten i.d.R zu mind. 50% vom ArbG
8 **Gering qualifizierte Kug-Bezieher mit Ziel Berufsausbildungsabschluss**	§ 111a Abs. 2 SGB III	Transfer-Kug	ja,	Lehrgangskosten i.d.R zu mind. 50% vom ArbG

Behandelt werden in diesem Kapitel die Fallgruppen 1 und 2.
Die Fallgruppen 3 bis 8 werden in Kapitel P vorgestellt.

Neben der Förderung nach dem SGB III existieren weitere Förderungsmöglichkeiten; so z.B. im Rahmen von Aufstiegsfortbildungen (z.B. Meister- und Technikerausbildungen) nach dem Aufstiegsfortbildungsförderungsgesetz – AFBG i.d.F. vom 4.4.2016 (auch Meister-BAföG genannt) und eine Reihe von – zumeist auf spezielle Berufsgruppen bezogene – Förderprogramme, mit der die Aus- und Weiterbildung unterstützt werden kann. Eine umfassende Übersicht ist unter www.foerderdatenbank.de des Bundesministeriums für Wirtschaft und Energie zu finden.

2   Ziel

Ziel beruflicher Weiterbildung ist es, Arbeitslosigkeit zu beenden oder den Eintritt von Arbeitslosigkeit von vornherein zu verhindern.

Erreicht werden soll dieses Ziel durch Maßnahmen, die
- berufliche Kenntnisse, Fertigkeiten und Fähigkeiten erhalten, erweitern, der technischen Entwicklung anpassen oder einen beruflichen Aufstieg ermöglichen,
- einen beruflichen Abschluss vermitteln oder
- zu einer anderen beruflichen Tätigkeit befähigen (vgl. § 180 Abs. 2 SGB III).

In Weiterbildungsmaßnahmen sollen sowohl theoretische als auch praktische Kenntnisse vermittelt werden. Es wird entweder auf bereits vorhandenem beruflichem Wissen aufgebaut (dann wird vielfach von Fortbildung gesprochen), oder es erfolgt eine berufliche Neuorientierung (dann ist häufig von Umschulung die Rede). Das hat Bedeutung für eine Förderung: Ohne angemessene Berufserfahrung kommt eine Förderung nach den Vorschriften über die berufliche Weiterbildung nur dann in Betracht, wenn der Betroffene behindert im Sinne des § 112 SGB III (→ S. 506) ist; ist er das nicht, hat er möglicherweise Anspruch auf Berufsausbildungsbeihilfe (→ S. 425).

Im Vordergrund der beruflichen Weiterbildung steht die Vermittlung berufsbezogener Lerninhalte. Regelmäßig ausgeschlossen ist daher die Förderung solcher Maßnahmen, die die Allgemeinbildung verbessern oder Inhalte haben, die von Schulen nach dem Recht der Bundesländer vermittelt werden. Dasselbe gilt für Maßnahmen mit lediglich persönlichkeitsbildenden, resozialisierenden Inhalten oder solchen, in denen nicht berufsbezogenes gesellschafts- oder sozialpolitisches Wissen vermittelt wird. Im Einzelfall kann die Abgrenzung schwierig sein, vor allem auch vor dem Hintergrund, dass seit 1.8.2016 auch der Erwerb von **Neu** Grundkompetenzen wie Lesen und Schreiben, die grundsätzlich im allgemeinen Schulwesen vermittelt werden, gefördert werden kann. Der Gesetzgeber hat hier Abgrenzungsprobleme erkannt und deshalb bestimmt, dass nicht nur Maßnahmen, die auf den Erwerb des Hauptschulabschlusses vorbereiten, sondern auch solche, die dem Erwerb von Grundkompetenzen dienen, zugelassen sind (vgl. § 180 Abs. 3 Satz 2 SGB III). Entscheidend ist, ob die Maßnahme nach ihrem objektiven Charakter auf beruflichen Kenntnissen und Erfahrungen aufbaut.

Teilnehmer an Bildungsmaßnahmen erhalten unter Umständen eine Lohnersatzleistung. Das war früher das so genannte Unterhaltsgeld **Leistungen:** (Uhg). An dessen Stelle ist seit 2005 das Alg bei beruflicher Weiterbildung getreten. Außerdem können Weiterbildungskosten, die mit der Bildungsmaßnahme entstehen, von der AA übernommen werden.

Leistungen: Alg und Weiterbildungskosten

3   Zuständigkeit

Für die berufliche Weiterbildung zuständig sind grundsätzlich die AA. Dabei spielt es keine Rolle, ob der arbeitslose Arbeitnehmer aktuell Leistungen wegen Arbeitslosigkeit bezieht oder diese nicht mehr bezieht, weil der Anspruch auf Alg erschöpft ist. Das Ende des Bezugs von Alg beseitigt nicht die einmal begründete Zuständigkeit der AA. Die Zuständigkeit wechselt aber, wenn der Arbeitslose Alg II-Bezieher nach dem SGB II geworden ist oder wenn er zusätzlich zum Alg aufstockend Alg II erhält. Dann erstreckt sich die Zuständigkeit des für Alg II-Berechtigte zuständigen Jobcenters auch auf die berufliche Weiterbildung nach dem SGB III.

4   Antrag

Leistungen der beruflichen Weiterbildung müssen beantragt werden (§ 324 Abs. 1 SGB III). Der Antrag muss rechtzeitig **vor** Beginn der Maßnahme gestellt werden. Eine rückwirkende Leistungsgewährung ist nur in Ausnahmefällen zur Vermeidung unbilliger Härten möglich. Bloße Unkenntnis, dass ein vorheriger Antrag erforderlich ist, begründet noch keine unbillige Härte. Wohl aber liegt sie vor, wenn infolge einer fehlerhaften Beratung oder einer zu Unrecht unterbliebenen Beratung der Antrag verspätet gestellt worden ist (BSG vom 8.2.2007 – B 7 AL 22/06 R). Allerdings gehen mehrere Urteile davon aus, dass die

AA ihrer Beratungspflicht Genüge getan hat, wenn sie ein »Merkblatt« ausgehändigt hat, in dem auf die Notwendigkeit vorheriger Antragstellung hingewiesen wird (SG Karlsruhe vom 2.1.2014 – S 15 AL 2438/13; LSG Nordrhein-Westfalen vom 17.1.2013 – L 9 AL 67/12).

Ein Antrag ist formlos möglich. Er liegt auch vor, wenn Sie etwa mündlich einen Bildungsgutschein verlangen (→ S. 483). Allerdings sollten Sie, um zeitnah Leistungen erhalten zu können, rechtzeitig vor Beginn der Maßnahme die Antragsformulare sorgfältig ausfüllen und der AA zurückgeben.

Zuständig für die Ausgabe und Entgegennahme der Antragsvordrucke ist Ihre Wohnort-AA. Dies kann durch persönliche Vorsprache geschehen, Sie können den Antrag mit Formularen aber auch durch einen Beauftragten abgeben lassen oder durch die Post zusenden. Die persönliche Vorsprache bietet den Vorteil, dass der Zugang sichergestellt ist und etwaige Zweifel sofort geklärt werden können.

5 Formen der Weiterbildung

Berufliche Weiterbildung kann stattfinden als

- Ganztagsunterricht, d. h., Sie sind »hauptberuflich« Weiterbildungsteilnehmer und haben an mindestens fünf Tagen in der Regel 35 Zeitstunden, in Ausnahmefällen mindestens 25 Zeitstunden Unterricht pro Woche;

- Teilzeitunterricht, d. h., Sie haben mindestens zwölf und höchstens 24 Zeitstunden Weiterbildungsunterricht pro Woche;

- Maßnahme, die betriebliche Zwischenpraktika (betriebliche Lernphasen im Sinne des § 180 Abs. 2 Satz 2 SGB III) enthält, deren Dauer in Prüfungsbestimmungen festgelegt ist oder die die Eingliederungsaussichten des Teilnehmers verbessern.
  Ein Vorpraktikum stellt keine Weiterbildung dar, weil eine Maßnahme der Weiterbildung eine Unterrichtsveranstaltung voraussetzt und mit ihr beginnt (§ 81 Abs. 1 Satz 2 SGB III). Auch ein so genanntes Anerkennungspraktikum, bei dem es sich um eine auf die Weiterbildung folgende Beschäftigung handelt, die der Erlangung der staatlichen Erlaubnis zur Ausübung des Berufs dient (z. B. bei Rettungsassistenten, Erzieher/-innen), ist keine Weiterbildung;

- Fernunterricht, wenn der Fernunterricht in ausreichendem Umfang durch Nahunterricht ergänzt wird;

- Selbstlernmaßnahme unter Einsatz geeigneter Selbstlernprogramme und Medien, wenn diese Maßnahme in ausreichendem Umfang durch Nahunterricht oder mediengestützte Kommunikation ergänzt wird und regelmäßige Erfolgskontrollen durchgeführt werden;

- Vorbereitungskurse zur Nachholung des Hauptschulabschlusses;

- Weiterbildung an einer Hochschule, wenn nicht überwiegend Wissen vermittelt wird, das den berufsqualifizierenden Studiengängen an Hochschulen entspricht (§ 180 Abs. 3 Satz 1 Nr. 1 SGB III);

Maßnahme im Ausland

- Weiterbildungsmaßnahme im Ausland. Diese Möglichkeit kommt insbesondere Antragstellern in Grenzgebieten zugute. Die Teilnahme an einer im Ausland stattfindenden Maßnahme oder an einem dort durchgeführten Maßnahmeteil kann aber nur dann gefördert werden, wenn die Weiterbildung im Ausland für das Erreichen des Bildungszieles besonders dienlich ist (§ 179 Abs. 2 SGB III). Davon ist jedenfalls auszugehen, falls der Bildungsabschluss nur im Ausland erreicht werden kann oder die Durchführung aufgrund gesetzlicher Vorgaben im Ausland vorgeschrieben ist oder die Maßnahme im Ausland für die Teilnehmer wesentlich günstiger zu erreichen ist. Nicht gefördert werden Sprachkurse im Ausland, auch wenn sie sich beruflich positiv auswirken (BT-Drs. 14/6944, S. 35).

Außerhalb dieser Formen kann eine Maßnahme, die als berufliche Weiterbildung zu qualifizieren ist, grundsätzlich nicht nach dem SGB III gefördert werden. Nur im Geltungsbereich des SGB II, also für Bezieher von Alg II kommt eine Förderung der Weiterbildung als »freie Förderung« nach § 16f SGB II in Betracht. Zwar dürfen Leistungen der freien Förderung gesetzliche Leistungen weder umgehen noch aufstocken (§ 16 Abs. 2 Satz 2 SGB II); das gilt aber nicht für Langzeitarbeitslose und jüngere Leistungsberechtigte, die noch nicht 25 Jahre alt sind und deren berufliche Eingliederung auf Grund schwerwiegender Vermittlungshemmnisse besonders erschwert ist.

6   Dauer der Weiterbildung

 Die Förderung der Teilnahme an einer der genannten Maßnahmen kommt nur in Betracht, wenn die konkret besuchte Maßnahme zugelassen ist. Dafür müssen bestimmte Anforderungen erfüllt sein, die häufig daran scheitern, dass die Dauer der Maßnahme zu lang ist.

Die Dauer der Maßnahme muss angemessen sein. Dies ist dann der Fall, wenn sie sich auf den für das Erreichen des Bildungsziels erforderlichen Umfang beschränkt (§ 179 Abs. 1 Satz 1 Nr. 3 SGB III). Die BA orientiert sich an einer Übersicht über die bundesdurchschnittliche bildungszielbezogene Maßnahmedauer.
Eine Mindestdauer ist nicht festgelegt. Daher können auch »Kurzqualifizierungen« (z. B. Gabelstapler- oder Taxischein, Sachkundenachweis nach § 34a GewO) zugelassen und gefördert werden.

Voraussetzung: Um 1/3 verkürzte Ausbildungsdauer

Die Dauer einer Vollzeitmaßnahme, die zu einem Abschluss in einem allgemein anerkannten Ausbildungsberuf führt, muss gegenüber einer entsprechenden Berufsausbildung grundsätzlich um mindestens ein Drittel der Ausbildungszeit verkürzt sein (§ 180 Abs. 4 Satz 1 SGB III). Da die normalen Ausbildungen in der Regel drei Jahre dauern, können

Weiterbildungsmaßnahmen nur über zwei Jahre gehen. Bei einer Ausbildungszeit von dreieinhalb Jahren darf die Weiterbildung 28 Monate, bei einer Ausbildungszeit von drei Jahren 24 Monate und bei einer Ausbildungszeit von zwei Jahren 16 Monate nicht überschreiten.

Nach § 180 Abs. 4 Satz 2 SGB III kann, wenn eine Verkürzung der Ausbildungszeit um mindestens ein Drittel aufgrund bundes- oder landesrechtlicher Regelungen ausgeschlossen ist, eine Maßnahme bis zu zwei Dritteln gefördert werden, »wenn bereits zu Beginn der Maßnahme die Finanzierung für die gesamte Dauer der Maßnahme auf Grund bundes- oder landesrechtlicher Regelungen gesichert ist«. Dann ist die Förderung auch bei einer notwendigen dreijährigen Weiterbildung für zwei Jahre möglich.

Ausnahme: Letztes Drittel wird anderweitig finanziert

§ 85 Abs. 2 Satz 3 SGB III a. F. ließ eine Förderung auch dann zu, wenn der Maßnahmeteilnehmer seinen Lebensunterhalt im dritten Jahr etwa aus eigenen Mitteln bestreiten konnte.

Das Eingliederungschancengesetz vom 20.12.2011 gestattet dies seit 1.4.2012 nicht mehr. Da nach den Erfahrungen individuelle Finanzierungsformen zu Problemen geführt hatten und mit zusätzlichem Verwaltungsaufwand verbunden waren, hat der Gesetzgeber »klargestellt« (BT-Drs. 17/6277, S. 108), dass eine Förderung nur dann eröffnet sein soll, wenn das letzte Drittel der Ausbildungszeit aufgrund bundes- oder landesrechtlicher Regelungen durch Dritte finanziert wird.

Für die Krankenpflegeberufe wird die Finanzierung des dritten Weiterbildungsjahres wieder in der Weise gesichert, wie sie bereits im Jahr 2005 zwischen Bund und Ländern vereinbart war: Der Träger der (praktischen) Ausbildung zahlt im dritten Jahr eine angemessene Ausbildungsvergütung (§ 12 Krankenpflegegesetz).

Krankenpflegeausbildung

Für die Altenpflegeberufe hat das Gesetz zur Stärkung der beruflichen Aus- und Weiterbildung in der Altenpflege mit Wirkung vom 19.3.2013 in § 131b SGB III eine Ausnahme zu § 180 Abs. 4 Satz 1 SGB III geschaffen: Für Vollzeitmaßnahmen der beruflichen Weiterbildung in der Altenpflege, die bis zum 31.12.2017 (gemäß Art. 3 des »Gesetzes zum Schutze von Kindern und Jugendlichen vor den Gefahren des Konsums von elektronischen Zigaretten und elektronischen Shishas« vom 3.3.2016) beginnen, ist die Dauer auch dann angemessen, wenn eine Verkürzung der Altenpflegeausbildung um mindestens ein Drittel nach dem Altenpflegegesetz nicht zulässig ist. In diesen Fällen ist auch eine dreijährige Förderung von beruflichen Weiterbildungen durch die BA möglich.

Altenpflegeausbildung

§ 131b privilegiert ausdrücklich nur Vollzeitmaßnahmen. Die Regelung ist aber nach Auffassung der BA (GA FBW der BA 131b.10) auf Teilzeitmaßnahmen analog anzuwenden.

Da die Maßnahme dem Teilnehmer angemessene Teilnahmebedingungen zu bieten hat (§ 178 Nr. 5 SGB III), muss die Teilnahme an einer beruflichen Bildungsmaßnahme mit einer Frist von höchstens sechs Wochen, erstmals zum Ende der ersten drei Monate, sodann jeweils zum Ende der nächsten drei Monate, ohne Angabe von Gründen

Kündigungsmöglichkeit

kündbar sein. Sofern eine Maßnahme in Abschnitten, die kürzer als drei Monate sind, angeboten wird, muss eine Kündigung zum Ende eines jeden Abschnittes möglich sein (so früher § 3 Abs. 2 Satz 2 A FbW). Für den Fall, dass die Maßnahme nicht gefördert wird, muss der Träger dem Teilnehmer ein Rücktrittsrecht einräumen.

Kosten dürfen durch die frühzeitige Beendigung nicht entstehen.

II   Voraussetzungen für die Teilnahme an beruflicher Weiterbildung

1   »Kann-Leistung« bei Vorliegen der Voraussetzungen

Verwechseln Sie bitte nicht die Voraussetzungen für die Teilnahme an einer Weiterbildungsmaßnahme mit den Voraussetzungen für den Bezug von Alg bei beruflicher Weiterbildung (→ S. 486).

Um überhaupt an einer Weiterbildungsmaßnahme teilnehmen zu können, müssen Sie die folgenden Voraussetzungen erfüllen (§ 81 Abs. 1 SGB III):

1. Die Weiterbildung muss für Sie notwendig sein.

2. Sie müssen von der AA beraten worden sein, bevor Sie die Maßnahme beginnen.

3. Träger der Maßnahme und Maßnahme müssen zugelassen sein.

Kann-Leistung

Auch wenn diese Voraussetzungen erfüllt werden, kann die AA die Leistung noch versagen. Die Förderung der beruflichen Weiterbildung ist nur eine »Kann-Leistung«. Der Antragsteller hat keinen Rechtsanspruch auf Förderung, sondern nur einen Anspruch auf fehlerfreie Ermessensausübung. Dieser wäre etwa verletzt, wenn die Förderung einer Maßnahme pauschal unter Hinweis auf das fortgeschrittene Alter des Antragstellers abgelehnt wird (SG Koblenz vom 30.8.2005 – S 3 RJ 131/04) oder eine Förderung nur für den Fall zugesagt wird, dass eine Einstellungszusage vorgelegt wird (BSG vom 18.5.2010 – B 7 AL 22/09 R, SozR 4–4300 § 77 Nr. 5). Auch ohne schriftliche Zusicherung bindet eine mündliche Zusage das Ermessen im Rahmen dessen, was zugesagt ist (BSG vom 18.8.2005 – B 7a/7 AL 66/04 R, SozR 4–4300 § 415 Nr. 1). Die AA darf auch nicht allein unter Hinweis auf fehlende Haushaltsmittel Leistungen ablehnen; dies wäre ermessensfehlerhaft und deshalb rechtswidrig. Die AA muss für eine gleichmäßige Verteilung der Mittel im Haushaltsjahr sorgen. Allerdings kann sie bei knappen Mitteln oder einer veränderten Arbeitsmarktlage bestimmte Gruppen von Arbeitslosen bevorzugen. Bei der Abwägung hat sie ihrer besonderen Förderungspflicht gegenüber Frauen (§ 1 Abs. 2 Nr. 4 SGB III), Berufsrückkehrerinnen (§ 8 Abs. 2 SGB III), Familien (§ 8 Abs. 1 SGB III) und besonders förderungsbedürftigen Personengruppen (§ 11 Abs. 2 Satz 1 Nr. 3 SGB III) nachzukommen.

Ist im Rahmen einer beruflichen Weiterbildungsmaßnahme eine Maßnahme zum nachträglichen Erwerb des Hauptschulabschlusses eingebettet, auf die bei Vorliegen der Voraussetzungen ein Rechtsanspruch besteht, so hat der Auszubildende auch einen Rechtsanspruch auf die berufliche Weiterbildungsmaßnahme, wenn die Voraussetzungen nach § 81 Abs. 1 SGB III gegeben sind. Die AA darf also nicht – gestützt auf ein Ermessen nach § 81 Abs. 3 SGB III – die Förderung des nachträglichen Erwerbs des Hauptschulabschlusses ablehnen.

Muss-Leistung: Nachholen des Hauptschulabschlusses

2 Notwendigkeit der Weiterbildung

Die Weiterbildung muss notwendig sein, um Arbeitnehmer

- bei bestehender Arbeitslosigkeit beruflich einzugliedern;

- vor drohender Arbeitslosigkeit (z. B. ein befristetes Arbeitsverhältnis läuft aus, eine Kündigung ist schon ausgesprochen; ein Insolvenzverfahren ist bereits beantragt) zu bewahren.

Die Notwendigkeit der Weiterbildung kann nur auf der Grundlage einer individuellen Eingliederungsprognose beurteilt werden. Sie muss ergeben, dass nach der Weiterbildung eine »erhebliche Wahrscheinlichkeit« besteht, dass ein Teilnehmer nach Beendigung der Maßnahme einen adäquaten Arbeitsplatz findet. Dies bereitet in der Praxis Schwierigkeiten, weil die Prognose in der Regel mangels empirischer Erfahrungen nicht nach objektivierbaren Kriterien getroffen werden kann. Es bleibt daher bei der Eingliederungsprognose regelmäßig nichts anderes übrig, als die Voraussetzungen des Teilnehmers (Berufserfahrung, Alter, zusätzliche Qualifikationen), die Lage des Arbeitsmarktes, für den der Arbeitnehmer in Betracht kommt, und die Art der beabsichtigten Weiterbildung heranzuziehen und erfahrungsabhängig, ggf. nach dem notwendigen vorangehenden Beratungsgespräch beim Arbeitsberater oder Arbeitsvermittler zu einer Erfolgsprognose zu verdichten. Bei der Beurteilung der arbeitsmarktlichen Zweckmäßigkeit hat die AA einen gerichtlich nicht voll überprüfbaren Beurteilungsspielraum (BSG vom 18.5.2010 – B 7 AL 22/09 R, SozR 4-4300 § 77 Nr. 5).
Nicht notwendig ist die Teilnahme für Arbeitslose und von Arbeitslosigkeit bedrohte Arbeitnehmer, wenn ihnen in absehbarer Zeit ein qualifizierter Arbeitsplatz vermittelt werden kann. Nur für Arbeitnehmer mit fehlendem Berufsabschluss gilt dieser Grundsatz nicht.
Sie ist auch nicht notwendig, wenn die Maßnahme die beruflichen Eingliederungschancen nicht verbessert. Es ist vielmehr eine positive Eingliederungsprognose erforderlich (BSG vom 3.7.2003 – B 7 AL 66/02 R, SozR 4–4300 § 77 Nr. 1). Die Teilnahme muss erwarten lassen, dass die Eingliederungschancen deutlich verbessert werden, und es muss die begründete Aussicht bestehen, dass dem Antragsteller nach Abschluss der Maßnahme ein angemessener Arbeitsplatz verschafft werden kann. Jedoch darf von ihm nicht die Vorlage einer Absichtserklärung

Eingliederungsprognose

vom Arbeitgeber, ihn nach der Maßnahme einzustellen, verlangt werden. Liegt eine solche – ernst gemeinte – Erklärung vor, dann ist das aber ein zusätzliches Indiz für eine spätere erfolgreiche Eingliederung in Arbeit (SG Leipzig vom 25.10.2007 – S 19 AS 2470/07 ER).

Eine Weiterbildung ist grundsätzlich notwendig, wenn der Arbeitnehmer

Ausbildung fehlt

■ nicht über einen Berufsabschluss verfügt, für den eine Ausbildungsdauer von mindestens zwei Jahren festgelegt ist. Arbeitnehmer ohne einen solchen Berufsabschluss, die noch nicht drei Jahre beruflich tätig gewesen sind, können allerdings nur gefördert werden, wenn eine Berufsausbildung oder eine berufsvorbereitende Bildungsmaßnahme aus in ihrer Person liegenden Gründen nicht möglich oder nicht zumutbar ist (§ 81 Abs. 2 Satz 1 Nr. 2 SGB III);

Ausbildung vergilbt

■ zwar über einen Berufsabschluss verfügt, aber aufgrund einer mehr als vier Jahre ausgeübten Beschäftigung in an- oder ungelernter Tätigkeit oder ganz ohne Beschäftigung eine entsprechende Beschäftigung voraussichtlich nicht mehr ausüben kann (§ 81 Abs. 2 Satz 1 Nr. 1 SGB III). In diesen vier Jahren werden seit 2012 nicht nur Beschäftigungszeiten in un- und angelernter Tätigkeit, sondern neben Zeiten der Arbeitslosigkeit auch Pflege- und Erziehungszeiten mit berücksichtigt. Pflegenden Angehörigen und Berufsrückkehrenden nach Familienzeiten wird damit der Zugang zur Weiterbildung erleichtert.

In diesen beiden Fällen kann auf eine positive Beschäftigungsprognose verzichtet werden. Der Gesetzgeber unterstellt hier nämlich die Notwendigkeit der Weiterbildung. Die AA kann sie nicht mit der Begründung verneinen, dass der Antragsteller in eine (andere) Arbeit vermittelbar sei. Da die Frage der Notwendigkeit der Weiterbildung bei fehlendem Berufsabschluss gesetzlich gerade nicht von einer bestehenden oder drohenden Arbeitslosigkeit abhängig gemacht ist, rechtfertigt auch das der AA eingeräumte Ermessen es nicht, unter Hinweis auf die anderweitige Vermittelbarkeit die Förderung abzulehnen (SG Chemnitz vom 12.6.2014 – S 26 AL 469/12, info also 2014, S. 212 ff.).

Ein Berufsabschluss liegt vor, wenn eine der folgenden Ausbildungen mit Erfolg absolviert worden ist:

– Ausbildung in einem der anerkannten Ausbildungsberufe, die in dem vom Bundesinstitut für Berufsbildung gemäß § 6 Abs. 2 Nr. 4 Berufsbildungsförderungsgesetz geführten Verzeichnis der anerkannten Ausbildungsberufe veröffentlicht sind;

– Ausbildung in einem öffentlich-rechtlichen Dienstverhältnis an Berufsfachschulen und Fachschulen, die eine betriebliche oder überbetriebliche Erstausbildung ersetzt und mit einem anerkannten beruflichen Abschluss endet;

– Ausbildung in allen anderen schulischen Erstausbildungsgängen mit mindestens zweijähriger Dauer.

In Fällen fehlenden Berufsabschlusses steht der Förderung sogar nicht entgegen, wenn die AA Ihnen sofort ein Vermittlungsangebot unterbreiten könnte; der Grundsatz des Vorrangs der Vermittlung (§ 4 Abs. 1 SGB III) gilt insoweit nämlich nicht. Er ist ausgeschlossen, wenn die Leistung für eine dauerhafte Eingliederung erforderlich ist (§ 4 Abs. 2 Satz 1 SGB III). Der Gesetzgeber hat durch das Arbeitslosenversicherungsschutz- und Weiterbildungsstärkungsgesetz – AWStG mit Wirkung vom 1.8.2016 klargestellt, dass von der Erforderlichkeit für die dauerhafte Eingliederung insbesondere dann auszugehen ist, wenn Arbeitnehmerinnen und Arbeitnehmer mit fehlendem Berufsabschluss an einer nach § 81 SGB III geförderten beruflichen Weiterbildung teilnehmen (§ 4 Abs. 2 Satz 2 SGB III).

Im Einzelfall kann die Notwendigkeit einer konkreten Weiterbildung auch fehlen, wenn diese nicht zweckmäßig ist, z. B. weil der Arbeitnehmer für ein bestimmtes Bildungsziel nicht geeignet ist oder es sich bei dem Beruf, den der Betroffene erlernen will, um einen solchen mit keinen oder ganz geringen Beschäftigungsmöglichkeiten handelt (LSG Baden-Württemberg vom 2.9.2005 – L 8 AL 4970/04). Die Zweckmäßigkeit ist auch nicht bereits dann zu bejahen, wenn bei insgesamt schlechter Prognose für den Zielberuf im konkreten Einzelfall ein Arbeitsplatz zugesagt ist. Die Zusage eines Arbeitsplatzes im Einzelfall kann jedoch, wenn alle Anspruchsvoraussetzungen vorliegen, bei der Ermessensentscheidung zu berücksichtigen sein (BSG vom 18.5.2010 – B 7 AL 22/09 R, SozR 4-4300 § 77 Nr. 5).

Arbeitnehmer ohne Berufsabschluss können ohne Rücksicht darauf, ob sie arbeitslos oder von Arbeitslosigkeit bedroht sind und die Weiterbildung deshalb an sich notwendig ist, grundsätzlich nur gefördert werden, wenn sie drei Jahre beruflich tätig gewesen sind (§ 81 Abs. 2 Satz 1 Nr. 2 Halbsatz 2 SGB III). Ist dies nicht der Fall, so können diese Arbeitnehmer aber nach den Vorschriften über die Förderung der Berufsausbildung gefördert werden (→ S. 425).

Arbeitnehmer ohne Berufsabschluss

Der Begriff der beruflichen Tätigkeit ist sehr weit gefasst. Neben versicherungspflichtigen Beschäftigungen zählen auch dazu: Zeiten einer nicht abgeschlossenen Berufsausbildung, des Wehr- und Zivildienstes und einer Hausfrauen-, Hausmanntätigkeit (vgl. den früheren § 1 Abs. 4 A FbW), weiter berufsvorbereitende Maßnahmen, Studium, Tätigkeit als Selbstständige, im Ausland oder als Beamte. Die Tätigkeiten müssen nicht innerhalb eines bestimmten Zeitraumes nachgewiesen werden und müssen nicht zusammenhängen. Es werden auch Teilzeitbeschäftigungen berücksichtigt, sofern sie mindestens 15 Wochenstunden umfassen. Während des Besuchs allgemeinbildender Schulen kann jedoch eine berufliche Tätigkeit, die Berufserfahrung von einigem Gewicht begründet, nicht zurückgelegt werden (BSG vom 23.5.1990 – 9b/11 RAr 97/88, SozR 3-4100 § 42 Nr. 1).

Werden trotz dieses weiten Verständnisses des Begriffs der beruflichen Tätigkeit die erforderlichen drei Jahre nicht erreicht, so sind

Arbeitnehmer ohne Berufsabschluss ausnahmsweise durch Weiterbildungsmaßnahmen förderbar, wenn eine Berufsausbildung oder berufsvorbereitende Bildungsmaßnahme aus in der Person des Arbeitnehmers liegenden Gründen nicht möglich oder nicht zumutbar ist. Was derartige »personenbedingte« Gründe sein können, sagt der Gesetzgeber nicht. Ein Beispiel könnte die Betreuung von Kindern sein, die eine reguläre (Vollzeit-)Ausbildung oder eine berufsvorbereitende Bildungsmaßnahme ausschließt.

Erneute Teilnahme, Wiederholungen

Für erneute oder wiederholte Weiterbildungsmaßnahmen muss der Arbeitnehmer wieder die (neu zu prüfenden) allgemeinen Voraussetzungen erfüllen, also insbesondere die Notwendigkeit der Weiterbildung und die Beratung durch die AA vor Beginn der neuen Teilnahme.

3   Beratung vor Maßnahmebeginn

Vor der Maßnahme

Die Beratungspflicht der AA **vor** Beginn der Maßnahme soll gewährleisten, dass der Arbeitnehmer für eine konkrete Weiterbildung geeignet ist, und er nach der Maßnahme voraussichtlich eine dem Maßnahmeziel entsprechende Beschäftigung finden kann. Manchmal schließt sich an eine erste Beratung eine Untersuchung durch den Ärztlichen Dienst oder den Berufspsychologischen Service (BPS) der AA an. Letzterer wird insbesondere eingeschaltet, wenn abgeklärt werden muss, ob der Arbeitnehmer für die ins Auge gefasste Maßnahme über eine tragfähige Motivation verfügt.

Sind Sie zu einer Weiterbildung entschlossen, so ist es ratsam, schon vor dem Gespräch mit dem Arbeitsvermittler der AA nach möglichen Weiterbildungsmaßnahmen zu recherchieren. Vor allem sollten Sie abklären, welche Zertifikate und Kenntnisse für Ihre angestrebte Tätigkeit benötigt werden. Bei der Suche nach einem passenden Angebot bieten sich Weiterbildungsdatenbanken (→ S. 485) an. Achten Sie dabei auf anerkannte Abschlüsse, z.B. von der IHK oder dem TÜV. Im nächsten Schritt wählen Sie einen Weiterbildungsanbieter. Im Internet finden sich inzwischen zu fast jedem Bildungsträger Bewertungen, Kritiken von Teilnehmern oder Erfolgsberichte. Empfehlenswert ist es, wenn Sie mit den Anbietern Ihrer engeren Wahl ein persönliches Beratungsgespräch vor Ort führen. Fragen Sie insbesondere auch, ob der Bildungsanbieter Sie dabei unterstützt, den Bildungsgutschein zu bekommen, Sie etwa bei der Begründung der Notwendigkeit einer Weiterbildung gegenüber der AA berät. So gehen Sie besser vorbereitet in das Gespräch mit der AA.

Ausnahmsweise kann eine fehlende Beratung vor Beginn der Teilnahme durch den sozialrechtlichen Herstellungsanspruch ersetzt werden (BSG vom 27.1.2005 – B 7a/7 AL 20/04 R, SozR 4–4300 § 77 Nr. 2). Das ist etwa der Fall, wenn die AA durch eine falsche Bearbeitung eine rechtzeitige Beratung vereitelt hat (LSG Rheinland-Pfalz vom 24.2.2005 – L 1 AL 36/03, info also 2005, S. 153) oder der Antragsteller durch eine fehlerhafte Auskunft überhaupt von einer rechtzeitigen Einschaltung der AA abgehalten worden ist.

Lässt sich die AA mit einer Beratung unangemessen Zeit und ist daher Ihre Teilnahme an der konkreten Maßnahme gefährdet, so sollte einstweiliger Rechtsschutz von dem zuständigen Sozialgericht in Anspruch genommen werden, um eine vorherige Beratung zu erreichen (vgl. bezüglich des früher geltenden Zustimmungserfordernisses BVerfG vom 19.5.2005 – 1 BvR 2792/04, SozR 4-4300, § 77 Nr. 3).

Ist oder war auch das nicht möglich, so sollten Sie sich genau überlegen, ob Sie – vorerst – auf eigene Kosten die Maßnahme beginnen. Hier ist zunächst zu bedenken, dass das SGB III anders als für behinderte Menschen das SGB IX keine Regelung zur Kostenerstattung selbstverschaffter Weiterbildungsmaßnahmen enthält. Auch wenn man mit dem LSG Baden-Württemberg vom 20.5.2016 – L 8 AL 1234/15, info also 2016, S. 220 davon ausgeht, den in § 15 Abs. 1 SGB IX zum Ausdruck kommenden Rechtsgedanken auch im Recht der Weiterbildung nichtbehinderter Menschen anzuwenden, wird ein Kostenerstattungsanspruch lediglich dann in Betracht kommen, wenn die AA eine unaufschiebbare Leistung, auf die ein Rechtsanspruch bestanden hat, nicht rechtzeitig erbringen konnte oder sie eine Leistung zu Unrecht abgelehnt hat. Das dürfte nur in Ausnahmefällen so sein (s. zur »Reha-Selbsthilfe« → S. 519 f.).

4   Zulassung von Trägern und Maßnahmen

Die Förderung einer Weiterbildung setzt schließlich voraus, dass sowohl Träger der Maßnahme als auch die Maßnahme zugelassen sind.

Über die Zulassung entscheidet nicht mehr die BA. Gesetzlich ist ein Zulassungsverfahren vorgeschrieben, das gegenüber dem Verfahren, das durch den Antrag auf Förderung eingeleitet worden ist, verselbstständigt ist. Hat jedoch die AA, was allerdings nur im Ausnahmefall vorkommen dürfte, im Rahmen der individuellen Entscheidung die Förderung bewilligt, so liegt darin für den Antragsteller zugleich die Zulassung. Diese kann auch noch nach Beginn der Teilnahme erfolgen, so dass eine Förderung nicht von vornherein daran scheitert, dass Träger und Maßnahme nicht bereits vor Beginn der Maßnahme für die Förderung zugelassen waren (BSG vom 18.5.2010 – B 7 AL 22/09 R, SozR 4-4300 § 77 Nr. 5). Auf eine solche Zulassung vermag sich nur der zu berufen, dem gegenüber der Bewilligungsbescheid ergangen ist. Für alle anderen bedarf es der Zulassung in einem förmlichen Verfahren.

Die Zulassungsvoraussetzungen und das Verfahren ergeben sich mit Inkrafttreten des Eingliederungschancengesetzes vom 20.12.2011 seit 1.4.2012 aus den §§ 176 ff. SGB III. Das Nähere hat das Bundesministerium für Arbeit und Soziales auf Grund der Ermächtigung in § 184 SGB III durch die Akkreditierungs- und Zulassungsverordnung Arbeitsförderung – AZAV – vom 2.4.2012 geregelt.

Zertifizierungsagenturen

Zuständig für die Zulassung sind fachkundige Stellen; sie müssen von der Deutschen Akkreditierungsstelle GmbH nach Maßgabe der in § 177 SGB III genannten Kriterien (insbesondere ausreichende personelle und finanzielle Mittel, qualifiziertes und zuverlässiges Personal, Unabhängigkeit, Anwendung eines Qualitätsmanagementsystems) anerkannt worden sein und heißen dann Zertifizierungsagenturen.

4.1   Zulassung der Träger

Die Zertifizierungsagenturen prüfen die Weiterbildungsträger »auf Herz und Nieren« auf:

– Leistungsfähigkeit und Zuverlässigkeit;

– Eingliederungsfähigkeit;

– Lehrfähigkeit der Weiterbildner;

– Fähigkeit zur Qualitätssicherung;

– Angemessenheit der Teilnahmebedingungen.

Werden die Zulassungsvoraussetzungen erfüllt, so haben die Träger gemäß § 178 SGB III einen Anspruch auf Zulassung. Die fachkundige Stelle ist verpflichtet, eine Zulassung zu entziehen, wenn der Träger die rechtlichen Anforderungen auch nach Ablauf einer von ihr gesetzten, drei Monate nicht überschreitenden Frist nicht erfüllt (§ 181 Abs. 7 SGB III).

4.2   Zulassung der Maßnahmen

Die Zertifizierungsagenturen prüfen auch die Zulassung der Weiterbildungsmaßnahmen. Hier muss der Träger der Maßnahme insbesondere darlegen (vgl. §§ 179, 180 SGB III), dass die Maßnahme

– nach Gestaltung der Inhalte, der Methoden und Materialien ihrer Vermittlung sowie der Lehr-Organisation eine erfolgreiche Teilnahme erwarten lässt und nach Lage und Entwicklung des Arbeitsmarktes zweckmäßig ist;

– berufliche Fertigkeiten, Kenntnisse und Fähigkeiten erhält, erweitert, der technischen Entwicklung anpasst oder einen beruflichen Aufstieg ermöglicht, einen beruflichen Abschluss vermittelt oder zu einer anderen beruflichen Tätigkeit befähigt;

– mit einem Zeugnis, das Auskunft über den Inhalt des vermittelten Lehrstoffs gibt, abschließt. Neben dem Zeugnis für den Teilnehmer muss der Träger der Arbeitsagentur unverzüglich eine Beurteilung von Leistung und Verhalten jedes Teilnehmers liefern (§ 318 Abs. 2 SGB III);

– angemessene Teilnahmebedingungen bietet und die räumliche, personelle und technische Ausstattung die Durchführung der Maßnahme gewährleistet;

– nach den Grundsätzen der Wirtschaftlichkeit und Sparsamkeit geplant und durchgeführt wird, insbesondere die Kosten und die Dauer angemessen sind.

Auch hier ist die Zertifizierungsagentur nach § 181 Abs. 7 SGB III verpflichtet, die erfolgte Zulassung einer Maßnahme zu entziehen, wenn der Träger die rechtlichen Anforderungen auch nach Ablauf einer von ihr gesetzten, drei Monate nicht überschreitenden Frist nicht erfüllt.

Bei allen Maßnahmen, deren Kosten über den Bundesdurchschnittskostensätzen (BDKS) der BA liegen, muss diese eingeschaltet werden. Die BA prüft dann, ob »ein besonderes arbeitsmarktpolitisches Interesse an der Maßnahme« besteht (§ 4 Abs. 2 AZAV). Maßnahmen, die im Rahmen des BDKS liegen, werden weiterhin über die Zertifizierungsagentur zugelassen.

Kosten

Die Zertifizierungsagentur kann auch Maßnahmebausteine zulassen. Maßnahmebausteine sind regelmäßig schon für sich genommen jeweils qualifikatorisch und arbeitsmarktlich verwertbar und können bezogen auf individuelle Förderbedarfe miteinander sinnvoll kombiniert werden. Der Träger ist verpflichtet zu gewährleisten, dass die aus Maßnahmebausteinen zusammengesetzte Maßnahme individuell auf die Bedürfnisse der Teilnehmenden und des Ausbildungs- und Arbeitsmarktes abgestimmt ist und die Voraussetzungen einer Maßnahme zur Aktivierung und beruflichen Eingliederung bzw. einer Maßnahme der beruflichen Weiterbildung erfüllt. Das heißt beispielsweise, dass Maßnahmebausteine nicht zu Maßnahmen der beruflichen Weiterbildung zusammengesetzt und mit dem Bildungsgutschein gefördert werden dürfen, wenn diese Maßnahmen überwiegend nur einen allgemein bildenden Inhalt haben (§ 180 Abs. 3 Satz 1 Nr. 1 und 2 SGB III).

Bausteine

Eine Maßnahme wird auf längstens drei Jahre zugelassen; allerdings ist eine Zulassung bis längstens fünf Jahre möglich, wenn die Entwicklung auf dem Ausbildungs- und Arbeitsmarkt voraussichtlich keine wesentlichen Auswirkungen auf die Maßnahme hat.

Dauer der Zulassung

4.3 Verfahren

Das Zulassungsverfahren ist in § 181 SGB III geregelt. Die Zertifizierungsagentur entscheidet über den Antrag auf Zulassung nach Prüfung der eingereichten Antragsunterlagen und örtlicher Prüfungen. Wichtig ist, dass sie das Zulassungsverfahren einmalig zur Nachbesserung nicht erfüllter Kriterien für längstens drei Monate aussetzen oder die Zulassung endgültig ablehnen kann. Der Träger entscheidet (§ 181 Abs. 3 SGB III: »kann beantragen«), ob er die Zulassung jeder einzelnen Maßnahme oder die Prüfung einer Referenzauswahl will. Ist Letzteres der Fall, so prüft die Zertifizierungsagentur eine durch sie bestimmte Referenzauswahl von Bildungsmaßnahmen, die in einem angemessenen Verhältnis zur Zahl der Maßnahmen des Trägers stehen. Die Zulassung aller Maßnahmen setzt voraus, dass die gesetzlichen Voraussetzungen für die geprüften Maßnahmen erfüllt sind.

Welche Angaben und Belege vom Träger im Einzelnen verlangt werden, ergibt sich aus der AZAV. Sofern der Träger im Einzelfall keine Angaben aus seiner bisherigen Tätigkeit machen kann, hat er gegenüber der Zertifizierungsagentur in geeigneter Weise darzulegen, wie die jeweilige Anforderung erfüllt werden kann.

Wird der Träger/die Maßnahme zugelassen (zertifiziert), so ist die BA an diese Entscheidung gebunden (HessLSG vom 28.4.2009 – L 7 AL 118/08 ER) mit der Folge, dass sich der Arbeitnehmer darauf berufen kann; ihm kann die AA nicht entgegenhalten, die Voraussetzungen der Zulassung seien nicht gegeben. Anders ist es aber dann, wenn die Zulassung gemäß § 181 Abs. 7 SGB III widerrufen worden ist.

Gegen die Ablehnung oder Entziehung einer Zulassung kann der Träger, auch wenn die Rechtsnatur beider Handlungen (Verwaltungsakt?) umstritten ist (s. dazu Eicher/Urmersbach, SOZIALRECHT aktuell 2015, Heft 6, S. 221-227), vor dem Sozialgericht klagen. Bei vollständig vorliegenden Antragsunterlagen kommt auch – bei Eilbedürftigkeit – eine einstweilige Anordnung in Betracht (SG Duisburg vom 16.9.2005 – S 12 AL 136/05 ER).

Warum der Gesetzgeber auf Zertifizierungen beharrt, sie jetzt sogar auf alle Träger und ihre Maßnahmen ausgedehnt hat, bleibt sein Geheimnis.

»Zu diesem Verfahren selbst liegen noch keine Evaluationsergebnisse vor. Fraglich ist, inwieweit die erhofften Vorteile – Wettbewerb, Qualitätsverbesserungen und gestärkte Eigenverantwortung der Arbeitslosen – die Kosten des Zertifizierungsverfahrens aufwiegen können.« (IAB-Kurzbericht 11/2011, S. 4)

III   **Bildungsgutschein**

Sind die Voraussetzungen für eine Förderung der Weiterbildung erfüllt, wird gemäß § 81 Abs. 4 Satz 1 SGB III dem Arbeitnehmer »das Vorliegen der Voraussetzungen für eine Förderung bescheinigt (Bildungsgutschein)«. Der Arbeitnehmer hat, wenn die AA zur Förderung im Einzelfall verpflichtet ist, sie also nicht nach ihrem Ermessen (→ S. 474) versagen kann, einen Anspruch auf Ausstellung eines Bildungsgutscheines.

Rechtsanspruch

Bestimmten Gruppen von Arbeitslosen, die an sich die Voraussetzungen für einen Bildungsgutschein erfüllen, wird in der AA-Praxis allerdings der Bildungsgutschein durch interne, so genannte »Ermessenslenkende Weisungen« zeitweise oder auf Dauer vorenthalten:

»Die Ausgabe von Bildungsgutscheinen für Bildungsziele mit Umschulung an einer außerbetrieblichen Einrichtung kann grundsätzlich [erst] dann erfolgen, wenn der Antragsteller sich 6 Monate ab individueller Bekanntgabe dieser Regelung vergeblich um einen betrieblichen Umschulungsplatz bemüht hat, d. h. nachweislich keinen entsprechenden Betrieb finden konnte.«

Beispiele für rechtswidrige Vorenthaltung von Bildungsgutscheinen

Die an sich ureigene Aufgabe des AA, für Weiterbildungsplätze zu sorgen, wird – ohne gesetzliche Grundlage – dem Arbeitslosen aufgebürdet mit der Folge, dass die vom Gesetzgeber gewollte unverzügliche Eingliederung um sechs Monate verschoben wird.

In der Vergangenheit haben offenbar viele Personen, die die Voraussetzungen für einen Bildungsgutschein erfüllt haben, wegen des Grundsatzes des Vorrangs der Vermittlung in Ausbildung und Arbeit (§ 4 Abs. 1 SGB III) keinen Bildungsgutschein bekommen. Dies hat der Gesetzgeber zum Anlass genommen, in § 4 Abs. 2 Satz 2 SGB III zu bestimmen, dass die Erforderlichkeit einer dauerhaften Eingliederung insbesondere dann gegeben ist, wenn Arbeitnehmerinnen und Arbeitnehmer mit fehlendem Berufsabschluss an einer nach § 81 SGB III geförderten beruflichen Weiterbildung teilnehmen.

Ermessenslenkende Weisungen dürfen lediglich den Rahmen für eine einheitliche Rechtsanwendung geben. Unzulässig ist etwa die Ausgrenzung ganzer Personenkreise von der Förderung (z.B. Erteilung des Bildungsgutscheins nur an Leistungsbezieher), desgleichen, die mögliche Höchstförderung generell zu begrenzen oder starre Leis–tungspauschalen festzulegen, wenn diese nicht rechtlich bei den einzelnen Förderleistungen – wie z.B. im Rahmen von Vermittlungsbudgets – erlaubt sind.

Schließlich dürfen ermessenslenkende Weisungen die Prüfung und Abwägung der Besonderheiten des Einzelfalles nicht ausschließen. Stützt die AA die Ablehnung Ihres Antrages allein auf die ermessenslenkenden Weisungen, ist die Entscheidung meist schon deshalb rechtswidrig (BSG vom 11.11.1993 – 7 RAr 52/93 und vom 16.6.1999 – B 9 V 4/99).

Nicht zulässig sind Vorgaben zur Wahl eines bestimmten Bildungsträgers; auch in der Eingliederungsvereinbarung darf ein solcher nicht festgelegt werden.

Die inhaltliche Ausgestaltung des (erteilten) Bildungsgutscheines steht im pflichtgemäßen Ermessen der AA; allerdings ist das Ermessen eingeschränkt: Die AA darf den Bildungsgutschein lediglich zeitlich befristen sowie regional und auf bestimmte Bildungsziele beschränken. Damit soll vor allem verhindert werden, dass Arbeitnehmer Bildungsmaßnahmen auswählen, für die sie nach Ausbildung und beruflichem Werdegang nicht geeignet sind (BT-Drs. 15/25, S. 29).

Rechtsnatur

Rechtlich handelt es sich bei dem Bildungsgutschein um einen – der Zusage (§ 34 SGB X) entsprechenden – feststellenden Verwaltungsakt. Er stellt zu Gunsten des Arbeitnehmers verbindlich fest, dass die Voraussetzungen für die Förderung einer Weiterbildung vorliegen (BT-Drs. 15/25, S. 29).

Solange dieser Bescheid Bestand hat, kann der Arbeitnehmer die sich aus ihm ergebenden Rechte geltend machen, auch wenn etwa die Notwendigkeit der Weiterbildung zwischenzeitlich anders zu beurteilen ist und die Voraussetzungen für die Förderung deshalb weggefallen sind (LSG Berlin-Brandenburg vom 5.7.2012 – L 18 AL 186/12 B ER).

Widerspruch und Klage gegen einen den Bildungsgutschein entziehenden Bescheid haben keine aufschiebende Wirkung (§ 86a Abs. 2 Nr. 2 SGG i.V.m. § 336a Satz 2 SGB III). Wer einen abschlägigen Widerspruchsbescheid erhalten hat, diesen für unberechtigt hält und auf (weitere) Förderungsleistungen angewiesen ist, sollte unverzüglich beim zuständigen SG einen Antrag auf Anordnung der aufschiebenden Wirkung der Klage gegen den Entziehungsbescheid (§ 86b Abs. 1 Satz 1 Nr. 2 SGG) stellen. Wird die aufschiebende Wirkung angeordnet, so muss die AA die fälligen Kosten, die dem Antragsteller im Zusammenhang mit der Teilnahme an der Maßnahme entstehen und auf die sich der Bildungsgutschein erstreckt, einstweilen übernehmen (LSG Nordrhein-Westfalen vom 17.2.2012 – L 9 AL 370/11 B ER).

Mit dem Bildungsgutschein in der Hand haben Sie im Rahmen des Bildungsziels das Recht, unter den zugelassenen Bildungsträgern frei zu wählen. Allerdings regelmäßig nur einen Träger im Tagespendelbereich (→ S. 169). Ab Maßnahmebeginn hat sodann die AA die Kosten der Maßnahme und das Alg bei beruflicher Weiterbildung zu bewilligen.

 Achten Sie auf eine im Bildungsgutschein bestimmte Gültigkeitsdauer, weil Sie innerhalb dieser mit der Maßnahme beginnen müssen. Andernfalls verfällt der Bildungsgutschein. Die Gültigkeit endet in der Regel nach drei Monaten; bei ausreichendem Bildungsangebot kann sie auf einen Monat begrenzt werden (BA-Rundbrief 57/2003, S. 1). Übereilen Sie aber auch nichts. Finden Sie während der Gültigkeitsdauer keine Ihnen wirklich geeignet erscheinende Maßnahme, so ist nicht alles verloren. Liegen – wie in der Regel – die Fördervoraussetzungen weiter vor, so haben Sie Anspruch auf Ausstellung eines neuen Gutscheines.

Einen neuen Gutschein können Sie vor allem dann verlangen, wenn die von Ihnen gewählte Weiterbildung mangels ausreichender Teilnehmerzahl vom Bildungsträger abgesagt wird.

Haben Sie einen Bildungsträger ausgewählt, so hat dieser der AA den Bildungsgutschein vor Beginn der Maßnahme vorzulegen. Andernfalls verliert er seine Gültigkeit. Der Träger kann bei rechtzeitiger Vorlage direkt die bei ihm unmittelbar anfallenden Weiterbildungskosten mit der AA abrechnen.

Sanktionsgefahr

Nur wenn Sie sich in der Eingliederungsvereinbarung dazu verpflichtet haben, von dem Bildungsgutschein in Ihrer Hand Gebrauch zu machen, kann der Anspruch auf Alg bei Arbeitslosigkeit nach § 159 Abs. 1 Satz 2 Nr. 3 i. V. m. § 138 Abs. 4 Satz 2 Nr. 1 SGB III entfallen (oder das Alg II gekürzt werden), wenn Sie den Gutschein nicht einlösen. Allerdings dürfte dafür Voraussetzung sein, dass die Eingliederungsvereinbarung so konkret gefasst war, dass Klarheit bestand, welches aktive Verhalten zu welchem Zeitpunkt von Ihnen erwartet wird. Dazu gehört vor allem die Aufklärung darüber, welche Bildungsmaßnahme und welcher Bildungträger für Sie in Betracht kommen. Ohne Eingliederungsvereinbarung tritt keine Sperrzeit nach § 159 Abs. 1 Satz 2 Nr. 4 SGB III ein, wenn Sie von dem Eingliederungsgutschein keinen Gebrauch machen. Lehnen Sie schon die Annahme eines Bildungsgutscheins ab, so darf keine Sperrzeit verhängt werden. Die AA wird dann aber die Verfügbarkeit sehr genau prüfen.

Mit dem Bildungsgutschein soll die »Kundensouveränität« der Arbeitslosen gestärkt werden: Sie sollen die besten Träger auswählen und damit deren Qualität erhöhen.

Idee

In Wahrheit ist die Wahlfreiheit der Arbeitslosen stark eingeschränkt. Die entscheidende Frage, welche Weiterbildung erhält der Arbeitslose mit welcher Dauer, entscheidet die AA. Und schon beim Zugang zur Weiterbildung werden gering Qualifizierte häufig übergangen (IAB-Kurzbericht 11/2011, S. 4). Und wenn sie denn einen Weiterbildungsgutschein erhalten, fehlen ihnen – da die AA keinen Träger empfehlen darf – häufig die Kriterien für die richtige Wahl. Und selbst besser Qualifizierte treffen die Wahl häufig schlicht nach der Erreichbarkeit der Bildungsstätte. Dies und die Tatsache, dass ca. 20 % der Bildungsgutscheine nicht oder zu spät eingelöst werden, führt zur kostenträchtigen Unterauslastung einzelner Träger; ein weiterer Grund für den Zusammenbruch vieler Bildungträger.

und Wirklichkeit

Immerhin bietet das Internet Informationsmöglichkeiten. Das Portal KURSNET informiert über mehr als 800.000 Angebote von mehr als 16.000 Bildungsanbietern. Es kann über die Homepage der BA unter www.arbeitsagentur.de oder direkt über http://www.kursnet.arbeitsagentur.de aufgerufen werden. Wenn Sie keinen eigenen Internetanschluss haben, können Sie KURSNET im Berufsinformationszentrum Ihrer AA aufrufen. Vor allem können Sie über dieses Portal in Erfahrung bringen, ob das Bildungsangebot zur Förderung mit Bildungsgutschein zugelassen ist. Wer sich berufskundliche Informationen zu Arbeitsmarktchancen, Weiterbildungsmöglichkeiten und entsprechenden Angeboten verschaffen will, kann dazu im Internet den »Berufsentwicklungsnavigator (BEN)« nutzen. Er kann ebenfalls über die Homepage der BA unter www.arbeitsagentur.de oder direkt über http://www.ben.arbeitsagentur.de aufgerufen werden.

IV Voraussetzungen für den Bezug von Alg bei beruflicher Weiterbildung
§§ 136 Abs. 1 Nr. 2, 144 SGB III

Wer die allgemeinen Voraussetzungen für die Förderung der beruflichen Weiterbildung erfüllt, kann gemäß § 136 Abs. 1 Nr. 2 SGB III Alg bei beruflicher Weiterbildung erhalten.

1 Grundvoraussetzungen

Alg bei beruflicher Weiterbildung kann gemäß § 144 Abs. 1 i. V. m. § 137 Abs. 1 SGB III erhalten, wer

■ die Alg-Anwartschaftszeit erfüllt und

■ sich arbeitslos gemeldet hat.

Anders als beim Alg wegen Arbeitslosigkeit wird auf die in der Voraussetzung »Arbeitslosigkeit« steckende Verfügbarkeit weitgehend verzichtet, weil Sie sich ja in der Weiterbildung befinden. Im Übrigen wird die Anspruchsvoraussetzung Arbeitslosigkeit (§ 138 SGB III) nicht aufgegeben. Stehen Sie etwa neben der Maßnahme noch in einer mehr als kurzzeitigen Beschäftigung, so besteht mangels Arbeitslosigkeit auch kein Anspruch auf Alg bei beruflicher Weiterbildung. Damit auch Arbeitnehmer, die zuvor nicht arbeitslos waren und daher keine Veranlassung zu einer Arbeitslosmeldung hatten, Alg bei beruflicher Weiterbildung beziehen können, enthält § 144 Abs. 2 SGB III Sonderregelungen für Arbeitnehmer, die unmittelbar aus einem Beschäftigungsverhältnis in eine Maßnahme der beruflichen Weiterbildung wechseln. Bei diesen Personen gelten die Voraussetzungen eines Anspruchs auf Alg bei Arbeitslosigkeit als erfüllt, wenn sie

■ bei Eintritt in die Maßnahme einen Anspruch auf Alg bei Arbeitslosigkeit hätten, der weder ausgeschöpft noch erloschen ist,

■ die Anwartschaftszeit im Falle von Arbeitslosigkeit am Tage des Eintritts in die Maßnahme der beruflichen Weiterbildung erfüllt hätten; zur Berechnung der Rahmenfrist gilt der Tag des Eintritts in die Maßnahme als Tag der Arbeitslosmeldung.

Liegen die Voraussetzungen für die Teilnahme an einer beruflichen Weiterbildung nach den §§ 81 f. SGB III nicht vor, und nimmt der Arbeitslose dennoch an der Bildungsmaßnahme teil, so kann er nach § 139 Abs. 3 SGB III Alg erhalten, wenn die AA zustimmt und er bereit und in der Lage ist, die Maßnahme zu Gunsten einer beruflichen Eingliederung abzubrechen. Wer aufgrund dieser Vorschrift Alg bezieht, hat allerdings einen Nachteil: Weil es sich in diesem Fall um Alg bei Arbeitslosigkeit handelt, mindert sich die Dauer des Anspruchs um die Anzahl von Tagen seiner Erfüllung, also im Verhältnis eins zu eins, während die Minderung beim Alg bei beruflicher Weiterbildung nach § 148 Abs. 1 Nr. 7 SGB III nur im Verhältnis zwei zu eins erfolgt (→ S. 251).

Weiterbildung ohne Voraussetzungen nach § 81 f. SGB III

Der Inhalt des Anspruchs bei beruflicher Weiterbildung richtet sich nach den allgemeinen für das Alg bei Arbeitslosigkeit geltenden Vorschriften (→ S. 182). Abweichungen gelten jedoch hinsichtlich der Dauer des Anspruchs (→ S. 488).

2   Teilnahme an der Maßnahme

Alg bei beruflicher Weiterbildung setzt die Teilnahme an einer berufliche Bildungsmaßnahme voraus.

Das bedeutet aber nicht, dass stets der Leistungsanspruch bei Nichtteilnahme entfällt. Alg ist für die gesamte Zeit der Weiterbildung, d. h. vom ersten Tag der Teilnahme (dies ist, sofern man nicht als »Nachrücker« später am Unterricht teilnimmt, in der Regel der planmäßig vorgesehene Beginn des Unterrichts) bis zum letzten Tag der Maßnahme (in der Regel der Tag der planmäßigen Beendigung) zu zahlen (vgl. BT-Drs. 15/1515 zu Art. 1 zu Nr. 86). Lediglich im Falle der vorzeitigen (endgültigen) Beendigung der Maßnahme ist man nicht mehr Teilnehmer und hat mangels Teilnahme keinen Anspruch mehr.

Dabei spricht trotz des Wortlauts des § 81 Abs. 1 Satz 2 SGB III viel dafür, als Tag der Beendigung nicht stets denjenigen anzusehen, an dem der letzte Unterricht stattfindet, sondern – sofern die Maßnahme mit einer Prüfung abschließt – den Tag der letzten Prüfung. Denn für die Zeit zwischen dem Tag des letzten Unterrichts und der Prüfung wird man realistischerweise nicht erwarten können, dass der Absolvent der Maßnahme sich intensiv auf Beschäftigungssuche begibt, um die Voraussetzungen für das Alg bei Arbeitslosigkeit zu erfüllen. Ansonsten wäre der nahtlose Übergang von der Leistung Alg bei beruflicher Weiterbildung zu Alg bei Arbeitslosigkeit, den der Gesetzgeber mit der Zusammenführung von Alg und Uhg auch bezweckt hat (vgl. BT-Drs. 15/1515 zu Art. 1 zu Nr. 62), nicht gewährleistet.

Leistungen sind mithin grundsätzlich ohne Rücksicht darauf zu zahlen, ob der Teilnehmer an einzelnen Tagen am Unterricht teilnimmt oder nicht. Eine Aufhebung der Leistungsbewilligung oder gar eine Rückforderung seitens der AA ist auch bei Fehlzeiten ausgeschlossen (BT-Drs. 15/1515 zu Art. 1 zu Nr. 86).

Sie sollten jedoch beachten, dass der Träger der Maßnahme nach § 318 Abs. 2 Satz 2 SGB III verpflichtet ist, der AA alle Fehlzeiten zu melden, damit auch während der Maßnahme geprüft werden kann, ob eine erfolgreiche Teilnahme bis zum Maßnahmeende erwartet werden kann. Ist diese Erwartung nicht mehr gerechtfertigt, kann die AA die Leistungen einstellen und entziehen, sofern nicht die Voraussetzungen für die Zahlung von Alg bei Arbeitslosigkeit vorliegen.

Arbeits-unfähigkeit

Da das Alg bei beruflicher Weiterbildung grundsätzlich wie das Alg bei Arbeitslosigkeit zu behandeln ist, gilt für Teilnehmer an Weiterbildungsmaßnahmen bei Arbeitsunfähigkeit § 146 SGB III. Danach ist das Alg regelmäßig für bis zu sechs Wochen weiterzuzahlen; auch die Weiterbildungskosten, soweit sie bei Krankheit weiter anfallen, werden gezahlt. Wird die Maßnahme vor Ablauf dieser Frist krankheitsbedingt (endgültig) abgebrochen und dauert die Arbeitsunfähigkeit über den Abbruch hinaus fort, endet auch der Anspruch auf Alg bei beruflicher Weiterbildung, weil eine Weiterbildung dann nicht mehr vorliegt (§ 81 Abs. 1 Satz 2 SGB III). Zu einer Leistungsaufhebung wird es aber dennoch nicht kommen, wenn nach der Beendigung der Maßnahme innerhalb der sechs Wochen die Voraussetzungen für die Zahlung von Alg bei Arbeitslosigkeit gegeben sind. Auf jeden Fall sollten Sie sich, sobald Sie wieder arbeitsfähig sind, umgehend bei der AA melden.

3   Anspruchsdauer

Die Dauer des Anspruchs auf Alg bei beruflicher Weiterbildung richtet sich nach der Dauer der Weiterbildungsmaßnahme (der Zeitraum der Teilnahme) und nicht danach, für welche Zeit bei Eintritt in die Maßnahme das »normale« Alg bei Arbeitslosigkeit längstens zu zahlen wäre (SG Karlsruhe vom 20.7.2015 – S 5 AL 488/15, info also 2016, S. 112). Das ergibt sich zwar nicht unmittelbar aus dem Gesetz, folgt jedoch insbesondere aus den Gesetzesmaterialien: Erklärtes Ziel des Gesetzgebers war es, dass mit der Zusammenführung von Alg und (früherem) Uhg kein wesentlicher leistungsrechtlicher Nachteil verbunden sein sollte (BT-Drs. 15/1515, S. 82). Dies aber wäre der Fall, wenn während einer länger dauernden Maßnahme der Lebensunterhalt eines Teilnehmers nur für kurze Zeit gesichert und deshalb das Erreichen des Maßnahmeziels gefährdet wäre. Nach früherem Recht bestand der Anspruch auf Uhg nämlich grundsätzlich für die gesamte Dauer der Maßnahme. Für das Alg bei beruflicher Weiterbildung gilt daher das Gleiche.

4   Arbeitslosigkeit nach Maßnahmeende

Mit der Abschaffung des so genannten Anschluss-Uhg bleibt Absolventen von Weiterbildungsmaßnahmen für den Fall der Arbeitslosigkeit nach Beendigung der Weiterbildungsmaßnahme allenfalls ein möglicherweise noch bestehender (Rest-)Anspruch auf Alg wegen Arbeitslosigkeit. Dabei ist die Kürzung der Arbeitslosigkeits-Alg-Bezugsdauer durch den Bezug von Alg bei beruflicher Weiterbildung zu berücksichtigen. Da – bis auf eine Restdauer von 30 Kalendertagen (§ 148 Abs. 2 Satz 3 SGB III) – der Bezug von Alg bei beruflicher Weiterbildung auf die Anspruchsdauer des Alg wegen Arbeitslosigkeit zur Hälfte angerechnet wird (§ 148 Abs. 1 Nr. 7 SGB III), verkürzt sich für je zwei Tage Alg bei beruflicher Weiterbildung die Bezugsdauer des Alg um je einen Tag. Wer also etwa bei Beginn der Maßnahme noch einen Anspruch auf Alg für zwölf Monate hatte, verliert davon sechs Monate, wenn er zwölf Monate an einer Maßnahme mit Alg teilgenommen hat. Immer verbleiben 30 Tage.

Weiterbildungs-Alg-Bezugszeit verkürzt Arbeitslosigkeits-Alg-Bezugsdauer

Durch § 148 Abs. 2 Satz 3 SGB III, wonach die Minderung ausgeschlossen ist, wenn sich eine Anspruchsdauer von weniger als einem Monat ergibt, ist gesichert, dass der Teilnehmer einer Maßnahme, der nach deren Beendigung nicht unmittelbar wieder einen Arbeitsplatz findet, nicht sofort mittellos dasteht. Ihm steht also im Anschluss an die geförderte Weiterbildung für einen weiteren Monat Alg zu. Dieser weitere Monat beginnt, wenn der Zeitraum der Förderung nach § 81 SGB III endet. Nach SG Karlsruhe vom 20.7.2015 – S 5 AL 488/15, info also 2016, S. 112 gilt dies unabhängig davon, ob nach dem geförderten Zeitraum noch eine Prüfung ansteht. Wird allerdings, wie regelmäßig zu erwartenn (→ S. 487), die Maßnahme bis zur Prüfung gefördert, so beginnt der Monatszeitraum auch erst mit Abschluss der Prüfung.

V   **Weiterbildungskosten**
         §§ 81, 83 – 87 SGB III

Weiterbildungskosten sind die Kosten, die Ihnen unmittelbar durch die Teilnahme an der Weiterbildungsmaßnahme entstehen.
Sie können von der AA grundsätzlich nur übernommen werden, wenn die allgemeinen Förderungsvoraussetzungen (→ S. 474) für die Teilnahme an der Maßnahme erfüllt sind.

Ermessens-Leistung

Die Ermessensleistung wird zur Soll-Leistung, wenn Berufsrückkehrende ohne Erfüllung der Vorbeschäftigungszeit Weiterbildungskosten beantragen. Das verlangt der auf Drängen des Deutschen Bundestags (BT-Drs. 15/1728, S. 13) eingefügte § 8 Abs. 2 SGB III. Kosten der Maßnahme müssen also – von Ausnahmefällen abgesehen – von der AA übernommen werden.

Soll-Leistung

Soweit Weiterbildungskosten unmittelbar beim Träger der Maßnahme entstehen (z. B. Lehrgangs-, Prüfungsgebühren), kann die AA die zu übernehmenden Kosten direkt an den Träger auszahlen (§ 83 Abs. 2 SGB III). War dies der Fall, so hat ausschließlich der Träger die Leistungen zu erstatten, wenn sich später herausstellt, dass Kosten zu Unrecht übernommen und die Bewilligungsentscheidung deswegen aufgehoben worden ist.

Was sind Weiterbildungskosten?

Zu den Weiterbildungskosten gehören die

- Lehrgangskosten,

- Kosten für die Eignungsfeststellung,

- Fahrkosten,

- Kosten für auswärtige Unterbringung und Verpflegung und

- Kosten für die Kinderbetreuung.

Lehrgangskosten

Lehrgangskosten sind die Lehrgangsgebühren, die Kosten für erforderliche Lernmittel, Arbeitskleidung, Prüfungsstücke und die Prüfungsgebühren für gesetzlich vorgesehene oder allgemein anerkannte Zwischen- und Abschlussprüfungen. Kosten für den Erwerb eines Führerscheins sind keine Lehrgangskosten (BayLSG vom 27.1.2015 – L 10 AL 253/13).

Teilnehmer, die vorzeitig wegen der Arbeitsaufnahme aus der Maßnahme ausscheiden, erleiden bei den Lehrgangskosten dann keine Nachteile, wenn das Arbeitsverhältnis durch Vermittlung des Maßnahmeträgers zu Stande gekommen und eine Nachbesetzung des frei gewordenen Platzes in der Maßnahme nicht möglich ist. Unter diesen Voraussetzungen können die Lehrgangskosten auch für die Zeit vom Ausscheiden bis zum planmäßigen Ende der Maßnahme übernommen werden.

Kosten einer notwendigen Eignungsfeststellung sind ebenfalls zu übernehmen. Diese Feststellung ist notwendig, wenn sie vorgeschrieben ist, wie dies häufig im Bereich der »Gesundheitsberufe« oder im Hotel- und Gaststättengewerbe der Fall ist (vgl. BT-Drs. 13/4941, S. 169).

Fahrkosten

Bei Fahrkosten gilt die für die Förderung der Berufsausbildung geltende Regelung entsprechend (§ 85 SGB III). Demzufolge ist zu unterscheiden zwischen Pendelfahrten (Fahrten zwischen Wohnung und Bildungsstätte) und – bei auswärtiger Unterbringung – Fahrten für die An- und Abreise und für eine monatliche Familienheimfahrt.

Die Kosten für Pendelfahrten sind der Höhe nach begrenzt. Sie können nur bis zu der Höhe übernommen werden, bis zu der Fahrkosten bei auswärtiger Unterbringung und Verpflegung von der AA zu leisten wäre. Die Höchstgrenze liegt zur Zeit bei 476 €. Anstelle der Familienheimfahrt können auch die Kosten der Fahrt eines Angehörigen zum Aufenthaltsort des Teilnehmers übernommen werden. Auch diese Fahrt kann nur einmal pro Monat gefördert werden.

Anders als früher ist seit 2009 für Fahrkosten nicht mehr eine einheitliche Entfernungspauschale (seit 2004 waren das 0,36 € für die ersten zehn Kilometer und 0,40 € für jeden weiteren Kilometer zwischen Wohnung und Bildungsstätte) anzusetzen. Diese stark pauschalierende Regelung der Fahrkosten hatte in der Praxis dazu geführt, dass in bestimmten Fällen eine volle Fahrkostenerstattung bei Benutzung öffentlicher Verkehrsmittel nicht gewährleistet war. Der Gesetzgeber hat darauf reagiert und im Wesentlichen die bis 2003 geltende Rechtslage wieder hergestellt.

Nach § 85 i. V. m. § 63 Abs. 3 Satz 1 SGB III werden wieder Kosten in Höhe des Betrages zu Grunde gelegt, der bei Benutzung eines regelmäßig verkehrenden öffentlichen Verkehrsmittels der niedrigsten Klasse des zweckmäßigsten öffentlichen Verkehrsmittels zu zahlen ist, bei Benutzung sonstiger Verkehrsmittel in Höhe der Wegstreckenentschädigung nach § 5 Abs. 1 des Bundesreisekostengesetzes (BRKG). Bei nicht geringfügigen Fahrpreiserhöhungen hat auf Antrag eine Anpassung zu erfolgen, wenn die Maßnahme noch mindestens zwei weitere Monate andauert.

Mit der Anknüpfung an das BRKG stellt sich erneut die bereits früher streitige Frage, welche Fahrkosten bei einer Änderung des BRKG während einer Weiterbildungsmaßnahme anzusetzen sind. Das BSG vom 2.6.2004 – B 7 AL 102/03 R hat hierzu entschieden, dass, wenn sich während einer beruflichen Weiterbildungsmaßnahme rückwirkend die Sätze der Wegstreckenentschädigung nach dem BRKG (die Kilometerpauschale) ändern, hiernach die Fahrkosten auch für Maßnahmen zu bestimmen sind, die bereits vor Verkündung der Neuregelung begonnen haben. Damit dürfte auch zukünftig die Änderung der Kilometerpauschale seit dem Zeitpunkt ihres Inkrafttretens zu berücksichtigen sein, selbst wenn die Änderung der Vorschriften des BRKG durch Rechtsverordnung rückwirkend geschieht.

Bei einer erforderlichen auswärtigen Unterbringung ist gemäß § 86 SGB III für die Unterbringung je Tag ein Betrag in Höhe von 31 € zu zahlen, je Kalendermonat jedoch höchstens ein Betrag in Höhe von 340 €. Für die Verpflegung ist pro Tag je ein Betrag in Höhe von 18 € zu gewähren, je Kalendermonat aber höchstens ein Betrag in Höhe von 136 €. Der monatliche maximale Gesamtbetrag für Unterkunft und Verpflegung beträgt somit 476 €.

Kosten bei auswärtiger Unterbringung und Verpflegung

Fallen für die Betreuung von Kindern Kosten an, z. B. Gebühren für Kindergarten oder Hort, Aufwendungen für Tagesmutter oder die Inanspruchnahme von Nachbarn/Verwandten, werden diese gemäß § 87 SGB III übernommen. Als Kinderbetreuungskosten werden pauschal 130 € monatlich je aufsichtsbedürftiges Kind gezahlt. Die AA erkennt Aufsichtsbedürftigkeit im Regelfall bis zum 15. Geburtstag an. Allerdings können auch ältere Kinder aufsichtsbedürftig sein. Hierfür wird man jedoch den Nachweis besonderer Umstände, z. B. Krankheit oder Behinderung, verlangen müssen.

Kinderbetreuungskosten

Ohne Übernahme der Weiterbildungskosten keine Sperrzeit

Soweit die Weiterbildungskosten nicht erstattet werden, kann der Arbeitslose die Maßnahme ablehnen. Eine Sperrzeit wäre unzulässig. Da der Arbeitslose vor einer Entscheidung über seine Teilnahme an der Maßnahme wissen muss, in welchem Umfang er mit einer Kostenerstattung rechnen kann und Zusagen für die AA nach § 34 Abs. 1 Satz 1 SGB X nur in schriftlicher Form wirksam sind, kommt eine Sperrzeit nach § 159 Abs. 1 Satz 2 Nr. 4 SGB III wegen Ablehnung nur in Betracht, wenn das Angebot einer konkreten Weiterbildungsmaßnahme mit einer schriftlichen Zusage der Weiterbildungskosten in konkreter Höhe verbunden ist.

VI **Nachträglicher Erwerb des Hauptschulabschlusses**

Nach § 81 Abs. 3 SGB III werden Arbeitnehmer durch Übernahme der Weiterbildungskosten zum nachträglichen Erwerb des Hauptschulabschlusses oder eines gleichwertigen Schulabschlusses gefördert, wenn sie

■ die Voraussetzungen für die Förderung der beruflichen Weiterbildung nach Abs. 1 erfüllen und

■ zu erwarten ist, dass sie an der Maßnahme erfolgreich teilnehmen werden.

Zuvor waren – und sind nach § 116 Abs. 5 Satz 2 SGB III – lediglich für behinderte Menschen im Rahmen der beruflichen Weiterbildung auch schulische Ausbildungen förderungsfähig, deren Abschluss für die Weiterbildung erforderlich ist.

Im Rahmen einer Weiterbildungsmaßnahme

Die Maßnahme zum nachträglichen Erwerb des Hauptschulabschlusses muss im Rahmen einer beruflichen Weiterbildungsmaßnahme erfolgen. Denn § 81 Abs. 3 Satz 1 Nr. 1 SGB III macht den Anspruch davon abhängig, dass der Arbeitnehmer die Voraussetzungen für die Förderung der beruflichen Weiterbildung nach § 81 Abs. 1 SGB III erfüllt. Die Weiterbildung muss also notwendig sein, es muss vorher eine Beratung durch die AA stattgefunden haben und Maßnahme und Maßnahmeträger müssen für die Förderung zugelassen sein (zu diesen Voraussetzungen → S. 475 ff.).

Nr. 2 von § 81 Abs. 3 Satz 1 SGB III setzt außerdem voraus, dass der Arbeitnehmer eine erfolgreiche Teilnahme an der Maßnahme erwarten lässt. Mit Maßnahme ist jedoch offensichtlich nicht die Vorbereitung auf den Hauptschulabschluss oder der Vorbereitungskurs gemeint, sondern die Maßnahme der beruflichen Weiterbildung, in die der Kurs eingebettet ist. Zum anderen ist auch in der Gesetzesbegründung (BR-Drucks. 755/08 S. 61 zu Nr. 32) davon die Rede, dass Arbeitnehmer zur Verbesserung der beruflichen Eingliederungschancen einen Rechtsanspruch auf Maßnahmen zum nachträglichen Erwerb des Hauptschulabschlusses im Rahmen von Maßnahmen der beruflichen Weiterbildung erhalten sollten; die Vorbereitungskurse sollten zum Nachholen des Hauptschulabschlusses mit beruflicher Weiterbildung »verknüpft« werden.

Den Anspruch kann nur jemand ohne Schulabschluss haben. Ob das der Fall ist, richtet sich nach dem jeweiligen Landesrecht. Die Kultusminister der Länder haben bestätigt, dass der Hauptschulabschluss als erster allgemein bildender Schulabschluss erworben werden kann. Diesem Abschluss entsprechen – als dem Hauptschulabschluss gleichwertige Schulabschlüsse – die Berufsbildungsreife (in den Ländern Brandenburg und Bremen) und die Berufsreife (in Rheinland-Pfalz). Wer hierüber verfügt, hat deshalb keinen Anspruch nach § 81 Abs. 3 SGB III.

Der Rechtsanspruch beschränkt sich auf den nachträglichen Erwerb des Hauptschulabschlusses. Keinen Anspruch hat demzufolge, wer die allgemeine Schulpflicht (je nach Landesrecht beträgt sie neun oder zehn Jahre) noch nicht erfüllt hat. Nur wenn es – aus welchen Gründen auch immer – während des Zeitraums, in dem er der Schulpflicht unterlag, nicht gelungen ist, den Hauptschulabschluss oder den vergleichbaren gleichwertigen Schulabschluss zu erlangen, kann dieser über § 81 Abs. 3 SGB III nachgeholt werden.

Da die Vorbereitung auf den Hauptschulabschluss im Rahmen einer beruflichen Weiterbildung erfolgt, muss auch die Weiterbildungsmaßnahme ihrerseits förderungsfähig sein. Ob dies der Fall ist, ergibt sich aus § 81 Abs. 1 SGB III.

Die Einschränkung der Förderung für Arbeitnehmer, die über keinen Berufsabschluss verfügen und keine dreijährige Berufstätigkeit aufweisen können (§ 81 Abs. 2 Satz 1 Nr. 2 Halbs. 2 SGB III), gilt auch für den Anspruch auf Maßnahmen zum nachträglichen Erwerb des Hauptschulabschlusses (§ 81 Abs. 3 Satz 2 SGB III). Eine Förderung dieser Personen kann im Rahmen des § 81 SGB III demnach nur dann erfolgen, wenn eine Berufsausbildung oder eine berufsvorbereitende Bildungsmaßnahme aus in der Person liegenden Gründen nicht möglich oder nicht zumutbar ist.

Selbstverständlich hat der Auszubildende ohne Schulabschluss keinen Rechtsanspruch auf den Hauptschulabschluss, sondern lediglich auf Förderung der Vorbereitung des nachträglichen Erwerbs; er soll – genauer gesagt – die Möglichkeit erhalten, unter den bezeichneten bestimmten Voraussetzungen den Hauptschulabschluss im Rahmen einer Weiterbildungsmaßnahme nachzuholen. Den Hauptschulabschluss erhält er nur, wenn er die dafür notwendigen Qualifikationen in einer schulischen Abschlussprüfung nachgewiesen hat.

Die Leistung wird nur erbracht, soweit sie nicht für den gleichen Zweck durch Dritte erbracht wird (§ 81 Abs. 3 Satz 3 SGB III). Die AA sind gemäß § 81 Abs. 3 Satz 4 SGB III verpflichtet, darauf hinzuwirken, dass sich die für die allgemeine Schulbildung zuständigen Länder an den Kosten der Maßnahme beteiligen. Tun sie dies nicht, bleibt das allerdings ohne Auswirkungen auf den Rechtsanspruch des Auszubildenden.

Etwaige Leistungen, die ein Dritter zur Aufstockung der dem Auszubildenden gewährten Leistung erbringt, bleiben nach § 81 Abs. 3 Satz 5 SGB III anrechnungsfrei.

Weiterbildungskosten

Der Rechtsanspruch umfasst die Übernahme der Weiterbildungskosten, also derjenigen Kosten, die dem Arbeitnehmer unmittelbar durch die Teilnahme an dem Vorbereitungskurs zur Nachholung des Hauptschulabschlusses entstehen. Dabei handelt es sich um die Lehrgangskosten und Kosten für die Eignungsfeststellung, die Fahrkosten, Kosten für auswärtige Unterbringung und Verpflegung sowie Kosten für die Betreuung von Kindern.

VII   Erwerb von Grundkompetenzen

Neu

Seit dem 1.8.2016 fördert die BA auch den Erwerb von Grundkompetenzen. Die Bundesregierung hat in der Begründung des Arbeitslosenversicherungsschutz- und Weiterbildungsstärkungsgesetzes – AWStG betont, Ergebnisse einer international vergleichenden Studie zu Kompetenzen von Erwachsenen im Alter zwischen 16 und 65 Jahren (PIAAC-Studie) hätten deutlich gemacht, dass die Bevölkerung im erwerbsfähigen Alter in Deutschland im internationalen Vergleich nur über durchschnittliche Grundkompetenzen verfüge. Bei Langzeitarbeitslosen, älteren und gering qualifizierten Arbeitnehmerinnen und Arbeitnehmern seien die Kompetenzwerte auch im internationalen Vergleich unterdurchschnittlich. Es bedürfe insbesondere für leistungsschwächere Personen verstärkt Bildungsangebote, die im Erwachsenenalter den nachträglichen Erwerb und die Verbesserung von Grundkompetenzen förderten, um eine erfolgreiche Teilnahme an abschlussbezogener Weiterbildungen zu gewährleisten. Die Neuregelung soll das Bewusstsein von Bildungsanbietern und fachkundigen Stellen für die arbeitsmarktliche und berufliche Bedeutung von Grundkompetenzen schärfen und einen Beitrag dazu leisten, dass bei der Konzeption berufsbezogener Weiterbildungslehrgänge für den oben angegebenen Personenkreis die Vermittlung von Grundkompetenzen stärkere Berücksichtigung findet.

Grundkompetenzen fördern!

Voraussetzungen

Nach dem neu geschaffenen § 81 Abs. 3a SGB III können durch Übernahme der Weiterbildungskosten Arbeitnehmerinnen und Arbeitnehmer zum Erwerb von Grundkompetenzen unter folgenden Voraussetzungen gefördert werden:

■ Die in § 81 Abs. 1 SGB III genannten Voraussetzungen für die Förderung der beruflichen Weiterbildung müssen erfüllt sein (Notwendigkeit der Weiterbildung, Beratung vor Teilnahme, Zulassung von Maßnahme und Träger). Diese Regelung entspricht derjenigen für den nachträglichen Erwerb des Hauptschulabschlusses (→ S. 492 f.).

■ Die Arbeitnehmerinnen und Arbeitnehmer verfügen nicht über ausreichende Grundkompetenzen, um erfolgreich an einer beruflichen Weiterbildung teilzunehmen, die zu einem Abschluss in einem Ausbildungsberuf führt, für den nach bundes- oder landesrechtlichen Vorschriften eine Ausbildungsdauer von mindestens zwei Jahren festgelegt ist. Außer einem fehlenden Berufsabschluss dürfen also Grundkompetenzen nicht vorhanden sein. Solche betreffen nach den Vorstellungen des Gesetzgebers die Bereice Lesen, Schreiben, Mathematik sowie Informations- und Kommunikationstechnologien.

■ Nach einer Teilnahme an der Maßnahme zum Erwerb von Grundkompetenzen kann der erfolgreiche Abschluss einer beruflichen Weiterbildung erwartet werden. Auch diese Voraussetzung entspricht derjenigen für den nachträglichen Erwerb des Hauptschulabschlusses (→ S. 492).

Anspruchsberechtigt sind nur Arbeitnehmer ohne Berufsabschluss. Der Förderungsanspruch umfasst – wie bei der Förderung des nachträglichen Erwerbs des Hauptschulabschlusses – die Übernahme der Weiterbildungskosten.

Dem Gesetzgeber schwebt vor, dass Maßnahmen zum Erwerb von Grundkompetenzen zielgruppen- und bedarfsorientiert auf das Erreichen und Durchhalten einer abschlussbezogenen Weiterbildung ausgerichtet sind. Es sind daher auch Maßnahmen zulassungsfähig, die neben Angeboten zu Schlüsselqualifikationen auch bereits berufsfachliche Inhalte vermitteln, die eine abschlussbezogene Weiterbildung und eine Beschäftigungsaufnahme ermöglichen (BT-Drs. 18/8042, S. 7 f., 24).

Inhalte

Auch für den Erwerb von Grundkompetenzen soll grundsätzlich das Bildungsgutscheinverfahren gelten.

Bildungs-gutschein

Die AA erhält die Möglichkeit, Maßnahmen zum Erwerb von Grundkompetenzen auszuschreiben und nach einem Vergabeverfahren Träger mit der Durchführung dieser Maßnahmen zu beauftragen. § 131a Abs. 2 SGB III bestimmt insoweit, dass abweichend von § 81 Abs. 4 SGB III die AA unter Anwendung des Vergaberechts Träger mit der Durchführung von folgenden Maßnahmen beauftragen kann, wenn die Maßnahmen vor Ablauf des 31. Dezember 2020 beginnen:
– Maßnahmen, die zum Erwerb von Grundkompetenzen nach § 81 Abs. 3a SGB III führen,
– Maßnahmen, die zum Erwerb von Grundkompetenzen nach § 81 Abs. 3a SGB III **und** zum Erwerb eines Abschlusses in einem Ausbildungsberuf führen, für den nach bundes- oder landesrechtlichen Vorschriften eine Ausbildungsdauer von mindestens zwei Jahren festgelegt ist, oder
– Maßnahmen, die eine Weiterbildung in einem Betrieb, die auf den Erwerb eines Berufsabschlusses im Sinne des § 81 Abs. 2 Nr. 2 erster Halbsatz SGB III gerichtet ist, begleitend unterstützen.

Vergabverfahren

Für Maßnahmen, die zum Erwerb von Grundkompetenzen nach § 81 Abs. 3a SGB III und zum Erwerb eines Abschlusses in einem Ausbildungsberuf führen, gilt § 180 Abs. 4 SGB III entsprechend. Das bedeutet, dass der abschlussbezogene Teil der Maßnahme hinsichtlich

Dauer
der Dauer angemessen, nämlich um ein Drittel verkürzt sein muss (→ S. 472).

Zulassung
Maßnahmen der beruflichen Weiterbildung nach den §§ 81, 82 SGB III bedürfen grundsätzlich der Zulassung nach den §§ 179, 180 SGB III; das gilt auch für Maßnahmen zum Erwerb von Grundkompetenzen. Allerdings findet gemäß § 131a Abs. 2 Satz 3 SGB III dieser in § 176 Abs. 2 Satz 2 SGB III normierte Grundsatz keine Anwendung. Erfasst werden damit indes nur Maßnahmen im Sinne von § 131a Abs. 2 Satz 1 Nrn. 1 bis 3 SGB III, also solche, die die AA nach Vergaberecht vergibt. Diese Maßnahmen bedürfen keiner Zulassung.

VIII Erfolgsprämien

Der Gesetzgeber erkennt nun an, dass die Teilnahme an einer in der Regel mehrjährigen, abschlussbezogenen Weiterbildung für Erwachsene hohe Anforderungen an Motivation und Durchhaltevermögen stellt. Um hier einen zusätzlichen Anreiz zu schaffen, eine von der AA geförderte abschlussbezogene berufliche Weiterbildung aufzunehmen, durchzuhalten und abzuschließen, führt er auf Grund des Arbeitslosenversicherungsschutz- und Weiterbildungsstärkungs-

Neu
gesetz – AWStG mit Wirkung ab 1.8.2016 für erfolgreich absolvierte Maßnahmen Prämienzahlungen ein.

Nach § 131a Abs. 3 SGB III erhalten Arbeitnehmer, die an einer nach § 81 SGB III geförderten beruflichen Weiterbildung teilnehmen, die zu einem Abschluss in einem Ausbildungsberuf führt, Prämien. Voraussetzung – neben dem erfolgreichen Abschluss – ist, dass
- es sich um einen Ausbildungsberuf handelt, für den nach bundes- oder landesrechtlichen Vorschriften eine Ausbildungsdauer von mindestens zwei Jahren festgelegt ist;
- die Maßnahme nach dem 31.7.2016 (§ 444a Abs. 2 SGB III) und vor Ablauf des 31. Dezember 2020 beginnt;
- Zwischenprüfung und Abschlussprüfung müssen durch Gesetz oder Verordnung geregelt sein. Auf trägerinterne Leistungsüberprüfungen finden die Prämienregelungen keine Anwendung (BT-Drs. 18/8042, S. 9, 27). Bei Ausbildungsberufen mit gestreckter Abschlussprüfung wird der erste Teil der Abschlussprüfung der Zwischenprüfung gleichgestellt.

Höhe
Die Höhe der Prämie ist davon abhängig, ob es sich um die Ablegung einer Zwischenprüfung oder einer Abschlussprüfung handelt. Nach Bestehen einer Zwischenprüfung beträgt die Prämie 1.000 Euro und nach Bestehen der Abschlussprüfung 1.500 Euro. Die Prämien sind nach § 11a Abs. 3 SGB II nicht als Einkommen zu berücksichtigen.

IX Krankheit, Kranken- und Pflegeversicherung

Weiterzubildende sind mit dem Bezug von Alg bei beruflicher Weiterbildung kranken- und pflegeversichert.

Nur bei Alg versichert

Bei einer Weiterbildungsmaßnahme ohne Alg übernimmt die AA nicht die Beiträge zur Kranken- und Pflegeversicherung.

Falls Sie befürchten müssen, dass Ihr Antrag auf Zahlung von Alg abgelehnt wird, und Sie nicht sonst krankenversichert sind, müssen Sie sich sofort um eine freiwillige Krankenversicherung kümmern. Näheres → S. 633.

Sollten Sie während der Teilnahme an der Maßnahme krank werden, melden Sie dies sofort Ihrem Maßnahmeträger und der AA. Die AA zahlt in dieser Zeit weiter Alg und die Weiterbildungskosten, soweit sie während der Krankheit anfallen und solange die Maßnahme nicht abgebrochen oder planmäßig beendet ist. Erst nach Ablauf von sechs Wochen besteht kein Anspruch mehr auf Leistungen der AA. Dann zahlt die Krankenkasse Krankengeld; dieses entspricht im Regelfall der Höhe des Alg.

Krankheit

Zur Fortzahlung des Alg bei Arbeitsunfähigkeit und vorzeitiger Beendigung der Maßnahme → S. 488.

I Förderung der Weiterbildung von gering qualifizierten Beschäftigten (WeGebAU)

Um die Weiterbildung (noch) Beschäftigter zu fördern, können Unternehmer, die Arbeitnehmer weiterbilden, Weiterbildungskosten und Lohnkostenzuschüsse erhalten.

1 Übernahme von Weiterbildungskosten nach §§ 82, 131a Abs. 1 SGB III

Durch § 82 SGB III sollen Unternehmen von Weiterbildungskosten entlastet und so motiviert werden, Arbeitnehmer weiterzubilden mit dem Ziel, sie länger im Erwerbsleben zu halten.

§ 82 Satz 1 SGB III lautet:

»Arbeitnehmerinnen und Arbeitnehmer können bei beruflicher Weiterbildung durch volle oder teilweise Übernahme der Weiterbildungskosten gefördert werden, wenn
1. sie bei Beginn der Teilnahme das 45. Lebensjahr vollendet haben,
2. sie im Rahmen eines bestehenden Arbeitsverhältnisses für die Zeit der Teilnahme an der Maßnahme weiterhin Anspruch auf Arbeitsentgelt haben,

3. der Betrieb, dem sie angehören, weniger als 250 Beschäftigte hat,
4. die Maßnahme außerhalb des Betriebs, dem sie angehören, durchgeführt wird,
5. Kenntnisse und Fertigkeiten vermittelt werden, die über ausschließlich arbeitsplatzbezogene kurzfristige Anpassungsfortbildungen hinausgehen, und
6. die Maßnahme und der Träger der Maßnahme für die Förderung zugelassen sind«.

Gegenüber den allgemeinen Regelungen wird bei dem von § 82 SGB III erfassten Arbeitnehmern auf das Merkmal »Notwendigkeit der Weiterbildung« als Anspruchsvoraussetzung verzichtet. Das bedeutet indes nicht, dass die AA auch unzweckmäßige Maßnahmen fördern müsste. Die Zweckmäßigkeit spielt eine Rolle bei den von der AA anzustellenden Ermessenserwägungen; eine Maßnahme, die die berufliche Lage des Arbeitnehmers nicht verbessert, dürfte in der Regel abgelehnt werden.

Abweichend von § 82 Satz 1 Nr. 1 und 2 SGB III können aufgrund § 131a Abs. 1 SGB III Arbeitnehmer durch (teilweise) Übernahme der Weiterbildungskosten seitens der BA gefördert werden

– unabhängig vom Alter (also auch unter 45-Jährige) und

– auch wenn die Weiterbildung außerhalb der Arbeitszeit stattfindet.

Auch die Neuregelung gilt nur für Betriebe mit weniger als 250 Beschäftigten.
Allerdings muss der Arbeitgeber mindestens 50 % der Lehrgangskosten tragen (§ 131a Abs. 1 Nr. 1 SGB III).

Zur Zulassung von Träger und Maßnahme → S. 479 ff.   Zulassung

Förderbare Arbeitnehmer erhalten gemäß § 82 Sätze 2 und 3 SGB III   Bildungs-
einen Bildungsgutschein (→ S. 483 ff.). Dieser kann in Förderhöhe   gutschein
und Förderumfang beschränkt werden.

2 Lohnkostenzuschüsse für Arbeitnehmer beim Nachholen eines Berufsabschlusses
§ 81 Abs. 5 SGB III

Die Nachqualifizierung von gering qualifizierten Arbeitnehmern unterbleibt häufig, weil das Nachholen eines Berufsabschlusses die Aufgabe des bestehenden Arbeitsverhältnisses voraussetzt. § 81 Abs. 5 SGB III schafft einen Anreiz für Arbeitgeber, einen gering qualifizierten, weiterbildungsbereiten Arbeitnehmer für eine Weiterbildung freizustellen.

Arbeitgebern, die gering qualifizierten Beschäftigten im Rahmen des bestehenden Arbeitsverhältnisses einen Abschluss ermöglichen, können die auf die Zeit ohne Arbeitsleistung entfallenden Lohnkosten ganz oder teilweise erstattet werden. Als gering qualifiziert gelten gemäß § 81 Abs. 2 SGB III Arbeitnehmer, die

■ über keinen Abschluss in einem Beruf mit mindestens zweijähriger Ausbildungsdauer verfügen oder

■ zwar über einen Berufsabschluss verfügen, jedoch aufgrund einer mehr als vier Jahre ausgeübten, berufsfremden Beschäftigung in an- oder ungelernter Tätigkeit ihren erlernten Beruf voraussichtlich nicht mehr ausüben können (sog. »Wiederungelernte«).

Die Weiterbildung muss zu einem Berufsabschluss oder wenigstens zu einer berufsanschlussfähigen Teilqualifikation führen.
Den Lohnkostenzuschuss gibt es ohne Rücksicht auf das Alter des Arbeitnehmers oder die Größe des Beschäftigungsbetriebs.

Zum Lohnkostenzuschuss wird in entsprechender Höhe auch der auf den Lohnkostenzuschuss entfallende pauschalierte Arbeitgeberanteil am Gesamtsozialversicherungsbeitrag gewährt.
Bei der Bemessung der Zuschusshöhe ist das Interesse des Arbeitgebers an der Nachqualifizierung des Arbeitnehmers zu berücksichtigen (BT-Drs. 14/6944, S. 41).

Bisher wird WeGebAU fast nur zur Qualifizierung in der Altenpflege genutzt. Um andere Branchen zur Qualifizierung zu gewinnen, hat die BA mit HEGA 4/15 unter dem Stichwort »Dritte Säule WeGebAU« den Zugang zu Lohnkostenzuschüssen wie folgt erleichtert:

– Die Ausbildung kann an unterschiedlichen Lernorten bzw. wechselnd an verschiedenen Lernorten durchgeführt werden (im Betrieb, bei einer Bildungseinrichtung, bei einer überbetrieblichen Schulungsstätte).

– Die Ausbildung erfolgt modular entlang der in der Ausbildungsordnung hinterlegten Ausbildungsinhalte und orientiert sich an der zeitlichen Gliederung in der jeweiligen Ausbildungsordnung. Bei den Modulen handelt es sich um berufsanschlussfähige Teilqualifikationen im Sinne der BA; die Konstruktionsprinzipien der BA finden Anwendung. Die Module sind nach der AZAV für die Weiterbildungsförderung zugelassen.

– Die Reihenfolge der Module kann unter Berücksichtigung der betrieblichen Belange flexibel erfolgen. Die Module müssen nicht direkt hintereinander absolviert werden; zwischen den Modulen können auch zeitliche Unterbrechungen liegen.

– Der Berufsabschluss soll nach erfolgreichem Besuch aller Module über die Externenprüfung erreicht werden.

Der erfolgreiche Abschluss eines Moduls wird von der Ausbildungsstätte bestätigt.
An der Zielgruppe hat sich nichts geändert. Wie bisher können nur
gering qualifizierte Beschäftigte im Sinne von § 81 Abs. 2 SGB III
gefördert werden. Diesen soll der Abschluss in anerkannten Ausbildungsberufen nach dem BBiG, der HwO oder nach bundes- oder
landesrechtlichen Vorschriften ermöglicht werden.
Wie bisher muss die Ausbildung im ungekündigten Arbeitsverhältnis unter Fortzahlung der Vergütung erfolgen.

Die bei innerbetrieblichen Weiterbildungen maßgebende Förderober-   **Erhöhter**
grenze von 50 Prozent gilt nicht. Da es sich bei den Modulen jeweils   **Lohnkosten-**
um eine nach AZAV zugelassene Weiterbildung handelt, spielt der   **zuschuss**
Lernort im Hinblick auf die Begrenzung der Förderhöhe des Lohnkos-
tenzuschusses keine Rolle.

Der Lohnkostenzuschuss beträgt für die tatsächlich weiterbildungs-
bedingten Ausfallzeiten:
– Erstes Modul: mindestens 50 Prozent
– Zweites Modul: mindestens 60 Prozent
– Drittes Modul: mindestens 80 Prozent
– Viertes Modul: mindestens 90 Prozent
– Fünftes und jedes weitere Modul: 100 Prozent.

Der Lohnkostenzuschuss nach § 81 Abs. 5 SGB III kann mit dem Zu-   **Kombipackung**
schuss zu den Weiterbildungskosten nach § 82 SGB III (→ oben) kombiniert werden.

II Förderung der Weiterbildung von gering qualifizierten Kug-Beziehern

Es ist arbeitsmarktpolitisch sinnvoll, dass Kug-Bezieher
Zeiten der Nichtarbeit nutzen, um sich zu qualifizieren.
Bezieher von Verbleibe-Kug und von Vertreibe-Kug = Transfer-Kug
(zu diesen Begriffen → S. 377) können im Rahmen der beruflichen
Weiterbildung gefördert werden.

1 Bezieher von Verbleibe-Kug

Unter den Beziehern von Verbleibe-Kug sind die zu qualifizieren, bei denen die Qualifizierung i. S. von § 81 Abs. 2 SGB III notwendig ist. Notwendig ist sie insbesondere bei gering Qualifizierten
gemäß § 81 Abs. 2 SGB III (→ S. 500).

Die gering qualifizierten Kug-Bezieher können durch Übernahme der   **Leistungen**
Weiterbildungskosten gemäß §§ 83 ff. i. V. m. § 81 Abs. 2 SGB III ge-
fördert werden. Näheres zu Art und Höhe der Weiterbildungskosten
→ S. 489.

Dauer

Die AA achtet darauf, dass durch die Qualifizierung nicht die Kurzarbeit (und damit die Zahlung von Kug) verlängert wird. Die wirtschaftlichen Gründe und nicht die Qualifizierung müssen der Grund für den Arbeitsausfall sein. Deshalb werden nur Maßnahmen gefördert, wenn sie bei Besserung der wirtschaftlichen Lage des Betriebs abgebrochen werden können. Schon gar nicht gefördert werden Maßnahmen, die auf länger als die Kug-Bezugszeit (für Verbleibe-Kug zzt. 12 Monate) angelegt sind. Einzelheiten sind in der GA 2.12. zu § 96 SGB III geregelt.

Verfahren

Weiterbildungsträger und Weiterbildungsmaßnahme müssen zugelassen sein.
Für die Förderung gilt das Bildungsgutscheinverfahren (→ S. 483).

Antrag

Antragsberechtigt ist – anders als beim Kug-Antrag – der Kug-Bezieher selbst. Er muss den Antrag vor Beginn der Maßnahme bei der AA an seinem Wohnort stellen.

2 Bezieher von Transfer-Kug (Vertreibe-Kug)

§ 111a SGB III ermöglicht die Gewährung von Weiterbildungskosten.
Der Gesetzgeber unterscheidet zwischen Weiterbildungen ohne und Weiterbildungen mit dem Ziel eines Abschlusses in einem Ausbildungsberuf.

2.1 Weiterbildung zielt nicht auf Abschluss in einem Ausbildungsberuf

Für diese Weiterbildung kann die AA gemäß § 111a Abs. 1 SGB III Beziehern von Transfer-Kug Weiterbildungskosten gewähren, wenn

»1. ihnen im Sinne des § 81 Abs. 2 ein Berufsabschluss fehlt oder sie bei Beginn der Teilnahme das 45. Lebensjahr vollendet haben,
2. die Agentur für Arbeit sie vor Beginn der Teilnahme beraten hat,
3. der Träger der Maßnahme und die Maßnahme für die Förderung zugelassen sind,
4. die Maßnahme während des Bezugs von Transferkurzarbeitergeld endet und
5. der Arbeitgeber mindestens 50 Prozent der Lehrgangskosten trägt.

Die Grundsätze für die berufliche Weiterbildung nach § 81 Abs. 1 Satz 2 und Abs. 3 bis 4 gelten entsprechend.«

2.2   **Weiterbildung zielt auf Abschluss in einem Ausbildungsberuf**

Beziehern von Transfer-Kug ohne Berufsabschluss (→ S. 500) kann die AA gemäß § 111a Abs. 2 SGB III durch die Übernahme der Weiterbildungskosten zum Abschluss in einem Ausbildungsberuf verhelfen.

Anders als bei der Förderung nach § 111a Abs. 1 SGB III (→ oben) gelten die allgemeinen Fördervoraussetzungen nach §§ 81 ff. SGB III (→ S. 474) unmittelbar.

Die Förderung besteht
– in der vollen Übernahme der Kosten für Unterbringung, Verpflegung und Kinderbetreuung sowie der Fahrkosten,
– in der Übernahme bis zu 50% der Lehrgangskosten, wenn der Arbeitgeber mindestens 50% übernimmt. Eine niedrigere Beteiligung, d.h. gegebenenfalls auch keine Beteiligung, kann die AA gemäß § 111a Abs. 3 SGB III im Falle einer Insolvenz einräumen.

Anders als bei der Förderung nach § 111a Abs. 1 SGB III (→ oben) endet die Förderung nicht mit dem Ende des Transfer-Kug-Bezugs.

Üblicherweise wird bei einer Weiterbildung gemäß § 81 SGB III bei Vorliegen der Voraussetzungen nach § 144 SGB III Alg gezahlt. Um eine Doppelleistung zu vermeiden, ruht gemäß § 111a Abs. 2 Satz 2 SGB III das Alg, solange Transfer-Kug gezahlt wird. Endet das Transfer-Kug, lebt der Alg-Anspruch bei (fortdauernder) Weiterbildung auf.

Verhältnis Transfer-Kug/Alg bei Weiterbildung

Während der Weiterbildung mit Transfer-Kug besteht das Versicherungspflichtverhältnis nach § 24 Abs. 3 SGB III fort. § 27 Abs. 5 Satz 1 SGB III wird verdrängt.

Alo-Versicherung

Q Teilhabe behinderter Menschen am Arbeitsleben – Übergangsgeld (Übg)

§§ 19, 22 Abs. 2, 46, 73, 112–129 SGB III;
§§ 1 ff., 33–54, 80–84, 101–115, 132–144 SGB IX

I   Grundsätze

1   Ziel

Wer behindert ist, soll soweit wie möglich ebenso erwerbs- und konkurrenzfähig werden wie ein nicht behinderter Mensch.

Teilhabe am Arbeitsleben

Leistungen zur Teilhabe am Arbeitsleben behinderter Menschen haben dementsprechend zum Ziel, »ihre Erwerbsfähigkeit zu erhalten, zu verbessern, herzustellen oder wiederherzustellen und ihre Teilhabe am Arbeitsleben zu sichern« (§ 112 Abs. 1 SGB III). Dabei ist das Rehabilitationsziel nicht darauf beschränkt, die bisher ausgeübte Tätigkeit zu erhalten oder wiederherzustellen (BSG vom 17.10.2006 – B 5 RJ 15/05 R und – B 5 R 36/06 R); dem behinderten Menschen können durch Leistungen zur Teilhabe am Arbeitsleben auch neue Berufsfelder eröffnet werden.

2   Begünstigter Personenkreis

Behinderte Menschen

Zum begünstigten Personenkreis der behinderten Menschen zählen nach § 19 Abs. 1 SGB III alle Personen, deren Aussichten, am Arbeitsleben teilzuhaben oder weiter teilzuhaben, wegen Art oder Schwere ihrer Behinderung im Sinne von § 2 Abs. 1 SGB IX nicht nur vorübergehend wesentlich gemindert sind und die deshalb Hilfen zur Teilhabe am Arbeitsleben benötigen.

Behinderung

Behinderungen in diesem Sinne sind Abweichungen der körperlichen Funktion, der geistigen Fähigkeit oder seelischen Gesundheit, wenn diese Abweichungen von dem für das Lebensalter typischen Zustand mit hoher Wahrscheinlichkeit länger als sechs Monate bestehen und daher die Teilhabe am Leben in der Gesellschaft beeinträchtigt ist. Begünstigt werden auch lernbehinderte Menschen. Vorübergehende Erkrankungen, also solche, von denen zu erwarten ist, dass sie in absehbarer Zeit, d. h. voraussichtlich innerhalb von sechs Monaten, abgeklungen sind, begründen demnach keine Behinderung.

Drohende Behinderung

Leistungen zur Teilhabe am Arbeitsleben kommen auch infrage, wenn eine Beeinträchtigung der beruflichen Sicherheit durch den Eintritt einer Behinderung mit hoher Wahrscheinlichkeit zu erwarten ist (§ 19 Abs. 2 SGB III). Ob dies der Fall ist oder ob eine Behinderung bereits vorliegt, wird die AA in der Regel durch medizinische Gutachten festzustellen haben.

3   Kann- und Muss-Leistungen

»Kann«- Leistungen

Die Hilfen zur Teilhabe am Arbeitsleben behinderter Menschen sind regelmäßig »Kann«-Leistungen (§ 112 Abs. 1 SGB III). Der behinderte Mensch hat daher grundsätzlich nur einen Anspruch auf fehlerfreie Ermessensausübung.

Dieser kann sich aber im Einzelfall zu einem Leistungsanspruch verdichten, so etwa, wenn der Betroffene zu einem besonders förderungsbedürftigen Personenkreis (z. B. Berufsrückkehrende, § 8 Abs. 2 SGB III) gehört. Speziell behinderten Frauen sichert § 33 Abs. 2 SGB IX gleiche Chancen im Erwerbsleben, insbesondere durch für die berufliche Eingliederung geeignete, wohnortnahe und auch in Teilzeit nutzbare Angebote. Außerdem dürfte das Ermessen in der Regel »auf Null« reduziert sein, wenn eine Teilhabe am Arbeitsleben ohne die allgemeinen Leistungen nicht zu erreichen ist. Dann muss die AA leisten. Schließlich ist für behinderte Menschen auch dort ein Rechtsanspruch anzuerkennen, wo ein solcher auch für nicht behinderte Menschen besteht, wie z. B. bei der Berufsausbildungsbeihilfe.

Eine wichtige Ausnahme vom Grundsatz der bloßen Kann-Leistung besteht für solche behinderte Menschen, bei denen wegen Art oder Schwere der Behinderung oder der Sicherung der Teilhabe am Arbeitsleben die Teilnahme an einer Maßnahme, die auf die besonderen Bedürfnisse behinderter Menschen ausgerichtet ist, unerlässlich ist. Vor allem behinderte Menschen, die in Berufsförderungswerken aus- oder weitergebildet werden, haben einen Rechtsanspruch auf die besonderen Leistungen zur Teilhabe am Arbeitsleben (→ S. 513). Desgleichen haben behinderte Menschen einen Rechtsanspruch, wenn die allgemeinen Leistungen wegen Art oder Schwere der Behinderung nicht ausreichen (§ 117 Abs. 1 SGB III). Für diese Personenkreise, die auf eine gezielte Förderung angewiesen sind, ist der AA – abgesehen von der Entscheidung über Darlehen oder Zuschüsse an Arbeitgeber – kein Ermessen eingeräumt.

Muss-Leistung

Da der Anspruch nur auf die »erforderlichen« Leistungen gerichtet ist, erhält keine Förderung, wer trotz einer Behinderung am Arbeitsleben teilhaben kann; etwa indem er eine andere behinderungsgerechte Arbeitsstelle innerhalb angemessener Zeit findet. Im Einzelfall kann als Hilfe schon eine Arbeitsvermittlung durch die AA ausreichen. Reicht das nicht, ist dem behinderten Menschen auch ein neues Tätigkeitsfeld durch Weiterbildung zu erschließen.

II Klärung der Zuständigkeit

1 Zuständigkeit der BA

Für zahlreiche behinderte Menschen darf die BA Leistungen zur Teilhabe am Arbeitsleben nicht erbringen. Dies ist der Fall, wenn ein anderer Rehabilitationsträger im Sinne des SGB IX zuständig ist. Nur Eingliederungszuschüsse für besonders betroffene schwerbehinderte Menschen (§ 90 SGB III) und Zuschüsse zur Ausbildungsvergütung schwerbehinderter Menschen (§ 73 SGB III) können von der BA auch bei anderweitiger Zuständigkeit gezahlt werden (§ 22 Abs. 2 SGB III).

Zuständigkeit anderer Rehaträger

Ein anderer Rehabilitationsträger ist insbesondere der Rentenversicherungsträger, der zuständig ist für Personen, die die rentenversicherungsrechtlichen Voraussetzungen für Leistungen zur Teilhabe am Arbeitsleben erfüllen.

Unzuständigkeit der BA

Die BA darf deshalb keine Leistungen gewähren, wenn der behinderte Mensch die Wartezeit von 15 Jahren erfüllt hat oder eine Rente wegen verminderter Erwerbsfähigkeit bezieht oder ohne Leistungen zur Teilhabe am Arbeitsleben beziehen könnte oder wenn Leistungen zur Teilhabe am Arbeitsleben im Anschluss an medizinische Leistungen der Rentenversicherungsträger erforderlich sind (§ 11 SGB VI).

Leistungen zur Förderung der beruflichen Eingliederung darf die BA nicht gewähren, wenn die Behinderung auf einem Arbeitsunfall oder einer Berufskrankheit beruht, weil dann grundsätzlich die gesetzliche Unfallversicherung über die Berufsgenossenschaften für die Förderung der Teilhabe am Arbeitsleben zuständig ist (§ 26 SGB VII).

Schließlich ist die Leistungspflicht der BA ausgeschlossen, wenn die Behinderung auf eine Wehrdienstbeschädigung, auf einen vorsätzlichen, rechtswidrigen tätlichen Angriff im Sinne des Opferentschädigungsgesetzes oder auf einen Impfschaden zurückzuführen ist.

2   Verfahren nach § 14 SGB IX

Zuständigkeitsklärung

Wenn behinderte Menschen bei der BA einen Antrag auf Leistungen zur Teilhabe gestellt haben, muss die Zuständigkeit wie folgt geklärt werden: Nach § 14 Abs. 1 Satz 1 SGB IX hat die BA als erstangegangener Rehabilitationsträger binnen zwei Wochen seit Eingang des Antrags eine Entscheidung über ihre Zuständigkeit zu treffen. Hält sie ihre Zuständigkeit für gegeben, dann muss sie den Rehabilitationsbedarf innerhalb von drei Wochen feststellen, wenn die Feststellung ohne Gutachten möglich ist.

Eile ohne Weile

Ist ein Gutachten erforderlich, so ist über den Rehabilitationsbedarf binnen zwei Wochen nach Vorliegen des Gutachtens zu entscheiden (§ 14 Abs. 2 SGB IX). Die Leistungspflicht der BA ist dann bei positiver Entscheidung keine vorläufige, sondern eine endgültige. Die Leistungspflicht der BA ist auch dann eine endgültige, wenn die Zwei-Wochen-Frist abgelaufen ist, ohne dass der Antrag an einen anderen Rehabilitationsträger weitergeleitet wurde. Auch bei nachträglicher Feststellung der Unzuständigkeit ist eine Weiterleitung des Antrags nicht mehr möglich.

Wer langsam mahlt, zahlt

Stellt die BA ihre Unzuständigkeit fest, hat sie das Verfahren an denjenigen Träger unverzüglich abzugeben, der nach ihrer Auffassung zuständig ist (§ 14 Abs. 1 Satz 2 SGB IX). Diesem Träger obliegt dann die eigenverantwortliche Aufgabenwahrnehmung. Für ihn ist die Abgabe des Verfahrens verbindlich, weil der Gesetzgeber weitere Verzögerungen durch neuerliche Ermittlungen zur Zuständigkeit vermeiden will. Ein Antrag auf Leistungen zur Teilhabe darf also grundsätzlich nur einmal an einen anderen Träger weitergeleitet werden. Für den Fall, dass der BA von einem seine Zuständigkeit verneinenden Rehabilitationsträger ein Antrag zugeleitet worden ist, bedeutet das, dass sie keine Feststellungen zur Zuständigkeit mehr zu treffen hat. Die BA muss dann leisten.

Eine Ausnahme gilt nur, wenn der BA ein Antrag zugeleitet worden ist, der nicht auf Leistungen zur Teilhabe am Arbeitsleben, sondern auf Leistungen zur Teilhabe am Leben in der Gemeinschaft oder zur medizinischen Rehabilitation gerichtet ist. Für solche Leistungen kann die BA generell nicht Rehabilitationsträger sein (s. → S. 510). Sie ist lediglich verpflichtet, mit dem nach ihrer Auffassung zuständigen Träger zu klären, von wem und in welcher Weise über den Antrag innerhalb der maßgeblichen Fristen entschieden wird; hierüber hat sie den Antragsteller zu unterrichten.

Wird der Antrag bei der BA gestellt, darf diese nicht zunächst den Rentenversicherungsträger einschalten, um feststellen zu lassen, ob ohne die Leistungen zur Teilhabe Rente wegen verminderter Erwerbsfähigkeit zu leisten wäre (§ 14 Abs. 1 Satz 4 SGB IX). Die BA hat dem behinderten Menschen zunächst die Leistungen zu erbringen.

Kann weder eine positive noch eine negative Feststellung der Zuständigkeit getroffen werden, weil vorab die Ursache der Behinderung zu klären ist und dies innerhalb der Zwei-Wochen-Frist nicht möglich ist, so hat eine Abgabe an den für zuständig gehaltenen Rehabilitationsträger zu erfolgen, der Leistungen ohne Rücksicht auf die Ursache zu erbringen hat (§ 14 Abs. 1 Satz 3 SGB IX).

Es kann vorkommen, dass im Einzelfall die Zeiträume des § 14 SGB IX zu lang sind. In einem solchen Fall kann das Integrationsamt Leistungen zur Teilhabe am Arbeitsleben, also auch solche, die zur Erlangung oder Sicherung eines Arbeitsplatzes unverzüglich erforderlich sind, vorläufig erbringen (§ 102 Abs. 6 SGB IX).

Der Antrag kann auch bei einer gemeinsamen örtlichen Servicestelle der Rehabilitationsträger (§§ 22, 23 SGB IX) gestellt werden. Nach § 1 Nr. 3 der »Gemeinsamen Empfehlung zur Zuständigkeitsklärung« beginnt dann die Frist von zwei Wochen am Folgetag nach der Antragsannahme oder des Antragseingangs mit Wirkung für den Träger, der die gemeinsame Servicestelle organisiert.

3   **Mehrere Leistungsträger**

Häufig stellt sich heraus, dass mehrere Maßnahmen zur Rehabilitation erforderlich sind, für die auch noch unterschiedliche Leistungsträger zuständig sind. So schließt sich vielfach eine Maßnahme zur Teilhabe am Arbeitsleben an eine medizinische Maßnahme an. Für diesen Fall bestimmt § 10 SGB IX, dass »der nach § 14 SGB IX leistende Rehabilitationsträger dafür verantwortlich ist, dass

Teilhabeplan

die beteiligten Rehabilitationsträger im Benehmen miteinander und in Abstimmung mit den Leistungsberechtigten die nach dem individuellen Bedarf voraussichtlich erforderlichen Leistungen funktionsbezogen feststellen und schriftlich so zusammenstellen, dass sie nahtlos ineinander greifen.« Diese Feststellung ist der Teilhabeplan (früher: Gesamtplan).

Beteiligung der BA

Auch wenn die BA nicht der gemäß § 14 SGB IX leistende Rehabilitationsträger (d. h. derjenige, der nach § 14 SGB IX leisten muss) ist, hat sie für das Eingliederungsziel eine besondere Verantwortung. Nach § 38 SGB IX hat die BA auf Anforderung eines anderen Rehabilitationsträgers vor der Einleitung rehabilitativer Maßnahmen zu Notwendigkeit, Art und Umfang von Leistungen zur Teilhabe am Arbeitsleben unter Berücksichtigung arbeitsmarktlicher Zweckmäßigkeit gutachterlich Stellung zu nehmen; dies setzt einen Erstvorschlag des anfordernden Trägers nicht voraus. Die Vorschläge der BA haben nur Empfehlungscharakter; dadurch werden aufwändige Einigungsverfahren in Streitfällen entbehrlich (BT-Drs. 13/8994, S. 90).

III   Die Leistungen zur Teilhabe am Arbeitsleben

1   Überblick

Nicht von BA: Leistungen zur medizinischen Rehabilitation und zur Teilhabe am Leben in der Gemeinschaft

Für Leistungen zur medizinischen Rehabilitation und zur Teilhabe am Leben in der Gemeinschaft sind andere Rehabilitationsträger, insbesondere die Träger der gesetzlichen Krankenversicherung, der Rentenversicherung, der Unfallversicherung und der Jugend- und Sozialhilfe zuständig. Dazu gehören regelmäßig alle Hilfen, die die Voraussetzungen für das Erlernen oder die Anwendung beruflicher Fähigkeiten erst herstellen oder bessern sollen. Sie sind unmittelbar auf die Beseitigung (Heilung) oder Besserung der Behinderung gerichtet oder sollen einer Verschlimmerung vorbeugen.

Abgrenzungsschwierigkeiten treten oft bei Hilfsmitteln oder berufsvorbereitenden Maßnahmen auf. Hier bedarf es der Prüfung, ob das Hilfsmittel oder die Maßnahme ihr Schwergewicht in der sozialen oder medizinischen Betreuung und in der Persönlichkeitsbildung hat oder ob sie auf eine Erwerbstätigkeit zielt, mithin der beruflichen Eingliederung dient. Dies kann selbst bei Maßnahmen im Eingangsverfahren einer Werkstatt für behinderte Menschen der Fall sein, wenn die Maßnahme für eine Beschäftigung im Arbeitsbereich dieser Werkstatt fit machen soll. Als Beispiele für Hilfsmittel → S. 544.

Bereits mit der Einleitung einer medizinischen Rehabilitationsmaßnahme hat der hierfür zuständige Träger zu prüfen, ob und gegebenenfalls welche berufsfördernden Maßnahmen im Einzelfall durchzuführen sind. Diese Verpflichtung setzt sich bis zum Abschluss der medizinischen Maßnahme fort (§ 11 SGB IX).

Ausnahmsweise kann auch die BA zur Erbringung von Leistungen zur medizinischen Rehabilitation oder zur Teilhabe am Leben in der Gemeinschaft verpflichtet sein. Die Rechtsprechung hat für die Zuständigkeitsregelung des § 14 SGB IX (s. hierzu → S. 508) geklärt, dass derjenige Träger, der den Antrag auf Leistungen zur Teilhabe nicht weitergeleitet hat (erstangegangener Träger) und derjenige Träger, an den der Antrag weitergeleitet wurde (zweitangegangener Träger) und der daher zu einer erneuten Weiterleitung grundsätzlich nicht ermächtigt ist, ungeachtet seiner »eigentlichen« Zuständigkeit jeweils zur umfassenden Prüfung des Rehabilitationsbedarfs nach § 10 SGB IX verpflichtet ist. Dieser Träger hat den Anspruch des Leistungsberechtigten an Hand aller Rechtsgrundlagen für Teilhabeleistungen, die überhaupt in der konkreten Bedarfssituation für Rehabilitationsträger vorgesehen sind, und unter Beachtung der persönlichen und versicherungsrechtlichen Voraussetzungen der jeweiligen Leistungsgesetze zu prüfen (BSG vom 30.10.2014 – B 5 R 8/14 R). Da der behinderte Mensch im Zweifel die ihm günstigste Art der Leistungsgewährung in Anspruch nehmen will, ist der Antrag umfassend, nämlich auf alle nach Lage des Falles in Betracht kommenden Leistungen zu prüfen. So ist ein bei der BA gestellter Antrag auf Versorgung mit einem Hörgerät/Hilfsmittel immer auch auf Leistung zur Teilhabe am Leben in der Gemeinschaft und zur medizinischen Rehabilitation gerichtet und dementsprechend zu prüfen.

Ausnahme

Das SGB III unterscheidet zwischen den allgemeinen und den besonderen Leistungen zur Teilhabe am Arbeitsleben. Die allgemeinen Leistungen sind die Regelleistungen. Die besonderen Leistungen dürfen nur erbracht werden, wenn nicht bereits durch die allgemeinen Leistungen eine berufliche Eingliederung erreicht werden kann (§ 113 Abs. 2 SGB III). Auf die besonderen Leistungen werden viele behinderte Menschen deshalb nicht zurückgreifen können.

Allgemeine Leistungen gehen besonderen vor

2 Allgemeine Leistungen

Zu den allgemeinen Leistungen zur beruflichen Eingliederung zählen gemäß § 115 SGB III die

- vermittlungsunterstützenden Leistungen,

- Leistungen zur Förderung der Aufnahme einer selbstständigen Tätigkeit,

- Leistungen zur Förderung der Berufsausbildung,

- Leistungen zur Förderung der beruflichen Weiterbildung.

Katalog der allgemeinen Leistungen

Förderung wie nicht behinderte Menschen

Diese Leistungen richten sich grundsätzlich nach den Voraussetzungen, nach denen sie auch von nicht behinderten Menschen beansprucht werden können; insoweit sind behinderte Menschen also nicht besser gestellt. So müssen auch sie etwa die allgemeinen Förderungsvoraussetzungen des § 81 SGB III erfüllen, wenn sie an einer Maßnahme der beruflichen Weiterbildung teilnehmen wollen. Als den Lebensunterhalt sicherstellende Leistung kommt regelmäßig (Ausnahmen s. unten) nur das Alg bei beruflicher Weiterbildung und nicht das günstigere Übergangsgeld (Übg) in Betracht.

Förderung erleichtert

In einigen Bereichen bestehen zu Gunsten behinderter Menschen jedoch Erleichterungen:

■ So können die Leistungen zur Aktivierung und beruflichen Eingliederung abweichend vom Regelfall auch erbracht werden, wenn behinderte Menschen nicht arbeitslos oder von Arbeitslosigkeit bedroht sind. Es genügt, dass durch Leistungen zur Aktivierung und beruflichen Eingliederung ihre dauerhafte Eingliederung erreicht werden kann (§ 116 Abs. 1 SGB III).

■ Eine berufliche Weiterbildung kann – anders als bei nicht behinderten Menschen – auch dann gefördert werden, wenn der behinderte Mensch nicht arbeitslos oder von Arbeitslosigkeit bedroht ist, als Arbeitnehmer ohne Berufsabschluss noch keine drei Jahre beruflich tätig war oder zur Teilhabe am Arbeitsleben länger gefördert werden muss als ein nicht behinderter Mensch (§ 116 Abs. 5 SGB III).

■ Eine Verlängerung der Ausbildung oder erneute Förderung ist möglich, sofern dies zur Teilhabe am Arbeitsleben notwendig erscheint (§ 116 Abs. 4 SGB III).

■ Während für nicht behinderte Menschen berufsvorbereitende Bildungsmaßnahmen, die den Schulgesetzen der Länder unterliegen, von Maßnahmen zum Nachholen des Hauptschulabschlusses abgesehen (§ 53 SGB III) grundsätzlich nicht förderungsfähig sind (§ 51 Abs. 2 Nr. 1 SGB III), können behinderte Menschen nach § 116 Abs. 5 Satz 2 SGB III auch in einer schulischen Ausbildung gefördert werden, wenn dies für die Weiterbildung erforderlich ist.

■ Außerdem können auch berufliche Aus- und Weiterbildungen gefördert werden, die im Rahmen des BBiG oder der HandwerksO, aber abweichend von den Ausbildungsordnungen für staatlich anerkannte Ausbildungsberufe oder in Sonderformen für behinderte Menschen durchgeführt werden (§ 116 Abs. 2 Satz 1 SGB III).

■ BAB können behinderte Auszubildende erhalten, auch wenn sie bei den Eltern wohnen; für Unverheiratete unter 21-jährige Auszubildende beträgt die Leistung zum Lebensunterhalt 316 € die übrigen erhalten 397 € (§ 116 Abs. 3 SGB III).

- Ein Gründungszuschuss kann – insoweit abweichend von den allgemeinen anwartschaftlichen Leistungsvoraussetzungen – auch geleistet werden, wenn der behinderte Mensch einen Anspruch von weniger als 150 Tagen oder keinen Anspruch auf Alg hat (§ 116 Abs. 6 SGB III). Diese Besonderheit gilt auf Grund des Arbeitslosenversicherungsschutz- und Weiterbildungsstärkungsgesetzes – AWStG ab 1.8.2016.

3 Besondere Leistungen

Die besonderen Leistungen zur Teilhabe am Arbeitsleben,

- das Übergangsgeld (Übg),

- das Ausbildungsgeld,

- die Übernahme der Teilnahmekosten für eine Maßnahme.

Katalog der besonderen Leistungen

Behinderte Menschen haben unter den in § 117 SGB III genannten Voraussetzungen einen Rechtsanspruch auf besondere Leistungen. Diese sollen behinderte Menschen begünstigen, deren behinderungsbedingte Einschränkungen nicht ohne weiteres durch die allgemeinen Regelungen der beruflichen Weiterbildung ausgeglichen werden können.

Rechtsanspruch

Anstelle der allgemeinen sind gemäß § 117 Abs. 1 Satz 1 SGB III die besonderen Leistungen vor allem dann zu erbringen, wenn Art und Schwere der Behinderung oder die Sicherung der Teilhabe am Arbeitsleben die Teilnahme an einer Maßnahme unerlässlich machen. Allerdings ist nicht die Teilnahme an einer beliebigen Maßnahme ausreichend, vielmehr muss es sich um eine Maßnahme in einer besonderen Einrichtung für behinderte Menschen oder zumindest um eine Maßnahme handeln, die auf die besonderen Bedürfnisse behinderter Menschen ausgerichtet ist. Zu den besonderen Einrichtungen gehören die Berufsbildungswerke, die Berufsförderungswerke und vergleichbare Einrichtungen, die den vorgenannten entsprechen (vgl. § 35 Abs. 1 SGB IX); auch Werkstätten für behinderte Menschen (→ S. 514) rechnen hierzu.

Besondere Einrichtung

Eine auf die besonderen Bedürfnisse behinderter Menschen ausgerichtete Maßnahme ist nicht bereits dann zu verneinen, wenn die Maßnahme auch nicht behinderten Menschen offensteht. Zu Recht hat daher das SG Hamburg vom 30.1.1996 – 12 AR 1437/95, info also 1996, S. 127 die Verweisung einer Hörbehinderten auf die (geringeren) für nicht behinderte Menschen vorgesehenen Leistungen im Falle einer betrieblichen Ausbildung verworfen, bei der der Ausbildungsbetrieb auf die Hörbehinderung besondere Rücksicht genommen hatte.

Bei behinderten Menschen, die an Maßnahmen in besonderen Einrichtungen für behinderte Menschen teilnehmen, steht gemäß § 117 Abs. 1 Satz 2 SGB III der Förderung nicht entgegen, dass die Aus- oder Wei-

Maßnahmen in besonderen Einrichtungen

terbildung außerhalb des BBiG und der HandwerksO erfolgt. Es sind also in den besonderen Einrichtungen besondere Formen der Aus- und Weiterbildung, auch in schulischer Form, möglich, ohne dass dies förderungsschädlich wäre (BT-Drs. 13/8994, S. 76). Diese Regelungen betonen den Grundsatz der Einheitlichkeit des Rehabilitationsverfahrens (§ 12 Abs. 1 Nr. 1 SGB IX) und sollen sicherstellen, dass die BA die gesamte (schulische und nichtschulische) Ausbildung in einem Berufsförderungswerk fördern kann. In der Geschäftsanweisung Reha (SGB III) der BA 116.1.1 (Stand 1.4.2012) wird zwar die Förderung schulischer Ausbildungen auf den Bereich der besonderen Einrichtungen beschränkt. Dies widerspricht jedoch dem Gesetz (so zutreffend LSG Baden-Württemberg vom 23.12.2013 – L 8 AL 5175/13 ER-B).

Die besonderen Leistungen sind auch zu erbringen, wenn die allgemeinen Leistungen die wegen Art und Schwere der Behinderung erforderlichen Leistungen überhaupt nicht oder nicht im erforderlichen Umfang vorsehen. Gemeint sind damit insbesondere die Leistungen im Sinne des § 33 Abs. 8 SGB IX (→ S. 540 ff.), die zu den allgemeinen Leistungen hinzutreten können, oder auch sonstige Hilfen (z. B. psychologischer oder pädagogischer Art), wenn sie zur Sicherung oder Erreichung der Eingliederung des behinderten Menschen notwendig erscheinen. Ist auf andere Weise eine Teilhabe am Arbeitsleben nicht zu erreichen, sind auch hier schulische Ausbildungen außerhalb von besonderen Einrichtungen förderungsfähig (LSG Baden-Württemberg vom 23.12.2013 – L 8 AL 5175/13 ER-B).

Die besonderen Leistungen dürfen nur in Verbindung mit einer Maßnahme zur Teilhabe am Arbeitsleben gewährt werden. Deshalb kann auch das Übg nicht isoliert für sich erbracht werden, sondern nur im funktionalen Zusammenhang mit einer Maßnahme zur Teilhabe am Arbeitsleben.

Das BSG vom 25.3.2003, SozR 4–4300 § 110 Nr. 1 hat entschieden, dass ein Gericht die Voraussetzungen für eine besondere Leistung nicht mehr nachzuprüfen braucht, wenn ein Rehabilitationsträger bindend die Voraussetzungen bejaht hat.

4   **Besonderheiten bei Werkstätten für behinderte Menschen**
§ 117 Abs. 2 SGB III; §§ 40 ff., 136 ff. SGB IX

Ziel

Werkstätten für behinderte Menschen sind wichtige Einrichtungen zur Teilhabe am und zur Eingliederung in das Arbeitsleben. Sie haben denjenigen behinderten Menschen, die wegen Art und Schwere der Behinderung nicht oder noch nicht auf dem allgemeinen Arbeitsmarkt beschäftigt werden können, eine angemessene berufliche Bildung und eine Beschäftigung zu einem ihrer Arbeitsleistung angemessenen Arbeitsentgelt anzubieten sowie zu ermöglichen, ihre Leistungs- oder Erwerbsfähigkeit zu erhalten und zu verbessern und dabei ihre Persönlichkeit weiterzuentwickeln (§ 136 Abs. 1 SGB IX).

Auch behinderte Menschen, die wegen Art oder Schwere ihrer Behinderung nicht »werkstattfähig« sind, die also nicht in der Lage sind, ein Mindestmaß an verwertbarer Arbeit zu erbringen, sind nicht gänzlich ohne den Schutz einer Werkstatt für behinderte Menschen. Sie sollen nach § 136 Abs. 3 SGB IX in Einrichtungen oder Gruppen betreut und gefördert werden, die der Werkstatt angegliedert sind. Für diese Förderung, die der sozialen Eingliederung der behinderten Menschen dient, ist allerdings nicht die AA, sondern der Sozialhilfeträger zuständig, den hierfür grundsätzlich eine Rechtspflicht trifft (VG Potsdam vom 18.7.2008 – 11 K 2483/04).

Die Werkstatt für behinderte Menschen steht allen behinderten Menschen im Sinne des § 136 Abs. 1 SGB IX unabhängig von Art und Schwere der Behinderung offen, sofern erwartet werden kann, dass sie spätestens nach Teilnahme an Maßnahmen im Berufsbildungsbereich wenigstens ein Mindestmaß wirtschaftlich verwertbarer Arbeitsleistung erbringen werden.

Wer kann aufgenommen werden?

Dies ist nicht der Fall, wenn trotz einer der Behinderung angemessenen Betreuung eine erhebliche Selbst- oder Fremdgefährdung zu erwarten ist oder das Ausmaß der erforderlichen Betreuung und Pflege die Teilnahme an Maßnahmen im Berufsbildungsbereich oder sonstige Umstände ein Mindestmaß wirtschaftlich verwertbarer Arbeitsleistung im Arbeitsbereich dauerhaft nicht zulassen (§ 136 Abs. 2 SGB IX). Maßstab für die Werkstattfähigkeit von behinderten Menschen sind nach der Rechtsprechung des BSG die konkreten Verhältnisse (z. B. Personalschlüssel) in der Werkstatt, in die der behinderte Mensch aufgenommen werden soll (BSG vom 29.6.1995 – 11 RAr 57/94, SozR 3-4100 § 58 Nr. 7). Danach ist eine Aufnahme immer ausgeschlossen, wenn die Betreuung des behinderten Menschen mit dem Betreuungsschlüssel der Einrichtung nicht zu erreichen ist. Der Personalschlüssel wird durch § 9 Abs. 3 Satz 2 WVO vorgegeben: 1 : 6 im Berufsbildungsbereich und 1 : 12 im Arbeitsbereich. Verneint worden ist die Werkstattfähigkeit etwa bei behinderten Menschen mit Autismus und einem Betreuungsbedarf von 1 : 1 (SächsLSG vom 3.6.2011 – L 3 AL 86/10; BayLSG vom 23.5.2012 – L 10 AL 8/11; LSG Niedersachsen-Bremen vom 23.9.2014 – L 7 AL 56/12).

In Werkstätten für behinderte Menschen sind drei Stufen zu unterscheiden:

■ das Eingangsverfahren,

■ der Berufsbildungsbereich und

■ der Arbeitsbereich.

Das Eingangsverfahren dient der Feststellung, ob die Werkstatt die geeignete Einrichtung zur Teilhabe am Arbeitsleben und zur Eingliederung in das Arbeitsleben ist sowie welche Bereiche der Werkstatt

Eingangsverfahren

und welche Leistungen zur Teilhabe in Betracht kommen; außerdem ist es Aufgabe des Eingangsverfahrens, einen Eingliederungsplan zu erstellen (§ 3 Werkstättenverordnung – WVO).
Für das Eingangsverfahren beträgt die Dauer der Leistungen maximal drei Monate.

Berufsbildungs-bereich

Aufgabe des Berufsbildungsbereichs ist es, die behinderten Menschen so zu fördern, dass sie spätestens nach Teilnahme an Maßnahmen des Berufsbildungsbereichs in der Lage sind, wenigstens ein Mindestmaß wirtschaftlich verwertbarer Arbeitsleistung gemäß § 136 Abs. 2 SGB IX zu erbringen (§ 4 Abs. 1 Satz 2 WVO). Steht – auch nach Teilnahme am Eingangsverfahren und nach dem Durchlaufen des Berufsbildungsbereichs – von vornherein fest, dass der behinderte Mensch die Voraussetzungen für eine Aufnahme in den Arbeitsbereich nicht erfüllen wird, weil er nicht mindestens an einem der mehreren Arbeitsvorgänge eingesetzt werden kann, die in dem Arbeitsbereich einer Werkstatt für behinderte Menschen wiederholt anfallen, hat er keinen Anspruch auf Förderung nach dem SGB III (BSG vom 10.3.1994 – 7 RAr 22/93, SozR 3-4100 § 58 Nr. 6).

Ist der behinderte Mensch werkstattfähig, kann er bis zur Dauer von zwei Jahren gefördert werden; über ein Jahr hinaus nur, wenn – was vor Ablauf des ersten Jahres durch eine fachliche Stellungnahme festzustellen ist – die Leistungsfähigkeit des behinderten Menschen weiterentwickelt oder wiedergewonnen werden kann. Kann der status quo nicht mehr verändert werden, so enden die besonderen Leistungen also spätestens nach einem Jahr (§ 40 Abs. 3 SGB IX).

Maßnahmen im Berufsbildungsbereich bestehen aus »Einzelmaßnahmen und Lehrgängen«, die die Teilhabe am Arbeitsleben unter Einschluss angemessener Maßnahmen zur Weiterentwicklung der Persönlichkeit des behinderten Menschen verbessern sollen. Die Lehrgänge bestehen aus einem Grund- und einem Aufbaukurs von jeweils einem Jahr (§ 4 WVO).
Durch den Grundkurs sollen Fertigkeiten und Grundkenntnisse verschiedener Arbeitsabläufe und im Aufbaukurs Fertigkeiten mit höherem Schwierigkeitsgrad und vertiefte Kenntnisse über Werkstoffe und Werkzeuge vermittelt werden.

Arbeitsbereich

Der Arbeitsbereich setzt sich aus den Arbeitsplätzen zusammen und dient der Produktion (vgl. § 5 WVO). Die Arbeitsplätze sollen in ihrer Ausstattung so weit wie möglich denjenigen auf dem allgemeinen Arbeitsmarkt entsprechen.

Die Förderung von Maßnahmen in Werkstätten für behinderte Menschen beschränkt sich grundsätzlich auf Maßnahmen im Eingangsverfahren und im Berufsbildungsbereich (§ 117 Abs. 2 SGB III, § 40 SGB IX). Wichtigste Leistung zur Sicherung des Lebensunterhalts ist das Ausbildungsgeld (→ S. 539). Steht von vornherein fest, dass der behinderte Mensch (auch nach dem Durchlaufen des Eingangsverfahrens und des Berufsbildungsbereichs) die Voraussetzungen für eine Aufnahme in den Arbeitsbereich nicht erfüllen wird, so können Leistungen zur Teilhabe am Arbeitsleben für das Eingangsverfahren und/oder den Berufsbildungsbereich nicht beansprucht wurden (BayLSG vom 23.5.2012 – L 10 AL 8/11).

Eine Förderung durch die BA im Arbeitsbereich ist regelmäßig ausgeschlossen, weil der behinderte Mensch, ist er hier erst einmal angelangt, als eingegliedert gilt. § 5 Abs. 4 WVO schreibt jedoch vor, dass der Übergang von behinderten Menschen auf den allgemeinen Arbeitsmarkt durch geeignete Maßnahmen zu fördern ist. Dazu gehören insbesondere die Einrichtung einer Übergangsgruppe mit besonderen Förderangeboten, die Entwicklung individueller Förderpläne sowie die Ermöglichung von Trainingsmaßnahmen, Betriebspraktika (zur Kostenübernahme → S. 551) und durch eine zeitweilige Beschäftigung auf ausgelagerten Arbeitsplätzen. Nimmt der behinderte Mensch an einer solchen Maßnahme teil, so ist nach den allgemeinen – für außerhalb von Werkstätten durchgeführte Maßnahmen – Vorschriften zu beurteilen, ob eine Förderung in Betracht kommt. Die Werkstatt für behinderte Menschen ist in diesem Fall sogar verpflichtet, darauf hinzuwirken, dass der zuständige Rehabilitationsträger die ihm obliegenden Leistungen erbringt.

Wie die Förderung im Nichtbehindertenbereich die Zulassung von Maßnahmeträger und Maßnahme voraussetzt, so setzt die Förderung einer Maßnahme in einer Werkstatt für behinderte Menschen grundsätzlich deren Anerkennung voraus. Die Entscheidung über die Anerkennung trifft die BA im Einvernehmen mit dem überörtlichen Sozialhilfeträger. Das Anerkennungsverfahren ist in § 142 SGB IX und §§ 17 f. WVO geregelt.

Eine Ausnahme vom Erfordernis der Anerkennung der Werkstatt für behinderte Menschen könnte sich aus der Entscheidung des BSG vom 30.11.2011 – B 11 AL 7/10 R, SozR 4-3250 § 17 Nr. 2 ergeben. Danach ist auch außerhalb einer anerkannten Werkstatt für behinderte Menschen bei Vorliegen sachlicher Gründe die Förderung einer Maßnahme im Ermessenswege möglich, sofern die sonstigen Vorgaben des § 40 SGB IX beachtet werden und im konkreten Fall das Ziel der gesetzlich vorgesehenen Förderung in gleicher Weise erreicht werden kann. Die konkret absolvierte Maßnahme muss dementsprechend mit einer Maßnahme im Eingangsverfahren und im Berufsbildungsbereich einer anerkannten Werkstatt für behinderte Menschen zumindest vergleichbar sein (BSG, a.a.O.). In dem vom BSG entschiedenen Fall begehrte der Kläger allerdings die Förderung in Form eines Persönlichen Budgets (s. dazu → S. 545 ff.). Daran anknüpfend hat das Gericht erklärt, Leistungen im Eingangsverfahren und im Berufsbildungsbereich der Werkstätten für behinderte Menschen könnten »in Fällen der Leistungsausführung durch ein Persönliches Budget« nicht allein deshalb verweigert werden, weil es sich bei der konkret gewählten Einrichtung nicht um eine anerkannte Werkstatt handelt. Ob eine Beschränkung der Förderung auf diese Leistungsform gerechtfertigt ist, erscheint aber mehr als zweifelhaft. Es wäre nicht einsichtig, die Förderung auf Fälle zu beschränken, in denen lediglich um ein Persönliches Budget gestritten wird; andernfalls müsste dem behinderten Menschen geraten werden, die Förderung nicht mittels eines konkreten Einzelanspruchs, sondern stets die Leistungsausführung durch ein Persönliches Budget gemäß § 17 SGB IX geltend zu machen.

**Werkstätten-
verzeichnis**

Im von der BA zu führenden Verzeichnis der anerkannten Werkstätten für behinderte Menschen kann man die für einen behinderten Menschen passende finden.

5   Unterstützte Beschäftigung

§ 38a SGB IX bietet behinderten Menschen, für die wegen Art oder Schwere der Behinderung eine berufsvorbereitende Maßnahme oder Berufsausbildung nicht in Frage kommt, die »Unterstützte Beschäftigung«. Mehr Menschen sollen die Möglichkeit erhalten, ihren Lebensunterhalt außerhalb von Werkstätten für behinderte Menschen zu bestreiten. Ziel der Förderung ist es, ihnen eine angemessene sozialversicherungspflichtige Beschäftigung zu ermöglichen und zu erhalten. In erster Linie richtet sich die Unterstützte Beschäftigung zwar an Schulabgänger und Schulabgängerinnen aus Förderschulen, denen eine Perspektive auf dem allgemeinen Arbeitsmarkt geboten werden soll; es können aber auch Personen gefördert werden, bei denen sich erst im Laufe ihres Berufslebens eine Behinderung einstellt.

Die unterstützte Beschäftigung erfolgt durch

- Leistungen zur individuellen betrieblichen Qualifizierung und

- Leistungen der Berufsbegleitung.

Zeitlich am Anfang stehen die Leistungen zur individuellen betrieblichen Qualifizierung. Dabei handelt es sich insbesondere um Arbeitserprobungen, Vorbereitungen auf ein Beschäftigungsverhältnis, Einarbeitung und Qualifizierung auf einem betrieblichen Arbeitsplatz. Die individuelle betriebliche Qualifizierung dauert bis zu zwei Jahren, kann jedoch um bis zu 12 Monate verlängert werden, wenn die Verlängerung aus Gründen erforderlich ist, die der behinderte Mensch nicht zu vertreten hat. Für sie kommt eine Förderung durch Ausbildungsgeld in Betracht (→ S. 539).

Erfüllt der behinderte Mensch auch die Förderungsvoraussetzungen für eine berufsvorbereitende Bildungsmaßnahme oder für eine Berufsausbildung, die zu einem formalen Bildungsabschluss führen, so ist die danach gegebene Förderungsmöglichkeit vorrangig.

Ist ein sozialversicherungspflichtiges Beschäftigungsverhältnis begründet worden, so setzen bei Bedarf Leistungen der Berufsbegleitung ein. Sie sollen nach Aufnahme der Arbeit das Beschäftigungsverhältnis durch Unterstützung und Krisenintervention langfristig sichern. Die Leistungen der Berufsbegleitung werden grundsätzlich durch die Integrationsämter erbracht (§ 102 Abs. 3 SGB IX).

Zur besseren Koordinierung, Konkretisierung und Weiterentwicklung der Qualitätsanforderungen haben die Rehabilitationsträger am 1.12.2010 eine Gemeinsame Empfehlung »Unterstützte Beschäftigung« geschlossen (abrufbar unter www.bar-frankfurt.de/2619.html).

IV   Voraussetzungen für Teilhabe am Arbeitsleben

1   Antrag

Der Antrag hat nicht nur Bedeutung für die Zuständigkeit der BA als Rehabilitationsträger (→ S. 507). Alle allgemeinen und besonderen Leistungen zur Eingliederung werden <mark>nur auf Antrag</mark> gewährt.

Leistung nur auf Antrag

Der Antrag ist nach § 324 Abs. 1 SGB III regelmäßig <mark>vor Beginn</mark> der Teilnahme an der Maßnahme zu stellen. Wird er später gestellt, so sind nur die Berufsausbildungsbeihilfe und das Ausbildungsgeld rückwirkend, längstens vom Beginn des Monats der Antragstellung an, zu gewähren (§§ 324 Abs. 2, 325 Abs. 1 SGB III).

Rechtzeitig Antrag stellen!

Wer demnach eine Maßnahme zur Teilhabe am Arbeitsleben beginnt, einen Förderungsantrag jedoch erst nachträglich stellt, dem stehen für die Zeit bis zur Beantragung keine Leistungen zu.
Nur in begründeten Ausnahmen ist zur Vermeidung unbilliger Härten (→ S. 470) eine rückwirkende Leistungsgewährung möglich (§ 324 Abs. 1 Satz 2 SGB III).
Soll die Teilhabe am Arbeitsleben durch Zuschüsse an Arbeitgeber erreicht werden (→ S. 549 ff.), die zur Ausbildung oder Beschäftigung des behinderten Menschen bereit sind, so ist der Antrag grundsätzlich vor Beginn des Ausbildungs- oder Arbeitsverhältnisses zu stellen. Für den Antrag ist eine bestimmte Form nicht vorgeschrieben. Am besten ist es, den von der AA vorgesehenen Antragsvordruck zu benutzen.

Antrag auch formlos

2   »Reha-Selbsthilfe«

Wenn auch der behinderte Mensch gehalten ist, die zur Teilhabe am Arbeitsleben erforderlichen Leistungen zu beantragen, so ist er doch nicht verpflichtet, mit dem Beginn der Maßnahme so lange zu warten, bis die AA eine Entscheidung über die Förderung getroffen hat. Dem behinderten Menschen, der nach Antragstellung seine Rehabilitation zunächst ohne Zutun der AA selbst betreibt, kann daraus unter bestimmten Voraussetzungen kein Nachtteil erwachsen. Zu diesen Voraussetzungen einer zulässigen Reha-Selbsthilfe gehören nach § 15 SGB IX:

- Die AA kann über den Antrag nicht innerhalb von drei Wochen entscheiden;

- diesen Umstand hat es dem behinderten Menschen nicht unter Darlegung der Gründe rechtzeitig mitgeteilt oder die Gründe vermögen die Verzögerung nicht zu rechtfertigen;

- Sie haben daraufhin der AA eine angemessene Frist gesetzt und dabei erklärt, dass Sie sich nach Ablauf der Frist die erforderliche Leistung selbst beschaffen.

Sind diese Voraussetzungen erfüllt, ist die AA verpflichtet, dem behinderten Menschen die getroffenen Aufwendungen zu erstatten. Diese Verpflichtung wird allerdings durch die Grundsätze der Wirtschaftlichkeit und der Sparsamkeit begrenzt, die die AA auf jeden Fall zu beachten hat. Die Aufwendungen sollten sich deshalb auf das Notwendige beschränken.
Eine Erstattungspflicht zu Gunsten des behinderten Menschen besteht zudem in den Fällen, in denen eine Leistung nicht rechtzeitig erbracht werden kann, die unaufschiebbar ist oder in denen die AA eine Leistung zu Unrecht abgelehnt hat.

 Bedenken Sie, dass Sie bei einer »Reha-Selbsthilfe« ein erhebliches Risiko eingehen. So kommt etwa im Falle eines unbegründeten Leistungsantrags die Gewährung von Übg nicht in Betracht. Sie können die AA nicht dadurch zur Leistung zwingen, dass Sie sie vor vollendete Tatsachen stellen. Im Übrigen stehen die Leistungen zur Teilhabe am Arbeitsleben regelmäßig im Ermessen des zuständigen Trägers. Dann aber sind die Voraussetzungen für einen Erstattungsanspruch nicht bereits dann gegeben, wenn der ablehnende Bescheid an einem Fehler leidet, der einen Anspruch des Antragstellers auf Aufhebung des ablehnenden Bescheides sowie auf Neubescheidung nach sich zöge. Es kommt also nicht darauf an, ob die Ablehnungsentscheidung des Trägers ermessensfehlerhaft war. Vielmehr setzt ein Kostenerstattungsanspruch für eine Leistung zur Teilhabe am Arbeitsleben einen entsprechenden »Primäranspruch« voraus, was bei im Ermessen des Leistungsträgers stehenden Leistungen zusätzlich zur Erfüllung aller tatbestandlichen Voraussetzungen eine Ermessensreduzierung auf Null erfordert (LSG Hamburg vom 21.1.2015 – L 2 AL 37/12, info also 2015, Heft 6, S. 247; LSG Baden-Württemberg vom 22.7.2014 – L 11 R 2652/13; SG Dresden vom 19.5.2016 – S 35 R 1351/14, info also 2017, S. 23). Daran dürfte es häufig mangeln.

3   **Die Voraussetzungen im Einzelnen**

Bei der Auswahl der Leistungen sind Eignung, Neigung, bisherige Tätigkeit sowie Lage und Entwicklung des Arbeitsmarktes angemessen zu berücksichtigen (§ 112 Abs. 2 SGB III).

3.1   **Eignung**

Im Rahmen der Eignung kommt es auf die Leistungsfähigkeit in körperlicher, geistiger und seelischer Hinsicht an. Sie ist zu bejahen, wenn die konkret in Erwägung gezogene Maßnahme erfolgreich abgeschlossen werden kann. Fehlt die Leistungsfähigkeit, darf die AA mangels Eignung keine Leistungen für diese Maßnahmen erbringen. Es muss dann ggf. eine andere ins Auge gefasst werden.
Die Leistungsfähigkeit ist jedoch nicht allein ausschlaggebend. Bei mehreren in Betracht kommenden Leistungen zur Teilhabe am Arbeitsleben, für die der behinderte Mensch leistungsfähig ist, ist zu prüfen, welche Leistung nach den weiter maßgeblichen Kriterien am besten passt. Mehr noch als im Bereich der beruflichen Förderung nicht behinderter Menschen wird es bei der Eingliederung behinderter Menschen erforderlich sein, Eignung und Neigung unter Einschaltung des Ärztlichen Dienstes und/oder BPS der AA zu beurteilen; dabei wird sehr oft von dem Instrument des Eignungstests Gebrauch gemacht. Im Einzelfall kann zur Feststellung geeigneter Maßnahmen auch eine Arbeitserprobung sinnvoll sein.

Die Beurteilung der Eignung setzt eine Prognoseentscheidung voraus. Diese ist gerichtlich voll überprüfbar (BSG vom 29.7.1993 – 11/9b RAr 5/92, SozR 3-4100 § 60 Nr. 1). Der AA steht insoweit kein Beurteilungsspielraum zu. Bei der gerichtlichen Überprüfung der Entscheidung der AA kann der spätere Geschehensablauf dann nicht unberücksichtigt bleiben, wenn er die Prognoseentscheidung als fehlerhaft qualifiziert, weil etwa der Antragsteller in der Zwischenzeit die Abschlussprüfung der Maßnahme bestanden hat. Dann kann die ursprünglich getroffene Prognoseentscheidung als widerlegt gelten. Das Festhalten an einer Misserfolgsprognose, die zum Zeitpunkt der gerichtlichen Entscheidung von der Wirklichkeit widerlegt wurde, wäre »wirklichkeitsfremd« (BSG vom 24.9.1974 – 7 RAr 113/73, SozR 4100 § 42 Nr. 2).

Kein Beurteilungsspielraum der AA

An der Eignung mangelt es nicht selten: Das Eingliederungsziel ist die Herstellung der vollen Erwerbsfähigkeit. Die berufliche Eingliederung soll den behinderten Menschen nicht nur befähigen, eine konkrete behindertengerechte Beschäftigung in dem von ihm gewünschten Beruf zu finden. Er soll auch in die Lage versetzt werden, die erlernten Kenntnisse und Fertigkeiten auf dem gesamten Berufsfeld, welches durch die Maßnahme zur Teilhabe eröffnet wird, uneingeschränkt zu verwerten. Einer Einschränkung dieses umfassenden Ziels auf einen Teilbereich beruflicher Beschäftigungsmöglichkeiten braucht die AA nur zuzustimmen, wenn überhaupt kein Berufsfeld vorhanden ist, auf dem alle Beschäftigungen vom behinderten Menschen risikolos aufgenommen werden könnten. Dieser hat deshalb grundsätzlich keinen Anspruch auf Rehabilitation zu einem Beruf, in dem er in Teilen des Berufsfeldes nicht einsetzbar sein wird (BSG vom 18.5.2000 – B 11 AL 107/99 R).

Beispiel

Wer etwa seinen Beruf als Kindergärtnerin aus gesundheitlichen Gründen (psychosomatische Beschwerden infolge dauernden Kinderlärms) aufgeben musste, kann nicht als Maßnahme zur Teilhabe am Arbeitsleben die Weiterbildung zur Heilpädagogin beanspruchen, auch wenn diese Maßnahme den Zugang zu lärmfreien Tätigkeiten (etwa in der Altenpflege oder Erwachsenenbildung) ermöglicht. Denn zum Berufsfeld einer Heilpädagogin gehört auch die Betreuung von Kindern in integrativen Einrichtungen, womit die erneute gesundheitliche Gefährdung verbunden wäre.

3.2   Neigung

Wünsche und Motivation

Wegen der grundrechtlich geschützten Berufsfreiheit (Art. 12 Abs. 1 GG) kommt der Neigung des behinderten Menschen besondere Bedeutung zu. Das Ziel der Teilhabe am Arbeitsleben wird im Übrigen auch besser erreicht, wenn Wünsche und Motivation ernst genommen werden. Damit verträgt sich nicht, wenn die AA »von oben herab« allein entscheidet. Einem bestimmten Berufswunsch hat die AA jedenfalls so lange Rechnung zu tragen, als nicht zu befürchten ist, dass der behinderte Mensch für die von ihm angestrebte Maßnahme und die letztlich beabsichtigte berufliche Tätigkeit ungeeignet ist, oder eine Aufnahme dieser Tätigkeit nach Abschluss der Maßnahme im Hinblick auf den für ihn erreichbaren allgemeinen Arbeitsmarkt oder in einer Werkstatt für behinderte Menschen ebenfalls nicht erwartet werden kann. Bei mehreren objektiv gleichwertigen Leistungen ist davon auszugehen, dass der Betroffene regelmäßig besser als die AA weiß, welche Leistung seinen Bedürfnissen am ehesten gerecht wird (BSG vom 3.11.1999 – B 3 KR 16/99 R, SozR 3–1200 § 33 Nr. 1).

Den besonderen Stellenwert der Neigung verdeutlicht § 9 Abs. 1 SGB IX. Danach ist bei den Leistungen zur Teilhabe den berechtigten Wünschen des Leistungsberechtigten zu entsprechen. Nimmt die AA keine Rücksicht auf Wünsche des behinderten Menschen, so hat sie die Nichtbeachtung durch Bescheid, der gerichtlich überprüft werden kann, zu begründen (§ 9 Abs. 2 Satz 3 SGB IX). Zu weit dürfte es etwa gehen, generell dem Gesichtspunkt, berufliche Rehabilitationsmaßnahmen seien grundsätzlich in auf die Bedürfnisse von behinderten Menschen zugeschnittenen Einrichtungen durchzuführen, ein so hohes Gewicht beizumessen, dass die Wünsche des behinderten Menschen unberücksichtigt bleiben (so aber LSG Niedersachsen-Bremen vom 30.10.2013 – L 7 AL 102/10). Diese Begründung reicht jedenfalls nicht, wenn das Rehabilitationsziel der beruflichen Eingliederung ohne erheblichen Mehraufwand auch außerhalb solcher Einrichtungen zu erreichen ist.

3.3 Bisherige Tätigkeit

Mit dem Kriterium der bisherigen (beruflichen) Tätigkeit soll in erster Linie vermieden werden, dass die AA Rehabilitationsleistungen erbringt, die für den behinderten Menschen mit einem sozialen Abstieg verbunden sind. War er bereits beruflich eingegliedert, so ist anzustreben, dass er zumindest in einem gleichwertigen Berufsfeld einsetzbar ist. Nicht selten lässt die bisherige Tätigkeit auch Rückschlüsse auf die Eignung des behinderten Menschen zu.

3.4 Lage und Entwicklung des Arbeitsmarktes

Schließlich sind noch Lage und Entwicklung des Arbeitsmarktes zu berücksichtigen. Es leuchtet ein, dass es dem behinderten Menschen nichts bringen würde, wenn er mit der angestrebten Tätigkeit nach Abschluss der Maßnahme auf dem Arbeitsmarkt auf absehbare Zeit nicht vermittelbar wäre. Bei der (vorausschauenden) Beurteilung von Lage und Entwicklung des Arbeitsmarktes steht der AA – anders als bei der Eignung – ein Beurteilungsspielraum zu, der gerichtlich nur beschränkt überprüfbar ist. Auf jeden Fall muss die Prognose auf sorgfältig ermittelte Tatsachen gegründet und nachvollziehbar sein; sie darf insbesondere nicht gegen Denkgesetze und Erfahrungssätze verstoßen.

Beurteilungsspielraum

3.5 Eignungsabklärung/Arbeitserprobung

Bleiben bei der Suche nach der geeigneten Leistung Zweifel, so müssen diese durch eine Eignungsabklärung (z.B. medizinische und psychologische Untersuchungen) und/oder eine Arbeitserprobung (unter arbeits- und ausbildungsplatzähnlichen Verhältnissen) möglichst beseitigt werden (§ 112 Abs. 2 SGB III). Beide werden in der Regel in spezifischen Einrichtungen für behinderte Menschen (z. B. in Berufsbildungswerken), meistens mit einer Dauer von zwei bis drei Wochen, durchgeführt.
Es handelt sich nicht um Bestandteile der späteren berufsfördernden Leistung, sodass sich für die Leistungsdauer (Zeitgrenzen nach § 37 Abs. 2 SGB IX, s. unter 4) keine negativen Auswirkungen ergeben. Jedoch werden – wie im Rahmen der Teilnahme an einer Maßnahme – die Reisekosten, die Kosten einer Haushaltshilfe und Kinderbetreuung, Raum- und Materialkosten, Lehrgangs- und Prüfungsgebühren, Unterbringungs- und Verpflegungsaufwand übernommen (§ 33 Abs. 4 SGB IX).

4   **Leistungsdauer**

Eine strikte zeitliche Obergrenze sieht das SGB III nicht vor. Die Leistungsdauer ist nach § 114 i. V. m. § 179 Abs. 2 SGB III allein von der Angemessenheit abhängig (→ S. 472). Diese Voraussetzung wird von der AA vor Beginn der Maßnahme geprüft.

2 Jahre

In der Praxis beträgt in Übereinstimmung mit § 37 Abs. 2 SGB IX die Förderdauer in der Regel zwei Jahre. Nur in Ausnahmefällen, wenn es zur Teilhabe am Arbeitsleben des behinderten Menschen erforderlich ist (§ 116 Abs. 5 Satz 1 Nr. 3 und Abs. 4 SGB III), wird länger gefördert. Teilzeitmaßnahmen können regelmäßig länger dauern.

5   **Wiederholungen**

Leistungen wiederholt möglich

Die Rehabilitation ist erst abgeschlossen, wenn ihr Ziel, die dauerhafte Eingliederung in Arbeit und Beruf, erreicht ist. Dementsprechend erlauben § 116 Abs. 4 und Abs. 5 Satz 1 Nr. 3 SGB III eine wiederholte berufliche Ausbildung bzw. Weiterbildung. Auch eine Verlängerung kommt in Betracht.

Die Wiederholung einer Ausbildung wird gefördert, wenn Art oder Schwere der Behinderung es erfordern und ohne die Förderung eine dauerhafte Teilhabe am Arbeitsleben nicht erreicht werden kann. Allerdings kann es etwa nach einer wiederholt abgebrochenen Bildungsmaßnahme im Einzelfall an der Eignung des behinderte Menschen fehlen, sodass daran eine erneute Förderung der gleichen oder vergleichbaren Maßnahme scheitern kann.

V   **Voraussetzungen für den Bezug von Übergangsgeld (Übg)**

Die für die berufliche Rehabilitation behinderter Menschen wichtigste Leistung ist das Übg. Es soll während einer beruflichen Bildungsmaßnahme oder einer individuellen betrieblichen Qualifizierung im Rahmen der Unterstützten Beschäftigung den Lebensunterhalt sichern. Da das Übg zu den besonderen Leistungen gehört, besteht bei Vorliegen der Leistungsvoraussetzungen ein Rechtsanspruch (→ S. 487).

Muss-Leistung

Um Übg zu erhalten, müssen nicht nur die allgemeinen Leistungsvoraussetzungen erfüllt sein, der Antragsteller zum begünstigten Personenkreis gehören und die Zuständigkeit der BA gegeben sein; es müssen darüber hinaus auch die besonderen versicherungsrechtlichen und sonstigen Voraussetzungen für den Bezug des Übg erfüllt sein (§ 119 Satz 1 SGB III).

1   Versicherungsrechtliche Voraussetzungen

Der behinderte Mensch muss die Vorbeschäftigungszeit erfüllt haben. Er muss innerhalb der letzten drei Jahre vor Beginn der Maßnahme (Rahmenfrist) entweder

Vorbeschäftigungszeit

- mindestens zwölf Monate in einem Versicherungsverhältnis gestanden haben oder

- die Voraussetzung für einen Anspruch auf Alg erfüllt und Alg beantragt haben (§ 120 Abs. 1 SGB III).

Ausnahmsweise bedarf es dieser Voraussetzungen nicht, wenn der behinderte Mensch bereits über bestimmte Ausbildungsabschlüsse verfügt (§ 121 Satz 1 SGB III).

1.1   Zeiten eines Versicherungspflichtverhältnisses

Das Vorliegen eines Versicherungspflichtverhältnisses richtet sich – wie beim Anspruch auf Alg bei Arbeitslosigkeit (§ 142 SGB III) – nach § 24 SGB III. Welche Zeiten hier in Betracht kommen, können Sie auf → S. 132 nachlesen.

Zeiten einer Beschäftigung brauchen nicht lückenlos zu sein. Versicherungspflichtig sind nicht nur Beschäftigungszeiten; andere Tatbestände begründen ebenfalls ein Versicherungspflichtverhältnis. Für behinderte Menschen besonders bedeutsam ist die Gleichstellung nach § 26 Abs. 2 SGB III. Diese Vorschrift erfasst den Bezug bzw. (ab 1.8.2016) den Anspruch von Krankengeld, Versorgungskrankengeld, Verletztengeld, Übg (das etwa für der beruflichen Rehabilitation vorausgegangene medizinische Rehabilitationsmaßnahmen gezahlt worden ist) oder Krankentagegeld einer privaten Krankenversicherung. Wer also aus gesundheitlichen Gründen eine Beschäftigung nicht ausüben kann, wird häufig die Vorbeschäftigungszeit für das Übg durch den Bezug einer der genannten Sozialleistungen erwerben können.

Beschäftigungs- und gleich gestellte Zeiten

1.2   Anspruch auf Alg

Kann der behinderte Mensch kein Versicherungspflichtverhältnis nachweisen, so genügt es nach § 120 Abs. 1 Nr. 2 SGB III, wenn er die Voraussetzungen für einen Anspruch auf Alg erfüllt und diese Leistungen beantragt hat. Dem Anspruch auf Alg steht der Anspruch auf Arbeitslosenbeihilfe gleich.

Alg

Für den Erwerb der Übg-Anwartschaft reicht es aus, wenn innerhalb der 3-Jahres-Frist eine dieser Leistungen bezogen wurde, auch wenn es lediglich für einen Tag war.

Für wenigstens 1 Tag

Ein Anspruch auf Alg wird auch dann angenommen, wenn der behinderte Mensch vor Maßnahmebeginn rechtswidrig Alg bezogen hat, solange der Bewilligungsbescheid nicht rückwirkend wegen Rechtswidrigkeit aufgehoben worden ist.

1.3   Rahmenfrist

3 Jahre

Die Rahmenfrist für das Übg beträgt grundsätzlich drei Jahre. Maßgebend für die Fristberechnung ist der Zeitpunkt des Antritts der Maßnahme.

Verlängerung der Rahmenfrist bei Auslandsbeschäftigung

Die dreijährige Rahmenfrist verlängert sich gemäß § 120 Abs. 2 Satz 2 SGB III um die Dauer einer Beschäftigung im Ausland, die für die weitere Berufsausübung oder einen beruflichen Aufstieg nützlich und üblich ist. In diesem Fall kann die Verlängerung bis zu zwei Jahre betragen. Leicht übersehen wird, dass die Verlängerungszeit, also die Beschäftigungszeit im Ausland, an die »normale« Rahmenfrist heranreichen muss. Sie muss sich demnach bis zu dem Drei-Jahres-Zeitraum oder, falls eine Mehrfachanrechnung wegen weiterer Auslandsbeschäftigungen angestrebt wird, bis zu dem bereits verlängerten Zeitraum erstrecken. Dies ist jedenfalls dann der Fall, wenn sich die Verlängerungszeiten mit der – gegebenenfalls verlängerten – Rahmenfrist zumindest teilweise decken.

Keine Rahmenfrist für Berufsrückkehrer

Keine Rahmenfrist gilt gemäß § 120 Abs. 2 Satz 1 SGB III für behinderte Berufsrückkehrende im Sinne des § 20 SGB III. § 120 Abs. 2 Satz 1 lässt nur die Rahmenfrist von drei Jahren entfallen. Die übrigen versicherungsrechtlichen Voraussetzungen des § 120 Abs. 1 SGB III müssen auf jeden Fall erfüllt sein. Ohne Fixierung an einen zeitlichen Rahmen müssen also in früherer Zeit entweder zwölfmonatige Versicherungspflichtverhältnisse oder gleich gestellte Zeiten oder ein Anspruch auf Alg oder Alhi vorgelegen haben. Ist auch dies nicht der Fall, können Berufsrückkehrende das – geringere – Ausbildungsgeld (→ S. 539) erhalten.

1.4   Ausnahmen

Qualifizierter Ausbildungsabschluss

Bestimmte Personengruppen können Übg auch dann erhalten, wenn die versicherungsrechtlichen Voraussetzungen nach § 120 SGB III nicht erfüllt sind. Es sind dies zunächst solche behinderte Menschen, die innerhalb des letzten Jahres vor Beginn der Teilnahme an der Maßnahme einen Berufsausbildungsabschluss aufgrund einer Zulassung zur Prüfung nach § 43 Abs. 2 BBiG oder § 36 Abs. 2 HandwerksO erworben haben (§ 121 Satz 1 Nr. 1 SGB III).

Das Gleiche gilt für behinderte Menschen, deren Prüfungszeugnis aufgrund einer Rechtsverordnung nach § 50 Abs. 1 BBiG oder nach § 40 Abs. 1 HandwerksO dem Zeugnis über das Bestehen der Abschlussprüfung in einem nach dem BBiG oder der HandwerksO anerkannten Ausbildungsberuf gleich gestellt worden ist (§ 121 Satz 1 Nr. 2 SGB III). Begünstigt werden dadurch behinderte Menschen, die nicht als Auszubildende versicherungspflichtig beschäftigt waren, die aber – gleichwertig – in einer berufsbildenden Schule oder einer überbetrieblichen Einrichtung ausgebildet worden sind.

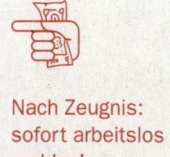

Wir empfehlen Arbeitslosen, nach Erwerb solcher Zeugnisse sich sogleich bei der AA arbeitslos zu melden, und zwar auch dann, wenn kein Alg zu erwarten ist. Nach § 121 Satz 2 SGB III verlängert sich nämlich der Zeitraum von einem Jahr (vor Beginn der Maßnahme) um Zeiten, in denen der Antragsteller nach dem Erwerb des Prüfungszeugnisses bei der AA arbeitslos gemeldet war.

Nach Zeugnis: sofort arbeitslos melden!

2   Sonstige Voraussetzungen

Neben den versicherungsrechtlichen Voraussetzungen setzt der Bezug von Übg voraus:

- die Durchführung einer qualifizierten Bildungsmaßnahme;

- grundsätzlich die Teilnahme des behinderten Menschen an einer solchen Maßnahme;

- die Verhinderung des behinderten Menschen an einer ganztägigen Erwerbstätigkeit.

2.1   Durchführung einer qualifizierten Bildungsmaßnahme

Grundvoraussetzung des Übg-Anspruchs ist eine qualifizierte berufliche Bildungsmaßnahme. Erforderlich ist gemäß § 117 SGB III die Teilnahme in einer besonderen Einrichtung für behinderte Menschen oder an einer behindertenspezifischen Maßnahme. Unter dieser Voraussetzung ist insbesondere die Teilnahme an einer Weiterbildungsmaßnahme (§ 81 SGB III) durch Übg zu fördern.

Weiterbildung

Gleich gestellt den Maßnahmen der beruflichen Weiterbildung sind Maßnahmen der Berufsausbildung und der Berufsvorbereitung, also solche, die darauf gerichtet sind, dem behinderten Menschen einen ersten beruflichen Bildungsabschluss oder eine erste Ausbildung zu verschaffen. Anders als für nicht behinderte Menschen, denen im Falle einer beruflichen Ausbildung lediglich eine bedürftigkeitsabhängige Berufsausbildungsbeihilfe (Azubi-BAB gemäß § 56 Nr. 3 SGB III) gezahlt werden kann, können behinderte Menschen auch dann Übg erhalten, wenn sie nicht bedürftig sind oder wenn sie im Haushalt der Eltern untergebracht sind und die Ausbildungsstätte von deren Wohnung aus erreichen können. Eine wegen der Behinderung erforderliche Grundausbildung (etwa die blindentechnische

Berufsausbildung und Berufs- vorbereitung

Grundausbildung oder Kurse in Gebärdensprache) zählen dabei zur Berufsvorbereitung.

Berufsfindung und Arbeitserprobung

Schließlich kann es Übg auch für Maßnahmen der Berufsfindung (Abklärung der beruflichen Eignung) und der Arbeitserprobung geben, allerdings nur, wenn wegen der Teilnahme kein oder nur ein geringes Arbeitsentgelt erzielt wird (§ 45 Abs. 3 SGB IX) oder bei bestehendem Arbeitsverhältnis das Entgelt zumindest teilweise entfällt. Hieran fehlt es etwa, wenn der behinderte Mensch während der Maßnahme schon aufgrund einer Arbeitsunfähigkeit kein Arbeitentgelt erzielen kann.

Hat der behinderte Mensch einen Anspruch auf Alg bei Arbeitslosigkeit, so ist dieses während der Berufsfindung oder Arbeitserprobung weiter zu zahlen; mangelnde Verfügbarkeit kann ihm insoweit nicht entgegen gehalten werden (vgl. § 139 Abs. 1 SGB III).

Anforderungen an die Maßnahmen

Alle beruflichen Bildungsmaßnahmen müssen die jeweiligen gesetzlichen Anforderungen (Berufsvorbereitende Bildungsmaßnahmen: §§ 51 ff. SGB III, Berufsausbildungen: § 57 SGB III, berufliche Weiterbildungen: § 179 SGB III) erfüllen. Sie müssen vor allem nach Dauer, Gestaltung des Lehrplans, Unterrichtsmethode, Ausbildung und Berufserfahrung des Leiters und der Lehrkräfte eine erfolgreiche berufliche Bildung erwarten lassen. Außerdem müssen die Maßnahmen behindertengerecht sein, damit die Teilhabe am Arbeitsleben erreicht werden kann.

Fernunterrichtsmaßnahmen werden grundsätzlich nicht durch Zahlung von Übg gefördert. Hier kann allenfalls Alg bei beruflicher Weiterbildung nach der allgemeinen Förderung der beruflichen Weiterbildung in Betracht kommen. Eine seltene Ausnahme ist nach § 117 Abs. 1 Satz 1 Nr. 2 SGB III möglich, wenn Art und Schwere der Behinderung weitere Leistungen erfordern.

2.2   Teilnahme an der Maßnahme

Tatsächliche Teilnahme

Wie der Anspruch auf Alg bei beruflicher Weiterbildung setzt auch der Anspruch auf Übg die Teilnahme an einer Bildungsmaßnahme voraus. Das gilt sinngemäß auch für die individuelle betriebliche Qualifizierung im Rahmen der Unterstützten Beschäftigung.

Nach dem bis 2004 geltenden Recht entfiel das Übg nach § 155 i. V. m. § 99 SGB III a. F. grundsätzlich für jeden Tag, an dem der Teilnehmer dem Unterricht ferngeblieben ist. Mit der Streichung des § 155 SGB III a. F. im Zuge der Zusammenführung von Alg und Uhg zu einer einheitlichen Versicherungsleistung bei Arbeitslosigkeit und bei beruflicher Weiterbildung ist auch für die Weiterbildung behinderter Menschen seit 2005 davon auszugehen, dass für die gesamte Zeit der Weiterbildung, d. h. vom ersten Tag der Teilnahme (in der Regel der planmäßig vorgesehene Beginn des Unterrichts) bis zum letzten Tag der Maßnahme (in der Regel der Tag der planmäßigen Beendigung oder der abschließenden Prüfung) Übg zu zahlen ist. Lediglich im Falle der vorzeitigen (endgültigen) Beendigung der Maßnahme entfällt mangels Teilnahme der Anspruch.

Übg ist mithin grundsätzlich ohne Rücksicht darauf zu zahlen, ob der behinderte Mensch an einzelnen Tagen am Unterricht teilnimmt oder nicht. Die AA kann deshalb für Fehltage nicht das Übg zurückfordern.

Bedenken Sie aber, dass der Träger der Maßnahme verpflichtet ist, der AA alle Fehlzeiten zu melden, damit auch während der Maßnahme geprüft werden kann, ob eine erfolgreiche Teilnahme bis zum Ende der Maßnahme erwartet werden kann (§ 318 Abs. 2 Satz 2 SGB III). Ist diese nicht zu erwarten, kann die AA die Zahlung von Übg einstellen. In diesem Fall sollten Sie sich umgehend arbeitslos melden.

2.2.1   Krankheitsbedingte Nichtteilnahme

Die krankheitsbedingte Nichtteilnahme ist in § 51 Abs. 3 SGB IX besonders geregelt. Danach wird das Übg bis zu sechs Wochen weiter gewährt, wenn Leistungsempfänger Leistungen zur Teilhabe am Arbeitsleben allein aus gesundheitlichen Gründen nicht mehr, aber voraussichtlich wieder in Anspruch nehmen können. Weitergezahlt wird Übg also nur bei krankheitsbedingter Unterbrechung der Maßnahme, nicht bei Maßnahmeabbruch. Andere als gesundheitliche Gründe führen nicht zur Weiterzahlung; in solchen Fällen müssen, um weiter Übg beziehen zu können, die Gründe so gewichtig sein, dass von einer weiteren Teilnahme ausgegangen werden kann.

Weiterzahlung bis zu 6 Wochen

Das Übg wird längstens für die Dauer von sechs Wochen weitergezahlt. Die Frist beginnt mit dem ersten Tag der Unterbrechung aus gesundheitlichen Gründen und endet
– mit dem Ende der Erkrankung oder
– mit dem Ablauf der Sechs-Wochen-Frist oder
– mit einem vorzeitigen Abbruch der Maßnahme oder
– mit einem planmäßigen Ende der Maßnahme vor Ablauf der sechs Wochen.

Nach Ablauf der Sechs-Wochen-Frist steht dem Teilnehmer für die Zeit, in der er weiterhin arbeitsunfähig ist, regelmäßig Krankengeld zu.

Treten mehrfach Erkrankungen auf, die sich mit Zeiten abwechseln, in denen an der Maßnahme teilgenommen worden ist, so entsteht jeweils mit dem ersten Tag der erneuten Erkrankung ein neuer Anspruch auf Weiterzahlung des Übg für längstens sechs Wochen.

2.2.2   Zwischenübergangsgeld

Das Zwischen-Übg ist der wichtigste Fall, in dem Übg ohne Teilnahme an einer Maßnahme gezahlt wird. § 51 Abs. 1 SGB IX regelt das Zwischen-Übg wie folgt:

Überbrückt Zeit zwischen Maßnahmen

»(1) Sind nach Abschluss von Leistungen […] zur Teilhabe am Arbeitsleben weitere Leistungen zur Teilhabe am Arbeitsleben erforderlich, während derer dem Grunde nach Anspruch auf Übergangsgeld besteht, und können diese aus Gründen, die die Leistungsempfänger nicht zu vertreten haben, nicht unmittelbar anschließend durchgeführt werden, werden das Verletztengeld, das Versorgungskrankengeld oder das Übergangsgeld für diese Zeit weitergezahlt, wenn
1. die Leistungsempfänger arbeitsunfähig sind und keinen Anspruch auf Krankengeld mehr haben oder
2. ihnen eine zumutbare Beschäftigung aus Gründen, die sie nicht zu vertreten haben, nicht vermittelt werden kann.«

Zuständigkeit anderer Reha-Träger?

Wenn im Anschluss an eine medizinische Rehabilitationsmaßnahme (etwa ein Heilverfahren) nicht sogleich mit der Maßnahme zur Teilhabe am Arbeitsleben begonnen werden kann, ist der bisherige Rehabilitationsträger (Krankenkasse, Rentenversicherungträger oder Berufsgenossenschaft) und nicht die BA zuständig.

Erforderlichkeit einer weiteren Maßnahme

Zwischen-Übg kann zunächst nur verlangt werden, wenn nach Abschluss einer Maßnahme zur Teilhabe am Arbeitsleben eine weitere erforderlich ist. Ein vor Ende der Maßnahme erfolgter Abbruch stellt keinen Abschluss dar. Auch wenn der Abbruch unverschuldet ist, muss Übg nicht weitergezahlt werden. Die Erforderlichkeit ist grundsätzlich zum Zeitpunkt des Abschlusses der ersten Maßnahme festzustellen.

Kein Zwischen-Übg ist zu zahlen, wenn erst nach Abschluss der ersten Maßnahme – etwa wegen einer neu hinzugetretenen Behinderung oder einer veränderten Arbeitsmarktlage – eine (weitere) Maßnahme notwendig wird.

Eine weitere Maßnahme zur Teilhabe am Arbeitsleben ist regelmäßig stets dann erforderlich, wenn sie bei Abschluss der ersten Maßnahme als Bestandteil eines Gesamtplans (vgl. § 10 SGB IX) festgelegt ist. Liegt ein Gesamtplan nicht vor, so ist sie auch dann erforderlich, wenn sie zu diesem Zeitpunkt objektiv zur Erreichung des Ziels der Teilhabe am Arbeitsleben notwendig ist. Dabei braucht noch nicht festzustehen, welche konkrete Maßnahme in Betracht kommt. Auch setzt der Bezug von Zwischen-Übg nicht voraus, dass dem behinderten Menschen jedenfalls auch während der weiteren Maßnahme Übg zusteht.

Ein Anspruch auf Zwischen-Übg ist nur gegeben, wenn eine weitere Maßnahme zur Teilhabe am Arbeitsleben, die grundsätzlich den Anspruch auf Übg begründen kann, notwendig ist. Geht es lediglich um die spätere Maßnahmen zur Aktivierung und beruflichen Eingliederung (§ 45 SGB III) oder eine Hilfe zum Erwerb eines behinderungsgerechten Kfz, so ist kein Zwischen-Übg zu zahlen. Dasselbe gilt, wenn später eine medizinische Rehabilitationsmaßnahme durchgeführt werden muss (SG Hannover vom 27.6.2013 – S 64 R 1165/11).

Zwischen-Übg ist auch dann nicht zu zahlen, wenn der nahtlose Übergang vom behinderten Menschen verhindert wird, z. B. weil er ein Angebot einer berufsfördernden Maßnahme in größerer, aber noch zumutbarer Entfernung zu seinem Wohnort abgelehnt hat (§ 51 Abs. 2 SGB IX). Erst mit der tatsächlichen Teilnahme an der Maßnahme kann erneut ein Anspruch auf Übg gemäß § 119 SGB III erworben werden.

Kein Zwischen-Übg bei vom behinderten Menschen zu vertretender Verzögerung

Kein Anspruch auf Zwischen-Übg besteht, wenn dem behinderten Menschen Krankengeld, Versorgungskrankengeld oder Verletztengeld zusteht. Dagegen lässt der tatsächliche, wenn auch unberechtigte Bezug von Alg bei Arbeitslosigkeit den Anspruch auf Zwischen-Übg unberührt.

Krankengeld u.Ä. schließen Zwischen-Übg aus

Die im Falle der Arbeitslosigkeit erforderliche Arbeitslosmeldung sollte umgehend nach Abschluss der Maßnahme erfolgen. Die BA lässt es noch genügen, wenn die Meldung innerhalb von sieben Tagen nach Maßnahmeende erfolgt. Bei späterer Meldung erkennt die AA den Anspruch auf Zwischen-Übg erst ab dem Tage der Arbeitslosmeldung an.

Sofort arbeitslos melden!

Schließlich muss Zwischen-Übg nur gezahlt werden, wenn und solange dem behinderten Menschen eine zumutbare Beschäftigung nicht vermittelt werden kann. Kann die AA eine zumutbare Beschäftigung vermitteln, lehnt der behinderte Mensch die Aufnahme der Beschäftigung aber ab, sodass er seinen Lebensunterhalt nicht durch Arbeitsentgelt bestreiten kann, entfällt der Anspruch auf Zwischen-Übg. Dieser entfällt allerdings erst mit dem Zeitpunkt, zu dem das Arbeitsverhältnis, auf das sich das Vermittlungsangebot der AA bezieht, beginnt oder – bei Ablehnung der Beschäftigung – beginnen würde. Dagegen entfällt der Anspruch nicht, wenn der behinderte Mensch in der Zeit nach Abschluss einer Maßnahme zur Vorbereitung auf die folgende ein unentgeltliches Praktikum ableistet.

Nichtvermittelbarkeit einer zumutbaren Beschäftigung

Ohne Bedeutung ist der Zeitraum zwischen den berufsfördernden Maßnahmen. Zwischen-Übg ist so lange zu zahlen, wie die AA eine zumutbare Beschäftigung nicht anbietet.

Dauer der Zwischenzeit ohne Belang

2.2.3   Anschluss-Übg bei Arbeitslosigkeit

Ist der behinderte Mensch im Anschluss an eine abgeschlossene Leistung zur Teilhabe am Arbeitsleben arbeitslos, so wird Übg gemäß § 51 Abs. 4 SGB IX während der Arbeitslosigkeit bis zu drei Monaten weiter gewährt, wenn er sich bei der AA arbeitslos gemeldet hat und einen Anspruch auf Alg von mindestens drei Monaten nicht geltend machen kann.

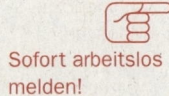

Die BA geht davon aus, dass man sich unmittelbar nach Beendigung der Maßnahme persönlich bei der AA arbeitslos melden muss. Werde das versäumt, so entfalle ein Anspruch auf Anschluss-Übg. Diese Auffassung erscheint jedoch zu engherzig. Dem Gesetzeszweck genügt es, den Fortzahlungsanspruch mit dem Zeitpunkt der Arbeitslosmeldung entstehen zu lassen. Im Übrigen hat auch das BSG vom 7.9.2010 – B 5 R 104/08 R – wenn auch bezogen auf die im Wortlaut vergleichbare Berechnungsvorschrift des § 49 SGB IX – entschieden, dass »Anschluss« nicht gleichbedeutend mit einem nahtlosen Zusammenhang zwischen dem Bezug einer der genannten Leistungen und dem Beginn der Maßnahme zur Teilhabe ist. Das BSG geht vielmehr davon aus, dass ein »Anschluss« immer dann gegeben ist, wenn der zeitliche Abstand zwischen dem Ende des früheren Leistungsbezuges und dem Beginn der Maßnahme zur Teilhabe weniger als vier Wochen beträgt. Dabei hat das BSG angedeutet, dass ein »Anschluss« trotz eines mehr als vierwöchigen Abstandes dann zu bejahen sein könnte, wenn sich Maßnahmen, die auf einem Gesamtplan (jetzt: Teilhabeplan nach § 10 SGB IX) beruhen, aus »technischen« Gründen verzögern. Melden Sie sich allerdings erst später arbeitslos, wird dadurch der Drei-Monats-Zeitraum nicht hinausgeschoben, da es sich bei diesem Zeitraum um eine starre Frist handelt, die mit dem ersten Tag der Arbeitslosigkeit nach Maßnahmeende beginnt und kalendermäßig abläuft. Günstiger können Sie dann stehen, wenn Sie von der AA vor Beginn der Arbeitslosigkeit nicht auf die Bedeutung der Arbeitslosmeldung für das Anschluss-Übg hingewiesen worden sind. Die AA muss Sie dann im Wege des sozialrechtlichen Herstellungsanspruchs so stellen, als sei die Arbeitslosmeldung unmittelbar nach Maßnahmeende erfolgt (BSG vom 11.5.2000 – B 7 AL 54/99 R, SozR 3–4300 § 156 Nr. 1).

Wenn der Arbeitnehmer innerhalb der 3-Monatsfrist eine Beschäftigung aufnimmt, die noch innerhalb dieser Frist endet, besteht für die noch nicht ausgeschöpfte Restzeit ein Anspruch auf Anschluss-Übg. Dies hatte bisher die BA verneint und nur für den Fall, dass es sich bei der aufgenommenen und wieder innerhalb der 3-Monatsfrist beendeten Beschäftigung um eine vom Rehabilitationsträger bewilligte Probebeschäftigung im Sinne von § 34 Abs. 1 Nr. 4 SGB IX handelte, einen Anspruch auf Anschluss-Übg anerkannt. Das BSG vom 23.2.2011 – B 11 AL 15/10 R ist dieser einschränkenden Auffassung nicht gefolgt. Es hat entschieden, dass nach dem Ende einer Beschäftigung, die innerhalb der 3-Monatsfrist nach Abschluss der Leistung zur Teilhabe aufgenommen und wieder beendet wird, bei Vorliegen von Arbeitslosigkeit Anschluss-Übg bis zum Ende der 3-Monatsfrist zu erbringen ist. Diese Klarstellung ist zu begrüßen, weil ansonsten diejenigen Leistungsempfänger unangemessen benachteiligt würden, die sich zunächst mit Erfolg um eine Beschäftigung bemüht haben, deren Beschäftigung jedoch innerhalb der 3-Monatsfrist endet.

Das Anschluss-Übg kommt nur nach Abschluss der Maßnahme infrage. Das BSG hat zu der vergleichbaren Vorschrift des § 1241e Abs. 3 RVO (jetzt § 25 Abs. 3 SGB VI) die nicht sehr überzeugende Auffassung vertreten, dass das Übg nur weiterzuzahlen sei, wenn die Maßnahme erfolgreich, im Falle einer Prüfung demnach mit deren Bestehen, abgeschlossen worden ist. Davon geht für das SGB III auch die BA aus, die sogar dann, wenn eine Abschlussprüfung nicht vorgesehen ist, es für geboten hält, dass die zuständige Abteilung der AA den erfolgreichen Abschluss der Maßnahme bestätigt.

Dem Schutzcharakter der Regelung über das Anschluss-Übg bei Arbeitslosigkeit entspricht es eher, als abgeschlossen jede planmäßig bis zu Ende geführte Maßnahme anzusehen, gleichgültig, ob sie mit oder ohne Erfolg beendet worden ist. Davon geht auch das SG Dresden vom 1.12.2015 – S 35 R 1702/14, info also 2017, S. 26 aus und beschränkt den Ausschluss des Anschluss-Übg auf Fälle, in denen dem Betroffenen ein maßnahmewidriges Verhalten oder eine vorsätzliche Vereitelung des Maßnahmeerfolgs vorzuwerfen ist (dagegen aber LSG Baden-Württemberg vom 1.7.2011 – L 3 AL 5887/10).

2.3   Teilzeitmaßnahmen

Der Anspruch auf Übg ist nur davon abhängig, dass wegen der Teilnahme an der Maßnahme eine ganztägige Erwerbstätigkeit nicht ausgeübt werden kann. Übg kann daher auch zu zahlen sein, wenn der behinderte Mensch lediglich eine Teilzeitmaßnahme besucht, welche die Verrichtung einer Vollzeitarbeit nicht zulässt. Weitere Voraussetzungen, etwa die Unzumutbarkeit der Teilnahme an einer Vollzeitmaßnahme oder die Ausübung einer Teilzeitbeschäftigung, werden vom Gesetz nicht verlangt. Allerdings muss auch die Teilzeitmaßnahme den allgemeinen Maßstäben genügen, also insbesondere eine erfolgreiche berufliche Bildung erwarten lassen.

VI   **Höhe des Übg**

1   **Übg – in Prozent**

Für die Berechnung des Übg gilt das SGB IX (§ 119 S. 2 SGB III). Das Übg beträgt gemäß § 46 Abs. 1 Satz 3 Nr. 2 SGB IX während der Maßnahme grundsätzlich 68 % der Berechnungsgrundlage. Das Übg beträgt gemäß § 46 Abs. 1 Satz 3 Nr. 1 SGB IX 75 % der Berechnungsgrundlage in drei Fällen:

- Der behinderte Mensch hat mindestens ein Kind im Sinne des § 149 Nr. 1 SGB III (→ S. 183) oder ein Stiefkind, wenn es in den Haushalt aufgenommen worden ist;

- der behinderte Mensch ist pflegebedürftig, und sein Ehe- oder Lebenspartner, mit dem er in häuslicher Gemeinschaft lebt, kann wegen der Pflege des behinderten Menschen keine Erwerbstätigkeit ausüben;

- der Ehe- oder Lebenspartner des behinderten Menschen, mit dem dieser in häuslicher Gemeinschaft lebt, ist pflegebedürftig und hat keinen Anspruch auf Leistungen der Pflegeversicherung.

2   **Bemessung nach der Berechnungsgrundlage**

Regelentgelt

Berechnungsgrundlage sind 80 % des erzielten regelmäßigen Arbeitsentgelts, soweit es der Beitragsberechnung unterliegt (Regelentgelt), höchstens jedoch das Nettoarbeitsentgelt (§ 46 Abs. 1 Satz 1 SGB IX). Bei der Ermittlung des Regelentgelts ist von dem vom behinderten Menschen im Bemessungszeitraum erzielten Arbeitsentgelt auszugehen, wobei Einmalzahlungen nicht zu berücksichtigen sind. Diese werden erst bei der Berechnung des Nettoarbeitsentgelts durch Kumulierung in Ansatz gebracht (§ 46 Abs. 2 i.V.m. § 47 Abs. 1 SGB IX). Näheres hierzu im Beispiel auf → S. 536.
Für behinderte Menschen, die vor Maßnahmebeginn Kurzarbeitergeld bezogen haben, ist das regelmäßige Arbeitsentgelt maßgebend, das zuletzt vor dem Arbeitsausfall erzielt worden ist.

Bemessungs-
zeitraum

Der Bemessungszeitraum umfasst den letzten vor Beginn der Maßnahme oder einer vorangegangenen Arbeitsunfähigkeit abgerechneten Entgeltabrechnungszeitraum; er muss mindestens vier Wochen betragen. Der Bemessungszeitraum ändert sich nicht, wenn nach einer Bildungsmaßnahme eine Zwischenbeschäftigung vor Durchführung einer weiteren Maßnahme liegt. Das vor der ersten Maßnahme erzielte Regelentgelt bleibt also auch dann maßgebend, wenn der Behinderte in der Zwischenbeschäftigung ein zu einem höheren Regelentgelt führendes Arbeitsentgelt erzielt hat (BSG vom 26.7. 1994 – 11 RAr 45/93, SozR 3–4100 § 59 Nr. 6).

Da der Bemessungszeitraum auch vor einer vorangegangenen Arbeitsunfähigkeit liegen kann, ist unter Umständen auch auf einen länger zurückliegenden Entgeltabrechnungszeitraum zurückzugreifen. Das ist selbst dann möglich, wenn eine förmliche Krankschreibung nicht erfolgt war, der behinderte Mensch sich arbeitslos gemeldet und nachfolgend Alg bezogen hat (SG Dresden vom 26.9.2013 – S 35 R 90/12, info also 2014, S. 19). Arbeitsunfähigkeit und Alg-Bezug schließen sich nämlich nicht aus, wenn sich die Verfügbarkeit auf andere als die bisherige Tätigkeit, auf die sich die Arbeitsunfähigkeit bezieht, erstreckt.

Bei behinderten Menschen, deren Arbeitsentgelt nach Stunden berechnet worden ist, ist das maßgebende Arbeitsentgelt durch die Zahl der Stunden zu teilen, für die es gezahlt wurde. Das Ergebnis ist mit der Zahl der regelmäßigen wöchentlichen Arbeitsstunden zu vervielfachen und durch sieben zu teilen (§ 47 Abs. 1 Satz 1 und 2 SGB IX). Diese Regelung gilt auch für »Teilzeitrehabilitanden« (LSG Bayern vom 25.7.2007 – L 16 R 889/05). Die Zahl der regelmäßigen wöchentlichen Arbeitsstunden ist nach dem Inhalt des Arbeitsvertrages, gegebenenfalls in Verbindung mit einer Betriebsvereinbarung oder einem Tarifvertrag, festzustellen. Zu diesen regelmäßigen Arbeitsstunden gehören auch Mehrarbeitszeiten, wenn sie während der letzten drei Monate oder 13 Wochen des Arbeitsverhältnisses regelmäßig angefallen sind.

Arbeitsentgelt nach Stunden

Bei behinderten Menschen, deren Arbeitsentgelt nicht nach Stunden, sondern nach Monaten oder anderen Einheiten gezahlt wird, die eine Berechnung nach § 47 Abs. 1 Satz 1 und 2 SGB IX nicht zulassen, muss eine Umrechnung des kalendertäglichen Regelentgelts erfolgen: Der 30. Teil des im letzten vor Maßnahmebeginn abgerechneten Kalendermonat erzielten (um einmalig gezahltes Arbeitsentgelt verminderten) Arbeitsentgelts gilt als Regelentgelt (§ 47 Abs. 1 Satz 3 SGB IX).

Arbeitsentgelt nach Monaten oder anderen Einheiten

Bei Wertguthaben nach § 7b SGB IV, das für Zeiten einer Freistellung erreicht worden ist, ist für die Berechnung des Regelentgelts maßgebend das im Bemessungszeitraum der Berechnung der Beiträge zugrunde liegende und um einmalig gezahltes Arbeitsentgelt verminderte Arbeitsentgelt. Wertguthaben, die nicht gemäß einer Vereinbarung über flexible Arbeitszeitregelungen verwendet worden sind, dürfen nicht berücksichtigt werden (§ 47 Abs. 1 Satz 4 SGB IX).

Nach § 46 Abs. 2 SGB IX wird für die Berechnung des Nettoarbeitsentgelts der sich aus dem kalendertäglichen Hinzurechnungsbetrag ergebende Anteil am Nettoarbeitsentgelt mit dem Vomhundertsatz angesetzt, der sich aus dem Verhältnis des kalendertäglichen Regelentgeltbetrages zu dem sich aus diesem Regelentgeltbetrag ergebenden Nettoarbeitsentgelt ergibt. Auf diesem Wege werden Einmalzahlungen zum Nettoarbeitsentgelt hinzugerechnet (kumuliert). Das kalendertägliche Übg darf das sich aus dem Arbeitsentgelt ergebende kalendertägliche Nettoarbeitsentgelt nicht übersteigen.

Der Sinngehalt dieser Regelung erschließt sich am ehesten an folgendem Beispiel:

Beispiel

Monatliches Arbeitsentgelt (brutto) im Bemessungszeitraum	3.000,– €
Nettoarbeitsentgelt	2.100,– €
Einmalzahlungen	7.200,– €
Regelentgelt (3000 : 30)	100,– €
Brutto-Hinzurechnungsbetrag (7200 : 360)	+ 20,– €
Kumuliertes Regelentgelt	= 120,– €
80 % des kumulierten Regelentgelts	96,– €
Nettoarbeitsentgelt (2100 : 30)	70,– €
Netto-Hinzurechnungsbetrag ([70 : 100] x 20)	+ 14,– €
Kumuliertes Nettoarbeitsentgelt	= 84,– €
Übg (z. B. 68 % von 84 €)	**57,12 €**

Der behinderte Mensch hat Anspruch auf das errechnete Übg von 57,12 €, da es das regelmäßige Nettoarbeitsentgelt (70 €) nicht übersteigt.

3   Bemessung in Sonderfällen

Ausnahmsweise scheidet eine Berechnung des Übg nach dem Regelentgelt in folgenden Fällen aus:

– Der letzte Tag des Bemessungszeitraums liegt zu Beginn der Maßnahme länger als drei Jahre zurück;

– es ist kein Arbeitsentgelt oder Arbeitseinkommen erzielt worden;

– die »normale« Berechnung nach den §§ 46, 47 SGB IX führt zu einem geringeren Betrag.

In diesen Fällen beträgt gemäß § 48 SGB IX die Berechnungsgrundlage 65 % des auf ein Jahr bezogenen tariflichen Arbeitsentgelts, das für den Wohnsitz oder für den gewöhnlichen Aufenthaltsort des Behinderten gilt; besteht keine tarifliche Regelung, so ist das ortsübliche Arbeitsentgelt entscheidend. Maßgebend ist das Arbeitsentgelt im letzten Kalendermonat vor Maßnahmebeginn für diejenige Beschäftigung, für die der behinderte Mensch nach seinen beruflichen Fähigkeiten und seinem Lebensalter, aber ohne die Behinderung, in Betracht käme. Von dem hiernach festgestellten Jahresbetrag (Monatsentgelt x 12) sind 65 % zu nehmen. Dieser Betrag ist durch 360 zu teilen. Davon erhält der Behinderte entweder 75 % oder 68 % als Übg.

– Ein behinderter Mensch, der bereits Übg, Verletztengeld, Krankengeld oder Versorgungskrankengeld bezogen hat und eine Maßnahme zur Teilhabe am Arbeitsleben anschließt, erhält das Übg unter Berücksichtigung des bisher zu Grunde gelegten Arbeitsentgelts (§ 49 SGB IX). Ein »Anschluss«, der es rechtfertigt, auf das frühere Entgelt zurückzugreifen, ist jedenfalls immer dann gegeben, wenn der zeitliche Abstand zwischen dem Ende des früheren Leistungsbezuges und dem Beginn der Maßnahme zur Teilhabe weniger als vier Wochen beträgt (BSG vom 7.9.2010 – B 5 R 104/08 R).

Haben Sie zuvor nicht eine der in § 49 SGB IX aufgezählten Leistungen, sondern Alg erhalten, so kann nicht von dem diesem zugrunde gelegten Arbeitsentgelt ausgegangen werden (BSG vom 31.10.2012 – B 13 R 10/12 R). Das Übergangsgeld für die Dauer der Maßnahme zur Teilhabe am Arbeitsleben ist dann also auf der Grundlage des zuletzt erzielten und abgerechneten Arbeitsentgelts zu bemessen – und nicht auf der Grundlage eines (häufig höheren) Arbeitsentgelts, welches der Berechnung des Arbeitslosengelds zugrunde gelegen hatte.

§ 49 SGB kann, was häufig übersehen wird, selbst dann nicht angewendet werden, wenn zuvor Übg bezogen worden ist. Das ist etwa dann der Fall, wenn es nicht auf der Grundlage von »Arbeitsentgelt« berechnet worden war, sondern maßgeblich für die Bemessung der Vorleistung allein die Höhe (d.h. der Zahlbetrag) eines vorhergehend bezogenen Alg war (BSG vom 31.10.2012 – B 13 R 10/12 R).

Bedeutsam ist § 49 SGB IX für das Zwischen-Übg. Es ist selbst dann nach demselben – bisher zu Grunde gelegten – Arbeitsentgelt zu berechnen, wenn nach der ersten Maßnahme zwischenzeitlich aus einer Beschäftigung Arbeitsentgelt erzielt worden ist. **Zwischen-Übg**

Die Leistungssätze für das Anschluss-Übg (→ S. 532) entsprechen den Alg-Sätzen. Wem während der Maßnahme ein Satz von 75 % zustand, hat nach der Maßnahme nur noch Anspruch auf 67 %. Bei den übrigen behinderten Menschen beträgt das Anschluss-Übg 60 % (§ 51 Abs. 4 Satz 2 SGB IX). **Anschluss-Übg:** **67 %** **60 %**

Besteht bei Teilnahme an einer Maßnahme, für die die allgemeinen Leistungen erbracht werden, kein Anspruch auf Alg bei beruflicher Weiterbildung, erhalten die behinderten Menschen Übg in Höhe des Alg, wenn sie bei Teilnahme an einer Maßnahme, für die die besonderen Leistungen erbracht werden, Übg erhalten würden (§ 119 Satz 3 SGB III). **Übg in Alg-Höhe**

4   **Jährliche Anpassung des Übg**

Wenn seit dem Ende des Bemessungszeitraumes (Stichtag) ein Jahr verstrichen ist und immer noch Anspruch auf Übg besteht, dann wird die der Leistung zu Grunde liegende Berechnungsgrundlage an die allgemeine Lohnentwicklung angepasst (§ 50 SGB IX). Der Anpassungsfaktor beträgt seit 1.7.2014 1,0222 und seit 1.7.2015 1,0263, was einer Erhöhung um 2,22 % bzw. 2,63 % entspricht.

Berechnungsgrundlage ist in den »normalen Berechnungsfällen« des § 46 SGB IX nicht das tägliche (nach Maßgabe des § 47 SGB IX errechnete) Regelentgelt, sondern 80 v.H. dieses Betrags – gegebenenfalls begrenzt auf das kalendertägliche Entgelt (Abs. 1 Satz 1); dieser wird angepasst (BSG vom 31.10.2012 – B 13 R 10/12 R). In den Sonderfällen des § 48 SGB IX entspricht die Berechnungsgrundlage dem täglichen Betrag des in dieser Vorschrift festgelegten Wertes von 65 v.H.

Früher war eine »Negativanpassung«, also eine Herabsetzung des Übg, ausgeschlossen (§ 50 Abs. 2 SGB IX a. F. i. V. m. § 68 Abs. 6 SGB VI). Im Zuge weiterer Maßnahmen zur »Finanzkonsolidierung« hat der Gesetzgeber diese Vergünstigung seit 12.12.2006 gestrichen.

5   **Nebenbeschäftigungen und Anrechnung von Nebeneinkommen**
§ 52 SGB IX

Auch während des Bezugs von Übg können behinderte Menschen einer Nebenbeschäftigung nachgehen und daraus Einkommen beziehen. Es ist lediglich zu beachten, dass kein Anspruch auf Weitergewährung des Übg bei Arbeitslosigkeit (§ 51 Abs. 4 SGB IX) besteht, wenn die Tätigkeit die 15-Stunden-Grenze erreicht (dann liegt keine Arbeitslosigkeit mehr vor).

Wird während des Übg-Bezugs an den behinderten Menschen Arbeitsentgelt gezahlt, so wird das Übg um das – gegebenenfalls noch um einmalig gezahltes Arbeitsentgelt verminderte – Nettoarbeitsentgelt (→ S. 233) gekürzt, wenn dieses während des Bezugs von Übg erarbeitet worden ist. Nachzahlungen, die der behinderte Mensch aus früheren Arbeitsverhältnissen erhält, kürzen das Übg nicht. Leistungen des Arbeitgebers zum Übg werden angerechnet, soweit sie zusammen mit dem Übg das vor Beginn der Maßnahme erzielte Nettoarbeitsentgelt übersteigen.

Erzielt der behinderte Mensch durch eine selbstständige Tätigkeit während des Bezugs von Übg Einkommen (→ S. 236), so wird das Übg um 80 % des erzielten Nettonebeneinkommens gekürzt.

Einkommen, das dem behinderten Menschen unabhängig von einer abhängigen oder selbstständigen Tätigkeit zufließt, z. B. Zinsen, Dividenden, Miete, Pacht, bleibt anrechnungsfrei.

Zulässigkeit von Nebenbeschäftigungen

Anrechnung von Nebeneinkommen: aus abhängiger Arbeit

aus selbstständiger Tätigkeit

»müheloses« Einkommen

Das Übg ist ferner zu kürzen um

- Renten wegen verminderter Erwerbsfähigkeit oder Verletztenren-
  ten, wenn sich die Minderung der Erwerbsfähigkeit auf die Höhe
  der Berechnungsgrundlage für das Übg nicht ausgewirkt hat. Eine
  Anrechnung erfolgt also nicht, wenn das Übg nach einem neben
  der Rente bezogenen Arbeitsentgelt berechnet worden ist. Anrechnungsfrei bleiben einkommensunabhängige Renten, wie Grundren-
  ten nach dem BVG, aber auch Betriebsrenten oder Renten aus privaten Versicherungsverträgen;

- Renten wegen verminderter Erwerbsfähigkeit, die aus demselben
  Anlass wie die berufsfördernden Rehabilitationsmaßnahmen gezahlt werden, wenn durch die Anrechnung eine unbillige Doppelleistung vermieden wird;

- Renten wegen Alters, die bei Berechnung des Übg aus einem Teil-
  arbeitsentgelt nicht berücksichtigt worden sind;

- Verletztengeld aus der gesetzlichen Unfallversicherung;

- Geldleistungen, die von einer anderen öffentlich-rechtlichen Stelle
  im Zusammenhang mit einer Leistung zur medizinischen Rehabilitation oder zur Teilhabe am Arbeitsleben erbracht werden.

VII Ausbildungsgeld
§§ 122 ff. SGB III

Steht dem behinderten Menschen, weil die versicherungs-
oder leistungsrechtlichen Voraussetzungen nicht erfüllt sind, ein Anspruch auf Übg nicht zu, so ist damit noch nicht entschieden, dass
ihm aus Anlass der Teilnahme an einer Maßnahme keinerlei Förderungsleistungen zur Sicherung seines Lebensunterhalts zu zahlen
sind.

Teilnehmer an einer Berufsausbildung oder berufsvorbereitenden
Bildungsmaßnahmen einschließlich einer Grundausbildung haben
gegenüber nicht behinderten Auszubildenden unter erleichterten Voraussetzungen Anspruch auf ein im Wesentlichen der Berufsausbildungsbeihilfe (→ S. 431) entsprechendes Ausbildungsgeld. Das Gleiche gilt für behinderte Menschen, die an Maßnahmen im Eingangsverfahren oder Berufsbildungsbereich einer Werkstatt für behinderte
Menschen teilnehmen. Schließlich haben auch behinderte Menschen
während einer individuellen betrieblichen Qualifizierung im Rahmen
der Unterstützten Beschäftigung Anspruch auf Ausbildungsgeld.

Die Höhe des Ausbildungsgeldes richtet sich vor allem nach der Art
der Maßnahme, dem Familienstand des behinderten Menschen, der

Art seiner Unterbringung (innerhalb oder außerhalb des elterlichen Haushalts, im Wohnheim) und seinem Alter (vgl. dazu die Einzelheiten in §§ 123 bis 125 SGB III).

Anrechnung von Nebeneinkommen?

Einkommen wird ähnlich wie bei Berufsausbildungsbeihilfe angerechnet; allerdings sind die Freibeträge höher und werden für das Einkommen des behinderten Menschen, der Eltern und des Ehe- oder Lebenspartners in unterschiedlicher Höhe festgelegt. Zum Beispiel ist das Einkommen der Eltern bis 2.909 € monatlich und des Ehe- oder Lebenspartners bis 1.813 € monatlich anrechnungsfrei (zu Einzelheiten vgl. § 126 SGB III).

Eine Anrechnung von Einkommen eines Elternteils ist dann ausgeschlossen, wenn der behinderte Mensch aus dem Elternhaushalt in eine eigene Wohnung umgezogen ist (BSG vom 18.5.2010 – B 7 AL 36/08 R). Dies muss unabhängig davon gelten, ob die Eltern des behinderten Auszubildenden getrennt leben oder nicht. Es gilt, dass auf das Ausbildungsgeld eines behinderten Menschen, der bei keinem Elternteil lebt, das Einkommen der Eltern nicht anzurechnen ist (BSG vom 14.5.2014 – B 11 AL 3/13 R).

Nicht angerechnet wird das Einkommen des behinderten Menschen in Maßnahmen im Eingangsverfahren oder im Berufsbildungsbereich einer Werkstatt für behinderte Menschen und in berufsvorbereitenden Bildungsmaßnahmen.

Kranken-Ausbildungsgeld

Bei Unterbrechung der Teilnahme aus gesundheitlichen Gründen wird das Ausbildungsgeld bis zum Ende des dritten vollen Kalendermonats, längstens jedoch bis zum planmäßigen Ende der Bildungsmaßnahme gezahlt (§ 122 Abs. 2 i. V. m. § 68 Abs. 2 SGB III).

VIII   Teilnahmekosten und sonstige Hilfen

Teilnahmekosten sind die Kosten, die dem behinderten Menschen unmittelbar durch die Teilnahme an der Maßnahme entstehen. Die Teilnahmekosten bestimmen sich nach dem SGB IX. Diese Regelungen sind jedoch nicht abschließend. Entstehen dem behinderten Menschen weitere Aufwendungen, die wegen Art und Schwere der Behinderung unvermeidbar sind, sind auch diese zu übernehmen (§ 127 Abs. 1 Satz 2 SGB III).

Gemäß § 33 SGB IX können insbesondere folgende Kosten von der AA übernommen werden:

Katalog der Teilnahmekosten

■ Erforderliche Lehrgangskosten einschließlich der Prüfungsgebühren;

■ erforderliche Lernmittel (Sachbücher, technische Kleingeräte o. Ä.); dazu können auch die Kosten eines PC gehören, wenn dieser zur

Erreichung des Bildungsziels erforderlich ist. Ist gleichzeitig von einer privaten Nutzung auszugehen, können die Kosten nur zum Teil übernommen werden;

- erforderliche Arbeitsausrüstung (z. B. Schutzkleidung, Handschuhe, Schutzhelme);

- erforderliche Kosten für Unterkunft und Verpflegung. Voraussetzung für die Kostenübernahme ist, dass für die Durchführung der Maßnahme eine Unterbringung außerhalb des eigenen oder des elterlichen Haushalts wegen Art oder Schwere der Behinderung oder zur Sicherung des Erfolges der Teilhabe notwendig ist. Auch Kosten für »Sonderfälle der Unterkunft und Verpflegung« (§ 127 Abs. 1 Satz 2 SGB III) sind erstattungsfähig;

- Reisekosten (§ 53 SGB IX); darunter fallen die im Zusammenhang mit der Durchführung einer Maßnahme erforderlichen Fahr-, Verpflegungs- und Übernachtungskosten. Kosten für Pendelfahrten (Fahrten zwischen Wohnung und Bildungsstätte) werden nur bis zur Höhe des Betrages übernommen, der unter Berücksichtigung von Art und Schwere der Behinderung bei zumutbarer auswärtiger Unterbringung und Verpflegung zu leisten wäre.
Zu den Reisekosten gehören auch die Kosten für besondere Beförderungsmittel oder eine Begleitperson, wenn dies wegen der Behinderung notwendig ist, und für Kinder, deren Mitnahme an den Maßnahmeort erforderlich ist, weil ihre anderweitige Betreuung nicht sichergestellt ist, sowie für den erforderlichen Gepäcktransport. Während einer Maßnahme werden Reisekosten auch für im Regelfall zwei Familienheimfahrten je Monat übernommen. An deren Stelle können die Kosten auch für Fahrten von Angehörigen des behinderten Menschen zum Maßnahmeort übernommen werden.
Fahrkosten werden nur noch in Höhe des Betrages übernommen, der bei Benutzung eines regelmäßig verkehrenden öffentlichen Verkehrsmittels der niedrigsten Klasse des zweckmäßigsten öffentlichen Verkehrsmittels zu zahlen ist.   *öffentliche Verkehrsmittel*
Wird ein anderes Verkehrsmittel benutzt, so legt die AA Fahrkosten in Höhe der Wegstreckenentschädigung nach § 5 Absatz 1 des Bundesreisekostengesetzes zu Grunde. § 53 SGB IX ist damit an die für nicht behinderte Menschen geltende Rechtslage angepasst worden.   *andere Verkehrsmittel*
Es werden demnach 20 Cent je Kilometer zurückgelegter Strecke berücksichtigt; dieser Betrag ist nicht auf die so genannte »Einfache Wegstrecke« beschränkt, so dass Kosten für Fahrten zum Ort der Maßnahme und zurück zu erstatten sind. Allerdings sind die Fahrkosten auf höchstens 130 Euro gedeckt.
Bei nicht geringfügigen Fahrpreiserhöhungen hat auf Antrag eine Anpassung zu erfolgen, wenn die Maßnahme noch mindestens zwei Monate andauert.
Was als geringfügige Fahrpreiserhöhung anzusehen ist, ist noch ungeklärt. Nach einer verwaltungsinternen GA der BA zu § 63 SGB III (Stand: 4/2012; veröffentlicht unter https://www3.arbeitsagentur.de/

web/wcm/idc/groups/public/documents/webdatei/mdaw/mdyw~edisp
/l6019022dstbai391459.pdf?_ba.sid=L6019022DSTBAI 391462) sind
Erhöhungen der monatlichen Fahrpreise bis 5,–€ grundsätzlich
als geringfügig anzusehen. Diese Betrachtungsweise hat sich das
Sächsische LSG vom 1.12.2016 – L 3 AL 100/15 ausdrücklich nicht
zu eigen gemacht, doch hat es im Ergebnis ebenfalls die 5-Euro-
Grenze für maßgeblich erklärt. Unter Anwendung eines »generali-
sierenden Maßstabs« (eine vergleichende Betrachtung mit den Bedarfen bzw. der Bedarfsermittlung in der Grundsicherung für Arbeitsuchende nach dem SGB II) sei festzustellen, dass § 9 Abs. 2 des
Gesetzes zur Ermittlung der Regelbedarfe nach § 28 SGB XII für
Schüler, die Schülerbeförderungskosten zu tragen haben, bestim-
me, dass in der Regel ein Betrag von 5 € monatlich als Eigenlei-
stung zumutbar sei. Im entschiedenen Fall hat es deshalb eine monatliche Fahrpreiserhöhung um 4,70 € von 126,00 auf 130,70 €
als nur geringfügig angesehen. Allerdings ist diese Entscheidung
des LSG noch nicht rechtskräftig. Es ist deshalb auch möglich, das
das BSG etwa eine Preiserhöhung von mehr als 5 € monatlich nicht
mehr geringfügig ansieht oder ohne Festlegung eines bestimmten
Wertes die Auffassung vertritt, dass die Bestimmung der »Geringfügigkeit« ein wertendes Moment enthält und daher am konkreten
Einzelfall (unter Berücksichtigung der Anzahl der Fahrten und Gesamtkosten) zu erfolgen hat.
Kosten für Pendelfahrten können nur bis zur Höhe des Betrages
übernommen werden, der bei unter Berücksichtigung von Art und
Schwere der Behinderung zumutbarer auswärtiger Unterbringung
für Unterbringung und Verpflegung zu leisten wäre;

■ Kosten einer Haushaltshilfe (§ 54 Abs. 1 und 2 SGB IX). Die Übernahme der Kosten erfolgt, wenn dem behinderten Menschen wegen
der Teilnahme an der Maßnahme die Weiterführung des Haushalts
nicht möglich ist, eine andere im Haushalt lebende Person den
Haushalt nicht weiterführen kann und im Haushalt ein Kind lebt,
das bei Beginn der Haushaltshilfe noch nicht zwölf Jahre alt ist oder
das selbst behindert und auf Hilfe angewiesen ist. Trotz des Begriffs
»Weiterführung« ist eine vorherige Haushaltsführung durch die
Person, die an der Maßnahme teilnimmt, nicht erforderlich. Es
reicht aus, wenn der Teilnehmer wegen der Maßnahme einen Haushalt nicht führen kann, er wegen Ausfalls der übrigen Haushalts-
mitglieder den Haushalt eigentlich übernehmen müsste, daran aber
durch die beginnende oder laufende Maßnahme gehindert ist (BSG
vom 7.11.2000 – B 1 KR 15/99 R, SozR 3–2500 § 38 Nr. 3).
Der Maßnahmeteilnehmer kann anstelle der Haushaltshilfe die
Übernahme der Kosten für die Mitnahme oder eine anderweitige
Unterbringung des Kindes bis zur Höhe der Kosten, die sonst für
die Haushaltshilfe aufzubringen wären, verlangen, wenn die Unterbringung und Betreuung des Kindes in der genannten Weise sichergestellt ist;

- Kosten für die Betreuung der Kinder des behinderten Menschen,
  wenn die Kosten durch die Teilnahme an der Maßnahme unvermeidbar entstehen (§ 54 Abs. 3 SGB IX). Diese Voraussetzung ist
  dann nicht erfüllt, wenn bereits ein Anspruch auf Haushaltshilfe
  besteht. Der spezifische Ursachenzusammenhang ist jedoch bereits
  dann erfüllt, wenn ohne Kinderbetreuung eine Teilnahme an der
  Maßnahme nicht möglich ist; unerheblich ist, ob bereits vor der
  Maßnahme eine Betreuung gegeben war (LSG Berlin-Brandenburg
  vom 12.1.2007 – L 4 RJ 61/04). Die Kostenübernahme ist auf den
  Betrag von 130 € monatlich je Kind beschränkt. Auch in Härtefällen kann über diesen Betrag nicht hinausgegangen werden. Es
  erfolgt lediglich eine Dynamisierung des Höchstbetrages entsprechend der Veränderung der jährlichen Bezugsgröße nach § 18
  Abs. 1 SGB IV, d. h. entsprechend der Veränderung der Durch-
  schnittsentgelte der gesetzlichen Rentenversicherung;

- sonstige Hilfen, die zur Förderung der Teilhabe am Arbeitsleben
  erforderlich sind. Hierzu zählen z. B. die Kosten eines Gebärden-
  sprachdolmetschers, den der behinderte Mensch im Berufsschulunterricht benötigt (BSG vom 4.6.2013 – B 11 AL 8/12 R).

Als weitere sonstige Hilfen nach § 33 Abs. 8 SGB IX kommen für behinderte Menschen in Betracht: *Sonstige Hilfen*

- Kraftfahrzeughilfe nach der Kraftfahrzeughilfe-VO (KfzHV). Die
  Hilfe umfasst Leistungen zur Anschaffung eines Kfz, für eine behinderungsbedingte Zusatzausstattung und zur Erlangung einer Fahrerlaubnis. Voraussetzung ist, dass der behinderte Mensch infolge
  seiner Behinderung dauerhaft auf die Benutzung eines Kfz angewiesen ist, um seinen Arbeits- oder Ausbildungsort oder den Ort einer Bildungsmaßnahme zu erreichen. Ob er auch ohne Behinderung auf ein Kfz angewiesen wäre, ist ohne Bedeutung (BSG vom
  21.3.2001 – B 5 RJ 8/00 R, SozSich 2002, S. 105).
  Die Höhe der Hilfe zur Anschaffung eines Kfz ist einkommensab-
  hängig. Gemäß § 5 KfzHV wird die Beschaffung eines Kraftfahrzeu-
  ges bis zu einem Betrag des Kaufpreises, höchstens jedoch bis zu einem Betrag von 9.500 Euro gefördert, wobei die Kosten einer be-
  hinderungsbedingten Zusatzausstattung unberücksichtigt bleiben
  (Abs. 1). Im Einzelfall wird ein höherer Betrag zugrunde gelegt,
  wenn Art oder Schwere der Behinderung ein Kraftfahrzeug mit höherem Kaufpreis zwingend erfordert. Die Übernahme anderer Kosten, die zum Betrieb eines Kfz erforderlich sind, ist zwar nicht
  grundsätzlich ausgeschlossen, nicht ausdrücklich in der KfzHV auf-
  geführte Leistungen können nämlich bei besonderen Härten erbracht werden (§ 9 Abs. 1 S. 1 Nr. 2 KfzHV). Allerdings ist der
  Rechtsbegriff der besonderen Härte eng auszulegen. Das BSG vom
  8.2.2007 – B 7a AL 34/06 R hat daher einen Anspruch eines auf den
  Rollstuhl angewiesenen behinderten Menschen auf Übernahme monatlicher Mietkosten für einen Stellplatz in unmittelbarer Nähe des

Arbeitsplatzes ebenso abgelehnt wie eine Kostenerstattung für den laufenden Unterhalt des Kfz.

Die Leistungen sollen vor dem Abschluss eines Kaufvertrages über das Kfz und die behindertenbedingte Zusatzausstattung beantragt werden (§ 10 Satz 1 KfzHV). Lediglich in Ausnahmefällen, bei Vorliegen eines atypischen Sachverhalts, bei dem ein objektiv unaufschiebbarer berufs- oder funktionsbedingter Bedarf besteht, kann der Antrag noch im Nachhinein gestellt werden, wenn der Antragsteller den Bedarf bereits selbst gedeckt hat. Grundsätzlich ist aber ein Anspruch auf Kraftfahrzeughilfe von vornherein ausgeschlossen, wenn der Rehabilitationsbedarf bereits vor Eingang des Antrages beim Rehabilitationsträger selbst befriedigt worden ist. Darüber hinaus ist es dem Antragsteller in der Regel zuzumuten, die Bescheidung seines Antrages abzuwarten, bevor er zur Selbsthilfe greift (BSG vom 29.4.1997 – 8 RKn 321/95, SozR 3-5765 § 3 Nr. 2; LSG Berlin-Brandenburg vom 7.7.2015 – L 14 AL 304/11);

■ unvermeidbarer Verdienstausfall des behinderten Menschen oder einer erforderlichen Begleitperson wegen An- und Abreisen zu Bildungsmaßnahmen oder wegen Fahrten zur persönlichen Vorstellung bei einem Arbeitgeber, einem Bildungsträger oder einer Einrichtung für behinderte Menschen;

■ Übernahme der Kosten für eine notwendige Arbeitsassistenz für schwerbehinderte Menschen als Hilfe zur Erlangung eines Arbeitsplatzes. Diese Hilfe ist für die Dauer von bis zu drei Jahren möglich und wird in Abstimmung mit der AA durch das Integrationsamt durchgeführt. Ist die Arbeitsassistenz über diesen Zeitraum hinaus notwendig oder geht es um den Erhalt des Arbeitsplatzes, übernimmt das Integrationsamt als zuständiger Träger zur Erhaltung des Arbeitsplatzes die Kosten (§ 102 Abs. 4 SGB IX; VG Münster vom 26.11.2013 – 6 K 611/11).

Eine Arbeitsassistenz kann auch für einen Arbeitsplatz in einer Werkstatt für behinderte Menschen geleistet werden (LSG Niedersachsen-Bremen vom 23.9.2014 – L 7 AL 56/12). Sie kommt bis zum Abschluss des Berufsbildungsbereiches in Betracht, sofern nicht von vornherein prognostisch ausgeschlossen werden kann, dass der behinderte Mensch ein ausreichendes Leistungsvermögen im Sinne eines Mindestmaßes wirtschaftlich verwertbarer Arbeitsleistung für den Arbeitsbereich erlangen kann. Er muss mit dem dort vorgesehenen Personalschlüssel mindestens in einem oder mehreren Arbeitsvorgängen eingesetzt werden können, so dass seine Arbeitsleistung (ohne Assistenz) prognostisch einen wirtschaftlichen Wert besitzt (LSG Sachsen-Anhalt vom 27.11.2014 – 2 AL 41/14 B ER);

■ Kostenübernahme für Hilfsmittel und für technische Arbeitshilfen; als von der BA – und nicht von der Krankenversicherung – zur Verfügung zu stellendes Hilfsmittel hat das LSG Rheinland-Pfalz vom 3.4.2008 – L 5 KR 115/06, info also 2008, S. 209 eine mobile Rampe bewertet, die ein auf einen Rollstuhl angewiesener behinderter Mensch benötigte, um den Weg zur Ausbildungsstätte zurückzulegen. Dass die Rampe gleichzeitig für andere Fahrten verwendet wurde, ändert an der Kostenträgerschaft der BA nichts. Wer zur Berufsausübung auf ein Hörgerät angewiesen ist, kann ebenfalls einen entsprechenden Anspruch auf Versorgung geltend machen (SG Kassel vom 31.1.2007 – S 7 AL 2035/04; LSG Niedersachsen-Bremen vom 4.11.2013 – L 2 R 438/13 ER);

- angemessene Übernahme von Kosten für Beschaffung, Ausstattung und Erhaltung einer behindertengerechten Wohnung (Wohnkosten). Neben einer Kraftfahrzeughilfe können Wohnkosten lediglich dann erbracht werden, wenn die berufliche Eingliederung nur durch beide Leistungen erreicht oder gesichert werden kann.

IX Leistungen als Teil eines »Persönlichen Budgets«

Nach § 118 Satz 2 SGB III können die Leistungen – gemeint sind die besonderen Leistungen zur Teilhabe am Arbeitsleben – auch als Teil eines (ggf. auch trägerübergreifenden) »Persönlichen Budgets« erbracht werden. Mit dem Persönlichen Budget sollen behinderte Menschen die Leistungen zur Teilhabe selbstständig »einkaufen« und bezahlen können.   *Zweck*
Diese Leistungsform wurde bis zum 31. Dezember 2007 in Modellvorhaben erprobt. Sie sollte den individuell festgestellten Bedarf eines behinderten Menschen decken. Das Persönliche Budget begründet grundsätzlich keine zusätzlichen Leistungen; die Höhe der Kosten aller bisher individuell festgestellten Leistungen sollten nicht überschritten werden. Während der Erprobungszeit lag zwar das höchste Budget bei 12.683 € im Jahr, jedoch sollte man sich davon nicht blenden lassen. Die Mehrheit der bewilligten Budgetsummen lag zwischen 200 € und 800 € im Monat.

Bis Ende 2007 standen die Leistungen in Form Persönlicher Budgets im pflichtgemäßen Ermessen der Leistungsträger. Seit 2008 sind die Leistungen, auch wenn der Wortlaut des § 118 Satz 2 SGB III weiterhin für ein Ermessen spricht, infolge der Bezugnahme auf § 159 SGB IX als Pflichtleistungen zu erbringen; auf Antrag sind sie als Persönliches Budget auszuführen (§ 159 Abs. 5 SGB IX).   *Muss-Leistung*

Früher galt der Grundsatz, dass das Persönliche Budget (nur) eine Form der Ausführung von Leistungen zur Teilhabe ist, so dass in jedem Einzelfall die Voraussetzungen für die Leistungen zur Teilhabe am Arbeitsleben nach dem SGB III erfüllt sein mussten. War das nicht der Fall, kam auch die Gewährung eines Persönlichen Budgets nicht in Betracht. Deshalb war anerkannt, dass – weil § 117 Abs. 2 SGB III auf § 40 SGB IX verweist, der Regelungen zur Leistungserbringung in einer »anerkannten« Werkstatt für behinderte Menschen enthält –

Förderleistungen auf Personen in anerkannten Werkstätten beschränkt seien. Von diesem Grundsatz ist das BSG vom 30.11.2011 – B 11 AL 7/10 R, SozR 4-3250 § 14 Nr. 15 abgewichen. Es liege dem Persönlichen Budget die Vorstellung zugrunde, dem Leistungsberechtigten ein selbstbestimmtes Leben in eigener Verantwortung zu ermöglichen. Er solle in die Lage versetzt werden, die für ihn notwendigen Leistungen selbst zu bestimmen und sich frei zu verschaffen. Die in § 17 SGB IX angelegte Verselbstständigung zu einer eigenständigen Pauschalleistung verdeutliche, dass das Persönliche Budget nicht nur als bloße Form der Leistungserbringung zu verstehen sei. Dies und der Zweck des Persönlichen Budgets erlaube es, in Fällen der Leistungsausführung durch ein Persönliches Budget in sachlich begründeten Ausnahmefällen dem zuständigen Träger die Befugnis zuzugestehen, Leistungen im Ermessenswege auch dann zu bewilligen, wenn der Leistungsberechtigte eine nicht formell anerkannte Einrichtung wähle.

Erfreulich ist, dass die BA dem folgt (HEGA 12/2012 – 04 – GA Reha). Die Rechtsprechung ermöglicht flexiblere Einsatzmöglichkeiten des Persönlichen Budgets, was die BA aktiv und offensiv nutzen will. Der Intention der BSG-Entscheidung entsprechend stellt sie vorrangig darauf ab, ob das vorgesehene Ziel beim Einsatz des Persönlichen Budgets in gleicher Weise wie bei einer Regelförderung erreicht werden kann. Ausführung, Inhalt und Verfahren bei Leistungen in Form Persönlicher Budgets sind im Einzelnen in der Budgetverordnung (BudgetV) geregelt.

Antrag

Leistungen in Form Persönlicher Budgets gibt es nur auf Antrag.

Zuständigkeit

Den Antrag kann man nicht nur bei der AA, sondern bei jedem Rehabilitationsträger stellen. Diese haben außerdem in jedem Kreis und jeder kreisfreien Stadt eine – einem bestimmten Rehabilitationsträger zugeordnete – gemeinsame Servicestelle eingerichtet, bei denen ebenfalls Anträge gestellt werden können. Die gemeinsame Servicestelle soll nach § 22 Abs. 1 Nr. 2 SGB IX insbesondere bei der Inanspruchnahme eines persönlichen Budgets beraten und unterstützen, wozu auch die Unterstützung bei der Antragstellung gehört. Wissen Sie nicht, welche Leistungen für Sie in Betracht kommen und von wem Sie Leistungen ggf. beanspruchen können, so bietet es sich an, bei einer Servicestelle vorzusprechen und dort den Antrag zu stellen. Diese klärt, für welche Hilfen der behinderte Mensch ein Persönliches Budget haben möchte und welche Leistungen tatsächlich für ihn infrage kommen, und leitet den Antrag an den zuständigen Leistungsträger weiter.

Informationen zu den gemeinsamen Servicestellen finden Sie im Internet unter www.reha-servicestellen.de.

Trägerübergreifende Komplexleistung

Sind mehrere Leistungsträger beteiligt, wird einer zum »Beauftragten« und damit für die Abwicklung des gesamten Verfahrens zuständig. Beauftragter wird regelmäßig der Leistungsträger, der nach § 14 SGB IX zuständig ist (s. dazu → S. 507). Es kann aber auch – mit Ih-

rem Einverständnis – ein anderer Träger zum Beauftragten bestimmt werden. Er fordert dann von den anderen Leistungsträgern, ggf. auch von den Pflegekassen und dem Integrationsamt eine Stellungnahme, die innerhalb von zwei Wochen abzugeben ist.
In einem nicht förmlichen Bedarfsfeststellungsverfahren wird dann der jeweilige Rehabilitationsbedarf festgelegt.

Sobald dies geschehen ist, schließen der behinderte Mensch und der »Beauftragte« eine Zielvereinbarung über die mit dem Persönlichen Budget abzudeckenden Leistungen ab. Es liegt dann an dem behinderten Menschen, mit der monatlich zu erwartenden Geldleistung die für seine Teilhabe am Arbeitsleben erforderlichen Leistungen auszuwählen und zu bezahlen.

Zielvereinbarung

Die Zielvereinbarung muss nach § 4 BudgetV mindestens Regelungen enthalten über die Ausrichtung der individuellen Förder- und Leistungsziele (orientiert am Hauptziel), die Erforderlichkeit eines Nachweises für die Deckung des festgelegten individuellen Bedarfs sowie die Qualitätssicherung.

Sie wird grundsätzlich für die Dauer des Bewilligungszeitraums der Leistungen des Persönlichen Budgets abgeschlossen, so dass der behinderte Mensch grundsätzlich solange an sie gebunden ist. Allerdings kann sie aus wichtigem Grund mit sofortiger Wirkung schriftlich gekündigt werden, wobei ein wichtiger Grund insbesondere auch in der persönlichen Lebenssituation des Antragstellers liegen kann (§ 4 Abs. 2 und 3 BudgetV).

Ob die Zielvereinbarung Voraussetzung für die Bewilligung eines Persönlichen Budgets ist, ist bislang nicht geklärt. Das LSG Sachsen-Anhalt vom 31.5.2011 – L 8 SO 29/10 B ER und das BayLSG vom 16.5.2013 – L 18 SO 74/12 haben entschieden, dass ein Persönliches Budget ausgeschlossen ist, wenn sich der Antragsteller endgültig geweigert hat, eine Zielvereinbarung zu unterzeichnen. Dagegen wird eingewandt, dass das Erfordernis der Zielvereinbarung nicht von der Ermächtigung des § 21a SGB IX gedeckt und daher rechtswidrig sei; demzufolge könne der Abschluss einer Zielvereinbarung nicht verlangt werden (so Hlava, Forum A 13-2012 auf www.reha-recht.de). Auch wenn die – regelmäßig vom Rehabilitationsträger vorgeschlagene – Zielvereinbarung Leistungsvoraussetzung sein sollte, wäre sie nur beachtlich, wenn sie ihrerseits rechtmäßig wäre. Der Träger hat die dem persönlichen Budget zugrundeliegende Zielsetzung zu beachten, dem behinderten Menschen ein möglichst selbstbestimmtes Leben zu ermöglichen (§ 17 Abs. 2 S. 1 SGB IX) und seinem Wunsch- und Wahlrecht (§ 9 Abs. 1 Satz 1 SGB IX) so weit wie möglich zu entsprechen (HessLSG vom 22.6.2012 – L 4 SO 121/12 B ER). Hat er das unterlassen, so kann das fehlende Einverständnis des behinderten Menschen mit der Zielvereinbarung seinem Anspruch auf das persönliche Budget nicht entgegengehalten werden.

Sind mehrer Leistungträger beteiligt, so stellen sie das jeweils auf sie entfallende Teilbudget rechtzeitig dem Beauftragten zur Verfügung (§ 3 Abs. 5 S. 2 BudgetV).

Budgetfähige Leistungen

Grundlage für den finanziellen Umfang sind die Leistungen, die der behinderte Mensch normalerweise – ohne das Persönliche Budget – beanspruchen kann (grundsätzlicher Bedarf). Die Höhe des Persönlichen Budgets soll die Kosten aller bisher individuell festgestellten, ohne das Persönliche Budget zu erbringenden Leistungen nicht überschreiten (§ 17 Abs. 3 S. 4 SGB IX). Für die Teilnahmekosten, Fahrkosten, Reisekosten etc. bedeutet das, dass die Leistungen so einbezogen werden, wie sie für den individuellen Förderfall entstehen würden, wenn z.B. an einer konkreten Maßnahme teilgenommen würde. Entsprechendes gilt für die Lohnersatzleistungen einschließlich der für diese Leistungen anfallenden Sozialversicherungsbeiträge. Eine Ausnahme vom Verbot, die Obergrenze zu überschreiten, lässt § 17 Abs. 3 Satz 4 SGB IX nur zu, wenn eine für die Lebensqualität des behinderten Mensachen wesentliche und vorübergehende Änderung im Hilfebedarf vorliegt oder wenn vorübergehende Zusatzaufwendungen für die Beratung und Unterstützung bei der Verwaltung des Persönlichen Budgets nötig werden (BSG vom 31.1.2012 – B 2 U 1/11 R).

Budgetfähig sind alle Leistungen zur Teilhabe am Arbeitsleben nach dem SGB IX und SGB III, für die Arbeitnehmer anspruchsberechtigt sind (Leistungen an Arbeitnehmer). Auch Übergangsgeld und Ausbildungsgeld kommen also als Budgetleistung in Betracht. Diese Leistungen dürften indes, weil sie nach gesetzlichen Vorgaben genau berechnet werden und damit feststehen, lediglich als fester Rechenposten innerhalb eines aus weiterer Posten (z.B. variierenden Teilnahmekosten) bestehenden Gesamtbudgets eine Rolle spielen. Nach den bisherigen Erfahrungen (s. die Handlungsempfehlungen »Trägerübergreifende Aspekte bei der Ausführung von Leistungen durch ein Persönliches Budget« vom 1.4.2009) werden insbesondere Leistungen im Eingangsverfahren und Berufsbildungsbereich durch Persönliche Budgets erbracht; im Übrigen sind vielfach Leistungen für Haushaltshilfe, Kinderbetreuungskosten und Reisekosten betroffen. Ausgeschlossen als nicht budgetfähig sind Leistungen, für die Arbeitgeber anspruchsberechtigt sind, weil der behinderte Mensch mit ihnen nichts »einkaufen« kann.

Da die Höhe des Persönlichen Budgets den gesetzlichen Bedarf, also die Kosten aller individuell festgestellten, ohne das Persönliche Budget zu erbringenden Leistungen nicht überschreiten soll, fragt man sich unter finanziellen Aspekten mit Recht, worin der Vorteil der Inanspruchnahme des Persönlichen Budgets liegt. Den Hauptvorteil dürften behinderte Menschen mit komplexen Sachverhalten, u.U. noch mit mehreren beteiligten Trägern haben, z.B. wenn ein Hörgeschädigter zur Teilnahme an einer Maßnahme eine Arbeitsassistenz braucht: Dann wird der Gesamtbedarf individuell festgestellt, als

Budgetbetrag in Geld bemessen und als einheitliche Geldleistung erbracht. Eines gesonderten Verwaltungsverfahrens bezüglich jeder Einzelleistung bedarf es dann nicht. Ein Vorteil ist es zudem, dass nur eine Entscheidung des allein zuständigen Trägers über eine (komplexe) Leistung ergeht (BSG vom 11.5.2011 – B 5 R 54/10 R).

David Zunder, der schwerbehindert ist, hat einen Anspruch auf Eingliederungshilfe gegen das Sozialamt, von der Krankenkasse kann er häusliche Krankenpflege beanspruchen und von der AA hat er – zum Erreichen seines Arbeitsplatzes – Anspruch auf Fahrkosten. Auf seinen Antrag kann aus diesen Leistungen eine einheitliche Geldleistung in Form des Persönlichen Budgets gebildet werden.   *Beispiel*

Persönliche Budgets sind bei laufenden Geldleistungen regelmäßig monatlich im Voraus (§ 17 Abs. 3 Satz 1 SGB IX i. V. m. § 3 Abs. 5 Satz 3 BudgetV) zu erbringen, damit der behinderte Mensch nicht mit eigenen Mitteln in Vorleistung treten muss.   *Abwicklung*

Allerdings sind Gutscheine auszugeben, wenn die begründete Besorgnis besteht, dass Geldleistungen »budgetfremd« verwendet werden. In solchen Fällen wird die Stelle, bei der der Gutschein eingelöst werden kann, entsprechend den Festlegungen in der Zielvereinbarung als »einlösungsberechtigte Stelle« auf dem Gutschein vermerkt.

Der behinderte Mensch erhält einen Bescheid, in dem die Einzelheiten des Persönlichen Budgets enthalten sind. Sollte er mit der Feststellung des Persönlichen Budgets nicht einverstanden sein, kann er Widerspruch bei dem Leistungsträger einlegen, der den Bescheid erlassen hat.   *Bescheid*
Im Abstand von mindestens zwei Jahren muss der Hilfebedarf in einem weiteren Bedarfsfeststellungsverfahren geprüft und ggf. angepasst werden.

X   **Fördermöglichkeiten für Arbeitgeber**

1   **Zuschüsse zur Ausbildungsvergütung behinderter und schwerbehinderter Menschen**
§ 73 Abs. 1, 2 SGB III

Ist eine Aus- oder Weiterbildung anders nicht zu erreichen (Ultima-Ratio-Prinzip!), können Arbeitgeber für die betriebliche Aus- oder Weiterbildung von behinderten Menschen im Sinne von § 124 Abs. 1 Nr. 3 Buchst. e SGB IX (das sind solche, die zur Aus- oder Weiterbildung eingestellt werden) durch Zuschüsse zur Ausbildungsvergütung gefördert werden. Der Ausbildungsvergütung gleichgestellt sind vergleichbare Vergütungen. Die BA geht von einer sonst nicht zu erreichenden Aus- oder Weiterbildung aus, wenn der schwerbehinderte Mensch aufgrund seiner Behinderung in seiner Wettbewerbsfähigkeit gegenüber nicht behinderten Menschen eingeschränkt ist. Diese Voraussetzung dürfte regelmäßig bei schwerbehinderten Menschen gegeben sein.

Der Antrag auf Förderung muss vor Abschluss des Ausbildungsvertrages gestellt werden. Nur wenn eine unbillige Härte vorliegt, kann die AA einen späteren Antrag zulassen (§ 324 Abs. 1 Satz 1 SGB III). Da es sich um einen möglichen Anspruch des Arbeitgebers handelt, liegt es an diesem, den Antrag rechtzeitig zu stellen. (BayLSG vom 26.10.2015 – L 10 AL 235/15 B ER, info also 2016, S. 64).

Höhe

Die Zuschüsse sollen bei behinderten Menschen regelmäßig 60 %, bei schwerbehinderten Menschen 80 % der monatlichen Ausbildungsvergütung oder der vergleichbaren Vergütung (einschließlich des darauf entfallenden pauschalierten Arbeitgeberanteils am Gesamtsozialversicherungsbeitrag) für das letzte Ausbildungsjahr nicht übersteigen. Nur in Ausnahmefällen können Zuschüsse bis zur Höhe der Ausbildungsvergütung für das letzte Ausbildungsjahr gewährt werden.

2   Eingliederungszuschüsse zur Übernahme schwerbehinderter Menschen nach Aus- oder Weiterbildung
§ 73 Abs. 3 SGB III

Werden schwerbehinderte Menschen im Anschluss an eine abgeschlossene Aus- oder Weiterbildung durch den ausbildenden oder einen anderen Arbeitgeber in ein Arbeitsverhältnis übernommen, so kommen weitere Förderungsleistungen in Betracht. Die AA kann einen Eingliederungszuschuss in Höhe von bis zu 70 % des berücksichtigungsfähigen Arbeitsentgelts (→ S. 556) gewähren.

Höhe

Der Zuschuss wird für die Dauer von einem Jahr erbracht, sofern schon während der Aus- oder Weiterbildung Zuschüsse zur Ausbildungsvergütung schwerbehinderter Menschen nach § 73 Abs. 1 SGB III gewährt wurden. Sind keine solchen Ausbildungszuschüsse gewährt worden, so ist der Eingliederungszuschuss nicht auf ein Jahr begrenzt.

3   Eingliederungszuschüsse für behinderte Menschen und besonders betroffene schwerbehinderte Menschen

Zu dieser Förderungsmöglichkeit → S. 555 ff.

4   **Kostenübernahme bei Probebeschäftigung
behinderter Menschen**
§ 46 Abs. 1 SGB III

Die AA kann Arbeitgebern auch die Kosten für eine befristete Probebeschäftigung behinderter Menschen erstatten. Voraussetzung ist, dass dadurch die Möglichkeit einer beruflichen Eingliederung verbessert wird oder eine vollständige und dauerhafte berufliche Eingliederung zu erreichen ist. Die Förderung ist auf eine Probebeschäftigung bis zu drei Monaten begrenzt.

5   **Zuschüsse für behindertengerechte Ausgestaltung
von Ausbildungs- oder Arbeitsplätzen**
§ 46 Abs. 2 SGB III

Ist dies zur dauerhaften beruflichen Eingliederung behinderter Menschen erforderlich, so können Arbeitgebern Zuschüsse für eine behindertengerechte Ausgestaltung von Ausbildungs- oder Arbeitsplätzen gewährt werden. Diese Förderung entfällt, wenn der Arbeitgeber nach § 81 Abs. 4 SGB IX zur behindertengerechten Ausgestaltung der Ausbildungs- oder Arbeitsplätze verpflichtet ist.

XI   **Integrationsfachdienste (IFD)**
§§ 109–115 SGB IX

Die IFD sollen die AA, aber auch die Integrationsämter und andere Reha-Träger bei der Teilhabe schwerbehinderter Menschen am Arbeitsleben unterstützen sowie Arbeitgeber und Verwaltungen informieren und beraten. Darüber hinaus sollen sie dazu beitragen, dass schwerbehinderte Menschen den Übergang sowohl aus Werkstätten für behinderte Menschen als auch aus den Schulen in den allgemeinen Arbeitsmarkt schaffen. Die IFD müssen Fachkräfte haben, die über geeignete berufliche Qualifikationen, psychosoziale oder arbeitspädagogische Zusatzqualifikationen und ausreichende Berufserfahrungen verfügen (§ 112 Abs. 1 SGB IX).   *Ziele*

Die IFD haben vor allem folgende Aufgaben (§ 110 Abs. 2 SGB IX):   *Aufgaben*

■ Die Bewertung und Einschätzung der Fähigkeiten der zugewiesenen schwerbehinderten Menschen sowie die Erstellung individueller Fähigkeits-, Leistungs- und Interessenprofile zur Vorbereitung auf den allgemeinen Arbeitsmarkt;

■ die Unterstützung der BA bei der Berufsorientierung und Berufsberatung in den Schulen in Bezug auf jeden einzelnen Jugendlichen;

- die Begleitung der betrieblichen Ausbildung schwerbehinderter, insbesondere seelisch und lernbehinderter Jugendlicher;

- die Erschließung geeigneter Arbeitsplätze auf dem allgemeinen Arbeitsmarkt;

- die Vorbereitung der schwerbehinderten Menschen auf die vorgesehenen Arbeitsplätze;

- die Begleitung der schwerbehinderten Menschen am konkreten Arbeitsplatz;

- die Information und Beratung der Mitarbeiter im Betrieb oder in der Dienststelle über Art und Auswirkungen der Behinderung und über entsprechende Verhaltensregeln;

- die Durchführung einer Nachbetreuung, Krisenintervention oder psychosozialen Betreuung;

- das Bereithalten als Ansprechpartner für die Arbeitgeber;

- die Unterstützung der schwerbehinderten Menschen bei der Klärung der benötigten Leistungen und bei der Beantragung von Leistungen.

Verfahren   Die IFD werden aufgrund eines Verwaltungsauftrages tätig. Erteilt eine AA einen solchen Auftrag, bleibt sie dennoch für die Durchführung der ihr obliegenden gesetzlichen Aufgabe der beruflichen Eingliederung schwerbehinderter Menschen verantwortlich (§ 111 Abs. 1 SGB IX). Die AA legt in Abstimmung mit dem IFD Art, Umfang und Dauer des im Einzelfall notwendigen Einsatzes des Dienstes sowie die Vergütung fest (§ 111 Abs. 2 SGB IX). Die erste Zuweisung soll in der Regel mindestens sechs Monate dauern. Eine Verlängerung ist möglich.

Zwar stehen die IFD allen schwerbehinderten Menschen offen, diese können auch von sich aus bei der AA beantragen, einem Dienst zugewiesen zu werden. Jedoch trifft letztlich die AA die Auswahl der schwerbehinderten Menschen, die dem IFD zur Teilhabe am Arbeitsleben vorgeschlagen werden sollen. Allerdings hat es diese Auswahl nach pflichtgemäßem Ermessen zu treffen; sie kann auch sozialgerichtlich überprüft werden. In jedem Fall müssen schwerbehinderte Menschen, die durch einen IFD beruflich eingegliedert werden sollen, hierzu ihr Einverständnis erteilen.

Erweist es sich im Einzelfall, dass eine Teilhabe des schwerbehinderten Menschen am Arbeitsleben unmöglich ist, so kann die AA die Beauftragung für diesen Fall rückgängig machen und einen anderen schwerbehinderten Menschen zuweisen.

XII Integrationsprojekte
§§ 132–135 SGB IX

Besonders betroffenen schwerbehinderten Menschen gibt der allgemeine Arbeitsmarkt nur eingeschränkte Chancen auf berufliche Eingliederung. Als Alternative zur Arbeitslosigkeit bleibt für viele oft nur die Werkstatt für behinderte Menschen. Um auch diesem Personenkreis Beschäftigungsangebote zu Bedingungen arbeitsrechtlicher und tariflicher Normalität zu eröffnen, fördert das Integrationsamt den Aufbau und den Betrieb spezieller Unternehmen, deren wesentlicher Zweck darin besteht, Arbeitsplätze für schwerbehinderte Menschen in einem besonders sozialen Rahmen zu schaffen.

Was sind Integrationsprojekte?

Integrationsprojekte können wie jeder andere Handwerks-, Handels- und Industriebetrieb die üblichen Zuschüsse z. B. nach dem SGB III beantragen.

Leistungen an Integrationsprojekte

Integrationsprojekte können darüber hinaus nach § 134 SGB IX Leistungen für Aufbau, Erweiterung, Modernisierung und Ausstattung einschließlich einer betriebswirtschaftlichen Beratung und eines besonderen Aufwands erhalten. Dieser gesetzlich definierte Leistungskatalog schließt jedoch eine allgemeine Subventionierung der Betriebskosten wie etwa bei Werkstätten für behinderte Menschen aus.

Integrationsfirmen sind zumeist kleinere Unternehmen, die marktorientiert produzieren oder Dienstleistungen erbringen.
Gleichzeitig schaffen sie über ein Vielfaches ihrer Pflichtquote hinaus Arbeitsplätze für schwerbehinderte Menschen mit branchenüblicher oder ortsüblicher Entlohnung. Integrationsfirmen operieren zumeist als Nonprofitunternehmen, sind aber dennoch Betriebe, die im Wettbewerb stehen und reguläre Arbeitsverhältnisse eingehen. Anders als andere Instrumente der Arbeitsmarktpolitik, die eine wirtschaftliche Betätigung nicht oder nur eingeschränkt erlauben, nehmen Integrationsfirmen am allgemeinen Wirtschaftsleben teil. Integrationsprojekte sind so Teil des allgemeinen Arbeitsmarktes, haben zugleich aber auch eine Brückenfunktion in diesen hinein.

Die rechtlichen Grundlagen für die Förderung von Integrationsprojekten ergeben sich aus den §§ 132–135 SGB IX. Nähere Regelungen finden sich in den »Empfehlungen der Bundesarbeitsgemeinschaft der Integrationsämter und Hauptfürsorgestellen zur Förderung von Integrationsprojekten nach §§ 132 ff. SGB IX«, Stand 23.4.2012. Diese umschreiben die leistungsrechtlichen Grundvoraussetzungen wie folgt:

»Die Förderung von Integrationsprojekten setzt voraus, dass diese wegen ihrer Zuordnung zum allgemeinen Arbeitsmarkt eine Konzeption vorlegen können, die erwarten lässt, dass die Integrationsprojekte sich in einem wirtschaftlich erfolgversprechenden Marktsegment betätigen und dadurch dauerhaft existenzfähig sein können. Die Konzeption soll erkennen lassen, dass die betriebswirtschaftliche Planung wesentlich darauf ausgerichtet ist, einen überwiegenden Teil der laufenden Kosten des Betriebes durch die Erzielung von Erlösen am Markt und nur nachrangig durch laufende öffentliche Zuschüsse zu decken. Diesem Zweck dient auch die Vorlage von Erklärungen möglicher Auftraggeber über ihre Absicht, dem Integrationsprojekt Lieferaufträge zu erteilen. Die Konzeption des Integrationsprojekts soll die als Anlage 1 beigefügten betriebswirtschaftlichen Leitfragen beantworten. Das Integrationsamt kann die Vorlage eines betriebswirtschaftlichen Gutachtens verlangen oder sich eine prognostische Auskunft über die voraussichtliche wirtschaftliche Tragfähigkeit des Projektes durch Einschaltung anderer geeigneter sachverständiger Stellen (z. B. IHK) erteilen lassen. Zur Überprüfung der leistungsrechtlichen Grundvoraussetzungen kann das Integrationsamt bei laufenden Integrationsprojekten Auskünfte und Unterlagen zur Geschäftssituation (z. B. Bilanzen, BWA, Monitoring-Ergebnisse, Liquiditätspläne) anfordern.

Integrationsunternehmen müssen mindestens 25 v. H. schwerbehinderte Arbeitnehmer im Sinne von § 132 Abs. 2 SGB IX beschäftigen. Der Anteil der schwerbehinderten Arbeitnehmer soll in der Regel 50 v. H. nicht übersteigen. Insbesondere bei Integrationsunternehmen, bei denen sich in der Vergangenheit erwiesen hat, dass sie auch mit einem höheren Anteil beschäftigter schwerbehinderter Arbeitnehmer ein wirtschaftlich ausgeglichenes Betriebsergebnis erreichen können, kann von der Einhaltung dieser Höchstgrenze abgesehen werden. Ein signifikanter Anteil von nichtschwerbehinderten Personen sowie Menschen ohne Vermittlungshemmnisse soll dazu dienen, den Integrationscharakter und die Wirtschaftlichkeit des Unternehmens zu gewährleisten.«

Zu Art und Umfang der Förderung bestimmen die »Empfehlungen«, dass Integrationsprojekte aus Mitteln der Ausgleichsabgabe Leistungen für Aufbau, Erweiterung, Modernisierung und Ausstattung einschließlich einer betriebswirtschaftlichen Beratung und besonderen Aufwand erhalten. Als Leistungsarten kommen in Frage Zuschüsse (auch zu Leasing), Darlehen und Zinszuschüsse. Bei der individuellen Förderung ist der Vorrang der Leistungen der Träger der Arbeitsförderung nach dem SGB III, der Grundsicherung nach dem SGB II und der beruflichen Rehabilitation nach § 18 Abs. 1 SchwbAV zu beachten.

I   Eingliederungszuschüsse (EGZ)
§§ 88–92 SGB III

»Arbeitgeber können zur Eingliederung von Arbeitnehmerinnen und Arbeitnehmern, deren Vermittlung wegen in ihrer Person liegender Gründe erschwert ist, einen Zuschuss zum Arbeitsentgelt zum Ausgleich einer Minderleistung erhalten« (§ 88 SGB III).

Zweck

Zur Gruppe der schwer Vermittelbaren zählen nach der Gesetzesbegründung (BT-Drs. 15/1515, S. 93) insbesondere:

Schwer Vermittelbare

- gering Qualifizierte;

- Berufsrückkehrerinnen;

- jüngere Arbeitnehmer, die eine außerbetriebliche Ausbildung abgeschlossen haben.

Auch Ältere zählen zu den schwer Vermittelbaren. Das beweist § 89 Satz 3 SGB III.

Neben dem Merkmal »erschwerte Vermittlung« muss als zweite Voraussetzung für einen EGZ eine »Minderleistung« feststehen.

Minderleistung

»Die Förderhöhe und die Förderdauer richten sich nach dem Umfang der Einschränkung der Arbeitsleistung der Arbeitnehmerin oder des Arbeitnehmers und nach den Anforderungen des jeweiligen Arbeitsplatzes (Minderleistung)« (§ 89 Satz 1 SGB III).

Höhe und Dauer

Die Förderhöhe bestimmt sich nicht nach der finanziellen Lage des Arbeitgebers und dessen Auftragslage (SächsLSG vom 1.12.2016 – L 3 AL 160/14).

Höhe und Dauer des EGZ hängen davon ab, ob nicht behinderte oder behinderte und schwerbehinderte oder »besonders betroffene schwerbehinderte« Menschen eingegliedert werden sollen.

Schaubild
Höhe und Dauer von Eingliederungszuschüssen

Wer?	Wie hoch?	Wie lange?[1]	Wie und wann wird abgesenkt?
▪ nicht behinderte Menschen	bis 50 % vom berücksichtigungsfähigen Arbeitsentgelt	bis 12 Monate für Ältere ab 50: bis 36 Monate	
▪ behinderte und schwerbehinderte Menschen	bis 70 % vom berücksichtigungsfähigen Arbeitsentgelt	bis 24 Monate	nach 24 Monaten um 10 % Untergrenze: 30 %
▪ besonders betroffene schwerbehinderte Menschen – unter 55 – ab 55	– bis 70 % – bis 70 % vom berücksichtigungsfähigen Arbeitsentgelt	– bis 60 Monate – bis 96 Monate	nach 24 Monaten um 10 % Untergrenze: 30 %

[1] »Die Verlängerung des ursprünglichen Bewilligungszeitraums eines Eingliederungszuschusses ist zwar gesetzlich nicht ausdrücklich vorgesehen, nach dem Sinn und Zweck des Eingliederungszuschusses – der Förderung der nachhaltigen Integration der bzw. des Arbeitslosen – jedoch bis zur sich aus § 89 Sätze 2 und 3 SGB III ergebenden gesetzlichen Höchstdauer möglich« (SG Karlsruhe vom 29.1.2016 – S 11 AL 3716/15).

Berücksichtigungsfähiges Arbeitsentgelt

Berücksichtigungsfähig ist gemäß § 91 Abs. 1 SGB III das vom Arbeitgeber regelmäßig gezahlte Arbeitsentgelt.

4 Deckel

Nach oben hin ist das berücksichtigungsfähige Arbeitsentgelt vierfach gedeckelt. Nicht berücksichtigt werden:

– Einmalige Leistungen (z. B. Weihnachtsgeld);

– übertarifliches Arbeitsentgelt oder bei Fehlen einer tariflichen Regelung überortsübliches Arbeitsentgelt;

– Arbeitsentgelt, das die Beitragsbemessungsgrenze in der Arbeitslosenversicherung (im Jahr 2017: monatlich 6.350 € im Westen, 5.700 € im Osten) übersteigt;

– Lohnerhöhung im Laufe des Förderungszeitraums. Lohnsenkungen werden dagegen gemäß § 91 Abs. 2 Satz 2 SGB III berücksichtigt.

Berücksichtigungsfähig ist gemäß § 91 Abs. 1 Satz 1 SGB III auch der Arbeitgeberanteil an den Sozialversicherungsbeiträgen, pauschaliert in Höhe von 20 % (GA 10 zu § 91). Schon daraus ergibt sich, dass mit einem EGZ nur sozialversicherungspflichtige Beschäftigungsverhältnisse förderungsfähig sind.

Besonders betroffen sind gemäß § 104 Abs. 1 Nr. 3a–d SGB IX schwerbehinderte Menschen, die

– wegen Art oder Schwere ihrer Behinderung oder sonstiger Umstände im Arbeitsleben besonders betroffen sind;

– länger als ein Jahr arbeitslos sind;

– im Anschluss an eine Beschäftigung in einer anerkannten Werkstatt für behinderte Menschen oder einem Integrationsprojekt (→ S. 553) eingestellt werden;

– als Teilzeitbeschäftigte eingestellt werden.

Besonders betroffene schwerbehinderte Menschen

Auch für Leiharbeiter ist ein EGZ möglich. Allerdings nicht in der verleihfreien Zeit, weil in dieser Zeit keine Minderleistung ausgeglichen werden kann (GA 15 zu § 88).

Auch für Leiharbeiter

Der EGZ ist in der Regel Kann-Leistungen.

Kann-Leistungen

Die AA hat einen »weiten Spielraum« bei der Entscheidung,

Weiter Beurteilungsspielraum der AA

> »ob tatsächlich eine anfängliche Minderleistung vorliegt, wie lange sie andauert oder ob ohne eine Förderung der Arbeitslose nicht oder nicht dauerhaft in den Arbeitsmarkt eingegliedert werden kann« (BT-Drs. 13/4941, S. 192).

Bei der Entscheidung über Höhe und Dauer der Förderung von schwerbehinderten und besonders betroffenen schwerbehinderten Menschen ist zu berücksichtigen, ob der schwerbehinderte Mensch ohne gesetzliche Verpflichtung oder über die Beschäftigungspflicht der Arbeitgeber nach §§ 71 ff. SGB IX hinaus eingestellt und beschäftigt wird (§ 90 Abs. 3 SGB III).

Nach § 8 Abs. 2 SGB III

Soll-Leistung bei Berufsrückkehrerinnen

> »sollen Berufsrückkehrerinnen die zu ihrer Rückkehr in die Erwerbstätigkeit notwendigen Leistungen der aktiven Arbeitsförderung [...] erhalten«.

Da zu den Leistungen der aktiven Arbeitsförderung auch der EGZ gehört, wird die AA nur in begründeten Ausnahmefällen einen EGZ-Antrag für eine Berufsrückkehrerin ablehnen können.

Antrag vor Arbeitsantritt

Den Antrag auf EGZ muss der Arbeitgeber vor Arbeitsaufnahme stellen und zwar bei der AA, in deren Bezirk der Arbeitnehmer wohnt (GA 01 zu Verfahren EGZ).

Mit dem ausgefüllten Antragsformular ist eine Kopie des Arbeitsvertrages vorzulegen.

Auszahlungsweise

Zu Beginn der Förderung wird die Höhe in einem monatlichen Festbetrag und die Dauer der Förderung festgelegt. Der monatliche Festbetrag wird verringertem, nicht aber erhöhtem Entgelt angepasst.

Förderausschluss

Keinen EGZ gibt es gemäß § 92 Abs. 1 SGB III, wenn

– zu vermuten ist, dass der Arbeitgeber die Beendigung eines Beschäftigungsverhältnisses veranlasst hat, um einen EGZ zu erhalten, oder

– die Einstellung bei einem früheren Arbeitgeber erfolgt, bei dem der Arbeitnehmer während der letzten vier Jahre vor Förderungsbeginn mehr als drei Monate versicherungspflichtig beschäftigt war; dies gilt nicht, wenn es sich um die befristete Beschäftigung besonders betroffener schwerbehinderter Menschen handelt.

Nachbeschäftigungspflicht

Die den Arbeitgeber treffende Nachbeschäftigungszeit entspricht gemäß § 92 Abs. 2 Satz 5 SGB III der Förderung; sie beträgt längstens zwölf Monate.

Rückzahlungspflicht

Der EGZ ist gemäß § 92 Abs. 2 SGB III zurückzuzahlen, wenn das Beschäftigungsverhältnis während des Förderungszeitraums oder einer Nachbeschäftigungszeit beendet wird. Dies gilt nicht, wenn

– der Arbeitgeber berechtigt war, das Arbeitsverhältnis personen-, verhaltens- oder betriebsbedingt zu kündigen, oder

– der geförderte Arbeitnehmer das Arbeitsverhältnis beendet, ohne dass der Arbeitgeber daran schuld ist, oder

– der Arbeitnehmer das Mindestalter für den Bezug der gesetzlichen Altersrente erreicht hat oder

– der EGZ für besonders betroffene schwerbehinderte Menschen gezahlt wird.

Die Rückzahlung ist auf die Hälfte des geleisteten Förderbetrags begrenzt und darf den in den letzten zwölf Monaten vor Beendigung des Beschäftigungsverhältnisses geleisteten Förderbetrag nicht überschreiten. Ungeförderte Nachbeschäftigungszeiten sind anteilig zu berücksichtigen.

EGZ ist kein Befristungsgrund

Allein die Tatsache, dass ein Arbeitgeber einen EGZ erhält, ist kein Sachgrund im Sinne § 14 Abs. 1 TzBfG für die Befristung des Arbeitsvertrages mit dem geförderten Arbeitnehmer (BAG vom 4.6.2003 – 7 AZR 532/02, EWiR 3/2004, S. 135 f.).

II **Zuschüsse zu Transfermaßnahmen**
§ 110 SGB III

1 **Voraussetzungen**

Schaubild
Voraussetzungen für Zuschüsse für Transfermaßnahme

Anlass	Drohende Arbeitslosigkeit aufgrund von Betriebsänderungen
Ziel	Transfer aus Arbeit in Arbeit durch Finanzierung von Eingliederungsmaßnahmen statt (oder ergänzend zu) Abfindungen
Vertragliche Grundlage für Eingliederungsmaßnahmen	Einzelvertrag; Betriebsvereinbarung/Dienstvereinbarung; Tarifvertrag
Vertragsparteien	Arbeitgeber – Arbeitnehmer; Arbeitgeber – Betriebsrat/Mitarbeitervertretung; Tarifvertragsparteien
Antragsteller	Arbeitgeber und/oder Betriebsrat/Mitarbeitervertretung. Vor Antrag: Beratung durch AA notwendig
Maßnahmeträger	nur Dritte (z. B. Transfergesellschaft), die zugelassen sein müssen
Zuschusshöhe	50 % der »erforderlichen und angemessenen« Maßnahmekosten, höchstens 2.500 € je Arbeitnehmer
Kofinanzierung	durch Arbeitgeber im »angemessenen« Umfang
Rechtsanspruch?	Ja, Muss-Leistung, wenn alle Voraussetzungen erfüllt

Nach § 110 Abs. 1 Satz 1 SGB III wird die Teilnahme von Arbeitnehmern, die aufgrund einer Betriebsänderung von Arbeitslosigkeit bedroht sind, an Transfermaßnahmen gefördert, wenn

- sich die Betriebsparteien im Vorfeld der Entscheidung über die Einführung von Transfermaßnahmen, insbesondere im Rahmen ihrer Verhandlungen über einen die Integration der Arbeitnehmerinnen und Arbeitnehmer fördernden Interessenausgleich oder Sozialplan nach § 112 BetrVG, von der AA beraten lassen haben;

- die Maßnahme von einem Dritten durchgeführt wird;

- die vorgesehene Maßnahme der Eingliederung der Arbeitnehmer in den Arbeitsmarkt dienen soll;

- die Durchführung der Maßnahme gesichert ist.

Voraussetzungen

Welche Arbeitnehmer?

Von Arbeitslosigkeit bedroht sind gemäß § 17 SGB III Arbeitnehmer, die

- versicherungspflichtig beschäftigt sind und

- alsbald mit der Beendigung der Beschäftigung rechnen müssen und

- voraussichtlich nach Beendigung der Beschäftigung arbeitslos werden.

Auch: kirchliche Betriebe

§ 110 Abs. 1 Satz 3 SGB III stellt klar, dass »eine Förderung der Teilnahme an Transfermaßnahmen [...] auch Arbeitnehmerinnen und Arbeitnehmern kirchlicher und kirchennaher Einrichtungen [die ja nicht unter das Betriebsverfassungsgesetz fallen] zugute kommen« (BT-Drs. 15/3674, S. 9).

Nicht: öffentlicher Dienst

Eine Förderung von Transfermaßnahmen nach § 110 SGB III scheidet dagegen für Beschäftigte des öffentlichen Dienstes aus; nicht dagegen für Beschäftigte »öffentlich-rechtlicher Unternehmen, die in selbstständiger Rechtsform erwerbswirtschaftlich betrieben werden« (BT-Drs., a. a. O.).

Auf die Größe des Betriebs kommt es nicht an. Deshalb können auch Arbeitnehmer aus Kleinbetrieben gefördert werden.

Grundsätzlich nicht gefördert werden Arbeitnehmer, die kraft Tarifvertrags/Arbeitsvertragsrichtlinien ordentlich nicht kündbar sind; es sei denn, eine Öffnungsklausel lässt ausnahmsweise eine ordentliche betriebsbedingte Kündigung zu.
Da der unmittelbare Transfer von Arbeit in Arbeit angestrebt wird, fördert die BA nur innerhalb der Kündigungsfrist.

Betriebsänderung

Als Betriebsänderungen gelten gemäß § 110 Abs. 1 Satz 3 SGB III i. V. m. § 111 Abs. 1 Satz 3 BetrVG

- Einschränkung oder Stilllegung des ganzen Betriebs oder von wesentlichen Betriebsteilen;

- Verlegung des ganzen Betriebs oder von wesentlichen Betriebsteilen;

- Zusammenschluss mit anderen Betrieben oder die Spaltung von Betrieben;

- grundlegende Änderungen der Betriebsorganisation, des Betriebszwecks oder der Betriebsanlagen;

- Einführung grundlegend neuer Arbeitsmethoden und Fertigungsverfahren.

Förderungsfähig sind alle Maßnahmen, die die Eingliederungsaussichten des Arbeitnehmers verbessern, z. B.:

Welche Maßnahmen werden gefördert?

– Maßnahmen der beruflichen Weiterbildung;

– Maßnahmen zur Vorbereitung der Gründung und Begleitung einer selbstständigen Existenz;

– Maßnahmen einer (außer)betrieblichen Einrichtung zum Abschluss einer bereits begonnenen Berufsausbildung;

– Maßnahmen zur Eingliederung gemäß § 45 Abs. 1 Satz 1 Nrn. 2, 3, 4 SGB III, insbesondere Trainingsmaßnahmen zur Feststellung der Leistungsfähigkeit, der Arbeitsmarktchancen und des Qualifikationsbedarfs der Arbeitnehmer;

– Maßnahmen zur Förderung der Anbahnung oder Aufnahme einer Beschäftigung, insbesondere auch »Outplacementberatung«;

– Praktika;

– Einstellungszuschüsse für befristete und unbefristete Arbeitsverhältnisse bei anderen Arbeitgebern.

Maßnahmeträger ist nicht die BA, sondern ein Dritter. Maßnahmeträger müssen gemäß § 176 SGB III zugelassen sein.

Maßnahmeträger

»Die Auswahl des Dritten obliegt den betrieblichen Akteuren.« (So die Begründung, BT-Drs. 15/1515, S. 91.)

Über die Auswahl der Transfergesellschaft hat der Betriebsrat/die Mitarbeitervertretung mitzuentscheiden. Die Arbeit der Transfergesellschaft ist allerdings nur so gut, wie der Interessenausgleich und Sozialplan, der die Einrichtung und Ausstattung regelt. Welche Kriterien dabei zu beachten sind, kann man bei Anette Dittrich, Jörg Gabriel, Guter Transfersozialplan – gute Transfergesellschaft, AiB, 2010, S. 442 ff. nachlesen.

Allerdings ist der Spielraum für Arbeitgeber und Betriebsrat bei Auswahl und Ausstattung der Transfergesellschaft eingeschränkt:

Vor Einrichtung einer Transfergesellschaft ist die Beratung durch die AA im Rahmen der Interessenausgleich- und Sozialplanverhandlung zwingend vorgeschrieben (§ 110 Abs. 1 Satz 1 Nr. 1 SGB III). Das eröffnet der AA deshalb eine starke Einflussmöglichkeit, weil nicht die »aufzuwendenden Kosten«, sondern nur noch die »erforderlichen und angemessenen« Kosten der Transfergesellschaft bezuschusst werden können (§ 110 Abs. 2 Satz 2 SGB III). Bei der Frage, was »erforderlich und angemessen« ist, hat die AA aber einen weiten Ermessensspielraum zulasten der Vorstellungen von Arbeitgeber und Betriebsrat.

Vorherige Beratung durch AA

Zuschussfähig nur »erforderliche und angemessene« Maßnahmekosten

Zuschuss: 50 %

Von den »erforderlichen und angemessenen« Maßnahmekosten übernimmt die BA 50 %, höchstens 2.500 € je gefördertem Arbeitnehmer.

Kofinanzierung

Der alte Arbeitgeber muss sich (nach § 110 Abs. 1 Satz 2 SGB III) an den Maßnahmekosten »angemessen beteiligen«. Die Begründung im Regierungsenentwurf (zu § 216a Abs. 1 SGB III a. F., S. 265) verlangt sogar eine »maßgebliche« Beteiligung. Was »angemessen« bzw. »maßgeblich« ist, sollte von der Kapitalkraft des alten Arbeitgebers, insbesondere von den durch die Entlassungen erwarteten Gewinnen abhängig gemacht werden.
Jedenfalls muss der alte Arbeitgeber 50 % der Eingliederungskosten tragen.

Förderausschlüsse

Keine Zuschüsse gibt es, wenn

- damit nicht die Eingliederungskosten, sondern die Lebenshaltung des entlassenen Arbeitnehmers (ko-)finanziert werden soll;

- die Maßnahme dazu dient, den Arbeitnehmer auf eine Anschlussbeschäftigung im selben Betrieb, selben Unternehmen oder selben Konzern vorzubereiten;

- durch die Förderung der Arbeitgeber von bestehenden Verpflichtungen entlastet wird. Das wäre z. B. der Fall, wenn in einem zwischen Arbeitgeber und Betriebsrat vereinbarten Interessenausgleich nach § 112 Abs. 1 BetrVG bereits die Qualifizierung der zu entlassenden Arbeitnehmer vorgesehen ist. Betriebsrat und Arbeitgeber vereinbaren deshalb häufig, dass der Arbeitgeber Eingliederungsmaßnahmen erst (ko-)finanziert, sobald die AA einen Zuschuss für Transfermaßnahmen bewilligt;

- die Kofinanzierung durch den Arbeitgeber nicht (z. B. durch eine Bankbürgschaft) abgesichert ist.

Keine Kombipackungen

Während der Eingliederungsmaßnahme sind für die Teilnehmer andere Leistungen der aktiven Arbeitsförderung mit gleichartiger Zielsetzung ausgeschlossen (§ 110 Abs. 5 SGB III). Deshalb gibt es neben dem Zuschuss für Transfermaßnahmen z. B.

- keine Weiterbildungskosten (§§ 83 ff. SGB III);

- kein Transfer-Kug (§ 111 SGB III).

Förderkette

Vor oder **nach** einer Förderung mit »Transfer-Kug« ist ein Zuschuss für Transfermaßnahmen möglich.

Antragsteller

Die Förderung kann – obwohl »die Förderleistung [...] grundsätzlich als Leistung an den Arbeitnehmer ausgestaltet« sein soll (so BT-Drs.

15/1515, S. 91) – nur vom Arbeitgeber und/oder vom Betriebsrat/von der Mitarbeitervertretung beantragt werden (§ 323 Abs. 2 SGB III). Der Antrag muss innerhalb einer Ausschlussfrist von drei Monaten gestellt werden. Die Frist beginnt mit Ablauf des Monats, in dem die zu fördernde Maßnahme beginnt (§ 325 Abs. 5 SGB III).

Antragsfrist

Zuständig ist die AA, in deren Bezirk der Betrieb des (bisherigen) Arbeitgebers liegt (§ 327 Abs. 3 Satz 3 SGB III).
Regelmäßig gibt es den Zuschuss erst nach Abschluss der Eingliederungsmaßnahme. Abschlagszahlungen können aber schon vorher beantragt werden.
Auf Verlangen der AA sind ihr die Ergebnisse von Maßnahmen zur Feststellung der Eingliederungsaussichten zu übermitteln (§ 320 Abs. 4a Satz 2 SGB III).

2 Pflicht zu Transfermaßnahmen?

Auch heute ist es vielfach noch üblich, Entlassene mit einer Abfindung »freizusetzen«. Insbesondere Sozialpläne beschränken sich häufig darauf, die Arbeitslosigkeit durch möglichst hohe Entlassungsentschädigungen abzufedern. Diese Strategie wird durch das SGB III erschwert.

Nach § 2 Abs. 2 SGB III steht es Arbeitgebern nicht mehr frei, sich bei Entlassungen auf die Zahlung von Entlassungsentschädigungen zu beschränken:

Pflicht zur Beschäftigungs-förderung ...

>»Die Arbeitgeber haben bei ihren Entscheidungen verantwortungsvoll deren Auswirkungen auf die Beschäftigung der Arbeitnehmerinnen und Arbeitnehmer und von Arbeitslosen und damit die Inanspruchnahme von Leistungen der Arbeitsförderung einzubeziehen. Sie sollen dabei insbesondere
>1. im Rahmen ihrer Mitverantwortung für die Entwicklung der beruflichen Leistungsfähigkeit der Arbeitnehmerinnen und Arbeitnehmer zur Anpassung an sich ändernde Anforderungen sorgen,
>2. vorrangig durch betriebliche Maßnahmen die Inanspruchnahme von Leistungen der Arbeitsförderung sowie Entlassungen von Arbeitnehmerinnen und Arbeitnehmern vermeiden.
>3. [...] die Teilnahme an erforderlichen Maßnahmen der beruflichen Weiterbildung ermöglichen.«

... seitens der Arbeitgeber

§ 2 Abs. 2 SGB III beeinflusst nicht nur die Frage, ob und wie betriebsbedingt gekündigt werden kann (vgl. Schaub, NZA 1997, S. 810; Preis, NZA 1998, S. 449 ff.; ArbG Gelsenkirchen vom 28.10.1997 – 2 Ca 3762/96, AuR 1999, S. 38 mit zustimmender Anm. von Däubler; Bieback, AuR 1999, S. 209 ff.; Bepler, Richter am BAG, AuR, 1999, S. 219 ff.; a.A. Bauer/Haußmann, NZA 1997, S. 1100; Ettwig, NZA

1997, S. 1152), sondern auch die Gestaltung des Transfers in eine neue Arbeit.

Verstärkt wird diese Tendenz durch § 2 Abs. 3 Nr. 5 SGB III. Danach soll der Arbeitgeber die AA von Planungen unterrichten, »wie Entlassungen von Arbeitnehmerinnen und Arbeitnehmern vermieden oder Übergänge in andere Beschäftigungsverhältnisse organisiert werden können«. Nach Hummel, AiB 2002, S. 69–73 macht diese Regelung nur Sinn, wenn man in ihr eine Pflicht der Arbeitgeber zu entsprechenden Planungen sehe. Es wäre ohne jeden Regelungsgehalt, sollte die Norm so verstanden werden, dass nur in den Fällen, in denen sich der Arbeitgeber ohnehin Gedanken über die Vermeidbarkeit von Entlassungen macht, er auch über diese zu berichten habe. Das Ziel des SGB III, Arbeitslosigkeit zu vermeiden, führe dazu, dass Arbeitgeber dazu angehalten würden, sich über die Vermeidbarkeit von Arbeitslosigkeit Gedanken zu machen und über diese Planungen der AA zu berichten.

... seitens der Betriebsräte

Aber nicht nur die Arbeitgeber, auch die Betriebsräte werden vom Gesetzgeber verpflichtet, sich um Beschäftigungsförderung – statt Förderung von Entlassungsentschädigungen – zu kümmern. Nach den §§ 80 Abs. 1 Nr. 8, 92a BetrVG ist die Aufgabe des Betriebsrats, Beschäftigung zu fördern, verstärkt worden (näher hierzu Fischer, DB 2002, S. 322 ff.; Hänlein, DB 2001, S. 2097 f.).

Einigungsstelle

§ 112 Abs. 5 Nr. 2a BetrVG fordert die Einigungsstelle bei der Aufstellung eines Sozialplans ausdrücklich auf, »insbesondere die im SGB III vorgesehenen Förderungsmöglichkeiten zur Vermeidung von Arbeitslosigkeit [zu] berücksichtigen«. In einem Sozialplan muss deshalb – zur Not erzwungen durch die Einigungsstelle (vgl. Bepler, ArbuR, 1999, S. 219 ff.; a. A. Matthes, RdA 1999, S. 178 ff.; Cord Meyer, DB 2003, S. 206 ff. und BB 2004, S. 490 ff.; vermittelnd Gaul, Bonanni, Otto, DB 2003, S. 2386 ff. [2390]) – auch Platz für Eingliederungsmaßnahmen, z. B. für Transfermaßnahmen, eingeräumt werden. Insbesondere dann, wenn die Qualifikationsprofile bestimmter Beschäftigungsgruppen verbessert werden müssen, damit sie nach der Entlassung auf dem Arbeitsmarkt bestehen können und nicht der Versichertengemeinschaft zur Last fallen. Die Nr. 3 des § 2 Abs. 2 SGB III verpflichtet Arbeitgeber ausdrücklich, für die berufliche Weiterbildung entlassener Arbeitnehmer zu sorgen.

... seitens der Mitarbeitervertretungen

Auch die Mitarbeitervertretungen in kirchlichen und kirchennahen Einrichtungen müssen sich um den »Transfer« der von Einrichtungsschließungen betroffenen Mitarbeiter(innen) kümmern. Wege dazu bietet z. B. in katholischen Einrichtungen die Rahmen-MAVO. Danach haben Mitarbeitervertretungen bei der »Schließung, Einschränkung, Verlegung oder Zusammenlegung von Einrichtungen oder wesentlicher Teile von ihnen« das Recht der Anhörung und Beratung (§ 29 Abs. 1 Nr. 17 MAVO). Der »Auflösung sozialer Einrichtungen« müssen sie zustimmen (§ 36 Abs. 1 Nr. 4 MAVO); bei »Maßnahmen zum Ausgleich und zur Milderung von wesentlichen Nachteilen für die Mitarbeiterinnen und Mitarbeiter« wegen der genannten Einrichtungsänderungen haben sie ein Antragsrecht (§ 37 Abs. 1 Nr. 11 MAVO); solche Maßnahmen können Gegenstand einer Dienstvereinbarung sein (§ 38 Abs. 1 Nr. 11 MAVO).

Soweit ein Zustimmungsrecht oder Antragsrecht besteht, kann die Einigungsstelle (§ 40 MAVO) angerufen werden. Auf diesem Weg sind Transfersozialpläne zu erreichen und auch Zuschüsse zu Transfermaßnahmen, weil Zuschüsse für Transfermaßnahmen nach § 110 SGB III auch kirchlichen Einrichtungen zustehen.

Schlichtungs-
stelle

Dass Eingliederungsmaßnahmen nicht selten von nur an Entlassungsentschädigungen interessierten Beschäftigten abgelehnt werden, sollte im Auge behalten werden. Arbeitnehmer, die trotz schlechter Arbeitsmarktchance allein auf Entlassungsentschädigungen pochen, müssen sich § 2 Abs. 4 SGB III entgegenhalten lassen. Danach haben Arbeitnehmer »bei ihren Entscheidungen verantwortungsvoll deren Auswirkungen auf ihre beruflichen Möglichkeiten einzubeziehen. Sie sollen insbesondere ihre berufliche Leistungsfähigkeit den sich ändernden Anforderungen anpassen.«

... seitens
der Arbeitnehmer

Der Betriebsrat/die Mitarbeitervertretung hat es häufig schwer, für eine Transfergesellschaft und für die – zulasten des Entlassungsentschädigungstopfes gehenden – Mittel zu werben .

»Transfer übernimmt ›nur‹ eine Überbrückungsfunktion in eine neue (berufliche) Existenz. Der damit verbundene – sich auch in Geld ausdrückende – Vorteil wird von Mitarbeitern im Zeitpunkt des Arbeitsplatzverlustes kaum als Ausgleich des wirtschaftlichen Nachteils wahrgenommen. Erst in nachträglichen Betrachtungen räumen Betroffene der Transfergesellschaft einen hohen Nutzen als Zeit zur – nicht nur beruflichen – Neuorientierung ein. Für die Akzeptanz einer Transfergesellschaft durch die Betroffenen bei deren Einrichtung hat die Abfindung einen erheblichen Stellenwert. Gleichzeitig jedoch muss der Betriebsrat auch die besondere Nützlichkeit von Transfer – nämlich als ein den Mitarbeitern zustehender persönlicher Service bei der Überwindung des Arbeitsplatzverlustes – gegenüber seiner Belegschaft deutlich machen [...]
Insbesondere in betrieblichen Krisensituationen wie in der Insolvenz oder der Insolvenz vermeidenden Sanierung sitzt der Betriebsrat dabei zwischen den Stühlen. Auch wenn der Personalabbau nicht abzuwenden war – für die Folgen wird meist er verantwortlich gemacht« (Anette Dittrich, Jörg Gabriel, AiB 2010, S. 438 ff.)

III   **Freie Förderung – Erprobung innovativer Projekte**
§ 135 SGB III

1   **Es war einmal ...**

Nach dem bis Ende 2008 geltenden § 10 Abs. 1 Satz 1 SGB III konnten die AA bis zu 10 % der im Eingliederungstitel enthaltenen Mittel für Ermessensleistungen der aktiven Arbeitsförderung einsetzen, um die Bandbreite der gesetzlich geregelten aktiven Arbeitsförderung durch Leistungen der aktiven Arbeitsförderung zu erweitern. Nach dem Willen des Gesetzgebers (BT-Drs. 13/4941, S. 154) konnte so jede AA mit »flexiblen, auf die konkrete Arbeitsmarktlage zugeschnittenen Instrumenten der aktiven Arbeitsförderung (...) innovative Ansätze verfolgen«.

2   **Was gilt heute**

Seit 2009 ist § 10 SGB III gestrichen.

»Freie« Individual-
förderung

Die freie **Individual**förderung soll in der »Förderung aus dem Vermittlungsbudget« nach § 44 SGB III aufgehoben sein (→ S. 49).

»Freie« Projekt-
förderung

Eine freie **Projekt**förderung sah früher § 10 Abs. 1 Satz 4 SGB III vor. Diese Bestimmung wurde erst durch § 421h, seit 1.4.2012 durch § 135 SGB III ersetzt.

Danach können **bis zu 1 %** (!) der im Eingliederungstitel für Ermessensleistungen der aktiven Arbeitsförderung enthaltenen Mittel eingesetzt werden, um innovative Projekte zu erproben. »Frei« ist diese Förderung allerdings nicht. Denn nicht die Basis, die örtlichen AA, sondern allein die »Zentrale der Bundesagentur« entscheidet über die Projekte.
Die einzelnen Projekte dürfen bis zu 2 Millionen Euro jährlich kosten und höchstens 24 Monate dauern.

Praktisch spielte und spielt die Projektförderung keine Rolle.

Schon vor 2009 wurden keine Projekte »frei« gefördert, nachdem die BA unter Verstoß gegen § 10 Abs. 1 Satz 4 SGB III a. F. durch Erlass die freie Projektförderung abgeschafft hatte.

Fata Morgana

2015 hat die BA für die Erprobung innovativer Ansätze 0 € aufgewendet. Warum dann § 421h SGB III nicht ersatzlos gestrichen wurde, sondern in einem neuen § 135 SGB III weiter dahinvegetiert, warum obendrein § 135 Abs. 2 SGB III eine Evaluation vorschreibt, wenn es nichts zu evaluieren gibt, bleibt ein Geheimnis.

I   Der Gründungszuschuss
§§ 93, 94 SGB III

1   Zweck des Gründungszuschusses

Der Gründungszuschuss soll Alg-Bezieherinnen, die sich selbstständig machen wollen, um auf diese Weise die Arbeitslosigkeit zu beenden, für die Anlaufphase den Lebensunterhalt sichern. Der Gründungszuschuss besteht aus einem Zuschuss in Höhe des Alg-Anspruchs plus 300 € für die soziale Sicherung. 2015 wurden 30.323 Personen mit einem Gründungszuschuss von der BA gefördert.

2   Was heißt Existenzgründung?

Die Existenzgründung wird überwiegend in der Errichtung eines neuen Unternehmens bestehen. Auf die Rechtsform kommt es nicht an. Auch die Gründung einer Gesellschaft, z.B. einer GmbH, kann die Voraussetzungen des § 93 SGB III erfüllen. Auf die Art der Tätigkeit kommt es grundsätzlich nicht an; gesetz- oder sittenwidrige Tätigkeiten dürfen aber nicht gefördert werden (SG Darmstadt vom 26.9.2012 – S 17 AS 416/10; LSG Rheinland-Pfalz vom 5.2.2015 – L 1 AL 29/13: Gewerbeuntersagung).

Form der Existenzgründung

Die Existenzgründung im Sinne des § 93 SGB III setzt nicht die Neugründung eines Unternehmens voraus; auch eine Betriebsübernahme (SG Duisburg vom 4.9.2013 – S 33 AL 379/12, info also 2014, S. 115 mit Anm. Claus-Peter Bienert) oder die Erweiterung einer nebenberuflichen Tätigkeit zu einer hauptberuflichen Selbstständigkeit kann nach der Begründung des Gesetzes eine Existenzgründung darstellen (BT-Drs. 16/1696 S. 30).

War die Antragstellerin bereits vor der offiziellen Geschäftsübernahme in einem Familienbetrieb als Geschäftsführerin und Betriebsleiterin tätig, wird meist keine echte Geschäftsübernahme vorliegen (SG Hamburg vom 21.8.2008 – S 8 AL 1486/04; ähnlich für mitarbeitende Familienmitglieder LSG Berlin-Brandenburg vom 18.11.2013 – L 8 AL 295/12; LSG NRW vom 10.12.2015 – L 9 AL 83/14).

Beginn der Existenzgründung

Für den Beginn der Existenzgründung können Vorbereitungshandlungen ausreichen. Erforderlich ist allerdings, dass die vorbereitenden Handlungen Außenwirkung im Geschäftsverkehr entfalten und nach dem zugrunde liegenden Gesamtkonzept ernsthaft und unmittelbar auf die spätere Geschäftstätigkeit ausgerichtet sind (BSG vom 5.5.2010 – B 11 AL 28/09 R; BayLSG vom 24.11.2010 – L 19 R 238/08; LSG Baden-Württemberg vom 18.12.2009 – L 8 AL 4794/07; vgl. auch SG Düsseldorf vom 14.5.2008 – S 13(20) AL 15/07). Ob die Vorbereitungshandlungen auf die spätere Geschäftsgründung ausgerichtet sind und zu einem Gesamtkonzept gehören, ist nach den Umständen des Einzelfalles zu beurteilen und auch davon abhängig, ob die Existenzgründung nach den ersten Vorbereitungshandlungen insgesamt zügig betrieben wird (BSG vom 5.5.2010, a. a. O.; BayLSG vom 15.6.2010 – L 9 AL 377/06; LSG Hamburg vom 3.2.2016 – L 2 AL 23/15). Solche Vorbereitungshandlungen mit Außenwirkung können z.B. die Anmietung von Geschäftsräumen, die Gewerbeanmeldung nach § 14 GewO, der Antrag auf die Gaststättenerlaubnis, die Anzeige einer freiberuflichen Tätigkeit beim Finanzamt nach § 18 EStG, die Eintragung in die Handwerksrolle, ein Vorvertrag über später zu erteilende Aufträge (LSG Baden-Württemberg vom 24.2.2015 – L 13 AL 2675/12) sein. Eine Vorbereitungshandlung mit Außenwirkung kann anerkannt werden, auch wenn eine behördliche Erlaubnis (z. B. Gaststättenerlaubnis) noch nicht erteilt ist (LSG Rheinland-Pfalz vom 8.9.2011 – L 1 AL 148/09; SG Frankfurt am Main vom 15.3.2012 – S 15 AL 300/09; a.A. SG Düsseldorf vom 14.5.2008 – S 13(20) AL 15/07). Fehlt es dagegen an einer Außenwirkung, beginnt die Existenzgründung nicht bereits mit der Vorbereitungshandlung (SG Hamburg vom 24.5.2011 – S 18 AL 172/09).

Selbstständige Tätigkeit

Selbstständig ist eine Erwerbstätigkeit, die nicht in Abhängigkeit von fremden Weisungen ausgeübt wird. Die Selbstständige muss über ihre eigene Arbeitskraft frei verfügen können. Die Entscheidung über Arbeitsort und Arbeitsweise muss bei ihr liegen. Typisch für eine selbstständige Tätigkeit sind die eigene Betriebsstätte, der Einsatz eigener Betriebsmittel und das Arbeiten auf eigene Rechnung, die Verfügung über die eigene Arbeitskraft und die im Wesentlichen frei gestaltete

Tätigkeit und Arbeitszeit. Maßgebend ist immer das Gesamtbild der Tätigkeit. Hierbei sind die tatsächlichen Verhältnisse entscheidend, wenn diese von den Vereinbarungen abweichen (ständige Rechtsprechung des BSG, z. B. vom 22.6.2005 – B 12 KR 28/03 R, SozR 4-2400 § 7 Nr. 5). Wirtschaftliche Abhängigkeit schließt rechtliche Selbstständigkeit nicht aus (BAG vom 21.12.2010 – 10 AZB 14/10).

Selbstständig tätig ist auch die Gesellschafterin einer Personengesellschaft und die Geschäftsführerin einer GmbH, wenn sie über wenigstens die Hälfte des Stammkapitals oder eine Sperrminorität verfügt, also nicht den Weisungen einer anderen Gesellschafterin unterliegt (BSG vom 25.1.2006 – B 12 KR 30/04 R, ZIP 2006, S. 678 und vom 6.3.2003 – B 11 AL 25/02 R). Siehe hierzu → S. 132 ff.

Im Einzelfall kann die selbstständige Tätigkeit von einer Scheinselbstständigkeit schwer zu unterscheiden sein. Das LAG Rheinland-Pfalz vom 12.12.2008 – 7 Ta 202/08 geht davon aus, dass einer Bezieherin von Leistungen zur Förderung einer selbstständigen Tätigkeit nach § 57 (jetzt § 93) SGB III die Berufung auf eine Scheinselbstständigkeit nicht möglich ist. Die Inanspruchnahme des Gründungszuschusses setze u. a. einen Antrag und eine Erklärung voraus, eine selbstständige Tätigkeit ausüben zu wollen. Daran müsse sich die Leistungsbezieherin festhalten lassen. Ist die Sozialversicherungspflichtigkeit einer Arbeit zu beurteilen, spricht der bewilligte Gründungszuschuss zwar auch für eine selbstständige Tätigkeit. Der Rentenversicherungsträger ist an die Entscheidung der AA aber nicht gebunden (SG Landshut vom 12.7.2013 – S 10 R 5063/12 und vom 3.7.2013 – S 10 R 5033/12).

Scheinselbstständigkeit?

Übt die Empfängerin des Gründungszuschusses tatsächlich eine abhängige Beschäftigung aus, für die Sozialversicherungsbeiträge abgeführt werden, ist der Gründungszuschuss regelmäßig zurückzuzahlen (LSG Nordrhein-Westfalen vom 12.11.2008 – L 12 AL 5/07). Das gilt erst recht, wenn gar keine Tätigkeit aufgenommen wird (BayLSG vom 12.3.2014 – L 10 AL 222/12).

Nach § 93 Abs. 1 SGB III wird die Leistung nur gewährt, wenn die Aufnahme einer hauptberuflichen selbstständigen Tätigkeit die Arbeitslosigkeit beendet. In welchem Umfang die Unternehmenstätigkeit darüber hinaus ausgeübt werden muss, gibt das Gesetz nicht vor. Es kann sich also um eine selbstständige Tätigkeit in Teilzeit handeln, wenn die übrigen Fördervoraussetzungen vorliegen. Allerdings verlangt Hauptberuflichkeit, dass die Tätigkeit nicht anderen Beschäftigungen in abhängiger Stellung oder einem Studium untergeordnet ist. Es darf sich nicht um einen Zusatz- oder Nebenerwerb handeln. Die selbstständige Tätigkeit muss deshalb mehr als geringfügig sein und eine Arbeitszeit von wenigstens 15 Wochenstunden umfassen (SG Darmstadt vom 8.7.2013 – S 1 AL 276/11: 20 Stunden).

Beendigung der Arbeitslosigkeit

Wenigstens 15 Stunden

Eine Beschränkung der Förderung auf Existenzgründungen im Inland lässt sich dem Gesetz nicht entnehmen, so dass auch eine Existenzgründung im Ausland die Voraussetzungen für den Gründungs-

Auch im Ausland

zuschuss erfüllen kann, jedenfalls dann wenn die Selbstständige weiterhin im Inland wohnt (BSG vom 27.8.2008 – B 11 AL 22/07 R: Luxemburg; HessLSG vom 23.9.2011 – L 7 AL 104/09: Österreich). Die Arbeitslosigkeit im Inland wird auch durch eine Existenzgründung im Ausland beendet.

Auch im Inland für Grenzgänger

Die Existenzgründung muss auch gefördert werden können, wenn die Arbeitslose im grenznahen Ausland Anspruch auf Alg nach dem SGB III hat (BSG vom 7.10.2009 – B 11 AL 25/08 R und vom 27.8.2008 – B 11 AL 7/07 R). Deshalb können auch Existenzgründungen im EU-/EWR-Ausland und in der Schweiz gefördert werden, wenn die gesetzlichen Voraussetzungen im Übrigen vorliegen. So hat das LSG Baden-Württemberg vom 15.2.2008 – L 8 AL 934/07 einem niederländischen Grenzgänger mit Wohnsitz in Frankreich einen Gründungszuschuss für eine selbstständige Tätigkeit in Deutschland zugesprochen, weil aus der Versicherungspflicht von Grenzgängerinnen im Inland dieselben Ansprüche entstehen müssen, die versicherungspflichtige Inländerinnen haben können (unter Hinweis auf BVerfG vom 30.12.1999 – 1 BvR 809/95, SozR 3-1200 § 30 Nr. 20). Dagegen hat das SG Chemnitz vom 22.6.2013 – S 26 AL 833/11 einen Gründungszuschuss für eine Existenzgründung in Österreich bei ausländischem Wohnsitz versagt.

Hans Arno Petzold hält die Beschränkung des Gründungszuschusses auf inländische Unternehmensgründungen europarechtlich für zulässig, soweit das Sozialrecht betroffen ist; allerdings sei eine Verletzung des EU-Beihilferechts möglich. Die Prüfung jedes Einzelfalls sei insoweit angezeigt (SGb 2014, S. 148).

Die Existenzgründung im nicht grenznahen Nicht-EU-Ausland durch einen Antragsteller mit nicht grenznahem Wohnsitz im Ausland soll nicht förderfähig sein (BSG vom 6.3.2013 – B 11 AL 5/12 R: Katar).

Nach § 44 Abs. 2 SGB III können die Anbahnung und die Aufnahme einer Beschäftigung im EU/EWR-Ausland und der Schweiz und nach § 45 Abs. 1 Satz 1 Nr. 4 SGB III die berufliche Eingliederung durch Heranführung an eine selbstständige Tätigkeit gefördert werden. § 45 Abs. 1 Satz 3 SGB III stellt zwar nur eine versicherungspflichtige wenigstens 15-stündige Beschäftigung im EU-Ausland und im EWR-Raum einer inländischen Beschäftigung gleich. Soweit für Existenzgründungen im Ausland ein Gründungszuschuss gezahlt werden kann, muss die Heranführung an diese Tätigkeit wie eine inländische gefördert werden können.

3   Anwartschaftliche Voraussetzungen

Nur mit Alg-Anspruch

Nach § 93 Abs. 2 Satz 1 Nr. 1 SGB III kann der Gründungszuschuss nur im Anschluss an einen Anspruch auf Alg gezahlt werden. Andere Entgeltersatzleistungen genügen nicht. So kann ein Gründungszuschuss nicht im Anschluss an Übergangsgeld oder ESF-

Leistungen erbracht werden (ähnlich zu § 28a SGB III das BSG vom 4.12.2014 – B 5 AL 1/14 R).

§ 93 Abs. 1 Satz 1 Nr. 1 SGB III setzt voraus, dass der Alg-Anspruch aktuell besteht, auch wenn er erst nachträglich bewilligt wird; d.h. alle Anspruchsvoraussetzungen müssen vor der Existenzgründung erfüllt sein. Die Antragstellerin muss nicht nur beschäftigungslos sein, sondern auch die weiteren Voraussetzungen der Arbeitsuche, der Verfügbarkeit einschließlich der Arbeitslosmeldung und die Anwartschaftszeit erfüllen (§§ 138, 141, 142 SGB III).

Der Anspruch auf den Gründungszuschuss setzt bereits eingetretene Arbeitslosigkeit voraus. Der Gründungszuschuss kann – anders als das frühere Überbrückungsgeld – nicht zur Abwendung von Arbeitslosigkeit geleistet werden. Das Gesetz legt jedoch nicht fest, wie lange die Arbeitslosigkeit oder der Leistungsbezug vor der Existenzgründung bestanden haben müssen, so dass auf diese Weise die Beendigung des Arbeitsverhältnisses mit dem Ziel der geförderten Unternehmensgründung nicht verhindert werden kann. War von Anfang an nur eine eintägige bzw. ganz kurze Zwischenzeit zwischen dem Ende des Beschäftigungsverhältnisses und der Aufnahme der selbstständigen Tätigkeit geplant, um einen Gründungszuschuss zu erhalten, können Verfügbarkeit und Eigenbemühungen als Merkmale der Arbeitslosigkeit zweifelhaft sein (LSG Nordrhein-Westfalen vom 25.9.2014 – L 9 AL 219/13, info also 2015, S. 60 und vom 10.12.2015 – L 9 AL 83/14; SG Duisburg vom 2.11.2015 – S 16 AL 624/12; LSG Hamburg vom 7.12.2016 – L 2 AL 7/16; a. A. Claus-Peter Bienert, info also 2016, S. 8, 9). Unverschuldete Arbeitslosigkeit gehört nicht zu den Anspruchsvoraussetzungen (SG Duisburg vom 4.9.2013 – S 33 AL 379/12, info also 2014, S. 115 mit Anm. Claus-Peter Bienert), soll aber bei der Ermessensausübung berücksichtigt werden dürfen (SG Chemnitz vom 12.6.2014 – S 26 AL 863/12). Außerdem kann eine Sperrzeit dem Gründungszuschuss entgegenstehen (SG Karlsruhe vom 27.1.2015 – S 17 AL 755/14).

Die gesetzliche Regelung verlangt jedoch keine Nahtlosigkeit zwischen Existenzgründung und vorausgegangenem Alg-Anspruch, sondern lediglich einen engen zeitlichen Zusammenhang; dieser besteht dann, wenn zwischen dem Ende des Leistungsbezugs und der Existenzgründung ein Zeitraum von nicht mehr als etwa einem Monat liegt. Dies ergibt sich aus Sinn und Zweck der Regelung unter Berücksichtigung der Rechtsentwicklung der Förderleistung (BSG vom 5.5.2010 – B 11 AL 11/09 R; SG Berlin vom 7.10.2016 – S 58 AL 4507/15). Im Zeitpunkt des tatsächlichen Beginns, nicht der Vorbereitungshandlung müssen 150 Tage Alg-Anspruch vorhanden sein (BSG vom 9.6.2017 – B 11 AL 13/16 R).

Keine Nahtlosigkeit

Im Zeitpunkt der Unternehmensgründung muss ein Alg-Anspruch von wenigstens 150 Tagen vorhanden sein; bis 27.12.2011 genügten 90 Anspruchstage. Die Voraussetzung von Restanspruchstagen soll das Versicherungsprinzip stärken. Zugleich soll der Arbeitslosen Zeit

Alg-Anspruch von wenigstens 150 Tagen

gelassen werden, die Möglichkeit einer Existenzgründung zur Beendigung der Arbeitslosigkeit zu prüfen (BT-Drs. 16/1696 S. 28).

Alg-Anspruch
minderen Rechts

Nicht jeder Alg-Anspruch ermöglicht den Gründungszuschuss. Auf einen Alg-Anspruch, der ausschließlich auf der kurzen Anwartschaft des § 142 Abs. 2 SGB III beruht, kann ein Gründungszuschuss nicht gestützt werden (§ 93 Abs. 2 Nr. 2 SGB III), auch wenn er die Mindestdauer von 150 Tagen erreicht. Die Anspruchstage aus der kurzen Anwartschaft stehen dem Gründungszuschuss aber nicht entgegen, wenn der Anspruch aus einer normalen Anwartschaftszeit und einer kurzen Anwartschaftszeit nach § 147 Abs. 4 SGB III zusammengerechnet wird.

Liegen die erforderlichen Anspruchstage nicht vor, können sie nicht wegen eines Beratungsmangels über den sozialrechtlicher Herstellungsanspruch fingiert werden (LSG Berlin-Brandenburg vom 27.4.2010 – L 18 AL 160/09; SG Hamburg vom 24.5.2011 – S 18 AL 172/09); jedoch kann ein Schadensersatzanspruch nach § 839 BGB/Art. 34 GG gegen die AA bestehen (OLG München vom 21.4.2011 – 1 U 133/11).

Hat die AA mehr Alg-Tage bewilligt, als der Existenzgründerin zustehen, und ist eine Korrektur nach § 45 SGB X nicht mehr möglich, kommt ein Gründungszuschuss grundsätzlich in Betracht, auch wenn die nötigen Rest-Alg-Tage sich nur aus der Fehlbewilligung ergeben (LSG Berlin-Brandenburg vom 12.2.2014 – L 18 AL 155/12 m. w. N.).

Auch an gänzlich zu Unrecht bewilligtes Alg kann sich ein Gründungszuschuss anschließen, wenn eine Korrektur nach §§ 45, 48 SGB X nicht möglich ist (BSG vom 13.5.1987 – 7 RAr 62/85, SozR 4100 § 134 Nr. 31 und vom 19.3.1998 – B 7 AL 86/96 R, SozR 3-4100 § 112 Nr. 29). Wird die Bewilligung des Alg rückwirkend aufgehoben, erfasst die Aufhebung nicht zwingend den Gründungszuschuss (BSG vom 21.3.2007 – B 11a AL 11/06 R).

4   **Nachweis der Tragfähigkeit**

Für die Tragfähigkeit der geplanten Existenzgründung, die die Existenzgründerin nachweisen muss, hat sie die Stellungnahme einer fachkundigen Stelle vorzulegen. Dieser muss sie geeignete Unterlagen einreichen, zu denen eine aussagefähige Beschreibung des Existenzgründungsvorhabens, ein Lebenslauf mit Befähigungsnachweisen, ein Kapitalbedarfs- und Finanzierungsplan, eine Umsatz- und Rentabilitätsvorschau und Angaben der Existenzgründungswilligen zur Selbstständigkeit der Tätigkeit gehören (GA 21 zu § 93 SGB III).
Als mögliche fachkundige Stelle nennt das Gesetz Industrie- und Handelskammern, Handwerkskammern, berufsständische Kammern, Fachverbände und Kreditinstitute. Die Aufzählung ist nicht abschließend. Die Existenzgründerin ist berechtigt, die fachkundige Stelle frei zu wählen. Für eine Berufsbetreuerin kann die Betreuungsstelle/Be-

treuungsbehörde fachkundige Stelle sein (HessLSG vom 21.11.2008 – L 7 AL 166/06).

Nicht gesetzlich geregelt ist, wann von der Tragfähigkeit einer geplanten Unternehmung auszugehen ist. Hierfür genügt es, wenn nach einer angemessenen Anlaufzeit ein Einkommen oberhalb der SGB II-Leistungen zu erwarten ist; derzeit wird ein monatlicher Gewinn von 1.100 bis 1.500 € genügen.

Die nötige Anlaufzeit richtet sich nach der Art der Unternehmung; zur Tragfähigkeit gehört deshalb auch, dass die Tätigkeit nicht mangels ausreichender Mittel vorzeitig abgebrochen werden muss oder Sozialleistungen in Anspruch genommen werden müssen. Angemessen ist auf jeden Fall eine Anlaufzeit von einem Jahr (SG München vom 12.3.2013 – S 35 AL 753/12). Der Gesetzgeber geht sogar von einem Zeitraum von zwei Jahren aus (BT-Drs. 16/10810, S. 47). Regelmäßig wird die Zeit des Gründungszuschusses von sechs Monaten nicht ausreichen, um den Lebensunterhalt aus dem Unternehmen zu erreichen, auch wenn dies im Einzelfall möglich sein kann (so aber SG Chemnitz vom 12.6.2014 – S 26 AL 863/12).

Anlaufzeit

Bei der Prognose über die Tragfähigkeit der Existenzgründung geht die AA von der Stellungnahme der fachkundigen Stelle aus; bei plausiblen Zweifeln an deren Richtigkeit muss sie selbst Ermittlungen über die Tragfähigkeit anstellen. Die Stellungnahme der fachkundigen Stelle ist nur beachtlich, wenn sie auf zutreffenden Angaben der Existenzgründerin beruht (LSG Berlin-Brandenburg vom 17.2.2015 – L 14 AL 7/11).

Zusätzlich muss die Arbeitslose ihre unternehmerischen Fähigkeiten gegenüber der BA darlegen. Hierzu gehören einerseits die Fachkenntnisse für die auszuübende Tätigkeit, andererseits die kaufmännischen und betriebswirtschaftlichen Kenntnisse zur Unternehmensführung. Sie kann hierfür Zeugnisse, Beschäftigungsnachweise, Zertifikate über erworbene Qualifikationen u. Ä. vorlegen.

Bleiben begründete Zweifel an der persönlichen Eignung, wird die AA den Gründungszuschuss nicht bewilligen. Sie kann nicht mehr verlangen, dass die Antragstellerin an Maßnahmen der Eignungsfeststellung oder zur Vorbereitung der Existenzgründung teilnimmt. Sie kann aber entsprechende Qualifizierungsmaßnahmen nach § 45 Abs. 1 Satz 1 Nr. 4 SGB III anbieten.

Vorschaltbar: Maßnahme zur Heranführung an eine selbstständige Tätigkeit

5 Anspruchsausschlüsse

Der Zuschuss wird nach § 93 Abs. 3 SGB III nicht geleistet, solange der Alg-Anspruch nach den §§ 156 bis 159 SGB III ruht oder ohne die Existenzgründung ruhen würde. Erst nach dem Ende der Ruhenszeit kann der Gründungszuschuss gezahlt werden. Das gilt nicht für Zeiten, in denen Leistungen im Wege der Gleichwohlgewährung gezahlt werden oder hätten gezahlt werden dürfen. Ein Zu-

Bei Ruhen

schuss kann aber nach dem Ende der Ruhenszeit gezahlt werden, wenn die Existenzgründung in die Ruhenszeit fällt, weil andernfalls der ausdrückliche Ausschluss von Leistungen für Zeiten, in denen eine Ruhenszeit vorgelegen hätte, wenig sinnvoll wäre (LSG Baden-Württemberg vom 20.9.2007 – L 7 AL 4584/05 zu § 57 a. F.; a. A. SG Stade vom 15.6.2016 – S 16 AL 92/12).

Karenzzeit: 2 Jahre

Keinen Gründungszuschuss erhält, wer innerhalb der letzten zwei Jahre bereits einmal einen Zuschuss bezogen hat. In Abwägung zwischen den wirtschaftlichen Folgen einer zuvor nicht erfolgreichen Gründung und der »zweiten Chance« für den Selbstständigen soll die AA nur dann erneut fördern, wenn ein gewisser Zeitraum seit der letzten geförderten selbstständigen Erwerbstätigkeit verstrichen ist. Eine Frist von 24 Monaten hält der Gesetzgeber für angemessen, damit die Arbeitslose die wirtschaftlichen und sonstigen Voraussetzungen für eine erneute Unternehmung klären kann (BT-Drs. 15/1515 S. 81). Die Frist beginnt mit dem Ende der vorangegangenen Förderung. Von dieser Frist kann in besonderen Fällen abgewichen werden, z.B. bei Krankheit oder Unfall während der ersten Förderung (LSG Schleswig-Holstein vom 2.12.2005 – L 3 AL 79/05; BT-Drs. 15/1515, S. 81), eine neue Förderung muss in Ausnahmefällen aber auch möglich sein, wenn die Existenzgründerin schuldlos Opfer eines Betruges wird und sich daraus nicht auf fehlende Geschäftüchtigkeit schließen lässt. Die Frist entfällt aber dann nicht, wenn die Existenzgründerin die selbstständige Tätigkeit freiwillig und selbstbestimmt beendet hat, um sich beruflich anders zu orientieren (LSG Baden-Württemberg vom 26.6.2009 – L 8 AL 6014/08).

Für Zeiten ab der Erfüllung der Regelaltersgrenze für die Altersrente (§ 35 Abs. 2 SGB VI) wird kein Gründungszuschuss geleistet. Das entspricht § 136 Abs. 2 SGB III, wonach ab der Vollendung der Regelaltersgrenze kein Anspruch auf Alg besteht. Der Gründungszuschuss endet mit dem Monat, in dem der Existenzgründer die Altersgrenze erreicht (SG Itzehoe vom 28.2.2012 – S 11 AL 86/09).

6   **Dauer und Höhe**

Grundsatz: 6 Monate lang Zuschuss in Alg-Höhe plus 300 €

Der Gründungszuschuss wird nach § 94 Abs. 1 SGB III zunächst für sechs Monate in Höhe des Betrages gewährt, den die Arbeitnehmerin zuletzt als Alg-Anspruch bezogen hat, zuzüglich 300 € monatlich. Die Änderung der Steuerklasse nach der Entstehung des Gründungszuschusses wirkt sich auf dessen Höhe nicht mehr aus (BayLSG vom 14.1.2010 – L 8 AL 190/08; LSG Baden-Württemberg vom 25.2.2011 – L 12 AL 3436/10).
Nicht zum Anspruch auf Alg und damit zum Gründungszuschuss gehören die Beiträge zur KV und PV, auch nicht für Personen, die privat krankenversichert sind (BSG vom 19.2.2013 – B 11 AL 94/12 B).

Nebeneinkommen, das auf das Alg angerechnet worden ist, mindert den Gründungszuschuss jedenfalls dann nicht, wenn die Nebentätigkeit nach der Existenzgründung aufgegeben wird (BSG vom 24.11.2010 – B 11 AL 12/10 R).

Scheitert das Unternehmen vor Ablauf der Förderzeit, endet die Förderung.

Die Ruhenszeiten, für die der Zuschuss nicht gezahlt werden darf, kürzen den Anspruch nicht, sondern schieben ihn nur hinaus, wie sich aus der Kürzungsbestimmung für die sperrzeitbedingte Ruhenszeit im alten § 57 SGB III in der bis 31.7.2006 geltenden Fassung ergibt.

Mit der zusätzlichen 300 €-Pauschale sollen die Beiträge zur Sozialversicherung abgedeckt werden (BT-Drs. 16/1696 S. 31). Wie der Gesetzgeber gerade auf 300 € kommt, wird nicht erklärt. Die Pauschale ist knapp bemessen: Müssen doch mit 300 € die Beiträge zur Kranken-, Pflege-, Renten-, Unfall- und freiwilligen Arbeitslosenversicherung bestritten werden. Schon der KV-Beitrag liegt bei gut 200 €. Es kommt allerdings für die Zahlung des Zuschusses nicht darauf an, ob die Existenzgründerin sich damit sozial absichert und welche Kosten ihr tatsächlich entstehen.

Nach Ablauf von sechs Monaten kann nach § 94 Abs. 2 SGB III für weitere neun Monate ein Zuschuss von 300 € gezahlt werden. Ziele der zweiten Förderphase sind die Stärkung der Nachhaltigkeit der Gründung und die soziale Absicherung der Gründerin (LSG Nordrhein-Westfalen vom 17.10.2013 – L 9 AL 150/12). Voraussetzung ist, dass die Existenzgründerin ihre Geschäftstätigkeit durch geeignete Unterlagen darlegt. Die Förderung soll erfolgen, wenn eine intensive Geschäftstätigkeit und hauptberufliche unternehmerische Aktivitäten vorliegen (BT-Drs. 16/1696 S. 31). Die Existenzgründerin wird ihre Geschäftstätigkeit beschreiben und ggfs. belegen und einen Ausblick auf die weitere Geschäftserwartung geben müssen. Bestehen begründete Zweifel, kann die AA eine neue Stellungnahme einer fachkundigen Stelle verlangen. Ist die Erfolglosigkeit der Existenzgründung offensichtlich, kann die Weiterzahlung von 300 € versagt werden, ohne dass eine neue Stellungnahme einer fachkundigen Stelle erforderlich ist (SG Landshut vom 9.2.2015 – S 13 AL 39/14). Das Gesetz sagt nicht ausdrücklich, worauf sich die »begründeten Zweifel« beziehen müssen. Aus dem Zusammenhang ergibt sich jedoch, dass die Erfolgsaussichten der Unternehmensgründung zweifelhaft sein müssen, nicht nur die Bemühungen der Selbstständigen (BayLSG vom 7.7.2016 – L 9 AL 207/14). Der weitere Zuschuss soll gezahlt werden, wenn vom zukünftigen Erfolg der Maßnahme ausgegangen werden kann. Sichert der Gewinn aus dem neuen Unternehmen den Lebensunterhalt einschließlich der sozialen Sicherung, hält das SG Duisburg die Zahlung des Gründungszuschusses in Höhe von 300 € für entbehrlich (SG Duisburg vom 5.11.2014 – S 16 AL 594/12).

Marginalien:

Früheres Nebeneinkommen

Scheitern

Ruhen

Zuschuss zur SV

Ausnahmsweise: weitere 9 Monate 300 €

7   **Antrag und Entscheidung**

Der Gründungszuschuss muss beantragt werden. Zuständig ist nach § 327 Abs. 1 SGB III die AA, in der die Antragstellerin ihren Wohnsitz oder ihren gewöhnlichen Aufenthalt hat. Der Antrag muss nach § 324 Abs. 1 Satz 1 SGB III vor Beginn der selbstständigen Tätigkeit gestellt werden (LSG Berlin-Brandenburg vom 9.11.2016 – L 18 AL 127/15). Hiervon kann die AA abweichen und einen verspäteten Antrag zulassen, um unbillige Härten zu vermeiden (§ 324 Abs. 1 Satz 2 SGB III). Eine unbillige Härte wird regelmäßig bei einer unverschuldeten Verspätung – ähnlich wie bei der Wiedereinsetzung wegen der Versäumung gesetzlicher Fristen nach § 27 SGB X und § 67 SGG – vorliegen.

Keine Muss-Leistung

Auf den Zuschuss besteht kein Rechtsanspruch; die Entscheidung steht vielmehr im Ermessen der AA. Die AA hat bei der Ausübung des Ermessens § 39 SGB I und § 35 SGB X zu beachten. Welche Gesichtspunkte – außer der Haushaltssituation der BA – hierbei maßgeblich sein sollen, sagt die Gesetzesbegründung nicht. Da der Gründungszuschuss eine Versicherungsleistung mit gesetzlich exakt benannten Voraussetzungen ist, bleibt für Ermessensabwägungen wenig Raum. Die BA hat in der Anhörung vor dem BT-Ausschuss für Arbeit und Soziales selbst von einem Quasi-Pflichtleistungscharakter des Gründungszuschusses gesprochen (BT-Drs. 17(11)594 S. 60).

Zulässig ist es, auf den Vermittlungsvorrang des § 4 SGB III zu verweisen (so z. B. LSG Nordrhein-Westfalen vom 28.11.2013 – L 9 AL 81/13; LSG Berlin-Brandenburg vom 28.5.2014 – L 18 AL 236/13, info also, 2014 S. 205 mit Anm. Claus-Peter Bienert; LSG Baden-Württemberg vom 24.2.2015 – L 13 AL 1924/14: wenn tatsächlich Vermittlungsvorschläge gemacht werden, und vom 24.7.2015 – L 8 AL 2364/14; LSG Hamburg vom 23.9.2015 – L 2 AL 20/14: nur wenn die BA alle vermittlungsrelevanten Umstände prüft, und vom 23.9.2015 – L 2 AL 57/13; LSG Berlin-Brandenburg vom 6.10.2015 – L 14 AL 3/15 und vom 9.11.2016 – L 18 AL 127/15); eine negative Vermittlungsprognose kann nach Meinung des LSG Nordrhein-Westfalen erst nach einiger Zeit des Vermittlungsversuchs getroffen werden (ebenso LSG Hamburg vom 29.6.2016 – L 2 AL 57/15). Allerdings muss sich die AA auch hinreichend um die Vermittlung bemühen (SG Duisburg vom 22.1.2014 – S 33 AL 239/13). Vorrang hat nur die sachgerechte Vermittlung (vgl. die Beispiele: SG München vom 11.6.2013 – S 35 AL 883/12; SG Trier vom 1.2.2013 – S 1 AL 80/12, info also 2013, S. 269 mit Anm. von Claus-Peter Bienert). Ist die Existenzgründung die einzige Möglichkeit, die Arbeitslose dauerhaft einzugliedern, schrumpft das Ermessen der AA auf Null, der Gründungszuschuss muss bewilligt werden (LSG Berlin-Brandenburg vom 17.1.2013 – L 18 AL 5/13 B ER).

Bedürftigkeitsprüfung?

Eine Bedürftigkeitsprüfung findet nicht statt (SG Duisburg vom 4.9.2013 – S 33 AL 379/12, info also 2014, S. 115; a. A. SG Gießen vom

29.4.2015 – S 14 AL 6/13, info also 2015, S. 163, beide mit Anm. Claus-Peter Bienert, info also 2014, S. 118 und 2015, S. 165). Jedoch erlauben einige Gerichte der AA, den Gründungszuschuss zu verweigern, wenn der zu gründende Betrieb von Anfang an genug Gewinn für den Lebensunterhalt der Existenzgründerin abwirft (SächsLSG vom 10.4.2014 – L 3 AL 141/12; LSG Baden-Württemberg vom 28.2.2014 – L 8 AL 1515/13, info also 2014, S. 108; SG Chemnitz vom 12.6.2014 – S 26 AL 863/12). Die Eigenleistungsfähigkeit wird aber nicht durch die Aufnahme von Krediten erreicht (SG München vom 12.3.2013 – S 35 AL 753/12; a.A. SG Chemnitz vom 12.6.2014 – S 26 AL 863/12).

Das SG Chemnitz vom 12.6.2014, a.a.O., berücksichtigt auch das Verschulden an der Arbeitslosigkeit, insbesondere ob die Arbeitslosigkeit vorsätzlich herbeigeführt worden ist, um einen Gründungszuschuss zu erhalten (SG Karlruhe vom 27.1.2015 – S 17 AL 755/14; ähnlich LSG Nordrhein-Westfalen vom 25.9.2014 – L 9 AL 219/13).

Das Ermessen der AA ist regelmäßig auf Null reduziert, wenn die Förderung einer selbstständigen Tätigkeit in einer Eingliederungsvereinbarung zugesagt oder in Aussicht gestellt worden ist (z. B. LSG Baden-Württemberg vom 28.2.2014 – L 8 AL 1515/13; SG Duisburg vom 4.9.2013 – S 33 AL 379/12, info also 2014, S. 115).

Sagt die AA in der Eingliederungsvereinbarung die Förderung eines Berufsziels zu, das typischerweise in selbstständiger Position ausgeübt wird, reduziert sich ihr Ermessen regelmäßig auf Null (SG Mannheim vom 23.8.2012 – S 14 AL 2139/12, info also 2013, S. 56 mit Anm. von Udo Geiger).

Sagt die AA per E-Mail eine Förderung zu, ist das zwar keine verbindliche Zusage, weil diese nach § 34 SGB X schriftlich erfolgen muss, sie schafft damit aber einen Vertrauenstatbestand, der eine Ablehnung des Gründungszuschusses in aller Regel nicht erlauben wird (SG Karlsruhe vom 17.1.2013 – S 16 AL 949/12, info also 2013, S. 115).

Der Gründungszuschuss darf nicht allein mit Hinweis auf die Haushaltslage abgelehnt werden. Er darf nicht mit der Begründung abgelehnt werden, er sei nur die letzte Möglichkeit zur Wiedereingliederung einer Arbeitslosen, weil diese Wertung nicht dem Gesetzeszweck entspricht (§ 71b Abs. 4 SGB IV; SG Duisburg vom 22.1.2014 – S 33 AL 239/13, info also 2014, S. 114 mit Anm. Claus-Peter Bienert).

Der Gründungszuschuss bleibt ein Zuschuss und muss auch bei Erfolglosigkeit der Existenzgründung nicht zurückgezahlt werden.

8 Versicherungsrechtliche Folgen

Nach § 148 Abs. 1 Nr. 8 SGB III verbraucht jeder Tag, für den der Gründungszuschuss in der Höhe des zuletzt zustehenden Alg bezogen wird, einen Anspruchstag. Der Verbrauch gilt also nur für den Zuschuss für die ersten sechs Monate, nicht für die Zeit, für die nur die 300 € zur sozialen Absicherung gezahlt werden.

Gründungszuschuss verbraucht Alg

Freiwillig weiter-
versichern in
der Arbeitslosen-
versicherung!

Selbstständige haben die Möglichkeit, sich nach § 28a SGB III auch in der Arbeitslosenversicherung freiwillig weiterzuversichern (s. hierzu Ute Winkler, info also 2010, S. 105 ff.). Der Beitrag wird aus der monatlichen Bezugsgröße errechnet (§ 341 Abs. 2, § 345b SGB III). Im ersten Jahr der Existenzgründung wird nur die Hälfte der monatlichen Bezugsgröße zugrunde gelegt (§ 345b Satz 2 SGB III). Bei einer Bezugsgröße von 2.975 € im Westen und 2.660 € im Osten erreichen die Beiträge im Jahr 2017 bei einem Beitragssatz von 3 % (§ 341 Abs. 2 SGB III) 89,25 €/ 44,62 € im Westen und 79,80 €/ 39,90 € im Osten.

Bei Arbeitslosigkeit im Anschluss an eine selbstständige Tätigkeit wird das Arbeitslosengeld regelmäßig nach § 152 SGB III entsprechend der Qualifikation fiktiv zu bemessen sein. Näheres → S. 200.

Kranken-
versicherung

In der gesetzlichen Krankenversicherung kann sich die Selbstständige nach § 9 Abs. 1 Satz 1 SGB V weiterversichern, wenn sie in den letzten fünf Jahren wenigstens 24 Monate oder unmittelbar vor dem Ausscheiden aus der Pflichtversicherung ununterbrochen wenigstens zwölf Monate der gesetzlichen Krankenversicherung angehört hat. Kann oder will sie sich nicht in der gesetzlichen Krankenversicherung versichern, muss sie sich privat versichern (§ 193 Abs. 3 VVG).

Als hauptberuflich Selbstständige kann die Existenzgründerin unabhängig von der Höhe ihres Einkommens nach § 10 Abs. 1 Satz 1 Nr. 4 SGB V nicht familienversichert sein.

Bei der KV-Beitragsberechnung wird der Anteil von 300 €, der zur sozialen Absicherung bestimmt ist, nicht als Einkommen berücksichtigt (§ 240 Abs. 2 Satz 2 SGB V). Für hauptberuflich Selbstständige gibt es in der gesetzlichen Krankenversicherung einen Mindestbeitrag, der für die Bezieher des Gründungszuschusses gegenüber anderen Selbstständigen abgesenkt ist. Wird sonst dem Mindestbeitrag (pro Kalendertag) ein Betrag in Höhe eines Vierzigstels der monatlichen Bezugsgröße zu Grunde gelegt, ist es bei den Existenzgründerinnen mit Gründungszuschuss nur ein Sechzigstel der monatlichen Bezugsgröße (BSG vom 28.5.2015 – B 12 KR 7/14 R). Das sind im Jahr 2017 monatlich 1.487,50 €/1.330,00 € (West/Ost), aus dem die Krankenkasse nach dem Beitragssatz von 14 % (ohne Anspruch auf Krankengeld – § 243 SGB V) die Beiträge ermittelt. Bei höherem Einkommen ist der Beitragsberechnung das tatsächliche Einkommen zugrunde zu legen. Ein Verlustausgleich zwischen dem Gründungszuschuss und Verlusten aus der selbstständigen Tätigkeit ist nicht zulässig (LSG Nordrhein-Westfalen vom 20.6.2007 – L 11 KR 98/06). Die Vergünstigung gilt nur für die Zeit, für die der Gründungszuschuss gezahlt wird, also längstens 15 Monate.

Da der Gründungszuschuss kein Arbeitseinkommen ist, löst sein Bezug keinen Anspruch auf Krankengeld aus (SG Braunschweig vom 29.4.2008 – S 6 KR 386/05). Das HessLAG vom 21.6.2011 – 15 Sa 254/10 hat den Gründungszuschuss als Annahmeverzugslohn im Sinne von § 615 Satz 2 BGB angerechnet, weil es sich um eine auf Grund anderweitiger Verwendung der Dienste erworbene Leistung handle. Das erscheint doch sehr zweifelhaft, auch die Einschätzung, der Gründungszuschuss sei eine Entgeltersatzleistung und der ausstehende Lohnanspruch gehe nach § 115 SGB X im Umfang des Gründungszuschusses auf die Bundesagentur für Arbeit über (LAG Düsseldorf vom 16.7.2013 – 16 Sa 381/13; BAG vom 29.4.2015 – 5 AZR 756/13), überzeugt nicht recht.

Die Pflegeversicherung folgt der Krankenversicherung; die in der gesetzlichen Krankenversicherung freiwillig Versicherte ist nach § 20 Abs. 3 SGB XI Mitglied der sozialen Pflegeversicherung. Sie kann sich von der Versicherungspflicht befreien lassen und sich privat versichern. Familienversichert kann die hauptberuflich Selbstständige auch in der Pflegeversicherung nicht sein (§ 25 Abs. 1 Satz 1 Nr. 4 SGB XI).

Pflegeversicherung

Anders als bei der früheren Ich-AG (§ 2 Satz 1 Nr. 10 SGB VI a.F.) ist die Existenzgründerin nach § 93 SGB III nicht über den Gründungszuschuss rentenversicherungspflichtig. Versicherungspflicht kann nach anderen Bestimmungen bestehen, insbesondere für Handwerkerinnen und Gewerbetreibende ohne Personal und mit nur einer Auftraggeberin (§ 2 Satz 1 Nr. 8 und 9 SGB VI).
Selbstständige können sich nach § 7 SGB VI freiwillig rentenversichern oder nach § 4 Abs. 2 SGB VI auf Antrag versicherungspflichtig werden.

Rentenversicherung?

Es besteht keine Unfallversicherungspflicht für die Existenzgründerin mit Gründungszuschuss. Als Kleingewerbetreibende kann sie nach § 3 Nr. 1 SGB VII durch die Satzung der einzelnen Berufsgenossenschaft pflichtversichert sein oder sie kann sich nach § 6 Abs. 1 Nr. 1 SGB VII freiwillig versichern. Wir empfehlen, sich darum zu kümmern.

Gesetzliche Unfallversicherung

9 Steuerrechtliche Behandlung

Der Gründungszuschuss ist nach § 3 Abs. 2 EStG nicht einkommensteuerpflichtig, auch nicht mittelbar im Sinne eines Progressionsvorbehaltes (BFH vom 2.10.2008 – VI B 96/07).

10 Gründungszuschuss als Leistung zur Teilhabe am Arbeitsleben

Der Gründungszuschuss kann auch durch andere Sozialleistungsträger als Leistung zur Teilhabe am Arbeitsleben erbracht werden (§ 33 SGB IX). Seit 1.8.2016 kann behinderten Menschen ein Gründungszuschuss auch dann gewährt werden, wenn sie keinen oder weniger als 150 Tage Anspruch auf Alg haben.

11   Verhältnis zur Grundsicherung nach dem SGB II

Nicht für Alg II-Bezieher

Bezieher der Grundsicherung für Arbeitslose nach dem SGB II können einen Gründungszuschuss nicht erhalten. Neben der Grundsicherungsleistung können aber nach den §§ 16b, 16c SGB II **Einstiegsgeld** und eine **Investitionshilfe** als Zuschuss oder als zinsloses Darlehen gezahlt werden. Während der selbstständigen hauptberuflichen Tätigkeit können sie außerdem durch Beratung oder Vermittlung von Kenntnissen und Fertigkeiten gefördert werden, wenn dies für die weitere Ausübung der selbstständigen Tätigkeit erforderlich ist; die Vermittlung von beruflichen Kenntnissen ist allerdings ausgeschlossen (§ 16c Abs. 2 SGB II).

Anrechnung auf Alg II bei Aufstockern

Grundsicherungsleistungen nach dem SGB II werden nur unter Anrechnung des Gründungszuschusses einschließlich der 300 € gezahlt; allerdings können bei der Berechnung die Beiträge zur freiwilligen Arbeitslosenversicherung und zur Rentenversicherung abgezogen werden (BSG vom 6.12.2007 – B 14/7b AS 16/06 R und vom 1.6.2010 – B 4 AS 67/09 R). Der Erwerbstätigenfreibetrag nach § 11b Abs. 2 SGB II kann vom Gründungszuschuss nicht abgezogen werden. Leistungen nach dem SGB II kommen dann in Betracht, wenn der Alg-Anspruch und damit der Gründungszuschuss für den Lebensunterhalt nicht ausreicht oder wenn die Existenzgründerin Familienmitglieder unterhalten muss.

II   Heranführung an eine Existenzgründung

Existenzgründer brauchen Unterstützung im Vorfeld der Existenzgründung, insbesondere beim Nachweis der Tragfähigkeit der geplanten Gründung.

§ 45 Abs. 1 Satz 1 Nr. 4 SGB III ermöglicht Hilfen bei der »Heranführung an eine selbstständige Tätigkeit«. Über die Voraussetzungen, Grenzen, Pauschalierung und Verfahren dieser »Maßnahme zur Aktivierung und beruflichen Eingliederung« soll »das Nähere« in einer Verordnung nach § 47 SGB III geregelt werden.

T **Mittel aus dem Europäischen Sozialfonds (ESF)**

I **Die ESF-Förderperiode 2014–2020**

1 **Neuerungen**

Der ESF ist einer der Strukturfonds der Europäischen Union (EU). Ab 2014 sind diese unter einem gemeinsamen strategischen Rahmen zusammengefasst; sie sollen einander ergänzende Ziele verfolgen, die aus der »Europa 2020-Strategie« abgeleitet werden. Als Teil der europäischen Kohäsionspolitik trägt der ESF zur Verwirklichung des wirtschaftlichen und sozialen Zusammenhalts in Europa bei.

Die ESF-Förderperiode 2014 bis 2020 unterscheidet sich deutlich von der früheren Förderperiode:

■ Enge Ausrichtung an der europäischen Wachstums- und Beschäftigungsstrategie »Europa 2020«, dem Nationalen Reformprogramm und der Partnerschaftsvereinbarung zwischen EU-Kommission und Mitgliedstaat.

■ Veränderte Zielgebiete bzw. Mittel-Konzentration auf die neuen EU-Mitgliedstaaten.

- Thematische Konzentration: jeder Mitgliedstaat kann fünf von 19 Prioritäten innerhalb der elf thematischen Ziele auswählen, auf die 80% des ESF entfallen werden. Mindestens 20 % der ESF-Mittel müssen für die Förderung der sozialen Integration und die Bekämpfung der Armut eingesetzt werden.

- Einführung von »Konditionalitäten«; das sind Bedingungen, an die die ESF-Fördermittel geknüpft werden.

- Orientierung am Ergebnis, d.h., es gibt eine leistungsgebundene Reserve, mit der Zielerfüllungen belohnt werden.

- Einführung des Kohärenzprinzips, d.h. Vermeidung von Überlappungen der Förderprogramme.

Der ESF stellt ein wichtiges Instrument zur Förderung von Beschäftigung und sozialer Integration in den Mitgliedstaaten der EU dar. Er fördert das lebenslange Lernen, unterstützt Ausbildung und Qualifizierung und trägt zum Abbau von Benachteiligungen am Arbeitsmarkt bei. Davon profitieren insbesondere Arbeitslose, Schülerinnen und Schüler beim Übergang in Ausbildung und Beruf, Arbeitnehmerinnen und Arbeitnehmer sowie Gründerinnen und Gründer.
Die neue ESF-Förderperiode 2014–2020 steht in Deutschland unter dem Motto »Zusammen. Zukunft. Gestalten.«

2   Rechtliche Grundlagen

Grundlage der Umsetzung des ESF sind die Strukturfondsverordnungen und weitere Rechtsgrundlagen.
Die wichtigen EU-Verordnungen (VO) zu der aktuellen Förderperiode sind:
- VO (EU) Nr. 207/2015 – DurchführungsVO.
- VO (EU) Nr. 1011/2014 – DurchführungsVO zum Informationsaustausch.
- VO (EU) Nr. 964/2014 – DurchführungsVO zu Standardvorschriften und -bedingungen für Finanzinstrumente.
- VO (EU) Nr. 821/2014 – DurchführungsVO zur Übertragung und Verwaltung von Programmbeiträgen, die Berichterstattung über Finanzinstrumente, die technischen Merkmale der Informations- und Kommunikationsmaßnahmen für Vorhaben und das System zur Aufzeichnung und Speicherung von Daten.
- VO (EU) Nr. 480/2014 – Delegierte VO zur Ergänzung der VO (EU) Nr. 1303/2013.
- VO (EU) Nr. 288/2014 – DurchführungsVO zur Erstellung von Operationellen Programmen.
- VO (EU) Nr. 240/2014 – Delegierte VO zum Europäischen Verhaltenskodex für Partnerschaften.

- VO (EU) Nr. 215/2014 – Durchführungsvorschriften.
- VO (EU) Nr. 184/2014 – DurchführungsVO zum elektronischen Datenaustausch.
- VO (EU) Nr. 1304/2013 – ESF-VO.
- VO (EU) Nr. 1303/2013 – Allgemeine Bestimmungen für EFRE, ESF, Kohäsionsfonds.

Zusätzlich sind bei der ESF-Förderung Fördergrundsätze zu beachten, die über das deutsche Zuwendungsrecht hinausgehen. Das betrifft beispielsweise Querschnittsziele (Gleichbehandlung von Männern und Frauen und die Vermeidung jeglicher Art von Diskriminierung) oder die förderfähigen Ausgaben.

3   Förderschwerpunkte

Um die ESF-Mittel thematisch zu konzentrieren, musste jeder Mitgliedstaat aus einem vordefinierten Bündel an Zielen und Investitionsprioritäten, welche aus der EU 2020-Strategie hergeleitet werden, eine Auswahl treffen. EU-weit gleich ist die Vorgabe, dass für die Förderung der sozialen Inklusion und Bekämpfung von Armut und jeglicher Diskriminierung (Ziel B) mindestens 20 % der insgesamt in jedem Mitgliedstaat zur Verfügung stehenden ESF-Mittel eingesetzt werden.

Die Förderschwerpunkte des ESF in der Förderperiode 2014 bis 2020 orientieren sich an drei **Thematischen Zielen** sowie sechs dazugehörigen **Investitionspriorïäten**.

Die Thematischen Ziele (A, B C) und ihre Investitionsprioritäten:

Ziel A: Förderung nachhaltiger und hochwertiger Beschäftigung und Unterstützung der Mobilität der Arbeitskräfte.
1. Selbstständigkeit; Unternehmergeist und Gründung von Unternehmen, einschließlich von innovativen Kleinstunternehmen sowie innovativen kleinen und mittleren Unternehmen.
2. Gleichstellung von Frauen und Männern auf allen Gebieten, einschließlich des Zugangs zur Beschäftigung und des beruflichen Aufstiegs; Vereinbarkeit von Berufs- und Privatleben; Förderung des Grundsatzes »gleiches Entgelt für gleiche Arbeit«.
3. Anpassung der Arbeitskräfte, Unternehmen und Unternehmer an den Wandel.

Ziel B: Förderung der sozialen Inklusion und Bekämpfung von Armut und jeglicher Diskriminierung.
4. Aktive Inklusion, nicht zuletzt durch die Förderung der Chancengleichheit und aktiver Beteiligung, und Verbesserung der Beschäftigungsfähigkeit.

Ziel C: Investitionen in Bildung, Ausbildung und Berufsbildung für Kompetenzen und lebenslanges Lernen.

5. Förderung des gleichen Zugangs zum lebenslangen Lernen für alle Altersgruppen im formalen, nicht formalen und informalen Rahmen; Steigerung des Wissens sowie der Fähigkeiten und Kompetenzen der Arbeitskräfte sowie die Förderung flexibler Bildungswege unter anderem durch Berufsberatung und die Bestätigung erworbener Kompetenzen.

6. Verbesserung der Arbeitsmarktrelevanz der Systeme der allgemeinen und beruflichen Bildung; Erleichterung des Übergangs von Bildung zu Beschäftigung und Stärkung der Systeme der beruflichen Bildung und Weiterbildung und deren Qualität, unter anderem durch Mechanismen für die Antizipierung des Qualifikationsbedarfs, die Erstellung von Lehrplänen sowie die Einrichtung und Entwicklung beruflicher Bildungssysteme, darunter duale Bildungssysteme und Ausbildungswege.

4   Hauptzielgruppen

Hauptzielgruppen sind:
- Benachteiligte junge Menschen, insbesondere ohne Schul- und Berufsabschluss.
- Langzeitarbeitslose.
- Frauen und Erwerbstätige, insbesondere solche mit geringer Qualifikation oder geringem Einkommen.
- Personen mit Migrationshintergrund, v. a. in schwierigen Lebenslagen (z. B. Flüchtlinge).

Für Frauen, Existenzgründer/innen und Migranten/innen werden spezifische Fördermaßnahmen angeboten.

II   Der ESF in Deutschland

1   Finanzielle Ausstattung

Deutschland erhält für die Förderperiode 2014 bis 2020 aus dem ESF ca. 7,49 Mrd. Euro, die sich wie folgt auf die Regionen verteilen:
- **Stärker entwickelte Regionen** (alte Bundesländer, ohne die Region Lüneburg, inkl. Region Leipzig und Berlin): 4,23 Mrd. Euro (56,4%).
- **Übergangsregionen** (neue Bundesländer, ohne Region Leipzig und Berlin, inkl. Region Lüneburg): 3,26 Mrd. Euro (43,6%).

Die ESF-Mittel werden von Bund und Ländern getrennt verwaltet. Der Anteil des Bundes liegt bei rd. 2,689 Mrd. Euro (= 35,9%). Die Bundesländer verwalten rd. 4,8 Mrd. Euro (64,1%).

2   Förderprogramme

        In der Regel können bestimmte Maßnahmen nur in einem
Programm eines Ministeriums gefördert werden, und nicht mehr in einem anderen Programm auf Bundes- oder Landesebene. So fördert
das Programm Jugend stärken im Quartier (JUSTiQ) Personen bis zum
27. Geburtstag in einem Sozialraum, und das Programm Bildung, Wirtschaft, Arbeit im Quartier (BIWAQ) die Personen ab dem 27. Geburtstag im gleichen Sozialraum.

Die ESF-Förderprogramme in den Bundesländern berücksichtigen
stärker als die Bundesprogramme die arbeitsmarktlichen Besonderheiten in der Region. Es werden sowohl Projekte als auch Einzelperso-
nen (z.B. durch Bildungsprämie) oder Einzelunternehmen gefördert.

3   Bundesministerien und ihre ESF-Förderprogramme

■ **Bundesministerium für Arbeit und Soziales**
– Programm zum Abbau von Langzeitarbeitslosigkeit (Teilnahme-
  eintritte nur noch bis 12/2017)
– Berufsbezogene Sprachförderung für Menschen mit Migrationshintergrund (ESF-BAMF-Programm; nur noch bis 12/2017)
– ESF-Qualifizierung im Kontext Anerkennungsgesetz (Förderprogramm IQ)
– ESF-Richtlinie »Fachkräfte sichern: weiter bilden und Gleichstellung fördern«
– ESF-Integrationsrichtlinie Bund
– Kofinanzierung der Berufseinstiegsbegleitung nach § 49 SGB III
– rückenwind – Für die Beschäftigten und Unternehmen in der So-
  zialwirtschaft
– unternehmensWert: Mensch

■ **Bundesministerium für Bildung und Forschung**
– Bildung integriert
– Bildungsprämie
– Digitale Medien in der beruflichen Bildung
– Jobstarter plus
– Zukunft der Arbeit

■ **Bundesministerium für Familie, Senioren, Frauen und Jugend**
– Elternchance II – Familien früh für Bildung gewinnen
– JUGEND STÄRKEN im Quartier (JUSTiQ; Start der nächsten För-
  derrunde voraussichtlich 2018)
– Perspektive Wiedereinstieg – Potenziale erschließen
– Quereinstieg – Männer und Frauen in Kitas
– Stark im Beruf – Mütter mit Migrationshintergrund steigen ein
– Vereinbarkeit von Familie und Beruf gestalten – Familienfreund-
  liche Arbeitswelt und Zeitsouveränität

■ **Bundesministerium für Umwelt, Naturschutz, Bau und Reaktorsicherheit**
– Bildung, Wirtschaft, Arbeit im Quartier (BIWAQ; Start der nächsten Förderrunde voraussichtlich 2018)
– Berufsbildung für nachhaltige Entwicklung befördern. Über grüne Schlüsselkompetenzen zu klima- und ressourcenschonendem Handeln im Beruf

■ **Bundesministerium für Wirtschaft und Energie**
– EXIST
– Gründercoaching Deutschland
– Mikromezzaninfonds
– Passgenaue Besetzung – Unterstützung von KMU bei der passgenauen Besetzung von Ausbildungsplätzen sowie bei der Integration von ausländischen Fachkräften
– Unternehmensberatung – Förderung des unternehmerischen Knowhows durch Unternehmensberatungen für KMU und Freie Berufe (Ausgelaufen)

Detaillierte Informationen über alle Programme erhält man über die Internetseite des BMAS www.esf.de und bei den auf → S. 589 ff. aufgeführten Ansprechpartnern. Dort auch weiterführende Informationen zu den Programmen in den Bundesländern.

III   **Planung und Durchführung von ESF-Projekten**

Die Planung und Durchführung ESF-geförderter Projekte ist komplex und nur bedingt standardisierbar, da die Schwerpunkte und Verfahren je nach Bundes- und Landesministerium unterschiedlich sind.

Langer Atem   Die Antragstellung setzt neben den einschlägigen Informationen und Kompetenzen Geduld voraus: bis zur Bewilligung können Monate vergehen. Dies sollte man bedenken – auch im Hinblick auf die einzuwerbenden Mittel aus anderen Quellen. Auch Verwaltung, Dokumentation und Abschluss von ESF-Projekten ist aufwendig.

Planung   Zu Beginn der Planung eines Projektes sollte man sicherstellen, dass man über alle notwendigen Basis- und Zusatzinformationen zum jeweiligen Förderprogramm verfügt. Dazu gehören die ESF- und programmspezifischen Rechtsgrundlagen, Antragsformulare und andere Materialien. Außerdem sollten regelmäßig – sofern vorhanden – FAQ-Listen zum Programm geprüft werden.

Anhand des Materials sollten folgende Fragen geklärt werden:
– Wer kann einen Förderantrag stellen?
– An welche Institutionen bzw. Zielgruppen richtet sich das Programm?
– Welche Ziele werden gefördert?

- Welche Aktivitäten können gefördert werden?
- Existiert eine Antragsfrist? Wie ist das Datum definiert (Posteingang, online-Zugang u.a.)?
- Werden inhaltliche oder organisatorische Prioritäten gesetzt?
- Sind Voraussetzungen für eine Beteiligung von Partnern, wie öffentliche Verwaltungen, Hochschulen o.a., gegeben?
- Welche Kosten sind zuschussfähig, welche nicht?
- Wie sollen Anträge präsentiert werden; gibt es einheitliche Antragsformulare?
- Gibt es eine maximale Förderdauer für das Projekt?
- Wann endet das Programm?
- Wie ist der Ablauf des Antragsverfahrens und welcher zeitliche Vorlauf ist damit verbunden?
- Gibt es absolute oder prozentuale Zuschussobergrenzen für den ESF-Anteil?
- Welche Zuwendungsarten sind vorgesehen (z.B. Projektförderung, Anteilsförderung, Zuschuss, Darlehen)?
- In welcher Höhe müssen eigene bzw. Komplementärmittel aus anderen Quellen eingesetzt werden?
- Welche Mittel kommen dafür in Frage?
- In welcher Weise werden die Zuschüsse ausgezahlt?
- Welche Daten sind laufend zu erheben?
- Ist das Know-how für die Antragstellung zu diesem Programm vorhanden?
- Werden die Voraussetzungen an die administrative und fachliche Eignung als Antragsteller für die Projektumsetzung erfüllt?
- Welche Vor- und Nachteile hat eine Antragstellung?

Ist die grundsätzliche Entscheidung für einen Antrag gefallen, sind folgende Arbeitsschritte zu beachten:

Antrag

- Ggf. Registrierung für Onlineportale zur Antragsstellung.
- Prüfen, ob es weitere Programmunterlagen gibt.
- Erstellen einer Projektskizze und eines Zeit- und Arbeitsplans.
- Aufstellen eines vorläufigen Kosten- und Finanzierungsplans.
- Erstellen einer Risikoanalyse für das geplante Vorhaben.
- Vorbereitende Treffen potentieller Projektpartner.
- Sicherung der Absichtserklärung für die Komplementärmittel und Projektbeteiligungen.
- Ausarbeitung eines Antragsentwurfs.
- Stellen des Antrags.

Eine Projektskizze kann den Strukturen des ESF-Programmes folgen, sie kann aber auch ein eigenständiges Dokument sein, das sich zur Vorlage bei anderen Stellen eignet. Eine Projektskizze besteht zumeist aus folgenden Abschnitten:

Projektskizze

- Zielgruppe des Projekts.
- Ziele des Projekts sowie Indikatoren bzw. Zielerreichungswerte.
- Inhaltliches Konzept, Arbeitshypothesen und Projektbausteine, administrative und fachliche Eignung.
- Zeitplan für die Durchführung.

– Finanzplan (Kosten und Einnahmen).
– Projektpartner, Aufgabenverteilung.
– Dokumentation, Evaluierung.

Für die Prüfung des Projektes im Hinblick auf seine Plausibilität ist neben der Frage nach der Aktualität der Problemstellung auch die des Zusammenhangs der gesteckten Ziele mit den gewählten Mitteln zu stellen. Mit anderen Worten: Stehen die Ziele, die Lösungen und die Kosten in einem nachvollziehbaren Verhältnis zueinander? Dies ist die zentrale Frage, die an das Projekt auf jeder Stufe seiner Prüfung gerichtet werden wird.

Es ist außerdem sowohl zeitlich wie von den Kosten her einzuplanen, dass Abschlussarbeiten nach Förderende anfallen können.

**Projekt-
durchführung**

Für die Projektdurchführung selbst werden die Bedingungen je nach Gegenstand sehr verschieden sein. Die Dauer geförderter Projekte kann zwischen einigen Monaten und vier Jahren liegen. Die Überweisung von beantragten Finanzmitteln ist zumeist auf Kalenderjahre berechnet und wird entsprechend abgewickelt. Sie ist den Verfahren der Bewirtschaftung öffentlicher Mittel ähnlich und meistens an Berichtspflichten geknüpft.

Folgende Punkte während der Projektdurchführung dürften besondere Bedeutung haben:
– Überarbeitung und laufende Überwachung und Fortschreibung des Arbeits- und Finanzierungsplans.
– Organisation von Seminaren, Projekttreffen.
– Erstellen von Zwischen- bzw. Jahresberichten.
– Auswertung von Programminformationen.
– Kontakte zu den Mittelgebern.
– Formulierung von Änderungsanträgen.
– Ausführung der Projektdokumentation inklusive Übersetzung(en).
– Entwicklung von Transferaktivitäten (Seminare, Produkte, Veröffentlichungen).

Dokumentation

Die Dokumentation ESF-geförderter Projekte ist aufwendig. Daten über die Teilnehmenden, den Projektablauf und auch die Erfolgskontrolle nach Abschluss müssen vom Träger erhoben werden. Die bestehenden Kontrollpflichten setzen eine eigene Buchführung voraus, nach der der Verbrauch der ESF-Mittel jederzeit gesondert nachgewiesen werden kann.

Über alle mit der Durchführung von ESF-Projekten zusammenhängenden Pflichten erteilen die im Folgenden genannten Ansprechpartner Auskunft.

IV   Adressen und Ansprechpartner auf EU-, Bundes- und Landesebene

1   Europäische Union (EU)

- **Europäische Kommission
  GD Beschäftigung, Soziales und Integration
  EMPL. D.5 – Deutschland, Österreich,
  Slowenien, Kroatien**

  Egbert Holthuis
  Rue Spa 3 – Büro 3/09
  B-1000 Brüssel
  egbert.holthuis@ec.europa.eu

2   Bund

- **Bundesministerium für Arbeit und Soziales**

  Arnold Hemmann
  Referat EF 1 – Europäischer Sozialfonds
  Rochusstr. 1
  53123 Bonn
  esf@bmas.bund.de

- **Bundesministerium für Bildung
  und Forschung**

  Peter Grönwoldt
  Referat 316 – Weiterbildung, Arbeitsmarkt,
  ESF
  Heinemannstr. 2
  53175 Bonn
  peter.groenwoldt@bmbf.bund.de

- **Bundesministerium für Familie,
  Senioren, Frauen und Jugend**

  Wilhelm Teuber
  Referat 105 – Europäischer Sozialfonds
  Glinkastr. 24
  10177 Berlin
  wilhelm.teuber@bmfsfj.bund.de

- **Bundesministerium für Umwelt,
  Naturschutz, Bau und Reaktorsicherheit**

  Ingo Weiß
  Referat SWI4
  Stresemannstr. 128-130
  10117 Berlin
  SWI4@bmub.bund.de

- **Bundesministerium für Wirtschaft
  und Energie**

  Beatrix Strauch
  Referat VIIC2-ESF – ESF-Koordinierung
  Villemombler Str. 76
  53123 Bonn
  buero-viic2-esf@bmwi.bund.de

3   Bundesländer

- **Baden-Württemberg**

  Ministerium für Arbeit und Sozialordnung,
  Familie, Frauen und Senioren
  Baden-Württemberg
  Referat 46 – Europäischer Sozialfonds
  Gerald Engasser
  Schellingstr. 15
  70174 Stuttgart
  Telefon (07 11) 1 23–36 14
  esf@sm.bwl.de

- **Bayern**

  Bayerisches Staatsministerium für Arbeit
  und Sozialordnung, Familie und Frauen
  Referat I 2 – Verwaltungsbehörde ESF
  in Bayern
  Georg Moser
  Winzererstr. 9
  80797 München
  Telefon (0 89) 12 61–15 14
  Georg.Moser@stmas.bayern.de

■ **Berlin**

Senatsverwaltung für Wirtschaft,
Technologie und Forschung
Referat III G – Europäische Struktur-
fondsförderung
Dr. Klaus-Peter Schmidt
Martin-Luther-Str. 105
10825 Berlin
Telefon (0 30) 90 13–83 22
klaus-peter.schmidt@senwtf.verwalt-
berlin.de

■ **Brandenburg**

Ministerium für Arbeit, Soziales,
Frauen und Familie des
Landes Brandenburg
Referat 34 A – Europäischer Sozialfonds,
Verwaltungsbehörde
Angelika Scherfig
Henning-von-Tresckow-Straße 2–13
14467 Potsdam
Telefon (03 31) 8 66–53 40
angelika.scherfig@masf.brandenburg.de

■ **Bremen**

Senator für Wirtschaft, Arbeit und Häfen
Referat 23 – ESF-Verwaltungsbehörde
Thorsten Armstroff
Hutfilterstraße 1–5
28195 Bremen
Telefon (0421) 3 61–63 40
thorsten.armstroff@arbeit.bremen.de

■ **Hamburg**

Behörde für Arbeit, Soziales, Familie
und Integration
Amt Arbeit und Integration
ESF-Verwaltungsbehörde
Martin Weber
Hamburger Straße 47
22083 Hamburg
Telefon (0 40) 4 28 63–3995
martin.weber@basfi.hamburg.de

■ **Hessen**

Hessisches Ministerium für Soziales und
Integration
Referat EU-Sozialfonds, Förderwesen
Albert Roloff
Dostojewskistr. 4
65187 Wiesbaden
Telefon (06 11) 817–34 90
albert.roloff@hsm.hessen.de

■ **Mecklenburg-Vorpommern**

Ministerium für Arbeit, Gleichstellung
und Soziales Mecklenburg-Vorpommern
Referat 540 – ESF-Fondsverwaltung
Eberhard Messmann
Johannes-Stelling-Straße 14
19053 Schwerin
Telefon (03 85) 588-5340
e.messmann@wm.mv-regierung.de

■ **Niedersachsen**

Niedersächsische Staatskanzlei
Referat 403 — Koordination der
EU-Förderung
Lars Wiesenhahn
Planckstraße 2
30169 Hannover
Telefon (05 11) 1 20–8467
lars.wiesenhahn@stk.niedersachsen.de

■ **Nordrhein-Westfalen**

Ministerium für Arbeit, Integration und
Soziales des Landes Nordrhein-Westfalen
Referat II 2 – ESF-Programmsteuerung
Daniel Jansen
Fürstenwall 25
40219 Düsseldorf
Telefon (02 11) 8 55–33 88
daniel.jansen@mais.nrw.de

■ **Rheinland-Pfalz**

Ministerium für Soziales, Arbeit,
Gesundheit und Demografie des Landes
Rheinland-Pfalz
Referat 621-2 – Europäische Arbeitsmarkt-
politik
Regina Wicke
Bauhofstr. 9
55116 Mainz
Telefon (0 61 31) 16–2351
regina.wicke@msagd.rlp.de

■ **Saarland**

Ministerium für Wirtschaft, Arbeit,
Energie und Verkehr des Saarlandes
Referat C/2 – Verwaltungsbehörde
Europäischer Sozialfonds
Hubertus Stoll
Franz-Josef-Röder-Str. 17
66119 Saarbrücken
Telefon (06 81) 5 01–31 84
h.stoll@wirtschaft.saarland.de

■ **Sachsen**

Sächsisches Staatsministerium
für Wirtschaft, Arbeit und Verkehr
Referat 23/Verwaltungsbehörde ESF
N.N. (i.V. Frieder Bamberg)
Wilhelm-Buck-Str. 2
01097 Dresden
Telefon (03 51) 5 64–82 30
verwaltungsbehoerde_esf@smwa.sachsen.de

■ **Sachsen-Anhalt**

Ministerium der Finanzen des
Landes Sachsen-Anhalt
Referat EU-Verwaltungsbehörde
Dr. Birgit Mühlenberg
Editharing 40
39108 Magdeburg
Telefon (03 91) 5 67–14 66
birgit.muehlenberg@sachsen-anhalt.de

■ **Schleswig-Holstein**

Ministerium für Wirtschaft, Arbeit, Verkehr
und Technologie des Landes Schleswig-
Holstein
Referat VII 13 – Aktive Arbeitsmarktpolitik,
Arbeitsmarktförderung, Europäischer
Sozialfonds
Martin Hamm
Düsternbrooker Weg 94
24105 Kiel
Telefon (04 31) 9 88–46 57
martin.hamm@wimi.landsh.de

■ **Thüringen**

Thüringer Ministerium für Arbeit, Soziales,
Gesundheit, Frauen und Familie
Referat 34 - Verwaltungsbehörde ESF
Werner Scheen
Werner-Seelenbinder-Str. 6
99096 Erfurt
Telefon (03 61) 573 811 340
werner.scheen@tmasgff.thueringen.de

I Die Auszahlung der Leistung

1 Zahlungsweise
§ 337 SGB III; § 47 SGB I

Überweisung auf Ihr Konto

Alg wird regelmäßig durch Überweisung auf Ihr Bankkonto ausgezahlt. Das hat gemäß § 337 Abs. 1 SGB III, § 47 SGB I für Sie kostenfrei zu geschehen. Kostenfrei heißt aber nur, dass die AA keine Überweisungskosten von Ihnen verlangt. Kostenfreiheit bedeutet nicht, dass die von Ihrer Bank berechneten Kontoführungs- und Buchungsgebühren von der AA übernommen werden müssten (FG Köln vom 12.6.2003 – 2 K 5913/02).

Falls kein Konto

Besitzen Sie kein Girokonto, so erhalten Sie Ihre Leistung durch »Zahlungsanweisung zur Verrechnung«, d.h. durch einen Scheck, gegen den Sie am Postschalter Ihre Leistung in bar bekommen. Die Auszahlung erfolgt unter Abzug der durch den Zahlungsweg entstehenden Kosten (§ 337 Abs. 1 Satz 2 SGB III).
Das gilt nicht, wenn der Arbeitslose nachweist, dass ihm die Einrichtung eines Kontos ohne eigenes Verschulden unmöglich ist.

Neu: Gesetzlicher Anspruch auf Girokonto

Zukünftig darf keine Bank oder Sparkasse Ihnen die Eröffnung eines Kontos verweigern. Mit dem Zahlungskontengesetz, das am 18.6.2016 in Kraft getreten ist, erhalten alle Bürger, die sich rechtmäßig im Inland aufhalten, einen Anspruch auf ein Basiskonto, d.h. ein Guthabenkonto; insbesondere Obdachlose, Asylsuchende und Ausländer, die sich auf Grund einer Duldung im Inland aufhalten, können nun bei allen Sparkassen und Banken ein Konto einrichten. Allerdings gibt es nur das Recht auf **ein** Konto. Das Konto darf nur in wenigen Fällen verweigert werden, z.B. bei Straftaten gegen die Bank oder Sparkasse. Lehnt eine angegangene Sparkasse oder Bank die Eröffnung eines Basiskontos ab, können Sie dagegen klagen. Sie können sich aber auch bei der Bundesanstalt für Finanzdienstleistungsaufsicht, kurz BaFin, in Frankfurt am Main, beschweren. Das geht schneller als ein Gerichtsverfahren. Die BaFin kann die Bank oder Sparkasse anweisen, das Konto anzulegen (BT-Drs. 18/7204).

2   **Zahlungszeitraum**
     § 337 SGB III

Der Zahlungszeitraum beträgt einen Monat (§ 337 Abs. 2 SGB III) und umfasst den Anspruch für 30 Tage pro Kalendermonat (→ S. 227). Alg wird nachträglich gezahlt, Weiterbildungskosten und Teilnahmekosten im Voraus (§ 337 Abs. 3 SGB III).

1 Monat

3   **Abschlagszahlung**
     § 337 Abs. 4 SGB III

Falls Sie so knapp bei Kasse sind, dass Sie keinen Monat auf die AA-Leistung warten können, können Sie versuchen, einen Abschlag zu erhalten. Ein Abschlag ist »zur Vermeidung unbilliger Härten« möglich.

Die AA zahlt einen Abschlag nur in Ausnahmefällen. Die Abschlagszahlungen dürfen keinen Dauercharakter erhalten, sondern nur unvorhergesehene Notsituationen überbrücken, auf die sich der Leistungsbezieher finanziell nicht einstellen kann und bei denen die monatlich nachträgliche Zahlung ihren gesetzlichen Zweck nicht erfüllen kann (LSG Baden-Württemberg vom 8.3.1999 – L 13 AL 2002/98).

> »Vom Leistungsberechtigten ist zu erwarten, seine Lohnersatzleistung so einzuteilen, dass diese bis zur nächsten regelmäßigen Zahlung für seinen und gegebenenfalls den Unterhaltsbedarf von Angehörigen ausreicht.
> [...]
> Bei Festsetzung der Höhe einer Abschlagszahlung ist zu beachten, dass die jeweilige Leistung nachträglich fällig ist. Deshalb darf eine Abschlagszahlung nur für Zeiten erfolgen, für die der Leistungsanspruch bis zum Tag der Anweisung der Abschlagszahlung noch nicht erfüllt wurde.«
> (So RdErl 16/97.)

Ist fraglich, ob Sie überhaupt Anspruch auf Alg haben, sollten Sie sofort zusätzlich einen Antrag auf Alg II stellen.
Zum Vorschuss, der vom Abschlag zu unterscheiden ist, → S. 673.

4   **Verzinsung**
         § 44 SGB I

Ansprüche auf Geldleistungen sind gemäß § 44 SGB I mit
4 % zu verzinsen, frühestens 6 Monate nach Eingang des Antrages.
Die Verzinsungsregelung ist jedoch recht kompliziert. Ganz wichtig
ist, dass Sie alle Unterlagen vorgelegt haben, die für die Entscheidung
Ihres Antrages erforderlich sind. Der Antrag allein genügt für den
Beginn des Zinsanspruchs nicht. Die Verzinsung ist an sich von Amts

wegen zu beachten, wird aber in der Regel nur auf Antrag gewährt.
Stellen Sie daher, wenn das Geld gar zu lange auf sich warten lässt,
den Antrag auf Verzinsung.

II   **Schutz vor Gläubigern?**
         §§ 53, 54 SGB I

1   **Kann Ihr Leistungsanspruch gepfändet werden?**

Alg ist eine Lohnersatzleistung. Sie kann deshalb gemäß
§ 54 Abs. 4 SGB I wie Lohn gepfändet werden. Das gilt auch für Kug
und Insg.

**Pfändung
wie Lohn**

Wie Lohn von einem Gläubiger gepfändet werden kann, regeln die
§§ 850 ff. ZPO. Nach § 850c ZPO muss dem Schuldner ein bestimmter Teil des Lohnes (oder der Lohnersatzleistung) belassen werden.

**Unpfändbarer
Teil gemäß Lohn-
pfändungstabelle**

Dieser unpfändbare Teil ergibt sich aus der im Folgenden auszugsweise abgedruckten Lohnpfändungstabelle. Der pfändbare Betrag
hängt davon ab, ob und wieviele Unterhaltsverpflichtungen Sie haben. Da Lohn bis zu einem Betrag von monatlich seit 1.7.2017
1.133,80 € immer unpfändbar ist (außer bei Unterhaltsansprüchen
und Schadensersatzansprüchen wegen einer vorsätzlichen uner-
laubten Handlung), wird Alg nur selten pfändbar sein, wenn kein anderes Einkommen vorhanden ist.

Tabelle
Pfändungsgrenzen für Arbeitseinkommen 2017

Alg monatlich			Pfändbarer Betrag bei Unterhaltpflicht für					
			0 Personen	1 Person	2 Personen	3 Personen	4 Personen	5 und mehr Personen
	bis	1.139,99						
1.140,00	bis	1.149,99	4,34					
1.150,00	bis	1.159,99	11,34					
1.160,00	bis	1.169,99	18,34					
1.170,00	bis	1.179,99	25,34					
1.180,00	bis	1.189,99	32,34					
1.190,00	bis	1.199,99	39,34					
1.200,00	bis	1.109,99	46,34					
1.210,00	bis	1.219,99	53,34					
1.220,00	bis	1.229,99	60,34					
1.230,00	bis	1.239,99	67,34					
1.240,00	bis	1.249,99	74,34					
1.250,00	bis	1.259,99	81,34					
1.260,00	bis	1.269,99	88,34					
1.270,00	bis	1.279,99	95,34					
1.280,00	bis	1.289,99	102,34					
1.290,00	bis	1.299,99	109,34					
1.300,00	bis	1.309,99	116,34					
1.310,00	bis	1.319,99	123,34					
1.320,00	bis	1.329,99	130,34					
1.330,00	bis	1.339,99	137,34					
1.340,00	bis	1.349,99	144,34					
1.350,00	bis	1.359,99	151,34					
1.360,00	bis	1.369,99	158,34					
1.370,00	bis	1.379,99	165,34					
1.380,00	bis	1.389,99	172,34					
1.390,00	bis	1.399,99	179,34					
1.400,00	bis	1.409,99	186,34					
1.410,00	bis	1.419,99	193,34					
1.420,00	bis	1.429,99	200,34					
1.430,00	bis	1.439,99	207,34					
1.440,00	bis	1.449,99	214,34					
1.450,00	bis	1.459,99	221,34					
1.460,00	bis	1.469,99	228,34					
1.470,00	bis	1.479,99	235,34					
1.480,00	bis	1.489,99	242,34					
1.490,00	bis	1.499,99	249,34					
1.500,00	bis	1.509,99	256,34					
1.510,00	bis	1.519,99	263,34					

Zu berücksichtigen sind Unterhaltsleistungen des Schuldners gegenüber seinem (Ehe-)Partner, einem früheren (Ehe-)Partner, einem Verwandten oder der Mutter eines nichtehelichen Kindes nach §§ 1615l, 1615n BGB.

Alg monatlich			Pfändbarer Betrag bei Unterhaltspflicht für					
			0 Personen	1 Person	2 Personen	3 Personen	4 Personen	5 und mehr Personen
1.520,00	bis	1.529,99	270,34					
1.530,00	bis	1.539,99	277,34					
1.540,00	bis	1.549,99	284,34					
1.550,00	bis	1.559,99	291,34					
1.560,00	bis	1.569,99	298,34					
1.570,00	bis	1.579,99	305,34	4,75				
1.580,00	bis	1.589,99	312,34	9,75				
1.590,00	bis	1.599,99	319,34	14,75				
1.600,00	bis	1.609,99	326,34	19,75				
1.610,00	bis	1.619,99	333,34	24,75				
1.620,00	bis	1.629,99	340,34	29,75				
1.630,00	bis	1.639,99	347,34	34,75				
1.640,00	bis	1.649,99	354,34	39,75				
1.650,00	bis	1.659,99	361,34	44,75				
1.660,00	bis	1.669,99	368,34	49,75				
1.670,00	bis	1.679,99	375,34	54,75				
1.680,00	bis	1.689,99	382,34	59,75				
1.690,00	bis	1.699,99	389,34	64,75				
1.700,00	bis	1.709,99	396,34	69,75				
1.710,00	bis	1.719,99	403,34	74,75				
1.720,00	bis	1.729,99	410,34	79,75				
1.730,00	bis	1.739,99	417,34	84,75				
1.740,00	bis	1.749,99	424,34	89,75				
1.750,00	bis	1.759,99	431,34	94,75				
1.760,00	bis	1.769,99	438,34	99,75				
1.770,00	bis	1.779,99	445,34	104,75				
1.780,00	bis	1.789,99	452,34	109,75				
1.790,00	bis	1.799,99	459,34	114,75				
1.800,00	bis	1.809,99	466,34	119,75	0,70			
1.810,00	bis	1.819,99	473,34	124,75	4,70			
1.820,00	bis	1.829,99	480,34	129,75	8,70			
1.830,00	bis	1.839,99	487,34	134,75	12,70			
1.840,00	bis	1.849,99	494,34	139,75	16,70			
1.850,00	bis	1.859,99	501,34	144,75	20,70			
1.860,00	bis	1.869,99	508,34	149,75	24,70			
1.870,00	bis	1.879,99	515,34	154,75	28,70			
1.880,00	bis	1.889,99	522,34	159,75	32,70			
1.890,00	bis	1.899,99	529,34	164,75	36,70			
...			...	...	...	...		

Zu berücksichtigen sind Unterhaltsleistungen des Schuldners gegenüber seinem (Ehe-)Partner, einem früheren (Ehe-)Partner, einem Verwandten oder der Mutter eines nichtehelichen Kindes nach §§ 1615l, 1615n BGB.

Pfändungsfrei sind außerdem

- die SGB II-Leistung zum Lebensunterhalt (§ 42 Abs. 4 SGB II);

- die Sozialhilfe (§ 17 Abs. 1 Satz 2 SGB XII);

- das Kindergeld oder andere Geldleistungen für Kinder, soweit das Geld nicht für den Unterhalt der Kinder beansprucht wird;

- einmalige Sozialleistungen;

- Sozialleistungen, die den durch einen Körper- oder Gesundheitsschaden verursachten Mehraufwand ausgleichen sollen;

- Ansprüche auf Dienst- und Sachleistungen (§ 54 Abs. 1 SGB I);

- Mutterschaftsgeld und das Elterngeld in Höhe des Basisbetrages (§ 54 Abs. 3 SGB I);

- das Wohngeld (§ 54 Abs. 3 SGB I).

Die Pfändungsfreigrenzen der Tabelle gelten nicht, wenn Unterhaltsberechtigte wegen ausstehenden Unterhalts pfänden wollen. In solchen Fällen kann das Vollstreckungsgericht gemäß § 850d ZPO mehr pfänden, als in der Tabelle vorgesehen ist. Ein Betrag in Höhe des SGB II-Anspruchs muss Ihnen aber verbleiben.

Scharfe Pfändung bei Unterhaltsschulden

Der Schuldner erhält vom so genannten Pfändungs- und Überweisungsbeschluss eine Ausfertigung. Prüfen Sie sofort, ob die gepfändete Forderung genau beschrieben ist. Es reicht z. B. nicht, nur »Leistungen nach § 19 SGB I« oder »Leistungen bei Arbeitslosigkeit« zu pfänden. Es muss vielmehr konkret, z. B. »das Arbeitslosengeld«, gepfändet werden. Ist die Forderung nicht genau genug bezeichnet, legen Sie beim Vollstreckungsgericht Erinnerung ein.
»Drittschuldner« im Sinne der §§ 829, 845 ZPO ist die AA, die über den pfändbaren Anspruch entschieden oder zu entscheiden hat.

Zu pfändende Forderung muss genau bestimmt sein

Rechtsbehelf: Erinnerung

2 Kann Ihr Leistungsanspruch abgetreten oder verpfändet werden?

Gemäß § 53 Abs. 3 SGB I können das Alg und andere Lohnersatzleistungen abgetreten und verpfändet werden, soweit sie den für Arbeitseinkommen geltenden, unpfändbaren Betrag übersteigen. Den übersteigenden Betrag können Sie den vorstehenden Tabellen entnehmen. Ansonsten ist die Abtretung oder Verpfändung zulässig, wenn sie die Rückzahlung von Unterstützungsleistungen sichern will, die im Vorgriff auf fällige Sozialleistungen zu einer angemessenen Lebensführung erbracht werden und wenn die AA feststellt, dass die Übertragung oder Verpfändung im wohlverstandenen Interesse des Berechtigten liegt (BSG vom 6.4.2000 – B 11 AL 47/99 R, SozR 3-1200 § 53 Nr. 9; LSG Niedersachsen-Bremen vom 17.2.2009 – L 11 AL 305/05; siehe aber auch HessLSG vom 15.3.2016 – L 3 U 204/11).

Abtretbarer und verpfändbarer Teil gemäß Lohnpfändungstabelle

3   **Kann die AA-Leistung auf Ihrem Konto
gepfändet werden? – Pfändungsschutzkonto**

Pfändungsschutz-
konto

Vor Pfändungen geschützt ist Ihr Geld nur noch, wenn Sie
ein Pfändungsschutzkonto haben.
Außerhalb von Pfändungsschutzkonten gibt es keinen Kontenpfän-
dungsschutz mehr.
Jeder Bürger kann bei einer Bank oder einer Sparkasse verlangen,
dass sein Girokonto als Pfändungsschutzkonto geführt wird (§ 850k
ZPO).
Jede Person darf nur ein Pfändungsschutzkonto führen. Die Einhaltung dieser Bestimmung kann über die SCHUFA kontrolliert werden
(§ 850k Abs. 8 ZPO).

Keine überhöhten
Gebühren

Für die Führung eines Pfändungsschutzkontos dürfen keine höheren
Gebühren als für das Girokonto verlangt werden (BGH vom 13.11.2012
– XI ZR 145/12, BGHZ 195, S. 298).

Schutz von Be-
standskunden

Wandelt ein Bankkunde ein Girokonto mit Dispokredit bzw. Überziehungsmöglichkeit in ein Pfändungsschutzkonto um, kann die Bank
nicht automatisch die Überziehungsmöglichkeit oder die Nutzung von
EC-Karte bzw. Kreditkarte beenden (BGH vom 16.7.2013 – XI ZR 260/
12, ZIP 2013, S. 1809 mit Anm. von Martin Ahrens in EWiR 2014,
S. 631). Das ist nur möglich nach Kündigung des bisherigen Zah-
lungsdienstrahmenvertrages.

Anders
Neukunden

Neukunden muss die Bank dagegen keine Überziehungsmöglichkeit
einräumen.

III   **Abzweigung der Leistung**

Das Alg muss die AA nicht in jedem Fall in voller Höhe an
den Arbeitslosen auszahlen.

Bei Verletzung
der Unterhalts-
pflicht gegenüber
Ehepartner
und Kindern

Nach § 48 Abs. 1 SGB I ist die AA berechtigt, einen Teil des Alg an
den Ehepartner oder die Kinder des Leistungsberechtigten abzuzwei-
gen, wenn dieser ihnen gegenüber seiner gesetzlichen Unterhaltspflicht nicht nachkommt. Vom Kug kann nichts abgezweigt werden
(§ 108 Abs. 1 SGB III).

Voraussetzung für die Anwendung des § 48 SGB I ist eine gesetzliche
Unterhaltspflicht
– gegenüber dem Ehepartner (die Bestimmung ist nicht zu Gunsten
  des geschiedenen Ehepartners oder des Lebenspartners anwendbar) oder
– gegenüber Kindern; hierzu gehören alle leiblichen Kinder und die
  Adoptivkinder.

Die Unterhaltspflicht des Arbeitslosen gegenüber seinem Ehepartner
hängt von der Bedürftigkeit des Ehepartners und der Leistungsfähig-

keit des Arbeitslosen ab. Wenn kein Unterhaltstitel (Unterhaltsurteil, gerichtlicher Vergleich o. Ä.) vorhanden ist, hat die AA selbst festzustellen, ob der Arbeitslose unterhaltspflichtig ist und seine Unterhaltspflicht gegenüber seinem Ehepartner verletzt.

In einem Verfahren über die Abzweigung von Unterhaltsgeld an die Unterhaltsvorschusskasse hat das BSG vom 13.7.2006 – B 7a AL 24/05 R § 48 SGB I als nicht unproblematisch bezeichnet, weil ein Unterhaltsanspruch ohne Unterhaltstitel und außerhalb des üblichen Vollstreckungsverfahrens durchgesetzt werden kann; noch problematischer sei die Abzweigung an den Dritten, der den Unterhalt gewährt, auf den – wie beim Unterhaltsvorschuss – der Anspruch nicht notwendigerweise übergehen muss. Diese nicht unproblematische Rechtssituation müsse bei den formalen Anforderungen an die Rechtmäßigkeit der Abzweigung in besonderer Weise beachtet werden.

Das BSG vom 20.6.1984 – 7 RAr 18/83, SozR 1200 § 48 Nr. 8 hält für einen geeigneten Mindestselbstbehalt-Maßstab die »Düsseldorfer Tabelle«. Der Mindestselbstbehalt ist der Betrag, der dem Arbeitslosen als Mindesteigenbedarf verbleiben muss. Mindest-selbstbehalt

Nach der Düsseldorfer Tabelle beträgt der Selbstbehalt für den nicht erwerbstätigen Unterhaltspflichtigen zurzeit monatlich 880 €.

Der arbeitslose Kölner David Zunder erhält monatlich Alg in Höhe von 930 €. Er zahlt seinem Sohn, der bei der von ihm getrennt lebenden Ehefrau lebt, keinen Unterhalt. Die AA kann nun an seinen Sohn einen Betrag bis zu 50 € aus dem Alg des David Zunder zahlen; dieser erhält dann nur noch 880 € Alg. Beispiel

Ein Unterhaltstitel stellt für die Behörde die Unterhaltspflicht und deren Umfang verbindlich fest (BSG vom 17.3.2009 – B 14 AS 34/07 R). In diesem Umfang hat die AA den Abzweigungsantrag nicht mehr zu prüfen. Ob tatsächlich abgezweigt wird, steht zwar im Ermessen des Leistungsträgers, das aber durch den Titel sehr eingeschränkt ist; geschützt ist auch bei Unterhaltsansprüchen das Existenzminimum in Höhe der SGB II-Leistung. Unterhaltstitel

Haben Sie mehrere Kinder, von denen nur eines einen Unterhaltstitel hat, muss die AA bei der Abzweigung die Unterhaltspflicht gegenüber allen Kindern berücksichtigen (BSG vom 7.11.2004 – B 11 AL 13/04 R, SozR 4–1200 § 48 Nr. 1).

Kindergeld, Kinderzuschläge oder vergleichbare Rentenbestandteile (Geldleistungen für Kinder) können an Kinder, die bei der Festsetzung der Geldleistung berücksichtigt werden, bis zur Höhe des auf das Kind entfallenden Betrages ausgezahlt werden. Das Kindergeld kann auch dann an das Kind ausgezahlt werden, wenn ein Unterhaltsanspruch mangels Zahlungsfähigkeit des kindergeldbeziehenden Elternteils nicht besteht (§ 48 Abs. 1 Satz 2 und 3 SGB I). Auch der Differenzbetrag zwischen dem allgemeinen und dem kindbezogenen Leistungssatz des Alg ist eine Leistung, die »unter Berücksichtigung von Kindern« erbracht wird, so dass eine Abzweigung erlaubt ist (BSG vom 8.7.2009 – B 11 AL 30/08 R).

Ermessens-entscheidung

Die Entscheidung steht im Ermessen der AA. Sie können also versuchen, der AA klarzumachen, dass in Ihrem Fall – z.B. wegen hoher Schulden – eine Abzweigung für Sie eine besondere Härte bedeuten würde. Die AA wird in aller Regel nur auf Antrag des Berechtigten, also des Ehepartners oder der Kinder tätig werden; ein Antrag ist aber nicht erforderlich.

Abzweigung an Dritte

Reicht der für die Abzweigung verbleibende Betrag zur Erfüllung aller Unterhaltsansprüche nicht aus, werden die Unterhaltsansprüche in der Regel anteilig erfüllt. Werden der Ehepartner oder die Kinder des Arbeitslosen von Dritten – z.B. dem Jobcenter – unterhalten, darf die AA die Unterhaltsleistung an die vorleistende Stelle auszahlen.

Anhörung

Vor der Abzweigung muss die AA Sie nach § 24 SGB X anhören. Im Rahmen der Anhörung sollten Sie alles vortragen, was gegen die Abzweigung spricht. Zweigt die AA nach Ihrer Meinung zu viel ab, sollten Sie Widerspruch einlegen und gegebenenfalls auch Klage erheben. Widerspruch und Klage haben aufschiebende Wirkung (HessLSG vom 28.12.2004 – L 6 AL 195/04 ER), so dass während des Streits um die Rechtmäßigkeit der Abzweigung nicht abgezweigt werden darf (LSG NRW vom 17.5.2016 – L 7 AS 862/16 B ER).

V Aufhebung von Leistungsbescheiden, Rückforderung der Leistung, vorläufige Zahlungseinstellung

I   Aufhebung von Leistungsbescheiden

Entscheidungen trifft die BA durch sog. Verwaltungsakte, die im Sozialrecht Bescheide heißen.
Wirksam wird der Verwaltungsakt/Bescheid nach § 37 Abs. 1 SGB X durch Zugang bei dem Adressaten des Bescheides oder seinem Vertreter. Ob Sie den Bescheid tatsächlich lesen, ist nicht wichtig, es kommt nur darauf an, ob Sie ihn zur Kenntnis nehmen können. Vermerken Sie das Datum, an dem der Bescheid bei Ihnen eingegangen ist oder heben Sie das Kuvert auf, damit später feststellbar ist, wann Ihnen der Bescheid zugegangen sein kann.

Solange ein Verwaltungsakt/Bescheid (→ S. 656) nicht zurückgenommen, aufgehoben oder durch Zeitablauf erledigt ist, ist er gültig (§ 39 Abs. 2 SGB X). Das gilt auch dann, wenn der Bescheid rechtswidrig ist. Wird z. B. Alg überhöht gezahlt, bleibt der Bezug während der Geltungsdauer des Bescheides für den Arbeitslosen rechtmäßig. Er kann

Solange Bescheid existiert, ist Leistung rechtmäßig

die Auszahlung verlangen (LSG Berlin-Brandenburg vom 29.1.2007 – L 5 B 1173/06 AS ER).

Der Bescheid kann jedoch unter Umständen rückwirkend korrigiert werden. Dazu ist aber immer ein neuer Bescheid notwendig, der die Aufhebung, Rücknahme usw. ausspricht; die bloße Leistungseinstellung berührt den früheren Bescheid nicht (LSG Baden-Württemberg vom 14.9.2006 – L 13 AS 4161/06 ER-B; LSG Nordrhein-Westfalen vom 24.2.2006 – L 19 B 100/05 AS ER).

Rechtswidrige Verwaltungsakte dürfen nicht in jedem Fall für die Vergangenheit geändert, aufgehoben oder zurückgenommen werden.

Fallgruppen

Zunächst muss unterschieden werden, ob es sich um einen begünstigenden Verwaltungsakt handelt, also um einen Bescheid, der dem Bürger eine Leistung gewährt, oder um einen belastenden Verwaltungsakt, der ihm etwas verweigert oder sogar etwas weggenommen hat.

Manche Verwaltungsakte enthalten zugleich begünstigende und belastende Elemente, z. B. wenn Ihr Antrag teilweise bewilligt und teilweise abgelehnt wird. Sind die belastenden und die begünstigenden Elemente unteilbar, z. B. bei der Feststellung einer versicherungspflichtigen Beschäftigung, die mit Rechten und Pflichten verbunden ist, sind die Regeln für die begünstigenden Entscheidungen anzuwenden, also die §§ 45 und 48 SGB X (LSG Berlin-Brandenburg vom 20.3.2015 – L 1 KR 257/12).

Belastende Verwaltungsakte können mit einer – wesentlichen – Ausnahme meist problemlos zurückgenommen und gegebenenfalls die verweigerte Leistung nachgezahlt werden.

Bei den **begünstigenden Verwaltungsakten** muss weiter unterschieden werden, ob die Bewilligung von Anfang an, also bei Erlass des Bescheides, fehlerhaft war oder ob sie erst wegen Änderungen der Sach- oder Rechtslage unrichtig geworden ist.

1   **Aufhebung des Bescheides**
     bei Änderung der Verhältnisse
     § 48 SGB X; § 330 Abs. 3 SGB III

Für die Zukunft bei Änderung der Verhältnisse

Am häufigsten kommt es zu Änderungsbescheiden, wenn nach einer ursprünglich richtigen Entscheidung nachträglich eine Änderung eintritt, die zur Folge hat, dass Ihnen keine, eine geringere oder eine höhere Leistung zusteht. Maßgeblich ist die Änderung nur bei Bescheiden mit Dauerwirkung, also bei Bescheiden, die eine wiederkehrende Leistung bewilligen, z. B. die Zahlung von Alg für ein Jahr. Nehmen Sie nach drei Monaten Arbeit auf, bewirkt der Wegfall der Arbeitslosigkeit eine Änderung der für die ursprüngliche Bewilligung maßgeblichen Verhältnisse.

Änderungen können sich durch eine neue gesetzliche Regelung oder Veränderungen im Sachverhalt ergeben. Ab wann eine neue Vorschrift umzusetzen ist, ergibt sich unmittelbar oder mittelbar aus dem Gesetz, der Verordnung, der Anordnung usw. Ansonsten gilt: Bescheide, die durch Änderungen der tatsächlichen Verhältnisse unrichtig geworden sind, müssen immer für die Zukunft aufgehoben werden, also für die Zeit nach Erlass des neuen Bescheides.

Alg-Bezieher David Zunder sucht Sicherheit in der Ehe mit der Angestellten Elfriede Wehrmich. Mit der Heirat wählt er die Steuerklasse V. Die AA schickt einen neuen Bescheid mit stark gekürztem Alg. **Beispiel**

Bescheide können bei einer Änderung der Verhältnisse vom Eintritt der Änderung an auch für die Vergangenheit aufgehoben werden, soweit **Bescheide mit Dauerwirkung auch für die Vergangenheit**

- die Änderung zu Gunsten des Betroffenen erfolgt (§ 48 Abs. 1 Satz 2 Nr. 1 SGB X),

- der Betroffene einer durch Rechtsvorschrift vorgeschriebenen Pflicht zur Mitteilung wesentlicher, für ihn nachteiliger Änderungen der Verhältnisse vorsätzlich oder grob fahrlässig nicht nachgekommen ist (§ 48 Abs. 1 Satz 2 Nr. 2 SGB X i. V. m. § 60 Abs. 1 Satz 1 Nr. 2 SGB I),

- nach Antragstellung oder Erlass des Verwaltungsaktes Einkommen oder Vermögen erzielt worden ist, das zum Wegfall oder zur Minderung des Anspruchs geführt haben würde (§ 48 Abs. 1 Satz 2 Nr. 3 SGB X),

- der Betroffene wusste oder nicht wusste, weil er die erforderliche Sorgfalt in besonders schwerem Maße verletzt hat, dass der sich aus dem Verwaltungsakt ergebende Anspruch kraft Gesetzes zum Ruhen gekommen oder ganz oder teilweise weggefallen ist (§ 48 Abs. 1 Satz 2 Nr. 4 SGB X).

Hebt die AA einen begünstigenden Bescheid wegen einer wesentlichen Änderung für die Vergangenheit auf, obwohl die Voraussetzungen des § 48 Abs. 1 Satz 2 SGB X nicht vorliegen, ist die Aufhebung insgesamt, also auch für die Zukunft rechtswidrig (LSG Berlin-Brandenburg vom 25.2.2015 – L 13 SB 90/13 und vom 16.4.2015 – L 13 SB 140/13).

Der Alg-Bezieher David Zunder wählt nach der Heirat die Steuerklasse III. Damit steigt sein Alg-Anspruch. Das höhere Alg ist ab dem Zeitpunkt der Eheschließung zu zahlen. **Beispiel für § 48 Abs. 1 Satz 2 Nr. 1 SGB X**

Der Alg-Bezieher David Zunder nimmt für zwei Wochen eine 15 Stunden wöchentlich umfassende Beschäftigung auf, ohne dies der AA mitzuteilen. Damit ist er nach § 138 Abs. 3 SGB III nicht mehr arbeitslos und hat keinen Anspruch auf Alg. Nach Ablauf der zwei Wochen ist er zwar wieder arbeitslos. Da jedoch die Wirkung der Arbeitslosmeldung wegen der fehlenden Mitteilung an die AA nach § 141 Abs. 2 Nr. 2 SGB III durch die Aufnahme der Beschäftigung er- **Beispiel für § 48 Abs. 1 Satz 2 Nr. 2 SGB X** loschen ist, hat er trotz wieder eingetretener Beschäftigungslosigkeit keinen Anspruch auf Zahlung von Alg, bis er sich erneut arbeitslos meldet und Alg beantragt (vgl. BSG vom 1.6.2006 – B 7a AL 76/05 R). Wenn die AA von der Aufnahme der Beschäftigung erfährt, wird sie die Bewilligung des Alg ab der Aufnahme der Beschäftigung rückwirkend aufheben. David Zunder hat gegen seine Verpflichtung aus § 60 Abs. 1 Satz 1 Nr. 2 SGB I verstoßen, wonach er alle Änderungen der Verhältnisse, die für die Leistung erheblich sind oder über die er im Zusammenhang mit der Leistung Erklärungen abgegeben hat, unverzüglich mitzuteilen hat. Dass die Aufnahme einer 15 Stunden wöchentlich umfassenden Beschäftigung die Arbeitslosigkeit beendet und deshalb anzeigepflichtig ist, wird Arbeitslosen regelmäßig bekannt sein. Andernfalls wird man ihnen zumuten, dies anhand des Merkblattes, das mit dem Antrag ausgehändigt wird, festzustellen oder bei der AA zu erfragen.

 Achten Sie darauf, dass bereits die Beschäftigung von 15 Stunden die Arbeitslosigkeit beendet; viele Arbeitslose meinen, sie dürften 15 Stunden neben dem Bezug von Alg arbeiten.

Nicht jeder Verstoß gegen die Anzeigepflicht führt zur rückwirkenden Aufhebung der Leistungsbewilligung. Der Berechtigte muss mindestens grob fahrlässig gehandelt haben; d. h., er muss die erforderliche Sorgfalt in besonders schwerem Maße verletzt haben. Hierbei kommt es auf die Fähigkeit des einzelnen Berechtigten an, die Meldepflichtigkeit einer Veränderung zu erkennen.

 Denken Sie daran, dass Sie Änderungen der Tatsachen melden müssen, über die Sie im Antrag Erklärungen abgegeben haben. Auch deshalb müssen Sie melden, dass Sie nach dem Alg-Antrag eine Beschäftigung aufgenommen haben. Es kommt für die Meldepflicht nicht darauf an, dass Sie die Bedeutung der Änderung für Ihren Leistungsanspruch kennen.

Die Verletzung der Mitteilungspflicht muss nicht ursächlich für die Überzahlung sein, sondern nur in einem »Pflichtwidrigkeitszusammenhang« mit der Leistungsgewährung stehen. Es reicht nicht jeder Verstoß gegen § 60 Abs. 1 SGB I aus, sondern nur der gegen eine Mitwirkungspflicht, die verhindern soll, dass gerade im konkreten Zusammenhang Leistungen erbracht werden. Die Pflicht, die Aufnahme einer Beschäftigung zu melden, soll die Zahlung von Alg für die Zeit der Beschäftigung verhindern; Arbeitnehmern, die ihre Beschäftigung der AA verschweigen, sollen daraus keine ungerechtfertigten Vorteile erwachsen (BSG vom 9.2.2006 – B 7a AL 58/05 R).

Beispiel für § 48 Abs. 1 Satz 2 Nr. 3 SGB X

Auf das Verhalten und die Kenntnis des Arbeitslosen kommt es nicht an, soweit er nach der Antragstellung oder nach Erlass eines Bewilligungsbescheides Einkommen erzielt hat, das für das Alg erheblich ist (§ 48 Abs. 1 Satz 2 Nr. 3 SGB X).

David Zunder erhält drei Monate nach Bewilligung des Alg rückwirkend Krankengeld zugesprochen. Dieses führt rückwirkend zum Ruhen des Alg-Anspruchs (§ 156 Abs. 1 Satz 1 Nr. 2 SGB III). Hier fehlt es zwar für die Vergangenheit am Verschulden des Arbeitslosen. Darauf kommt es nach § 48 Abs. 1 Satz 2 Nr. 3 SGB X aber nicht an. Allerdings ist zu beachten, dass die AA sich in diesem Fall an die Krankenkasse halten muss, weil das gezahlte Alg nach § 107 SGB X den Anspruch auf Krankengeld erfüllt hat. Das Krankengeld wird dann regelmäßig in Höhe des Alg an die AA gezahlt werden; der Arbeitslose erhält nur die Differenz zwischen Krankengeld und Alg (vgl. BSG vom 14.12.2006 – B 1 KR 6/06 R). Hat die Krankenkasse dennoch das Krankengeld insgesamt an den Versicherten ausgezahlt, müssen die Behörden die Folgen regelmäßig miteinander klären. Die AA kann sich nicht aussuchen, von wem sie ihr Geld zurückbekommt; von dieser Regel gibt es nur wenige Ausnahmen (BSG vom 6.3.2000 – B 11 AL 243/99 B, DBlR 4631a SGB X/§ 48; LSG Rheinland-Pfalz vom 22.3.2012 – L 1 AL 39/11 und – L 1 AL 90/11; SächsLSG vom 27.9.2012 – L 3 AL 223/10).

Der Alg-Bezieher David Zunder nimmt eine Beschäftigung auf und teilt dies der AA schriftlich mit. Die Veränderungsmitteilung wird in der AA versehentlich nicht bearbeitet. Alg wird weitergezahlt. In aller Regel wird ein Arbeitnehmer wissen oder wissen können, dass ihm nach Beendigung der Arbeitslosigkeit Alg nicht mehr zusteht und in der AA etwas schief gelaufen ist. Im letzten Beispiel ist meist auch eine Rückforderung nach § 48 Abs. 1 Satz 2 Nr. 3 SGB X möglich, weil der Alg-Anspruch bei Zahlung von Arbeitsentgelt nach § 157 Abs. 1 SGB III ruht. In beiden Fällen kommt es auf ein Mitverschulden der AA nicht an (LSG Hamburg vom 22.4.2010 – L 5 AL 7/07); auch wenn David Zunder alles richtig gemacht hat, kann später unter den Voraussetzungen des § 48 SGB X zurückgefordert werden.

Beispiel für § 48 Abs. 1 Satz 2 Nr. 4 SGB X

Grundsätzlich muss die AA beweisen, dass eine wesentliche Änderung eingetreten ist und die Voraussetzungen für eine Rücknahme der Leistungsbewilligung vorliegen (siehe hierzu LSG Berlin-Brandenburg vom 14.1.2015 – L 18 AL 66/13). Allerdings soll es zu einer Umkehr der Beweislast kommen können, wenn der Arbeitslose während des Verfahrens unbekannt verzieht und dadurch die Beweiserhebung vereitelt (HessLSG vom 26.8.2011 – L 7 AL 156/09 ZVW, info also 2012, S. 70 mit Anm. von Claus-Peter Bienert). Das kann wohl nicht ausnahmslos gelten; es kommt auch hier auf die Umstände des Einzelfalls an (LSG Hamburg vom 30.9.2015 – L 1 P 2/15).

Beweislast

Die Beweislast liegt regelmäßig dann beim Arbeitslosen, wenn es um in seiner Sphäre liegende Tatsachen geht, die die AA nicht kennt und nicht kennen kann, und der Arbeitslose nicht oder unzureichend mitwirkt (BSG vom 25.4.2002 – B 11 AL 65/01 R und vom 2.9.2004 – B 7 AL 88/03 R).

Rücknahmepflicht

Wenn die Voraussetzungen des § 48 Abs. 1 Satz 2 SGB X vorliegen, muss die AA die Bewilligung ausnahmslos für die Vergangenheit rückgängig machen (§ 330 Abs. 3 SGB III). Für die übrigen Sozialrechtsgebiete ist die Entscheidung in atypischen Fällen vom Ermessen des Leistungsträgers abhängig. Das BSG vom 28.11.1996 – 7 RAr 56/96, SozR 3–4100 § 117 Nr. 13 hat einen Verfassungsverstoß verneint, soweit nach § 48 Abs. 1 Satz 1 Nr. 3 SGB X nur eine gebundene Entscheidung möglich ist, obwohl nach dieser Vorschrift die Rückforderung nicht von einem Verschulden des Leistungsbeziehers abhängt. Das Gericht hat darauf hingewiesen, dass entstehende Härten durch Stundung, Niederschlagung und Einstellung des Einziehungsverfahrens oder Erlass der Forderung (§ 76 Abs. 2 SGB IV) vermieden werden können. Die Schlechterstellung der Arbeitslosen, insbesondere bei den unverschuldeten Überzahlungen (§ 48 Abs. 1 Satz 2 Nr. 3 SGB X), erscheint dennoch mit dem Gleichheitssatz nur schwer vereinbar.

Frist für die Aufhebung: 1 Jahr

Die AA kann einen begünstigenden Bescheid nach § 48 SGB X für die Vergangenheit nur innerhalb eines Jahres nach Kenntnis der Änderung der Verhältnisse zurücknehmen (§ 48 Abs. 4 i. V. m. § 45 Abs. 4 Satz 2 SGB X). Die Frist beginnt regelmäßig erst mit dem Ende der Anhörung bzw. wenn mangels vernünftiger objektiv gerechtfertigter Zweifel eine hinreichend sichere Informationsgrundlage für sämtliche für die Rücknahmeentscheidung notwendige Tatsachen besteht (BSG vom 27.7.2000 – B 7 AL 88/99 R, SozR 3–1300 § 48 Nr. 72). Auf jeden Fall beginnt die Jahresfrist, wenn die Behörde der Ansicht ist, dass ihr die vorliegenden Tatsachen für eine Rücknahme oder Aufhebung der Bewilligung genügen (BSG vom 6.4.2006 – B 7a AL 64/05 R). Wir sind allerdings der Auffassung, dass die Frist bei dem Rücknahmegrund aus § 48 Abs. 1 Satz 2 Nr. 3 SGB X, also dem nachträglichen Zufluss von Einkommen oder Vermögen, bereits in dem Zeitpunkt beginnen muss, in dem die AA von der wesentlichen Änderung durch die nachträgliche Zahlung erfährt, weil die Rückforderung an keine subjektiven Voraussetzungen geknüpft ist.

Anhörung

Vor der Entscheidung über die Aufhebung der Alg-Bewilligung muss die AA den Arbeitslosen nach § 24 SGB X anhören. Hierbei müssen ihm die Tatsachen mitgeteilt werden, auf die die AA die Herabsetzung oder Entziehung der Leistung stützen will (BSG vom 23.8.2005 – B 4 RA 29/04 R). Unterbleibt die Anhörung, kann sie nachgeholt werden (§ 41 SGB X). Hierzu genügt, dass sich aus dem Bescheid die Tatsachen ergeben, auf denen die Entscheidung beruht. Ist der Bescheid nicht oder unzureichend begründet, so führt das Widerspruchsverfahren nicht ohne weiteres zur Nachholung der Anhörung (SächsLSG vom 27.2.2014 – L 3 AS 579/11; LSG Nordrhein-Westfalen vom 30.1.2013 – L 9 AL 246/12 B). In diesem Fall ist der Bescheid allein wegen der unterbliebenen Anhörung rechtswidrig (§ 42 i. V. m. § 24 SGB X).

Früher war die Nachholung der Anhörung nur bis zum Ende des Widerspruchsverfahrens möglich; seit 2001 kann die zunächst unterbliebene Anhörung bis zur letzten Tatsacheninstanz, also bis zur mündlichen Verhandlung vor dem LSG, nachgeholt werden. Die Pflicht zur Anhörung wird damit zur Farce.

Anhörungspflicht – eine Farce

Allerdings ist die Nachholung der Anhörung nicht wirksam, wenn die AA die Anhörungspflicht vorsätzlich, rechtsmissbräuchlich oder durch Organisationsverschulden verletzt hat, weil ein gewollter Rechtsbruch die Heilungswirkung der Nachholung ausschließt (BSG vom 31.10.2002 – B 4 RA 15/01 R, SozR 3–1300 § 24 Nr. 22; a. A. leider der 2. Senat des BSG vom 5.2.2008 – B 2 U 6/07 R, der die Heilungswirkung nur bei rechtsmißbräuchlichem Verhalten der Behörde ausschließen will). Sollte aufgrund einer internen Dienstanweisung regelmäßig von der vorherigen Anhörung abgesehen werden, scheidet eine Heilung des Anhörungsmangels im Widerspruchs- und Klageverfahren aus (SG Mannheim vom 4.2.2004 – S 9 AL 2130/03, info also 2004, S. 115, und vom 28.6.2004 – S 9 AL 3657/03).

Das Unterlassen der Anhörung wird nicht automatisch im und durch das Gerichtsverfahren geheilt (BSG vom 20.12.2012 – B 10 LW 2/11 R); vielmehr setzt die Nachholung der Anhörung während des Gerichtsverfahrens ein entsprechendes mehr oder minder förmliches Verfahren voraus. Die BA selbst muss dem Betroffenen die Möglichkeit geben, sich zu der bereits vorliegenden Entscheidung zu äußern, um dann zumindest formlos darüber zu befinden, ob sie bei ihrer Entscheidung bleibt (BSG vom 6.4.2006 – B 7a AL 64/05 R und vom 9.11.2010 – B 4 AS 37/09 R; LSG Baden-Württemberg vom 21.6.2012 – L 7 AS 4111/11). Ist die Klägerin von einem Prozessbevollmächtigten vertreten, muss das Anhörungsschreiben an diesen gerichtet werden. Das Gericht hat das Verfahren nur auszusetzen, wenn dies im Sinne einer Verfahrenskonzentration sachdienlich ist. Allein die Tatsache, dass die Heilung eines Form- und Verfahrensfehlers noch möglich ist, macht die Aussetzung nicht sachdienlich. Gerichte sind nicht verpflichtet, auf die Beseitigung von Form- und Verfahrensfehlern hinzuwirken. Da bei Rückforderungen wegen § 45 Abs. 4 Satz 2 SGB X meist kein neues Verfahren zu erwarten ist, ist auch deshalb die Aussetzung regelmäßig nicht sachdienlich (BSG vom 26.7.2016 – B 4 AS 47/15 R).

Wird die Entscheidung vom Sozialgericht wegen fehlender Anhörung aufgehoben, kann sie nur wiederholt werden, wenn die Jahresfrist des § 45 Abs. 4 Satz 2 i.V.m. § 48 Abs. 4 Satz 1 SGB X seit Kenntnis der wesentlichen Änderungen noch nicht verstrichen ist. Das wird aber nach Widerspruchs- und Gerichtsverfahren nur ausnahmsweise der Fall sein (s. z. B. BSG vom 6.4.2006 – B 7a AL 64/05 R).

2   **Rücknahme eines begünstigenden, von Anfang an rechtswidrigen Bescheides für die Vergangenheit?**
§ 45 SGB X; § 330 Abs. 2 SGB III

Die AA darf einen von Anfang an rechtswidrigen, begünstigenden Bescheid nicht zurücknehmen, soweit der Arbeitslose auf die Rechtmäßigkeit des Bescheides vertraut hat und sein Vertrauen unter Abwägung mit dem öffentlichen Interesse an einer Rücknahme schutzwürdig ist. Das Vertrauen ist in der Regel schutzwürdig, wenn der Arbeitslose die Leistungen verbraucht oder eine Vermögensdisposition getroffen hat, die er nicht mehr oder nur unter unzumutbaren Nachteilen rückgängig machen kann (z. B. Rücknahme einer Zusicherung nach § 34 SGB X: LSG Nordrhein-Westfalen vom 1.9.2015 – L 7 AS 1144/15 B ER).
Nach § 45 SGB X kann die Leistungsbewilligung nur aufgehoben werden, wenn der Bescheid im Zeitpunkt seines Erlasses, also bei Zugang des Bescheides bei der arbeitslosen Person, falsch ist. Wird er erst danach unrichtig, kommt eine Rückforderung nach § 48 SGB X in Betracht.

Für die Vergangenheit kann die AA die Bewilligung von Leistungen an den Arbeitslosen nur aufheben, soweit

– er den Verwaltungsakt durch arglistige Täuschung, Drohung oder Bestechung erwirkt hat,

– der Verwaltungsakt auf Angaben beruht, die der Begünstigte vorsätzlich oder grob fahrlässig in wesentlicher Beziehung unrichtig oder unvollständig gemacht hat, oder

– er die Rechtswidrigkeit des Verwaltungsaktes kannte oder infolge grober Fahrlässigkeit nicht kannte; grobe Fahrlässigkeit liegt vor, wenn der Begünstigte die erforderliche Sorgfalt in besonders schwerem Maße verletzt hat.

Falsche Angaben kann der Arbeitslose auch dann machen, wenn er einen von Fremden ausgefüllten Antrag »blind« unterschreibt; der fremde Fehler ist dem Arbeitslosen in aller Regel wie eigenes Verschulden zurechenbar (HessLSG vom 21.10.2011 – L 7 AL 101/11). Ausländer mit Verständnisschwierigkeiten müssen sich den Antrag übersetzen und die Fragen erklären lassen.

Grobe
Fahrlässigkeit

Für die grobfahrlässige Unkenntnis kommt es darauf an, dass Sie im Augenblick des Zugangs des Bescheides den Fehler erkennen konnten. Ist das nicht der Fall und erfahren Sie später, dass Ihnen die Leistung nicht oder nicht im bewilligten Umfang zusteht, sind Sie nicht bösgläubig, die Rücknahme ist jedenfalls für die Vergangenheit nicht möglich.

Beispiel

Die AA zahlt David Zunder Alg nach einem Bemessungsentgelt von 39 € täglich, obwohl ihm nach seinem im Bemessungszeitraum erzielten Lohn nur Alg aus einem Bemessungsentgelt von 34,66 € täglich zustehen würde, weil der Arbeitgeber die Arbeitsbescheinigung unrichtig ausgefüllt hat. Die AA kann das überzahlte Alg in aller Regel nicht zurückverlangen, weil der Arbeitslose keine unrichtigen Angaben gemacht hat und die Unrichtigkeit der Leistungsbewilligung nicht erkennen konnte. Aus der Höhe des bewilligten Betrages kann sich für den Arbeitslosen allerdings ergeben, dass die AA das Alg usw. nicht richtig berechnet hat.

Für das Vorliegen grober Fahrlässigkeit genügt es nicht, dass der Berechtigte mit der Rechtswidrigkeit des Bescheides rechnen musste. Verlangt wird vielmehr eine Sorgfaltspflichtverletzung in einem außergewöhnlich hohen Ausmaß, die dann zu bejahen ist, wenn schon einfachste, ganz nahe liegende Überlegungen nicht angestellt werden, wenn also nicht beachtet wird, was im gegebenen Fall jedem einleuchten musste (ständige Rechtsprechung des BSG, vgl. z.B. vom 6.3.1997 – 7 RAr 40/96, DBlR 4372 SGB X/§ 45 m.w.N. und vom 8.2.2001 – B 11 AL 21/00 R, SozR 3–1300 § 45 Nr. 45). Dabei ist kein objektiver Maßstab anzulegen, sondern auf die persönliche Urteils- und Kritikfähigkeit, das Einsichtsvermögen und das Verhalten der Betroffenen wie die besonderen Umstände des Falles abzustellen (BSG, a.a.O.). Bezugspunkt für die grobe Fahrlässigkeit ist die Rechtswidrigkeit des Verwaltungsaktes – also das Ergebnis der Tatsachenermittlung und Rechtsanwendung durch die Behörde, nicht ein einzelner Berechnungsfaktor.

Prüfungspflicht?

Der Versicherte, der zutreffende Angaben gemacht hat, muss in aller Regel Verwaltungsakte nicht auf ihre Richtigkeit prüfen; er darf vielmehr davon ausgehen, dass die Fachbehörde seine korrekten Angaben fehlerfrei umsetzt (BSG vom 8.2.2001, a.a.O.). Er muss zwar grundsätzlich den Bewilligungsbescheid lesen und in seinen wesentlichen Teilen zur Kenntnis zu nehmen (BSG vom 8.2.2001, a.a.O.). Das gilt aber nur für den eigentlichen Bescheid und seine individuelle Begründung. Ergibt sich also aus dem Bescheid nicht, dass der Behörde ein Fehler unterlaufen ist, wird für den Begünstigten regelmäßig nicht erkennbar sein, dass die Behörde von unrichtigen Tatsachen ausgegangen ist, weil sie z.B. nicht zugeflosssenes Arbeitsentgelt berücksichtigt hat. Es besteht für ihn kein Anlass, an der Rechtmäßigkeit des Verwaltungsaktes und der bewilligten Leistung zu zweifeln (BSG vom 8.2.2001, a.a.O.). Es genügt nicht, dass sich die Unrichtigkeit aus dem Merkblatt oder abstrakten Erläuterungen in einer Anlage zum Bescheid ermitteln lässt.

Etwas anderes gilt, wenn sich aus der Bewilligung selbst ein besonderer Anlass zur Überprüfung des Bescheides ergibt. In unserem obigen Beispiel könnte das der Fall sein, wenn die AA das Alg von David Zunder mit einem Bemessungsentgelt von z.B. 110 € täglich errechnet hätte.

Beweislast

Die Beweislast für die Rücknahmevoraussetzungen des § 45 SGB X liegt bei der AA. Auch hier kann es zu einer Umkehr der Beweislast kommen, z. B. wenn Sie bei der Ermittlung von Tatsachen, die nur Sie wissen, nicht oder verspätet mitwirken (BSG vom 25.4.2002 – B 11 AL 65/01 R und vom 2.9.2004 – B 7 AL 88/03 R; LSG Hamburg vom 9.7.2015 – L 4 AS 220/12).

Frist für die Rücknahme

Der unrichtige Bescheid, der eine Dauerleistung betrifft, kann in der Regel nur innerhalb von zwei Jahren nach seiner Bekanntgabe zurückgenommen werden, es sei denn, dass er auf Angaben beruht, die der Berechtigte vorsätzlich oder grob fahrlässig in wesentlicher Beziehung unrichtig oder unvollständig gemacht hat, oder dass er die Rechtswidrigkeit des Bescheides kannte oder nur infolge grober Fahrlässigkeit nicht kannte. Dann gilt eine Zehn-Jahres-Frist. Die Rücknahmefristen gelten auch für die Aufhebung für zukünftige Zeiträume.

Kennt die AA die Tatsachen, aus denen sich die Rechtswidrigkeit des Bewilligungsbescheides ergibt, muss sie den Bescheid innerhalb eines Jahres ab Kenntnis zurücknehmen (§ 45 Abs. 4 SGB X). Die Frist beginnt regelmäßig erst mit dem Ende der Anhörung (→ S. 606).

Muss-Entscheidung

Die Entscheidung über die Rücknahme für die Vergangenheit nach § 45 SGB X steht nicht im Ermessen der AA. Wenn die oben genannten drei Voraussetzungen vorliegen, muss die AA den Bescheid aufheben (§ 330 Abs. 2 SGB III). Das gilt auch für die Rücknahme für die Zukunft, wenn schon die Rücknahmevoraussetzungen für die Vergangenheit (falsche Angaben oder Erkennbarkeit des Fehlers) vorlagen (BSG vom 5.9.2006 – B 7a AL 66/05 R). Auch das ist eine für Arbeitslose nachteilige Sonderregelung, die mit dem Gleichheitssatz unvereinbar erscheint. So kann das Mitverschulden der AA an der fehlerhaften Bewilligung bei der Prüfung der Rücknahmevoraussetzungen nicht berücksichtigt werden.

Soweit die AA die Bewilligung der Leistung ganz oder teilweise nur für die Zukunft aufheben will, weil die Voraussetzungen für eine Aufhebung für die Vergangenheit nicht vorliegen, muss sie Ermessen ausüben.

Anhörung

Auch vor der Entscheidung nach § 45 SGB X, § 330 Abs. 2 SGB III ist eine Anhörung des Arbeitslosen erforderlich (→ S. 606). Hat die AA zunächst zu einer beabsichtigten Aufhebung nach § 48 Abs. 1 Satz 2 Nr. 3 SGB X, die kein Verschulden voraussetzt, angehört und hebt sie dann aber nach § 45 Abs. 2 Satz 3 Nr. 2 oder 3 SGB X, die verschuldensabhängig sind, auf, hat sie den Leistungsbezieher nicht wirksam angehört (BSG vom 26.7.2016 – B 4 AS 47/15 R).

3 **Rücknahme eines belastenden, von Anfang an rechtswidrigen Bescheides für die Vergangenheit?**
§ 44 SGB X; § 330 Abs. 1 SGB III

Ist ein für Sie ungünstiger Bescheid, also ein Bescheid, der Ihnen eine Leistung ganz oder teilweise versagt oder eine bewilligte Leistung entzieht, bestandskräftig geworden, weil Sie die Widerspruchsfrist oder die Klagefrist versäumt haben, können Sie nach § 44 Abs. 1 SGB X von der AA eine Überprüfung verlangen. Die AA muss den Bescheid in der Regel mit Wirkung für die Vergangenheit zurücknehmen. Das gilt nicht, wenn Sie vorsätzlich falsche Angaben gemacht haben und der Bescheid darauf beruht. Dann ist aber immer noch eine Korrektur für die Zukunft möglich; für die Vergangenheit liegt die Entscheidung im Ermessen der BA (§ 44 Abs. 2 SGB X).

Überprüfung eines bestandskräftigen Bescheids

Eine Überprüfung zugunsten des Leistungsempfängers ist auch bei Rückforderungsbescheiden nach §§ 45 oder 48 Abs. 1 Satz 2 SGB X zulässig, obwohl die Überzahlung meist unstreitig ist und nur zu prüfen bleibt, ob der Empfänger der Überzahlung diese durch falsche Angaben verschuldet hat oder die Unrichtigkeit erkannt oder grob fahrlässig nicht erkannt hat (BSG vom 28.5.1997 – 14/10 RKg 25/95, SozR 3–1500 § 44 Nr. 21; SächsLSG vom 17.2. 2015 – L 5 R 900/13).

Erweist sich der zur Überprüfung gestellte Bescheid als rechtswidrig, muss die AA die versagte Leistung nachzahlen, allerdings nur für Ansprüche der letzten vier Jahre. Bei der Fristberechnung zählen nur ganze Kalenderjahre, das Jahr, in dem der Antrag gestellt worden ist, tritt zu den vier vollen Jahren hinzu.

Der Antrag geht am 7.10.2017 ein; dann kann die Leistung für den Zeitraum vom 1.1.2013 – 7.10.2017 nachgezahlt werden.

Beispiel

Für Überprüfungsanträge, die Leistungsansprüche außerhalb dieses Zeitraums betreffen, besteht in aller Regel kein Rechtsschutzbedürfnis. Ausnahmsweise kann ein Bescheid über einen Vorgang außerhalb des Vier-Jahres-Zeitraums geprüft werden.

Im Streit über eine Sperrzeit kann eine frühere Sperrzeit, die mehr als vier Jahre zurückliegt, geprüft werden, wenn davon die Dauer einer Sperrzeit innerhalb des Vier-Jahres-Zeitraums (§ 159 Abs. 4 SGB III) oder das Erlöschen des Alg-Anspruchs nach § 161 Abs. 1 Nr. 1 SGB III abhängt (BSG vom 21.3.2002 – B 7 AL 44/01 R).
Dann wird, wenn sich die alte Sperrzeit als rechtswidrig erweist, Alg zwar nicht nachgezahlt, aber die Sperrzeit im Vier-Jahres-Zeitraum kann kürzer sein oder die Erlöschenswirkung nicht eintreten.

Beispiel

Die Vier-Jahresfrist gilt nicht für die Korrektur von Rückforderungsbescheiden (BSG vom 12.12.1996 – 11 RAr 31/96); diese können auch noch überprüft werden, wenn sie älter als vier Jahre sind, weil es nicht um die Nachzahlung von Sozialleistungen geht, sondern um die

Aufhebung eines Rückforderungsbescheides und evt. um die Erstattung bereits zurückgezahlter Sozialleistungen.

Der Bescheid, dessen Überprüfung verlangt wird, kann aus rechtlichen oder aus tatsächlichen Gründen falsch sein. § 44 SGB X betrifft nur Bescheide, die bei ihrem Erlass, also von Anfang an, unrichtig sind. Wird der Bescheid erst durch eine Änderung des Rechts oder der tatsächlichen Grundlagen der Entscheidung unrichtig, kommt eine Neubescheidung nach § 48 SGB X in Betracht.
Aus rechtlichen Gründen ist die Entscheidung unrichtig, wenn das Recht nicht richtig angewandt worden ist, wenn also Rechtsvorschriften nicht beachtet oder falsch ausgelegt worden sind.
Aus tatsächlichen Gründen ist ein Bescheid unrichtig, wenn er nicht den wirklichen Sachverhalt berücksichtigt.

Beispiele

Das Alg wird mit 60 % des Leistungsentgelts berechnet, obwohl der Arbeitslose eine minderjährige Tochter hat oder die zwanzigjährige Tochter noch Auszubildende ist (§ 149 SGB III).
Es werden nicht alle Beschäftigungsmonate für die Dauer des Alg-Anspruchs berücksichtigt.

Nicht fehlerhaft im Sinne des § 44 SGB X ist ein Bescheid, der sich auf eine zunächst korrekte Prognose stützt, die sich nachträglich als unrichtig herausstellt. Das kann z. B. bei der Prognose der Eignung für eine Weiterbildungsmaßnahme oder der Prognose über die Eingliederungschancen durch eine berufliche Weiterbildung der Fall sein.

Beispiel

Der Arbeitslose nimmt nach § 139 Abs. 3 SGB III an einer Weiterbildung teil, deren Förderung die AA abgelehnt hat, weil sie davon ausgeht, dass der Arbeitslose mit der Weiterbildung seine Chancen auf dem Arbeitsmarkt nicht verbessern kann. Findet der Arbeitslose doch einen Arbeitgeber, der ihn einstellt, war der Bescheid, mit dem die Förderung abgelehnt worden ist, nur unrichtig und nach § 44 SGB X zu korrigieren, wenn die Prognose, auf die sich die Ablehnungsentscheidung stützte, auf falschen Grundlagen beruhte.

In einem Überprüfungsantrag, der formlos gestellt werden kann, sollten Sie angeben, welchen Bescheid Sie aus welchen Gründen für falsch halten; das gilt insbesondere, wenn die AA von einem falschen Sachverhalt ausgegangen ist. Die AA kann nicht wissen, ob die volljährige Tochter noch zur Schule geht, eine Ausbildung durchläuft oder eine Weltreise macht. Sie ist nicht verpflichtet, von sich aus »ins Blaue hinein« nach Fehlern zu suchen (BSG vom 13.2.2014 – B 4 AS 22/13 R; ähnlich schon BSG vom 14.3.2012 – B 4 AS 239/11 B; LSG Berlin-Brandenburg vom 24.2.2015 – L 18 AS 167/15 B PKH). Auch im Überprüfungsverfahren gilt zwar der Amtsermittlungsgrundsatz des § 20 SGB X; ohne die Mitwirkung des Antragstellers kann die AA jedoch nicht sinnvoll und häufig nicht ohne Verletzung von Datenschutzregeln ermitteln.

Weitere Einzelheiten zum Überprüfungsverfahren können Sie bei Udo Geiger, info also 2014, S. 147 nachlesen.

Allerdings ist Ihre Position im Überprüfungsverfahren in einem wichtigen Punkt ungünstiger als bei sofortiger Kontrolle des Bescheides. Lässt sich der Sachverhalt nicht klären, geht das meist zu Ihren Lasten, weil sich dann nicht feststellen lässt, dass der Ursprungsbescheid falsch ist (BSG vom 25.6.2002 – B 11 AL 3/02 R, DBlR 4771a SGB X/ § 44). Auch reine Formverstöße können im Überprüfungsverfahren meist nicht mehr zu Ihren Gunsten korrigiert werden (BayLSG vom 22.4.2015 – L 8 AS 764/13; SächsLSG vom 16.6.2015 – L 5 R 779/12).

Ein Anhörungsmangel, der einen Verwaltungsakt nach § 42 Satz 2 SGB X rechtswidrig macht, soll auch im Zugunstenverfahren berücksichtigt werden können (LSG Baden-Württemberg vom 16.12.2016 – L 8 AL 4082/15, Revision unter – B 11 AL 3/17 R).
Deshalb sollten Sie, wenn Sie einen Bescheid für rechtswidrig halten, sofort Widerspruch einlegen.

Die AA darf gemäß § 330 Abs. 1 SGB III den rechtswidrigen Bescheid nicht für die Vergangenheit zurücknehmen, wenn die Unrichtigkeit darauf beruht, dass

■ das BVerfG ein Gesetz für verfassungswidrig erklärt hat; 2 Ausnahmen

■ das BSG in ständiger Rechtsprechung anders als die BA entscheidet. Damit ist der Fall erfasst, dass das BSG erstmals eine ständige Rechtsprechung entwickelt oder eine bisherige Rechtsprechung ändert. § 330 Abs. 1 SGB III ist allerdings nicht nur anzuwenden, wenn sich nach der Entscheidung der AA eine ständige Rechtsprechung des BSG bildet oder ändert; es kommt lediglich darauf an, ob einer der Obersten Gerichtshöfe des Bundes (hier das BAG) eine ständige Rechtsprechung entwickelt hat, die für die Entscheidung des Falles maßgeblich ist (BSG vom 16.10.2003 – B 11 AL 20/03 R).

Wenn sich eine Änderung der Rechtsprechung anbahnt, sollten Sie nicht abwarten, bis sich die Rechtslage geklärt hat; denn ein Aufhebungsantrag zu diesem Zeitpunkt hilft Ihnen nichts für die Vergangenheit. Deshalb empfehlen wir, auf einer vorläufigen Entscheidung (gemäß § 328 SGB III) zu bestehen (→ S. 663). Die vorläufige Entscheidung kann für die Vergangenheit korrigiert werden. Erteilt die AA einen endgültigen Bescheid, so sollten Sie in diesen Fällen Widerspruch einlegen.

Für den Fall, dass Sie das alles versäumt haben, hat das BSG einen Weg eröffnet, der die Folgen des § 330 Abs. 1 SGB III wenigstens abmildert. Die zeitliche Einschränkung der rückwirkenden Aufhebung eines rechtswidrigen Verwaltungsaktes, der eine Leistung vorenthalten hat, gilt dann nicht, wenn das Überprüfungsverfahren nach § 44 SGB X schon vor der Entstehung der ständigen Rechtsprechung des Hilfe bei Fristversäumnis

BSG in Gang gesetzt worden ist. Das BSG vom 8.2.2007 – B 7a AL 2/06 R hat eine enge Auslegung des nach seiner Meinung sozialpolitisch verfehlten § 330 Abs. 1 SGB III für notwendig gehalten, weil die Vorschrift ausschließlich den Interessen der Verwaltung diene, der massenhafte Korrekturen von fehlerhaften Verwaltungsakten erspart bleiben sollten (so auch LSG Baden-Württemberg vom 9.12.2008 – L 13 AS 810/08). Haben Sie also einen Bescheid bestandskräftig werden lassen und erfahren Sie dann, dass ein Verfahren beim BSG anhängig ist, sollten Sie sofort einen Überprüfungsantrag bei der AA stellen. Dagegen soll die Einschränkung des § 330 Abs. 1 SGB III ausnahmslos gelten, soweit die Verwaltungsentscheidung auf einer vom BVerfG aufgehobenen Norm beruht (BVerfG vom 7.4.2010 – 1 BvR 612/10).

II   Rückforderung der Leistung

Rückforderungs-bescheid

Haben Sie zu Unrecht Leistungen erhalten und wird der Leistungsbescheid aufgehoben, müssen Sie diese zurückzahlen (§ 50 Abs. 1 SGB X). Hat die AA den Bewilligungsbescheid nicht aufgehoben, sondern nur eine zu Unrecht gezahlte Leistung zurückgefordert, kann in dem Rücknahmebescheid eine Aufhebung enthalten sein; das hängt vom Wortlaut des Rücknahmebescheides und den Umständen des Einzelfalles ab (BSG vom 29.10.1992 – 10 RKg 4/92; LSG Baden-Württemberg vom 20.2.2015 – L 8 AL 2518/14).
Unter Umständen müssen Sie auch die Beiträge für die Krankenversicherung und die Pflegeversicherung zurückzahlen (§ 335 Abs. 1, 5 SGB III). Wann das der Fall ist, können Sie auf → S. 636 nachlesen.

Haben Sie Leistungen ohne Bescheid bekommen, können diese ebenfalls zurückgefordert werden. Bei der Prüfung der Rückforderung sind die §§ 45, 48 SGB X entsprechend anzuwenden (§ 50 Abs. 2 SGB X).
Die Rückforderung von Alg nach rechtmäßiger Gleichwohlgewährung (→ S. 365) ist gesondert in §§ 157 Abs. 3 Satz 2, 158 Abs. 4 Satz 2 SGB III geregelt. Sind das Arbeitsentgelt, die Urlaubsabgeltung oder die Entlassungsentschädigung im Zeitpunkt der Alg-Bewilligung schon gezahlt, kommt eine Rückforderung nur nach § 45 SGB X in Betracht (BSG vom 3.3.1993 – 11 RAr 49/92).
Für die Rückforderung von Eingliederungszuschüssen vom Arbeitgeber wegen vorzeitiger Beendigung des Beschäftigungsverhältnisses gilt nicht § 48 SGB X, sondern § 92 Abs. 2 SGB III (BSG vom 2.6.2004 – B 7 AL 56/03 R).
Vorläufig bewilligte Leistungen, die sich als Überzahlung herausstellen, sind nach § 328 Abs. 3 Satz 2 SGB III immer zurückzuzahlen. Auch die Rückabwicklung eines Vorschusses soll sich allein nach § 42 Abs. 2 SGB I, nicht nach § 45 SGB X richten (BSG vom 1.7.2010 – B 11 AL 19/09 R; kritisch Christian Rolfs/Stefanie Dieckmann, SGb 2011, S. 523-527). Das bedeutet, dass auch Vorschüsse immer zurückgefordert werden dürfen.

Alle Sonderregeln haben den Nachteil, dass es nicht auf ein Verschulden oder die Bösgläubigkeit der Leistungsempfänger ankommt; auch gilt außerhalb der §§ 45, 48 SGB III für die Rückforderung keine Bearbeitungsfrist. Angehört werden müssen die Berechtigten vor der Rückforderung aber auch in diesen Fällen.

Die AA kann die zu viel gezahlten Gelder auf verschiedenen Wegen zurückholen:

1 Aufrechnung/Verrechnung
§§ 51 Abs. 2, 52 SGB I; § 333 SGB III

Wenn Sie weiter laufende Leistungen von der AA zu beanspruchen haben, wird die AA diese Leistungen ganz oder teilweise kürzen, um so zu dem von Ihnen geschuldeten Geld zu kommen. Diese Kürzung nennen Juristen Aufrechnung.

Rückzahlung im Wege der Aufrechnung

Eine Aufrechnung ist aber nur in Grenzen zulässig:
Die AA darf im Wege der Aufrechnung Ihr Alg I nur bis zur Hälfte kürzen! Aber auch eine Kürzung um die Hälfte ist dann nicht zulässig, wenn Sie durch die Kürzung grundsicherungsbedürftig würden. Es muss Ihnen also soviel bleiben, wie Ihnen nach dem SGB II als Alg II zusteht.

Grenze: die Hälfte der Leistung – mindestens der Grundsicherungsbedarf

Haben Sie zu Unrecht zu viel Alg erhalten, weil Ihr Anspruch wegen der Anrechnung von Nebeneinkommen oder wegen einer Sperrzeit ruhte, so kann Ihnen die AA Ihre laufende Leistung in voller Höhe kürzen (§ 333 SGB III). Die Entscheidung über das Ob und den Umfang der Aufrechnung steht im Ermessen der AA; hierbei wird sie die wirtschaftliche Situation des Leistungsbeziehers berücksichtigen müssen. Rechnet sie dennoch so auf, dass Ihnen nicht mehr das Lebensminimum entsprechend dem SGB II-Bedarf verbleibt, sollten Sie einen Antrag auf Alg II stellen.

Ausnahme: Aufrechnung bis zur vollen Höhe

Da es sich bei dieser Ausnahmebestimmung um eine »Kann-Vorschrift« handelt, ist die AA nicht gezwungen, Ihnen alles wegzukürzen. Die AA kann sich mit einer teilweisen Kürzung begnügen, wenn Sie eindringlich schildern, dass Sie auf das Geld angewiesen sind.

Kann-Entscheidung

Die AA kann auch bei einem anderen Leistungsträger beantragen, dass dieser den Anspruch der AA mit Ihrem Anspruch verrechnet (§ 52 SGB I). Erhalten Sie also beispielsweise Rente oder Krankengeld, kann der Rentenversicherungsträger oder die Krankenkasse einen Teil der Rente oder des Krankengeldes an die AA abführen. Die Entscheidung steht im Ermessen des Leistungsträgers. Hinsichtlich der Höhe des abzuführenden Betrages gelten dieselben Grenzen wie bei der Aufrechnung.

Verrechnung

Anhörung

Vor der Aufrechnung und der Verrechnung müssen Sie nach § 24 SGB X angehört werden. Für die Anhörung vor der Verrechnung ist der Leistungsträger zuständig, der Ihren Anspruch kürzen will, z. B. der Rentenversicherungsträger. Schildern Sie, welche Lebenshaltungskosten Sie zu tragen haben und warum Sie die Leistung ungekürzt brauchen.

2   Überleitung
§ 332 SGB III

Wenn Sie der AA Leistungen erstatten müssen und gleichzeitig gegen einen Dritten (z. B. jetzigen Arbeitgeber, Rentenversicherung u. Ä.) einen Anspruch (auf Arbeitslohn, Rente u. Ä.) haben, so kann die AA diesen Anspruch auf sich überleiten. Dies geschieht durch schriftliche Anzeige der AA an den Arbeitgeber, Rentenversicherungsträger u. Ä. Haben Sie z. B. während des Bezuges von Alg Arbeitsentgelt zu beanspruchen und daher trotz Ruhens nach § 157 Abs. 3 SGB III Alg bezogen, so geht durch die an Ihren Arbeitgeber gerichtete Überleitungsanzeige der AA Ihr Anspruch auf Arbeitsentgelt in Höhe der zurückzuzahlenden Leistung auf die AA über.

Nur bei Zeitraumdeckung

Übergeleitet werden dürfen Ansprüche nur insoweit, als sie für den gleichen Zeitraum bestehen, für den die AA Leistungen gezahlt hat (§ 332 Abs. 1 Satz 2 SGB III).

Beispiel

Elfriede Wehrmich war bis 30.6. arbeitslos gemeldet. Bereits am 15.6. nimmt sie eine neue Arbeit auf und vergisst, die AA hiervon zu benachrichtigen. Erst am 29.6. teilt sie der AA die Arbeitsaufnahme mit. Die Überzahlung vom 15.6. bis 28.6. muss Elfriede Wehrmich der AA zurückerstatten. Deshalb hebt die AA den Bewilligungsbescheid ab dem 15.6. auf und schickt dem neuen Arbeitgeber am 10.7. eine Überleitungsanzeige zu (§ 332 Abs. 1 Satz 1 Nr. 7 SGB III).
Hat der Arbeitgeber am 10.7. den Lohn für die Zeit vom 15.6. bis 28.6. noch nicht bezahlt, muss er von dem Lohn für diesen Zeitraum den Erstattungsanspruch der AA vorweg befriedigen und an die AA abführen.
Hat der Arbeitgeber dagegen am 10.7. den Lohn für die Zeit vom 15.6. bis 28.6. bereits an E. Wehrmich ausbezahlt, so darf der Arbeitgeber den Erstattungsanspruch der AA nicht aus der noch offenen Lohnforderung vom 1.7. bis 10.7. bezahlen (§ 332 Abs. 1 Satz 2 SGB III). Hier läge keine Zeitraumdeckung vor.
Beruht die Überzahlung auf einer vorsätzlichen oder grob fahrlässigen Pflichtverletzung des Arbeitslosen, so kann die AA die Hälfte eines Rentenanspruchs (nicht aber von Arbeitslohn oder von Mutterschaftsgeld) auch für Zeiten überleiten, die sich nicht mit dem Zeitraum der Überzahlung decken. In einem solchen Fall dürfen also auch zukünftige Rentenansprüche übergeleitet werden (§ 332 Abs. 1 Satz 3 SGB III). Durch die Überleitung darf der Arbeitslose nicht grundsicherungsbedürftig im Sinne des SGB II werden.

Allerdings kann auch ein anderer Sozialleistungsträger einen Leistungsanspruch nach dem SGB III überleiten. So kann z.B. das Insolvenzgeld als Ersatz für die während der Beschäftigungsmonate geleistete Grundsicherung des SGB II überwiegend an den Grundsicherungsträger überwiesen werden und dem Arbeitnehmer nur ein Restbetrag verbleiben, weil die Erfüllungsfiktion des § 107 SGB X auch für das Insolvenzgeld gilt (BSG vom 12.5.2011 – B 11 AL 24/10). Leider beschäftigt sich das BSG nicht mit der wohl maßgeblichen Frage, ob ein Insolvenzgeldanspruch schon während des Arbeitsverhältnisses entsteht oder erst mit dem Insolvenzereignis. Entsteht der Insolvenzgeldanspruch erst mit dem Insolvenzereignis, ist fraglich, ob zeitliche Deckung zwischen einem Zeitraum der Beschäftigung mit SGB II-Leistungsbezug und dem Insolvenzgeld, das immer nachträglich gezahlt wird, bestehen kann.

3   **Beitreibung**
§ 66 SGB X; §§ 1–5 Verwaltungsvollstreckungsgesetz

Kann die AA nicht aufrechnen oder überleiten, weil Sie keine laufenden Leistungen mehr erhalten, so wird sie versuchen, den ausstehenden Betrag bei Ihnen einzutreiben. Das geht für die AA vergleichsweise einfach und schnell. Die AA braucht kein Gericht einzuschalten, sondern holt sich ihr Geld selbst aufgrund des Rückzahlungsbescheides im Wege des Verwaltungsvollstreckungsverfahrens.

III   **Was tun, wenn ein Rückforderungsbescheid kommt?**

1   **Widerspruch und Klage**

Falls Ihnen ein Rückzahlungsbescheid ins Haus flattert, sollten Sie sofort tätig werden. Halten Sie den Rückzahlungsbescheid für rechtswidrig, z.B. weil Sie zutreffende Angaben gemacht und im Vertrauen auf die Rechtmäßigkeit der Alg-Leistung das Geld ausgegeben haben, so müssen Sie gegen den Rückzahlungsbescheid Widerspruch einlegen und gegebenenfalls klagen.

Widerspruch und Klage haben hier – anders als sonst – aufschiebende Wirkung (§ 86a SGG), d.h., Sie können das Geld bis zum Abschluss des Widerspruchs- oder Sozialgerichtsverfahrens behalten und müssen es erst zurückzahlen, wenn Sie den Widerspruch oder die Klage verloren haben. Allerdings kann die AA nach § 86a Abs. 2 Nr. 5 SGG die sofortige Vollziehung eines Erstattungsbescheides anordnen (→ S. 669). Das kommt gegenüber Arbeitslosen aber selten vor.

Aufschiebende Wirkung

2   **Stundung, Ratenzahlung, Erlass, Niederschlagung**
         § 42 Abs. 3 SGB I i. V. m. § 76 Abs. 2 SGB IV

Haben Sie sich mit dem Rückzahlungsbescheid abgefunden, z. B. weil Ihnen von Anfang an klar war, dass Sie zu viel Alg bekommen haben, so bestehen noch folgende Möglichkeiten, die Rückzahlung schmerzloser zu gestalten:

■ Sie können um Stundung der ganzen Summe oder eines Teils (Ratenzahlung) nachsuchen, wenn die sofortige Rückzahlung eine erhebliche Härte für Sie bedeuten würde. Dazu ist die AA im Allgemeinen bereit.

■ Die AA kann die Rückzahlungsforderung ganz oder teilweise erlassen, wenn die Rückzahlung eine besondere Härte bedeuten würde (BSG vom 9.2.1995 – 7 RAr 78/93, SozR 3–4427 § 5 Nr. 1 und vom 2.6.2004 – B 7 AL 56/03 R, SozR 4–4300 § 223 Nr. 1). Eine besondere Härte kann vorliegen, wenn die Forderung durch rechtswidriges Verhalten der AA entstanden ist (z. B. BSG vom 9.2.1995, a. a. O.; SG Fulda vom 4.6.1992 – 1c Ar 408/91, info also 1992, S. 186).

■ Die AA kann die Rückzahlungsforderung niederschlagen, wenn die Einziehung keinen Erfolg haben wird oder die Kosten der Einziehung außer Verhältnis zu dem stehen, was bei Ihnen zu holen ist.

3   **Pfändungsfreigrenzen beachten**

Bleibt die AA hartnäckig und will schnell das ganze Geld zurück, so achten Sie darauf, dass Ihnen – z. B. bei der Pfändung Ihres Arbeitseinkommens – der pfändungsfreie Betrag (Tabelle → S. 595) bleibt (§ 5 VerwaltungsvollstreckungsG i. V. m. § 319 AbgabenO i. V. m. §§ 850 ff. ZPO).

IV   **Vorläufige Zahlungseinstellung**
         § 331 SGB III

Die AA kann die Zahlung einer laufenden Leistung vorläufig einstellen, wenn sie Kenntnis von Tatsachen erhält, die zum Ruhen oder zum Wegfall des Anspruchs führen, und der Bescheid deshalb mit Wirkung für die Vergangenheit aufzuheben ist. Die AA muss also Kenntnis davon haben, dass ein Anspruch nicht mehr besteht, also z. B. dass ein Alg-Bezieher eine Beschäftigung aufgenommen hat. Zugleich muss schon feststehen, dass die Bewilligung für die Vergangenheit zurückzunehmen ist, dass also der Berechtigte eine meldepflichtige Tatsache nicht mitgeteilt hat oder den Wegfall der Anspruchsvoraussetzung kannte oder in vorwerfbarer Weise nicht kannte. Der bloße Verdacht reicht nicht aus (LSG Baden-Württemberg vom 13.3.2007 – L 13 AS 211/07 ER-B; SG Hamburg vom 1.3.2005 – S 55 AS 106/05 ER). Nach § 48 Abs. 1 Satz 2 Nr. 3 SGB X kann auch der Bezug von Einkünften, die die bezogene Leistung beeinflussen, zur rückwirkenden Aufhebung einer Leistung führen. Auch hier kann eine vorläufige Zahlungseinstellung erlaubt sein.

Aus der Formulierung in § 331 Abs. 1 Satz 1 SGB III, »Tatsachen ..., die kraft Gesetzes zum Ruhen oder zum Wegfall des Anspruchs führen«, ergibt sich, dass eine vorläufige Zahlungseinstellung nur zulässig ist, wenn die Leistung zunächst zutreffend bewilligt worden war, nicht bei anfänglich unrichtigen Bescheiden. Die Regelung erfasst also nur die Vorbereitung von Entscheidungen nach § 48 SGB X, nicht die nach § 45 SGB X (SG Berlin vom 20.1.2006 – S 103 AS 169/06 ER; SG Hamburg vom 1.3.2005 – S 55 AS 106/05 ER).

Die Entscheidung über die vorläufige Zahlungseinstellung steht im Ermessen der AA; übt sie kein Ermessen aus, ist die Entscheidung schon deshalb rechtswidrig (SG Potsdam vom 22.11.2007 – S 31 AS 4112/07 ER). Soweit die Kenntnis der Tatsachen nicht auf einer Mitteilung des Berechtigten beruht, muss ihm die AA die vorläufige Einstellung und die maßgeblichen Gründe mitteilen und ihm Gelegenheit geben, sich zu äußern.

Anhörung

Die vorläufige Leistungseinstellung ist nicht zulässig, wenn die Berechtigung zum Entzug der Leistung von einer Ermessensentscheidung abhängt (LSG Sachsen-Anhalt vom 24.11.2010 – L 2 AS 121/10 B; LSG Nordrhein-Westfalen vom 7.4.2014 – L 19 AS 389/14 B ER und – L 19 AS 390/14 B).

Die Mitteilung der vorläufigen Zahlungseinstellung ist kein Verwaltungsakt (SG Berlin vom 20.1.2006 – S 103 AS 169/06 ER; BayLSG vom 9.8.2013 – L 11 AS 462/13 B PKH). Der Arbeitslose kann die Zahlungseinstellung nicht anfechten, er kann aber aus dem Bewilligungsbescheid auf Zahlung klagen oder gegen die Zahlungsverweigerung eine einstweilige Anordnung beim Gericht beantragen (LSG Berlin-Brandenburg vom 29.1.2007 – L 5 B 1173/06 AS ER; ebenso LSG Nordrhein-Westfalen vom 24.2.2006 – L 19 B 100/05 AS ER und vom 7.4.2014 – L 19 AS 389/14 B ER; a. A. SächsLSG vom 20.9.2013 – L 7 AS 863/11).

Die AA hat nach § 331 Abs. 2 SGB III nur zwei Monate Zeit, um den Aufhebungsbescheid zu erlassen; tut sie das nicht in dieser Frist, muss sie die vorläufig gestoppte Leistung unverzüglich nachzahlen (LSG Nordrhein-Westfalen vom 7.4.2014 – L 19 AS 389/14 B ER und – L 19 AS 390/14 B; LSG Berlin-Brandenburg vom 7.1.2008 – L 26 B 2288/07 AS ER und LSG Berlin vom 15.4.2003 – L 14 AL 60/02). Bisher haben sich die AA für die endgültige Entscheidung häufig mehr Zeit gelassen. Die Nachzahlungspflicht schützt allerdings nicht davor, dass die AA später einen Aufhebungsbescheid mit Wirkung für die Vergangenheit erlässt und Sie dann die zu Unrecht bezogene Leistung zurückzahlen müssen.

Frist: 2 Monate

W Datenschutz und Informationsfreiheit?

I **Datenschutz?**
§ 35 SGB I; §§ 67 ff. SGB X; §§ 40 Abs. 3, 41, 298, 394 ff.
SGB III

1 **Erhebung, Verarbeitung und Nutzung
von Sozialdaten der Arbeitslosen**

1.1 **Datenschutz in der BA/AA**

Es liegt auf der Hand, dass ohne persönliche Daten der Arbeitslosen Vermittlung und Geldleistungen durch die AA nicht möglich sind. Genauso klar ist, dass die AA nicht alles erfragen und nicht alles, was sie von Arbeitslosen und über diese erfährt, beliebig verarbeiten und nutzen darf.
Was zulässig ist, bestimmen § 35 SGB I i. V. m. §§ 67 ff. SGB X und die §§ 394 ff., 40 Abs. 3, 41 SGB III.

Erhebung von Sozialdaten nur soweit »erforderlich«

Die AA darf Sozialdaten nur erheben, soweit dies zur Aufgabenerfüllung »erforderlich ist« (§ 67a Abs. 1 SGB X, § 394 Abs. 1 Satz 1 SGB III, § 40 Abs. 3 Satz 1 SGB III). Hauptproblem dabei ist, welche Schwächen von Arbeitslosen die AA wie »kennzeichnen« darf.

Eine erste Leitlinie gibt § 41 Abs. 1 Satz 1 SGB III. Danach darf die AA »von Ausbildung- und Arbeitsuchenden keine Daten erheben, die ein Arbeitgeber vor Begründung eines Ausbildungs- oder Arbeitsverhältnisses nicht erfragen darf«. Die AA darf deshalb z.B. nicht nach Schwangerschaften fragen.

Der Bundesbeauftragte für den Datenschutz und die Informationsfreiheit hat wiederholt verlangt, dass Arbeitslose in Beratungsvermerken der computergestützten Arbeitsvermittlung »weder negativ gekennzeichnet noch subjektive Eindrücke und Bewertungen aufgenommen werden« (15. Tätigkeitsbericht [1993–1994], S. 197 f.).

Im Beratungsvermerk war gespeichert: »Der Arbeitslose X beschwert sich über Alles und Jeden«. Auf die Beschwerde des Arbeitslosen hin forderte der Bundesbeauftragte für den Datenschutz die Löschung mit folgender Begründung:

Beispiele

»Das Beschwerderecht ist ein grundsätzliches Bürgerrecht. Darüber hinaus sollten – insbesondere bei Langzeitarbeitslosen – stets die möglichen Auswirkungen der Arbeitslosigkeit auf deren psychische Situation berücksichtigt werden. [...] Die BA hat den Vermerk gelöscht und eingeräumt, dass das Beschwerdeverhalten eines Arbeitslosen grundsätzlich nicht vermittlungsrelevant ist« (15. Tätigkeitsbericht [1993–1994], S. 201).

Nicht zu beanstanden sind nach einem Beispielkatalog der BA Eintragungen wie:

- »Tätigkeit mit Ausnahme im Arzneimittelbereich (bei Drogenabhängigen)
- Tätigkeit ohne Kontakt mit Spirituosen (bei Alkoholabhängigen)
- Tätigkeit ohne besondere Stressbelastung (bei psychisch Kranken)
- kann aus gesundheitlichen Gründen Beruf nicht mehr ausüben.«

Zulässige Kennzeichnungen

Unzulässig sind Eintragungen wie:

- »Arbeitslosmeldung nach Drogentherapie/Entziehungskur
- hat Alkoholprobleme
- verdeckte Kennzeichnung, wie ***/—/YYY
- Zugehörigkeit zu einer Rasse
- einschlägig vorbestraft
- destruktives und unsoziales Verhalten
- anscheinend psychische Probleme«
(16. Tätigkeitsbericht [1995–1996], S. 324 f.).

Unzulässige Kennzeichnungen

Auf Initiative des Bundesbeauftragten für den Datenschutz hat der Gesetzgeber in § 396 SGB III die Grenzen der »Kennzeichnung« Arbeitsloser zu regeln versucht. § 396 Satz 1 SGB III lautet:

»Die Bundesagentur und von ihr beauftragte Dritte dürfen Berechtigte und Arbeitgeber bei der Speicherung oder Übermittlung von Daten nicht in einer aus dem Wortlaut nicht verständlichen oder in einer Weise kennzeichnen, die nicht zur Erfüllung ihrer Aufgaben erforderlich ist.«

Trotz dieser Regelung wird es weiter Streit darüber geben, was zur »Kennzeichnung« Arbeitsloser »erforderlich« ist. Vor allem vor dem Hintergrund des § 37 Abs. 1 SGB III, der im Rahmen der »Potenzialanalyse« fordert, die Stärken und Schwächen der Arbeitslosen festzustellen. Insbesondere hat die AA gemäß § 37 Abs. 1 Satz 2 SGB III die Tatsachen zu erheben, die eine berufliche Eingliederung voraussichtlich erschweren. Deshalb hält die BA (BA-Rundbrief 52/2002) es für zulässig, »mangelhaftes Sozialverhalten« (z. B. Mangel an Kommunikationsfähigkeit, Selbstbewusstsein, Durchhaltevermögen, Teamfähigkeit, Toleranz, Zuverlässigkeit und Motivation) in die Beratungs- und Vermittlungsunterlagen aufzunehmen.

Vorsicht beim Umgang mit Gesundheitsdaten!

Insbesondere bei der Weitergabe von Gesundheitsdaten Arbeitsloser muss sich die AA – auch wenn sie es gut meint – zurückhalten. Das zeigt folgender vom Bundesbeauftragten für den Datenschutz in seinem 22. Tätigkeitsbericht [2007–2008], S. 121 dokumentierter Fall:

> »Einer bei der Agentur für Arbeit arbeitslos gemeldeten Petentin war die Arbeitsaufnahme bei einer Zeitarbeitsfirma im Rahmen eines unbefristeten Beschäftigungsverhältnisses gelungen. Die Petentin hatte dabei weder der Zeitarbeitsfirma noch ihrem späteren Arbeitgeber mitgeteilt, dass sie schwer behindert ist. Dies erfuhr der Arbeitgeber jedoch von der Agentur für Arbeit, die der Petentin einen Eingliederungszuschuss für ältere besonders schwer behinderte Menschen bewilligt hatte. Die Agentur für Arbeit hatte dies lediglich dem Arbeitgeber mitgeteilt. Die Petentin hatte weder überhaupt einen Antrag gestellt, noch war sie nachträglich von der Bewilligung informiert worden.
>
> Hierin liegt ein schwerwiegender Datenschutzverstoß, da es sich bei Gesundheitsdaten um besonders schutzwürdige Daten handelt. Auf die Beschwerde der Petentin hin räumte die Agentur für Arbeit ein, dass zunächst der betroffene Arbeitslose darüber zu informieren ist, bevor dem jeweiligen Arbeitgeber gegenüber die Schwerbehinderung als mögliche Fördervoraussetzung mitgeteilt wird.«

Über das Verbot, Befundunterlagen des Ärztlichen Dienstes/BPS der AA ohne Einwilligung des Arbeitslosen an Arbeitgeber weiterzureichen → S. 45.

Verfügung über Sozialdaten in Stelleninformationssystemen

Nach § 40 Abs. 3 SGB III darf die AA in die Stelleninformationseinrichtungen (→ S. 36) Daten über Ausbildungsuchende, Arbeitsuchende und Arbeitgeber nur aufnehmen, soweit sie für die Vermittlung erforderlich sind. Daten, die eine Identifizierung des Arbeitslosen ermöglichen, dürfen nur mit seiner Einwilligung aufgenommen werden.

Datenmissbrauch

Leider laden die Datenspeicher der BA zum Missbrauch geradezu ein. Dies kritisieren auch die Mitarbeiter der BA:

> »Zum einen (wurden) in Bewerberdatensätzen in den Bewerberprofilen schützenswerte Daten des Kunden dokumentiert. Dies waren in den meisten Fällen Informationen zur sozialen Qualifikation, Einträge zu Krankhei-

ten/Diagnosen sowie Vorstrafen. Zudem erfolgten Einträge nicht in der gebotenen Sachlichkeit und ohne echten Bezug zum Thema ›Vermittlungsrelevanz‹. Sachverhalte konnten über VerBIS (intern bundesweit) und über die Jobbörse (extern weltweit) eingesehen werden. Dies war für die Betroffenen ein unhaltbarer Zustand.

Zum anderen erfolgten durch Kolleginnen und Kollegen in nicht unerheblicher Zahl Zugriffe auf VerBIS-Datensätze ohne dienstlich begründeten Anlass« (vbba Magazin 1/2010, S. 15).

Der Bundesbeauftragte für den Datenschutz hat die BA deshalb heftig kritisiert.

Nach § 35 Abs. 1 Satz 2 SGB I verlangt die Wahrung des Sozialgeheimnisses von der AA u.a., »dass die Sozialdaten nur an Befugte weitergegeben werden«. Insoweit gibt es bereits Probleme beim ersten Gang zur AA, sozusagen auf dem Gang der AA:

Weitergabe nur an Befugte

Mit dem »Arbeitsamt 2000« wurde der Aufruf nach Nummer durch den namentlichen Aufruf ersetzt. Da der Name ein Sozialdatum und damit schutzwürdig ist, hält der Bundesbeauftragte für den Datenschutz diese Praxis für bedenklich. Da die BA den Nummernaufruf nicht wieder einführen will, hat der Bundesbeauftragte für den Datenschutz sich zu folgendem Kompromiss breitschlagen lassen: Im Eingangsbereich jeder AA soll folgendes Hinweisschild angebracht werden:

Namentlicher Aufruf?

Datenschutz

Teilen Sie uns bitte mit, wenn
- Ihr Anliegen in einem separaten Büro besprochen werden soll,
- Sie nicht namentlich aufgerufen werden wollen.

Aber selbst wenn die BA die Schilder aufstellt, genügt nach unserer Meinung dies nicht den Anforderungen, die § 67b Abs. 2 SGB X an die Einwilligung des Betroffenen stellt.

Die gleichzeitige Aufnahme von Daten mehrerer Arbeitsloser durch mehrere Bedienstete in einem Raum der AA und das damit verbundene Mithören von z.T. besonders schützenswerten Daten (z.B. finanzielle Situation, Scheidungsabsichten, anstehende Gefängnisaufenthalte) verstößt gegen das Sozialgeheimnis nach § 35 SGB I. Diese Praxis hat der Bundesbeauftragte für den Datenschutz wiederholt – und zum Teil erfolglos – gerügt (17. Tätigkeitsbericht [1997–1998], S. 386; 20. Tätigkeitsbericht [2003–2004], S. 161). Der 24. Tätigkeitsbericht [2011–2012], S. 157, kritisiert die »Beratung in Doppelbüros« (in einem Jobcenter). Wenn Einzelbüros fehlten, müsse der Datenschutz

Keine »Schulter-an-Schulter«-Abfertigung

durch Schall- und Sichtschutzwände oder durch zeitlich versetzte Terminvergabe gewährleistet werden.

Soweit offene Kundenbereiche (Clearingstellen) geschaffen worden sind, muss gewährleistet sein, dass andere Arbeitslose die Gespräche nicht mithören können (so der Bundesbeauftragte für den Datenschutz, 18. Tätigkeitsbericht [1999–2000], BT-Drs. 14/5555, S. 142).

Berichtigung und Löschung von Sozialdaten

Arbeitslose haben Anspruch auf
- Berichtigung unrichtiger Sozialdaten;
- Löschung unzulässigerweise gespeicherter oder nicht mehr erforderlicher Daten.

Einzelheiten sind in § 84 SGB X geregelt.

1.2 Datenschutz bei Zusammenarbeit mit öffentlichen Stellen

Hier geht es vor allem um den Sozialdatenschutz in der nach § 9a SGB III und § 18a SGB II vorgeschriebenen engen Zusammenarbeit der AA mit den Jobcentern.

Auch hier gelten die unter 1.1 genannten Einschränkungen; insbesondere dürfen höchstens »erforderliche Tatsachen« ausgetauscht werden (§ 9a Satz 2 SGB III, § 18a Satz 2 SGB II).

1.3 Datenschutz bei Zusammenarbeit mit privaten Stellen?

1.3.1 Fallgruppen

Hier geht es um den Schutz von (personenbezogenen) Sozialdaten gegenüber
- privaten Versicherern
- Arbeitgebern
- privaten Arbeitsmaklern
- Maßnahmeträgern
- der Deutschen Post AG und deren Subunternehmern.

Weitergabe an private KV

- Die Mitteilung der Arbeitslosigkeit durch die AA an die private Krankenversicherung des Alg-Beziehers ohne dessen Einwilligung verstößt gegen § 4a BDSG (23. Tätigkeitsbericht des Bundesbeauftragten für den Datenschutz [2009–2010], S. 132).

Weitergabe an Arbeitgeber

- Arbeitgebern darf durch die AA kein Zugang zu den personenbezogenen Daten der Arbeitslosen gewährt werden, es sei denn, diese willigen ein. Selbst Telefonnummern und E-Mail-Adressen darf die AA ohne Einwilligung nicht weitergeben.
Die Praxis, dass die AA ohne Einwilligung der Arbeitslosen deren Bewerberprofil freigiebig Zeitarbeitsfirmen zugänglich mach(t)en,

hat der Bundesbeauftragte für den Datenschutz kritisiert (23. Tätigkeitsbericht [2009–2010], S. 132). In der Regel fragt Sie die AA jetzt, ob Sie mit »externer Kommunikation« einverstanden sind.

■ Die Behandlung von Sozialdaten durch private Arbeitsmakler versucht § 298 Abs. 1 SGB III in den Griff zu bekommen.

Weitergabe an Arbeitsmakler

»(1) Vermittler dürfen Daten über zu besetzende Ausbildungs- und Arbeitsplätze und über Ausbildungsuchende sowie Arbeitnehmerinnen und Arbeitnehmer nur erheben, verarbeiten und nutzen, soweit dies für die Verrichtung ihrer Vermittlungtätigkeit erforderlich ist. Sind diese Daten personenbezogen oder Geschäfts- oder Betriebsgeheimnisse, dürfen sie nur erhoben, verarbeitet oder genutzt werden, soweit die oder der Betroffene im Einzelfall nach Maßgabe des § 4a des Bundesdatenschutzgesetzes eingewilligt hat. Übermittelt der Vermittler diese Daten im Rahmen seiner Vermittlungtätigkeit einer weiteren Person oder Einrichtung, darf diese sie nur zu dem Zweck verarbeiten oder nutzen, zu dem sie ihr befugt übermittelt worden sind.«

Man muss fragen, wie kommt die BA ihrer Pflicht aus § 394 Abs. 1 Satz 1 Nr. 4 SGB III, die Beratung und Vermittlung durch Dritte zu überwachen, nach, soweit es um den Datenschutz geht; wie »überwacht« die BA insbesondere den Schutz von Sozialdaten, die der Dritte an Vierte nach § 298 Abs. 1 Satz 3 SGB III übermittelt?

■ Kaum thematisiert wird das Thema »Datenmissbrauch« durch private Träger, auf die ja z. T. Potenzialanalyse und Vermittlung abgewälzt werden. Der Gesetzgeber hat in § 183 Abs. 2 Satz 3 SGB III die Notwendigkeit des Datenschutzes bei privaten Trägern gesehen:

Weitergabe an Bildungsträger

»Stellt die Agentur für Arbeit bei der Prüfung der Maßnahme hinreichende Anhaltspunkte für Verstöße gegen datenschutzrechtliche Vorschriften fest, soll sie die zuständige Kontrollbehörde für den Datenschutz hiervon unterrichten.«

Wir bezweifeln, dass private Träger dem Datenschutz gehörige Aufmerksamkeit schenken. Es wäre interessant zu erfahren, wie oft die AA gemäß § 183 Abs. 2 SGB III kontrolliert und eingegriffen hat.

Manchmal kommt es sogar vor, dass eine AA Mitarbeiter von privaten Trägern zum Datenmissbrauch einlädt. So wurde Ende 2011 bekannt, dass die AA Saarbrücken Bildungsträger zwang, Mitarbeiter für Arbeiten in der AA abzustellen; diese erhielten so rechtswidrig Einblick in sensible Sozialdaten. Neben dem »verdeckten **Ermittler**« gibt es also auch den »verdeckten **Vermittler**«!

Weitergabe an
Deutsche Post AG
zur Digitalisierung

■ Die BA ist dabei, die Papierakten durch elektronische Akten (E-Akte) zu ersetzen. Eingehende Briefe von Arbeitslosen werden zunehmend an die Deutsche Post AG weitergeleitet. Diese hat die Digitalisierung einem Tochterunternehmen übertragen. Dieses überlässt die Arbeit Subunternehmen. Die digitalisierten Daten werden an die AA zurückgeleitet. Damit das schneller klappt, sollen die Arbeitslosen die Briefe an neu eingerichtete Großkundenpostleitzahlen schicken, die direkt zur Deutsche Post AG führen.

1.3.2 Gegenwehr?

Der hemmungslose Abfluss von Sozialdaten Arbeitsloser an private Dritte ist Ausfluss der schleichenden Privatisierung der AA. Kernkompetenzen – wie Potenzialanalyse, Akquise von offenen Stellen, Vermittlung – können nur ausgelagert werden, wenn die Sozialdaten der Arbeitslosen mitverschoben werden. Die Folge: Statt der (angeblichen) Kunden werden durch die AA jetzt Daten gepflegt.

Daten- statt
Kundenpflege

Gegen das Verschieben der Sozialdaten an private Dritte ist juristisch kaum ein Kraut gewachsen.

Digitalisierung
durch Deutsche
Post AG

So ist nach Auffassung des Bundesbeauftragten für den Datenschutz die Auftragsdatenverarbeitung durch Subunternehmen der Deutschen Post AG nach § 80 Abs. 5 SGB X zulässig (so zuletzt 24. Tätigkeitsbericht [2011–2012], S. 161). Dort sei der Datenschutz gesichert.

Nach § 80 Abs. 5 SGB X

§ 80 Abs. 5
SGB X

»ist die Erhebung, Verarbeitung oder Nutzung von Sozialdaten im Auftrag durch nichtöffentliche Stellen nur zulässig, wenn
1. beim Auftraggeber sonst Störungen im Betriebsablauf auftreten können oder
2. die übertragenen Aufgaben beim Auftragnehmer erheblich kostengünstiger besorgt werden können und der Auftrag nicht die Speicherung des gesamten Datenbestandes des Auftraggebers umfasst.
Der überwiegende Teil des Datenbestandes muss beim Auftraggeber oder beim Auftragnehmer, der eine öffentliche Stelle ist, und die Daten zur weiteren Datenverarbeitung im Auftrag an nicht-öffentliche Auftraggeber weitergibt, verbleiben.«

Dass der Bundesbeauftragte über § 80 Abs. 5 SGB X die Auftragsdatenverarbeitung durch private Dritte absegnet, verwundert aus mehreren Gründen:

Erstaunlich ist zunächst, dass der Bundesbeauftragte die Zulässigkeit überhaupt an »der Spezialnorm des § 80 SGB X« (so im 23. Tätigkeitsbericht [2009–2010], S. 132) misst. Die Spezialnorm ist nämlich § 395 Abs. 2 SGB III. Diese erwähnt der Datenschutzbeauftragte nicht.

§ 395 Abs. 2 SGB III lautet:

§ 395 Abs. 5 SGB III?

»Die Bundesagentur darf abweichend von § 80 Abs. 5 des Zehnten Buches zur Erfüllung ihrer Aufgaben nach diesem Buch nichtöffentliche Stellen mit der Erhebung, Verarbeitung und Nutzung von Sozialdaten beauftragen, auch soweit die Speicherung der Daten den gesamten Datenbestand umfasst.«

Wir teilen allerdings die Auffassung des Bundesbeauftragten für den Datenschutz, dass sich die Zulässigkeit der Erhebung, Verarbeitung und Nutzung von Sozialdaten Arbeitsloser durch private Dritte nach § 80 Abs. 5 SGB X bemisst (zur Begründung im Einzelnen s. die 27. Auflage des Leitfadens, S. 47). Diese Vorschrift muss aber auch angewandt werden.

Der Bundesbeauftragte für den Datenschutz bejaht die Zulässigkeit der Datenverarbeitung durch die Deutsche Post AG und deren Subunternehmer nach § 80 Abs. 5 SGB X ohne eine nachvollziehbare Begründung. Eine Subsumtion findet nicht statt. Zwar ist die Datenverarbeitung durch schlecht bezahlte Arbeiter bei Subunternehmen der Deutschen Post AG ohne Zweifel »erheblich kostengünstiger« i.S. § 80 Abs. 5 Satz 1 Nr. 1 SGB X; es sei denn, man rechnet die Alg II-Aufwendungen für die unterbezahlten Subunternehmensmitarbeiter gegen. Der Bundesbeauftragte prüft aber an keiner Stelle – auch nicht im 23. Tätigkeitsbericht [2009–2010], S. 131 f. und nicht im 24. Tätigkeitsbericht [2011–2012], S. 161 f. –, ob bei der BA ohne die ausgelagerte Datenverarbeitung »Störungen im Betriebsablauf auftreten können«. Dies ist aber nach § 80 Abs. 5 SGB X die zweite Voraussetzung für die Auslagerung von Sozialdaten.

Datenverarbeitung durch private Arbeitsmakler

Wendet man § 80 Abs. 5 SGB X auf private Arbeitsmakler an, fehlt es an beiden Voraussetzungen für die Nutzung der Sozialdaten von Arbeitslosen durch private Arbeitsmakler: Was diese unternehmen, kann ohne »Störungen des Betriebsablaufs« von den Fachkräften der AA geleistet werden.
Dazu auch »kostengünstiger«. Das belegt der Missbrauch mit Vermittlungsgutscheinen durch einen Teil der mit Beiträgen der Versichertengemeinschaft ausgehaltenen privaten Arbeitsmakler und deren vom IAB festgestellte Erfolglosigkeit bei der Eingliederung Arbeitsloser (vgl. IAB-Kurzbericht 5/2008 und IAB-Kurzbericht 11/2011; vgl. auch → S. 72).

Datengeiz ist geil

Gerade, weil juristische Gegenwehr gegen die Datenverschiebung auf private Dritte kaum etwas bringen dürfte, sollten Arbeitslose die Datenverschiebung nicht auch noch erleichtern. Ein gewisser »Datengeiz« muss kein Fehler sein.

■ Sie sind nicht verpflichtet, Ihre Telefonnummer oder Ihre E-Mail-Adresse der AA mitzuteilen (ebenso der Bundesbeauftragte für den Datenschutz, 23. Tätigkeitsbericht [2009–2010], S. 132). Erfreulicherweise betont dies auch die BA in ihrer Broschüre »Ihre Daten in sicheren Händen« (12/2014, S. 4): »Die Angabe von Telefonnummern bzw. E-Mail-Adressen ist freiwillig«.

Der Verzicht auf Angabe der Telefonnummer und auf Anrufe über die zentrale AA-Telefonnummer hat folgende Vorteile:
– Sie vermeiden nervige Anrufe des sog. »Service-Centers« der AA.
– Sie vermeiden, dass Ihre Telefonnummer von der AA an Zeitarbeitsfirmen weitergegeben wird, die sie mit telefonischen Angeboten überfallen, deren Seriosität Sie nicht sofort überprüfen können.
– Sie vermeiden, dass Sie 48 Stunden auf einen vom sog. »Service-Center« angekündigten Anruf warten und damit faktisch nicht nur postalisch, sondern auch telefonisch erreichbar sein müssen.
– Sie vermeiden – was bei Anruf über die zentralen Telefonnummern möglich ist –, dass die AA auf Schritt und Tritt Ihren jeweiligen Aufenthaltsort verfolgen kann.

Im Übrigen: Da das BVerwG einen Anspruch auf Offenlegung der Sachbearbeiter-Telefonlisten der AA verneint (s. dazu unten → S. 630), warum sollte ein Arbeitsloser dann ohne weiteres jederzeit telefonisch erreichbar sein?

■ Kreuzen Sie im »Arbeitspaket Teil 3 – Vorbereitung Vermittlungsgespräch« auf Seite 2 unter »Veröffentlichung in der JOBBÖRSE der Bundesagentur für Arbeit« nur das dritte Kästchen an. Sie gestatten damit nur, dass Ihre Bewerberdaten »anonym veröffentlich« werden, also ohne Name, Adresse und Telefonnummer. Lassen Sie sich vom Vermittler nicht das Ankreuzen des ersten oder zweiten Kästchens aufschwätzen. Sie vermeiden so insbesondere die telefonische Kontaktaufnahme durch irgendwelche Zeitarbeitsfirmen.

Nicht wehren können Sie sich selbstverständlich dagegen, dass die AA Ihren Namen und Ihre Anschrift an potentielle Arbeitgeber weitergibt. Andernfalls würde jede Vermittlung durch die AA unmöglich (BayLSG vom 30.7.2013 – L 10 AL 72/11).

■ Verkehren Sie mit der AA nur schriftlich (es sei denn, Sie müssen persönlich auf der AA erscheinen).

■ Schicken Sie Ihre Briefe nicht an die neuen Großkundenpostleitzahlen, sondern weiter an die Hausadresse der für Sie zuständigen AA. »Die Öffnung, Sichtung und Steuerung des Schriftgutes soll nach Mitteilung der Bundesagentur in diesen Fällen weiterhin durch ihre Mitarbeiter erfolgen«, glaubt der Bundesbeauftragte für den Datenschutz, (23. Tätigkeitsbericht [2009–2010], S. 132). Das Scannen der Briefe durch Subunternehmer der Deutschen Post AG dürfte dadurch allerdings nicht zu verhindern sein.

Bei aller Kritik an den Bundesbeauftragten für den Datenschutz und die Informationsfreiheit, sie sind häufig die Einzigen, die sich ernsthaft um den Datenschutz für Arbeitslose kümmern. Das zeigen Teile der Tätigkeitsberichte und ein Satz aus dem 19. Tätigkeitsbericht [2000–2001], S. 130:

> »Das Unglück, seine Arbeitsstelle zu verlieren oder Sozialhilfeberechtigter zu werden, darf nicht zum Schaden für das Grundrecht auf informationelle Selbstbestimmung des Betroffenen führen.«

Bei Problemen mit dem Datenschutz schreiben Sie deshalb an:

Die Bundesbeauftragte für den Datenschutz
und die Informationsfreiheit
Husarenstr. 30
53117 Bonn

Telefon: 0228/997799-0
Telefax: 0228/997799-550
E-Mail: poststelle@bfdi.bund.de

II   Informationsfreiheit?

1   Recht auf Auskunft/Akteneinsicht
§§ 25, 83 SGB X

Jeder Arbeitslose hat einen Anspruch auf Offenlegung all dessen, was über ihn gespeichert ist. Dieser so genannte Auskunftsanspruch ergibt sich aus §§ 25, 83 SGB X.

Die gläserne AA

> »Ein Versicherter kann seine Rechte in allen Bereichen der Sozialversicherung nur dann geltend machen, wenn er sich umfassend über die zu seiner Person gespeicherten Sozialdaten informieren kann. Daher die große Bedeutung von Akteneinsichts- und Auskunftsrechten« (26. Tätigkeitsbericht zum Datenschutz der Bundesbeauftragten für den Datenschutz und die Informationsfreiheit [2015–2016], S. 68).

Einen Auskunftsanspruch und das Recht auf Einsicht in ärztliche oder psychologische Gutachten einschließlich der Befundunterlagen hat der Bundesbeauftragte für den Datenschutz mit den Worten unterstrichen:

Ärztliche/ psychologische Gutachten

> »Ein berechtigtes Interesse der Gutachter an der Geheimhaltung ihrer Gutachten ist gerade gegenüber den von der Begutachtung Betroffenen auszuschließen. Die ärztlichen Gutachten dienen weder den Interessen des Arztes, noch stellen sie einen Selbstzweck dar; sie sind ausschließlich dazu bestimmt, über den Gesundheitszustand eines Versicherten Aufschluss zu geben.
> Der Transparenzgrundsatz erfordert daher elementar, dass sich der Betroffene über den Inhalt des ausschließlich über ihn erstellten Gutachtens informieren kann« (15. Tätigkeitsbericht des Bundesbeauftragten für den Datenschutz [1993–1994], S. 194).

Transparenzgrundsatz

Die BA gewährt Auskunft und Akteneinsicht.

> »Über Ihre persönlichen Daten, die in Dateien gespeichert oder in Akten enthalten sind, können Sie jederzeit Auskünfte verlangen. Ihre Agentur für Arbeit/Ihr Jobcenter wird auf alle angemessenen Anfragen zur Einsicht in und ggf. Berichtigung, Ergänzung, Sperrung oder Widerruf von personenbezogenen Daten reagieren« {BA: Ihre Daten in sicheren Händen, Dezember 2014, S. 14).

2   Recht auf Zugang zu amtlichen Informationen
§§ 1 ff. IFG

**Informations-
freiheitsgesetz**

Vom Anspruch auf Auskunft und Akteneinsicht, soweit es um eigene Angelegenheiten geht, ist der Anspruch jedes Arbeitslosen auf Zugang zu amtlichen Informationen zu unterscheiden. Ein solcher Anspruch ist im Gesetz zur Regelung des Zugangs zu Informationen des Bundes (IFG) enthalten.

**Durchführungs-
hinweise
im Internet**

Durch Handlungsempfehlung/Geschäftsanweisung vom 20.7.2007 hat die BA nach jahrelanger Weigerung endlich entschieden, die Durchführungsanweisungen zum Arbeitslosengeld im Internet zu veröffentlichen.

**Interne ermes-
senslenkende
Weisungen**

Auch interne Verwaltungsanweisungen/Richtlinien, die das Ermessen einzelner Arbeitsagenturen/Jobcenter steuern sollen, müssen Arbeitslosen überlassen werden. Das betont die »Bundesbeauftragte für den Datenschutz und die Informationsfreiheit«, 4. Tätigkeitsbericht zur Informationsfreiheit für die Jahre 2012 und 2013 vom 6.5.2014, S. 80 [betr. Weisungen der Regionaldirektion Nordrhein-Westfalen der BA zum Forderungseinzug]; S. 81 [Satzung eines Jobcenters zu Kosten für Unterkunft und Heizung]; S. 83 [Richtlinie eines Jobcenters zu Unterkunftskosten]; S. 84 [Weisungen eines Jobcenters zur Erstattung von Bewerbungskosten].

**Keine Offenle-
gung der Dienst-
telefonliste**

Ob das IFG einen Anspruch Arbeitsloser gegen die AA/das Jobcenter auf Offenlegung der internen Diensttelefonliste gibt, war heftig umstritten. Das BVerwG hat in mehreren Urteilen einen derart weitgehenden Anspruch verneint.
Diesem Anspruch stehe § 3 Nr. 2 IFG entgegen. Danach besteht kein Informationszugang, wenn das Bekanntwerden der Informationen die öffentliche Sicherheit gefährden kann. Die öffentliche Sicherheit umfasse auch die Funktionsfähigkeit staatlicher Einrichtungen.

> »Es erscheint [...] plausibel, dass sowohl die schriftliche Erledigung von Verwaltungsvorgängen als auch Beratungsgespräche mit persönlich anwesenden Kunden durch Anrufe erheblich beeinträchtigt werden, da diese zu einer Störung der Konzentration und dadurch zu einer Verminderung von Qualität und Quantität der Aufgabenerledigung führen« (BVerwG vom 20.10.2016 – 7 C 20.15).

Das BVerwG verneint den Informationszugang zu den internen Telefonlisten außerdem mit dem Schutz personenbezogener Daten der Bediensteten nach § 5 Abs. 1 Satz 1 IFG. Deren Geheimhaltungsinteresse überwiege das Informationsinteresse der klagenden Anwaltskanzlei (BVerwG vom 20.10.2016 – 7 C 27.15) bzw. des klagenden Arbeitslosen (BVerwG vom 20.10.2016 – 7 C 28.15).

Dass das BVerwG einen Anspruch auf Offenlegung der Telefonliste aller Bediensteten abgelehnt hat, bedeutet nicht, dass damit die Information über Name und Telefonnummer eines konkreten Sachbearbeiters abgeschnitten ist. Zugang verschafft § 5 Abs. 4 IFG. Danach sind vom Informationszugang nicht ausgeschlossen u.a. Name, berufs- und Funktionsbezeichnung, Büroanschrift und -telekommunikationsnummer von Sachbearbeitern. Deshalb kann man verlangen, dass in jeder Meldeaufforderung und jedem Bescheid Name und Telefonnummer des jeweils verantwortlichen Vermittlers oder Leistungssachbearbeiters angegeben wird. Dieser – und nicht ein Service-Center – steht dann auch als direkter Ansprechpartner zur Verfügung. Was beim Finanzamt geht, muss auch bei der AA/dem Jobcenter möglich sein.

Aber Zugang zu Sachbearbeiter

I   Krankenversicherung (KV)

1   KV-Schutz im Beschäftigungsverhältnis

Während einer abhängigen Beschäftigung sind Arbeitnehmer nach § 5 Abs. 1 Nr. 1 SGB V in der gesetzlichen KV pflichtversichert, wenn ihr Einkommen die Versicherungspflichtgrenze nicht übersteigt. Die jährliche Einkommensgrenze beträgt gemäß § 4 SV-RechengrößenVO im Jahr 2017 im gesamten Bundesgebiet 57.600 €, die Beitragsbemessungsgrenze 52.200 €. Den Beitrag tragen Arbeitnehmer und Arbeitgeber (§ 249 Abs. 1 SGB V). Seit 1.1.2015 tragen Arbeitgeber und Arbeitnehmer den Beitrag von 14,6 % wieder zu gleichen Teilen, zu je 7,3 %; weitere Erhöhungen des Beitrags, über die die einzelnen Krankenkassen entscheiden können, gehen ausschließlich zu Lasten der Versicherten. Der durchschnittliche Zusatzbeitrag, den die Krankenkassen 2017 erheben, liegt bei 1,1 %.

2   Beschäftigungslosigkeit und KV

2.1   Pflichtversicherte

Wird der pflichtversicherte Arbeitnehmer arbeitslos, endet regelmäßig mit der Beschäftigung seine Mitgliedschaft in der gesetzlichen KV (§ 190 Abs. 2 SGB V).

Der ehemals Pflichtversicherte kann nach § 19 Abs. 2 SGB V für einen weiteren Monat beitragsfrei Anspruch auf Leistungen gegen die gesetzliche KV haben.

Nachgehender Versicherungsschutz: 1 Monat

Dieser Anspruch aus der fortwirkenden Pflichtversicherung läuft kalendermäßig ab, beginnend mit dem Ende der Mitgliedschaft, und endet mit dem Ablauf eines Monats nach dem Ende des Beschäftigungsverhältnisses, auch wenn der Betroffene in diesem Zeitpunkt arbeitsunfähig ist und/oder weiter ärztliche Behandlung braucht.

Der nachgehende Versicherungsschutz umfasst auch den Anspruch auf Krankengeld (BSG vom 7.5.2002 – B 1 KR 24/01 R, SozR 3–2500 § 19 Nr. 5).

Auch für Krankengeld

Der Anspruch auf nachgehenden Versicherungsschutz besteht nach § 19 Abs. 2 Satz 2 SGB V nicht, wenn zugleich die Voraussetzungen für die Familienversicherung vorliegen (§ 10 SGB V). Da die Familienversicherten keinen Anspruch auf Krankengeld haben (§ 44 Abs. 1 Satz 2 SGB V), erhalten Sie dann auch im ersten Monat nach dem Ende des Beschäftigungsverhältnisses kein Krankengeld.

Ist der KV-Schutz für die Zeit nach dem nachgehenden Versicherungsschutz, also ab dem zweiten Monat nach der Beendigung des Beschäftigungsverhältnisses nicht gesichert, auch nicht durch eine Familienversicherung nach § 10 SGB V, tritt die Auffangversicherung des § 5 Abs. 1 Nr. 13 und Abs. 8a Satz 4 SGB V sofort ein; also anstel-

Auffang-Pflichtversicherung

le des nachgehenden Versicherungsschutzes nach § 19 Abs. 2 SGB V, wenn zuletzt eine Mitgliedschaft in der gesetzlichen KV bestand (BSG vom 10.5.2012 – B 1 KR 19/11 R). Der nachgehende Versicherungsschutz ist damit für den Fall einer Erkrankung, die voraussichtlich nicht innerhalb des ersten Monats der Beschäftigungslosigkeit endet, völlig entwertet.

Nach § 188 Abs. 4 Satz 1 SGB V bleiben Sie in diesem Fall automatisch als freiwilliges Mitglied in der gesetzlichen KV, es sei denn, Sie können einen anderen KV-Schutz vorweisen. Sie müssen dann den Beitrag alleine tragen (§§ 227, 240, 250 Abs. 2 und 3 SGB V).

Für Versicherte ohne Erwerbseinkommen wird kein Krankengeld gezahlt. § 5 Abs. 1 Nr. 13 SGB V schützt Sie aber im Fall einer längeren Erkrankung vor der Gefahr, plötzlich ohne Versicherungsschutz dazustehen. Das gilt auch dann, wenn Sie die Beiträge nicht bezahlen; allerdings gibt es dann nur einen begrenzten KV-Schutz (§ 16 Abs. 3a SGB V). Wenn Sie die Beiträge wegen Hilfebedürftigkeit nach dem SGB II oder SGB XII nicht bezahlen können, besteht voller KV-Schutz. Auf Antrag übernimmt der SGB II- oder der SGB XII-Träger die Beiträge, allerdings nicht für die Vergangenheit. Das gilt nach § 12 Abs. 1c VAG auch für die Beiträge einer privaten KV.

2.2   Freiwillig oder privat Versicherte

Wird der freiwillig in der gesetzlichen KV oder der privat Versicherte arbeitslos, bleibt er weiterhin Mitglied seiner Krankenkasse (BSG vom 26.6.2007 – B 1 KR 19/06 R). Ein nachgehender Anspruch nach § 19 Abs. 2 SGB V besteht nicht. Mit dem Verlust des Arbeitsplatzes entfällt der Anspruch auf einen Beitragszuschuss gegen den Arbeitgeber (§ 257 SGB V), d. h. der freiwillig oder privat Versicherte muss nun den Beitrag allein tragen.

Kein nachgehender Versicherungsschutz

2.3   KV beim Bezug von Krankengeld

Bezieht der Arbeitnehmer beim Ende des Beschäftigungsverhältnisses Entgeltfortzahlung oder Krankengeld (Näher → S. 643), endet die Mitgliedschaft in der gesetzlichen KV nicht mit dem Ende der Beschäftigung, sondern dauert bis zum Ende der Arbeitsunfähigkeit oder bis zur Ausschöpfung des Krankengeldanspruchs (§ 192 Abs. 1 Nr. 2 SGB V) fort. Krankengeld wird wegen ein und derselben Krankheit für 78 Wochen gezahlt (§ 48 Abs. 1 SGB V). Hierbei werden die sechs Wochen Lohnfortzahlung mitgezählt. Während des Bezugs von Krankengeld entfällt der Beitrag zur Krankenversicherung (§ 192 Abs. 1 Nr. 2 SGB V).

Wiederholt hatte das BSG entschieden, dass der Krankengeldanspruch nach dem Ende der Beschäftigung verloren geht, wenn die weitere Arbeitsunfähigkeit nicht bescheinigt worden ist, bevor die letzte Krankschreibung ausläuft (zuletzt BSG vom 16.12.2014 – B 1 KR 25/14 R; siehe aber auch BSG vom 11.5.2017 – B 3 KR 22/15 R).

Inzwischen hat sich der Gesetzgeber des Problems angenommen und § 46 SGB V geändert. Das Krankengeld beginnt jetzt am Tag der ärztlichen Feststellung der Arbeitsunfähigkeit und es genügt für die Weiterzahlung des Krankengeldes, wenn der Arbeitslose nach dem Ende des alten bescheinigten Arbeitsunfähigkeitszeitraums am nächsten Arbeitstag, der ein Werktag ist, weiter krankgeschrieben wird. Für Arbeitslose ist der nächste Werktag maßgebend, hierbei gilt der Samstag nicht als Werktag.

Tritt die Arbeitsunfähigkeit am letzten Tag des Beschäftigungsverhältnisses ein und wird sie auch an diesem Tag festgestellt, beginnt der Krankengeldanspruch nach der Änderung des § 46 SGB V an diesem Tag, also noch aus der Arbeitnehmer-Krankenversicherung, d. h. das Krankengeld wird nach dem letzten Arbeitsentgelt berechnet und kann bei fortdauernder Arbeitsunfähigkeit für bis zu 78 Wochen gezahlt werden.

Kann Krankengeld nur nach § 19 Abs. 2 SGB V gezahlt werden, endet der Anspruch ausnahmslos nach Ablauf eines Monats seit dem Ende des Beschäftigungsverhältnisses.

3 KV bei AA-Leistungen

3.1 KV-Schutz

Wer Alg oder Leistungen zur Teilhabe am Arbeitsleben und an Arbeitserprobungen von der AA erhält oder in einer Werkstatt für behinderte Menschen arbeitet, ist kraft Gesetzes in der gesetzlichen KV pflichtversichert (§ 5 Abs. 1 Nrn. 2, 6 und 7 SGB V). Die Pflichtversicherung wegen Leistungsbezugs erfasst auch Personen, die während des letzten Beschäftigungsverhältnisses oder in der Zeit vor der Arbeitslosmeldung freiwillig oder privat oder gar nicht versichert waren.

Grundsatz: Versicherungspflicht

Von der Pflichtversicherung gibt es zwei Ausnahmen:

2 Ausnahmen:

■ Personen, die nach Vollendung des 55. Lebensjahres Alg bekommen, sind durch den Bezug von Leistungen nach dem SGB III nicht krankenversichert, wenn sie in den letzten fünf Jahren vorher nicht gesetzlich versichert waren und mindestens die Hälfte dieser Zeit versicherungsfrei, von der Versicherung befreit oder selbstständig tätig waren (§ 6 Abs. 3a SGB V).
Personen, die keinen anderweitigen Versicherungsschutz haben und die zuletzt gesetzlich krankenversichert waren, werden nach §§ 5 Abs. 1 Nrn. 13 und 6 Abs. 3a Satz 4 SGB V unabhängig vom Alter versicherungspflichtig.

Ältere bisher versicherungsfreie Personen

■ Nach § 8 Abs 1 Nr. 1a SGB V können sich Arbeitslose, die in den letzten fünf Jahren vor Eintritt der Arbeitslosigkeit nicht Mitglieder

Versicherungsfreiheit auf Antrag

der gesetzlichen KV waren, von der durch den Leistungsbezug begründeten Versicherungspflicht befreien lassen, wenn sie in einer der gesetzlichen KV gleichwertigen privaten Versicherung versichert sind.

Um eine Doppelversicherung (und damit auch doppelte Beiträge) zu vermeiden, können Sie zum Ende des ersten Monats, in dem Sie durch die AA versichert sind, Ihren privaten Versicherungsvertrag lösen (§ 205 Abs. 2 VVG).

 Deshalb empfehlen wir Personen, die privat krankenversichert sind, sich frühzeitig bei der AA zu melden und um beschleunigte Bearbeitung des Antrages zu bitten.

3.2 BA zahlt Beiträge

KV-Pflichtbeitrag

Die BA zahlt für die Pflichtversicherten den KV-Beitrag (§ 251 Abs. 4a SGB V).

Zusatzbeitrag

Krankenkassen dürfen nach § 242 SGB V einkommensabhängige Zusatzbeiträge als Prozentsätze der beitragspflichtigen Einnahmen erheben; feste, für alle Mitglieder gleichermaßen geltende Zusatzbeiträge gibt es nicht mehr. Die BA trägt den jeweiligen Beitrag der einzelnen Krankenkassen allein (§ 251 Abs. 4a SGB V).

Private KV

Für die von der KV-Pflicht befreiten Leistungsbezieher und die nach § 6 Abs. 3a SGB V versicherungsfreien Arbeitslosen übernimmt die BA die Beiträge in der privaten Krankenkasse bis zur Höhe des allgemeinen Beitragssatzes der gesetzlichen Krankenkassen, der sich aus dem gesetzlich festgesetzten Beitragssatz und dem durchschnittlichen Zusatzbeitrag ergibt (§ 174 SGB III); 2017 also bis zu 15,7% des beitragspflichtigen Betrages (§ 232a Abs. 1 Satz 1 Nr. 1 SGB V).

3.3 Beginn und Ende der KV

Die Pflichtmitgliedschaft in der gesetzlichen KV beginnt mit dem ersten Tag des Leistungsbezugs (§ 186 Abs. 2a SGB V); das gilt auch bei nachträglicher Zahlung der Leistung (BSG vom 14.3.1985 – 7 RAr 61/84, SozR 4100 § 105b AFG Nr. 3).
Sie endet mit dem letzten Tag des Leistungsanspruchs oder des tatsächlichen Leistungsbezugs (§ 190 Abs. 12 SGB V).

Der KV-Schutz fällt nicht nachträglich weg, wenn die Leistungsbewilligung rückwirkend aufgehoben und die Leistung zurückgefordert wird (§§ 45, 48, 50 SGB X). Das sagt ausdrücklich § 5 Abs. 1 Nr. 2 SGB V.

Rückzahlungspflicht

Neben dem zu Unrecht bezogenen Alg müssen die Beiträge zur KV, die die BA gezahlt hat, an diese erstattet werden, wenn die Bewilligung für die Vergangenheit aufgehoben und die Leistung zurückgefordert wird (§ 335 Abs. 1 SGB III). Die Rückzahlungspflicht entfällt, wenn in derselben Zeit ein weiteres KV-Verhältnis bestanden hat. Das gilt nicht, wenn aus diesem KV-Verhältnis Leistungen erbracht worden sind. Zu den weiteren KV-Verhältnissen gehören nur Pflichtversicherungen in einer gesetzlichen Krankenkasse (BSG vom 10.8.2000 – B 11 AL 119/99 R, SozR 3–4300 § 335 Nr. 1), nicht freiwillige oder private Krankenversicherungsverhältnisse.

Eine Familienversicherung nach § 10 SGB V, die ohne den unrechtmäßigen Leistungsbezug bestanden hätte, schützt nicht vor der Pflicht, die Beiträge zu erstatten (BSG vom 5.2.1998 – B 11 AL 69/97 R, SozR 3–4100 § 157 AFG Nr. 2). Eine Pflicht zur Erstattung der KV- und Pflegeversicherungsbeiträge entsteht nicht, wenn der Arbeitslose korrekte Angaben gemacht und Änderungen rechtzeitig mitgeteilt hat (BSG vom 21.11.2002 – B 11 AL 79/01 R, SozR 3–4300 § 335 Nr. 2).

Auch bei Beendigung des Leistungsbezuges haben Arbeitslose nach § 19 Abs. 2 SGB V für einen Monat nachgehenden KV-Schutz (BSG vom 6.2.1991 – 1/3 RK 3/90, DBlR 3809a AFG/§ 155a), wenn sie nicht aus anderen Gründen, z.B. wegen der Aufnahme einer Beschäftigung, Mitglied der gesetzlichen KV bleiben oder werden. Aber auch hier verdrängen die Familienversicherung und die Auffangversicherung den nachgehenden Versicherungsschutz, sodass eher selten Krankengeld gezahlt wird (→ S. 633).

Nachgehender Versicherungsschutz

4 KV bei Ruhen der AA-Leistung

4.1 Ruhen wegen Sperrzeit

Während einer Sperrzeit ruht nach § 159 Abs. 1 Satz 1 SGB III der Anspruch auf Alg, d.h., Alg wird für die Dauer der Sperrzeit nicht gezahlt.

Den KV-Schutz nach Verlust des Arbeitsplatzes begründet grundsätzlich nur die Zahlung von Alg, ein ruhender Anspruch vermittelt keinen KV-Schutz nach § 5 Abs. 1 Nr. 2 SGB V.

Beim Ruhen wegen einer Sperrzeit trat der KV-Schutz bisher ab dem zweiten Monat des Ruhens durch die Fiktion des Alg-Bezugs ein. Der während des Beschäftigungsverhältnisses pflichtversicherte Arbeitslose war im ersten Monat grundsätzlich durch den nachgehenden Versicherungsschutz des § 19 Abs. 2 SGB V beitragsfrei gesichert. Das galt nicht für freiwillig gesetzlich oder privat Versicherte, sie mussten den Beitrag für den ersten Monat der Arbeitslosigkeit selbst tragen. Die Familienversicherung nach § 10 SGB V verdrängt den nachgehenden Versicherungsschutz, ist aber für das Familienmitglied immerhin beitragsfrei.
Erkrankte der Arbeitslose im ersten Monat der Sperrzeit und wurde eine Krankheitsdauer über den ersten Monat der Ruhenszeit hinaus prognostiziert, entfiel seit 1.1.2009 nach § 5 Abs. 1 Nr. 13 in Verbindung mit Abs. 8a Satz 4 SGB V der nachgehende Versicherungsschutz des

KV-Schutz?

§ 19 Abs. 2 SGB V ganz, wenn im Anschluss an den Monat des möglichen nachgehenden Versicherungsschutzes voraussichtlich kein neuer Versicherungstatbestand entstehen konnte. Dasselbe galt seit 1.8.2013 für § 188 Abs. 4 SGB V, der die beendete Pflichtversicherung zunächst als freiwillige Versicherung fortsetzt und den nachgehenden Versicherungsschutz ebenfalls verdrängt, wenn nach Ablauf eines Monats kein neuer Versicherungsstatus zu erwarten ist.

Mit dem Beginn der Erkrankung ruhte das Alg nicht mehr wegen der Sperrzeit; ein Anspruch bestand vielmehr wegen der Erkrankung nicht und konnte bei einer prognostisch längeren Krankheitsdauer auch nach Ablauf des ersten Monats nicht bestehen, weil der kranke Arbeitslose am Ende des ersten Ruhensmonats nicht im Sinne des § 138 Abs. 5 SGB III verfügbar war (BSG vom 4.3.2014 – B 1 KR 68/12 R). Der kranke Arbeitslose war dann für die Dauer der Krankheit auch nach dem Ende der Sperrzeit nach § 5 Abs. 1 Nr. 13 bzw. § 188 Abs. 4 SGB V beitragspflichtig (§ 250 Abs. 2 und 3 SGB V) krankenversichert; die Auffangversicherung umfasst keinen Anspruch auf Krankengeld (§ 44 Abs. 2 Satz 1 Nr. 1 SGB V), ebenso die erzwungene freiwillige Versicherung des § 188 Abs 4 SGB V. Für die Dauer der Erkrankung blieb es bei der Auffangversicherung/der »freiwilligen« Versicherung. War der Arbeitslose bedürftig, konnte er Leistungen nach dem SGB II beziehen; die Grundsicherungsleistung ist zwar nicht mit einem Anspruch auf Krankengeld verbunden (§ 44 Abs. 2 Satz 1 Nr. 1 SGB V), jedoch mit kostenlosem KV-Schutz (§ 5 Abs. 1 Nr. 2a SGB V).

Neu Das Problem hat der Gesetzgeber seit 1.8.2017 auf einfache und faire Weise gelöst. Der Bezug von Alg wird zukünftig in § 5 Abs. 1 Nr. 2 SGB V beim Ruhen wegen einer Sperrzeit vom Beginn des Ruhens an fingiert.

Zwischen dem Ende des Beschäftigungsverhältnisses und dem Ende des Ruhens wird die kostenlose KV jetzt nahtlos hergestellt. Allerdings setzt das voraus, dass der Arbeitslose sich persönlich arbeitslos meldet, einen Antrag auf Alg stellt, die Anwartschaft für den Anspruch erfüllt und verfügbar ist (§ 137 Abs. 1 und § 323 Abs. 1 Satz 2 SGB III). Fehlt es an einer der genannten Voraussetzungen, tritt bis zur Nachholung von Antrag und Meldung kein KV-Schutz nach § 5 Abs. 1 Nr. 2 SGB III ein, weil ein nicht existenter Anspruch nicht ruhen kann. Der jetzt durch die Änderung des § 5 Abs. 1 Nr. 2 SGB V nahtlos zwischen Beschäftigungsverhältnis und Arbeitslosigkeit gesicherte KV-Schutz gilt auch für vor Eintritt der Arbeitslosigkeit freiwillig oder privat versicherte Personen, es sei denn, sie sind nach § 6 Abs. 3a SGB V vom Zugang zur gesetzlichen KV ausgeschlossen; dann werden sie durch den Bezug von Alg nicht krankenversichert, auch nicht durch den fingierten Leistungsbezug; dasselbe gilt für die Arbeitslosen, die sich nach § 8 Abs. 1 Nr. 1a SGB V von der Versicherungspflicht befreien lassen..

Leistungslücken können jetzt nur auftreten bei Personen, die mit dem Bezug von Alg nicht gesetzlich krankenversichert sind, außerdem bei Personen, die sich nicht vor oder spätestens bei Beginn der Arbeitslosigkeit arbeitslos gemeldet haben oder aus anderen Gründen keinen (ruhenden) Anspruch auf Alg haben können.

Allen Arbeitslosen ist dringend zu raten, sich umgehend arbeitslos zu melden, Alg zu beantragen und sich der Arbeitsvermittlung zur Verfügung zu stellen, auch wenn sie wissen, dass sie wegen einer Sperrzeit die Zahlung von Alg nicht unmittelbar erreichen können; nur so können sie sich den kostenlosen KV-Schutz sichern und im Falle einer längeren Erkrankung nach dem Ende der Sperrzeit Krankengeld erhalten.

Arbeitslos melden!

Die neue Fassung des § 5 Abs. 1 Nr. 2 SGB V trat erst am 1.8.2017 in Kraft, weil eine Anpassung des zwischen der BA und den Krankenkassen bestehenden Meldeverfahrens notwendig war. Für die Anpassung des Meldeverfahrens in den IT-Systemen benötigten die Beteiligten einen hinreichenden zeitlichen Vorlauf (BT-Drs. 18/11205 S. 84).

Die Mitgliedschaft in der gesetzlichen KV der Arbeitslosen endet mit dem Verlust des Leistungsanspruchs durch mehrere Sperrzeiten von insgesamt 21 Wochen nach § 161 Abs. 1 Nr. 2 SGB III. Hier besteht ab dem Erlöschen des Anspruchs nur nachgehender Versicherungsschutz nach § 19 Abs. 2 SGB V oder eine Familienversicherung, notfalls eine Versicherungspflicht nach § 5 Abs. 1 Nr. 13 SGB V bzw. § 188 Abs. 4 SGB V, die beiden letzteren ohne Krankengeldanspruch.

KV endet

Während einer Sperrzeit ruht der Krankengeldanspruch nach § 49 Abs. 1 Nr. 3a SGB V. Ist der Arbeitslose beim Ende der Sperrzeit arbeitsunfähig, kann er nicht im Anschluss an die Sperrzeit Kranken-Alg nach § 146 SGB III beziehen. Mit dem Ende der Sperrzeit lebt aber der Krankengeldanspruch wieder auf, sodass der Versicherungsschutz lückenlos erhalten bleibt, es sei denn, der Krankengeldanspruch, der wegen ein und derselben Krankheit nur für 78 Wochen besteht (§ 48 Abs. 1 SGB V), ist ausgeschöpft. Dann bleibt nur die Möglichkeit, Alg im Wege der Nahtlosigkeit nach § 145 SGB III zu beantragen, wenn die gesetzlichen Voraussetzungen vorliegen.

Kein Kranken-Alg, aber Krankengeld

Zur Berechnung des Krankengeldes, dem keine Zahlung von Alg vorausgegangen ist, im Anschluss an die Ruhenszeit fehlt eine ausdrückliche gesetzliche Regelung. Dafür bietet sich als Maßstab ein fiktives Alg entsprechend § 47b SGB V an, das ohne die Arbeitsunfähigkeit zu zahlen wäre (LSG NRW vom 25.9.2008 – L 16 KR 37/08 und vom 31.1.2002 – L 16 KR 40/01), weil die Fiktion des Alg-Bezugs eine Mitgliedschaft in der Arbeitslosen-KV vermittelt. Hierzu werden die BA und die Krankenkassen zusammenarbeiten müssen. Auch deshalb empfiehlt sich eine frühzeitige Arbeitslosmeldung.

Höhe

4.2 Ruhen wegen Arbeitsentgeltanspruchs

Beim Ruhen wegen eines Arbeitsentgeltanspruchs nach § 157 Abs. 1 SGB III ist der Arbeitslose genauso versichert, wie er dies während der Beschäftigung war; bei freiwilliger oder privater Versicherung hat er gegen den Arbeitgeber neben dem Entgeltanspruch Anspruch auf einen Beitragszuschuss nach § 257 SGB V. Erhält er zunächst Alg im Wege der Gleichwohlgewährung nach § 157

Abs. 3 SGB III, ist er ohnehin nach § 5 Abs. 1 Nr. 2 SGB V versichert (BSG vom 21.6.1978 – 3 RK 96/76, SozR 4100 § 155 AFG Nr. 5). Die Rückabwicklung hebt die Mitgliedschaft, die durch den Leistungsbezug begründet worden ist, nicht auf (BSG vom 23.3.1983 – 3 RK 20/82, USK 8331); den Beitrag zur KV muss der Arbeitgeber der AA erstatten (§ 335 Abs. 3 SGB III).

4.3   Ruhen wegen Urlaubsabgeltung

Ruht der Anspruch gegen die AA wegen einer Urlaubsabgeltung nach § 157 Abs. 2 SGB III, ist der Arbeitslose zunächst weder als Beschäftigter noch als arbeitsloser Leistungsbezieher gegen Krankheit versichert. Die Urlaubsabgeltung verlängert das Beschäftigungsverhältnis nicht, sondern gewährt einen Ausgleich für nicht genommenen Urlaub. Versicherungsschutz besteht auch hier nach § 19 Abs. 2 SGB V für einen Monat, wenn keine Familienversicherung eingreift.

Die Zeit der Urlaubsabgeltung ist krankenversicherungsrechtlich der Sperrzeit gleich gestellt (§ 5 Abs. 1 Nr. 2 SGB V). Versicherungsschutz trat bisher ein, wenn ab Beginn des zweiten Monats der Anspruch auf Alg wegen einer Urlaubsabgeltung (§ 157 Abs. 2 SGB III) ruht.

Neu

Die oben (→ S. 637) für das Sperrzeitruhen beschriebene frühere Misere und die Neuregelung des KV-Schutzes gilt auch für das Ruhen wegen einer Urlaubsabgeltung (§ 157 Abs. 2 SGB III). Der seit 1.8.2017 durch die Änderung des § 5 Abs. 1 Nr. 2 SGB V gesicherte KV-Schutz entspricht dem von Arbeitnehmern und umfasst einen Anspruch auf Krankengeld, das während der Urlaubsabgeltung – anders als während der Sperrzeit – nicht ruht (BSG vom 30.5.2006 – B 1 KR 26/05 R).
Wenn der Arbeitslose im Wege der Gleichwohlgewährung nach § 157 Abs. 3 SGB III zunächst Alg bezogen hat, weil der Arbeitgeber die Urlaubsabgeltung nicht oder verspätet gezahlt hat, schließt sich daran das Kranken-Alg nach § 146 SGB III und ggfs. Krankengeld an (BSG vom 26.6.1991 – 10 RAr 9/90).

4.4   Ruhen wegen Entlassungsentschädigung

Kostenloser KV-Schutz besteht beim Ruhen wegen vorzeitiger Beendigung des Beschäftigungsverhältnisses unter Zahlung einer Entlassungsentschädigung nach § 158 SGB III allenfalls bis zum Ablauf des ersten Monats nach § 19 Abs. 2 SGB V. Die übrige Ruhenszeit nach § 158 SGB III kann bis zu elf Monate dauern. Neben dem Ruhen der Lohnersatzleistung treffen den Arbeitslosen also zusätzlich die Beiträge für den freiwilligen KV-Schutz oder den Versicherungsschutz nach § 5 Abs. 1 Nr. 13 bzw. nach § 188 Abs. 4 SGB V.

Der Arbeitslose kann allerdings nach § 10 SGB V familienversichert sein. Zwar ist die Abfindung bei der Prüfung zu berücksichtigen, ob der Arbeitslose Einkommen hat. Die Abfindung zählt aber nur im Monat der Zahlung, sie bleibt Einmalleistung, während § 10 Abs. 1 Satz 1 Nr. 5 SGB V an einen regelmäßigen monatlichen Einkommensbezug im maßgeblichen Zeitraum anknüpft (BSG vom 9.10.2007 – B 5b/8 KN 1/06 KR R). Anderes gilt nur, wenn die Abfindung in Raten gezahlt wird (BSG vom 9.10.2007 – 5b/8 KN 1/06 KR R und vom 15.10.2014 – B 12 KR 10/12 R; LSG Nordrhein-Westfalen vom 21.3.2013 – L 5 KR 135/12).

4.5 Ruhen wegen nicht gestellten Reha-Antrags

Kein kostenloser KV-Schutz nach § 5 Abs. 1 Nr. 2 SGB V besteht, wenn das Alg ruht, weil der Arbeitslose trotz Aufforderung innerhalb der Monatsfrist einen Antrag auf Reha-Leistungen (§ 145 Abs. 2 Satz 3 SGB III) nicht gestellt hat. Hier wird der KV-Schutz regelmäßig nach § 5 Abs. 1 Nr. 13 bzw. nach § 188 Abs. 4 SGB V begründet.

4.6 Ruhen wegen Arbeitskampfs

Beim Ruhen nach § 160 SGB III wegen eines rechtmäßigen Arbeitskampfes bleibt der KV-Schutz erhalten (§ 192 Abs. 1 Nr. 1 SGB V).

5 Leistungen bei Arbeitsunfähigkeit

Die KV der Arbeitslosen begründet dieselben Leistungsansprüche gegen die Krankenkasse wie die KV der Arbeitnehmer, also Krankenbehandlung, Rehabilitation, Vorsorgeleistungen, Krankengeld usw.

5.1 Arbeitsunfähigkeit

Arbeitsunfähig ist ein Arbeitnehmer, wenn er aus Gesundheitsgründen überhaupt nicht oder nur auf die Gefahr, seinen Gesundheitszustand zu verschlimmern, fähig ist, seiner bisher ausgeübten Erwerbstätigkeit nachzugehen (vgl. z.B. BSG vom 19.6.1963 – 3 RK 37/59, BSGE 19, S. 179, 181; Joussen, Krankengeld und Arbeitslosigkeit, ZfSH/SGB 2002, S. 458 ff.).

Erkrankt der Arbeitslose nach Beendigung des Beschäftigungsverhältnisses, hängt die Arbeitsunfähigkeit davon ab, ob er dem Arbeitsmarkt für alle Arbeiten nicht mehr zur Verfügung steht, für die er zur Begründung eines Anspruchs auf Alg nach § 138 SGB III arbeitsfähig und arbeitsbereit sein muss (vgl. BSG vom 4.4.2006 – B 1 KR 21/05 R, NZS 2007, S. 150, vom 22.3.2005 – B 1 KR 22/04 R, vom 19.9.2002 –

Nach Ende der Beschäftigung

B 1 KR 11/02 R, SozR 3–2500 § 44 Nr. 10 und vom 21.9.1995 – 11 RAr 35/95, SozR 3–4100 § 105b AFG Nr. 2; LSG Berlin vom 24.3.2004 – L 15 KR 21/02, info also 2004, S. 207). Siehe hierzu auch → S. 104. Der Arbeitslose muss sich hierbei auf alle Beschäftigungen des allgemeinen Arbeitsmarktes verweisen lassen. Einen Berufsschutz gibt es nicht. Der Arbeitslose ist immerhin auch dann arbeitsunfähig, wenn er sich für eine vollschichtige Tätigkeit zur Verfügung gestellt hat, aber gesundheitsbedingt nur noch zeitlich eingeschränkt arbeiten kann (BSG vom 7.12.2004 – B 1 KR 5/03 R und vom 30.3.2004 – B 1 KR 30/02 R, SozR 4–2500 § 44 Nr. 1).

Bezieher von Alg bei beruflicher Weiterbildung sind arbeitsunfähig, wenn sie aus Gesundheitsgründen nicht an der Bildungsmaßnahme teilnehmen können (BSG vom 23.1.1986 – 11b/7 RAr 156/84, SozR 4100 § 44 AFG Nr. 43).

5.2 Kranken-Alg

Kranken-Alg für 6 Wochen

Steht der Arbeitslose bei Eintritt der Arbeitsunfähigkeit im Leistungsbezug, hat er zunächst nach § 146 SGB III gegen die AA einen Anspruch auf Leistungsfortzahlung in Form des Kranken-Alg für höchstens sechs Wochen.

Nach Ablauf von sechs Wochen besteht – sofern noch nicht erschöpft – ein Anspruch auf Krankengeld gegen die Krankenkasse.

Kranken-Alg ist nur zu zahlen, wenn der Betroffene unmittelbar beim Eintritt der Arbeitsunfähigkeit einen Anspruch auf Zahlung von Alg hat. Die BA erkennt das auch dann an, wenn der Arbeitslose sich zunächst – nach eingetretener Arbeitslosigkeit – arbeitslos meldet, und danach, aber am selben Tag, Arbeitsunfähigkeit ärztlich festgestellt wird. Die AA zahlt dann für einen Tag Alg und gegebenenfalls für sechs Wochen Kranken-Alg. Dasselbe soll gelten, wenn für den ersten Tag der Arbeitslosigkeit eine Operation geplant ist (SG Chemnitz vom 11.3.2008 – S 2 AL 703/05, info also 2008, S. 268).

Kranken-Alg wird nicht gezahlt, wenn das Alg ruht (BSG vom 24.5.1984 – 7 RAr 97/83, SozR 4100 § 105b AFG Nr. 1). Es genügt aber, dass Alg im Wege der Gleichwohlgewährung z. B. nach § 157 Abs. 3 SGB III gezahlt wird; auch an die Gleichwohlgewährung schließt sich ein Anspruch auf Kranken-Alg an (BSG vom 26.6.1991 – 10 RAr 9/90, SozR 3–4100 § 117 AFG Nr. 4). Dabei bleibt es auch, wenn die Gleichwohlgewährung später rückabgewickelt wird.

Ist der Arbeitslose am Ende einer Sperrzeit arbeitsunfähig, hat er keinen Anspruch auf Kranken-Alg, sondern auf Krankengeld (BSG vom 14.3.1985 – 7 RAr 61/84, SozR 4100 § 105b AFG Nr. 3); das gilt auch, wenn das Alg zunächst bewilligt, die Bewilligung dann rückwirkend wegen einer Sperrzeit aufgehoben wird (BSG vom 24.7.1986 – 7 RAr 13/85, SozR 4100 § 105b AFG Nr. 6).

Kein Anspruch auf Kranken-Alg besteht, wenn die Arbeitsunfähigkeit selbstverschuldet ist. § 146 SGB III hat hierbei die Regelung aus § 3 des EntgeltfortzahlungsG übernommen. Der Betroffene erhält dann stattdessen Krankengeld. Der Vorläufer des § 146 SGB III (§ 105b AFG) hatte der Verwaltungsvereinfachung dienen sollen; wegen einer kürzeren Krankheit sollte der Leistungsträger nicht gewechselt werden müssen (BT-Drs. 8/4022, S. 89). Dem widerspricht die Verschuldensklausel, die in der Praxis aber wohl keine Rolle spielt.

Der Anspruch auf Kranken-Alg läuft kalendermäßig ab (BSG vom 12.7.1989 – 7 RAr 100/88, SozR 4100 § 105b AFG Nr. 7). Kranken-Alg kann wiederholt gezahlt werden, auch innerhalb eines Kalenderjahres wegen derselben Krankheit. Das Kranken-Alg verbraucht den Anspruch auf Alg und führt als Ruhenstatbestand zur Verkürzung des Krankengeldanspruchs wegen derselben Krankheit (§ 48 Abs. 3 Satz 1 SGB V).

Der Anspruch auf Kranken-Alg endet trotz fortbestehender Arbeitsunfähigkeit vor Ablauf von sechs Wochen, wenn der Anspruch auf Alg erschöpft ist. Es schließt sich dann ein Anspruch auf Krankengeld an, wenn dieser nicht bereits verbraucht ist (BSG vom 2.11.2007 – B 1 KR 38/06 R und vom 21.9.1995 – 11 RAr 35/95, SozR 3–4100 § 105b AFG Nr. 2).

Bei Alg-Erschöpfung: Krankengeld

Kranken-Alg erhalten Arbeitslose auch, wenn sie ein krankes Kind versorgen müssen. Voraussetzung ist, dass das Kind jünger als zwölf Jahre alt oder behindert und auf Hilfe angewiesen ist, nach ärztlichem Attest der Betreuung und Pflege bedarf und keine andere im Haushalt lebende Person das Kind betreuen kann. Die Leistung wird nur für höchstens zehn Tage für jedes Kind, bis zu 25 Tage insgesamt, im Kalenderjahr gezahlt. Allein Erziehende können 20 Tage für jedes Kind, bis zu 50 Tage insgesamt, beanspruchen. Kranken-Alg wird auch gezahlt, wenn die Arbeitsunfähigkeit durch eine krankheitsbedingte Sterilisation oder einen nicht rechtswidrigen Schwangerschaftsabbruch verursacht wird.
Während dieser Zeit braucht der oder die Arbeitslose einer Meldeaufforderung der AA nach § 309 SGB III regelmäßig nicht nachzukommen.

Kranken-Alg bei krankem Kind

5.3 Krankengeld

5.3.1 Krankengeld bei Arbeitslosigkeit

Anspruch auf Krankengeld hat nach § 44 Abs. 1 SGB V ein Versicherter, wenn ihn die Krankheit arbeitsunfähig macht oder er auf Kosten der Krankenkasse stationär in einem Krankenhaus, einer Vorsorge- oder Rehabilitationseinrichtung behandelt wird. Der Anspruch beginnt am Tag der ärztlichen Feststellung der Arbeitsunfähigkeit (§ 47b Abs. 1 Satz 2 SGB V), soweit nicht ohnehin Kranken-Alg nach § 146 SGB III zu zahlen ist (→ S. 642). Die ärztliche Feststellung muss innerhalb einer Woche bei der Krankenkasse vorliegen; andernfalls ruht das Krankengeld (§ 49 Abs. 1 Nr. 5 SGB V).

5.3.2   **Arbeitsunfähigkeit vor dem Ende der Beschäftigung**

Erkrankt der Versicherte während seines Beschäftigungsverhältnisses, richtet sich die Arbeitsunfähigkeit nach den Anforderungen der konkreten beruflichen Tätigkeit. Die Arbeitsunfähigkeit wird durch die Beendigung des Arbeitsverhältnisses nicht beseitigt (BSG vom 8.2.2000 – B 1 KR 11/99 R, SV 2000, S. 271 und vom 14.2.2001 – B 1 KR 30/00 R, SozR 3–2500 § 44 Nr. 9).
Daran ändert sich auch nichts, wenn sich der Betreffende arbeitslos meldet und damit zu erkennen gibt, dass er zu einer beruflichen Neuorientierung bereit ist.

Für die Frage, ob der Arbeitslose arbeitsunfähig ist, bleiben die Anforderungen der Beschäftigung maßgeblich, während der die Arbeitsunfähigkeit eingetreten ist. Die Anforderungen der letzten Beschäftigung bleiben aber nur maßgeblich, solange die Arbeitsunfähigkeit unterbrochen fortdauert und bescheinigt wird (→ S. 634).

Erkrankt ein demnächst Arbeitsloser noch vor dem Ende der Beschäftigung, so beginnt der Anspruch auf Krankengeld noch während der auslaufenden Beschäftigung. Er wird allerdings zunächst Entgeltfortzahlung von seinem Arbeitgeber erhalten, deshalb ruht der Anspruch auf Krankengeld. Die Lohnfortzahlung bzw. der Beginn des Krankengeldanspruchs vor dem Ende der Beschäftigung hat für den Arbeitslosen folgende Vorteile:

■ Das Krankengeld ist höher (→ S. 646), richtet sich nach dem letzten Arbeitsentgelt und beträgt 70 % des Bruttoarbeitsentgelts, begrenzt durch 90 % des Nettoanspruchs (§ 47 Abs. 1 Satz 1 und 2 SGB V).

■ Der Bezug von Krankengeld zählt als Anwartschaftszeit für das Alg (§ 26 Abs. 2 Nr. 1 SGB III). Auch der Anspruch auf Krankentagegeld eines privatversicherten Arbeitslosen, der von der Pflichtversicherung befreit ist (§ 174 SGB III), kann eine Anwartschaft auf Alg begründen, wenn der Bezug des Krankentagegeldes sich nahtlos an eine versicherungspflichtige Beschäftigung oder an den Anspruch auf eine Leistung nach dem SGB III anschließt (§ 26 Abs. 2 Nr. 2 SGB III). Es kann damit ein Alg-Anspruch erworben oder verlängert werden.

■ Der Krankengeldanspruch verbraucht den Alg-Anspruch nicht.

■ Der Alg-Anspruch nach dem Bezug von Krankengeld kann länger sein, wenn der Betroffene während des Bezugs von Krankengeld eine neue Altersstufe für die Dauer des Anspruchs nach § 147 SGB III überschritten hat.

5.3.3   Krankengeld und Sperrzeit

Der Krankengeldanspruch ruht während der Dauer einer Sperrzeit (§ 49 Abs. 1 Nr. 3 SGB V). Ein Umsteigen vom ruhenden Alg auf das Krankengeld ist also nicht möglich. Das gilt aber nur, wenn der Arbeitslose vorher im Leistungsbezug gestanden hat oder wenigstens einen Antrag bei der AA gestellt hat (LSG Berlin vom 16.5.1984 – L 9 Kr 72/83, Breith. 1984, S. 925). Da nach der Rechtsprechung des BSG die Sperrzeit unabhängig von der Arbeitslosmeldung und der Antragstellung kalendermäßig abläuft (BSG vom 5.8.1999 – B 7 AL 14 und 38/98 R), ruht an sich auch das Krankengeld während einer Sperrzeit, die die AA aber mangels Antrags nicht feststellt.

Eine Sperrzeit nach § 159 Abs. 1 Satz 2 Nr. 1 und 5 SGB III kann vermieden werden, wenn sich der Arbeitslose erst nach Ablauf eines Jahres nach dem Sperrzeitereignis gemäß § 159 SGB III arbeitslos meldet (§ 148 Abs. 2 Satz 2 SGB III); deshalb kann die Wirkung der Sperrzeit für das Alg und auch das Krankengeld erst eintreten, wenn die AA die Sperrzeit feststellt. Nach Beendigung des Arbeitsverhältnisses wird das Krankengeld häufig zunächst ausgezahlt, weil der Krankenkasse ein Sperrzeittatbestand nicht bekannt ist und darüber auch verbindlich nur die AA entscheidet. Hier kann die Krankenkasse das Krankengeld zurückfordern, wenn die Voraussetzungen der §§ 45, 48 SGB X vorliegen.

Der Anspruch auf Krankentagegeld der Mitglieder einer privaten Versicherung ruht während einer Sperrzeit nicht, weil § 49 Abs. 1 Nr. 3 SGB V nur für die gesetzliche KV gilt. Zum Ausgleich muss der Arbeitslose den Beitrag zur privaten KV während der gesamten Sperrzeit selbst tragen.

Private Versicherungen haben allerdings zeitweise die Zahlung von Krankentagegeld an Arbeitslose abgelehnt, weil mit dem Verlust des Arbeitsplatzes eine wesentliche Bedingung des Versicherungsvertrages entfallen sei. Arbeitslosigkeit ist kein Grund, die Zahlung von Krankentagegeld zu verweigern; erst wenn der Versicherungsnehmer nachweislich keinen Arbeitsplatz mehr sucht oder klar ist, dass ernsthafte Bemühungen fruchtlos bleiben, darf das Krankentagegeld entfallen (BGH vom 27.2.2008 – IV ZR 219/06; OLG Köln vom 13.7.2012 – I-20 U 46/10, 20 U 46/10). Das gilt nicht, wenn der Versicherungsvertrag eine Klausel enthält, die vorsieht, dass der Anspruch auf Krankentagegeld mit dem Eintritt von Berufs- und Erwerbsunfähigkeit endet (BGH vom 11.9.2013 – IV ZR 303/12).

5.4   **Höhe des Krankengeldes bei Arbeitslosigkeit und beruflicher Weiterbildung**

Berechnungs-
faktoren

Die Höhe des Krankengeldes, das nach vorangegangenem Alg-Bezug zu zahlen ist, entspricht der des Alg (§ 47b SGB V). Maßgeblich ist der Betrag, den der Arbeitslose unmittelbar vor der Arbeitsunfähigkeit beanspruchen konnte. Damit setzen sich Anrechnungen und Kürzungen von Alg beim Bezug von Krankengeld fort. Das gilt für Abzweigungen, Aufrechnungen, Verrechnungen, Abtretungen, Pfändungen u. Ä nach den §§ 48, 51–54 SGB I aber nur, wenn diese auch das Krankengeld erfassen. Ist Nebeneinkommen nach § 155 SGB III angerechnet worden, wird das Krankengeld von Beginn an ungekürzt auszuzahlen sein, wenn die Nebentätigkeit versicherungsfrei war **und krankheitsbedingt nicht ausgeübt wird** (Schmidt, in: Peters, Krankenversicherung – SGB V, 19. Auflage 1999, § 47b RandNr. 33).

Dennoch gezahltes Nebeneinkommen hat keinen Einfluss auf den Krankengeldanspruch, weil nach §§ 49, 50 SGB V Einkommen aus nichtversicherungspflichtiger Beschäftigung nicht zur Kürzung des Krankengeldes führt (LSG Hamburg vom 25.2.2010 – L 1 KR 27/09). Dagegen beeinflussen die Berechnung des Alg nach den §§ 149 ff. SGB III und die Anrechnung von Nebeneinkommen nach § 155 SGB III **bei weiter ausgeübter Nebenbeschäftigung** die Höhe des Krankengeldes.
Ist das Alg zu niedrig bemessen und wird dies später korrigiert, muss auch das Krankengeld neu berechnet werden. Ist Alg zu Gunsten des Berechtigten fehlerhaft berechnet worden, bleibt es bei dem Krankengeld in Höhe des zunächst gezahlten Betrages, wenn eine Korrektur nach §§ 45, 48 SGB X nicht erfolgt.

Änderungen der
Berechnungs-
grundlagen

Ändern sich während des Krankengeldbezugs die Verhältnisse, die für den Anspruch auf Alg maßgeblich waren, ist diese Änderung auf Antrag bei der Bemessung des Krankengeldes zu berücksichtigen (§ 47b Abs. 2 SGB V). Hierzu gehören Änderungen des Familienstandes, der Steuerklasse, der Wegfall tatsächlicher und rechtlicher Bindungen im Sinne des § 151 Abs. 5 SGB III usw. Änderungen, die zu einer Erhöhung des Krankengeldes um weniger als 10 % führen würden, sind allerdings unbeachtlich. Neuberechnungen zum Nachteil des Arbeitslosen sind nicht vorgesehen, da die Änderungen nur auf Antrag berücksichtigt werden. Bei mehreren Änderungen sind wiederholte Anträge zulässig, die aber jeweils die Grenze von 10 % erreichen müssen, wobei für die nachfolgenden Anträge jeweils der letzte Zahlbetrag maßgeblich ist. Streitig ist, ob der Wegfall von dem Versicherten vorteilhaften Änderungen noch während des Krankengeldbezugs zu einer Minderung des zunächst erhöhten Krankengeldanspruchs führen darf.

6 **Rangfolge von Alg und Krankengeld**

Wer ohne Beschäftigung ist, aber aus Gesundheitsgründen der Arbeitsvermittlung nicht zur Verfügung steht, also nicht im Sinne des § 138 SGB III arbeitslos ist, kann, wenn KV-Schutz besteht, Anspruch auf Krankengeld haben, wenn die Arbeitsunfähigkeit vor dem Ende des Beschäftigungsverhältnisses eingetreten ist. Er kann aber auch nach § 145 SGB III Anspruch auf Alg haben, wenn die Voraussetzungen der Nahtlosigkeitsregelung vorliegen (→ S. 107). Bezieht der Berechtigte Krankengeld, ruht ein eventueller Anspruch auf Alg (§ 156 Abs. 1 Nr. 2 SGB III). Vorrang Krankengeld

Nach § 49 Abs. 1 Nr. 3a SGB V ruht der Anspruch auf Krankengeld, solange der Versicherte Alg bezieht; umgekehrt ruht nach § 156 Abs. 1 Nr. 2 SGB III der Anspruch auf Alg, solange Krankengeld gezahlt wird. Das Krankengeld ruht aber nur, solange Alg nach § 146 SGB III als Kranken-Alg gezahlt wird, also höchstens für sechs Wochen. Ausnahmsweise kann das Krankengeld vor dem Ende des Kranken-Alg beansprucht werden, nämlich wenn die AA die Alg-Bewilligung wegen einer kurzzeitigen Reha-Maßnahme aufhebt und die Arbeitslose die Entscheidung hinnimmt (BSG vom 11.3.2014 – B 11 AL 4/14 R). Im Übrigen geht das Krankengeld dem Anspruch auf Alg vor (BSG vom 14.12.2006 – B 1 KR 6/06 R und vom 3.6.2004 – B 11 AL 55/03 R, SozR 4-4300 § 125 Nr. 1). Die Krankenkasse kann den Arbeitslosen vor Ausschöpfen des Krankengeldanspruchs nicht an die AA und auf den Alg-Anspruch verweisen. Da der Krankengeldanspruch anwartschaftsbegründend ist, ist das für den Versicherten günstiger. Vorrang Kranken-Alg

II **Pflegeversicherung**

Wer Alg bezieht, ist nach § 20 Abs. 1 Nr. 2 SGB XI versicherungspflichtiges Mitglied in der Pflegeversicherung, auch wenn die Entscheidung, die zum Bezug der Leistung geführt hat, rückwirkend aufgehoben oder die Leistung zurückgefordert oder zurückgezahlt worden ist; auch hier müssen die Beiträge unter Umständen erstattet werden (→ S. 636). Die Regelungen zur Pflegeversicherung entsprechen im Wesentlichen denen der KV.
Ruht der Anspruch auf Alg wegen einer Sperrzeit oder einer Urlaubsabgeltung, gilt das Alg zur Sicherung der Pflegeversicherung seit 1.8.2017 als bezogen (§ 20 Abs. 1 Satz 2 Nr. 2 SGB XI).
Versicherungspflicht gilt auch für Personen, die in Einrichtungen der Jugendhilfe, in Berufsbildungswerken oder in ähnlichen Einrichtungen für behinderte Menschen für eine Erwerbstätigkeit befähigt werden, und für Teilnehmer an Maßnahmen der beruflichen Rehabilitation sowie an Maßnahmen der Berufsfindung und Arbeitserprobung sowie in Werkstätten für behinderte Menschen (§ 20 Abs. 1 Nr. 5, 6 und 7 SGB XI). Die Beiträge trägt die BA, soweit sie Leistungen erbringt (§ 59 Abs. 1 SGB XI i. V. m. § 251 Abs. 1 und Abs. 2 Nr. 1 SGB V).

Lässt sich der Arbeitslose nach § 92 SGB XI von der Versicherungspflicht in der sozialen Pflegeversicherung befreien, zahlt die AA den Beitrag für die private Pflegeversicherung (§ 174 Abs. 1 Nr. 2 SGB III) bis zur Höhe des Beitrages in der sozialen Pflegeversicherung. Dasselbe gilt für aus anderen Gründen in der privaten Pflegeversicherung versicherte Personen.

III Unfallversicherung

Nach § 2 Abs. 1 Nr. 14 SGB VII sind in der gesetzlichen Unfallversicherung Personen versichert, die

Wer ist versichert?

■ der Meldepflicht nach § 309 SGB III unterliegen, wenn sie einer besonderen, an sie ergangenen Aufforderung der BA nachkommen, diese oder eine andere Stelle aufzusuchen, oder

■ an einer Maßnahme teilnehmen, wenn die Person selbst oder die Maßnahme über die BA gefördert wird.

Arbeitslose sind nach § 309 SGB III während der Zeit, für die sie Alg beanspruchen, meldepflichtig, außerdem die Bezieher von Übg, Teil-Alg und Kug. Auch zukünftig Arbeitslose sind ab der Arbeitsuchmeldung nach § 38 Abs. 1 SGB III meldepflichtig.

Die Unfallversicherung gilt für Unfälle während der Verrichtung, der die Meldung dient (z.B. bei einem Bildungsträger), und für Wegeunfälle (§ 8 Abs. 1 und 2 SGB VII).

In der Regel sind Sie versichert gegen Unfälle auf dem Weg:

■ zu der AA oder zurück;

■ zu einem Vorstellungsgespräch und zurück;

■ zum Arzt, falls eine Einstellungsuntersuchung erforderlich ist, und zurück;

■ zur Stätte der beruflichen Weiterbildung oder Reha-Einrichtung oder aller Maßnahmen, die die BA fördert, z.B. Aktivierungs- und Eingliederungsmaßnahmen nach § 45 SGB III oder Berufsinformationsveranstaltungen (BSG vom 5.2.2008 – B 2 U 25/06 R) und zurück.

 Allerdings sind Sie nur unfallversichert, wenn Sie eine dieser Stellen **auf Aufforderung der AA** aufsuchen (LSG Sachsen-Anhalt vom 11.10.2012 – L 6 U 6/10; SG Lüneburg vom 15.4.2013 – S 2 U 130/10). Hierzu genügt es, wenn der Sachbearbeiter der AA darum bittet, den Leistungsantrag »möglichst persönlich« abzugeben (BSG vom 11.9.2001 – B 2 U 5/01 R; ähnlich LSG Baden-Württemberg vom 20.7.2015 – L 1 U 5238/14). Gehen Sie jedoch wegen drohenden Anspruchsverlusts unaufgefordert zur AA, sind Sie nicht unfallversichert (BSG vom 24.6.2003 – B 2 U 45/02 R).

Dasselbe gilt, wenn Sie aus eigener Initiative zur AA gehen, um Ihre berufliche Situation zu besprechen (LSG Berlin-Brandenburg vom 4.7.2012 – L 3 U 209/11).

Veranlasst die AA einen Arbeitslosen, sich bei einem Dritten zu melden, besteht auch dann Versicherungsschutz, wenn der Termin selbst von dem Dritten vorgegeben wird (LSG Sachsen-Anhalt vom 14.4.2011 – L 6 U 99/06). Ein Vermittlungsangebot mit der Aufforderung, sich beim Arbeitgeber zu melden, umfasst auch ein Vorstellungsgespräch (LSG Baden-Württemberg vom 20.7.2015 – L 1 U 5238/14), auch wenn die Aufforderung keine Rechtsfolgenbelehrung enthält.

Nicht versichert sind:

Kein Unfall-versicherungs-schutz

- die Arbeitsuchmeldung, wenn nicht vorher ein Termin zur persönlichen Meldung vereinbart war; Versicherungsschutz soll bestehen, wenn der Arbeitslose bei der Arbeitsuchendmeldung zunächst zum Warten aufgefordert wird, dann ein Gespräch führt und auf dem Rückweg verunglückt (LSG Sachsen-Anhalt vom 8.12.2016 – L 6 U 90/15, Revision unter – B 2 U 1/17 R);

- die Arbeitslosmeldung;

- der Gang zur Bank, um die Leistungen der AA abzuholen.

Kommt der Termin bei der AA auf Ihren Wunsch zu Stande, besteht ebenfalls kein Versicherungsschutz (SG Karlsruhe vom 1.7.2008 – S 14 U 2542/07).

Haben Sie sich auf Aufforderung der AA bei einem Arbeitgeber vorgestellt und suchen Sie diesen nochmals auf, um Unterlagen für das bereits vereinbarte Arbeitsverhältnis nachzureichen, sind Sie weder als Arbeitsloser noch als Arbeitnehmer gegen Unfall versichert, weil die Arbeitsvermittlung abgeschlossen ist und eine Vorbereitungshandlung im Rahmen eines Arbeitsverhältnisses mit den vertraglichen Arbeitspflichten in zeitlich und örtlich engem Zusammenhang stehen muss (BSG vom 12.5.2009 – B 2 U 8/08 R).

Nicht versichert sind Sie bei Vorstellungsgesprächen und damit verbundenen Probearbeiten, wenn Sie sich aus eigener Initiative beworben haben (BSG vom 20.1.1987 – 2 RU 15/86; LSG Nordrhein-Westfalen vom 16.2.2000 – L 17 U 290/99; BayLSG vom 25.1.2011 – L 3 U 5/09).

Auch wenn der Arbeitslose nach der Eingliederungsvereinbarung zu umfangreichen Eigenbemühungen um Arbeit verpflichtet ist, soll er bei einem Bewerbungsgespräch nicht versichert sein (LSG Sachsen-Anhalt vom 11.10.2012 – L 6 U 6/10; ähnlich schon LSG Sachsen-Anhalt vom 25.5.2011 – L 6 U 123/07).

Sie sind aber noch aus dem letzten Beschäftigungsverhältnis unfallversichert, wenn Sie Ihren früheren Arbeitgeber aufsuchen, um ihm den Vordruck für die Arbeitsbescheinigung nach § 312 SGB III zu bringen (LSG Niedersachsen-Bremen vom 22.3.2012 – L 14 U 53/11).

In Transfer-
gesellschaft?

Unklar ist, ob Unfallversicherungsschutz während der »Beschäftigung« in einer Transfergesellschaft besteht. Das BSG hat das Bestehen eines versicherungspflichtigen Beschäftigungsverhältnisses für den Regelfall bejaht. Hierfür genügt es, wenn der Arbeitnehmer verpflichtet ist, an angebotenen Qualifizierungsmaßnahmen und anderen Aktivitäten teilzunehmen, und dem Direktionsrecht des Arbeitgebers untergeordnet ist (z. B. bei Nebentätigkeiten oder Freistellungen). Daran ändert nichts, dass der Arbeitnehmer von eigentlicher

BSG: ja

Arbeit freigestellt war, weil das Versicherungspflichtverhältnis während der Kurzarbeit mit Bezug von Kurzarbeitergeld fortbesteht (BSG vom 4.7.2012 – B 11 AL 9/11 R und – B 11 AL 20/10 R). Zu Unfällen wird es hauptsächlich auf dem Weg zur und von der Transfergesellschaft kommen (§ 8 Abs. 2 Nr. 1 SGB VII).

Auch Bewerbungsgespräche auf Veranlassung der Beschäftigungsgesellschaft gehören dann zur versicherten Tätigkeit (ebenso LSG Nordrhein-Westfalen vom 1.10.2008 – L 17 U 274/07 bei Zahlung von Transfer-Kug). Für den Bereich der gesetzlichen KV hat das BSG vom 14.12.2006 – B 1 KR 9/06 R bei Zahlung von Transfer-Kug schon früher ein versicherungspflichtiges Beschäftigungsverhältnis angenommen. Dagegen ist nach Meinung des LSG Nordrhein-Westfalen vom 31.7.2008 – L 9 AL 10/07 eine Beschäftigung in einer Auffanggesellschaft ohne Zahlung von Transfer-Kug, bei der die Verpflichtung des Arbeitnehmers in gelegentlichen Meldungen besteht, nicht versicherungspflichtig. Es wäre wünschenswert, wenn der Gesetzgeber die Rechte der abgewickelten Arbeitnehmer mit und ohne Transfer-Kug im Arbeits- und Sozialrecht klarstellte.

 Unfälle müssen Sie sofort melden! Am besten stets der AA; denn wer im Einzelfall Unfallversicherungsträger ist, kann der Laie nicht durchschauen.

Verletztengeld

Sie erhalten bei Arbeitsunfähigkeit wegen des Unfalls Verletztengeld in der Höhe des Alg, das Sie zuletzt bezogen haben (§§ 45 ff. SGB VII). Wie beim Krankengeld können Sie bei einer Änderung Ihrer für den Bezug von Alg maßgeblichen Verhältnisse eine Erhöhung des Verletztengeldes beantragen.

Krankenpflege

Der Unfallversicherungsschutz umfasst bei einem Arbeitsunfall auch Krankenpflege (also z. B. Arztkosten, Rezepte, Krankenhauskosten) wie in der gesetzlichen KV, außerdem Leistungen der medizinischen und beruflichen Reha.

Verletztenrente

Im Rahmen der Unfallversicherung erhalten Sie auch eine Verletztenrente, wenn Ihre Erwerbsfähigkeit infolge des Unfalles um wenigstens 20 % dauerhaft herabgesetzt ist; im Todesfall können die Hinterbliebenen Renten erhalten.

IV   Rentenversicherung

1   Beitragszeit

1.1   Pflichtversicherung kraft Gesetzes

Zeiten, in denen der Arbeitslose Alg oder Übg bezieht, sind
Beitragszeiten, wenn der/die Arbeitslose im Jahr vor Beginn der Leistung zuletzt rentenversicherungspflichtig war (§ 3 Satz 1 Nr. 3 SGB VI).
Für die Versicherungspflicht kommt es auf den tatsächlichen Bezug
der Leistung nach dem SGB III an; fällt der Rechtsgrund für die Leistung nachträglich weg, ändert sich an der Versicherungspflicht nichts.
Die Arbeitslosigkeit muss sich nicht unmittelbar an die Rentenversicherungspflicht anschließen. Es genügt, dass innerhalb des Jahres
vor Leistungsbeginn an einem Tag Rentenversicherungspflicht bestand und ein Beitrag entrichtet worden ist. Die Zahlung von freiwilligen Beiträgen führt nicht automatisch zur Versicherungspflicht in der
gesetzlichen Rentenversicherung. Versicherungspflicht nach § 3
Satz 1 Nr. 3 SGB VI tritt auch nicht ein, wenn der/die Arbeitslose zwischen dem Ende der Versicherungspflicht und der Arbeitslosigkeit
versicherungsfrei beschäftigt war, z. B. als Beamter, Richter oder in
einer geringfügigen Beschäftigung (§ 5 SGB VI). Es genügt aber eine
Versicherungspflicht kraft Antrags nach § 4 Abs. 2 SGB VI.
Ob Versicherungspflicht in der Arbeitslosenversicherung bestand, ist für
die Rentenversicherung nach § 3 Satz 1 Nr. 3 SGB VI ohne Bedeutung.

1.2   Antragsversicherung

War der/die Arbeitslose im Jahr vor Leistungsbeginn nicht
rentenversicherungspflichtig, z. B. weil er/sie sich vorübergehend
selbstständig gemacht hatte, in dieser Zeit überhaupt nicht oder nur
geringfügig erwerbstätig war, als Beamter, Richter u. Ä. rentenversicherungsfrei war, kann er/sie auf Antrag versicherungspflichtig werden, wenn er/sie die genannten Leistungen nach dem SGB III bezieht
(§ 4 Abs. 3 Satz 1 Nr. 1 SGB VI).

Der Antrag muss beim Rentenversicherungsträger gestellt werden, bei
dem der/die Arbeitslose zuletzt versichert war (§ 126 Abs. 1 SGB VI).

Die Versicherungspflicht kraft Antrags beginnt mit der Leistung,
wenn der Antrag innerhalb von drei Monaten danach gestellt wird,
andernfalls erst am Tag nach dem Eingang des Antrages (§ 4 Abs. 4
Satz 1 Nr. 2 SGB VI).

Die AA muss den Leistungsbezieher, der nicht schon nach § 3 Satz 1
Nr. 3 SGB VI versicherungspflichtig ist, auf die Möglichkeit der Versicherungspflicht auf Antrag und ihre Bedeutung hinweisen.

1.3   Folgen

AA-Leistung schafft Beitragszeit

Die versicherungspflichtige Zeit des Leistungsbezugs ist eine Beitragszeit und steht daher bei den Rentenvoraussetzungen den Zeiten einer versicherungspflichtigen Beschäftigung gleich. Die Zeiten des Leistungsbezugs sind zum Erwerb der Rentenanwartschaft geeignet. Sie werden auch bei allen versicherungsrechtlichen Voraussetzungen für Leistungen aus der gesetzlichen Rentenversicherung mit berücksichtigt, insbesondere werden sie bei allen Wartezeiten mitgezählt (§§ 50, 51 SGB VI).

2   Anrechnungszeit

Ohne AA-Leistung Anrechnungszeit

Erhält der/die Arbeitslose während der Arbeitslosigkeit keine Leistung, kann die Zeit als Anrechnungszeit in die Rentenberechnung eingehen. Die Zeiten der Arbeitslosigkeit werden berücksichtigt, wenn der/die Arbeitslose sich arbeitslos meldet und eine öffentlich-rechtliche Leistung bezogen oder wegen des zu berücksichtigenden Einkommens oder Vermögens nicht bezogen hat, vorausgesetzt, dass durch Zeiten der Arbeitslosigkeit eine versicherungspflichtige Beschäftigung oder selbstständige Tätigkeit oder ein versicherter Wehr- oder Zivildienst unterbrochen ist (§ 58 Abs. 1 Satz 1 Nr. 3 und Abs. 2 SGB VI). Auch die Zeit der Ausbildungsplatzsuche bei der AA gilt als Anrechnungszeit (§ 58 Abs. 1 Satz 1 Nr. 3a und Abs. 2 SGB VI).

Unterbrochen ist eine Beschäftigung oder Tätigkeit nur, wenn zwischen deren Ende und dem Beginn der Arbeitslosigkeit kein voller Kalendermonat verstrichen ist. Eine Unterbrechung ist für Zeiten vor dem 25. Geburtstag nicht erforderlich (§ 58 Abs. 2 SGB VI).

Beschäftigungslose ohne Leistungsanspruch nach dem SGB III oder SGB II müssen nach § 37 SGB III wie Anspruchsberechtigte eine Eingliederungsvereinbarung schließen. Lehnen sie das ab, soll die AA die Eigenbemühungen, die sie für erforderlich hält, durch Verwaltungsakt festsetzen (§ 37 Abs. 3 Satz 4 SGB III). Die AA können die Vermittlung einstellen, wenn die arbeitslos Gemeldeten den Verpflichtungen aus der Eingliederungsvereinbarung oder dem Verwaltungsakt ohne wichtigen Grund nicht nachkommen. Erst nach Ablauf von zwölf Wochen kann der Beschäftigungslose die erneute Vermittlung verlangen. Die Wirkung der Arbeitslosmeldung nach § 141 SGB III erlischt damit, weil der Beschäftigungslose der Vermittlung nicht mehr zur Verfügung steht und nicht mehr im Sinne des § 138 Abs. 1 SGB III arbeitslos ist. Das hat gravierende rentenrechtliche Folgen. Ohne wirksame Arbeitslosmeldung ist die Zeit der Beschäftigungslosigkeit nach § 58 Abs. 1 Satz 1 Nr. 3 SGB VI keine Anrechnungszeit. Nimmt die AA nach Ablauf von zwölf Wochen die Vermittlung wieder auf, ist die nachfolgende Zeit für Arbeitslose nach dem 25. Geburtstag keine Anrechnungszeit, weil sie keine versicherte Beschäftigung unterbricht (§ 58 Abs. 2 SGB VI). Hat sich der Beschäftigungslose während der Vermittlungssperre nachweislich selbst nachhaltig und ernsthaft um Arbeit bemüht, soll die Zeit der erneuten Vermittlung wieder als Anrechnungszeit anerkannt, die Zwischenzeit also als Überbrückungstatbestand gewertet werden (so der Gesetzentwurf BT-Drs. 16/10810 S. 51). Zu den Überbrückungstatbeständen in der Rentenversicherung allgemein siehe BayLSG vom 25.1.2017 – L 13 R 1099/13. Es bleibt abzuwarten, ob die Gerichte das anerkennen. Die AA muss den Beschäftigungslosen vor Einstellung der Vermittlung bzw. mit der Aufforderung, den Verpflichtungen aus der Eingliederungsvereinbarung oder dem Verwaltungsakt nachzukommen, auf die Rechtsfolgen einer Weigerung hinweisen (LSG Schleswig-Holstein vom 27.5.2005 – L 3 AL 97/ 04, das eine Heilung durch den sozialrechtlichen Herstellungsanspruch für möglich hält).

Keine Anrechnungszeiten sind leistungslose Zeiten, wenn dem Leistungsbezug andere Gründe als die Einkommens- und Vermögenslage entgegenstehen. Das gilt vor allem für Sperrzeiten, insbesondere wenn sie das Erlöschen des Anspruchs bewirken, und Zeiten, in denen wegen mangelnder Mitwirkung nach §§ 60 ff. SGB I keine Leistungen erbracht werden oder der Alg-Anspruch nach § 145 Abs. 2 Satz 3 SGB III ruht. Erhält der Arbeitslose während dieser Zeiten Grundsicherungsleistungen nach dem SGB II, ist die Zeit des Leistungsbezugs eine Anrechnungszeit nach § 58 Abs. 1 Satz 1 Nr. 6 SGB VI. *(marginal: Ohne AA-Leistung keine Anrechnungszeit)*

Dasselbe gilt für Zeiten, in denen Verfügbarkeit nach § 138 Abs. 5 SGB III nicht vorliegt, auch wenn hierfür z. B. Gesundheitsgründe verantwortlich sind, etwa weil der Rentenversicherungsträger verminderte Erwerbsfähigkeit festgestellt hat, ein Rentenanspruch aber nicht besteht und auch kein Krankengeld o. Ä. gezahlt wird, sofern nicht andere Anrechnungstatbestände eingreifen.
Der Anrechnungszeit steht nicht entgegen, dass Alg mangels Anwartschaft nicht gezahlt wird, wenn Alg II aufgrund der Einkommens- oder Vermögensverhältnisse nicht in Betracht kommt.

Anrechnungszeiten werden nur bei der Ermittlung der Vorversicherungszeit für die Rente wegen verminderter Erwerbsfähigkeit (§ 43 Abs. 4 Nr. 1 SGB VI), bei den Wartezeiten für die Altersrente für langjährig Versicherte und für schwerbehinderte Menschen (§§ 50 Abs. 4, 51 Abs. 3 SGB VI), bei der Ermittlung der Voraussetzungen für die Höherbewertung von Niedrigverdienern (§ 262 SGB VI) und bei der Gesamtleistungsbewertung von beitragslosen Versicherungszeiten (§ 72 Abs. 3 Nr. 1 SGB VI) berücksichtigt. Anrechnungszeiten werden bei der Ermittlung der allgemeinen Wartezeit von fünf Jahren (§ 50 Abs. 1 SGB VI) nicht angerechnet. Bei der eigentlichen Rentenberechnung werden die Anrechnungszeiten wegen Arbeitslosigkeit nicht berücksichtigt; sie erhöhen die Rente nicht. Einzelheiten können Sie nachlesen bei Ute Winkler, info also 1996, S. 197. *(marginal: Folgen der Anrechnungszeit)*

3   Beitrag

Beim Alg

Die Beiträge zur Rentenversicherung werden von der BA getragen. Der Beitrag wird auf der Grundlage von 80 % des dem Alg zu Grunde liegenden Arbeitsentgelts bemessen (§ 166 Abs. 1 Nr. 2 SGB VI).

Meldung

Die BA meldet dem Rentenversicherungsträger die Leistungszeit und die Zeit der Arbeitslosigkeit ohne Leistungsbezug sowie Sperrzeiten. Über die Anerkennung der Versicherungspflicht oder einer Anrechnungszeit entscheidet der Rentenversicherungsträger.

4   Altersgrenze für die Altersrente

Die Regelaltersgrenze für die Altersrente liegt inzwischen bei 67 Jahren (§ 35 Satz 2 SGB VI); die frühere Altersgrenze von 65 Jahren wird seit 2012 stufenweise bis 2029 erhöht (vgl. §§ 235 ff. SGB VI). Altersrente ohne Abschläge vor der gesetzlichen Altersgrenze können bei einer Versicherungszeit von 45 Jahren 63-Jährige, ansonsten nur noch wenige Versicherte beziehen. Im Einzelnen sind die Regelungen inzwischen so kompliziert, dass wir auf deren Darstellung verzichten und Ihnen empfehlen, sich bei Ihrer Rentenversicherung zu erkundigen, was für Sie gilt.

V   Was muss geändert werden?

Ausdehnung des Unfallversicherungsschutzes

Leistungsempfänger sind nach § 2 Abs. 1 Nr. 14a SGB VII bei Arbeitsuche nur unfallversichert, »wenn sie einer besonderen, an sie im Einzelfall gerichteten Aufforderung der AA nachkommen«. Dieser eingeschränkte Versicherungsschutz passt nicht zu der vom SGB III geforderten Eigeninitiative. Diese verlangt viele – unfallträchtige – Wege. Auch wenn in der Eingliederungsvereinbarung gemäß § 37 Abs. 2 SGB III die Eigenbemühungen detailliert festgehalten werden, dürfte daraus kein Unfallversicherungsschutz folgen. Das widerspricht dem propagierten Grundsatz des »Förderns und Forderns«. § 2 Abs. 1 Nr. 14a SGB VII muss deshalb neu gefasst werden: Unfallversicherungsschutz muss für alle in der Eingliederungsvereinbarung festgeschriebenen Aktivitäten des Arbeitslosen gewährt werden.

Y Widerspruch und Klage

I   **Der Widerspruch**
§ 77, 84 SGG

1   **Was Sie beim Widerspruch beachten müssen**

Was ist ein
Widerspruch?

Mit einem Widerspruch erreichen Sie die Überprüfung eines Bescheides durch die Widerspruchsstelle der AA.
Ein Schreiben, in dem die AA etwas bewilligt, einen Antrag ablehnt, Geld zurückverlangt o. ä., nennen Juristen einen Verwaltungsakt oder im Sozialrecht einen Bescheid. Ein Bescheid unterscheidet sich von einem einfachen Schreiben dadurch, dass er eine Entscheidung enthält. Im Einzelfall kann ein einfaches Schreiben von einem Bescheid schwer zu unterscheiden sein. Sie müssen nur darauf achten, ob sich das Schreiben selbst als Bescheid bezeichnet, z. B. Bewilligungsbescheid, Änderungsbescheid, Aufhebungs- und Rückforderungsbescheid, und/oder ob es eine Rechtsbehelfsbelehrung enthält. Dann können Sie davon ausgehen, dass die AA ihr Schreiben für einen Bescheid hält, gegen den Sie Widerspruch einlegen können.

Wogegen
wendet sich
ein Widerspruch?

Widerspruchs-
verfahren
kostenfrei

Das Widerspruchsverfahren kostet nichts, und Sie riskieren nichts. Mehr als eine Ablehnung des Widerspruchs kann nicht passieren; insbesondere darf die Widerspruchsstelle Sie durch den Widerspruchsbescheid nicht schlechter stellen als vor dem Widerspruch (BSG vom 18.6.2008 – B 14/11b AS 67/06 R). Davon gibt es allerdings Ausnahmen. Dürfte die AA unabhängig vom Widerspruch einen Rücknahme- oder Änderungsbescheid nach §§ 45, 48 SGB X erlassen, darf sie diese Entscheidung mit dem Widerspruchsverfahren verbinden (LSG Mecklenburg-Vorpommern vom 25.3.2015 – L 5 U 8/13). Dafür haben Sie aber die Chance, dass die AA unter Umständen einen fehlerhaften Bescheid korrigiert, und Sie verhindern, dass der Bescheid durch Fristablauf endgültig rechtsverbindlich ist.

Sie können den Widerspruch auf zwei Wegen einlegen:

Widerspruch
selbst schreiben

■ Sie schreiben den Widerspruch selbst. Wichtig ist, dass Sie sich von dem Widerspruch – wie auch von allen Schreiben an die AA – eine Kopie machen, damit Sie später wissen, was Sie geschrieben haben. Der Widerspruch muss grundsätzlich in Deutsch eingelegt werden. Arbeitslose aus bestimmten Ländern (→ S. 27) können ihre Muttersprache benutzen.

Widerspruch
zu Protokoll

■ Falls Sie nicht selbst schreiben wollen, können Sie den Widerspruch von der Widerspruchsstelle bei der AA protokollieren lassen. Die AA ist zur Protokollierung Ihres Widerspruchs verpflichtet; dazu müssen Sie allerdings zur AA gehen. Ein Telefonanruf zur Protokollierung des Widerspruchs ist nicht möglich.
Aber auch wenn Sie den Widerspruch zu Protokoll geben, ist es sinnvoll, sich die Begründung vorher kurz zu notieren, damit Sie nicht auf die Formulierungshilfe des Sachbearbeiters angewiesen sind.

Lesen Sie den protokollierten Widerspruch auf jeden Fall durch, bevor Sie ihn unterschreiben, und prüfen Sie, ob der Sachbearbeiter auch wirklich Ihre Worte aufgeschrieben hat.

Sie müssen den Widerspruch innerhalb eines Monats bei der AA einlegen. Die Frist beginnt mit dem Zugang des Bescheides bei Ihnen. Für den Fristbeginn kommt es nicht auf das Datum des Bescheides oder den Poststempel an, also wann die AA den Bescheid absandte. Entscheidend ist vielmehr der Zeitpunkt, in dem Sie den Bescheid in den Briefkasten bekommen haben oder er Ihnen auf dem Amt ausgehändigt wurde. § 37 Abs. 2 Satz 1 SGB X geht davon aus, dass ein Brief, der mit der Post versandt wird, am dritten Tag nach der Absendung den Empfänger erreicht. Wenn Sie nicht mehr wissen, wann der Bescheid bei Ihnen eingegangen ist, können Sie davon ausgehen, dass Sie den Brief nicht vor dem dritten Tag nach dem Ausstellungsdatum erhalten haben; die Widerspruchsfrist von einem Monat können Sie ab diesem Tag berechnen, allerdings auch, wenn der dritte Tag ein Samstag oder Sonntag ist (BSG vom 6.5.2010 – B 14 AS 12/09 R).

Frist: 1 Monat

Auf den Zugang kommt es an

Die Widerspruchsfrist ist nur eingehalten, wenn der Widerspruch innerhalb der Widerspruchsfrist bei der AA eingegangen ist. Wenn es zeitlich knapp wird, kann das Widerspruchsschreiben in den Briefkasten der AA eingeworfen werden. Ein Einwurf in den (Nacht-)Briefkasten der AA vor Mitternacht des letzten Tages genügt. Besser noch ist eine Übermittlung per Fax, weil sich dann die Absendung beweisen lässt.

Fällt das Fristende auf einen Samstag, Sonntag oder Feiertag, so gilt die Frist als gewahrt, wenn der Widerspruch am folgenden Werktag bei der AA eingeht.

Wird der Widerspruch mit der Post übersandt, sollte dies per Einschreiben mit Rückschein erfolgen, damit Sie nachweisen können, dass Sie den Widerspruch abgesandt haben. Aber Vorsicht: Einschreibesendungen dauern länger als normale Briefe; also genügend Zeit für die Einhaltung der Frist einkalkulieren.

Am sichersten ist die Abgabe des Widerspruchs bei der AA selbst – am besten in der Widerspruchsstelle. Sie sollten sich unbedingt die Abgabe auf Ihrer Kopie bestätigen lassen, z. B. durch einen Eingangsstempel. Wenn die Zeit knapp ist, genügt es, dass Sie zunächst den Widerspruch ohne Begründung einlegen und die Begründung nachreichen. Teilen Sie in Ihrem Widerspruch gleich mit, dass Sie die Begründung nachreichen werden, damit der Widerspruch nicht einfach als unbegründet abgewiesen wird.

Will die AA einen Widerspruch als verspätet zurückweisen, so muss die AA zunächst den Zugang des angegriffenen Bescheides nachweisen (HessLSG vom 9.3.2005 – L 6 AL 1276/03, info also 2005, S. 260). Da es bei der Post Verzögerungen bei der Zustellung oder sogar Verluste von Briefsendungen geben kann, ist es für die AA in der Regel nicht so einfach, den Zugang an einem bestimmten Tag nachzuweisen, wenn nicht förmlich zugestellt worden ist.

Haben Sie trotz aller Bemühungen die Ein-Monats-Frist versäumt, ist noch nicht alles verloren. Was Sie dann tun können, → S. 668 f.

Ausnahmsweise verlängert sich die Widerspruchsfrist auf ein Jahr, wenn der Bescheid keine oder eine unrichtige Rechtsbehelfsbelehrung enthält.

Was muss

Der Widerspruch **muss** enthalten:

- Ihren Namen und Ihre Anschrift;

- das Datum des Bescheids, gegen den Sie sich wenden.

und was sollte ein Widerspruch enthalten?

Weiterhin **sollte** der Widerspruch enthalten:

- Ihre Kundennummer;

- Ihre Unterschrift;

- eine Begründung. Hier sollten Sie schreiben, warum Sie den Bescheid für falsch halten. Häufig (z. B. bei Sperrzeitbescheiden) geht die AA von falschen Tatsachen aus. Dann sollten Sie in Ihrem Widerspruch ausführlich schreiben, wie es wirklich gewesen ist.

Auch wenn Sie den Widerspruch nicht begründet haben, ist die AA verpflichtet, das bisherige Verfahren auf seine Richtigkeit zu kontrollieren. Ohne Begründung macht sich die Widerspruchsstelle in der Regel jedoch keine große Mühe.

2   **Muster: Widersprüche**

Wir bringen Muster für Widersprüche in typischen Situationen. Zu jedem Widerspruch haben wir eine von vielen denkbaren Begründungen verfasst. Allgemein gültige Hinweise für die Begründung können wir nicht geben, da diese stets vom Einzelfall abhängt.

Muster
**Widerspruch gegen Ablehnungsbescheid bei Antrag
auf Arbeitslosengeld**

David Zunder   30.7.2017
Schöne Aussicht 13
60311 Frankfurt

An die
Agentur für Arbeit Frankfurt am Main
Widerspruchsstelle

Kundennummer ....
Widerspruch gegen Ihren Bescheid vom 15.7.2017

Sehr geehrte Damen und Herren,

gegen Ihren Bescheid vom 15.7.2017, mir zugegangen am 18.7.2017,
mit dem Sie meinen Antrag vom 2.6.2017 auf Gewährung von Arbeitslosengeld ablehnen, lege ich

Widerspruch

ein.

Gründe:
Sie behaupten, ich hätte die Anwartschaftszeit von zwölf Monaten innerhalb der Rahmenfrist nicht erfüllt. Dies ist unzutreffend. Neben
meiner versicherungspflichtigen Beschäftigung als Arbeiter bei der Fa.
... in der Zeit von ... bis ... haben Sie folgende Versicherungszeit unberücksichtigt gelassen:

Im Anschluss an eine 6-wöchige Krankheit, für die ich von der Fa. ...
Entgeltfortzahlung erhielt, bezog ich von der Krankenkasse noch für
weitere drei Wochen Krankengeld. Diese Zeit ist anwartschaftsbegründend.

Angesichts dieser Umstände bitte ich, den Bescheid umgehend aufzuheben und das beantragte Arbeitslosengeld sofort zu bewilligen.

Mit freundlichen Grüßen

David Zunder

Muster[1]

Widerspruch gegen (zu geringe) Dauer des Arbeitslosengeldes

Gegen Ihren Bescheid vom 15.7.2017, mir zugegangen am 18.7.2017, mit dem Sie mir Arbeitslosengeld nur für sechs Monate bewilligen, lege ich **Widerspruch** ein.

Gründe:
Sie haben meinen unbezahlten Urlaub bei Berechnung der Anwartschaftszeit nicht berücksichtigt. Da ich weniger als vier Wochen unbezahlten Urlaub hatte und dieser auch nicht nachträglich an das ursprünglich vereinbarte Ende des Beschäftigungsverhältnisses angehängt worden ist, muss diese Zeit berücksichtigt werden (§ 7 Abs. 3 Satz 1 SGB IV). Danach beträgt meine Anwartschaftszeit mehr als 16 Monate. Damit steht mir für acht Monate Alg zu.

Muster[1]

Widerspruch gegen Sperrzeitbescheid wegen verspäteter Arbeitsuchmeldung

Gegen Ihren Bescheid vom 13.7.2017, mir zugegangen am 16.7.2017, mit dem Sie mir Arbeitslosengeld wegen verspäteter Arbeitsuchmeldung erst ab 8.6.2017 bewilligen, obwohl ich schon seit dem 1.6.2017 arbeitslos bin, lege ich **Widerspruch** ein.

Gründe:
Die Sperrung des Arbeitslosengeldes für eine Woche ist rechtswidrig, weil ich von der Pflicht zur frühzeitigen Arbeitsuchmeldung nichts ahnte; mein Arbeitgeber hat mich nicht darauf hingewiesen, dass ich mich innerhalb von drei Tagen nach Erhalt der Kündigung arbeitsuchend melden muss.
Unverschuldete Unkenntnis der Meldepflicht schließt eine Sanktion aus (BSG vom 17.10.2007 – B 11a AL 72/06 R, vom 18.8.2005 – B 7a/7 AL 4/05 R und B 7a/7 AL 94/04 R und vom 25.5.2005 – B 11a/11 AL 81/04 R; ebenso LSG Baden-Württemberg vom 21.8.2008 – L 7 AL 3358/08).
Ich beantrage deshalb,
den Bewilligungsbescheid vom 13.7.2017 abzuändern und mir Arbeitslosengeld auch für die Zeit vom 1.–7.6.2017 zu bewilligen.

---

[1] Briefkopf und Gestaltung s. Muster → S. 659.

Muster[1]
Widerspruch gegen Sperrzeitbescheid wegen Arbeitsplatzverlustes

---

Gegen Ihren Bescheid vom 15.7.2017, mir zugegangen am 18.7.2017, mit dem Sie eine zwölfwöchige Sperrzeit verhängt haben, lege ich **Widerspruch** ein.

Gründe:
Die Kündigung erfolgte nicht wegen des vom Arbeitgeber angegebenen verhaltensbedingten Grundes, einem Streit mit meinem Meister. In Wahrheit liegen personen-/betriebsbedingte Gründe vor: Ich war arbeitsunfähig erkrankt. Außerdem rationalisiert die Geschäftsleitung zurzeit Arbeitsplätze weg. Der Arbeitgeber wollte lediglich die bei betriebsbedingten Kündigungen erforderliche Sozialauswahl unter den vergleichbaren Arbeitnehmern durch das Vorschieben von verhaltensbedingten Gründen umgehen.

Im Übrigen habe ich gegen die Kündigung Klage beim Arbeitsgericht Frankfurt am Main erhoben. Das Aktenzeichen lautet: 11 Ca 108/17. Termin ist bestimmt auf den 25.10.2017. Angesichts dieser Umstände bitte ich um umgehende Aufhebung des Sperrzeitbescheides.

Hilfsweise beantrage ich, die Sperrzeit gemäß § 159 Abs. 3 Satz 2 Nr. 2b SGB III auf sechs Wochen zu ermäßigen, da eine Sperrzeit von zwölf Wochen für mich eine besondere Härte aus folgenden Gründen darstellen würde: ...

Muster[1]
Widerspruch gegen rückwirkende Entziehung des Alg

Gegen Ihren Bescheid vom 23.8.2017, mir zugegangen am 25.8.2017, mit dem Sie mir das gezahlte Alg ab 4.1.2017 teilweise entziehen, lege ich **Widerspruch** ein.

Gründe:
Sie durften die Bewilligung des Alg nicht teilweise für die Vergangenheit zurücknehmen. Zwar haben Sie mir mit Bescheid vom 4.1.2017 Alg unter Berücksichtigung einer Abfindung gezahlt. Mich trifft an der Überzahlung kein Verschulden. Ich konnte Ihrem Bescheid nicht entnehmen, dass Sie von falschen Voraussetzungen ausgegangen sind. Hierzu verweise ich auf das BSG vom 8.2.2001 – B 11 AL 21/00 R, SozR 3–1300 § 45 Nr. 45. Ich wusste nicht, wie das Alg im Einzelnen berechnet wird. Der Betrag von täglich 24,90 € Alg war auch nicht so hoch, dass sich mir die Unrichtigkeit Ihrer Berechnung aufdrängen musste. Deshalb bitte ich um Aufhebung des Bescheides.

---

[1] Briefkopf und Gestaltung s. Muster → S. 659.

3   Das Widerspruchsverfahren
§§ 78 ff. SGG

Widerspruchs-bescheid

Über den Widerspruch entscheidet die AA durch einen schriftlichen Bescheid.

Hält die AA Ihren Widerspruch für berechtigt, so erlässt sie einen Abhilfebescheid. Dieser hebt den angegriffenen Bescheid auf oder ändert ihn ab.

Hält die AA den Bescheid für richtig, dann weist sie den Widerspruch durch den Widerspruchsbescheid zurück.

Begründung

Die AA muss den Widerspruchsbescheid begründen.

Rechtsbehelfs-belehrung

Jeder Bescheid ist mit einer Rechtsbehelfsbelehrung zu versehen. Diese informiert Sie darüber, dass Sie – falls Sie mit dem Widerspruchsbescheid nicht einverstanden sind – innerhalb einer Frist von einem Monat nach Zugang des Bescheides gegen den Widerspruchsbescheid vor dem SG klagen können.

4   Kein Widerspruch bei »Vorläufiger Entscheidung«
§ 328 SGB III

Widerspruch brauchen Sie nicht einzulegen, wenn die AA eine nur vorläufige Entscheidung (§ 328 SGB III) gefällt hat.

3 Fallgruppen

Das kann sie in drei Fällen:

- wenn über eine Vorschrift des SGB III vor dem Bundesverfassungsgericht oder dem Europäischen Gerichtshof gestritten wird;

- wenn eine Grundsatzentscheidung beim BSG ansteht;

- wenn aus tatsächlichen Gründen ohne Verschulden des Arbeitslosen nicht sofort endgültig entschieden werden kann.

Die Entscheidung muss als »vorläufig« bezeichnet werden.
Der Vorteil der vorläufigen Entscheidung ist die schnelle Bewilligung. Sie müssen aber gegebenenfalls zu viel Gezahltes erstatten.

Achten Sie darauf, ob der Bescheid insgesamt vorläufig ist oder nur teilweise. Wenn z. B. der Bescheid über die Höhe einer Leistung nur vorläufig entscheidet, müssen Sie Widerspruch einlegen, wenn Sie mit Beginn und Dauer der Leistung nicht einverstanden sind.
Wenn Sie der Meinung sind, die Voraussetzungen für eine vorläufige Entscheidung lägen nicht vor, die AA müsse gleich endgültig entscheiden, können Sie dies mit Widerspruch und Klage geltend machen (BSG vom 15.8.2002 – B 7 AL 24/01 R, SozR 3–4100 § 147 Nr. 1). Auch können Sie sich gegen einen vorläufigen Bescheid wehren, wenn er die unstreitigen Punkte nicht richtig umsetzt.

Muster
Antrag auf vorläufige Entscheidung

An die
Agentur für Arbeit Frankfurt am Main

Kundennummer: ....
Mein Antrag auf Arbeitslosengeld vom 3.2.2017
Antrag auf vorläufige Entscheidung

Sehr geehrte Damen und Herren,

ich bitte, über meinen Alg-Antrag gemäß § 328 Abs. 1 Satz 1
Nr. 1 SGB III **vorläufig zu entscheiden.**

Gründe:
Ich halte die Arbeitsbescheinigung meines Arbeitgebers für falsch.
Tatsächlich habe ich im Bemessungszeitraum noch Provisionen bekommen, die in der Arbeitsbescheinigung nicht enthalten sind. Da ich
nicht warten kann, bis mein Arbeitgeber die Arbeitsbescheinigung berichtigt hat, bitte ich um eine vorläufige Entscheidung.

II   Die Klage vor dem Sozialgericht (SG)
§§ 87 ff. SGG

1   Was Sie bei einer Klage beachten müssen

Im Gegensatz zum Widerspruchsverfahren, bei dem die AA
selbst ihre Entscheidung überprüft, wird durch die Klage beim SG die
Entscheidung der AA durch ein Gericht überprüft.

Zwei Voraussetzungen muss jeder Kläger erfüllen:

- Sie können die Klage in der Regel erst einlegen, wenn Sie Wider- **Abgeschlossenes**
  spruch erhoben haben und das Widerspruchsverfahren abge- **Widerspruchs-**
  schlossen ist. Ohne abgeschlossenes Widerspruchsverfahren war- **verfahren**
  tet das SG zunächst ab, bis der Widerspruchsbescheid vorliegt. Es
  kann die Klage aber auch gleich als unzulässig abweisen mit der
  Folge, dass Sie nach Vorliegen des Widerspruchsbescheids erneut
  fristgerecht klagen müssen.

- Die Klage muss binnen eines Monats nach Zugang des Wider- **Klagefrist:**
  spruchsbescheides erhoben worden sein, sonst wird der Wider- **1 Monat**
  spruchsbescheid bindend und die Klage abgewiesen.

Für die Frist gilt das, was auf Seite → S. 657 zur Einhaltung der Widerspruchsfrist gesagt wurde, entsprechend.

Fehlt im Widerspruchsbescheid die Rechtsbehelfsbelehrung oder ist sie falsch, so verlängert sich die Klagefrist auf ein Jahr.

Klage zweifach   Die Klage soll zweifach beim SG eingereicht werden.

Kopie   Wichtig: Kopie der Klageschrift für die eigene Akte behalten!

Babylon ist möglich   Obwohl die Gerichtssprache grundsätzlich Deutsch ist, kann die Klage von Ausländern rechtsgültig auch in der Sprache eines der auf → S. 27 aufgezählten Länder eingelegt werden.

Klage zu Protokoll   Sie können – wie beim Widerspruch – die Klage auch zu Protokoll erklären. Sie müssen dann in die Rechtsantragsstelle des SG gehen und den Sachverhalt schildern. Diese fertigt dann ein Klageprotokoll an, das Sie, nachdem Sie sich vergewissert haben, dass alles richtig aufgenommen ist, unterschreiben müssen. Die Klage kann nicht telefonisch erhoben werden.

Was muss die Klage enthalten?   Die Klage **muss** Angaben enthalten darüber:

- wer die Klage einlegt (Ihren Namen, Ihre Anschrift) und gegen wen sich die Klage richtet (gegen die BA);

- wogegen sich die Klage richtet.

Was soll die Klage enthalten?   Die Klage **soll** Angaben enthalten darüber:

- was beantragt wird (z.B. Aufhebung eines Sperrzeitbescheides und Zahlung von Alg usw.);

- Unterschrift sowie Ort und Datumsangabe;

- eine Begründung, warum Sie den Bescheid für falsch halten, und die Beweismittel, auf die Sie Ihre Begründung stützen;

- die angefochtenen Bescheide sollen vorgelegt werden.

Wie beim Widerspruch hängt auch bei der Klage die Begründung vom jeweiligen Einzelfall ab. Die Begründung der Klage entspricht im Wesentlichen der Begründung des Widerspruchs. Wir verweisen daher auf die Begründungen zu den einzelnen Widerspruchsmustern.

Natürlich müssen Sie, wenn die AA im Widerspruchsbescheid neue Gründe anführt, diese in der Klagebegründung zusätzlich behandeln und wenn möglich widerlegen.

2   Muster
Klage gegen einen Sperrzeitbescheid

Elfriede Wehrmich   1.7.2017
Holzweg 4
60389 Frankfurt

An das
Sozialgericht Berlin

Klage

des Hilfsarbeiters David Zunder   – Klägers –

gegen

die Bundesagentur für Arbeit,
vertreten durch den Vorstand der BA,
dieser vertreten durch die Geschäftsführung
der Agentur für Arbeit Berlin Nord   – Beklagte –

wegen Zahlung von Alg / Verhängung einer Sperrzeit

Ich beantrage,
den **Bescheid** vom 15.1.2017, mir zugegangen am 19.1.2017, mit
dem gegen mich eine Sperrzeit von drei Wochen verhängt wurde, in der
Fassung des Widerspruchsbescheides vom 11.6.2017 aufzuheben.

Begründung:
Mit Bescheid vom 15.1.2017 hat die Beklagte gegen mich eine Sperrzeit von drei Wochen für die Zeit vom 1.1.2017 bis 21.1.2017 verhängt, weil ich mich geweigert habe, eine von der Beklagten angebotene Arbeit bei der Firma X anzutreten.
Beweis: Bescheid vom 15.1.2017.
Hiergegen legte ich am 3.2.2017 Widerspruch ein,
Beweis: Widerspruchsschreiben vom 3.2.2017,
und erhielt am 14.6.2017 den ablehnenden Widerspruchsbescheid
vom 11.6.2017.
Beweis: Widerspruchsbescheid vom 11.6.2017.

Die Sperrzeit ist rechtswidrig.
Ich habe die angebotene Arbeit nicht abgelehnt. Dass der Arbeitgeber
mich nicht eingestellt hat, ist nicht meine Schuld. Für die von der AA
angebotene Beschäftigung wurde ein Facharbeiter gesucht. Ich habe
zwar zeitweise Arbeiten des entsprechenden Berufs verrichtet, verfüge aber nicht über eine reguläre Ausbildung. Auf die Frage des Arbeitgebers nach meiner Qualifikation musste ich ehrlich antworten. Meine Erfahrung genügte ihm nicht, er suchte vorrangig einen Facharbeiter mit langjähriger Erfahrung, den er dann auch gefunden hat.

> Meiner Meinung nach liegt eine Fehlvermittlung der AA vor, sie hätte mit dem Arbeitgeber klären müssen, welche Qualifikation er von dem Stellenbewerber erwartet, und unter den Arbeitslosen eine dieser Erwartung genügende Auswahl treffen müssen.
>
> Für den Fehler der AA darf ich nicht mit einer Sperrzeit bestraft werden. Ich musste die Frage des Arbeitgebers bei dem Vorstellungsgespräch ehrlich beantworten, obwohl ich bereits erkannt hatte, dass ich mich damit um die Chance einer Einstellung bringe. Arbeitsrechtlich war ich zu einer zutreffenden Antwort verpflichtet.
>
> Mit freundlichen Grüßen
>
> Elfriede Wehrmich

3 Das Verfahren vor den Sozialgerichten
§§ 103 ff. SGG

SG ermittelt von Amts wegen

Das SG ermittelt nach Eingang der Klage von Amts wegen den Sachverhalt.

Klagen begründen

In der Klageschrift sollen möglichst die der Begründung der Klage dienenden Tatsachen und Beweismittel benannt werden. Haben Sie zunächst nur zur Fristwahrung Klage erhoben, sollten Sie die Begründung alsbald nachreichen. Es empfiehlt sich in Ihrem eigenen Interesse, die Klage so vollständig und ausführlich wie möglich zu begründen.

Die AA muss dem Gericht alle Akten, die Ihren Fall betreffen, übersenden. Sie können deshalb davon ausgehen, dass das SG den Vorgang, wie er sich aus der Akte der AA ergibt, kennt. Auch Ihre Stellungnahmen, z. B. im Rahmen der Anhörung oder die Begründung des Widerspruchs, liegen dem Gericht vor. Sie brauchen sie nicht noch einmal vorzulegen oder zu wiederholen. Nur den Bescheid, gegen den Sie sich wehren, und den dazugehörenden Widerspruch müssen Sie dem Gericht vorlegen, damit das Gericht klar erkennen kann, wogegen sich Ihre Klage richtet.

Oft gibt die Richterin den Beteiligten in einem frühen Stadium des Verfahrens schriftlich Hinweise zur Rechtslage oder macht einen Vergleichsvorschlag.

 Beantworten Sie Fragen des Gerichts möglichst umgehend, insbesondere wenn das gerichtliche Schreiben eine Frist setzt und damit droht, dass verspätetes Vorbringen bei der Entscheidung nicht mehr beachtet wird.

Das SG entscheidet in der Regel aufgrund einer mündlichen Verhandlung, zu der Kläger wie Beklagte geladen und in der unter Umständen Zeugen vernommen werden. Eine Entscheidung ergeht in diesem Fall durch Urteil, das von einem Berufsrichter/einer Berufsrichterin und zwei ehrenamtlichen Richtern/Richterinnen getroffen wird.

Das SG kann gemäß § 105 Abs. 1 Satz 1 SGG ohne mündliche Verhandlung durch Gerichtsbescheid entscheiden, wenn die Sache rechtlich einfach ist, der Sachverhalt klar ist und die Beteiligten vorher angehört worden sind. Der Gerichtsbescheid hat die Wirkung eines Urteils.

Gerichtsbescheid

Auch wenn Sie der Entscheidung durch Gerichtsbescheid nicht zustimmen, darf das Gericht ohne mündliche Verhandlung entscheiden. Das ist einfacher und mag auch den Interessen Ihres Rechtsanwalts entsprechen, der Zeit spart, wenn er nicht an einer Verhandlung teilnehmen muss.

Wir empfehlen Ihnen, regelmäßig der Ankündigung einer Entscheidung ohne mündliche Verhandlung zu widersprechen, wenn Sie nicht wenigstens in einem Erörterungstermin die Möglichkeit hatten, dem Richter/der Richterin Ihre Sicht des Verfahrens und des zu Grunde liegenden Sachverhalts darzulegen. Aber auch sonst kann eine mündliche Verhandlung sinnvoll sein, weil dann der Richter/die Richterin nicht allein entscheidet, sondern zusammen mit zwei ehrenamtlichen Richtern. Schildern Sie in der mündlichen Verhandlung möglichst genau, warum Sie mit der Entscheidung der AA nicht einverstanden sind. Insbesondere bei tatsächlichen Fragen, also z.B. beim Hergang eines Sperrzeitsachverhalts, sollten Sie dem Gericht umfassend darlegen, was sich tatsächlich zugetragen hat. Nicht selten ergibt sich daraus ein neuer Gesichtspunkt, der sich zu Ihren Gunsten auswirken kann.

Ein Rechtsstreit kann außer durch Urteil oder Beschluss auch durch Anerkenntnis der AA, Vergleich oder Rücknahme der Klage enden.

Wenn Sie mit einer Entscheidung des SG nicht einverstanden sind, ist grundsätzlich die Berufung an das Landessozialgericht (LSG) zulässig (§§ 143 ff. SGG). Nicht zulässig ist die Berufung, wenn lediglich ein Betrag bis zu 750 € streitig ist; betrifft der Betrag bis 750 € eine wiederkehrende oder laufende Leistung für mehr als ein Jahr, ist die Berufung möglich. Lässt das SG die Berufung bei einem Beschwerdewert von bis zu 750 € nicht zu, können Sie Nichtzulassungsbeschwerde einlegen (§ 145 SGG). Das LSG muss die Berufung zulassen, wenn die Streitsache grundsätzliche Bedeutung hat, das SG von der Rechtsprechung des BSG oder des LSG, das für die Berufung zuständig ist (LSG Nordrhein-Westfalen vom 19.9.2013 – L 6 AS 547/12 NZB), abgewichen ist oder wenn dem SG ein Verfahrensfehler unterlaufen ist.

Berufung zum LSG

Wird gegen Ihren Willen durch Gerichtsbescheid entschieden, sollten Sie Berufung einlegen. Das LSG muss dann auf Grund einer mündlichen Verhandlung entscheiden, weil Sie nach der Europäischen Menschenrechtskonvention Anspruch auf eine mündliche Verhandlung vor Gericht haben. Ist die Berufung gegen einen Gerichtsbescheid nicht zulässig, können Sie nachträglich die Durchführung einer mündlichen Verhandlung durch das Sozialgericht beantragen. Berufung und Nichtzulassungsbeschwerde müssen Sie innerhalb eines Monats nach Zugang des Urteils beim SG oder beim LSG einlegen.

Das Urteil des SG muss Sie über die Rechtsmittelmöglichkeiten im Einzelnen unterrichten. Ist die Rechtsmittelbelehrung mangelhaft oder fehlt sie ganz, läuft für die Berufung und die Nichtzulassungsbeschwerde eine Frist von einem Jahr (§ 66 Abs. 2 SGG).

Revision zum BSG

Schwierig ist es, gegen eine Entscheidung eines LSG (oder SG) die Revision (oder Sprungrevision) zum BSG zu erreichen. Hier müssen Sie sich zudem noch von einem Gewerkschaftssekretär oder Rechtsanwalt, am besten von einem »Fachanwalt für Sozialrecht« vertreten lassen.

III · Was tun, falls Fristen versäumt wurden?

Grundsätzlich wird der Bescheid der AA bei Versäumung der Widerspruchs-/Klagefrist rechtsverbindlich und damit gemäß § 77 SGG für den Arbeitslosen und die AA bestandskräftig. Diese Bestandskraftwirkung kann auf zwei Wegen beseitigt werden:

Überprüfung des Bescheids

■ Sie können bei der AA einen »Antrag auf Überprüfung des Bescheids« nach § 44 SGB X stellen. Näheres → S. 611.

Wiedereinsetzung in den vorigen Stand

■ Sie können bei der AA (bei Versäumung der Widerspruchsfrist) und beim SG (bei Versäumung der Klagefrist) die »Wiedereinsetzung in den vorigen Stand« beantragen (§ 27 SGB X; § 67 SGG).

Voraussetzung für die Wiedereinsetzung ist, dass Sie die Frist ohne Verschulden versäumt haben (siehe beispielsweise BSG vom 31.3.2015 – B 12 KR 84/13 B; LSG Niedersachsen-Bremen vom 10.3.2017 – L 11 AS 143/16).

Frist: 1 Monat

Der Antrag auf Wiedereinsetzung in den vorigen Stand ist bei Versäumung der Widerspruchsfrist und Versäumung der Klagefrist binnen eines Monats nach Wegfall des Hindernisses zu stellen.
Außerdem muss die versäumte Handlung (also Widerspruch oder Klage) nachgeholt werden.

Regelmäßig empfiehlt es sich, zugleich einen Antrag nach § 44 SGB X zu stellen. Sind nur Rechtsfragen streitig, genügt ein Antrag nach § 44 SGB X. Ist der Sachverhalt aus Ihrer Sicht unklar oder im Streit, tragen Sie bei einer Prüfung nach § 44 SGB X die Beweislast dafür, dass dem Ausgangsbescheid ein unrichtiger Sachverhalt zu Grunde liegt (vgl. BSG vom 25.6.2002 – B 11 AL 3/02 R). Bei einem erfolgreichen Wiedereinsetzungsantrag wird das vermieden.

IV   Was tun, falls die AA trotz Widerspruch und Klage Leistungen verweigert?

1   Antrag auf Aussetzung der Vollziehung
§ 86a Abs. 3 SGG

Allein das Einlegen eines Widerspruchs oder das Erheben einer Klage hindert die AA in der Regel nicht, einen Bescheid, durch den Ihnen eine bewilligte Leistung ganz oder teilweise entzogen wird, zu vollziehen. Widerspruch und Klage haben keine aufschiebende Wirkung, soweit es sich um die Herabsetzung oder Entziehung einer Leistung handelt (§ 86a Abs. 2 Nr. 2 SGG).

So führt beispielsweise die Aufhebung eines Alg-Bewilligungsbescheides durch einen Sperrzeitbescheid zur Sperre Ihres Alg-Bezugs, auch wenn Sie sich mit Widerspruch und Klage gegen den Sperrzeitbescheid wehren.

Antrag auf Aussetzung bei Entziehung einer laufenden Leistung

Wollen Sie, dass auch während Ihres Widerspruchs- und Klageverfahrens Ihr laufendes Alg weitergezahlt wird, dann müssen Sie einen so genannten Aussetzungsantrag stellen (nach § 86a Abs. 3 SGG im Widerspruchsverfahren und nach § 86b Abs. 1 Satz 1 Nr. 2 SGG im Klageverfahren).

Gibt die AA oder das SG Ihrem Aussetzungsantrag bei Entzug einer laufenden Leistung statt, dann erhalten Sie erst einmal weiter Alg.

Wird später Ihr Widerspruch zurückgewiesen oder Ihre Klage abgewiesen, dann verlangt die AA das zwischenzeitlich gezahlte Alg allerdings zurück.

Der Vorteil des Aussetzungsverfahrens besteht darin, dass Sie zunächst die laufende Leistung weiter erhalten. Kommt es später zur Rückforderung, dann gibt es immer noch die Möglichkeit der Stundung, Ratenzahlung oder sogar unter Umständen des Verzichts auf Rückforderung seitens der AA (→ S. 618).

Nachträglich Antrag auf Alg II

Grundsätzlich erleiden Sie keinen Nachteil, wenn Sie ohne den (erfolgreichen) Aussetzungsantrag einen Anspruch auf Alg II nach dem SGB II gehabt hätten. Sie können den Antrag noch nachträglich stellen, wenn der Antrag auf Alg I abgelehnt oder die Erstattung von gezahltem Alg I verlangt wird (LSG Berlin-Brandenburg vom 14.11.2014 – L 34 AS 950/14). Der Antrag auf Alg II wirkt dann bis zu einem Jahr zurück, aber nur auf den Zeitpunkt, zu dem Sie den letztlich erfolglosen Antrag gestellt haben (BSG vom 19.10.2010 – B 14 AS 16/09 R; SächsLSG vom 17.7.2012 – L 3 BK 1/09 NZB). Das gilt aber nur, wenn der Alg-Antrag ganz abgelehnt wird; wird Alg bewilligt und hätten Sie daneben einen Anspruch auf aufstockendes Alg II gehabt, können Sie diesen Anspruch nicht mehr für die Vergangenheit geltend machen. Auch hat das BSG vom 2.4.2014 – B 4 AS 29/13 R entschieden, dass ein

Alg I-Antrag grundsätzlich nicht zugleich im Sinne einer Meistbegünstigung einen Alg II-Antrag enthält (siehe dazu den Tip von Claus-Peter Bienert, info also 2014, S. 167). Außerdem sollten Sie bedenken, dass sozialgerichtliche Verfahren sehr lang dauern können und die Rückwirkung des späteren Alg II-Antrags für ein Jahr möglicherweise nicht ausreicht, um Sie vor Nachteilen zu schützen.

 Sie sollten deshalb immer neben einem Alg I-Antrag einen Antrag auf Alg II stellen, wenn Sie nicht ganz sicher sind, dass Sie einen solchen Anspruch nicht haben können (wegen der Höhe des Alg I oder Ihres Vermögens). Den Alg II-Antrag können Sie bei der AA mit dem Alg I-Antrag stellen; die AA muss diesen Antrag nach § 16 SGB I an das Jobcenter weiterleiten.

Haben Sie keinen Alg II-Antrag gestellt und wird der Alg I-Antrag abgelehnt, müssen Sie den nachträglichen Alg II-Antrag »unverzüglich« nach Ablauf des Monats stellen, in dem die Ablehnung des Antrags oder die Entscheidung über die Erstattung von Alg I bindend, also un-

Frist

anfechtbar geworden ist (§ 28 SGB X i. V. m. § 40 Abs. 3 SGB II). Eine genaue Fristbestimmung enthält das Gesetz nicht; es bezieht sich aber wohl auf § 121 Abs. 1 Satz 1 BGB, wonach »unverzüglich« ohne schuldhaftes Zögern bedeutet. Sie müssen den Antrag auf Alg II also sofort nach Ablauf des Monats, in dem der Bescheid über das Alg I unanfechtbar geworden ist, stellen; hierfür haben Sie wohl (ab Beginn des neuen Monats) nur einen Tag Zeit. Das wird die Rechtsprechung genau klären müssen. Zur Fristberechnung allgemein SG Dresden vom 23.7.2015 – S 32 AS 3422/13. Zum alten § 37b (jetzt § 38 Abs. 1) SGB III hat das BSG die Ansicht vertreten, dass »unverzüglich« nur einen Tag Frist gewährt, es hat allerdings betont, dass es sich bei der Erklärung nach § 37b SGB III um eine reine Tatsachenerklärung handle, die keine Überlegungen und Beratungen notwendig mache (BSG vom 25.5.2005 – B 11a/11 AL 47/04 R und 81/04 R, vom 18.8.2005 – B 7a/7 AL 80/04 R, – B 7a/7 AL 94/04 R und – B 7a AL 4/05 R und vom 20.10.2005 – B 7a AL 28/05 R und – B 7a AL 50/05 R).

Nach § 27 SGB X kann bei schuldlosem Versäumen der Frist Wiedereinsetzung gewährt werden. Das wird regelmäßig gerechtfertigt sein, wenn die AA in dem Ablehnungs- oder dem Erstattungsbescheid nicht darauf hinweist, dass und in welcher Frist Alg II-Leistungen für die Vergangenheit beantragt werden können.

Ermessensentscheidung hat unverzüglich zu ergehen

Über den Aussetzungsantrag hat die Widerspruchsstelle unverzüglich durch Verwaltungsakt zu entscheiden. Lehnt die AA die Aussetzung ab oder entscheidet sie über den Antrag nicht, kann sich der Arbeitslose an das Sozialgericht wenden und einen Aussetzungsantrag stellen (§ 86b Abs. 1 Satz 1 Nr. 2 SGG). Das Sozialgericht kann die Aussetzung mit Auflagen versehen oder befristen (§ 86b Abs. 1 Satz 3 SGG). Sie können sich nach § 86b Abs. 3 SGG auch direkt mit einem Aussetzungsantrag an das Sozialgericht wenden, wenn Sie nicht erwarten, dass die AA Ihrem Antrag abhilft.

Kein Aussetzungsantrag ist im Regelfall erforderlich, wenn die AA bereits gewährte Leistungen zurückfordert. Dann muss die AA (gemäß § 86a Abs. 1 SGG) mit ihrer Rückforderung warten, bis über den Widerspruch oder die Klage rechtskräftig entschieden ist.

Kein Aussetzungsantrag nötig bei Rückforderungen durch die AA

Die AA kann nach § 86a Abs. 2 Nr. 5 SGG die sofortige Vollziehung von Erstattungsbescheiden besonders anordnen, wenn eine sofortige Vollziehung im öffentlichen Interesse liegt. Die AA hat in diesen Fällen das besondere öffentliche Interesse schriftlich zu begründen. Ohne die schriftliche Begründung wird die Anordnung der sofortigen Vollziehung nicht wirksam. Als Begründung kann das allgemeine Interesse an der Realisierbarkeit einer Rückforderung nicht ausreichen. Das besondere öffentliche Interesse kann wohl nur darin bestehen, dass der Schuldner Widerspruch oder Klage nur erhebt, um den Zeitpunkt der Rückzahlung hinauszuschieben (vgl. BT-Drs. 13/5936, S. 37) und dadurch die Verwirklichung des Rückzahlungsanspruchs gefährdet wird. Gegenüber Arbeitslosen kommt die Anordnung der sofortigen Vollziehung von Erstattungsbescheiden selten vor.
Gegen die Anordnung der sofortigen Vollziehung können Sie sich mit einem Antrag beim SG zur Wehr setzen. Das kann auch schon vor der Erhebung der Klage geschehen.

Sofortige Vollziehung

Nachfolgend finden Sie Muster für Anträge auf Aussetzung der Vollziehung im Widerspruchs- und im Sozialgerichtsverfahren.

1.1   Muster
Antrag auf Aussetzung der Vollziehung im Widerspruchsverfahren

David Zunder   3.8.2017
Schöne Aussicht 13
60311 Frankfurt

An die
Agentur für Arbeit Frankfurt am Main
Widerspruchsstelle

Kundennummer ....
Bescheid vom 15.7.2017
Antrag auf Aussetzung der Vollziehung gemäß § 86a Abs. 3 SGG

Sehr geehrte Damen und Herren,

unter Bezugnahme auf meinen Widerspruch von heute beantrage ich, die Vollziehung des Bescheides vom 15.7.2017, mit dem wegen der zweiten Ablehnung einer von der AA angebotenen Beschäftigung eine Sperrzeit verhängt worden ist und mir mein Alg für sechs Wochen entzogen werden soll, auszusetzen.

Begründung:
Eine sofortige Vollziehung des Sperrzeitbescheides ist für mich eine besondere Härte: Ich kann meine Miete nicht mehr bezahlen und muss deshalb damit rechnen, meine Wohnung zu verlieren und obdachlos zu werden. Wie Sie der Begründung des Widerspruchs entnehmen können, bestehen sehr ernsthafte Zweifel an der Rechtmäßigkeit des Sperrzeitbescheides.

Ich darf Sie darauf hinweisen, dass über meinen Antrag unverzüglich zu entscheiden ist.

Mit freundlichen Grüßen

David Zunder

1.2   Muster
**Antrag auf Aussetzung der Vollziehung
im Sozialgerichtsverfahren**

Briefkopf und Gestaltung s. Klagemuster → S. 665.

Ich beantrage,
1. den Aufhebungsbescheid vom 9.7.2017 und den Widerspruchsbescheid vom 10.11.2017 aufzuheben und weiter Arbeitslosengeld zu zahlen,
2. die Vollziehung des Bescheides vom 9.7.2017 und des Widerspruchsbescheides vom 10.11.2017 gemäß § 86b Abs. 1 Satz 1 Nr. 2 SGG auszusetzen.

Begründung zu 1:
Der Aufhebungsbescheid ist rechtswidrig, weil ...

Begründung zu 2:
Mit meinem Widerspruch vom 2.8.2017 stellte ich gleichzeitig den Antrag, die Vollziehung des Bescheides vom 9.7.2017 auszusetzen. Dieser Antrag wurde mit Widerspruchsbescheid vom 10.11.2017 abgelehnt.
Nunmehr ist erneut der Antrag auf Aussetzung der Vollziehung zu stellen, da ich noch dringender auf das Alg angewiesen bin.
Im Übrigen bestehen, wie in meiner Klagebegründung ausgeführt, ernsthafte Zweifel an der Rechtmäßigkeit der angefochtenen Bescheide.

V   Wie Sie die AA dazu bringen können, schneller zu zahlen

1   Vorschuss
(§ 42 Abs. 1 SGB I)

Besteht ein Leistungsanspruch dem Grunde nach und steht die Bewilligung nur wegen der noch nicht berechneten Höhe der Leistungen aus, so kann ein Vorschuss verlangt werden. Ein Vorschuss muss allerdings unter Umständen zurückgezahlt werden. Gegen die Rückzahlung können Sie nicht einwenden, die Zahlung des Vorschusses sei ermessenswidrig gewesen (BSG vom 15.8.2002 – B 7 AL 24/01 R). Sie können in einem solchen Fall noch nachträglich Alg II beantragen (s. hierzu → S. 669).

Zum Vorschuss auf Insg → S. 411.
Der Vorschuss ist nicht zu verwechseln mit dem Abschlag (→ S. 593).

2   Untätigkeitsklage
§ 88 SGG

Oft müssen Arbeitslose zu lange auf Entscheidungen der AA warten. Hier kann die Untätigkeitsklage, besser nur deren Androhung, die Entscheidung beschleunigen. Das gilt insbesondere für die Entscheidung im Widerspruchsverfahren.

Für den AA-Bescheid, der auf einen Antrag hin ergehen muss, ist die Untätigkeitsklage allerdings erst sechs Monate nach Antragstellung zulässig (§ 88 Abs. 1 Satz 1 SGG). Früher ist sie nur dann zulässig, wenn die AA es ausdrücklich abgelehnt hat, einen Bescheid zu erteilen (SG Marburg vom 25.2.2016 – S 1 SB 109/14).

6 Monate nach Antragstellung

Dagegen ist eine Untätigkeitsklage schon früher möglich, wenn der Arbeitslose bereits Widerspruch eingelegt hat. Hier muss die AA im Normalfall innerhalb von drei Monaten nach Einlegung des Widerspruchs einen Widerspruchsbescheid erlassen. Tut sie das nicht, ist in diesem Fall die Untätigkeitsklage schon drei Monate nach Einlegung des Widerspruchs zulässig (§ 88 Abs. 2 SGG).

3 Monate nach Widerspruchs-einlegung

Sie sollten die AA vor Erhebung der Untätigkeitsklage an die Erledigung erinnern und die Untätigkeitsklage androhen, insbesondere wenn Sie wissen, dass die AA noch Ermittlungen anstellt (vgl. LSG Nordrhein-Westfalen vom 30.3.2012 – L 19 AS 265/12 B und – L 19 AS 343/12 B); hierzu können Sie der AA eine Frist setzen. Das ist zwar keine Zulässigkeitsvoraussetzung für die Untätigkeitsklage, kann aber Einfluss auf die Kostenentscheidung haben (LSG NRW vom 7.2.2013 – L 9 AL 367/12 B; SG Bremen vom 13.11.2016 – S 21 AS 231/15).

Meistens wird die Untätigkeitsklage nach Ablauf der Frist begründet sein mit der Folge, dass die AA die Kosten des Klageverfahrens tragen muss, d.h. bei Einschaltung eines Anwalts die Anwaltskosten, sonst die Auslagen des Klägers selbst; das Gerichtsverfahren als solches ist sowieso für Arbeitslose kostenfrei.

Begründet ist die Untätigkeitsklage, wenn die AA ohne zureichenden Grund in angemessener Frist nicht entschieden hat, also über den Antrag auf Leistung nicht innerhalb von sechs Monaten und über den Widerspruch nicht innerhalb von drei Monaten.

Gründe, die es rechtfertigen, dass die AA diese Fristen überschreiten darf, sind selten. Die AA darf z.B. dann diese Fristen überschreiten, wenn sie umfangreiche Ermittlungen bei anderen Behörden, bei Firmen oder Privatpersonen anstellen muss, und diese auf eine rechtzeitige Anfrage der AA nicht fristgemäß antworten. Aber auch in diesen Fällen muss die AA die Kosten der Untätigkeitsklage tragen, wenn sie dem Kläger nicht rechtzeitig einen Zwischenbescheid erteilt hat, in dem konkret angegeben wird, aus welchen Gründen die Entscheidung sich verzögert. Die übliche, formularmäßige Bestätigung der AA, dass der Widerspruch eingegangen sei und noch Ermittlungen angestellt werden müssten, reicht hierzu nicht aus (SächsLSG vom 28.9.2004 – L 2 B 212/03 U).

Keine Untätigkeitsklage bei Untätigkeit des Arbeitslosen

Die Fristüberschreitung kann gerechtfertigt sein, wenn der Arbeitslose selbst der AA noch für die Entscheidung maßgebliche Unterlagen einreichen muss oder angekündigt hat, dass er den Widerspruch noch begründen wird, dies aber noch nicht getan hat (LSG Nordrhein-Westfalen vom 25.10.2012 – L 2 AS 1592/012 B). Denn in diesen Fällen verursacht er selbst die Verzögerung. Allerdings kann die Klage auch bei fehlender Begründung des Widerspruchs oder anderen Mitwirkungsmängeln zulässig und begründet sein (LSG Nordrhein-Westfalen vom 27.4.2015 – L 20 AY 2/15); Sie müssen dann aber mit einer negativen Kostenentscheidung rechnen, so dass Sie die Kosten eines Rechtsanwalts u. U. selbst tragen müssen (LSG Niedersachsen-Bremen vom 19.3.2014 – L 13 AS 233/12; LSG Nordrhein-Westfalen vom 16.5.2013 – L 19 AS 535/13 B).

Weiter ist die Fristüberschreitung dann gerechtfertigt, wenn die Sache nicht dringlich war, z.B. wenn es sich nur um eine minimale Nachzahlung oder um Zinsen handelt. Insbesondere ist die Widerspruchsbescheidung nicht dringlich, wenn gegen die Rückforderung einer Leistung Widerspruch eingelegt wurde. Denn hier hat der Widerspruch aufschiebende Wirkung (§ 86a Abs. 1 SGG), d.h., der Arbeitslose braucht bis zur Entscheidung über den Widerspruch – und wenn er später gegen den Widerspruchsbescheid klagt, bis zur Entscheidung über die Klage (§ 86a Abs. 1 SGG) – die zurückgeforderten Beträge nicht an die AA zu zahlen (SG Nordhausen vom 2.2.2012 – S 12 AS 2975/10).

Untätigkeitsklagen führen nicht automatisch dazu, dass die AA schneller tätig werden und den Bescheid/Widerspruchsbescheid alsbald erlassen. Denn nicht selten führt die Untätigkeitsklage zu einer zusätzlichen Verzögerung, weil die AA ihre Akten dem Gericht vorlegen muss, diese deshalb zeitweise nicht bearbeiten kann. Da auch die Sozialgerichte überlastet sind, kann auch die Untätigkeitsklage längere Zeit in Anspruch nehmen.

2.1   Muster
Androhung einer Untätigkeitsklage

David Zunder   3.8.2017
Schöne Aussicht 13
60311 Frankfurt

An die
Agentur für Arbeit Frankfurt am Main

Kundennummer ....
Mein Antrag (Widerspruch) vom ...

Sehr geehrte Damen und Herren,

am ..., also vor mehr als sechs Monaten (beim Widerspruch: also vor mehr als drei Monaten) habe ich einen Antrag auf ... (einen Widerspruch gegen den Bescheid vom ...) eingereicht. Bis heute haben Sie über meinen Antrag (über meinen Widerspruch) nicht entschieden. Ich bin auf die Entscheidung dringend angewiesen.

Sollten Sie nicht innerhalb von 14 Tagen entscheiden, werde ich Untätigkeitsklage beim Sozialgericht erheben.

Mit freundlichen Grüßen

David Zunder

2.2   Muster
Untätigkeitsklage

Rechtsanwalt Horst Müller   20.8.2017
Neuer Weg 10
60388 Frankfurt

An das
Sozialgericht Frankfurt am Main
Gutleutstr. 136
60327 Frankfurt am Main

Untätigkeitsklage

des Schlossers David Zunder   – Klägers –

gegen

die Bundesagentur für Arbeit,
vertreten durch den Vorstand der BA,
dieser vertreten durch die Geschäftsführung
der Agentur für Arbeit Frankfurt am Main   – Beklagte –

Namens und im Auftrag des Klägers, dessen Vollmacht beigefügt ist,
erhebe ich Klage mit dem Antrag,
(bei Nichtbescheidung eines Antrages) die Agentur für Arbeit zu verurteilen, auf den Antrag vom ... (z. B. auf Gewährung von Arbeitslosengeld) einen Bescheid zu erteilen
(oder nach eingelegtem Widerspruch) die Agentur für Arbeit dazu zu
verurteilen, den Widerspruch vom ... zu bescheiden und der Agentur
für Arbeit die außergerichtlichen Kosten des Klägers aufzuerlegen.

Begründung:
Der Kläger hat einen Rechtsanspruch auf unverzügliche Bescheidung
gemäß § 88 SGG. Die Agentur für Arbeit hat nicht in der gesetzlich
vorgesehenen Frist entschieden, obwohl der Antrag vollständig (oder
der Widerspruch mit einer Begründung versehen) war. Sollte sich die
Agentur für Arbeit auf Arbeitsüberlastung berufen, weise ich schon
jetzt vorsorglich darauf hin, dass die Arbeitsüberlastung auf einem Or-
ganisationsmangel beruht. Der Bundesregierung ist seit Jahren bekannt, dass die vorhandenen Sachbearbeiter angesichts der seit Jahren sehr hohen Arbeitslosenzahlen nicht ausreichen (vgl. z. B. Binder
in Lüdtke, Sozialgerichtsgesetz, 4. Auflage 2012, § 88 Anm. 15; LSG
Niedersachsen vom 5.8.1998 – L 3 B 96/98 KG).

Horst Müller
Rechtsanwalt

3   **Einstweilige Anordnung**

Schließlich gibt es nach § 86b Abs. 2 SGG den Antrag auf »Einstweilige Anordnung« beim SG, um eine Entscheidung schnell herbeizuführen.

Zu beachten ist, dass die »Einstweilige Anordnung« nur einen vorläufigen Rechtsschutz darstellt, deshalb das Hauptsacheverfahren nicht ersetzt und auch nicht die Widerspruchs- oder Klagefrist wahrt.

Zu beachten ist weiter, dass ein Rechtsanwalt für die Einstweilige Anordnung zusätzlich (zu der normalen Klage) Gebühren berechnet.

Eine einstweilige Anordnung kommt grundsätzlich in Betracht, wenn die AA Ihnen eine beantragte Leistung verweigert. Da während des Rechtsstreits notfalls Alg II den Lebensunterhalt sichern muss, wird ein Antrag auf Erlass einer einstweiligen Anordnung mit dem Ziel der Alg-Zahlung nur ausnahmsweise erfolgreich sein. Prüfen Sie zunächst, ob es günstiger ist, Alg II zu beziehen, weil Sie Alg eventuell zurückzahlen müssen. Gegen die Rückzahlung können Sie nicht einwenden, die Leistung hätte Ihnen nicht bewilligt werden dürfen (BSG vom 15.8.2002 – B 7 AL 24/01 R).

Im Wesentlichen ist in drei Fällen an einen Antrag auf eine Eilentscheidung mit Aussicht auf Erfolg zu denken:

- Ist der Abstand zwischen dem Alg und dem Alg II sehr groß und würde die Verweisung auf die Entscheidung in der Hauptsache zu erheblichen Veränderungen Ihrer Lebensverhältnisse führen, die später nicht mehr oder nur schwer rückgängig gemacht werden können (z. B. Aufgabe einer Wohnung), kann eine einstweilige Anordnung ergehen, wenn der Leistungsanspruch bei vorläufiger Prüfung besteht.

- Ist die Sicherung der Rechtsposition nur durch eine sofortige Entscheidung möglich, weil die rechtswidrige Versagung später nicht mehr zu heilen ist, wird eine einstweilige Anordnung zu erlassen sein, wenn es sich um einen erheblichen Rechtsverlust handelt und die Klage bei vorläufiger Prüfung aussichtsreich erscheint. Das ist z. B. der Fall, wenn die AA die Zahlung eines Gründungszuschusses nach §§ 93, 94 SGB III, ohne die eine selbstständige Tätigkeit nicht begonnen werden kann, versagt.

- Auch die Teilnahme an einer Maßnahme der beruflichen Weiterbildung oder an einer Maßnahme der Teilhabe am Arbeitsleben kann durch eine einstweilige Anordnung gesichert werden (vgl. z. B. LSG Baden-Württemberg vom 23.12.2013 – L 8 AL 5175/13 ER-B; LSG Niedersachsen-Bremen vom 6.12.2010 – L 15 AS 377/10 B ER; HessLSG vom 28.1.2010 – L 6 AL 167/09 B ER; SG Bremen vom 28.9.2006 – S 13 AL 183/06 ER, info also 2007, S. 20; SächsLSG vom 31.1.2005 – L 2 B 192/04 AL-ER).

VI Sich allein wehren oder sich vertreten lassen?
§ 73 SGG

Sowohl im Widerspruchs- als auch im Klageverfahren vor dem SG und dem LSG kann sich jeder selbst vertreten.
Sie können sich aber auch von einem Rechtsanwalt, vom Rechtsschutzsekretär Ihrer Gewerkschaft oder von einem Beistand vertreten lassen.

Rechtsanwalt

Wenn Sie einen Rechtsanwalt beauftragen, kostet dies unter Umständen Geld, falls Sie den Prozess verlieren (→ S. 681).
Da das Arbeitslosenrecht ein Rechtsgebiet ist, in dem Anwälte nicht viel verdienen können, gibt es nur wenige Rechtsanwälte, die sich im Arbeitslosenrecht gut auskennen. Sie sollten deshalb einen »Fachanwalt für Sozialrecht« beauftragen.

Gewerkschaftlicher Rechtsschutz

Als Gewerkschaftsmitglied können Sie kostenlos den Rechtsschutzsekretär Ihrer Einzelgewerkschaft oder den Rechtsschutzsekretär des DGB beauftragen.

Beistand

Als Beistände sind nur noch Familienangehörige oder unentgeltlich arbeitende Juristen zugelassen.

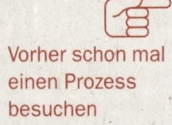

Vorher schon mal einen Prozess besuchen

Sie sollten sich vor der mündlichen Verhandlung eine Sozialgerichtsverhandlung ansehen. Das hat den Vorteil, dass Sie sich schon etwas auskennen und mit der Gerichtssituation vertrauter sind. Die Verhandlungen sind öffentlich. Am besten erkundigen Sie sich, welcher Richter oder welche Richterin für Ihren Fall zuständig ist, und besuchen eine Verhandlung dieses Richters oder dieser Richterin.

VII Was kostet die Rechtsverfolgung?

1 Kosten
§§ 183 ff. SGG

Das Widerspruchsverfahren ist kostenfrei.
Das sozialgerichtliche Verfahren ist für Versicherte, Leistungsempfänger und deren Sonderrechtsnachfolger nach § 56 SGB I sowie die Personen, die bei erfolgreichem Prozess zu diesem Personenkreis gehören, kostenfrei (§ 183 SGG). Arbeitslose brauchen also keine Gerichtsgebühren zu zahlen. Das gilt aber schon nicht mehr für alle Fälle der Rechtsnachfolge, weil § 56 SGB I nur für laufende Geldleistungen gilt, nicht aber für Einmalleistungen wie das Insolvenzgeld. Hier fallen Gerichtskosten zwar nicht für die Instanz an, in dem die Rechtsnachfolge eintritt (§ 183 Satz 2 SGG), aber für die nächste Instanz, oder wenn die Rechtsnachfolge vor Klageerhebung eintritt, für den gesamten Prozess.

Regelmäßig keine Gerichtskosten für Arbeitslose

Gerichtskosten nach dem Gerichtskostengesetz müssen alle anderen Gruppen tragen, z. B. Arbeitgeber, soweit sie nicht Leistungsbezieher sind (BSG vom 22.9.2004 – B 11 AL 33/03 R, SozR 4–1500 § 183 Nr. 2).

Arbeitslose (aber auch die BA) können vom Sozialgericht mit einer so genannten »Missbrauchsgebühr« belastet werden (§ 192 SGG). Das kann in zwei Fällen geschehen:

Missbrauchs-
gebühr

- Sie haben die Vertagung einer mündlichen Verhandlung oder die Anordnung eines neuen Termins zur mündlichen Verhandlung verschuldet, z. B. durch verspätete Mitteilung von entscheidungserheblichen Tatsachen (LSG Baden-Württemberg vom 24.2.2015 – L 13 AL 2675/12). Das gilt auch, wenn die Schuld bei Ihrem Vertreter oder Prozessbevollmächtigten liegt.

- Sie haben den Rechtsstreit fortgeführt, obwohl der/die Vorsitzende des Sozialgerichts Ihnen die Missbräuchlichkeit der Rechtsverfolgung dargelegt und Sie auf die Möglichkeit der Kostenauferlegung hingewiesen hat (SG Hamburg vom 22.9.2015 – S 57 AS 1303/15; LSG Nordrhein-Westfalen vom 27.5.2015 – L 19 AS 778/15 NZB). Der Hinweis kann im vorbereitenden Verfahren schriftlich oder in der mündlichen Verhandlung durch den Vorsitzenden der Kammer oder des Senats bzw. den Berichterstatter erfolgen (BayLSG vom 10.1.2017 – L 15 VK 14/16). Auch hier kann Ihnen das Verschulden des Prozessbevollmächtigten oder des Vertreters angelastet werden.
Eine Missbrauchsgebühr kann auch Ihrem Prozessbevollmächtigten auferlegt werden (LSG Berlin-Brandenburg vom 18.12.2013 – L 29 AL 88/13 und vom 29.2.2012 – L 29 AS 1144/11; LSG Niedersachsen-Bremen vom 26.8.2010 – L 8 SO 159/10; SG Karlsruhe vom 15.11.2012 – S 1 SO 3278/12). Auch gegen die AA kann eine Missbrauchsgebühr verhängt werden, wenn sie an einem offensichtlich rechtswidrigen Bescheid festhält oder wenn sie für die Entscheidung unverzichtbare Ermittlungen unterlassen hat, die das Gericht nachholen muss (LSG Nordrhein-Westfalen vom 9.7.2015 – L 10 SB 122/15 B).

Hat Sie das Gericht nicht nachweisbar auf die Möglichkeit von Missbrauchsgebühren hingewiesen, darf die Gebühr nicht verhängt werden (BayLSG vom 19.1.2010 – L 17 U 9/05; LSG Nordrhein-Westfalen vom 24.6.2011 – L 6 AS 959/11 B ER; s. aber auch LSG Baden-Württemberg vom 18.5.2010 – L 13 AS 5202/07). Das gilt auch dann, wenn der Hinweis deshalb nicht möglich ist, weil der Kläger nicht zur mündlichen Verhandlung erscheint (BSG vom 12.12.2013 – B 4 AS 17/13 R).
Missbrauch liegt nicht bereits dann vor, wenn die Klage keine Aussicht auf Erfolg hat (LSG Baden-Württemberg vom 23.6.2015 – L 11 KR 5141/14). Missbrauch ist dann anzunehmen, wenn die Rechtsverfolgung von jedem Einsichtigen als völlig aussichtslos angesehen werden muss (LSG Berlin-Brandenburg vom 23.5.2007 – L 8 B 1695/07 R und vom 25.11.2010 – L 22 LW 1/09; LSG Sachsen-Anhalt vom 20.4.2011 – L 3 R 183/09). Zu berücksichtigen ist aber die

Sicht des erstmals mit seinem einzeln gelagerten Fall betroffenen Beteiligten (LSG Sachsen-Anhalt vom 28.5.2003 – L 1 RA 36/03 ER; a. A. SächsLSG vom 31.3.2005 – L 2 U 124/04).
Der Vorwurf des missbräuchlichen Verhaltens setzt nach rechtsstaatlichen Grundsätzen subjektives Verschulden voraus (LSG Nordrhein-Westfalen vom 5.5.2010 – L 7 AS 193/10 B).

Das Verfassungsgericht des Landes Brandenburg vom 20.8.2009 – VfGBbg 39/08 hat die Auferlegung einer Missbrauchsgebühr im sozialgerichtlichen Verfahren als willkürlich bezeichnet, wenn ein Kläger in einer nur schwer überschau- und nachvollziehbaren rechtlichen Situation seine Klage nicht zurücknimmt, obwohl das Gericht ihn über die seiner Auffassung nach eindeutige Rechtslage belehrt hat. Im konkreten Fall ging es um die Berechnung der Arbeitslosenhilfe; das Verfassungsgericht war offensichtlich beeindruckt von der Schwierigkeit sozialrechtlicher Berechnung. Sozialrichter sollten bei der Entscheidung über die Verhängung von Mutwillenskosten versuchen, eine Außensicht einzunehmen.

Es hilft Ihnen nichts, wenn Sie die Klage nach der Auferlegung der Missbrauchskosten zurücknehmen.

Die Gebühr beträgt vor dem Sozialgericht mindestens 150 €, vor dem Landessozialgericht 225 € und vor dem Bundessozialgericht 300 €; sie kann erhöht werden, wenn die durch das beanstandete Verhalten verursachten Kosten höher sind. In der Praxis wird es vielfach bei den gesetzlichen Mindestbeträgen bleiben, weil es sehr schwierig ist, die durch das Prozessverhalten verursachten Kosten zu berechnen. Das LSG Thüringen vom 18.8.2005 – L 2 R 130/05 setzt die durchschnittlichen Kosten vor dem LSG mit 2.000 € an. Das LSG Nordrhein-Westfalen vom 7.12.2009 – L 2 KN 195/07 hat in der Berufungsinstanz in einer Rentensache einen Betrag von mindestens 500 €, im Verfahren der Arbeitslosenversicherung immerhin noch 300 € (vom 17.11.2010 – L 12 AL 45/09) für angemessen gehalten. Das LSG Berlin-Brandenburg vom 29.2.2012 – L 29 AS 1144/11 hat die Kosten des Berufungsverfahrens in einem Rechtsstreit über Leistungen nach dem SGB II mit 650 € angesetzt. Das SG Halle vom 15.6.2015 – S 4 AS 5343/13 hat ebenfalls in einem Rechtsstreit aus dem SGB II einen Betrag von 430 €, das LSG Mecklenburg-Vorpommern vom 27.5.2015 – L 5 U 68/12 in einer Unfallsache 500 € bei einem geschätzten Arbeitsaufwand von 1.000 € festgesetzt. Das BayLSG vom 10.1.2017 – L 15 VK 14/16 hat in einem Rechtsstreit nach dem BVG 500 € für angemessen gehalten, obwohl die durch das missbräuchliche Verhalten verursachten Kosten höher seien, weil die wohl schon alte Klägerin vom Vorgehen ihres Bevollmächtigten wahrscheinlich nicht viel wusste. Zu den Kosten können noch die der BA durch die missbräuchliche Fortführung des Verfahrens entstehenden Kosten kommen (LSG Baden-Württemberg vom 29.4.2010 – L 12 AL 5449/09).

Werden Sie vom Gericht (als Kläger oder Beklagter) geladen und ordnet das Gericht Ihr persönliches Erscheinen an, so erhalten Sie Ihre Auslagen (z. B. Fahrkosten, (Neben-)Verdienstausfall) erstattet; aber nur, wenn Sie einen Antrag stellen! Sie müssen dann auch persönlich bei Gericht erscheinen. Tun Sie das unentschuldigt nicht, kann Ihnen ein Ordnungsgeld auferlegt werden; außerdem müssen Sie die durch Ihr Verhalten verursachten Kosten tragen (§ 202 SGG i. V. m. § 390 Abs. 1 ZPO).

Bei Ladung: Auslagenerstattung beantragen!

Unter Umständen fallen außergerichtliche Kosten an. Das sind im Wesentlichen Kosten für die Vertretung im Prozess. Der gewerkschaftliche Rechtsschutz ist für Gewerkschaftmitglieder kostenlos, sodass hier keine Kosten entstehen. Beauftragen Sie einen Rechtsanwalt, so hat die BA dessen Gebühren zu bezahlen, sofern Sie den Prozess gewinnen.

Verlieren Sie den Prozess, so müssen Sie nicht die Kosten für die Rechtsvertretung der BA bezahlen.
Sie müssen aber für die Kosten Ihres Rechtsanwalts aufkommen. Die Anwaltsgebühren betragen für die 1. Instanz durchschnittlich 530 €. Hinzu kommen noch eine Pauschale für Porto und Fernsprechgebühren in Höhe von höchstens 20 €, Auslagen für Fotokopien (0,50 € pro Stück für die ersten 50 Seiten, für jede weitere Seite 0,15 €), Kosten für Fahrten des Rechtsanwalts zum Gericht (0,27 € pro km), evtl. Anwesenheitsgebühr, ein Tagegeld und 19 % Mehrwertsteuer.
Vertritt ein Rechtsanwalt in derselben Angelegenheit mehrere Auftraggeber (z. B. mehrere Umschüler klagen wegen derselben Kürzung des Alg bei Weiterbildung), dann berechnet er für jeden weiteren Auftraggeber nur 3/10 der Gebühren.

Rechtsanwaltsgebühren bei Prozessverlust

2 **Prozesskostenhilfe (PKH)**
§ 73a SGG; §§ 114 ff. ZPO

Da es für die meisten Arbeitslosen schwer ist, bei einem vor dem SG verlorenen Prozess die Rechtsanwaltsgebühren aufzubringen, sollten Sie vor jeder Klage prüfen, ob Sie nicht PKH gemäß § 73a SGG vom Staat erhalten können, wenn Sie sich von einem Rechtsanwalt vertreten lassen wollen.
PKH können Kläger erhalten, wenn sie nach ihren persönlichen und wirtschaftlichen Verhältnissen die Kosten der Prozessführung nicht, nur zum Teil oder nur in Raten aufbringen können und die beabsichtigte Rechtsverfolgung Aussicht auf Erfolg hat und nicht mutwillig erscheint (§ 73a SGG i. V. m. § 114 Abs. 1 ZPO). Was mutwillig heißt, sagt § 114 Abs. 2 ZPO.
Fehlende Mitwirkung im Verfahren bewertet das SG Leipzig vom 30.11.2016 – S 9 AS 1701/16 als mutwillige Prozessführung, die zur Ablehnung von PKH berechtige.

Nicht mutwillig

PKH kann Ihnen die Rechtsanwaltsgebühren ganz sparen oder Ihnen wenigstens ermöglichen, die Rechtsanwaltsgebühren ohne Zinsbelastung in Raten aufzubringen.

Nur bei Bedürftigkeit

Ob und in welcher Höhe Sie PKH erhalten können, hängt von Ihrem Einkommen und Ihrem Vermögen ab.

Einkommen

Zum Einkommen zählen alle Einkünfte in Geld oder Geldeswert. Bei Arbeitslosen gehören zum Einkommen insbesondere Alg u. ä. Lohnersatzleistungen. Da Sie mit diesen Leistungen ja Ihren »ordentlichen« Lebensunterhalt bestreiten sollen, brauchen Sie außerordentliche Prozesskosten nur zu tragen, wenn Ihnen dafür etwas übrig bleibt, wenn Sie also noch Einkommen haben, dass Sie dafür »einsetzen« können.

Freibeträge

»Einzusetzendes Einkommen« ist nach § 115 ZPO nur solches Einkommen, das die folgenden Freibeträge übersteigt:

Schaubild
Einkommensfreibeträge bei Prozesskostenhilfe (seit 1.1.2017)

Für	Freibetrag
Parteien, die ein Einkommen aus Erwerbstätigkeit beziehen	215 €
die Partei und ihren Ehegatten oder Lebenspartner	473 €
jede weitere Person, der die Partei aufgrund gesetzlicher Unterhaltspflicht Unterhalt leistet, je nach Lebensalter	
Erwachsene	377 €
vom 14. bis 18. Geburtstag	359 €
vom 6. bis 14. Geburtstag	333 €
bis zum 6. Geburtstag	272 €

Neben den Freibeträgen können abgesetzt werden:

Unterkunft

– die Kosten der Unterkunft (Miete, Mietnebenkosten, Heizung);

Besondere Belastungen

– außerdem besondere Belastungen, soweit sie angemessen sind. Das können z. B. sein: Schulden, Anwaltskosten und Raten für PKH aus früheren Prozessen, ärztliche Behandlungskosten, Ausgaben für Nachhilfeunterricht, Aufwendungen für berufliche Weiterbildung, Kosten, die durch Geburt, Heirat oder Tod entstehen.

Staat bezahlt

Bleiben dem Bürger nach Abzug der Freibeträge, der Kosten für Unterkunft und der besonderen Belastungen weniger als 10 € übrig, so trägt der Staat seine Anwaltskosten.

Bleiben ihm mehr als 10 €, so wird ihm das Recht eingeräumt, die Anwaltskosten in monatlichen, nach der Einkommenshöhe gestaffelten Raten zu zahlen. Bürger zahlt in Raten

Vermögen müssen Sie einsetzen, soweit dies zumutbar ist. Wann es zumutbar ist, regelt § 115 Abs. 3 ZPO i. V. m. § 90 SGB XII. Vermögen

Nach § 90 Abs. 2 Nr. 9 SGB XII muss ein »kleiner Barbetrag« nicht eingesetzt werden. Klein ist (nach § 1 Satz 1 Nr. 1b der VO zu § 90 Abs. 2 Nr. 9 SGB XII) seit 1.4.2017 ein Barbetrag bis zu 5.000 €. Hinzu kommen 500 € für jede Person, die vom PKH-Suchenden überwiegend unterhalten wird. Zum Vermögen können auch Beträge gehören, die aus einer Nachzahlung von Grundsicherungsleistungen nach dem SGB II stammen, dagegen nicht Beträge aus einer Nachzahlung von Sozialhilfeleistungen nach dem SGB XII.

Ob der Arbeitslose Anspruch auf PKH hat, richtet sich zunächst nur nach seinen eigenen Einkommens- und Vermögensverhältnissen. Wenn er bedürftig ist, muss geprüft werden, ob er einen Anspruch auf Prozesskostenvorschuss gegen seinen Ehepartner nach § 1360a BGB hat. Das ist schon dann nicht der Fall, wenn der Ehepartner selbst Anspruch auf PKH hätte, wenn er einen Prozess führen müsste. Dafür genügt, wenn er die Kosten nur in mehr als vier Raten aufbringen kann (BSG vom 7.2.1994 – 9/9a RVg 4/92, SozR 3–1750 § 115 ZPO Nr. 1). Das Thüringer LSG vom 12.5.2015 – L 6 R 1497/13 B hält diese Entscheidung des BSG für überholt; dagegen ist das LSG Berlin-Brandenburg vom 23.3.2015 – L 13 SB 259/14 B PKH der Meinung, der Verweis auf die Unterstützung des Ehepartners in einem Rechtsstreit über die Schwerbehinderteneigenschaft sei unangemessen, weil es sich hierbei um das höchstpersönliche Recht der Klägerin auf Selbstbestimmung handle, nicht um ein Recht, das in der ehelichen Lebensgemeinschaft wurzele.

Der Antrag auf PKH darf regelmäßig nicht mit der Begründung abgelehnt werden, eine Vertretung durch einen Rechtsanwalt sei nicht notwendig. Art. 3 Abs. 1 GG in Verbindung mit Art. 20 Abs. 3 und 19 Abs. 4 GG gebietet eine weitgehende Angleichung der Situation von Bemittelten und Unbemittelten bei der Verwirklichung des Rechtsschutzes. Ob eine Vertretung durch einen Rechtsanwalt erforderlich ist, beurteilt sich nicht nur nach Umfang und Schwierigkeit der Sache, sondern auch der Fähigkeit des Beteiligten sich mündlich und schriftlich auszudrücken (BVerfG vom 22.6.2007 – 1 BvR 681/07, NZS 2008, S. 88-89). Nicht vorschnelle Ablehnung von PKH

Nach Meinung des BVerfG vom 6.5.2009 – 1 BvR 439/08 wird ein vernünftiger Rechtsuchender, dem im sozialgerichtlichen Verfahren rechtskundige und prozesserfahrene Behördenvertreter gegenüberstehen, regelmäßig einen Rechtsanwalt einschalten, wenn er nicht ausnahmsweise selbst über ausreichende Kenntnisse und Fähigkeiten zur effektiven Förderung des Verfahrens verfügt.

Hinrichende Erfolgsaussicht der Klage

Auch wenn Sie bedürftig sind, erhalten Sie PKH nur, wenn Ihre Klage hinreichende Aussicht auf Erfolg bietet und nicht mutwillig erscheint. Ob das der Fall ist, prüft das SG.

An das Erfordernis der hinreichenden Erfolgsaussicht dürfen keine überspannten Anforderungen gestellt werden. Hängt der Rechtsstreit von der Beantwortung einer schwierigen, bislang ungeklärten Rechtsfrage ab, so läuft es dem Gebot der Rechtsschutzgleichheit zuwider, dem Bedürftigen PKH vorzuenthalten (BVerfG vom 15.10.2015 – 1 BvR 1790/13, vom 29.9.2015 – 1 BvR 1125/14, vom 3.3.2014 – 1 BvR 1671/13 und vom 16.1.2013 – 1 BvR 2004/10). Die Prüfung der Erfolgsaussicht darf nicht dazu dienen, die Rechtsverfolgung selbst in das summarische PKH-Verfahren zu verlagern (BVerfG vom 4.5.2015 – 1 BvR 2096/13, vom 17.2.2014 – 2 BvR 57/13, vom 26.12.2013 – 1 BvR 2531/12 und vom 4.2.2004 – 1 BvR 596/03, NJW 2004, S. 1789). Das Gericht darf nicht nur seine eigenen Rechtsvorstellungen berücksichtigen, wenn es beachtliche Gegenmeinungen in der Literatur gibt (Verfassungsgericht des Landes Brandenburg vom 24.3.2017 – VfGBbg 48/16). Erfolg versprechend ist eine Klage immer dann, wenn weitere Ermittlungen, z. B. Zeugenvernehmungen nötig sind (BVerfG vom 14.2.2017 – 1 BvR 2507/16; LSG NRW vom 4.11.2016 – L 6 AS 398/16 B; LSG Berlin-Brandenburg vom 8.6.2016 – L 15 SO 74/16 B ER und – L 15 SO 103/16 B ER; a. A. LSG Baden-Württemberg vom 14.10.2016 – L 4 R 2840/16 B).

Für die Frage, ob der Rechtsstreit Aussicht auf Erfolg hat, ist der Sachstand in dem Zeitpunkt maßgebend, in dem das Gericht über den PKH-Antrag entscheiden kann (BayLSG vom 26.10.2016 – L 11 AS 642/16 B PKH; LSG Baden-Württemberg vom 14.10.2016, a.a.O.).

Lange und komplizierte Ausführungen des Gerichts zur fehlenden Erfolgsaussicht deuten darauf hin, dass die Sache nicht so einfach ist, PKH also bewilligt werden müsste.

Beschwerde?

Hier kann Beschwerde gegen einen ablehnenden Beschluss eingelegt werden. Allerdings ist die Beschwerde nur zulässig, wenn in der Hauptsache die Berufung zulässig ist; mit der Beschwerde können Sie sich gar nicht mehr zur Wehr setzen, wenn das Gericht Ihre Einkommens- und Vermögenssituation fehlerhaft beurteilt hat.

Bei einer Änderung der Sachlage kann der PKH-Antrag wiederholt werden (LSG NRW vom 6.7.2016 – L 7 AS 1210/16 B).

Antrag

Um PKH zu erhalten, müssen Sie beim SG einen Antrag stellen. Sind Sie entschlossen, sich von einem Rechtsanwalt (am besten einem »Fachanwalt für Sozialrecht«) vertreten zu lassen, dann stellt er für Sie den Antrag. Dem Antrag ist eine Erklärung über die persönlichen und wirtschaftlichen Verhältnisse beizufügen. Den nötigen Vordruck gibt es beim SG oder bei Ihrem Rechtsanwalt.

Der Antrag auf PKH sollte vor oder bei Beginn des Gerichtsverfahrens gestellt werden; flattert Ihnen die Rechnung Ihres Anwalts nach Abschluss des Verfahrens in der ersten Instanz ins Haus, ist es zu spät.

PKH wird immer nur ab Antrag bewilligt. Ist eine Instanz abgeschlossen, kann für sie ein Antrag nicht mehr wirksam gestellt werden, auch wenn Sie Berufung einlegen (BayLSG vom 7.11.2016 – L 11 AS 718/16 B PKH).

PKH wird immer nur für eine Instanz bewilligt. Im Berufungs- und Revisionsverfahren müssen Sie also jeweils einen neuen Antrag stellen. Wenn Sie in der vorigen Instanz gewonnen haben, wird die Erfolgsaussicht Ihrer Klage nicht mehr geprüft. Nach dem Tod des Klägers kann PKH nicht mehr bewilligt werden (LSG NRW vom 26.10.2016 – L 9 SO 490/16 B).

3   Beratungshilfe

Rechtsanwaltsgebühren entstehen nicht nur, wenn der Rechtsanwalt Sie vor dem SG vertritt. Auch für eine bloße Beratung oder für die Vertretung im Widerspruchsverfahren verlangt der Rechtsanwalt Geld. Viele Leistungsempfänger können von ihrem schmalen Alg nicht auch noch die Beratung durch einen Rechtsanwalt bezahlen. Hier hilft das BeratungshilfeG. Danach können Sie sich für 15 € von einem Rechtsanwalt beraten und im Widerspruchsverfahren vertreten lassen. Aber nur, wenn Sie so knapp bei Kasse sind, dass Ihnen **volle** Prozesskostenhilfe zusteht. Wann das der Fall ist, können Sie im vorausgehenden Kapitel lesen.

Beratungshilfe bei Beratung und Widerspruch?

Um herauszufinden, ob Sie bedürftig sind, füllen Sie beim Amtsgericht oder beim Rechtsanwalt einen Beratungshilfeantrag aus. In dem dafür vorgesehenen Vordruck wird Ihr Einkommen und Vermögen – wie bei der Prozesskostenhilfe (→ S. 681) – durchleuchtet. Sollten Sie neben Alg aufstockendes Alg II beziehen, so können Sie sich durch Vorlage des Alg II-Bescheides viel Arbeit beim Ausfüllen des Vordruckes ersparen. Den ausgefüllten Antragsvordruck schickt der Rechtsanwalt an das Amtsgericht, das nachträglich über die Beratungshilfe entscheidet.

Antragsvordruck

Haben Sie eine Rechtsschutzversicherung oder als Gewerkschaftsmitglied Anspruch auf gewerkschaftlichen Rechtsschutz, so kann der Anspruch auf Beratungshilfe entfallen.
Jeder Rechtsanwalt ist zu Beratungshilfe verpflichtet. In der Regel bringt aber nur eine Beratung durch einen »Fachanwalt für Sozialrecht« etwas.

In den Ländern Bremen und Hamburg bleibt es bei der dort schon seit längerem eingeführten öffentlichen Rechtsberatung. Dort kann man also nicht wegen einer Beratung nach dem BeratungshilfeG einen Rechtsanwalt aufsuchen. Auskunft erteilen in Hamburg die öffentlichen Rechtsauskunfts- und Vergleichsstellen, in Bremen die Arbeitnehmerkammer.

Ausnahmen: Bremen und Hamburg

Berlin

In Berlin kann man zwischen der dort schon eingeführten öffentlichen Rechtsberatung und anwaltlicher Beratungshilfe wählen.

 Sind Sie – z. B. durch Nichtmelden von Nebenverdienst – in den Verdacht einer Ordnungswidrigkeit oder einer strafbaren Handlung geraten, so ermöglicht die Beratungshilfe nur die Beratung durch einen Rechtsanwalt, nicht aber die Vertretung z. B. in einem Ordnungswidrigkeits- oder Strafverfahren.

In der Regel wird die Zuziehung eines Rechtsanwalts notwendig sein, auch wenn es sich nicht um ein schwieriges und umfangreiches Widerspruchsverfahren handelt. Der Arbeitslose ist nämlich nur in Ausnahmefällen in der Lage, seine Rechte gegenüber der AA ausreichend zu wahren (so BVerfG vom 18.12.2001 – 1 BvR 391/01, NZS 2002, S. 420 und vom 6.5.2009 – 1 BvR 439/08). Auf die Beratung durch den Sozialleistungsträger, dessen Entscheidung Sie überprüfen lassen wollen, dürfen Sie nicht verwiesen werden (BVerfG vom 7.10.2015 – 1 BvR 1962/11).

Wer keine Beratungshilfe erhält, muss die Beratung durch einen Rechtsanwalt voll (und nicht nur mit 15 €) bezahlen. Er muss den Rechtsanwalt auch für die Vertretung in einem Widerspruchsverfahren bezahlen; es sei denn, der Widerspruch hat Erfolg. Dann muss die AA die Rechtsanwaltsgebühren bezahlen, wenn die Zuziehung des Rechtsanwalts notwendig war (§ 63 Abs. 2 SGB X).

Wenn Sie keinen Beratungsschein bekommen oder Ihnen das Verfahren zu umständlich und unangenehm ist, können Sie sich durch eine unabhängige Beratungsstelle kostenlos beraten lassen. Solche Beratungen bieten Gewerkschaften, Arbeitsloseninitiativen, Wohlfahrtsverbände u. ä. Einrichtungen an. Beraten werden darf nach den §§ 6, 8 des Rechtsdienstleistungsgesetzes auch durch Nichtjuristen, soweit eine Anleitung durch Juristen gewährleistet ist.

Kosten der Beratung bei Antragstellung werden nicht erstattet, auch wenn dem Antrag stattgegeben wird.

4   Zusammenfassung

■ Die Klage vor dem SG, LSG und BSG kostet Arbeitslose nichts.

■ Das Widerspruchsverfahren bei der AA kostet nichts.

■ Gebühren für einen Rechtsanwalt entstehen
  – bei Beratung.
    Ausnahme: Sie erhalten Beratungshilfe;
  – im Widerspruchsverfahren, wenn Ihr Widerspruch zurückgewiesen wird.
    Ausnahme: Sie erhalten Beratungshilfe;
  – im Klageverfahren, wenn die Klage abgewiesen wird.
    Ausnahme: Sie erhalten volle Prozesskostenhilfe.

Eine Rechtsschutzversicherung muss schon vor dem Verfahren abgeschlossen sein; unter Umständen muss eine Wartezeit verstreichen; für bereits entstandene Streitigkeiten besteht also kein Versicherungsschutz.

Auch in den Genuss des gewerkschaftlichen Rechtsschutzes kommen Sie regelmäßig nur, falls Sie schon eine gewisse Zeit Gewerkschaftsmitglied sind.

Falls Sie bei einem Gericht ein (z. B. in diesem Leitfaden zitiertes) Urteil anfordern, so berechnet Ihnen das Gericht Fotokopierkosten in Höhe von 0,50 € pro Seite!
Die meisten Urteile finden Sie heute im Internet.

VIII   Wie aussichtsreich ist der juristische Weg?

Der Erfolg von Widerspruch und Klage hängt von vielen Faktoren ab, insbesondere vom einzelnen Fall und von Ihren juristischen Kenntnissen und Ihrer Fähigkeit, sich durchzusetzen.

Wir können deshalb nur Aussagen über die durchschnittlichen Erfolgsaussichten von Widerspruch und Klage treffen:

Durchschnittliche Erfolgsaussicht

Von den im Jahr 2010 erledigten 326.630 Widersprüchen führten 27,33 % zur Abänderung des angefochtenen Bescheides (BT-Drs. 17/5583, Anlage Tabelle 9).

von Widersprüchen

Von den 2010 erledigten 30.412 Klagen gegen die BA waren 32,37 % ganz oder teilweise erfolgreich (BT-Drs. 17/5583, Anlage Tabelle 9).

von Klagen

Z Tipps zu guter Letzt

Ein weiterer Weg: Schreiben an die Regionaldirektion

Neben Widerspruch und Klage gibt es einen weiteren Weg, um zu einer Überprüfung eines Sie belastenden Bescheides zu kommen: Ein Schreiben an die zuständige Regionaldirektion wirkt manchmal Wunder. Schreiben Sie höflich, stellen Sie Ihren Fall knapp und klar dar, und verzichten Sie auf Angriffe gegen die (häufig überlasteten) Sachbearbeiter in der AA.

»Beschwerde-management«

Die Regionaldirektion reicht die Schreiben meist an die »Beauftragten für Kundenreaktionen« der zuständigen AA runter. Nach BA-Rundbrief 36/2003 hat jede AA ein »Beschwerdemanagement (Kundenreaktionsmanagement) einzurichten«.

»Kunden der BA haben Anspruch auf eine zeit- und sachgerechte Bearbeitung ihrer Reaktion in angemessener Form. Beschwerden sind keine Störung. Berechtigte Beschwerden sind eine Chance, Hinweise für eine bessere Aufgabenerledigung zu erhalten.« (BA-Rundbrief 36/2003, S. 2.)

Rechtsauskunfts-stelle bei der AA

Größere AA besitzen in der Regel eine Rechtsauskunftsstelle. Einzelne Arbeitslose haben uns berichtet, dass sie dort sachkundig und freundlich beraten worden sind.

Allein – machen sie Dich ein

Was immer Sie unternehmen, es verbessert Ihre Chancen, wenn Sie nicht vereinzelt, sondern gemeinsam mit anderen vorgehen! Mit erwerbslosen Kollegen und Kolleginnen, aber auch – wo möglich – mit solchen, die noch in Arbeit stehen.

Arbeitslosen-initiativen

Wir können Ihnen keine fertigen Rezepte liefern. Eine Möglichkeit gemeinsam vorzugehen, sind Arbeitslosenselbsthilfegruppen. Solche Gruppen sind in den letzten Jahren in vielen Orten entstanden. Einigen ist es gelungen, die Einsamkeit von Arbeitslosen zu durchbrechen, der Diffamierung von Arbeitslosen entgegenzuwirken, Ansprüche gegenüber Ämtern durchzusetzen, kurz: ihr Selbstbewusstsein zu stärken und neuen Mut zu schöpfen.

■ Über Arbeitsloseninitiativen informiert die Koordinierungsstelle gewerkschaftlicher Arbeitslosengruppen (KOS)

| Koordinierungsstelle gewerk-schaftlicher Arbeitslosengruppen Alte Jacobstr. 149 10969 Berlin | Telefon (0 30) 8 68 76 70–0 Telefax (0 30) 8 68 76 70–21 E-Mail: info@erwerbslos.de http://www.erwerbslos.de |

Die Internetseite bietet vielfältige sozialrechtliche Informationen für Erwerbslose, Aufstocker, Sozialberater sowie Betriebsräte und informiert über politische Kampagnen. Eine Adressensuchfunktion erleichtert die Kontaktaufnahme vor Ort und fördert die Vernetzung.

■ Aktuelle und wichtige Sozialgerichtsurteile sind kostenlos abrufbar unter:

Bundessozialgericht	http://www.bundessozialgericht.de
Sonstige Sozial-/ Landessozialgerichte	http://www.sozialgerichtsbarkeit.de

VERZEICHNIS DER TABELLEN, SCHAUBILDER, MUSTER UND MASKEN

STICHWORTVERZEICHNIS

Vom Alg I ins Alg II?

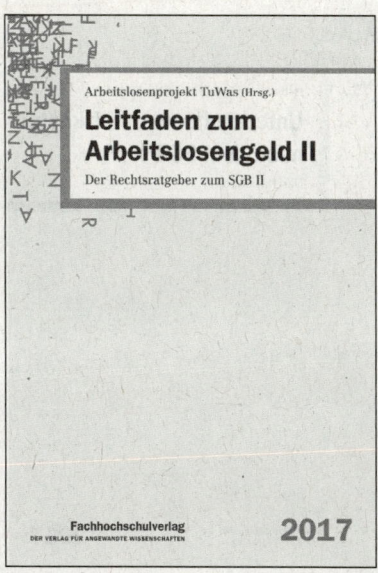

Arbeitslosenprojekt TuWas (Hrsg.)

Leitfaden zum Arbeitslosengeld II

Der Rechtsratgeber zum SGB II

Fachhochschulverlag
DER VERLAG FÜR ANGEWANDTE WISSENSCHAFTEN

2017

Bezieherinnen und Bezieher von Alg I fragen sich, was passiert, wenn ihr Alg I-Anspruch ausgeschöpft ist.

Erhalten Sie dann – wenn sie weiter arbeitslos sind – Alg II nach dem SGB II?

Über die Voraussetzungen für den Alg II-Bezug informiert auf neuestem Stand der »Leitfaden zum Arbeitslosengeld II«.

Sie erfahren insbesondere, was das Alg II umfasst, wie hoch es für Sie, Ihren Partner/Ihre Partnerin und die Kinder ausfallen kann und in welcher Höhe Miete und Heizkosten übernommen werden kön-

nen. Der Leitfaden klärt auch darüber auf, inwieweit Ihr Vermögen und Einkommen oder Vermögen und Einkommen Ihres Partners/Ihrer Partnerin den Bezug von Alg II schmälern oder verhindern.

Auch was Sie – wenn Sie denn Alg II erhalten – an Pflichten erwartet, finden Sie in dem umfangreichen und preiswerten Leifaden.

Arbeitslosenprojekt TuWas (Hrsg.)
Leitfaden zum Arbeitslosengeld II
Der Rechtsratgeber zum SGB II

1.088 Seiten, 2-farbig
13. Auflage 2017
24,– €

Wenn Kommentare nicht weiterhelfen ...

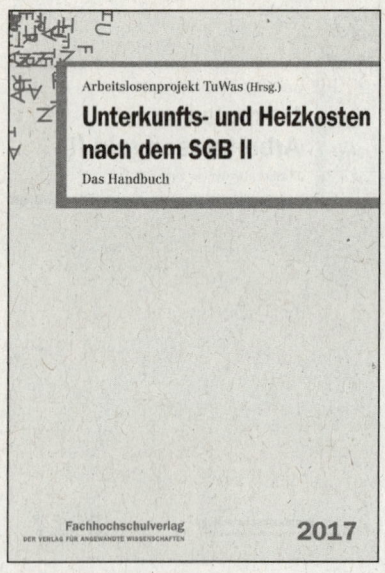

Arbeitslosenprojekt TuWas (Hrsg.)

Unterkunfts- und Heizkosten nach dem SGB II

Das Handbuch

Fachhochschulverlag
DER VERLAG FÜR ANGEWANDTE WISSENSCHAFTEN

2017

Unverändert hoch ist die Bedeutung der Absicherung und des Erhalts bezahl- und zumutbaren Wohnens für Alg II-Berechtigte. Das zeigt u.a. die hohe Zahl von Widerspruchs- und Klageverfahren wegen Unterkunftskosten. Allein im Dezember 2016 waren nach der Statistik der Bundesagentur für Arbeit nicht nur 26.711 Widersprüche bei Jobcentern, sondern auch 33.361 Klagen bei Sozialgerichten anhängig. Damit rangieren Klagen wegen Unterkunftskosten an erster Stelle aller Streitgegenstände in SGB II-Sachen.

Die neue Auflage berücksichtigt die Änderungen, die das 9. SGB II-ÄndG vom 26. Juli 2016 und das Integrationsgesetz vom 31. Juli 2016 gebracht haben. Die rege Rechtsprechung zum Sozial- und Mietrecht ist bis Januar 2017 eingearbeitet.

Arbeitslosenprojekt TuWas (Hrsg.)
Unterkunfts- und Heizkosten nach dem SGB II
Das Handbuch

472 Seiten
4. Auflage 2017
23,– €

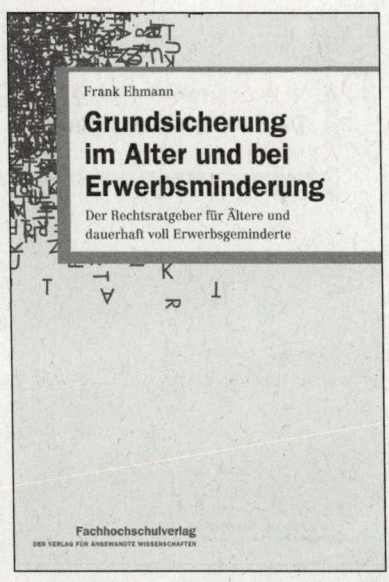

Erwerbsminderungsrente statt Arbeitslosigkeit?

Christel von der Decken, Christa Hecht

Die Erwerbsminderungsrente

Ein Leitfaden

Fachhochschulverlag
DER VERLAG FÜR ANGEWANDTE WISSENSCHAFTEN

Wer vor Erreichen des normalen Rentenalters nur noch eingeschränkt oder gar nicht mehr arbeitsfähig ist, fragt sich, wie er die Zukunft meistern kann.
Eine gewisse finanzielle Absicherung bietet die Rente wegen Erwerbsminderung.

Der Leitfaden will Versicherten, Rentenberatern und Rentenberaterinnen, Rechtsanwälten und Rechtsanwältinnen Informationen und Tipps an die Hand geben, wie die Ansprüche auf Erwerbsminderungsrenten realisiert werden können. Die komplizierten gesetzlichen Grundlagen werden verständlich dargestellt und insbesondere anhand von Beispielen Antworten auf häufig gestellte Fragen gegeben.
Die 3. Auflage bringt den Leitfaden auf den Stand des seit 1.7.2017 geltenden »Flexirentengesetzes« und des »EM-Leistungsverbesserungsgesetzes«.

Christel von der Decken,
Christa Hecht
Die Erwerbsminderungsrente
Ein Leitfaden

ca. 350 Seiten
3. Auflage
20,– €
Erscheint im Winter 2017/18